U0901403

2010
中国文学艺术界联合会年鉴

China Federation of Literary and Art Circles Yearbook

《中国文学艺术界联合会年鉴》编委会

新 华 出 版 社

图书在版编目（CIP）数据

中国文学艺术界联合会年鉴．2010/《中国文学艺术界联合会年鉴》编委会编.-北京：新华出版社，2010.12
ISBN 978-7-5011-9513-8

Ⅰ．①中…　Ⅱ．①中…　Ⅲ．①中国文学艺术界联合会-2010-年鉴　Ⅳ．①I2-232

中国版本图书馆CIP数据核字（2010）第246317号

中国文学艺术界联合会年鉴（2010）

责任编辑：梁秋克　王晓娜
特约编辑：朱德生
装帧设计：朱　江

出 版 发 行：新华出版社
网　　址：http://www.xinhuapub.com
地　　址：北京市石景山区京原路8号
邮　　编：100040
经　　销：新华书店
广告总代理：北京厚积广告有限责任公司
印　　刷：北京盛通印刷股份有限公司
开　　本：850×1168mm　1/16
印　　张：44.125印张
彩 色 插 页：9.625印张
字　　数：1006千字
版　　次：2010年12月第1次
印　　次：2010年12月北京第1次印刷
书　　号：ISBN 978-7-5011-9513-8
定　　价：360.00元

本社购书热线:(010)63077112

《中国文学艺术界联合会年鉴》（2010）
编辑委员会

董耀鹏　中国文联理论研究室主任

刘漪滟　中国文联人事部主任

徐宝玉　中国文联机关党委常务副书记

王守明　中国文联离退休干部局局长

张　显　中国文联办公厅副主任、机关服务中心主任

奚耀华　中国文联出版社总编辑

艾　东　大众文艺出版社原社长

李树声　中国艺术报社原总编辑

赵文民　中国文联文艺学校副校长

张根记　中国文学艺术基金会秘书长

郁钧剑　中国文联演艺中心主任

季国平　中国戏剧家协会分党组书记、驻会副主席

康健民　中国电影家协会分党组书记、驻会副主席

徐沛东　中国音乐家协会分党组书记、驻会副主席

吴长江　中国美术家协会分党组书记、驻会副主席

姜　昆　中国曲艺家协会分党组书记、驻会副主席

冯双白　中国舞蹈家协会分党组书记、驻会副主席

罗　杨　中国民间文艺家协会分党组书记、驻会副主席

王郑生　中国摄影家协会分党组副书记、副秘书长

赵长青　中国书法家协会分党组书记、驻会副主席兼秘书长

邵学敏　中国杂技家协会分党组书记、驻会副主席兼秘书长

张彦民　中国电视艺术家协会分党组成员、副秘书长

朱明德　北京市文联党组书记、常务副主席

孙福海　天津市文联党组书记、秘书长

赵景之　河北省文联党组书记、副主席

巴特尔　内蒙古自治区文联主席

宋新柱　山西省文联党组书记、常务副主席
王秀杰　辽宁省文联主席
杨廷玉　吉林省文联（作协）党组书记、副主席
傅道彬　黑龙江省文联主席
杨益萍　上海市文联党组书记、专职副主席
王慧芬　江苏省文联党组书记、常务副主席、书记处第一书记
黄先钢　浙江省文联党组成员、书记处书记
庄保斌　安徽省文联党组书记、副主席、书记处第一书记
范碧云　福建省文联党组书记、副主席、书记处书记
郜海镭　江西省文联党组书记、常务副主席
于钦彦　山东省文联党组书记、副主席
马国强　河南省文联主席
刘永泽　湖北省文联党组书记、常务副主席
罗成琰　湖南省文联党组书记、副主席
白　洁　广东省文联党组书记、专职副主席
赵如锋　广西壮族自治区文联党组成员、副主席
韩少功　海南省文联作协党组书记、省文联主席
黄启国　四川省文联党组书记、常务副主席
王　超　重庆市文联党组书记、副主席
李碧川　贵州省文联党组书记、副主席
郑　明　云南省文联主席、党组书记
沈开运　西藏自治区党委宣传部副部长、自治区文联党组书记
刘　斌　陕西省委宣传部副部长，省文联党组书记、常务副主席
马少青　甘肃省文联党组书记、副主席
郭　刚　宁夏回族自治区文联党组成员、副主席

张　民　青海省文联副主席

刘　宾　新疆维吾尔自治区文联党组书记、副主席、书记处第一书记

丰　收　新疆生产建设兵团文联党组书记、副主席

贾光生　中国石油文联执行副主席

才　凡　中国铁路文联副主席兼秘书长

梁嘉琨　国家安全生产监督管理总局党组成员、副局长

中国煤矿文联主席

王　利　中国电力文学艺术协会秘书长

孙秀蕊　中国水利文学艺术协会秘书长兼办公室主任

曹恒武　中国化工文联主席

党　军　中国石化集团公司思想政治工作部副主任

中国石化文联副主席

张　策　全国公安文联秘书长

《中国文学艺术界联合会年鉴》（2010）
编 辑 部

《中国文学艺术界联合会年鉴》(2010)

撰稿人

(同年鉴目录中单位排序)

谢　力	张　杭	谷福海	赵玉秀	霍旭升
暴淑艳	潘文海	李翌辰	曲华江	朱孟宇
朱丽华	闫少非	焦　铎	刘文棣	徐天宇
朱辉军	杨淑萍	余　宁	程翔宇	雷　彤
张　跃	林　琳	颖　莲	于　辉	陈志强
张潇羽	黄　群	林力平	唐　坤	谢桂华
刘　清	杨小华	高庆春	杨　茹	郭云鹏
王军强	窦风华	赵洪俊	储天宝	张罗义
张海莺	田　晓	张　丹	盖秀臣	杜　坤
郎庆松	魏　薇	吴建勤	徐　新	黄　新
王幼丽	徐渊明	张娜娜	胡善锋	张海旺
王涘海	刘　莹	严风华	温航军	王　彦
杨时川	戴　洁	李　雯	朱锦东	李　琦
卢　亚	何见远	郭长春	王联仁	陈永秀
刘　彦	修忠一	周康芬	路遥峰	李志强
徐　迅	奚迎春	田慕周	李传珠	古季扬
戴东英				

《中国文学艺术界联合会年鉴》(2010)

工作人员

耿志海	王　强	李爱金	李立增	王　佳
张　强	杜盛斌	荆　辉	朱燕飞	王　君

《中国文学艺术界联合会年鉴》(2010)
核稿人员

重要讲话及文献：纳尔谨

重要会议：潘文海

重大活动：潘文海、曲华江、朱孟宇

品牌活动：潘文海、曲华江、朱孟宇

文化名人纪念活动：潘文海

全国性文艺大奖、艺术节：潘文海

会议与活动：潘文海

对外及对港澳台地区文化交流：曲华江、朱孟宇

理论研究：纳尔谨

出版管理：赵克忠

权益保障：暴淑艳

社团管理：潘文海

机关建设：闫少非、焦　铎、潘和平、李　华、谢　力

机关服务中心：鲍次立

中国文联出版社：奚耀华

大众文艺出版社：张　玺

中国艺术报社：康　伟

中国文联文艺学校：赵文民

中国文学艺术基金会：郭希敏

中国文联演艺中心：张　跃、薛　岚

中国剧协：林　琳

中国影协：柳秀文

中国音协：韩新安

中国美协：刘　建

中国曲协：黄启钧、刁惠香

中国舞协：唐　坤、叶　进

中国民协：王锦强

中国摄协：吴砚华、史晓光、赵迎新

中国书协：陈洪武

中国杂协：郭云鹏

中国视协：张彦民

北京文联：窦风华、仇洪剑

天津文联：林　兰

河北文联：张罗义

山西文联：张海莺

内蒙古文联：田　晓

辽宁文联：张　丹

吉林文联：杨廷玉、盖秀臣

黑龙江文联：杜　坤、郎庆松

上海文联：胡晓军

江苏文联：刘　杰

浙江文联：项美月

安徽文联：黄　新

福建文联：张　杰

江西文联：曹　杭

山东文联：王德斌

河南文联：胡善锋

湖北文联：张海旺

湖南文联：王涘海

广东文联：李　明

广西文联：赵如锋

海南文联：温航军

重庆文联：王　彦

四川文联：杨时川

贵州文联：徐凡军

云南文联：张碧伟、李　琦、卢　亚

西藏文联：何见远

陕西文联：黄道峻、郭长春

甘肃文联：王联仁

青海文联：陈永秀

宁夏文联：郭　刚

新疆文联：修忠一

新疆生产建设兵团文联：周康芬

中国石油文联：路遥峰

中国铁路文联：才　凡

中国煤矿文联：徐　迅

中国电力文协：张小明

中国水利文协：吴安民

中国化工文联：曹恒武

中国石化文联：王　丹

全国公安文联：戴东英

《中国文学艺术界联合会年鉴》（2010）
编辑说明

一、《中国文学艺术界联合会年鉴》（以下简称《中国文联年鉴》）由中国文学艺术界联合会（以下简称中国文联）主办，中国文联、新华出版社联合编辑出版。《中国文联年鉴》是一部全面反映我国文联系统工作情况的综合性年刊，创刊于2007年，面向全国发行。本卷为第四卷。

二、《中国文联年鉴》以邓小平理论和“三个代表”重要思想为指导，认真贯彻落实党的十七大精神，全面落实科学发展观，力求全面、准确、客观、真实地反映中国文联及各团体会员全年工作成就、事业发展状况和总体工作情况，以发挥年鉴的资治、宣传、交流、存史作用，总结经验、加强交流，不断开创文联工作新局面。

三、《中国文联年鉴》内容主要有：重要讲话、文献，重要会议、活动，联络、协调、服务，中国文联各团体会员工作情况，中国文联大事记等。《中国文联年鉴》内容翔实、数据准确、覆盖面广、史料性强，是中国文联各团体会员及相关部门、单位必备的参考工具书。

四、《中国文联年鉴》采用篇目、类目、分目、条目四级编辑体例，并分别以不同字体、字号加以区分，条目为本年鉴内容的基本载体。

五、文联工作与发展情况是本刊的主要内容，着重在以下篇目中反映：

《重要讲话、文献，重要会议、活动》：中央、上级主管部门领导同志和中国文联主要领导关于文联工作的重要讲话，有关重要文献，中国文联的重要会议、具年度特色或品牌意义的重要活动，以及文艺界名人纪念活动等。

《联络、协调、服务》：中国文联及各团体会员开展的重要工作。

《中国文联各团体会员（一）》：中国文联所属全国各文艺家协会开展的主要工作。

《中国文联各团体会员（二）》：与中国文联有业务指导关系的其他团体会员的主要工作。

《中国文学艺术界联合会大事记》：对中国文联在2009年度所开展主要工作的记录。

《中国文联年鉴》主要内容由中国文联各团体会员、中国文联机关及各直属单位提供。

《附录》：各省（区、市）所辖市、县文联的有关情况（文字内容由新华出版社联系收录）。

共创辉煌

中国石油长庆油田艺术团自1999年9月成立以来，始终坚持“立足油田，面向员工”的服务方向和“百花齐放，百家争鸣”的文艺方针，以弘扬民族精神，宣传企业形象为使命，创作排演了大量具有西北民族色彩和石油精神的文艺节目，形成了独特的艺术风格。

艺术团先后获得国家级金奖12项，银奖16项，获省部级大奖百余项。每年坚持演出150多场，得到一线广大职工家属的广泛赞誉。近年来，艺术团多次代表中国石油参加国家级重大演出，并远赴俄罗斯、哈萨克斯坦、苏丹等国访问演出，赢得国外友人和社会各界的一致好评，2007年以来，先后被中国文联、中国舞蹈家协会、中华全国总工会评为“全国企业（产业）舞蹈活动先进单位”，在全国总工会、中国文联、中央文明办、中央电视台联合主办的“第二届中国职工艺术节”中，被评为“优秀组织单位”，艺术团多次受到国家领导人的亲切接见和关怀。被誉为中国石油的“形象大使，文化窗口”。

同时也培养造就了一批艺术人才。2005年以来，先后有1人被中国曲艺家协会评为“优秀中青年曲艺家”；1人被中国石油文联授予“石油歌唱家”，5人被授予“石油曲艺家”，3人被授予“石油舞蹈家”荣誉称号；1人被评为“全国企业（产业）舞蹈活动先进个人”；1人被评为“优秀组织工作者”。

荆文霞（团长）

中国石油 长庆艺术团

铿锵的歌声、多姿的舞蹈一遍遍越过高山越过草原、越过沟壑越过险滩，把美的享受和快乐带给长庆石油人，带给国内外精诚石油合作的人们和帮助支持石油事业的人们。在鄂尔多斯大地上，他们怀着为石油而歌的梦想，"唱响企业主旋律，舞出油人新风采"，为"创奇迹，攀高峰"中的长庆油田加油、鼓劲，不断吹奏着奋进的号角！这就是长庆艺术团的艺术家们。

艺术团成立于1999年9月，人员来自石油职工业余文艺骨干和油田在艺术院校委托培养的石油职工子女。艺术团建立10年来，在深入生活中，创作反映石油人火热生活的各类文艺作品近400件；累计参加国内各种文艺大赛获奖共达124项，其中获得国家级比赛金奖7项、银奖9项、铜奖8项；获得省部级比赛金奖26项、银奖30项、铜奖44项。同时，还造就了一批艺术人才，有9名演员被中国石油文联授予"石油艺术家"称号。先后为长庆油田职工、国内石油企业和国外中石油公司进行演出达1300场次以上，慰问基层员工30多万人次。他们辛勤的工作和卓越的成绩，获得石油一线员工的热烈欢迎和好评。2006年，艺术团被中国文联、中国舞蹈家协会、中华全国总工会评为"全国企业舞蹈活动先进单位"，荆文霞（团长）、詹学成（舞蹈监督）被评为"全国企业舞蹈活动先进个人"。2007年12月，在全国总工会、中国文联、中央文明办、中央电视台联合主办的"第二届中国职工艺术节"中，艺术团被评为"第二届中国职工艺术节先进单位称号"，团长荆文霞被评为"优秀组织工作者"。2009年，艺术团共参加了国家级，省部级2项赛事均取得可喜成绩。8月份，艺术团参加由甘肃省委宣传部、甘肃省国资委、甘肃省文化厅举办的《"向祖国致敬"全省企业庆祝新中国成立60周年职工文艺会演》。参赛的作品《油魂》获得表演一等奖；《和谐大家园》、《民歌联唱》分别获得表演二等奖。9月份，艺术团参加由中国文联、中华全国总工会、中央电视台、中国产业文联举办的《"向祖国汇报"庆祝新中国成立60周年全国产业（行业）系统文艺展演》，获得两金四银一铜及一个优秀编导奖和一个创作奖的优异成绩。其中，在舞蹈比赛中，女子群舞《春天》获得表演金奖及优秀编导奖，女子群舞《俏妹子》及三人舞《邵多丽》获得银奖，独舞《一个真实的故事》获得铜奖；歌咏比赛中，表演唱《再唱我为祖国献石油》获得表演银奖及创作一等奖；在曲艺小品比赛中，小品《古树下》获得银奖。团长荆文霞被授予《优秀组织工作者》荣誉称号。这一年6月至9月，艺术团优秀歌手周珊、武爱民相继登上中央电视台《星光大道》栏目的文艺比赛。其中周珊夺获周冠军并参加了月赛。同年，艺术团曲艺监督宋希晨，被中国曲艺家协会评为《优秀中青年曲艺家》。因此，长庆的广大员工家属则无比喜爱地称赞他们是"山沟里飞出的金凤凰"。

1999年冬，艺术团成立后不久奉命去长庆油田最穷困的环县、合水、华池等地，对地方政府和当地群众进行春节团拜慰问演出。当时天气特别寒冷，演员在演出时都是穿着单薄的戏装，冻得浑身打颤，牙齿咯咯响，但是他们依然坚持完成了慰问演出，赢得当地观众的一片喝彩声。观众激动地说："石油战线上的演员个个都是铁人啊！"接着，他们去庆阳马岭油田南区作业队，为长驻山沟的采油工人演出。山沟里没有舞台，大山就是撑起的天然舞台。不料，在演出中却下起鹅毛大雪。由于石油工人们观看节目的兴趣特别高，始终不肯离去，艺术团的演员便下定决心坚持演下去，哪怕只剩下一个人也要演。于是，便出现了"歌手冒着大雪演唱，舞蹈演员们在雪中跳舞"的动人场面。寒冷的雪片不断地落在演员们的头上、脸上，迅速融化成寒冷刺骨的雪水，顺着演员的脖子流入衣服里，再经迎面刮来的山风一吹，那个滋味，要多难受就有多难受。可是，他们毫不畏缩，保持着饱满的激情和精神。见到此情形，石油工人被感动了，被震撼了，有的跳起来为演员大声喝彩，有的则感动得热泪盈眶，唏嘘不已。每当演员一下场，就有许多石油工人，脱下自己身上的大衣，急忙披在演员的身上……

在这些演出中，艺术团成为沟通职工群众的桥梁与纽带，成为宣传石油精神，展示企业文化形象的窗口，成为弘扬中国石油战略，促进国内、国际合作与交流的文化大使。2004年以来，随着石油工业的飞速发展与需求，其演出服务范围不断扩大、不断走红……曾先后代表长庆油田赴大庆、辽河、西南、冀东、新疆、青海、吉林、胜利、中原等各兄弟油田慰问演出达10余次，慰问地方各级政府和地区97次，共达100场次以上，足迹遍及京、沪、鲁、豫、川、陕等12个省市自治区，行程10万公里，有力地拉近了长庆与各地政府、各兄弟油田单位的关系，增进了友谊，促进了合作。2004年至2006年，先后受中石油集团公司委托，代表中石油参加了中宣部、文化部、全国总工会、中央电视台在北京人民大会堂举办的《共创辉煌》、《共和国脊梁》、《相聚在北京》等大型文艺展演和专场文艺晚会，艺术团发扬石油人的优良传统，以严肃认真的工作态度、精彩的艺术表演、严密的组织纪律、雷厉风行的石油团队精神，不仅博得观众的喝彩，赢得了主办单位领导的高度赞扬，还荣幸地受到了党和国家领导的亲切接见。

2007年5月至8月，艺术团在中石油集团公司有关领导的带领下，前后两次出国，远赴俄罗斯、哈萨克斯坦访问演出。艺术团的演出轰动俄、哈两国，让俄、哈两国人民和油气公司的员工惊喜地领略了中国石油文化艺术的风采。一时间，"中国石油风"骤起于中亚与黑海之滨，让俄、哈两国人民和国际石油公司的朋友，不仅对中国石油刮目相看，同时也对中华民族文化艺术为之惊叹，乃至倍加赞赏。出于这一特殊原因，诸如"文化使者"、"艺术大使"、"形象大使"的桂冠和赞誉，逐一地落在了长庆艺术团的头上。

长庆艺术团，不仅仅是长庆油田培养出来的一支文化艺术劲旅，而且是中国石油的文化大使，是石油职工文化艺术工作的先进典型。相信，这只"金凤凰"明天会更具青春魅力，在为祖国石油事业服务的道路上飞得更高、舞得更精彩。

奋战100天上产做贡献

樊家川作业区原油日产突破200吨庆功会
樊家川作业区
司尼罗

中国戏曲学院

中国戏曲学院及其前身中国戏曲学校，始建于1950年，首任校长是中国现代戏剧的奠基人之一的田汉先生，王瑶卿、萧长华先生先后继任校长。现任党委书记张凡，院长杜长胜。作为一所培养戏曲艺术高级专门人才的国立高等艺术院校，中国戏曲学院把“德艺双馨，继往开来”作为自己的校训。

学院具有完备的戏剧戏曲学科教育体系，1995年招收第一届硕士研究生。中国戏曲学院目前设有京剧系、表演系、音乐系、导演系、戏曲文学系、舞台美术系、新媒体艺术系、基础教育部、体育部、中专部（中国戏曲学院附属中等戏曲学校）等10个教学系部，有戏剧戏曲学、音乐学和艺术学3个二级学科硕士学位点，设有10个本科专业及23个专业方向。学院拥有一批资深教授，同时聘请国内外知名专家、学者、艺术家来院任教。

中国戏曲学院经过近60年的办学，形成了教学、实践、科研、创作为一体的人才培养模式，培养了10000多名戏剧戏曲专门人才，走出了刘秀荣、谢锐青、杨秋玲、钱浩梁、张春孝、侯正仁、李光、孙岳、朱秉谦、刘长瑜、叶少兰、李长春、冯志孝、关雅浓、王梦云、李朝贵、李维康、耿其昌、刘琪、沈健瑾、张曼玲、黄孝慈、于魁智、李胜素、孟广禄、袁慧琴、王蓉蓉、周龙、张火丁、郭跃进、杜镇杰、李宏图、李军等一大批戏曲表演艺术家。1996年起先后承办了五届“中国京剧优秀青年演员研究生班”，在国内外具有广泛影响，为21世纪京剧表演艺术人才培养作出了特殊贡献。中国戏曲学院被誉为中国戏曲艺术人才的摇篮。

学院先后数次出访英国、德国、法国、瑞典、挪威、芬兰、韩国、日本等20多个国家，参加国际艺术节演出活动，与美国、加拿大、英国、法国、俄罗斯、韩国、日本等国家的十几所大学及艺术团体建立了合作与交流关系。

中国戏曲学院以鲜明的民族艺术特色而著称，校园传统文化艺术氛围浓厚，注重培养学生有学有术、一专多能，使热爱戏曲艺术的莘莘学子全面健康成长。我们的目标是将学院建成民族特色鲜明、国内水准一流、国际影响广泛的戏曲艺术大学而努力奋斗。

▲中国戏曲学院实验剧团在台湾访问演出

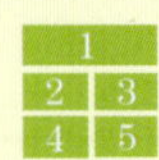

- 院领导班子合影。
- 中国戏曲学院教师团队设计的国庆西藏彩车。
- 中国戏曲学院召开第三届京剧学国际学术研讨会。
- 中国戏曲学院在山西省建立教学实践基地暨晋剧本科班招生新闻发布会现场。
- 中国戏曲学院与美国宾汉顿大学合作成立戏曲孔子学院。

Content

目　录

重要讲话、文献，重要会议、活动

重要讲话及文献

重要会议

重大活动

品牌活动

文化名人纪念活动

联络、协调、服务

权益保障

社团管理

机关建设

机关服务中心

中国文联出版社

大众文艺出版社

中国艺术报社

中国文联文艺学校

中国文学艺术基金会

中国文联演艺中心暨 中联百花文化艺术有限公司

中国文联各团体会员（一）

中国戏剧家协会

中国电影家协会

中国音乐家协会

中国美术家协会

中国曲艺家协会

中国舞蹈家协会

中国民间文艺家协会

中国摄影家协会

中国书法家协会

中国杂技家协会

中国电视艺术家协会

中国文联各团体会员（二）

北京市文联

天津市文联

河北省文联

山西省文联

内蒙古自治区文联

辽宁省文联

吉林省文联

黑龙江省文联

上海市文联

江苏省文联

浙江省文联

安徽省文联

福建省文联

江西省文联

山东省文联

河南省文联

湖北省文联

湖南省文联

广东省文联

广西壮族自治区文联

海南省文联

重庆市文联

四川省文联

贵州省文联

云南省文联

西藏自治区文联

陕西省文联

甘肃省文联

青海省文联

宁夏回族自治区文联

新疆维吾尔自治区文联

新疆生产建设兵团文联

中国石油文联

中国铁路文联

中国煤矿文联

中国电力文协

中国水利文协

中国化工文联

中国石化文联

全国公安文联

2009年中国文学艺术界联合会大事记

附　录

索　引

彩色插页

第一部分

第二部分

第三部分

第四部分

第五部分

第六部分

1月11日至12日，中国文联第八届全国委员会第四次会议在京召开。全国政协副主席、中国文联主席孙家正，中宣部副部长焦利，中国文联主席团成员以及中组部、中宣部有关负责人出席开幕式。

1月10日，中国文联第八届主席团第四次会议在京召开。

中国文联第八届全国委员会第四次会议

全国政协副主席、中国文联主席孙家正主持会议。

中宣部副部长焦利到会讲话。

中国文联党组书记、副主席胡振民作工作报告。

中国文联党组副书记、副主席覃志刚传达中央有关会议精神。

中国文联党组副书记、副主席李牧通报有关情况。

会议现场。

会议现场。

青海省文联党组书记、主席樊光明发言。

甘肃省文联党组书记、副主席马少青发言。

福建省文联党组书记、副主席范碧云发言。

百花迎春——中国文学艺术界二零零九春节大联欢

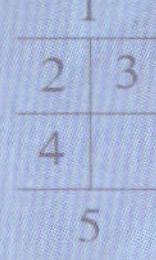

1. 1月10日，中国文联在京举行“百花迎春——中国文学艺术界2009春节大联欢”，图为老中青歌唱家同唱《我和我的祖国》。
2. 冯巩、郭达、李琦等表演反串《谁不说俺家好》。
3. 郭兰英、李谷一、张也等演唱《我的祖国》。
4. 刘和刚、陈思思等青年歌唱家表演歌曲联唱。
5. 宋祖英演唱《致祖国》。

1. 全国人大副委员长华建敏、全国人大原副委员长顾秀莲与孙家正、胡振民等观看演出。
2. 于魁智、孟广禄表演新编史诗京剧《赤壁》选段。
3. 戴玉强、谭晶演唱《我爱你中国》。
4. 小岗村带头人讲述大包干的故事。
5. 王子涵、王亚彬、吴玉霞联袂表演。

1
2

1. 7月17日，纪念中国文联成立60周年大会在北京人民大会堂隆重召开。
2. 中共中央政治局委员、中央书记处书记、中宣部部长刘云山，全国政协副主席、中国社科院院长陈奎元，全国政协副主席、中国文联主席孙家正，中国文联名誉主席周巍峙，中国文联党组书记、副主席胡振民等领导出席会议。

1	2
3	4
5	6
7	

1. 刘云山向从事新中国文艺工作60年的文艺工作者颁发荣誉证章证书。
2. 孙家正向从事新中国文艺工作60年的文艺工作者颁发荣誉证章证书。
3. 胡振民向从事新中国文艺工作60年的文艺工作者颁发荣誉证章证书。
4. 从事新中国文艺工作60年的文艺工作者上台接受荣誉证章证书。
5. 中国文联荣誉委员周小燕发言。
6. 中国曲协分党组书记、驻会副主席姜昆发言。
7. 纪念中国文联成立60周年大会会场。

纪念中国文联成立六十周年系列活动

1. 7月17日，"百花赋——纪念中国文联成立60周年文艺晚会"在京举行。图为于洋、王晓棠、王馥荔、唐国强等表演诗朗诵《历史将永远记住》。
2. 吴雁泽等演唱《草原上升起不落的太阳》。
3. 胡松华等演唱《赞歌》。
4. 卞留念、姜克美、吴玉霞演奏乐曲。
5. 刘诗昆、吕思清等演奏乐曲。
6. 张也、郁钧剑、汤灿、吕继宏演唱《我们紧握手》。

1. 豫剧《穆桂英挂帅》选段。
2. 舞蹈《采茶舞曲》。
3. 女子集体舞《荷花舞》。
4. 《百花赋》纪念中国文联成立60周年文艺晚会开场歌舞。

纪念中国文联成立六十周年系列活动

1. 7月18日，纪念中国文联成立60周年座谈会在京举行。
2. 胡振民在座谈会上讲话。
3. 覃志刚主持座谈会。
4. 李牧在座谈会上介绍“中国文艺家之家”的建设情况。
5. 王晓棠和徐沛东亲切交谈。
6. 谢铁骊和高希希在座谈会上。

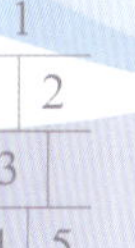

1. 7月10日，百花芬芳——纪念中国文联成立60周年集邮展在京举行。
2. 部分在京老艺术家为集邮展揭幕。
3. 11月20日，"我与文联"大型征文颁奖座谈会在京举行。
4. 胡振民向中国书法家协会主席张海颁发获奖证书。
5. 覃志刚向中国曲艺家协会名誉主席罗杨颁发获奖证书。

向祖国汇报——庆祝新中国成立六十周年系列活动

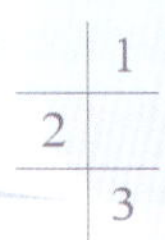

1. 8月2日，“我和我的祖国”庆祝新中国成立60周年著名艺术家演唱会在京举行。图为才旦卓玛演唱《唱支山歌给党听》。
2. 德德玛演唱《美丽的草原我的家》。
3. 耿莲凤演唱《毛主席派人来》。

1. 9月24日，“向祖国汇报——庆祝新中国成立60周年暨中国文联成立60周年美术书法摄影民间艺术精品展”在京开幕。胡振民等参观展览。
2. 中国文联党组成员、副主席杨志今，党组成员、书记处书记廖奔观看展览。
3. 民间工艺精品吸引了观众的目光。
4. 7月11日，庆祝中国文联成立60周年全国文艺名家书画作品邀请展在京启动。图为启动仪式现场。

向祖国汇报——庆祝新中国成立六十周年系列活动

1. 11月6日，“向祖国汇报”庆祝新中国成立60周年全国产业（行业）系统文艺展演曲艺小品专场在太原举行。
2. 10月26日，“向祖国汇报”庆祝新中国成立60周年全国产业（行业）系统文艺展演舞蹈专场在大庆举行。图为舞蹈表演。
3. 曲艺小品专场节目表演。
4. 曲艺小品专场节目表演。
5. 舞蹈专场节目表演。

1. 10月10日，“向祖国汇报”庆祝新中国成立60周年全国产业（行业）系统文艺展演歌咏比赛颁奖晚会在中原油田举行。图为晚会现场节目表演。
2. 歌咏比赛颁奖晚会节目表演。
3. 歌咏比赛颁奖晚会节目表演。
4. 9月7日，“向祖国汇报”庆祝新中国成立60周年全国产业（行业）系统文艺展演戏曲专场在北京举行。图为现场节目表演。
5. 戏曲专场节目表演。

1
2 3
4
5

向祖国汇报——庆祝新中国成立六十周年系列活动

1. 9月5日，“向祖国汇报”庆祝新中国成60周年曲艺精品展演周在京拉开序幕。图为全国（天津）相声新作品专场。
2. 参加曲艺精品展演周的艺术家们。
3. 茉莉情韵——江苏评弹晋京展演专场。
4. 9月25日，“百团万人颂中华”国庆60周年大型合唱歌咏会在“水立方”举行。
5. “百团万人颂中华”国庆60周年大型合唱歌咏会现场。

1	2
	3
4	
5	

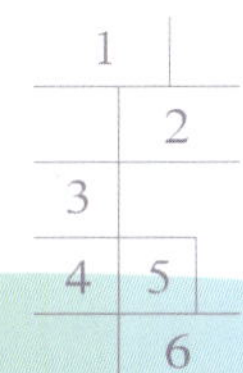

1. 12月25日，作为庆祝新中国成立六十周年活动项目之一的“第十一届全国美展·获奖作品展”在北京中国美术馆举行开幕式。
2. 10月9日，“中华全家福1949~2009·56个民族共同走过”大型摄影展在北京王府井大街举行开幕式。
3. 少数民族群众在观看摄影作品。

4-6. 11月28日，“舞动中国”中国舞协成立60周年纪念精品晚会在京举行。图为晚会舞蹈表演。

送欢乐、下基层系列活动

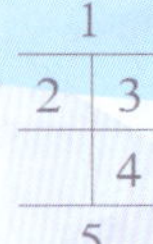

1. 2008年12月28日至29日，中国文联组织多个门类的艺术家到甘肃进行"送欢乐、下基层"慰问活动。图为胡振民在玉泉镇冯家山村慰问受灾村民。
2. 在12月28日于兰州举办的"送欢乐、下基层"首场演出中书画家赠送书画作品。
3. 在12月29日于天水秦安县举行的"送欢乐、下基层"慰问活动中摄影家赠送摄影作品。
4. 于紫菲等主持中国文联"送欢乐、下基层"慰问演出活动。
5. 中国文联在甘肃天水秦安县"送欢乐、下基层"慰问演出受到群众的热烈欢迎。

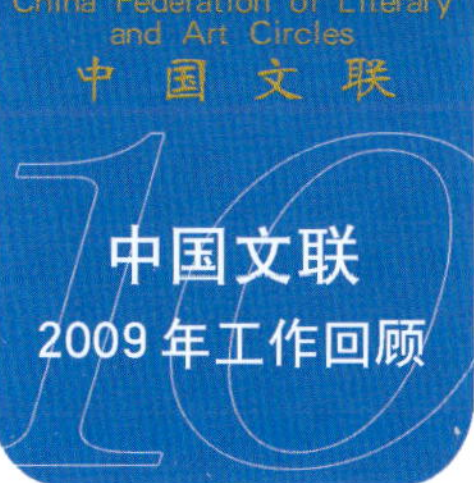

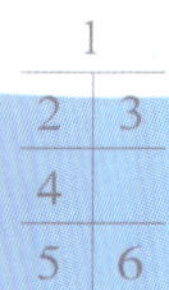

1. 1月14日至15日，中国文联组织艺术家赴四川地震灾区进行“送欢乐、下基层”慰问活动，图为胡振民、覃志刚等领导和当地群众一起观看演出。
2. 胡振民和受灾群众在一起。
3. 四川绵竹市向中国文联回赠大幅年画《大吉祥》。
4. 摄影家向当地群众赠送摄影作品。
5. 刘全和、刘全利为当地群众献上《小鸟与蜜蜂》
6. 演出受到群众热烈欢迎。

送欢乐、下基层系列活动

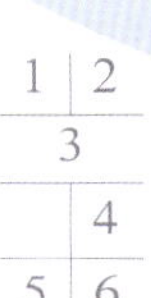

1. 2008年12月25日，中国文联、中国曲协赴酒泉卫星发射中心开展"送欢乐、下基层"活动。图为曲艺家深入总装车间慰问演出。
2. 演出现场。
3. 在酒泉卫星发射中心举行的文艺晚会现场。
4. 2008年12月20日~21日，中国文联、中国杂协赴新疆生产建设兵团农十三师（新疆哈密）开展"送欢乐、下基层"活动。图为李牧、林建接受锦旗。
5. 阿迪力·吾休尔表演高空钢丝。
6. 艾米提·艾则孜表演手技。

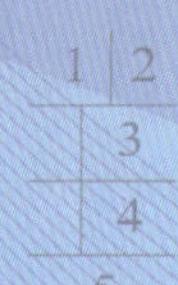

1. 2008年12月28日，中国文联、中国民协赴河南开封朱仙镇开展“送欢乐、下基层”活动。图为中国文联党组成员、书记处书记白庚胜和当地群众一起观看演出。
2. 中国民协分党组书记、驻会副主席罗杨致辞。
3. 慰问演出现场。
4. 2008年12月26日，中国文联中国音协赴银川经济技术开发区开展“送欢乐、下基层”活动。
5. 演出活动受到产业工人的热烈欢迎。

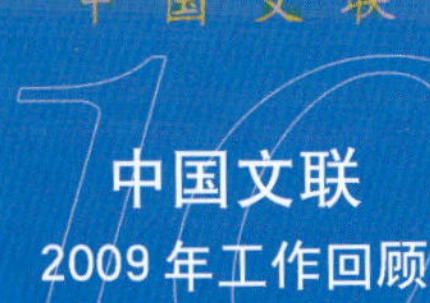

送欢乐、下基层系列活动

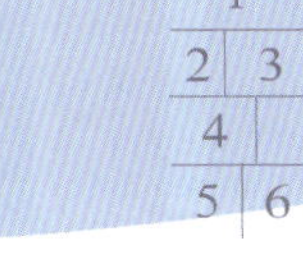

1. 1月16日至18日，中国文联、中国剧协组织梅花奖艺术团赴邢台开展"送欢乐、下基层"活动。
2. 叶少兰表演经典唱段。
3. 川剧变脸、吐火表演。
4. 1月12日，中国文联、中国舞协赴忻州开展"送欢乐、下基层"活动。图为冯双白等参加活动的艺术家向当地学生赠送舞蹈光盘。
5. 慰问演出的开场舞蹈表演。
6. 中外艺术家同台表演。

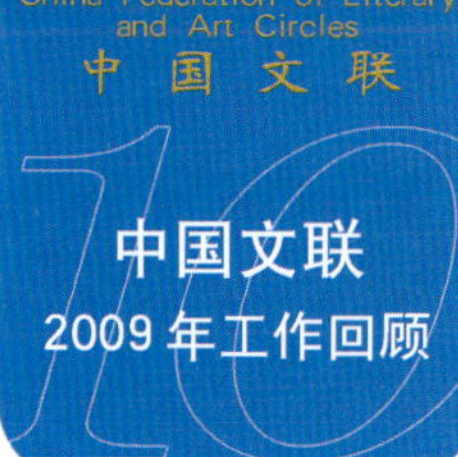

1. 1月15日，中国文联、中国视协赴保定开展“送欢乐、下基层”活动。
2. 演出活动现场。
3. 1月13日–15日，中国文联、中国美协赴云南哈尼彝族自治州开展“送欢乐、下基层”活动。图为冯远与少数民族群众交谈。

4–5. 美术家向元阳县的小学生送去助学金。

送欢乐、下基层系列活动

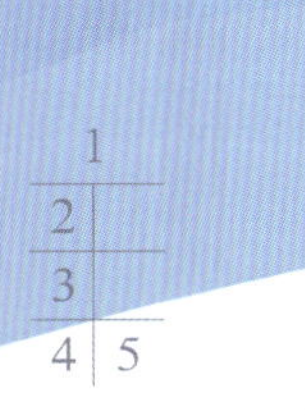

1. 1月13日至14日，中国文联、中国影协赴南京浦口开展“送欢乐、下基层”活动。
2. 演出受到当地群众热烈欢迎。
3. 1月18日，中国文联国内联络部、中国艺术报社、中国民协和北京海淀区苏家坨镇车耳营村开展“送欢乐、下基层”活动。图为廖奔、罗杨为当地群众送去新春祝福。
4. 慰问演出现场。
5. 书画家进行现场书画创作。

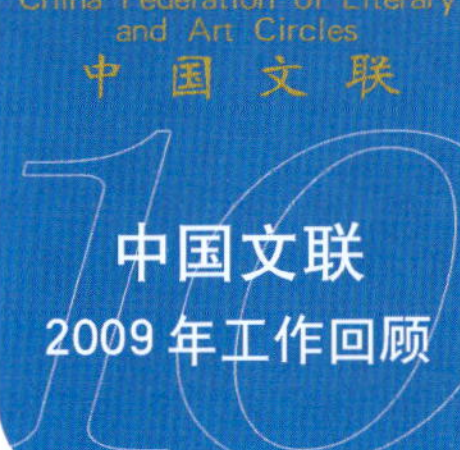

文艺界全国人大代表全国政协委员联谊会暨中国文联『送欢乐、下基层』活动表彰会

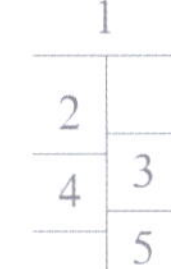

1. 3月2日，中国文联在京举办文艺界全国人大代表全国政协委员联谊会暨中国文联“送欢乐、下基层”活动表彰会。图为中国文联领导为受表彰艺术家颁发证书。
2. 冯小宁和丹增亲切交谈。
3. 靳尚谊、李维康在交谈。
4. 杂技界的全国人大代表全国政协委员在一起。
5. 边发吉、邓宝金、刘秀荣在一起。

文化名人纪念活动

1. 11月9日，欧阳予倩诞辰120周年纪念大会在京举行。李牧到会讲话。
2. 广西桂剧团演出新编桂剧《欧阳予倩》。
3. 5月26日，“翱翔的凤凰——纪念郭沫若新诗创作90周年暨郭沫若题词（匾）大展”活动在京举行。

1. 9月7日，纪念女高音歌唱家、声乐教育家喻宜萱先生诞辰100周年座谈会在京举行。覃志刚出席座谈会。
2. 7月11日，喻宜萱先生纪念碑落成揭幕仪式在萍乡市举行。傅庚辰出席并致辞。
3. 10月17日，《我的祖国》——刘炽作品音乐会在京举行。
4. 瞿弦和主持刘炽作品音乐会。

文化名人纪念活动

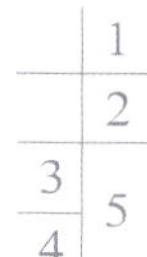

1. 6月29日，时代之声——傅庚辰作品音乐会在京举行。
2. 音乐会现场。
3. 1月20日，刘兰芳艺术生活50年文艺晚会在京举行。胡振民向刘兰芳表示祝贺。
4. 1月21日，刘兰芳艺术生活50年座谈会在北京召开，胡振民出席座谈会。
5. 刘兰芳表演东北大鼓。

1. 9月11日，王昆从事革命文艺工作70周年暨王昆声乐艺术研讨会在京举行。
2. 4月30日，创造力的实现——张海书法展在杭州开幕。
3. 6月21日，张海书法展学术研讨会在京召开，杨志今出席座谈会。
4. 4月29日，史诗与牧歌——刘大为作品展在上海开幕。
5. 展览现场。

第八届造型表演艺术成就奖颁奖典礼

1
2
3

1. 11月25日，第八届造型表演艺术成就奖颁奖典礼在京举行。
2. 胡振民为吴良镛颁奖。
3. 冯远为王琦颁奖。

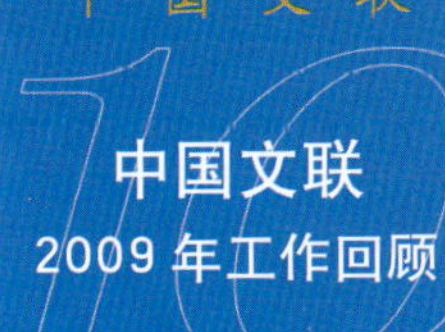

对外文化交流重要活动、品牌活动——第二十四届世界魔术大会

1. 7月26~31日，第二十四届世界魔术大会在北京举行。图为全国人大常委会副委员长陈至立启动开幕仪式。
2. 孙家正出席开幕式并致欢迎词。
3. 文化部部长蔡武、国际魔术联盟主席埃瑞文·埃斯文与胡振民等出席7月30日举行的联谊晚宴并观看演出。
4. 周巍峙、胡振民、李树文、李牧、冯远等出席大会闭幕式。
5. 中国魔术师表演魔术节目。
6. 西班牙魔术师表演近台魔术节目。
7. 魔术道具展销吸引了参展的各国魔术家。

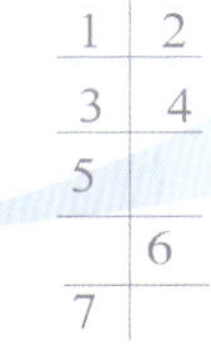

对外文化交流重要活动、品牌活动

——『今日中国』艺术周

1. 2月2日，“今日中国”艺术周开幕式在埃及开罗举行，冯远出席开幕茶会。
2. 彝族女子集体舞《彩霞》。
3. 民乐齐奏《阿细跳月》。
4. 杂技柔术《泥塑》。
5. 藏族男子舞蹈《快乐藏人》。

1. 2月3日，“同一个世界”——中国画家彩绘联合国大家庭系列画展在埃及开罗开幕。冯远与中国驻埃及大使武春华、埃及文化部国务秘书、副部长费萨尔·尤尼斯、埃及金字塔集团公关部主任穆罕默德为展览剪彩。
2. 嘉宾一同参观展览。
3. 冯远向埃及文化部赠送展览画册。
4~5. 2月5日，“今日中国”艺术周时装展示活动在埃及开罗举行。
6. 2月3日画展开幕式现场。

对外文化交流重要活动、品牌活动

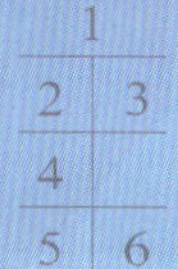

1. 9月10日，中国文联在加拿大温哥华举行"欢声笑语迎国庆"访问演出的开幕式晚会。胡振民与演员合影。
2. 访问演出期间，艺术团为参加演出的小演员过生日。
3. 刘佳音、白纯璞表演杂技"现代软功"。
4~5. 7月11~19日，第42届芬兰考斯蒂宁民间音乐节中国主题演出活动在芬兰举行。
6. 中国文联副主席刘兰芳、中国文联艺术团团长徐沛东、中国驻芬兰大使馆文化参赞黄爱萍等观看音乐节演出。

与港澳合地区文化交流重要活动、品牌活动

——首届海峡两岸暨港澳地区艺术论坛

1. 2月23~26日，首届海峡两岸及港澳地区艺术论坛在海口举行。22日晚，冯远、杨志今、白淑湘、傅庚辰、杨伟光等参加论坛的嘉宾出席观看黎族歌舞《达达瑟》晚会。
2. 2月23日，论坛开幕式在海口开幕。
3. 2月24日，梅花奖艺术团戏曲专场演出。
4. 论坛现场。

与港澳台地区文化交流重要活动、品牌活动

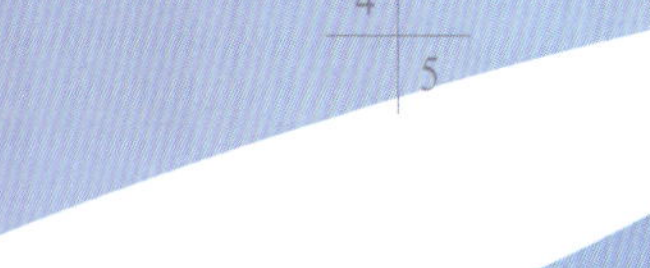

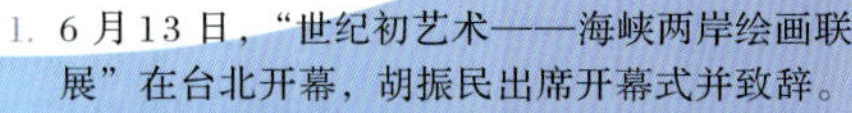

1. 6月13日，“世纪初艺术——海峡两岸绘画联展”在台北开幕，胡振民出席开幕式并致辞。
2. 吴长江为台湾观众介绍大陆画家作品。
3. 11月3~11日，第二届海峡两岸合唱节在台湾举行。图为徐沛东向台中市赠送礼物。
4. 台中市琴瑟合唱团演出。
5. 福州长乐市爱之声合唱团演出。

1 2 3 4 5

1. 11月3日，“庆祝澳门回归十周年——中国当代美术作品展”在澳门开幕。
2. 廖奔和澳门中联办文化教育部部长刘晓航在开幕式上。
3. 展览开幕式现场。
4. 12月10日，在澳门开幕“中华情——庆祝澳门回归十周年摄影展”在澳门开幕。
5. 12月10日，摄影展剪彩仪式。

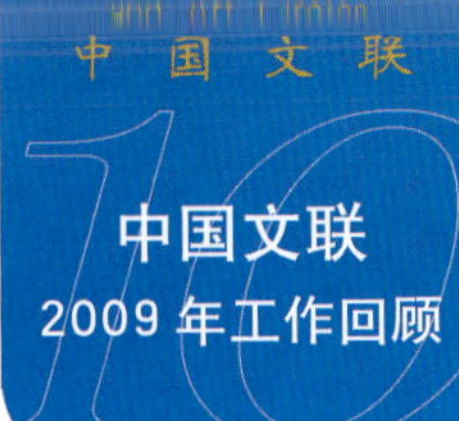

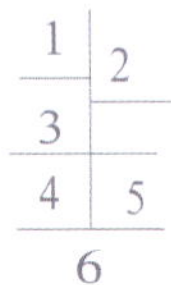

1. 4月28日，“走进春天唱和谐”中国文联艺术家走进新农村采风慰问活动在怀柔举行。
2. 慰问演出现场。
3. 5月31日，纪念胡锦涛总书记视察汉中灾区一周年——走进金山寺文艺演出在汉中举行。
4-5. 艺术家向汉力八一小学的孩子们赠送书籍。
6. 走进金山寺文艺演出现场。

会议与活动

1 | 3
2 | 4

1. 3 月 23~25 日，2009 中国文联组联工作会议在无锡召开。
2. 会议现场。
3. 李牧出席开幕式并讲话。
4. 中国文联国内联络部主任夏潮主持开幕式。

1 | 2
3

1. 5 月 12~14 日，全国文联外事工作研讨班在苏州召开。
2. 冯远出席开幕式并讲话。
3. 研讨会议现场。

对外及与港澳台地区文化交流工作

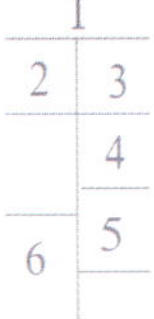

1. 10月12日，孙家正率中国文联代表团访问韩国艺术理事会。
2. 9月29日，胡振民、冯远会见来访的日中文化交流协会代表团。
3. 10月20日，李牧会见来访的新加坡文艺协会代表团。
4. 3月13日，李牧出席在智利召开的国际艺术理事会及文化机构联合会执委会会议。
5. 2月3日，出席“今日中国”艺术周活动的冯远与埃及文化部副部长会谈。
6. 6月25日，以廖奔为团长的中国文联代表团拜会德国德意志歌剧院负责人。

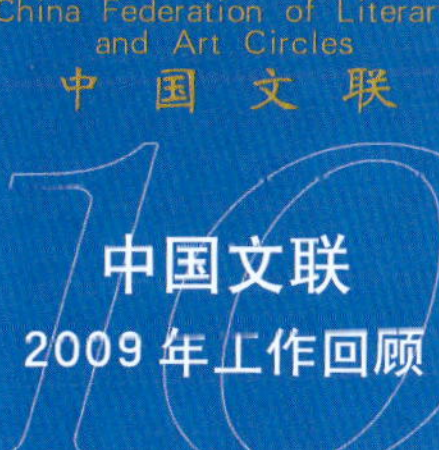

1. 10月20日，孙家正会见日本参议院议长江田五月、日中文化交流协会会长辻井乔。
2. 8月25日，覃志刚会见捷克民间艺术协会主席。
3. 8月25日，覃志刚观摩捷克国际民间艺术节演出。
4. 11月11日，胡振民、冯远会见来访的越南文联代表团。
5. 10月2日，冯远赴香港出席“香江明月夜——大型中秋综艺晚会”活动。

理论研究工作

1. 3 月 26 日至 28 日，全国文联文艺舆情信息工作会议在昆明举办，杨志今出席会议并讲话。
2. 全国文联文艺舆情信息工作会议现场。
3. 全国文联文艺舆情信息工作会分组讨论现场。
4. 8 月 3 日至 9 日，第四届中国文联中青年文艺评论家高级研修班在西宁举办。
5. 第四届中国文联中青年文艺评论家研修班结业式上，学员们领取结业证书。
6. 1 月 13 日，中国文联与新闻媒体联谊会在京举行，胡振民、李牧、杨志今、白庚胜等与“中国文联优秀记者”合影。

机关党纪委工作

1 2
3 4
5

1. 2 月 25 日，深入学习实践科学发展观活动总结暨 2008 年度先进集体和先进个人表彰大会颁奖现场。
2. 2 月 25 日，文联机关党委举办深入学习实践科学发展观活动成果展览。图为中央学习实践活动指导组领导和文联党组领导观看展览。
3. 5 月 8 日，为纪念五四爱国运动 90 周年，中国文联机关团委组织团员青年赴门头沟区斋堂镇接受爱国主义教育。图为参加活动的团员青年在宛平抗日烈士纪念园合影。
4. 11 月 10 日至 12 日，文联机关党委举办党务干部培训班。来自各全国文艺家协会、文联直属单位及文联机关部室党组织的组织、宣传和纪检委员参加培训。
5. 8 月 27 至 8 月 28 日，中国文联文明办、文联工会、机关团委、妇工委共同举办“献给祖国的歌” 爱国主义歌曲歌唱比赛活动。

离退休干部局工作活动

1. 9月28日，庆祝新中国成立60周年老同志书画摄影作品展。
2. 8月1日，老干部北戴河疗养。
3. 1月19日，新春团拜会。
4. 4月21日，机关老干部华东旅游。
5. 6月15日，老干部工作培训班。
6. 10月26日，重阳节活动。
7. 12月15日，部分台湾观光老同志在圆山饭店。
8. 6月7日，机关老干部参观国家大剧院。

权益保障工作

《中国文联年鉴》编撰工作培训班

1. 李牧在文艺工作者权益问题高峰论坛上讲话。
2. 5月20日至23日，《中国文联年鉴》编撰工作培训班在郑州举行，冯远作开班动员。
3. 中国文联办公厅主任夏朝华主持开班式。
4. 培训班现场。
5. 年鉴专家为学员们授课。

中国文联机关服务中心

1. 庆祝新中国成立60周年暨中国文联成立60周年演讲比赛。
2. 金台里26号楼“平改坡”工程。
3. 新建的北三环中路10号院邮政报箱。

中国文联出版社

1. 中国文联出版业改革领导小组办公室主任赵克忠、中国文联出版社副总编辑朱辉军与外商洽谈。
2. 赵克忠向外宾介绍《中国国粹艺术读本》。
3. 法兰克福书展上中国文联出版社图书展台。
4.《中国公益事业形象大使》首发式。
5.《中国国粹艺术读本》首发式。

大众文艺出版社

1. 大众文艺出版社社长艾东与参加“献给祖国的歌—中国文联职工爱国主义歌曲歌唱比赛”同志合影。
2. 大众文艺出版社参加“献给祖国的歌—中国文联职工爱国主义歌曲歌唱比赛”获得歌唱三等奖和优秀组织奖。
3. 大众文艺出版社2010年北京全国图书订货会。
4. 艾东代表社委会向大家拜年。
5. 社委会领导与2009年评为健康职工的同志合影。
6. 大众文艺出版社推出的《中国现代军事文学丛书》。

中国艺术报社

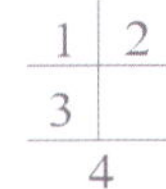

1.8 月 27 日至 30 日,《中国艺术报》2009 年通联工作会议暨"大美青海"艺术采风活动在青海西宁举行。

2.5 月,《中国艺术报》组织纪念抗震救灾一周年采访团在总编辑李树声的带领下前往四川地震灾区进行采访报道。图为《中国艺术报》向汶川县文联捐赠特殊学费现场。

3.11 月，为庆祝澳门回归祖国十周年。《中国艺术报》组织骨干记者组成小分队分三批赴澳门进行采访，受到澳门文艺界的欢迎。图为澳门书画家为《中国艺术报》祝澳门回归十周年特别作画祝福澳门。

4.2009 年,《中国艺术报》和由《中国艺术报》承办、合作的中国文联网、《艺术交流》杂志取得了良好的发展。

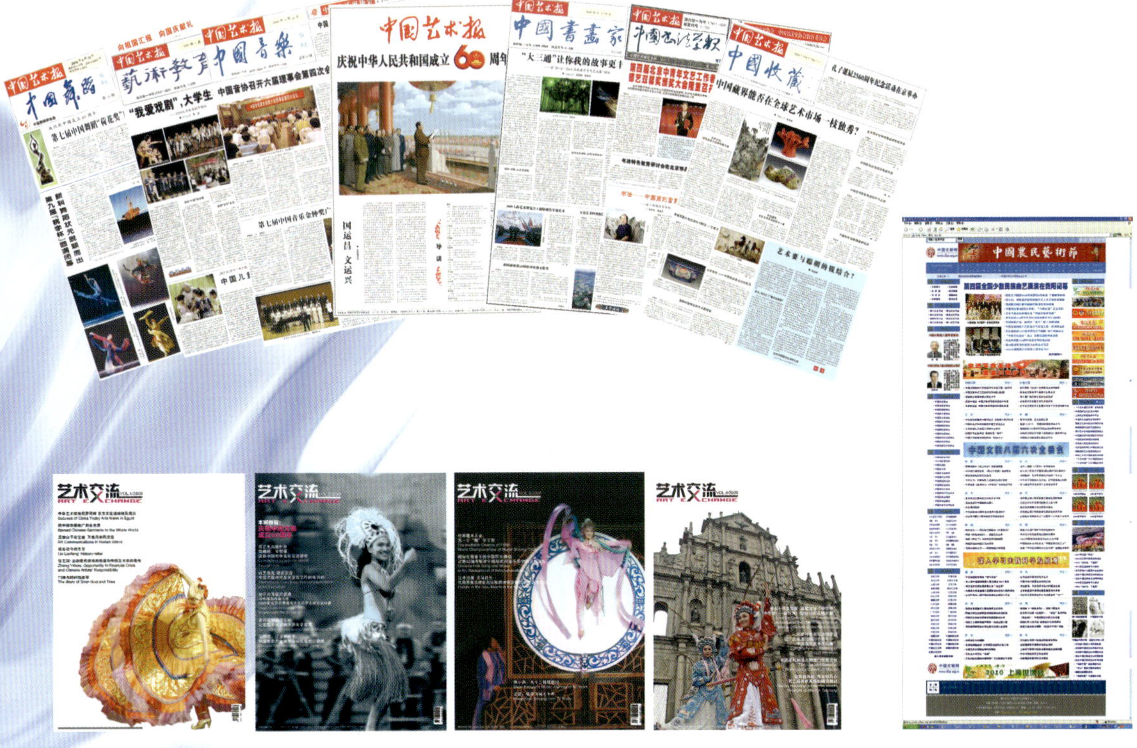

中国文联文艺学校

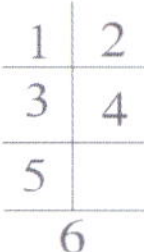

1~4. 中国文联机关党委党支部书记培训班。
5. 中国文联办公厅财务培训班。
6. 学校外景。

1	2
3	
4	5
6	

1. 11 月 10 日，中国文联副主席、中国舞协主席白淑湘，中国舞协分党组书记、驻会副主席冯双白等到上海歌舞团参加基金会资助项目舞剧《舞台姐妹》新闻发布会及创作改编座谈会。
2. 3 月 2 日，中国文学艺术基金会第三届理事会第二次会议在北京召开。
3. 8 月 4 日至 8 月 7 日，中国文联副主席、中国影协副主席、总导演丁荫楠等在广东省珠海市就基金会资助项目数字电影《响九霄》进行指导和监督检查。
4. 4 月 24 日，中国文学艺术基金会举行首批中国文学艺术发展专项基金资助项目协议签字仪式，中国文联党组成员、书记处书记廖奔主持会议。
5. 11 月 26 日，在湖北武汉举行了基金会资助项目电视连续剧《杂技皇后夏菊花》首播新闻发布会。
6. 12 月 30 日，中国文学艺术基金会在北京举办新年书画笔会。

中国文联演艺中心

1.1月10日，“百花迎春——中国文学艺术界2009春节大联欢”在北京人民大会堂宴会厅举办。

2.在“百花迎春——中国文学艺术界2009春节大联欢”上，梅葆玖与胡文阁演绎梅派经典唱段。

3.大陆与港澳艺术家一同观看“百花迎春——中国文学艺术界2009春节大联欢”。

4–5.7月17日，“百花赋——纪念中国文学艺术界联合会成立60周年文艺晚会”在北京人民大会堂宴会厅举办。

6.8月2日，“我和我的祖国——庆祝新中国成立60周年著名艺术家演唱会”在国家大剧院歌剧厅举办。

7.12月1日，“我爱你中国——丁毅领衔外国著名歌唱家唱响中国民歌大型交响音乐会”在北京人民大会堂举办。

8.在“百花赋——纪念中国文学艺术界联合会成立60周年文艺晚会”上，大连杂技团表演《蹬伞》。

2010

Important speeches、documents, important meetings、events

重要讲话、文献，重要会议、活动

重要讲话及文献

致中国文联成立60周年的贺信

中共中央政治局常委　李长春

（2009年7月13日）

在中国文学艺术界联合会成立60周年之际，谨向中国文联表示热烈的祝贺，向全国广大文学艺术工作者致以崇高的敬意，向全国广大文联工作者表示诚挚的问候！

文学艺术工作是党和人民事业的重要组成部分，在党和人民事业发展中走过了辉煌的历程。60年来特别是改革开放以来，广大文学艺术工作者在党的领导下，坚持“二为”方向和“双百”方针，与人民心连心、与祖国共命运、与时代同步伐，热情讴歌火热生活，积极传播先进文化，创作生产了一大批思想性、艺术性俱佳的优秀作品，为繁荣祖国文艺百花园，为满足人民群众精神文化需求、促进人的全面发展，作出了重要贡献。

党的十七大从中国特色社会主义事业四位一体总体布局的战略高度，强调要更加自觉、更加主动地推动社会主义文化大发展大繁荣，这为繁荣发展文学艺术事业提供了前所未有的机遇，也对文学艺术工作提出了新的更高要求。站在新的历史起点上，文学艺术工作要牢牢抓住建设社会主义核心价值体系这个根本，始终坚持社会主义先进文化的前进方向，大力弘扬一切有利于国家富强、民族振兴、社会和谐、人民幸福的思想和精神。要牢记人民群众的火热生活是一切文学艺术创作的源泉，坚持贴近实际、贴近生活、贴近群众，创作更多无愧于历史、无愧于人民的精品力作。要进一步解放思想、实事求是、与时俱进，大力推进文学艺术体制机制、内容形式、风格流派、传播手段的改革创新，为文学艺术事业的繁荣发展提供强大动力。要认真贯彻党的文艺方针，充分发扬艺术民主和学术民主，弘扬主旋律，提倡多样化，最大限度地焕发文学艺术工作者的创造活力。希望广大文学艺术工作者牢记时代和人民赋予的神圣使命，用德艺双馨的标准严格要求自己，积极履行人类灵魂工程师的职责，为人民而写，为时代而歌，燃起精神的火炬，吹响奋进的号角，激励全国各族人民在开创中国特色社会主义事业新局面的征程中共同创造幸福生活和美好未来。

在纪念中国文联成立60周年大会上的讲话

中共中央政治局委员、中央书记处书记、中宣部部长　刘云山

(2009年7月17日，北京）

尊敬的各位作家、艺术家，同志们、朋友们：

今天我们欢聚一堂，隆重纪念中国文学艺术界联合会成立60周年。在此，向中国文联表示热烈的祝贺！向出席大会的各位作家、艺术家，并通过你们向全国广大文学艺术工作者致以崇高的敬意！

中华民族历来崇尚文化、热爱艺术、富有创造精神，在漫长的历史发展中，创造了辉煌灿烂的文学艺术成就，为推动人类文明进步作出了不可磨灭的独特贡献。中国共产党在领导中国人民进行革命、建设和改革的伟大历史进程中，把文学艺术工作作为党和人民事业的重要组成部分，制定和实施了一系列正确的方针政策，为繁荣发展社会主义文艺事业提供了根本保证，开辟了广阔前景。今年是新中国成立60周年，也是中国文联和中国作协等文学艺术界人民团体成立60周年。新中国成立60年来特别是改革开放30年来，在党的正确领导下，文学艺术工作取得了前所未有的历史性进步，在党和人民事业全局中发挥了不可替代的重要作用。

以毛泽东同志为核心的第一代中央领导集体在奋力探索符合中国国情的革命、建设道路的艰辛历程中，十分重视发挥文学艺术在争取民族独立和人民解放中的重要作用。新中国的成立，开辟了中国历史的新纪元。中国文联就是迎着新中国的曙光、在党中央的亲切关怀下成立的重要人民团体，作为中国人民政治协商会议第一届全体会议的组成单位之一，为新中国的诞生和人民民主政权的建立作出了重要贡献。转入全面的大规模的社会主义建设时期，党中央提出了百花齐放、百家争鸣的方针，文学艺术工作取得显著成绩，极大地激发了人民群众当家做主人、建设新中国的旺盛热情和创造精神。

党的十一届三中全会以后，以邓小平同志为核心的第二代中央领导集体，在开辟中国特色社会主义道路的新的历史时期，明确了文学艺术工作在社会主义现代化建设中的重要责任和根本方向，殷切希望文艺工作者成为人类灵魂工程师，努力把最美好的精神食粮奉献给人民。社会主义文艺事业迎来了生机盎然的新的春天，广大文学艺术工作者心情舒畅、热情高涨，创作出了一大批优秀文学艺术作品，对于推动解放思想、鼓舞人民同心同德进行改革开放和社会主义现代化建设，发挥了积极作用。

党的十三届四中全会以后，以江泽民同志为核心的第三代中央领导集体，在全面推进改革开放伟大事业的过程中，把文学艺术工作提到更加突出的地位，强调坚持先进文化的前进方向、建设中国特色社会主义文化，指出文艺是民族精神的火炬、是人民奋进的号角，采取一系列重大举措积极推进社会主义文化建设。广大文学艺术工作者自觉投身改革开放和现代化建设的伟大实践，满腔热情地讴歌时代主旋律，积极进行文艺创新和文艺创作，为我国文学艺术事业的繁荣发展作出了重要贡献。

党的十六大以来，以胡锦涛同志为总书记的党中央在全面建设小康社会的伟大征途中，明确提出经济、政治、文化、社会四位一体的现代化建设总体布局，突出强调文学艺术工作在党和国家全局中的重要地位和作用。党的十七大进一步强调要更加自觉、更加主动地推动社会主义文化大发展大繁荣，提高国家文化软实力，兴起社会主义文化建设新高潮。广大文学艺术工作者以充沛的激情投身文艺创作，努力为发展社会主义先进文化建功立业，文学艺术事业呈现出欣欣向荣、蓬勃发展的新气象。

60年不懈奋斗，60年春华秋实。我国社会主义文艺事业取得辉煌成就，凝聚着广大文学艺术工作者的聪明才智和辛勤劳动。广大文学艺术工作者自觉响应时代召唤，顺应人民期待，潜心创作、辛勤耕耘，努力把个人的艺术追求融入国家发展的大潮之中，把文学艺术的生动创造寓于时代进步的洪流之中，创作生产出一批又一批深受人民群众喜爱的精品力作。文学、戏剧、电影、电视、音乐、舞蹈、美术、摄影、书法、曲艺、杂技和民间文

艺等艺术门类百花竞放、异彩纷呈，文学艺术氛围更加融洽和谐，文学艺术创作更加积极活跃，文艺队伍更加意气风发，形成了大团结、大繁荣、大发展的生动局面。实践充分证明，我们的文艺队伍是一支热爱祖国、热爱人民、热爱社会主义的队伍，是一支锐意进取、富于创造、乐于奉献的队伍，是一支与党同心同德、与人民同甘共苦、值得充分信赖的队伍。对广大作家、艺术家的伟大创造和杰出贡献，历史将永远铭记！党和人民将永远铭记！

60年来，中国文联在党中央正确领导下，认真贯彻党的文艺方针政策，切实履行职能，努力发挥作用，为增进文学艺术界的大团结、促进文学艺术创作的大繁荣、推动文学艺术事业的大发展作出了历史性贡献。

60年的历史深刻昭示我们，坚持以马克思主义中国化的伟大成果为指导，是繁荣发展社会主义文艺事业的根本保证。马克思主义是党和国家的根本指导思想，是社会主义意识形态的旗帜和灵魂。只有坚持马克思主义在文学艺术领域的指导地位，才能确保文学艺术工作的正确方向和文学艺术事业的繁荣发展。毛泽东思想、邓小平理论、“三个代表”重要思想以及科学发展观是马克思主义中国化的伟大成果，是我们党坚持把马克思主义基本原理同中国实际和时代特征相结合的产物，包含着丰富的社会主义文艺思想，科学回答了社会主义文艺的一系列重大问题。毫不动摇地坚持以马克思主义中国化的伟大成果为指导，在思想认识上保持高度自觉，就一定能够不断推动文学艺术事业蓬勃发展，实现社会主义文化的大发展大繁荣。

60年的历史深刻昭示我们，全面贯彻落实党的文艺方针政策，是繁荣发展社会主义文艺事业的关键所在。党的文艺方针政策是社会主义文艺发展特点和规律的客观反映。实践充分证明，坚持为人民服务、为社会主义服务的方向和百花齐放、百家争鸣的方针，坚持弘扬主旋律、提倡多样化，坚持以人为本，贴近实际、贴近生活、贴近群众，坚持尊重文学艺术规律，尊重作家艺术家的创造性劳动，坚持一手抓繁荣、一手抓管理，始终把社会效益放在首位，坚持深化改革，不断解放和发展文化生产力，这些既是对长期文学艺术工作经验的科学总结，又是我们党领导文学艺术工作的重要原则。认真贯彻落实党的文艺方针政策，并在实践中不断丰富和发展，就一定能够更好地担负起发展社会主义先进文化的庄严使命。

60年的历史深刻昭示我们，围绕大局、服务人民，是繁荣发展社会主义文艺事业的基本遵循。文学艺术事业是社会主义事业的重要组成部分，文学艺术发展的根本目的是为了人民大众。文学艺术以其独特的魅力，不断满足人民群众日益增长的精神文化需求，激励和引导着亿万人民为建设社会主义而努力奋斗。党和国家事业需要文学艺术的不断发展，人民幸福呼唤文学艺术的不断繁荣。坚持围绕大局、服务人民，始终与社会发展同进步、与人民群众共命运，就一定能够发挥文学艺术鼓舞人心、振奋精神、陶冶心灵的重要作用，为改革开放和社会主义现代化建设提供强大的精神动力和文化条件。

60年的历史深刻昭示我们，与时俱进、改革创新，是繁荣发展社会主义文艺事业的必由之路。创新是一个民族进步的灵魂，是一个国家兴旺发达的不竭动力，也是文学艺术保持生机和活力的必然要求。改革是解放和发展文化生产力的根本途径，也是激发文学艺术创造活力的重要引擎。坚持解放思想、实事求是、与时俱进，大力推动思想观念、内容形式、体制机制、传播手段的创新，大力促进不同体裁题材、风格流派的发展，就一定能够创作出更多思想性艺术性观赏性俱佳、体现民族精神时代精神的优秀作品，在人类文艺发展史上谱写更加多彩的绚丽篇章。

60年的历史深刻昭示我们，重在建设、团结鼓劲，是繁荣发展社会主义文艺事业的重要法宝。重在建设是我们党总结文化建设长期实践得出的重要经验。坚持重在建设，就是要一切着眼于建设，着眼于繁荣发展，把注意力集中到出作品、出人才、出效益上来，集中到弘扬积极健康向上的思想文化上来，集中到满足人民群众的精神文化需求上来。只有尊重艺术规律、尊重作家艺术家的创造性劳动，才能调动一切积极因素，团结一切可以团结的力量，才能形成各种艺术风格流派共同发展的良好环境。广大文学艺术工作者自觉以党和人民事业为重，以文艺繁荣发展为重，相互尊重、团结和谐、共同提高，就一定能够不断开拓文学艺术事业的新天地。

新中国成立60年来特别是改革开放30年来，中国特色社会主义道路越走越宽广，党和国家事业已经站在一个新的历史起点上。在党的十七大精神指引下，全党全社会更加重视文化建设，人民群众积极支持文化建设，广大文学艺术工作者创造热情空前高涨，一个文化建设的新高潮正在兴起。我们一定要按照党的十七大要求，响应时代的召唤，顺应人民的期待，把握前进方向，努力开拓进取，为繁荣发展社会主义文化作出积极贡献。

希望文艺工作更好地发挥促进社会主义核心价值体系建设、巩固全社会共同思想基础的重要作用。社会主义核心价值体系是社会主义意识形态的主体和灵魂，是我们党凝聚和统一社会各阶层、各利益群体思想的精神旗帜。要把社会主义核心价值体系的要求鲜明地贯穿在文学艺术工作的全过程，体现在文艺创作、文艺评论和文艺活动等各个方面。广大文学艺术工作者要积极学习、自觉践行社会主义核心价值体系，用弘扬核心价值体系的优秀作品唱响时代发展和社会进步的主旋律，充分发挥文学艺术引领风尚、凝魂聚气的独特作用。

希望文艺工作更好地发挥满足人民群众日益增长的精神文化需求、保障人民基本文化权益的重要作用。满足人民群众精神文化需求是社会主义文化建设的根本目的，也是文学艺术工作的根本目的。发展公益性文化事业，建立覆盖全社会的公共文化服务体系是实现这一目的的主要途径；大力发展经营性文化产业，为人民群众提供更多更好的文化产品和服务，是实现这一目的的重要方式。要继续深化文化体制改革，全面推进体制机制创新，解放和发展文化生产力，促进文化事业和文化产业繁荣发展，更好地让人民共享文化发展成果。广大文学艺术工作者要进一步增进同人民群众的感情，创作生产更多反映人民主体地位和现实生活、深受群众欢迎的文学艺术作品，不断满足人民群众多方面、多层次、多样性的精神文化需求，实现好、维护好、发展好人民基本文化权益。

希望文艺工作更好地发挥提升国家文化软实力、塑造国家良好形象的重要作用。当今世界，文化与经济政治相互交融，文化作为一种重要的软实力在综合国力竞争中的地位日益凸显，谁占据了文化发展的制高点，谁就能更好地在激烈的国际竞争中掌握话语权和主动权。目前，我国文化在国际上的影响力和竞争力，与我国悠久灿烂的五千年文明还不相适应，与我国国际地位还不相适应。要进一步加强对外文化交流，更好地展示中国的优秀文化和主流价值观，展示中国繁荣发展、民主进步、文明开放的良好国际形象。广大文学艺术工作者要汲取民族文化精华，借鉴世界各国优秀文明成果，倾力打造具有中国特色、中国风格、中国气派的精品力作，充分发挥文学艺术在增强国家文化软实力中的独特优势和作用。

希望文艺工作更好地发挥凝聚人心、振奋精神、鼓舞士气的重要作用。优秀的文学艺术作品具有陶冶心灵、感受美好、鼓舞斗志、催人奋进的积极作用。当前，国际金融危机仍在蔓延，对我国经济的影响还在加深。在这种情况下，人们的精神文化需求更趋强烈，迫切需要健康向上的优秀文学艺术作品来舒缓情绪、凝聚人心，给人以战胜危机、克服困难的信心和勇气。广大文学艺术工作者要进一步增强责任感、使命感，努力运用多姿多彩的文学艺术形式，创作高质量的文学艺术作品，关注人民命运，赞颂人民奋斗，激励人民前进。

文学艺术工作是一项崇高的事业，关系到培育一代又一代有理想、有道德、有文化、有纪律的社会主义新人。在传播手段日益现代化的今天，文学艺术作品的社会影响力越来越强，文学艺术工作者的社会示范作用越来越大，对文学艺术工作者思想道德素质的要求也越来越高。一切有理想、有抱负的文学艺术工作者，都要用德艺双馨的标准严格要求自己，自觉践行社会主义荣辱观，深入改革建设实践，深入火热现实生活，努力创作出更多人民喜欢的优秀作品，永远做人民的作家、人民的艺术家。

加强和改善党对文学艺术工作的领导是繁荣发展社会主义文艺事业的根本保证。各级党委要从建设中国特色社会主义事业全局出发，从实现中华民族伟大复兴的战略高度，深刻认识做好文学艺术工作的重要意义。要高度重视和关心文学艺术工作，把加强和改善党对文学艺术工作的领导作为党的执政能力建设和先进性建设的重要内容，不断提高党领导文学艺术工作的水平。要把文学艺术工作纳入重要议事日程，研究制定有利于繁荣发展社会主义文艺事业的规划和政策措施。要尊重劳动、尊重知识、尊重人才、尊重创造，政治上充分信任、创作上热情支持、生活上真诚关怀，使广大

文学艺术工作者切实感受到党的温暖，充分调动广大文学艺术工作者投身文化体制改革、推动社会主义文化大发展大繁荣的积极性、主动性和创造性。要认真实施文学艺术精品战略和人才战略，努力造就浩浩荡荡的社会主义文艺大军。

中国文联、中国作协是党领导的文学艺术界人民团体，是党和政府联系文学艺术工作者的桥梁和纽带。要进一步重视发挥文学艺术界人民团体的重要作用，关心和支持文学艺术界人民团体的工作，为他们履行职能、发挥作用创造必要条件。文联、作协要积极探索适应社会主义市场经济体制、符合文学艺术发展规律和人民团体特点的管理体制、运行机制、组织形式、活动方式，不断加强行业服务、行业管理、行业自律。要切实加强队伍建设和基层组织建设，依照法律规定和章程要求，履行好联络、协调、服务的基本职能，发挥好组织、引导、服务、维权的重要作用。要继续广交深交朋友，扩大服务范围、拓宽服务渠道、改进服务方法、提升服务层次、增强服务本领，努力为文学艺术工作者做好事、办实事、解难事，成为各方面各领域文学艺术工作者的温馨和谐之家。

同志们，朋友们！回顾过去取得的辉煌成就，我们满怀信心；展望未来肩负的神圣职责，我们倍感光荣。让我们紧密团结在以胡锦涛同志为总书记的党中央周围，高举中国特色社会主义伟大旗帜，坚持以邓小平理论和“三个代表”重要思想为指导，深入贯彻落实科学发展观，不负重托、不辱使命，团结一心、开拓进取，为推动社会主义文化大发展大繁荣、夺取全面建设小康社会新胜利、实现中华民族伟大复兴作出新的更大贡献！

在中国音乐家协会第七次全国代表大会上的讲话

刘云山

（2009年12月15日，北京）

各位代表、同志们、朋友们：

今天，中国音乐家协会第七次全国代表大会隆重开幕。这是我国音乐界的一次盛会，广大音乐工作者济济一堂，总结工作、分析形势、规划未来，对于音乐界学习贯彻党的十七大和十七届三中、四中全会精神，对于促进我国音乐事业的进一步繁荣发展具有重要意义。在此，谨向大会胜利召开表示热烈祝贺！向各位代表和全国广大音乐工作者致以崇高敬意！

音乐是心灵的语言，以特有的艺术魅力滋养着人们心田、陶冶着人们情操、丰富着人们的精神世界，在社会主义精神文明建设中发挥着重要的作用。改革开放以来，伴随着经济社会的持续快速发展，伴随着文化不断繁荣，我国音乐事业获得了长足进步，硕果累累、人才辈出，展现出百花竞放、欣欣向荣的繁荣景象。广大音乐工作者积极投身改革开放和社会主义现代化建设的生动实践，讴歌伟大时代、赞美火热生活，弘扬民族精神、抒发真挚情感，以不懈的追求和辛勤的汗水，谱写出一大批旋律优美、久唱不衰的音乐作品，为中华音乐艺术的繁荣和进步作出了重要贡献。进入新世纪以来，广大音乐工作者坚持传承与创新相统一、民族风格与时代特色相统一，积极创新形式手法，努力贴近听众观众，中国音乐艺术焕发出前所未有的勃勃生机，展现出广阔的发展前景。

中国音乐家协会是党领导的由全国各民族音乐家组成的人民团体，是党和政府联系音乐界的桥梁和纽带。第六次全国代表大会以来，中国音乐家协会认真履行联络、协调、服务的基本职能，努力发挥组织、引导、服务、维权的重要作用，在组织深入生活、繁荣音乐创作、加强理论评论、开展对外交流、加强队伍建设等方面做了大量富有成效的工作，协会的凝聚力和社会影响力日益增强。相信中国音乐家协会一定能够以这次代表大会为契机，总结经验、再接再厉、奋发进取，团结广大音乐工作者为繁荣发展社会主义文艺作出新的更大贡献。

现在，我们已站在新的历史起点上，兴起文化建设新高潮、推动文化大发展大繁荣，赋予每一位音乐工作者光荣而神圣的使命。广大音乐工作者要紧跟时代前进步伐，顺应人民群众对文化生活的新期待，以强烈的责任感积极投身社会主义音乐事业，谱写出更多无愧于时代、无愧于人民的精品力作。讲4点希望：

1.希望广大音乐工作者坚持正确文艺方向，践行社会主义核心价值体系，用自己的智慧和才华，奏响体现时代发展和社会进步的主旋律。马克思主义指导思想，中国特色社会主义共同理想，以爱国主义为核心的民族精神和以改革创新为核心的时代精神，社会主义荣辱观，是社会主义核心价值体系的基本内容，也是音乐创作应当坚持的正确方向和音乐艺术所要体现的价值取向。广大音乐工作者要把正确的价值取向同崇高的艺术追求统一起来，恪守振奋精神、提升品格、净化心灵的审美理想，用美好的语言讴歌伟大民族的崇高品格，用动人的音符歌颂伟大人民的卓越创造，用多彩的旋律赞美伟大祖国的发展进步。

2.希望广大音乐工作者坚持贴近实际、贴近生活、贴近群众，在现代化建设伟大实践和人民群众火热生活中，挖掘丰富宝藏、汲取艺术灵感，创作更多人民群众喜闻乐见的音乐精品。人民是文艺工作者的母亲，社会生活是文艺创作的源泉。适逢复兴伟大时代是当代音乐家的幸运，鲜活生动的伟大实践为音乐创作提供了新的题材、新的情感和新的精神，呼唤着我们去反映、去表现。这就要求广大音乐工作者始终怀着对人民群众的深厚感情，以人民大众为表现主体和服务对象，深入改革开放第一线、经济建设最前沿、社会生活最基层，努力拥有更为开阔的创作视野和更为丰富的生活体验，使创作之根深深扎进人民生活的沃土之中，为人民谱曲，为人民放歌，为人民

抒情，把高尚的思想境界、健康的人生追求、美好的艺术情趣传递给人民，把最好的精神食粮奉献给人民。

3．希望广大音乐工作者坚持继承中华民族优秀文化传统，积极借鉴世界各国创造的有益成果，海纳百川、博采众长，大力推进观念、内容、风格、流派的创新，大力推进体裁、题材、形式、手段的发展。我国有着悠久的音乐传统和丰厚的民族、民间音乐资源，要以礼敬自豪的态度善待优秀传统文化，发掘整理音乐宝藏，从民族、民间音乐中汲取精华，为今天的音乐创作提供丰富的滋养。创新离不开借鉴。在日益开放的国际环境中发展和繁荣我国音乐，就要以更加自信的心态、更加开阔的视野对待世界各民族的音乐成就，以我为主、为我所用，学习世界各国音乐艺术中一切有益的养料，使之变成我们的文化财富。

4．希望广大音乐工作者按照德艺双馨的要求，更加自觉地加强思想道德修养，更加主动地履行人类灵魂工程师的神圣职责。修身立德、德艺双馨历来是有抱负的艺术家的不懈追求，也是每一位艺术家成就事业的基石。在传媒日益发达的今天，无论是音乐工作者的作品还是形象、行为，都对公众产生着重要影响，这就对音乐工作者的思想境界、精神追求和职业操守提出了更高要求。要牢固树立正确的世界观、人生观、价值观，以科学的思想观察社会、体验人生、指导创作。要以精益求精的精神刻苦钻研音乐艺术，潜心进行艺术创作，不懈追求、不懈探索，努力成为勤奋敬业的表率。要倍加珍惜时代提供的舞台，倍加珍重社会给予的关爱，严肃认真地考虑作品的社会效果，热心公益、弘扬正气，树立良好的公众形象，以高尚的职业精神和职业道德，努力担负起党和人民赋予的神圣使命。

同志们，时代召唤昂扬奋进的音符，人民需要多姿多彩的乐章。让我们紧密团结在以胡锦涛同志为总书记的党中央周围，高举中国特色社会主义伟大旗帜，团结一心，扎实工作，开拓进取，创作更多富有时代气息、充满艺术魅力的音乐精品，努力铸造中国音乐的新辉煌！

祝大会圆满成功！祝同志们工作顺利、身体健康！

致“海峡两岸暨港澳地区艺术论坛”贺信

全国政协副主席、中国文联主席　孙家正

（2009年2月23日）

欣闻“海峡两岸暨港澳地区艺术论坛”在美丽的海南省海口市召开，我谨向来自祖国各地的文艺界的专家学者朋友们表示最诚挚的问候，并预祝论坛圆满成功！

中华文化历史悠久，内涵丰富。中华艺术是中华民族情感的载体，是中华文化之中最为璀璨的部分，历来是陶冶人们道德情操、寄托着人类美好理想，推动社会和谐的重要领域。面对当今世界各国政治经济文化日益激烈的竞争，面对各种思想文化相互激荡的大潮，面对日益增长的社会文化生活的需要，如何找准中华文化发展的方位，永葆中华文化旺盛的生命力，创造中华文化新的辉煌，增强中华文化的国际影响力，是中华儿女特别是文艺工作者的共同课题。

文化的发展、艺术的繁荣，需要学术精神的照耀、引领和启迪。学术活跃是文艺繁荣的重要标志，也是促进文艺发展的重要方法。通过研讨、切磋，文艺家可以提高自己认识和把握社会生活的能力，提高文艺创作的思想水平和艺术水平，同时，也有助于提高大众的审美情趣和鉴赏能力。希望各位专家学者畅所欲言，群策群力，继承中华文化百家争鸣的优良传统，发扬中华文化海纳百川而又独树一帜的创造精神，植根传统，适应时代，面向未来，为中华文化的繁荣昌盛，为中华民族的伟大复兴，贡献出自己的智慧。

祝愿朋友们身体健康、事业顺利、专业有成！

在纪念中国文联成立60周年大会上的致辞

孙家正

（2009年7月17日，北京）

同志们、朋友们：

今天，我们在这里隆重召开纪念大会，热烈庆祝中国文学艺术界联合会成立60周年。这是在全党全国各族人民高举中国特色社会主义伟大旗帜、继续全面建设小康社会、加快推进社会主义现代化、喜迎新中国60华诞的形势下召开的一次重要会议，充分体现了党中央对文艺工作和文联工作的高度重视、对广大文艺工作者的亲切关怀，必将极大地鼓舞和激励广大文艺工作者更加自觉、更加主动地推动社会主义文化大发展大繁荣，为改革开放和社会主义现代化建设再立新功。

在此，我谨代表中国文联，向莅临大会的党和国家领导同志，中央国家有关部委、各人民团体、解放军总政治部的负责同志表示衷心的感谢！向出席大会的各位代表，并通过你们向全国广大文艺工作者致以崇高的敬意！向长期以来关心、支持文艺工作和文联工作的各界人士表示诚挚的谢意！

新中国的诞生，开启了我国社会主义文艺事业的新时代。以毛泽东同志、邓小平同志、江泽民同志为核心的中央三代领导集体和以胡锦涛同志为总书记的新一届中央领导集体十分重视文学艺术工作，对广大文艺工作者寄予殷切期望。文艺事业的发展始终与伟大祖国的命运紧密相连。60年来特别是改革开放30年来，在党的正确领导和文艺方针政策的指引下，广大文艺工作者以昂扬的精神状态、出色的艺术劳动，热情歌颂革命、建设和改革的伟大实践，为人民放歌、为人民抒情、为人民呼吁，文学、戏剧、电影、电视、音乐、舞蹈、美术、摄影、书法、曲艺、杂技以及民间文艺等各个文艺门类百花竞放、异彩纷呈，文艺氛围更加融洽和谐，文艺创作更加积极活跃，文艺队伍更加意气风发，形成了大团结、大繁荣、大发展的生动局面，为推动我国社会发展进步、弘扬民族精神和时代精神、满足人民群众的文化需求、促进人的全面发展作出了重要贡献。

中国文联是迎着新中国的曙光、在毛泽东等老一辈无产阶级革命家的亲切关怀下成立的重要人民团体，是党和政府联系文艺界的桥梁和纽带，在团结广大文艺工作者、推动发展社会主义文艺事业中担负着重大责任。60年来特别是改革开放30年来，在党的正确领导下，中国文联与祖国共命运、与时代同步伐，牢牢把握正确导向，认真履行职能，努力发挥作用，团结动员广大文艺工作者为繁荣发展社会主义文艺事业、促进改革开放和社会主义现代化建设作出了积极贡献。

同志们，朋友们！党的十七大站在战略和全局的高度，作出了兴起社会主义文化建设新高潮、推动社会主义文化大发展大繁荣的重大决策部署。当前，我国文艺事业正处在历史上的最好时期，已经站在新的历史起点上。繁荣先进文化，建设和谐文化，是文艺工作者的庄严使命。伟大的时代提供了广阔的舞台，火热的生活注入了强大的动力，神圣的职责指明了前进的方向。我们相信，广大文艺工作者一定能够不负重托、不辱使命，辛勤耕耘、潜心创作，不断为社会主义文艺事业的繁荣发展贡献自己的智慧和力量。让我们更加紧密地团结在以胡锦涛同志为总书记的党中央周围，高举旗帜、围绕大局、服务人民、改革创新，同心同德、奋发进取，努力为全面建设社会主义小康社会、开创中国特色社会主义事业新局面、实现中华民族伟大复兴作出新的更大贡献！

在 2009 年北京世界魔术大会开幕式上的致辞

全国政协副主席、中国文联主席
2009 年北京世界魔术大会组委会主席 孙家正

（2009 年 7 月 26 日，北京）

尊敬的艾瑞克主席和夫人，女士们，先生们：

2009 年北京世界魔术大会今天在这里隆重开幕了，我谨代表国际魔术联盟第 24 届世界魔术大会组织委员会，向来自世界各国、各地区的魔术师和来宾表示热烈的欢迎！向国际魔术联盟以及各国分会给予我们工作的大力支持表示衷心的感谢！

中国是有五千多年文明历史的古国，也是正在改革开放中迈向现代化的发展中大国。改革开放 30 年以来，中国经济社会发展取得了巨大成就，中国的文艺事业同样也取得了巨大成就，中国文艺界同国际的交流合作不断加强。文艺已经成为促进中国经济社会发展的重要力量，成为中国开展对外交流合作、增进中国人民同世界各国人民相互了解和友谊的重要桥梁。

在国际魔术联盟领导下的世界魔术大会自创立以来，不断地创新和超越，并在这一过程中实现人的自我完善精神，为推动世界魔术的发展、增进各国艺术家和人民的友谊、促进世界魔术艺术的交流与发展作出了突出贡献，赢得了国际魔术界的高度评价。

国际魔术联盟世界魔术大会是当今世界规模最大的魔术盛会，是各国魔术艺术家交流技艺、共叙友情、共享快乐的节日。本届魔术大会在北京举办是国际魔术联盟成立 61 年来第一次在发展中国家举办重大活动，出席本次大会的有 63 个国家和地区的 2000 多位魔术师。我们希望通过举办北京世界魔术大会，更加有力地推动国际魔术艺术的发展，更加广泛地弘扬创新精神，更加积极地开展中国同世界各国文化交流与合作，更加充分地表达中国人民同世界各国人民共享发展成果、共创美好未来的真诚愿望。

在国际魔术联盟的领导下，在与会各位朋友的支持下，我们将以最大的热情，尽最大的努力，举办一届有特色、高水平的世界魔术大会，为推动国际魔术事业的发展，为推动持久的艺术繁荣与和谐世界建设作出贡献。

北京世界魔术大会将成为世界魔术大会历史上一次令人难忘的盛会。

预祝大会取得圆满成功！

在纪念中国文联成立60周年大会上的贺辞

共青团中央书记处第一书记　陆　昊

（2009年7月17日，北京）

各位来宾、同志们：

今天，我们在这里欢聚一堂，隆重纪念中国文学艺术界联合会成立60周年。这是全国文艺界的一件喜事。在此，我谨代表全国总工会、共青团中央、全国妇联、中国科协、全国侨联、对外友协、全国新闻工作者协会、全国台湾同胞联谊会，向中国文联成立60周年表示热烈的祝贺！向全国广大文艺工作者致以崇高的敬意和诚挚的问候！

文艺是民族精神的火炬，是人民奋进的号角。中国文联是在毛泽东、周恩来、刘少奇、朱德等老一辈无产阶级革命家亲切关怀下成立的，是中国人民政治协商会议发起单位之一，为新中国的诞生和人民民主政权的建立作出了重要贡献。新中国的成立标志着我国社会主义文艺事业进入了一个崭新时代。60年来特别是改革开放30年来，广大文艺工作者牢牢把握社会发展的正确方向，深刻体验人民前进的火热实践，坚持把个人的艺术追求和文艺的生动创造融入国家发展和社会进步之中，以充沛的激情、生动的笔触、优美的旋律、感人的形象，满腔热情地讴歌时代发展和社会进步的主旋律，为激励和鼓舞全国各族人民满怀信心地建设中国特色社会主义发挥了不可替代的重要作用。当前，我国文艺各个门类百花竞放、异彩纷呈，文艺氛围融洽和谐，文艺创作积极活跃，文艺队伍意气风发，形成了大团结、大繁荣、大发展的生动局面，展现出光辉灿烂的美好前景。

中国文联是党领导的文艺界人民团体，是党和政府联系文艺工作者的桥梁和纽带，是繁荣发展社会主义文艺事业、建设社会主义先进文化的重要力量，在团结广大文艺工作者、推动发展社会主义文艺事业中担负着重大责任。60年来特别是改革开放30年来，在党的正确领导下，中国文联与祖国共命运、与时代同步伐、与人民齐奋斗，坚持先进文化的前进方向，认真履行联络、协调、服务的基本职能，充分发挥组织、引导、服务和维权的重要作用，团结动员广大文艺工作者，为促进改革开放和社会主义现代化建设作出了积极贡献。文联组织的创造力不断提升，凝聚力日益增强，影响力逐步扩大，赢得了社会各界的广泛赞誉。我们各人民团体为中国文联取得的显著成就感到由衷的高兴，并衷心祝愿中国文联在新的征途上创造出更加辉煌的业绩。

长期以来，在党的领导下，各人民团体围绕中心，团结协作，建立了紧密联系和深厚友谊。面对新形势新任务，我们要充分发挥各自的特点和优势，一如既往地互相学习、互相支持、互相促进，最大限度地凝聚起蕴藏在人民群众中的伟大力量，为实现党的十七大确定的各项目标任务作出积极贡献。

党的十七大描绘了在新的历史条件下继续全面建设小康社会、加快推进社会主义现代化的宏伟蓝图。实现这个宏伟蓝图，需要包括广大文艺工作者在内的全体中华儿女共同奋斗。让我们紧密团结在以胡锦涛同志为总书记的党中央周围，高举中国特色社会主义伟大旗帜，以邓小平理论和“三个代表”重要思想为指导，深入贯彻落实科学发展观，认真履行自身职责，齐心协力，奋发图强，为夺取全面建设小康社会新胜利、实现中华民族的伟大复兴而努力奋斗！

祝文艺事业蒸蒸日上、欣欣向荣！

祝我们伟大的祖国更加繁荣富强！

在中国文联八届四次全委会上的讲话

中宣部副部长　焦　利

（2009年1月11日，北京）

尊敬的家正主席，各位委员、各位同志：

今天，中国文联召开八届四次全委会，全国广大文艺工作者聚集一堂，总结去年工作，分析当前形势，部署今年任务。首先，我代表中宣部，对会议的召开表示热烈祝贺，向各位委员和文艺界的同志们致以诚挚的问候！

过去的一年，是举国合力、共克时艰的一年，是万众同心、奋发进取的一年。一年来，中国文联高举中国特色社会主义伟大旗帜，深入贯彻落实科学发展观，坚持“二为”方向和“双百”方针，坚持贴近实际、贴近生活、贴近群众，认真履行联络、协调、服务的职能，围绕中心、服务大局，团结动员广大文艺工作者奋发努力，圆满完成了八届三次会议确定的各项任务。去年，我们围绕纪念改革开放30周年，举办了一系列演出、展览，组织千名文艺工作者专题采风等系列主题活动，弘扬了民族精神和时代精神。广泛开展面向基层、服务群众的惠民文化活动，在元旦春节期间组织了107支小分队共2000多名文艺工作者送欢乐下基层。进一步加强和改进文艺评奖、办节工作，扎实有效地推动文艺理论评论工作。成功举办17届中国金鸡百花电影节、第六届中国曲艺节等近20个大型评奖和节庆活动。服务党和国家“大外交”、“大外宣”格局，累计开展交流项目144个，举办和参加各类艺术节23个。特别是在抗击南方雨雪冰冻灾害、开展涉藏维稳斗争、战胜汶川特大地震、圆满完成北京奥运会和残奥会中，中国文联为营造良好的社会文化氛围作出了重要贡献。

这次全委会，是在全党全国各族人民为实现党的十七大和十七届三中全会提出的各项任务努力奋斗的重要时期召开的。党的十七大从建设中国特色社会主义事业全局的高度，突出强调了文化建设的重要性，提出兴起社会主义文化建设新高潮、推动文化大发展大繁荣的战略任务，提出了使人民基本文化权益得到更好保障、使社会文化生活更加丰富多彩、使人民精神风貌更加昂扬向上的文化建设目标，对文艺工作提出了新的要求。在刚刚结束的全国宣传部长会议上，长春同志、云山同志分别发表了重要讲话。刚才已经学习传达了讲话精神。长春同志、云山同志的讲话，充分肯定了一年来宣传思想文化战线取得的显著成绩，深刻分析了当前宣传思想文化工作面临的新形势新任务，对做好今年工作作出了部署。我们一定要认真学习领会长春同志、云山同志的重要讲话精神，按照全国宣传部长会议的要求，进一步增强责任感和使命感，努力做好今年的工作。

下面，我就做好今年文联工作讲一点意见，与大家交流。

第一，把握一个总要求：高举旗帜、围绕大局、服务人民、改革创新。“高举旗帜、围绕大局、服务人民、改革创新”，是胡锦涛总书记在去年召开的全国宣传思想工作会议上提出的。这16个字，高度概括了宣传思想文化工作的方针原则，是对做好宣传思想文化工作提出的总要求，具有长远的指导意义。“高举旗帜”是宣传思想文化工作的灵魂和方向，“围绕大局”是宣传思想文化工作的首要任务，“服务人民’是宣传思想文化工作的根本宗旨，“改革创新”是宣传思想文化工作的动力源泉。对文艺工作来说，就是要高举中国特色社会主义伟大旗帜，坚持为人民服务、为社会主义服务的方向，贯彻“百花齐放、百家争鸣”的方针，弘扬主旋律、提倡多样化，引导广大文艺工作者增强政治敏锐性和政治鉴别力，坚持马克思主义指导地位不动摇。就是要自觉地同以胡锦涛同志为总书记的党中央保持高度一致，从大局出发谋划和部署工作，紧紧围绕党和国家的中心任务安排和开展工作。就是要坚持“三贴近”原则，深入实际、深入生活、深入群众，创作出更多更好的人民群众喜闻乐见的作品，不断满足广大人民群众日益增长的精神文化需求。就是要适应新形势新任务新要求，推动文联组织形式和活动方式创新，推动文艺内容形式创新，推动文

艺生产、管理和传播方式创新，不断激发文艺创造活力。一句话，就是要把这16字总要求贯彻到文艺工作的各个环节和各个方面，贯穿到文联工作的全过程，用16字总要求指导文艺工作。

第二，坚持一个根本：用科学发展观统领文艺工作。科学发展观是发展中国特色社会主义必须坚持和贯彻的重大战略思想，也是发展繁荣社会主义文艺事业的重要指导方针。坚持用科学发展观统领文艺工作，就是要进一步解放思想、转变观念，牢固树立新的文化发展理念，不断深化对文化地位和作用、文化发展方向、文化发展目的、文化发展动力、文化发展领导力量和依靠力量的认识。就是要始终坚持以人为本，坚持人民群众的主体地位，浓墨重彩地书写时代，满怀激情地表现人民，以优秀的作品满足人民群众多方面、多层次的文化需求。就是要大力推进地区之间、城乡之间文化共同发展，统筹文化事业、文化产业协调发展，促进文艺各个艺术门类全面发展。就是要面向基层、服务群众，认真总结“万里采风”、“送欢乐下基层”、“书法进万家”、“戏剧进校园”等系列文艺活动的做法和经验，并建立长效机制，常抓不懈。就是要把培养人才作为文联工作一项十分重要的任务，充分发挥广大文艺工作者的聪明才智，为文化大发展大繁荣提供坚实的人才保障。

第三，加强一个建设：用文艺形式大力推动社会主义核心价值体系建设。文艺是抒发人类美好理想，陶冶人们道德情操、丰富人们艺术享受、推动社会发展进步的一个重要领域，在建设社会主义核心价值体系、建设中华民族共有精神家园中发挥着独特的作用。优秀的文艺作品，能激励人、鼓舞人，给人以信心和向上的力量；能熏陶人、感化人，美化人的心灵，提升人的精神境界；能教育人、引导人，让人在美的享受中获得启迪。建设社会主义核心价值体系，要求我们广大文艺工作者要努力从中华民族自强不息的奋斗历程中汲取力量，热情描绘中华民族辉煌灿烂的历史画卷；奋力讴歌我们党领导全国各族人民在建设中国特色社会主义事业伟大进程中取得的辉煌成就；生动表现当今时代中国人民解放思想、实事求是、与时俱进、开拓创新的崭新风貌；深刻反映家庭亲情、人间友情和社会真情，为实现中华民族伟大复兴贡献力量。建设社会主义核心价值体系是全社会的共同任务，文艺工作者作为人类灵魂的工程师，一定要更加自觉、更加主动地把建设社会主义核心价值体系的要求融入到文艺创作之中，融入到各种文艺活动之中，自觉地承担起大力推进社会主义核心价值体系建设的重要使命。

第四，抓好一个系列活动：庆祝新中国成立60周年系列文艺活动。今年是新中国成立60周年，用各种文艺形式歌颂党、赞美祖国，反映改革开放取得的巨大成就，对于激励全党全国各族人民以饱满的热情和昂扬向上的精神状态，不断开创中国特色社会主义事业新局面具有十分重要的意义。按照中央的统一部署，围绕迎接和庆祝新中国成立60周年，中宣部将开展“向祖国汇报”系列文艺活动。希望文联充分发挥各协会的作用，进一步调动广大文艺工作者的积极性和创造性，重点组织创作一批高质量的文艺作品，抓好各种展演展映活动，办好各种展览。要大力倡导文艺工作者深入生活、服务基层，围绕重点选题进行创作，唱响共产党好、社会主义好、改革开放好的时代主旋律，努力营造举国欢腾、普天同庆的节日氛围。

中国文联和各文艺家协会作为党领导的人民团体，是党和政府联系文艺工作者的桥梁和纽带。今年是新中国成立60周年，也是我们应对国际形势复杂变化、保持我国经济平稳较快发展的重要一年。希望广大文艺工作者充分认清肩负的责任，始终与祖国共命运，与人民同呼吸，与时代齐奋进，多写鼓舞士气的作品，多举办振奋精神的活动。也希望中国文联紧紧围绕中心、服务大局，把坚定信心、鼓舞士气、凝聚力量作为今年工作的重中之重。特别是在当前，要重点抓好元旦春节期间送文艺下基层活动，让人民群众过上一个欢乐、喜庆、祥和的新春佳节。

新的一年新的使命，让我们紧密团结在以胡锦涛同志为总书记的党中央周围，高举中国特色社会主义伟大旗帜，以邓小平理论和“三个代表”重要思想为指导，深入贯彻落实科学发展观，锐意创新，开拓进取，以我们的优异成绩和实际行动，向新中国成立60周年献礼，为推动社会主义文艺大发展大繁荣作出新贡献！

新春佳节将至，借此机会向同志们拜个早年，祝大家身体健康、工作顺利、万事如意！

坚持以科学发展观为统领 努力开创文艺工作和文联工作新局面 为推动社会主义文化大发展大繁荣作贡献

——在中国文联八届四次全委会上的工作报告

胡振民

（2009年1月11日，北京）

各位委员、同志们：

中国文联八届四次全委会，是文艺界在深入学习贯彻党的十七大、十七届三中全会、中央经济工作会议精神，扎实推进深入学习实践科学发展观活动，隆重纪念改革开放30周年的新形势下召开的一次重要会议。会议的主要任务是：深入学习贯彻党的十七大、十七届三中全会、中央经济工作会议和全国宣传部长会议精神，学习贯彻胡锦涛总书记关于切实做好意识形态工作的一系列重要指示精神，回顾总结去年工作，认真分析当前形势，研究部署今年任务。

现在，我受中国文联主席团委托，向全委会作工作报告，请予审议。

一、2008年工作的回顾和总结

党的十七大特别是去年以来，国际国内形势发生了新的复杂变化，来自经济、政治领域以及自然界的困难和风险接连发生，多事多难、大悲大喜，对我们党和国家来说，是极不寻常、极不平凡的一年。以胡锦涛同志为总书记的党中央团结带领全党全国各族人民，积极应对国际国内多方面严峻挑战，克服重重困难，夺取抗击罕见特大自然灾害重大胜利，成功举办北京奥运会、残奥会，圆满完成神舟七号载人航天飞行任务，隆重纪念改革开放30周年，沉着应对世界经济形势急剧变化造成的冲击，经济总体保持平稳较快增长势头，社会大局保持稳定。一年来，在党中央的坚强领导和中宣部的有力指导下，中国文联及各团体会员坚持以邓小平理论和“三个代表”重要思想为指导，深入贯彻落实科学发展观，认真履行联络协调服务基本职能，积极发挥组织引导服务维权重要作用，在改进创新中激发创造力，在热情服务中增强凝聚力，在奋发有为中扩大影响力，团结动员广大文艺工作者，埋头苦干、锐意进取，圆满完成了八届三次全委会确定的各项任务。特别是在面对严峻考验和重大挑战的关键时刻，各级文联根据形势发展变化和中央作出的重大决策部署，及时调整工作安排，充分发挥自身优势，组织和引导广大文艺工作者，无私奉献、共克时艰，为夺取抗灾救灾的全面胜利作出了重要贡献。

1. 成功举办一系列有声势有特色有影响的大型主题文艺活动，在弘扬时代主旋律方面的作用更加凸显。一年来，中国文联及各团体会员围绕中心、服务大局，按照党和政府统一部署，精心组织开展了一系列有声势有特色有影响的主题文艺活动。一是围绕纪念改革开放30周年，举办“改革开放颂”系列演出、舞蹈精品演出、全国美术作品展览、全军书法作品展览、相声百年展、优秀电视剧歌曲推选、金鸡百花奖获奖影片进校园、摄影金像奖作者作品回顾展、记忆30年全国摄影大展、唱响30年中国音乐盛典，召开纪念改革开放30年戏剧优秀剧目研讨会、中国曲艺高峰论坛，组织“放眼企业看巨变”千名文艺工作者专题采风等一系列文艺活动，社会反响热烈。二是围绕北京奥运会、残奥会，组织百余名艺术家发出《致世界各国艺术家的一封公开信》，举办第三届北京国际美术双年展、第八届国际书法交流大展、杂技金奖节目展演、中国民族民间工艺制作与展示、中国农民艺术展等系列活动。三是围绕庆祝建党87周年、建军81周年和圆满完成神舟七号载人航天飞行任务等，举办大型文艺演唱会、“飞天壮歌”纪实摄影展等文艺活动。通过上述工作，热情讴歌改革开放和社会主义现代化建设的辉煌成就，大力弘扬奥运精神、彰显人文奥运理念，充分展现了当代中国社会进步、蓬勃发展的良好形象和崭新面貌。

2. 精心组织一系列抗击低温雨雪冰冻灾害、汶川特大地震灾害的文艺赈灾活动，在鼓舞全党全国人民万众一心、夺取抗灾救灾重大胜利方面作出积极贡献。一年来，中国文联及各团体会员面对突如其来的低温雨雪冰冻灾害和汶川特大地震灾害，积极响应党和政府号召，迅速组织文艺工作者投入抗灾救灾的伟大斗争。一是踊跃开展各种义演、义卖等募捐活动。汶川特大地震灾害发生后，中国文联第一时间向四川省委省政府发去慰问电和捐助款100万元，及时下发《关于组织动员广大文艺工作者积极投身抗震救灾工作的通知》，组织近200位知名艺术家发出《众志成城 抗震救灾——致全国文艺工作者的倡议书》。率先发起并参与主办"爱的奉献——2008宣传文化系统抗震救灾大型募捐活动"，现场募集捐款15亿多元，活动规模之大、参与面之广、募集善款之多，均为历史之最，在国内外引起强烈反响，受到胡锦涛总书记等中央领导同志的高度赞扬。雨雪冰冻灾害发生后，中国曲协率先发起"爱心化冰雪、真情暖人间"为主题的全国曲艺界抗冰雪赈灾大义演，众多知名曲艺家积极参加，募集善款近1600万元。中国文联所属各文艺家协会和地方文联也纷纷开展各种形式的赈灾义捐、义演、义卖活动，共筹集善款近亿元。二是积极组织采访创作和慰问活动。雨雪冰冻灾害发生后，根据中央领导同志指示精神，中国文联及时发出《关于组织动员文艺工作者深入灾区体验生活创作反映抗灾救灾题材文艺作品的通知》，组织5支文艺小分队奔赴湖南郴州、安徽庐江、广西资源、贵州开阳、江西九江等重灾区开展慰问演出活动。汶川特大地震发生后，按照中宣部的统一部署，中国文联迅速组织抗震救灾采访创作小分队深入灾区第一线；进入恢复重建阶段后，组织两支"心连心"慰问艺术团小分队赴陕西宝鸡和汉中灾区进行慰问演出。中国舞协组织抗震救灾艺术心理救助活动，中国民协组织专家开展紧急保护羌族文化遗产活动，得到温家宝总理的高度赞扬。三是大力宣传抗灾救灾中的英雄壮举和感人事迹。中国文联举办抗震救灾全国摄影美术书法特展，会聚抗震救灾第一线摄影家的200余幅作品和160余位当代著名书画家的精品力作，生动展现了全党全军全国各族人民撼天动地、气壮山河的英雄气概；成功举办奉献青春、重建家园——新生代歌手大型赈灾演唱会，表达了优秀青年文艺工作者对灾区人民的深情厚谊。中国剧协组织创作了大型话剧《坚守》并在全国各地巡演，反映抗震救灾感人壮举、歌颂人间大爱。中国文联及各团体会员所属报刊出版单位，积极配合抗震救灾斗争，进行了及时充分报道，出版了一大批优秀出版物，并向灾区捐献一批报刊图书。通过上述工作，充分体现了广大文艺工作者和文联组织在自然灾害肆虐的紧要关头与人民群众心连心、同呼吸、共命运的真挚情怀，有力配合了党中央、国务院抗灾救灾的决策部署，极大鼓舞了广大灾区群众万众一心、众志成城，战胜灾害、重建家园的信心和勇气。

3. 广泛开展面向基层、服务群众的文化惠民活动，在丰富人民群众精神文化生活方面的成效日益突出。一年来，中国文联及各团体会员按照党的十七大提出的"满足人民基本文化需要，保障人民基本文化权益，让人民共享文化发展成果"的要求，开展了一系列惠民文化活动。一是在2008年元旦春节期间继续开展"送欢乐、下基层"活动。中国文联会同各文艺家协会和产业文联共派出107支文艺团队，组织2000多位知名文艺家和文艺工作者，深入到18个省区市的40个地、县、乡（镇）开展活动。各地文联也按照中国文联的统一部署，开展了形式多样的"送欢乐、下基层"活动，据不完全统计，共467场次。二是精心打造百花系列知名品牌。成功举办"百花迎春——中国文学艺术界2008年春节大联欢"，在中央台播出后，收视率和收视份额双双创出新高，社会知名度不断扩大；举办"百花芬芳——昆曲春季演出季"等百花系列活动，为普通群众提供了一批高品质、低价位的"文化大餐"。三是积极弘扬中华优秀传统文化。传统节日成为国家法定节假日后，会同有关部门成功举办我们的节日——清明节、端午节、中秋节大型主题文化系列活动。四是深入开展"聚焦新农村、文艺为农民"系列文艺活动。积极实施新农村少儿舞蹈美育、民间文化遗产抢救、书法进万家、小康电视节目等工程，举办建设社会主义新农村艺术作品展览展演，组织"三农"题材文艺作品研讨，培训农民文艺骨干。通过上述工作，进一步丰富了人民群众的精神文化生活，增进了文艺工作者与人民群众的血肉联系，得到中央领导同志的充分肯定，受到新闻媒体和社会各界的广泛好评。

4. 切实加强舆情信息、理论评论和评奖办节工作，在引领文艺正确导向方面更加积极主动。一年来，中国文联及各团体会员在把握正确导向、促进文艺繁荣方面做了大量工作，成效明显，实现了新突破。一是切实加强文艺舆情信息和调研工作。召开中国文联文艺舆情信息工作会议，表彰了一批先进单位和先进个人，下发了舆情信息需求要点，建立了舆情信息员队伍和直报点，畅通了舆情信息渠道，内刊简报的质量进一步提高。深入开展重大课题的调查研究，撰写了《推动社会主义文化大发展大繁荣》、《中国文联组织开展“送欢乐、下基层”大型文化惠民活动》等一批有分量、有价值、对工作有指导作用的调研报告，得到上级机关和领导同志的充分肯定。二是切实加强文艺理论评论和新闻宣传工作。在中宣部的指导下，会同有关单位召开“纪念毛泽东同志《在延安文艺座谈会上的讲话》发表66周年暨全国文艺评论工作座谈会”，发出《关于加强和改进文艺评论，推动文艺大发展大繁荣的倡议书》，举办第三届中国文联中青年文艺评论家高级研修班，召开中国文联文艺理论工作研讨会、科学发展观与当代文艺学术研讨会、中国书法文津大讲堂和金陵论坛、中国美术发展战略座谈会、中国传统节日文化论坛、优秀电视剧创作研讨会、当代曲艺的责任与追求理论研讨会、第11届全国杂技理论研讨会、第三届中国同里电影论坛等，认真总结创作经验，研究文艺思潮，引导健康评论。制定了《中国文联新闻宣传工作管理办法》，加强与中央新闻主管部门和新闻媒体的沟通与协作，新闻宣传工作的整体质量和水平明显提高。三是认真改进文艺评奖办节工作。召开中国文联文艺评奖工作座谈会，总结全国性文艺新闻出版评奖整改以来的工作经验，分析存在的问题，研究制定《中国文联全国性文艺评奖管理办法》，进一步规范评奖程序。成功举办第二届中国戏剧奖理论评论奖和曹禺剧本奖、第29届大众电影百花奖、第五届中国曲艺牡丹奖、第24届中国电视金鹰奖、第七届造型表演艺术成就奖等活动，成功举办第17届中国金鸡百花电影节、第六届中国曲艺节、第三届中国舞蹈节，第七届中国金鹰电视艺术节、第七届中国民间艺术节、第四届中国（天津）书法艺术节、中国（宝丰）魔术文化节、首届中国校园戏剧节、中国秧歌节，中国当代书坛名家系统工程千人千作大展以及第四届CCTV相声大赛、第六届中国舞蹈荷花奖校园舞蹈大赛、全国优秀流行歌曲创作大赛、第三届全国少儿曲艺大赛等，评出了一批思想性、艺术性、观赏性俱佳，深受群众喜爱的优秀作品，推出了一大批优秀人才。通过上述工作，进一步增强了文艺工作的导向性、示范性，促进了文艺事业的健康发展。

5. 积极开展对外民间文化交流，在服务党和国家“大外交”、“大外宣”格局方面的渠道大为拓展。一年来，中国文联及各团体会员积极配合党和国家总体外交战略，充分发挥对外民间文化交流的独特优势，积极参与国际文化交流与合作，取得了新进展。一是成功举办一系列国际文化艺术展演展示活动。在美国纽约联合国总部举办“同一个世界——中国画家彩绘联合国大家庭”艺术大展，在日本举办“今日中国”艺术周，在俄罗斯举办“从莫斯科到北京——第29届奥运会摄影展”。举办第31届世界戏剧节、第15届中韩日戏剧节、第23届中日电影制作研讨会、第八届中国（武汉）国际杂技艺术节理论研讨会、第二届中国东盟电视合作峰会、全球化格局中戏剧发展国际学术研讨会、欧盟电影周、平遥国际摄影大展等活动。二是积极开展中外文艺家互访交流活动，加强与国际艺术组织的联系。据不完全统计，2008年中国文联及各文艺家协会累计开展对外民间文化交流项目144个、2109人次，举办和参加的艺术展览14项、演出项目21个，承办和出席国际会议22个，举办和参加的各类艺术节23个。目前，中国文联及各文艺家协会加入的国际艺术组织13个，在6个组织中拥有执委以上席位，今年中国剧协争得国际剧协执委会、常委会成员席位，中国舞协在中断多年后重返国际舞蹈理事会。三是加大两岸四地文化交流与合作力度。邀请港澳美术界和电影界艺术家代表参加中国美协第七次全国代表大会和中国影协第八次全国代表大会，共商中国美术、电影事业发展大计。成功举办梅花奖艺术团香港行、海峡两岸首届合唱节、第三届海峡摄影艺术节、中华情——美术书

法展览澳门行等活动。通过上述工作，进一步展示了中华优秀文化的风采和魅力，增进了中外人民之间的交流与友谊，提升了中华民族的认同感和凝聚力，增强了中华文化的国际吸引力、竞争力和影响力。

6. 扎实推进文联自身建设，在提升文联组织吸引力、凝聚力、战斗力方面的效果日趋明显。一年来，中国文联及各团体会员切实加强文联机关的思想建设、组织建设、作风建设、制度建设和后勤建设，取得显著成效。一是认真开展深入学习实践科学发展观活动。根据中央统一部署，中国文联按照“提高思想认识、解决突出问题、创新体制机制、促进科学发展”的目标要求，紧紧围绕“推动文艺繁荣、服务科学发展、促进社会和谐”的实践载体，扎实推进深入学习实践科学发展观活动，得到中央领导同志和中央指导检查组的表扬，目前已顺利完成学习调研和分析检查阶段的各项任务。二是努力加强各级领导班子和干部队伍建设。圆满完成中国美协、中国影协换届工作，积极调整充实各级领导班子，推进干部交流轮岗，加大优秀年轻干部的培养和选拔力度，加强干部教育培训工作，举办专题报告会5场、各类研讨班培训班8期，干部队伍的年龄结构、知识结构发生了可喜变化，整体素质得到提高。三是扎实推进事业单位改革和后勤建设。完成了中国文联所属36家报刊、出版单位的清产核资，制定《中国文联出版业总体改革方案》及转企改制、资产重组具体办法，加强管理，堵塞漏洞，使出版单位的社会效益和经济效益同比大幅提高。在中央领导的亲切关怀下，中国艺术家之家的建设取得突破性进展，正在抓紧进行后期装修改造，有望在中国文联成立60周年时投入使用。中国文联宾馆的装修改造基本完成，职工居住条件得到较大改善。四是加大服务文艺工作者力度。初步建立文艺人才信息库，正式成立中国摄影著作权协会。举办纪念周扬、吴作人、田汉诞辰活动，继续实施“艺坛大家”音像工程、“晚霞”、“彩霞”工程。进一步做好走访、看望、慰问老艺术家工作，积极探索服务体制外文艺工作者的途径和办法，多办好事、实事。通过上述工作，有效调动了广大干部职工的积极性主动性创造性，增强了服务文艺家和文艺工作者的意识，提高了文联工作的规范化、制度化、科学化水平。

回顾过去一年取得的成绩，我们深深地感到，这是党中央亲切关怀、坚强领导的结果，是中宣部高度重视、有力指导的结果，是有关部门和社会各界密切协作、大力支持的结果，是广大文艺工作者同心协力、热情参与的结果，也是中国文联及各团体会员奋发努力、真抓实干的结果。实践充分证明，我们的文艺工作者是一支热爱祖国和人民、富于进取和奉献精神、值得党和人民信赖的队伍，我们的干部职工是一支想干事、能干事、也干得成事的队伍。文艺工作和文联工作责任重大、使命光荣、天地广阔、大有可为。只要我们认真贯彻中央的指示精神，团结一心、顽强拼搏、锐意进取，文艺工作和文联工作就一定能够取得更加辉煌的成就，一定能够在实现中华民族伟大复兴历史进程中发挥更大的作用。

在充分肯定成绩的同时，也要清醒地看到，面对新形势新任务新要求，我们工作中还存在许多亟待改进和加强的地方，突出表现在：一是服务中心、服务大局、服务群众、服务文艺工作者的方式、途径和手段，亟待进一步改进和加强。二是繁荣文艺创作、多出优秀作品、推出精品力作的方式、途径和手段，亟待进一步改进和加强。三是把握文艺正确导向、加强文艺理论评论工作、提高评奖办节质量的方式、途径和手段，亟待进一步改进和加强。四是加大对外民间文化交流力度、打造对外交流活动品牌、扩大中华文化国际影响力的方式、途径和手段，亟待进一步改进和加强。五是推动行业自律、加强文艺队伍建设、维护文艺工作者合法权益的方式、途径和手段，亟待进一步改进和加强。六是改进创新机关党的建设、领导班子建设和干部队伍建设、积极稳妥推进文联出版业改革和发展的方式、途径和手段，亟待进一步改进和加强。这些问题虽然是发展中的问题、前进中的问题，但必须引起我们高度重视，并努力在今后工作中认真加以研究和解决。

二、当前文艺工作和文联工作面临的新形势

文艺工作和文联工作始终是同党和国家工作大局、同国内国际形势的发展紧密联系在一起的。准确把握国内国际形势的新变化、党和国家的新要求、人民群众的新期待，对于我们掌握主动权、打好主动仗，坚定信心，迎接挑战，具有十分重要的意义。

当前，我国政治稳定、经济发展、文化繁荣、民族团结、社会进步，国际地位日益提高，文艺事业在党和国家工作大局中的地位作用日益突出，文艺工作和文联工作面临前所未有的大好形势。同时，近年来，国际形势复杂多变，国内困难和风险接连不断，世界范围内围绕发展模式和价值观的竞争日益凸显，各种思想文化交流、交融、交锋日趋频繁，意识形态领域渗透与反渗透的斗争尖锐复杂；国内社会思想多元、多样、多变的趋势更加明显，用社会主义核心价值体系引领整合社会思想、不断发展社会主义先进文化的任务更加繁重；文化在经济社会发展中的地位和作用越来越突出，满足人民群众精神文化需求的任务更加繁重；互联网等新兴媒体的迅猛发展带来了传播方式的深刻变革，巩固阵地、引导文艺的难度大大增加，占领文化传播制高点的任务更加艰巨。特别是去年9月以来，国际金融危机的快速扩散和不断蔓延，使我国经济社会发展面临严重困难和严峻挑战，保持经济平稳较快发展的任务异常艰巨。胡锦涛总书记在中央经济工作会议上强调指出："推动经济社会又好又快发展，加大物质投入十分重要，增强精神力量也十分重要。"这既为做好当前文艺工作和文联工作指明了前进方向，又提出了新的更高要求。我们一定要认清形势，抓住机遇，迎接挑战，在党和国家的工作大局中发挥应有的作用。

第一，2009年是深入贯彻党的十七届三中全会精神的重要一年。党的十七届三中全会，站在新的历史起点上，从中国特色社会主义事业总体布局出发，对推进农村改革发展作出了全面部署。贯彻落实党的十七届三中全会精神，是当前全党全国人民的一项重要任务，也是文艺工作和文联工作的一项重要任务。如何配合党和国家建设社会主义新农村、挖掘农村市场潜力的战略决策，积极启动和丰富农村文化市场，繁荣农村文艺，用社会主义先进文化占领农村阵地，满足农民日益增长的精神文化需求，提高农民的思想道德素质，开展好文化惠民活动，推动农村公共文化服务体系建设，努力实现好、维护好、发展好广大农民群众的基本文化权益，是摆在我们面前新的重大课题。

第二，2009年是新中国和中国文联成立60周年的喜庆之年。新中国成立60周年是全国人民政治生活中的一件大事，中央将举行一系列庆祝活动。如何按照中央的统一部署，积极有效地组织广大文艺工作者创作出一批反映60年来中国人民面貌、社会主义中国面貌、中国共产党面貌发生历史性深刻变化的优秀文艺作品，开展纪念新中国成立60周年系列文艺活动，全面展示新中国成立以来的光辉历程、伟大成就和成功经验，充分展示中国人民蓬勃向上、开拓奋进的精神风貌和我国繁荣发展、民主进步、文明开放的国际形象，坚定人民群众走中国特色社会主义道路的信念和信心，鼓舞全国人民以极大的热情投身改革开放和社会主义现代化建设事业，是摆在我们面前的新的重大课题。2009年也是中国文联成立60周年，这是全国文艺界的一件大事和喜事。如何抓住这个有利契机，充分展示60年来文艺工作和文联工作所取得的巨大成就，认真总结60年来文艺工作和文联工作积累的成功经验，积极探索新形势下文艺工作和文联工作的发展规律，增强中国文联的影响力和凝聚力，为繁荣社会主义文艺事业作出积极贡献，也是摆在我们面前新的重大课题。

第三，2009年可能是新世纪以来我国经济发展最为困难的一年，也是蕴涵重大机遇的一年。受百年不遇的国际金融危机的巨大冲击，世界经济环境急剧恶化，对中国经济社会发展带来巨大影响，国内经济下滑过快，社会矛盾陡然增多，社会稳定压力空前加大，我国经济社会发展面临来自国际国内严重困难和严峻挑战，保持经济平稳较快发展的任务异常艰巨。我们也要看到，这场金融危机给我国发展也带来了前所未有的机遇。这场金融危机导致外部需求大量减少，客观上为我们扩大内需和调整结构提供了有利条件；世界经济增长明显减速造成国际能源资源和资产价格回落，为我们开发利用海外能源资源和提高科技实力带来了有利条件；这场金融危机给发达国家造成巨大压力，为我们加强国际合作、谋取更多国家利益提供了有利条件。经济社会形势越严峻，越需要鼓舞全国人民增强信心，共克时艰。中央领导同志在全国宣传部长会议上强调，今年宣传思想文化工作最重要的任务，就是要为党和国家应对更加严峻的经济形势提供强大思想舆论支持，

维护好经济发展的大局，维护好深化改革的大局，维护好社会稳定的大局。对文艺工作和文联工作来说，如何深刻领会和全面把握中央对当前经济社会形势的重大判断，以科学发展观为指导，以增强信心为主线，充分发挥独特优势，引导广大文艺工作者创作更多的优秀作品，组织各种形式的大型主题文艺活动，鼓舞全国人民斗志，统一思想、凝聚力量，变压力为动力，化挑战为机遇，为保持经济平稳较快发展提供强大的精神动力，营造良好的文化氛围，是摆在我们面前新的重大课题。

形势复杂多变，机遇转瞬即逝。应当看到，机遇与挑战是辩证统一、相互依存的，在一定条件下可以相互转化。面对机遇，抓得住、抓得好，可以乘势而上；抓不住、抓不好，机遇也会丧失。面对挑战，善于应对，就可以变不利为有利；反之，就会陷于被动。我们一定要从国际国内两个大局的相互联系中科学认识形势的发展变化，深刻体察经济社会发展大势，准确把握党和国家工作全局，始终保持清醒头脑，善于抓住机遇，勇于应对挑战，努力推动文艺工作和文联工作再上一个新台阶。

三、2009年的工作安排

根据中央经济工作会议和全国宣传部长会议部署，2009年文联工作总的要求是：深入贯彻落实党的十七大、十七届三中全会、中央经济工作会议精神和胡锦涛总书记关于切实加强意识形态工作的重要指示精神，牢牢把握“高举旗帜、围绕大局、服务人民、改革创新”的总要求，紧紧围绕推动文艺繁荣、服务科学发展、促进社会和谐，坚持用科学发展观统领文艺工作和文联工作，以服务党和国家工作大局为重点，以满足人民群众日益增长的精神文化需求为根本，以推动文艺大发展大繁荣为目标，认真履行联络协调服务的基本职能，充分发挥组织引导服务维权的重要作用，努力调动一切积极因素，团结一切可以团结的力量，振奋精神、同心同德，锐意进取、扎实工作，为促进经济社会又好又快发展，夺取全面建设小康社会新胜利作出积极贡献。

按照这个总的要求，今年要着力做好以下8个方面的重点工作。

1. 紧紧围绕深入学习实践科学发展观，坚持不懈地用马克思主义中国化最新成果武装头脑、指导工作，努力在增强贯彻落实科学发展观的自觉性和坚定性上取得新成效。在全党开展深入学习实践科学发展观活动，是用马克思主义中国化最新成果武装头脑、指导工作的重大举措，也是在新的历史起点上推动文艺工作和文联工作创新发展的必然要求。2009年，中国文联及各团体会员要按照中央的统一部署和学习实践活动实施方案，继续围绕“推动文艺繁荣、服务科学发展、促进社会和谐”，善始善终地搞好学习实践活动。要按照党员干部受教育、科学发展上水平、人民群众得实惠这个总要求，大力发扬理论联系实际的马克思主义学风，采取切实有效的举措，着力转变不适应不符合科学发展要求的思想观念，着力解决影响和制约科学发展的突出问题以及党员干部党性党风党纪方面群众反映强烈的突出问题，着力构建有利于科学发展的体制机制。各地文联也要按照当地党委政府的统一安排，搞好学习实践活动。要把学习实践科学发展观活动与做好当前工作紧密结合起来，把改造主观世界与改造客观世界紧密结合起来，把提高思想认识与破解改革发展难题紧密结合起来，切实增强学习实践活动的针对性和实效性，把科学发展观的要求转化为推动文艺繁荣的正确思路，转化为服务科学发展的实际能力，转化为促进社会和谐的具体措施，更加坚定、自觉地用科学发展观统领新形势下的文艺工作和文联工作。

2. 紧紧围绕纪念新中国和中国文联成立60周年，精心组织有声势有特色有影响的主题文艺活动，充分展示新中国和中国文联的奋斗历程、辉煌成就和美好前景。运用文艺形式开展纪念、庆祝和宣传活动，有利于鼓舞士气、凝聚力量，激励人们为全面建设小康社会而努力奋斗。2009年，中国文联及各团体会员要按照中央的统一部署，围绕纪念新中国成立60周年，精心组织专题文艺展演、展映、展览、展示活动，以丰富多彩的文艺形式，充分展示60年来中国人民的面貌、社会主义中国的面貌、中国共产党的面貌发生的历史性变化，唱响共产党好、社会主义好、人民群众好、伟大祖国好的主旋律。要围绕纪念中国文联暨中国剧协、中国影协、中国音协、中国美协、中国曲协、中国舞协以及有关省区市文联成立60

周年，提前谋划、早作准备，重点办好纪念大会、工作经验交流会、理论研讨、文艺演出、图书出版和“我与文联”征文等活动，充分展示文艺界大团结大繁荣大发展的生动局面，充分展示广大文艺工作者奋发有为、昂扬向上的精神风貌，大力营造喜庆、团结、繁荣的浓厚氛围。各地文联也要围绕这两个重大纪念活动，开展好主题文艺活动。通过上述努力，大力弘扬民族精神和时代精神，充分展示新中国和中国文联60年的光辉历程、辉煌成就和美好前景，激励和引导广大干部群众艰苦奋斗、开拓前进，坚定人们走中国特色社会主义道路的信心。

3. 紧紧围绕人民群众对文化建设的新期待，深入扎实开展面向基层、服务群众的文化惠民活动，努力在保障人民群众的基本文化权益上作出新贡献。满足人民群众日益增长的精神文化需求，保障人民群众的基本文化权益，让人民群众共享文化发展成果，是包括文艺工作和文联工作在内的文化建设的根本目的。2009年，中国文联及各团体会员要精心组织好元旦春节期间的“送欢乐、下基层” 文化惠民活动，办好“百花迎春——中国文学艺术界大联欢”，营造欢乐祥和文明的节日氛围。要继续开展高品质、低价位、服务普通百姓的“百花芬芳”系列活动，进一步丰富基层群众的精神文化生活。要继续开展以“聚焦新农村、文艺为农民”为主题的系列活动，重点办好新农村少儿舞蹈美育工程、第三届农村小康电视节目工程、首届中国农民艺术节等，扶持建立农村文艺活动示范基地，引导文艺工作者创作生产更多反映新农村建设的优秀文艺作品。要继续开展梅花奖艺术团“送戏下基层”、曲艺家“送欢笑”、“美术家、书法家进万家”、传统节日系列文化活动、文艺进社区进校园等活动，大力倡导百花回报沃土、艺术奉献人民的良好风尚。各地文联都要坚持从当地的实际情况出发，采取多种形式组织广大文艺工作者深入生活、服务群众，积极指导和推动群众性文艺活动。通过上述努力，在全国上下大力繁荣先进文化、弘扬社会正气、塑造美好心灵，努力满足人民群众多层次、多样化、多方面的精神文化需求。

4. 紧紧围绕党和国家“大外交”、“大外宣”的总体部署，积极主动地推进对外民间文化交流与合作，努力在扩大中华文化的国际影响上发挥新作用。开展对外民间文化交流与合作，是我国文化外交和外宣工作的重要组成部分，是提升国家文化软实力、树立国家良好形象的重要途径。2009年，中国文联及各全国性文艺家协会要继续办好“今日中国”艺术周、“艺术之旅”等重大对外文化交流活动，面向国外主流社会、高端人士和政府官员，充分展示当代中国艺术发展的最新成果，着力打造对外文化交流的重要品牌。要组织好第24届世界魔术大会、梅花奖艺术团美国行、当代中国美术精品世界行、中国书法环球行，办好第13届国际摄影艺术展、上海合作组织电视高峰论坛、第九届中日韩电视制作者论坛、第四届中俄电视论坛、第三届中日韩非物质文化遗产保护论坛、第二届中国—东盟电视论坛、第三届中国—东盟当代舞蹈国际研讨会、第20届中日自作诗书展、第六届国际马戏论坛等活动，努力提高中国艺术在国际上的影响力。两岸同胞是血脉相连的命运共同体，包括大陆和台湾在内的中国是两岸同胞的共同家园。要加大与港澳台地区的文化交流力度，办好海峡两岸暨港澳地区艺术论坛和庆祝澳门回归10周年系列文艺活动，不断强化中华文化同根同源的意识和感情。各地文联也要根据实际情况，积极开展具有地方特色的对外文化交流活动。通过上述努力，打造具有中国特色、中国风格、中国气派的对外文化交流品牌，树立当代中国民主进步、文明开放的良好国际形象，增强中华文化的国际竞争力、吸引力和影响力。

5. 紧紧围绕坚持文艺的正确导向，切实改进理论评论和评奖办节工作，努力在推出一批优秀文艺作品上实现新突破。坚持文艺的正确导向，做好文艺评论和评奖办节工作，是推出优秀文艺作品的有效举措，是弘扬社会主义核心价值观的必然要求。2009年，中国文联及各团体会员要切实加强对事关文艺工作和文联工作全局性、战略性、前瞻性问题的研究，力争形成有参考价值和借鉴意义的调研报告。要举全国文联系统之力，启动编写《文联工作概论》。要召开全国文联文艺舆情信息工作会议，密切关注社会文艺动态和文艺理论领域的形势，建立文艺舆情汇集和分析机制。办好纪念中国文联成立60周年理论研讨会、第七届中国文联文艺理论评奖、2009年当代文艺

论坛等活动，继续办好中国文联及各文艺家协会所属报刊的文艺理论评论栏目，加强各文艺家协会理论评论和学术委员会建设，充分发挥特约研究员队伍、特约评论员队伍的作用。要按照《全国性文艺新闻出版评奖管理办法》的要求，认真落实《中国文联文艺评奖管理办法》，切实办好第三届中国戏剧奖、第27届中国电影金鸡奖、第七届中国音乐金钟奖、第一届中国美术奖、第七届中国舞蹈荷花奖、第九届中国民间文艺山花奖、第八届中国摄影金像奖、第三届中国书法兰亭奖、第八届中国杂技金菊奖；研究加强对中国文联和各文艺家协会举办的各类艺术节的管理，办好第11届中国戏剧节、第18届中国金鸡百花电影节、第三届中国舞蹈节、第八届中国摄影艺术节、第八届中国民间艺术节，做好“全国优秀少儿歌曲”的推广工作，办好第五届“小荷风采”全国少儿舞蹈展演、全国流行歌曲创作大赛等，推出一批思想性与艺术性相统一、反映人民主体地位和人民群众喜闻乐见的精品力作。要充分发挥中国文学艺术基金会的作用，按照基金会章程和资金使用管理办法，重点扶持优秀文艺作品的创作和生产。各地文联也要加强改进理论评论和评奖办节工作。通过上述努力，切实发挥文艺理论评论和评奖办节的导向作用，努力推出一批正确表现历史、反映现实、体现时代，以弘扬社会主义价值观为主旋律的优秀作品。

6. 紧紧围绕造就老中青相结合的浩浩荡荡文艺大军，切实加强文艺队伍建设，努力在培养一批德艺双馨的文艺大家和领军人物上取得新成果。培养众多文艺大家，造就一支浩浩荡荡的文艺大军，是文艺大发展大繁荣的重要标志和重要保证。2009年，中国文联及各团体会员要办好第四届中国文联中青年文艺评论家高级研修班等，加大培训优秀文艺骨干力度。要高度重视培养和发现文艺界先进典型，积极宣传和学习他们的崇高思想和优秀品质，弘扬德艺双馨精神，引导广大文艺工作者认真履行人类灵魂工程师的神圣职责。要把新的文化组织和自由职业者纳入工作范围，加强与不同体制下文艺工作者的联系，积极探索对体制外文艺从业人员的培训和业务指导的有效方式，把他们团结和凝聚到党的文艺事业中来。要积极倡导艺术民主和学术民主，营造尊重劳动、尊重知识、尊重人才、尊重创造的良好氛围，为文艺人才的迅速成长和脱颖而出创造条件。要积极关心文艺工作者特别是知名老艺术家的工作与生活，继续推进京剧“晚霞”、“彩霞”工程、“艺坛大家”音像工程，组织好文艺名人从艺、诞辰纪念活动，努力为他们办好事办实事，发挥他们在文艺界的带动作用。要积极推介优秀人才和他们的优秀作品，更好地发挥示范作用。各地文联也要做好相应的工作。通过上述努力，用事业造就人才，用目标凝聚人才，用机制激励人才，把各类人才团结在党的周围，凝聚到繁荣发展社会主义文艺事业中来。

7. 紧紧围绕推动文化内容形式、体制机制、传播手段的创新，积极探索行业服务、行业管理、行业自律和维权工作的有效途径，努力在找准方位、履行职能、发挥作用上迈出新步伐。在时代的高起点上推动文化内容形式、体制机制、传播手段创新，解放和发展文化生产力，是繁荣文化的必由之路，也是文联找准方位、履行职能、发挥作用的必然要求。2009年，中国文联及各团体会员要积极探索新办法，在服务文艺工作者的过程中加强管理、引导自律。要努力探索联系服务各方面各领域文艺工作者的新途径，及时了解他们的工作生活情况，真实反映他们的诉求。要加大维权工作力度，努力建设一支作风过硬、业务专精、甘于奉献的维权队伍，维护好广大文艺工作者的合法权益。要认真总结新时期特别是近年来加强行业服务、行业管理、行业自律的成功做法，借鉴其他人民团体在这方面的有益经验，努力探索新形势下做好文艺工作和文联工作的新方式新手段。要认真贯彻中央文化体制改革工作会议精神，坚持“积极稳妥、统筹兼顾、两级管理、循序渐进、重点突破、分步实施”的原则，在充分尊重各文艺家协会自主性的前提下，有条不紊地推进文联出版业的转企改制、资产重组，采取灵活的资本运作措施，实现中国文联出版业的快速发展和职工收入的稳步提高。各地文联也要在探索文联工作新机制新手段方面迈出新步伐，提供新经验。通过上述努力，不断完善文联的体制和运行机制，适应文艺工作和文联工作在物质基础、社会环境、传播渠道等方面的新变化，进一步找准方位、履行职能、发挥作用。

8. 紧紧围绕办好各方面各领域文艺工作者的“温馨和谐之家”，全面加强文联自身建设，努力在为开创文艺工作和文联工作新局面提供保障上取得新进展。把各级文联真正办成各方面各领域文艺工作者的“温馨和谐之家”，是团结动员广大文艺工作者、推动社会主义文艺事业大繁荣大发展的必然要求。2009年，中国文联及各团体会员要继续加强领导班子建设，牢固树立注重品行、崇尚实干、重视基层、鼓励创新、群众公认的用人导向，坚持“德才兼备、以德为先”的用人原则，真正把那些政治上靠得住、工作上有本事、群众信得过、作风过得硬的干部选拔到各级领导岗位上来。要继续加强干部队伍建设，举办文联处以上领导干部培训班，做好组织联络、理论研究、外事、人事、报刊业骨干理论和业务培训工作，继续办好文艺知识等专题讲座，努力提高文联干部职工特别是领导干部的业务素质；扎实推进干部人事制度改革，加强人才信息库建设，有计划有步骤地实施干部交流和轮岗，大力提拔那些被实践证明优秀、发展潜力较大的年轻干部；对离退休干部要做到政治上多关心、思想上多沟通、生活上多照顾。要继续加强基层党组织建设，坚持抓基层、打基础，坚持教育管理服务并重，教育引导党员增强党的意识，坚定理想信念，遵守组织纪律，争当先锋模范。要做好中国音协的换届选举工作。要积极争取有关部门的政策和资金支持，抓紧做好中国艺术家之家的改造装修和搬迁工作。要进一步加强和改进机关服务工作，增强服务能力，提高服务水平，为机关工作提供有力的后勤保障。各地文联也要结合实际，切实加强自身建设。通过上述努力，不断提高做好新形势下文艺工作和文联工作的能力和水平，增强广大文艺工作者对文联组织的向心力和认同感，真正把文联建成各方面各领域文艺工作者的“温馨和谐之家”。

四、几点工作要求

2009年，是我们党和国家历史上具有特殊意义的重要一年。扎扎实实地做好今年的文艺工作和文联工作，意义非同寻常。中国文联是党领导的文艺界人民团体，是党和政府联系文艺工作者的桥梁和纽带，是繁荣发展文艺事业、建设先进文化的重要力量，在团结广大文艺工作者、推动发展社会主义文艺事业中担负着重大责任。中国文联及各团体会员必须坚持以科学发展观为统领，清醒认识国际国内形势的新变化和人民群众对文化建设的新期待，用时代发展的要求审视自己，抓住难点、突出重点、打造亮点，同心同德，开拓进取，努力把文艺工作和文联工作提升到一个新水平。

1. 要坚持改革创新，着力在推动文艺工作和文联工作的科学发展上下工夫。创新是民族进步的灵魂，是事业发展的不竭动力，也是文艺事业保持生机、蓬勃发展的关键所在。文化是最需要创新的领域，只有把握时代脉搏、反映时代精神、贴近现实生活、引领人民思想的文化，才能始终赢得人民，成为社会进步的先导。面对新形势新任务新要求，我们必须要牢固树立符合科学发展观要求的新的文化发展理念。前不久，李长春同志代表党中央围绕深入学习实践科学发展观、推动文化大发展大繁荣发表重要讲话，从文化的地位和作用、发展方向、发展目的、发展动力、发展思路、发展格局、发展战略、发展领导力量和依靠力量等8个方面提出了新的文化发展理念，初步回答了新世纪新阶段我国社会主义文化发展的一系列重大问题，是科学发展观在文化建设领域的具体体现，是新的历史条件下文化发展规律的客观反映。我们一定要紧密结合实际，认真学习、深刻领会，并切实贯彻到文艺工作和文联工作中去。要牢固树立与时代要求相适应、与实践发展相适合、与人民呼声相一致的创新意识，坚持继承与创新相结合，努力做到在推动工作上有新思路、在破解难题上有新举措、在繁荣发展上有新成效，积极探索适应社会主义市场经济体制、符合文艺发展规律和人民团体特点的管理体制、运行机制、组织形式、活动方式。要把创新作为开拓文联事业的前进动力，努力把文联建设成为创新型组织，始终保持蓬勃生机和旺盛活力。

2. 要坚定必胜信心，着力在增强人民精神力量上下工夫。实践证明，在困难面前，信心比黄金还重要。越是在经济社会发展困难的时候，越需要发挥文艺的独特作用。我们要从全局和战略高度充分认识当前形势的复杂性、严峻性，切实把思想和行动统一到中央对国内外经济形势的分析判断上来，统一到中央的决策部署上来。要倍

加珍惜文艺工作和文联工作在党和国家大局中的地位和作用日渐提升、社会影响日益扩大、正处在最好的历史发展时期的大好局面，进一步增强紧迫感、责任感和使命感，始终保持昂扬向上、奋发有为的精神状态，运用丰富多彩的文艺形式，鼓舞人民振奋精神、和衷共济、共渡难关。

3. 要加强团结协作，着力在增强工作整体效应上下工夫。实践使我们深深体会到，团结就是力量，团结出凝聚力、出战斗力、出效益。要大力营造倍加珍视团结、努力促进团结、自觉维护团结的浓厚氛围。要牢固树立全国文联“一盘棋”的思想，加强中国文联与所属各文艺家协会之间、中国文联与各地方文联之间、各团体会员之间、各艺术门类之间的团结协作，各展所长，优势互补，在密切合作中求得共同发展，在形成合力中实现整体推进。要正确处理好局部和整体、个人和集体、当前和长远的关系，充分调动各方面的积极因素，统筹规划，出组合拳、打总体战，形成规模、造成声势、扩大影响，不断增强工作的整体效应。

4. 要实施精品战略，着力在打造文艺知名品牌上下工夫。实施精品战略，打造知名品牌，是繁荣发展文艺、壮大文联事业的必由之路。要立足于实现全面建设小康社会的新要求，适应国内外形势的新变化，顺应人民渴望美好生活的新期待，从党和政府的重大部署中找准工作的结合点，从人民群众普遍关心的热点问题中找准工作的切入点，从文艺事业发展的关键环节中找准工作的着力点，认真实施文艺精品工程，努力打造知名品牌。要从实际出发，善于整合资源优势，牢牢抓住关键，努力使重点领域有新的变化，重点环节有新的突破，重点项目有新的进展，以重点带动全局。要树立品牌意识，科学合理地配置资源，打造一批立得住、叫得响、传得开、留得下的知名文艺品牌，不断提升品牌的知名度和美誉度，使之成为一个时代的文化标识和可持续利用的文化资源。

5. 要提升服务质量，着力在履行文联基本职能上下工夫。文联的基本职能是联络协调服务，联络是基础、协调是途径、服务是根本。要坚持以人为本，积极探索服务文艺工作者的途径和办法，政治上充分信任，创作上热情支持，生活上真诚关怀，最大限度为他们提供优质服务。要关心知名艺术家、文艺领军人物的工作与生活，努力在创作经费、成就展示、交流合作、艺术传承等方面为他们做好事、办实事、解难事。要努力适应市场环境和服务主体的变化，积极维护文艺工作者的合法权益，努力扩大服务范围，拓宽服务渠道，改进服务方法，提升服务层次，增强服务本领，使广大文艺工作者专心致志搞创作，心情舒畅干事业，同心同德促繁荣。

6. 要加大宣传力度，着力在扩大文联社会影响上下工夫。加大宣传力度，对于扩大文联社会影响，树立文联良好形象，推动文联工作，具有十分重要的作用。要积极主动地向各级党委政府和上级主管部门汇报工作，切实加强与有关部门、单位的沟通与联系，努力赢得更多的关心、重视和支持。要认真贯彻执行《中国文联新闻宣传工作管理办法》，加强统筹协调，提高宣传质量和水平，充分发挥新闻宣传联络员的积极作用，推动新闻宣传工作更加科学化、规范化、制度化。要切实提高与新闻媒体打交道的能力，加强同中央主要新闻媒体的沟通与合作，重视发挥互联网、手机短信等新兴媒体的作用。要采取有效措施，提前做好涉及文联全局重点工作、重大活动、重要会议宣传报道的策划，重视发挥中国文联所属报刊、网站的作用，努力做好跟踪报道和深度报道，进一步扩大社会影响和知名度。

各位委员、同志们，党中央对文艺工作和文联事业高度重视，人民群众对广大文艺工作者充满期待，我们面临的任务重大而艰巨，我们肩负的使命神圣而光荣。让我们更加紧密地团结在以胡锦涛同志为总书记的党中央周围，高举中国特色社会主义伟大旗帜，以邓小平理论和“三个代表”重要思想为指导，深入贯彻落实科学发展观，坚持解放思想，实事求是，与时俱进，以更加饱满的热情、更加昂扬的斗志、更加务实的作风，开拓进取，扎实工作，以优异成绩迎接新中国和中国文联成立60周年！

在纪念中国文联成立60周年座谈会上的讲话

胡振民

(2009年7月18日，北京)

各位艺术家、同志们、朋友们：

昨天下午，纪念中国文联成立60周年大会在人民大会堂隆重召开。中共中央政治局常委李长春发来贺信，中共中央政治局委员、中央书记处书记、中宣部部长刘云山出席会议并发表重要讲话，全国政协副主席、中国社科院院长陈奎元出席会议，全国政协副主席、中国文联主席孙家正出席会议并致辞。这充分体现了党中央对文艺工作和文联工作的高度重视，对文艺界和广大文艺工作者的亲切关怀。长春同志的贺信和云山同志的重要讲话，全面回顾了中国文联成立60年来走过的光辉历程，系统总结了社会主义文艺事业取得的伟大成就和宝贵经验，充分肯定了文艺工作和文联工作在党和人民事业中的重要地位和作用，明确提出了做好新形势下文艺工作和文联工作的新任务新要求。贺信和讲话思想深刻、内容丰富，具有很强的针对性和可操作性，对做好当前和今后一个时期文艺工作和文联工作具有十分重要的指导意义。

今天，我们在这里召开座谈会，就是要紧密结合文艺工作和文联工作实际，认真学习贯彻长春同志贺信和云山同志讲话的重要精神，团结动员广大文艺工作者提高认识、统一思想，凝聚力量、振奋精神，在新的历史起点上进一步开创文艺工作和文联工作新局面，为推动社会主义文艺大发展大繁荣作出新的更大贡献。

刚才，6位同志做了很好的发言，听了很受启发。下面，我讲几点意见。

一、以中央领导同志重要指示精神为遵循，准确把握60年来中国文联的光辉历程、巨大成就和宝贵经验，进一步增强做好文艺工作和文联工作的信心和决心

中央领导同志指出："文学艺术工作是党和人民事业的重要组成部分，在党和人民事业发展中走过了辉煌的历程。60年来特别是改革开放以来，广大文学艺术工作者在党的领导下，坚持'二为'方向和'双百'方针，与人民心连心、与祖国共命运、与时代同步伐，热情讴歌火热生活，积极传播先进文化，创作生产了一大批思想性、艺术性俱佳的优秀作品，为繁荣祖国文艺百花园，为满足人民群众精神文化需求、促进人的全面发展，作出了重要贡献。""中国文联认真贯彻党的文艺方针，切实履行职能，努力发挥作用，为增进文艺界的大团结、促进文艺创作的大繁荣、推动文艺事业的大发展作出了历史性贡献。"这是对60年来文艺工作和文联工作的充分肯定和高度概括，我们一定要认真学习、深入领会、准确把握。

1. 新中国60年，是中国文联及各团体会员团结带领广大文艺工作者大力繁荣文艺创作，热情讴歌亿万人民创造幸福生活和美好未来伟大实践的60年。60年来特别是改革开放以来，中国文联及各团体会员坚持正确文艺导向，组织引导广大文艺工作者潜心创作、勤奋耕耘，创作出一大批思想性、艺术性、观赏性相统一的精品佳作。60年来，优秀文艺作品的数量从少到多，种类从小说、戏剧、电影为主到各个艺术门类百花齐放，传播手段从传统媒介到现代声光电和网络技术综合运用，在反映生活的广度和深度上，在题材、体裁、形式、风格和表现手法的多样化上，都发生了历史性深刻变化。这些精品力作，热情讴歌了亿万人民为创造幸福生活和美好未来而作出的不懈奋斗，唱响了时代发展和社会进步的主旋律，为发展中国特色社会主义事业提供了强大的精神动力和良好的文化氛围。

2. 新中国60年，是中国文联及各团体会员积极开展丰富多彩的文艺活动，努力满足人民群众日益增长精神文化需求的60年。60年来特别是改革开放以来，中国文联及各团体会员围绕中心、服务大局，面向基层、服务群众，深入开展了"万里采风"、"送欢乐、下基层"、"艺术进万家"、"聚焦新农村、文艺为农民"等主题鲜明、丰富多彩

的文艺活动。60年来，文艺活动的覆盖面从小到大，投入从财政支出为主到社会各方共同参与相结合，方式从广大文艺工作者送文化到送、帮、教、建相结合，在活动的范围、力度、影响力和实际效果等方面，都发生了历史性深刻变化。这些文艺活动，在丰富基层广大群众的精神文化生活、保障群众的基本文化权益等方面发挥了重要作用，同时又加深了广大文艺工作者与人民群众的血肉联系，使他们受到思想上的教育和精神上的洗礼。

3. 新中国60年，是中国文联及各团体会员不断拓展对外民间文化交流渠道，努力扩大中华文化的国际竞争力影响力的60年。60年来特别是改革开放以来，中国文联及各团体会员围绕国家总体外交战略，坚持以我为主、洋为中用、博采众长，组织开展中国文化年、中国艺术周、艺术之旅、国际民间艺术节等文艺活动，搭建双边或多边文化交流与合作的重要平台，推动中华文化走向世界。60年来，对外民间文化交流活动从无到有，从面向社会主义国家、发展中国家到面向世界各国，从单边、双边交流到多边交流，从申请加入国际各类艺术组织到在国际艺术组织中争得主导权、话语权，都发生了历史性深刻变化。这些对外文化交流活动，充分展现了我国经济、政治、文化、社会建设取得的辉煌成就，塑造了我国民主、进步、文明、开放的良好国际形象，提升了中华文化的国际影响力。

4. 新中国60年，是中国文联及各团体会员积极培养优秀文艺人才，努力建设一支老中青相结合、浩浩荡荡文艺大军的60年。60年来特别是改革开放以来，中国文联及各团体会员高度重视文艺人才的培养，通过开展形式多样的主题教育活动、读书班、培训班、德艺双馨文艺工作者评选表彰、推出重大先进典型等，积极发现、扶持和培养优秀文艺人才。60年来，我国文艺工作者从新中国成立时的7万余人到现在上千万人，从师徒传授的文艺人占主体到现在普遍接受正规艺术教育占绝大多数，从单一从文从艺为主体到现在的各门类文艺领军人才、专业技术人才、经营管理人才大量涌现，都发生了历史性深刻变化。这些培养造就文艺队伍的措施，有效地提升了我国广大文艺工作者的思想道德修养、科学文化素养和文学艺术学养，推动了一支热爱祖国、热爱人民、德艺双馨、开拓创新的文艺大军的形成，为繁荣发展社会主义文艺事业提供了坚实的人才保证。

5. 新中国60年，是中国文联及各团体会员切实加强自身建设，认真履行联络协调服务基本职能、充分发挥组织引导服务维权作用的60年。60年来特别是改革开放以来，中国文联及各团体会员切实加强自身建设，认真抓好领导班子、干部队伍和基层党组织建设，为文艺工作者服务的能力和水平不断提升。60年来，中国文联的团体会员从6个发展到52个，文联组织从中央、省区市两级到县以上普遍建立乃至部分乡镇、街道、企业、社区、学校也纷纷成立，从主要服务知名艺术家到服务各方面各领域文艺工作者，都发生了历史性深刻变化。这些重要举措，提高了广大文联干部职工的综合素质，增强了广大文艺工作者对文联组织的向心力和认同感，为把广大文艺工作者团结在党的周围，聚集在中国特色社会主义伟大旗帜下发挥了不可替代的重要作用。

中央领导同志强调："60年的历史深刻昭示我们，坚持以马克思主义中国化的伟大成果为指导，是繁荣发展社会主义文艺事业的根本保证；全面贯彻落实党的文艺方针政策，是繁荣发展社会主义文艺事业的关键所在；围绕大局、服务人民，是繁荣发展社会主义文艺事业的基本遵循；与时俱进、改革创新，是繁荣发展社会主义文艺事业的必由之路；重在建设、团结鼓劲，是繁荣发展社会主义文艺事业的重要法宝。"这是对中国文联成立60年来正反两方面经验的科学总结，是我们党加强文艺工作和文联工作的重要历史经验，对做好新形势下的文艺工作和文联工作具有重要指导意义。我们一定要深刻理解、倍加珍惜，并在今后的实践中不断丰富和发展。

二、以中央领导同志重要指示精神为武器，充分认识文艺工作和文联工作在党和人民事业中的重要作用，进一步增强做好文艺工作和文联工作的责任感和使命感

我们党历来高度重视文艺工作。毛泽东同志、邓小平同志、江泽民同志和胡锦涛同志分别在不同历史时期对文艺工作和文联工作作出一系列重要论述。这次长春同志的贺信和云山同志的讲话，又一次强调了文艺工作和文联工作在党和人民事业中的重要作用，指出文艺工作是一项崇高的事业，关系到培育一代又一代有理想、有道德、有文化、有纪律的社会主义新人。

当前，我国政治稳定、经济发展、文化繁荣、民族团结、社会进步，国际地位日益提高，文艺事业在党和国家工作大局中的地位作用日益突出，文艺工作和文联工作面临前所未有的大好形势。但是，现在国际上不稳定、不确定、不安全因素显著增多，世界范围各种思想文化交流、交融、交锋日趋频繁，意识形态领域渗透与反渗透的斗争更加尖锐复杂；国内社会思想意识多元、多样、多变特征更加明显，用社会主义核心价值体系引领整合社会思想、不断发展社会主义先进文化的任务更加繁重；互联网传播的大众化、媒体化、数字化趋势日益凸显，巩固阵地、引导文艺的难度大大增加，占领文化传播制高点的形势更加严峻。在当前经济下滑、精神压力增大的情况下，充分发挥文艺舒缓情绪、振奋精神、凝聚力量的独特作用，给人以战胜金融危机和经济困难的信心和勇气的重大现实任务更加艰巨。

中央领导同志强调：.“党的十七大从中国特色社会主义事业四位一体总体布局的战略高度，强调要更加自觉、更加主动地推动社会主义文化大发展大繁荣，这为繁荣发展文学艺术事业提供了前所未有的机遇，也对文学艺术工作提出了新的更高要求。”我们一定要充分认识做好新形势下文艺工作和文联工作的重要意义，切实把思想统一到中央精神上来，把行动统一到中央决策部署上来，进一步增强做好文艺工作和文联工作的责任感、紧迫感和使命感。

三、以中央领导同志重要指示精神为指导，团结动员广大文艺工作者在新的历史起点上锐意进取、扎实工作，进一步开创文艺工作和文联工作新局面

中央领导同志强调：“要按照党的十七大的要求，响应时代的召唤、顺应人民的期待，把握前进方向，努力开拓进取，为繁荣发展社会主义文化作出积极贡献。”中国文联及各团体会员要把贯彻落实中央领导同志的重要指示精神作为当前和今后一个时期的重要任务，始终坚持先进文化前进方向，认真履行职能，充分发挥作用，在新的历史起点上努力开创文艺工作和文联工作新天地。

1. 坚持马克思主义在文艺领域的指导地位，增强用科学发展观统领文艺工作和文联工作的自觉性和坚定性。马克思主义是我们党的根本指导思想，是社会主义意识形态的旗帜。科学发展观是马克思主义中国化的最新成果，是我国经济社会发展的重要指导方针，是发展中国特色社会主义必须坚持和贯彻的重大战略思想。要不断巩固马克思主义在文艺领域的指导地位，大力推进马克思主义文艺理论研究和建设，用一元化的指导思想引领整合多样化的文艺思潮、个性化的文化追求，引导广大文艺工作者深刻认识和牢牢把握现阶段我国文化工作的主题，自觉担当起时代和人民赋予的庄严使命。要坚持以科学发展观为统领，牢固树立新的文化发展理念，深入开展学习实践科学发展观“回头看”活动，在推动文艺繁荣、服务科学发展、促进社会和谐方面取得新成效。要牢牢抓住建设社会主义核心价值体系这个根本，始终坚持社会主义先进文化的前进方向，自觉把社会主义核心价值体系鲜明地体现在文艺创作生产、理论评论和评奖办节的各个方面，大力弘扬一切有利于国家富强、民族振兴、社会和谐、人民幸福的思想和精神。

2. 坚持围绕中心、服务大局，面向基层、服务群众，努力为庆祝新中国成立60周年营造隆重、热烈、喜庆的浓厚氛围。庆祝新中国成立60周年，是今年党和国家政治生活中的一件大事，是举国普天同庆的一件喜事。要围绕庆祝新中国成立60周年，扎实开展歌颂党、歌颂祖国的文艺展演、展映、展示活动，重点组织好“向祖国汇报”系列文艺活动，推出一批反映党的光辉历史、共和国光辉成就和人民群众火热生活的优秀文艺作品，为庆祝新中国成立60周年营造良好的文化氛围。要认真贯彻落实《关于加强公共文化服务体系建设的若干意见》，坚持不懈地开展“送欢乐、下基层”、“聚焦新农村、文艺为农民”等文化惠民活动，推进农村少儿舞蹈美育工程、百县千乡农民剧团建设工程和书法进万家活动，丰富人民群众精神文化生活，为推动新农村文化建设作出积极贡献。

3. 坚持尊重劳动、尊重知识、尊重人才、尊重创造，组织引导广大文艺工作者创作出无愧于

时代和人民的优秀文艺作品。优秀文艺人才和优秀文艺作品的不断涌现，是文化大发展大繁荣的显著标志。要认真贯彻“双百”方针，坚持贴近实际、贴近生活、贴近群众，鼓励探索、支持创新，努力营造良好创作环境，最大限度地调动广大文艺工作者的积极性、主动性、创造性，创作生产更多无愧于历史、无愧于人民的精品力作。要切实办好各项全国性文艺大奖和艺术节，充分发挥奖项的激励引导作用。要努力做大做强和管好用好中国文学艺术基金，重点扶持优秀文艺作品的创作生产以及具有全局意义的重大公益性文艺活动和对外民间文化交流活动。要善于发掘文艺界先进典型，积极宣传他们的先进事迹和崇高思想，弘扬德艺双馨精神，引导广大文艺工作者认真履行人类灵魂工程师的神圣职责。

4. 坚持服务于党和国家“大外交”、“大外宣”战略，努力为推动中华文化走出去、提高国家文化软实力作出新贡献。推动社会主义文艺的繁荣发展，必须加强对外文化交流，不断提高国家文化软实力，增强中华文化的国际影响力。要紧密配合国家总体外交和对外战略，充分发挥中国文联及各团体会员开展对外民间文化交流活动的独特作用，统筹规划、突出重点，整合资源、形成合力。要按照中央领导同志的批示要求，认真组织、精心筹备，确保第24届世界魔术大会圆满成功。要组织好梅花奖艺术团美国行、当代中国美术精品世界行、中国书法环球行，办好各艺术门类的展览、论坛等活动，努力提高中国艺术在国际上的影响力。要积极加入更多的国际艺术组织，并努力扩大席位，在参与制定国际通行的艺术规则方面发挥更大作用。要加大与港澳台地区的文化交流力度，办好庆祝澳门回归10周年系列文艺活动，不断强化中华文化同根同源的意识和感情。

5. 坚持履行基本职能、积极发挥重要作用，努力建设广大文艺工作者的和谐温馨之家。胡锦涛总书记在八次文代会上指出，要广泛团结各方面各领域的文艺工作者，把文联办成文艺工作者之家。要加强各级领导班子建设，坚持民主集中制原则，规范各项议事规则，不断提高做好文艺工作和文联工作的能力和水平。要继续深化干部人事制度改革，重视后备人才培养，加大干部培训、交流、轮岗力度，积极选拔优秀年轻干部。要关心文艺工作者特别是知名老艺术家的工作与生活，继续推进京剧“晚霞”、“彩霞”工程、“艺坛大家”音像工程，组织好文艺名人从艺、诞辰纪念活动。要认真做好中国音协的换届工作。要抓紧做好“中国文艺家之家”大楼装修改造工程，抓住搬迁新办公楼的有利契机，改进工作作风，提高管理水平，使机关面貌呈现新气象。要按照中央的统一部署，继续积极稳妥地推进出版单位的转企改制和资产重组。要大力推进文学艺术体制机制、内容形式、风格流派、传播手段的改革创新，为文学艺术事业的繁荣发展提供强大动力。要努力适应市场环境和服务主体的变化，积极维护文艺工作者的合法权益，不断创新服务手段，改进服务方式，提升服务层次，努力把文联办成文艺工作者的和谐温馨之家。

各位艺术家、同志们，文艺事业天地广阔、大有作为，文艺工作者责任重大、使命光荣。让我们更加紧密地团结在以胡锦涛同志为总书记的党中央周围，解放思想、实事求是，万众一心、奋发努力，与时俱进、开拓创新，大力繁荣发展文艺事业，为建设富强民主文明和谐的社会主义现代化国家、实现中华民族的伟大复兴而努力奋斗！

在中国文联深入学习实践科学发展观活动总结暨2008年度先进集体和个人表彰大会上的讲话

胡振民

（2009年2月25日，北京）

同志们：

根据中央要求和中国文联关于深入学习实践科学发展观活动部署，今天我们在这里召开中国文联深入学习实践科学发展观活动总结暨2008年度先进集体和个人表彰大会。刚才，李牧同志代表中国文联党组对学习实践活动做了认真回顾和系统总结。王晓安同志代表中央第15指导检查组做了重要讲话，对中国文联开展深入学习实践活动给予了充分肯定，对下一步贯彻落实科学发展观从三个方面提出了明确要求，我们一定要紧密结合文艺工作和文联工作实际，认真加以贯彻落实。总的看，在中央第15指导检查组的指导帮助下，在全体党员干部的共同努力下，中国文联的学习实践活动按照中央要求，规定动作不走样，自选动作有创新，在提高思想认识、解决突出问题、创新体制机制、促进科学发展方面取得了明显成效，极大地推动了文艺工作和文联工作的创新和发展。这些成绩的取得，与中央第15指导检查组的指导帮助密不可分。这里，我代表中国文联党组和全体党员干部，向中央第15指导检查组近5个月来的辛勤工作表示崇高的敬意！向指导检查组给予中国文联的有力指导和真诚帮助表示衷心的感谢！

另外，志今同志宣读了中国文联关于表彰2008年度先进集体和先进个人的决定，对先进集体和个人进行了表彰。借此机会，我代表中国文联党组，向受表彰的先进集体和个人表示热烈的祝贺！衷心希望受表彰的先进集体和个人再接再厉、戒骄戒躁，继续发挥示范带头作用。衷心希望广大党员干部职工向他们学习，为推动文联工作的大发展和文艺事业的大繁荣努力奋斗。

中国文联集中开展的深入学习实践科学发展观活动即将告一段落，但是贯彻落实科学发展观是一项长期的重大任务，如何继续巩固和发展学习实践活动的成果，始终坚持以科学发展观为统领，进一步做好文艺工作和文联工作，是摆在我们面前的一个重要课题。前不久，经党中央批准，先后召开了中央纪委十七届三次全会、全国组织部长会议和全国宣传部长会议，胡锦涛总书记等中央领导同志分别在会上做了重要讲话。这三个会议坚持以科学发展观为指导，分别对党风廉政建设和反腐败工作、组织工作、宣传工作作出了全面部署，提出了明确要求，都是具有全局意义的重要会议。下面，我受文联党组委托，结合文联的具体实际，就坚持以科学发展观为统领，深入贯彻落实这三个重要会议精神，进一步巩固和发展学习实践活动成果，努力开创文艺工作和文联工作新局面，讲几点意见。

1. 坚持不懈地用马克思主义中国化的最新成果武装头脑，始终保持政治上的清醒和坚定。加强理论学习，提高理论素养，增强运用科学理论指导实践的能力，是党员干部始终保持政治上清醒和坚定的基础和前提。我们一定要从开阔世界眼光、提高战略思维、增强全球观念的高度，把加强理论学习提到更加突出的地位，切实抓紧抓好、抓出成效。要坚持不懈地用马克思主义中国化的最新成果武装头脑，深入学习中国特色社会主义理论体系，增强贯彻落实科学发展观的自觉性和坚定性。要深入开展理想信念教育和思想道德建设，坚定正确的政治立场和政治方向，努力使广大党员干部成为实践社会主义核心价值体系的模范。要解放思想、转变观念，牢固树立新的文化发展理念，努力在文化地位作用、文化发展方向、文化发展目的、文化发展思路、文化发展动力、文化发展格局、文化发展战略、文化发展领导力量和依靠力量上等方面取得新认识，更加自觉、更加主动地推动社会主义文化大发展大繁荣。要发挥党组理论学习中心组的龙头作用，以处以上领导干部为重点，坚持集体学习和个人自学相结合，采取举办辅导讲座、形势报告会、研

讨会等不同方式，确保学习取得实实在在的效果。

工作中注意把握以下几点：一是突出主题。要把中国特色社会主义作为学习的主题，不断加深对“一面旗帜、一条道路、一个理论体系”的理解和认识，坚定对马克思主义的信仰，增强走中国特色社会主义道路的信心。要认真学习贯彻中央关于文艺工作和文联工作的一系列重要指示精神和重大决策部署，做到大事面前不糊涂，关键时刻不动摇，在政治上、思想上、行动上始终与以胡锦涛同志为总书记的党中央保持高度一致。二是坚持不懈。要牢固树立和践行终生学习的理念，进一步强化学习意识，把学习作为工作和生活的重要组成部分。要下大决心、大力气，尽量摆脱不必要的应酬，努力减少过多过滥的活动，静下心来，认认真真地学、扎扎实实地学、持之以恒地学。三是转变学风。要大力发扬理论联系实际的马克思主义学风，坚持改造主观世界和改造客观世界相结合、武装头脑与指导实践相结合，大兴求真务实之风。各级领导干部要在转变学风上起带头作用，提高学习的针对性和有效性，努力把理论学习成果转化为推动文艺工作和文联工作科学发展的思路和能力。

2. 坚持不懈地推动文艺繁荣、服务科学发展、促进社会和谐，始终保持文艺工作和文联工作的正确方向。推动文艺繁荣、服务科学发展、促进社会和谐，是中国文联开展深入学习实践科学发展观活动确定的实践载体，是贯彻落实胡锦涛总书记提出的“高举旗帜、围绕大局、服务人民、改革创新”总要求的具体体现，也是新形势下文艺工作和文联工作沿着正确方向前进的根本保证。我们要围绕纪念新中国和中国文联成立60周年，精心组织有声势有特色有影响的主题文艺活动，大力唱响共产党好、社会主义好、改革开放好、人民军队好、人民群众好、伟大祖国好的时代主旋律。要深入扎实地开展面向基层、服务群众的文化惠民活动，充分发挥中国文联在构建公共文化服务体系方面的积极作用，努力满足人民群众日益增长的精神文化需求。要把握文艺工作和文联工作的正确导向，切实加强和改进理论评论、舆情信息和评奖办节工作，不断推出优秀作品和优秀人才。要紧紧围绕服务党和国家“大外交”、“大外宣”工作格局，积极主动地推进对外民间文化交流与合作，充分展示中华文化的魅力和风采，努力提升国家文化软实力。

工作中注意把握以下几点：一是突出工作重点。要从党和政府的重大部署中找准工作的结合点，从人民群众普遍关心的热点问题中找准工作的切入点，从文艺事业发展的关键环节中找准工作的着力点，善于统筹规划，突出重点，做到鼓劲不泄气，帮忙不添乱，努力维护好经济发展的大局，维护好深化改革的大局，维护好社会稳定的大局。二是加强团结协作。要树立全国文联“一盘棋”的思想，加强中国文联与所属各文艺家协会之间、中国文联与各地方文联之间、各团体会员之间、各艺术门类之间的沟通联系，各展所长、优势互补，在密切合作中求得共同发展，在形成合力中实现整体推进，共同推动文艺事业大发展大繁荣。三是打造知名品牌。要树立强烈的精品意识，实施精品工程，科学合理地配置资源，努力打造一批立得住、叫得响、传得开、留得下的知名文艺品牌，不断提升品牌的知名度和美誉度，使之成为一个时代的文化标识和可持续利用的文化资源。

3. 坚持不懈地推进改革创新，始终保持文艺工作和文联工作的生机与活力。文化是最需要创新的领域，在时代的高起点上推动文化内容形式、体制机制、传播手段创新，解放和发展文化生产力，是繁荣文化的必由之路，也是保持文艺工作和文联工作生机与活力的必然要求。我们要以改革创新的精神，研究新情况、解决新问题、开创新局面，努力使文艺工作和文联工作体现时代性、把握规律性、富于创造性。要积极探索适应社会主义市场经济体制、符合文艺发展规律和人民团体特点的管理体制、运行机制、组织形式、活动方式，不断加强行业服务、行业管理、行业自律，努力维护广大文艺工作者的合法权益。要坚持以人为本，努力扩大服务范围，拓宽服务渠道，改进服务方法，提升服务层次，增强服务本领，使广大文艺工作者专心致志搞创作，心情舒畅干事业，同心同德促繁荣。要按照中央的要求，坚持“积极稳妥、统筹兼顾、两级管理、循序渐进、重点突破、分步实施”的原则，有条不紊地推进文联出版业的转企改制、资产重组，采取灵活的资本运作措施，实现文联出版业的快速发展和职工收入的稳步提高。

工作中注意把握以下几点：一是加强调查研究。要根据形势的发展变化，切实加大调查研究工作力度，加强对事关文艺工作和文联工作全局性、战略性、前瞻性重大问题的研究，力争形成有参考价值和借鉴意义的研究成果，努力做到改革有依据，创新出效果。二是正确处理继承与创新的关系。要坚持继承与创新相统一，在继承的基础上进行创新，在创新的过程中更好地继承，科学把握新形势下文艺工作和文联工作的特点和规律，努力做到在推动工作上有新思路，在破解难题上有新举措，在繁荣发展上有新成效。三是积极稳妥。要坚持实事求是，一切从实际出发，正确处理改革发展稳定的关系，切实把尽力而为和量力而行结合起来，把改革的力度、发展的速度和干部群众的可承受程度统一起来，稳步推进各项事业的发展。

4. 坚持不懈地加强党性修养和作风养成，始终保持昂扬向上、奋发有为的精神状态。加强党员干部党性修养，树立和弘扬优良作风，是党的执政能力建设和先进性建设的重要内容，也是广大党员干部始终保持昂扬向上、奋发有为的精神状态的内在要求。我们一定要把加强党性修养和作风养成，始终保持共产党人的政治本色，大力发扬党的光荣传统和优良作风，作为每个党员干部改造主观世界的终生课题和毕生追求。要把对党员干部的教育、培养、管理工作放在更加突出的位置，把加强党员干部党性修养和作风养成落实到党要管党、从严治党的工作和措施上，健全党内生活制度，开展批评和自我批评，形成民主团结、相互促进、奋发向上的组织氛围。要按照科学发展观的要求选干部、配班子、建队伍、聚人才，从教育培训、培养锻炼、选拔任用、考核评价、作风要求、纪律规定等各方面制定科学衡量领导干部党性修养和作风养成的具体要求，形成有利于党员干部加强党性修养和作风养成的制度环境。要自觉践行社会主义核心价值体系，坚持继承光荣传统和弘扬时代精神相统一、加强个人修养和接受教育监督相统一，始终保持蓬勃朝气、昂扬锐气和浩然正气，树立共产党人政治坚定、作风优良、纪律严明、勤政为民、恪尽职守、清正廉洁的良好形象。

工作中注意把握以下几点：一是增强宗旨观念。要牢固树立和不断强化宗旨意识，坚持以人为本，正确行使人民赋予的权力，把群众呼声作为第一信号，把群众需要作为第一选择，把群众满意作为第一标准，做到权为民所用、情为民所系、利为民所谋。二是树立正确的政绩观。要以人民利益为重，坚持把实现个人追求与实现党的奋斗目标、人民利益紧密结合起来，正确看待个人利益，正确看待个人得失，正确把握利益关系，不为私心所扰，不为名利所累，不为物欲所惑，淡泊名利，克己奉公，努力作出经得起实践、人民、历史检验的实绩。三是真抓实干。要认认真真学习、老老实实做人、干干净净做事，坚持求真务实、埋头苦干，察实情、讲实话，鼓实劲、出实招，办实事、求实效。要把思想统一到干事业上来，把精力集中到做事情上来，把功夫下到抓落实上来，兢兢业业、尽心尽力地完成工作任务，坚决反对搞主观臆断、违背客观规律的“拍脑袋”决策，坚决反对追求脱离实际的盲目攀比，坚决反对提哗众取宠的空洞口号，坚决反对搞虚报浮夸和报喜不报忧。

5. 坚持不懈地开展创先争优活动，始终保持讲团结、干事业、谋发展的良好氛围。开展创先争优活动，是加强机关自身建设、提高党员干部职工素质、促进事业发展的重要载体，对于大力营造和始终保持讲团结、干事业、谋发展的良好氛围具有至关重要的作用。我们要突出主题，丰富内容，创新方法，广泛深入持久地开展创先争优活动。要积极开展业务知识学习竞赛活动，本着缺什么、补什么的原则，大力倡导人人学习、终身学习的良好风气，努力把文联建设成为学习型组织。要扎实开展争当先进活动，大力宣传先进集体和先进个人的优秀品质和模范事迹，激发广大党员干部职工自我教育、自我激励、自我约束的主动性和创造性。要继续开展评选表彰“先进基层党组织、优秀党务工作者和优秀共产党员”活动，注重总结和推广成功做法和经验，充分发挥基层党组织的战斗堡垒作用和共产党员的先锋模范作用。要制定开展创先争优活动的规章制度，建立健全感情联络、事业激励、政治尊重、利益保障的内在动力机制，不断增强广大党员干部职工的荣誉感、使命感、责任感，激励大家爱岗敬业、

乐于奉献，不断提高自身综合素质和工作能力。

工作中注意把握以下几点：一是坚持广泛性。要采取切实措施，广泛吸引党员干部职工积极参与，努力扩大活动的覆盖面，增强活动的吸引力、感召力和凝聚力。要遵循公平、公开、公正的原则，走群众路线，充分发扬民主，充分调动广大党员干部职工的积极性、主动性，使广大党员干部职工成为创先争优活动的主体和受益者。二是注重实践性。要树立求实、务实、踏实、扎实的工作作风，把开展创先争优活动同加强机关精神文明建设紧密结合起来，同提高党员干部职工综合素质紧密结合起来，同推动各项业务工作紧密结合起来，同解决党员干部职工最关心最直接最现实的实际问题紧密结合起来，多办顺民意、解民忧、增民利的实事好事。三是体现实效性。要通过开展创先争优活动，进一步转变工作作风、增长工作才干、提高工作效率，使广大党员干部职工在参与中受到教育、在实践中得到提高、在活动中见到利益。

6. 坚持不懈地抓好领导班子和干部队伍建设，始终保持组织上的坚强有力。深入贯彻落实科学发展观，努力开创文艺工作和文联工作新局面，关键在于抓好领导班子和干部队伍建设。要采取有效的举措，切实加强思想政治建设，认真抓好《中央组织部关于进一步加强和改进领导班子思想政治建设的意见》的落实，始终保持思想上的清醒和政治上的坚定，努力把各级领导班子建设成为政治坚定、求真务实、开拓创新、勤政廉洁、团结协作的坚强领导集体，建设成为贯彻落实科学发展观的坚强堡垒。要进一步加强民主集中制建设，认真执行集体领导和个人分工负责相结合等一系列规章制度，不断提高集体领导能力和科学决策水平。要加强干部队伍建设，认真落实干部教育培训规划，努力提高党员干部的综合素质和业务能力。要积极稳妥地推进干部人事制度改革，有计划、有组织、有步骤地实施干部交流轮岗工作，切实加大培养选拔任用优秀年轻干部工作力度，不断增强干部队伍的生机与活力。要把增强基层党组织的创造力、凝聚力、战斗力作为党的建设的基础工程，坚持抓基层、打基础，坚持教育、管理、服务并重，教育引导党员增强党的意识，坚定理想信念，遵守组织纪律，争当先锋模范，永葆共产党人的先进性。

工作中注意把握以下几点：一是坚持正确的用人导向。要按照革命化、知识化、专业化、年轻化的干部“四化”方针和德才兼备、以德为先的选拔标准，坚持注重品行、崇尚实干、重视基层、鼓励创新、群众公认的导向，让想干事、干好事、会干事、干成事的同志受到重用，不能让综合素质高的人吃亏、不能让肯干事的人吃亏、不能让老实人吃亏，真正把那些政治上靠得住、工作上有本事、群众信得过、作风过得硬的干部选拔到各级领导岗位上来。二是建章立制。要进一步建立健全选人用人、党内生活、工作议事等方面的规章制度，树立和维护制度的权威性，努力做到各项工作有章可循、有制可依。要切实加强对党员干部职工的日常教育、管理、监督和服务工作，积极营造心齐、气顺、风正的良好氛围。三是认真履行“一把手”的职责。各级领导班子的“一把手”要坚持守土有责、守土负责，进一步增强政治意识、大局意识、责任意识和忧患意识，切实履行管方向、谋全局、抓大事、带队伍、作表率的职责。要以身作则、率先垂范，善于调动和发挥领导班子每位成员的积极性，团结和带领广大党员干部职工聚精会神谋发展、心情舒畅干事业、同心同德促繁荣。

同志们，今年是实施“十一五”规划的关键之年，是新中国和中国文联成立60周年的喜庆之年，也是新世纪以来我国经济发展最为困难的一年，改革发展稳定的任务十分繁重。切实做好今年的文艺工作和文联工作，具有特殊重要的意义。让我们更加紧密地团结在以胡锦涛同志为总书记的党中央周围，高举中国特色社会主义伟大旗帜，以邓小平理论和“三个代表”重要思想为指导，深入贯彻落实科学发展观，抓住机遇，迎接挑战，以更加饱满的热情、更加昂扬的斗志、更加务实的作风，开拓进取，扎实工作，以优异的成绩迎接新中国和中国文联成立60周年！

在2009年北京世界魔术大会颁奖晚会（闭幕式）上的致辞

胡振民

（2009年7月31日，北京）

尊敬的中国文化部部长蔡武先生，尊敬的国际魔术联盟主席艾瑞克·埃斯文先生和夫人，尊敬的各位魔术师、女士们、先生们：

大家晚上好！

值此国际魔术联盟第24届世界魔术大会即将圆满落下帷幕之际，我谨代表2009年北京世界魔术大会组委会和中国文联，向前来参加大会的各个国家、各个地区的魔术师和魔术爱好者们致以崇高的敬意！向为本次大会的成功举办作出贡献的工作人员、志愿者、媒体记者以及海内外各界朋友们表示衷心的感谢！

世界魔术大会素有“国际魔术界奥林匹克”的美誉。6天来，来自世界60多个国家和地区的2500多名魔术师和魔术爱好者在国家会议中心同台竞技、观摩交流，用精湛的技艺、神奇的表演，彰显了本届世界魔术大会的无穷魅力，也给中国人民带来了一道丰盛的艺术大餐。同时，按照国际魔术联盟制定的规则，在公平、友好、和谐的竞赛气氛中，经过激烈的角逐，评出了舞台魔术和近台魔术两位总冠军和各个魔术门类的杰出代表。让我们向取得优异成绩的魔术师们表示热烈的祝贺！

在国际魔术联盟的领导下，经过各方共同努力，我们如期实现了把本届魔术大会办成一次高水平、有特色、令人难忘的盛会的目标！2009年，北京因世界魔术大会而更加美丽，世界魔术大会因北京而更加精彩。本届魔术大会不仅有力推动了魔术艺术的普及和提高，而且让世界更多地了解了中国、中国更多地了解了世界，有效增进了世界各国人民之间的友谊，必将载入世界魔术艺术发展的史册。

昨天，英国黑泽市获得国际魔术联盟第25届世界魔术大会的举办权，让我们对他们表示热烈的祝贺！

短短6天的魔术大会即将落下帷幕，相信悠久灿烂的中华文明、蓬勃发展的活力中国，开拓创新的美丽北京一定会给各国魔术师留下美好的记忆。我们的友谊将进一步加深，我们的明天会更加美好，热情好客的中国人民将永远伸出诚挚的双手，真诚地希望各国魔术师能够再次亲历中国、体验北京！

谢谢大家！

在中国音乐家协会第七次全国代表大会上的讲话

胡振民

（2009 年 12 月 15 日，北京）

尊敬的各位代表、各位嘉宾，同志们、朋友们：

在全党全国人民认真贯彻落实党的十七届四中全会和中央经济工作会议精神，各行各业立足新起点、走向新辉煌的大好形势下，中国音乐家协会第七次全国代表大会今天开幕了。这是全国音乐界的一次盛会，是音乐界在新的历史起点上总结过去、规划未来，共商音乐事业发展大计的一次重要会议，对于进一步推动音乐事业的大发展大繁荣，具有十分重要的意义。在此，我谨代表中国文联向大会的召开表示热烈的祝贺！向各位代表并通过你们向全国音乐工作者致以亲切的问候和崇高的敬意！

自 2004 年中国音乐家协会第六次全国代表大会以来，中国音协坚持以邓小平理论和“三个代表”重要思想为指导，深入贯彻落实科学发展观，自觉坚持“二为”方向、“双百”方针和“三贴近”原则，认真履行联络协调服务的基本职能，积极发挥组织引导服务维权的重要作用，围绕中心、服务大局，面向基层、服务群众，立足中国、面向世界，做了一系列卓有成效的工作。诸如：紧紧围绕庆祝党的十七大召开、纪念香港回归 10 周年、改革开放 30 周年、举办北京奥运会、庆祝新中国和中国文联成立 60 周年、抗灾救灾等重大事件和重要纪念日，开展了一系列主题鲜明，有声势有特色有影响的文艺活动，大力唱响共产党好、社会主义好、改革开放好的时代主旋律；成功举办中国音乐金钟奖、全国少儿歌曲创作演唱大赛、全国优秀流行歌曲创作大赛、鼓浪屿钢琴节、中国交响音乐季，同时开展理论和学术研讨活动，以提高创作水平为中心环节大力推动音乐事业繁荣发展；积极组织音乐家和广大音乐工作者广泛开展“送欢乐、下基层”、赈灾义演、捐款捐助等文化惠民活动，在努力满足人民群众日益增长的精神文化需求中，不断增进艺术家对人民群众的深厚感情；广泛开展对外音乐交流与合作，成功举办第三届“国际胡琴节”、海峡两岸合唱节，积极参加国际青年音乐联盟第 63 届代表大会、国际青年流行歌手大赛，努力扩大中国音乐艺术在世界音乐组织的话语权，有力地配合了党和国家总体外交战略；认真加强协会自身建设，积极改进会员工作和专业艺术委员会工作，努力提高协会干部素质和机关工作水平，着力建设“音乐家的温馨和谐之家”，如此等等。广大音乐工作者始终坚持先进文化的前进方向，牢牢把握现阶段我国文化工作的主题和文艺工作者的使命，自觉投身改革开放和现代化建设的时代洪流，深入实际、深入生活、深入群众，以饱满的热情和创造性的劳动，讴歌伟大时代、赞美火热生活，抒发真挚情感、弘扬民族精神，创作出一大批优秀音乐作品，为弘扬社会主义核心价值体系，丰富人民群众的精神文化生活，促进中华文化走向世界，推动社会主义文艺大繁荣大发展作出了重要贡献。

文艺是民族精神的火炬，是人民奋进的号角。当前，我们正处在夺取全面建设小康社会新胜利、开创中国特色社会主义事业新局面的新的历史起点上。党的十七大从继续推进改革开放和社会主义现代化建设、实现全面建设小康社会宏伟目标的全局高度，对加强文化建设，兴起文化建设新高潮，更加自觉、更加主动地推动社会主义文化大发展大繁荣作出新的重大部署。新的形势、新的任务，为我国文艺事业繁荣发展指明了前进方向，为广大文艺工作者施展抱负、展示才华提供了广阔的历史舞台，也提出了新的更高要求。广大文艺工作者一定要抓住机遇、乘势而上，坚定信心、开拓进取，努力在服务党和国家工作全局中发挥更大作用，干出一番新的事业。

音乐是人类陶冶道德情操、抒发美好理想、丰富精神世界的一门重要艺术，“诗书序其志、礼乐纯其美”是中华文化的优良传统。今天，音乐与时代、与生活、与人民的关系更加密切，愈益显示出强大的生命力和感染力，在满足人民群众精神文化需求、树立共同理想、弘扬民族精神和时代精神、维护社会和谐稳定方面日益发挥出重要作用。音乐事业是社会主义文艺事业的重要组成部分，广大音乐工作者是社会主义文艺队伍的重要组成部分。发展音乐事业，繁荣音乐艺术，为构建社会主义和谐社会贡献力量，是党和人民赋予广大音乐工作者的光荣使命，是历史和时代赋予音乐工作者的庄严职责。衷心希望广大音乐工作者，从国际国内两个大局正在发生的深刻变化出发，牢牢把握我国率先实现经济形势总体回升向好的有利时机，认真学习领会党的十七大、十七届三中、四中全会和刚刚闭幕的中央经济工作会议精神，深入贯彻落实中央领导同志在纪念中国文联成立60周年大会上的贺信和讲话精神，切实增强责任感和使命感，更好地发挥积极性、主动性、创造性，始终站在时代发展的前沿，积极投身全面建设小康社会的伟大实践，努力成为刻苦学习、敬业奉献、开拓创新、服务人民的表率，努力创作出更多思想精深、艺术精湛、制作精良的精品力作，为夺取应对金融危机冲击全面胜利、保持经济平稳较快发展提供强大精神动力，为推动社会主义文化大发展大繁荣、兴起社会主义文化建设新高潮作出积极贡献。

中国音乐家协会是中国共产党领导的全国各民族音乐家组成的专业性人民团体，是党和政府联系广大音乐家和音乐工作者的桥梁和纽带，是繁荣社会主义文艺、发展先进文化的一支重要力量。衷心希望全体代表共同努力，把这次代表大会开成一次承前启后、继往开来的大会，一次总结过去、规划未来的大会，一次统一思想、振奋精神的大会，一次团结鼓劲、开拓进取的大会。衷心希望大会即将产生的新一届中国音协领导班子，同心协力、锐意进取，以昂扬的精神、创新的举措、务实的作风，扎实作好本职工作，多抓打基础、利长远的事，努力创造经得起实践、人民和历史检验的实绩，不断开创音协工作的新局面，让党中央放心，让广大音乐工作者和人民群众满意！

同志们、朋友们，新中国文艺事业已经走过了波澜壮阔的60年，我们正站在新的历史起点上，广大文艺工作者责任重大、使命光荣。让我们更加紧密地团结在以胡锦涛同志为总书记的党中央周围，以邓小平理论和“三个代表”重要思想为指导，深入贯彻落实科学发展观，全面贯彻落实党的十七大和十七届三中、四中全会精神，按照“高举旗帜、围绕大局、服务人民、改革创新”的总要求，埋头苦干、顽强拼搏，更加自觉、更加主动地推动社会主义文化大发展大繁荣，为夺取全面建设小康社会新胜利、开创中国特色社会主义事业新局面而努力奋斗！

最后，预祝中国音乐家协会第七次全国代表大会圆满成功！

谢谢大家！

进一步繁荣文学艺术　推动社会主义核心价值体系建设

胡振民

建设社会主义核心价值体系，是党的十七大对文化建设提出的一项重大战略任务，是深入贯彻落实科学发展观对文化建设提出的根本要求。社会主义核心价值体系，是我们党汲取人类思想精华、适应时代发展要求创造性提出的，体现了马克思主义价值观与中国传统价值观的有机统一，具有鲜明的科学性、民族性、时代性、开放性，拥有广泛而深厚的历史基础和现实基础。这个体系包含四个层次，即马克思主义指导思想、中国特色社会主义共同理想、以爱国主义为核心的民族精神和以改革创新为核心的时代精神、社会主义荣辱观。这四个层次相互联系、相互贯通、相互促进，是一个有机的整体。文艺是民族精神的火炬，是人民奋进的号角，历来是陶冶人们道德情操、抒发人类美好理想、丰富人们艺术享受、推动社会发展进步的一个重要领域。文艺事业是文化建设的重要组成部分，在党和人民事业发展中具有十分重要的地位。大力繁荣发展文艺事业，对推动社会主义核心价值体系建设具有十分重要的意义。

第一，马克思主义指导思想决定着繁荣发展文艺事业的前进方向。马克思主义是我们党和国家的根本指导思想，是社会主义意识形态的旗帜，是社会主义核心价值体系的灵魂，理所当然是社会主义文艺的旗帜和灵魂。旗帜就是方向，旗帜就是形象。繁荣发展文艺事业必须毫不动摇地坚持马克思主义在文艺领域的指导地位，用马克思主义中国化最新成果武装头脑、指导实践、推动工作。要牢牢把握繁荣先进文化、建设和谐文化、为构建社会主义和谐社会作出贡献这个现阶段我国文化工作的主题和当代文艺工作者的庄严使命，始终坚持“二为”方向、“双百”方针和“三贴近”原则，弘扬主旋律、提倡多样化，大力发展先进文化，支持健康有益文化，努力改造落后文化，坚决抵制腐朽文化，促进全社会形成积极向上的共同精神追求。要把握文艺正确导向，对体现社会主义核心价值体系的优秀精神文化产品给予鼓励，对亵渎经典、低俗媚俗、肆意恶搞的现象予以抵制，努力形成有利于推进社会主义核心价值体系建设的良好文化生态。要坚持用马克思主义的立场、观点、方法分析文艺现象、加强文艺理论评论，用一元化的指导思想引领整合多样化的文艺思潮和文化追求，尊重差异、包容多样，努力在多元多样中立主导、在交流交融中谋共识、在变化变动中一以贯之，最大限度地团结和凝聚各方面力量共同为推动社会主义文化大发展大繁荣作贡献。

第二，打牢中国特色社会主义共同理想是繁荣发展文艺事业的奋斗目标。理想是一个国家和民族奋勇前进的精神动力。建设中国特色社会主义是全社会的共同理想，是当代中国发展进步的伟大旗帜和全国各族人民团结奋进的崇高追求，反映了中华民族的根本利益和共同愿望，揭示了民族振兴、国家富强、人民幸福、社会和谐的必由之路。中国特色社会主义的共同理想，是社会主义核心价值体系的主题，是现阶段党和国家各项事业的奋斗目标，也是繁荣发展文艺事业的奋斗目标。在实现共同理想伟大进程中，党中央作出的每一项重大决策，实施的每一项重大举措，都是为了把中国特色社会主义不断推向前进。繁荣发展文艺事业必须紧紧围绕中央作出的决策部署，在大局下思考、在大局下谋划、在大局下行动，为党和国家的中心工作服务。要积极引导广大文艺工作者从中华民族自强不息的奋斗历程中汲取力量，投身中国人民为实现共同理想而奋斗的伟大进程，把个人的艺术追求融入国家发展的洪流之中，把文艺的生动创造寓于时代进步的运动之中，创作出无愧于时代、无愧于历史、无愧于人民的精品力作，大力讴歌中国共产党领导全国各族人民在革命、建设和改革进程中取得的辉煌成就，唱响共产党好、社会主义好、改革开放好的主旋律。要结合重大节庆、重要纪念日等，积极调动各方面各领域的文艺资源，广泛开展有声势有特色有影响的主题文艺活动，大力营造为实现共同理想顽强拼搏、奋发进取的良好氛围，进一步增强广大人民群众在中国共产党领导下走中国特色社会主义道路的信念和信心。

第三，弘扬民族精神和时代精神是繁荣发展文艺事业的重要任务。以爱国主义为核心民族精神和以改革创新为核心的时代精神，是中华民族五千年来生生不息、发展壮大的强大精神支撑，也是中国人民在未来的岁月里薪火相传、继往开来的强大精神动力。民族精神和时代精神，是社会主义核心价值体系的精髓，也是当代文艺创作和生产的主旋律。历史上优秀的文艺作品，都是反映人民最深刻的心灵呼唤和时代最迫切的前进要求，都是独特艺术魅力与社会进步思想的完美结合，都是作家艺术家的思想感情和创作灵感对时代和生活的深刻感悟。繁荣发展文艺事业必须把弘扬民族精神和时代精神作为重要任务，贯穿到文艺创作生产和文艺活动的各个方面。要引导广大文艺工作者热情描绘中华民族辉煌灿烂的历史画卷，倾心谱写各民族和睦共处、和衷共济、共同奋斗的生动篇章，不断拓展中华民族自强不息、团结奋进的精神内涵，努力增强民族的自信心、自豪感、凝聚力、向心力。要引导广大文艺工作者自觉投身改革开放和现代化建设的伟大实践，深入刻画当代中国人民解放思想、实事求是、与时俱进、开拓创新的精神风貌，着力塑造反映时代特点、体现时代精神的崭新艺术形象，增添广大人民群众全面建设小康社会的精神力量。要充分发挥文艺的独特优势，鼓舞全国人民始终保持昂扬向上的精神状态，变压力为动力，化挑战为机遇，增强战胜困难的信心和决心，为保持经济社会平稳较快发展提供强大的精神动力，营造良好的文化氛围。

第四，树立社会主义荣辱观是繁荣发展文艺事业的基本内容。以“八荣八耻”为主要内容的社会主义荣辱观，是对与社会主义市场经济相适应、与社会主义法律规范相协调、与中华民族传统美德相承接的社会主义思想道德体系全面系统、准确通俗的表达，为社会主义市场经济条件下，全体社会成员判断行为得失、作出道德选择、确定价值取向，提供了基本的价值准则和行为规范。在全社会大力弘扬社会主义荣辱观，是社会主义核心价值体系的基础，也是文艺工作的基本内容。文艺工作者是人类灵魂的工程师，在传播先进文化、倡导和谐理念、弘扬社会正气、塑造美好心灵、培育社会文明道德风尚方面担负着重要职责。繁荣发展文艺事业必须把树立社会主义荣辱观作为基本内容，推动全社会形成知荣辱、讲正气、促和谐的良好风尚。要引导广大文艺工作者牢固树立正确的世界观、人生观、价值观和文艺观，加强思想理论和专业知识的学习，不断提高思想道德修养、科学文化素养和文学艺术学养，切实履行好人类灵魂工程师的神圣职责。要引导广大文艺工作者通过自己的创造性劳动，倡导爱国、敬业、诚信、友善等道德规范，积极推动社会公德、职业道德、家庭美德和个人品德建设，生动反映家庭亲情、人间友情和社会真情，讴歌真善美、鞭挞假恶丑，让人们在艺术享受中陶冶情操、愉悦身心，努力营造新型人际关系，促进社会和谐。要引导广大文艺工作者增强社会责任感，充分发挥公众人物的示范性、导向性的作用，注意自己的言行对社会的影响，弘扬职业精神，恪守职业道德，关心他人，热心公益，树立良好的公众形象，努力做到德艺双馨，作全社会践行社会主义荣辱观的模范和表率。

新世纪新阶段，是我国发展的重要战略机遇期，也是文艺事业包括文联工作的重要战略机遇期。文艺工作和文联工作天地广阔、大有可为，责任重大、使命光荣。只要我们全面贯彻党的十七大精神，坚持以邓小平理论和“三个代表”重要思想为指导，深入贯彻落实科学发展观，按照高举旗帜、围绕大局、服务人民、改革创新的总要求，团结动员广大文艺工作者努力推动文艺事业的繁荣发展，就一定能为建设社会主义核心价值体系、夺取全面建设小康社会新胜利作出新的更大贡献。

（本文刊发于2009年2月7日《人民日报》）

辉煌的历程　深刻的启示

——新中国60年文艺工作回顾与总结

胡振民

新中国成立60年来，中国共产党领导全国各族人民在探索和建设中国特色社会主义道路上历经磨难而信念愈坚，饱尝艰辛而斗志更强，以一往无前的进取精神和波澜壮阔的创新实践，取得了举世瞩目的辉煌成就，中国人民的面貌、社会主义中国的面貌、中国共产党的面貌发生了历史性变化。与此同时，社会主义文艺也迎来了空前繁荣的局面。回顾和总结新中国成立60周年特别是改革开放30年来文艺工作取得的巨大成就和积累的宝贵经验，对于进一步认清形势、振奋精神，凝聚力量、开拓进取，更加自觉、更加主动地推动社会主义文艺大发展大繁荣，实现中华民族的伟大复兴具有十分重要的意义。

一、新中国成立60年特别是改革开放30年来，我们党高度重视文艺工作，相继作出一系列重大决策部署，为推动社会主义文艺大发展大繁荣提供了根本保证

文艺是民族精神的火炬和人民奋进的号角，具有陶冶人们道德情操、抒发人类美好理想、丰富人们艺术享受、推动社会发展进步的重要作用。

早在新民主主义革命时期，以毛泽东同志为核心的党的第一代中央领导集体就十分重视发挥文艺在争取民族解放、国家独立、人民自由中的重要作用。毛泽东同志的《在延安文艺座谈会上的讲话》，创造性地提出并解决了一系列重大文艺问题，为革命文艺的发展奠定了坚实的理论基础。新中国成立前夕，毛泽东同志提出了“随着经济建设的高潮的到来，不可避免地将要出现一个文化建设的高潮”重要论断。1949年7月，在党中央的亲切关怀下，中华全国文学艺术工作者第一次代表大会胜利召开，成立了中国文联。中国文联作为中国人民政治协商会议第一次全体会议组成单位之一，在新中国成立和人民民主政权建立过程中发挥了重要作用。在社会主义改造基本完成以后，开始转入全面的大规模的社会主义建设时期，党中央及时提出文艺为最广大人民群众、首先为工农兵服务的方向和百花齐放、百家争鸣、推陈出新、洋为中用、古为今用的重要方针。

十一届三中全会以后，以邓小平同志为核心的党的第二代中央领导集体，在党和国家面临向何处去的重大历史关头，作出把党和国家工作中心转移到经济建设上来、实行改革开放的历史性决策。在开辟中国特色社会主义道路的新的历史征程中，以邓小平同志为核心的党的第二代中央领导集体十分重视文艺工作。1979年，邓小平同志出席第四次文代会并发表祝辞，充分肯定了文艺工作的重要地位和作用，给广大文艺工作者以极大的鼓舞和信心，社会主义文艺事业迎来了生意盎然的新的春天。

十三届四中全会以后，以江泽民同志为核心的党的第三代中央领导集体，在复杂的国际国内环境中，毫不动摇地坚持走中国特色社会主义道路。在全面推进改革开放伟大事业的过程中，以江泽民同志为核心的党的第三代中央领导集体把文艺工作提到更加突出的地位，明确提出建设中国特色社会主义文化和代表先进文化前进方向的重要论断。1996年，江泽民同志出席第六次、2001年出席第七次文代会并发表重要讲话，充分肯定了文艺工作在精神文明建设中的庄严职责和独特作用。

党的十六大以来，以胡锦涛同志为总书记的党中央面对复杂多变的国内外形势，站在新的历史起点上，坚定不移地走中国特色社会主义道路。在构建社会主义和谐社会和全面建设小康社会的伟大征途中，以胡锦涛同志为总书记的党中央高度重视包括文艺工作在内的文化建设，明确提出了经济、政治、文化、社会“四位一体”的现代化建设总体布局。2006年，胡锦涛同志出席第八次文代会并发表重要讲话，突出强调了文艺工作在党和国家全局中的重要地位和作用。党的十七大站在全局和战略高度，从全面建设小康社会对文化建设的新要求和各族人民对文化工作的新期待出发，对兴起文化建设新高潮、推动社会主义文化大发展大繁荣、提高国家文化软实力作出重大部署。这一系列重要科学论断和重大决策部署，为繁荣和发展社会主义文艺事业提供了根本保证。

二、在党的正确领导下，社会主义文艺事业走过60年不平凡的伟大历程，取得了历史性的辉煌成就

新中国成立60年特别是改革开放以来，在党中央的正确领导下，广大文艺工作者自觉响应人民和时代的召唤，以昂扬的精神状态、出色的艺术劳动，热情歌颂全国各族人民的伟大实践，我国文艺各个门类百花竞放、异彩纷呈，文艺创作更加积极，文艺队伍更加意气风发，文化惠民活动蓬勃开展，文化服务体系建设扎实推进，对外文化交流不断拓展，文艺界呈现出大团结大繁荣大发展的生动局面。

1. 文艺创作繁荣兴旺，文艺作品异彩纷呈。广大文艺工作者潜心创作、勤奋耕耘，在文学、戏剧、电影、电视、音乐、舞蹈、美术、摄影、书法、曲艺、杂技和民间文艺等领域，创作出许多思想性、艺术性、观赏性俱佳的优秀文艺作品，成就斐然。比如文学作品《红岩》、《青春之歌》、《谁是最可爱的人》、《雷锋之歌》，戏剧《蔡文姬》、《茶馆》、《霓虹灯下的哨兵》、《朝阳沟》、《刘巧儿》，电影《英雄儿女》、《上甘岭》、《甲午风云》、《早春二月》、《五朵金花》，音乐大合唱《长征组歌》，交响诗《嘎达梅林》，大型音乐舞蹈史诗《东方红》，舞剧《红色娘子军》，美术作品《开国大典》、《江山如此多娇》，大型雕塑《收租院》，相声《夜行记》等等，在社会上引起积极反响，受到人民群众的欢迎。尤其是进入改革开放新时期以来，通过组织实施精神文明建设“五个一工程”、“重大革命和历史题材影视创作工程”、“国家舞台艺术精品工程”、“国家重大历史题材美术创作工程”等，开展“文华奖”、“飞天奖”、“金鸡奖”、“金鹰奖”、“梅花奖”等全国性评奖活动，极大地激发了文艺工作者的创作热情，文艺作品的数量大幅增长、质量大为提升，涌现出小说《平凡的世界》、《高山下的花环》、《白鹿原》，戏剧《于无声处》、《徐九经升官记》、《曹操与杨修》，电影《开国大典》、《焦裕禄》，电视剧《渴望》、《红楼梦》、《长征》、《延安颂》、《亮剑》，舞剧《丝路花雨》，舞蹈《雀之灵》、《千手观音》，杂技剧《天鹅湖》，美术作品《父亲》等一大批文艺精品，开辟了文艺创作的新天地。

2. 文艺人才不断涌现，文艺队伍日趋壮大。党和政府及有关部门高度重视文艺人才的培养，采取一系列切实有效举措，大力加强文艺队伍建设，成效显著。1949年出席第一次文代会的代表只有753人，代表着解放区和国统区的7万余名新文艺工作者；2006年出席第八次文代会的代表有1449人，代表全国广大文艺工作者和中国文联52个团体会员。据调查显示，现在中国文联所属各全国性文艺家协会会员已达10万余人，省级文联所属各文艺家协会会员近100万人，全国文艺从业人员1000万人。近些年来，各级党委、政府和文艺界人民团体，通过实施“四个一批”人才培养工程，组织德艺双馨文艺工作者评选表彰活动，开展“三项学习教育”和社会主义荣辱观教育活动，举办各种读书班、培训班、研究班和座谈会、研讨会、报告会，开展向常香玉、丛飞、邹树君等文艺界先进典型学习活动等，文艺工作者的思想道德修养、科学文化素养和文学艺术学养不断得到提升，一支老中青相结合、热爱祖国、热爱人民、德艺双馨、开拓进取的文艺大军正在形成，为繁荣发展社会主义文艺事业提供了坚实的人才保证。

3. 文化惠民活动蓬勃开展，基层群众文化生活日益丰富。在党和政府以及社会各界的共同努力下，文化惠民活动蓬勃开展、方兴未艾。随着经济社会的发展和人民群众物质文化生活水平的提高，党和政府更加重视基层群众文化建设，采取一系列重大举措，就加强公共文化服务体系建设、开展群众性文化活动方面作出全面部署。各有关单位和部门根据中央决策部署，结合自身特点和优势，精心举办中国艺术节、中国京剧艺术节、中国金鸡百花电影节、中国金鹰电视艺术节、职工艺术节、农民艺术节等各类艺术节，在重大节庆纪念日、传统节日期间举办有声势有影响的展览、展演、展映、展示活动，深入开展“文化科技卫生三下乡”、“送欢乐、下基层”、“农家书屋”、“万里采风”、“文艺进社区”、“艺术进万家”、“艺术进校园”、“聚焦新农村、文艺为农民”、“梅花奖艺术团下基层”等主题鲜明、内容丰富、形式多样的文化惠民活动，受到基层群众热烈欢迎，产生了广泛社会影响。

4.文化基础设施建设逐步完善，公益性文化事业与经营性文化产业协调发展。国家财政对文化基础设施建设的投入不断加大，公共文化服务设施日趋完善。在新中国成立之初的1952年，在国家财力还较为薄弱的情况下，全国建立了59个公共图书馆，40个博物馆，2436个文化馆，6000多个文化站，形成了与当时国力相适应的文化基础设施。随着我国经济实力的增强，党和政府逐步加大文化建设的投入力度。十六大以来，国家财政对文化事业的投入达到历史最高水平，全国文化事业经费累计达到580.82亿元，年均增长22.5%。截至2008年末，全国共有文化馆3171个，公共图书馆2825个，博物馆1798个，广播电台257座，电视台277座，广播节目综合人口覆盖率为96%，电视节目综合人口覆盖率为97%。以国家大剧院、国家博物馆为代表的一大批标志性骨干文化设施在大中城市的相继建成使用，全国文化信息资源共享工程、广播影视数字化工程、国家重大出版工程等重大文化工程项目的积极实施，广播电视“村村通”工程、农村电影放映工程、乡镇综合文化站建设的扎实推进，覆盖城乡的公共文化服务网络的初步形成，标志着我国文化基础设施建设逐步完善。同时，积极稳妥地推进文化体制改革，大力发展经营性文化产业。到2007年底全国登记注册的文艺表演团体达4512个，艺术表演场所2070个，艺术品经营机构1112家，文化市场形成了多样化、多层次、多渠道的文化产品供给新格局和传播快、覆盖广、容量大的文化产品流通新网络。

5.对外文化交流积极活跃，中华文化国际影响力明显扩大。党和政府重视发挥文化工作在服务“大外交”、“大外宣”方面的重要作用，各有关部门和人民团体积极开展对外文化交流，大力推动中华文化走出国门、走向世界。1949年6月，一个由解放区青年艺术家组成的艺术团赴匈牙利参加第二届世界青年与学生和平友谊联欢会，踏着迎接新中国诞生的鼓点，拉开了新中国对外文化交流的序幕。近些年来，对外文化交流渠道不断拓展、内容日益丰富、方式逐步多样。据统计，1979年对外文化交流194起、3035人次；2006年就达3745起、46778人次。至2008年，我国已与148个国家签订文化合作协定和近800个年度文化交流执行计划，同世界上160多个国家和地区保持着良好的文化交流合作关系，在海外建立了6个中国文化中心和249所孔子学院。通过大力实施中国文化“走出去”战略，组织开展中国文化年、中国艺术周、艺术之旅等大型活动，搭建双边或多边文化交流与合作的重要平台，推出一大批具有中国特色、中国风格、中国气派的对外文化交流精品项目，全方位、宽领域、多层次的对外文化交流格局初步形成。

三、坚持和发展新中国成立60年来文艺工作积累的宝贵经验，以科学发展观为统领，在新的历史起点上奋力开拓文艺大发展大繁荣的新局面

新中国成立60年来不平凡的艰辛历程和取得的巨大成就，使我们在实践中加深了对做好文艺工作的规律性认识，积累了宝贵经验，提供了深刻启示。

1.必须坚持党对文艺工作的领导，巩固马克思主义在文艺领域的指导地位，牢牢把握社会主义先进文化的前进方向。只有坚持党对文艺工作的领导，不断巩固马克思主义在文艺领域的指导地位，坚持用中国特色社会主义理论体系武装头脑，才能引导广大文艺工作者深刻认识和牢牢把握现阶段我国文化工作的主题，把广大文艺工作者凝聚在中国特色社会主义伟大旗帜下，自觉肩负起时代和人民赋予的神圣职责和庄严使命，积极投身社会主义先进文化建设，坚定不移地走中国特色社会主义道路。

2.必须坚持围绕经济建设这个中心，善于从党和国家大局中找准工作方位，充分发挥文艺工作不可替代的重要作用。只有坚持围绕经济建设这个中心和中央的重大决策部署，在大局下思考、在大局下谋划、在大局下行动，才能从中国特色社会主义事业总体布局中把握文艺工作的历史方位，运用文艺的独特形式鼓舞人民斗志、凝聚各界力量，充分发挥文艺工作在服务党和国家大局中不可替代的重要作用，为改革开放和社会主义现代化建设提供强有力的思想保证、精神动力和智力支持。

3.必须坚持以人为本，努力满足人民群众日益增长的精神文化需求，更好地保障广大人民的基本文化权益。只有坚持以人为本，贴近实际、贴近生活、贴近群众，切实把满足广大人民群众日益增长的多层次、多样化、多方面的精神文化需求，作为文艺工作的出发点和落脚点，引导广大文艺工作者创作出更好更多反映人民主体地位和现实生活、群众喜闻乐见的优秀文艺作品，广泛深入持久地开展面向基层、服务群众的文化惠民活动，积极推动公共文化服务体系建设，才能不断满足人们的精神需求，丰富人们的精神世界，增强人们的精神力量，实现好、维护好、发展好广大人民群众的基本文化权益。

4. 必须坚持尊重文艺规律，充分调动广大文艺工作者的积极性、主动性和创造性，努力形成推动社会主义文艺大发展大繁荣的整体合力。只有坚持尊重文艺规律，尊重知识、尊重人才、尊重劳动、尊重创造，坚持社会责任和创作自由的统一、弘扬主旋律和提倡多样化的统一，充分发扬艺术民主和学术民主，在艺术创作上提倡不同形式和风格的自由发展，在艺术理论上提倡不同观点和学派的充分讨论，同艺术家广交深交朋友，才能把广大文艺工作者的智慧和力量凝聚起来，聚精会神搞创作，同心同德促繁荣。

5. 必须坚持解放思想、实事求是、与时俱进，积极推进文化创新，努力使社会主义文艺充满蓬勃生机。只有坚持解放思想、实事求是、与时俱进、开拓创新，深化文化体制改革，坚决冲破一切妨碍文化发展的思想观念，坚决改变一切束缚文化发展的做法和规定，坚决革除一切影响文化发展的体制弊端，大力弘扬中华民族的优秀文化传统和五四运动以来形成的革命文化传统，积极学习和借鉴世界各国人民创造的一切文明成果，大力推动文艺观念、内容、风格、流派的积极创新，推进文艺体裁、题材、形式、手段的充分发展，积极探索适应社会主义市场经济体制、符合文艺发展规律和人民团体特点的管理体制、运行机制、组织形式、活动方式，切实加强行业服务、行业管理、行业自律，维护文艺工作者的合法权益，才能使文艺工作体现时代性、把握规律性、富于创造性，使文艺事业充满旺盛活力。

（本文刊发于《求是》2009 年第 13 期）

在中国文联八届四次全委会上的小结

中国文联党组副书记、副主席　覃志刚

（2009年1月12日，北京）

各位委员、同志们：

经过大家的共同努力，中国文联八届四次全委会今天就要结束了。会议期间，大家紧紧围绕学习贯彻全国宣传部长会议精神以及这次会议上焦利同志代表中宣部所作的重要讲话、胡振民同志代表中国文联主席团作的工作报告，进行了认真的讨论和审议。会议还根据中国文联章程的规定，进行了部分八届全委会委员的更替、增补。刚才，樊光明、林晓峰、刘永泽、范碧云、马少青5位小组召集人代表各小组分别作了发言，讲得都很好。大家一致认为，这次会议达到了统一思想、认清形势、明确任务、坚定信心的目的。希望大家回去后，做好会议精神的传达和贯彻落实。下面，我结合两天的学习、交流情况，归纳大家的意见，做会议小结，供大家参考。

一、会议认真学习领会了全国宣传部长会议精神，达到了统一思想、认清形势、坚定信心的目的

中国文联八届四次全委会认真传达学习1月4日至5日在京召开的全国宣传部长会议精神。这次全国宣传部长会议是宣传思想文化战线在特殊背景下召开的一次重要会议。会议深入学习贯彻党的十七大、十七届三中全会精神和中央经济工作会议精神，学习贯彻胡锦涛总书记关于切实做好意识形态工作的一系列重要指示精神，总结了一年来宣传思想文化工作，分析了当前形势，研究部署了今年工作。李长春、刘云山同志在会上所做的重要讲话，通篇贯穿了党的十七大、十七届三中全会和中央经济工作会议精神，体现了对新形势下宣传思想文化工作规律性的认识，思想性、政策性、前瞻性都很强，对于做好今年乃至今后一个时期包括文艺工作在内的整个宣传思想文化工作，具有十分重要的指导意义。大家表示，要认真学习领会、坚决贯彻落实全国宣传部长会议精神。一是要把思想统一到中央对新形势下宣传思想文化工作重要地位和作用的认识上来，始终牢记不论我国改革开放发展推进到什么阶段，不论党所处的历史方位和执政条件发生怎样的变化，宣传思想文化工作这个政治优势不能丢。二是要把思想统一到中央对宣传思想文化工作形势的判断上来，既看到形势发展的总体趋势，又看到文艺工作和文联工作的特殊要求，善于在困难中发现和培育有利因素，从变化的形势中捕捉和把握发展机遇，积极推动文化大发展大繁荣。三是要把思想统一到中央对宣传思想文化工作的总要求上来，做到更加坚定地高举旗帜、更加自觉地围绕大局、更加主动地服务人民、更加积极地改革创新。四是要把思想统一到中央对宣传思想文化工作的部署上来，认真研究具体措施和办法，集中力量破解难题，全力以赴抓好落实，争取在一些重点领域、重要环节上取得突破，为全党全国应对更加严峻的经济形势，维护好经济发展大局、深化改革大局、社会稳定大局提供强大精神动力和良好文化环境。

二、会议认真回顾2008年工作，深刻分析了当前形势，全面部署了2009年工作

全体委员和与会同志认真听取了焦利同志代表中宣部所作的重要讲话，一致赞同胡振民同志代表主席团所作的工作报告。认为焦利同志的讲话充分肯定了中国文联2008年工作取得的显著成绩，准确把握国际国内形势新变化对文艺工作和文联工作提出的新要求，明确提出了对中国文联2009年工作的基本要求，具有很强的思想性、针对性和指导性。胡振民同志的工作报告认真贯彻中央经济工作会议和全国宣传部长会议精神，全面回顾总结了2008年文联工作，深刻分析了当前文艺工作和文联工作面临的新形势，明确提出了2009年文联工作总的要求、工作重点和需要把握的具体要求。报告既具有很强的思想性、理论性，体现了我们党对新时期文艺工作和文联工作的新思考新认识新要求；报告又具有很强的实践性和操作性，实在、具体、条理清晰，是做好当前和今后一个时期文艺工作和文联工作的重要指导性文件。具体说来，有三个方面的共识。

一是报告正确估价2008年工作成绩，增强了我们做好文艺工作和文联工作的信心。正如振民同志报告所说的，2008年对于我们党和国家是很不寻常、很不平凡的一年，国际国内形势发生了新的复杂变化，来自经济、政治领域以及自然界的困难和风险接连发生，多事多难、大悲大喜。我们在以胡锦涛同志为总书记的党中央坚强领导下，在中宣部的有力指导下，坚持以邓小平理论和“三个代表”重要思想为指导，深入贯彻落实科学发展观，认真履行基本职能，积极发挥重要作用，团结动员广大文艺工作者，埋头苦干、锐意进取，圆满完成了八届三次全委会确定的各项任务。特别是在面对严峻考验和重大挑战的关键时刻，各级文联组织根据形势发展变化和中央作出的重大决策部署，及时调整工作，发挥自身优势，组织和引导广大文艺工作者倾力奉献、共克时艰，为夺取抗击历史罕见特大自然灾害的重大胜利作出了积极贡献。

大家认为，中国文联2008年工作特色鲜明、立体感强，可圈可点、耐人寻味。尤为突出的是，工作坚持突出重点、打造亮点、破解难点，区分轻重缓急、兼顾上情下情 、坚持内外结合、着力形成合力，在党和政府工作全局中具有越来越重要的位置，在社会上具有越来越大的影响力。实践证明，我们的文艺工作者是一支热爱祖国和人民、富于进取和奉献精神、值得党和人民信赖的队伍，文联的干部职工是一支想干事、能干事、也干得成事的队伍。文艺工作和文联工作责任重大、使命光荣、天地广阔、大有可为。只要我们认真贯彻中央的指示精神，团结一心、顽强拼搏、锐意进取，就一定能够取得更加辉煌的成就，一定能够在实现中华民族伟大复兴历史进程中发挥出更大作用。

二是报告科学判断2009年严峻复杂形势，增强了我们做好文艺工作和文联工作的紧迫感。大家认为，2009年是新中国成立60周年的喜庆之年，是深入贯彻落实党的十七大和十七届三中全会精神、推进“十一五”规划顺利实施的关键一年，是我们应对国际经济形势复杂变化、保持我国经济平稳较快发展的重要一年，也是中国文联成立60周年。做好2009年的文艺工作和文联工作，对于展示新中国成立以来的光辉历程、伟大成就和宝贵经验、展示我国经济发展、政治稳定、文化繁荣、民族团结、社会进步和国际地位提高的好形势，对于为有效应对国际金融危机、保持经济社会又好又快发展提供精神动力、智力支持和文化条件，对于全面回顾和深刻总结中国文联成立60周年的奋斗历程和历史经验、在中国特色社会主义道路上继续把文艺事业和文联事业推向前进，都十分重要。我们要全面贯彻党的十七大和十七届三中全会精神，认真落实胡锦涛总书记关于切实加强意识形态工作的重要指示，坚持“高举旗帜、围绕大局、服务人民、改革创新”总要求，依据振民同志对2009年文艺工作和文联工作面临的形势判断，突出“团结鼓劲、积极进取、昂扬向上”的主基调，围绕推动文艺繁荣、服务科学发展、促进社会和谐，坚持用科学发展观统领文艺工作和文联工作，以服务党和国家工作大局为重点，以满足人民群众日益增长的精神文化需求为根本，以推动文艺大发展大繁荣为目标，认真履行联络协调服务的基本职能，充分发挥组织引导服务维权的重要作用，努力调动一切积极因素，团结一切可以团结的力量，振奋精神、同心同德，开拓进取、扎实工作，为促进经济社会又好又快发展、夺取全面建设小康社会新胜利作出积极贡献。

三是报告科学部署2009年工作任务，增强了我们做好文艺工作和文联工作的责任感。振民同志报告科学部署了2009年的主要任务，概括起来就是8个“紧紧围绕”。大家认为，这既是有效应对国际国内形势发展变化对文艺工作和文联工作提出的新考验，也是中国文联及各团体会员深入学习实践科学发展观、推动文艺事业科学发展的新要求。报告提出的6点工作要求，体现了以新的文化发展理念审视文联工作的坚定自觉和清醒有为。我们要认真把握今年工作的根本任务和基本要求，切实做到鼓劲而不泄气，帮忙而不添乱，增强工作的预见性针对性，着力在增强人民精神力量、推动科学发展、增强整体效应、打造知名品牌、履行基本职能、扩大社会影响上下工夫，圆满完成好这次全委会确定的2009年各项工作任务。

三、以全党开展深入学习实践科学发展观活动为契机，推动文艺工作和文联工作上台阶上水平

党的十七大决定在全党开展深入学习实践科

学发展观活动。根据中央统一部署，中国文联部分团体会员已顺利完成了2008年2月到8月开展的深入学习实践科学发展观活动试点工作。中国文联及各团体会员参加了2008年9月以来开展的第一批学习实践活动，各单位按照“提高思想认识、解决突出问题、创新体制机制、促进科学发展”的目标要求，把学习实践活动作为推动文艺工作和文联工作科学发展和加强自身建设的难得机遇，高度重视，扎实推进，在集中学习研讨、围绕文艺工作如何服务科学发展、促进社会和谐开展大调研、按照科学发展观要求进行解放思想大讨论等方面做了大量卓有成效的工作，目前已顺利完成了学习调研和分析检查阶段的各项任务。

这次全委会上，委员们结合审议中国文联党组关于深入学习实践科学发展观情况的分析检查报告，站在新的思想高度，谈认识、谋措施、找差距、理思路，坚持科学发展，积极改革创新，对中国文联工作提出了许多很好的意见和建议。大家认为，科学发展观充分反映了我们党对当今世界发展大势和中国特色社会主义发展方位的科学把握，不仅是我国经济社会发展的重要指导方针，也是我国社会主义文化发展繁荣的重要指导方针，在宣传思想文化战线开展深入学习实践科学发展观活动，是进一步提高服务科学发展能力、为全面建设小康社会营造良好氛围的必然要求，是更好地推动社会主义文化大发展大繁荣的必然要求。大家表示，文联作为宣传思想文化战线的一部分，一定要认真贯彻中央的部署，组织广大干部认真学习、实践科学发展观，进一步增强贯彻落实的自觉性和坚定性。要按照确保活动质量、确保取得实效的要求，突出实践特色，注重联系实际，努力在思想认识上有新的提高，在查找突出问题上有新的进展，在推进文艺工作和文联工作改革创新上有新的突破。要自觉用科学发展观来检验我们的思想、工作和作风，着力转变不适应不符合科学发展观的思想观念，着力解决影响和制约文艺工作和文联工作的突出问题，着力构建有利于文艺繁荣发展的体制机制，把学习实践活动的成效体现在推动各项实际工作上。

各位委员、同志们，今年文艺工作和文联工作任务繁重、责任重大，困难和挑战考验着我们，责任和使命激励着我们，让我们更加紧密地团结在以胡锦涛同志为总书记的党中央周围，高举中国特色社会主义伟大旗帜，以邓小平理论和“三个代表”重要思想为指导，深入贯彻落实科学发展观，齐心协力、振奋精神、坚定信心、锐意进取，扎实做好全年各项工作，以优异成绩迎接新中国和中国文联成立60周年！谢谢大家。

中国文联深入学习实践科学发展观活动总结讲话

中国文联党组副书记、副主席　李　牧

（2009年2月25日，北京）

同志们：

根据中央统一部署，中国文联作为第一批深入学习实践科学发展观活动（以下简称“学习实践活动”）单位，在中央学习实践活动领导小组正确领导和第15指导检查组的具体指导帮助下，牢牢把握坚持解放思想、突出实践特色、贯彻群众路线、正面教育为主的原则，紧紧围绕党员干部受教育、科学发展上水平、人民群众得实惠的总要求，以“推动文艺繁荣、服务科学发展、促进社会和谐”为实践载体，从2008年9月中旬开始，历时5个多月的时间，文联党组及所属11个全国文艺家协会、8个直属单位、7个机关部室共26个局级单位的904名党员认真扎实地参加了学习实践活动，顺利完成了3个阶段11个环节的各项任务。这次学习实践活动筹划缜密，安排科学，特色鲜明，覆盖面广，党员受教育的主动性和群众参与的积极性十分高涨，是近年来少有的。通过活动的开展，进一步使广大党员干部，特别是党员领导干部加深了对科学发展观的重大意义、科学内涵、精神实质和根本要求的理解，转变了不适应、不符合科学发展观的思想观念，增强了贯彻落实科学发展观的自觉性和坚定性；努力解决了一些影响和制约科学发展和党性党风党纪方面群众反映强烈的突出问题；明确了文艺工作和文联工作今后发展的工作思路；积极探索、创新完善了一批符合文艺发展规律和文联工作特点的体制机制，切实把科学发展观的要求转化为服务科学发展的坚强意志，转化为推动社会主义文艺大发展大繁荣的实际能力，达到了预期目的。下面我受中国文联党组的委托，代表中国文联学习实践活动领导小组对中国文联开展学习实践活动的情况进行总结。主要讲3个问题：

一、开展学习实践活动的主要做法和特点

按照中央的部署和《中国文联开展深入学习实践科学发展观活动实施方案》的安排，中国文联学习实践活动主要围绕学习调研、分析检查、整改落实3个阶段和11个环节进行。做到了规定动作不走样，自选动作有创新。

（一）高度重视，提前谋划，扎实做好前期准备工作

文联党组及各级领导班子深刻认识到开展学习实践活动的重大现实意义和紧迫性，切实把开展学习实践活动作为头等大事摆在首要位置。一是超前谋划。在2008年初工作部署中，文联党组就专门对此次活动提出了“早思考、早谋划”的要求，委托机关党委从8月中旬至10月上旬，在中国文联系统内通过发放130多份调查问卷，召开10个不同层次座谈会，访谈30多名不同岗位的局处级干部，走访试点单位等形式，对近年来学习实践科学发展观情况及下一步工作，广泛开展了调研，提出了学习实践活动建议，为活动的有序开展打下了坚实基础。二是快速启动。在中央统一部署后，中国文联及所属各单位迅速行动，分别召开领导班子会议，专题研究部署学习实践活动，及时成立各级学习实践活动领导小组和办公室，结合实际，确定符合本单位本部门特点的实践载体，精心制定学习实践活动方案。三是广泛动员。10月14日，中国文联召开动员大会，胡振民同志代表党组做动员报告、王众孚同志代表中央第15指导检查组做重要讲话，对中国文联学习实践活动作出全面动员和部署。之后，各单位也都结合自身实际，进行了再动员、再部署。

（二）深入学习，注重实效，切实提高理论水平

加强理论学习是这次学习实践活动的首要任务，也是确保学习实践活动能够保持正确方向的重要前提。学习实践活动中，文联各级领导班子采取灵活多样的方法，注重学习效果，不断强化对科学发展观的学习。一是集中培训封闭学。10月15日至11月20日，围绕中央规定的必读书目和中央领导同志的重要讲话精神，以部局两级中心组为龙头，以处以上党员干部为重点，集中开

展培训学习，文联统一组织了5期理论学习培训班，其中1期为全国文艺界领导干部贯彻落实科学发展观研讨班。分别请全国政协副主席、中国文联主席孙家正，中央党史研究室副主任李忠杰，中央党校哲学部主任庞元正和国家行政学院政治学教研室副主任龚维斌等领导和专家做了专题学习辅导。中央和中直机关学习实践活动办公室分别转发了这期研讨班的简报。据统计，部局两级共组织中心组学习60次，举办各类理论学习培训班63期。二是联系实际深入学。在学习实践活动过程中，国际国内形势发生了一些复杂变化，党中央作出了一系列重大决策。中国文联按照中央指示精神，把学习贯穿于学习实践活动始终，及时传达学习中央文件，充分领会重大意义，并用以指导学习实践活动和业务工作，牢牢把握正确方向，坚持用中央的精神统一广大党员干部的思想。三是形式多样灵活学。为切实把科学发展观的重大意义、精神实质、深刻内涵和根本要求学深悟透，文联各单位充分运用中心组学习、学习成果交流会、学习座谈会等形式，下大力气组织理论学习。有的单位为不耽误学习进程，在演出驻地一边抓理论学习，一边完成演出任务；有的单位组织编写《开展深入学习实践科学发展观活动学习要点问答》；有的单位根据学习需求制作学习宣传专栏，开辟专题学习园地；有的单位开展知识竞赛、演讲比赛等活动。中央领导同志对中国文联注重实效扎扎实实抓学习的做法给予了充分肯定。四是查漏补缺扎实学。根据中央学习实践活动领导小组第四次会议精神，本着以考促学的目的，结合中央规定的3本必读书目，中国文联从春节之后，认真开展了理论学习“回头看”活动，对理论学习情况进行了一次调查摸底，对没有按要求读完规定书目的党员认真组织了补课，编印下发了A、B两套试卷900余份，对26个单位所有在职党员普遍进行了一次理论考试，进一步把学习引向深入。

（三）领导带头，精心组织，确保学习实践活动质量

领导干部的带头作用，是推动学习实践活动的关键因素，加强组织领导，是确保学习实践活动扎实开展的重要保证。中国文联对学习实践活动的每个阶段、各个环节都努力做到领导带头，精心组织。一是领导干部身体力行。各级领导班子成员充分发挥自身的表率、示范、引导作用，切实按照中央提出的“五个带头”要求，带头深入学习，带头调查研究，带头解放思想，带头分析检查，带头整改落实。主要负责人认真履行第一责任人职责，亲自制定调研课题，亲自带队深入基层调查研究，亲自撰写调研报告，亲自作各阶段动员和总结，全程主持分析检查报告、整改落实方案等重要材料的起草修改工作。二是周密安排部署。文联及各单位建立健全了学习实践活动领导机构和工作机构11个，做到事事有人管、有人抓。文联学习实践领导小组先后召开12次会议，研究解决活动中的重大问题，下发6个文件，提出对各个阶段和每个环节的指导意见。文联学习实践活动办公室充分发挥职能作用，把握工作重点，统筹安排工作，掌握工作进度，发现问题及时提出改进建议，先后召开7次学习实践活动办公室主任会议，下发文件9个。特别是针对文联各单位驻地分散、艺术门类多、“小、散、远”单位多的情况和“学习时间难统一、人员难集中、内容难落实”的特点，对不同单位不同人员区别对待，分类指导，进一步增强了工作的实效性和针对性。三是严把质量关口。文联党组及各级领导班子始终坚持高标准、严要求，注重工作质量，严格按照中央要求，把分析检查作为承前启后的重要阶段，认真对待，确保既不走过场，又不出偏差。精心召开领导班子专题民主生活会，设立“三不”标准，即：会前沟通不成功不开会，广泛开展谈心活动，统一认识；发言材料准备不充分不开会，认真进行思考，形成发言提纲；问题找不准不开会，认真查找班子和个人影响和制约科学发展和群众反映强烈的突出问题，确实做到了实事求是、开诚布公。撰写领导班子分析检查报告时，各级领导班子在全面回顾党的十六大以来贯彻科学发展观的基础上，充分运用前期成果，认真查摆文艺工作和文联工作不适应不符合科学发展观的突出问题，深刻分析原因，特别是主观原因，确定了中国文联及各单位贯彻落实科学发展观的主要方向、总体思路、工作要求和加强领导班子自身建设的具体措施，形成了高质量的分析检查报告。从评议结果看，上级领导认可，服务对象和干部职工比较满意。据统计，对文联党组分析检查报告总体评价好的占92.09%；较好的占7.91%，无一般和不好评价。各单位领导班子和文联机关各部室的分析检查报告也获得较高评价。

（四）开门纳谏，会聚民智，充分相信和依靠群众

中国文联党组和所属各单位领导班子，在学习实践活动中，充分相信群众、依靠群众。在制定计划、调查研究、查找问题、召开民主生活会、制定整改方案时，广泛征求群众意见；在撰写分析检查报告、落实整改内容、群众评议工作中，自觉接受群众监督。比如，从学习实践活动一开始，就本着开门纳谏、会聚民智的思路，各级领导班子广泛听取群众意见，仅文联党组就集体面对面听取文联主席团成员、部分文联全委会委员和荣誉委员、部分文艺界人大代表和政协委员、知名艺术家代表、各省区市文联领导、各协会、直属单位和文联机关部室负责人共78位同志意见，委托相关部门听取各民主党派和无党派代表、各基层党组织和工青妇组织代表及离退休老干部代表共107名同志意见。在征求群众意见中，文联党组力争做到“三心”，即思想重视——诚心，形式多样——用心，态度端正——虚心。按照多层次、多渠道、多形式的思路，通过面对面、背靠背、走出去、请进来等多种形式，面向文艺界，辐射全方位，先后召开12个不同层面的征求意见座谈会，分设10个征求意见箱，向18个中央有关部委、54个团体会员单位、202名文联全委会委员和荣誉委员征求了意见，梳理出10个方面680条意见，为撰写高质量分析检查报告及制定整改落实方案打下了坚实基础。中央和中直机关两级学习实践活动办公室分别转发了文联党组征求群众意见坚持“三心”的经验。

（五）注重实效，学用结合，始终突出实践特色

突出实践特色是开展学习实践活动把握的重要原则之一，也是确保学习实践活动取得实效的关键所在。中国文联从一开始就注意开展学习实践活动与推动工作相结合，以学习推动工作，以工作促进学习，确实做到学习实践活动与各项工作相得益彰，两不误、两促进。一是把开展学习实践活动与贯彻中央重大部署结合起来。为贯彻落实党的十七届三中全会精神，中国文联出台了推动农村文化发展8项举措；为纪念改革开放30周年，举办了“改革开放颂”文艺演出系列活动；为切实做好“大外交、大外宣”工作，成功举办了“今日中国”艺术周日本、埃及行等活动；为贯彻落实中纪委三次全会精神，结合文联实际，提出了加强党性修养和作风建设的意见；为贯彻中央经济会议精神，提出了勤俭节约过紧日子的要求，使党和国家的重大决策和重大工作部署在中国文联真正得到贯彻落实。二是把开展学习实践活动与查找问题结合起来。对深入调研出来的一些重大问题和征求意见中群众反映的一些突出问题，中国文联党组及各级领导班子在认真讨论研究后，结合实际，归纳成3个类别：当前具备条件，在现有基础上能够立即改进的问题；一时难以解决，需要通过创造条件经过一定时间能够改进的问题；一些涉及长远建设，需要通过进一步研究决策的战略性、全局性问题。在查找问题的同时，各级领导班子对涉及一些群众切身利益的问题都高度重视，认真对待，积极采取措施妥善进行处理，诚心诚意为群众办实事、解难事。三是把开展学习实践活动与改进工作结合起来。中国文联党组及所属各单位，针对自身实际，认真按照中央提出的“四明确一承诺”要求，在整改落实工作上，做到了整改项目明确，整改目标时限明确，整改措施明确，整改落实责任明确。在解决突出问题的同时，努力从推动文艺繁荣、服务科学发展、促进社会和谐的需要出发，对现行的规章制度进行了清理，按照废、改、立的思路，抓好体制机制建设。经研究决定制定出台22项规章制度，进一步完善了体现科学发展要求，符合文联发展实际的制度体系。

（六）大力宣传，加强引导，积极营造舆论氛围

为充分引导广大党员干部自觉投身学习实践活动，积极营造强大的舆论氛围，中国文联及各单位十分注重媒体作用，充分利用网络等现代手段与简报、专栏、展览等传统手段相结合，特别是充分利用电视、广播、报刊等大众传媒，对学习实践活动做法、经验、成效和先进典型进行宣传报道。据统计，各单位共报送学习实践活动简报200余份，文联学习实践活动办公室共编发简报75期，被中央和中直两级学习实践活动办公室

转发2期，被中央学习实践活动官方网站转载2期，被中直工委转发4期；通过有关媒体刊发通讯400余篇，新闻图片200余幅，中央电视台报道20余条（次），新华社、人民日报、光明日报等报刊媒体刊发新闻200余条，为学习实践活动的开展起到了很好的宣传鼓动作用。

二、学习实践活动的主要成效

通过学习实践活动，主要取得了以下成效：

（一）深化学习，进一步增强了党员干部贯彻落实科学发展观的自觉性、坚定性

学习实践活动的开展，使广大党员干部受到了一次全面、系统、深刻的科学发展观教育，加深了对科学发展观重大意义、科学内涵、精神实质和根本要求的理解，形成了对文艺工作和文联工作服务科学发展的共识。大家普遍认识到，科学发展观是指导建设中国特色社会主义的重要理论，是引领我国经济社会又好又快发展的行动指南，是我们党新时期执政兴国的指导思想，是我们实现中华民族伟大复兴的行动纲领。学习实践科学发展观，掌握马克思主义中国化的这一最新成果，形成指导和统筹新时期文艺工作和文联工作的世界观和方法论，是我们实现“推动文艺繁荣、服务科学发展、促进社会和谐”的必然要求。中国文联作为宣传思想文化战线的一部分，作为党和政府联系文艺界和广大文艺工作者的桥梁和纽带，必须坚持以科学发展观为统领，牢固树立坚持科学发展观的责任感和使命感，切实增强贯彻科学发展观的自觉性和坚定性，以科学发展的理念和改革创新精神推动文艺工作和文联工作，努力开创文艺工作和文联工作的新局面。

（二）解放思想，进一步确立了文艺工作和文联工作服务科学发展的新思路

在学习实践活动中，中国文联各级领导班子坚持解放思想、创新思维，认真查找了影响和制约文艺工作和文联工作以及党性党风党纪方面群众反映强烈的突出问题，进一步转变了思想观念，形成共识，明确了今后的努力方向和工作思路。中国文联党组认真查摆出亟待解决的5个方面突出问题：一是在解放思想、改革创新，树立和落实新的文化发展理念方面与科学发展观要求还不相适应。二是在加强理论评论和评奖办节、把握正确文艺导向方面与科学发展观要求还不相适应。三是在繁荣文艺创作、多出优秀作品、打造精品工程方面与科学发展观要求还不相适应。四是在改革创新文艺工作和文联工作体制机制方面与科学发展观要求还不相适应。五是在加强党的建设、领导班子建设和干部队伍建设方面与科学发展观要求还不相适应。针对这些问题，中国文联党组研究确定，当前和今后一个时期，进一步贯彻落实科学发展观的总体思路是：深入贯彻落实党的十七大、十七届三中全会、中央经济工作会议、纪念党的十一届三中全会召开30周年大会精神以及胡锦涛总书记关于切实加强意识形态工作的重要指示精神，牢牢把握“高举旗帜、围绕大局、服务人民、改革创新”的总要求，紧紧围绕推动文艺繁荣、服务科学发展、促进社会和谐，坚持用科学发展观统领文艺工作和文联工作，以服务党和国家工作大局为重点，以满足人民群众日益增长的精神文化需求为根本，以推动文艺大发展大繁荣为目标，认真履行联络协调服务的基本职能，充分发挥组织引导服务维权的重要作用，努力调动一切积极因素，团结一切可以团结的力量，振奋精神、同心同德，锐意进取、扎实工作，为促进经济社会又好又快发展，夺取全面建设小康社会新胜利作出积极贡献。各级领导班子也都从本单位实际出发，找出了问题，明确了今后努力的方向。

（三）锐意进取，进一步激发了广大党员干部开创文艺工作和文联工作新局面的热情

广大党员干部通过参加学习实践活动，普遍受到了一次党性党风党纪的再教育，精神面貌呈现出可喜的变化。一是党性观念进一步增强。通过集中学习培训和严格的组织生活，广大党员干部特别是党员领导干部，思想得到升华，党性得到锻炼，机遇意识、发展意识、大局意识、责任意识、忧患意识进一步增强。在贯彻党的十七届三中全会、中央经济工作会议、中纪委十七届三次全会、全国宣传部长会议等重大决策上，与党中央保持高度一致，在配合党和政府开展纪念改革开放30周年系列文艺活动中、在“送欢乐、下基层”等重大业务活动中，身先士卒，站在一线，充分体现了党员领导干部的先锋模范作用。二是工作作风进一步转变。学习实践活动不仅增强了党员干部的党性观念，而且也促进了工作作风的

转变。各级领导干部通过带头深入基层调查研究，倾听广大文艺家的诉求，了解他们心声，帮助他们解决实际困难，拉近了文联组织与文艺工作者的感情距离，进一步增强了文联各级组织的凝聚力、亲和力。广大文艺工作者普遍反映，现在来文联机关和各协会办事，看到了更多的微笑，听到了更多的问候，感到很亲切。三是干群关系进一步融洽。在学习实践活动中，各级领导班子尊重群众的主体地位，在征求意见中面对面听取群众意见，在分析检查中认真接受群众监督，在整改落实中公开向群众作出承诺，把群众的评价作为衡量学习实践活动成效的最高标准。同时，各级领导班子想群众之所想，急群众之所需，积极想方设法为群众办好事解难事，各单位都办了一批群众满意的实事，进一步密切了干群关系，促进了和谐机关建设。四是工作效率进一步提高。在学习实践活动期间，各单位担负着繁重的业务工作，各级领导班子都能够按照统筹兼顾的要求，科学制定工作计划，合理安排工作内容，本着突出重点、解决难点、打造亮点的原则，进一步提高工作效率，把学习实践成果转化为推动工作的强大动力，高效率圆满完成了各项工作任务。

（四）学以致用，进一步提高了服务科学发展的能力

面对当前国际国内形势的一系列深刻复杂变化，中国文联及各单位坚持从围绕中心、服务大局出发，扎实开展学习实践活动，始终坚持做到边学边改、边查边改、边整边改，学习工作两不误、两促进，把深入贯彻落实科学发展观的成果转化为推动工作的强大动力，切实履行联络协调服务职能，充分发挥桥梁纽带作用。一是面向基层、服务群众，深入开展“送欢乐、下基层”等重大文化惠民活动，努力满足广大人民群众日益增长的多层次多样化多方面的精神文化需求。为深入贯彻党中央关于积极应对国际金融危机，坚定信心，战胜困难的指示精神，为人民群众送欢乐、送信心、送温暖、送力量，元旦春节期间，由党组7名成员分头带队，组织全国11个文艺家协会艺术家和有较大社会影响的文艺工作者共2000多人，深入到地震灾区、革命老区、边远山区、少数民族地区、边疆地区等15个省区市，开展了“送欢乐、下基层”文化惠民活动，共演出22场，观看群众达30多万人次。中央电视台对中国文联“送欢乐、下基层”活动进行了20余条（次）的报道，其中“焦点访谈”栏目还对此项活动进行了专题报道。二是强化服务意识，积极改进工作，努力推动文艺界大团结大繁荣大发展。利用中国文联八届四次全委会召开的大好时机，就如何扩大服务范围，拓宽服务渠道，改进服务方式，提升服务层次，增强服务本领，真正把文联建成广大文艺工作者的“温馨和谐之家”，广泛听取了知名艺术家和文艺工作者的意见和建议；努力维护文艺工作者合法权益，积极争取上级部门大力支持，成功召开了中国摄影著作权协会成立大会，使维权工作取得了实质性进展；举办了2009年“百花迎春”大联欢活动，把各艺术门类、各个历史时期的著名文艺家请到北京，在人民大会堂宴会厅举办联欢会，充分展示了文艺界大团结、大繁荣、大发展的生动局面。中央电视台正月初三进行了播放，收视率再创新高，广大文艺工作者高兴，社会各界反映良好。三是正确处理学习实践活动与当前重点工作的关系，以学习实践活动为动力，推动当前重点工作任务圆满完成。学习实践活动期间，积极配合中组部检查组对中国文联3年来干部选拔任用工作情况进行检查，配合中组部、中宣部检查组完成了中国文联党组2008年度考核工作试点任务和所属各单位年度考核工作，进一步推动了干部人事制度改革。指导帮助中国美协、中国影协顺利地完成了换届选举工作，确保了领导班子平稳交接和整体工作持续推进。

（五）以人为本，进一步重视和解决了一些涉及群众切身利益的突出问题

中国文联及各单位始终坚持把为群众办好事、办实事、解难事作为检验学习实践活动成效的一个重要标志，结合工作实际，突出重点，求真务实，用心办理和完成了一些广大文艺工作者和干部职工普遍关注和期盼的切身利益问题。一是积极开展“送温暖”活动。春节前夕，中国文联党组成员分别带队看望了56位主席团成员、荣誉委员和知名老艺术家，走访慰问了18位生活困难的艺术家，发放慰问金35万元。委托机关党委和工会对18位困难职工和4位在灾区、西部地区和边疆地区挂职的干部发放了困难补助和慰问金。二是为著名艺术家举办纪念活动，举办了纪念周扬诞辰

100周年座谈会、田汉诞辰110周年纪念大会以及刘兰芳从艺50周年纪念活动。三是出版晚霞文库系列丛书，建立专项经费为著名的老艺术家出版专辑，现已整理出版28部。四是为使广大文艺工作者盼望已久的“中国艺术家之家”在中国文联成立60周年之际投入使用，制定了工程改造装修方案，正在抓紧组织施工。五是积极做好正辰小区250套职工住宅配售的后续工作。责成有关部门积极争取相关单位支持，最大限度地为购房职工提供高效便捷的服务。六是投资150万元对北三环中路10号院、金台里26号楼两处职工住宅区进行环境整治。七是为解决中国文联团结湖办公楼工作人员就餐问题，装修改造了食堂，使职工就餐条件有了较大的改善。

文联党组还要积极开展工作，多方创造条件，争取上级部门支持，继续努力解决文联干部职工住房困难等涉及群众切身利益的突出问题，不断改善干部职工工作生活条件。

（六）开拓创新，进一步完善和制定了一批规章制度

学习实践活动开展过程中，在认真查找和广泛征求意见基础上，对现有的制度进行了全面梳理，按照“废、改、立”的思路抓紧建章立制。拟修改完善22项具体制度，并在学习实践活动结束前，形成了一批制度成果，完善和制定出台了12项规章制度，在加强思想作风建设方面，制定出台了《中国文联党组关于进一步加强和改进领导班子思想政治建设的若干意见》、《中国文联党组理论学习中心组学习制度实施办法》、《中国文联贯彻落实〈建立健全惩治和预防腐败体系2008 ~ 2012年工作规划〉实施办法》；在加强评奖办节管理方面，制定出台了《中国文联 “文艺之乡”命名和“文艺创作中心、基地”创建暂行办法》、《中国文联全国性文艺评奖管理办法（试行）》、《中国文联关于举办文艺活动管理办法》；在加强对外文化交流方面，制定出台了《中国文联关于参与举办大型国际多边交流活动的管理规定》、《中国文联关于局级以下干部因公出国（境）暂行规定》；在加强干部队伍建设方面，制定出台了《关于进一步加强领导干部选拔任用工作，切实提高选人用人公信度的意见》、《各文艺家协会领导班子和班子成员年度考核办法》；在加强资金使用管理方面，制定出台了《中国文联重点艺术项目扶持工程资金使用办法》；在加强出版业改革方面，出台了《中国文联出版业总体改革方案》。此外，对一些受职权限制和涉及长远的制度规定，计划在中长期整改任务中完成。

中国文联的学习实践活动虽然取得了一定成效，但与中央的要求相比，仍存在一定差距。

一是部分党员干部对科学发展观的认识还不够深刻，对科学发展观的全面理解和系统掌握还不够到位，还需要进一步深化学习。

二是部分党员干部在用科学发展观指导工作的思想和眼界还不够开阔，转变观念、拓展思路、推动实践的意识还需要进一步提升。

三是有的单位在学习实践活动开展上还不够平衡，整改落实工作中还存在一些问题，还需要进一步加大力度解决。

三、进一步巩固和扩大学习实践活动成果

学习实践科学发展观，是我们当前以及今后必须长期坚持和贯彻的指导方针，也是一项常抓常新的工作。集中学习实践活动虽取得了明显成效，但不少还是阶段性的、初步的，还需要对一些事关文艺工作和文联工作的重大问题，去认真探索研究，用心解决，切实按照推动文艺繁荣、服务科学发展、促进社会和谐的思路，进一步巩固和扩大学习实践活动成果。

（一）着眼长远，积极建立完善学习实践科学发展观长效机制

科学发展观是当前中国特色社会主义理论重大创新成果，内涵丰富，博大精深。只有着眼长远，坚持不懈地学习和领会，并与实际工作相结合，构建学习与实践相互促进的长效机制，才能把科学发展观转化为推动工作和指导实践的实际能力。要进一步完善中心组学习、干部培训、党员轮训等制度，把深入学习科学发展观融入到党员干部的日常学习工作之中，做到长期化、经常化、制度化。要坚持理论联系实际的学风，努力做到学以致用，用以促学，把科学发展观的要求转化为推动文艺繁荣的正确思路，转化为服务科学发展的实际能力，转化为促进社会和谐的具体措施。

（二）拓宽思路，牢固树立和贯彻落实新的文化发展理念

要继续解放思想、转变观念，树立在文化的

发展方向、发展目的、发展动力、发展思路、发展格局、发展战略、发展领导力量和依靠力量8个方面新的文化发展理念，认真学习，深刻领会，并切实贯彻到文艺工作和文联工作中去。要牢牢把握发展是第一要义、核心是以人为本、基本要求是全面协调可持续、根本方法是统筹兼顾的思想，紧跟时代步伐，紧随实践发展，大力开展事关文艺事业全局性、战略性的重大问题研究，积极探索适应社会主义市场经济体制、符合文艺发展规律和人民团体特点的管理体制、运行机制、组织形式、活动方式，破解发展难题，使文艺工作和文联工作能够为夺取全面建设小康社会新胜利作出积极贡献。

（三）真抓实干，切实抓好整改落实方案的实施

巩固和扩大学习实践活动成果的关键就是要把中国文联学习实践活动整改方案落到实处。各单位要切实抓好整改落实工作，确保整改落实到位。一是明确责任。文联党组对整改落实工作负总责，各部室主要负责人亲自抓，进一步把整改落实方案责任化，切实加强督促检查，确保整改能够兑现，对于整改落实进展情况各单位要及时反馈给机关党委。二是形成合力。整改落实工作涉及方方面面，各单位都要牢固树立大局意识，上下之间，左右之间，要主动沟通，相互协调，在形成工作合力中，齐心协力抓好落实。三是突出重点。要统筹兼顾，抓住重点，积极发挥主观能动性，不等不靠，加大整改落实工作力度。对于能够解决的问题要努力解决，能够出台的制度要抓紧出台；对于暂不具备条件解决的问题，要努力创造条件解决，不能立即出台的制度，要在深入调研和完善的基础上，尽快出台；对于已经解决的问题、完善的制度要做好巩固工作。四是务求实效。根据整改落实方案，坚持量力而行，从实际出发，扎扎实实抓整改、办实事、解难题、促发展。既防止畏难情绪、无所作为，又避免搞形式主义、短期行为和“花架子”，努力使整改落实工作真正经得起实践、群众和历史的检验。

同志们，学习实践科学发展观活动虽然已告一段落，但是贯彻落实科学发展观是必须长期坚持的根本指导方针。我们要以这次学习实践活动为动力，进一步解放思想、开拓创新，努力为推动社会主义文化大发展大繁荣，兴起社会主义文化建设新高潮作出更大的贡献。

谢谢大家！

中国文联2009年工作要点

（2009年1月11日）

2009年是深入学习实践科学发展观、全面建设小康社会的重要一年，也是纪念新中国和中国文联成立60周年的喜庆之年。根据中央经济工作会议和全国宣传部长会议部署，2009年文联工作总的要求是：深入贯彻落实党的十七大、十七届三中全会、中央经济工作会议精神和胡锦涛总书记关于切实加强意识形态工作的重要指示精神，牢牢把握“高举旗帜、围绕大局、服务人民、改革创新”的总要求，紧紧围绕推动文艺繁荣、服务科学发展、促进社会和谐，坚持用科学发展观统领文艺工作和文联工作，以服务党和国家工作大局为重点，以满足人民群众日益增长的精神文化需求为根本，以推动文艺大发展大繁荣为目标，认真履行联络协调服务的基本职能，充分发挥组织引导服务维权的重要作用，努力调动一切积极因素，团结一切可以团结的力量，振奋精神、同心同德，锐意进取、扎实工作，为促进经济社会又好又快发展，夺取全面建设小康社会新胜利作出积极贡献。

一、紧紧围绕深入学习实践科学发展观，坚持不懈地用马克思主义中国化最新成果武装头脑、指导工作，努力增强贯彻落实科学发展观的自觉性和坚定性

继续开展深入学习实践科学发展观活动。围绕“推动文艺繁荣、服务科学发展、促进社会和谐”，善始善终地搞好学习实践活动。按照党员干部受教育、科学发展上水平、人民群众得实惠这个总要求，大力发扬理论联系实际的马克思主义学风，采取切实有效的举措，着力转变不适应不符合科学发展观要求的思想观念，着力解决影响和制约科学发展的突出问题以及党员干部党性党风党纪方面群众反映强烈的突出问题，着力构建有利于科学发展的体制机制。

增强学习实践活动的针对性和时效性。把学习实践科学发展观活动和讲党性、重品行、作表率与当前工作紧密结合起来，把改造主观世界与改造客观世界紧密结合起来，把提高思想认识与破解改革发展难题紧密结合起来，把科学发展观的要求转化为推动文艺繁荣的正确思路，转化为服务科学发展的实际能力，转化为促进社会和谐的具体措施，更加坚定、自觉地用科学发展观统领新形势下的文艺工作和文联工作。

二、紧紧围绕纪念新中国和中国文联成立60周年，精心组织有声势有特色有影响的主题文艺活动，充分展示新中国和中国文联的奋斗历程、辉煌成就和美好前景

围绕纪念新中国成立60周年，精心组织专题文艺展演、展映、展览、展示活动。以丰富多彩的文艺形式，充分展示60年来特别是改革开放以来取得的巨大成就，展示我国经济发展、政治稳定、文化繁荣、民族团结、社会进步和国际地位日益提高的大好形势，展示中国人民蓬勃向上、开拓奋进的精神风貌，唱响共产党好、社会主义好、改革开放好、伟大祖国好的主旋律，努力营造热烈喜庆、欢乐祥和的节日气氛。

围绕纪念中国文联暨中国剧协、中国影协、中国音协、中国美协、中国曲协、中国舞协以及有关省区市文联成立60周年开展系列活动。提前谋划、早作准备，重点办好纪念大会、工作经验交流会、理论研讨、文艺演出、图书出版和“我与文联”征文等活动，充分展示文艺界大团结大繁荣大发展的生动局面，充分展示广大文艺工作者奋发有为、昂扬向上的精神风貌，大力营造喜庆、团结、繁荣的浓厚氛围。

三、紧紧围绕人民群众对文化建设的新期待，深入扎实开展面向基层、服务群众的惠民文化活动，努力保障人民群众的基本文化权益

精心组织好元旦春节期间的“送欢乐、下基层”惠民文化活动，办好“百花迎春——中国文学艺术界大联欢”，营造欢乐祥和文明的节日氛围。

继续开展高品质、低价位、服务普通百姓的“百花芬芳”系列活动，进一步丰富基层群众的精神文化生活。

继续开展以“聚焦新农村、文艺为农民”为主题的系列活动。重点办好新农村少儿舞蹈美育工程、第三届农村小康电视节目工程、首届中国农民艺术节等，扶持建立农村文艺活动示范基地，引导文艺工作者创作生产更多反映新农村建设的优秀文艺作品。

继续开展梅花奖艺术团“送戏下基层”、曲艺家“送欢笑”、“美术家、书法家进万家”、传统节日系列文化活动、文艺进社区进校园等活动，大力倡导百花回报沃土、艺术奉献人民的良好风尚。

四、紧紧围绕党和国家“大外交”、“大外宣”的总体部署，积极主动地推进对外民间文化交流与合作，努力扩大中华文化的国际影响力

积极开展对外民间文化交流活动。继续办好“今日中国”艺术周、“艺术之旅”等重大对外文化交流活动，面向国外主流社会、高端人士和政府官员，充分展示当代中国艺术发展的最新成果，着力打造成对外文化交流的重要品牌。

认真组织开展好国际性艺术活动。组织好第29届世界魔术大会、梅花奖艺术团美国行、当代中国美术精品世界行、中国书法环球行，办好第13届国际摄影艺术展、上海合作组织电视高峰论坛、第九届中日韩电视制作者论坛、第四届中俄电视论坛、第三届中日韩非物质文化遗产保护论坛、第二届中国—东盟电视论坛、第三届中国—东盟当代舞蹈国际研讨会、第20届中日自作诗书展、第六届国际马戏论坛等活动，努力提高中国艺术的国际影响力。

加大与港澳台地区的文化交流力度。办好海峡两岸暨港澳地区艺术论坛和庆祝澳门回归10周年系列文艺活动，强化中华文化同根同源的意识和感情。

五、紧紧围绕坚持文艺的正确导向，切实改进理论评论和评奖办节工作，努力推出一批优秀文艺作品

加强调查研究工作。切实加强对事关文艺工作和文联工作全局性、战略性、前瞻性问题的研究，力争形成一批有水平、有价值、有分量的调研报告。加强文联工作基础研究，举全国文联系统之力，启动编写《文联工作概论》。

加强舆情信息工作。召开全国文联文艺舆情信息工作会议，密切关注社会文艺动态和文艺理论领域的新情况新思潮，关注文艺工作领域中的倾向性苗头性问题，建立文艺舆情汇集和分析机制，增强文艺工作的针对性、主动性。

加强理论评论工作。办好纪念中国文联成立60周年理论研讨会、第七届中国文联文艺理论评奖、2009年当代文艺论坛等活动。加强与中央各大媒体文艺理论评论栏目的沟通，继续办好中国文联及各文艺家协会所属报刊的文艺理论评论栏目。加强各文艺家协会理论评论和学术委员会建设，充分发挥特约研究员队伍、特约评论员队伍的作用。

积极做好评奖办节工作。按照《全国性文艺新闻出版评奖管理办法》的要求，认真落实《中国文联文艺评奖管理办法》，切实办好第三届中国戏剧奖、第27届中国电影金鸡奖、第七届中国音乐金钟奖、第一届中国美术奖、第七届中国舞蹈荷花奖、第九届中国民间文艺山花奖、第八届中国摄影金像奖、第三届中国书法兰亭奖、第八届中国杂技金菊奖，研究加强对中国文联和各文艺家协会举办的各类艺术节的管理，办好第11届中国戏剧节、第18届中国金鸡百花电影节、第三届中国舞蹈节、第八届中国摄影艺术节、第8届中国民间艺术节，做好“全国优秀少儿歌曲”的推广工作，办好第五届“小荷风采”全国少儿舞蹈展演、全国流行歌曲创作大赛等，推出一批思想性与艺术性相统一、反映人民主体地位和人民群众喜闻乐见的精品力作。

发挥中国文学艺术基金会的作用。按照基金会章程和资金使用管理办法，重点扶持优秀文艺作品的创作和生产。

六、紧紧围绕造就老中青相结合的浩浩荡荡文艺大军，切实加强文艺队伍建设，努力培养一批德艺双馨的文艺大家和领军人物

切实加强文艺队伍建设。办好第四届中国文联中青年文艺评论家高级研修班等，培训优秀文艺骨干。高度重视培养和发现文艺界先进典型，积极宣传和学习他们的崇高思想和优秀品质，弘扬德艺双馨精神，引导广大文艺工作者认真履行人类灵魂工程师的神圣职责。

积极团结和凝聚体制外文艺工作者。把新的文化组织和自由职业者纳入工作范围，加强与不同体制下文艺工作者的联系，积极探索对体制外文艺从业人员的培训和业务指导的有效方式，把他们团结和凝聚到党的文艺事业中来。

积极倡导艺术民主和学术民主，营造尊重劳动、尊重知识、尊重人才、尊重创造的良好氛围，积极推介优秀人才和他们的优秀作品，为文艺人才的迅速成长和脱颖而出创造条件。

积极关心文艺工作者特别是知名老艺术家的工作与生活。继续推进京剧“晚霞”、“彩霞”工程、“艺坛大家”音像工程，组织好文艺名人从艺、诞辰纪念活动，努力为他们办好事办实事，发挥他们在文艺界的示范带动作用。

七、紧紧围绕推动文化内容形式、体制机制、传播手段的创新，积极探索行业服务、行业管理、行业自律和维权工作的有效途径，更好地履行职能、发挥作用

积极探索加强行业管理、引导行业自律的新办法，在服务文艺工作者的过程中加强管理、引导自律。

努力探索联系服务各方面各领域文艺工作者的新途径。及时了解他们的工作生活情况，真实反映他们的诉求。加大维权工作力度，努力建设一支作风过硬、业务专精、甘于奉献的维权队伍，维护好广大文艺工作者的合法权益。认真总结新时期特别是近年来加强行业服务、行业管理、行业自律的成功做法，借鉴其他人民团体在这方面的有益经验，努力探索新形势下做好文艺工作和文联工作的新方式新手段。

积极稳妥推进出版业改革。认真贯彻中央文化体制改革工作会议精神，坚持“积极稳妥、统筹兼顾、两级管理、循序渐进、重点突破、分步实施”的原则，在充分尊重各文艺家协会自主性的前提下，有条不紊地推进文联出版业的转企改制、资产重组，采取灵活的资本运作措施，实现中国文联出版业的快速发展和职工收入的稳步提高。

八、紧紧围绕办好各方面各领域文艺工作者的“温馨和谐之家”，全面加强文联自身建设，为开创文艺工作和文联工作新局面提供有力保障

加强领导班子建设。牢固树立注重品行、崇尚实干、重视基层、鼓励创新、群众公认的用人导向，坚持“德才兼备、以德为先”的用人原则，真正把那些政治上靠得住、工作上有本事、群众信得过、作风过得硬的干部选拔到各级领导岗位上来。

加强干部队伍建设。举办文联处以上领导干部培训班、做好组织联络、理论研究、外事、人事、报刊骨干理论和业务培训工作，继续办好文艺知识等专题讲座，努力提高文联干部职工特别是领导干部的业务素质。扎实推进干部人事制度改革，加强人才信息库建设，有计划有步骤地实施干部交流和轮岗，大力提拔那些被实践证明优秀、发展潜力较大的年轻干部。对离退休干部做到政治上多关心、思想上多沟通、生活上多照顾。

加强基层党组织建设。坚持抓基层、打基础，坚持教育管理服务并重，教育引导党员增强党的意识，坚定理想信念，遵守组织纪律，争当先锋模范。

做好中国音协的换届选举工作。

积极争取有关部门的政策和资金支持，抓紧做好中国文艺家之家的改造装修和搬迁工作。

加强和改进机关服务工作，增强服务能力，提高服务水平，为机关工作提供有力的后勤保障。

重要会议

中国文联第八届主席团第四次会议

中国文联第八届主席团第四次会议1月10日在北京召开。全国政协副主席、中国文联主席孙家正主持会议，中国文联党组书记、副主席胡振民，党组副书记、副主席覃志刚、李牧，党组成员、副主席冯远、杨志今，党组成员、书记处书记廖奔、白庚胜，副主席丁荫楠、才旦卓玛、丹增、白淑湘、冯骥才、刘大为、刘兰芳、李维康、吴雁泽、张西南、陈晓光、赵化勇、段成桂、夏菊花、裴艳玲以及主席团委员出席了会议。

胡振民通报了中国文联八届四次全委会的筹备情况。李牧做了关于更替、增补中国文联第八届全委会委员的说明。冯远宣读了关于更替、增补中国文联第八届全委会委员的决定（草案）。杨志今通报了中国文联八届四次全委会报告起草的情况。

会议审议并通过了《中国文联第八届全国委员会第四次会议议程》，审议并确认了第八届全国委员会委员更替、增补事宜；审议了《在中国文联第八届全国委员会第四次会议上的工作报告（审议稿）》和《中国文联2009年工作要点（征求意见稿）》。

中国文联第八届全国委员会第四次会议

中国文联第八届全国委员会第四次会议于1月11～12日在北京召开。全国政协副主席、中国文联主席孙家正，中国文联党组书记、副主席胡振民，中宣部副部长焦利，党组副书记、副主席覃志刚、李牧，党组成员、副主席冯远、杨志今，党组成员、书记处书记廖奔、白庚胜，中宣部文艺局局长杨新贵，中国文联副主席丁荫楠、才旦卓玛、丹增、白淑湘、刘大为、刘兰芳、李维康、吴雁泽、张西南、陈晓光、段成桂、夏菊花、裴艳玲和主席团委员以及中组部、中宣部有关负责人出席开幕式。胡振民代表第八届主席团做工作报告，对2008年工作进行回顾和总结，分析了当前文艺工作和文联工作面临的新形势，对2009年文联工作作出部署。马少青、王超、王慧芬、白洁、杨益萍、李碧川、佟立军、张印忠、郜海镭9名同志被增补为中国文联第八届全委会委员，冯树林、刘国治、李自治、何洪达、陈东、陈中秋、俞向党、梁飞、梁公卿、敬正书10名同志不再担任中国文联第八届全委会委员职务。参会委员认真学习全国宣传部长会议精神以及焦利代表中宣部所做的讲话精神，通过小组讨论、大会交流等形式，审议通过胡振民代表中国文联主席团做的工作报告，为文联工作建言献策。

文艺界全国人大代表全国政协委员联谊会暨中国文联“送欢乐、下基层”活动表彰会

文艺界全国人大代表、全国政协委员联谊会暨中国文联“送欢乐、下基层”活动表彰会于3月2日在北京举行。全国政协副主席、中国文联主席孙家正，中国文联名誉主席周巍峙，中国文联党组书记、副主席胡振民，党组副书记、副主席覃志刚、李牧，党组成员、副主席冯远、杨志今，党组成员、书记处书记廖奔、白庚胜与中宣部副部长焦利，中国文联原党组领导李树文、胡珍、仲呈祥、董良翚，中国作协党组成员、副主席高洪波，中宣部文艺局副局长汤恒，在京部分中国文联荣誉委员、主席团委员出席。联谊会上，受孙家正委托，胡振民就中国文联2008年工作情况和2009年工作安排向与会代表、委员做了通报；

李牧宣读了《中国文联关于表彰参加“送欢乐、下基层”活动文艺工作者的决定》，对近4年来参加中国文联和各全国文艺家协会组织的“送欢乐、下基层”活动的980余名文艺家和文艺工作者给予通报表彰并颁发荣誉证书，申万胜等82名参与此项活动的文艺工作者代表现场接受证书。此次表彰旨在大力弘扬崇德尚艺、乐于奉献的精神，引导广大文艺工作者坚持深入基层、服务群众，进一步推动“送欢乐、下基层”活动深入开展。

重大活动

庆祝中华人民共和国成立60周年系列活动

【全国产业（行业）系统文艺展演】

3月19日，中国文联、中华全国总工会、中央电视台正式下发通知，联合主办庆祝新中国成立60周年全国产业(行业)系统文艺展演，通过丰富多彩的文艺形式热情讴歌我国经济和社会发展的辉煌成就，为共和国60华诞献礼。展演主要内容为戏曲演唱、舞蹈展演、职工歌咏比赛、曲艺小品展演等单项活动，以及“向祖国汇报”庆祝新中国成立60周年全国产业(行业)系统文艺展演综合晚会。其中，戏曲演唱活动于9月7日结束，共评出金奖6个、银奖10个、铜奖15个、优秀奖5个、优秀组织奖14个和特别贡献奖1个，中国文联党组成员、副主席冯远与有关方面领导出席在北京梅兰芳大剧院举行的颁奖晚会；歌咏比赛于10月10日结束，共评出金奖16个、银奖29个、铜奖38个，创作一等奖8个、创作二等奖13个、创作三等奖19个和优秀组织奖15个、特殊贡献奖1个，中国文联党组副书记、副主席覃志刚与有关方面领导出席在中原油田举行的颁奖晚会；舞蹈展演于10月26日结束，中国文联副主席、中国舞协主席白淑湘与有关方面领导出席了在黑龙江大庆举行的颁奖晚会；曲艺小品展演于11月6日结束，共评出金奖8个、银奖15个、铜奖20个、优秀奖35个、创作奖16个，中国文联副主席、中国曲协主席刘兰芳与有关方面领导出席在太原钢铁(集团)有限公司举行的颁奖晚会；“向祖国汇报”庆祝新中国成立60周年全国产业(行业)系统文艺展演综合晚会于10月19日在湖北武汉琴台大剧院举行，中国文联党组成员、书记处书记廖奔，中国文联副主席、中国杂协主席夏菊花与有关方面领导罗清泉、孙春兰、张昌尔、李春明等出席观看。

【群众性爱国主义教育活动】

5月4日前后，中国文联发出《中国文联关于围绕庆祝新中国成立60周年深入开展群众性爱国主义教育活动的通知》，各团体会员积极响应，按照中央、中宣部统一部署，围绕庆祝新中国成立60周年主题，深入开展丰富多彩的文艺活动，寓教于乐、以文化人，大力唱响共产党好、社会主义好、改革开放好、伟大祖国好、各族人民好的时代主旋律，收到了良好效果。

【全国文艺名家书画作品邀请展】

7月11日，由中国文联国内联络部和湖北省文联联合主办的庆祝新中国成立60周年暨中国文联成立60周年全国文艺名家书画作品邀请展在京启动。全国人大常委会副委员长周铁农、全国政协副主席孙家正分别为展览题词。全国人大原副委员长何鲁丽、全国政协原副主席张思卿和中国文联覃志刚、冯远、吴长江、赵长青等出席仪式。展览特邀文联系统著名艺术家提供200件左右书画作品，同时编印《庆祝新中国成立60周年暨全国文联成立60周年全国文艺名家书画作品邀请展作品集》大型画册，在10月17日举办的展览开幕式上同步发行。

【庆祝新中国成立60周年著名艺术家演唱会】

8月2日，中国文联在北京国家大剧院举办“我和我的祖国——庆祝新中国成立60周年著名艺术家演唱会”。国务院总理温家宝在百忙之中特意来电向参演的各位艺术家表示亲切问候，祝贺演出成功并祝老艺术家健康长寿、永葆艺术青春。晚会共分“光荣礼赞”、“奉献者之歌”、“江山多娇”、“今朝更好看”4个篇章，由赵忠祥和周涛主持，才旦卓玛、李光曦、郭兰英、耿莲凤、刘秉义、罗天婵、胡宝善、韩芝萍、姜嘉锵、李双江、郭颂、卞小贞、杨洪基、于淑珍、关牧村、吴雁泽、德德玛、蒋大为、李谷一等艺术家先后登台，为观众献上各自的经典作品，让人们在歌声中回顾新中国60年来的辉煌成就。参演的老艺术家平均年龄均逾七十，他们坚决抵制“假唱”且不计报酬，以精湛艺术和饱满精神感动了在场每位观众。

【“向祖国汇报”曲艺精品展演周】

9月5～10日，中国文联与中国曲协在北京民族文化宫剧院举办“‘向祖国汇报’曲艺精品展演周”庆祝新中国成立60周年。炜炜道来——周炜相声专场、晋曲情声——山西曲艺专场、快乐人生——刘全和刘全利幽默滑稽小品专场、茉莉情韵——江苏苏州评弹专场、全国(天津)相声新作品专场、曲艺喜剧《茶壶就是喝茶的》等6场各具特色的晚会，集中展现了近年来曲艺界在创作和表演方面取得的佳绩，近百位曲艺家倾情献艺为新中国60华诞献礼。严隽琪、王志珍、丁关根、曾培炎、许嘉璐、顾秀莲、唐家璇、张怀西和王忍之、王蒙、杨洁篪、陈德铭、汪光焘、熊光楷、钱树根、滕文生、陈群、朱永新、邓天生、高富有、温克刚、李春明、杜润生、胡苏平、李谭生、杨新力、陆军、李牧、冯远、杨志今、廖奔、甘英烈、罗扬、刘兰芳、姜昆等于展演周期间分别观看了各场演出。

【“向祖国汇报”美术书法摄影民间艺术精品展】

9月24日～10月9日，中国文联、中国美协、中国书协、中国摄协、中国民协联合在京举办“向祖国汇报”——庆祝新中国成立60周年暨纪念中国文联成立60周年美术书法摄影民间艺术精品展。中国文联胡振民、覃志刚、杨志今、廖奔、张海、丁荫楠、刘大为、段成桂以及李前光、张锠、陈勃、袁毅平等出席开幕式。展览以“庆六十华诞、展大家风采、汇各方神韵、促文艺发展”为主题，通过美术、书法、摄影、民间艺术形式集中展示近年来的精品力作向祖国献礼，400余幅艺术精品展现了新中国60年特别是改革开放30年来的辉煌成就和宝贵经验，可谓爱国主义教育的珍贵教材。

【“百团万人颂中华”国庆60周年大型合唱歌咏会】

作为庆祝新中国成立60周年“向祖国汇报”文艺系列活动15项重点项目之一，由中国文联和中国音协主办的“百团万人颂中华”国庆60周年大型合唱歌咏会于9月25日晚在北京奥运新地标“水立方”举行。来自全国各地包括中国文联老干部合唱团、中国武警男声合唱团、温州女子合唱团、北京经典合唱团、广州文化周末合唱团等122个合唱团队的1万多人，围坐在巨大的游泳池三面，手执彩旗，欢呼挥舞。《东方红》、《今天是你的生日，我的中国》、《天路》、《我像雪花天上来》、《在希望的田野上》、《我们走在大路上》、《好日子》、《爱我中华》、《红星歌》、《同一首歌》、《当兵的人》、《我的祖国》等优秀经典歌曲相继唱响。著名歌唱家张也、谭晶、吕继宏、王宏伟、毛阿敏、丁毅、李丹阳等放开歌喉，与合唱团一起用歌声唱出对祖国的美好祝愿。徐锡宜、郑健、许知俊等指挥执棒本次歌咏会。著名影视演员刘劲和央视电影频道主持人经纬、蒋小涵担任主持。华灯映照碧水，歌声伴随着激情，歌咏会气氛热烈，高潮迭起，精彩不断，配合音乐的变化，合唱团挥舞手中彩旗，不断变换动作和彩旗的颜色，“祖国好”、“生日快乐”的欢呼响彻“水立方”。在全场齐唱《歌唱祖国》歌声中，歌咏会落下帷幕。中央政治局常委李长春，中央政治局委员、北京市委书记刘淇，中央政治局委员、书记处书记、中宣部部长刘云山，中共中央政治局委员、国务委员刘延东，中国文联胡振民、覃志刚、李牧、冯远、杨志今、廖奔以及中国音协徐沛东等出席歌咏会。

【“中华全家福1949～2009·56个民族共同走过”大型摄影展】

10月9～19日，中国文联、中国摄协在北京王府井大街举办“中华全家福1949～2009·56个民族共同走过”大型摄影展，庆祝新中国成立60周年，深入开展民族团结宣传教育活动。孙家正为展览撰写前言。胡振民、翟卫华、杨崇汇、李牧、廖奔、吕厚民、张海、张西南、汤恒等领导出席开幕式，并与身着56个民族服装的学生们在王府井大街现场拍摄一张独具意义的“中华全家福”。展览共展出340位摄影家的841幅图片，体现了新中国成立以来各民族发展变迁的脉络，见证了今天各民族大团结大发展大繁荣的良好局面。展览开幕的同时还举行了由230位摄影家448幅作品结集而成的同名画册首发式。

纪念中国文联及部分全国文艺家协会成立60周年系列活动

【纪念中国文联成立60周年“我与文联”大型征文活动】

4月30日至8月31日，中国文联主办，面向全社会的“我与文联”大型征文活动。活动期间，知名文艺家、广大文艺工作者和基层文联工作者踊跃投稿，共收到来自全国30个省区市和澳门、台湾地区以及加拿大等海外来稿662篇，各地文联收到征文2100多篇。本次活动与中央人民广播电台、《人民日报》（海外版）、《光明日报》、人民网、《党建》杂志、《团结报》、《中国艺术报》等媒体进行合作，中央人民广播电台7月1～31日每天播出1篇优秀征文，人民网邀请才旦卓玛、尹力、刘全和、刘全利、康健民等艺术家进行在线访谈，《中国艺术报》推出“我与文联”征文专栏、《党建》杂志等发表一批优秀征文。10月份，评审委员会评出特等奖、一、二、三等奖和组织奖共75个。11月26日，胡振民、覃志刚、李牧等中国文联领导出席在京举办的颁奖座谈会，并为获奖个人和单位代表颁发证书、奖杯。

【百花芬芳——纪念中国文联成立60周年集邮展】

7月10日，中国文联与中国邮政集团公司共同主办的“百花芬芳——纪念中国文联成立60周年集邮展”在北京中国邮政邮票博物馆开幕。中国文联周巍峙、胡振民、覃志刚、李维康、吴雁泽、吕厚民、吴祖强、李瑛、欧阳中石、罗扬、贾作光、靳尚谊以及梅葆玖、王晓棠、张飙、张桐胜、田连元、郭碧川、申军谊、阚丽君、刘维维、金曼、李燕、哈亦琦、陈晓聪、周秀清、李德福、李庆发等艺术家和邮票设计家参加开幕式。邮展选取1949～2009年间国家邮政局公开发行的展示社会主义文艺事业大发展大繁荣生动局面的邮票和邮品300余套(枚)，折射出新中国成立60年来人民精神面貌的巨大变化和文艺界的可喜成果。

【纪念中国文联成立60周年大会】

7月17日，纪念中国文联成立60周年大会在北京人民大会堂隆重召开。中央政治局常委李长春发来贺信，中共中央政治局委员、中央书记处书记、中宣部部长刘云山出席会议并讲话。中共中央政治局委员、国务委员刘延东，全国政协副主席陈奎元出席会议，全国政协副主席、中国文联主席孙家正出席会议并致辞，共青团中央书记处第一书记陆昊代表人民团体致辞，中国文联党组书记、副主席胡振民主持大会，周巍峙、铁凝、李冰、孙忠同、王晨、孙淦、邓楠、李从军、焦焕成、高占祥、李树文、李牧、冯远、杨志今、丁荫楠、才旦卓玛、丹增、白淑湘、冯骥才、刘大为、刘兰芳、李维康、吴雁泽、张西南、陈晓光、赵化勇、段成桂、夏菊花、裴艳玲、白庚胜等与文联系统干部职工共900余人出席大会。大会总结了60年来，特别是改革开放以来广大文艺工作者在党的领导下为繁荣祖国文艺所作的重要贡献，全面回顾了社会主义文艺事业60年走过的光辉历程，系统总结了文艺工作取得的伟大成就和宝贵经验，充分肯定了中国文联在增进文艺界大团结、促进文艺创作大繁荣、推动文艺事业大发展中所作的历史性贡献。会上宣读了《中国文联关于向从事新中国文艺工作60年的文艺工作者颁发荣誉证章证书的决定》，并向60位从事新中国文艺工作60年的与会代表颁发了荣誉证章证书。周小燕、姜昆分别代表老中青文艺工作者发言。

【百花赋——纪念中国文联成立60周年文艺晚会】

7月17日，“百花赋——纪念中国文学艺术界联合会成立60周年文艺晚会”在北京人民大会堂举办。李长春、刘云山、李源潮、华建敏、马凯、孙家正、郑万通、张思卿、李蒙、周巍峙、胡振民、覃志刚、李牧、冯远、杨志今、白庚胜、高占祥、李树文、王兆海、甘英烈、张海、罗扬、郭兰英等与近2000名文艺工作者欢聚一堂，观看晚会。郭兰英、胡松华、郭颂、才旦卓玛、刘秉义、吴雁泽、李双江、耿莲凤、刀美兰、李谷一、蒋大为、殷秀梅、关牧村、阎维文、佟铁鑫、宋祖英、蔡国庆、李丹阳、梦鸽、白雪、吕薇、刘诗昆、吕思清、朱亦兵、朱海、卞留念、姜克美、吴玉霞、韩再芬、于魁智、李胜素、马金凤、冯巩、李志强、崔艺东、艾莉、张也、郁钧剑、吕继宏、汤灿、于洋、王晓棠、唐国强、王馥荔、陆毅、殷桃、张译、刘敏、黄豆豆、王亚彬等艺术家，以老歌演绎经典精神，以艺术集锦展示了文艺界人才辈出、作品纷呈的繁荣景象，大连杂技团、中央芭蕾舞团、战友文工团的演员纷纷登台献艺，祝福中国文联、祝福伟大祖国的60华诞。

【纪念中国文联成立60周年座谈会】

7月18日，纪念中国文联成立60周年座谈会在北京举行。中国文联胡振民、覃志刚、李牧、冯远、杨志今、丁荫楠、丹增、白淑湘、刘大为、刘兰芳、吴雁泽、张西南、段成桂、夏菊花、白庚胜、甘

英烈、罗扬出席会议。谢铁骊、瞿弦和、高希希、徐沛东、罗成琰、彭吉象分别代表老、中、青三代艺术家发言，各全国文艺家协会、地方文联及文艺理论评论工作者发言，结合各自在文艺工作和文联工作中的亲身经历与感受，从不同角度和侧面畅谈了新中国成立60年来特别是改革开放30年来，我国文艺工作和文联工作取得的辉煌成就，表达了广大文艺工作者将以中国文联成立60周年为契机，进一步开创文艺工作和文联工作新局面，将文艺事业和文联事业不断推向前进的决心。

【纪念部分全国文艺家协会成立60周年活动】

7月7日，中国曲艺家协会成立60周年纪念大会暨全国中青年曲艺家创作会议在京举行，大会总结了中国曲协60年来所取得的辉煌成就，并表彰了60年来作出突出贡献的曲艺工作者。中国文联孙家正、周巍峙、胡振民、冯远及中宣部文艺局局长杨新贵，中国曲协罗扬、刘兰芳、姜昆等出席开幕式并为获奖者颁奖。7月8日，“笑声与时代——庆祝中国曲艺家协会成立60周年专场晚会”在京举办。郑万通、顾秀莲、热地及胡振民、王蒙、李树文、李牧、冯远、甘英烈、高运甲、罗扬、刘兰芳、姜昆等观看了这台堪称当代中国曲艺艺术精品大荟萃的演出。7月7～11日召开的全国中青年曲艺家创作会议，特邀王蒙、徐沛东、马也、冯骥才等知名专家学者先后为曲艺家做专题讲座。通过集中研讨、分组讨论、观摩采风等方式总结新中国成立60年来曲艺创作的成果和经验，研究解决当前曲艺创作中面临的困难和问题并展望发展前景、探索创作方向。

7月8日，中国电影家协会成立60周年庆祝大会在北京全国政协礼堂召开。老中青三代电影人欢聚一堂共忆影协发展历程，展望美好明天。中国文联胡振民、杨志今，中宣部文艺局副局长孟祥林，国家广电总局电影局副局长张宏森，中国影协谢铁骊、李前宽、康健民与于洋、于蓝、王晓棠、田华、刘建中、苏叔阳、李国民、高鸿鹄、尹力、成龙、张会军等电影艺术家共200余人参加会议。大会总结肯定了中国影协60年来的工作业绩，举行了由几代电影人参加的“薪火相传”仪式——象征中国电影人光荣传统的火炬由胡振民点亮，王晓棠、于洋、葛存壮、陶玉玲、葛优、陶泽如、马俪文、颜丙燕等艺术家手手相传，直至参会年纪最小的代表12岁的徐娇手中。7月9日的“与共和国同行”座谈会，特邀电影界老中青代表畅谈与新中国一起走过的不平凡的60年；当晚的电影沙龙还邀请电影导演、演员与普通观众进行面对面交流。

7月23日，纪念中国音协成立60周年座谈会在京举行。中国文联胡振民、覃志刚与中国音协吴祖强、孙慎、谷建芬、傅庚辰、吴雁泽、徐沛东出席会议。大会总结了中国音协60年来的突出业绩，孙慎、吴祖强、吴雁泽、冯光钰、钟立民先后发言，从各自不同的角度回顾了中国音协、中国音乐发展不平凡的60年，并对中国音协今后的发展进行展望，一致表示要以纪念中国文联、中国音协成立60周年为契机，努力把中国音协的工作提高到一个新的水平，续写社会主义音乐事业的崭新篇章。会议现场还以图片形式展示了中国音协60年的发展历程。

10月11日，中国剧协在京举行庆祝新中国成立60周年暨中国戏剧家协会成立60周年纪念大会。孙家正发来贺信。中国文联胡振民、李牧、廖奔与尚长荣、李默然、马少波、方掬芬、刘厚生、刘锦云、红线女、李世济、何孝充、胡可、赵寻、徐晓钟、郭汉城、阎肃、薛若琳、王晓鹰、白淑贤、刘长瑜、李维康、孟冰、濮存昕、瞿弦和等出席会议。大会回顾和总结了60年来，特别是改革开放以来我国戏剧工作和中国剧协工作的辉煌成就，并向李默然、郭汉城、马少波、陈伯华、赵寻、刘厚生、胡可、袁雪芬、红线女、于是之、方掬芬、徐晓钟12位80岁以上德高望重的老戏剧家颁发首届中国戏剧奖终身成就奖。李默然、刘厚生代表获奖者在会上发言，表达老一辈戏剧家对党和国家的无限忠诚以及对戏剧事业的无限热爱和对戏剧后辈的无限期待。濮存昕、任跟心代表中青年戏剧家表达了对中国剧协的祝福和对戏剧未来的憧憬。

11月27日，中国舞协在京举行中国舞蹈家协会成立60周年纪念大会。中国文联孙家正、胡振民、廖奔、贾作光、白淑湘，中宣部文艺局副局长汤恒以及中国舞协冯双白出席会议。大会向贾作光、盛婕、梁伦、彭松4位德高望重的舞蹈艺术家颁发了中国舞蹈荷花奖·终身成就奖；向张继钢、陈维亚颁发中国舞蹈艺术“特别贡献舞蹈家”证书；

授予一批由新中国培养成材的优秀舞蹈家和舞蹈艺术工作者“卓越贡献舞蹈家”、“突出贡献舞蹈家”和“优秀组织工作者”称号。刀美兰、资华筠、刘敏、迪丽娜尔代表获奖者在会上发言，感谢党和祖国的培养，并表示将继续努力，为新中国舞蹈艺术的大发展大繁荣作出更大的贡献。11月28日，中国文联、中国舞协在北京人民大会堂举办“舞动中国——中国舞协成立60周年纪念精品晚会”，这次新中国成立60年来舞蹈界最大规模的纪念性盛会，汇集了中国古典舞、民族民间舞、芭蕾舞、当代舞、国标舞等各舞种精品，展现60年来舞蹈创作与表演的丰硕成果。当日，纪念中国舞协成立60周年大型舞蹈图片回顾展在京揭幕，大型纪念画册《中国舞蹈家协会60年》也同时发行。

对外及对港澳台地区文化交流活动

【世纪初艺术——海峡两岸绘画联展】

6月10～28日，中国文联与台湾“中国文艺协会”（台湾文协）在台湾共同举办“世纪初艺术——海峡两岸绘画联展”，展出120幅作品。中国文联党组书记、副主席胡振民率访问团一行11人赴台湾出席展览开幕式暨研讨会，并与台湾文艺界相关人士进行了接触和会谈。

此次展览邀请大陆和台湾各30位当代知名画家参展，每人选送两幅21世纪以来创作的精品。画种涵盖水墨画、油画、版画、水彩画和岩彩画，集中展示了两岸当代绘画艺术的成就和水平。参展画家大都是在海峡两岸的画坛颇具影响力的代表性名家，也包括部分崭露头角的新秀。这些画家将为21世纪初的画坛带来更富有朝气、活力和理性精神的崭新面貌，推动两岸当代的绘画艺术向21世纪中叶的繁荣时期发展。该展曾于2007年11月在北京中华世纪坛举办，取得圆满成功，产生了良好的社会反响。

6月13日，“世纪初艺术——海峡两岸绘画联展”开幕式在台北国父纪念馆举行，胡振民在开幕式上致辞。他说，中国文联与台湾文协联合举办这次展览，旨在集中展示两岸当代绘画艺术的最新成就和时代风采。衷心希望此次联展取得圆满成功，为进一步促进海峡两岸文化艺术交流，推动两岸艺术家们加深了解、增进友谊，加强合作、互利双赢发挥积极作用。当前，两岸关系和平发展正在呈现新的局面，这为加快两岸文化艺术交流创造了良好条件。衷心希望今后中国文联能与台湾文艺界进一步加强合作，广泛开展多种形式的海峡两岸艺术交流活动，为继承和弘扬灿烂悠久的中华文化艺术作出更大贡献。台湾文协理事长洪庆佑、台湾艺术大学校长黄光男、台湾著名学者杨允达等台湾文艺界知名人士也在开幕式上致辞表示，两岸文化同根同源，两岸文艺界应增加往来、扩大交流，共同推动两岸当代艺术的发展，光大中华文化。台湾文艺协会秘书长王吉隆、台湾著名版画家廖修平、国父纪念馆馆长郑乃文、海峡交流基金会文化服务处处长孙起明及台湾艺术家、新闻记者、各界观众百余人参加开幕式。

6月17日，展览在高雄佛光山展出，中国美协分党组书记、驻会副主席吴长江在开幕式上致辞。开幕式上，吴长江、姜宝林、丁方、陈辉向台湾文协赠送了绘画作品。台湾文协秘书长王吉隆、台湾著名画家李奇茂、佛光山住持心培和尚及台湾艺术家、新闻记者、各界观众百余人出席了开幕式。大陆及台湾参展画家还在现场与观众交流创作心得，现场气氛热烈、友好。

为配合在台北和高雄举办的“世纪初艺术——海峡两岸绘画联展”，主办方和两岸艺术家还分别在台北和高雄展览开幕式后举行了学术研讨会。研讨会分别由吴长江、王镛、王吉隆、李奇茂主持。艺术家们共同探讨了两岸艺术的发展现状和面临的问题、绘画艺术的发展与创新以及如何更好地开展两岸间的文化艺术交流活动，促进两岸艺术的共同发展等问题。

在台期间，访问团会见了国民党原副主席林澄枝、台北故宫博物院院长周功鑫、台湾佛光山开山宗长星云大师等台湾文化艺术界知名人士，就加强两岸文化艺术交流进行深入探讨。访问团参观考察了台北故宫博物院、台北市立美术馆、高雄市立美术馆以及台湾历史博物馆展出的张大千诞辰110周年纪念展。

台湾文艺界人士、台湾媒体及普通观众均对此次画展给予高度评价。台湾艺术大学校长黄光男盛赞此次展览“有品位，具有历史意义”。刚刚

在北京中国美术馆举办画展归来的台湾版画家廖修平表示，他很高兴有两幅作品参加此次联展。“两岸艺术界交流是很好的事情。这20年大陆变化很大。希望将来能够继续这样的交流活动，对于双方互相学习都有帮助。” 在高雄观看展览的台湾观众对大陆参展作品的上乘质量赞叹不已，他们惊讶于大陆高超的绘画水平，称这是他们看到过的最好的一次绘画展览。台湾《“中央”日报》、《人间福报》、《台湾新闻报》、联合新闻网等多家台湾媒体都对画展进行了采访和报道。

【芬兰考斯蒂宁民间音乐节中国主题演出活动】

7月11～18日，中国文联、中国驻芬兰大使馆和芬兰考斯蒂宁民间音乐节合作，在芬兰联合举办“中国主题演出活动”。中国文联组派中国歌剧舞剧院民族管弦乐团、云南省民间音乐组合和云南省歌舞剧院等共80人赴芬兰执行演出任务。中国文联副主席刘兰芳率中国文联代表团出席主题演出活动开幕式并会晤考斯蒂宁民间音乐节组委会主席和艺术总监等。中国文联主席团委员、中国音协驻会副主席徐沛东担任此次中国艺术团的总团长和艺术总监。

芬兰考斯蒂宁民间音乐节是北欧地区规模最大的民间音乐节之一，创办至今已有42年的历史。该音乐节于每年7月举办，为期一周，邀请来自世界各国和芬兰国内的数百个音乐、舞蹈方面的艺术团前来演出，现场观众达十余万人次。自1997年以来，该音乐节每年邀请一个国家作为主宾国，组织国家主题演出活动，在当年的音乐节活动中突出主宾国的文化艺术特色。2009年，该音乐节确定中国为主宾国，并与中国文联和中国驻芬兰大使馆合作，邀请中国艺术团赴芬组织中国主题演出活动。

7月11日下午，芬兰考斯蒂宁民间音乐节中国主题演出活动在美丽的考斯蒂宁市拉开帷幕。中国文联副主席刘兰芳、芬兰考斯蒂宁民间音乐节主席塞伊库拉、艺术总监赫斯凯宁等出席并观看开幕式演出。东道主芬兰国内的一些优秀艺术团和中国歌剧舞剧院民族管弦乐团联手为数千名观众奉献了一台精彩的演出。《花好月圆》、《走马灯》、《金蛇狂舞》……一曲曲经典的中国民乐作品赢得观众阵阵热烈的掌声。7月12～18日，民族管弦乐团和云南省民间音乐组合在考斯蒂宁音乐厅和音乐节主会场等场所又先后演出8场，在当地掀起了一股中国民乐热潮。

作为此次中国主题演出活动的压轴团队，云南省歌舞剧院不辱使命，在7月16～18日的3场演出中，克服准备时间短、场地生疏、气温较低等困难，与来自克罗地亚、土耳其等国的艺术团同台演出，尽显所长，以良好的精神面貌和优秀的艺术品质，向观众展现了中国民族民间音乐歌舞的独特魅力，成为整个音乐节最后狂欢活动中最受欢迎的一支艺术团。

此次演出活动具有以下两个特点：一是把握时机，面向芬兰主流社会观众，扩大中华文化影响力。中国文联在短短一周的时间里，组织了3批共80人的演出队伍。进行了12场演出，观众总人数达3万余人次，形成了规模效应。芬兰的各家媒体也对中国主题演出活动进行宣传报道，在当地掀起了一股中国文化热潮，引发了观众对中国音乐、舞蹈表演的热情追捧。二是因地制宜，充分展示中华文化的民族性、民间性和多样性。根据该音乐节民间性、娱乐性突出等特点，中国文联为其量身打造了组团方案，即由中国歌剧舞剧院民族管弦乐团领衔，辅以云南省民间音乐组合和云南省歌舞剧院，既保证了演出团队较高的艺术素养和专业素质，又体现了较强的民族民间特色。

【“欢声笑语迎国庆”——中国文联艺术团赴加拿大访演】

为庆祝中华人民共和国成立60周年，9月9～20日，中国文联组派36人艺术团赴加拿大举办“欢声笑语迎国庆”访问演出。中国文联党组书记、副主席胡振民率代表团一行5人于此间访加，观看开幕演出并会见各地华人文化团体负责人。艺术团和代表团的演出和访问取得圆满成功。

为组织好此次访演，中国文联从全国十几个文艺单位选派演员和节目，组成了以中国曲协分党组书记、驻会副主席姜昆为艺术顾问，中国杂协分党组副书记、秘书长邵学敏为团长，由戴志诚、李伟建、武宾、徐凤美、艾热提·艾则孜、高保利、董蕾蕾等众多知名演员加盟，包括曲艺、杂技、魔术、舞蹈、声乐等多种艺术形式的艺术团，阵容强大，节目精湛。

9月10日晚，首场演出在温哥华举行，千人剧场座无虚席。演出开始前，胡振民致辞，他说，旅居加拿大的华人华侨身在异国他乡，但心系祖国，与祖国人民同呼吸、共命运，为祖国的繁荣发展作出了积极的贡献；希望广大华人华侨更好地了解祖国的文化艺术，继续为扩大中华文化在世界上的影响作贡献。中国驻温哥华总领事馆梁梳根总领事，加拿大联邦议员、联邦政府多元文化国会秘书黄陈小萍女士分别代表总领事馆、加联邦议会和政府致辞，高度评价中国文联艺术团此行在推动中加文化交流方面的积极意义。首场演出始终在热烈欢快的气氛中进行，演员们以饱满的热情和高超的技艺感染着每一位观众，掌声和欢声笑语温暖了整个剧场。演出结束时，演员与全体观众一起高唱《歌唱祖国》，场面激动人心。之后，艺术团连续奔赴埃德蒙顿、渥太华、多伦多等加拿大主要城市进行访演，所到之处，均以富于激情的表演和精湛的技艺折服观众，赢得广泛赞誉。

“欢声笑语迎国庆”艺术团是近年来国内文艺团体赴加演出中水平最高的团组之一，演员一流，节目一流，演出效果一流，满足了海外观众深入了解祖国文化艺术的愿望，使他们感受到了祖国繁荣发展和60周年生日的喜悦。

访演期间，加拿大城市电视、新时代电视、全球电视、OMNITV、CBCTV、CTV、加拿大广播公司、加拿大中文电台、《环球华报》、《北美时报》、《世界日报》、《埃德蒙顿太阳报》、蓝天传媒公司、加拿大新闻商业网、多伦多在线等40多家新闻和网络媒体进行了大量宣传报道，对艺术团高水准、高质量的演出给予了高度评价。

艺术团的访演得到了中国驻加大使馆和驻埃德蒙顿总领馆、驻多伦多总领馆的支持和重视，兰立俊大使和朱桃英总领事专门设宴款待艺术团全体成员，吴新建总领事出席演出活动。加拿大联邦及相关地方政府对中国文联艺术团的访演活动给予了积极的评价，联邦总理哈铂，公民、移民和多元文化部部长，阿尔伯塔省政府总理、文化和社区文明大臣、安大略省公民及移民部部长等分别发贺信或观看了演出。

【庆祝澳门回归10周年——中国当代美术作品展】

11月3～12日，中国文联、澳门基金会在澳门联合主办“庆祝澳门回归10周年——中国当代美术作品展”，展览由中国美协承办。中国文联党组成员、书记处书记廖奔，驻澳门中联办文教部部长刘晓航，外交部驻澳门特派员公署副特派员宋彦斌，中国美协秘书长刘健和中国文联全委、澳门日报社社长李鹏翥，澳门基金会行政委员吴志良，澳门民政总署管理委员罗永德，中国文联全委、澳门颐园书画会理事长陈志威，中国文联港澳台办副主任董占顺等有关领导，内地艺术家施江城、苏百钧、马新林、丁杰、刘建、许俊等以及来自澳门各界的观众和众多画家、书画爱好者参加了开幕式。

廖奔在开幕式上讲话。他说，在全国人民热烈举行国庆60周年隆重典礼之后，我们迎来了“庆祝澳门回归10周年——中国当代美术作品展”。此次展览在澳门展出，加深了彼此之间的交流与合作。80件作品不仅展示了祖国美丽的自然风貌和人民真挚的精神面貌，表达对澳门同胞的深厚情谊，更是为了传承中华民族的文化艺术，共同推进中国美术事业的繁荣发展。此次展览是庆祝澳门回归祖国10周年的美术界盛事，衔接着历史与未来，寄托着祖国和广大文学艺术家对澳门繁荣昌盛的美好祝福，愿我们携手并肩，共同为推动中国艺术的繁荣发展贡献智慧和力量。

开幕式后，廖奔代表中国文联向澳门中联办赠送了何加林、施江城、丁杰、许俊创作的巨幅画作《海风朗朗》。刘健代表中国美协向澳门基金会赠送了苏百钧、马新林创作的国画精品《四季如歌》。

此次展览会聚了当代中国国画、油画、版画、雕塑四大画种的优秀作品，展示了冯远、刘大为、吴长江、詹建俊、王琦、钱绍武、刘健等艺术家的精品力作，在澳门社会及美术界获得了良好反响和高度评价，认为展览使广大澳门市民分享到了内地画家对澳门回归祖国10周年来取得辉煌成就的喜悦之情，同时也透过画家的作品，对祖国的文化艺术有了更加深入的接触和了解，增强了澳门人民对国家的认同感。

内地书画家还和澳门书画家进行了座谈和交流。大家一致表示要携手合作，积极开展文化艺术交流，努力弘扬中华文化，共同促进祖国文艺事业的繁荣和发展。

品牌活动

“送欢乐、下基层”文化惠民工程

“送欢乐、下基层”是中国文联根据中央领导同志重要指示精神，组织广大文艺工作者在“两节”期间，深入革命老区、贫困地区、边疆地区和受灾地区开展的一项惠民文化活动，通过举办丰富多彩、积极健康的文艺展演展映展示，为广大民众送上美好的精神食粮，丰富和活跃基层群众节日文化生活，努力营造欢乐祥和、喜庆文明的节日氛围。活动开展4年来，受到各地干部群众的热烈欢迎。本着百花回报沃土、艺术奉献人民的宗旨，2009年“送欢乐、下基层”活动主题为面向基层、服务农村、共建和谐、促进发展。活动重点安排在四川、甘肃等地震灾区，旨在转达党中央和国务院对灾区人民的深切关爱，表达全国文艺工作者对灾区人民的深情厚意，大力讴歌抗震救灾的先进思想和模范事迹，大力弘扬伟大的抗震救灾精神，以社会主义先进文化激励灾区人民排除万难，奋发努力，重建家园，满怀信心地把改革开放和现代化建设继续推向前进。

3月2日，中国文联专门举行“送欢乐、下基层”活动表彰会，表彰了一批在该项活动中作出突出贡献的文艺工作者。

【赴甘肃酒泉卫星发射基地慰问演出】

2008年12月25～27日，中国文联党组成员、副主席冯远率刘兰芳、姜昆、戴志诚、牛群、王谦祥、李增瑞、张志宽、孙镇业、王海、来钰、刘全和、刘全利、于海伦、张文甫、种玉杰、温淑萍等曲艺名家走进中国酒泉卫星发射基地，开展中国文联、中国曲协“送欢乐、下基层”慰问活动，为驻守在大漠深处的“中国航天第一港”——酒泉卫星发射基地的官兵和科技工作者带去节日问候和诚挚敬意。艺术家们不顾旅途劳顿，48小时内在载人航天发射场、东风指挥大厅、东风航天城剧院连演4场，受到热烈欢迎。冯远在欢迎仪式上向东风航天人表示节日问候，各位参演艺术家也在演出前表达了对东风航天城和航天人的敬意与祝福。艺术家们在发射中心的安排下走访参观了载人航天发射场、东风指挥大厅、问天阁、基地历史展览馆，感受基地人员的载人航天精神。

【赴宁夏银川慰问演出】

2008年12月26日，中国文联党组副书记、副主席覃志刚率吴雁泽、徐沛东、宋祖英、吕继宏、袁晨野、汪正正、冯瑞丽、王丽达、周强、曹芙嘉、吴娜、王璐、王小燕、王中山等艺术家赴银川，开展中国文联、中国音协“送欢乐、下基层”慰问演出。在银川经济技术开发区共享集团铸造车间外及宁夏人民会堂为银川人民献上两台精彩节目。

【赴甘肃陇原慰问活动】

2008年12月28～29日，中国文联党组书记、副主席胡振民带领一批来自各艺术门类的文艺工作者赴甘肃“送欢乐、下基层”，为陇原人民送去党中央、国务院的深切关怀，全国人民对地震灾区重建家园的热切祈盼以及对甘肃改革发展成果的真挚祝贺。28日晚，在兰州体育馆的首场演出中，才旦卓玛、吴雁泽、小香玉、崔孝华、韩春婷、常东、李传韵、余尔格、曾纯、张保和、王馥荔、张国民先后登场、精彩亮相。29日上午，慰问团又赶往天水秦州区玉泉镇冯家山村，将书画家和摄影家准备的春联、全家福照片送给刚刚建好房子的灾民；下午，甘肃天水秦安县20000余位父老乡亲聚集在秦安体育场观赏慰问团文欣、李彦培、宋德全、王玉、艾来提·艾则孜、黄华丽表演的精彩节目。申万胜、李荣海、马振声、詹庚西、刘洪彪、翟万益、马新林、高军法等书画家在此次活动中创作了巨幅美术作品《百花迎春》、《四季和谐》以及数十幅书法作品；中国摄协则在慰问活动正式开始前就组织摄影家为兰州军区红军师、天水市公安消防支队及部分生活困难家庭拍摄照片。中国美协、中国摄协、中国书协分别将各自组织创作的作品赠予甘肃人民，表达对灾区人民的敬意和新春祝福。

【赴河北唐山、邢台慰问演出】

2009年初，中国文联、中国剧协组织梅花奖艺术团赴河北唐山、邢台开展“送欢乐、下基层”活动，为一线矿工和基层百姓送去新春祝福。1月5～6日，中国剧协分党组书记董伟率裴艳玲、刘长瑜、谷文月、王红丽、张军强、罗慧琴、张俊玲、王洪玲、蒋建国、吴亚玲、武利平、韩延文、刘丹丽、武凌云、刘薇、陈巧茹到唐山开滦煤矿，让范各庄矿矿工充分领略12个戏剧剧种艺术家的风采。1月16～18日，中国文联党组副书记、副主席李牧和中国剧协分党组书记董伟又率尚长荣、裴艳玲、叶少兰、谷文月、林为林、王红丽、李树建、吴京安、陈巧茹、韩延文、刘丹丽、武凌云、张建国、武利平、刘薇、谷好好、翁国生、于兰、田敏、刘晓燕、张军强赶往邢台，为正在参会的邢台市“两会”代表、劳模、各县市区干部群众代表、大中型企业员工代表及驻邢部队送去两场慰问演出。

【赴山西忻州慰问演出】

1月12日晚，中国文联、中国舞协组织由中国煤矿文工团、中国戏曲学院、北京舞蹈学院、陕西省杂技团、广州歌舞团等多家文艺院团的文艺家和文艺工作者组成的慰问队伍赴山西忻州开展“送欢乐、下基层”活动，为当地民众献上精彩文艺节目。中国文联党组成员、书记处书记廖奔，中国舞协名誉主席贾作光，中国舞协主席白淑湘，中国舞协分党组书记冯双白和山西省委宣传部副部长李福明、忻州市有关领导及近千名群众观看了演出。次日一早，慰问队伍又赶往忻州市忻府区逯家庄村，在忠烈祠前广场搭起的简易舞台进行广场演出，将文艺节目直接送进乡村、送至群众家门口。廖奔、白淑湘、冯双白、刘春香、李淑芬等领导在演出中为逯家庄村儿童送上新农村少儿舞蹈教材，孩子们手捧珍贵精神文化食粮开心致谢，演出接近尾声时，艺术家们与观众共同扭起秧歌，欢声笑语充溢整个广场。

【赴江苏南京浦口慰问活动】

1月13～14日，中国影协分党组书记康健民率翟俊杰、雷恪生、陶玉玲、王霙、张光北、阎青妤、姚晨、居文沛、英壮等老中青三代电影人组成的中国文联、中国影协“送欢乐、下基层”慰问团赴江苏南京浦口区汤泉镇，为该镇的父老乡亲和工人师傅们送去电影、演出和祝福。13日下午，艺术家组成两队分赴浦镇车辆厂和镇文化中心为工人和群众送上《我的长征》和《即日启程》两部优秀国产影片。14日上午，艺术家与浦口区基层电影工作者和普通观众进行了题为“中国电影与企业文化”的座谈，与会代表畅所欲言，对中国电影发展等话题进行了深入交流。14日晚，在大吉集团举行的慰问演出中，康健民代表中国文联和中国影协向南京市浦口区捐赠了1000册2008年度《大众电影》合订本并向南京大吉集团捐赠数字电影放映设备一套；江苏省文联党组书记王慧芬代表省文联向南京市浦口区捐赠数字电影放映设备一套；中国影协中国青年电影工作者委员会向汤泉镇的基层电影放映员赠送了20件羽绒服。

【赴云南红河哈尼族彝族自治州慰问活动】

1月13～15日，中国文联党组成员、副主席冯远率尼玛泽仁、郑明、郝平、李荣海、赵宁安、孙志钧、张大刚、黄泽森、李明、王中一、张文华等书画家一行20余人赴云南红河哈尼族彝族自治州，开展由中国文联、中国美协举办的“送欢乐、下基层”活动。慰问团为建水县临安镇仇广喜、石永安两户边疆贫困户送去慰问金及问候；在建水县孔子文化广场上为广大市民现场作画并书写春联，将浓浓的节日气氛与文化韵味送至基层；慰问团还为大山深处元阳县箐口小学的孩子送去40000元助学金，希望逐渐改善他们的学习条件。(中国美协将画家们在此次活动中所创美术作品的80余幅写生类作品汇集，于5月20日在广东东莞岭南美术馆举办“送欢乐、下基层”慰问团赴云南写生作品展，使东部地区群众进一步了解西南民族的人情风貌，以促进东西部文化交流。中国美协顾问尼玛泽仁，中国美协副主席许钦松，中国美协分党组成员、副秘书长李荣海，中国美协理事、云南省美协主席郝平以及部分画家出席开幕式。)

【赴四川地震灾区慰问活动】

1月14～15日，中国文联组织文艺家赴四川地震灾区绵竹市和北川县，举行“送欢乐、下基层”慰问演出活动。慰问队伍由党组书记、副主席胡振民和党组副书记、副主席覃志刚带队，罗杨、赵长

青、王郑生、邵学敏等协会领导以及尚长荣、关牧村、邓玉华、郑咏、吕薇、霍勇、金波、王小燕、刘全和、刘全利、常贵田、王佩元、杨竹青、江凯文、张保和、吴彤、程志、乔天富、吴震启等一大批知名文艺家参加。四川省委书记刘奇葆15日会见了慰问团一行并向中国文联和参与活动的广大文艺工作者表示感谢。15日一早，慰问团在绵竹市最大的受灾群众安置点——二号桥板房安置区临时搭起的舞台上为万余名灾民和灾区援建者献上了一场规模盛大的文艺演出。演出中，举行了中国文联、中国民协授予绵竹市“中国年画之乡”称号的授牌仪式并向绵竹捐赠了《中国木版年画集成·绵竹卷》精装本200册。中国书协现场向绵竹受灾群众捐赠了一批由著名书法家精心创作的春联和书法长卷。中国摄协组织摄影家此前为成都军区驻川某高炮旅官兵、东汽集团建设者、抗震救灾模范等拍摄的精美摄影作品也在演出中赠予了本人。绵竹市向中国文联回赠了大幅精美年画作品《大吉祥》以示对中国文联和广大文艺家的感谢。演出结束后，慰问队伍赶往北川县擂鼓镇为灾民和灾区援建者演出，受到热烈欢迎。胡振民和部分艺术家还在慰问期间来到遵道镇棚花村和擂鼓镇茨沟村村民的家中探望，送去慰问品和慰问金，并为受灾群众贴春联、窗花、年画，拍摄全家福照片。

【赴河北保定慰问演出】

1月15日，中国文联党组成员、副主席杨志今，中国视协分党组书记黎鸣率杜旭东、李威、奇迹组合、李殊、李依晓、李艳秋、刘劲、刘佳、宋丽、曾勇、尚鹏飞、李慧婷、丛微、丛鹤、阿旺、胡宝善、赵尔康等艺术家赴河北保定进行“送欢乐、下基层”活动。河北省委宣传部副部长王景武、省文联副主席郑世芳、保定市委书记宋太平、市长于群等出席慰问演出晚会。16日一早，艺术家赶赴保定市长城汽车公司，在总装车间为工人师傅进行了演出。

【赴北京郊区慰问活动】

1月18日，中国文联党组成员、书记处书记廖奔与刘兰芳、罗杨、张桐胜等协会领导率王小燕、李昕、宋德全、王玉、罗秉松、马惠民、王岩、吴震启、柴津京、任惠中、白秀娥、张凤琴、金山、张爱等艺术家一行40余人来到海淀区苏家坨镇车耳营村，举行由中国文联、中国民协、《中国艺术报》和北京市文联共同主办的“送欢乐、下基层”慰问演出活动。上午一到该村，书画家们即举办创作笔会，民间艺术家到村民家中切磋剪纸技艺并将自己的剪纸作品赠予村民；下午的演出中，廖奔、刘兰芳、罗杨、李树声、张桐胜等分别向车耳营村赠送了书画作品、剪纸作品和载人航天摄影作品集。

【赴甘肃玉门油田慰问演出】

8月19日，中国文联党组成员、副主席冯远率田华、陶玉玲、刘斌、戴志诚、李金斗、李建华、巩汉林、冯巩、甄齐、李然、阎青妤、刘佳妹、金珠、李丹阳、吴彤、李志强、崔艺东、艾莉、张连文等艺术家组成的中国影协、中国曲协“送欢笑、下基层”小分队一行30余人赴甘肃玉门油田，与数万名职工家属共庆玉门油田开发70周年。当晚在酒泉市中心的世纪广场，姜昆、许柏林、黄启钧、刁惠香等协会领导与孔繁谨、严晓昱、杨国玲、桑运超、孙永会等油田领导和60000余名观众一起观看了由央视主持人鞠萍与当地主持人陈立伟、牟婕、陈婧共同主持的精彩晚会。

百花迎春——中国文学艺术界2009春节大联欢

1月10日下午，中国文联在北京人民大会堂举办“百花迎春——中国文学艺术界2009春节大联欢”。华建敏、李建国、孙家正、李金华、曹志、顾秀莲等党和国家领导同志及周巍峙、胡振民、张惠新、蔡武、王晨、干以胜、王家瑞、陈冀平、刘永治、高强、柳斌杰、林军、王伟光、李海峰、李冰、李德洙、焦利、李智勇、荀天林、陈昊苏、王澜明、王富卿、谷安林、覃志刚、李牧、冯远、杨志今、廖奔、白庚胜、杨新贵等中国文联和有关部门领导与在京中国文联主席团部分成员、荣誉委员同2600余名文艺工作者齐聚一堂共享新春。本次大联欢已是第七届，正逢新中国60华诞和中国文联成立60周年，来自戏剧、电影、音乐、美术、曲艺、舞蹈、民间文艺、摄影、书法、杂技、电视11个艺术门类的不同民族、不同年龄层的近千名文艺工作者登上舞台，围绕“我想对共和国说……”这一主题，尽抒对祖国、对社会主义文艺事业的深厚感情。尚长荣、李前宽、傅庚辰、刘大为、刘兰芳、白淑湘、冯骥才、李前光、张海、夏菊花、黎鸣在开场时用生动的语言代表各自门类的文艺家为共和国致辞引发全场文艺工作者齐声发出“我爱你中国！”的呐喊。梅葆玖、胡文阁、姜凤山、李胜素、于魁智、孟广禄、张继钢、冯巩、郭达、蔡明、严顺开、李琦、潘长江、王景愚、殷秀梅、阎维文、韩红、孙楠、成龙、戴玉强、谭晶、郭兰英、李谷一、毛阿敏、张也、郭颂、胡松华、吴雁泽、李双江、蒋大为、郁钧剑、阎维文、刘斌、吕继宏、王宏伟、陈思思、李晖、雷佳、王丽达、吴娜、王庆爽、陈笠笠、张海庆、乔军、王志昕、刘和刚、刘媛媛、钟丽燕、泽旺多吉、吕宏伟、师鹏、李炜鹏、宋祖英、姜昆、唐杰忠、常宝华、常贵田、师胜杰、李国盛、贾作光、刘敏、吕萌、汪子涵、王亚彬、吕思清、邓建栋、吴玉霞、朱海、解小东、么红、郑咏、奚美娟、濮存昕、宋春丽、陈建斌纷纷登台献艺；冯远、刘大为、吴长江、王明明、张道兴、郭怡孮、马振声、詹庚西、汪强、欧阳中石、张海、李铎、刘艺、佟韦、张飙、钟明善、尉天池、谢云、赵长青、申万胜、朱关田、旭宇、吴东明、吴善章、言恭达、陈永正、邵秉仁等书画、摄影、民间艺术家联袂展示作品；高希希、陈建斌、陆毅、于和伟、李少红、于小彤、蒋梦婕、李沁、姚迪、胡玫、王斑、彭丹等影视艺术工作者登台亮相；在现场还看到了于蓝、于洋、才旦卓玛、丁荫楠、刀美兰、王晓棠、葛存壮、陶玉玲、刘世龙、王铁成、斯琴高娃、王馥荔、张国民、李雪健、吕丽萍、孙海英、刘佳、庞敏、冯远征、岳红、卢奇、吴若甫、吴京安、温玉娟、刘劲、吴军等艺术家的身影；金铁霖、吕艺生、张学津、郭启宏、林岫、刘玉玲、谷文月、张会军代表北京文艺家，秦怡代表上海地区文艺家，郑秋枫、瞿琮、刘长安、张良、李海鹰、陈小奇、毛宁、陈明代表广州地区文艺家向全国人民拜年，为新中国60华诞和中国文联成立60周年祝福。本届联欢由瞿弦和、杨澜、姜昆、周涛、黄宏、董卿、朱军联袂主持，总体设计覃志刚，总策划兼总导演郁钧剑，艺术总顾问曾庆淮，策划兼执行总导演姜钢，策划兼总撰稿任卫新。大联欢节目于1月28日(正月初三)下午1点30分1在CCTV-3播出。

对外及对港澳台地区文化交流

【“今日中国”艺术周】

为进一步贯彻落实中华文化“走出去”战略，加强我国与中东地区国家的文化交流与合作，对外展示发展的中国、开放的中国、文明的中国良好形象，中国文联与埃及文化部、中国驻埃及大使馆合作，于2月2～10日在埃及举办“今日中国”艺术周活动。此次艺术周共包括3个板块的内容，分别是“时代风采”综合文艺演出、“同一个世界”中国画家彩绘联合国大家庭艺术大展、“中国风”时装展示晚会，赴埃美术家、演员、工作人员共111人。

2月2日晚，“今日中国”艺术周开幕式暨“时代风采”综合文艺晚会首场演出在埃及开罗共和国剧场正式拉开帷幕。中国文联党组成员、副主席冯远，中国驻埃及大使武春华，埃及文化部国务秘书、副部长费萨尔·尤尼斯，埃及外交部、文化部部分官员以及埃及各界友好人士700余人出席并观看了首场演出。在开幕式茶会上，尤尼斯、武春华和冯远先后致辞。冯远在致辞中表示，艺术是情感的载体，文化是心灵的桥梁，文化交流是中埃两国人民友好往来的重要纽带。“今日中国”艺术周的举办，以艺术展览、音乐舞蹈和时装表演等多种形式，展示中国文艺事业发展的最新成果，展现当代中国开放、发展、进步的崭新面貌，为埃及人民提供一个感知中国、认识中国、了解中国的窗口，一定能够为中埃两国在文化艺术领域内的交流合作注入新的活力。尤尼斯则在致辞中表示，文化交流活动的开展有助于拉近两国的距离，增进两国人民的友谊。他同时还希望能有机会在中国举办类似的文艺演出及展览活动，让中国观众更多地了解埃及的古老文明和灿烂文化。

2月3日晚，“同一个世界”——中国画家彩绘联合国大家庭系列画展在开罗《金字塔报》中央大厅开幕。冯远、武春华、刘大为、费萨尔·尤尼斯以及《金字塔报》集团公关部主任穆罕默德等为开幕式剪彩，中埃两国美术家代表、各界友好人士共120余人出席了开幕式。刘大为在开幕

式上致辞。

2月4日，“时代风采”综合文艺晚会在亚历山大达尔维什剧场举行第二场演出。亚历山大省人民议会塔里克议长，中国驻亚历山大总领事馆詹京保总领事，以及当地各界人士900余人观看演出。

2月5日晚，“中国风”时装展示会在开罗歌剧院露天剧场举行。冯远、武春华，埃及人民议会议长夫人宰纳布·苏鲁尔女士，前阿盟秘书长马吉德夫妇，部分国家驻埃及大使夫妇，开罗国际电影节主席伊扎特·阿布·奥夫等各界人士500余人观看时装展示会。

应苏丹政府文化部和中国驻苏丹大使馆的邀请，艺术团还从中挑选精干力量，组成了一支20人的演出队伍，于2月7～10日前往苏丹首都喀土穆，参加中国和苏丹建交50周年庆典，并为在苏丹的中资公司献上了精彩的慰问演出。他们的演出得到了苏丹各界人士和中资公司广大员工的热烈欢迎。

此次艺术周坚持“今日中国”艺术周活动的高规格、高水平，面向埃及主流社会观众，引起了埃及各界人士的广泛关注。从开幕的第一天起，埃及主流媒体对艺术周各项活动进行了持续报道，我驻埃及的各媒体单位也对艺术周相关活动进行了采访和报道。此次艺术周在埃及举办，是中国文联的这一品牌活动首次进入亚非地区，展演不仅给埃及观众带来了耳目一新的感觉，而且让他们更多地感受到了中国各民族和谐共处的现状，充分展示了中国开放繁荣的良好形象。

此次艺术周在埃及举办，正值我国的传统节日——春节，从而使此次活动的文化价值和传统内涵更加丰富。全方位的文艺演出、美术展览和时装展示使业已在埃及兴起的“中国制造热”、“汉语热”、“中国文化热”更具亲和力和影响力。

【首届海峡两岸暨港澳地区艺术论坛】

为推动两岸四地文化艺术领域的交流、合作与发展，活跃两岸四地文艺界的学术交流，提高中华文化在国际上的影响力，2月23～26日，中国文联、海南省人民政府在海南省联合举办“首届海峡两岸暨港澳地区艺术论坛”。130余位来自大陆和港澳台地区文艺界的专家学者和嘉宾出席了论坛。在中共海南省委宣传部、海南省文联、中国文联港澳台办公室、中国文联理论研究室以及中国剧协、中国美协、中国摄协等单位的共同努力下，论坛取得了圆满成功，反响热烈，受到国内各大新闻媒体的广泛关注。

2月22日晚，海南省人民政府举办欢迎宴会，中共海南省委副书记、省长罗保铭代表中共海南省委、海南省政府向参加论坛的学者和艺术家表示热烈欢迎，希望各位专家把海南当做一个亲切而温暖的家园，今后对海南给予更多的关注和指导。

2月23日上午，“首届海峡两岸暨港澳地区艺术论坛”隆重开幕。中共海南省委常委、宣传部部长周文彰主持开幕式。中国文联党组成员、副主席杨志今宣读了全国政协副主席、中国文联主席孙家正为论坛发来的热情洋溢的贺信，孙家正主席在贺信中鼓励与会专家学者继承中华文化百家争鸣的优良传统，发扬中华文化海纳百川而又独树一帜的创造精神，植根传统，适应时代，面向未来，为中华文化的繁荣昌盛，为中华民族的伟大复兴，贡献出自己的智慧。中国文联党组成员、副主席冯远在开幕式上致辞，希望各位专家为两岸四地艺术的多元化发展出谋献策，为中华文化艺术再创辉煌。海南省副省长林方略、国务院台办交流局局长戴肖峰分别在开幕式上致辞。

此次论坛以“影响与交融——当代中华艺术的多点透视”为主题，与会专家学者就全球化趋势与中华艺术发展战略、当代中华艺术的时代精神与民族特色、当代中华艺术的人文精神和审美价值等问题进行了深入交流和广泛讨论。傅庚辰、徐嘉炀、杨伟光、王吉隆、梁晓鸣、姜昆、韩少功、江明贤、郭敬文、费明仪、叶小钢、刘凤学、白淑湘、曾永义、李前宽等15位来自内地及港澳台的专家学者做大会主题发言，涵盖文学及戏剧、影视、美术、音乐、舞蹈、摄影、民间文艺等多个艺术门类。论坛期间还举办了两岸四地绘画摄影联展、梅花奖艺术团专场晚会、黎族歌舞剧《达达瑟》晚会和环岛采风等活动，受到与会者的好评，为论坛营造了良好的氛围，烘托了气氛。此外，还出版了《当代中华艺术的多点透视——海峡两岸暨港澳地区艺术论坛论文集》。

此次论坛的举办，强化了两岸四地文艺家团结协作、繁荣中华艺术的共识，加深了两岸四地文艺家之间的了解和友谊，为两岸四地文艺家交流学术成果搭建了一个很好的平台。

文化名人纪念活动

【“翱翔的凤凰”——郭沫若新诗创作90周年纪念活动】

5月26日，中国文联主办的“翱翔的凤凰”——纪念郭沫若新诗创作90周年暨郭沫若题词（匾）大展启动文化活动在北京郭沫若纪念馆举行。全国政协原副主席孙孚凌为活动揭幕。中国文联党组成员、书记处书记廖奔，中国书协顾问张飙和郭沫若纪念馆馆长郭平英出席。纪念活动中，寇振海朗诵了《浴海》、《炉中煤》，陈铎、张家声等朗诵、吟唱了郭沫若创作的诗歌散文作品，全体演员与嘉宾互动合唱了由郭沫若作词、马思聪作曲的《中国少年先锋队队歌》。与会人员参观了郭沫若故居以及郭老所书的数百幅题词作品图片。郭沫若题字、题词、牌匾、榜书的收集整理完成后将在京举办郭沫若题词（匾）大展，同时还将编辑出版《郭沫若题词集》。

【纪念喻宜萱先生诞辰100周年座谈会】

9月7日，中国文联与中国音协、中央音乐学院、上海音乐学院、萍乡市委市政府联合在北京人民大会堂举办“纪念女高音歌唱家、声乐教育家喻宜萱先生诞辰100周年座谈会”。中国文联党组副书记、副主席覃志刚与吴祖强、王昆、吴雁泽、王次炤、华天礽等音乐家以及喻老的学生、亲属120余人出席。吴祖强、王昆、吴雁泽、王次炤、华天礽、郭淑珍、黎信昌、周广仁、李双江、晏德文等先后发言，高度赞扬了喻宜萱对中国声乐教育和音乐人才培养所作的重要贡献，表示要向喻老学习，弘扬传承中华先进文化，为繁荣社会主义文化大发展大繁荣作出更大的贡献。《喻宜萱的艺术生涯》一书已于8月1日由中央音乐学院出版社出版发行。

【《我的祖国》——刘炽作品音乐会】

10月17日，中国文联与国家安全生产监督管理总局在京举办《我的祖国》——刘炽作品音乐会，中国文联胡振民、李牧、冯远和国家安全生产监督管理总局副局长杨元元以及王昆、傅庚辰、翟弦和、王书伟、乔羽、谷建芬、吕远、李光曦、谢莉斯、石叔诚等艺术家共1500余人出席观看。音乐会汇集了国家交响乐团合唱团、中国广播电影乐团、中国交响乐团附属少年及女子合唱团等国家乐团的200余位艺术家和文艺工作者。音乐会在《祖国颂》的歌声中拉开序幕，《让我们荡起双桨》、《我的祖国》等经典作品使台下观众充满感动地回忆起刘炽为中国民族音乐所作的贡献。

【欧阳予倩诞辰120周年纪念活动】

11月9～10日，中国文联与中国剧协、中央戏剧学院在京联合举办欧阳予倩诞辰120周年纪念活动。9日，在中央戏剧学院召开欧阳予倩诞辰120周年纪念大会，中国文联党组副书记、副主席李牧，赵寻、刘厚生、胡可、方掬芬、徐晓钟、李维康、徐翔、杜长胜等艺术家与欧阳予倩的亲友、学生共百余人出席大会。中央戏剧学院副院长刘立滨，中国舞协分党组书记冯双白，国家话剧院副院长王晓鹰，广西统战部副部长田晓明，湖南浏阳市文联主席刘旭辉、欧阳予倩的外孙欧阳维在会上分别发言，表达对欧阳予倩的怀念和景仰。广西桂剧团于当日在中戏实验剧场表演了新编现代戏桂剧《欧阳予倩》，梅葆玖特赶来祝贺演出成功并赠予桂剧团3幅记录有“北梅（梅兰芳）南欧（欧阳予倩）”革命友谊和战友情怀的珍贵照片。10日在中央戏剧学院召开欧阳予倩诞辰120周年座谈会，徐晓钟、林克欢、颜振奋等多位戏剧界专家到会发言，多方位研究探讨了欧阳予倩的人格精神以及他为中国戏剧事业和戏剧教育事业所作的重大贡献。

【“刘兰芳艺术生活50年”系列活动】

1月20～21日，中国文联与中国曲协在京联合举办“刘兰芳艺术生活50年”系列活动。中共中央政治局委员、中共书记处书记、中宣部部长刘云山写信致贺。全国政协副主席、中国文联主席孙家正，全国政协副主席陈奎元，全国人大原副委员长李铁映、许嘉璐、顾秀莲，全国政协原副主席孙孚凌为活动题词。中国文联与中国曲协编纂《曲苑兰芳——刘兰芳艺术生活50年座谈会文集》、《刘

兰芳艺术生活50年纪念画册》表示祝贺。20日晚，举行了由李金斗、牛群、鞠萍联袂主持的“祝贺刘兰芳艺术生活50年文艺晚会”。姜昆、黄宏、冯巩、吴雁泽、盛小云、金丽生、籍薇、戴志诚、裴艳玲等到场祝贺。刘兰芳表演了东北大鼓《红枣情》及《岳飞传》片段，顾秀莲、胡振民、冯远等出席观看。21日上午，刘兰芳艺术生活50年座谈会在京召开。单田芳、徐勍等百余位文艺界、曲艺界以及辽宁省、鞍山市等有关方面人士会聚一堂，畅谈刘兰芳的评书艺术特色与艺术成就。中国文联党组书记、副主席胡振民、中宣部文艺局局长杨新贵、中国曲协名誉主席罗扬出席座谈会。

【史诗与牧歌——刘大为作品展】

4月29日至5月17日，中国文联与解放军总政宣传部、中国美协、上海市文广局、上海市文联在上海美术馆举办“史诗与牧歌——刘大为作品展”。中国文联胡振民、冯远、丹增与总政副主任刘永治，文化部副部长王文章以及吴长江、许江、许钦松、杨晓阳、范迪安、施大畏、曾成钢、潘公凯等中国美协副主席出席开幕式。展览共展出58件国画作品、40件水彩色粉作品、50件素描速写作品，展现了刘大为精湛的绘画技艺，阳刚正气的美学趣味和高超的艺术境界。同时还举行作品的捐赠仪式。

【创造力的实现——张海书法展】

为展示中国文联荣誉委员、中国书协主席张海的艺术成就，以书法艺术向新中国60华诞献礼，中国文联与中国书协联合主办“创造力的实现——张海书法展”系列活动。“创造力的实现”系沈鹏应邀为张海书法作品集所题书名，是对张海书法艺术和理论创新方面的高度概括。展览会聚了张海50余件力作，小至扇面，大至8尺13条屏，形式丰富，作者四体兼擅，书写内容多为历代名家诗词及少量自作诗、题跋，穿插作者论艺语录和创作手记。中国文联孙家正、胡振民、覃志刚、冯远分别出席了4月30日～5月10日在浙江西湖美术馆，5月20～24日在上海美术馆，5月30日～6月4日在江苏省美术馆举办的3场巡展。6月21日，“张海书法展学术研讨会”在京举办。中国文联党组成员、副主席杨志今出席会议，与会人士高度评价了张海在书法创作和在书协组织工作方面取得的成就，对“创造力的实现——张海书法展”在江南三地的成功巡展进行了回顾与总结。与会专家还就张海的书法艺术成就，当代书法经典与大家，当代书法艺术的继承、发展与创新、当代书法展览等方面开展了深入研讨，9月25日～10月3日，“创造力的实现——张海书法展”在沈阳辽宁美术馆展出。

【时代之声——傅庚辰作品音乐会】

6月29日，中国文联与中国音协在北京国家大剧院举办“时代之声——傅庚辰作品音乐会”，中国文联孙家正、胡振民、覃志刚、杨志今和总政治部主任李继耐、副主任刘永治、孙忠同及中国音协傅庚辰、徐沛东等出席观看。6月30日，傅庚辰作品研讨会在京召开。覃志刚、翟泰丰、傅庚辰、徐沛东、王次炤、王世光等出席座谈会。杜鸣心、关峡、徐孟东、李双江、郁钧剑、张婷婷、吴斌等在会上发言，共同回顾了傅庚辰的音乐创作道路和艺术成就。《傅庚辰谈音乐》一书已于6月由人民音乐出版社出版发行。

【记忆·情深——王昆从事革命文艺工作70周年师生演唱会】

8月9日，中国文联与文化部在北京国家大剧院举办“记忆·情深——王昆从事革命文艺工作70周年师生演唱会”。中共中央政治局常委、国务院总理温家宝写信致贺。中共中央政治局常委、全国政协主席贾庆林，中共中央政治局常委李长春，中共中央政治局常委、中央纪委书记贺国强，中共中央政治局委员、全国政协副主席王刚，中共中央政治局委员、国务委员刘延东，中央书记处书记何勇，文化部蔡武、欧阳坚、陈晓光、王文章以及中国文联周巍峙、覃志刚、李牧、冯远、杨志今等出席观看。晚会由“卢沟烽烟”、“延安岁月”、“东方之春”、“友谊之桥”、“薪火相传”等5个篇章组成，讴歌了各族人民自强不息，与伟大祖国风雨同路的爱国主义情怀。9月11日，“王昆从事革命文艺工作70周年暨王昆声乐艺术研讨会”在北京人民大会堂举办。文化部副部长王文章，中国文联党组成员、副主席冯远，中国音协吴雁泽、徐沛东以及音乐界人士、王昆的同事、学生70余人出席会议。王文章、吴雁泽、金兆钧、白宙伟、刘峰、刘燕平、张世义、程琳等先后发言，回顾了王昆几十年来坚持走中国民族音乐道路，弘扬传承中华优秀文化，扶持民族音乐新人，为繁荣社会主义文艺事业所作的重要贡献，表示要向王昆学习，做德艺双馨的文艺工作者。

Communication、coordination service

2010

联络、协调、服务

全国性文艺大奖、艺术节

第九届中国民间文艺山花奖

5月26日，中国文联、中国民协、湖南省文联、湖南省旅游局和长沙市委宣传部共同主办的第九届中国民间文艺山花奖·民间工艺美术作品奖展览暨湖南省旅游纪念品博览会在湖南长沙开幕。中国文联副主席、中国民协主席冯骥才与中国民协分党组罗杨、向云驹、赵铁信等出席开幕式。来自北京、上海、天津、重庆、江苏、浙江、河南、河北、山东、山西、陕西、安徽、江西、广东、广西、四川、云南、宁夏、甘肃、内蒙古、新疆、黑龙江、湖南等24个省区市的入围作品121件作品参展参评，同场角逐24个获奖名额。韩国、新加坡、日本等国也派团参展和选购产品。此项活动展示了近年来我国民间艺术的创新和发展，是民间艺术与市场对接的新尝试，也是历届评奖活动中参评作品最多、覆盖省份最广的一次，它充分展示了社会主义新农村建设的辉煌成就，对于抢救、保护、继承、弘扬我国优秀民族民间文化，构建和谐社会，推动民间文化产业的发展具有重要意义。

10月31日，中国文联与中国民协、宁波市政府在浙江宁波举办第九届中国民间文艺山花奖颁奖典礼。全国政协副主席罗富和，全国政协原副主席李蒙，中国文联党组书记、副主席胡振民，党组副书记、副主席李牧和冯骥才等领导出席典礼并为获奖者颁奖。宁波鄞州被授予“中国博物馆之乡”的称号。本届颁奖活动是中国民间文艺山花奖创办以来规模最大、影响最广、规格最高的一次历史性盛会，也是我国博大精深、特色浓郁的民间文艺的一次集体亮相。共颁发了民间文艺表演、学术、工艺、影像、成就、文学作品共六大类7个奖项。其中，《蝶恋梁祝》等5部作品获民间艺术表演奖，《中国民俗史》等18部作品获民间文艺学术著作奖，《喀左·东蒙民间故事》等14部作品获民间文学作品奖，《九龙球》等35件作品获民间工艺美术作品奖，《天边部落》等6部作品获中国民俗影像作品奖，段宝林等9名民间文艺家获民间文艺成就奖，29名民间艺术家获“中国民协第三届德艺双馨民间文艺家”称号。颁奖晚会由毕福剑、孙小梅主持，汇集了安塞腰鼓、安徽花鼓灯、陕北民歌、山西绛州鼓乐以及多姿多彩的少数民族歌舞，充分体现了鄞州元素和梁祝元素；当日还举行了分“蝶舞鄞州”、“爱在鄞州”、“情满鄞州”三大板块的民间文艺大巡游，2000人以18个方阵、9辆彩车、12台花轿形式巡游2公里。

第18届中国金鸡百花电影节

10月14～17日，中国文联与中国影协在江西南昌举办第18届中国金鸡百花电影节。全国政协副主席罗富和，中国文联胡振民、覃志刚，国家广电总局副局长张丕民，中国影协谢铁骊、李前宽、康健民等出席活动。电影节包括开幕式暨文艺晚会、中国电影论坛、国产新片推介展映、金鸡国际影展、港澳台影展、国产优秀影片进校园活动、金鸡奖提名奖颁奖仪式及金鸡奖终评、金鸡奖颁奖典礼暨电影节闭幕式8项主题活动。于洋、庞学勤、祝希娟、苏叔阳、谢飞、童刚、尹力、李雪健、张会军、奚美娟等电影艺术家出席颁奖典礼。本届电影节共有20个奖项，具体获奖情况是：秦怡、于蓝获终身成就奖，冯小刚获最佳导演奖，《梅兰芳》、《集结号》获最佳故事片奖，吴刚获最佳男主角奖，蒋雯丽、周迅获最佳女主角奖，王学圻、岳红分获最佳男、女配角奖。此时恰逢祖国60华诞，同时也是中国影协成立60周年，在国产新片推介展映活动中，有40余部国产新片参与推介展映，并隆重推出了名为“贺岁前夜”的全新平台，成为本届电影节的创新之举。金鸡国际影展共有来自21个国家的28部影片参展，反映了不同国家的风土人情。

第三届中国书法兰亭奖

10月30日~11月4日，中国文联、中国书协在河南平顶山举办第三届中国书法兰亭奖评奖。本届兰亭奖共设艺术奖、理论奖、教育奖、编辑出版奖、终身成就奖5个奖项，成立5个评审委员会分别组织评选。6000件的来稿数远超前两届。作品评选分获奖、入展、“尧山杯”新人展3个板块同时进行。经过初评、终评、评奖，艺术奖最终评出获奖入展总数449人(其中陈花容、傅亚成、曲庆伟、郑庆伟、徐强5人获一等奖，二等奖11人，三等奖15人，获奖提名64人，入展作品354人)；理论奖30人(其中方爱龙、曹宝麟、徐畅、王元军、张金梁5人获一等奖，二等奖10人，三等奖15人)；教育奖15个(其中丛文俊获一等奖，二等奖1个，三等奖个人12个，集体奖1个)；另有获奖提名12个(个人10个、集体2个)；编辑出版奖15个(其中《颜真卿书法全集》、《书法导报》获一等奖，二等奖5个，三等奖8个)；终身成就奖10人。“尧山杯”新人展则不设奖项，共有369件作品入展。颁奖晚会于12月27日在该市举办，兰亭奖(尧山杯)展览也于12月28日开幕。

第七届中国音乐金钟奖

11月20~27日，中国文联、中国音协和广州市政府在广州举办第七届中国音乐金钟奖总决赛。全国政协副主席、中国文联主席孙家正为本届金钟奖系列活动闭幕致贺。中国文联党组书记、副主席胡振民，中国音协傅庚辰、吴雁泽、徐沛东出席27日的颁奖晚会——“为金钟喝彩”。本届赛事广州赛区除钢琴、民族声乐和美声声乐三大常设赛项外还增设了铜管、木管五重奏，并首次采用公开亮分的方式以保障评分的公正性。(上海音乐学院选送的朱昊获钢琴比赛金奖、上海音乐学院选送的方颖获美声声乐比赛金奖、总政宣传部艺术局选送的王丽达获民族声乐比赛金奖、中央音乐学院选送的“1120”木管五重奏获木管五重奏金奖、广州交响乐团选送的灿烂金属铜管五重奏获铜管五重奏金奖。)第七届中国音乐金钟奖·终身成就奖在颁奖晚会揭晓，钢琴演奏家和教育家周广仁、作曲家和音乐活动家沙青、歌唱家郭兰英、作曲家和教育家杜鸣心、作曲家黄准、笛子演奏家陆春龄6位老艺术家获此殊荣。本届金钟奖设广州、重庆、南京、深圳等主、分会场共7个赛区，报名参赛选手达15万人，共设11个赛项，全部赛事合计产生奖牌83个，包括金奖16个、银奖21个、铜奖26个、优秀奖15个、中国新作品演奏奖5个，均创历届之最。

第八届造型表演艺术成就奖

11月25日，中国文联在京举办第八届造型表演艺术成就奖颁奖典礼。中国文联胡振民、冯远及文化部原副部长潘震宙，日本友人深见东州出席典礼。王琦、华夏、方成、宋忠元、陈勃、李铎、吴良镛(以上为造型艺术成就奖)、吴素秋、周小燕、刀美兰（以上为表演艺术成就奖）10位艺术家荣获第八届造型表演艺术成就奖。（造型表演艺术成就奖创建于2002年，由日本友人深见东州捐资设立，原由文化部主办，2006年起改由中国文联主办。主要用于奖励中国在造型、表演艺术领域的著名艺术家和研究学者，目的是为了褒奖为中国当代文化艺术事业发展作出重要贡献的老一辈艺术家，推动中国当代文化艺术的创作与研究。至今已有80余位艺术家荣获该奖。）

会议与活动

【中国文联 2009 年协会组联工作通气会】

3 月 10 ~ 11 日，中国文联 2009 年协会组联工作通气会在北京召开。国内联络部及各文艺家协会组联部干部 50 余人出席会议。会议学习传达全国宣传部长会议精神，总结回顾 2008 年中国文联国内联络部主要工作，通报 2009 年中国文联及国内联络部工作要点，重点交流部署庆祝新中国成立 60 周年、中国文联成立 60 周年活动安排并就进一步开创文联和协会组联工作新局面进行座谈讨论。与会代表还就新形势下文联和协会组联干部应具备什么样的素质，以及组联干部如何进一步加强学习、转变作风，提高工作水平等方面踊跃发表意见和建议。

【2009 中国文联组联工作会议】

3 月 23 ~ 25 日，2009 中国文联组联工作会议在江苏无锡召开。中国文联党组副书记、副主席李牧出席开幕式。来自各团体会员和基层文联的 120 余位组联部干部出席会议。会议认真学习贯彻全国宣传部长会议和中国文联八届四次全委会精神，通报和部署中国文联 2009 年重点工作，交流各地文联工作新经验，探索文联工作新思路新机制，为召开纪念中国文联成立 60 周年理论研讨会暨工作经验交流会做必要准备。与会代表围绕会议主题，结合实际交流了新形势下各地文联履行职能的新探索、新举措、新经验。江苏文联党组书记王慧芬、广西文联党组副书记黄德昌、深圳文联副主席王廉运、湖北文联党组成员朱莎莉、辽宁文联党组书记王秀杰、福建文联组联处副处长黄河清以及上海、重庆、湖南、甘肃、浙江、山西、长春、杭州、济南、武汉等文联的代表均做了大会发言。中国文联国内联络部主任夏潮做会议总结。

【中国（无锡）吴文化节】

4 月 10 ~ 16 日，中国文联国内联络部与国家文物局、无锡市政府在无锡举办以“创新、活力的吴文化”为核心内容，以“传承吴地文明，彰显文化底蕴，打造文化名城，建设文明无锡”为主题的“2009 中国(无锡)吴文化节”。来自美、英等 19 个国家、中国港澳台地区以及国内 20 个省的宗亲参加了 10 日上午的开幕式暨祭祀泰伯典礼。中国文联党组成员、副主席冯远和国家文物局副局长童明康等领导出席开幕式。中国国民党主席吴伯雄、副主席吴敦义分别向文化节发来贺电。吴文化博览园梁鸿生态湿地一期工程竣工典礼、中华赏石园奠基仪式、中国文化遗产保护无锡论坛也于当日举行。11 日，惠山民俗文化庙会暨吴地非物质文化遗产展示活动吸引了 25 万市民前来观看，57 个巡演队组成千余米长的队伍分“盛世禧福、五谷丰登、太平巡典、欢庆祥和”四大章节浩荡巡游，此外还有 4 台戏曲、民歌、民舞、民乐表演和 9 个非遗文化专题展览，2009 东亚古遗址保护国际学术研讨会、无锡徐悲鸿艺术展馆、中国书画名家展和当代书画名家展于当日拉开帷幕。文化节还为百姓搭建舞台——在太湖广场举行 2009“威孚杯·激情周末”广场文艺演出活动暨“徐家木业”杯广场舞蹈、鼓乐大赛决赛。16 日晚，江苏省锡剧青年演员演唱大赛颁奖晚会为文化节画上了圆满句号。

【走进新农村采风慰问演出】

4 月 28 日，中国文联党组成员、副主席杨志今率刘兰芳、夏潮、耿莲凤、郑咏、柳石明、刘全和、刘全利、宋德全、王玉、刘芳菲、任鲁豫、于文华、吴琼、韩延文、江涛、徐凤美、张薇、高华等一行 20 余人赴北京怀柔桥梓镇口头村开展“走进春天唱和谐”中国文联艺术家走进新农村采风慰问演出活动。在圣泉寺广场，艺术家们精湛的表演为乡亲们送上一台精美文化大餐。

【“纪念胡锦涛总书记视察汉中灾区一周年——走进金山寺”文艺演出】

5 月 31 日，中国文联与陕西省委宣传部、陕西省文联联合在新建成的陕西宁强县广坪镇金山寺村抗震救灾纪念广场举办“纪念胡锦涛总书记视察汉中灾区一周年——走进金山寺”文艺演出。张保和、张华敏、霍勇、仵晓岚、惠敏莉、刘远、蒋瑞征等艺术家以多种艺术形式为广大观众奉献了一道文化大餐。(一年前的5月31日，胡锦涛总书记在金山寺村写下“一方有难、八方支援；自力更生、艰苦奋斗”的16字题词，当时中国文联抗震救灾体验生活小分队正在汉中市重灾区略阳县高台小学采访慰问，艺术家们和全国人民一样深受鼓舞，决心以实际行动响应总书记的号召，为抗震救灾斗争作出更大的贡献。)

【中国聂耳音乐（合唱）周】

6月12～18日，中国文联与云南省委省政府、中国音协联合举办首届中国聂耳音乐(合唱)周。中国文联覃志刚、李牧、冯远、白庚胜等出席了12日在北京人民大会堂举行的开幕式。随后，群众性歌咏比赛、精品音乐会、国际国内合唱精品晚会、具有地方文化特色的广场歌舞晚会、国歌与中国音乐文化论坛等音乐周系列活动相继在玉溪展开。18日，在云南玉溪举行“万众一心”闭幕晚会，全国政协副主席、中国文联主席孙家正，云南省委副书记、省长秦光荣，中国文联副主席李牧、丹增等领导出席并观看晚会。音乐周促进了民族民间文化与高雅文化的结合，促进了文艺、经贸与旅游的结合，办成了人民的节日和音乐艺术的节日，成为开展群众性爱国主义教育活动的重要内容和载体。

【第五届中国（长春）民间艺术博览会】

8月8～16日，由中国文联、中国民协、吉林省政府、长春市政府联合主办的第五届中国（长春）民间艺术博览会在长春举行。来自全国各地和港台地区以及俄罗斯、韩国等9个国家的2000余名参展商展出布艺、纸艺、奇石、锡器、牛角、鱼皮画、发绣等45大类共8万余种民间艺术品，百余位民间艺术家展示了苏绣、布糊画和钢雕等民间艺术精品。中国文联党组副书记、副主席覃志刚，中国文联副主席段成桂，中国民协分党组书记、驻会副主席罗杨，中国文联国内联络部主任夏潮和中国民协中国民协分党组书记、驻会副主席向云驹、赵铁信出席开幕式。开幕当天举行了以“推动民间艺术繁荣发展，建设东北亚现代文化名城”为主题的论坛，滕腾、施立学、冯宇平等民间文艺领域专家学者就如何打造民博会文化品牌、挖掘民间文化遗产、开发民间工艺品市场等话题进行了热烈讨论。本届民博会以“繁荣民间艺术、振兴吉林经济”为主题，以“挖掘民间艺术瑰宝，展现民间艺术风采，交流民间艺术成果，培育民间艺术市场，打造民间艺术名城”为宗旨，共设展位千余个。除民间艺术品展销外，还举办了民间艺术大师作品展、全国文艺名家书画作品邀请展、民间艺术藏品展、吉祥题材书画作品大赛获奖作品展、东北民俗艺术展等展览以及中国民间文艺山花奖·民间工艺美术作品奖评奖和中国人口文化奖(民间工艺美术品类)的评选，11件作品获中国民间艺术、民间工艺美术“山花奖”入围奖，55件作品获“中国人口文化奖”，190件作品获本届民博会优秀民间艺术奖，浙江省民协等9个单位获优秀组织奖。活动历时9天，参观人数达187.5万人次，总成交额达1.0082亿元人民币。(中国(长春)民间艺术博览会自2002年创办以来已成功举办4届，成为全国重要的民间艺术展会和长春市民的文化节日。)

【“我们的节日”系列活动】

1.“春节”

1月24日和2月1日，由中宣部、中央文明办、国家语委、中国文联和山东省委省政府联合主办的“我们的节日·春节——中华长歌行”大型主题晚会在中央电视台播出。晚会以“长歌庆佳节，文采贺盛世”为主题，通过经典诗文诵读和歌舞戏剧等多种形式，弘扬中华文明，传播经典，演绎千年文采，共庆佳节、共享盛世，同时充分展现当代中国改革开放的辉煌成就。

2.“清明”

3月12日晚，中国文联在北京中国剧院举办“和韵天歌——感悟《道德经》咏诵会”，全国人大常委会副委员长周铁农，中国文联胡振民、廖奔出席观看。该活动是2009年“我们的节日·清明”缅怀先人、先贤、先烈的系列活动之一，以历史眼光和现实角度挖掘老子《道德经》的思想精华，用声乐和朗诵相结合的艺术形式向观众传达其思想魅力，让人们感受到《道德经》这部经典对于今天构建和谐社会、共建和谐世界所具有的重要意义。刘世民、张千一、张吉义、谭晶、吕继宏、王丽达、王莉、关牧村、杨洪基、白雪、哈辉、殷之光、方明、瞿弦和、丁建华、周涛、乔榛、

温玉娟、徐涛、郭凯敏、徐建顺等艺术家参演。时值“两会”召开，还吸引了不少欲推动国学经典传播的代表和委员前来观看。

4月4日，由中宣部、中央文明办、文化部、中国文联和山西省委省政府联合主办的“我们的节日·清明——中华长歌行”大型主题晚会在中央电视台播出。晚会以“奏中华长歌，祭先烈先贤，弘扬优秀传统文化”为主旨，通过诵读经典诗文和歌舞等多种形式，诠释以清明节为主题的中华经典诗文，加强对民族传统节日的宣传，弘扬中华优秀传统文化，展示新中国成立60年以来的光辉历程和改革开放30年的伟大成就。

3.“端午”

5月28日，由中宣部、中央文明办、文化部、中国文联和浙江省委省政府联合主办的“我们的节日·端午——中华长歌行”特别节目由中央电视台录制完成，并在该台播出。节目以弘扬爱国主义精神、抒发爱国主义情怀为主题，以诗文诵读为主要形式，通过端午回响、国风古韵、民族脊梁、兴邦之路、盛世大风五部分展现端午文化的独特魅力。

4.“中秋”

10月3日，由中宣部、中央文明办、文化部、中国文联和福建省委省政府联合主办的“我们的节日·中秋——中华长歌行”特别节目由中央电视台录制完成，并在该台播出。节目以“承文化传统，颂和谐中华”为主题，以诗文诵读和歌舞为主体、穿插人物访谈等形式，展现古城福州的深厚人文底蕴和多彩民俗风情。

对外及对港澳台地区文化交流

综　述

2009年，在中国文联党组和各协会分党组的领导下，中国文联及各文艺家协会遵循党的外交方针和政策，配合国家总体外交，积极“请进来，走出去”，举办“今日中国”艺术周、第24届世界魔术大会、芬兰考斯蒂宁民间音乐节中国主题演出、“欢声笑语迎国庆”——中国文联艺术团赴加拿大访演、首届海峡两岸暨港澳地区艺术论坛、第二届海峡两岸合唱节等内容丰富、形式多样的对外及对港澳台文化交流活动，展示中国努力构建社会主义和谐社会的精神面貌，宣传中国优秀的文化艺术，增进中外文艺家之间的友谊和了解，促进文艺领域的共同发展。据统计，2009年，中国文联及各文艺家协会开展对外及对港澳台文化交流活动158项3794人次，其中出访102起624人次，来访56起3170人次，举办各类艺术展览16项，演出18项，承办、参加多边交流活动15项，举办、参加各类艺术节20项。

中国文联主要对外及对港澳台地区文化交流活动

2月2～8日，应埃及文化部邀请，中国文联党组成员、副主席冯远率代表团一行6人访问埃及，出席2009“今日中国”艺术周各项活动，会见埃及文化部副部长等有关人士，就中国文联与埃及文艺界开展交流进行了友好会谈。

2月17～23日，应日本大阪府堺市市长木原敬介邀请，中国文联党组成员、书记处书记白庚胜赴日本出席以“活着的文化——非物质文化遗产的传承与发展”为主题的非物质文化遗产研讨会，发表演讲，并进行相关文化交流活动。

4月8～13日，应朝鲜文艺总同盟中央委员会邀请，中国文联副主席、中国舞协主席白淑湘率中国文联代表团一行4人访问朝鲜。此次访问为中朝两国政府文化交流执行计划中的项目，白淑湘主席作为中国艺术团代表在“四月之春”艺术节开幕式上致辞。代表团还与朝鲜文化省、朝鲜文艺总同盟等进行会谈和交流，观摩艺术节演出，并为第八届中国国际民间艺术节挑选节目。

4月25日，由澳门中华文化交流协会主办，中国文联、中国音协等作为支持单位的《澳门之歌》歌曲创作大赛颁奖典礼在澳门举行。中国文联专门为颁奖典礼发去贺信。此次大赛始于2008年9月，系庆祝澳门回归10周年系列活动之一，共收到超过1800首作品，评选出48首获奖作品。

5月20～25日，应中国文联邀请，泰中艺术家联合会代表团一行6人访华，拜会中国文联和青海省、上海市文联，与中国美协、中国国家画院等文艺机构进行专业交流。中国文联与泰中艺术家联合会保持着长期友好合作关系，多次组团互访并举办展览等活动。

5月21日，中国文联党组成员、副主席冯远会见并宴请台湾文化产业人士交流访问团一行15人，介绍中国文联和对台交流情况，并就今后加强两岸文化交流与合作进行商讨。访问团此次是应中华文化联谊会邀请访问大陆的。

6月12～19日，应台湾“中国文艺协会”邀请，中国文联党组书记、副主席胡振民率中国文联访问团一行11人访问台湾，出席“世纪初艺术——海峡两岸绘画联展”开幕式暨研讨会，并与台湾文艺界相关人士进行接触和会谈。

6月24日～7月2日，中国文联党组成员、书记处书记廖奔率代表团一行4人访问德国、意大利。代表团此行拜访德国文化政策研究会、意大利文化遗产和文化活动部、意大利中国友好协会等文化单位，会见国际剧协主席，与两国戏剧专家进行座谈，参观德国歌剧院、罗马歌剧院等剧团，了解两国戏剧发展现状，进一步密切了中

国文联与上述两国的戏剧交流。

6月25日下午，全国政协副主席、中国文联主席孙家正在全国政协礼堂会见韩国驻华大使辛正承，双方就进一步发展中韩文化交流交换了意见。中国文联国际联络部主任黄文娟参加会见。

7月初，中国文联邀请部分专家学者赴黑龙江参加由文化部和黑龙江省人民政府联合举办的"艺海流金——走进黑土地"活动。

7月10～13日，中国文联邀请苏叔阳、黄会林、曾庆瑞、彭吉象、张颐武等国内文化界专家学者赴湖南长沙参加第五届两岸经贸文化论坛，并担任论坛议题主持人和主讲人。此次论坛由中央台办与中国国民党智库联合举办，以"推进和深化两岸文化教育交流合作"为主题。

7月11～17日，中国文联副主席、中国曲协主席刘兰芳率代表团一行5人赴芬兰出席考斯蒂宁民间音乐节中国主题演出活动，并会见芬兰文艺界人士。

7月22～24日，应香港艺术发展局邀请，中国文联荣誉委员、中国传记文学学会名誉会长仲呈祥赴香港参加"二十世纪中国（两岸三地）传记文学国际学术研讨会"，并发表演讲。此次研讨会旨在回顾及展望中国传记文学的发展，促进海峡两岸传记文学的交流与沟通。

7月27日～8月11日，中国文联组派山西省太原市民间艺术团一行31人赴美国参加犹他州国际民间艺术节。中国文联与该艺术节一直保持着友好合作关系，已多次组派艺术团赴美国参加该艺术节，中国艺术团在当地深受欢迎。

8月18～31日，应捷克民间文艺协会邀请，中国文联组派上海电影艺术职业学院张江艺术团一行30人赴捷克参加国际民间艺术节。中国文联曾于2008年组派该艺术团赴荷兰和德国参加国际民间艺术节，受到当地观众的热烈欢迎。

8月24～29日，中国文联党组副书记、副主席覃志刚率中国文联代表团一行3人访问捷克，会见捷克民间文艺协会等文艺团体负责人，商谈中国文联与捷克文化交流事宜，并观摩由捷克民间文艺协会组织的国际民间艺术节。

8月31日～9月10日，应中国文联邀请，维也纳音乐厅总经理、艺术总监博恩哈德·凯雷斯访华，拜会中国文联、北京国际音乐节组委会、中国广播艺术团等文化机构和组织，参观北京音乐厅、上海大剧院、上海东方艺术中心等文化设施，为2011年在该音乐厅举办中国音乐艺术节进行考察活动。中国文联曾于2007年在该音乐厅举办"今日中国"艺术周综合文艺演出和时装展示，反响热烈。

9月7～12日，应加拿大艺术理事会和加拿大多元文化交流基金会邀请，中国文联党组书记、副主席胡振民率代表团一行5人访问加拿大。访问期间，代表团出席了由中国文联主办的"欢声笑语迎国庆"演出活动开幕式，会见多位华人文化团体负责人，并与加拿大艺术理事会等文化组织进行会谈，详细了解加方在多元文化发展和文艺事业资助体系运作等方面的情况，就双方今后开展更多的双边交流活动等事宜进行协商。

9月8～16日，应国际德尔菲委员会、韩国国家德尔菲委员会邀请，中国文联组派广西音协副主席、秘书长黄朝瑞等一行7人赴韩国参加第三届国际德尔菲艺术比赛和第四届国际德尔菲代表大会。国际德尔菲委员会成立于1994年，旨在恢复古希腊时期的德尔菲艺术比赛，增进各国艺术家的友谊与了解。中国文联于1997年加入该组织并拥有执委席位。

9月21～26日，应国际艺术理事会及文化机构联合会（IFACCA）和南非国家艺术理事会邀请，中国文联国际联络部主任黄文娟一行2人赴南非出席IFACCA第3次全体代表大会暨第四届世界文化艺术峰会。在此次大会上，中国文联党组副书记、副主席李牧再次当选为新一届IFACCA执委会执委。中国文联是IFACCA创始会员，一直积极参与该组织活动，并拥有执委席位。

10月2～5日，应香港中华文化城和中央驻澳门联络办公室邀请，中国文联党组成员、副主席冯远一行4人访问香港、澳门，出席"香江明月夜"大型中秋综艺晚会演出活动，商谈2010年中国文联主办"香江明月夜"大型中秋综艺晚会事宜。冯远一行还顺访澳门，考察确定"庆祝澳门回归10周年——中国当代美术作品展"场地及相关事宜。

10月11～16日，中国文联党组成员、副主席杨志今率中国文联出版业代表团赴德国参加法兰克福书展，并在"中国当代美术精品展"开幕式上致辞。该书展是当今世界规模最大的书展，在全球文化领域具有重要影响，中国作为主宾国参加今年举办的第61届书展。

10月12～21日，应韩国文化艺术委员会和日本日中文化交流协会邀请，全国政协副主席、中国文联主席孙家正率中国文联代表团一行6人访问韩国和日本。访问期间，孙家正一行会晤日本参议院议长江田五月、韩国国会副议长文喜相、韩国釜山市市长许南植、日本福冈市市长吉田宏和那霸市市长翁长雄志等两国政要，与两国文化机构和组织进行工作会谈，参观两国文化设施，并与两国文化界人士进行广泛接触。

10月15～21日，应中国文联邀请，以黎中友联主席马苏德·达哈尔为团长的黎巴嫩文化名人代表团一行5人访问北京和上海两地。黎中友联一贯对华友好，致力于推动中黎两国文化交流与合作，此次代表团成员均为黎巴嫩知名文化学者，专业涵盖文学、戏剧、舞蹈和音乐。

10月21～28日，应中央外宣办邀请，中国文联党组成员、副主席冯远，中国美协分党组书记、副主席吴长江赴意大利出席“雪域高原——中国绘画作品展”开幕式，并进行艺术交流活动。该展系中央外宣办在意大利举办的第二届“西藏发展论坛”的系列活动之一，旨在体现西藏民主改革以来的巨大发展变化和各族人民的美好生活，促进中意两国艺术界人士的友好交流，共展出68位中国著名画家西藏题材的画作118幅。

10月21～30日，应西班牙作家艺术家协会、葡萄牙作家协会邀请，中国文联组派以云南省文联主席郑明为团长的中国文联代表团一行5人访问上述两国，分别拜访两国文化部等文化机构和组织，交流各自活动情况和经验，商讨双方今后合作意向。

10月26～31日，应中国文联邀请，以新加坡文艺协会会长骆明为团长的代表团一行6人访问北京和内蒙古两地。中国文联党组副书记、副主席李牧会见并宴请代表团一行，双方就进一步加强文化交流合作达成共识。新加坡文艺协会创立于1976年，是新加坡较有影响的文艺团体，与中国文联保持长期友好合作关系。

11月2日，中国文联党组成员、副主席冯远会见美国路易斯·布鲁恩基金会主席布鲁恩女士。双方介绍了各自情况，并就今后开展合作交流交换了意见。该基金会由布鲁恩女士创办，每年在纽约举办一次全球领导人创意高峰会，并在英国、中国等国家和地区开展了多个文化交流项目。

11月2～5日，应中央政府驻澳门联络办公室邀请，中国文联党组成员、书记处书记廖奔率代表团赴澳门出席“庆祝澳门回归10周年——中国当代美术作品展”开幕式，并会见澳门文艺界人士。

11月3～11日，应台北艺术家文教推广基金会邀请，中国文联党组副书记、副主席覃志刚率访问团赴台湾参加第二届海峡两岸合唱节。期间，访问团会见台湾文艺界人士，并与台湾文艺组织就加强双方文化交流合作事宜进行了商谈。此次合唱节是海峡两岸以音乐为载体的最大规模的文化交流活动，有来自海峡两岸的18支合唱团参加，内容包括合唱团队观摩比赛、合唱指挥讲座、闭幕颁奖晚会和学术联谊等活动。

11月23日，全国政协副主席、中国文联主席孙家正，中国文联党组成员、副主席冯远在北京会见以日本日中文化交流协会代表理事、著名演员栗原小卷为团长的日本日中文化交流协会代表团一行6人，双方进行了友好的会谈和交流。代表团应中国文联邀请访华，先后访问北京、上海和宁波三地。

11月29日，中国文联国际联络部主任黄文娟在北京会见来华访问的智利国家美术馆馆长助理安荷丽卡·贝蕾斯女士，双方就中国文联2010年在智利举办“今日中国”艺术周美术展览进行了交流，并初步达成共识。此外，贝蕾斯女士还拜会中国美协，就2010年北京国际美术双年展期间举办智利美术特展事宜进行商谈。

12月10～15日，由中国文联主办，中国摄协、澳门摄影学会承办的“中华情——庆祝澳门回归10周年”摄影大展将在澳门大三巴广场旅游文化中心举办，展出图片120余幅。该展览是中国文联庆祝澳门回归10周年重点活动之一，旨在反映澳门回归以来的巨大成就和美好明天。

全国各文艺家协会对外及对港澳台地区主要文化交流活动

1月15～22日，中国舞协分党组成员、副秘书长李甲芹率“2009两岸小小艺术家暨青少年舞蹈展演访问团”一行37人赴台湾进行交流演出，

受到台湾各界人士的热情关注和广大民众的普遍欢迎。此次演出活动由中国舞协、中国和平统一促进会和台湾传统伦理文化发展协会共同主办，有力地促进了海峡两岸青少年舞蹈艺术交流，增进相互之间的沟通、了解和友谊。

1月21～31日，中国剧协分党组书记、驻会副主席、国际剧协常委董伟赴伊朗参加第27届法加尔国际戏剧节，并出席在阿联酋召开的国际剧协第128次执委会会议。近年来，中国剧协在国际戏剧界地位不断提升，中国剧协于2008年在国际剧协第32届世界代表大会上首次当选为国际剧协执委会成员和常委会成员，并在江苏省南京市成功举办了第31届世界戏剧节。

1月23～26日，应中国音协邀请，香港中国民歌艺术团团长、著名歌唱家李明英来京参加“江山如此多娇——中华古今诗词名篇朗诵演唱会”和“欢乐中国年——迎新春中国民族音乐作品音乐会”，受到观众的欢迎。2008年3月，中国音协爱乐乐团合唱团曾应香港李明英中国民歌艺术团邀请赴香港演出，反响热烈。

1月29日～2月7日，中国曲协分党组书记、驻会副主席姜昆率中国曲协交流访问团一行21人赴西班牙和法国访问演出。访问团参加了“马德里版春晚”和“巴黎版春晚”演出，并在巴黎中国文化中心举办了二人转和二人台的曲艺讲座，为两国12000多名侨胞和近千名外国友人带去了新春佳节的美好祝愿和祖国亲人的亲切问候。访问期间，中国曲协还与法国华商会、巴黎中国文化中心达成进一步合作的意向。

2月3～8日，中国杂协分党组书记、驻会副主席林建一行3人赴秘鲁参加第九届拉丁美洲魔术大会，并借机宣传北京2009年世界魔术大会。该魔术大会由拉丁美洲魔术协会联合会主办，每年举办一次，其比赛内容包括舞台魔术和近台魔术两种。

2月19～23日，应英国黑泽魔术师俱乐部邀请，中国杂协分党组成员、副秘书长曹建明一行2人赴英国参加黑泽魔术大会。黑泽魔术大会是世界上最大的魔术大会之一，每年举办一届，至今已经举办57届。本届魔术大会吸引了来自英国及周边国家的3500名魔术爱好者参会和来自世界各地的125家道具商参展。

2月20～25日，应台北艺术家文教推广基金会邀请，中国音协分党组书记、驻会副主席徐沛东一行5人赴台湾访问交流。访问团与台湾音乐界人士进行了广泛交流和接触，与台湾文化机构就举办“海峡两岸合唱节”、“两岸四地音乐论坛”、“两岸民族音乐家交流演出”、“二胡协奏曲——清明上河图”等项目进行商讨。访问团还参加“两岸音乐家金门采风座谈会”，就音乐创作、音乐教育等情况与台湾同行进行交流。

3月11～16日，应日本近台魔术师协会邀请，中国杂协分党组成员、秘书长邵学敏一行2人赴日本参加日本杯近台魔术大会。该魔术大会于2002年开始举办，每年一届，在亚洲魔术界影响不断扩大。本届魔术大会有嘉宾演出、讲座和道具展销等活动。

3月15～20日，应中国音协邀请，“新浪花”国际青年流行歌手大奖赛组委会代表团一行4人访华，商谈中国优秀流行歌手参加该大奖赛事宜。该项赛事于2002年在拉脱维亚首次举办，至今已成功举办7届，具有较大的国际影响力。

3月15～23日，应中国剧协邀请，伊朗戏剧艺术中心总负责人曼索尔帕尔萨伊一行3人来华进行戏剧交流，并赴广州观摩第六届全国儿童剧展演等活动。伊朗戏剧活动非常活跃，由该艺术中心主办的法加尔国际戏剧节已经连续举办27届，在国际戏剧界享有盛誉。

3月20～25日，中国杂协分党组成员、副秘书长邹玉华一行2人赴法国参加安提贝魔术大会，商议组织法国魔术师参加北京2009年世界魔术大会。该魔术大会是法国魔术界重要活动之一，包括魔术讲座、魔术比赛、国际嘉宾表演和魔术道具展销等。

3月22～27日，应香港影业协会邀请，中国影协外联部主任齐颂一行3人参加香港国际影视展。访问团此行会见港澳台地区电影界人士，并联系邀请影片和演员参加第18届中国金鸡百花电影节。

3月26日，2009年北京世界魔术大会新闻通气会在北京召开。中国文联党组副书记、副主席、书记处书记李牧，中国杂协分党组书记、副主席林建，中国文联国际联络部副主任黄文娟等出席。

3月27～31日，中国摄协分党组书记、副主席李前光应邀赴香港出席“香港摄影系列展览——光影神韵”摄影展开幕式及相关活动。此次展览为香港摄影大师陈复礼、简庆福和黄贵权的摄影联展，展出作品100多幅，全面介绍3位摄影家的艺术风格和创作历程。

4月1～6日，中国书协分党组书记、副主席赵长青一行3人赴日本出席第25届成田山全国竞书大会颁奖仪式，并为获奖者颁发“兰亭新星奖”。这一奖项是由中国书协和日本成田山全国竞书大会于2007年7月共同商定设立的。

4月4～9日，应日中文化交流协会邀请，中国剧协主席尚长荣，分党组成员、副秘书长刘卫红一行5人赴日本访问。代表团此行是对日本戏剧家代表团2007年访华的回访，出席以“尚长荣、濮存昕先生艺术生涯”为主题的演讲会，拜会中国驻日本大使崔天凯，访问参观阿伊奴民族博物馆、文学座剧团、早稻田大学戏剧博物馆、四季剧团等文化机构，并观摩有关戏剧演出。

4月6～9日，中国美协分党组书记、副主席吴长江赴韩国参加第15届首尔空间国际版画双年展开幕式和相关活动。该双年展始于1980年，以“小就是美”为主题，主要展示小幅版画作品，已成为国际版画界的重要活动。

4月7～14日，应中国摄协邀请，蒙古专业摄影协会主席查茨拉特率代表团一行4人访华。举办“蒙古国摄影家作品展”，并赴大理、丽江等地进行摄影交流和创作。中国摄协与蒙古专业摄影协会一直保持着友好合作关系，此次代表团访华是对中国摄协2008年组团访问蒙古的回访。

4月10～18日，中国摄协分党组成员、副秘书长顾立群一行5人赴越南访问，与越南文化体育旅游部、越南摄影家协会、胡志明市摄影家协会等进行友好会谈，并就合作举办摄影展览、摄影艺术交流等活动达成初步意向。中国摄协与越南摄协一直保持着友好合作关系，曾多次互访并参加对方举办的摄影活动，此次访问是对越南摄协代表团2007年5月访华的回访。

4月13～17日，应朝鲜魔术协会邀请，中国杂协《杂技与魔术》执行副主编、魔术师徐秋赴朝鲜参加第一届平壤魔术大会，进行交流演出，受到当地民众和魔术界同行的欢迎和好评。

4月15～20日，应韩国南怡岛株式会社邀请，中国民协分党组成员、副秘书长赵铁信一行5人赴韩国进行交流访问。代表团此行考察南怡岛的生态环境和文化设施，通过座谈、笔会等多种方式与南怡岛株式会社进行广泛深入的交流，并就共同举办民间艺术展览、展演等事宜达成合作意向。

4月18～21日，中国影协大型活动部主任周建萍一行3人出席第28届香港电影金像奖颁奖典礼，会见港澳台地区电影界人士，并联系邀请影片和演员参加第18届中国金鸡百花电影节。

4月19～24日，中国影协分党组成员、中国电影出版社社长胡子光一行2人，赴捷克参加FINALE电影节，出席中国电影展开幕式和中国影片研讨会等活动。该电影节每年一届，在捷克最古老的城市之一皮尔森市举办，包括电影展映、讨论会和展览会等活动。

4月20～28日，中国影协分党组副书记、秘书长许柏林率中国影协代表团一行4人访问越南、缅甸，同越南电影协会、缅甸联邦政府宣传部进行工作会谈，参观访问越南故事片公司、河内戏剧电影大学、缅甸电影公司等专业机构，就加强中国影协与上述两国电影交流达成初步共识。

4月20～29日，应台湾台北演艺经纪文化交流中心邀请，中国文联演艺中心副总经理、中国演出家协会理事李密随中国演出家协会访问团赴台湾进行交流访问。访问团此行拜会台湾演艺管理机构，考察台北主要剧场，与台湾演艺界人士进行座谈，交流两岸演艺市场发展现状，并商谈今后双方合作交流意向和计划。

4月30日，应中国音协邀请，香港中国民歌艺术团团长、著名歌唱家李明英来京参加当晚举行的“盛世中华——京剧音乐会”。李明英热心内地与港澳文化交流，多次应邀赴内地参加演出，并曾邀请中国音协爱乐乐团合唱团赴香港演出。

5月14日～7月14日，中国美协、深圳市文联、深圳市宝安区人民政府联合举办2009中国·观澜国际版画双年展，邀请来自近60个国家和地区的179名艺术家参展。观澜国际版画双年展创立于2007年，对推动中国版画事业和深圳文化产业的发展发挥积极作用。

5月16～21日，应韩国导演制作人联合会邀请，中国视协分党组副书记、秘书长王锋一行

3人赴韩国参加第九届中日韩三国电视制作者论坛预备会，会议商定了拟于10月在韩国仁川召开的第九届中日韩三国电视制作者论坛相关事宜。此外，代表团还顺访了韩国KBS电视台和Kocca创意内容公司。中日韩三国电视制作者论坛自2000年创办以来，为推动三国电视艺术界的交流合作发挥了积极作用。

5月18～21日，应中国音协邀请，"新浪花"国际青年流行歌手大赛组委会执行总裁鲁缅采夫和音乐总监奥尔洛夫访问北京，并选拔中国歌手参加该项大赛。北京、南京、广州、沈阳等地的6名青年歌手及中央电视台少儿频道推荐的5名小歌手参加选拔，海政歌舞团青年歌唱家顾莉雅和河南9岁小歌手李泽熙将代表中国赴拉脱维亚和俄罗斯参加大赛决赛。

5月19～28日，应中国民协邀请，以色列阿里尔有限公司代表团一行4人访华。中国民协连续多年参加该公司承办的耶路撒冷国际艺术及手工业博览会，有力地展示和宣传了中国民间艺术。

5月22～27日，应中国杂协邀请，国际魔术联盟国际主席埃瑞克·埃斯文等一行3人访华，与中国杂协进行工作会谈，商讨落实魔术大会舞台、近台魔术比赛人员、设备、比赛流程及大会日程等问题。

5月27日～6月1日，为了解国际国标舞发展现状，中国舞协分党组书记、驻会副主席冯双白赴英国考察第84届黑池舞蹈节，并会晤世界舞蹈理事会荣誉主席。该舞蹈节是世界上负有盛名的舞蹈节之一，被誉为"国标舞的奥运会"，是展现各国国标舞发展水平的重要舞台。

6月2～7日，中国影协分党组书记、副主席康健民一行2人赴波兰观摩第49届克拉科夫电影节，并与波兰电影家协会商谈双方今后合作计划。该电影节是欧洲最古老的专门致力于纪录片、动画片及其他短片形式的电影节。电影节期间还举办了短片竞赛、电影回顾展、学生作品放映、电影市场、电影学术论坛等多种活动。

6月2～7日，应国际剧协瑞典中心邀请，中国剧协分党组书记、秘书长季国平一行3人赴瑞典观摩第九届双年戏剧节，并进行相关戏剧交流活动。该戏剧节每两年在瑞典不同城市举办一次，内容包括戏剧演出、学术报告和讨论会等活动。

6月5～14日，应中国民协邀请，台湾口传文学学会理事长金荣华一行4人访问大陆，赴黑龙江省考察赫哲族一年一度的民俗文化活动乌日贡大会，并参观天津冯骥才文学院。中国民协与台湾口传文学学会一直保持着友好合作关系，多次组团互访，并举办海峡两岸民间文学研讨会等活动。

6月10～15日，应日本中国文化艺术中心邀请，中国曲协分党组书记、副主席姜昆率演出团一行14人，赴日本参加第四届日中友好"笑语欢歌"交流演出，并进行曲艺交流活动。"笑语欢歌"演出活动始于2006年，每年在日本举办一次，均受到当地观众的欢迎和好评，成为中国曲协对外交流的品牌活动。

6月18～23日，中国影协分党组副书记、秘书长许柏林一行3人赴俄罗斯参加第31届莫斯科国际电影节。该电影节创办于1959年，旨在通过放映具有艺术价值和思想内容的影片，促进各国电影工作者的交流与合作。

6月22日晚，中国视协在北京凯宾斯基饭店举办上海合作组织国家驻华文化官员联谊会，商讨定于8月在北京召开的上海合作组织国家电视合作论坛筹备事宜。中国视协分党组书记、驻会副主席黎鸣，中国文联国际联络部主任黄文娟和上海合作组织秘书处副秘书长扎哈罗夫分别在联谊会上致辞。

6月23日～7月2日，应澳大利亚数码摄影协会和新西兰国际文化交流中心邀请，中国摄协分党组成员高琴一行3人访问上述两国，并在澳大利亚举办"中国风光风情优秀摄影作品展"，展出作品40幅。

6月26日～7月2日，应中国音协邀请，香港著名女高音歌唱家李明英来京参加中国音协爱乐乐团合唱团为庆祝新中国成立60周年、中国共产党成立88周年和香港回归祖国12周年而举办的系列演唱会演出活动。

6月28日，由美国职业摄影师协会（简称PPA）举办的"影像亚洲—PPA首届国际职业摄影师大会"在济南举行国际职业摄影师颁奖典礼。中国文联荣誉委员、中国摄影家协会顾问吕厚民和中国摄协顾问袁毅平获PPA国际摄影终身成就奖，中国摄协分党组书记、副主席兼秘书长李前光获 PPA 国际摄影杰出贡献奖。

6 月 30 日 ~ 7 月 11 日，中国音协外联部主任张锡海赴斯洛文尼亚参加国际青年音乐联盟年度代表大会，并赴意大利观摩图斯齐亚歌剧艺术节和考察国际古典音乐学院，就中国歌剧人才赴意大利参加国际音乐学习等项目进行磋商。中国音协自 2003 年加入国际青年音乐联盟以来，一直积极参与该组织活动，曾在北京承办该组织代表大会并邀请世界青年交响乐团访华巡演。

7 月 2 ~ 9 日，应中国杂协邀请，国际魔术联盟副主席多米尼克・当特、著名魔术大师大卫・威廉姆森以及魔术大会国际顾问汉克・姆豪斯一行 3 人访华，同中国杂协商讨 2009 年北京世界魔术大会相关筹备工作，并进行大会宣传活动。

7 月 3 日，中国音协名誉主席吴祖强，中国音协分党组书记、驻会副主席徐沛东，中国音协副主席、中央音乐学院院长王次炤等中国知名音乐家参加韩国驻华大使辛正承宴请，双方就加强中韩两国音乐交流进行了友好会谈。近年来，中韩两国音乐界交流密切，各种交流活动日益频繁，中韩歌会、中日韩亚洲乐团演奏会等活动都产生了很好的反响。

7 月 7 ~ 10 日，国际造型艺术家协会（IAA）第四次执委会在北京召开，商讨定于 2010 年召开的 IAA 第 17 次代表大会筹备事宜。2005 年，中国美协在安徽省成功承办 IAA 第 16 次代表大会，中国文联副主席刘大为当选为该组织主席。

7 月 8 ~ 17 日，受国务院法制办委派，中国音协音乐著作权协会总干事屈景明赴日本和韩国访问，考察上述两国电视台和广播电台播放录音制品的付酬制度，了解两国广播权和著作权集体管理及音乐著作权权利人（词曲作者）等有关情况。

7 月 10 ~ 15 日，应日本中国文化交流协会邀请，中国曲协分党组书记、副主席姜昆率代表团一行 9 人访问日本，并进行曲艺交流演出活动。中国曲协与日本中国文化交流协会一直保持着友好关系，多次组团互访。

7 月 10 ~ 15 日，应马来西亚华族舞蹈联合总会邀请，中国舞协分党组成员、副秘书长李甲芹等 2 人赴马来西亚槟城参加“2009 中国东盟青少年舞蹈交流展演”活动。此次展演活动与第四届“东盟—中国民间友好组织大会”（即 10+1 大会）同步进行，并被纳入大会合作框架。

7 月 13 ~ 15 日，应“新浪花”国际青年流行歌手大奖赛组委会邀请，中国音协分党组书记、副主席徐沛东访问拉脱维亚。访问期间，徐沛东会见了拉脱维亚文化部长达尔德里斯、中国驻拉脱维亚大使馆临时代办杨建中和大奖赛组委会负责人，商谈两国音乐交流和大奖赛筹备事宜，并实地考察大奖赛场地和舞台设施。

7 月 15 ~ 19 日，为扩大与国际舞蹈界交流，中国舞协分党组书记、副主席冯双白赴西班牙参加国际舞蹈理事会第 18 届会员大会暨第 23 届世界舞蹈大会。国际舞蹈理事会成立于 1973 年，其成员包括超过 150 个国家的舞蹈团体，中国舞协于 2008 年 9 月正式恢复了在该组织的席位。

7 月 27 ~ 30 日，中国舞协邀请香港小燕子舞蹈团、澳门蔚青舞蹈团和台湾枫香舞蹈团等舞蹈团体百余名港澳台少年儿童，来北京参加第五届“小荷风采”全国少儿舞蹈展演活动，与内地少年儿童共聚一堂，同台演出和交流。

7 月 30 日 ~ 8 月 8 日，中国音协分党组成员、副秘书长李培隽一行 6 人赴拉脱维亚和挪威访问，与“新浪花”国际青年流行歌手大奖赛组委会商谈大奖赛筹备事宜，与挪中文化发展中心、挪威中国文化节组委会、挪威卑尔根国际艺术节组委会等文化机构会谈，并观摩挪威文化节。

8 月 1 ~ 8 日，为让北京观众在世界魔术大会结束后欣赏到世界一流魔术大师的精彩表演，中国杂协在北京展览馆剧场举办“至尊魔幻——世界著名舞台魔术大师展演”，邀请奥玛・帕夏、皮特・马韦、杰夫・麦克白、乔戈斯、托帕斯、维特利、伊莲娜、伊戈尔、李永军、约克等 10 位世界顶级的魔术师参加演出。

8 月 2 ~ 16 日，应以色列阿里尔有限公司邀请，中国民协办公室主任马石强等 2 人赴以色列参加国际艺术和手工艺博览会。该博览会由以色列旅游部和耶路撒冷市政府主办，已有 30 多年历史，中国民协连续多年组派民间艺术家参加该博览会，反响良好。

8 月 10 ~ 28 日，应世界知识产权组织邀请，中国摄协著作权工作委员会侯建江赴瑞典参加以“全球经济下的版权及相关权利”为主题的国际著作权培训项目。该项目旨在提高发展中国家著

作权保护从业人员的工作技能，开拓其国际视野，并相互交流工作经验。

8月11～23日，中国剧协研究室安宁赴澳大利亚参加世界青年剧作家节。该节创立于1985年，每两年举办一届，旨在联络、鼓舞和培养世界各地有发展潜力的青年剧作家。

8月12日，由中国文联、中国曲协、中国杂协主办的第三届国际幽默艺术周在海南省三亚市举行。多位国内曲艺名家、歌手和来自德国、意大利、乌克兰、瑞士、西班牙的幽默魔术大师为观众献上了一台精彩的幽默盛宴。中国文联领导胡振民、李牧、冯远等出席开幕式并观看演出。

8月12～20日，中国剧协外联部副主任王岭随厦门市文化局代表团访问英国和瑞典，观摩英国爱丁堡戏剧节和瑞典双年戏剧节，为筹备2009年在厦门举办的中国戏剧节学习和借鉴国外举办大型戏剧活动的经验。

8月25日，中国视协与中央电视台在北京共同举办上海合作组织国家电视合作论坛。中国文联党组成员、副主席杨志今，中国文联副主席、中国视协主席赵化勇，以及俄罗斯、哈萨克斯坦、吉尔吉斯斯坦、乌兹别克斯坦等国家的电视机构负责人出席论坛。此次论坛以“携手交流合作，促进共同繁荣”为主题，并签署了《2009年上海合作组织国家电视合作论坛关于加强电视交流合作的共同倡议》。

9月5～6日，中国摄协组织来自中国、美国、俄罗斯、英国、德国、意大利、南非的11位知名摄影家对第13届中国国际摄影艺术展览作品进行认真评选。447幅优秀摄影作品从70566幅摄影作品中脱颖而出，评选出彩色类金奖9幅、黑白类金奖3幅以及其他奖项。该展览创立于1981年，每两年举办一届，是中国举办历史最久、影响最大的国际摄影艺术活动。

9月7～8日，为纪念摄影术发明170周年，中国摄协在浙江省丽水市举办国际摄影高端论坛，7位国外知名摄影家做了精彩演讲，并围绕“摄影的动机与影像的价值”这一主题与中国摄影家展开探讨。此次论坛对于促进中外摄影界之间的交流，增进中外摄影家之间的了解和友谊具有积极意义。

9月8日，由中国文联、文化部和中国美协联合主办的“第11届全国美术作品展——港澳台作品邀请展”在广东汕头开幕。展出作品210幅，来自内地及港澳台地区的100多位嘉宾出席开幕式。港澳台作品邀请展自第九届全国美展增设以来，已成为内地和港澳台地区美术交流的重要平台。

9月12～14日，应香港中外文化艺术交流协会和香港北京海外联谊会邀请，中国音协分党组书记、副主席徐沛东一行2人赴香港出席“刘秉义独唱音乐会”演出活动，并担任主礼嘉宾。

9月13～18日，应香港银都机构有限公司和澳门影视传播协进会邀请，中国影协分党组书记、副主席康健民一行2人赴香港、澳门访问，出席香港影视界庆祝国庆60周年晚宴暨国庆电影招待会，并进行电影交流活动。

9月13～18日，中国美协分党组书记、副主席吴长江率代表团一行5人赴法国巴黎出席中国绘画及雕塑艺术展开幕式，并进行美术交流活动。此次展览是中国美协2009年计划举办的“中国当代美术精品世界行”系列展览的一部分，为庆祝新中国成立60周年暨中法建交45周年营造了良好的氛围。

9月16日，由中国杂协组派的赴挪威演出小组一行12人在结束为期190天的演出任务后回国。此次共演出170余场，辗转130余个城镇，行程7467公里，演出以巧妙的编排和精湛的技艺受到当地观众的欢迎。

9月20～25日，应日本神奈川大学邀请，中国民协分党组成员、秘书长向云驹一行3人赴日本参加“中日非物质文化保护学术研讨会”。近年来，中日两国民间文艺工作者多次共同进行非物质文化遗产的保护和调查，推动了两国民间文艺领域的交流与合作。

9月21～28日，应台湾广播电视节目制作商业同业公会邀请，中国视协分党组副书记、秘书长王锋一行6人赴台湾参加台北电视节，并进行电视艺术交流。

9月23～29日，应日本剧作家协会邀请，中国影协组派中国电影艺术研究中心《电影》杂志社社长赵葆华一行5人赴日本参加第24届中日电影文学剧作研讨会。该研讨会始于1984年，每年一届，已经成为中日两国电影交流的品牌项目。

9月23～29日，中国舞协邀请台湾舞蹈界人士郭慧良一行5人赴贵州观摩第七届中国舞蹈“荷花奖”民族民间舞比赛，促进了两岸舞蹈界之间的联系与交流。

9月24日～10月5日，应北美文化艺术联合会邀请，中国民协分党组书记、副主席罗杨赴美国参加大型“十一”庆典活动“万里红旗万里歌”。此次活动旨在庆祝新中国成立60周年和中美建交30周年，表达海外华人华侨热爱祖国、歌唱祖国的美好心愿，内容包括书法、绘画等多项交流活动。

9月27～30日，应香港摄影界庆祝国庆委员会邀请，中国摄协分党组书记、副主席李前光一行3人赴香港出席“香港今昔”摄影比赛和“大地翻腾60载”摄影展开幕式，并进行摄影交流活动。

9月29日～10月6日，荷兰青年音乐联盟主席罗博·凡瓦彦一行2人访华，与中国音协就青年音乐领域开展交流合作进行探讨。中国音协自2003年加入国际青年音乐联盟以来，积极参加该组织各项活动，与许多国家的青年音乐组织建立了友好合作关系。

10月6～11日，应奥地利维也纳当代亚洲艺术中心邀请，中国美协秘书长刘健一行6人赴奥地利出席“中国美术60年·版画——赴奥展”，并进行美术交流活动。此次展览展出优秀版画作品80幅，旨在介绍中国版画并扩大中国美术在国际上的影响。

10月7～12日，应瑞典斯堪的纳维亚魔术道具商协会邀请，中国杂协组派武警政治部文工团魔术师徐凤美一行2人赴瑞典出席“魔术周末”活动。该活动每年举办一届，内容包括魔术演出、研讨会、讲座等，是斯堪的纳维亚半岛规模最大的魔术交流活动。

10月10～23日，应英国皇家摄影学会、西班牙塞丹尤拉·瑞普莱特艺术摄影家协会和葡萄牙职业摄影家协会邀请，中国摄协分党组书记、副主席李前光一行4人访问英国、西班牙、葡萄牙，举办“世界遗产·中国”摄影展览，并与相关摄影组织进行会谈，商谈今后开展合作交流事宜。

10月12～19日，中国美协在德国法兰克福举办“中国当代美术精品展”开幕式，该展系为配合法兰克福书展而举办，也是中国美协举办的“中国美术世界行”系列展览的德国站，展出作品20幅。中国美协副秘书长陶勤一行4人出席了展览开幕式。

10月13～17日，为纪念中蒙建交60周年，中国书协在中国社科院及首都师范大学举办中蒙书法展，展出作品60幅。外交部副部长李金章，中国文联党组成员、书记处书记廖奔，中国书协分党组书记、驻会副主席赵长青以及蒙古国外长苏·巴蒙方特宝力德、蒙古国驻华大使巴图苏赫等出席展览开幕式。

10月13～18日，中国影协邀请波兰、俄罗斯、奥地利、伊朗等国55位电影界人士赴南昌出席第18届金鸡百花电影节，并进行电影交流活动。多年来，中国影协连续邀请国外电影界人士出席电影节活动，促进了中外电影界之间的交流与合作。

10月14～19日，应国际戏剧协会和国际剧协苏丹中心邀请，中国剧协外联部副主任、国际剧协中国中心秘书长王岭赴苏丹参加国际剧协第129次执委会。中国剧协自加入国际剧协以来，一直积极参与该组织活动，曾于2008年在南京成功主办国际戏剧节，并当选为国际剧协常委会成员。

10月14～19日，中国视协分党组书记、副主席黎鸣率代表团赴韩国出席第九届中日韩电视制作者论坛。此次中国视协共选送4部作品参加论坛评选，其中电视剧《我的青春谁做主》获得“特别大奖”。该论坛创立于2001年，由中国视协、日本放送人会和韩国导演制作人联合会共同主办，每年在三国轮流举办，有力地促进了中日韩三国电视艺术交流与合作。

10月14～26日，应美国恒创娱乐有限公司邀请，中国杂协分党组书记、副主席林建赴美国考察访问，出席“大雾山宫殿”杂技演出项目开业典礼及招待会，并观看杂技演出。

10月15～22日，应美国亚洲文化中心邀请，中国剧协分党组书记、秘书长季国平率中国剧协梅花奖艺术团一行25人赴美国参加“文化中国”庆祝活动演出。该艺术团主要演员由历届中国戏剧梅花奖获得者组成，此前已先后赴澳大利亚、法国以及中国港澳台地区演出，受到广泛好评。

10月16～21日，中国剧协组派副主席、国家话剧院副院长王晓鹰一行3人赴韩国出席第16届中韩日戏剧节（简称BESETO）。此次戏剧节上演《火焰山》、《秀才与刽子手》、《东京笔记》

等剧目，并进行戏剧研讨等交流活动。

10月17～23日，中国音协外联部主任张锡海一行3人赴突尼斯出席国际音理会第33届代表大会暨第三届世界音乐论坛。中国音协自1979年加入该组织以来，一直积极参与其各项活动，曾于2007年在北京成功举办国际音理会第31届代表大会。

10月29日～11月7日，应中国美协邀请，挪威艺术协会联合会主席特琳娜·亚特和蒙率挪威艺术代表团一行7人访华。代表团此次与中国美协商谈2010年在挪威举办中国当代艺术展事宜，并访问济南、重庆等地。

11月1日，由中国影协主办的第四届华语青年影像论坛在北京开幕，中国文联党组成员、副主席杨志今出席论坛高峰会并致辞。本次论坛以“两岸青年影像文化的新世代与新视点”为主题，内容包括论坛高峰会、圆桌会议、“台湾青年电影之夜”等活动，旨在促进两岸青年电影文化的交流和合作。

11月9日，中国视协邀请东南亚、南亚10个国家的驻华使馆文化官员出席联谊会，探讨各国电视艺术的合作与发展前景，并就2010年举办的“第一届中国·东南亚·南亚电视艺术节”进行沟通和交流。中国视协分党组书记、驻会副主席黎鸣和中国文联国际联络部主任黄文娟分别在联谊会上致辞。

11月17～25日，应中国舞协邀请，挪威国家芭蕾舞团行政主管保罗·波多尔斯基一行3人访华。代表团此次与中国舞协进行工作会谈，并参观中央芭蕾舞团、北京舞蹈学院、上海芭蕾舞团、上海舞蹈学校等文化教育机构。

11月23～27日，中国影协在北京举办亚欧国家电影家协会主席论坛。邀请来自欧洲与亚洲各国的影协主席、著名导演、理论家出席。中外电影家围绕电影与文化的多样性、世界范围内文化的多样性、互联网领域中作者的权利、如何在世界组织中更好地发挥各国电影家协会的作用等主题进行了交流。

11月26日～12月3日，应俄罗斯欧亚广播电视学会邀请，中国视协副秘书长张彦民率代表团一行5人赴俄罗斯参加第四届中俄电视合作论坛，并参加第12届欧亚广播电视论坛相关活动。中俄电视合作论坛创立于2006年，由中国视协和俄罗斯欧亚广播电视学会共同主办，每年在两国轮流举办。

11月28日～12月2日，由中国摄协主办的第13届中国国际摄影艺术展览在浙江省丽水市举办，全国政协副主席李蒙出席开幕式并宣布展览开幕。此次展览收到106个国家的70566幅参展作品，评选出彩色类金奖9幅、黑白类金奖3幅等奖项。

11月28日～12月13日，中国剧协邀请国际剧协主席拉门度·马珠姆达等13位国外知名戏剧界人士来厦门参加第11届中国戏剧节活动。近年来，中国剧协与国外戏剧界联系不断密切，在国际戏剧界地位和影响不断提升。

12月7～13日，中国舞协副秘书长李淑芬一行6人赴台湾参加“2009海峡两岸传统民族舞蹈推广交流活动”。

12月13日，在中国美协策划、安排和实施下，经过专家评选，8位年富力强的美术工作者获得首批“中国中青年美术家海外研修工程”资助资格，并定于2010年奔赴世界各地进行研修。该项目是自中国美协成立后国家首次下拨专项经费选派美术家赴外学习，旨在打造一支德艺双馨并具有国际视野的中国当代中青年美术家队伍，增强中国美术在国际上的影响力。

12月19日，中国视协和俄罗斯欧亚广播电视学会在海南三亚联合举行“中俄电视广告合作圆桌会议”。应邀专程来华访问并出席第五届中国（三亚）国际电视广告艺术周的俄罗斯电视代表团，与中国电视界代表就中俄两国在电视广告领域的交流合作问题进行了沟通和磋商。与会代表就两国电视广告的发展及合作深入交流，为未来开展合作打下了良好的基础。

其他工作

【全国文联外事工作研讨班】

为推动中国文联各团体会员在开展对外文化交流方面的合作，交流近年来的工作经验，5月12～14日，中国文联与江苏省文联在苏州市共同举办了全国文联外事工作研讨班，来自全国各省区市文联、各全国文艺家协会外事主管领导和部门负责人以及中国文联国际联络部的部分工作人员共计80余人参加了此次研讨班。此次研讨班安排有开班仪式、领导讲话、专家报告、情况介绍、分组讨论、会议小结以及采风等多项内容和活动。

中国文联党组书记、副主席胡振民为研讨班发来贺信，强调中国文联各团体会员要充分认识做好新形势下对外文化交流工作的重要性，切实把对外文化交流工作纳入文艺工作和文联工作总体部署，充分发挥文联在对外民间外交中的独特作用，不断开创文联外事工作新局面。中国文联党组成员、副主席冯远出席开班仪式并做重要讲话，全面回顾了改革开放以来中国文联及各团体会员开展对外文化交流的成果，阐述了中华文化“走出去”的重要意义，分析了落实中华文化“走出去”应把握的各种关系，对今后做好文联的对外文化交流工作提出了具体的要求。

北京、辽宁、陕西、上海、广东、四川、江苏等7个省市文联的代表分别在大会上介绍了各自开展对外交流的成果和经验。中国文联国际联络部主任黄文娟介绍了中国文联及各全国文艺家协会近年来的外事工作概况。外交部外交政策咨询委员、原驻法国大使吴建民和文化部外联局参赞吴世广应邀在研讨班上作了专题报告，分别介绍了当前的国际形势和外交政策以及我国对外文化交流情况。研讨班还就如何更好地发挥文联优势、开创文联外事工作新局面进行了分组讨论。

大家一致认为，此次研讨班内容丰富，务实高效，成果显著，举办得非常及时，也很有必要，应形成一种定期举办此类外事研讨班或外事会议的机制。许多同志认为，通过此次研讨班，明晰了形势、开阔了思路、增强了责任和信心，对配合国家总体外交，做好新形势下文联的对外文化交流工作有了更加深刻的认识，对于今后推动文联对外文化交流事业的不断发展具有积极作用。

【国际联络部日常工作】

12月20～25日，为提高外事干部队伍素质，中国文联国际联络部举办2009年中国文联外事干部培训班暨工作交流会，内容包括外事专业知识讲座、2009年度外事工作总结、2009年度对外交流图片展、外事及文艺知识竞赛等。

2009年，根据学习实践科学发展观活动要求，为完善工作机制、提高工作效率、严格外事纪律，中国文联国际联络部加强外事管理的建章立制工作，先后修订《中国文联关于局级以下干部出国（境）管理的规定》、《中国文联关于对港澳地区文化交流的实施细则》、《中国文联关于参与举办大型国际多边交流活动的管理规定》以及《国际部工作制度》等规章制度，对于规范文联外事管理，推动文联外事工作制度化、规范化起到了积极作用。

按照八届四次全委会确定的中心任务和党组作出的决策部署，国际联络部切实履行职能，努力发挥作用，不断开拓创新，在文字起草、调查研究、理论评论、新闻宣传、舆情信息等方面较好地完成了年度各项任务。中国文联国际联络部加大外事宣传力度，共编辑出版4期《艺术交流》杂志、编印28期《中国文联外事简报》，为宣传中国文联对外文化交流活动，扩大中国文联对外影响起到了很好的作用。《艺术交流》杂志创刊于1992年4月，其主要宗旨是：配合“中国文化走出去”战略的实施，全面介绍中国优秀文化艺术成果及国外文化发展信息动态，促进世界各国对中华文化艺术的了解。《中国文联外事简报》重点向外交部、文化部、文联党组领导以及各文艺家协会等单位反映中国文联和各文艺家协会开展的重要对外交流活动。

中国文联及全国各文艺家协会 2002～2009年出访来访团组统计表

年份	团组数	总人数	派出团组数／人数	来访团组数／人数	展览、演出
2002	137	1525	83/482	54/1043	16
2003	95	759	54/324	41/435	24
2004	136	2358	76/494	60/1864	21
2005	142	2182	76/715	66/1467	30
2006	182	1412	90/616	92/796	16
2007	167	2897	125/825	42/2072	33
2008	142	1918	86/609	56/1309	50
2009	158	3794	102/624	56/3170	34
合 计	1159	16845	692/4689	467/12156	224

理论研究

综 述

2009年，中国文联理论研究室在党组的领导下，牢牢把握“耳目、喉舌、参谋、助手和思想库、智囊团”的科学定位，坚持以科学发展观为统领，紧紧围绕中国文联八届四次全委会确定的中心任务和党组作出的决策部署，切实履行职能，努力发挥作用，不断开拓创新，在文字起草、调查研究、理论评论、新闻宣传、舆情信息等方面较好地完成了年度各项任务。

调查研究

【专题调研工作】

2009年，按照中宣部《关于做好重点调研课题的工作方案的通知》精神，通过查阅文件、分析归纳、集体讨论、分头撰写等方式，完成12个重点课题调研报告。

新中国成立60年来文艺工作和文联工作的发展历程和重大变化；新中国成立60年来文艺工作和文联工作的突出贡献和成就；新中国成立60年来文艺工作和文联工作的成功经验和重要启示，需要把握的重大关系；文艺工作和文联工作贯彻落实科学发展观形成的新思想、新认识和新观点；按照理论化、系统化的要求，梳理推动文艺工作和文联工作科学发展的新理念；国家文化软实力的内涵，加强文化软实力建设对维护意识形态安全的重大战略意义；世界上有关国家提高文化软实力、维护文化安全的政策措施和经验；当前我国文化软实力在维护意识形态安全方面存在的不足，有效维护意识形态安全应在哪些方面增强国家文化软实力；加强文化软实力建设、切实维护意识形态安全的思路和措施方法；十六大以来在提高文艺工作和文联工作能力上积累的经验和启示；当前文艺工作和文联工作面临的形势对党在意识形态领域的执政能力提出的新任务新要求；面对新形势新要求做好文艺工作和文联工作需要处理好的重大关系，在处理这些重大关系时应坚持的重大原则，如何把握好度。

【中国文联特约研究员、评论员培训班】

11月，中国文联特约研究员、评论员培训班在京举办。30多位中国文联特约研究员、评论员参加培训，听取了杨志今同志书面讲话、专家授课和理研室工作情况通报，并进行了交流讨论。

文艺理论评论

【第四届中国文联中青年文艺评论家高级研修班】

8月3～10日，在青海省西宁市举办。中国文联主办，中国文联理论研究室、青海省文联承办。中国文联党组书记、副主席胡振民发去贺信，中国文联党组成员、副主席杨志今出席并讲话，青海省委常委、宣传部部长曲青山出席并致辞。研修期间，近80位学员听取了中国文联荣誉委员仲呈祥，辽宁省文联党组副书记、副主席、一级编剧崔凯，中国社会科学院文学研究所研究员白烨，北京大学艺术学院副院长、博士生导师彭吉象教授4位知名文艺理论评论家所做的专题讲座。本届高研班实行以文入班制，每位学员都撰写了有关文艺理论评论方面的文章，通过小组讨论、会议发言等形式，交流了经验，探讨了问题。

【全国文联研究室主任暨文艺评论家协会秘书长研讨班】

10月27～29日，在山东青岛举办。中国文联理论研究室、《光明日报》文艺部共同主办，青岛市文联承办。中国文联所属各文艺家协会、各省区市文联研究室（部）主任，16个省区市文艺评论家协会秘书长，10家文联系统专业杂志主编以及特邀专家学者等90余人参加研讨班；中宣部文艺局派人到会指导；中国文联党组成员、副主席杨志今出席会议并讲话。研讨班传达学习了

中央领导同志在纪念中国文联成立60周年大会上的重要指示精神和中央领导同志关于加强和改进文艺理论评论工作的重要批示，分析了问题，交流了经验，对当前研究工作和理论评论工作重大问题展开了交流和探讨。

【第11届精神文明建设“五个一工程”中国文联系统参评作品推荐报送工作】

6月12日，中国文联报送第11届精神文明建设“五个一工程”作品评审会在京举办。共评出图书（2部）、戏剧（3部）、电影（1部）、音乐（5首）共计11部（首）报送作品，经文联党组审定后上报中宣部。

【年度综述文章及出版书籍】

2009年初，中国文联理研室邀请7位专家学者，分别对音乐、美术、曲艺、舞蹈、摄影、杂技、电视7个艺术门类总体状况进行了评述，编辑修改后以《文艺动态》增刊的形式刊发。

本年度还编辑出版了《开拓文艺理论新天地——科学发展观与当代文学艺术研讨会暨中国文联文艺理论工作研讨会文集》、《开创文艺舆情信息工作新局面——文艺舆情信息工作会议资料汇编》、《当代艺术的多点透视——海峡两岸暨港澳地区艺术论坛文集》、《中国文联第一至八次全国代表大会资料汇编》、《美好回忆 盛世华章——中国文联“我与文联”大型征文集粹》（上、下册）、《坚守与繁荣——中国文联第四届中青年文艺评论家高级研修班论文集》6部书稿。

新闻宣传

【主要工作】

积极统筹协调中国文联重要会议、重大活动、重点工作的宣传报道，努力做好联络、协调、服务工作，先后完成了2009年度“送欢乐、下基层”活动、2009年百花迎春——中国文学艺术界春节大联欢、中国文联八届四次全委会、纪念中国文联成立60周年系列活动、2009年北京世界魔术大会等宣传报道工作。积极配合各文艺家协会的中心工作，做好相关活动、会议的宣传报道。

【制定下发新闻宣传管理文件】

为切实加强和规范中国文联新闻宣传管理工作，2月，结合2008年颁布的《中国文联新闻宣传工作管理办法》执行情况和文联工作实际，制定并下发了《中国文联新闻宣传有关问题暂行规定》。3月，制定并下发了《关于及时告知新闻媒体刊播消息并报送宣传报道材料的通知》。这些管理办法的实施，促进了上下协调、左右互动、内外联动的中国文联新闻宣传网络的日益完善和新闻宣传工作的进一步制度化、规范化、科学化。

【中国文联与新闻媒体迎春联谊会】

1月13日在北京举行，中国文联理论研究室承办。中国文联党组书记、副主席胡振民，中国文联党组副书记、副主席李牧，中国文联党组成员、副主席杨志今，中国文联党组成员、书记处书记白庚胜等中国文联党组领导，中宣部政策法规研究室、新闻局、文艺局、宣教局、舆情局有关领导与中国文联机关各部室主要负责人及新华社、《人民日报》、《光明日报》等30家新闻媒体有关领导和记者60多人出席。联谊会由杨志今主持，胡振民发表讲话。联谊会还对在2008年度新闻宣传工作中表现突出的隋笑飞等11名优秀记者进行了表彰。

【新闻宣传工作培训班】

4月，中国文联新闻宣传工作培训班在京举办。各文艺家协会、各直属单位、机关各部室新闻宣传工作负责人和新闻宣传联络员参加。与会人员听取了新华社和中国传媒大学有关领导、专家关于新闻宣传方针政策和新闻理论、业务实践等方面的讲座。

文艺舆情信息

【组建舆情处】

7月13日，中国文联理论研究室舆情处正式成立，为开展文艺舆情信息工作提供了组织保障。

【全国文联文艺舆情信息工作会议】

3月26～28日，全国文联文艺舆情信息工作会议在云南昆明召开。中国文联党组书记、副主席胡振民发来贺信，中国文联党组成员、副主席杨志今出席会议并讲话。中国文联副主席丹增、云南省文联名誉主席梁公卿和各团体会员单位代表、机关各部室有关人员以及新华社、《人民日报》、《中国文化报》、《中国艺术报》等中央新闻媒体记者参加了会议。会议传达了中宣部舆情信息工作会议精神；总结了2008年文艺舆情信息工作；下发了中国文联2009年文艺舆情信息需求要点；对2008年度文艺舆情信息工作先进集体和个人进行了表彰；对2009年文艺舆情信息工作作出全面部署；会议特别邀请上海社科院舆情研究中心副主任刘晓明和北京市网络新闻监管中心副主任张军两位专家对会议代表进行了培训；还进行了大会交流和分组讨论。会后，编辑出版了《开创文艺舆情信息工作新局面——2008 ~ 2009文艺舆情信息工作会议文件资料汇编》。

【编印文艺舆情内刊】

2009年，《中国文联简报》编印28期；《文艺动态》编印43期、增刊7期；《文艺专题报告》编印12期；《文艺舆情摘报》编印30期、增刊3期。

出版管理

综　述

在中国文联党组的坚强领导下，2009年，中国文联出版业改革领导小组认真学习邓小平理论、"三个代表"重要思想，以科学发展观为指导，按照中央文化体制改革工作会议的要求，以转企改制、资产重组为主线，推动各项工作全面开展。全年各图书出版社出书1303种，同比增长5.71%；自主策划图书530种，同比增长9.28%；实现主营业务收入5494.27万元，同比增长16.90%；各报、刊社全年发行报纸6655.6千份，同比增长1.55%；发行杂志5297.10千册，同比下降0.63%；发行收入3278.11万元，同比持平；广告收入4000.67万元，同比增长4.31%；主营业务收入9103.28万元，同比增长5.11%。

主要工作

【深入学习实践科学发展观】

按照文联党组的部署，文联出版业改革领导小组认真开展了学习实践科学发展观的活动，召开专门会议学习中央文件，征求各报、刊、出版社及有关文艺家协会主要领导关于改革的意见，连续组织3次出版系统学习、实践科学发展观的专题讲座。

【稳步推进转企改制、资产重组】

1. 中国文联出版业被中宣部改革办和新闻出版总署改革办确定为重点支持的改革单位。文联出版业改革领导小组按照文联党组的安排，依据"两级管理"的原则，分别征求了有关文艺家协会关于协会主办的出版单位是否参加文联直属单位"打包"对外资产重组的意见。确定第一批转企改制、资产重组的8个单位中文联直属的4家出版单位在文联层面"打包"对外资产重组；其他4家由所在文艺家协会负责其转企改制、资产重组工作，文联出版业改革领导小组给予政策和业务指导。

2. 组织36家出版单位的领导班子成员、人事和财务部门负责人，以及有关文艺家协会分党组主管出版的领导同志认真学习了中央有关文化体制改革的文件精神。

3. 在有关文艺家协会和各出版单位的积极配合下，完成了对文联系统36家图书、音像、影视、报纸、杂志出版单位清产核资的审核工作。并将清产核资专项审计报告报送财政部。

4. 研究文联系统各转企改制出版单位人员改革成本测算办法，并完成测算工作。

5. 经与国内10余家国有大型集团公司接触洽谈，确定了资产重组的对象并就合作方式和今后的发展达成战略共识。第一批转制重组的合作方已派出专业队伍在我方各有关出版单位的积极配合下完成了对我方重组单位的尽职调查工作。

6. 加大咨询、调研力度，多次到中央宣传部、国家新闻出版总署、人力资源和社会保障部、财政部咨询政策，多次到全国走在前列的出版集团学习，据以调整工作思路。

【强化管理、量化指标、规范程序】

1. 文联出版业改革领导小组会同文联人事部、机关党委按照《中国文联出版单位领导班子成员年度考核试行办法》、《中国文联出版单位领导班子成员薪酬管理试行办法》对各出版社、音像社领导班子2008年度经营业绩进行了考核，并根据考核结果进行了奖惩，为获优秀的领导班子成员兑现了年度绩效薪金。

2. 结合清产核资过程中发现的问题，以科学发展观为指导，加强管理。同时，注意处理好改革、发展、稳定的关系。定期对所属各出版社的工作进行分析，根据加强管理、转企改制、资产重组的需要开展工作。

【策划、推出一批重点项目】

为庆祝新中国成立60周年、纪念改革开放

30周年、中国文联60周年，组织有关出版单位策划、推出了一批重点项目。中国文联出版社出版了《中国中医昆仑》、重印了《中国文联第一次代表大会文集》，大众文艺出版社推出了解放系列书籍——《解放邯郸》、《解放济南》、《解放锦州》、《解放昌都》、《解放太原》、《解放运城》……电影出版社推出了《改革开放与中国电影30年》、《南昌与中国电影》，戏剧出版社出版了《北京人艺经典文库》，摄影出版社推出了《口述影像历史丛书》等大项目受到社会的广泛好评，为繁荣出版业作出了贡献。电影出版社申报的《中国少数民族电影史》、《中国当代电影史》（1978～2009），戏剧出版社申报的《中国戏曲艺术大系》获国家出版基金的支持。

【落实“走出去”战略，参加法兰克福书展】

2009年是法兰克福国际书展的中国主宾国年。在杨志今的带领下，在文联国际联络部的大力支持下，文联出版办组织中国文联出版社、大众文艺出版社、中国电影出版社、中国戏剧出版社、中国摄影出版社5家图书出版单位出色地完成了宣传展示中国文化、对外版权贸易等任务，被国家新闻出版总署授予优秀组织奖，并奖励人民币1万元，显示了中国文联出版业参与国际竞争的能力。

【启动图书审计工作】

经过较长时间的准备，出版业改革领导小组召开了审读委员会第一次会议，对2009年各出版社拟出版书目和内容提要进行了审读。

【“晚霞文库”走出新路】

定期召开“晚霞文库”编辑委员会会议，审议通过有关文艺家协会初审论证后报送文联的书稿，交出版社出版发行。通过开辟“大家谈艺”栏目，扩大了出书范围，向社会效益、经济效益双丰收迈进了一大步。

【图书报刊年检工作进一步规范管理】

进一步加强和改进报刊管理，通过报刊年检，梳理报刊出版存在的问题，结合对文联系统32家报刊的年检开展了集中整顿活动，对存在违规问题的报刊提出了限期整改的要求，经过整改延缓的2家杂志已于10月份通过年检，停刊整顿的1家杂志已于11月份复刊。通过此次年检，报刊出版管理得到进一步规范。

【日常工作】

在人员少、改革任务繁重的条件下，中国文联出版业改革领导小组办公室完成文联图书出版单位有关申领、增拨书号等报批手续，上级主管部门关于图书、报刊工作文件的转发、整理出版业改革工作档案以及图书出版工作文件呈报等大量日常管理工作。

权益保障

综　述

2009年，中国文联维权办和各文艺家协会维权部门在中国文联党组的支持和中国文联维护知识产权工作领导小组的领导下，认真贯彻党的十七大、十七届三中全会和四中全会精神，加强对知识产权相关法律和政策的学习，努力探索服务文艺家和文艺工作者的新方法和新途径；关注和了解艺术家和文艺工作者的维权诉求，加强与有关部门和权益保护组织的联系，为艺术家维权提供帮助与支持；积极加大维权工作宣传力度，增强艺术家和文艺工作者的维权意识，提高社会对艺术家权益保护的关注。

主要工作

【搭建维权服务平台】

为充分发挥中国文联在维护文艺家和广大文艺工作者合法权益方面的重要作用，大力宣传有关法律法规，进一步提高艺术家和文艺工作者的维权意识和能力，为艺术家和文艺工作者答疑解惑，搭建维权工作和信息交流的平台，中国文联维权办和《中国艺术报》自9月起合作开办了《中国艺术报》、《维权行动》专版。针对中国文联各艺术家协会所涉及的不同艺术门类，维权办和艺术报精心策划了“案例分析”、“普法在线”、“法庭传真”、“专家答疑”、“经验之谈”等栏目，认真做好组稿、编辑和审稿工作，受到文艺家和文艺工作者的欢迎。

【参与普法宣传活动，提高社会对艺术家维权的关注】

4月，在2009世界知识产权日到来之际，国家版权局主办了“版权在我身边，版权创造财富”为主题的大型文艺晚会，中国文联维权办参与了活动的组织工作。中国文联党组副书记、副主席李牧应邀出席。谷建芬、徐沛东、常宝华、刘晓庆、戴玉强、汤灿等艺术家作为权利人代表参加了表演并就版权保护问题接受访谈。多位艺术家表示希望文联多参加这样的活动，呼吁全社会尊重和保护文艺家的权益。该晚会是央视首台以“版权保护”为主题的晚会，艺术家的参与提高了社会对艺术家权益保护的关注。节目播出后得到了有关领导和社会的高度评价，成为创新版权宣传模式的一次成功尝试。

【参加评奖活动，扩大艺术家维权的影响力】

为提高全社会对艺术家和文艺工作者权益保护的重视，维权办积极与知识产权保护组织和服务机构密切合作。维权办作为组织单位之一参与了“2009中国版权产业（文化产业）十大风云人物”的推荐和评选活动，并获得“优秀组织奖”。著名相声表演艺术家姜昆、著名摄影家解海龙成功当选。文艺界获得该项荣誉的还有冯小刚、韩三平、王兴东。姜昆作为获奖者代表发表了获奖感言，呼吁全社会尊重和保护艺术家的创作与合法权益，促进文化的繁荣与发展。此次活动引起社会各界对知识产权保护的高度重视，扩大了艺术家维权的影响力，产生了良好的社会反响。

【举办“美术作品版权保护座谈会”】

为加强对美术作品的版权保护，切实维护美术作品创作者和使用者的合法权益，中国文联维权办和中国美术家协会于5月联合召开了“美术作品版权保护座谈会”。中国美协副主席王明明，中国美协副秘书长李荣海，画家代表和美术评论家，以及来自新闻出版总署、国家版权局等单位的负责人、版权专家、专业律师及新闻媒体记者等40余人出席了座谈会。与会代表共同探讨了美术作品的侵权形态、突出问题、保护现状和维权手段。根据艺术家们反映的情况和问题，专家们提出了一些切实可行的措施与办法。大家一致认为会议务实、针对性强，对于加快和促进美术作品的版权保护起到了推动作用，同时也为有关行政管理部门深入了解业界的实际情况提供了帮助。

【参加“文艺工作者权益问题高峰论坛”】

11月，“文艺工作者权益问题高峰论坛”在上海举行。中国文联党组副书记、副主席李牧出席论坛并讲话。上海市文联领导、来自法律界和文艺界的专家学者和艺术家代表、著作权集体管理组织的负责人等70余人出席了本次论坛。中国文联维权办和中国摄影著作权协会的维权干部参加了论坛活动。

李牧在开幕式上讲话。他说，维护文艺工作者的合法权益不仅是中国文联的一项重要职责，而且也是中国文联发挥党和政府联系广大文艺家桥梁与纽带作用的重要途径之一。面对新情况、新问题，各级文联如何发挥联络、协调、服务作用，有效开展维权工作，切实保护艺术家和文艺工作者的合法权益，成为必须高度重视、认真对待的紧迫问题。李牧希望各级文联认真学习和贯彻党的十七大精神，以科学发展观为指导，牢固树立以会员为本的思想，充分认识维权工作的重要性，不断提高维权工作能力，把文联的维权工作提高到新的水平，为推动社会主义文化大发展大繁荣作出贡献。

本次论坛围绕文化发展要求和文艺工作者的基本权益，从著作权、表演权、特殊演艺群体的权益保护和文艺工作者其他基本权益等方面的问题进行了研讨，对新时期贯彻落实科学发展观，进一步认识文化发展中的新情况、新问题，围绕文化发展要求和文艺工作者的基本权益，努力探索市场经济环境下规范文化市场、建设和谐文化的有效方法和途径起到了积极作用。

【与国际知识产权组织的交流与合作】

为促进中国文联与国外权益保护组织的交流与合作，扩大为艺术家和广大文艺工作者维权服务途径，3月，中国文联维权办与澳大利亚驻华使馆共同组织了澳大利亚版权代理机构和中国文联及所属艺术家协会的交流活动。中国文联党组成员、书记处书记廖奔出席并主持了会议。澳大利亚规模最大的会员制非营利性的版权代理和版权集体管理组织主席、首席执行官、总经理和澳大利亚驻华使馆文化参赞一行与中国文联有关艺术家协会和部分出版单位的负责人就艺术作品的版权保护进行了友好的交流和探讨。会后，维权办还组织部分文艺家协会参加了澳大利亚驻华使馆举办的中国文化周和版权论坛活动。通过交流，增进了国外权益保护组织对中国文联和艺术家协会的了解，开阔了文联维权干部的工作思路。

9月，中国文联党组副书记、副主席李牧会见了国际表演者权益集体管理联合会亚洲地区负责人。双方就表演者权益保护问题进行了友好交谈。李牧介绍了中国文联和各文艺家协会的有关情况及表演者权益保护现状。该负责人对李牧的接见表示感谢，并愿意对中国文联和艺术家协会在维护表演者权益方面提供帮助。

12月，维权办组织中国音协、中国杂协、中国曲协等中国文联艺术家协会和中国摄影著作权协会的维权干部参加了世界知识产权组织举办的“数字环境下的版权和相关权集体管理国家区域研讨会”。在为期2天的会议中，参会的文联维权干部认真聆听了国内版权管理机关官员和专家及法国视觉艺术著作权人协会、国际影印复制权协会、国际作者作曲者协会联合会、国际唱片业会、国际表演者权益集体管理联合会等国际组织专家和负责人的专题演讲，并就新技术环境下如何维护权利人和使用者的合法权益、著作权集体管理组织如何开展维权工作与国内外专家进行了交流，增进了国际权益保护组织对中国文联和艺术家协会的了解。国际权益保护组织成熟的工作经验为文联系统的维权工作提供了很好的借鉴。

【维权服务】

维权办及时向各文艺家协会传达中国文联维护知识产权工作领导小组对维权工作的部署和要求，转发和通报国家有关法律法规和相关政策；接待来访的艺术家和文艺工作者及演出团体，及时处理来信、来电反映的侵权问题，认真解答咨询，调解权益纠纷，提供维权服务。结合各艺术门类的特点，与有关文艺家协会探讨维权工作的方法和模式；积极推动中国摄影著作权协会的工作，为其业务工作的开展提供帮助和支持。

中国摄影著作权协会在会员发展工作遇到困难的情况下，及时调整了工作部署，法律部迅速启动了一系列维权行动。调解了中国友谊出版公司未经许可使用著名摄影师徐肖冰和侯波摄影作品的版权纠纷；为82岁高龄摄影师张九卿向人民体育出版社追讨擅自使用其摄影作品的侵权赔偿金2000余元；妥善解决美术家李某因据陕西省摄

影家协会主席胡武功的摄影作品创作油画并参展而引起的权益纠纷；摄影师袁均的摄影作品被4家单位违法使用，经摄著协多次交涉，其中一家侵权单位已向袁均支付5000元赔偿金；帮助著名摄影家吕厚民协调与影像传媒国际集团北京办事处因协议履行而发生的纠纷。

2009年，中国曲艺家协会立足曲艺事业发展实际，因时因势地开展曲艺版权工作。（1）将版权工作与曲协日常工作相结合。在“笑声与时代”庆祝中国曲协成立60周年专场晚会、2009年全国曲艺精品创作班、“包公杯”全国反腐倡廉曲艺作品征集活动等中国曲协主办的重要曲艺创作、演出活动中都与有关单位和个人签署了授权使用协议。（2）将版权工作与曲艺产业化相结合。7月2日，一个被誉为“相声史上第一槌”的相声作品拍卖会引发了强烈的社会反响，亮相的16件相声作品共拍得100.7万元，其中71岁高龄的相声作家王鸣禄创作的相声《城管与地摊》以及他和刘景州合作的《时空隧道》拍出20万元的高价。这次活动被有关媒体称为是一次创新理念、创新手段、创新形式的维权行动，并极大地推动了曲艺作品的生产、流通和消费。继相声作品拍卖会后，2009中国（天津）演艺交易博览会上，东北风二人转被拍出了1800万元一年的天价。曲艺维权正从侵权——维权这一怪圈中脱离出来，成为促进艺术发展，繁荣曲艺事业的“助推器”。（3）将版权工作与行业管理相结合，中国曲协组织了多种形式的调研活动，对体制外曲艺从业人员的权益保护问题，尤其是版权问题进行了细致深入的分析和研究。在规划对进入全国非物质和口头文化遗产名录的曲种进行调查研究时，曲种传承人的版权登记和认定工作已被设定为其中一个重要工作内容。

社团管理

中国文联主管社团、基金会名录

【中国艺术文化普及促进会】
地 址：北京市宣武区永安路 106-4 号
电 话：（010）83153757
邮 编：100050
【中国通俗文艺研究会】
地 址：北京市丰台区右安门外大街 99 号
电 话：（010）66175340
邮 编：100069
【中国书画家研究会】
地 址：北京市东城区民旺园 28 楼 A 座 10F 号
电 话：（010）84219107
邮 编：100013
【中国书画家联谊会】
地 址：北京市西城区新街口北大街 53 号徐悲鸿纪念馆
电 话：（010）62268780
邮 编：100035
【中国贫困地区文化促进会】
地 址：北京市海淀区彰化路 9 号
电 话：（010）62130911-806
邮 编：100097
【中国楹联学会】
地 址：北京市海淀区北太平路甲 18 号
电 话：（010）88279910
邮 编：100039
【中国国际文化艺术中心】
地 址：北京市西城区裕民路 18 号北环中心 1510
电 话：（010）68035349
邮 编：100029
【中国国际标准舞总会】
地 址：北京市安贞里二区 1 号楼金瓯大厦 315 室
电 话：（010）64459265
邮 编：100029
【中国国际文化传播中心】
地 址：北京市建国路 99 号 2417 室
电 话：（010）65816688-2423
邮 编：100020
【中国田汉研究会】
地 址：北京市东城区北新桥细管胡同 9 号
电 话：（010）644041874
邮 编：100006
【中国中外名人文化研究会】
地 址：北京市东城区鼓楼外大街 45 号
电 话：（010）82081072
邮 编：100011
【中国根艺美术学会】
地 址：北京市海淀区北三环中路 67 号
电 话：（010）82077452
邮 编：100088
【中国传记文学学会】
地 址：北京市金融街 19 号富凯大厦 B 座 12 号
电 话：（010）686573189
邮 编：100708
【中国女摄影家协会】
地 址：北京市海淀区马甸南路 2 号办公楼 813
电 话：（010）82002035
邮 编：100088
【中国扇子艺术学会】
地 址：北京市海淀区西三旗建材城西路 85 号甲 3 号 2 单元 301
电 话：（010）82929396
邮 编：100096
【中国保险书画艺术研究会】
地 址：北京市西城区金融大街 11 号中国再保险大厦 1816
电 话：（010）66576168
邮 编：100034

【中国旅游文化资源开发促进会】
地 址：广东省深圳市福田区景田南25栋702室
电 话：（0755）83902212
邮 编：518034

【中国少林书画研究会】
地 址：河南省郑州市桐柏路178号杜康大酒店
电 话：（0371）7186652
邮 编：450007

【中国朝鲜族音乐研究会】
地 址：吉林省延边市爱丹路89号
电 话：（0433）2912493
邮 编：133000

【华夏文化促进会】
地 址：北京市西城区复兴门内大街45号院2号楼一层
电 话：（010）66095379
邮 编：100801

【中国说唱文艺学会】
地 址：北京朝阳区惠新北里甲1号中国艺术研究院
电 话：（010）64952414
邮 编：100029

【中华五千年动画文化工程促进会】
地 址：北京市东城区东直门南大街9号D座1506
电 话：（010）84094467
邮 编：100007

【中国企业文化促进会】
地 址：北京市东城区北河沿大街甲83号
电 话：（010）68587022 86373132
邮 编：100009

【中国伏羲文化研究会】
地 址：北京市西城区三里河一区5号院6号楼2门102室
电 话：（010）68538704
邮 编：100045

【中国文学艺术基金会】
地 址：北京市农展馆南里10号文联大楼201室
电 话：（010）65005950
邮 编:100026

【全国公安文学艺术联合会】
地 址：北京市东长安街14号公安部内
电 话：（010）65208781
邮 编：100741

【太湖文化论坛】
地 址：北京市朝阳区东三环中路7号北京财富中心写字楼A座602室
电 话：（010）65330756
邮 编：100020

【中国工笔画学会】
地 址：北京市海淀区花园东路8号综合楼A座302
电 话：（010）62351754
邮 编：100191

机关建设

人事任命及人事工作

【中国音协换届工作】

12 月 15 ~ 17 日，中国音乐家协会第七次全国代表大会在京召开。会议选举产生了中国音协新一届领导机构。

中国音乐家协会第七届领导机构人员名单：

主席：赵季平

驻会副主席：徐沛东

副主席（按姓氏笔画为序）：王次炤、叶小钢、印青、余隆、宋飞（女）、宋祖英（女，苗族）、张国勇、努斯来提·瓦吉丁（维吾尔族）、孟卫东、顾欣、彭丽媛（女）、廖昌永、谭利华

秘书长：徐沛东(兼)

【班子调整配备和干部选拔任用工作】

按照中组部有关要求和中国文联党组工作部署，结合文联干部队伍建设实际，研究起草了《关于加强领导干部选拔任用工作 切实提高选人用人公信度的意见》，进一步扩大干部选拔任用过程中的民主，实行了大范围民主推荐，发布选拔公告、考察预告等新举措，收到了较好成效。配合中组部、中宣部考察组完成了文联副部级后备干部考察工作。加大各协会各直属单位和文联机关各部门领导班子调整配备和优秀干部选拔力度，调整补充了剧协、书协、杂协和视协等 4 个协会班子成员和文联机关、基金会多名局级干部，选拔了一批处级干部，改善了文联局级领导班子和干部队伍的整体结构。根据中组部《关于进一步做好培养选拔年轻干部工作的意见》精神，修订了《中国文联关于进一步加强培养选拔年轻干部工作的意见》，安排了 2 名文联机关年轻干部挂职锻炼（1 名到国家信访局、1 名到北京市顺义区基层）。

选拔任用和办理退休的协会、直属单位班子成员和文联机关局级干部名单：

季国平任中国戏剧家协会分党组书记；

樊国宾任中国戏剧家协会分党组成员；

白煦任中国书法家协会副秘书长（副局级）；

邵学敏任中国杂技家协会分党组副书记；

翟辉任中国电视艺术家协会副秘书长（副局级）；

郭希敏任中国文学艺术基金会副秘书长（副局级）；

黄文娟任中国文联国际联络部主任；

刘国强任中国文联理论研究室副主任；

郑更生任中国文联人事部副主任；

王桂芝任中国文联人事部副巡视员；

潘和平任中国文联离退休干部局副巡视员；

中国美术家协会分党组成员、副秘书长李荣海按正局级提前退休；

中国舞蹈家协会分党组副书记、秘书长刘春香退休；

中国书法家协会副秘书长白煦退休；

中国杂技家协会分党组书记林建退休；

中国电影出版社代总编辑李梦学退休；

中国文联离退休干部局副局长李木善按正局级提前退休；

董伟不再担任中国戏剧家协会分党组书记，调文化部工作。

【干部教育培训工作】

制定下发了《中国文联 2009 年干部培训计划》。举办了中国文联传达贯彻党的十七届四中全会精神暨局级单位主要负责同志培训班。在文联系统开展了干部职工培训需求情况调查研究。选派 12 名领导干部参加中央党校、干部学院等培训机构组织的学习班次。编印了《全国文艺界领导干部贯彻落实科学发展观研讨班学员学习成果集》。

【事业单位人事工作】

制定下发了《关于中国文联事业单位岗位设置管理有关问题的处理意见》、《中国文联事业单位专业技术二级岗位管理办法》、《关于事业

单位人员定岗后工资调整备案的通知》等文件，完成了10个协会和3个直属事业单位岗位设置管理工作实施方案审批工作。制定了《中国文联事业单位聘用合同范本》、《中国文联劳动合同范本》和《中国文联系统事业单位新进人员公开招聘试行办法》、《中国文联系统事业单位内部竞聘上岗试行办法》，为进一步规范工作、加强监管打下基础。举办了事业单位人事工作培训班，积极参与事业单位转企改制，做好相关人事工作，扎实推进事业单位人事制度改革。

【人才工作】

制定了《中国文联人才、人事信息数据库建设实施方案》，对数据采录工作进行了部署，并举办数据库应用培训班。完成中国文联人事信息系统建库工作并投入使用。组织了2009年度考录机关工作人员报名、面试、笔试、专业测试、考核和录用等工作，共接收应届毕业生4名。从外单位和军转干部中挑选9人补充文联机关缺编岗位。组织召开了中国文联出版专业高级职务评审委员会第22次会议，对28名申报高级职称人员进行了评审，共评出获得高级职称资格人员16名。精心组织部分全国德艺双馨文艺工作者代表参加国庆60周年观礼活动，受到代表们的好评和人力资源和社会保障部的肯定。

中国文联出版专业高级职务评审委员会第22次会议评审通过的高级职称人员名单如下。

通过编审任职资格评审的6人：范小宁、高扬、高育武、奚耀华、胡绍祥、耿素丽（胡绍祥、耿素丽为文化部委托评审）。

通过副编审任职资格评审的9人：卢巍、谭政、李晨曦、张萍、刘德伟、白旭旻、周晶、陈瑾、赵彤。

通过高级校对任职资格评审的1人：师自运。

【干部年度考核奖励工作】

年初，配合中组部做好文联党组班子2008年年度考核工作。按照中组部建立促进科学发展的干部考核评价机制试点工作要求，完成了各协会、各直属单位和文联机关各部门2008年年度考核工作，并向中组部报告了试点工作情况，就考核评价机制提出了相关建议。年底，按照中央《关于建立促进科学发展的党政领导班子和领导干部考核评价机制的意见》和中组部下发的3个考核办法，对各协会班子、班子成员以及文联机关、各协会机关工作人员年度考核办法进行了修订，探索制定以履行岗位职责为重点的考核标准，进一步完善了考核程序，强化了年度考核的管理、监督和评价功能。

【人事档案管理工作】

制定下发了《关于进一步加强中国文联干部人事档案工作的意见》和《中国文联干部人事档案工作各项制度》，针对干部人事档案工作中存在的问题，开展了业务培训。

党委工作

2009年，中国文联机关党委在中直工委和文联党组的领导和具体指导下，深入学习贯彻党的十七大和十七届四中全会精神，全面贯彻落实科学发展观，紧紧围绕党和国家工作大局，围绕文联中心工作，认真履行工作职能，扎实推进机关党的全面建设，为圆满完成各项工作任务提供了有力的思想政治保证和组织保证。

【理论武装工作】

中国文联机关党委始终坚持以部局两级中心组学习为龙头，以处级以上干部为重点，运用多种形式，引导各级党组织和广大党员抓好理论学习。上半年，按照中央统一部署，继续开展了学习实践科学发展观活动，圆满完成了第三阶段工作任务。2月25日，组织召开了科学发展观活动总结大会，举办了学习成果展览，得到了中央学习实践活动指导组的充分肯定。6月底以前，根据中央要求，认真组织了“回头看”活动，对照整改方案，全面检查了整改落实情况，及时向中央写出了报告。下半年，围绕传达贯彻党的十七届四中全会精神，重点做了7项工作：一是及时下发了《关于学习贯彻党的十七届四中全会精神的安排意见》。二是协助文联党组召开了传达四中全会精神大会。三是与文联人事部联合举办了局级单位主要负责同志培训班。四是举办了党支部书记培训班。五是举办了党务干部培训班。六是召开了中心组学习会。七是与文联人事部共同起草了《关于加强和改进新形势下中国文联党的建设的若干意见》。在学习贯彻四中全会精神中，先后请中央政策研究室江金权、中纪委研究室楚文凯作了学习四中全会和中纪委四次全会精神的报告；请中国文联党组副书记、副主席李牧做了《以贯彻落实民主集中制为重点，切实加强领导班子自身建设》的辅导讲课。同时，还组织观看了部分专家学者解读四中全会的录像。通过学习，及时统一了广大党员干部的思想。中国文联在传达学习四中全会精神工作上走在了中直机关的前列，中直工委专题简报和中直党建网分别做了报道。此外，文联机关党委还组织学习了中宣部编发的理论热点面对面《六个为什么》的读本以及中央领导同志一系列重要讲话。在理论学习中，广泛运用简报、网站、学习交流会、征文活动等手段，营造了浓厚的学习氛围。据统计，机关党委全年共编发学习简报123期，被中直党建网登载20余条；向中直报送理论文章3篇，其中1篇在《中直党建》发表。同时，对学习实践科学发展观活动资料进行了整理，现已汇编成册，拟于近期出版。

【精神文明创建活动】

中国文联机关党委利用庆祝新中国成立60周年的有利契机，组织开展了一系列精神文明创建活动。广泛开展《爱国歌曲大家唱》活动，购买下发了百首“爱国歌曲大家唱”光盘和歌谱，举办了“献给祖国的歌”比赛活动，来自文联各单位的120余名干部职工通过独唱、对唱、合唱、歌伴舞等形式，充分表达了干部职工的爱国热情。协助中直工委举办了“共和国礼赞”爱国主义歌曲合唱比赛，在文联离退休干部局的大力支持下，派出老干部合唱团参加表演，获得特别奖。组织观看了大型音乐舞蹈史诗《复兴之路》、“中华人民共和国成立60周年成就展”、“西藏民主改革50周年大型展览”。多次组织参加了中直机关举办的形势报告会，组织观看了中央文明办推介的《建国大业》、《铁人》等爱国主义影片。圆满完成了副部级以上领导干部国庆观礼人员统计、组织和服务工作，得到中直工委和观礼人员的肯定。认真抓了维护社会稳定和机关内部稳定工作。开展了“迎国庆、讲文明、树新风”活动。推荐评选首都文明单位标兵一个，首都文明单位两个。通过以上活动，营造了喜迎国庆的氛围，促进了机关精神文明建设。

【基层党的组织建设】

中国文联机关党委注重做好抓基层、打基础工作，注重优化基层党组织设置，扩大组织覆盖面，新成立了基金会党支部，指导中国音协党总支进行了换届选举。开展了“创先争优”和“争创学习型党组织”等主题教育实践活动，“七一”前，评选了优秀党员、优秀党务工作者和先进基层党组织。采取问卷调查、召开座谈会等方式，就文联职工的思想状况进行调研，向中直工委报送了《职工思想状况调研报告》。继续抓好党员干部培训工作，先后两批选派15名同志参加了中直党校培训，7名党务干部参加了浦东、延安、井岗山干部学院举办的培训班。此外，还举办了一期入党积极分子培训班，共培训积极分子52名。同时，注意在业务骨干和优秀青年中发展党员，发展党员11名。落实党内帮扶机制，“十一”前夕，会同文联离退休干部局组织慰问新中国成立前参加革命的老党员153人，把党的温暖送到老同志家中。

【群团工作】

中国文联机关党委认真贯彻工会、共青团、妇联全国代表大会精神，引导和支持工青妇组织开展适合自身特点的活动。文联机关工会继续开展了“以人为本，真情关爱”活动，走访看望困难职工22名，发放补助金20000余元，为1077名会员办理了大病互助保险；组队参加了中直机关羽毛球比赛；选送18幅作品参加了中直机关书画摄影展。机关团委配合扶贫办、出版办组织了“我为扶贫出把力”主题志愿服务活动，共向甘肃武都区捐赠图书14500册；组织团员青年赴门头沟区斋堂镇参观抗日战争纪念馆，进行爱国主义教育。妇工委组织了“庆三八”女职工电影招待会，为文联系统500余名女职工办理了妇女四病保险。这些活动，增强了群众组织的凝聚力，进一步密切了党群关系。

【机关党委自身建设】

中国文联机关党委把提高党务干部素质，加强自身建设放在突出位置来抓。进一步强化和谐理念，引导党委干部正确处理人际关系。经常利用过组织生活、相互谈心等机会，大力倡导“三多”，即：多看别人的长处，多记别人的好处，多想别人的难处，积极营造和谐氛围。继续加强岗位练兵，努力提高工作能力。针对党务工作的特点，要求党委干部刻苦钻研业务，做到“站起来能讲，坐下去能写，下基层能帮，遇到难题能妥善处理”。重视引导党委干部积极参加挂职锻炼，到基层一

线磨练意志，增长才干。中国文联机关党委注重把内强素质、外树形象贯穿于自身建设全过程，经常讲、反复抓，逐渐形成了想干事、能干事、干成事、好共事的风气。

纪委工作

2009年，中国文联机关纪委在中直纪工委的领导和文联党组的具体指导下，坚持以邓小平理论和“三个代表”重要思想为指导，深入贯彻落实科学发展观，认真贯彻落实党的十七届三中、四中全会精神，贯彻落实第十七届中央纪委第三次、四次全会和中直纪工委工作会议精神，加强以保持党同人民群众血肉联系为重点的作风建设，加强以落实《中国文联贯彻落实〈建立健全惩治和预防腐败体系2008～2012年工作规划〉实施办法》为重点的反腐倡廉建设，为保持党的先进性和纯洁性，开创文联工作新局面提供了纪律保证。

【党风廉政教育】

中国文联机关纪委认真学习贯彻第十七届中央纪委第三次全会和中直纪工委工作会议精神，3月上旬、下旬分别召开纪委会和纪检工作会，集中学习会议内容，总结2008年工作，部署2009年工作。通过多种方式传达学习党的十七届四中全会和中央纪委第四次全会精神，专门邀请中央纪委研究室楚文凯做第十七届中央纪委第四次全会辅导讲座，举办了纪检委员培训班，迅速兴起了学习贯彻党的十七届四中全会和第十七届中央纪委第四次全会精神热潮。紧密结合学习实践科学发展观活动，结合新中国成立60周年和中国文联成立60周年，深入开展党性党风党纪教育活动。按照中央纪委的要求，及时下发了《关于组织开展扬正气促和谐全国优秀廉政公益广告展播》的通知，组织广大党员干部观看扬正气促和谐优秀廉政公益广告录像，制作了优秀廉政公益广告展板，在文联机关和各协会、各直属单位巡展，深入开展廉政文化创建活动。

【作风建设】

中国文联机关纪委认真研究部署加强领导干部作风建设的具体举措，组织专题学习教育，加强领导干部作风建设。6月份，先后4次组织机关党员干部观看《加强领导干部党性修养与作风建设专题讲座录像》，听取中央党校教授张希贤、王莉、赵绪生、张荣的讲座。广泛开展讲党性、重品性、作表率活动。按照胡锦涛总书记提出的“八大良好风气”和“五个着力”的要求，大兴密切联系群众之风、求真务实之风、艰苦奋斗之风和批评与自我批评之风，推动文联机关作风建设，努力营造风清气正、团结和谐的良好风气。

【廉洁自律工作】

中国文联机关纪委按照《中国共产党党员领导干部廉洁从政若干准则（试行）》要求，在元旦春节等重大节日期间下发廉洁自律有关要求的通知，杜绝收受有关单位和个人赠送礼金、有价证券和奢侈浪费等行为，抓好廉洁自律有关规定的落实。根据中央纪委和中直纪工委的要求，配合中央和文联有关部门，深入开展严格禁止利用职务上的便利谋取不正当利益、财政预算执行和其他财务收支情况财务审计、公款出国境旅游、领导干部私自驾驶公务用车、清理“小金库”等专项检查，对存在的突出问题及时提出整改建议，杜绝各类违规和不廉洁行为的发生。根据中央要求和中央纪委的通知精神，对文联系统开展的各类评比达标表彰活动进行清理规范，实现了评比项目“大幅减少”的目标，并督促有关单位部门建立完善工作规则，对领导干部在文艺评奖办节中的廉洁自律提出具体要求，提高各种奖项公正性、权威性和科学性。

【党内监督工作】

中国文联机关纪委严格贯彻落实《中国共产党党内监督条例（试行）》和《中国共产党党员权利保障条例》，加强对领导班子、领导干部及易于滋生腐败环节和部位的监督。按照民主、公开、竞争、择优的原则，会同人事部门对录用大学生、拟提拔的处级以上干部、新调入人员情况进行了监督。按照打造“阳光、优质工程”的要求，对文联离退休干部活动中心装修工程、“艺术家之家”网络建设工程和办公用品采购等进行了监督。与有关部门参加各级领导班子民主生活会、年终述职述廉，对照反腐倡廉建设的有关规定，监督检查各级领导班子和领导干部廉洁从政情况。

【反腐倡廉制度建设】

中国文联机关纪委把建立完善制度作为加强从源头上防治腐败的重要工作来抓，按照中央关于“抓好任务分解和落实”的要求，针对文联易发腐败的关键环节，制定下发了《关于贯彻落实〈中国文联贯彻落实（工作规划）实施办法〉分工方案》，进一步明确教育、制度、监督、惩处的具体责任。做好贯彻落实中央“四项法规”工作。及时下发了学习贯彻的通知，购买发放了“四项法规”单行本和《关于实行党政领导干部问责的暂行规定》。做好推进惩治和预防腐败体系建设检查工作。根据《开展2009年度推进惩治和预防腐败体系建设检查工作方案》（中纪办发〔2009〕31号）文件精神，认真制定了《中国文联关于开展2009年度推进惩治和预防腐败体系建设检查实施方案》，对工作落实情况进行检查。

【群众来信来访及违纪案件查处工作】

中国文联机关纪委把信访举报和案件查处工作摆到重要位置，认真对待群众来信来访，严肃查处违纪案件。一年来，处理群众来信16件，接待群众来访、来电8人次，及时解决群众反映的突出问题。按照分级负责、归口办理的原则，严肃处理违反党纪政纪的问题，共查办违法违纪案件五起。

离退休干部工作

【学习活动与评选先进工作】

1. 重要学习活动

（1）1月7日，召开文联系统离退休干部党支部书记联席会议，传达全国宣传部长会议精神。

（2）1～4月，组织离退休干部支部书记及老干部代表参加文联机关及离退休干部局开展学习实践科学发展观活动。

（3）在国际金融危机大背景下，为贯彻落实中央经济工作会议精神，3月底，组织部分老干部参加“保增长、保民生、保稳定”经济形势专题报告会。

（5）4月17日，布置评选全国离退休干部先进个人的推荐工作。

（6）12月11日，组织老干部代表参加会议，听中国文联党组书记胡振民关于全年工作总结和新一年工作安排的报告。

2. 评选先进工作

（1）经过基层推荐，评选中国摄协离休干部佟树珩为全国老干部先进个人。

（2）为广泛宣传佟树珩的先进事迹，离退休干部局召开表彰先进会议，会上党组书记胡振民向佟树珩颁发全国老干部先进个人证书。

【搭建老有所为的平台】

（1）举办“庆祝新中国成立60周年，文联系统老同志书画摄影比赛和展览”，比赛评选出59幅获奖作品；展出了文联系统38位离退休老艺术家和获奖人员的百余幅书画摄影作品，并将参赛参展作品集结成册。

（2）组建“中国文联老干部合唱团”，合唱团参加庆祝中华人民共和国成立60周年“百团万人颂中华”、中直机关“共和国礼赞”、中国文联“献给祖国的歌”等歌咏活动并获得好评。

（3）组织离退休干部参与“我与文联”——纪念中国文联成立60周年征文活动中，2位离休干部的回忆文章均收入“我与文联”征文集，其中1篇获征文三等奖。

【老干部文化娱乐活动】

（1）春节前夕，组织文联系统离退休干部联欢、团拜。中国文联党组全体成员到场向500多名老同志、老艺术家拜年，并观看了高水平的文艺演出。

（2）2月27日，为文联机关22位老同志举办形式新颖、气氛活跃的集体祝寿活动，中央电视台“夕阳红”栏目对这次活动进行了报道。

（3）4月21～26日，组织文联机关部分离退休干部赴江苏扬州、苏州等地春游。

（4）6月7日，组织文联机关离退休干部参观国家大剧院，并欣赏了星期音乐会。

（5）8月1～22日，分两批组织文联系统部分局级以上离休干部到北戴河疗养。

（6）6月初，启动文联系统健康老人评选工作，至9月底，评选出5个年龄组的98位离退休老同志为文联系统2009年度健康老人。

（7）10月26日，组织文联系统近500名离退休干部到北京植物园游园赏花，并对评选出的98位文联系统健康老人和文联系统老同志书画摄影比赛获奖作品的作者进行了颁奖。

（8）12月15～26日，分4批组织210余名离退休老同志到台湾观光游览，欣赏宝岛风光，感受两岸人民亲如手足的兄弟情谊。

（9）老干部活动中心举办老年书画讲座，定期放映电影故事片录像，开放乒乓球室、健身房、图书室、电脑室等。

【服务工作】

（1）为文联系统全体离休干部、局级以上退休干部、原处级领导班子成员、正高级职称的退休人员以及老干部党支部支部委员共375人订阅《中国艺术报》。

（2）回应老同志新要求，筹办老干部刊物《桑榆天地》。

（3）协调中国文联出版社、中国戏剧出版社、中国电影出版社，于新中国成立60周年前夕，兑现了上述单位离休人员的生活补贴。

（4）为文联系统内53位老人安装了紧急呼叫器。

（5）借支部分经费，及时解决个别出版社拖欠离休干部医药费问题。

（6）经过多方努力，解决了文联老干部活动中心改扩建问题，改善活动中心条件，为老同志提供更好服务。

【走访慰问和信访工作】

（1）元旦、春节前夕，局领导班子在陪同党组领导看望文联系统离退休老艺术家、老干部的，还看望了24位文联机关和系统内患重病或生活有特殊困难的离退休干部。

（2）在新中国成立60周年前夕，组织文联系统老干部工作部门，对文联系统近160位离休干部进行了走访慰问。

（3）会同有关部门，及时处理老同志的来信，接待来访共20余次，为老同志排忧解难。

中国文艺家之家装修改造工程

在党中央国务院的高度重视和亲切关怀下，“中国文艺家之家”装修改造工程于2008年批准立项。工程在中国文联党组的领导下进行，2009年3月确定装修改造方案，同年11月底完工，12月完成验收并启动搬迁工作和试运行。

“中国文艺家之家”项目建筑面积53958平方米，其中地上16层、面积为34873平方米，地下3层、面积为19085平方米。建筑物由南楼（A座）、东楼（B座）及两楼之间圆弧形连接部分（裙楼）组成。设计按照文艺家活动场所优先的原则，文艺活动区域设有报告厅、会议室，摄影、美术与书法展厅，戏剧、舞蹈、音乐、杂技、曲艺等表演艺术交流厅、民间艺术陈列室等，地下一层设有录音棚、多媒体制作中心、放映厅等。在使用配置上，文艺家活动场所、公共活动区域、文联机关和各协会办公用房各占1/3。“中国文艺家之家”的建成，对进一步提高中国文联的吸引力、亲和力和凝聚力具有重要意义。

行政管理工作

【制度建设】

根据深入学习实践科学发展观活动中整改落实工作“废、改、立”的要求，结合工作实际，办公厅对原有制度（或办法、规定）进行认真梳理，共制定和修订了12项制度（或办法、规定），经党组领导同志审阅后，于3月11日和3月20日分两次印发相关单位。

其中，新制定的5项是：《中国文联工作督办制度》、《中国文联领导同志出国（境）及国内京外公务活动出行协调安排办法》、《中国文联机关各部室工作协调会制度》、《中国文联办公厅关于文联本级财务管理和报销办法的暂行规定》、《中国文联节能降耗工作暂行办法》；修订的7项是：《中国文联公文处理暂行办法》、《中国文联各项会议、活动的组织协调办法》、《中国文联重点艺术项目扶持资金使用办法》、《关于协调中国文联领导同志出席各种会议、活动的办法》、《中国文联办公用品领用登记制度》、《中国文联机关会议室使用管理办法》、《中国文联信访工作规定》；废止的6项是：《中国文联财务管理具体办法》、《关于加强财务集中管理的规定》、《中国文联经费支出管理办法（试行）》、《中国文联办公厅关于财务管理的若干规定》、《中国文联因公出访团组财务报销暂行规定》和《文联办公厅关于机关专项经费支出管理的暂行规定》。

【业务培训和岗位练兵】

办公厅组织开展多项业务工作培训，先后举办《中国文联年鉴》编撰工作培训班、保密工作培训班、会计人员继续教育培训班、国有资产管理工作培训班等9个培训班。委派相关工作人员参加了保密、档案、财务、统计、税务、国有资产管理、审计等方面的业务培训和研讨班。下半年，按照办公厅从严管理干部有关要求，办公厅有关处室认真开展“岗位练兵”活动。通过开展这些工作，办公厅干部职工的工作思路更加清晰、业务更加熟练、程序更加规范、作风更加扎实。

【《中国文联年鉴》编撰工作培训班】

5月19～23日，由中国文联主办、中国文联办公厅与河南省文联共同承办的《中国文联年鉴》编撰工作培训班在河南省郑州市举行，来自中国文联各团体会员及各直属单位、机关各部室负责年鉴编撰工作的领导及编撰人员共计56人参加培训。5月20日上午，培训班开班式在郑州市嵩山饭店举行，中国文联党组成员、副主席、书记处书记冯远做开班动员讲话；河南省文联主席、党组副书记马国强，新华出版社副社长罗海岩分别致辞；中国文联办公厅主任夏朝华主持开班式，河南省委宣传部副部长李庚香等同志出席开班式。

培训班安排了两次专题授课。冯远讲授第一课：《充分认识新时期文联工作地位和作用，切实做好文联年鉴的编撰工作》。他指出，《中国文联年鉴》要充分体现党的领导、党和政府对文艺工作、文联工作的关心支持；要体现文联作为文艺界人民团体的性质和联络、协调、服务、维权的工作宗旨；要突出文艺工作者的主体地位；要充分体现文联工作“文是根本，联是服务”的特色；要内容丰富、涵盖面广、信息量大，同时尽可能保存重要的影像资料。中国商业年鉴社常务副社长、中国版协年鉴研究会学术委员会副主任苏伯华讲授第二课：《关于年鉴写作和编辑的几个问题》，从专业和学术的角度，对年鉴的定义、性质、作用及发展历史做了精彩介绍，对年鉴的框架设计、条目撰写的方法和规范等具体操作环节进行详细讲解。

学员们进行了大会交流、集体讨论和参观考察等活动。此次培训取得良好效果，受到各单位和学员们的欢迎，对进一步做好《中国文联年鉴》编撰工作，使其更好地服务于文联工作全局起到了积极的推进作用。

【定点扶贫】

甘肃省陇南市武都区是“5·12汶川大地震”的重灾区之一。支持武都区灾后恢复重建工作是中国文联2009年扶贫工作的主要内容。2008年下半年，中国文联充分发挥自身优势，会同中国空间技术研究院，邀请11位当代书画大家精心创作了11幅书画精品。这些书画作品搭载神舟七号飞船行天，在北京航天城开舱后被合裱为卷，并经公证、拍卖后由企业收藏。经中国文联党组研究同意，2009年3月，《搭载神七行天中国名家书画图卷》义卖所得善款500万元全部用于资助武都区教育事业，为武都区滨江中学兴建教学楼。

10月底，中国文联办公厅副主任兼扶贫办主任刘尚军率队赴武都区滨江中学参加援建教学楼竣工典礼，并向学校捐赠图书2万余册、办公用一体复印机1台、数码照相机1部等价值2万多元的教学用品。

【保密、档案工作】

根据有关单位和部门人员调整情况适时对保密委员会的成员进行了调整，进一步完善了保密工作的各项规章制度，坚持例会制度，按照要求，配备了相关保密设备。加强保密法的宣传和教育，认真开展涉密计算机检查和涉密载体的统一清理工作，与在规定范围内的243人签订了保密承诺书，建立了专门档案。及时组织学习传达《国家秘密载体销毁管理规定》，制定《中国文联关于国家秘密载体销毁管理工作实施办法》并组织文联各单位结合实际认真落实。认真做好文联办公楼搬迁工作中的保密工作，下发《关于做好中国文联搬迁工作中保密工作有关事宜的通知》，对涉及搬迁的单位，进行保密检查，确保搬迁期间不发生失、泄密问题。

中国文联机关2009年档案整理归档工作顺利完成。

【节能减排】

根据中央和国务院有关通知要求，3月18日，中国文联制定并印发《中国文联关于贯彻落实厉行节约若干问题的意见》，5月12日，办公厅转发国管局关于贯彻落实厉行节约的有关措施。

6月，办公厅组织开展“节能宣传周”活动，包括抵制商品过度包装“万人签名”、“能源紧缺体验日”和“我为节约献一计”等多项具体活动，增强了干部职工的节能节俭意识；同时，还向各协会、各直属单位发出开展节能活动工作的通知，

得到积极响应，收到良好效果。

制定出台了《中国文联节约用电、用水及节约资源具体措施》、《中国文联夏季用电高峰节电工作方案》、《文联机关公务用车运行费用节约目标及具体措施》。按照国管局要求，办公厅相关处室每月统计并上报机关用水、用电、用油、用气等能源使用数据，充分整合利用现有资源，将节约资源、能源工作落到实处。

【后勤服务】

积极做好预防甲型H1N1流感工作，制定《预防甲型H1N1流感预案》，组织文联系统接种甲型H1N1流感疫苗；4月份，组织机关干部职工去中直机关植树造林站进行了植树活动；配合北京市燃气公司做好安苑北里小区燃气改造工作；加强对机关食堂食品卫生管理；配合中直爱国卫生运动委员会完成了“幸福工程救助贫困母亲活动日”捐款工作等。

【其他工作】

通过邀请中央及各部委领导同志参加文联和各文艺家协会活动、参加观摩演出展览、寄送文联有关资料、汇报文联工作情况等，继续与中央领导、各部委领导及有关方面负责同志保持密切联系；先后为70多位老艺术家送上了生日祝福，走访慰问在京艺术家50多人次；完成了为部分文联主席团成员、荣誉委员进行“院士”待遇体检的组织协调工作。

牵头完成《中国文学艺术界联合会年鉴（2009）》的编撰工作。该年鉴充分反映中国文联及各团体会员单位2008年工作开展情况，发挥了资治、宣传、交流、存史作用。

计划财务和审计工作

【资金申报、使用和财务管理】

1. 做好文联系统预算编制和决算工作，推进科学化、精细化管理。专门召开有关预算编制和决算编制等工作布置会及培训班，按照财政部文件精神和要求，结合文联实际情况，提出了各单位编报预算、决算具体要求，使各项预算和决算的编报更加细化，内容更加充实，按时上报财政部中央部门预算“一上”、“二上”报告；认真做好文联所属企业化管理单位的汇总决算、文联系统住房改革支出预算及决算、外汇限额执行情况预算及决算、基本建设支出决算、政府采购预算及执行情况报告等多项预决算工作。完成2009年预算批复工作和追加预算批复工作。对本级立项由协会执行的项目，如庆祝新中国成立60周年等系列活动，报财政部调整预算并拨付各相关单位，适应了有关工作需要。通过以上工作，有效合理地安排文联系统全年各方面经费收支，并为以后年度数据的准确衔接、推进财务科学化精细化管理夯实了基础。

2. 落实财政部要求，做好预算执行工作，妥善安排重点项目资金使用。从6月份开始，每月向财政部上报预算执行的情况。先后召开3次文联系统预算单位和机关各部室相关负责人会议，专题布置预算执行工作，提出相关要求，年初安排各单位提出具体计划，年中办公厅多次检查督促。积极做好文联庆祝新中国成立60周年和文联成立60周年等重要项目的资金安排和报账工作。按有关规定要求合理调配资金，使文联系统重要活动项目资金按时按量到位，保障了各项活动顺利开展。

3. 做好财务管理及其他相关工作。在全年财务工作中，认真遵守国家和财政部有关规定和要求，落实国家因当年特殊经济情况消减三项费用的布置，贯彻勤俭办事方针，对有关项目资金按规定提出分析和开支意见。根据财务管理工作的新特点、新要求，进一步制定和完善相应的管理制度，制定了《中国文联机关本级财务内部会计监督制度》，对机关本级有关财务工作流程、报销手续、印章文案管理等工作进行了新的安排，使财务工作更加规范，杜绝问题隐患。同时，做好文联系统第二步规范津贴补贴有关经费工作、各种统计工作、银行账户管理及账户年检等工作。

【国有资产管理】

根据财政部、国管局下发的新文件、新规定和提出的新要求，积极落实，做好相关工作。及时向文联系统各单位转发相关文件，先后举办有关国有资产文件学习、财务报表编报和国有资产处置做法的3期培训班。到文联所属协会，了解和检查国有资产管理及报表填报具体情况，认真做好文联机关本级和文联系统所属有关单位2008年国有资产决算和2010年、2011年国有资产配置计划，并做好文联机关本级固定资产的统计、建账、填报工作。做好文联办公楼搬迁过程中国有资产处置评估等相关具体工作。

【财务人员培训和队伍建设】

提高财务人员政治业务素质，是做好文联财务工作的一项重要措施。在全年工作多、人员紧的情况下，努力做好业务培训工作，组织全文联财务人员、各单位国有资产的管理人员等参加学习，请财政部、国管局、审计署等主管部门的同志讲课，认真学习财政部等业务主管部门新发布的制度规定。先后举办“2010年中国文联预算编制培训班”、“2009年中国文联会计人员继续教育培训班”、“中国文联事业单位资产管理工作培训班”、“中国文联行政事业单位2008年国有资产决算培训班”、“中国文联行政事业单位资产处置及资产管理信息系统软件培训班”、“中国文联2009年决算编制培训班”等。组织有关人员参加财政部、国管局、审计署、住房公积金管理中心等单位组织的10多个业务工作培训班，包括：“中央国家机关2009年政府集中采购业务培训班”、“住房改革支出决算培训班”、“国库集中支付和预算执行管理培训班”、“住房公积金工作培训班”、“中央部门财务暨内审工作研讨班”、“中央部门非贸易外汇管理软件培训班”、“中央部门预算决算培训班”、“中央行政事业单位国有资产培训班”等。通过培训学习，财会人员及有关管理人员的业务水平和素质有所提高，为在新形势下顺利完成全年财务工作提供了保证。

【审计工作】

认真落实中办、国办等六部委发布的关于治理“小金库”工作的文件要求，制定了《中国文联治理“小金库”工作的实施方案》，积极组织落实文联系统各单位的自查和重点检查，并接受中央重点检查组的检查，按要求完成了相应工作。配合审计署宣传审计局完成对中国文联2008年预算执行情况和其他财政收支情况的审计工作，并督促有关单位在规定时限内对存在问题进行了整改。完成对两个单位的审计和对3名领导干部的离任审计。文联本级财务管理工作的改进和提高得到审计署的肯定。

机关服务中心

综　述

2009年，在中国文联党组的领导下，机关服务中心努力为文联机关和各文艺家协会做好各项后勤服务保障工作，做好文艺家之家办公楼启用前各项准备工作，较好地完成了全年工作任务。

中国文艺家之家启用前的各项准备工作

机关服务中心（以下简称“中心”）作为文艺家之家办公楼的管理部门，承担着水、电、气、暖的正常供给，楼区安全保卫，职工就餐、交通车辆、会议服务、网络信息通信及各类设备、设施的日常维护与管理等各项后勤服务保障任务。为做好文艺家之家办公楼的后勤服务保障工作，中心按照现代物业管理理念，从以下几个方面入手，切实做好了文艺家之家启用前的各项准备工作。

【提前介入，广泛调研】

采取前期介入的办法，安排人员跟踪了解工程基础情况，熟悉楼区各种专业设施、设备及系统与管线分布情况，及时、全面、深入地了解和掌握楼区基本情况。同时，组织人员前往全国政协、共青团中央等多个兄弟部委，就办公楼管理、职工食堂的运营方式及设备的管理展开针对性的调研，为新办公楼启用后的各项管理和服务工作做好充分准备。

与此同时，中心及时与有关部门协商，制定出办公用房腾退方案，以指导各单位原办公用房腾退工作，于2009年11月中旬召开了各协会搬迁工作协调会，对搬迁工作做了具体安排。

【完善制度，健全机制】

一是结合文艺家之家办公楼实际情况，在广泛征求驻楼各单位意见的基础上，制定了《中国文联办公楼管理办法（试行）》等规章制度；二是制定了文艺家之家办公楼《服务手册》；三是根据国家有关政策，结合文联实际制定出《文艺家之家办公楼行政办公用房管理协议》，以期建立契约化管理和服务制度。

【创新管理，规范服务】

一是以高效、节能、科学化管理为目标，积极探索智能化管理先进理念，安装了集身份识别、车辆管理、消费服务等功能于一身的“一卡通”系统，对新办公楼实施智能化管理；二是初步建成了集机房建设、外网建设和系统集成于一身的信息化系统；三是贯彻执行党组领导逐步实现文艺家之家办公楼后勤服务社会化的指示，职工食堂采取委托餐饮公司管理经营的运行方式；四是通过公开招标，选择了专业性服务公司并与之签订服务协议，分别为文艺家之家办公楼区提供安保、保洁服务，实现专业性服务项目的社会化；五是建立费用结算中心，集中、统一负责收取文艺家之家办公楼各项管理、服务费用，并全面负责中心各个管理网点之间的费用结算和会计监督工作，以期实现费用结算的透明化、集中化。

【调整机构，优化队伍】

文艺家之家办公楼启用后，中心管理和服务的范围明显扩大，职责、任务也显著增加。为进一步完善中心的各项职能，使中心的管理、服务功能大大增强，中心对原有机构设置及部分岗位人员进行了调整。通过调整，中心机构设置逾趋合理、各处室分工更加明确、人力资源配置明显优化，极大地增强了中心干部职工队伍的战斗力、凝聚力，确保了新形势下能够继续为文联机关和各文艺家协会提供高效、优质、高水平的后勤保障与服务。

中国文联国有资产经营管理工作

【文联宾馆招租工作】

2009年，中国文联宾馆装修改造工程告一段落，根据文联党组领导指示，中心成立了文联宾馆出租工作领导小组负责宾馆对外出租工作。经过公开招标，并报经党组同意，最终择优确定克拉斯公司为宾馆承租方，签订了为期10年的租赁合同。

【经营性用房租赁工作】

严格按照《加强房屋出租及房屋管理工作的暂行规定》的内容，本着合作双赢的精神签订和执行合同。在金融危机迅速蔓延、经济形势不断恶化的形势下，所有新签及续签房屋租赁合同的合同额（包括租金、物业及维修费）标准较以前均有一定增长。特别是在续订文联会堂房屋租赁合同时，年合同额实现了18%的增长。

【中艺国旅等历史遗留问题处理工作】

由于各种原因，中艺国旅问题一直未能妥善解决，特别是文联派往中艺国旅人员的安置问题异常棘手。2009年，中心积极配合文联处理投资办企业遗留问题领导小组，及时、务实地为中艺国旅问题的处理提交可行性建议，积极推进问题的解决。在想办法解决人员安置问题的同时，务实加快文联投资股份转让问题处理。

中国文联系统后勤服务保障工作

【房产管理及相关服务工作】

严格按照中央房改政策和购房补贴发放标准，对文联系统236名职工购房补贴决算进行了审核。围绕房屋配售工作，首先，为配售到正辰小区住房的部分职工办理了住房公积金贷款相关手续；其次，协助配售到广源、北沙滩住房的职工办理了旧房腾退手续；最后，为正辰小区购房职工办理了入住手续。此外，中心还积极与有关部门协调，妥善解决了电影家协会与电影家出版社办公楼产权归属问题。

【（协会）办公楼管理与服务工作】

中心秉承以诚服人、服务职工的宗旨，尽职尽责地搞好属地协调，切实做好（协会）办公楼的安全保卫、设备检修、车场管理、收发、保洁等各项服务，为驻楼各单位创造良好的工作环境。同时，通过不断改进服务方式，努力提高服务质量，为广大职工提供了安全、健康的就餐服务。

【宿舍区物业管理服务工作】

在为文联职工宿舍区做好日常管理，提供好维修、安保、清洁等各项服务的同时，以多种方式为居民办实事、好事。一是在冬季供暖工作开始前，更换了安定门宿舍区住户使用多年的暖气片；二是配合国管局做好金台里26号楼、虎坊桥甲15号平改坡工程。在全体物业人员的努力下，双旗杆社区被西城区供暖办评为供暖先进单位。除此以外，为规范宿舍区物业管理，在宿舍区实行了后勤服务结算制。

【安全保卫工作】

认真贯彻落实各级、各有关部门安保会议精神，狠抓各项安全防范措施的落实。为强化保卫干部的安全意识和责任意识，提高保卫干部安全防范和处置突发事件能力，切实增强做好安全保卫工作的责任感和紧迫感，11月中旬举办了保卫干部培训班，进一步加强了安保工作的队伍建设。

【交通服务工作】

狠抓节能降耗，认真贯彻执行有关规定，在按车牌尾号停驶30%车辆的情况下，为机关和各协会大型活动提供了交通服务，确保了各项活动的顺利进行。

【医疗卫生工作】

认真做好文联各种会议及活动的医疗保障工作；积极开展重大疾病的防治工作，组织文联系统职工进行甲型流感疫苗注射；组织机关全体职工进行健康体检，并对检出的问题采取重点干预，切实履行了医疗服务职能。

中国文联出版社

综　述

2009年，中国文联出版社在中国文联党组和中国文联出版改革办的领导下，高举邓小平理论和“三个代表”重要思想伟大旗帜，贯彻落实科学发展观，及时传达学习党的出版方针政策和国家法律法规。2009年，重点组织学习了《图书质量管理规定》、《图书、期刊、音像制品、电子出版物重大选题备案办法》等文件，使全体员工的政治思想和业务素质有一定的提高。文联社一手抓改革，一手抓发展，各项工作都取得了一定的进展。

为迎接中国文联成立60周年，出版社完成了《中华全国文学艺术工作者第一次代表大会纪念文集》。此外，还完成省部级重点出版物共2种，分别是《中国文联晚霞文库·李瑛诗文总集》（9卷）、《羌族口头遗产集成》（4卷）。

及时报送了年度选题计划，总体上认真履行重大选题备案程序，严格执行“三审制”，从而有效地保障了文联社图书的质量。

文联出版社资产总额2483.28万元，净资产总额2483.28万元，负债总额2411.28万元，流动资产总额2431.93万元，流动负债总额2411.28万元，总销售收入1624.02万元（其中主营业务收入1482.98万元，其他业务收入141.03万元），图书利润总额-7.09万元，图书生产总成本1143.49万元，存货1628.04万元。

遵循中宣部的部署和中国文联党组的安排，文联社稳步推进出版体制改革，从2009年起多方寻求合作伙伴，将转企改制与资产重组结合起来。完成转企后，文联社将逐步完善法人治理结构，建立现代企业制度，充分发挥新体制的优势，提高经营管理水平，增强市场竞争力，力争成为国内文艺出版的重镇。

会议与活动

【《中国国粹艺术读本》新闻发布会】

1月6日，中国文联出版社在中国文联机关多功能厅举行《中国国粹艺术读本》新闻发布会。中国文联党组成员、书记处书记白庚胜，中国舞蹈家协会分党组书记、副主席冯双白，中国文联出版社领导宋建民、奚耀华、朱辉军、王利明等出席，来自首都各大媒体的记者参加了会议。

【参加济南全国图书订货会】

4月25～29日，中国文联出版社参加济南全国图书订货会。中国文联出版社领导奚耀华、朱辉军、王利明亲临会场坐镇，订货会取得较好成绩。

【《中国公益形象大使》新闻发布会】

6月13日，《中国公益形象大使》新闻发布会召开。全国人大副委员长周铁农、全国政协副主席阿不来提·阿不都热西提、十届全国人大副委员长成思危等领导出席，中国文联出版社领导奚耀华、朱辉军参加。奚耀华在会上致辞。

【参加第61届法兰克福书展】

10月13～22日，第61届法兰克福书展举行。中国文联出版业改革办主任赵克忠率团赴德，中国文联出版社副总编辑朱辉军、版权编辑袁靖参加。这次书展，在推动文联系统出版社的图书“走出去”方面迈出了新的步伐。

日常工作

中国文联党组及中国文联出版业改革领导小组十分重视文联出版社领导班子建设。中国文联党组早在2008年2月便调整了文联出版社主要领导。在日常工作中，中国文联党组分管领导也经常指导文联出版社工作，对领导班子成员提出明确要求；每年都按要求实行年终考核和群众评议。

文联社党的工作和老干部工作都正常开展。

在中国文联党组及中国文联出版业改革领导小组的领导下，文联出版社班子对各项管理制度进行了清理和修订，并按照新闻出版总署的有关文件精神，陆续出台或修订了《中国文联出版社图书出版流程》等12种管理制度和规定。

大众文艺出版社

综　述

大众文艺出版社是中国文联主管、主办的中央级文艺类出版社。成立于1991年9月。建社以来，大众文艺出版社坚持“二为”方向，贯彻“双百”方针，提倡“双效益”，注重产品质量，多次获得各项奖励，为广大读者提供了优秀的出版物，为社会主义文艺出版事业作出了贡献。

2009年，出版社在中国文联党组的领导下，坚决贯彻中央关于出版改革的指示精神，紧紧围绕出版改革这一当前的中心工作，“抓主业、促稳定、谋发展”，以优异的“双效益”成绩为出版社进一步深化改革夯实了基础。2009年，主要做了这样几项工作：（1）明确了年度具体的工作思路：“做大规模、促进物流、强化资金回笼”。（2）切实开展“三项制度”的改革。“三项制度”的改革是微观运行机制方面的改革，做好“三项制度”的改革是顺利进行“转企改制”宏观体制改革的重要保证。（3）加强制度管理。2009年，根据形势变化和工作需要，进一步修改和完善了出版社的“六项制度”。出版社坚持制度管理，获益很大。（4）加强队伍建设。根据出版社的发展需要，出版社在2009年招聘和录用了一批新人，改善了出版社员工的年龄结构和学历、知识结构。

2009年，出版社各项工作得到了长足的发展，尤其是生产能力得到进一步提升，经营效益明显增长。总之，2009年是大众文艺出版社全体员工在上级领导下努力工作并取得可喜成绩的一年。

重点图书

2009年，社委会提出了“树品牌、成系列、增效益、创市场”的选题策划方向。围绕这一选题思路，经过全社同志共同努力，出版了《卫斯理武侠小说全集》，并取得了中国大陆独家出版卫斯理武侠小说的版权；“大众励志书系”系列，出版了《我的第一本文学书》、《我的第一本故事书》等；配合学习落实贯彻科学发展观，出版了《全国文艺界领导干部贯彻落实科学发展观研讨班学员成果集》。另有4种图书《情系北大荒》、《真心英雄》、《高义档案》、《跤王》改编为电视剧，其中3种在中央台播出，均取得较好的收视率。一家文艺社出版的图书，一年内有3种改编为电视剧并在中央台播出的并不多。《江苏戏曲文物研究》获国家文物局“全国文博考古十佳优秀图书”奖。

对外宣传

10月，出版社副总编辑刘艳丽参加第61届法兰克福国际书展。在参展期间大众文艺出版社出版的《科技馆里的故事系列丛书》、《少儿注音名人故事丛书》、《少儿注音文学名著丛书》与3家出版机构初步达成版权输出意向。

经营状况

2009年，出版图书195种，再版图书58种，自主策划图书122种，主营业务收入1190万元，利润总额171.34万元，比2008年平均增长189.04%。职工福利得到明显提高。2009年，人均工资6.76万元（2006年人均工资4.10万元；2007年，人均工资5.68万元；2008年，人均工资5.88万元）。2009年，人均工资比2006年增长了64.88%。从2007年开始，社里为30年以上工龄的职工报销药费比例达到95%。从2009年开始，社里为职工报销住宅物业管理费。

制度建设

《六项制度》是出版社的立社之本。3年来，它始终是出版社各项工作的依据和保障，并在实际工作中不断地补充和完善。2009年，在对《六项制度》进行第四次修订的同时，将新的《出版社文书档案管理的规定》、《公章管理和使用制度》、《出版社会议制度》，作为《六项制度》的附件纳入其中。

党团建设

随着大众文艺出版社的不断发展壮大，越来越多的年轻同志进入大众文艺出版社工作。经党支部研究决定并征得中国文联机关团委同意，出版社召开了团员大会，选举产生了第一届团支部委员会。

为加强党员队伍建设，做好发展党员工作，出版社党支部认真分析了党员队伍情况，研究了发展工作，征求党内外同志的意见，确定了四位同志为入党积极分子，并为4位同志分别指定了培养联系人。

队伍建设

2009年，根据国家新闻出版总署的要求，开展了出版专业技术人员职业资格登记、责任编辑注册登记工作，有22名同志进行了出版专业职业资格登记和责任编辑注册登记。录用和聘用了5名同志，其中2名博士、1名海外归国硕士。出版社的人员结构、年龄结构逐步发生了变化。

根据聘用人员的情况，调整充实发行力量。重新聘任了发行部主任，扩展发行渠道。并从财务部抽调一名同志兼任销售会计，对销售工作过程中发生的所有单据、票证以及应收账款等做统一的登记、审核、统计和保管。为规范管理，账物相符，提供了技术保障。

为了实现出版社"做大规模，增强实力，促进发展"的工作目标，社里设置了营销中心经理岗位。其主要职责是，在社长的直接领导下，负责协调出版部、发行部、农村读物销售部的生产经营等活动。出版社还成立了艺术策划制作中心，由两位美术专业毕业的大学生组成。其职能是，对内承接社内设计；对外直接面向市场，参与竞争，寻求发展，逐步实现自负盈亏。

职工精神面貌焕然一新

组织职工参加了中国文联机关党委、工会举办的"献给祖国的歌——中国文联职工爱国主义歌曲歌唱比赛"，获得了歌唱三等奖和优秀组织奖。

在除旧迎新之际，出版社"迎新春团拜会"在京郊延庆举行。抖掉征尘，抹去汗水，无论是在职的还是退休的职工，大家怀着开心，携着喜悦，带着对出版社未来的憧憬，争先恐后地用各种形式表达快乐之情。

中国艺术报社

综　述

一年来，中国艺术报社在思想上与党中央保持一致，始终保持昂扬向上的状态，求新、求变、求稳，政治上始终坚持政治家办报。切实把学习宣传贯彻党的十七大和十七届三中、四中全会精神，增强贯彻落实科学发展观的自觉性和坚定性作为首要政治任务抓紧抓好，确保新闻业务工作和经营管理工作在党的十七大和十七届三中、四中全会精神的正确轨道上运行。报社紧密结合党和国家以及文联工作实际,对中央领导同志有关文化艺术的活动、讲话等给予及时报道，在第一时间将中央精神传达给广大文艺工作者；密切关注文艺界热点话题，对新中国成立60周年、中国文联成立60周年、“送欢乐、下基层”慰问活动、澳门回归10周年等重大事件给予了充分反映；进一步加强中国文联网和《艺术交流》杂志的管理出版编辑工作，为展示文艺事业和文联工作的大发展大繁荣搭建立体化的媒介平台，营造了良好的舆论氛围。

重要报道

【纪念中国文联成立60周年特刊】

7月17日，《中国艺术报》推出80个版面的纪念中国文联成立60周年特刊。全国政协副主席、中国文联主席孙家正作出重要批示：“中国艺术报关于文联60周年的特刊组编得很好。内容丰富多彩，不仅导向正确，且颇具史料价值。谢谢诸位的努力！”中国文联党组书记、副主席胡振民作出批示：“报社的全体同志，炎天酷暑，奋力拼搏，再次为树立中国文联的良好社会形象作了贡献，特向你们表示衷心感谢！希望再接再厉，不负众望，团结一致，奋发进取，为进一步开创文艺工作和文联工作的新局面作出新的更大贡献！”中宣部新闻局专门推出一期《新闻阅评》，从5个方面肯定了这期特刊。特刊的出版也得到各艺术门类和各地文联广大艺术家的肯定和赞扬。

此外，《中国艺术报》、中国文联网还推出了与中国文联理论研究室合办的“我与文联”专栏，集中刊发由著名艺术家口述、本报记者采访整理的征文以及本报精心组约的文艺工作者代表和各地文联工作者代表的征文，共计78篇。这些征文在“我与文联”专栏和中国文联网专题网页上刊发，引起强烈反响。不少艺术家尤其是德高望重的老艺术家十分感谢本报记者的采访、整理工作，采访这些老艺术家的都是80后的年轻记者，在老艺术家面前基本上是第三代人的年龄，他们甘心站在老同志后面。许多老同志给报社打电话赞扬这些年轻人，对中国文联能够培养一支年轻的队伍给予高度评价。

【庆祝新中国成立60周年特刊】

为庆祝新中国成立60周年，报社精心策划、认真制作了新中国成立60周年特刊。特刊出版后引起强烈反响，中共中央政治局委员、中央书记处书记、中宣部部长刘云山在特刊上作出重要批示。胡振民也对特刊作出批示：“《中国艺术报》社全体干部职工同心同德、顽强拼搏，继成功推出纪念中国文联成立60周年特刊之后，又发扬不怕疲劳、连续作战、勇于奉献的精神，按照党中央和中宣部关于国庆宣传工作的总体要求，精心筹划、严密组织，以92个版面的宏大篇幅和各方名家的强大阵容，隆重推出了这期庆祝新中国60华诞特刊。特刊主题鲜明、内容丰富、图文并茂、编排新颖，既重点梳理了各个文艺门类60年来的发展历程，又形象描绘了新中国文艺建设的辉煌成就；既充分展现了党和国家历代领导人对文艺事业的高度重视和亲切关怀，又着力营造了文艺界喜迎新中国60华诞的浓厚氛围；既有很强的思想性和导向性，又有很强的史料价值和保存价值。从某种意义上说，不失为一部新中国60年文艺简历。”

【庆祝澳门回归10周年主题报道】

为隆重庆祝澳门回归10周年，报社在认真总结庆祝香港回归10周年主题报道成功经验的基础上，在中国文联国际联络部和澳门中联办的大力支持下，精心策划，周密部署，派出3个采访组赴澳门深入采访。3个采访组除很好完成了中国文联赴澳门各项活动的宣传外，重点采访澳门特别行政区文化官员、中国文联在澳荣誉委员和全委会委员，有代表性的社团、艺术团和文艺工作者。通过这次采访活动和出版的特刊，生动地体现了中国文联在澳门各界的影响力。在澳门回归祖国10周年纪念日，采访成果在庆祝澳门回归祖国10周年特刊上集中刊发，全面展现了澳门回归祖国10年来在文化方面的繁荣景象，受到各界人士的欢迎。很多接受采访的澳门艺术家打来电话对本报记者表示感谢，并希望能多收藏一些澳门回归10周年特刊。中国文联全委、澳门颐园书画会理事长陈志威说，在澳门回归祖国10周年之际，中国文联组派《中国艺术报》记者来到澳门进行采访，反映澳门文化的繁荣发展，展现澳门艺术家的风貌，显示了祖国对澳门的关心，让我们强烈地感受到和祖国是那样的近。

【“送欢乐、下基层”慰问活动宣传报道工作】

中国艺术报社先后派出10余名骨干记者，跟随中国文联及各文艺家协会所组成的文艺家小分队赴甘肃天水、兰州和四川绵竹、北川等地震灾区，以及宁夏银川，河北唐山、邢台，云南红河哈尼族彝族自治州等近20个地区进行采访，用重点版面对2009年“送欢乐、下基层”慰问活动进行了浓墨重彩的报道。全面反映中国文联的精心组织安排，艺术家与人民同心、为人民放歌的款款深情，各地政府和广大群众对中国文联组织公益性惠民文化活动的衷心感谢，以及广大文艺工作者在活动中受到的思想教育和汲取的艺术养分，为“送欢乐、下基层”活动营造了良好的舆论氛围。报社还与中国文联国内联络部合作编印了画册《真情奉献群众 艺术激励人心——中国文联2009年“送欢乐、下基层”慰问活动纪实》，受到有关领导的好评和广大文艺工作者的欢迎。

【全国“两会”特刊】

报社集中采访文联系统和文艺界全国人大代表、全国政协委员，充分反映代表委员们的心声，对中国文联成立60周年、明星代言食品、非物质文化遗产保护、“圆明园兽首拍卖事件”、如何在金融危机席卷全球的背景下发展文艺事业等“两会”热点话题进行跟踪采访和深度报道；对张艺谋等著名文艺界代表委员进行独家专访，展现他们精彩的艺术人生。3期特刊受到了“两会”代表委员的好评。盛小云委员说，特刊选题策划得很好，把握了热点问题，可读性、观赏性很强，凸显了自己的特色。

【纪念汶川大地震一周年重访四川地震灾区报道工作】

2009年5月12日是汶川大地震一周年。为见证灾区人民一年来重建家园的伟大成果，见证四川文艺工作者在精神和文化重建中发挥的重大作用，5月4日报社启动了纪念汶川大地震一周年大型采访活动，活动由总编辑李树声带队。作为此次采访活动的重要组成部分，本报向汶川县文联捐赠特殊党费仪式5月6日在成都举行。李树声和四川省文联党组书记、常务副主席黄启国，四川省文联副主席、秘书长杨时川，四川省阿坝藏族羌族自治州文联秘书长李赛，汶川县文联主席杨新松及四川省文联有关部室负责人出席捐赠仪式。杨时川主持捐赠仪式。李树声向汶川县文联捐赠了本报特殊党费1.5万元，杨新松代表汶川县文联接受捐赠。此外，还向本报驻四川记者邓风颁发了本报2008年度优秀稿件奖、特别报道奖，以表彰他在2008年抗震救灾报道中作出的贡献。

在四川期间，小分队深入四川都江堰、德阳、北川等地震重灾区，采访灾区广大文艺家，实地考察重建的都江堰爱心亲子幼儿园、聚源中学、东汽等重建工地，感受了灾区群众积极乐观的精神状态和重建家园的坚定决心，了解四川文艺界一年来有关抗震题材创作的累累硕果。在汶川大地震一周年纪念日当天，出版了纪念汶川大地震一周年特刊，用8个版展示本报赴四川灾区采访的成果。四川省文联党组书记、常务副主席黄启国说，在汶川大地震发生后，《中国艺术报》就组织小分队深入地震重灾区进行采访，带来了中国文联和全国文艺工作者的问候和关怀，给灾区人民和文艺工作者以很好的鼓舞。在地震发生一周年之后，《中国艺术报》组织小分队重访灾区，再次体现了中国文联对地震灾区的关怀。有了全

国广大文艺工作者的支持和关爱，四川文艺工作者将会更加积极地投入灾后重建工作，为早日完成重建工作作出自己的贡献。

重要工作

【围绕文联中心工作做好服务】

中国文联的各项工作均由文联机关各部门实施，加强与机关各部室的协调沟通是及时掌握工作动态，做好对文联中心工作的宣传的重要途径，同时开展工作也赢得了各部室的大力支持。主要体现在：其一，为进一步拓展服务文艺工作者的渠道，切实维护文艺工作者的合法权益，在中国文联党组分管领导的大力支持下，报社和中国文联维权办公室联合推出“维权行动”专版，大力宣传有关法律法规，分析典型维权案例，交流维权工作经验，进一步提高文艺工作者的维权意识和能力，充分展示中国文联在维护广大文艺工作者合法权益方面的重要作用，为文艺工作者搭建维护合法权益的媒体平台。其二，进一步深化与中国音协、中国舞协的合作，出好《中国艺术报·中国音乐》专刊和《中国艺术报·中国舞蹈》专刊。其三，进一步加强与中国民协的合作，适时推出民间文艺的专题性版面。其四，与中国杂协合作，以系列专题性版面集中报道世界魔术大会盛况。其五，与中国美协、中国书协合作，以系列专题性版面全面呈现第11届全国美展盛况。通过各种方式加强与各协会、各单位的合作，既丰富了报纸的内容，也使得有关单位的重点工作宣传效果更加突出，取得较好的效果。

【《中国艺术报》2009年通联工作会议暨“大美青海”艺术采风活动】

8月27～30日，《中国艺术报》2009年度通联工作会议在青海西宁举行，由中国艺术报社、青海省文联主办的“大美青海”艺术采风活动同时启动。青海省副省长吉狄马加，中国文联党组成员、书记处书记廖奔以及来自全国24个省区市文联的领导和驻站记者，与“大美青海”艺术采风团的陈醉、张桐胜等艺术家出席会议。吉狄马加与廖奔到会讲话，廖奔代表中国文联党组对中国艺术报社一年来的工作给予充分肯定。会议表彰了2008年度报社优秀记者站、先进个人，研讨了报社各项工作。大家对报社近年来所取得的成绩表示肯定，对报社2008年编辑的抗震救灾特刊、第29届奥运会特刊、纪念改革开放30周年特刊及纪念中国文联成立60周年特刊给予了很高评价，同时为报社的进一步发展积极建言献策。会议期间，“大美青海”采风活动同时启动，陈醉、张桐胜、丁杰、张文华、彭利铭、李义兴等艺术家参与了采风活动。在采风期间举行的“大美青海”书画笔会上，采风团中的书画家们挥毫泼墨、精心创作，共同书写下对这一方高原之地“大美之象”的赞美与热爱。

【“一报”、“一刊”、“一网”媒体平台建设】

经过2008年的改版，中国文联网目前有近30个频道，平均每天发布各艺术门类新闻稿件200余条。《艺术交流》杂志是中国艺术报社与中国文联国际联络部联合编辑出版的一本中英文双语季刊。2009年共计出版4期，重点报道了今日中国艺术周、庆祝中国文联成立60周年、世界魔术大会等重大活动，为文联的对外宣传搭建了有效的平台。

获奖情况

一年来，通过全体同志的齐心协力，报社获得了多个奖项。本报2008年7月8日3版在2008年度全国报纸副刊版面年赛中荣获三等奖。刊发的《灾区的空气》在第19届中国新闻奖报纸副刊作品暨2008年度全国报纸副刊作品年赛中荣获铜奖。

队伍建设

一年来，报社时时坚持以新闻战线三项学习教育活动的三项要求为准，经常组织政治和业务学习。不断的学习使全体同志对自己的责任越来越明晰。同时，报社稳步推进人事制度改革，通过建立内部良性竞争机制，提高管理水平，充分调动大家的积极性。报社重视年终考核，建立了中层干部聘前谈话制度。这一制度体现了对新聘任干部成长和发展的关怀，极大地增强了报社的凝聚力和向心力。良好人才环境中，年轻干部成长很快，编辑记者队伍日渐成熟和壮大。

中国文联文艺学校

综　述

2009年，在中国文联党组领导下，中国文联文艺学校认真贯彻党的十七大和十七届四中全会精神，深入开展学习实践科学发展观活动；进一步推进人事制度改革，完成岗位设置工作，实施全员聘用制；利用现有条件，努力做好各项培训工作；继续规范加强内部管理，特别是档案工作管理和人事数据库的建设。全校干部职工团结协作，各负其责，精神振奋，和谐稳定，圆满完成了各项工作任务。

主要工作

【学习实践科学发展观活动】

按照《中国文联开展深入学习实践科学发展观活动实施方案》的总体部署和《中国文联文艺学校开展深入学习实践科学发展观活动实施方案》的具体安排，在圆满完成了前两个阶段学习任务的基础上，继续认真开展第三阶段即整改落实阶段的学习工作。学校党支部组织党员干部围绕《关于文艺学校生存与发展》的主题调研报告，以及第二阶段查找分析检查出的问题和不足，学校学习活动领导小组经过反复修改，研究制订出符合自身工作实际的整改方案，重点解决5方面的问题，确定了文艺学校深入贯彻落实科学发展观和加强领导班子建设等具体措施，决心在今后的实际工作中狠抓整改措施的落实，努力从长远和根本上解决问题，进一步开创文艺学校工作新局面。

通过学习实践活动，党员干部提高了政治理论水平和分析认知水平，进一步加深了对科学发展观重大意义和科学内涵的理解，牢固树立科学发展的观念和意识，增强了贯彻落实科学发展观的自觉性和坚定性。干部职工的思想素质也进一步提高，激发了干部职工更加充分发挥文艺学校的服务、培训职能作用的积极性。

【贯彻落实党的十七届四中全会精神】

2009年9月，党的十七届四中全会胜利召开，按照文联党组和机关党委的要求，文艺学校党支部组织全体党员认真学习贯彻四中全会精神。学校领导在学习会议上多次指出，学习四中全会精神要紧密联系学校的工作实际，首先要做好自身的党支部建设工作，按照中组部和文联党组的要求，严格管理干部，深化人事改革，进一步发扬民主，加强监督，争取事业更大的发展。同志们通过读书、读报、学习文件、上网和观看辅导光盘等不同形式的学习，无论从推进党内民主，改革权力制约机制，还是从选拔任用干部，严厉惩治腐败等方面，大家都感受到党中央加大党建工作力度的决心，都倍受鼓舞。

【人事制度改革工作】

从年初开始，文艺学校加快人事制度改革的步伐，根据中共中央办公厅《深化干部人事制度改革纲要》和中央组织部、人事部《关于加快推进事业单位人事制度改革的意见》，以及中国文联《中国文联所属事业单位岗位设置管理工作总体实施方案》的精神，结合自身实际，制定了《中国文联文艺学校岗位设置管理工作实施方案》，并得到了文联人事部的批复正式实施。

按照文联人事部的具体部署，学校依据岗位设置情况和实际工作需要，在全体职工范围内明确了各个岗位的职责、权利、工资待遇和任职条件，并严格按照程序实行竞聘上岗，与职工签订了聘用合同，真正做到把身份管理转变为岗位管理。通过改革，学校建立了精简高效、政事职责分开、单位自主用人、人员自主择业、上级部门依法管理、配套措施完善的分类管理体制。形成一套机制健全，功能完善，人员能进能出、职务能上能下、待遇能升能降，充满生机与活力的用人机制，实现事业单位人事管理的规范化、科学化、法制化。促进了学校事业进一步发展，有利于更好发挥为

文联及文艺家提供培训和服务的职能。

【人事信息数据库信息采集工作】

根据文联党组《中国文联人才、人事信息数据库建设实施方案》的通知要求，文艺学校高度重视自身人事信息数据库建设工作，校领导安排专人负责此项工作，积极参加文联组织的相关业务培训，及时安排软件公司工作人员上门安装调试软件，按时完成了学校在职职工和临时聘用职工的基础数据录入工作。校领导要求要严格按照人事档案的记载录入，并安排专人负责校对，确保数据库的真实准确。今后还将继续做好数据库的完善和维护工作，努力为文联党组以及学校领导对人事工作的宏观管理和科学决策提供准确的信息服务。

【培训工作】

2007年7月18日，文联党组领导同志对文艺学校今后一段时期的工作提出了12句48字的指导方针，即“管好队伍，守住阵地；根据可能，有所作为；面对现实，实事求是；据理力争，减少损失；调查研究，寻找出路；等待时机，东山再起”。根据党组领导的指示精神，文艺学校多次召开职工大会，集思广益，寻求事业发展的新出路。校领导多次亲往沙河镇政府和高教园区开发办公室咨询拆迁事宜，得到的答复都不明确。2009年上半年，先后与几家单位协商合作开发事宜，但因客观因素，主要是拆迁问题悬而未决，对方不敢贸然投入。学校全年共举办3期120余人次累计70天的各类培训班。

【业务学习和队伍建设】

文艺学校始终重视干部的教育培养，随着当前政治经济体制改革不断推进，各方面管理更加规范，科学技术高速发展，许多新生事物也不断涌现，需要各个职能部门学习掌握的业务知识很多。学校领导鼓励职工要多钻研业务知识，努力提高业务水平，并积极安排相关人员参加文联组织的各类培训，如财务培训、人事培训、安全保卫培训、党务培训、档案管理培训等。在资金严重不足的情况下，校领导仍旧安排相关工作人员参加了文联在外省市举办的两次业务培训。通过这些学习培训，文艺学校职工的业务水平有了明显的提高，文书档案和人事档案管理更加规范，安全保卫措施更趋合理，国有资产和财务管理更加严谨，为文艺学校今后事业的进一步发展打下了良好的基础。

【内部管理工作】

在加大开源力度的同时，文艺学校继续发扬艰苦奋斗的优良传统。面对学校经费更为紧张的情况，学校总务处千方百计减少日常采购开支，能不花的钱一分也不浪费，许多需要维修的房屋和设备，能自己处理的尽量不外请人员维修，努力节约经费。

中国文学艺术基金会

综　述

2009年，中国文学艺术基金会在文联党组的领导下，在文联各协会、各直属单位的支持下，以改革创新的精神从基金会内部建设入手，以求真务实的态度认真做好基金的管理和使用工作，积极稳妥地推进基金会各项工作。

各项工作

【学习实践科学发展观活动】

2009年，基金会围绕落实科学发展观，从认真分析检查制约基金会发展的体制、机制问题入手开展了一系列分析、检查、整改和落实工作。

在深入学习实践科学发展观活动的分析检查阶段，按照要求认真撰写分析检查报告，并在基金会全体职工中广泛征求意见，对照科学发展观的要求对分析检查报告逐字逐句进行修改，并对下一步的整改提出思路。在整改提高阶段基金会一方面认真制订整改方案，另一方面积极组织好“回头看”活动，基金会每名党员按要求，认真查阅相关资料，认真答题，认真检查学习过程中遗漏的材料和章节，认真进行反思。全体同志严肃认真地按照科学发展观的要求，对照分析检查阶段查出的问题，逐个提出整改意见，找准方向，认真落实。

通过学习实践活动不仅加深了基金会党员、特别是党员领导干部对科学发展观的理解和认识，更重要的是使基金会全体人员对坚持基金会公益性质、服务文联工作大局、增强基金会实力等问题形成了以下共识：努力探索一条适应社会主义市场经济体制下基金会的管理体制，通过完善机制、加强管理、增强活力，把基金会的发展思路和各项举措进一步引导到科学发展观上来，并贯彻落实到基金会发展的各个方面，使基金会工作更好地体现时代性，把握规律性，富有创造性。

【中国文学艺术基金会三届二次理事会】

3月2日，中国文学艺术基金会第三届理事会第二次会议在北京召开。会议应到会理事24名，实到17人，出席人数达到2/3以上，符合章程规定。会议的主要任务是：以邓小平理论和“三个代表”重要思想为指导，深入贯彻落实科学发展观，认真学习贯彻中国文联八届四次全委会精神，总结2008年工作，部署2009年任务，审议资助项目，研究人事问题，进一步推动基金会工作深入发展。

会议由中国文联党组成员、副主席冯远主持，中国文学艺术基金会秘书长张根记作了题为《以科学发展观为指导，创新体制机制，努力开创基金会工作新局面》的工作报告并提请理事会审议。

会议审议并原则通过了工作报告。

中国文联党组书记、副主席、中国文学艺术基金会理事长胡振民做重要讲话，充分肯定了基金会2008年的工作成绩、要求基金会的全体同志要清醒认识形势，进一步增强做好基金会工作的忧患意识和机遇意识。他指出，纪念新中国成立60周年和中国文联成立60周年，是2009年中国文联乃至整个文艺界的重要任务，也是基金会的重要任务。他要求基金会在2009年的工作中要以资助优秀作品、扶持优秀人才为重点，力争早出精品，向新中国和中国文联成立60周年献礼。要继续拓宽募集资金的渠道，提高筹资能力，不断发展壮大基金会的实力。要建章立制、严格管理，切实加强基金会的内部建设。建立健全有关工作规则、议事程序，完善决策机制和工作协调机制。要严格按制度办事，领导干部要带头执行制度，理事会成员和全体工作人员都要自觉遵守各项规章制度，使基金会的各项工作有章可循、有制可依。要加强人员培训，提高人员素质，积极探索符合文联特点适应基金会发展需求的管理模式和运行机制，确保理事会确定的各项工作得到落实。

会议还审议通过了《关于2008年度中国文学

艺术发展专项基金资助项目评审工作汇报》和《关于聘任郭希敏同志为中国文学艺术基金会副秘书长的建议意见》、《关于中国文学艺术基金会部室负责人聘任建议意见》。

【中国文学艺术基金会三届三次理事会】

9月22日，三届三次理事会议以文件传阅的方式征求了理事意见。

基金会共有理事24名，共有17名理事以书面形式发表了意见，参加审议议题理事人数达到2/3以上。审议通过了关于中国文学艺术发展专项基金资助项目实施情况的汇报和启动第二批资助项目申报的建议和关于增补季国平为中国文学艺术基金会第三届理事会理事的提议。

自4月首批资助的5个项目开始实施以来，除《美人蕉》由于中国安庆第五届黄梅戏艺术节原因推迟完成日期外，其余4个项目均按照协议签订的进度顺利实施。

同时，根据财政部、民政部有关要求，基金会拟从10月开展中国文学艺术发展专项基金第二批创作类资助项目的申报和评审工作，资助总金额在1500万元左右。

鉴于原中国剧协分党组书记、驻会副主席董伟已不再担任中国剧协领导职务，为保持基金会与文艺家协会之间的密切联系和工作支持，根据基金会章程的有关规定，增补现任中国剧协分党组书记季国平为中国文学艺术基金会第三届理事会理事。

【专项基金管理使用工作】

做好中国文学艺术专项基金首批资助项目的实施和监管工作是2009年中国文学艺术基金会的重点工作之一。自2007年底财政部向基金会注入5000万元专项基金以来，如何管好、用好这笔资金不仅文联党组重视，整个文联系统乃至一些相关单位都十分关注，基金会的全体同志更是感到责任重大。由于是财政拨款，因此在使用过程中必须严格遵守国家规定的行政经费管理制度，同时还要按照国家民政部对基金会的要求和财务规范，既要争取资金使用的效益最大化，又必须符合基金会公益资助的基本原则。既要认真监管，同时也必须做好服务。

1. 首批专项基金资助项目的实施和监管情况

（1）复评、公示及资助协议的签订。1月22日，召开了首次专项基金创作类资助项目复评会议，对5个项目进行综合评审，与会专家共有12位，每个艺术门类各有3位专家参加复评。复评会由评审领导小组主任、基金会常务副理事长冯远主持。他强调了此次专项基金项目资助的意义，要求参加复评人员要做到“严肃、严格、严密”，即严肃评审态度，严格评审纪律，严密评审程序；坚持公开、公正、公平的评审原则，充分发表意见，充分行使评委职责。通过复评会不仅评选出首次评选项目，更是要以抓创作、出精品为目标，请专家帮助把好关，提出评审意见和建议，同时通过此次评审，形成机制，以利基金会工作发展，为文艺大繁荣大发展服务。

评审会议依据复审材料，经过认真讨论、集体复议、大会投票等规定程序，在充分论证的基础上，评定2008年度中国文学艺术发展专项基金5个创作类资助项目的总资助金额为1640万元，具体是：中国剧协申报的《巾帼须眉——裴艳玲舞台艺术数字电影工程·〈响九霄〉》600万元，中国剧协与安庆再芬黄梅戏艺术剧院合作申报的大型新编现代黄梅剧《美人蕉》80万元，中国曲协申报的“曲艺精品创作工程”300万元，中国舞协与上海歌舞团合作申报的舞剧《舞台姐妹》300万元，中国视协与湖北省武汉市委宣传部等单位合作申报的电视连续剧《杂技皇后夏菊花》360万元。

经理事会审议、基金会网上公示，2009年4月24日，2008年度中国文学艺术发展专项基金资助项目协议签字仪式在中国文联举行，基金会和各项目申报以及实施责任单位的负责人，项目负责人和财务负责人分别在《资助项目协议》签字盖章，并交换了《资助项目协议》的签字文本。中国文联党组成员、书记处书记廖奔在签字仪式上代表中国文联党组就专项基金资助项目的实施和监管工作对各资助项目实施责任单位和中国文学艺术基金会分别提出了要求。

（2）资金的拨付情况及项目监管情况。签字仪式后，基金会及时拨付首批资助款660万元，至此5个创作类资助项目正式开始实施，监管工作也随之开始。

按照中国文联领导指示，为确保资助资金规范使用并发挥应有效益，参照有关基金会项目资助监管的有效经验，基金会在各专项基金项目实施过程中实行全程监督。

根据资助项目协议，按照资助项目实施进度和责任单位所报财务状况，作为资助项目的监管方，基金会要求资助项目的实施方在项目实施中遵守《中国文学艺术发展专项基金用途和使用管理办法》和《中国文学艺术发展专项基金项目资助协议》，提供项目实施情况资料，包括财务制度、费用标准及项目重大支出合同复印件备案基金会，发现问题及时沟通解决。

截至2009年底，中国文学艺术专项基金共拨付资助款1500万元。按照项目资助协议，首批资助的5个项目有4个如期按约实施，1个项目延期实施。

（3）项目进展情况。中国剧协数字电影《响九霄》。经过前期筹备和拍摄，目前该项目已完成后期制作，并在国家广电总局注册备案。中国剧协在数字电影《响九霄》项目上有相应的管理措施，并按项目计划，正如期完成。

中国曲协“曲艺精品创作工程”。自2009年4月至今举办了全国曲艺精品创作班、全国中青年曲艺家创作会议、中国曲艺高峰（柯桥）论坛，并筹办曲艺精品创作工程暨谐剧优秀人才培训班、曲艺非物质文化遗产保护展览。编辑出版《2009年全国优秀曲艺作品集》，近期编辑出版《追慕崇高 反哺社会——2009中国曲艺高峰（柯桥）论坛专辑》。

中国舞协与上海歌舞团大型舞剧《舞台姐妹》。该剧经过了剧本创作期、学习探索期、舞剧制作期，目前舞剧已基本完成，并于11月22日在江苏省江阴市进行预演，12月18日在上海大剧院举办荷花奖舞蹈艺术节闭幕式上首演。

中国视协电视连续剧《杂技皇后夏菊花》。根据中国视协10月份“中国文学艺术基金会资助项目进度报告表”显示，该剧现已拍摄完成，中国视协正积极与湖北制作方、武汉市委宣传部等单位进行联系，确定了在各省卫视播出的方案，11月26日在湖北省武汉市举行了新闻发布会，于12月初在湖北卫视、上海东方卫视两家卫视同时播出。

安庆再芬黄梅戏剧院大型新编现代黄梅戏《美人蕉》。由于中国安庆第五届黄梅戏艺术节拟于10月份举行，安庆再芬黄梅戏剧院按安徽省政府的指令，已于4月份投入艺术节的策划、设计和编排工作，《美人蕉》项目实施计划受此影响而延期。

2. 第二批专项基金资助项目的申报情况。为持续有效地做好专项基金的管理和使用工作，经文联党组同意并经理事会通过，基金会在总结首批专项基金资助项目管理经验的基础上启动了第二批专项基金资助项目的申报工作。

第二批专项基金资助的重点仍为创作类项目，按照胡振民对专项基金资助项目要“真正发挥好专项基金的导向作用和最大效益，催生留得住、叫得响、传得开的优秀成果，产生有重大社会影响和社会效益的精品项目”的指示要求，项目申报中要求申报单位要对项目的创作意义、艺术特色和社会效益等予以充分阐述，对项目的预算尽可能准确、详细。从而使评审工作更加顺利，项目的实施和管理更加方便快捷。

【“朝霞工程”后续工作】

几年来，“朝霞工程”经过募集资金、下拨资金、资助受助儿童和对受助儿童的艺术教育和培训等工作，在社会上，特别是文联系统产生了一定的影响。为完成“朝霞工程”未拨付扶助款的拨付和使用工作，不断扩大“朝霞工程”的社会影响，发挥好此项公益活动的品牌效应，使之对基金会的发展起到积极的作用，基金会于6月致函“朝霞工程”相关的14个省区市（兵团）文联，详细了解了“朝霞工程”开展的情况和受助儿童的现状，并在此基础上对尚未拨付的扶助款的使用提出了建议：除可继续用于扶助受助儿童外，也可用于扶助少年文艺人才的艺术培训和所在地区受助儿童的美育教育。经基金会领导批准后，分别与14个省区市（兵团）文联签订了《2009朝霞工程扶助款使用责任书》，认真审定了他们报送的扶助款的使用方案，并对扶助款的使用方法、使用期限提出了明确要求。2009年底前303.8万元扶助款已全部下拨。

【主办和参与主办的项目及活动情况】

2009年，基金会结合新中国成立60周年和中国文联成立60周年积极参与主办了一些纪念活动和公益活动。

1. 主办2008造型艺术新人展。2009年1月5日，由中国文学艺术界联合会、中国文学艺术基

金会、中国美术家协会主办，中国艺术报社协办，中国文学艺术基金会承办的“2008造型艺术新人展”在中国美术馆举行。其主题是:“探索·创新——造型艺术在现代社会中的民族性与地域性”。参展者来自社会的各个领域，年龄均在45岁以下，征集稿件2600多件，从中评选出46幅获奖作品和70幅入围参展作品，参展作品既有形式的多样性，又有题材的丰富性，有的描述身边人物的生活点滴，有的则紧扣时代脉搏，从不同的角度表现时代热点。

2. 主办第九届全国校园春节联欢晚会。1月18日，由中国文学艺术基金会、中国教育学会、中国教育电视协会共同主办“第九届全国校园春节联欢晚会”，晚会在人民大会堂举办。约有全国各地的300名少年儿童参加了联欢晚会。晚会录像于2009年春节期间在中央电视台播放。

3. 继续主办“朝霞杯”第五届全国儿童艺术展演暨朝霞杯魅力校园“六一”文艺晚会。由中国教育学会、中国文学艺术基金会主办的第五届全国儿童艺术展演活动暨朝霞杯魅力校园“六一”文艺晚会，是一项公益性、全国性的大型少儿艺术展演盛事，是一项有意义、高品格的文化活动，是少年儿童手拉手艺术情感交流的桥梁。晚会于5月3日由中央电视台录制，“六一”期间在中央电视台少儿频道播出。

4. 参与主办第六届“劲歌王”全球华人乐坛年度总选颁奖典礼。2009年，第六届“劲歌王”全球华人乐坛年度总选颁奖典礼在“5·12”特大地震一周年之际于成都举办，主题是“成都依然美丽”，活动目的是支持四川灾区重建家园，促进成都经济繁荣，展现四川人民自强不息和全社会爱心奉献精神。

5. 12月30日，中国文学艺术基金会在北京举办新年书画笔会。邀请书画家沈鹏、欧阳中石、张海、李铎、谢云、刘艺、佟韦、言恭达、吴善璋、吴震启、王梦湖、丁杰、魏峰、王炜、吴其树、陆天宁、张留成、李友好等创作书画作品36幅，并为书画家颁发基金会爱心大使证书和荣誉证书。

【内部管理和队伍建设情况】

1. 完善秘书长办公会议制度。自2009年始，按照《中国文学艺术基金会秘书长办公会议制度》，基金会每月至少召开一次秘书长办公会议，重点研究基金会的制度建设、项目策划、重要文件修订、员工福利等内容，布置下一阶段工作安排，截至年底已召开18次秘书长办公会议。每次会议都形成会议纪要上报基金会理事长、副理事长及分管领导，并由办公室负责督办。

2. 进行基金会人事制度改革，实行全员聘用制。按照三届二次理事会精神，2009年上半年基金会制定了《关于实行聘用制和绩效工资方案的暂行意见》。基金会实行全员聘用制，依据《中华人民共和国劳动合同法》与所有聘用人员签订劳动合同。工资构成上实行固定工资和绩效工资、奖励工资相结合的原则，工资与工作业绩挂钩。工资参照文联系统相关事业单位的工资标准，实行以岗定薪、同岗同酬、易岗易薪的办法。

3. 建立基金会党支部。由于基金会党员人数较少，2009年以前一直参与机关服务中心党支部的活动，2009年在机关党委的关心和支持下基金会建立了独立的党支部，为基金会党的建设和思想政治工作提供了组织保证。基金会党支部建立后认真组织党员和中层干部参加政治理论学习，积极开展工作，以期尽快改变基金会党员比例低的状况。

4. 注重政策法规学习和业务培训，加强职工队伍建设。积极组织基金会工作人员参加民政部开展的各类讲座和基金会运作及发展经验交流座谈会，向其他基金会学习，提高基金会管理和经营的专业能力。积极参加文联系统组织的各类人员培训，以提高基金会相关职能部门的政策执行能力和管理能力。利用秘书长办公会研究工作的机会，不断增强培养全体员工服务文联工作大局的意识，积极开展公益活动的意识。增订与基金会工作密切相关的刊物，拓展知识面和信息渠道。

中国文联演艺中心暨
中联百花文化艺术有限公司

综　述

2009年是中国文联演艺中心和中联百花文化艺术有限公司组建的第六年。在中宣部和中国文联党组的正确领导和亲切关怀下，在"一年打基础、两年求巩固、三年上台阶、四年谋发展、五年有创新"的目标得到初步实现以后，各项工作又迈上了更高的台阶。

重要活动

【百花迎春——中国文学艺术界2009春节大联欢】

2009年1月10日，"百花迎春——中国文学艺术界2009春节大联欢"在北京人民大会堂宴会厅举行。党和国家领导人、中央和国务院各部门负责同志与2600多名文艺工作者齐聚一堂，共度欢乐的迎春盛典。

本届春节大联欢是连续举办的第七届。新春伊始，来自戏剧、电影、音乐、美术、曲艺、舞蹈、民间文艺、摄影、书法、杂技、电视等11个艺术门类的不同民族、不同年龄层的近千名文艺工作者登上本届大联欢的舞台，围绕"我想对共和国说……"的主题，尽情抒发他们对祖国、对社会主义文艺事业的深厚感情。中国戏剧家协会主席尚长荣、中国电影家协会主席李前宽、中国音乐家协会主席傅庚辰、中国美术家协会主席刘大为、中国曲艺家协会主席刘兰芳、中国舞蹈家协会主席白淑湘、中国民间文艺家协会主席冯骥才、中国摄影家协会副主席李前光、中国书法家协会主席张海、中国杂技家协会主席夏菊花、中国电视艺术家协会副主席黎鸣在大联欢开始时，用生动的语言代表各自门类的文艺家为共和国致辞。

本届大联欢于2009年1月28日（大年初三）下午13时22分在中央电视台三套栏目首播，并于1月30日（大年初五）晚19时30分重播，受到广大观众的欢迎和喜爱，收视率和收视份额再创新高。据央视索福瑞（CSM）统计，首播的收视份额为7.52%(去年为7.39%)，共有1312万人观看（去年为1282万人），名列中央电视台三套栏目当日播出的所有节目第3位（去年为第5位），远远超过了中央电视台要求的收视份额3.05%的优秀节目标准。

【百花赋——纪念中国文学艺术界联合会成立60周年文艺晚会】

2009年7月17日，"百花赋——纪念中国文学艺术界联合会成立60周年文艺晚会"在人民大会堂宴会厅隆重举行。来自全国不同民族不同艺术门类的文艺工作者代表欢聚一堂，热烈庆祝新中国成立六十周年及中国文联成立六十周年。

郭兰英、胡松华、郭颂、才旦卓玛、刘秉义、吴雁泽、李双江、耿莲凤等老一辈著名歌唱家联唱不同时期的经典歌曲，李谷一、蒋大为、殷秀梅、关牧村、阎维文、佟铁鑫等演唱了他们的成名之作，宋祖英、张也、郁钧剑、吕继宏、汤灿等演唱了新创作歌曲，孔祥东、吕思清、朱海、卞留念、姜克美、吴玉霞等演奏家为合唱伴奏。韩再芬、于魁智、李胜素、马金凤等戏曲表演艺术家演唱经典戏曲唱段。冯巩、李志强、崔艺东、艾莉表演相声《为您放歌》。大连杂技团表演国际金奖节目《蹬伞》。于洋、王晓棠、唐国强、王馥荔、陆毅、殷桃、张译表演配乐诗朗诵。刀美兰、刘敏、黄豆豆、王亚彬及中央芭蕾舞团、战友文工团表演舞蹈。晚会还特地将连续参加八次文代会、九十三岁高龄的中国文联名誉主席周巍峙请到现场，他回顾了参加历次文代会的难忘经历。

中央电视台播出了纪念晚会的实况录像。

【我和我的祖国——庆祝新中国成立60周年著名艺术家演唱会】

2009年8月2日，作为庆祝新中国成立60周年中宣部“向祖国汇报”15个重点项目之一的“我和我的祖国——庆祝新中国成立60周年著名艺术家演唱会”在国家大剧院歌剧厅举行。中央政治局常委、国务院总理温家宝在百忙之中打来电话，向参加演唱会的各位艺术家们表示亲切的问候，预祝演唱会成功，祝老艺术家们健康长寿，永葆艺术青春。郭兰英、李光羲、郭颂、刘秉义、才旦卓玛、罗天婵、胡宝善、于淑珍、李双江、吴雁泽、李谷一、蒋大为、耿莲凤、姜嘉锵、卞小贞、杨洪基、德德玛、关牧村、韩芝萍等20位新中国不同时期声乐艺术的杰出代表联袂参加演出。每位歌唱家在演唱正式曲目后，都返场清唱，引起观众的一次次喝彩。参加此次演唱会的老艺术家平均年龄超过七十岁，但他们没有“假唱”，演出不计报酬，体现了高尚的艺术情怀。

中央电视台播出了演唱会的实况录像。

【民族文化宫大剧院的工作】

截至2009年4月30日，中国文联演艺中心暨中联百花文化艺术有限公司与民族文化宫的三年合作圆满结束。三年来，民族文化宫大剧院共举办演出809场，加上装台298天，使用率达到95%，观众人数达到近78万人次，创造了剧院使用率和观众人数的历史新高。

其他活动

2009年，中国文联演艺中心暨中联百花文化艺术有限公司在民族文化宫大剧院、人民大会堂和京外一些城市组织了一些演出活动，其中包括在民族文化宫大剧院组织大型视觉京剧《新白蛇传》115场，观众近7万人；在河北省唐山市组织“路通人和的士情大型慰问演出”1场，观众近1500人；在四川省石棉县组织“发扬红军精神、建设美好家园——总政歌舞团赴石棉县慰问演出”1场，观众3万余人；在湖北省黄冈市组织“魅力黄州——系列影视文献片《千年古城》开机仪式大型文艺演出”1场，观众近2万人；在人民大会堂组织“我爱你中国——丁毅领衔外国著名歌唱家唱响中国民歌大型交响音乐会”1场，观众近7000人等。

大型楚文化神幻杂技秀《梦幻九歌》是武汉市首台大型旅游晚会，该剧是取自屈原的名作《九歌》改编的，该剧以其新颖创新、如梦如幻、古典高雅和独树一帜的表现手法深受广大观众的喜爱，目前该剧已成为武汉市著名的文化品牌。

《魔幻之城》是武汉杂技团创作的杂技舞台剧。该剧把角色引入其中，除了在故事和场景等方面做了很多大胆的尝试外，该剧引入了很多时尚元素，如极限运动、跑酷、花式调酒、搏击、街舞等表现形式，同时在剧中吸收了黑光剧的表现手法，以及很多夸张、搞笑的表演方式，是一部非常时尚、前卫的杂技剧。

中国武汉杂技团

Wuhan Acrobatic Troupe of China

地址：湖北省武汉市建设大道739号

电话：027-85805362

邮编：430015

网址：www.wuhanzaji.com

《英雄天地间》是2003年在武汉杂技团建团50周年之际创作编排的一台大型主题杂技晚会。晚会力求把时代精神通过具有民族特色的中华历史人物来加以展现，用民族英雄情感来形成晚会的主题，呈现给观众的是一系列具有英雄符号和重要仪式感的节目。2009年，《英雄天地间》被评为“中国国家舞台艺术精品工程剧目”。

大型情景杂技剧《海盗》是武汉杂技团与中国对外演出公司、荷兰星辰马戏公司三方联合投资编排的。该剧的主题创意，是根据欧洲市场提出的，晚会的主创人员全部由欧洲著名的导演团队担任。2008~2009年该剧获商务部、文化部、国家广电总局、国家新闻出版总署共同颁布的“优秀出口产品奖”和“国家文化出口重点项目目录”。

中国戏剧家协会

1. 1月14日，在中国剧协迎新春联谊会上，中国文联名誉主席周巍峙，党组副书记、副主席李牧，党组成员、副主席冯远、杨志今，中宣部文艺局局长杨新贵等领导，表彰为抗冰雪及抗震救灾作出贡献的中国剧协主席团成员。
2. 10月11日，戏剧界庆祝新中国成立60周年暨中国剧协成立60周年纪念大会在北京举行。在会上，中国文联党组书记、副主席胡振民，中国文联党组副书记、副主席李牧，中国文联党组成员、书记处书记廖奔等领导为李默然等获得首届中国戏剧奖、终身成就奖的12名老艺术家颁发奖牌和荣誉证书。
3. 5月18日，第24届中国戏剧梅花奖大赛颁奖晚会在杭州举行。晚会结束后，胡振民、李牧、中国剧协主席尚长荣，文化部艺术司司长董伟，中国剧协分党组书记、秘书长季国平，副主席白淑贤、魏明伦、瞿弦和、分党组成员、副秘书长刘卫红等领导与嘉宾、演员合影。
4. 1月16日至18日，梅花奖艺术团在李牧率领下，赴河北邢台开展“送欢乐、下基层”活动。

5. 11月9日至10日，由中国文联、中国剧协、中央戏剧学院联合主办的欧阳予倩诞辰120周年纪念活动在北京举行。图为李牧在纪念大会上致辞。
6. 李牧、廖奔亲临《响九霄》拍摄现场观赏与指导。
7. 7月，大型京剧数字电影《响九霄》开机仪式在河北石家庄举行。季国平、刘卫红等参加了开机仪式。
8. 10月15日至22日，中国剧协梅花奖艺术团赴美国纽约、波士顿进行文化交流和演出。图为全体演员在纽约林肯中心演出后合影。
9. 11月28日至12月13日第11届中国戏剧节在厦门举行，图为参演剧目《我那呼兰河》。
10. 6月，全国剧协组联工作会议在银川召开，季国平、刘卫红出席了会议。

5	6
7	8
9	10

中国电影家协会

1. 7月8日，中国影协成立60周年纪念大会在北京召开。
2. 11月23日，亚欧国家电影家协会主席论坛在北京开幕。
3. “薪火相传”老中青三代电影家庆祝影协成立60周年。
4. 7月9日，庆祝新中国成立60周年“与共和国同行——银幕上的新中国形象主题座谈会”在北京召开。
5. 电影家赴南京浦口“送欢乐、下基层”活动。

6 7 8 9

6. 5月19日，中国影协秘书长工作会在山西太原召开。
7. 5月20日，全国第二届农村题材电影创作研讨会在山西吕梁孝义市开幕。
8. 6月18日，惠民工程——“百花放映”大宝有约启动仪式在北京举行。
9. 10月17日，第27届中国电影金鸡奖颁奖典礼在江西南昌举行。

中国音乐家协会

1. 12月15日，第七次音代会开幕式在北京举行。
2. 9月23日，在第七届金钟奖合唱比赛闭幕式颁奖音乐会上，徐沛东指挥全场合唱《我和我的祖国》。
3. 5月31日，内蒙古四子王旗“神舟希望小学”举行全国优秀少儿歌曲进校园活动启动仪式。

4. 5月23日，全国优秀流行歌曲创作大赛颁奖晚会在北京举行。
5. 11月10日，第二届海峡两岸合唱节颁奖晚会在“是爱把希望打开”的歌海声中圆满落下帷幕。
6. 9月3至4日，中国音协第六届理事会第四次会议在武夷山召开。
7. 7月23日，纪念中国音协成立60周年座谈会在北京召开。
8. 8月10日，“成才之路”全国音乐创作研习班开幕式在北京举行。
9. 2月20日至25日，中国音协交流考察团赴台湾访问，团长徐沛东在“两岸音乐家金门采风座谈会”上讲话。

中国美术家协会

1. 12月25日，中国美术家协会成立60周年庆典暨首届“中国美术奖”颁奖仪式在北京人民大会堂举行。
2. 11月13日，“灵感高原——中国美术作品展”开幕式在中国美术馆举行。
3. 11月13日，“中国美术奖——创作奖”评奖会议在北京召开。
4. 11月22日，“中国美术奖——理论评论奖”评奖会议在北京召开。
5. 12月13日，“中国美术奖——终身成就奖”评奖会议在北京召开。

6. 12月25日，“第十一届全国美术作品展览”开幕式在中国美术馆举行。
7. 11月22日，中国文联副主席，中国美协副主席冯远在意大利首都罗马举行的“雪域高原——中国美术作品展”开幕式上致辞。
8. 中国美协驻会副主席吴长江陪同全国政协副主席、中国文联主席孙家正和第十届全国人大常委会副委员长热地在中国美术馆观看“灵感高原——中国美术作品展”。
9. 12月25日，中国美协主席刘大为在北京人民大会堂举行的“中国美术奖”颁奖仪式上致辞。
10. 6月13日，中国文联党组书记胡振民同志在台湾举行的“世纪初艺术－海峡两岸绘画联展”上致辞。
11. 9月1日，中国美协捐建的都江堰市青城山高级中学艺术中心正式投入使用。

中国曲艺家协会

1. 8月12至15日，2009（三亚）国际幽默艺术周吸引了众多中外艺术家参加。
2. 1月20日，刘兰芳艺术生活50年文艺晚会在解放军歌剧院举行。
3. 7月8日，庆祝中国曲协成立60周年专场晚会——"笑声与时代"在北京世纪剧院隆重上演。
4. 7月7日，中国曲艺家协会成立60周年纪念大会暨全国中青年曲艺家创作会议在北京二十一世纪饭店隆重举行。

5 6
7 8
9
10

5. 5月4日至6日，中国曲协赴广西调研当地少数民族曲艺状况。
6. 7月28日至30日，中国曲艺高峰（柯桥）论坛在浙江绍兴举行。
7. 11月26日，中国曲艺非物质文化遗产博物馆在京正式启动。
8. 9月5日至10 日，向祖国汇报——庆祝新中国成立60周年曲艺精品展演周在京举行。
9. 1月29日至2月7日，中国曲协代表团赴欧洲交流。
10. 2月17日至18日，由中宣部、中央文明办和中国曲协共同举办的《中国好人颂》节目在中央电视台《曲苑杂坛》栏目录制。

中国舞蹈家协会

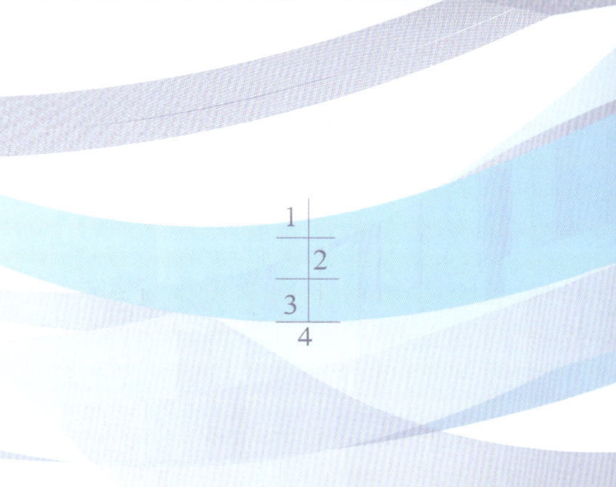

1. 12月9日至17日，第七届中国舞蹈“荷花奖”舞剧、舞蹈诗评奖活动在上海举办。图为舞蹈诗《天边的红云》。
2. 中国舞协打造舞剧《舞台姐妹》。
3. 1月12日，中国舞协赴山西忻州革命老区开展“送欢乐、下基层”文艺演出，贾作光、白淑湘欣然起舞。
4. 9月23日至28日，第七届中国舞蹈“荷花奖”民间舞评奖活动在贵阳举行，图为舞蹈《翻身农奴把歌唱》。

5
6
7

5. 7月25日，“向祖国汇报——全国新农村少儿舞蹈展演”在北京举行。
6. 中国舞蹈家协会舞蹈学校舞蹈考级工作。
7. 7月26日至30日，第五届“小荷风采”全国少儿舞蹈展演在北京举行。

中国民间文艺家协会

1. 5月12日，在汶川特大地震一周年之际，民进中央、中华慈善总会、中国民间文艺家协会、中华文化学院、四川省北川羌族自治县人民政府在人民大会堂举行羌族文化保护成果发布会。《羌族口头遗产集成》首发面世并捐赠灾区。
2. 4月4日，由中国民协、河南省委宣传部、河南省文明办、河南省文联、开封市委市政府共同主办的“我们的节日——中国开封2009清明文化节”，在开封清明上河园举行。
3. 6月12日至15日，由中国民协、天津大学冯骥才文学艺术研究院主办的“田野的经验·第三届中日韩非物质文化遗产保护方法论坛”在天津大学冯骥才文学艺术研究院举办。
4. 8月8日至8月16日，第五届中国（长春）民间艺术博览会在长春举行。来自全国各省、市、自治区以及俄罗斯、韩国、越南、缅甸、尼泊尔、泰国、朝鲜、印度、巴基斯坦、蒙古国等国家的民间工艺品参展，观众达200万人次。
5. 11月12日，由中国文联、中国民协主办，中国民协、民族文化宫承办，民族文化宫展览馆以及各有关省、市、自治区民协共同协办的“缤纷中国——中国民族民间服饰文化暨中国民间文化遗产抢救工程成果展”在北京民族文化宫展览馆展出。

1 2
3 4
5

1. 2月6日至8日，中国民协与陕西省文化厅和陕西省英才组织委员会、咸阳市人民政府共同在咸阳市举办了“第一届中国民间花馍艺术节”。
2. 6月28日至29日，由中国民协、广东省委宣传部、广东省文联、广东省民协、广州市委宣传部、广州市番禺区委、区政府主办，广州市番禺区石楼镇委、镇政府等单位承办的“首届中国龙舟文化节”在番禺区市桥街举行。
3. 10月2日至11日，应加拿大多元文化交流基金会邀请，中国民协抢救办常务副主任王锦强、组联部副主任刘慧参加了在加拿大首都渥太华举办的亚洲文化节活动，双方就今后的合作方式达成初步意向。
4. 10月31日，由中国文联、中国民协、宁波市人民政府主办的第九届中国民间文艺山花奖颁奖典礼在宁波市鄞州区隆重举行。全国政协副主席罗富和、第十届全国政协副主席李蒙，中国文联党组书记、副主席胡振民，党组副书记、副主席李牧，中国文联副主席、中国民协主席冯骥才，浙江省委常委、宁波市委书记巴音朝鲁，全国政协常委、著名画家韩美林等领导和嘉宾出席颁奖活动。
5. 11月7日至8日，由中国民协、江西省文联、江西省旅游局、上饶市人民政府主办，婺源县人民政府承办的“2009婺源·中国乡村文化旅游节暨第九届中国民间文艺山花奖·全国民间鼓舞鼓乐大赛”在江西婺源举办。

中国摄影家协会

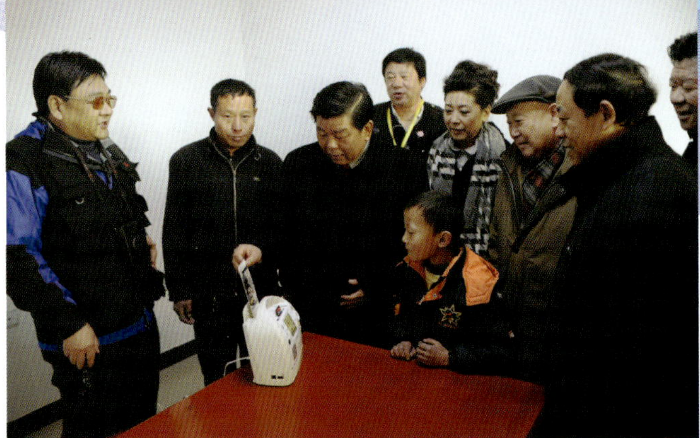

1. 8月5日，在中国摄影金像奖颁奖现场，全国政协原副主席李蒙（前排左2）与云南省人大常委会常务副主任晏友琼（前排左5）一起向到场的5位终身成就奖获得者颁发奖杯。
2. 7月17日，中共中央政治局委员、中央书记处书记，中宣部部长刘云山在中国文学艺术界联合会成立60周年大会上为中国摄协顾问陈勃、袁毅平颁发荣誉证章和证书。
3. 1月15日，在中国文联党组书记、副主席胡振民带领下，中国摄协分党组副书记、副秘书长王郑生以及各文艺团体的艺术家慰问团为四川灾区送去慰问和节日的祝福，并现场为灾区群众拍摄合影打印照片。
4. 9月25日，中国摄影协会领导、部分老摄影家和“口述影像历史”丛书的所有工作人员合影。

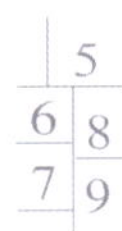

5. 10 月 9 日，中国文联党组书记、副主席胡振民，中宣部副部长翟卫华在中国摄影家协会分党组书记、副主席兼秘书长李前光陪同下参观“中华全家福 1949～2009·56 个民族共同走过”大型摄影展览。
6. 9 月 25 日，中国人民解放军总政治部和中国文联领导参观第一届全军摄影展。
7. 10 月 28 日，中国文联党组成员、书记处书记廖奔，中国摄协分党组书记、副主席兼秘书长李前光及参观影展的嘉宾一同参观第三届新农村影展。
8. 9 月 24 日，中国摄协分党组书记、副主席兼秘书长李前光，分党组成员高琴陪同中国文联党组书记、副主席胡振民，中国摄协顾问袁毅平、陈勃观看展览。
9. 12 月 31 日，摄影工作者们和大连舰艇学院的学员合影。

中国书法家协会

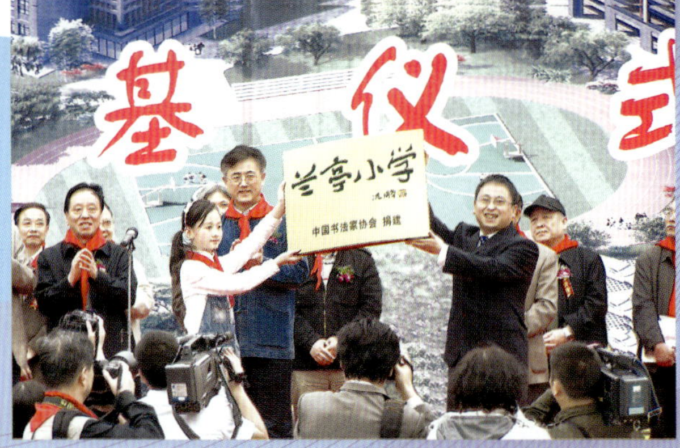

1. 1月19日，中国书协“送欢乐 、下基层”走进北京昌平麻峪房民俗村送春联下乡活动出发仪式在中国书协机关院内举行。
2. 4月2日，赵长青出席在日本千叶县成田山书道美术馆举行的日本第25回成田山全国竞书大会和书法展的颁奖仪式及展览开幕式。
3. 9月16日，全国第二届青年书法篆刻作品展在宁波美术馆隆重开幕。
4. 4月25日，中国书协在四川绵竹市捐建“兰亭小学”。
5. 8月14日，中国书法进万家——走进西藏采风团的书法家们在布达拉宫前展示赠送给西藏自治区党委、人民政府书法长卷。

6	
7	8
9	10
11	

6. 2月27日，第三届中国书法兰亭奖颁奖晚会暨作品展开幕式在平顶山隆重举行。
7. 10月16日，全国第八届书学讨论会在郑州召开。
8. 4月30日，“创造力的实现——张海书法展”在杭州隆重开幕。
9. 8月11日，“向祖国汇报” ——中国书法名城（之乡）国庆巡礼活动在京举行。
10. 10月27日，“中国书法之乡——新安”命名授牌仪式在河南省新安县世纪广场举行。
11. 12月25日，“中国书法”列入《人类非物质文化遗产代表作名录》新闻通报会在北京举行。

1. 岁末年初，赴新疆生产建设兵团“送欢乐、下基层”慰问演出。
2. 岁末年初，选派杂技、魔术节目参加中国文联赴甘肃灾区“送欢乐、下基层”慰问演出。
3. 9月24日，庆祝新中国成立60周年老杂技工作者座谈会在北京举办。
4. 7月26日至31日，国际魔术联盟第24届世界魔术大会在北京举办。
5. 7月21日至23日，庆祝新中国成立60周年、中国文联成立60周年中国金奖魔术节目展演。

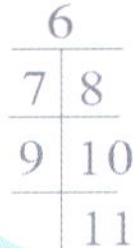

6. 9月9日至20日，中国杂协参加中国文联艺术团赴加拿大访演。
7. 1月13日至15日，选派杂技节目参加中国文联赴四川灾区“送欢乐、下基层”慰问演出。
8. 8月1日至8日，世界著名舞台魔术大师北京展演。
9. 4月，组织世界著名近台魔术大师中国巡演。
10. 11月4日，第六届国际马戏论坛在河北举办。
11. 11月10日至11日，’2009国际杂技教育论坛在上海举办。

中国电视艺术家协会

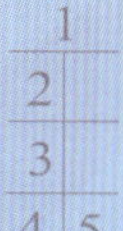

1. 1月15日，中国文联、中国视协组织电视艺术家"送欢乐、下基层"赴保定慰问演出。
2. 3月28日，中国视协在北京召开电视剧《女工》研讨会。
3. 3月28日至29日，中国视协在北京召开四届四次理事会议。
4. 4月17日至19日，中国视协在江苏省吴江市同里镇举办第二届中国旅游电视周。
5. 5月7日，中国视协、中共四川省委宣传部在四川省德阳市联合举办2008年全国抗灾救灾优秀电视作品表彰活动。

6	7
8	9
	10
11	

6. 8月25日，中国视协、中央电视台在北京联合举办上海合作组织国家电视台合作论坛。
7. 9月10日至12日，中国视协在北京召开解放战争题材电视剧质量评析暨理论研讨会。
8. 10月14日至17日，中国、日本、韩国在韩国仁川共同举办第9届中日韩电视制作者论坛。
9. 11月12日，中国视协、江西省文联、赣州市人民政府在江西省赣州市联合举办首届中国新农村电视艺术节暨第三届新农村小康电视节目工程颁奖典礼。
10. 11月27日至28日，中国视协、俄罗斯欧亚广播电视协会在莫斯科联合举办第四届中俄电视合作论坛。
11. 7月10日，中国视协在浙江省嘉兴市召开第六届全国德艺双馨电视艺术工作者表彰大会。

1.《火焰山》剧照。
2.“古今回响”中国艺术节开幕式上的舞狮表演。
3. 2009 年赴比利时参加中国木偶皮影展览。
4.古艺新姿活傀儡之元宵乐剧照。
5.王景贤团长在美国卡内基音乐厅“古今回响”中[国]艺术节开幕式上讲话。

泉州市木偶剧团 2009 年度重大荣誉

1. 10 月奉调晋京参加“庆祝中华人民共和国成立 60 周年献礼演出”。并获中宣部、文化部颁发的证书。
2. 10 月，因《四将开台》参加“2008 年北京奥运会”开幕式文艺演出，获福建省政府表彰奖励。
3. 10 月参加“上海艺术节　首届上海国际木偶比赛”。获“金玉兰最佳木偶艺术传承奖”。夏荣峰、陈应鸿、张弓获金玉兰表演奖。
4. 10 月，神话剧《火焰山》获文化部“优秀保留剧目大奖”。
5. 11 月，获中国人民对外友好协会颁发的“人民友谊贡献奖”。
6. 对外（对台）交流再创佳绩，相继赴台湾参加“福建文化宝岛行——海峡两岸传统戏曲会演”，“2009 台湾大甲妈祖国际观光文化节”演出活动；赴香港参加“第三届中华民族文化周”演出活动；参加中国侨联“亲情中华慰问艺术团”赴南非、纳米比亚、博茨瓦纳三国访演。参加中央统战部“中华体育文化访问团”赴巴西、巴拉圭两国进行文化交流及访演；赴德国参加“莱法州 · 福建省缔结友好省州关系 20 周年庆祝活动”演；参加省政府“海西先行新风采”宣传推介团，赴香港、澳门访演；参加中国非物质文化遗产演出团赴台湾演出。应台湾传统艺术中心邀请赴台北、宜兰访演。特别是，10 月中旬赴美国加州、纽约为卡内基音乐厅主办的“古今回响中国艺术节”做开幕式专场演出。美国《纽约时报》、《华尔街日报》等媒体给予了高度评价。10 ~ 11 月赴比利时参加“中国木偶皮影展览”，并为“第 24 届欧罗巴艺术节”举行公演。

中国文联各团体会员（一）

China Federation of Literature and arts groups Member(Ⅰ)

2010

中国戏剧家协会

综 述

2009年是新中国成立60周年，也是中国文联、中国剧协成立60周年。60年取得的巨大成就和积累的宝贵经验，使中国剧协在实践中加深了对做好戏剧工作的规律性认识，剧协工作呈现出求真务实、锐意进取、勇于开拓、硕果累累的大好局面。一年来成功举办了第24届梅花奖大赛；成功举办第11届中国戏剧节，首次邀请民营剧团及台湾地区剧目参加；组织创作抗震题材绍剧《生命的飞翔》、拍摄京剧数字电影《响九霄》；举办首期编剧读书班，培养戏剧创作后备力量；梅花奖艺术团继续坚持送戏下基层，还戏于民，并首次赴美国林肯中心演出取得圆满成功，受到社会各界广泛好评。这些工作为推动戏剧事业繁荣发展，为弘扬先进文化、建设和谐文化作出了积极贡献。

重要活动

【庆祝新中国成立60周年暨中国剧协成立60周年活动】

10月11日，中国剧协在北京饭店隆重召开戏剧界庆祝新中国成立60周年暨中国剧协成立60周年纪念大会，戏剧界代表和各界嘉宾200余人到会。大会全面回顾和总结了60年来，特别是改革开放以来我国戏剧工作和剧协工作取得的辉煌成就，并展望更加美好的未来。会上还举行了首届中国戏剧奖·终身成就奖颁奖仪式，李默然、郭汉城、马少波、陈伯华、赵寻、刘厚生、胡可、袁雪芬、红线女、于是之、方掬芬、徐晓钟等12位德高望重的老戏剧家获此殊荣。全国政协副主席、中国文联主席孙家正为纪念大会发来贺信，胡振民、李牧、廖奔等领导为获奖者颁奖。

为纪念中国剧协成立60周年，中国剧协组成专门的工作班子，编辑出版了《与新中国同行——中国剧协六十周年纪念文集》。在近半年时间里，编辑人员走访了众多见证过中国剧协成长历程的老一辈戏剧工作者，整理了尘封多年的文献资料，搜集了珍贵的历史照片，将中国剧协60年的历史发展轨迹记录下来，凸显了文集的史料价值。

【学习实践科学发展观活动】

根据党的十七大精神和中央的安排部署，在中国文联的直接领导下，中国剧协自2008年9月开始，认真开展了学习实践科学发展观活动，直至2009年2月告一段落。年初，先后起草了《中国剧协领导班子分析检查报告》、《中国剧协分党组整改方案》、《中国剧协学习实践科学发展观活动总结》以及第二阶段总结和第三阶段学习安排，扎实做好各个环节的工作，切实做到了学习和工作“两手抓、两不误、两促进”。建立健全科学发展的长效机制。根据新形势和新要求，重新修订和完善了《中国剧协机关规章制度汇编》，出台了《中国剧协分党组健全和完善民主集中制的具体规定》等8项制度。上半年，按照《关于进一步做好学习实践科学发展观活动整改落实“回头看”工作的通知》要求，对学习实践活动整改落实情况进行了认真的“回头看”和自查，严格要求，全面把关，巩固了学习实践科学发展观的成果。

【梅花奖艺术团活动】

2009年，梅花奖艺术团继续以弘扬民族文化、服务人民群众为宗旨，一方面深入开展“送欢乐、下基层”和“送戏下基层”活动，以小分队的形式为广大基层观众服务；另一方面继续走出国门，展示中国戏剧的艺术风采。

1. 河北唐山行

1月5～6日，中国文联、中国剧协组织梅花奖艺术团，在中国剧协分党组书记、驻会副主席、梅花奖艺术团团长董伟带领下，赴唐山开滦煤矿进行“送欢乐、下基层”慰问演出，为一线煤矿工人送上新春的祝福。艺术团汇集了中国文联副主席、中国剧协副主席裴艳玲，中国剧协副主席刘长瑜，首届梅花奖获得者谷文月以及王红丽、陈巧茹、韩延文、刘丹丽、吴京安、武凌云、吴亚玲、武利平、王洪玲、刘薇、蒋建国、张俊玲、罗慧琴、张军强等12个戏剧剧种的17位梅花奖演员，演出了《折桂令》、《红娘》、《报花名》、《抬花轿》以及戏曲绝活等，让煤矿工人充分领略到了戏剧艺术的博大精深和艺术家的风采。

2. 河北邢台行

1月16～18日，中国文联、中国剧协组织梅花奖艺术团赴河北邢台开展“送欢乐、下基层”活动，为基层百姓送上丰富多彩的戏剧节目，受到当地观众热烈欢迎。梅花奖艺术团为正在参会的邢台市两会代表、劳模、各县市区干部群众代表、大中型企业员工代表及驻邢部队送去了2场慰问演出。中国文联党组副书记、副主席李牧，中国剧协分党组书记、驻会副主席、梅花奖艺术团团长董伟，中国剧协分党组副书记、秘书长、梅花奖艺术团副团长季国平等领导出席了活动。中国剧协主席尚长荣以及裴艳玲、叶少兰、谷文月、林为林、王红丽、李树建、陈巧茹、韩延文、刘丹丽、吴京安、武凌云、张建国、武利平、刘薇、谷好好、翁国生、于兰、田敏、刘晓燕、张军强等来自9个剧种的21位梅花奖演员参加了此次演出。

3. 海峡两岸暨港澳地区艺术论坛戏曲晚会

2月24日，海峡两岸暨港澳地区艺术论坛戏曲晚会在海口人民大会堂热烈上演。晚会以梅花奖艺术团为主要阵容，尚长荣、裴艳玲、瞿弦和以及林为林、翁国生、单仰萍、武凌云、周东亮、赵志刚、齐爱云、陈澄、刘薇、谷好好、陈素珍等来自海峡两岸10个剧种的艺术家们同台联袂献艺，充分展现了中华艺人德艺双馨的艺术情操，让两岸四地的代表和台下的观众，感受了中华文化的博大精深和戏曲艺术的独特魅力。

4. 宁夏行

6月19日，由中国剧协、宁夏回族自治区党委宣传部、宁夏回族自治区文联主办的“梅花奖艺术团京剧名家宁夏行”大型演出在银川举行。此次宁夏行是梅花奖艺术团继2005年建团举办“西部行”活动和参加2008年宁夏50周年大庆后第三次赴宁，也是艺术团建团以来首次举办一个剧种的专场演出。参加演出的有裴艳玲、叶少兰、赵葆秀、孙毓敏、杨乃彭、叶金援、梁维玲、刘薇、张军强、于兰、田磊，以及主持人郑强等12朵梅花，还有友情演出的康万生、孙劲梅和当地剧协的王燕等。老中青三代结合、12朵“梅花”同台，行当丰富、流派纷呈，现场千余名银川观众反响热烈。

5. 陕西行

6月28日，为庆祝陕西电视台《秦之声》栏目开播30年，梅花奖艺术团应邀赴西安举办“梅花绽放秦之声”专场演出。艺术团组织了强大的演员阵容，包括裴艳玲、叶少兰、李东桥、杨乃彭、李梅、侯红琴、李娟、谭建勋、孙存蝶、周东亮、齐爱云、李小锋、陈澄、刘薇、方亚芬、王新仓、任小蕾、张蓓、惠敏莉，以及主持人吴京安、高侠等21位梅花奖获得者，为现场和电视机前的观众献上了一台精彩纷呈的戏剧盛宴，演出了昆曲《夜奔》、京剧《罗成叫关》、京剧《武家坡》、锡剧《珍珠塔》、越剧《西厢记》、京剧《三寸金莲》、秦腔《鬼怨》等精彩片段，无不令陕西的观众大饱眼福。演出持续了近4个小时，是艺术团演出时间最长的一次，整场演出掌声、叫好声持续不断，取得圆满成功。

6. 云南行

11月10～12日，中国剧协分党组成员、副秘书长、梅花奖艺术团副团长刘卫红率梅花奖艺术团赴云南玉溪和昆明进行了两场演出。裴艳玲、朱世慧、王红丽、林为林、武凌云、高侠、郑强、陈澄、齐爱云、刘薇、谷好好、于兰、苗洁等梅花奖演员以及云南的“梅花”杨益琨、李丹瑜、王玉珍、杨丽琼、冯咏梅等参加了演出。演员们表演了京剧《杜鹃山》、《徐九经升官记》，淮剧《祥林嫂》，晋剧《打金枝》，昆曲《林冲夜奔》，滇剧《杨门女将》等唱段，受到当地百姓欢迎。

7. 重庆行

12月19日，梅花奖艺术团在重庆人民大礼堂举办2010年“慈善·福彩情暖万家”新年晚会。季国平代表梅花奖艺术团向“慈善·福彩情暖万家”活动捐赠10万元。尚长荣、裴艳玲、沈铁梅、林为林、茅善玉、米东风、王蓉蓉、韩延文、翁国生、么红、谢群英、武凌云、武利平、孙勇波、陈澄、李政成、齐爱云、黄荣华、刘薇、谷好好、于兰、张军强、陈雪萍、张礼慧等15个剧种的24位梅花奖演员，为重庆市公安民警、环卫工、农民工、社区困难群众及爱心志愿者共3000余人献上了一

台精彩绝伦的艺术盛宴。

8. 江西行

12 月 27 ~ 30 日，中国文联、中国剧协组织梅花奖艺术团赴江西鹰潭开展“送欢乐、下基层”慰问演出活动。中国文联党组成员、书记处书记廖奔带队，季国平、刘卫红率艺术团于 12 月 28 日在鹰潭影剧院做专场演出，由李鼎表演的《总理祝词》为此次演出拉开序幕，裴艳玲、王红丽、王平、龙红、杨俊、齐爱云、刘薇、于兰等来自全国 15 个剧种的 19 位梅花奖获得者纷纷登台献艺，表演了昆曲《林冲夜奔》选段“折桂令”、豫剧《抬花轿》选段、京剧《三寸金莲》选段、京剧《杜鹃山》选段“家住安源”、秦腔《打神告庙》选段、京剧《智取威虎山》选段“迎来春色换人间”、黄梅戏经典选段“夫妻双双把家还”、苏区红色歌曲联唱《送郎当红军》等，吴军、刘晓翠主持。当地的老红军、劳模、英模及少数民族群众代表 1000 余人观看了演出。

9. 美国行

继 2007 年在法国、澳大利亚演出成功后，以季国平为团长的梅花奖艺术团一行 24 人于 10 月 15 ~ 22 日赴美国进行文化交流和采风活动，在纽约与波士顿进行了两场演出。10 月 18 日，拥有 2700 个座位的纽约林肯中心 Avery Fisher Hall 座无虚席。梅花大奖获得者尚长荣、裴艳玲，二度梅花奖获得者林为林、孟广禄，梅花奖获得者万山红、言兴朋、韩延文、么红、吴京安、单仰萍、张凯丽、刘燕燕、赵志刚、孙健、于兰以及有着“江南美猴王”之美誉的绍剧演员刘建杨等 16 位表演艺术家联袂登台为观众献上了一场戏剧盛宴。美国邀请方负责人说，这是他们 20 多年来主办各类演出所见过的最为成功、观众反应最为热烈的一次演出。中国驻纽约总领事彭克玉、纽约州州长帕特森、纽约市市长彭博等发来贺信。此次活动把中国戏剧这门古老而充满魅力的艺术带到了美国，向当地的观众展示了中华民族灿烂的传统文化，这对于增强中国戏剧在国际上的影响力，增进中美两国人民的交流和友谊有着十分积极的意义。（参见“对外及对港澳台地区文化交流”栏目【梅花奖艺术团“美国行”活动】）

【抗震题材绍剧《生命的飞翔》】

由中国剧协组织创作的绍剧《生命的飞翔》于 6 月 14 日在故事的发生地成都首演，得到了成都军区首长、四川省委领导及广大观众的共鸣和好评。该剧根据成都军区某陆航团抗震救灾英雄事迹创作而成，由中国剧协联合成都军区政治部宣传部、绍兴市文广局共同制作，浙江绍剧团排演。8 月 14 日，《生命的飞翔》进京汇报演出，取得圆满成功。胡振民、李牧等领导到场观看演出，充分肯定了该剧的艺术成就和社会意义。

《生命的飞翔》是中国剧协响应中宣部、中国文联号召，组织艺术家深入地震灾区采风创作的重要成果，它采用传统戏曲来塑造当代英雄，体现了党中央提倡的文艺贴近实际、贴近生活、贴近群众的原则，凸显了戏剧工作者的使命感和责任感。中国剧协从组织剧本创作，推荐导演、舞美人选，打磨修改剧目，到协助剧组赴成都、北京演出等方面，做了大量的组织和宣传工作。

【京剧数字电影《响九霄》】

京剧数字电影《响九霄》是 2009 年中国文学艺术基金会资助项目，于 7 月在河北完成拍摄，11 月在珠海、香港完成后期制作。该片由中国文联 3 位副主席领衔创作，裴艳玲为主演，丁荫楠导演，冯远为美术指导。该片运用最先进的电脑技术，以国画作背景表现国粹京剧，构成了独特的电影空间，解决了戏曲电影中虚实结合的问题，具有很高的艺术价值。在胡振民亲自指导下，摄制工作进展顺利。李牧、廖奔亲赴珠海审看影片后期制作情况，并给予高度评价。将舞台艺术精品制作成电影保留下来，是中国文联、中国剧协弘扬先进文化、服务文艺家、推动出人出戏的具体举措，有利于为后人留下珍贵的艺术教材，向更广泛的观众传播。

【欧阳予倩诞辰 120 周年纪念活动】

11 月 9 ~ 10 日，由中国文联、中国剧协、中央戏剧学院联合主办的欧阳予倩诞辰 120 周年纪念活动在北京隆重举行。11 月 9 日，纪念大会在中央戏剧学院北剧场举行，中国文联党组副书记、副主席李牧以及有关部门的领导和专家赵寻、刘厚生、胡可、方掬芬、徐晓钟、李维康、蔺永钧、刘国富、徐翔、杜长胜、王永德、刘立滨、柳秀文等，电影界、舞蹈界的部分代表，广西和湖南浏阳的代表，以及欧阳予倩先生的亲友和学生 100 余人出席了大会。大会由季国平主持。

纪念会上，李牧代表中国文联和中国剧协讲话，深切表达了对欧阳予倩先生的缅怀之情，他希望戏剧界能够继承老一辈艺术家留下的宝贵精神财富，为文化艺术事业的大发展大繁荣多作贡献。刘立滨、冯双白、王晓鹰、田晓明、刘旭辉、欧阳维分别在会上发言，表达了对欧阳予倩先生的怀念和景仰。

9日晚在中央戏剧学院实验剧场，由广西桂剧团演出新编桂剧现代戏《欧阳予倩》。该剧生动地再现了欧阳予倩、田汉、夏衍、张曙等一批文化艺术界巨擘形象。10日上午在中央戏剧学院剧场东厅召开了纪念欧阳予倩诞辰120周年座谈会，徐晓钟、林克欢、颜振奋等戏剧界多位专家、学者、教授等到会并发言，多方面地研究探讨了欧阳予倩先生的人格精神，以及为中国戏剧事业和戏剧教育事业作出的巨大贡献。

艺术节与评奖

【第二届中国戏剧奖·梅花表演奖（第24届中国戏剧梅花奖）大赛】

4月15日至5月18日，由中国文联、中国剧协联合主办的第二届中国戏剧奖·梅花表演奖（暨第24届中国戏剧梅花奖）大赛，在平顶山市及杭州市隆重举行。此次评奖工作得到了全国戏剧界的热烈响应，共有28个省、自治区、直辖市，香港特别行政区，以及部队、中直院团积极参与，推荐了80名演员参评，创历届之最。经过严格的审核和初评，共选出48名演员进入决赛，最终差额评出了本届梅花奖获奖演员35名。裴艳玲荣获梅花大奖，谢涛、曾昭娟、孟广禄、章兰4人荣获二度梅，潘国梁等30人荣获一度梅。

5月18日晚在杭州余杭体育馆举行了颁奖晚会，35位获奖演员手捧鲜花走过了用红地毯铺就的一条璀璨的“星光大道”。隆重而热烈的颁奖晚会分梅香、梅韵、梅魂3个乐章，梅花的香韵贯穿始终。尚长荣、白淑贤、季国平分别为梅花大奖、二度梅、一度梅开奖。颁奖晚会在京剧《咏梅》中落幕。

19日上午举行了梅花奖演员与专家座谈会，下午获奖演员下基层为余杭观众演出，并在超山亲手种下梅树。超山梅花与戏剧梅花交相辉映，共谱梅韵新章。

本届评奖工作在以往成功举办了23届的基础上作出重大调整，即由评委过去常年分散看戏、小范围评奖改为初评看录像，终评以大赛形式公开举行，进一步完善了评奖机制，受到了戏剧界和观众的广泛认可和好评。中国文联领导高度重视此次评奖改革，胡振民、李牧等领导亲临颁奖大会并颁奖。

梅花奖评奖办法的改革，增强了评奖的公开性和透明度，有利于评奖的公正和公平。更可贵的是，大赛“还戏于民”，让更多观众共享戏剧创作的优秀成果，并成为了推出优秀戏剧人才和优秀戏剧作品的有效载体。本届大赛的成功举办，标志着梅花奖评奖方法的改革走出了坚实的一步，对于进一步发挥梅花奖的重要作用，推动我国戏剧事业的大发展大繁荣，有着十分积极的意义。

【第二届中国戏剧奖·梅花表演奖（第24届中国戏剧梅花奖）获奖名单】

（按得票多少排序）

1. 梅花大奖

裴艳玲　河北省京剧院

2. 梅花奖二度获得者（二度梅）

谢　涛　太原市实验晋剧院青年团
曾昭娟　天津评剧院
孟广禄　天津市青年京剧团
章　兰　山东省聊城市豫剧院

3. 梅花奖获得者

戏　曲

潘国梁　山西省临汾市眉户剧团
王英会　北京市河北梆子剧团
孔向东　山西运城市盐湖区蒲剧团
田　磊　福建京剧院
倪茂才　吉林省京剧院
张　军　上海昆剧团
张　蓓　陕西省戏曲研究院
苏燕蓉　厦门市歌仔戏剧团
李小雄　银川市秦腔剧团
周源源　安徽省黄梅戏剧院
王润菁　国家京剧院
陈雪萍　杭州越剧院
刘桂娟　天津市青年京剧团
张　辉　湖北省黄梅戏剧院
赵　靖　天津河北梆子剧院
孔爱萍　江苏省演艺集团昆剧院

陈新琴　河南商丘市豫剧院
黄静慧　无锡市锡剧院
徐俊霞　河南省豫剧一团
吴素英　绍兴小百花越剧团
刘凤岭　河北省河北梆子剧院
邢金沙　香港演艺学院
马少敏　甘肃省京剧院
惠敏莉　西安秦腔剧院
吕凤琴　山东淄博市五音戏剧院
郭英丽　河北邯郸东风剧团
屈巧哲　青海省西宁市戏剧团
话　剧
艾　平　齐齐哈尔市话剧团
刘晓翠　广州军区政治部战士文工团
歌　剧
张礼慧　重庆市歌剧院

【第11届中国戏剧节】

11月28日至12月13日，由中国文联、中国剧协和厦门市人民政府联合主办的第11届中国戏剧节在厦门市成功举办。本届戏剧节的剧目推荐工作，得到了全国各地戏剧院团的积极响应。中国剧协在全国报送的127部剧目中严格遴选，确定了来自17个省区市以及部队系统的25部不同题材、不同风格的剧目，加上来自台湾地区的3台剧目，共28台剧目，涵盖了京剧、昆曲、歌剧、话剧等21个剧种，总计演出56个场次。这些剧目兼具思想性、艺术性和观赏性，其中反映现实题材的作品近一半。

两年一届的中国戏剧节，是一项全国性的戏剧展演和评奖活动，是全国戏剧艺术阶段性成就的集中展示。台湾戏剧作品首次亮相戏剧节，是中国戏剧节的一个突破。厦门与台湾的戏剧同行共同创作作品参加戏剧节，书写了两岸戏剧交流史崭新的一页。山西清徐嫦娥文化艺术有限公司的晋剧《龙兴晋阳》、上海保奇文化有限公司的话剧《梅兰芳》等两台民营剧团剧目首次入选中国戏剧节，是近年来民营剧团在文化体制改革中，为百姓服务，与市场对接，精心打造艺术精品，取得两个效益双赢的成果，也是中国文联、中国剧协关注和扶持民营剧团不断发展壮大的一个重要体现。此次中国戏剧节还邀请了国际剧协主席拉门度·马珠姆达等来自5个国家的戏剧组织负责人出席盛会，加强了中外戏剧的交流。

开幕式于11月28日在厦门市人民会堂举行，李牧致开幕词。开幕式后，由总政话剧团演出的政论体话剧《毛泽东在西柏坡的畅想》为本届戏剧节的剧目展演拉开了精彩帷幕。

本届戏剧节非常重视剧目评论工作，先后举办了四次大型的剧目评论会，并成功举办了中外戏剧交流会。

经过为期16天的展演，第11届中国戏剧节于12月13日在厦门圆满闭幕。闭幕式由刘卫红主持，季国平宣布在本届戏剧节上评选出的第三届中国戏剧奖·优秀剧目奖评奖结果。厦门市人民政府在第11届戏剧节期间因出色的组织工作荣获突出贡献奖。大会在隆重热烈的气氛中举行了颁奖仪式。廖奔致闭幕词。随后举行了交接旗仪式，在令人振奋的乐曲声中，季国平从厦门市副市长詹沧洲手中接过会旗，转交到下届戏剧节主办城市重庆市人民政府副秘书长方佳军手中。闭幕式后，大家欣赏了有“国宝”之誉的梅花大奖得主裴艳玲主演的京剧《响九霄》。

【第三届中国戏剧奖·优秀剧目奖获奖名单】

1. 优秀剧目奖（按得票多少排序）

歌剧《太阳雪》　总政歌剧团
评剧《我那呼兰河》　沈阳评剧院
秦腔《大树西迁》　陕西省戏曲研究院
龙江剧《鲜儿》　黑龙江省龙江剧院
话剧《毛泽东在西柏坡的畅想》　总政话剧团
京剧《响九霄》　河北省京剧院
晋剧《龙兴晋阳》　山西清徐嫦娥文化艺术有限公司
河北梆子《女人九香》　河北省石家庄市河北梆子剧团
音乐剧《停一停，等等我们的灵魂》　厦门歌舞剧院
歌仔戏《蝴蝶之恋》　厦门市歌仔戏剧团　台湾唐美云歌仔戏剧团
京剧《浮生六记》　北京京剧院
越剧《大道行吟》　杭州越剧院
扬剧《县长与老板》　江苏扬州市扬剧团
闽剧《别妻书》　福建省实验闽剧院
琼剧《下南洋》　海南省琼剧院

2. 剧目奖（按得票多少排序）

越剧《唐琬》 福建芳华越剧团

川剧《死水微澜》 四川艺术职业学院

高甲戏《阿搭嫂》 厦门市金莲升高甲剧团

话剧《梅兰芳》 上海保奇文化发展有限公司

二人台《西口好人》 内蒙古包头市九原区乌兰牧骑

壮族歌剧《壮锦》 广西百色市右江民族歌舞团

越剧《红色浪漫》 浙江越剧团

话剧《天地文通》 贵州省话剧团

豫剧《乡试》 湖北省十堰市艺术剧院

山东梆子《运河老店》 山东省济宁市山东梆子剧院

3. 单项奖

优秀演员奖（按得票多少排序）

裴艳玲 在京剧《响九霄》中饰响九霄

陈巧茹 在川剧《死水微澜》中饰邓幺姑

冯玉萍 在评剧《我那呼兰河》中饰王婆

魏积安 在话剧《毛泽东在西柏坡的畅想》中饰毛泽东

李　梅 在秦腔《大树西迁》中饰孟冰茜

吴晶晶 在高甲戏《阿搭嫂》中饰阿搭嫂

胡嫦娥 在晋剧《龙兴晋阳》中饰薄娘娘

李政成 在扬剧《县长与老板》中饰余启礼

武利平 在二人台《西口好人》中饰坎坎

李雪飞 在龙江剧《鲜儿》中饰鲜儿

陈洪翔 在闽剧《别妻书》中饰林觉民

刘莉沙 在河北梆子《女人九香》中饰九香

白永成 在话剧《梅兰芳》中饰梅兰芳

冯瑞丽 在歌剧《太阳雪》中饰白雪梅

华渭强 在越剧《红色浪漫》中饰刘国鋕

石惠兰 在越剧《大道行吟》中饰孔子

郑　全 在越剧《唐琬》中饰唐琬

关　放 在话剧《天地文通》中饰文知辉

韦　艺 在壮族歌剧《壮锦》中饰阿妈

杜玉珍 在山东梆子《运河老店》中饰孔月娇

优秀编剧奖（按得票多少排序）

曾学文 高甲戏《阿搭嫂》 编剧

徐　棻 川剧《死水微澜》 编剧

王仁杰 越剧《唐琬》 编剧

优秀导演奖（按得票多少排序）

黄定山 歌剧《太阳雪》 导演

查明哲 评剧《我那呼兰河》 导演

胡宗琪 龙江剧《鲜儿》 导演

优秀舞美奖（按得票多少排序）

黄永碤、叶木楼、黄顺昌 音乐剧《停一停，等等我们的灵魂》 舞美设计

章抗美 话剧《毛泽东在西柏坡的畅想》 舞美设计

优秀音乐奖（按得票多少排序）

张千一 歌剧《太阳雪》 作曲

江松明、朱伟捷、刘文亮（台湾） 歌仔戏《蝴蝶之恋》 音乐设计

【第三届全国小戏小品大赛】

10月30日至11月4日，由中国文联、中国剧协、张家港市人民政府联合主办的中国戏剧奖·小戏小品奖暨第三届全国小戏小品大赛在张家港市举行。大赛期间评出了第三届中国戏剧奖·小戏小品奖。本届大赛全国各地共推荐1380件作品参赛，经反复遴选，共有45个作品进入决赛，渔鼓戏《追鱼缸》等10个小戏和《黄昏的出租车》等10个小品获得优秀剧目奖，顾学军等6人获得单项奖。本届获奖作品绝大部分为现实题材。一些知名演员如魏积安、潘长江、孙涛等也携作品参加了比赛。大赛推出了一批贴近现实、贴近生活、贴近群众的优秀作品，发现了一批优秀艺术人才，实践了出人、出戏的评奖宗旨。颁奖晚会于11月5日在张家港体育馆举行，季国平致闭幕词，并对本次大赛进行了总结。

比赛期间，共举行了5场作品研讨会。各地戏剧工作者与戏剧专家共同就小戏小品的创作与发展进行了十分有益的探讨。

【第三届中国戏剧奖·小戏小品奖获奖名单】

1. 小戏类

优秀剧目奖：

渔鼓戏《追龙缸》 中国沾化渔鼓戏剧团

晋北小戏《九品官上树》 山西省戏剧家协会、山西省晋剧院

小话剧《欢庆与建国》 江苏省南通市通州区文化局

河南省许昌县文化旅游局
音乐剧《帕米尔的传说》
兰州军区战斗文工团
二人台《摘花椒》
内蒙古大学艺术学院影视戏剧系
锡剧《喜搬家》　江苏省张家港市锡剧团
陕北说书剧《老憨照相》
陕西省吴起县文化馆
音乐剧《洒满阳光的道口》
第二炮兵政治部文工团
吕剧《收脚印》　山东省博兴县吕剧团
淮海戏《回娘家》　江苏省淮海戏剧团
单项奖：
优秀编剧奖：顾学军（小话剧《欢庆与建国》）
优秀导演奖：严伟（云南花灯戏《冤家亲家》）
优秀表演奖：王　平（评剧《红豆》）
2. 小品类
优秀剧目奖：
《黄昏的出租车》　总政话剧团
《旅店夜话》　广西南宁市艺术剧院
《回家过年》　苏州滑稽戏剧团
《老城根》　陕西省戏曲研究院
《大门难出》　吉林艺术学院
《酒嫂》　江苏省张家港市文化馆
《珍爱一生》　江苏省南通市通州区文化局
《乡情》　深圳市沙头角文化站
《奴才明白》
浙江省宁波市群众艺术馆、
宁波市鄞州区文化馆
《私房钱》　上海市卢湾区文化馆
单项奖：
优秀编剧奖：王山雨（《大男人》）
优秀导演奖：杨　扬（《我脑海中的橡皮擦》）
优秀表演奖：潘春竹（《旅店夜话》）

理论与研讨

【查明哲现实题材作品研讨会】

5月26日，由中国剧协主办、《中国戏剧》杂志社承办的00’后现实主义——查明哲现实题材作品研讨会在北京召开。中宣部文艺局局长杨新贵，文化部艺术司司长董伟，季国平、刘卫红等剧协领导以及谭霈生、龚和德、童道明、丁涛、欧阳逸冰、林荫宇、马也、李春喜、黄维钧、安志强、张先、姜志涛、孙浩、李宝群、赓续华、崔伟、冯玉萍等20余名戏剧界专家、学者、艺术家出席了研讨会。与会者对查明哲《立秋》等4个现实题材剧目进行了研究和探讨，并对现实主义的定义、现实主义在中国的流变以及今后的发展进行了广泛的讨论。

【全国剧本创作和剧作家现状信息交流会】

当前剧本创作和剧作家协会，为有效地推动戏剧创作向上发展，8月8～9日，由中国剧协主办、《剧本》杂志社承办的全国剧本创作和剧作家现状信息交流会在北戴河召开了。全国25个省区市的50余名代表到会。通过交流，较为全面地了解了全国剧作家剧本创作和剧作家现状，以及各地未来两年的剧本创作规划，为中国剧协下一步采取有效措施提供了理论依据。

【纪念关肃霜诞辰80周年系列活动】

8月25～30日，由中国剧协、云南省委宣传部、省文化厅、省文联等单位联合主办的纪念关肃霜诞辰80周年系列活动在昆明举行。活动包括关肃霜京剧艺术研讨会、关肃霜艺术生涯图片展、关派京剧艺术剧目展演、“关肃霜杯”京剧票友大赛以及出版关肃霜大型纪念文集等内容，全面回顾和总结了关肃霜的戏剧人生和她为京剧艺术作出的巨大贡献。季国平、刘卫红等中国剧协领导出席了纪念活动开幕式。

【中国剧协首期编剧读书班】

10月26～30日，针对目前编剧人才和优秀作品缺乏的现状，由中国剧协主办、《剧本》杂志社承办的中国剧协首期编剧读书班在江苏常州举办。季国平、刘卫红、樊国宾等剧协领导参加了开班仪式。全国16个省区市及部队院团的30名编剧进行了为期5天的学习和交流。读书班采用了专家授课、学员交流、观摩录像、剧本朗读等多种形式。尚长荣、季国平、刘锦云、王晓鹰、孟冰、郑怀兴、王育生、戴英禄、傅谨等专家学者，从各自的创作实践或研究课题出发，为此次参加读书班的编剧进行多场讲座，内容涉及历史剧创作的方法与经验、艺术批评的新方法和新视野、戏剧如何实现对生命内涵的深刻表达以及如何处理戏剧创作与生活的关系等多方面话题。这是中国剧协自8月召开全国剧本创作和剧作家现状信息交流会以后，着手改变编剧队伍萎缩、培养编剧人才的一个重要举措。

2009年，中国剧协还与总政宣传部艺术局联合主办了部队剧目观摩座谈活动，与国家京剧院联合主办了“中华神韵”庆祝新中国成立60周年李慕良作品音乐会等活动。

其他重要活动

【六届五次主席团会暨2009年工作会】

1月13日，中国剧协六届五次主席团会暨2009年工作会在北京和敬府宾馆召开。中国剧协主席尚长荣，分党组书记、驻会副主席董伟，副主席裴艳玲、孟冰、濮存昕、瞿弦和，分党组副书记、秘书长季国平，分党组成员、副秘书长刘卫红出席了主席团会。中国剧协主席团成员和来自全国各地的团体会员负责人，以及中国剧协机关有关部门负责人近40人出席了工作会。会上通过了题为《实践科学发展，迎接机遇挑战，推动戏剧事业大发展大繁荣》的工作报告。与会代表对工作报告给予了高度评价，并对剧协今后的发展提出了宝贵的意见和建议。这次会议虽然时间不长，但求真务实、团结鼓劲、催人奋进，取得了圆满成功。

【2009年迎新春联谊会】

1月14日，中国剧协2009年迎新春联谊会在人民大会堂隆重举办。中宣部、中国文联领导，中国剧协分党组、主席团、顾问以及全国各地团体会员负责人、首都各大院团的老中青三代戏剧工作者代表、新闻界代表1200余人欢聚一堂，喜迎新春。会上中国剧协举行了梅花奖艺术团表彰仪式，号召戏剧工作者学习和发扬梅花奖艺术团“德艺双馨的高尚品格、精益求精的敬业精神、团结合作的优良作风、不计名利的奉献精神”。联谊会洋溢着喜庆、祥和、团结、奋进的气氛，成为倡导德艺双馨、联络会员情感的一个有效载体。

【2009全国剧协组联工作会议】

继2008年首次举办全国剧协组联工作会议后，2009年全国剧协组联工作会议于6月19～20日在宁夏银川召开。季国平、刘卫红等中国剧协领导以及全国27个省区市剧协的代表参加了会议。会上交流了各地剧协组联工作的经验和做法，围绕新中国成立60周年、中国文联成立60周年、中国剧协成立60周年、第11届中国戏剧节等下半年重点工作以及会员工作、剧协网络建设等议题展开讨论，提出建设性意见。组联会议进一步加强了中国剧协和各地剧协的联系，有效地搭建了各地剧协组联工作的交流平台。

【首届中国曲剧艺术节】

5月18～22日，由中国剧协、河南省委宣传部、省文联、省文化厅、中共平顶山市委、市人民政府等部门联合主办的首届中国曲剧艺术节在河南曲剧的发源地之一汝州市成功举办。参加本次曲剧节15个专业、业余曲剧院团，演出了95场河南曲剧的优秀剧目，极大地推动了曲剧的繁荣和发展，也使河南曲剧剧种得到了进一步的推广和传播。艺术节期间，先后举办了“中国曲剧艺术发展论坛”，评选出“十大曲剧名角”及“十大曲剧名角提名奖”。

【第13届中国少儿戏曲小梅花荟萃活动】

8月3～6日，由中国剧协艺术发展中心和各省、自治区、直辖市剧协联合主办的第13届中国少儿戏曲小梅花荟萃活动在江苏盐城举行。共有16个省区市，19个剧种，121名选手参加决赛。比赛分为京昆专业组、业余组和地方戏专业组、业余组，最终有112名选手获得“小梅花”称号。季国平等领导为选手颁奖，中央电视台播出了佩花晚会盛况。此活动连续举办多年，激发了少年儿童学习戏曲的兴趣，发掘了一批戏曲的好苗子，有不少“小梅花”因此走上了专业戏曲演员的道路。

【第六届中国滨州·博兴小戏艺术节】

9月14～18日，由文化部社文司、中国剧协、山东省文化厅等单位联合主办的第六届中国滨州·博兴小戏艺术节在山东博兴举行，演出了吕剧、渔鼓戏、俚曲戏、二人台、花灯剧等剧种，其中90%为新编现代题材作品。中央电视台对参演剧目进行了录制，通过媒体推出小剧团、小剧种的优秀剧目，对戏曲艺术的繁荣产生了积极作用。

【新编黄梅戏《美人蕉》】

加工修改新编黄梅戏《美人蕉》是2009年中国文学艺术基金会资助项目，该戏为中国剧协副主席韩再芬主演，安庆再芬黄梅戏剧院负责实施，经过多次修改，11月在第五届中国黄梅戏艺术节

上演出，获得金黄梅奖。此剧目还将不断进行打磨。

对外及对港澳台地区文化交流

【中国剧协代表团出访伊朗、阿联酋】

1月21～31日，以驻会副主席董伟为团长的中国剧协代表团一行2人，出访伊朗和阿联酋，参加了在德黑兰举办的第27届伊朗法加尔国际戏剧节（1月21～25日）以及在阿联酋的福查伊拉市举办的国际剧协第128次执委会会议(1月26～31日)。

【邀请并接待伊朗戏剧家代表团访华】

为建立并促进中、伊两国间的戏剧文化交流与合作，中国剧协邀请以伊朗戏剧艺术中心总负责人曼索尔·帕尔萨伊先生为团长的3人戏剧家代表团来我国进行戏剧交流访问，并观摩了在广州举办的第六届全国儿童剧展演，与广东戏剧界进行交流活动。此次伊朗代表团来华是伊朗戏剧界首次派团访华，增加了两国戏剧界的了解与友谊。

【中国戏剧家代表团访问日本】

应日中文化交流协会邀请，以中国剧协主席尚长荣为团长，副主席濮存昕等为团员的中国戏剧家代表团一行5人，于4月4～9日赴日本北海道和东京进行友好访问。期间进行了以“戏剧人生——尚长荣、濮存昕访谈”为题的演讲会，获得了热烈的反响。

【赴法国参加国际剧协常委会】

应国际剧协秘书长托比亚斯·比安科尼邀请，中国剧协派国际剧协常委会委员董伟等2人，于5月8～11日赴法国巴黎参加国际剧协常委会第128次会议及国际剧协11个委员会和常委会首次联席会议。

【组派代表团赴瑞典参加瑞典双年戏剧节】

应瑞典戏剧联盟主任安·玛丽·恩格尔的邀请，以中国剧协秘书长季国平为团长的代表团一行3人，于6月2～7日赴瑞典布罗斯市参加第九届瑞典双年戏剧节，并与瑞典戏剧联盟副主席、演员协会主席安娜·卡尔松等戏剧家进行了深入的交流。通过观摩外国剧目演出和与瑞典艺术家交流，达到了互通信息、相互学习、增进感情的目的。戏剧节期间，瑞典戏剧联盟介绍了由他们负责实施的“儿童之声”项目，中国太原“儿童之声”项目小组也在会议上汇报和展示了具体演出情况。

【中国“儿童之声”项目出访老挝】

应老挝弱势青年发展协会邀请，中国剧协组派儿童之声项目负责人王岭及昆明儿艺的3名优秀儿童剧演员，于6月24～29日出访老挝，与当地儿童戏剧工作者进行艺术交流并举办了以“演给儿童的戏剧和儿童来演出的戏剧”为主题的“儿童之声”工作坊。

【邀请瑞典专家赴济南指导“儿童之声”项目】

为进一步推动中瑞两国在儿童剧领域的艺术交流，中国剧协邀请来自瑞典斯拉瓦剧团的3名儿童剧表演艺术家赴山东济南参加第三届全国儿童之声工作坊，指导和教授儿童剧表演方法。工作坊由中国剧协主办，济南儿童艺术剧院承办，于7月18～26日举行。共有来自北京、武汉、西安、青岛、济南、昆明、安徽、浙江、山西等11家儿童剧院团和学校的20名学员参加了工作坊的培训学习。期间中国剧协还邀请了10名越南儿童剧工作者前来与中国学员交流。

【中国戏剧家代表团出访波兰】

应波兰文化部国际文化推广署(即亚当·密茨凯维奇学会)负责人帕维尔·波多罗茨先生邀请，由国家话剧院院长周志强、上海话剧艺术中心总经理杨绍林、武汉人民艺术剧院院长刘复、中央戏剧学院戏文系副主任郭涤、中国剧协外联部副主任王岭等5人组成的中国戏剧家代表团于10月6～12日出访波兰，参加该学会组织的戏剧交流活动并观摩演出。

【赴苏丹出席国际剧协第129次执委会】

国际剧协第129次执委会于10月14～19日在苏丹首都喀土穆举行。国际剧协常委董伟由于工作原因无法与会，中国剧协派外联部副主任、国际剧协中国中心秘书长王岭作为代表前往与会。通过参加本年度的几次国际剧协会议，中国剧协对国际剧协的规则与运作模式有了更加清晰的认识与了解，使中国剧协更深入、更直接地参与到国际剧协的管理工作之中，行使了更多的话语权，进一步提高和巩固了在国际剧协的地位。

【赴韩国参加第16届BESETO(中韩日)戏剧节】

应韩国第16届BESETO节组委会邀请，中国剧协组派了以副主席、国家话剧院王晓鹰为团长的中国剧协代表团一行4人，于10月16～21日赴韩国参加第16届BESETO（中韩日）戏剧节活动。

本届戏剧节共有来自中韩日三国的5台剧目参加演出。上海话剧艺术中心的《秀才与刽子手》、四川省川剧院的《火焰山》、日本SCOT剧团的《西哈诺》、青年团剧团的《东京笔记》以及韩国首尔市立剧团的《达尔文的乌龟》等5台剧目分别在明洞剧场、南山艺术中心、大学路艺术剧场、世宗文化会馆剧场精彩上演各2场。《秀才与刽子手》展示了典型的中国思维和中国化的黑色幽默；《火焰山》展示了变脸、吐火、矮身法、水秀功、翎子等川剧艺术的表演绝活，均获得首尔观众的热烈好评。

【赴孟加拉参加“儿童之声”项目交流活动】

应孟加拉鲁潘塔尔（Rupantar）组织执行官斯瓦潘·古哈先生邀请，以中国剧协外联部副主任王岭为团长的5人代表团，于10月22～30日出访孟加拉，与当地“儿童之声”项目的有关剧团和戏剧组织进行了广泛的交流活动。

【梅花奖艺术团“美国行”活动】

应美国亚洲传媒集团邀请，中国剧协梅花奖艺术团一行24人，于10月15～22日首次赴美国进行文化交流和采风活动，并在纽约、波士顿举办了2场演出，其中10月18日“戏聚纽约”晚会在全球著名的艺术圣殿纽约林肯中心隆重举行。当晚演出汇集了京剧、昆曲、越剧、绍剧、歌剧等剧种，演出好戏连连，精彩不断。尚长荣与黄金搭档言兴朋表演的传统京剧《二进宫》选段让观众如痴如醉。裴艳玲表演了拿手好戏昆曲《林冲夜奔》，表演如行云流水，使观众叹赏不已。昆曲武生林为林表演的《吕布试马》，腿功精湛、身手矫健；京剧裘派花脸孟广禄表演的《铡美案》、《赤桑镇》，节奏铿锵、唱功不凡。女高音歌唱家万山红以一曲轻快、优美的《南泥湾》激起了不少华人华侨朋友的美好回忆，他们和着节拍为演员鼓掌。而善于演唱西洋歌剧的另一位女高音歌唱家么红则带来了一曲高难度的《今夜无人入睡》，高亢的嗓音响彻云霄。晚会由话剧、影视明星张凯丽、吴京安担任主持人。在观众的强烈要求下，张凯丽为观众深情演唱了电视剧《渴望》的主题曲《好人一生平安》。当熟悉的旋律响起，观众们纷纷和着旋律拍手，掀起了全场大合唱；一曲唱罢，观众意犹未尽，她又在观众的如潮掌声中深情朗诵了诗歌《祖国万岁》，许多观众深受感染，眼泛泪花。“美国行”活动可谓名家荟萃、盛况空前，演出取得圆满成功，反响强烈。（参见“重要活动”栏目“梅花奖艺术团”）

【邀请台湾戏剧院团参加第11届中国戏剧节演出】

在第11届中国戏剧节上，组委会邀请台湾国光剧团的新编京剧《金锁记》、台北艺术大学的话剧《呐喊窦娥》、台湾戏曲学院京剧团的昆曲《李香君》参演。同时厦门歌仔戏剧团还与台湾唐美云歌仔戏剧团联袂演出了《蝴蝶之恋》，这是海峡两岸艺术家首次合演的歌仔戏。这在中国戏剧节历史上是第一次实现台湾剧目整体参演，第一次实现两岸地方戏剧团共同合作的剧目参赛。

【邀请国外戏剧组织负责人来华观摩第11届中国戏剧节活动】

为扩大我国戏剧影响，加强国际戏剧交流，中国剧协邀请了国际剧协主席拉门度·马珠姆达夫妇、瑞典导演协会及实验戏剧协会主席马西亚斯·拉弗利先生、国际戏剧研究会副主席聂珂玲教授、新加坡戏曲学院院长蔡曙鹏博士、国际剧协韩国中心主席辛一秀先生、首尔国际表演艺术节前主席金正钰先生、俄罗斯契诃夫戏剧节副主任玛丽亚·马尔金娜女士、契诃夫戏剧节对外项目协调员安娜·克拉斯诺娃女士，以及以俄罗斯剧协委员会委员、叶卡捷琳堡音乐剧剧院总监米·萨弗洛诺夫为团长的4位俄罗斯剧协的代表共13人来华前往厦门观摩第11届中国戏剧节演出，并参加了剧目点评会以及中外戏剧家座谈会等活动，取得了非常好的交流效果。

机关建设

【会员工作】

编辑完成了《中国剧协会员名册》，审批新会员151名。截至2009年底，中国剧协共计拥有10364名注册会员。

【资料和信息数据库的建立和整理工作】

根据文联的工作部署，对中国剧协顾问、主席团成员及理事的基本情况及艺术成就进行了整理，基本完成数据库录入工作。建立了剧协全体工作人员信息数据库。

【舆情信息、简报和宣传工作】

3月26日，在中国文联召开的全国文联系统

舆情信息工作会议上获先进个人奖。2009 年，共出剧协简报 27 期。报送文联舆情信息 25 篇，被《中国文联（绿头）简报》采用 2 篇，《文艺专题报告》采用 1 篇，《文艺舆情摘报》采用 14 篇。中央电视台对本年度剧协的重大活动均有报道，新华社、《人民日报》、《光明日报》、《中国文化报》、《文艺报》、《中国艺术报》以及境外新闻媒体也对剧协活动进行了大量宣传，进一步扩大了中国剧协在社会上的影响。

【网站建设】

与绿色中国网络电视中心合作，开设戏剧频道视频网站，在试运行阶段，剧协的戏剧活动视频最高点击率达 41 万余次，有效地扩大了中国剧协所办活动在社会上的影响。

【老干部工作】

组织老干部进行科学发展观的学习，关心他们的生活和健康。4 月 30 日，为赵寻、刘厚生等 35 名 70 岁以上的离退休老干部举办了温馨的集体生日会，共有近 50 位老同志参加，协会领导出席并祝寿。5 月 17 ~ 18 日，组织协会 40 余名老同志赴门头沟珍珠湖春游；9 月 17 日，组织老同志赴京都天下第一瀑秋游。在新中国成立 60 年前夕，根据中组部通知要求和中国文联的统一部署，走访慰问了 29 位离休老干部，并为 18 位老同志安装了 999 紧急呼叫装置。组织老同志参加文联系统庆祝新中国成立 60 周年书画摄影比赛，有 4 名老同志参赛并获得奖项。在文联老干部局组织的文联系统健康老人评比活动中，中国剧协 17 位老同志获得健康老人荣誉称号，并于 12 月完成了 2009 年中国剧协“长寿老人”和“健康之星” 评选活动。

直属单位

2009 年，中国剧协按照中国文联的统一部署，完成了《中国戏剧》、《剧本》、《中国戏剧年鉴》3 个刊物的事业单位岗位竞聘工作，调整和补充了杂志社的领导班子，为进一步发挥刊物活力、扩大刊物影响提供了有力保障。

【《中国戏剧》】

《中国戏剧》开辟了“中国戏剧 60 年”专栏，刊登戏剧界专家对新中国戏剧 60 年的辉煌成就、历史经验以及面临挑战等问题的探讨和研究文章，再次引起戏剧界的关注。组织召开了《于无声处》、《浮士德》、梅花版《打金枝》等戏的剧目研讨会。积极做好剧协重大活动的宣传报道工作。7 月在承德召开了理事会。

【《剧本》】

《剧本》在原有栏目的基础上，增设了“与新中国同行——纪念新中国成立 60 周年”、“改革开放 30 周年”、“重点关注”、“戏剧前沿”、“直击现状”等栏目。加强与剧作家的联系，提高刊物的学术品位。出版两期增刊，取得了两个效益双丰收。举办了全国小品小戏农村题材征文及颁奖活动，组织召开全国剧本创作和剧作家现状信息交流会及中外民族戏剧学学术研讨会。10 月在常州召开了理事会。

【《中国戏剧年鉴》】

《中国戏剧年鉴》完成《中国戏剧年鉴》（2009 年卷）的编纂工作，完成《新时期戏剧创作研究文集》、《理论评论奖获奖论文集》出版工作。

【中国戏剧出版社】

中国戏剧出版社继续深化体制和机制改革，促进整体经营形势进一步好转。继续严格规范出版业务流程，狠抓图书编校质量，营销发行步入正规，逐步转向良性发展。《行走泰顺》一书获第六届中国大学书籍装帧艺术评奖整体设计“十佳最美装帧奖”；《中国戏曲通史》、《二十世纪》光荣入选“中国经典国际出版工程”，在全国出版社排序中名列前茅。

中国电影家协会

综　述

2009年，中国电影家协会遵循中国文联八届四次全委会精神，按照中国影协第八次全国代表大会确定的工作任务，认真贯彻落实党的十七大和十七届四中全会精神，坚持以科学发展观统领影协的全面工作，加强领导班子、机关党建、工作作风和干部队伍建设；认真抓好中华人民共和国成立60周年和中国影协成立60周年系列纪念活动和加强理论评论工作两个重点；着力推进行业建设体制机制创新、出版期刊业改革和评奖办节运作方式创新的工作思路。忠实履行“联络、协调、服务”职能，发挥“组织、引导、服务、维权”的作用，为促进电影界大团结，促进中国电影的大发展大繁荣作出积极的努力，全年工作取得了新进展。

主要会议

【第八届主席团第二次会议】

3月2日，中国电影家协会第八届主席团第二次会议在北京召开。会议由中国电影家协会主席李前宽主持，驻会副主席、分党组书记康健民，副主席李雪健、童刚、李平分、尹力等出席会议。影协分党组副书记、秘书长许柏林，分党组成员、副秘书长柳秀文及相关职能部门的负责人列席了会议。

会议传达了李长春春节期间慰问李前宽时的谈话精神，康健民通报了《中国影协2009年工作要点》。主席团在听取了康健民的汇报后，一致认为《中国电影家协会2009年工作要点》的“一一二三”（即“一个统领、一个加强、两项工作、三个创新”）工作思路切合中国影协事业发展的实际，求真务实，有很强的针对性。

中国影协成立60周年庆祝大会

7月8日，中国影协成立60周年庆祝大会在政协礼堂召开。中国文联党组书记、副主席胡振民，中国文联党组成员、副主席杨志今，中宣部文艺局副局长孟祥林，国家广电总局电影局副局长张宏森，中国文联荣誉委员、中国影协名誉主席谢铁骊，中国影协顾问于洋、于蓝、王晓棠、田华、刘建中、苏叔阳、李国民、高鸿鹄，主席李前宽，分党组书记、副主席康健民，副主席尹力、成龙、张会军，分党组副书记、秘书长许柏林，分党组成员、中国电影出版社社长胡子光，分党组成员、副秘书长柳秀文及中国文联机关各部室有关负责人，中国文联各文艺家协会、各直属单位、及电影艺术家代表、媒体记者等约300人参加了会议。大会在庄严的国歌声中开始。康健民主持大会，杨志今、张宏森、李前宽先后致辞。

第18届中国金鸡百花电影节

10月14日，第18届中国金鸡百花电影节开幕式在南昌市举行。全国政协副主席罗富和，中国文联党组书记、副主席胡振民，国家广电总局副局长张丕民，南昌市市长胡宪，中共南昌市委常委、宣传部长周关，中国影协名誉主席谢铁骊，中国影协主席李前宽，中国影协分党组书记、副主席康健民，中国影协副主席尹力，张会军，中国影协分党组副书记、秘书长许柏林，中国影协分党组成员、中国电影出版社社长胡子光，分党组成员、副秘书长柳秀文及老中青三代电影艺术家出席了开幕式。

开幕式上，“南昌，今夜星光灿烂”的主题晚会流光溢彩，满场生辉。演员们的精彩表演高潮迭起，上下互动。

开幕式后，“电影论坛”、“送电影进校园”、“金鸡国际影展”、“贺岁前夜”、“国产新片展”、“颁奖典礼”等各大主题活动也陆续拉开了帷幕。

10月17日晚，第27届中国电影金鸡奖评选结果在南昌揭晓。中国文联党组副书记、副主席覃志刚，江西省南昌市有关方面领导，中国影协有关

领导及老中青三代艺术家出席了颁奖典礼。获得第27届中国电影金鸡奖最佳故事片为《集结号》和《梅兰芳》，最佳导演为冯小刚（《集结号》），最佳男主角为吴刚（《铁人》），最佳女主角为蒋雯丽（《立春》）和周迅（《李米的猜想》），最佳男配角为王学圻（《梅兰芳》），最佳女配角为岳红（《走着瞧》），最佳编剧为江海洋、谷白、宗福先（《高考1977》），最佳摄影为吕乐（《集结号》），最佳美术为芦月林、余麦多（《铁人》），最佳音乐为王黎光（《集结号》），最佳录音为王乐文、李安磊、安韶峰（《八月一日》），最佳儿童片为《走路上学》，最佳纪录片为《决战太原》，最佳科教片为《月球探秘》，最佳美术片为《马兰花》，最佳戏曲片为《廉吏于成龙》，最佳导演处女作为李大为（《走着瞧》），最佳数字电影为《走四方》。评委会故事片奖授予《八月一日》，评委会编剧奖授予程晓玲（《清水的故事》）。

【秦怡、于蓝获中国电影金鸡奖终身成就奖】

第18届中国金鸡百花电影节上德高望重的著名电影艺术家秦怡、于蓝获得中国电影金鸡奖终身成就奖。中国文联党组副书记、副主席覃志刚，中国电影家协会名誉主席谢铁骊和著名导演翟俊杰、肖桂云为秦怡、于蓝颁奖。

【中国电影金鸡奖首次设立“金鸡提名奖”】

第18届中国金鸡百花电影节上首次设立中国电影金鸡奖“金鸡提名奖”。

10月16日，“金鸡提名奖”颁奖典礼在南昌举行。最佳导演提名陈嘉上，导演处女作提名李大为、彭家煌、彭臣、西尔扎提·牙合甫、黄河，最佳编剧提名江海洋、思芜、程晓玲，最佳男主角提名吴刚、孙敏、马国伟，最佳女主角提名姚星彤，最佳男女配角提名邓超、黄渤、杨新鸣、岳红、曹翠芬、姜宏波、董璇，最佳录音提名王乐文、李安磊、安韶峰、顾长宁，最佳录音提名王黎光等出席了颁奖仪式。

【中国电影论坛】

本届中国电影论坛的主题是“主流文化与中国主流大片”，研讨会共分为“宏观视野：新时代的中国大片”、“创作创新：中国主流大片的艺术流变”、“产业升级：中国大片的市场运作”、“战略发展：中国大片的拓展空间”4个研讨单元。

10月14日，第18届中国金鸡百花电影节中国电影论坛在江西南昌开幕。中国电影家协会分党组书记、驻会副主席康健民，中共南昌市委常委、宣传部长周关，中国电影家协会副主席尹力，中国电影家协会分党组成员、中国电影出版社社长胡子光，第27届中国电影金鸡奖评委会主任委员、著名导演翟俊杰，以及专家学者、业界专业人士共约50余人出席了当天的开幕式，开幕式由中国电影家协会分党组副书记、秘书长许柏林主持。康健民、周关分别致辞，清华大学熊澄宇教授作为学者代表发言。

【“金鸡百花杯”中小学生影评大赛颁奖仪式举行】

第18届中国金鸡百花电影节中国电影论坛闭幕式暨“金鸡百花杯”中小学生影评大赛颁奖仪式在南昌二中举行。中国电影家协会副主席、北京电影学院院长张会军，南昌市人民政府副秘书长朱敏华，中国电影家协会分党组副书记、秘书长许柏林，中国电影家协会分党组成员、副秘书长柳秀文，南昌市教育局局长熊晓武、副局长邵梅珍，南昌市文联副主席邹时光，以及出席“中国电影论坛：主流文化与中国主流大片”研讨会的嘉宾、“金鸡百花杯”中小学生影评大赛获奖学生和南昌二中部分学生代表出席了闭幕式暨颁奖仪式。

【国产新片推介展映活动新增“贺岁前夜”】

第18届金鸡百花电影节首次策划了“贺岁前夜”——贺岁影片推介展。

2009“中国金鸡百花电影节”国产新片推介展映活动共有32部影片参加国产新片推介展映活动。其间举办了开幕式欢迎酒会，“贺岁前夜”晚会，影片新闻发布会（3场），影片媒体及观众见面会（4场），影片的海报揭幕仪式等重头活动。2009年的参展影片题材多样、风格各异；观众见面会、新闻发布会等各个活动的形式丰富多样，对本土电影的宣传力度明显增强。

【金鸡国际影展、港台影展】

第18届中国金鸡百花电影节金鸡国际影展开幕式于10月13日在中影协经典影城举行。中国影协分党组书记、副主席康健民致辞，来自各国的电影家代表出席了开幕式。

本次影展挑选了来自马来西亚、新加坡、越南、缅甸、俄罗斯、乌克兰、韩国、美国、新西兰、波兰、匈牙利、以色列、英国、法国、德国等15个国家的20部影片。南昌的专家和热心观众对20部影片进行了评选，共评出了“观众最喜爱的影片”、“观众最喜爱的导演”、“观众最喜爱的男演员”、“观众最喜爱的女演员”4个奖项。在10月17日金鸡国际影展的闭幕式暨颁奖典礼上向获奖代表颁发了纪念品。

香港影展2009年举办的是成龙经典影片展。挑选了从20世纪70年代末至2004年间他各个时期的代表作5部，其中有动作片、喜剧片、警匪片和爱情片。

各项主题活动

【改革开放30年电影文学创作研讨会】

1月9日，中国电影家协会电影文学创作委员会举行了“改革开放30年电影文学创作研讨会”。中国电影家协会领导康健民、许柏林、胡子光、柳秀文出席了研讨会，研讨会由电影文学创作委员会主任张思涛、副主任赵葆华主持，苏叔阳、王兴东、康丽雯、费明、黄丹、刘星等电影剧作家以及柳城、黄式宪、王一川、王人殷、朱晓鸥等电影理论家在会上发言。“力鸿杯”改革开放30年优秀电影剧本推选在会上揭晓。

【“送欢乐、下基层”活动】

1月13～14日，由中国文联、中国影协、江苏省文联共同组织的以“构建和谐社会、培育文明风尚”为主题的“送欢乐、下基层”慰问活动在江苏省南京市浦口区汤泉镇举行。

在中国影协分党组书记、驻会副主席康健民的带领下，翟俊杰、雷恪生、陶玉玲、王霙、张光北、阎青妤、姚晨等老中青三代电影人为汤泉镇的父老乡亲和大吉集团、浦镇车辆厂的工人师傅们送上了精彩的电影、文艺演出和新春的祝福。

【“中国影协杯”优秀电影剧作推选活动】

从2009年开始，举办一年一度优秀电影剧作推选活动，获选的优秀电影剧作将被命名为“中国影协杯”优秀电影剧作。

1月28日，第一届“中国影协杯”优秀电影剧作推选系列活动在北京举行。多名来自各方面的领导和专家就“国产电影的现实品格”这个主题进行了讨论。在随后进行的表彰典礼上揭晓了本届优秀电影剧作推选活动评选出的优秀电影剧本，《铁人》、《梅兰芳》、《清水的故事》、《沂蒙六姐妹》和数字电影《走四方》等5部影片从10部入围影片中脱颖而出。

【援助藏区贫困学生——明星在行动】

3月26日，中国电影家协会组织考察位于云南省迪庆州德钦县的普利藏文学校。迪庆州宣传部副部长白玉新、德钦县副县长张永明，德钦县委和县教育局的有关领导陪同参观了学校。“援助藏区贫困学生——明星在行动”活动，广泛呼吁明星们关注并资助需要帮助的藏族儿童，成为他们的明星爸爸妈妈，从物质上和精神上关心和帮助这些孩子的成长。

【《铁人》剧组与大学生见面会】

5月15日，由中国电影家协会、北京电影学院主办，中国影协高校电影联盟承办的“《铁人》剧组与大学生见面会”在北京电影学院标准放映厅举行。

中国影协副主席、中国影协高校电影联盟主任、北京电影学院院长张会军，中国影协副主席、导演尹力以及《铁人》剧组的演员吴刚、黄渤等出席了见面会。见面会由张会军主持。清华大学、北京大学、中国人民大学、中央民族大学、北京邮电大学、北京电影学院等北京高校的大学生们参加了见面会，并踊跃向剧组的主创人员提出问题。

【全国电影家协会秘书长工作会议】

5月19日，中国电影家协会全国秘书长会在山西省太原市召开。中国电影家协会分党组书记、副主席康健民，分党组副书记、秘书长许柏林和分党组成员、副秘书长柳秀文及各地影协秘书长出席了会议。康健民通报了2009年协会工作要点并就如何加强行业建设、行业管理、行业自律发表了意见。各地影协秘书长结合中国影协2009年工作要点和本省的工作实际纷纷发言。会议由许柏林主持。

【为中国纪录电影事业开创者立传】

5月25日，《他从青戈江畔来——钱筱璋传》新书首发式暨研讨会在京举行。电影人物传记《他从青戈江畔来——钱筱璋传》由中国电影出版社出版。这是自2005年中国电影家协会推出《中国电影家传记丛书》以来，第一次将书写的焦点会聚于中国纪录电影工作者。

【“百花放映”送电影下基层】

6月18日，由中国影协主办，国家广电总局电影局和全国妇联中国妇女发展基金会支持的“百花放映 大宝有约——送电影下基层广场公益电影全国放映活动”在京启动。全国妇联党组成员张静，中国影协分党组书记、副主席康健民，中国妇女发展基金会秘书长苏凤杰，中国影协分党组副书记、秘书长许柏林，分党组成员、中国电影出版社社长胡子光，分党组成员、副秘书长柳秀文，国家广电总局电影局市场管理处处长周宝林和来自湖南基层电影院线的代表，以及著名电影表演艺术家田华、陶玉玲，著名导演尹力，青年演员李琳等出席了启动仪式。

【影视剪辑与中国电影发展论坛】

11月19～22日，由中国影协、中国电影剪辑学会主办的“影视剪辑与中国电影发展论坛”在京举行。作为中国剪辑界的一项盛事，论坛不但吸引了众多剪辑师前来参会，并且得到了广大剪辑爱好者、从业人员以及多家媒体的密切关注。论坛不仅为影视剪辑界内部创造了交流平台，促进了行业发展，扩大了剪辑行业的影响，同时也通过表彰、主题演讲等活动提高了这些影视后期剪辑师“幕后英雄”的知名度和影响力。

理论评论

【电影理论评论60年研讨会】

5月8～10日，为庆祝中华人民共和国成立60周年，回顾总结60年来电影理论研究、电影评论发展状况，中国电影家协会与江苏省文联在南京举办了“电影理论评论60年”主题研讨会。中国文联党组成员、副主席杨志今出席开幕式并致辞。

【《麋兵天府》观摩研讨会】

5月7日，由中国电影家协会主办、电影艺术杂志社承办的《麋兵天府》观摩研讨会在中国电影家协会三楼召开。研讨会由中国电影家协会秘书长许柏林主持，影片导演李康生参与了研讨，中国电影家协会分党组书记康健民与在京部分业界知名专家就影片展开了热烈讨论。

【《铁人》观摩研讨会】

5月14日，中国电影家协会召开影片《铁人》观摩研讨会。影片导演尹力、执行导演张嘉禾以及紫禁城影业副总经理李晓彤参与了研讨，中国电影家协会分党组书记康健民与在京部分评论家、学者出席了会议。

【中国农村题材电影创作研讨会】

5月20～21日，中国影协、山西省文联、山西省农村文化促进会、吕梁市委市政府联合主办的第二届全国农村题材电影创作研讨会在山西吕梁孝义市举办。中国文联荣誉委员、国家重大革命历史题材创作领导小组副组长李准，中国电影家协会分党组书记、驻会副主席康健民，山西省文联党组书记宋新柱，中国影协分党组副书记、秘书长许柏林和分党组成员、副秘书长柳秀文，吕梁市、孝义市部分领导，著名电影表演艺术家张勇手和陶玉玲，著名剧作家王朝柱也出席了研讨会。

【《2009中国电影产业研究报告》、《2009中国电影艺术报告》发布会】

6月24日，由中国电影家协会主办的《2009中国电影产业研究报告》、《2009中国电影艺术报告》发布会在京举行。中国文联党组成员、副主席杨志今，中国文联理论研究室主任董耀鹏，中国电影家协会分党组书记、副主席康健民，中国电影家协会分党组成员、中国电影出版社社长胡子光，中国电影家协会分党组成员、副秘书长柳秀文以及报告作者、专家学者、业界代表、媒体记者共80多人参加了当天的发布会。

【与共和国同行——银幕上的新中国形象主题座谈会】

7月9日，为庆祝中华人民共和国成立60周年，中国影协举行了“与共和国同行——银幕上的新中国形象”主题座谈会。中国影协顾问于洋、于蓝、王晓棠、田华、苏叔阳，中国影协主席李前宽，中国影协分党组书记、副主席康健民，副主席尹力，国家广电总局电影局副局长张宏森，中国影协分党组副书记、秘书长许柏林，分党组成员、副秘书长柳秀文，电影艺术家翟俊杰、陈国星、王兴东、王馥荔、高群书、马俪文、曹保平、颜丙燕、黄渤等出席了座谈会。

【“老电影沙龙”举办“与共和国同行”影展及影迷见面会】

7月9日，中国影协举行了“老电影沙龙”之“与共和国同行——银幕上的新中国形象”影片主创与观众见面会活动。《开国大典》、《惊涛骇浪》、《较量》等12部反映新中国精神风貌的经典影片主创人员与影迷亲密互动，收到良好效果。

【第四届华语青年影像论坛】

11月1～6日，第四届华语青年影像论坛在北京举行。本届的华语青年影像论坛是最盛大的一届，台湾地区40多名中青年导演、制片人集体赶赴北京，成为史上最大的来京台湾导演团。本届论坛主体活动由六大活动板块构成：华语青年影像论坛开幕式、高峰研讨会、圆桌研讨会（艺术研讨与融资研讨）、北京电影计划融资会、华语青年影像论坛观摩周、华语青年影像论坛闭幕式。同时，为增加两岸交流，增加了“台湾青年电影之夜”主题活动。论坛活动期间，有近3000人次参加了论坛相关活动，收到良好的效果。

对外及对港澳台地区文化交流

【首届海峡两岸闽南语电影研讨会】

3月19～22日，中国电影家协会、福建省文联和福建省电影家协会联合举办了首届“中国海峡两岸闽南语电影研讨会”。此次研讨会由晋江大剧院、泉州市电影家协会、厦门电影家协会等单位联合承办。海峡两岸数十名专家齐聚一堂，共商闽南语电影的发展。中国电影家协会分党组书记、驻会副主席康健民，福建省文联党组书记、书记处书记、副主席范碧云及台湾电影资料馆馆长李天礢，台湾政治大学广播电视系副教授卢非易，台湾台南艺术大学音像纪录研究所副教授、电影导演黄玉珊，中国艺术研究院影视研究所副研究员李清，厦门大学台湾研究院研究员陈飞宝等海峡两岸研究闽南语电影的专家学者齐聚一堂，共同探讨闽南语电影的发展轨迹及特点，他们通过大量的图片、文字、数据以及影像等资料，详细地介绍了海峡两岸半个多世纪来闽南语电影的发展。

【赴香港台湾遴选影片】

3月22～27日，中国影协派团参加了香港国际影视展，为10月份在江西南昌举办的第18届中国金鸡百花电影节国际影展遴选影片，并就大陆与香港、澳门、台湾电影人的合作与交流与有关人士进行了商谈。

【赴捷克举办中国电影展】

4月19～24日，应捷克FINÁLE电影节主席Ivan Jachim的邀请，以中国影协分党组成员、中国电影出版社社长胡子光为团长的3人代表团赴捷克参加了第22届FINÁLE电影节开幕式活动，并应邀在电影节上举办了中国电影展单元，放映了国产影片《女儿船》（2008）、《香巴拉信使》（2007）、《长调》（2007）和《剃头匠》（2006）。

【出席第31届莫斯科国际电影节】

以中国电影家协会分党组副书记、秘书长许柏林为团长的中国电影家协会代表团一行3人赴俄罗斯出席了第31届莫斯科国际电影节。这是中国电影家协会首次派团参加该电影节。

【第24届中日电影文学剧作研讨会】

9月23～29日，以中国影协文学创作委员会副主任、著名剧作家赵葆华为团长，刘星、黄丹、鲁书潮、张挺、汪晓志、杨军、姚星彤为团员的中国影协剧作家代表团一行8人赴日本东京出席第24届中日电影文学剧作研讨会。

【亚欧国家电影家协会主席论坛暨世界电影联盟2009年年会】

11月23日，由中国电影家协会主办的亚欧国家电影家协会主席论坛暨世界电影联盟年会在北京开幕。中国电影家协会主席、著名导演李前宽，中国影协分党组书记、副主席康健民，中国影协分党组副书记、秘书长许柏林，中国文联国际部副主任范斌，中国影协分党组成员、副秘书长柳秀文，以及波兰电影家协会主席、世界电影联盟主席亚采克·布洛姆斯基和来自瑞士、西班牙、意大利、越南、土耳其、摩洛哥、比利时等12个国家的电影工作者代表和国内专家学者、新闻界的朋友们出席了开幕式。

11月24～25日，论坛进行了为期两天的专题讨论。出席论坛的国内国际嘉宾围绕电影制作：欧洲、中国与世界的形势；电影与文化的多样性；世界范围内文化的多样性；互联网领域中作者的权利；如何在世界组织中更好地发挥各国电影家协会的作用等主题进行发言和交流。论坛热议促进电影发展合作的《北京宣言》，并一致通过。

机关建设

【分党组听取各部门汇报】

2～3月，康健民主持分党组工作会议，用8天时间，分别听取协会各部室、出版社、大众电影等16个单位2009年工作计划汇报，就做好2010年工作做了指示。

【理论中心组学习】

2月23～24日，中国影协召开理论学习中心组扩大会，分党组领导康健民、许柏林、胡子光、柳秀文及协会、电影出版社、大众电影杂志社中层干部共36人参加了会议。会上，传达学习了刘云山在接见中国影协第八届主席团时的讲话、中共中央宣传部2009年宣传思想工作要点、中央经济工作会议精神、胡振民在中国文联第八届全委会第四次会议上的讲话、国办发114号文件、全国广播影视局长会议精神、八次影代会精神等7项内容。康健民结合文件精神作中心发言，提出了协会2009年工作思路即："一个统领、一个加强、两个推进、三个创新"。

【离退休专家座谈2009年贺岁影片】

中国影协老干部处组织十几位离退休专家，针对目前国产电影形势特别是2009年几部贺岁电影片进行了座谈。

【机关党委组织职工参观"西藏民主改革50年"展览】

4月10日，影协机关党委组织机关全体职工前往北京民族文化宫参观"西藏民主改革50年大型展览"。

【组织职工参加植树造林活动】

4月17日，中国影协组织全体职工到十三陵中直机关造林基地进行植树造林活动。

【中国电影出版社出书纪念"5·12"地震一周年】

为了纪念"5·12"汶川大地震一周年，中国电影出版社经过近一年的筹划，出版了电影文学剧本《生命的托举》、《5·12汶川不相信眼泪》及摄影美术书法特展作品集《众志成城》。

【获中国文联歌唱比赛一等奖】

8月29日，在中国文联举办的"庆祝新中国成立60周年职工歌唱比赛"决赛当中，中国电影家协会代表队以一曲《草原上升起不落的太阳》过关斩将，最终夺得比赛的一等奖。

期刊出版

【中国电影出版社】

2009年，中国电影出版社在严格把握正确出版方向的基础上，积极采取措施应对图书市场的新变化，编辑出版了一批高质量的影视专业图书、影视教材和服务于电影产业发展的图书。例如:《实用电影编剧》、《电影摄影技巧》、《什么是好电影》、《中国电影家协会成立60年画册》、《2009中国电影产业研究报告》、《2009中国电影艺术报告》、《启示——〈建国大业〉解密与剖析》、《南昌与中国电影》等，整体出版结构表现出更加突出的电影专业特色。在出版的影视教学图书中，与中央戏剧学院合作出版的《表演概论》获得了北京市教委精品教材奖，与北京电影学院合作出版的《中国电影专业史研究——电影摄影卷》获教育部高等学校科学研究优秀成果奖（人文社科类）。编辑出版《环球银幕》期刊12期，《环球银幕》增刊两期，受到越来越多的电影爱好者的关注和好评。

按照中央关于出版体制改革的要求和部署，2009年中国电影出版社在中国文联党组和中国影协分党组的领导下，立足实际，认真落实中央精神，先后完成了转企改制前的清产核资和专项审计工作、相关人员的分类统计与测算工作、行业调研等大量的基础准备工作。对转企改制工作中存在的困难与问题进行了认真的梳理、研究和汇总上报，积极推动转企改制工作的深入进行。

【大众电影杂志社】

2009年，杂志社对于"庆祝新中国成立60周年"、"第18届金鸡百花电影节"等重大事件，采取全年持续报道和大版面集中报道相结合的方式，在"封面故事"、"报道"、"人物"、"访谈"、"往事"、"回眸"等栏目上进行了重点宣传。

继续坚持积极主动的报道主旋律电影，坚持及时反映中国影视的发展状况。同时，通过强调选题策划时的市场性要求，以及对于报道方式的改进和适时组织专题性文化类选题等等方法，以适应市场的需求；其中，着重宣传了10余部能够产生市场效益，对拉动经济有帮助的票房过亿国产影片。努力抓好评论工作，积极组织“有锋芒、有趣味、有道理”的评论文章，坚持“针对性、时效性、专业性和可读性”的要求。全年共计发表关于中国电影（影片、人物、事件、评论）的文章将近500篇，其中对于230余部国产新片、影视一线人物200余人做了不同角度和深度的报道。

在文化体制改革的大环境中，在深入领会中央文化体制改革精神的基础上，结合工作中遇到的实际问题，动员全社职工转变观念，调整工作状态，为迎接转企改制的实质进程做好基础准备工作。同时，逐步完善各项规章制度，加强职工履行岗位职责的要求；坚持进行人员聘任制的改革，使合同制人员的流动朝向有利于杂志社建设的方向发展。

【《中国电影年鉴》】

1. 为纪念新中国成立60周年，7月9日在政协礼堂，该编辑部承办了协会主办的“与共和国同行——银幕上的新中国形象”座谈会。

2. 在纪念新中国成立60周年之际，该编辑部承办由影协和中国剪辑学会联合主办的“影视剪辑与中国电影发展论坛”。

3. 2009卷《中国电影年鉴》为全面回顾改革开放30年来中国电影取得的伟大业绩，增设“纪念中国电影改革开放30周年”栏目，刊载了一系列重要的专稿。在编辑过程中，调整编辑思路，更加注重电影产业发展等方面的动态，选载了《2008年主流电影院线发展综述》、《2008年数字电影发行放映情况概述》、《2008年农村数字电影市场概况》等综述性文章，具有较强的业界参考价值，更加准确、切实地反映我国电影发展的方方面面。

4. 持续运作“老电影沙龙”的周末观影活动，并主办“与共和国同行——银幕上的新中国形象”电影展映活动。

【《电影艺术》】

2009年，配合中华人民共和国成立60周年的庆祝活动，宣传为新中国成立60周年拍摄的国产片，刊物拿出大量版面，作了深度的专业宣传。对中国电影现状、中国电影史、电影理论等方面进行了全面而深入的研究。

成功举办了第四届“华语青年影像论坛”，出色实施了“北京计划”。

电影艺术网站运行良好。网站的开通为刊物推介自己提供了新的窗口，为刊物与读者的联系搭建了新的桥梁。网站及时登陆影协的活动、当期刊物的内容以及“华语青年影像论坛”的活动。通过留言簿栏目，及时了解读者的阅读倾向，调整选题。目前，点击量已达到64万次。为《电影艺术》和“华语青年影像论坛”提供了坚实的平台。

与全国多家期刊发行公司建立联系，订购数量逐步上升。

【《世界电影》】

2009年，《世界电影》如期完成了编辑出版工作，共6期总计120万字。重点推出了介绍国外“电影分级制”和“电影剪辑”两期专集，以及《洛丽塔》、《入殓师》、《朗读者》、《黑色大丽花》、《贫民窟的百万富翁》等优秀新剧本，受到读者的热烈欢迎。

2009年，《世界电影》秉承一贯的精品路线，选题选材精粹，译文质量优秀，及时准确地反映出国外电影理论与创作的大势与动向。刊物运营稳定，发行保持在6000册左右，自办发行部分有较大幅度的增长。

根据中央的精神和文联的部署，《世界电影》在2009年积极进行出版业改革的准备工作，认真学习，转变观念，谋划通过转企改制带来的改革机遇，拓展出创新与发展的新空间。

中国音乐家协会

综　述

2009 年，在中国文联的领导下，中国音乐家协会全面贯彻落实科学发展观，认真学习贯彻党的十七届三中全会、四中全会精神，广泛团结广大会员和音乐工作者，以弘扬主旋律、繁荣音乐创作为己任，认真履行“联络、协调、服务”的基本职能，开拓进取，积极作为，着力拓展新领域，努力打造新亮点，各项工作取得圆满成功，向着建设高效能、权威性的人民文艺团体的目标迈出了新的步伐。

中国音乐家协会
第七次全国代表大会

【中国音乐家协会第七次全国代表大会】

12 月 15 ~ 17 日，中国音乐家协会第七次全国代表大会在北京隆重举行。中共中央政治局委员、中央书记处书记、中宣部部长刘云山出席大会开幕式并做重要讲话，强调广大音乐工作者要紧跟时代前进步伐，顺应人民群众对文化生活的新期待，弘扬主旋律、提倡多样化，谱写出更多无愧于时代、无愧于人民的精品力作，努力铸造中国音乐的新辉蝗。全国政协副主席、中国文联主席孙家正出席会议。 出席 12 月 15 日开幕式的领导同志还有中国文联名誉主席周巍峙，中国文联党组书记、副主席胡振民，解放军总政治部副主任刘永治，文化部副部长、中国文联副主席陈晓光，中国文联党组副书记、副主席覃志刚、李牧，中国文联党组成员、副主席冯远、杨志今，中国文联党组成员、书记处书记廖奔，中国音协名誉主席吴祖强，中宣部文艺局局长左中一、副局长汤恒，中宣部干部局副局长杨小平以及中国文联各文艺家协会、机关各部室、各直属单位负责人。胡振民、陈晓光在开幕式上讲话。中国音协第六届主席傅庚辰致开幕词，中国音协第六届副主席王世光宣读贺词、贺信。开幕式上，中国音协分党组书记、驻会副主席徐沛东代表第六届理事会向大会作了题为《谱写和谐乐章，彰显时代风范，为促进中国音乐事业的大发展大繁荣而奋斗》的工作报告。中国音协分党组成员、副秘书长李培隽作了《关于修改中国音乐家协会章程的说明》。在分组讨论中，与会代表就刘云山的重要讲话和《中国音乐家协会第六届理事会工作报告》、《中国音乐家协会章程》（修改草案）进行了热烈讨论。代表们一致认为，刘云山的讲话对中国音乐事业的繁荣与发展具有重要的指导意义，我们要认真贯彻和落实讲话精神，把中国音协的工作不断推向前进。会议审议通过了《工作报告》和《章程》（修改草案）。选举产生了中国音乐家协会第七届理事会和主席团。赵季平当选中国音乐家协会第七届主席，王次炤等 14 人当选副主席，原中共中央政治局常委、国家副主席曾庆红同志致电，向中国音协第七次全国代表大会的胜利闭幕表示热烈的祝贺，向新当选的中国音协主席赵季平及新一届主席团表示热烈祝贺。

新一届主席团第一次会议推举吴祖强、傅庚辰为中国音协第七届名誉主席，聘请才旦卓玛等 13 人为中国音协第七届顾问。 在大会闭幕式上，赵季平宣布了新当选的中国音协第七届主席、副主席名单和任命徐沛东为中国音协第七届秘书长，李培隽、田晓耕、韩新安为副秘书长的决定。中国文联领导向新推举出的中国音协第七届名誉主席和聘请的顾问颁发了证书、聘书和纪念牌。赵季平致闭幕词。来自全国各省、自治区、直辖市和中直机关、解放军及香港、澳门特别行政区的 397 位代表出席了此次会议。

【中国音乐家协会第七届主席、副主席名单】

主席：赵季平

副主席（按姓氏笔画排序）

王次炤、叶小钢、印青、余隆、宋飞（女）、

宋祖英（女，苗族）、张国勇、努斯来提·瓦吉丁（维吾尔族）、孟卫东、顾欣、徐沛东、彭丽媛（女）、廖昌永、谭利华

【关于推举中国音乐家协会第七届名誉主席和聘请顾问的决定】

根据《中国音乐家协会章程》第26条规定，中国音乐家协会第七届主席团第一次会议研究决定：推举吴祖强、傅庚辰（满族）2名同志为中国音乐家协会第七届名誉主席；聘请才旦卓玛（女，藏族）、王世光、王立平（满族）、孙慎、严良堃、李谷一（女）、吴雁泽、谷建芬（女）、闵惠芬（女）、陆在易、金铁霖（满族）、周小燕（女）、鲍蕙荞（女）等13名同志为中国音协第七届顾问（按姓氏笔画排序）。

【中国音乐家协会第七届理事会理事名单】

（179名，按姓氏笔画排序）

于海、于联华（女）、万山红（女）、马玉宝（撒拉族）、马秋华（女）、王宁、王亮 、王中山（蒙古族）、王付林、王永吉、王次炤、王甫建、王洗平（女）、王建民、王祖皆、王艳梅（女）、王原平、王晓锋、王黎光、王耀华、卞留念、方石、方鸣、方天行、孔庆浩、巴哈尔古丽（女，维吾尔族）、邓建栋、艾立群、叶小钢、田青、田传江、田晓耕、史染朱、白朝晖、印青、冯伯阳、朴瑞星（朝鲜族）、毕忠义、吕继宏、朱彤、 朱亦兵、朱昌耀、朱咏北、朱嘉琪、任卫新、多吉欧珠（藏族）、刘青、刘斌、刘辉、刘云志、刘长安、齐巧荔（女）、关峡（满族）、 关牧村（女，满族）、安金玉（女）、许民、许知俊、许舒亚、牟炫甫、苏越、李南、李聪、李小军、李小虹（女）、李心草、李光华、李仲党、李和平、李海鹰、李培隽、杨青、杨燕迪、更嘎才旦（藏族）、吴军、吴斌、吴玉霞（女）、吴甲丁、吴碧霞（女）、何山、何继英（女）、佟吉生（锡伯族）、余隆、余震、余其铿、邹建平、汪敏（女）、宋飞（女）、宋桥、宋小明、宋祖英（女，苗族）、张也（女）、张艺、张大龙、张千一（朝鲜族）、张立萍（女）、张礼慧（女）张国勇、张桂林、阿拉泰（女，蒙古族）、陈勇、陈卫东、陈小奇、陈光宪、陈晓光、努斯来提·瓦吉丁（维吾尔族）、范哲明、林戈尔、林文增、郁钧剑、尚飞鸽、罗章斌、金兆钧（满族） 周虹、郑健、郎昆、屈塬、孟卫东、孟庆云、孟新洋（满族）、赵季平、赵塔里木、胡宏伟、柯肇雷（满族）、俞峰、美郎多吉（藏族）、费维耀、姚晓强 姚盛昌、敖昌群、莫华伦、顾欣、柴永兴、徐希茅、徐沛东 徐孟东、殷秀梅（女）、翁持更、高久林、郭君、郭文景、席强、唐永葆、唐建平、陶智（满族）、陶亚兵、黄小曼（女）、黄越峰、黄朝瑞（壮族）、曹欢、曹贤邦、曹德森、戚建波、崔文玉、章绍同、阎维文、阎惠昌、梁晓鸣、彭志敏、彭丽媛（女）、彭家鹏、韩红（女，藏族）、韩新安、程牧（满族）、傅磬、谢林义、靳学东、雷蕾（女，满族）、腾格尔（蒙古族）、臧云飞、廖昌永、阚平（女）、谭晶（女）、谭利华、熊纬、黎晓阳、潘兆和、戴嘉枋、魏松（满族）、魏德泮

【关于任命中国音乐家协会第七届秘书长、副秘书长的决定】

根据《中国音乐家协会章程》第24条规定，中国音乐家协会第七届主席团第一次会议研究决定：任命徐沛东为中国音乐家协会第七届秘书长，李培隽、田晓耕、韩新安等3名同志为中国音乐家协会第七届副秘书长。

第七届中国音乐金钟奖

【第七届中国音乐金钟奖】

第七届中国音乐金钟奖继续本着整合资源、统筹兼顾、做大做强的原则，总结经验，继承创新，以确保本届金钟奖各项赛事活动高规格、高质量地顺利进行。在奖项设置方面，根据当前音乐界实际情况和需要，第七届中国音乐金钟奖设立表演奖、终身成就奖两大子项目。其中表演奖设七大赛项，分别为二胡比赛，民族管乐比赛（笛子组，唢呐、笙、管子组）；钢琴比赛，室内乐铜/木管五重奏比赛；声乐演唱比赛（美声组、民族组）；合唱比赛和流行音乐大赛（男声组、女声组、组合组）。报送单位方面，除以往金钟奖报送范围外，各赛项还标明了其他报送单位。在报送方式及评选办法方面进行了更加科学化的调整，采取现场选拔赛和录像报送两种方式。其中，声乐、合唱比赛采取现场选拔赛和录像报送相结合的方式，流行音乐大赛采取分区赛与总决赛的方式进行。此外，各地音协按属地将符合终身成就奖条件的候选人推荐报送到金钟奖组委会。

【第七届中国音乐金钟奖流行音乐大赛（深圳）】

9月20日晚，历经99天、七大赛区、42位专家评审，15万名选手的参与，第七届中国音乐金钟奖流行音乐大赛在深圳落下帷幕。金钟奖流行音乐大赛落户深圳，并倡导流行音乐“回归大众”的理念，在赛制上作出一系列创新——共设立了北京、沈阳、济南、西安、成都、上海、深圳7个分赛区，分赛区赛事及总决赛都在户外广场进行。此次大赛还首次向社会自由音乐人开放，选手既有来自各地音协及专业院团推荐的人员，也有来自社会的自由报名者，共计15万人报名参赛，盛况空前。此次大赛还首次举办了面向港澳台地区的港澳台展演，吸引了大量港澳台选手报名参加。在9月20日下午，中国音乐金钟奖流行音乐大赛专题研讨会在深圳广电集团举行。各方专家齐聚一堂，对如何让金钟流行音乐大赛更加成熟、合理以及中国流行音乐发展的诸多话题展开讨论，为本项比赛增加了浓重的学术气氛。出席研讨会的有中国音协分党组书记、驻会副主席徐沛东，中国音协流行音乐学会会长谷建芬、常务副会长付林，中共深圳市委宣传部副部长段亚兵，深圳广电集团总编辑陈君聪以及大赛评委、大赛合作伙伴、流行音乐领域等代表。9月20日，中国音乐金钟奖流行音乐大赛总决赛“金钟盛典”在深圳锦绣中华民俗村的露天舞台举行。大赛胜出的12强选手纷纷亮相，那英、汪峰、谷峰、TANK（台湾）等加盟献唱。

【第七届中国音乐金钟奖流行音乐大赛获奖名单】

金奖

阿鲁阿卓（女子组）

北京赛区　总政宣传部艺术局推荐

韩炜（男子组）

成都赛区　四川音乐学院推荐

sky组合（组合组）

成都赛区　四川音乐学院推荐

银奖

庆子（女子组）

西安赛区　中国音协流行音乐学会推荐

郑棋元（男子组）

北京赛区　中国歌剧舞剧院推荐

D-boys（组合组）

上海赛区　中国音协流行音乐学会推荐

铜奖

张丹丹（女子组）

济南赛区　江苏省音协推荐

王雯（女子组）

上海赛区　中国音协流行音乐学会推荐

李龙（男子组）

沈阳赛区　中国音协流行音乐学会推荐

谭杰希（男子组）

深圳赛区　中国音协流行音乐学会推荐

【第七届中国音乐金钟奖合唱比赛（重庆）】

9月20～22日举行的第七届中国音乐金钟奖合唱比赛吸引了来自全国各地的45支合唱团、近3000人参赛。本届合唱比赛采用两轮决赛、累计计分、第二轮决赛评委公开亮分的新规则，注重评委会的公正性和透明度，进一步增强了比赛的权威性。在3天时间里，经过两轮六场的激烈角逐，产生了金、银、铜奖。

9月23日晚，由中国文联、中国音协、重庆市人民政府主办的歌唱祖国——第七届中国音乐金钟奖合唱比赛在重庆人民大礼堂落下帷幕。中共中央政治局委员、重庆市委书记薄熙来，中国文联党组书记、副主席胡振民，重庆市委副书记、市长王鸿举，市人大常委会主任陈光国，中国文联荣誉委员、中国音协主席傅庚辰，中国文联副主席、中国音协副主席吴雁泽，中国音协分党组书记、副主席徐沛东，中国音协副主席王世光，重庆市委常委、宣传部部长何事忠等领导出席当晚的颁奖晚会。比赛之余，大赛组委会为参赛团员提供了参加专家合唱排练课的机会。此外，本届中国音乐金钟奖合唱比赛还举办了多场广场展演。

【第七届中国音乐金钟奖合唱比赛获奖名单】

金奖

中国武警男声合唱团

河南师范大学合唱团

温州市女声合唱团

银奖

江苏省演艺集团《爱之旅》合唱团

天津音乐学院青年合唱团

重庆市歌剧院合唱团

铜奖

杭州师范大学合唱团

温州市合唱团

湖北省音协武汉音乐学院“Veksa·东方神

韵”合唱团

广西艺术学院合唱团

【第七届中国音乐金钟奖民乐比赛（南京）】

10月16～22日，由中国文联、中国音协、江苏省委宣传部、江苏省文联共同举办，江苏省文联、江苏省演艺集团、江苏省音协承办的第七届中国音乐金钟奖民乐比赛暨2009中国江苏二胡之乡民族音乐节，在江苏省南京市举行。江苏省政协主席张连珍，中国文联党组副书记、副主席覃志刚，江苏省委副书记、组织部部长王国生，江苏省委常委、宣传部部长杨新力，江苏省人大常委会副主任张艳，江苏省副省长何权，江苏省政协副主席、统战部部长周珉，江苏省政协副主席陈宝田，中国音协分党组书记、驻会副主席徐沛东等领导出席10月16日在南京紫金山大戏院举行的开幕式。江苏省文联党组书记、常务副主席王慧芬主持开幕式。覃志刚和杨新力分别致辞。第七届金钟奖的民乐比赛设立了古筝、二胡、民族管乐（笛子组，唢呐、笙、管子组）比赛项目，除古筝比赛在扬州市举办外，其他比赛项目均在南京市举行。共有来自全国各地的百余位选手参加了在南京举行的二胡、民族管乐比赛。中国音协组织由我国著名教育家、演奏家、作曲家组成的评委会，评委们专业而公正的评审，为比赛的圆满成功打下了坚实的基础。参赛曲目增加了委约作品，提高了比赛的难度。经过参加比赛、指导老师现场指导、作曲家讲解参赛曲目，选手们得到了锻炼，积累了经验，提高了技艺。本届金钟奖和民乐节集创作、表演、比赛、研讨等于一身，汇集了国内民乐大师和民乐新秀，举办了丰富多彩的民乐系列活动。此外，在江阴、连云港、东台等分会场也举办形式各样的民乐活动。闭幕式和颁奖音乐会于10月22日晚在南京紫金大剧院举行。原江苏省委书记陈焕友，江苏省人大常委会副主任柏苏宁，江苏省政协副主席黄因慧，江苏省委宣传部副部长梁勇，江苏省文联主席顾浩，中国音协分党组书记、驻会副主席徐沛东，江苏省文联党组书记、常务副主席王慧芬等领导出席。徐沛东代表中国音乐家协会和组委会致闭幕词。

【第七届中国音乐金钟奖古筝比赛暨扬州古筝艺术节】

10月7～13日，由中国音协、江苏省文联和扬州市人民政府共同主办的第七届中国音乐金钟奖古筝比赛暨扬州古筝艺术节在扬州举办。为期一周的比赛中，来自全国各地的46名古筝专业选手同台竞技，经过复赛、半决赛、决赛的层层选拔，共评选出金奖1名，银奖2名，铜奖3名。中国作协党组成员、书记处书记杨承志，中国音协分党组书记、驻会副主席徐沛东，江苏省委宣传部副部长梁勇，江苏省文联党组书记王慧芬，扬州市委书记王燕文，中国音协副秘书长李培隽、韩新安等领导出席了当晚的音乐会。音乐会上，王中山、周望、李萌等著名古筝演奏家以及历届金钟奖古筝比赛金奖获得者任洁、宋心馨等为观众献上了一曲曲各具神采的古筝曲，而日本筝和韩国伽倻琴的独特弦音也让现场观众领略了古筝文化对异国音乐的深远影响。此次金钟奖古筝比赛邀请何占豪、焦金海、奚其明、陈安华、邹建平、王中山、李萌、周望、王宁、林玲、王蔚担任评委。艺术节期间举行的古筝系列音乐会和古筝大师进校园活动，吸引了众多观众积极参与。

【第七届中国音乐金钟奖民乐比赛获奖名单】

古筝

金奖（1名）

刘　乐　　上海音乐学院选送

银奖（2名）

丁雪儿　　中央音乐学院选送

刘　颖　　中国音乐学院选送

铜 奖（3名）

夏　菁　　中国音乐学院选送

杨雨桐　　中央音乐学院选送

程皓如　　山东省音协选送

当代作品演奏奖（1名）

刘　乐　　上海音乐学院选送

二胡

金奖（1名）

谭　蔚　　中国音乐学院选送

银奖（2名）

赵元春　　中央音乐学院选送

马　可　　中国音乐学院选送

铜奖（3名）

应怡婷　　上海音乐学院选送

万　吉　　上海音乐学院选送

王俊娜　　中国音乐学院选送

中国新作品演奏奖（1名）

谭　蔚　　中国音乐学院选送

民族管乐

笛子组

金奖（1名）

李　乐　　中央音乐学院选送

银奖（1名）

马云鹤　　上海音乐学院选送

铜奖（1名）

王　键　　江苏省音协选送

中国新作品演奏奖（1名）

李　乐　　中央音乐学院选送

唢呐、笙、管子组

金奖（2名）

张倩渊　　上海音乐学院选送

鲍龙飞　　中国音乐学院选送

银奖（2名）

董　颖　　中央音乐学院选送

吴学伟　　中央民族乐团选送

铜奖（2名）

王　磊　　北京市音协选送

张佳理　　中央音乐学院选送

【第七届中国音乐金钟奖（广州）落幕】

11月27日，第七届中国音乐金钟奖颁奖晚会“为金钟喝彩”在广州举行。为期8天的由中国文联、中国音协和广州市人民政府主办的第七届中国音乐金钟奖总决赛圆满落幕。全国政协副主席、中国文联主席孙家正去电致贺。中国文联党组书记、副主席胡振民，中国文联荣誉委员、中国音协主席傅庚辰，中国文联副主席、中国音协副主席吴雁泽，中国音协分党组书记、驻会副主席徐沛东，广州市市长张广宁，市委常委、宣传部部长王晓玲等领导、嘉宾以及获奖选手和各界群众3000多人出席晚会。胡振民、傅庚辰、徐沛东、张广宁等为获奖选手颁奖。傅庚辰和王晓玲在颁奖晚会上致辞。此次金钟奖广州赛事除钢琴、民族声乐和美声声乐三大常设比赛项目外，首次增设了铜管、木管五重奏的比赛。本届金钟奖首次采用公开亮分的方式，保障了评分的公正性。在颁奖晚会上，第七届中国音乐金钟奖终身成就奖同时揭晓。本届共有2000多人参加终身成就奖的角逐，最终周广仁等6位老艺术家获此殊荣。郭兰英、杜鸣心、黄准、陆春龄还专程到场领奖。本届金钟奖首设广州、重庆、南京、深圳等主、分会场及7个赛区，报名参加比赛的选手达到15万人，创下历届之最。比赛共进行了钢琴、声乐、合唱、室内乐、民族器乐等11个项目，是项目最多的一届。全部赛事合计产生奖牌83个，为历届奖牌总数之首，其中金奖16个、银奖21个、铜奖26个、优秀奖15个，以及中国新作品演奏奖5个。

【第七届中国音乐金钟奖（广州）获奖者名单】

终身成就奖

周广仁　　中央音乐学院推荐

沙　青　　哈尔滨市音乐家协会推荐

郭兰英　　中国歌剧舞剧院推荐

杜鸣心　　中央音乐学院推荐

黄　准　　上海市音乐家协会推荐

陆春龄　　上海市音乐家协会推荐

钢琴比赛

金　奖

朱　昊　　上海音乐学院选送

银　奖

杨晓勇　　中央音乐学院选送

张　橹　　上海音乐学院选送

铜　奖

钱　程　　武汉音乐学院选送

刘昭智　　天津音乐学院选送

曹　鹏　　北京市音乐家协会选送

美声声乐比赛

金　奖

方　颖　　上海音乐学院选送

银　奖

吴李红　　四川音乐学院选送

胡　珅　　沈阳音乐学院选送

铜　奖

刘　颖　　广东省音乐家协会

李　毅　　四川音乐学院选送

民族声乐比赛

金　奖

王丽达　　总政艺术局选送

银　奖

常思思　　总政艺术局选送

王　喆　　总政艺术局选送

铜　奖

陈莉莉　　总政艺术局选送

吕宏伟　中国音乐学院选送

铜管五重奏

金　奖

“灿烂金属”铜管组合　广州交响乐团选送

银　奖

军乐团四队铜管组合　总政艺术局选送

铜　奖

“Young Brass”铜管组合　中央音乐学院选送

木管五重奏

金　奖

“1120”木管组合　中央音乐学院选送

银　奖

军乐团一队木管组合　总政艺术局选送

铜　奖

“一周”木管组合　中央音乐学院选送

音乐活动

【“刘天华阿炳中国民族音乐基金会”成立】

1月4日，“刘天华阿炳中国民族音乐基金会”成立大会在南京举行。原中共江苏省委副书记、江苏省文联主席顾浩，中国音协分党组书记、驻会副主席徐沛东，江苏省委宣传部副部长梁勇，江苏省文联党组书记、常务副主席王慧芬，江苏省文联副主席、省音协主席朱昌耀等领导和来自全国的20多位民乐领军人物和作曲家出席了大会。基金会名誉理事长徐沛东代表中国音协对“刘天华阿炳中国民族音乐基金会”的成立表示衷心的祝贺，梁勇和王慧芬发表了热情洋溢的讲话。大会宣读了省民政厅的批文，通过了《刘天华阿炳中国民族音乐基金会章程》，宣读通过了基金会第一届理事会理事人选和名誉理事长、顾问的人选。与会人员就基金会成立以及第一届理事会2009年的工作设想进行了讨论。刘文金、朱昌耀、闵惠芬、邹建平、宋飞、韩新安、李光华、吴玉霞等在会上提出了很多宝贵的意见和建议。当晚，在南京紫金大戏院隆重举办祝贺“刘天华阿炳中国民族音乐基金会”成立暨2009新年民族音乐会。

【傅庚辰作品音乐会暨作品研讨会】

6月29～30日，由中宣部文艺局和中国音协共同主办的“时代之声——傅庚辰作品音乐会”及“傅庚辰作品研讨会”在北京举行。音乐会演出了傅庚辰历年来创作的交响组曲《地道战留给后世的故事》、交响诗《红星颂》、声乐套曲《小平之歌》、《航天之歌》等多部作品，受到观众的一致好评。覃志刚、翟泰丰、杨新贵、徐沛东、汤恒、王次炤、王世光、杜鸣心、李双江、关峡等有关方面的领导和数十位专家学者出席了“傅庚辰作品研讨会”。与会人员一致认为，傅庚辰作为中国音协主席，领导本届音协，在推进全国音乐事业发展方面，做了大量有影响、有成效、深受音乐界和广大群众欢迎的好事与实事。在繁忙的事务工作间隙，傅庚辰依然站在时代潮头笔耕不辍，创作了大量与时代同行、反映广大人民心声的优秀音乐作品，为中国乐坛留下了一批精品力作。

【“《电影之歌》五一公益大合唱”群众歌咏活动】

5月2日晚，由全国总工会宣教部、中国音乐家协会、中国电影家协会、中央电视台电影频道、北京市文化艺术基金会联合主办的“《电影之歌》五一公益大合唱”群众歌咏活动在北京奥运场馆水立方举行。首都60支合唱团、3600人的合唱方阵在水立方引吭高歌，向新中国60华诞献礼。中国文联党组书记、副主席胡振民，国家广电总局副局长赵实，文化部副部长陈晓光，中国音协主席傅庚辰，中国音协分党组书记、驻会副主席徐沛东等领导出席了当晚的活动。参加此次活动的合唱团演唱了《我的祖国》、《地道战》、《少林少林》、《娘子军连歌》、《我们的生活充满阳光》、《红星颂》、《让我们荡起双桨》等电影歌曲。戴玉强、刘秉义、汤灿、王宏伟、孙楠、殷秀梅的领唱与合唱相映生辉。

【全国优秀少儿合唱歌曲进校园活动】

为在少年儿童中进行普及、传播、弘扬健康校园文化、抵制媚俗校园文化，中国音协从评选出的188首作品中，邀请专家遴选出30首适合改编成少年儿童合唱的歌曲，进行编配和录制，并出版《让心灵的花儿尽情开放——全国优秀少儿合唱推荐歌曲集》及CD光盘。从5月下旬至6月中旬，湖北、安徽、湖南、江苏、辽宁、内蒙古、山东、四川、天津、新疆等20余省音协配合“让

心灵的花儿尽情开放——全国优秀少儿合唱歌曲进校园”活动，纷纷举行了隆重热烈的启动仪式，主办方向全省中小学教师、学生代表赠送了《全国优秀少儿合唱推荐歌曲集》及 CD 光盘。

【“百团万人颂中华”国庆 60 周年大型合唱歌咏会】

9 月 25 日，为隆重庆祝新中国成立 60 周年，由中国文联、中国音协共同主办的 “百团万人颂中华”——国庆 60 周年大型合唱歌咏会，在国家游泳中心（水立方）举办。李长春、刘淇、刘云山、刘延东等领导出席观看歌咏会。歌咏会集结了国内百余支优秀的合唱团队，邀请了毛阿敏、张也、谭晶、吕继宏、王宏伟、郑咏、高保利等著名演员，以 122 个合唱团的宏大的规模和恢弘的气势，演唱了《人民解放军占领南京》、《在希望的田野上》、《红星歌》、《歌唱祖国》等经典歌曲，集中展示了全国各族人民团结和谐、奋发、向上的精神风貌，为新中国 60 华诞献上了一曲曲壮美赞歌。

音乐创作

【“新歌唱新疆”全国优秀歌曲征集、评选活动】

由中国音协、中央人民广播电台、新疆维吾尔自治区党委宣传部主办的“新歌唱新疆”全国优秀歌曲征集、评选活动于 2 月 19 目揭晓，18 首歌曲获一、二、三等奖。全国 34 个省区市的 700 多首歌词、350 多首歌曲参加了评选活动。评委会由徐沛东、阎肃、孟庆云、孟卫东、印青、田晓耕、阚平等组成。颁奖晚会于 9 月 29 日在新疆举行。

【获奖名单】

一等奖

快乐新疆　陈伯安词曲
无可奈何　冯　晨词　艾尔肯曲
恰熱　热依扎别克（译）、赵思恩词　哈德力．阿合买曲

二等奖

一月的乌鲁木齐　李　琳词曲
云的翅膀　黄　灿词曲
美丽的楼兰姑娘　热合满江词　张平生曲
你教我跳过舞　唐跃生词　傅　磬曲
阿哪尔汗的小摇床　徐学军词　曹贤邦曲

三等奖

我心跟你走　宋小明词　方　石曲
沙枣树，沙枣树　徐传家词　曹世文曲
锦绣大地　石顺义词　胡旭东曲
花儿为什么这样红　博　文词　叶林华曲
只为途中与你相遇　苏　柳词　努斯莱提曲
有那么一个地方
刘　翔、阿依夏木词　买乌兰·买买提明曲
故乡的伊梨河　瞿　琮词　韩育民曲
骆驼草　予　子词　胡旭东曲
十二木卡姆　蒋　平词　崔臻和曲
幸福路　郑　楠词　田　歌曲

【全国优秀流行歌曲创作大赛】

5 月 23 日，“全国优秀流行歌曲创作大赛”颁奖晚会在中央电视台演播大厅举行。至此，历时近一年的“全国优秀流行歌曲创作大赛”落下了帷幕。本次大赛由中国音乐家协会、中央人民广播电台、中央电视台共同主办。大赛分东北、华北、华东、华南、西北、西南和第七赛区七大分赛区，汇集了数万首原创音乐作品。参赛作品贴近实际，贴近生活，贴近群众，涌现出了一批内容健康、旋律优美、特色鲜明、群众喜爱的优秀流行歌曲，体现了大赛出作品、出人才的宗旨。本届大赛邀请了徐沛东、吴雁泽、仲呈祥、金铁霖、李谷一、刘青、石顺义、阚平、三宝、小柯、小虫、朱海、陈哲、陈涛、郝维亚、李小沛和王晓峰组成强大的评委阵容。连续 14 天坐镇评委席，从 210 首作品中悉心评选出 30 首佳作，并针对参赛作品的优点和缺点进行有针对性的点评。为了增加大赛的可观性，大赛现场还开辟了评论席，乔羽、郭兰英、付林、苏红、李俊琛、罗念一、韩伟、李光羲、戚建波、车行、苏越、杭天琪等嘉宾通过回忆当年的音乐创作故事，感悟音乐创作的真谛。

【“全国优秀流行歌曲创作大赛”获奖名单 】

一等奖（3 首）

白云（西南赛区）　王世雄词　杨云燕曲
海峡之梦（华东赛区）魏德泮词　崔臻和曲
醉了，丽江（西南赛区）　徐荣凯词　土　土曲

二等奖（6 首）

班长的红玫瑰（第七赛区）

李希望词　马来西曲

永远（西南赛区）　冯锐词曲

丁香女孩（华北赛区）

宋小明词　乔译萱曲

爱情的味道（华东赛区）

孟文豪、林欣词　孟文豪曲

我的陕北（西北赛区）

黎　琦词　赵季平曲

布依女（华南赛区）　张鸿毓词　王原平曲

三等奖（9首）

台南姑娘（华东赛区）

伍　宜词　林荣元、林　海曲

爱就那样简单（华东赛区）

甘世佳词　彭　程曲

长大了，回不去了（华南赛区）

袁晶词　方　石曲

月亮花（西南赛区）　金甲劲松词曲

离歌（第七赛区）　饶雪漫词　李　菲曲

红了（西南赛区）　冯锐词曲

好日子 慢慢过（华南赛区）

唐跃生词　方　石曲

东北新农村（东北赛区）

杨忠勋词　杨柏森、杨忠勋曲

香溪香（华南赛区）　雷子明词　王原平曲

【中国音乐家深圳行】

3月30日，“深圳音乐工程”暨“中国音乐家深圳行”活动在深圳音乐厅正式启动。文化部副部长陈晓光，中国音协主席傅庚辰，中国音协分党组书记、驻会副主席徐沛东，中国音协副秘书长李培隽、田晓耕、韩新安，深圳市政协主席王顺生，市委常委、宣传部部长王京生，市委宣传部副部长段亚兵，市文化局局长陈威、市文联主席董小明，中国音协副主席王立平、王世光、王次炤、叶小钢、李谷一、陆在易、闵惠芬、吴雁泽、赵季平，著名音乐家阎肃、付林、孟庆云、印青、唐建平、刘青、戴玉强、金兆钧、王晓峰、宋小明、陈小奇、方石、方天行，深圳音乐人以及1600多名音乐爱好者参加了启动仪式。陈晓光、王京生在启动仪式上分别致辞。“中国音乐家深圳行”采风活动为期4天。期间，傅庚辰、徐沛东、赵季平、王立平、阎肃、李谷一、吴雁泽等20多位音乐家参加了“鹏城歌飞扬·原创音乐汇报演出暨2009年第一季度颁奖典礼”，并与媒体记者座谈，参与以“深圳与音乐”为主题的座谈会。音乐家们还先后到莲花山向邓小平铜像献花，到深圳博物馆新馆参观“深圳改革开放史”；参观深港西部通道了解深港合作的历史与前景，走进了数字音乐先锋A8集团、腾讯公司，重点考察了深圳数字音乐产业。活动期间，“音乐工程大师班”在深圳音乐厅开讲，赵季平、徐沛东先后做了主题为《音乐创作的继承与创新》的2场音乐讲座。4月2日，深圳音乐工程重点创作项目、各区音乐工作室、大型活动签约仪式在深圳音乐厅隆重举行。

【中国音协组团赴开封采风】

4月20～22日，应开封市人民政府的邀请，在中国音协分党组书记、驻会副主席徐沛东的带领下，刘青、王黎光、傅磬、方石、张宏光、孟可、尚飞林、雷远生、魏德泮等10多位全国著名词曲作家组成“魅力开封”采风团，走进河南开封，体悟古城文化韵味，捕捉歌曲创作灵感。通过举行座谈会、演唱会等形式，音乐家们与开封的宋史专家、民俗专家、音乐人进行全方位接触，为创作出优秀歌曲作品积累素材。4月21日，在中国音协、开封市音协共同举办的歌曲创作座谈会上，音乐家们聆听了开封市词曲作家创作的几首歌曲，并与词曲作者进行了交流。4月22日，一场以当地词曲作者创作为主、以开封为主题的演唱会在河南大学音乐学院音乐厅举行，《秋韵华章》、《梦里也想开封游》等歌曲赢得了音乐家们的一致赞赏。

【著名词曲作家舟山行】

4月，由舟山市人民政府与中国音乐家协会主办，舟山市文化广电新闻出版局、北京中视龙凤城文化传媒有限公司承办的中国海洋歌曲征集评选活动，拉开序幕。为让征集活动办得有声有色、卓有成效，主办方特意组织了一次“词曲作家舟山行”采风活动，邀请中国音协主席傅庚辰、副主席王世光及中国音协副秘书长田晓耕和部分全国著名词曲作家到舟山进行参观、访问、交流、采风。在6月2日，采风活动启动仪式上，傅庚辰与王世光分别致辞，词曲作家们向舟山文化广电新闻出版局与舟山小学分别捐赠图书，随后，便踏上采风征程。词曲作家们还与舟山的作者就海洋歌曲的创作征集与歌曲创作中的种种具体问题进行座谈、交流。采风行程结束前，傅庚辰应约向采风团与当地文化、新闻界做了一次专题讲座，就音乐形势、音乐本质与

音乐创作等方面的话题，结合创作实践发表了自己的见解。参加采风活动的词曲作家还有付林、孟庆云、晨枫、虞文琴、宋小明、张卓娅、冯世全、晓其、薛瑞光、云剑、徐而缓、索之华、孟美璋及著名诗人叶延滨等。

【“成才之路”全国音乐创作研习班】

8月14日，由中国音乐家协会主办的“成才之路”全国音乐创作研习班结业典礼，于下午3点准时举行。出席研习班开、闭幕典礼的有中国音乐家协会主席傅庚辰，中国音乐家协会分党组书记、驻会副主席徐沛东，中国音乐文学学会荣誉主席乔羽，中国音乐家协会副主席王世光，中国音乐家协会副主席、中央音乐学院院长王次炤等。为了保证研习班的“授课”质量，中国音乐家协会组织了当今国内高水平的师资力量，傅庚辰、徐沛东亲自为作曲班学员们讲课。为作曲班讲课的老师还有：作曲家王世光、张千一、孟卫东、张卓娅、音乐教育家周荫昌等。为作词班讲课的老师有：词作家阎肃、宋小明、王晓岭、任卫新、石顺义、晨枫、朱海、虞文琴等。为声乐班讲课的老师有：声乐教授王秉锐、糜若如、许讲真、冷水铭、歌唱家李光羲、刘秉义等。报名参加这次研习班的作者及演唱者将近800人，经过组委会办公室的审核，共有293人最终入选并参加本次研习班。其中参加歌词创作研习班的学员有122人，参加歌曲创作研习班的学员有136人，参加歌曲演唱研习班的学员有35人。这些学员主要是来自基层的文化活动骨干和业余词曲作者。全国音乐创作研习班由中国音乐文学学会、《歌曲》、《词刊》编辑部共同协办。

【中国音协采风团赴湖北采风】

7月23～27日，由中国音协、湖北省委宣传部、湖北省文联、湖北音协共同主办，中国音协分党组书记、驻会副主席徐沛东任团长、副主席赵季平任副团长的“天下湖北美——中国音协采风团赴湖北采风活动”在神农架自然保护区举行。此次采风活动内容丰富，特别是安排了当地民间艺人表演了原汁原味的地方戏曲，这让艺术家们在亲近自然、欣赏美景的同时，更充分感受到鄂西地区多民族的原生态文化，以及生动的民俗和淳朴的民风。为更好地推广优秀作品，组委会9月3～16日举行了“庆祝新中国成立60周年湖北新歌大赛暨歌颂天下湖北美”比赛。比赛最终评出10首获奖作品和10名优秀歌手，并举办了盛大的颁奖晚会。

对外及对港澳台地区音乐交流

【“欢乐的胡琴节”揭幕维也纳新春音乐会】

本次活动由中国音协、徐州市人民政府共同主办。作为中国徐州第三届国际胡琴艺术节的一个组成部分，同时也拉开了2009年度维也纳金色大厅系列中国新春音乐会的序幕。1月7日晚，由著名艺术家刘文金指挥，闵惠芬、朱昌耀、宋飞等10位中国著名胡琴演奏家以及中国歌剧舞剧院民族管弦乐团的艺术家们在金色大厅演奏了一曲曲经典的胡琴曲目。在近两小时的演出中，听众被艺术家们的精湛表演所感动，也为中国传统民族乐器胡琴的神奇美妙所陶醉。音乐会上，奥籍主持人还穿插介绍了二胡、高胡和京胡等各种“中国提琴”的特点与区别，听众在享受中国传统民乐的同时，也近距离认识了那些“只有两根弦，但同样能够演奏出美妙音乐”的中国胡琴。1月13日，本届胡琴艺术节在徐州落下帷幕。中国音协分党组成员、副秘书长李培隽出席了闭幕式音乐会。

【中国音乐家考察团赴台湾访问】

2月20～25日，应台北艺术家文教推广基金会邀请，以中国音协分党组书记、驻会副主席徐沛东为团长的音乐家考察团一行5人，赴台湾交流考察。团员包括中国音协副主席王世光、中国音协副秘书长韩新安、浙江省音协主席晓其和江苏省音协副主席何山。在为期5天的时间里，考察团与金门、台中、南投、高雄及台北的一些文化单位和企业家，就双方意向中举办的各项音乐交流项目进行了深入磋商，加强了两岸艺术界的沟通和交流。音乐家们在考察当中受到台湾各界的热情款待，深深体会台湾同胞对内地音乐家们的情谊。此次赴台交流，音乐家们重点围绕两岸民间的音乐交流作了大量的沟通工作，加深了两岸音乐界人士的相互了解，增进了彼此的感情，对两岸音乐交流起到了实质性的推动作用。

【中国歌手入选“新浪花”国际青年流行歌手大赛】

俄罗斯与拉脱维亚共同主办的“新浪花”国际青年流行歌手大赛组委会代表团一行2人（执行

总裁鲁缅采夫和音乐总监奥尔洛夫），应中国音乐家协会邀请访问北京，并进行“新浪花”国际青年流行歌手大赛中国歌手的选拔。中国音协分党组书记、驻会副主席徐沛东会见并宴请了代表团。北京、南京、广州、沈阳等地6名青年歌手及中央电视台少儿频道推荐的5名小歌手参加了选拔。海政歌舞团青年歌唱家顾莉雅和河南9岁小歌手李泽熙入选，他们代表中国分别于7月和10月赴拉脱维亚和俄罗斯参加决赛，顾莉雅获优秀奖。

【第二届海峡两岸合唱节】

11月10日晚，第二届海峡两岸合唱节系列活动正式落下帷幕。本届合唱节共有来自海峡两岸及港澳地区的16支合唱队伍参赛，加上展演队伍，人数超过千人，是近年来两岸规模最大的合唱文化交流活动。11月6～7日，台湾台中县新落成的屯区艺文中心迎来第一批客人，“相约台中——第二届海峡两岸合唱节”在这里举行，千余人欢聚一堂，以歌会友，共同谱写出一曲和谐的乐章。经过两轮比赛，台湾新竹市混声合唱团、郑州师范高等专科学校合唱团、福州长乐市爱之声合唱团、新疆全球通会员之声合唱团、厦门大学合唱团、深圳音协合唱团6支团队获得金奖，另有6支团队获银奖、4支团队获铜奖。本届合唱节由中国音协、台中市政府、福州市政府主办，是国务院台办2009年对台交流的重大项目之一，也是近年来台湾规模最大的一次文化交流活动。两岸20支合唱团带来各自特色鲜明的合唱曲目和多彩的演唱形式。第二届海峡两岸合唱节除合唱艺术比赛活动外，还在台中市举行“爱的接力”欢歌激情夜晚会，两岸参赛合唱团和在现场观摩的6支台湾社区大众合唱团激情对唱，共同演绎中华民族音乐文化，展示两岸合唱文化交流盛况。

协会工作

【2009年工作会议】

1月19日，中国音协2009年工作会议在北京召开。会议传达学习了全国宣传部长会议和中国文联八届四次全委会精神，回顾总结了中国音协2008年的工作，研究部署了2009年主要工作。中国音协主席傅庚辰，分党组书记、驻会副主席徐沛东，分党组成员、副秘书长李培隽、田晓耕，副秘书长韩新安及各团体会员单位负责人40余人出席会议。徐沛东代表中国音协分党组作了题为《科学筹划，锐意进取，努力开创音乐工作和音协工作新局面》的工作报告。傅庚辰在工作会议上作了题为《难忘的2008年》的重要讲话。会议期间，各地音协交流和沟通了工作情况，对如何做好“全国优秀流行歌曲创作大赛”和第七届中国音乐金钟奖评选等重点工作进行了深入的研究和探讨，对中国音协的工作提出了希望和建议。工作会议后还召开了中国音协音乐考级工作会议。

【2009年新春联谊会】

在2009年新春佳节即将来临之际，中国音协在京举办新春联谊会。中国文联党组副书记、副主席覃志刚，中国文联党组成员、副主席冯远、杨志今，文化部副部长陈晓光，中宣部文艺局局长杨新贵，中国音协名誉主席吴祖强、顾问孙慎、主席傅庚辰，分党组书记、驻会副主席徐沛东，副主席吴雁泽、王世光、王立平、叶小纲、谭利华，分党组成员、副秘书长李培隽、田晓耕，副秘书长韩新安，王昆、阎肃、黄飞立、张锐、胡松华等音乐家，以及出席中国音协工作会议的各团体会员单位负责人，各全国文艺家协会、中国文联机关各部室、各直属单位负责人参加了联谊会。大家欢聚一堂，回顾过去，展望未来，共叙友谊，其乐融融。中国音协主席团和分党组成员集体向全国的音乐家和音乐工作者拜年，祝大家在新的一年里万事如意，阖家欢乐。覃志刚在联谊会上讲话。傅庚辰在联谊会上致辞。联谊会上演出了精彩的节目。

【六届九次主席团会议】

3月31日，中国音乐家协会六届主席团第九次会议在深圳召开。会议传达学习了2009年“两会”精神和温家宝总理的政府工作报告，分析研究了当前音乐工作和音协工作面临的新情况、新任务，听取并商讨了中国音协2009年全年工作安排。中国音协主席傅庚辰，分党组书记、驻会副主席徐沛东，副主席王立平、王世光、王次炤、叶小钢、李谷一、陆在易、闵惠芬、吴雁泽、金铁霖、赵季平、谭利华出席会议。中国音协分党组成员、副秘书长李培隽、田晓耕，副秘书长韩新安等列席会议。徐沛东代表中国音协分党组就中国音协2009年主要工作向主席团作了报告。傅庚辰在会议上作了题为《60年沧桑巨变 人民音乐灿烂辉煌》的讲话。

会上，主席团成员纷纷发言，对中国音协近些年来的工作给予了充分肯定，并就进一步做好协会工作和音乐工作积极建言献策。

【组织干部职工赴井冈山开展爱国主义传统教育】

在庆祝新中国成立60周年之际，为了解中国革命的奋斗历程，学习老一辈革命者为建立新中国挥洒热血的革命精神，发扬革命光荣传统，中国音协于4月初组织干部职工学习团队赴江西井冈山、南昌、庐山，接受爱国主义传统教育。学员们首先来到井冈山革命烈士纪念堂，向革命烈士敬献花圈，在党旗下重温入党誓词。井冈山革命博物馆全面陈列和宣传了井冈山革命根据地的斗争历史，学员们通过大量的历史文物和翔实的历史资料了解到那段艰苦卓绝的井冈山斗争历史。南昌“八一”起义纪念馆设在“八一”起义总指挥部旧址内，学员们在多媒体的触摸屏、液晶电视、多媒体场景、声光电同步地台模型、大型壁饰景观、上井冈之路、等身幻影成像等多种现代陈列手段的展示下，更加走近了“八一”起义作战部署、战斗过程等历史时刻。学员们还参观了茨坪旧居、黄洋界哨口、小井红军医院、中共庐山会议会址等地，受到深刻的爱国主义教育。

【纪念中国音协成立60周年座谈会】

7月23日，中国音协在京举办了成立60周年座谈会。中国文联党组书记、副主席胡振民，中国文联党组副书记、副主席覃志刚，中国音协名誉主席吴祖强，顾问孙慎、谷建芬，主席傅庚辰，分党组书记、驻会副主席徐沛东，第六届主席团成员，离退休老干部、老同志，音乐界代表，中国文联各文艺家协会、各直属单位、机关各部室有关负责人以及在京部分媒体参加了会议。徐沛东主持会议。覃志刚在会上讲话。傅庚辰在会上做主题发言。孙慎、吴祖强、吴雁泽、冯光钰、钟立民先后在会上发言。他们从各自不同的角度，回顾了中国音协、中国音乐发展不平凡的60年，对中国音协今后的发展进行了展望，对中国音协的工作提出了希望和建议。 会议现场的展板以图片的形式展现了中国音协60年的发展历程，老中青音乐家欢聚一堂，纷纷在展板前合影留念。

【六届理事会第四次会议】

9月3～4日，中国音协第六届理事会第四次会议在福建武夷山市召开。会议的主要议题是：向理事会报告中国音协近年来的主要工作，讨论修改《中国音协章程》（征求意见稿），就中国音协新一届主席团人选征求意见。中国音协名誉主席吴祖强，主席傅庚辰，驻会副主席徐沛东，副主席王世光、王次炤、叶小钢、吴雁泽、赵季平、闵惠芬、陆在易、鲍蕙荞、谭利华，中国音协领导班子成员李培隽、田晓耕、韩新安及近百位中国音协理事出席会议。中宣部干部局副局长齐鹤茹、中国文联人事部主任刘漪滟出席会议。徐沛东在会上作了题为《开拓进取，积极作为，努力开创音乐事业繁荣发展的新局面》的工作报告，提请理事会审议。李培隽对《中国音协章程》（征求意见稿）的修改情况进行了说明。刘漪滟就关于民主推荐中国音协新一届主席团人选问题作了说明。闭幕式上，傅庚辰作了题为《60年沧桑巨变 中国音乐的新辉煌》的讲话。会议中，理事们对工作报告和《章程》修改展开了热烈的讨论。对中国音协两年来的工作给予了充分的肯定，对中国音协工作提出了许多宝贵的希望与建议，对《章程》提出了具体的修改意见。会议期间，中国音协和福建省文联召开了“纪念李焕之诞辰90周年座谈会”，举行了“李焕之研究会筹备委员会”成立仪式，组织与会代表赴武夷山采风。

【2010年工作会议】

12月17日，中国音乐家协会2010年工作会议在北京召开。会议传达了中国音协第七次全国代表大会会议精神，总结了中国音协2009年工作，研究部署了中国音协2010年重点工作。新当选的中国音协第七届主席赵季平，分党组书记、驻会副主席、秘书长徐沛东，分党组成员、副秘书长李培隽、田晓耕，副秘书长韩新安及全国各团体会员单位负责人40余人出席会议。 徐沛东首先就传达学习中共中央政治局委员、中央书记处书记、中宣部部长刘云山和中国文联党组书记、副主席胡振民在中国音协第七次全国代表大会上的讲话谈了自己的意见和建议，简要总结了中国音协2009年的工作，部署了2010年的重点工作。赵季平发表了热情洋溢的讲话。工作会议后，召开了中国音协2010年考级工作会议。

中国美术家协会

综　述

2009年是全党全国人民继续深入开展学习实践科学发展观活动的一年，是庆祝新中国60年华诞和纪念中国文联、中国美协成立60周年的特殊之年。中国美协在中国文联的领导下，全面学习贯彻党的十七大精神，坚持邓小平理论和“三个代表”重要思想为指导，深入学习实践科学发展观，按照“高举旗帜，围绕大局，服务人民，改革创新”的总要求，紧紧围绕党和国家中心工作，奋发进取，推动协会工作不断向前发展，在“熔铸中国文化气派，塑造国家艺术形象”、促进中国美术事业繁荣发展的进程中迈出新步伐、取得新进展。

会议与活动

【中国美协成立60周年庆典暨首届“中国美术奖”颁奖仪式】

12月25日，由中国美协主办，中国网络电视台（原央视网）美术频道承办的“随共和国同行，与新时代共鸣”中国美术家协会成立60周年庆典暨首届“中国美术奖”颁奖仪式在人民大会堂大宴会厅隆重举行。全国政协副主席、中国文联主席孙家正，文化部部长蔡武，中央统战部常务副部长朱维群，中国文联党组副书记、副主席覃志刚、李牧，外交部副部长李金章，中央外宣办副主任钱小芊，中国文联党组成员、副主席冯远、杨志今，总政宣传部副部长黎国如，中国文联党组成员、书记处书记廖奔，中宣部文艺局副局长汤恒，中国文联副主席、中国美协主席刘大为，中国美协分党组书记、驻会副主席吴长江，中国美协主席团成员，美协各团体会员代表，全国美展各展区代表，中国美术奖获奖代表，新闻媒体以及在京部分老艺术家出席了庆典。获得首届“中国美术奖·终身成就奖”的有：贺友直、潘鹤、高虹、方成、赵延年、王伯敏；获得首届“中国美术奖·理论评论奖”的有：李淞、尚刚、牛克诚、余辉、马鸿增、张敢、范景中、薛永年、殷双喜、李超、李伟铭、陆明君、张晓凌、吕品田、裔萼、沈伟、丁宁；“中国美术奖·创作奖”获奖作品153件，其中金奖18件，银奖45件，铜奖49件，优秀奖41件。庆典活动同时颁发了中国中青年美术家海外研修工程派遣书。“中国中青年美术画家海外研修工程”项目于2009年正式启动，中国美协为该项目制定了严格的《章程》和选拔办法，确保选拔出有价值的课题和有能力的青年美术家。第一批派遣海外研修的中青年美术家是：张坚、宋晓霞、常宁生、崔冬晖、王端廷、孙韬、陈科、汪瑞。

【中国美术作品版权保护座谈会】

5月13日，为提高美术界的维权意识，促进美术作品版权保护工作的实施，中国文联、中国美协召开美术作品版权保护座谈会。邀请美术家、版权行政管理机关、出版界、法律界的有关人士，就现今形势下如何对美术作品进行版权保护进行探讨。会议由中国美协组联部副主任马新林主持，中国美协副主席王明明，中国美协分党组成员、副秘书长李荣海，中国文联权保处处长暴淑艳，中国艺术研究院美术所所长梁江，中国美术出版总社副总编辑欧京海，中国美术馆学术一部主任陈履生，《美术》杂志社副社长张文华，画家代表谢志高、史国良，国家版权局版权司版权处处长段玉萍，新闻出版总署法规司法制处处长高思，律师孙建红、王洋等出席了座谈会。

【第11届全国美术作品展览组织委员会会议】

6月2日，第11届全国美术作品展览组织委员会会议在北京召开。出席会议的有文化部副部长王文章，中国文联党组成员、副主席冯远，文化部艺术司司长董伟、副司长刘中军，中国美协主席刘大为，副主席王明明、韦尔申、许江、许

钦松、何家英、杨晓阳、罗中立、施大畏、黄格胜、曾成钢，秘书长刘健，副秘书长李荣海、张旭光、陶勤，各展区代表，中国美术馆党委书记、副馆长钱林祥，总政宣传部艺术局副局长李翔，文化部艺术司美术处处长安远远，中国美协各部室主任和机关干部等。会议由中国美协分党组书记、驻会副主席吴长江主持。

【第二届环境设计艺委会委员会议】

6月3日，中国美协在北京中央美术学院召开第二届环境设计艺委会委员会议，并成立了第二届环境设计艺术委员会。出席会议的有中国文联党组成员、副主席、书记处书记冯远，中国文联副主席、中国美协主席刘大为，中国美协分党组书记、驻会副主席吴长江，中国美协分党组成员、秘书长刘健，中国美协艺委会办公室常务副主任丁杰，以及第二届环境设计艺术委员会全体委员。会议由刘健主持。刘大为宣读中国美协第二届环境设计艺委会成员聘任决定，冯远为第二届环境设计艺委会的27位委员颁发聘请证书。刘大为、吴长江在会议上讲话。

【第三届油画艺委会委员会议】

6月3日，中国美协在北京中央美术学院召开第三届油画艺委会委员会议，并成立了第三届油画艺术委员会。出席会议的有中国文联党组成员、副主席、书记处书记冯远，中国文联副主席、中国美协主席刘大为，中国美协分党组书记、驻会副主席吴长江，中国美协分党组成员、秘书长刘健，中国美协艺委会办公室常务副主任丁杰以及第三届油画艺术委员会全体委员。会议由刘健主持。刘大为宣读中国美协第三届油画艺委会成员聘任决定和第二届环境设计艺委会成员聘任决定，冯远为第三届油画艺委会的26位委员颁发聘请证书。

【赴云南建水“送欢乐、下基层”活动】

1月13日，由中国文联、中国美协组织的“送欢乐、下基层”活动赴云南建水慰问。40多位艺术家以及中国文联党组成员、书记处书记、副主席，中国美协副主席冯远，中国美协党组成员、副秘书长李荣海，中国美协顾问尼玛泽仁，云南省文联主席、党组书记郑明等艺术家参加了慰问活动。艺术家们走访慰问了建水临安镇的部分困难家庭，并在该县文安府广场为群众现场书写春联，受到当地群众的热情欢迎。

【纪念“5·12”汶川大地震一周年全国美术作品展】

在纪念“5·12”汶川大地震一周年之际，由中国美协、中共四川省委宣传部、四川省文联主办，四川省美协、四川美术馆承办的“感恩·重建——纪念“5·12”汶川大地震一周年全国美术作品展”于5月9日在四川美术馆开幕。中国美协分党组书记、驻会副主席吴长江，中国美协分党组成员、副秘书长陶勤，四川省委宣传部副部长朱丹枫，成都军区政治部宣传部部长赵明仁，四川省文联党组副书记、副主席陈黔鲁，四川省文联党组成员、机关党委书记、秘书长杨时川，中国美协顾问、著名版画家李焕民，四川省美协主席阿鸽、常务副主席兼秘书长张国平，会展集团董事长、四川省美协副主席邓鸿，四川省美协顾问、四川省诗书画院常务副院长戴卫等出席了开幕式。9月1日，“中国美术家协会都江堰市青城山高级中学”新校园落成，学校近3000名师生参加了新校园落成暨新学期开学典礼。

展览与评奖

【第11届全国美展·综述】

全国美展是新中国成立以来历时最长、规格最高、规模最大、影响最广的全国美术展览。作为庆祝新中国成立60周年“向祖国汇报”的重大文化活动项目之一，“第11届全国美术作品展览”由文化部、中国文联、中国美协联合主办，整体上代表了国家美术创作的最高水平，同时也是对全国美术界5年以来美术事业发展和成长的全面检阅与展示。

本届美展组委会在充分调研的基础上，在送件程序、展区划分、评委构成、评选机制等方面进行了一系列完善与改革，并致力于提升学术水平。与往届全国美展相比，第11届全国美展有以下几个方面的变化：一是主办单位增加了中国文联，由文化部、中国文联、中国美术家协会3家共同主办；二是增加了动漫、综合材料展区，漆画、陶艺展区；三是规模由第10届的入选3500件扩大到3690件；四是除中国画、油画、版画、水彩、水粉画之外，其他美术种类实现了作者直接向展区投稿的征稿方式；五是增设了“当代美术创作论坛”；六是首设“中国美术奖·创作奖”；七是首次采用电子计票方式，更加高效快捷，避免人工计票的误差；八是专设评委库，各展区和总评评委都由评委库中遴选；九是在各个分展区评选和总评过程中还邀请纪检、监察、公证部门介入，评选现场设立监审委员会，并由纪检工作人员监督评选全过程，监督展览入选作品与获奖提名作品的评选、评奖工作。

【第11届全国美展·雕塑展】

8月28日至10月16日，“第11届全国美术作品展览·雕塑展”在长春世界雕塑公园雕塑艺术馆展出。作品入选303件，获奖提名作品35件。本届雕塑展材质丰富，除传统的铸铜、石雕、木雕之外，还有玉石、油泥、铸铁、铸不锈钢等综合材料。作品紧扣时代主旋律，生动再现了许多精彩动人的瞬间，既体现了观念与语言的创新探索性，又为广大人民群众所喜闻乐见。许多作品的参与性很强，乡风民俗浓厚。

【第11届全国美展·壁画展】

9月1日，“第11届全国美展·壁画展”在北京中央美术学院美术馆举行。展出作品170件，获奖提名作品30件。壁画自第六届作为独立的画种参加全国美展以来，取得了长足的发展。本届展览打破了只展已“上墙”作品的限制，以与环境、建筑相互补益为原则，广征各种壁画设计，破格地增加了展出面积，提倡原作展出，尽量让观众看到材质、技巧方面的原生态特点。

【第11届全国美展·港、澳、台作品邀请展】

9月8日，“第11届全国美术作品展·港、澳、台作品邀请展”在汕头林百欣会展中心开幕。共有入选作品210件（其中香港120件，澳门43件，台湾47件），获奖提名作品35件，作品涵盖了中国画、油画、漆画、水彩画、版画、综合材料和雕塑等类型。“港、澳、台展区”自第九届全国美展增设以来，便成为内地和香港、澳门、台湾美术交流的重要平台，在港、澳、台地区的影响也日益广泛深入，港、澳、台美术家的参与热情浓厚。艺术家们在面对水墨如何表达都市生活，传统山水、花鸟画如何在探讨现代视觉转换的同时又延伸到传统文脉等课题上有了新的突破，在油画、水彩、版画、雕塑等领域，新材料的运用、新语言形态也有新的拓展。

【第11届全国美展·动漫与综合作品展】

9月10日，“第11届全国美展·动漫与综合作品展”在黑龙江省哈尔滨市国际会展中心举办。动漫入选作品207件（部），获奖提名作品30件（部）；综合展区入选作品包括连环画、年画、插图、漫画、综合材料5个部分共240件，有40件获奖提名作品。本届参展动漫作品题材广泛、手法多样。综合材料作为新增设的类别，主要是近年出现的一些以研究材料为主的艺术品，在新材料的运用与探索上，表现出鲜明的探索性和创新性。

【第11届全国美展·漆画、陶艺展】

9月18日，“第11届全国美展·漆画、陶艺展”在厦门美术馆开幕。入选作品286件、陶艺作品121件。漆画和陶艺首次成为全国美展的独立展区，会聚了一大批观念新颖，视角多维，题材丰富，风格多样的漆画和陶艺精品，这些作品在发扬和尊重传统的基础上勇于创新，勇于拓宽艺术的视野，有着强烈的时代气息和民族特色，基本上反映了中国漆画和陶艺的发展状态，展示出两个古老的艺术生命焕发出的现代生机和光明前景。

【第11届全国美展·油画展】

9月26日至11月8日在，“第11届全国美术作品展览·油画展”湖北省艺术馆展出。入选作品488件，获奖提名作品90件。参展作品以关注社会生活，反映各民族人民的精神面貌，表现革命历史和重大题材作为创作主体。在形式语言等艺术手段方面，重视写意性和表现性，注重作品的内涵和意味。一些作品尝试借鉴中国传统山水画，通过融入中国元素而寻求艺术上的突破。参展作品在艺术水准方面比上届有明显提高，地域分布也较均匀，西部省份和各自治区均有作品入选。

【第11届全国美展·水彩、粉画展】

9月26日至10月20日，“第11届全国美术作品展览·水彩、粉画展”在盘锦辽河美术馆举行。入选作品366件，获奖提名作品14件，评委作品13件。老一辈水彩、粉画艺术家仍是本届美展的重要力量，不仅推出了新的作品，并且仍孜孜以求探索新的艺术表现；中年画家实力雄厚，或挖掘新的题材，或探索新的技法，或借鉴水墨画和民间绘画形式，在精神内容和语言形式上都表现出强烈的创新诉求；年轻画家当中，很多人具有较好的传统素养和专业技能，善于借鉴外国的表现形式。

【第 11 届全国美展·版画展】

9 月 28 日至 10 月 12 日，“第 11 届全国美展·版画展”在南京江苏美术馆举行。入选作品 357 件，获奖提名作品 45 件。木版画入选及获奖比例占 3/4 左右，在本届展览中仍以数量多、幅面大、技艺精而独占鳌头；石版画表现出精湛的写实技巧，高雅的色调及淳朴的情境，一些年轻的石版画家以平面罗列的结构、抽象与具象的混搭着力呈现时空的无限，体现出较强的现代意识；丝网版画的题材与手法新颖独特，保持着探索的锐气。

【第 11 届全国美展·设计展】

10 月 11 ～ 29 日，“第 11 届全国美术作品展览·设计展”在深圳市关山月美术馆以及华·美术馆分别展出。本届全国美展设计展分工业设计、平面设计、服饰设计、环境艺术设计、书籍装帧艺术设计以及综合类设计（包括工艺美术及其他类）等设计类别，入选作品 460 件，获奖提名作品 88 件。作品形态除环境艺术作品外，全部以实物形式呈现。其中，产品设计部分有相当数量是近年已投入批量生产的。参展作品反映了中国现阶段最具特色的设计价值观，在关注民生、体现设计想象力的同时蕴涵着人文意味。包装设计、环境艺术设计已从借鉴欧美设计风格走到逐渐形成中国本土风格，体现出传统与现代、继承与超越的转型时期的中国设计特色。

【第 11 届全国美展·中国画展】

10 月 23 日，“第 11 届全国美术作品展览·中国画展”在上海展览中心开幕。入选作品 516 件，提名奖作品 90 件。此次展览作品贴近时代、关注民生、尊崇自然，以高水准、多样化的艺术作品满足广大人民日益增长的审美需求，呈现出人物、山水、花鸟各门类齐头并进，水墨、色彩、工笔、写意、疏体、密体诸手法各擅胜场的多样化格局。

【第 11 届全国美展·获奖作品、提名作品展】

12 月 25 日，由文化部、中国文联、中国美协联合举办的“第 11 届全国美展暨首届中国美术奖创作奖获奖作品、提名作品展”在中国美术馆隆重开幕。中国文联党组书记、副主席胡振民，中宣部副部长翟卫华，文化部副部长王文章，中国文联副主席冯远，中宣部文艺局副局长汤恒，文化部艺术司司长董伟，中国美协主席刘大为，中国美协顾问及老艺术家廖静文、邹佩珠、哈孜·艾买提、尼玛·泽仁，中国美协副主席王明明、潘公凯、范迪安、许钦松、施大畏、何家英，中国美协秘书长刘健、总政艺术局副局长李翔、中国美术馆副馆长马书林等嘉宾，韩国美术家代表团、澳门美术家代表团、新闻媒体及社会各界人士参加了当天的开幕仪式。开幕式由中国美协驻会副主席吴长江主持，刘大为、冯远、王文章等领导代表此次展览的 3 个主办单位先后讲话。他们热情赞扬了艺术家们精彩艺术创作，并充分肯定了展览的组织工作。

【倡导绿色生活、共建生态文明——全国美术作品展】

5 月 22 日，“倡导绿色生活、共建生态文明——全国美术作品展”在北京中国人民革命军事博物馆开幕。此次活动由国家林业局、中国美协主办，西安美术学院承办。国家林业局局长贾治邦、国家林业局总工程师卓榕生、中国美协主席刘大为、秘书长刘健出席开幕式并剪彩。展出国画、油画、水彩、版画和招贴画共 360 幅，所展作品已由中国文联出版社结集出版发行。

【“向祖国汇报”——美术书法摄影民间艺术精品展】

9 月 24 日，由中国文联、中国美协、中国书协、中国摄协、中国民协共同主办的“向祖国汇报”——庆祝新中国成立 60 周年暨纪念中国文联成立 60 周年美术书法摄影民间艺术精品展在北京民族文化宫展览馆开展。展览以“庆 60 华诞、展大家风采、汇各方神韵、促文艺发展”为展览主题，通过美术、书法、摄影、民间艺术的形式，集中展示在“二为”方向和“双百”方针指引下，近年来所创作的精品力作，接受祖国母亲的检阅，向伟大的祖国献礼。参展的 400 多幅艺术作品主题鲜明、形式多样、题材广泛、技艺精湛，展现了新中国 60 年特别是改革开放 30 年来的辉煌成就和宝贵经验，展示了共产党领导中国人民的奋斗史、创业史、改革开放史，展示了中国特色社会主义事业欣欣向荣的发展前景，充分反映了中国人民精神面貌发生的巨大变化。

【第七届中国体育美术作品展览】

10 月 16 日，由体育总局、中国奥委会、中国美协和“十一运会”组委会共同主办的“第七届中国体育美术作品展览”开幕式在山东工艺美院举行。中共中央政治局委员、国务委员刘延东，国际奥委会主席罗格等出席开幕式并参观了展览。本次展览是“十一运会”期间举行的重要体育文化活动之一，也是世界上规模最大的以体育内容为创作题材的国家级美术作品展览。共展出作品368件，以雕塑、油画、国画、版画、漆画、招贴画、水彩画和粉画等多种形式和表现手法，全方位、多角度地展现了美术工作者对于体育的理解，展现了体育与艺术相结合的魅力。国际奥委会主席罗格为展览题词并在开幕式上致辞。国家体育总局局长、中国奥委会主席刘鹏，中国美协主席刘大为分别讲话。

创作与研究

【第11届全国美展专家组赴各地观摩指导】

五年一届的“全国美展”是我国美术出精品力作、推优秀人才的重要展示平台。中国美协自2008年8月26日召开“第11届全国美展筹备会”以来，在广泛调研的基础上，确定了《第11届全国美展暨首届中国美术奖·创作奖评选实施方案》，在全国范围展开了广泛的创作动员和组织协调工作。从2009年3月开始，由中国美术家协会顾问、副主席、秘书长带队，组织国画、油画、版画、雕塑、水彩画、理论等专业专家，分区域地深入到25个省份和单位进行了观摩和创作指导。3月1日，中国美协驻会副主席吴长江、秘书长刘健首赴宁夏进行创作指导；5月22日，吴长江、刘健，油画家全山石，理论家曹意强赴安徽进行创作指导；6月11日，中国美协顾问尼玛泽仁、副主席何家英，理论家李一到天津参加“第11届天津市美术作品展（国画、雕塑部分）”；6月20日，吴长江、油画家孙为民参加“第11届天津市美术作品展（油画、版画、水彩、水粉画及其他画种部分）”；6月24日，中国美协副主席施大畏、秘书长刘健任组长，率版画家韩黎坤、雕塑家龙翔、国画家李宝林、油画家王宏剑参加“第11届全国美展上海作品展暨第五届上海美术大展”；6月24日，吴长江带领国画家张道兴、油画家杨飞云到总政和空军组织的“第11届全国美展创作班”进行创作指导；6月24～29日，中国美协副主席杨晓阳，率国画家于志学、油画家邵亚川、版画家姜陆一行赴甘肃、青海、新疆及新疆建设兵团进行观摩指导；6月25～30日，刘健率国画家张道兴、油画家杨参军、版画家广军，赴贵州参加“庆祝新中国成立60周年·贵州省美术大展暨第11届全国美术作品展览选拔展”，随后赴云南、广西，由中国美协副主席黄格胜带队进行观摩指导；7月1日，由中国美协顾问、油画家詹建俊带队，率国画家马书林、油画家焦小健、版画家李宝泉一行，赴海南和福建进行观摩指导；7月4日，由中国美协副主席韦尔申为组长，率国画家高云、油画家全山石、版画家李树勤在黑龙江、吉林、辽宁开展创作观摩活动；7月7日，由中国美协顾问、国画家尼玛泽仁带队，率油画家王沂东、版画家阿鸽、理论家吕品田，赴山西、河北、河南参加三省的省展开幕，并举行观摩座谈会；7月10日，由中国美协副主席许江任组长，率国画家杜滋龄、油画家王胜利、水彩画家王维新，参加浙江、湖北、江西的观摩指导活动；7月14日，吴长江率国画家冯大中、油画家骆根兴、水彩画家黄铁山赴湖南参加省展开幕，并进行创作指导。

【“灵感高原——中国美术作品展”研讨会】

11月13日，以青藏高原为主题的大型展览“灵感高原——中国美术作品展”在中国美术馆隆重开幕并召开以青藏高原与中国美术为主题的学术研讨会。李焕民、潘世勋、徐匡、尼玛泽仁、计美赤列等著名画家和梁江、吕品田、罗世平、李一、陈履生、尚辉等美术史学者出席了研讨会。中国美协分党组书记、驻会副主席吴长江主持了研讨会。吴长江认为这个展览包含了一种史诗般的意义。60年来，一代代美术家用自己的作品表现着青藏高原上的人民和自然风物，不仅表达了中国美术家们在各个历史阶段的思想、思考和情感，也成为新中国美术史上非常辉煌的一页。理论家在发言中认为，藏族题材和西藏主题能够吸引全国这么多画家的创作激情，而且这些画家在漫长的历史跨度里，能够持续不懈地来表现这个主题，这在中国美术界、中国美术史上都是绝无仅有的一种现象。

【“中国当代美术的发展与对外交流”研讨会】

9月15日，在巴黎中国文化中心召开了以“中国当代美术的发展与对外交流”为主题的研讨会。中法美术界人士参加了研讨交流。吴长江在发言中指出，近几十年来，中国在改革开放中取得了令世

人瞩目的伟大成就，而美术的发展与社会经济的发展紧密相连。新中国成立60年，特别是改革开放30年来，中法美术交流日趋频繁，两国在文化领域的合作十分广泛。不仅法国美术对中国美术产生了深远影响，很多法国艺术家在中国的大城市都办过展览，有自己的工作室，而且很多中国的知名艺术家都曾有过留法经历。今天，作为国际大都市的北京和巴黎更适宜为美术家办展览，为个人发展提供空间与平台。在当代，艺术家的创作条件、生活和艺术观念都有了很大变化，目前应当是绝佳的发展时期。我们希望通过该展览，表现时代精神，反映社会各层面劳动者的生活，让世界对中国美术有更深入的了解。中央美术学院油画系主任谢东明、清华大学美术学院雕塑系教授李象群向与会者就中国油画的发展、中国当代的艺术发展现状、中国当代的美术教学、空前发展的私人美术机构和画廊，中国艺术家拥有越来越多的话语权等情况作了详细生动的介绍。在会后提问中，中法艺术家就中国当代美术现状作了进一步的对话与交流。

【中国画长卷《绿港花开》在花博会现场展出】

9月26日，近30米长的中国画长卷《绿港花开》在第七届中国花卉博览会开幕式上展出。《绿港花开》画心长28.2米，高0.68米，是中国美协专为第七届中国花卉博览会创作。参加创作的有中国美协中国画艺术委员会副主任张道兴、中国国家画院画家詹庚西、天津美院教授霍春阳、岭南画派纪念馆馆长陈永锵、海军创作室创作员甘长霖、清华大学副教授吉瑞森、北京画院画家莫晓松、山东画家曹传真、辽宁画家李雪松。

对外及对港澳台地区文化交流

【中国美术世界行——中国当代美术作品展】

9月16日，为庆祝新中国成立60周年暨中法建交45周年，由中国美协、巴黎中国文化中心共同主办的“2009中国美术世界行——中国当代美术作品展”在法国巴黎中国文化中心开幕。中国美协分党组书记、驻会副主席吴长江、驻法大使孔泉出席开幕式并讲话，近200名中外嘉宾出席开幕式。

【中国美术世界行——版画展】

10月6～11日，应奥地利亚洲艺术中心和奥地利青年美术馆的邀请，以中国美协分党组成员、秘书长刘健为团长的中国美术家代表团一行6人赴奥访问，并在奥地利青年美术馆举办了“中国美术世界行·版画展”。中国驻奥地利大使吴恳和中外各界嘉宾100多人出席了开幕式。

【中国美术世界行——中国当代美术精品展】

10月12～18日，应中国新闻出版总署邀请，中国美协在法兰克福艺术创作中心举办“中国当代美术精品展”，以期配合主宾国活动，从不同角度向世界展示中国当代文学艺术的发展面貌。12日中午，“中国当代美术精品展”在法兰克福艺术创作中心开幕。出席开幕式的嘉宾有：中国文联副主席杨志今、新闻出版总署副署长邬书林、中国驻法兰克福总领馆副总领事王锡廷、德国艺术家协会主席维纳·肖伯。近百位中外媒体及观众出席了开幕式。

【雪域高原——中国绘画展】

10月23日，作为第二届“中国西藏发展论坛”的重要内容之一，由中国国务院新闻办公室、中国美术家协会、意大利意中基金会和中国驻意大利使馆联合主办的“雪域高原——中国绘画展”在意大利罗马威尼斯宫开幕。开幕式上，意大利文化部部长马里欧莱斯卡先生、罗马博物馆总负责人罗塞拉沃特莱特女士、意中基金会主席切萨莱罗米蒂先生先后致辞。中国国务院新闻办公室主任王晨，中国驻意大利大使孙玉玺，中国文联党组成员、副主席、书记处书记冯远发表讲话。他们表示，这次来意展出的作品是中国汉藏知名艺术家的优秀作品，这些作品真实、艺术地反映了雪域高原神奇美丽的自然景观，充分展现了藏族人民勤劳、勇敢、善良的精神面貌，希望意大利民众通过画展更多了解神奇美丽的雪域高原，并欢迎他们到西藏感受真实壮美的高原生活。出席第二届“中国西藏发展论坛”的西藏各界代表和来自国内的学者、各方人士60余人参加了开幕式。本次画展共展出68位中国著名画家西藏题材的画作共118幅，包括国画、油画、版画等，其中60幅作品在罗马展出，58幅在米兰展出。

【世纪初艺术——海峡两岸绘画联展】

6月13～17日，由中国文联与台湾文艺协会共同主办的“世纪初艺术——海峡两岸绘画联展”暨学术研讨会相继在台北和高雄举行。中国文联党组书记、副主席胡振民与中国美协分党组书记、驻会副主席吴长江，策展人王镛，画家姜宝林、丁方、陈辉等一行11人赴台参加了此次活动。在台期间，访问团会见了国民党原副主席林澄枝、台北“故宫博物院”院长周功鑫等台湾文化界知名人士，就加强两岸文化艺术交流进行了深入探讨。访问团还参观考察了台北“故宫博物院”、台北市立美术馆、高雄市立美术馆以及台湾历史博物馆展出的张大千诞辰110周年纪念展。

【庆祝澳门回归10周年——中国当代美术作品展】

11月3日，由中国文联、澳门基金会主办，中国美协承办的“庆祝澳门回归10周年——中国当代美术作品展”在澳门综艺馆开幕。中国文联党组成员、书记处书记廖奔，中央人民政府驻澳门特区联络办公室文化教育部部长刘晓航，外交部驻澳特派员公署副特派员宋彦斌，中国美协分党组成员、秘书长刘健，中国文联全委、澳门日报社长李鹏翥，澳门基金会行政委员会委员吴志良，澳门民政总署管理委员会委员罗永德，中国文联全委、澳门颐园书画会理事长陈志威，中国文联国际联络部副主任董占顺等有关领导，来自内地的艺术家施江城、苏百钧、马新林、丁杰、刘建、许俊等以及来自澳门各界的观众和众多书画爱好者参加了开幕式。廖奔在开幕式上讲话，吴志良在开幕式上致辞。

【第四届中国北京国际美术双年展第一次新闻发布会】

6月11日下午，第四届北京国际美术双年展第一次新闻发布会在北京国际饭店会议中心召开。数十家中外媒体与会。会上播放了展览宣传片，与会领导及策划委员回答了记者提问，并发放了第四届北京双年展宣传册等相关资料。

中国曲艺家协会

综 述

2009年是我们党和国家历史上具有特殊意义的一年，也是中国曲艺值得浓墨重彩书写的重要一年。伟大祖国迎来了60周年华诞，中国曲艺家协会也迎来了成立60周年。60年不懈奋斗，60年春华秋实。60年的历史和实践证明，曲艺队伍是一支热爱人民、热爱祖国、热爱社会主义的队伍，是一支锐意进取、富于创造、乐于奉献的队伍，是一支与党同心同德、与人民同甘共苦、值得信赖的队伍。在全国人民欢欣鼓舞、喜迎国庆的重要时刻，中国曲协团结带领广大曲艺工作者，踏着整齐的步伐，以开拓奋进、昂扬向上的精神风貌接受了党和人民的检阅，为人民而写，为时代而歌，用自己的实际行动赢得了广大观众和社会各界的广泛赞誉。

艺术活动

【刘兰芳艺术生活50年系列活动】

中国文学艺术界联合会和中国曲艺家协会在京联合主办“刘兰芳艺术生活50年”系列活动。1月21日上午，刘兰芳艺术生活50年座谈会在北京新闻大厦举行。中共中央政治局委员、中央书记处书记、中宣部部长刘云山发来贺信。他在信中写道，50年来，兰芳创作演播了大量脍炙人口的优秀曲艺作品，为丰富群众精神文化生活、建设社会主义先进文化作出了积极贡献，成为人民群众喜爱的艺术家。全国政协副主席、中国文联主席孙家正，全国政协副主席陈奎元，原全国人大副委员长李铁映、许嘉璐、顾秀莲，原全国政协副主席孙孚凌为活动题词；中国文联党组书记、副主席、书记处书记胡振民出席并讲话。他说，刘兰芳同志在50年的艺术生涯里，始终坚持继承传统、勇于创新，为曲艺事业的继承与发展、繁荣与创新作出了重要贡献。她以一位优秀党员艺术家的标准严格要求自己，对党的事业无比忠诚，为我国曲艺事业和文联工作的繁荣发展兢兢业业、任劳任怨，付出了大量的心血和汗水，作出了十分突出的贡献。杨新贵、罗杨、单田芳、徐勍到场祝贺。《曲苑兰芳——刘兰芳艺术生活50年座谈会文集》、《刘兰芳艺术生活50年纪念画册》由中国文联、中国曲协编纂完成。20日晚，“祝贺刘兰芳艺术生活50年文艺晚会”在解放军歌剧院举行。晚会由李金斗、牛群、鞠萍主持，姜昆、黄宏、冯巩、吴雁泽、盛小云、金丽生、籍薇、戴志诚、裴艳玲等到场祝贺演出。

【曲艺界新春联谊会】

1月20日上午，中国曲艺家协会和北京曲艺家协会联合举办2009年新春联谊会在北京饭店隆重举行。在京的曲艺界知名人士与多年来支持曲艺工作的各界朋友近800人欢聚一堂，旧友新朋，共辞旧岁，喜迎新春。周巍峙、冯远、杨新贵、汤恒、罗杨、刘兰芳、姜昆、黄宏、吴文科、郭刚、籍薇、朱光斗、李金斗等出席。中国文联党组成员、副主席、书记处书记冯远在讲话中回顾了2008年中国曲协的重点工作，并对曲艺界在过去一年中埋头苦干、为国家和人民分忧，积极努力为曲艺事业奉献的精神给予了充分的肯定；鼓励曲艺界的工作者贯彻落实好科学发展观、肩负起历史使命，百尺竿头，更进一步，努力创作出更多优秀作品，推出更多优秀人才。为了表彰艺术家们“不计报酬、甘于奉献”的精神，中国曲协在联谊会上为积极参加“送欢笑”慰问演出活动的艺术家们颁发证书和纪念品。

【曲艺家唱响好人颂歌】

2月17～18日，由中宣部、中央文明办主办，中国曲艺家协会承办、中央电视台《曲苑杂坛》栏目录制的宣传全国道德模范的《中国好人颂》曲艺节目在中央电视台录制。演员们用生动的语言、真情的演唱、悠扬的弦声、动人的旋律歌颂、赞美、演绎全国人民投票选举出来的平民模范人物的动人事迹，漂亮的服饰、绚丽的舞美、富于激情的表演感染着在座的每一位观众。中央文明办副主任王世明，中央文明办协调组副组长屠更新，中国文联副主席、中国曲协主席刘兰芳，中国文联国内联络部主任夏潮，中央电视台文艺部副主任金越，中国曲协副主席、曲研所所长吴文科，中国曲协秘书长刁惠香等领导观看了不同场次的演出。王世明观看演出后表示演出节目精湛，形式多样，寓教于乐，生动形象，为宣传道德模范付出了艰苦的劳动，用艺术的力量推动了整个社会的精神文明建设。中国曲协负责的36个节目运用了24种曲艺形式，正是广大曲艺家和曲艺工作者以敬业奉献的全国道德模范为榜样，说好人、唱好人、做好人，倾情唱响“好人颂歌”，才有一个个精彩节目的呈现。

【全国（天津）相声新作品拍卖】

7月2日，在北京举办的一场别开生面且具历史意义的相声拍卖会，引发海内外多方面的广泛关注，几十家新闻媒体争相报道，中央电视台现场直播。本次相声新作品拍卖，作为我国相声界的首次探索和尝试，意义重大。此次拍卖的16部作品以100多万元全部拍出，其中2部作品分别以20万元成交，拍卖会取得圆满成功。 由中共天津市委宣传部、中国曲艺家协会主办，天津市文联、今晚传媒集团、天津市曲艺家协会、中国曲艺家协会相声艺术委员会等承办的“全国（天津）相声新作品大赛”，坚持改革的精神和创新的意识，创新思路，创新举措，不仅为相声创作搭建了很好的交流和展示平台，更重要的还在于为繁荣发展相声艺术，助推相声创作尽快走出低谷和为探寻相声创作走产业化之路进行了有益尝试。

【中国曲艺家协会成立60周年纪念活动】

7月7日，中国曲协成立60周年纪念大会在北京二十一世纪饭店隆重举行。来自全国各地的曲艺界代表和嘉宾300余人参加了会议。全国政协副主席、中国文联主席孙家正，中国文联名誉主席周巍峙，中国文联党组书记、副主席胡振民，中国文联党组成员、副主席冯远，中宣部文艺局局长杨新贵，中宣部干部局副局长齐鹤茹，各文艺家协会、各直属单位和文联机关各部室负责人出席了开幕式。会议由中国曲协分党组书记、副主席姜昆主持。大会在纪录片《辉煌的岁月》中拉开帷幕，一幅幅历史照片和一幕幕动人瞬间，见证了新中国曲艺风雨涤荡、激流勇进的光辉历程。中国曲协分党组成员、秘书长刁惠香首先宣读了社会各界发来的贺信。中国曲协主席刘兰芳在讲话中总结了中国曲协60年来所取得的成绩与经验。她指出，60年来，中国曲协坚持围绕党和国家的工作大局开展工作，面向基层群众，打造活动品牌，重视理论建设，集中展示广大曲艺工作者团结奋进的精神风貌和改革创新的优秀成果。纪念大会表彰了新中国60年突出贡献曲艺家、优秀中青年曲艺家及突出贡献曲艺组织工作者。冯远代表中国文联党组做了重要讲话，他强调，曲艺是中华民族特有的传统艺术形式，深深扎根于人民群众之中，是中华文化宝库中的璀璨明珠，也是社会主义文艺的重要组成部分，希望中国曲协以这次大会为新的起点，认真总结宝贵经验，继承发扬优良传统，以更开阔的思路、更有力的措施、更扎实的工作，激励和动员广大曲艺工作者同心同德、奋发努力，开创我国曲艺事业的新局面。8日晚，庆祝中国曲协成立60周年专场晚会——“笑声与时代”在北京世纪剧院隆重上演。全国政协副主席郑万通，原全国人大常委会副委员长热地、顾秀莲，中国文联党组书记胡振民，原文化部部长王蒙和李树文、李牧、冯远、高运甲、甘英烈等领导出席并观看了演出。晚会以时代变迁为线索，以收音机、电视、网络3种媒介为主题串联整场节目，生动地反映了新中国曲艺事业的成长历程。本次纪念活动受到社会各界及媒体的关注，得到了广大曲艺工作者高度关注和热情参与，在文艺界产生了广泛影响。

【2009三亚国际幽默艺术周】

8月12～15日，由中国文学艺术界联合会、中国曲艺家协会、中国杂技家协会和三亚市人民政府共同主办，中共三亚市委宣传部、三亚市文化广电出版体育局、中共三亚市海棠湾工委、三亚市海棠湾管委会联合承办的“2009三亚国际幽默艺术周”在浪漫天涯——海南三亚成功举办。中国文联党组书记、副主席胡振民，中国文联党组副书记、副主席李牧，中国文联党组成员、副主席冯远，中共海南省委常委、三亚市委书记江

泽林，中国文联副主席、中国曲协主席刘兰芳，中国曲协分党组书记、副主席姜昆，中国杂协分党组书记、副主席林建，中国文联国际联络部主任黄文娟等有关领导先后出席了艺术周的各项活动。12日晚，月光下的海南三亚群星荟萃、欢声笑语、热闹非凡，主题为“欢乐天涯行”的艺术周开幕式晚会在三亚美丽之冠剧院举行。刘兰芳主持开幕仪式，江泽林在开幕式上致辞并用英语向现场观众问好。随着中国文联党组书记胡振民宣布2009三亚国际幽默艺术周开幕，鼓乐响起，帷幕拉开，来自国内外的幽默艺术家们欢聚一堂，以幽默风趣的演出为鹿城人民献上了一台精彩的综艺晚会。13日晚，国外幽默艺术专场演出在美丽之冠继续上演。艺术周期间，两场以曲艺节目为主的“送欢笑”慰问演出分别于13日晚和14日晚在海棠湾和鹿回头广场隆重举行。在“送欢笑”走进鹿回头广场暨闭幕式演出开始前，冯远在饱含思索与激情的闭幕致辞中精辟地阐释了对于幽默的理解，他说道：“幽默是富有智慧的生活方式；幽默是创意欢乐，让人们会心一笑的情感交流方式；幽默还是有品位的人与人之间的互动方式，因此幽默艺术具有丰富的表现力，幽默艺术理当具有独特的表现方式和沟通你我的办法。”他评价艺术周的魅力在于它是一场荟萃中外艺术精品的文艺盛会，是推动幽默艺术发展进步的创举。最后，他充满感情地说：“今天的闭幕演出并不是结束，而应该是一个新的开始，让我们共同期待再次相聚的美好时刻！”

【全国曲艺家到重庆讲故事活动】

8月26～29日，由中国曲艺家协会与中共重庆市委宣传部、重庆市讲故事活动办公室、重庆市文联共同举办主题为“忆红色经典 讲革命故事”的“全国曲艺家到重庆讲故事活动”在重庆成功举行。在刘兰芳、刁惠香的带领下，田连元、牛群、鞠萍、董浩等来自全国各地的近30位知名演员齐聚山城，以高水平的讲故事节目让重庆“两区一县”的万名观众沉浸在感动之中，更将重庆如火如荼的“讲故事”活动推向高潮，同时也为中国曲协以曲艺形式更好地为社会主义精神文明建设服务积累了丰富经验。27～28日，“全国曲艺家到重庆讲故事活动”先后在重庆市江北区、南岸区和荣昌县举行。重庆市委常委、宣传部部长何事忠，市人大常委会副主任卢晓钟等各级领导与来自街道社区群众、部队官兵、企业职工、学校师生在内的各界观众现场观看了演出，艺术家们轮番上阵，精彩的演出受到观众的热烈欢迎。

【“向祖国汇报”庆祝新中国成立60周年曲艺精品展演周活动】

9月5～10日，由中国文联、中国曲协主办，各相关省市文联曲协及院团承办的“‘向祖国汇报’庆祝新中国成立60周年曲艺精品展演周”在北京民族文化宫剧院隆重举行。连续6天，周炜相声专场、山西曲艺专场、刘全和刘全利幽默滑稽小品专场、江苏苏州评弹专场、全国（天津）相声新作品专场、曲艺喜剧《茶壶就是喝茶的》6场各具代表性的晚会集中展现了近年来曲艺界在创作和表演等方面取得的佳绩，近百位曲艺家在6场风格不同但同样精彩的演出中倾情献艺，为新中国60华诞献上曲艺人最真挚的深情厚意，受到广大观众和曲艺爱好者的热烈欢迎和高度评价，众多新闻媒体给予了高度关注和充分报道，取得良好的社会反响。展演周期间，严隽琪、王志珍、丁关根、曾培炎、许嘉璐、顾秀莲、唐家璇、张怀西和王忍之、王蒙、杨洁篪、陈德铭、汪光焘、熊光楷、钱树根、滕文生、陈群、朱永新、邓天生、高富有、温克刚、李春明、杜润生、胡苏平、李谭生、杨新力、陆军等国家和各部委及有关方面的领导，中国文联领导李牧、冯远、杨志今、廖奔、甘英烈以及中国曲协罗杨、刘兰芳、姜昆、黄宏、吴文科、盛小云、黄启钧、刁惠香等观看了演出。“‘向祖国汇报’庆祝新中国成立60周年曲艺精品展演周”在各主承办单位的相互协作、精心筹备、细心组织下，获得圆满成功，极大地激发了曲艺人的参与热情，满足了不同观众需求，促进了曲艺发展，吸引了众多媒体关注，整个活动以高水平、高质量、高社会效益成为中国曲协2009年工作的精彩一笔。

【大连西岗杯相声大赛】

10月22日、23日，由中国曲艺家协会、辽宁省曲艺家协会、大连市文联、大连市西岗区人民政府共同主办的第五届“西岗杯”全国相声新人新作征文推选活动在大连落下帷幕。作为全国文化先进城区、中国第一个曲艺之乡，西岗区自1994年首届西岗杯相声大赛到2000年已经成功举办4届。颁奖晚会中，《非常男女》、《庄稼人》、《婚礼变奏曲》3篇优秀作品，在贾玲、白凯楠、陈寒柏、王敏、马云路、刘际的精彩演绎下，博得观众掌声。大赛共收到全国65个城市来稿503篇，最终评出最佳作品奖1名、优秀作品奖5名、作品奖10名、入围奖44名、特殊贡献奖2个。广东、江苏、河南省和大连、张家口市曲艺家协会荣获伯乐奖。

【全国曲协工作会议】

12月7～8日，2010年全国曲协工作会议在广东汕头召开。来自各省、自治区、直辖市曲协和行业曲协的负责人近60人会聚一堂。冯远、刘兰芳、姜昆、白洁、孙福海、王汝刚、李时成、郭刚、盛小云、崔凯、籍薇、黄敞钧、刁惠香等出席开幕式。冯远在开幕式上做了讲话，刘兰芳致开幕词，白洁、郭大钦致欢迎词。姜昆作了题为《立足新起点，开拓新思路，努力开创曲艺事业新局面》的工作报告。在为期3天的会议中，与会代表就2009年中国曲协与地方曲协的工作情况进行分组讨论，各地曲协负责人针对本地实际情况，深入探讨开展协会工作的新思路，广泛交流发展曲艺事业的新经验，提出许多中肯的意见和希望。姜昆在总结时强调：广大曲艺工作者应当抓住繁荣发展文化艺术事业的历史机遇，顺势而为，激流勇进；进一步挖掘、调动曲艺家人才资源，发挥协会的自主灵活优势，明确自身定位，拓宽工作范围，建立服务型协会；坚持重在建设，努力以新思路、新举措组织开展协会工作，壮大曲艺事业，有力地服务大局。与会者表示，通过此次会议，进一步明确了2010年中国曲协工作的总体要求和工作计划，交流了工作情况和经验，大家纷纷表示应当从自身情况出发，闯出一条既灵活又有特色的曲协发展道路，推动协会建设和艺术发展向前迈进。会议期间，中国曲协“送欢笑”小分队还来到汕头市林百欣国际会展中心进行慰问演出。

【中国曲艺非物质文化遗产博物馆筹建工作启动】

11月26日，中国曲艺非物质文化遗产博物馆在北京马连道茶宫举行了隆重的启动仪式。姜昆、刁惠香和北京市文化局、宣武区领导参加了启动仪式。姜昆介绍了中国曲艺非遗博物馆建立的初衷、定位及筹备情况。中国曲艺非遗博物馆在初具规模的相声百年展的基础上建立，根据不同地域、不同曲艺种类进行相关建设，以丰富的实物展品和翔实的图片文献展示全国众多的曲艺非遗保护项目，苏州评弹、福建南音、绍兴莲花落、评书、快板等曲种和马街书会等曲艺活动被列入首批筹建项目，12月底布置完成，并陆续与广大观众见面。中国曲艺共存400多个曲种，现已有96个曲种列入国家非物质文化遗产名录，建立中国曲艺非遗博物馆对于宣传、保护、继承这些曲种具有重要作用，中国曲协将在中国文联以及宣武区等有关单位的支持下，努力做好中国曲艺非遗博物馆的建设工作。

【“送欢笑、下基层”活动】

2009年，中国曲协继续深入贯彻落实党中央关于文艺要“贴近实际、贴近生活、贴近群众”的指示，以庆祝新中国成立60周年为主题，切实做好“送欢笑到基层”工作，受到社会各界的广泛关注和好评。

3月8日，“送欢笑”小分队带着节日的喜庆和祝福，在姜昆、刁惠香的带领下，一行21人来到安徽淮南新集矿区，为当地6000多名职工带去了1台异彩纷呈的文艺演出。相声名家师胜杰、石富宽、戴志诚、温淑萍，著名小品演员刘全和、刘全利、于海伦、张文甫，总政歌舞团歌唱演员吴靖萍，湖南青年演员朱少宇、张露曦以及来自英国的留学生大牛参加了此次活动。牛群、鞠萍主持晚会。

4月26日，“送欢笑”小分队来到了国家历史文化名城湖北钟祥，把欢笑送给钟祥人民。此次活动由中国曲协、湖北省文联、湖北曲协、中共钟祥市委市政府共同举办。26日上午，“送欢笑”演出在钟祥第一中学举行。钟祥市的群众从四面八方向这里汇集，人头攒动，好不热闹。湖北省委宣传部副部长陈连生、湖北省文联党组书记刘永泽、副主席李宁、钟祥市市委书记田文彪、市长马朝晖等当地领导与近3万市民一起观看了演出。姜昆、戴志诚、刘兰芳、奇志、张伟、刘全和、刘全利、耿莲凤、田克兢、张明智、何忠华、牛群、鞠萍参加。钟祥是长寿之乡，下午，“送欢笑”小分队到钟祥老年大学慰问演出。

5月17日，“送欢笑”慰问演出小分队在刘兰芳、姜昆、黄敞钧的带领下一行20人，来到有

着“板桥故里、水浒摇篮、生态水乡、文化名城”美誉的江苏省兴化市，在当地文正实验学校进行慰问演出，为上万名观众带来了祝福和欢笑。程志、巩汉林、金珠、刘全和、刘全利、牛群、戴志诚、陈寒柏、王敏、陆建荣、徐凤美、孙忠宏、盛喆、刘佳妹倾情献艺，以精彩的节目征服了观众。演出结束后，观众们久久不愿离去，他们高兴地说：“这么多电视屏幕上常见的艺术家今天为我们现场演出的节目实在太好看，太精彩了。”

6月3～4日，“送欢笑”慰问演出小分队一行15人在姜昆的带领下，来到黑龙江省农垦总局宝泉岭分局，举行“中国曲艺之乡”授牌仪式和盛大的“送欢笑”慰问演出。相声名家赵炎、师胜杰、石富宽、牛群、戴志诚、周炜，小品名家赵连甲、于海伦，著名主持人鞠萍，男高音歌唱家魏金栋参加了慰问活动。艺术家们深入学校、文化宫和康乐中心看望学生和老同志，并以精彩的演出为宝泉岭带来节日般的喜庆和欢乐。近年来，宝泉岭分局高度重视和支持曲艺事业的发展，小品《旗帜》和8人双簧《宝泉新鲜事》为代表的多部作品在全省曲艺小品比赛中荣获大奖。正是基于宝泉岭在曲艺工作中的突出表现，中国曲协决定授予宝泉岭“中国曲艺之乡”称号，以便更好地繁荣和发展北大荒文化、促进垦区文化软实力的提升。

9月6日，“送欢笑”慰问演出在济南市长清区园博园和谐广场隆重举行。在刘兰芳、姜昆、刁惠香的带领下，由刘维维、巩汉林、金珠、大兵、赵卫国、李伟建、武宾、朱少宇、张露曦和阴军等组成的送欢笑演出小分队，为第七届中国（济南）国际园林花卉博览会的建设者和长清区大学城近10所高校学子等组成的数千名观众奉献了一台主题为“喜迎园博会 唱响园博园”的精彩演出。济南市市委副书记殷鲁谦，市委常委、常务副市长王良，市委常委、宣传部部长谭延伟观看了演出。演员们用精彩的演出给观众带来欢笑与美的享受，更为园博会开幕增添了一道亮丽的风景。

11月6日，“送欢笑”演出小分队来到湖南省娄底市，参加由全国“情系农民工——关爱留守儿童”影视文化送温暖行动组委会办公室、中国曲艺家协会、中国人口宣教中心、plcc中国人保、湖南省农民工工作领导小组办公室、湖南省人口计生委、中共娄底市委、娄底市人民政府联合主办的“全国情系农民工——关爱留守儿童影视文化送温暖送欢笑走进娄底启动仪式暨文艺晚会”。中国曲协将坚持5年的“送欢笑到基层”活动与“情系农民工——关爱留守儿童影视文化送温暖”活动紧密结合，紧紧围绕这一主题，将温暖和欢笑送给那些最需要社会关注的农民工兄弟和留守儿童，牛群、朱少宇、小龙女、刘佳妹、高保利、大兵、赵卫国、姜昆、戴志诚参加送欢笑。中国曲协与送温暖行动组委会、中国人口宣教中心达成共识：加强合作，进一步丰富和细化演出内容。在为农民工和留守儿童送去温暖的同时，也为他们送去欢笑。

办班创作

【2009年全国曲艺精品创作班】

4月8～15日，由中国文学艺术基金会资助、中国曲艺家协会主办的2009年全国曲艺精品创作班在京举办。40多位活跃在当前曲艺创作一线的优秀作者会聚一堂，以严谨的作风投入学习，以饱满的热情投入创作。通过全体学员的共同努力，创作班推出了一批具有较强思想性和艺术性的优秀曲艺作品，对于提高当前曲艺创作队伍的整体认识和创作水平起到了积极的推动作用。全国曲艺精品创作班作为中国曲艺家协会推动曲艺继承创新、着眼于曲艺事业可持续发展的一项重要活动，已经举办了3届。8日上午，创作班开班仪式在北京蟹岛农庄举行。中国文联党组成员、书记处书记廖奔，中国文联副主席、中国曲协主席刘兰芳，中国曲协分党组书记、副主席姜昆，中国文联理论研究室主任董耀鹏出席了开班式。廖奔在讲话中指出，在新中国成立、中国曲协成立60周年之际，中国曲协举办这个创作班，在打造精品力作上下工夫，很有必要，也很有意义。这是以实际行动贯彻落实党的十七大和十七届三中全会精神，深入学习实践科学发展观，继续实施曲艺精品创作工程的具体举措，对团结培养曲艺创作人才、推出优秀曲艺作品将起到积极的推动作用。中国文联党组成员、副主席冯远出席了15日的创作班结业式。他在充分肯定创作班成果的同时也向曲艺家们提出了希望。他说，创作是一项经常化、因时因地、不间断的长期性工作，曲艺作家要不断增强责任感和使命感，牢牢把握正确的创作方向，同时也要练好生活和创作这两个基本功，克服浮躁、精打细磨、精益求精，更好地满足人民群众日益增长的精神文化需求，给全体创作班学员以极大的启发和鼓舞。创作班期间，姜昆、崔凯和剧作家高满堂的讲座引起了学员们的深入思考和热烈讨论。姜昆提倡大家都拿出点“精气神”；崔凯提出要“以曲艺理论突围推动曲艺文学创新”，促进当代曲艺大发展大繁荣。本次创作班推出了一批有水平、有特色、有涵盖面、有亮点的优秀作品，如相声《落水记》、《我爱便宜》，好来宝《我的内蒙古》，单弦《血宴》，滑稽小品《不要和热心人说话》，二人转《老两口逞能》等。这些作品题材新颖，具有一定的时代感和代表性，在表现手法上精益求精、勇于创新，令人耳目一新。

【全国中青年曲艺家创作会议】

7月7～10日，全国中青年曲艺家创作会议与中国曲艺家协会成立60周年纪念大会同期召开。此次中青年曲艺家创作会议是新中国成立60年来曲艺界首次召开的旨在推动曲艺创作的会议，是一次凝聚中青年曲艺队伍、繁荣曲艺创作的盛会。来自全国各地的曲艺界代表120余人参加了会议。会议期间，代表们以小组为单位，针对曲艺创作、曲艺人才培养、曲艺生存困境等一系列问题进行讨论。在推心置腹、开诚布公的交流中，来自基层的代表们彼此加深了了解，增进了友谊，在诸多创作问题、创新方法上达成共识，为今后各地曲艺工作的交流与合作，曲艺创作的创新与发展奠定了基础。为了鼓励广大曲艺工作者博采众长、兼收并蓄，不断拓展创作空间，会议邀请了王蒙、徐沛东、马也、冯骥才等专家学者为与会代表做专题讲座。专家们分别从文化生态格局、文艺的继承与创新、大众文化与艺术思维、观众心理转变等角度展开论述，并结合各自的艺术创作体会对曲艺创作提出了许多中肯的意见和建议。代表们纷纷表示受益匪浅，开阔了思路，提高了认识，为今后创作和学习起到了指导作用。10日上午，全国中青年曲艺家创作会议圆满落幕，青年相声演员李伟建在大会上宣读了《全国中青年曲艺家创作会议倡议书》，倡议中青年曲艺作家们要准确把握时代脉搏，坚持正确创作方向；要创作贴近实际、贴近生活、贴近群众的作品，走与具体实践相结合的创作道路，正确处理继承与创新的关系，以德艺双馨为人生目标，加强理论修养，秉持高尚的艺术追求的理念。姜昆在总结时希望广大曲艺工作者以时不我待、只争朝夕的激情投入到曲艺创作中去，在“新”字上下工夫；在“精”字上花力气；在“艺”字上多打磨，以一批经得起考验的精品力作，向祖国和人民汇报。中国文联党组成员、副主席冯远致闭幕词，充分肯定此次创作会议召开的重大意义，勉励与会代表以此次会议为契机，进一步投身到曲艺创作的实践中去。

调研活动

【赴广东调研】

3月18～20日，在中国曲协分党组书记姜昆的带领下，曲艺调研组一行5人来到广州、深圳考察。广东省目前除全额拨款事业单位——广东音乐曲艺团和5个差额拨款专业团体外，注册登记的民间曲艺社团有2300多个，占全省15000个社团的15.33%，非职业从业者有1万多人。仅佛山市顺德一个县级区，据不完全统计，就有200多个粤曲乐社；在惠州博罗县石湾镇的马屋村小组，也有5个私伙局性质的曲艺社。私伙局是广东民间传播粤剧粤曲的一种独特方式，是有组织的、具备一定艺术素质和创新、发展能力的半职业性质的民间组织；深圳罗湖口岸周边的乐社非常具有典型性。仅其中一座内楼里就有68家乐社，入门处是一间舒适的待客室，里屋是一间配备了先进的录音、摄像器材的曲房，客人从资料库选好曲即可进入曲房合乐。每次最多只能让两位客人进入曲房唱曲，随后其一招一式都被制作成碟片。调研组走进繁华地带的大华酒楼，欣赏了一场广东珠江曲艺团的演出，考察了广东音乐曲艺团。深圳市是一个以普通话为主的移民城市，95%的移民，多元文化交织碰撞，文化沉淀不深，可塑性极强。深圳外来工作者众多，群众对曲艺文化的需求较大，而且很多人懂北方的相声、大鼓、快板等，市场前景很大，曲艺工作者抓住机遇，立足本土，培育市场，提高自身的竞争力，会大有作为。

【赴吉林调研】

3月25～28日，在中国曲艺家协会分党组书记姜昆，副主席崔凯的带领下，调研小组一行五人到吉林长春、延吉两地，就当前二人转艺术的生存状况及发展方向、延边地区朝鲜族曲艺的发展状况等课题展开调研。二人转在吉林有广泛而深厚的群众基础，在长春市区，共有7家民营二人转演出剧场。26日，调研组与吉林省一线的二人转专家学者、作者、演员座谈。王木萧、杨柏森、王红萧、宫庆山、那炳晨、王兆一等先后发言。姜昆表示，文艺在公益事业与直面市场时具有不同的社会功能，在审美多元化的今天，我们要找准自己的定位，既要"包容"，也要"引导"。27日上午，调研组来到延吉就延边少数民族曲艺发展现状进行调研。延边曲艺有着150年的历史，朝鲜族传统曲艺"盘说里"、"漫谈"、"故事"被保留并流传下来，自1979年成立延边曲艺团后，创作出很多曲艺精品，"三老人"、"才谈"、"鼓打铃"等一系列曲种深受延边人民的喜爱。近年来，延边曲艺逐渐式微，表现出"演员队伍老龄化，新人缺失"，"本土朝鲜族人口（观众）流失"等问题。面对延边曲艺发展遇到的困难，姜昆在延边曲艺工作汇报座谈会上希望延边曲艺家们一如既往地投入到延边曲艺事业的发展中来，依靠内外部力量把延边的曲艺搞上去，到基层一线去演出，不断打造自己的品牌，改变生存状态。下午，调研组在延边朝鲜族自治州州委宣传部副部长蔡永春的陪同下观看了延边朝鲜族曲艺会演。当晚，延边朝鲜族自治州州委书记邓凯会见调研小组一行，双方一致认为，少数民族曲艺发展应该得到政府的支持，这是确保民族团结、保护民族非物质文化遗产的大事。

【赴重庆调研】

3月29日至4月1日，姜昆、刁惠香等一行7人赴重庆市开展曲艺调研。在渝期间，调研组切身感受到重庆市唱红歌、读经典、讲故事活动所带来的一股清风，对于在满足人民群众文化需求中，如何更好地发挥曲艺艺术的作用也有了更为深入的思考。重庆市委书记薄熙来倡导的唱红歌、读经典活动自2008年6月开展以来，在广大重庆市民当中产生了广泛的影响。调研组在九龙坡走马古镇走访，切身感受到巴渝传统文化中"故事家家户户讲，男人讲、女人讲、娃娃也能讲"的盛况。曲协调研组深入三峡曲艺团座谈调研，对曲艺工作者在三峡移民工程中"送去欢笑、消去离愁"的不可替代的作用有了深刻认识。姜昆认为，重庆开展的唱红歌、读经典、讲故事三位一体的系列群众文化活动，能丰富人们的精神文化生活，传承优秀传统文化。尤其是讲故事活动，是一个难得的机遇和平台，对重庆曲艺发展会产生很大的推动作用。"曲艺本身就是'说书讲故事'的艺术。讲故事既然是我们的优势，我们就应该抓住这个机会把"讲故事"这盏灯点得更亮。"

【赴广西调研】

5月4～6日，姜昆、郭刚等一行6人组成的专家调研组赴广西壮族自治区进行为期3天的调研。调研旨在通过了解当地少数民族曲艺状况，提出建设性意见，发现人才，合理规划今后的发展。5日上午，调研组前往崇左市龙州县金龙镇双蒙村板池屯。天琴是壮族三大乐器中最古老的乐器，已有84岁高龄的天琴世家李金政带领弟子为调研组一行表演了原汁原味的天琴弹唱。姜昆说："今天领略到的天琴表演没有丝毫矫揉造作，朴实无华。曲艺是贴近百姓的艺术，需要从民间汲取营养，需要不断回归自然，寻找艺术的真谛。艺术需要保持原汁原味的状态，才能知道它的根在哪里。某些艺术形式，它们的灵魂、精华没有被充分认识，还需要再认识、再升华。" 少数民族曲艺具有传统性（原始性），是根深蒂固地扎根在少数民族人民心中的一种文化传统，这种文化传统是不会被轻易磨灭的。当天下午，调研组一行与当地同志共同探讨少数民族曲艺及龙州天琴的相关情况。广西曲艺资源丰富，有70多种曲种，但由于受地域限制（地处深山），演出市场发育不全，给广西少数民族曲艺的发展造成了一定的障碍。

【赴延安调研】

5月20～22日，在纪念延安文艺座谈会召开67周年前夕，由刘兰芳、姜昆、刁惠香带队的曲艺调研组一行8人考察延安曲艺尤其是陕北说书的生存与发展现状。20日下午，调研组与当地曲艺工作者一起谈会，研讨陕北曲艺的生存发展现状，并实地考察了延安曲艺馆，采访了延安一些知名的专业和民间的曲艺艺人。陕北说书是陕北民间说唱的一朵奇葩，是陕北的一张"活名片"，从事陕北说书的艺人多达上千人。以安塞县为例，除安塞县曲艺队这个专业团体外，各种民间自发组织的团队更多，其中有影响的有砖窑湾镇宏达艺术团、化子坪镇黄土魂曲艺队、镰刀湾乡刘四曲艺队等。他们在为百姓送欢笑的同时也增加了经济收入，有的团队收入达二三十万元。同时陕北说书也面临严峻问题，从事陕北说书的很多艺人的文化层次不高，创作力量匮乏，后继乏人，演出市场在多元文化冲击下逐渐萎缩。陕北曲艺乃至陕北说书的生命力在于它本身的一种自然原生状态，任何强心剂都不是长久传承的良药。它必须重回民间日常生活、休闲娱乐中去，探索新的表演形式、语言、音乐、唱腔，适应多变的生活，赢得新时代的生存权和发展权。

【赴江苏调研】

5月12～14日，由崔凯、盛小云、崔琦等一行5人组成的曲协调研组先后考察了扬州、常州、苏州三地的曲艺特别是苏州评弹、扬州评话等主要曲种的生存与发展现状。江苏曲艺是全国曲艺的重要组成部分，扬州评话、扬州弹词、扬州清曲、苏州评话、苏州弹词等曲种均已入选国家非物质文化遗产保护名录。调研组通过与三地曲艺家举行座谈、现场考察书场，了解到江苏曲艺近年来蓬勃发展的可喜局面。首先是曲艺得到了地方政府和有关部门的高度重视和大力扶持，其次是广大曲艺家长期以来坚守书场阵地，为广大观众服务，曲艺人才的培养也得到了高度重视。调研中，曲艺家们反映江苏曲艺目前的情况总体来讲是积极向上、繁荣热烈的，但也依然存在着客观生态环境下的许多深层问题。扬州评话表演艺术家惠兆龙认为，扬州曲艺面临着“一小三少”的困难——“队伍小、阵地少、收入少、听众少”。苏州评弹也面临着演员收入减少、书场阵地大量萎缩的问题。三地曲艺家普遍认为，人才的缺乏、书目的陈旧是当前制约苏州评弹等曲种发展的重要原因。盛小云建议，江苏省内也要加强南北曲艺的交流；崔凯指出要以新理念、新思维拓展曲艺新的发展空间，在文化体制改革中，代表国家水平和民族文化的曲种要努力保持并壮大自己的队伍，不能“全军覆没”，同时要更新观念、适应市场、充满信心，用创新理念来推动曲艺事业发展。

理论研讨

【宝丰马街书会非物质文化遗产保护与发展高峰论坛】

2月7日，由中国曲艺家协会、河南省委宣传部、河南省文化厅、河南省文联主办的“宝丰马街书会非物质文化遗产保护与发展高峰论坛”在宝丰县召开。中国曲协副主席、分党组书记姜昆，河南省文联主席马国强、副主席苗树群，河南省文化厅副厅长黄东升等领导及众多曲艺艺术家和理论家出席了会议。宝丰县县长王宏景介绍了马街书会近年来保护和发展的主要做法及成效。他表示将进一步延长马街书会会期，丰富书会内容，把书会打造成国内乃至国际闻名的曲艺盛会，加快马街书会民俗园建设步伐，建设一个高标准、大容量的曲艺魔术文化城，加大马街书会申报世界非物质文化遗产工作力度，使马街书会这一民间文化得到更好的传承和发扬。张凌怡、孙立生、马国强、姜昆先后发言。6日，河南省文联和曲协与山西、河北、山东、天津、河南曲协联合主办了2009河南宝丰马街书会晋冀鲁豫津曲艺大赛，为古老书会预热。

【2009春晚相声作品研讨会】

2月26日，中国曲协邀请曲艺界、文艺界以及相关媒体人士召开“2009春晚相声研讨会”，就《我有点晕》、《五官新说》这两个相声作品进行集中点评，为相声创作把脉，就曲艺创作方向等问题提出建议和意见。中国曲协分党组书记姜昆在开场白中表明了召开研讨会的意图，“希望方方面面的专家能为相声创作把把方向、出出主意。我们将静心坐下来好好研究，进一步明晰相声的创作规律，争取在新中国成立60周年之际推出一批新人力作，让相声工作者排着整齐的队伍，接受各方的检阅。”赵福玉、崔琦、梁秉堃、袁德旺、杜家福、彭俐、戴宏森等发言，赵小林、蒋慧明、郑健、周炜、应宁、高晓攀、赵鑫等年轻相声演员参加研讨。研讨会由中国曲协分党组副书记黄启钧主持。

【李文华艺术人生追思会】

5月29日，由中国曲艺家协会、中国广播艺术团共同主办的李文华艺术人生追思会在北京民

族文化宫举行。刘兰芳、王书伟、姜昆、张希和、别闽生、黄启钧、刁惠香出席会议，王力叶、蔡兴林、陈连升、唐杰忠、郝爱民、常宝华、李增瑞等曲艺专家、艺术家50余人参加了会议，会议由中国曲艺家协会相声艺术委员会主任常贵田主持。李文华是我国著名相声表演艺术家，国家一级演员，国务院颁发的政府特殊津贴获得者。作为一名相声表演艺术家，李文华对相声艺术的热爱和对曲艺事业的忠诚成为会上讨论的重要内容。姜昆在总结中指出，李文华先生是一位德艺双馨的艺术家，他优秀的品质、淳朴的作风和对艺术刻苦钻研、锲而不舍的精神值得所有曲艺人学习。常贵田代表中国曲艺家协会相声艺术委员会发出倡议，号召全体相声界从业人员继承学习老一辈艺术家的高尚艺德和艺术经验，忠诚于相声事业，始终贴近实际、贴近生活、贴近群众，在继承传统的基础上努力开拓与创新，为进一步推进曲艺事业的繁荣与发展而努力奋斗。

【2009年中国曲艺高峰（柯桥）论坛】

7月28～30日，由中国曲艺家协会与浙江省绍兴县人民政府主办、绍兴县文化广电新闻出版局承办的2009年中国曲艺高峰（柯桥）论坛在浙江省绍兴县成功举办。中国文联副主席、中国曲艺家协会主席刘兰芳，中国曲艺家协会分党组书记、副主席姜昆，中国文联理论研究室主任董耀鹏，浙江省文联党组成员、书记处书记高克明，中国曲协副主席吴文科、崔凯，中国曲协分党组副书记黄启钧，分党组成员、秘书长刁惠香，中国曲协相声艺术委员会主任常贵田、评书艺术委员会主任田连元、理论委员会主任戴宏森，文化学者苏叔阳等出席了开幕式，中央电视台主持人马东主持开幕式。姜昆在开幕式上作了题为《胸有全局 发展曲艺——中国曲艺发展状况综述》的主题发布。此次论坛参会专家学者60余人，共收到论文56篇。29日，苏叔阳与代表进行了座谈交流。在论坛主题发言与大会交流中，与会人员围绕中国曲艺的当代特征、现代传媒下的曲艺、传统曲艺与创新思维、曲艺的非物质文化遗产保护与传承等主题从不同角度展开了热烈的交流和深入的探讨，议题广泛，见解精湛，取得了很大的成果。此次论坛的成功举办不仅为曲艺理论研究成果的交流提供了一个良好的平台，进一步强化了齐心协力、共同推动曲艺艺术繁荣发展的共识，同时也增进了各地曲艺理论工作者之间的了解和友谊。姜昆在闭幕式上表示，本次论坛虽然结束，但是充分利用论坛的影响和理论成果，进一步推动曲艺艺术实践的工作才刚开始。中国曲协也将把各类意见和建议进行认真的梳理归纳，不断积淀经验和成果，把论坛坚持办下去，一次比一次办得更好，真正成为一个具有较高档次水平、较大社会影响的曲艺文化品牌。此次论坛还颁发了年度优秀曲艺理论评论奖。此后，主办单位将论坛文章结集出版《追慕崇高，反哺社会》一书。

【中国曲艺之乡建设研讨会暨优秀节目展演】

9月27日，我国西部地区第一个曲艺之乡在四川省岳池县正式挂牌。26～28日期间，中国曲协与四川省文化厅、四川省文联、广安市人民政府共同组织中国曲艺之乡系列活动，借此推动我国各地曲艺事业发展。四川省人大常委会副主任、省文联主席郭永祥，中国文联副主席、中国曲协主席刘兰芳，中国曲协分党组书记、副主席姜昆，广安市委书记、市人大常委会主任王建军，四川省文联党组书记、常务副主席黄启国，四川省文联党组副书记、副主席杨茂成，中国曲协分党组副书记黄啟钧，中国曲协分党组成员、秘书长刁惠香等领导出席了相关活动。27日上午，在全国曲艺之乡建设研讨会上，各地代表和专家学者充分肯定了曲艺之乡发展的丰硕成果，并对曲艺之乡今后的发展方向积极建言献策。与会代表一致认为，中国曲艺之乡的建设不仅仅要立足于曲艺创作、人才培养和新节目的创演上，更要充分发挥曲艺之乡的窗口作用、示范作用和传承作用，形成扶持、保护、发展的长期规划，使其成为培养曲艺受众的基地、展现曲艺魅力的基地、曲艺活态流传的基地和曲艺产业化开发的基地。自1994年中国曲协开展中国曲艺之乡命名活动以来，全国共命名“中国曲艺之乡”、“曲艺创作基地”29个。在15年的发展历程中，各曲艺之乡依托基层、面向基层，凭借其独特的艺术魅力成为地方文化事业发展的重要推手。在吴雪剧院的两台曲艺之乡优秀节目展演为岳池百姓献上了一道曲艺大餐。为推动四川传统艺术谐剧的发展，中国曲协优秀人才培养工程谐剧优秀人才培训班26日在岳池开班；27日的夜晚经过严格的审查和调研，有着悠久曲艺历史的岳池迎来了“中国曲艺之乡”的挂牌，刘兰芳将刻有“中国曲艺之乡”的牌匾授予岳池县领导。

【黄梅大鼓研讨会】

10月31日，由中国曲艺家协会、安庆市人民政府主办的黄梅大鼓研讨会在安庆召开。与会专家学者就黄梅大鼓的兴起缘由、创新传承展开研讨。刘兰芳、籍薇、刁惠香，以及常祥霖、黄群、王长安、谢德裕、陈国金、邓翔云等专家学者到会发言，研讨会由安徽省文联副主席、省曲协主席李慧桥主持。与会者充分肯定了黄梅大鼓这一新生曲种。30日下午，黄梅大鼓研讨会专场演出在安庆市黄梅戏会馆举办，《数风流》、《父子情》、《热血铸警魂》、《一江春水向东流》等7个黄梅大鼓节目纷纷亮相，刘兰芳、籍薇随后上台做了精彩的示范演出。

【“中国相声榜”节目研讨会】

11月18日，中国曲艺家协会、中央人民广播电台共同举行“中国相声榜”节目研讨会。姜昆、吴文科、黄啟钧、刁惠香和中央人民广播电台副总编辑杨文延，刘晓龙，中国广播艺术团副团长张希和，央广都市文化传播有限公司总经理孟昕等有关领导出席会议。常宝华、唐杰忠、常贵田、郝爱民、赵炎、刘洪沂等参加了研讨会。“中国相声榜”节目的筹办，是相声节目产业化发展中，一次积极的探索和有益的尝试。与会各方明晰了“中国相声榜”栏目的源起脉络及未来远景。相声艺术的成长与广播界同人的工作是分不开的，两者之间有着血肉联系。会上，中央人民广播电台的领导还向到会的姜昆、常宝华等相声名家颁发了顾问聘书，向曲艺杂志社、中国曲艺网等19家合作单位颁发了“中国相声榜”战略合作伙伴牌匾。

对外交流

【中国曲协代表团赴欧交流访问】

1月29日至2月7日，以中国曲艺家协会分党组书记姜昆为团长，曲协分党组成员、秘书长刁惠香为秘书长的中国曲协赴欧洲交流访问团一行21人，在西班牙马德里和法国巴黎先后举行了4场演出和1场曲艺讲座。访问团以强大的演员阵容和精彩绚丽的节目，在欧洲举行了“马德里版春晚”，不仅为两国12000多名侨胞和近千名外国友人带去了新春佳节的美好祝愿和祖国亲人的亲切问候，也为继续推介中国曲艺艺术迈出了坚实的步伐，更为海外华人搭建高层次活动平台、提升其自身凝聚力和影响力作出了重要贡献。姜昆、戴志诚、朱军、巩汉林、金珠、柴宝玉、闫淑平、王占昕、朱少宇、张露曦等随团演出。李立山在巴黎讲座二人转、二人台两种曲艺形式。

【第四回“笑语欢歌”中日文化交流和演出活动】

6月10～15日，应日本中国文化艺术中心株式会社邀请，以姜昆为团长的中国曲协代表团一行14人赴日举行“第四回‘笑语欢歌’文化交流演出”活动。

中国舞蹈家协会

综　述

2009年是深入贯彻落实党的十七大和十七届三中全会精神、推进“十一五”规划顺利实施的关键一年。2009年也是新中国、中国文联和中国舞协成立60周年的喜庆之年。

根据胡振民书记在中国文联八届四次全委会工作报告中对2009年文艺工作和文联工作形势的总体判断和明确要求，中国舞协2009年工作总体宗旨是：突出“团结鼓劲、积极进取、昂扬向上”主基调，围绕推动舞蹈繁荣、服务科学发展、促进社会和谐；坚持用科学发展观统领舞协工作，以新的文化发展理念审视舞协的工作，以符合人民团体特点的运行机制推动舞协工作；认真把握今年工作的根本任务和基本要求，着力在增强整体效应、扩大舞协知名品牌美誉度、履行基本职能、扩大社会影响上下工夫，圆满完成好中国文联确定的2009年各项工作任务。

会议与活动

【全国舞蹈家协会工作会议】

1月14日，全国舞蹈家协会工作会议在福建省福州市召开，来自32个省区市舞蹈家协会代表参加了此次工作会议。1月14日上午，中国舞蹈家协会分党组书记冯双白做了《近年来中国舞蹈创作发展趋势》的专题讲座，与会代表及各地舞蹈院团、院校的演员、师、生共300余人齐集一堂，听取了讲座。冯双白以亲身参于奥运会开闭幕式总策划的经历讲述了创新对艺术发展的重要性，强调要以科学发展观统领舞蹈工作，并以贾作光和白淑湘两位前辈在人民群众中受到爱戴为例向舞蹈创作者们强调舞蹈要服务于人民的重要性。下午，冯双白做《2008年中国舞蹈家协会工作报告》。各地舞蹈家协会代表在会上发言，分别总结了2008年的工作并提出2009年的工作计划，踊跃交流开展舞蹈活动的经验和收获，对舞协今后工作积极建言献策。

1月15～16日，各地舞协代表们赴泉州、厦门进行舞蹈采风活动，考察了厦门小白鹭民间舞团并举行座谈会讨论舞蹈现状及发展等问题。在此次工作会上，通过与各地协会沟通与交流，大家对2009年一些活动项目如何在全国范围内展开达成共识，中国舞协与各地方舞协明确了在践行科学发展观的基础上合作往来，为全面建设舞蹈事业做好基础性、战略性工作。

【赴疆教学交流】

4月16～19日，中国舞协南方舞蹈学校陈军校长一行22人受冯双白委托，在中国舞蹈家协会副秘书长李淑芬的带领下赴乌鲁木齐进行舞蹈专业基础教学展示和讲座，与新疆生产建设兵团的舞蹈工作者进行了广泛交流，受到边疆兵团专家学者、演员们的一致好评。

自治区歌舞团领导、新疆各院团的专家、教授、演员和艺术院校的师生等千余人观看了此次展示。新疆生产建设兵团文联党组书记丰收对中国舞协能够派出这样一支优秀的队伍进疆交流并且不收取任何费用表示衷心感谢，认为这是中国文联全新工作作风的体现。全国人大代表、中国舞协副主席迪丽娜尔也参加了此次活动并高度赞扬这种“走出去请进来”的交流切磋方式，认为中国舞协坚持将舞蹈先进理念送到基层，送到边疆，有效地促进了民族文化交流，为舞蹈文化的科学发展开辟了一条新路。

【协助北京电视台拍摄《百花深处》】

4月13日，中国舞协与北京电视台文艺部举行会谈，就协助拍摄20集大型电视专题片《百花深处》达成共识。中国舞协发挥行业引导、人才资源等诸多优势，抽调人员协助北京电视台完成其中舞蹈篇的策划、拍摄制作流程，选取不同时代的舞蹈家、舞蹈作品，以讲述的方式描绘舞蹈家的人生传奇、舞蹈作品幕后的故事，与时代交织，与生命呼应，展现新中国成立60年舞蹈艺术的脉络。该专题片作为北京市委2009年重点文艺项目，于9月初正式播映。

【创建“舞梦童圆——中华舞蹈爱心行动”】

6月2日，“舞梦童圆——中华舞蹈爱心行动”启动仪式在北京举行，由此拉开了一个旨在为农民工子女、流动儿童和留守儿童谋求舞蹈权利的励志公益活动。贾作光、白淑湘、冯双白等有关领导、爱心企业负责人以及各界社会知名人士、新闻记者、中小学师生等200余人参加了启动仪式。

本次活动以“舞蹈界的实际行动回报社会”为主题，将弘扬中华舞蹈文化与关爱儿童并行共举，集中关注弱势群体儿童所应享受舞蹈教育的权利和需求，为那些具有舞蹈天赋，却因种种原因不能实现舞蹈梦想的儿童，提供学习、情感、生活上的帮助与资助。以实际行动引导正确的社会舆论，为孩子们奉献一份爱心，帮助他们安全健康快乐成长。

在启动仪式上，主办方始终将目标投向那些真正一切为了孩子、关爱孩子、帮助孩子的人们和公益群体。贾作光、白淑湘授予刘岩‘2009“舞梦童圆——中华舞蹈爱心行动”爱心大使聘书及奖杯，爱心企业代表和冯双白进行了首批舞蹈光盘、舞蹈服装捐赠，表达了对孩子的关爱。同时现场还邀请爱心人士如主持人周涛、刘芳菲等加盟，用实际行动来表示对贫困儿童的关爱和支持，从不同侧面反映公益对个人、家庭及整个社会的影响，并从舞蹈人自己做起，关注这个群体并且为改善其状况而付出努力。

’2009“舞梦童圆——中华舞蹈爱心行动”为期整整一年，活动期间设立了4个主要项目。其一，设立爱心助学金：柏屋舞蹈企业承诺所有销售产品每十元将捐献一角钱，用于该项行动。其二，举办年度活动日：在该活动日期内，邀请十位受助儿童到北京游览。同时举办各种公益展示、实地考察等各具特色的“舞梦童圆”主题活动。其三，举办爱心舞蹈夏令营：暑假组织优秀师资共同开展爱心舞蹈夏令营活动，让孩子们真正走进舞蹈的殿堂。其四，拍摄百位舞蹈明星公益宣传片：集结100位舞蹈界年轻但有一定影响力的舞者现身说法，把关爱的目光投向这群热爱舞蹈的儿童。

庆祝中华人民共和国成立60周年系列活动

为进一步发挥舞蹈艺术在构建社会主义和谐社会中的重要作用，围绕“向祖国汇报、向国庆献礼”的重大主题活动，第三届中国舞蹈节于11月下旬在北京隆重开幕。

【中国舞协成立60周年纪念大会】

11月27日上午，中国舞协成立60周年纪念大会在人民大会堂举行。大会云集了数百位成就卓越的老艺术家、贡献突出的舞蹈工作者，贾作光、盛婕、梁伦、彭松等4位德高望重的舞蹈界泰斗级人物以他们一生中对中国舞蹈作出的卓越贡献荣获中国舞蹈界的最高荣誉奖项——“终身成就奖”。纪念大会还对一大批在新中国培养下成长起来的优秀舞蹈家和舞蹈艺术工作者进行了表彰，分别向他们授予了“卓越贡献舞蹈家”、“突出贡献舞蹈家”、“特别贡献舞蹈家”和“优秀组织工作者”称号。代表们回顾历史与展望未来，表示将最大限度地集中各方面的智慧和力量，共商舞蹈大计，为社会主义文化大发展大繁荣作出贡献。

【中国舞蹈60年精品晚会——“舞动中国”】

11月28日晚，由中国文联、中国舞协主办的中国舞蹈60年精品晚会——“舞动中国”在人民大会堂举行。本场晚会是新中国成立60年以来舞蹈界最大规模的一次纪念性舞蹈盛会，它汇集了新中国成立60年间近60个我国著名舞蹈家与舞蹈精品，通过多种舞蹈形式展现60年来舞蹈剧目创作与表演人才的双优成果。为了将新中国60年中创造出的丰富多彩的舞蹈予以整体呈现，创作组以画龙点睛的笔法，将新中国各个历史时期的重要典型作品荟萃展示；同时，穿插数段视频播放，将新中国舞蹈60年的珍贵历史画面、场景，数百部舞剧舞蹈诗中的精彩片段进行剪辑，涵盖了中国古典舞、民族民间舞、芭蕾舞、当代舞、国标舞等各舞种。同时，20位老中青三代舞蹈家亲自登台表演他们的代表作片段。

【舞蹈摄影展】

11月27日下午，舞蹈摄影展正式揭幕。此次展览从数十年来积累的舞蹈影像资料库中精选出

千幅摄影作品，包含舞蹈不同子目里多个方面的内容，致力于通过镜头语言，全面展示中国舞协这60年来取得的辉煌成就。从中，不仅可以领略舞蹈艺术独特的造型魅力，也可以体味中国舞蹈家协会的不懈追求，感受舞蹈世界与外界表达和交流的渴望，以及舞者对生命与众生的挚爱，拉近观众与舞蹈艺术的距离。

【出版大型纪念画册《中国舞蹈家协会60年》】

以大量珍贵的中国舞蹈家协会历史人物、事件的图片和中国舞协创立品牌下的舞蹈精品剧照为主要内容，呈现了中国舞协60年历程的丰富片段。从回顾一个团体自身发展的角度，对当代舞蹈历史性跨越和取得的伟大成就做相关记录。它将直观的艺术形象置于十分显要的位置，引导读者从形象与感受入手，从中获得对中国舞协发展历程的鲜明印象，同时也加强对中国舞蹈现状的把握和理解。

【中国舞蹈发展论坛暨第二届全国舞蹈大师班】

在2008年举办第一届全国舞蹈大师班的基础上，中国舞协于11月26日至12月1日，在京举办“中国舞蹈发展论坛暨第二届全国舞蹈大师班”。组织全国各省舞协、专业艺术表演院团、高等艺术院校、群众艺术馆、艺术培训中心等单位领导、专家学者、编导代表150余人来京交流学习、进修观摩。为求研修全面深入，本届大师班开设了不同方向的进修课程，如院团管理、舞蹈编导、群众艺术发展等，因材施教，更具针对性。

以庆祝新中国成立60周年暨中国舞协成立60周年为主旨的第三届中国舞蹈节各项工作有条不紊，首先是利用舞协的宣传阵地《舞蹈》杂志、《中国舞蹈报》、中国舞协网站等形式，向相关专家和社会各界人士积极征求意见。二是结合各个具体项目实际制订了工作方案，并成立了工作领导小组，加强了对实施工作的领导。三是根据项目内容，制定了相关工作制度、工作计划，并将工作内容层层细化分解，明确责任，落实到人，使得第三届中国舞蹈节最终达到形式多样、主题鲜明、广泛参与的效果。

品牌活动与评奖

【“送欢乐、下基层”进山西忻州】

“送欢乐、下基层”作为中国文联的品牌性活动，连续4年足迹已遍布祖国的大江南北。1月12日，中国文联、山西省委宣传部、中国舞协组织全国各方面的艺术家，将这一深受群众欢迎的惠民文化活动送进革命老区山西忻州，并在忻州市忻府区逯家庄村进行了广场演出，把文艺节目直接送进了乡村，送到群众家门口。此次演出的节目内容丰富、精彩纷呈，涵盖了歌曲、舞蹈、杂技、相声等多种艺术门类的优秀作品。舞蹈家王小燕以及北京舞蹈学院的同学们表演的《大姑娘美》、《掀起你的盖头来》、《嘎巴丽》等舞蹈热烈欢快，赢得台下观众的阵阵掌声。

在逯家庄村忠烈祠前的广场上，演出队伍搭起了简易的舞台，演员们为了不辜负乡亲们的深情厚谊，更是在零下十几度的严寒中，身着单薄的演出服装，用最饱满的热情、最真挚的感情为当地的群众献上了高水平的演出。演出中间，廖奔、白淑湘、冯双白、刘春香、李淑芬等领导为逯家庄村的孩子们送上了新农村少儿舞蹈教材。

通过这次“送欢乐、下基层”慰问演出活动，艺术家们为人民抒情、为人民祝福，更加密切了与人民群众的血肉联系，加深了与人民群众的鱼水情，慰问团的所有演职人员一致认为这不仅仅是一次充满深情的慰问，更是一次难得的向人民学习、到民间采风的机会。

【开展“聚焦新农村、文艺为农民”系列活动，办好新农村少儿舞蹈美育工程】

从2006年活动启动至今，新农村少儿舞蹈美育工程一直处于稳步推进中，中国舞蹈家协会紧密围绕工程试点专业建设，各项工作扎实推进，取得了一批阶段性成果。由中国舞蹈家协会组织编纂完成的《新农村少儿舞蹈美育工程教材》，经先后在北京市顺义区、山西太原、甘肃兰州等地举办了5个教材试验班，对教材进行初稿试验，现已在全国29个省区市举办150多个舞蹈教师培训班，培养农村舞蹈教师近5000人，在3000多所农村小学开展了少儿舞蹈美育教育，受到了广大农村教师和孩子的热烈欢迎。

为了系统总结近阶段新农村少儿舞蹈美育工程试点建设工作的经验，使更多的农村师生共同分享建设成果，更好地完成2009年美育工程的各项建设任务，经中国舞协分党组讨论，决定以“新农村少儿舞蹈展演”的方式向全社会进行教学成果汇报演出，全方位展示新农村少儿舞蹈美育工程的基本情况，就相关专业人才培养模式、课程设置、师资队伍建设、实训条件建设等阶段性成果以及存在的不足进行汇报交流。7月25日，由中国文联、共青团中央、全国妇联主办，中国舞协承办的“向祖国汇报——全国新农村少儿舞蹈展演”在京举行。全国妇联副主席、书记处书记甄砚，中国文联党组成员、书记处书记廖奔等出席了活动。

“向祖国汇报——全国新农村少儿舞蹈展演”是“新农村少儿舞蹈美育工程”实施3年来舞蹈教学成果的首次集中展示，来自全国18个省区市的370多名农村孩子，在北京的舞台上表演了20个各具特色的舞蹈节目。这些节目都是各地学校的老师和孩子们在学习“新农村少儿舞蹈美育工程”教材的基础上结合各地特色编创的，孩子们将一个个舞蹈演绎得十分精彩，赢得现场观众的热烈掌声，充分展现了新农村少年儿童健康快乐的精神风貌，展示了舞蹈美育对新农村少年儿童文明素质的养成和提高。

展演结束后，中国舞协还组织孩子们游览了北京城，到天安门看升旗，到长城、奥运场馆等地方参观。为减少农村孩子们的经济负担，中国舞协承担了所有来京孩子的交通、食宿、旅游等费用。

【第22届教学成果展演】

为繁荣推动福建少儿舞蹈事业健康发展，选拔优秀节目参加2009“小荷风采”全国少儿舞蹈（教学成果专场）展演，由中国舞蹈家协会社会舞蹈教育委员会、福建省舞蹈家协会联合举办的中国舞蹈家协会第22届教学成果展演暨第五届“小荷风采”全国少儿舞蹈展演福建选拔赛，于1月21～22日在福州成功举办并圆满地落下帷幕。

本次参赛节目40%以上是新创作品，参赛作品主题鲜明、形象突出、民族地域特色浓厚。作品体现了福建省编导在创作上更注重传承地域民族优秀文化传统，以及对传统舞蹈文化的继承和进一步的创新。

【“中国江南文化节·江南舞蹈展演”】

为进一步加大力度推出中国特色、中国风格、中国气派的舞蹈作品，提高区域舞蹈文化的影响力，5月24～26日，由中国舞蹈家协会、江苏省文化厅、江苏省文联、常熟市委市政府共同主办的“中国江南文化节·江南舞蹈展演”在江苏常熟市举行。

江南舞蹈展演评选以江南文化为题材在全国范围内征集作品，参评作品分专业和业余两大类，表演形式为群舞，内容体现江南文化气息和时代风貌。20个省区市的98个作品参与了选拔，经过初赛，共有21个作品脱颖而出。决赛分专业、业余上下半场进行，分别决出金银铜奖和最佳组织奖。5月26日，“江南舞蹈论坛”在常熟举行，来自全国各地的舞蹈专家齐聚一堂，共同探讨江南舞蹈的现状以及未来的发展之路。

由中国舞蹈家协会发起的本次展演是首次以地域文化为主线，进而开掘舞蹈资源的开创性活动，将“江南”作为一个具有特殊意义的语汇，进行舞蹈创作、舞蹈展演，展示艺术家们对江南文化的不同理解和对艺术的不懈追求，从而弘扬江南的锦绣文化，促进全国舞蹈文化的交流与发展。

【第五届“小荷风采”全国少儿舞蹈展演】

为进一步推动少儿舞蹈的繁荣与发展，发挥优秀作品在我国少儿舞蹈事业中的示范作用，带动少儿舞蹈创作整体质量的提高，根据《中共中央国务院关于进一步加强和改进未成年人思想道德建设的若干意见》指示精神，由中国文联、中国舞协主办的第五届“小荷风采”全国少儿舞蹈展演于7月26～30日在京拉开帷幕。本届展演共有709个作品报名参加，鉴于本次参选节目量多质优，组委会特增设了“小荷”分展演区，另选送4台节目参加8月3日在安徽举办的第二届中国淮南国际少儿艺术节，进一步突出“小荷风采”的品牌地位，同时适当扩大参展范围，逐步形成优秀作品的梯形结构。与此同时，本次展演选送程序更加严格，初选权交予各地舞协，由各地舞协组织常规的选拔赛，采取现场评比的方式，推出优异者，以保证在同类作品中推选出最优秀者报送中国舞协，在北京参与下一阶段的复选和最终展演，保证展演的客观、公正、合理。经层层选拔，最终入围作品共有来自全国32个省、市、自治区及港澳台地区的136个节目，近5000名各族小朋友参加。为期5天的7场舞蹈展演，现场观众达数万人次，最终评选出“小荷之星”95名，“小荷新秀”41名。

时逢新中国成立60周年大庆，本次展演以“向祖国汇报，向国庆献礼”为主题，意在通过充满真、善、美的少儿舞蹈来见证祖国的繁荣昌盛，展示改革开放的成果。本届展演初选范围涵盖面为历届最广，全国各省区市及各军兵种所属单位均有参选，真正成为少儿舞蹈事业近两年来发展成果的一次集体检阅。参选作品的整体水平也不负众望，较往届有较大幅度的提高，体裁多样，创新性强，打破了“小荷风采”每届有两三个异军突起佳作的常规，在本次展演报送中，许多省都出现了众人交口称誉的优秀作品，展演达到了选出导向、选出品牌、选出权威、选出繁荣的预期目的。

【第七届中国舞蹈“荷花奖”民族民间舞评奖】

9月23～28日，由中国文联、贵州省人民政府主办，中国舞协、中共贵州省委宣传部、贵阳市人民政府主承办的第七届中国舞蹈“荷花奖”民族民间舞评奖活动在贵阳举行。

自2005年第五届中国舞蹈“荷花奖”评奖起，中国文联、中国舞协决定将其中的民族民间舞评奖部分独立举办，并与贵阳方面签订了在贵州连续举办五届的协议，目前已成功举办了两届。此举是积极响应中央提出复兴伟大民族文化的号召的切实举措，以积极姿态投身于方兴未艾的中国非物质文化遗产保护的时代大潮，为民族民间舞蹈打造基础宽广又格调高尚的文化平台，促进我国文艺事业和人民文化生活品质的显著提升。此举得到贵州省委省政府、贵阳市委市政府以及贵州各有关方面的鼎力支持，整个活动已步入良好的社会效益和良性的市场运作并行发展的轨道。

本届评奖活动作为中国文联“向祖国汇报——祝贺新中国成立60周年系列演出活动”之一，不仅是对近年来我国民族民间舞蹈发展最新成果的一次大检阅，也是在传承优秀的民族民间文化遗产、发扬积极向上的民族文化精神、建设团结和谐的民族文化上，进一步发挥舞蹈艺术在构建社会主义和谐社会中的积极作用，有利于促成营造各民族人民和谐团结的生动局面，推动我国民族民间舞蹈艺术的繁荣与进步。产生强大的推动。

评奖自发出通知后的短短两个多月里，就收到全国各地29个省区市的节目共计300余个，作品涵盖了31个民族。参赛作品民族风格浓郁、地域特色鲜明、时代内涵丰富，通过五彩缤纷的民族民间舞蹈艺术形式，充分反映了民族团结、和谐发展的时代风貌和民族民间文艺蓬勃发展的可喜局面，以独特方式向新中国60华诞献上了一份厚礼。颁奖晚会还同时作为贵州省庆祝新中国成立60周年的国庆晚会，于10月1日在贵州卫视黄金时间播出。

【第七届中国舞蹈“荷花奖”舞剧、舞蹈诗评奖】

12月9～17日，由中国文联、中共上海市委宣传部主办，上海市文联、上海市长宁区人民政府、上海文化广播影视集团协办，上海文广演艺中心、长宁区文化局、上海市舞蹈家协会承办的第七届中国舞蹈“荷花奖”舞剧、舞蹈诗评奖在沪举行。

多年来，“荷花奖”以其导向性、公正性和权威性在国内外产生了广泛影响。舞剧舞蹈诗比赛是中国舞蹈“荷花奖”核心性的重要评奖项目。自发通知以来共收到45部舞剧、舞蹈诗作品，经过初评后共选出19部作品进入复评，其中舞剧9部，舞蹈诗10部。在经过复评后，共选出舞蹈诗《震撼》、《天边的红云》、《我们的天空》，舞剧《天蝉地傩》、《草原记忆》、《牡丹亭》共6部作品在上海进行现场决赛。

第七届中国舞蹈“荷花奖”舞剧、舞蹈诗评奖不仅是一次对近两年全国新创作的优秀舞剧、舞蹈诗的集中检阅和成果评定，更是一次通过最高艺术水准的比拼，展示具有时代风貌、中国特色和中国气派的舞剧艺术的机会，充分发挥舞剧、舞蹈诗综合艺术容量大、色彩丰富、表现力强的优势，培育并选拔一批创作、表演、舞美、作曲的优秀人才和艺术精品，为新中国60华诞献上中国舞蹈的一份厚礼。同时，有助于推进上海城市文化建设，推动文化产业和文化市场的繁荣，进一步推动舞蹈艺术的普及与提高。《解放日报》、《文汇报》、《新民晚报》、新华社、中新社等多家媒体前往报道。

创作与研究

【安徽省首届舞蹈编导高级研修班】

2月27日至3月2日，由中国舞蹈家协会作为支持单位，安徽省舞蹈家协会主办的安徽省首届舞蹈编导高级研修班在合肥隆重举办。来自全省各地约160名学员参加了此次培训。中国舞协分党组书记、副主席冯双白，中国舞协副主席、2008北京奥运会开闭幕式副总导演陈维亚，《舞蹈》杂志社常务副社长赵士军等专家学者前往授课。授课内容包括舞蹈发展趋势、舞剧及舞蹈创作、舞蹈观念、现代舞编舞技法等。中国舞协的专家们在此次学术培训活动中以舞蹈编导为核心，不仅从理念上做了指引，而且在技术、技巧以及教学层面全方位对安徽舞蹈编导进行了指导。

【贾作光从艺70年筹备恳谈会暨生日会】

积极关心舞蹈工作者特别是知名老舞蹈家的工作与生活，组织好舞蹈名人从艺、诞辰纪念活动，努力为他们办好事办实事，发挥他们在文艺界的带动作用，是中国舞协持之以恒的工作作风。4月5日，贾作光从艺70年筹备恳谈会暨生日会于北京会议中心举行。此次活动由中国舞协、北京市文联、北京舞协、北京舞蹈学院、中国艺术研究院舞研所共同主办。各主办单位领导、嘉宾及贾作光的众多好友、学生悉数到场，献歌献舞、吟诗作词，共祝贾作光青春永驻，舞蹈艺术生命长青。

【首届江南舞蹈论坛】

5月26日，由中国舞协等单位共同主办的“首届江南舞蹈论坛”在江苏省常熟市举行。来自全国各地的舞蹈专家齐聚一堂，相互交流与沟通。中国舞协领导白淑湘、冯双白、李甲芹、李淑芬及常熟市副市长钱向宏等出席论坛。会议由中国舞协研究部主任林力平主持。

与会专家们表示，江南舞蹈在实际舞台创造中已经拥有独特的地位，这种舞蹈现象如果不及时加以捕捉和进行理论上的总结阐发，在快速发展的现实中很容易被忽略。在时代突飞猛进的当下，江南舞蹈所具有的独特文化品格，对于推动文化建设十分重要。中国舞协在常熟不仅拥有创作基地，更让常熟文化在区域的共性上找到立足点，打造一张当地文化品牌。整个舞蹈论坛在热烈的讨论中圆满结束。

【舞蹈诗剧《鹤鸣湖》研讨会】

7月30日，由中国舞协主办的舞蹈诗剧《鹤鸣湖》研讨会在北京召开。舞蹈界专家及剧组主创人员针对诗剧得失进行了探讨。专家认为该剧的成功亮相，达到了“鹤舞神韵”的感人至深效果，为全国人民展示了今日大庆的崭新形象，同时，也为新中国成立60周年献上了一台精彩好戏。同时，专家们对该剧提出中肯的意见，希望主创人员在灯光、舞美、音乐等方面进行新一轮“精雕细刻”，助力《鹤鸣湖》叫响全国，为该剧增添更长久的生命力。

【第二届中国·淮南国际少儿艺术节中国少儿舞蹈艺术发展论坛】

8月4日，第二届中国·淮南国际少儿艺术节中国少儿舞蹈艺术发展论坛在安徽淮南市洞山宾馆礼堂举行。来自全国各地的少儿舞蹈专家相聚一堂共话少儿艺术发展大计。中国舞协名誉主席贾作光致开幕词，中国舞协分党组书记冯双白，中国舞协分党组成员、副秘书长李甲芹、李淑芬出席，淮南市副市长孙全玉致欢迎词。

研讨中，大家围绕少儿舞蹈艺术发展的方向、创作和编排中应注意的问题等进行了深入探讨。大家一致认为，少儿舞蹈艺术创作应遵循儿童的心理和生理特点，发展少儿舞蹈艺术的目的在于培育孩子的情感、美育和智力，促进孩子的健康成长。与会者也肯定了本届少儿舞蹈艺术发展论坛的举办提供了一个好的平台，希望大家多阐述创作、编排中的好经验、好做法，促进大家理论水平和实践能力的“双提升”。同时，希望论坛继续办下去，力争一年好于一年，一起打造淮南少儿舞蹈艺术建设、研讨的福地。

【海峡两岸民族舞蹈发展研讨会】

9月28日，由中国舞协主办的“海峡两岸民族舞蹈发展研讨会”在贵阳举行。贾作光、白淑湘、刀美兰、冯双白等大陆舞蹈界知名人士与台北新古典表演艺术基金会董事郭慧良率队的台湾地区舞蹈专家，就两岸民族舞蹈的现状及发展进行了交流。经数小时发言讨论，双方达成共识：民族舞蹈是一个民族的“根”，必须很好地保护传承下去。民族舞蹈展现的是中华民族内心的世界，

展现的是民族的灵魂，海峡两岸应该加强交流、合作，促进民族舞蹈在变革中前行。

【澳门原创舞剧《奔月》研讨会】

为庆祝澳门回归10周年，11月18日，由中国舞协主办的“澳门原创舞剧《奔月》研讨会”在京召开。澳门演艺学院院长、该剧编导、男女主演以及国内著名舞评家莅临出席。与会者就《奔月》创作理念、题材开掘、审美定位以及澳门演艺学院教学模式等方面进行研讨，一致认为《奔月》以舞蹈的形式与祖国同胞分享澳门回归10周年的喜悦，展示了10年来澳门的文化艺术成就。此次研讨会的顺利举行具有重要的意义。一方面，通过具体剧目的研讨，强化了协会与澳门文艺界今后的合作意向，扩大协会在澳门舞蹈界的影响力，为将来合作工作的顺利开展打下基础；另一方面，也为澳门与大陆的舞蹈界建立一个有效的交流互动平台，共同促进舞蹈行业的健康发展。

【新尝试——打造舞剧《舞台姐妹》】

舞剧《舞台姐妹》由中国文联基金会拨款，中国舞协承办，与上海歌舞团合力打造，其主创队伍强大，各个环节均有名家坐镇。舞剧的编排及公演将在2009年年内完成，既是对新中国成立60周年的献礼，也是中国舞协在新时期定位行业领军人形象的有益探索。从行业推手到行业领军，再到行业主力，中国舞协以新视角彰显影响力，以导向性的精品创作带动舞蹈行业创作的繁荣。舞剧版的《舞台姐妹》着重表现了抗战大时代背景下人物的命运变迁，着墨于艺术家人生与时代的休戚与共。此外，舞剧版《舞台姐妹》扬舞剧所长，避叙事之短，一改故事情节的线型结构，为丰富的内容主旨，让观众有所期待，立足舞剧人物形象、性格塑造的多角度，大大增添了故事情节的感染力。

对外及对港澳台地区文化交流

【2009两岸小小艺术家暨青少年舞蹈展演】

为加强海峡两岸舞蹈艺术交流，增进两岸青少年之间的友谊和感情，由中国和平统一促进会、中国舞蹈家协会主办的“2009两岸小小艺术家暨青少年舞蹈展演”于1月中旬在台湾举行。此次活动在海峡两岸全面实行三通、胡锦涛总书记在《告台湾同胞书》发表30周年座谈会上的重要讲话发表之际举办，得到了中央有关部门的高度重视和大力支持。展演访问团一行37人，由中国和平统一促进会、中国舞蹈家协会副秘书长李甲芹担任顾问和团长，演员来自深圳青少年芭蕾舞团。活动期间，展演访问团慰问了安养院、慈幼院，与当地小学进行了交流演出。通过这次活动，双方真切地感受到两岸同胞渴望交流的心情，主承办方并初步达成长期合作的意向。

【考察“黑池舞蹈节”】

5月27日至6月1日，应英国黑池舞蹈节组委会的邀请，中国舞蹈家协会分党组书记冯双白及舞协研究部主任林力平参加了在英国黑池举行的“黑池舞蹈节”。此次舞蹈节设有国标舞比赛、国标舞技巧讲习班、世界舞蹈理事会年会以及舞蹈服装、音像及用品展销会等活动，吸引了来自世界各地的国标舞大师和爱好者前来比赛和观摩。在出访期间，考察人员对国外知名舞蹈机构的管理机制、舞蹈比赛模式和建构等具体问题进行了调研，并与当地舞蹈家、舞蹈经纪人举行了座谈，双方就舞蹈最新动态及合作事宜交换了意见和看法。

【中国—东盟青少年舞蹈交流展演】

7月10～11日，由中国对外友协、中国舞协、马中友协、马来西亚华族舞总会联合主办的“中国—东盟青少年舞蹈交流展演”在马来西亚滨城举行。来自中国、马来西亚、新加坡、印度尼西亚、缅甸、泰国等国家的青少年表演了丰富多彩、风格各异的舞蹈节目。中国的深圳青少年芭蕾舞团、贵州贵阳市林城苗苗中学共90多名青少年参加了交流展演。

举办此次展演是响应温家宝总理在《共同谱写中国东盟关系的新篇章》中关于“青少年是中国东盟友好的未来，加强青少年之间的交流与合作，是一项重点工作”的讲话精神，通过舞蹈艺术搭建中国与东盟国家青少年交流、沟通的平台，加深中国东盟青少年之间的友谊和感情，促进中国东盟青少年舞蹈艺术的繁荣发展，推动中国、东盟国家在文化领域的进一步合作。同时，此活动是继2007年“首届中马青少年舞蹈交流展演”以及2008“中马青少年舞蹈交流展演暨为了灾区的孩子——四川校园重建”活动的基础上举行，是中马青少年舞蹈交流合作的进一步延伸和扩展。

在开幕仪式上，主办单位共同签署了《中国·东盟国家青少年舞蹈交流倡议书》，并一致宣布：

将舞蹈展演作为一个交流平台与渠道，支持各国多元文化的舞蹈文化的和谐发展；启动舞蹈教育及培训项目，以激发青少年欣赏参与舞蹈艺术的热情； 通过媒体扩大宣传，在区域范围内进一步推广中国与东盟各国的舞蹈文化，扩大青少年之间的交流与合作。

【赴西班牙参加“国际舞蹈理事会”】

7 月 18 ~ 23 日，应国际舞蹈理事会的邀请，在重返国际舞蹈理事会的第二年，中国舞协分党组书记、副主席冯双白率队出席在西班牙召开的国际舞蹈理事会。冯双白向与会者简要介绍了中国舞蹈发展近况和近年来积极推进国际化进程的具体举措，并听取了各国代表舞蹈建设经验的报告。出席本次会议传递了中国舞协期望积极参与到全球舞蹈事务中的意愿，经过互通有无，专业性信息有效传递，有利于于扩大国际影响力，进一步推动中国舞蹈出国门，更多优秀的国外舞蹈入国门。

【挪威国家芭蕾舞团来访】

11 月 18 ~ 24 日，应中国舞协邀请，挪威国家芭蕾舞团团长兼艺术总监 Espen Giljane，挪中文化交流发展中心 Elise Chen 来华访问交流。中国舞协精心组织了外方行程，与中国舞蹈家协会、中央芭蕾舞团、国家大剧院等单位进行业务交流。20 日，代表团经中国舞协人员陪同前往上海，考察访问了上海芭蕾舞团、上海大剧院，并举行了会谈。中挪双方就舞蹈建设发展中感兴趣的方面和各自优势项目广泛交换了意见，达成了进一步加强双方友好关系的共识，并就舞者交流培养、师资研修、科研等方面建立交流与合作达成进一步合作意向。

机关建设

【成立中国舞协新闻宣传工作小组】

为适应文艺发展新形势，新要求，进一步加强中国舞协新闻宣传工作的领导，确保中国舞协新闻发布及时、准确、权威，及时了解舞蹈家的工作生活情况，真实反映他们的诉求，加大维权工作力度，营造有利于中国舞协事业发展良好的舆论和社会环境， 5 月上旬，中国舞协正式成立新闻宣传工作小组，下设宣传组和网络组。在工作小组成立会议上，对小组成员的组成、职责、任务和要求作出了明确规定，这是中国舞协在找准社会方位，探索行业运行机制的又一个新举措。

【加强人才建设，实施干部交流和轮岗，鼓励业务培训】

充分发挥行业协会的骨干与引领作用，重视协会自身道德建设，建立定期学习制度，2009 年全年，多次组织舞协全体人员学习党的十七大会议精神，传达中国文联工作精神，将文件精神与具体工作紧密结合，牢固树立注重品行、崇尚实干、重视基层、鼓励创新、群众公认的用人导向，把一线出干部、从一线选干部作为一个重要导向，在严格按标准条件考核评价的基础上，优先提拔了一批《舞蹈》杂志埋头苦干、作出突出成绩的中层干部，激发了基层干部的积极性。有计划有步骤地实施干部交流和轮岗，鼓励组织联络、理论研究、外事、人事、杂志报刊业务骨干参加理论和业务培训，力图将中国舞协建设成为一支高素质的社会主义先进文化建设的重要团队，从根本上增强广大舞蹈工作者对中国舞协的向心力和认同感，真正把舞协建成各方面各领域舞蹈工作者的“温馨和谐之家”，更好地为中国舞蹈发展服务。

中国民间文艺家协会

综　述

2009年是中国民协团结苦干，创造辉煌的一年。年初，受国际金融危机影响，中国社会经济发展经历了最为严重的困难。中国民协的很多工作也受到影响，特别是在沿海地区的一些活动被迫取消。党中央全面分析，明确判断，果断决策，从容应对，带领全国人民坚定信心，共克时艰，在国内外严峻复杂的形势下，取得了巨大成就。一年来，中国民协在中国文联党组的领导下，坚持以党的十七大精神和科学发展观为指导，紧密围绕党和国家工作的中心和中国文联工作全局，从中国民间文艺事业发展的实际出发，发挥优势，乘势而上，抓住机遇、努力作为，积极落实工作目标，不仅克服了经济危机的阻力，同时充分发挥民间文艺砥砺信心，启迪智慧的作用。在新中国成立60周年、中国文联成立60周年以及非物质文化遗产日、我们的节日、第九届山花奖等重大活动和节日文化建设中作出了积极贡献，取得了令人欣慰的成绩。中国民协被中直机关精神文明建设委员会授予中央直属机关文明单位。

重大活动

【温家宝总理向新聘国务院参事冯骥才颁发聘书】

1月16日，新聘国务院参事、中央文史馆馆员聘书颁发仪式在北京中南海举行。中共中央政治局常委、国务院总理温家宝出席仪式。中国民间文艺家协会主席冯骥才被聘为国务院参事、中央文史馆馆员。

【抢救羌族文化新成果】

5月12日，在汶川特大地震一周年之际，民进中央、中华慈善总会、中国民间文艺家协会、中华文化学院、四川省北川羌族自治县人民政府在人民大会堂举行羌族文化保护成果发布会。全国政协副主席罗富和，中国文联党组书记、副主席胡振民，中央统战部副部长楼志豪，中国民协主席冯骥才，中华慈善总会副会长邓铜山，民进中央副主席朱永新，中国文联国内联络部主任夏潮、理论研究室主任董耀鹏，中宣部文艺局副巡视员、理论文学处处长梁鸿鹰等领导和来自灾区的四川音乐学院党委书记、北川羌族文化保护与发展研究院柴永柏，首都数十家新闻媒体出席了会议。会议由中国民间文艺家协会秘书长向云驹主持。中国民协组织编纂的《羌族口头遗产集成》、《濒危羌文化——5·12灾后羌族村寨传统文化与文化传承人生存现状调查研究》在会上首发。这是“紧急保护羌族文化遗产项目”取得的又一批丰硕成果。《羌族口头遗产集成》分《神话传说卷》、《民间故事卷》、《史诗长诗卷》、《民间歌谣卷》4卷本，共计100多万字。其中大部分作品属首次公开发表，是京、川两地专家、学者及广大民间文艺工作者多年来深入田野调查采录的第一手民间文化资料。从300多万字的资料中精心编选出来的这些羌族口头作品，基本代表了羌族民间文学的最高成就。《濒危羌文化》一书系紧急保护羌族文化遗产工作委员会组织专家学者，对四川阿坝州5个县的12个羌族村寨所做的灾情问卷和传承人生存现状方面的问卷调查基础上形成的专项调查报告。在首发式上，与会领导向来自灾区的代表赠送了这两批新书。5月13日，中共中央政治局委员、国务委员刘延东作出重要批示，给予好评。

【参与节日文化建设】

按照中央文明办、中国文联的部署，清明节期间中国民协在山西主办了“我们的节日”第二届中国传统节日（寒食、清明节）论坛、“我们的节日”——中国开封2009清明文化节；端午节期间，在广州市番禺区举办了“我们的节日”——首届中国龙舟文化节及龙舟赛、龙舟文化论坛；

中秋节时与湖北省咸宁市人民政府共同举办了“嫦娥文化研究会”等。节日论坛团结了学者，宣传了群众，凝聚了情感，形成了声势，引起广泛关注和社会反响。中国民协编撰出版的《清明节》、《端午节》、《中秋节》、《春节》系列文化知识丛书进入了全国农家书屋。节日中所开展的一系列电视文艺、群众文化活动，中国民协均参与策划、组织工作。“我们的节日”活动的开展，使国家假日制度成为新时代的重要文化现象和文化制度，对弘扬优秀传统节日文化起到了重要的作用。

【庆祝中华人民共和国和中国文联成立60周年活动】

9月24日至10月9日，在民族文化宫举办的“向祖国汇报”——庆祝新中国成立60周年暨中国文联成立60周年美术书法摄影民间艺术精品展览活动中，中国民协组织了来自全国18个省区市的100件民间艺术精品参展。中国文联党组书记、副主席胡振民，中国文联党组成员、副主席杨志今参观展览。

【第九届中国民间文艺山花奖颁奖典礼】

10月31日，由中国文联、中国民协、宁波市人民政府主办的第九届中国民间文艺山花奖颁奖典礼在宁波市鄞州区隆重举行。全国政协副主席罗富和、第十届全国政协副主席李蒙，中国文联党组书记、副主席胡振民，党组副书记、副主席李牧，中国文联副主席、中国民协主席冯骥才，浙江省委常委、宁波市委书记巴音朝鲁，全国政协常委、著名画家韩美林，东海舰队副政委朱瑞云，浙江省政协原副主席龙安定、徐鸿道，中国民协分党组书记、副主席罗杨，中国文联国内联络部主任夏潮，中国文联理论研究室副主任赵卫东，中国民协顾问刘魁立、赵书，副主席韦苏文、刘铁梁、余未人、郑一民、林德冠、张鋁、夏挽群、常嗣新、陶思炎、曹保明，中国民协秘书长向云驹，副秘书长赵铁信、吕军以及浙江省、宁波市、鄞州区有关方面领导、负责人和获奖者代表出席颁奖典礼。罗富和宣布颁奖典礼开幕。李蒙、胡振民等同志分别为获奖者颁奖。颁奖晚会演出了精彩的民间文艺节目，中央电视台文艺频道录播了该晚会。

会议与活动

【“送欢乐、下基层”活动】

2008年12月28日，由中国民协、河南省文联、河南省民协、开封市委、市政府联合主办，开封县人民政府承办的“首届中国（朱仙镇）木版年画艺术节暨送欢乐下基层活动”在我国四大名镇之一、中国木版年画之乡开封市朱仙镇隆重开幕。全国政协副主席、中国文联主席孙家正为本届艺术节发来了贺信。由著名评书艺术家刘兰芳、相声艺术家李金斗领衔的中国民协“送欢乐、下基层”慰问演出团，先后在朱仙镇文化广场和开封市东京艺术中心顶风冒雪为当地百姓奉献了两台异彩纷呈、乡土气息浓厚的专场演出，博得了阵阵欢呼与喝彩。

【七届八次主席团会议】

1月15日，中国民协七届八次主席团会在北京建国饭店召开。会议由冯骥才主持。会议明确了2009年工作重点，决定通过新中国成立60周年、中国文联成立60周年纪念庆祝活动和4个传统节日开展民间文艺活动，进一步做好山花奖、抢救工程、学术研讨等重要工作，在服务党和国家大局的工作中有所作为。

【全国工作会议】

1月16日，中国民协2009年全国工作会议在北京召开。中国民协分党组、第七届主席团成员以及来自全国各地民协的负责同志60余人参加了会议。冯骥才在讲话中希望中国民协以科学发展观为统领，沉着应对金融危机，出色开展各项工作，继续推进中国民间文化遗产抢救工程及“我们的节日”系列主题文化活动、“送欢乐下基层”活动，如期举办第八届中国民间艺术节，切实抓好3套集成收尾工作、第九届山花奖及德艺双馨会员评比颁奖活动，积极开展对外文化交流活动等，使中国民协的工作再上一个台阶。中宣部文艺局局长杨新贵出席会议。他在讲话中对中国民协的工作给予充分肯定。

【七届三次理事会议】

11月2～4日，中国民协七届三次理事会会议在福建省莆田市召开。中国文联党组副书记、副主席李牧，中国民协分党组书记、副主席罗杨，中国民协副主席韦苏文、刘铁梁、余未人、郑一民、林德冠、张锠、夏挽群、陶思炎、曹保明，中国民协分党组成员、秘书长向云驹，分党组成员、副秘书长赵铁信、吕军，68位中国民协理事以及中国文联国内联络部处长林立，福建省文联党组成员、副主席罗训涌，莆田市委常委、宣传

部长陈金钵等出席会议。会议由罗杨主持并讲话。李牧在会上讲话。向云驹作了《中国民协七届二次理事会以来主要工作》的报告。会议通过了增补吕军、李剑斌、程健君、杨宏海4人为中国民协第七届理事会理事的决议；通过了更替上海市民协、江苏省民协团体会员理事的决议。

抢救工程工作

【《中国木版年画集成·绵竹卷》赠送绵竹】

《中国木版年画集成·绵竹卷》由冯骥才主编。该卷系四川省民协组织省内外专家和民间文艺工作者经过近5年的田野调查和图文及影像资料采集编纂、编辑而成，于2008年12月由中华书局出版发行。该书收录绵竹年画代表作品照片200余幅、代表画版图片60余幅，具有较高的文献与学术研究价值。2009年1月15日，中国文联党组书记胡振民在率“送欢乐、下基层”演出团赴绵竹、北川等地震灾区进行春节慰问时，带着刚刚印制的200册《中国木版年画集成·绵竹卷》赠送给绵竹人民，受到灾区人民的热烈欢迎。

【传统节日系列知识丛书出版】

由冯骥才主编的传统节日系列知识丛书“我们的节日”之《清明》、《端午》、《中秋》、《春节》由宁夏人民出版社出齐，并陆续在全国各大城市的书店上架。丛书共计40余万字，约300幅图片。本丛书撷取了中华民族几千年不同地域的有关四大传统节日的传说、神话故事、歌谣、谚语、风俗、饮食、游艺、诗词、书画等，为读者勾勒出一幅幅生动的节日文化图景。这4本书为普及优秀传统节日文化知识，配合“我们的节日”系列文化活动发挥了积极作用，并成功入选了国家新闻出版总署“农家书屋”工程推荐书目。

【“清明”、“端午”节日文化论坛学术论文集出版】

由中国民协主持的“我们的节日”系列活动之“清明”、“端午”节日文化论坛学术论文集由中国文联出版社于2009年春节后出版发行。

【缤纷中国——中国民族民间服饰文化暨中国民间文化抢救工程成果展】

11月12日，由中国文联、中国民协主办，中国民协、民族文化宫承办，民族文化宫展览馆以及各有关省区市民协共同协办的“缤纷中国——中国民族民间服饰文化暨中国民间文化遗产抢救工程成果展”在北京民族文化宫展览馆开幕。中国文联党组副书记、副主席李牧，国家民委专职委员李文亮，中国文联国内联络部主任夏潮，中国民协分党组书记、副主席罗杨，以及中国民协副主席张锠，秘书长向云驹，副秘书长赵铁信、吕军，民族文化宫党委副书记、常务副主任李铁柱等有关方面的领导和各民族民间文化传承人代表、民族地区服饰制作技艺艺术家代表、民族地区民间文艺工作者代表、来自云南、新疆和吉林延边等边远地区民族民间服饰歌舞表演队演职员及中央电视台等多家新闻记者300多人出席了开幕式。此次展览分为“缤纷技艺”、“缤纷服饰”、“缤纷成果”和“和谐大中华百米彩石镶嵌艺术长屏”四大板块，囊括了我国56个民族最有代表性的服饰作品。11月13日，中国文联副主席、中国民协主席冯骥才参观了展览，并与各民族民间文化传承人代表亲切会面交谈。

艺术节、博览会与评奖

【第一届中国民间花馍艺术节】

2月6～8日，中国民协与陕西省文化厅、陕西省英才组织委员会、咸阳市人民政府联手在“中国第一帝都”咸阳市举办了第一届中国民间花馍艺术节。这也是中国民协“我们的节日——春节”系列主题文化活动中的一项重要内容。本次艺术节邀请了山东省、山西省、河北省、河南省、甘肃省、安徽省和陕西省渭南市、延安市、铜川市、汉中市以及咸阳市13个县市区的130多位民间艺术家参加。参展的民间花馍多达400余种。仅3天时间，花馍艺术节就接待了20多万热情的群众。

【我们的节日——中国开封2009清明文化节】

4月4日，隆重的清明文化节开幕式在开封清明上河园举行。河南省委常委、宣传部部长、副省长孔玉芳，清华大学假日改革课题组负责人、教授蔡继明，著名学者司马南，著名宋史学者、教授刘坤太等出席开幕式。本届清明文化节由中国民协、河南省委宣传部、河南省文明办、河南省文联、开封市委市政府主办，主要活动项目多达33项，时间持续到4月13日。其特点之一是注重把传承历史文明与弘扬革命传统有机融合在一起。5日晚，在东京艺术中心上演的大型原创歌舞剧《清明上河图》，以浓郁的地方特色和优美的舞蹈及评书、木偶、魔术、空竹、武术等民间艺术表演展示了《清明上河图》中的生活场景。

【2009中国（无锡）吴文化节】

4月11日，由中国民协、无锡市人民政府等主办的2009中国（无锡）吴文化节——惠山民俗文化庙会暨吴地非物质文化遗产展示活动在无锡市拉开序幕。中国文联党组成员、副主席冯远参加了开幕式。开幕式由无锡市人民政府副市长华博雅主持，向云驹致开幕词。本届庙会举办有戏曲、民歌、民舞、民乐表演及9个非物质文化遗产专题展览。开幕式上有57支民间文艺巡游表演，以盛世嬉福、五谷丰登、太平巡典、欢庆祥和4个主题，展示了融传统与现代为一体的无锡民间文艺，25万人争睹惠山民俗文化庙会暨吴地非物质文化遗产展示活动盛况。

【第二届中国故事节少儿故事会】

6月1日，第二届中国故事节少儿故事表演比赛在江苏省镇江市文心剧场举行。来自北京、上海、江苏、广东、新疆、云南、四川、辽宁等18个省区市的20名小选手同场竞技。中央电视台少儿部著名节目主持人董浩、铁路文工团国家一级演员李国盛、中国艺术研究院研究员苑利等9名专家担任评委。经过激烈角逐，江苏小选手洪博文、河南小选手詹雅淇获得金奖和“小故事大王”称号。来自广东的余悦、四川的杨搏文、上海的刘依麟获得银奖。当晚，在镇江影剧院举行了故事比赛颁奖晚会。

【端午节首届中国龙舟文化节】

6月28～29日，中国民协与广东省委宣传部等单位联合在广州市番禺区石楼镇举办“我们的节日·端午节首届中国龙舟文化节”。活动包括龙舟竞赛、全国龙舟巡游、龙舟文化工艺美术展、龙舟文化论坛。20万观众参与观看，盛况空前，成为全国端午节的一大亮点。

【山花奖评奖工作全面展开】

为展示民间文艺繁荣发展的成就，向新中国成立60周年和中国文联成立60周年献礼，中国民间文艺山花奖开展了民间文学、民间文艺学术著作、成就奖，影视民俗片等系列评奖。

【山花奖民间工艺奖评选暨博览会在长沙举行】

6月26～28日，中国民协在湖南长沙举办民间工艺精品展及山花奖民间工艺奖评奖活动。30个省区市200余件精品参展参评。期间还举办了全国民间文化产业高峰论坛。湖南省省长周强会见了冯骥才，并对中国民协开展的工作给予高度评价。

【第五届中国（长春）民间艺术博览会】

8月8～16日，中国（长春）民间艺术博览会在长春举行。这是全国民间文化资源的大整合、大聚集、大展示，也是长春文化产业的品牌项目。第五届长春民博会设置的1018个展位被来自全国各省区市以及俄罗斯、韩国、越南、缅甸、尼泊尔、泰国、朝鲜、印度、巴基斯坦、蒙古国等国家的民间工艺品点缀得花团锦簇，观众达200万人次，盛况空前。展会结束时，45大类8万多种展品总成交额达10082万元人民币；签约项目7个，商贸洽谈意向金额达13.5亿元人民币。

【首届中国女娲文化节】

9月16日，由中国民间文艺家协会、河北省文学艺术界联合会、中共涉县县委、涉县人民政府等联合主办的首届中国女娲文化节暨“女娲杯”全国民间歌舞精品展演在河北省涉县隆重开幕。中国文联副主席刘兰芳，河北省政协副主席段惠军，中国民协分党组书记罗杨，副主席郑一民、常嗣新、韦苏文，副秘书长赵铁信、吕军等参加了文化节各项活动。来自全国19个省区市的专家和艺术家，26个民族的代表，20个女娲遗迹地的代表和涉县及周边地区群众数千人参加了公祭女娲大典。首届中国女娲文化节举办了“女娲杯”全国民间歌舞精品展演比赛、精品书画展、中国女娲文化研讨会、成立中国女娲文化联谊会等4项主题活动。来自全国11个省区市的16支队伍参加了全国民间歌舞精品展演比赛。9月17日，举行了全国民间歌舞精品展演颁奖晚会。来自全国18处女娲遗迹地的代表成立了中国女娲文化联谊会。

【中国泥人艺术精品展】

10月17日，由中国民间文艺家协会和无锡市人民政府共同主办的中国泥人艺术精品展开幕式和中国泥人博物馆、中国泥人研究院揭牌典礼在

无锡市锡惠园林文物名胜区阿炳纪念馆隆重举行。中国民间文艺家协会分党组书记罗杨，中国民协副主席、“泥人张”传人张锠，江苏省文联党组书记王慧芬，无锡市市长毛小平，无锡市委宣传部部长王立人等与数千无锡群众参加开幕式。国内13个最有代表性的泥人产地的80多位泥人工艺大师，携400多件（套）泥人艺术精品欢聚惠山脚下，10位泥人大师在二泉音乐广场进行了泥人创作现场表演。此次参展的泥人艺术精品全部捐赠给筹建中的中国泥人博物馆。

【全国民间鼓舞鼓乐大赛】

11月7～8日，由中国民协、江西省文联、江西省旅游局、上饶市人民政府主办，婺源县人民政府承办的“2009婺源·中国乡村文化旅游节暨第九届中国民间文艺山花奖·全国民间鼓舞鼓乐大赛”在江西婺源举办。中国民协分党组书记、副主席罗杨，江西省文联主席刘华，中国民协副主席韦苏文、余未人、林德冠，秘书长向云驹，副秘书长赵铁信、吕军以及上饶市委宣传部部长程建平、上饶市副市长廖其志、婺源县委书记林显君、县长贺瑞虎等出席开幕式。开幕式由贺瑞虎主持。罗杨、刘华、廖其志、林显君分别在开幕式上致辞。程建平宣布大赛开幕。来自新疆、内蒙古、青海等地的15支参赛队伍表演了各具地域特色的鼓舞鼓乐。婺源的民间艺术绝活甲路抬阁、江湾豆腐架、汪口草龙、傩舞也先后登台献艺，并于开幕式后一同进行了踩街表演。11月8日，中央电视台晚间新闻节目对活动进行了报道。

【第二届中国故事节少儿红色故事会】

11月14～26日，第二届中国故事节少儿红色故事会在重庆西南大学校园内举行。这次故事节所在地重庆北碚区是全国文化先进区，民间文艺传承久远，素有“故事之乡”的美誉，常年设有故事会和茶社故事等活动形式。中国民协及时捕捉到这一围绕中心、服务大局、在时代的主旋律大讲民间故事的机遇，联合重庆市委宣传部、市文联、北碚区政府、西南大学等单位开展了这次讲述红色故事活动。来自全国16个省区市18个代表队的20个小选手和传承人参加了讲述活动。中国民协领导罗杨、赵铁信，重庆市委宣传部副部长樊伟，市文联党组书记王超到现场助阵。

学术研究

【3套集成工作】

3月底，3套集成已完成全部发稿任务，已出版的省卷达到80卷。目前故事集成已全部出版。歌谣集成除北京、新疆、陕西、山西、贵州、湖北6个省卷，谚语集成除甘肃、北京、辽宁、新疆4个省卷还在出版流程中，其余的省卷已出版。按预定计划，包括民间文学3套集成在内的全国10套文艺志书集成于10月之前全部完成，向国庆献上一份文化大礼。

【“我们的节日”第二届中国传统节日（寒食、清明节）论坛】

4月3～5日，由中国民协、山西三佳集团共同主办和承办的“我们的节日”第二届中国传统节日（寒食、清明节）论坛，在寒食、清明节的发源地山西介休市绵山举行。中国文联副主席、中国民协主席冯骥才，山西省副省长张平，山西省政府副秘书长郭慧民，中国民协分党组成员、秘书长向云驹，中国民协副主席陶思炎、常嗣新，介休市市委书记杨建林，民间文艺界专家学者刘魁立、贺学君，以及中国社会科学院、北京大学、北京师范大学、山东师范大学等科研院校的专家学者100余人出席论坛。首都15家新闻媒体记者、山西媒体记者100余人现场采访报道。冯骥才与民俗专家就寒食、清明节文化的时代意义和传统节日与现代化进程的关系等议题进行深入探讨。

【中国首届荷文化高层论坛】

5月9日，由中国民间文艺家协会，江苏省金湖县委、县人民政府，扬子晚报社共同主办的“中国首届荷文化高层论坛”在北京京西宾馆举行。全国政协副主席、中国文联主席孙家正写来贺信。全国政协常委、副秘书长孙怀山，中国新闻工作者协会党组书记翟惠生，中国民协分党组书记罗杨，秘书长向云驹，副秘书长赵铁信，中共淮安市委书记、市人大常委会主任刘永忠，中共金湖县委书记、县人大常委会主任陶光辉，中共金湖县委副书记、金湖县县长肖进方等与首都文化界、新闻界、教育界的领导及专家200多人会聚一堂，共同探讨中国荷文化的无穷魅力。

【田野的经验·中日韩非物质文化遗产保护方法论坛】

6月12～15日，由中国民间文艺家协会和天津大学冯骥才文学艺术研究院共同主办的“田野的经验·中日韩非物质文化遗产保护方法论坛”在天津大学冯骥才文学艺术研究院举行。来自中国、日本、韩国和中国台湾地区的30位专家学者参加论坛。论坛活动包括学术研讨、非物质文化遗产调查成果展览和实地考察等。

【首届中国嫦娥文化研讨会】

11月8～10日，由中国民间文艺家协会、湖北省文学艺术界联合会、中共咸宁市委、咸宁市人民政府主办，湖北省民间文艺家协会、中共咸安区委、咸安区人民政府承办的“首届中国嫦娥文化研讨会”在美丽的金桂湖畔举行。中国民间文艺家协会分党组成员、秘书长向云驹，湖北省文联副主席李宁，中共湖北省委宣传部巡视员张永忠，以及咸宁市和咸安区有关领导出席研讨会。全国人大常委会外事委员会副主任蔡方柏出席研讨会开幕式。来自全国各地及湖北省内数十位专家学者参加了研讨会。与会者对咸安的嫦娥神话传说、嫦娥文化遗址、遗迹和与之相关的中秋、拜月民俗活动表示了极大关注，对当地在嫦娥文化研究和嫦娥神话传说搜集整理方面取得的成果给予高度评价。

【少数民族非物质文化遗产抢救与保护论坛】

12月30日上午，少数民族非物质文化遗产抢救与保护论坛在南宁举行。论坛由中国民协副主席韦苏文主持。广西文联党组副书记、副主席黄德昌致辞。来自青藏高原、云贵高原、湖北、湖南、重庆等少数民族聚居区的民协负责人分别介绍了保护少数民族非物质文化遗产抢救与保护的成果和经验，令与会者深受启发和鼓舞。

对外及对港澳台地区文化交流

【与韩国南怡岛株式会社建立友好合作关系】

4月16～21日，由中国民协分党组成员、副秘书长赵铁信率领的中国民协代表团对韩国南怡岛株式会社进行了友好访问。中国民协组联部主任周燕屏、副主任刘慧、交流中心主任刘德伟，《缤纷》杂志社社长王向明等参加考察。代表团考察了南怡岛的生态环境和文化设施，参加了正在建设的展览馆的上梁仪式，还通过座谈、笔会等多种方式，与南怡岛株式会社进行了广泛深入的交流，并就共同举办民间艺术展览、展演达成了合作意向。

【与台湾学者共同完成学术考察】

6月5～14日，以台湾中国口传文学学会理事长、台湾中国文化大学教授金荣华为团长的台湾民间文化代表团应中国民协邀请，由中国民协分党组成员、副秘书长赵铁信等人陪同考察了黑龙江省赫哲族等少数民族的民俗文化，并参加了中国民协及天津大学冯骥才文学艺术研究院共同主办的“田野的经验”学术研讨会。

【以色列耶路撒冷国际艺术和手工艺艺术节】

8月2～16日，由中国民协办公室副主任马石强，外事干部李刚及阎夫立、任星航、李景洲、于乐土4位陶瓷工艺家组成的中国民间艺术团，前往以色列参加了2009年以色列耶路撒冷国际艺术和手工艺艺术节。与来自印度、智利、哥伦比亚、波兰、罗马尼亚、摩洛哥、安哥拉、喀麦隆等35个国家的200多名艺术家共展才艺，进行交流。

【中日非物质文化及其保护国际研讨会】

9月20～25日，由日本民俗学家和中国民协有关专家联合实施的“中国和日本非物质文化及其保护”国际研讨会在日本神奈川大学召开。来自中日两国的20多位专家学者出席了会议。中国民协分党组成员、秘书长向云驹，研究部主任刘晓路，浙江省民协副主席王恬，上海大学副教授陈志勤博士，《民间文化论坛》杂志社编辑冯莉参加会议并参与研讨。

【加拿大渥太华亚洲文化节】

10月2～11日，应加拿大多元文化交流基金会邀请，中国民协抢救办常务副主任王锦强、组联部副主任刘慧参加了在加拿大首都渥太华举办的亚洲文化节活动。渥太华亚洲文化艺术是由渥太华唐人街促进区（BIA）主办的。该艺术节是集演出、巡游、展览、展销、美食等文化娱乐活动于一身的文化盛会，颇受加拿大有关各方的重视。

【韩国陶瓷财团访华】

12月25日，韩国陶瓷财团一行专程赴天津参观考察了天津大学冯骥才文学艺术研究院和天津特色建筑瓷房子。对中国民间艺术发展前景非常

看好，并于12月24日在北京与中国民协签署了长期合作意向书。

【2009海峡两岸民俗暨民间文学学术研讨会】

12月18～23日，应台湾中国口传文学学会邀请，中国民协分党组成员、副秘书长赵铁信，组联部主任周燕屏，华中师大教授刘守华，哈尔滨师大教授郭崇林及云南大理文学院教授张如梅等一行6人，赴台北市参加了’2009海峡两岸民俗暨民间文学学术研讨会。此次研讨会由台湾口传文学学会主办，大陆和台湾36所高等院校和6家文化单位的120余名专家学者参加研讨活动。

调研采风

【赴赣南采风】

2月6～10日，中国民协分党组成员、副秘书长吕军，办公室副主任马石强，江西省文联主席刘华，省民协主席汪秀珍、秘书长李黎虹一行赴江西省部分市县进行采风。采风团先后考察了安义县汪山土库、罗田村和宁都、石城、南丰等县的十几个村镇，重点考察了长溪村赖氏祠堂和东龙、驿前等3个古村落，观看了卫东文宣队采茶戏及道情演出（江口村）、石城县剧团及社区灯彩队的表演。在田头镇随“妆古史”队伍游街，了解了6个村的灯彩民俗,其中包括马头“桥邦灯”、江背“扛灯”、石上“担灯”、新河“板桥灯”、大由“蛇灯”等，对石上“割鸡”、“打甑盖”“宋甑盖”习俗，中村傩戏、石邮堡古傩等仪式及表演内容做了深入了解，与郭显椿等国家级非物质文化遗产传承人进行了座谈。

【赴河南调研】

4月5～7日，中国民协分党组成员、副秘书长赵铁信，中国民协副主席、河南省文联副主席、河南省民协主席夏挽群，河南省民协副主席、秘书长程健君和中国民协交流中心的同志到河南省济源市、鹤壁市开展调研。对两市若干县、乡、镇的民俗文化、民间节庆活动和民间文艺之乡建设进行了深入调研考察。济源市委常委、宣传部长李军星，鹤壁市委常委、宣传部部长费银普等一起参加调研。

【赴宁夏调研】

8月16～20日，冯骥才主席一行到宁夏回族自治区调研考察。中国民协分党组书记罗杨，秘书长向云驹，副秘书长赵铁信，宁夏回族自治区文联党组书记郑歌平，副主席冯明等陪同考察。中国民协副主席杨继国、张锠、陶思炎参加了部分活动。冯骥才等先后考察了青铜峡一百零八塔、吴忠董府、同心清真大寺、贺兰皮影戏、贺兰山岩画以及西夏王陵，对当地文化遗产保护提出了很好的建议。

【赴北部湾采风】

12月26～30日，中国民协组织包括全国22个省区市文联和民协负责人、中国民协机关和新闻媒体在内的90余人队伍，先后考察了地处北海、钦州、防城港辖区的历史遗迹、风物名胜、少数民族风俗和文化的活态传承情况。中国民协分党组书记罗杨、秘书长向云驹、副秘书长赵铁信、吕军率队考察。考察团通过考察合浦县的东坡亭、古海角亭、合浦汉墓、海上丝绸之路奇观、北海骑楼古街、刘永福故居、中国四大名陶之一坭兴陶钦宝陶艺馆、澫尾哈亭京族古民居及博物馆，对北部湾丰厚的民间文化资源和保护现状有了直观了解。

会员队伍建设

抓好会员队伍和机关队伍建设，加强与各地民协的联络、协调、服务、沟通，壮大会员队伍，调动各地会员参与民协重大活动的积极性是中国民协的重要工作内容。中国民协先后召开了两次秘书长办公会议，经过严格审查、认真讨论，新发展会员438人。其中各省推荐会员325人，专业委员会推荐会员113人。截至年底，中国民协共有会员7766人。

机关建设

【档案归档工作】

中国民协分党组对做好档案工作历来给予高度重视。6月4日，分党组在全体会上传达了中国文联办公厅关于做好2008年档案工作的通知，对各部室的档案收集整理提出了具体要求。

【建设学习型协会】

1月7日，分党组向全会干部传达贯彻中国文联党组扩大会关于贯彻全国宣传部长会议的有关精神，提出要按照胡振民的三点要求，认真学习中央关于宣传思想文化工作的重要精神，切实把思想统一到中央精神上来，以坚定清醒的政治自觉、奋发有为的进取精神、务实高效的工作作风，抓好各项任务的落实。分党组集中精力征求对学习实践科学发展观活动《分析检查报告》的意见，对学习实践科学发展观活动工作做了进一步部署。

2月20日上午，中国民协举办专题学术讲座。请中国文联党组成员、书记处书记廖奔作了题为《如何看待中国的非物质文化遗产》的学术讲座。

7月21日，中国民协邀请加拿大渥太华大学跨文化研究中心李强博士为中国民协全体人员举办加拿大“非遗”保护专题学术讲座。讲座辅以生动的多媒体演示，内容涉及加拿大原住民的概况、政治结构、生态和生活方式、加拿大政府的原住政策和发展、加拿大原住民博物馆的组织机构，原住民社区博物馆的建设、功能、文化特色、人才培训体系以及成功的案例等方面的内容。

7月30日，中国民协秘书长向云驹、副秘书长吕军带领协会全体工作人员赴葫芦岛市进行为期两天的辽西民俗文化考察活动。考察团一行先后考察了葫芦山庄生态景区、关东民俗博物馆、葫芦文化博物馆。实地考察民间文化，是民间文艺工作者的必修课，也是增长专业知识的渠道之一。中国民协采取多种形式让机关干部深入田野，深入基层，从而增强了大家保护民间文化遗产的责任感和使命感。

直属单位

【《民间文学》杂志社】

《民间文学》杂志社完成了2009年编辑、出版任务。杂志的整体面貌，栏目设置，文本质量，装帧设计等诸多方面得到进一步提高。截至12月底，包括农家书屋在内的邮局订阅量同比增长了50%，包括主营收入在内的总利润同比增长了200%。在广大读者、故事爱好者及其他相关文艺单位和文化单位等领域，赢得了较好的社会声誉。同时，杂志社还成功举办了第二届中国故事节少儿故事表演比赛和第二届中国故事节少儿红色故事会，完成了第九届中国民间文艺山花奖民间文学作品（新故事创作）奖的组织和评奖工作，并负责协会网站的日常更新和维护。

【《缤纷》杂志社】

完成了期刊内部管理的完善，对上、下半月刊明确要求和规范，保持品位，巩固市场，服务生活。

【《民间文化论坛》杂志社】

完成双月刊改刊工作，恢复学术期刊，并刊载了一系列重要的学术论文，得到了学术界好评。

中国摄影家协会

综　述

2009年是不平凡的一年，是令人难忘的一年，它既是中华人民共和国成立60周年的大庆之年，也是中国文联成立60周年喜庆之年，还是摄影术发明170周年。

在这一年中，在中宣部和中国文联的领导下，中国摄协结合本年度各项工作安排，在中国摄影界各级协会和专家学者以及摄影人的帮助下，完成了历时性的重大回顾，同时总结新中国摄影事业60年发展前进的经验。作为党领导下的专业性人民团体，只有把全部工作融入党领导的伟大事业，切实做到高举旗帜、围绕大局、服务人民、改革创新，才能够使摄影事业走上正确的发展道路，跟随着时代的进步不断开拓新的发展空间，不断完善机制，不断取得新的成绩。中国摄影家协会紧紧把握时代脉搏，大力推进摄影事业的发展，本着团结、务实、服务、创新的原则，充分发挥摄影独特的作用，调动广大摄影工作者的积极性、主动性和创造性，促进摄影艺术的繁荣，让中国摄影家协真正成为摄影人坚实和温暖的家。

在这一年中，从“送欢乐、下基层”的身影到第52届世界新闻摄影比赛告捷，从王府井大街上的《中华全家福》大型影展唱响和谐团结的主旋律，到第九届全国摄影理论研讨会对新中国摄影事业60年发展的梳理与总结……看到的是中国摄影人坚实前进的步伐。

在这一年中，随着摄影节规模的再扩展，国际影展锐意改革，跻身与荷赛、奥赛相比肩的世界三大国际摄影比赛，摄影事业的繁荣与其日益被大众所关注所认同的社会效益，为我国摄影事业的可持续发展打下坚实基础。

在这一年中，启动的中国珍藏新闻历史文献数字化集成工程“口述影像历史”丛书，出版《透过硝烟的镜头——中国战地摄影师访谈》、《跨越时空——西藏影像往事》和本年度相继问世的《红旗照相馆》、《庄学本全集》、《中国红色摄影史录》等一批摄影史著作，以及新中国影像记录60年的总结，促使摄影人更为紧迫、更为深入地研究新中国摄影史。

回首2009年，中国摄影家协会引领摄影人关注社会，关注民生，弘扬主旋律的记忆和感动都将留存在中国摄影历史的长河之中。

思想政治建设

【深入开展学习实践科学发展观活动】

自2008年9月至2009年3月，中国摄协参加了第一批学习实践科学发展观活动，由中国文联党组书记、副主席胡振民同志直接联系。按照党中央“党员干部受教育、科学发展上水平、人民群众得实惠”的总要求，摄协把学习实践活动作为一项极其重要的政治任务，确立了“以摄影文化促进社会和谐”为活动的实践载体，引导广大摄影工作者深刻领会科学发展观的科学内涵、精神实质和根本要求，增强贯彻落实科学发展观的自觉性和坚定性，确保学习实践活动取得实效。

【认真贯彻十七届四中全会精神】

党的十七届四中全会召开后，中国摄影家协会按照上级部署，安排领导班子和党员干部多次学习全会公报，学习胡锦涛总书记的重要讲话，学习中央办公厅《关于进一步从严管理干部的意见》重要通知。在学习中，班子里的同志们通过会议和谈心，开展严肃的批评和自我批评，认真对照检查思想和工作中存在的缺点，用高标准要求自己，提高了思想，促进了团结，密切了干群之间的联系，提升了工作水平。

会议与活动

【庆祝祖国60华诞系列活动】

8月中旬，中国摄协举办了“歌唱祖国”爱国歌曲大家唱活动，随后选送其中两支优秀曲目参与了中国文联举办的“献给祖国的歌”歌唱比赛，两支曲目双双获奖。

11月3日，由新华社、北京奥运城市发展促进会等主办的“盛世辉煌——中华人民共和国成立60周年庆典图片展”在国家体育场“鸟巢”西北侧展出。展出近400幅照片。新华社副社长鲁炜，中国摄协分党组书记、副主席兼秘书长李前光等出席开幕式。

【新农村建设纪实摄影工程】

10月28日至11月6日，“新农村建设纪实摄影工程——第三届‘建设社会主义新农村’摄影作品展暨新农村建设示范村成果展”在北京市海淀区四季青镇香山村御香园隆重展出。本届由中国摄影家协会和农业部农村社会事业发展中心共同举办。派出3支摄影小分队，分赴16个省区市的21个示范村，历时2个多月，行程2.5万公里，拍摄照片2万余幅，还印制了500套挂图，免费发往500个村庄。这一创意使本届新农村影展的受众数量达到100万众，将中央领导“把新农村影展办到田间地头”的重要指示落实到了实处，成为中国摄影家协会响亮的品牌。本次成果展还在天津、江苏、浙江等地分别举办了巡展。

【庆祝澳门回归10周年摄影展】

12月10日，由中国文联主办、中国摄影家协会和澳门摄影学会承办的为期6天的“中华情——庆祝澳门回归10周年”摄影展在澳门著名景观大三巴广场旅游文化中心开幕。

中国文联党组书记、副主席胡振民发来贺信。外交部驻澳门特派员卢树民，中国摄协分党组书记、副主席兼秘书长李前光，中国文联港澳台办公室主任黄文娟、办公厅副主任刘尚军，中央人民政府驻澳门特别行政区联络办公室文化教育部副部长张晓光，澳门文化局副局长王世红，澳门民政总署管理委员会委员马锦强，中国摄协副主席王悦、朱宪民、李学亮、李伟坤、张宇，分党组成员、副秘书长顾立群，中国文联全委、澳门日报社社长李鹏翥，澳门摄影学会理事长张耀棠，中国文联全委、澳门摄影学会副理事长郭敬文，香港著名摄影家简庆福，香港中国旅游出版社副社长、总编辑王苗，中央电视台中文国际频道新闻编辑部主任马勇和第八届中国摄影金像奖获得者王琛、李刚、杨越峦，以及香港、澳门和内地的摄影家出席影展开幕式。

此次展览会聚了来自内地以及香港、澳门地区摄影家的100余幅作品。展览分为回归庆典、澳门建设、大事掠影、民俗风情、社会人文、城市建设、城市之夜等7个部分。

【“送欢乐 下基层”活动】

1月8～18日，根据中央有关精神，按照中宣部、中国文联部署，中国摄影家协会先后派出5个小分队，分别深入河北、四川、宁夏、山东、贵州等省区的农村和基层单位，开展“送欢乐，下基层”慰问活动，在当地办摄影展览，为群众赠送年画，拍摄制作全家福照片。

1月13日，中国摄协分党组书记、副主席兼秘书长李前光率中国摄协“送欢乐，下基层”慰问团到河北省永清县韩村镇董家务村为村民拍摄全家福，并赠送年画等慰问品。

1月12～13日，中国摄协分党组副书记、副秘书长王郑生与四川省摄协主席王达军、副主席兼秘书长贾跃红一行赴四川省都江堰市、乐山市等地为灾民赠送年画和拍照留念等活动。

1月8日，中国摄协分党组成员高琴与宁夏回族自治区摄协主席陈长祥，副主席张春荣、张治军，摄影家梁达明、黑明等组成的慰问团，到宁夏永宁县纳家户村为150多位回族老人和小孩拍摄照片。

1月17日，中国摄协副秘书长解海龙与山东省摄协副主席田凤仙，摄影家刘英毅、陆中秋一行赴山东沂蒙山革命老区拍摄、打印全家福和赠送年画等活动。

1月14～17日，中国摄协副主席朱宪民与摄影家杨大洲、朱恩光等组成的慰问团来到贵州黔西南布依族苗族自治州兴义市下五屯乡纳灰村和南龙布依族古寨为村民拍摄全家福照片，并送年画。

12月20～21日，由中国摄协副主席邓维，分党组成员、副秘书长顾立群带队，中国摄影金像奖得主李晓英、中国摄影杂志社主编闻丹青等组成的慰问团到湖南省株洲市荷塘区仙庾镇仙庾村慰问当地村民。

12月28～30日，由中国摄协分党组副书记、副秘书长王郑生带队，中国摄影金像奖获得者于志新、王争平、姜平，摄影家额博、乌拉汗等组成的慰问团，来到内蒙古锡林郭勒盟西乌珠穆沁旗，慰问当地农牧民。

12月31日至2010年1月1日，中国文联、全国双拥工作领导小组办公室组织百余名艺术家，赴海军大连舰艇学院慰问并赠送该院官兵参加国庆阅兵的精彩照片。中国文联党组书记、副主席胡振

民，党组副书记、副主席李牧，全国双拥工作领导小组办公室副主任董华中，海军政治部主任王兆海，中国文联副主席刘兰芳、夏菊花，办公厅主任夏朝华、国内联络部主任夏潮、演艺中心主任郁钧剑，大连市委副书记李景瑞，大连舰艇学院院长杨俊飞、政委康非，旅顺保障基地司令员沈金龙及中国文联所属各文艺家协会负责人参加慰问。

展览与评奖

【第八届中国摄影金像奖】

8月1日，主题为“生态·人文，盛世·和谐”第八届中国摄影艺术节暨2009首届大理国际影会在大理开幕。由中国摄影家协会、文化部中国艺术研究院（中国非物质文化遗产保护中心）、中共云南省委宣传部、中共大理白族自治州州委、州政府、云南省文联、云南省农村信用联社联合主办。

8月5日，云南卫视现场直播的第八届中国摄影金像奖让全国人民共同见证了这份属于摄影界的荣光。陈复礼、徐肖冰、吕厚民、陈昌谦、简庆福、侯波、陈勃、袁毅平等8位德高望重的摄影家被授予终身成就奖，他们为新中国摄影事业所作的突出贡献得以彰显和肯定。本届金像奖有322位来自全国各地及旅居海外的摄影界人士申请参评，参评人数等多项指标均创下历史新高，作品风格更显多样；年轻摄影人获奖比例明显提升；在抗震救灾、抗击冰雪灾害和北京奥运会中拍摄出精彩作品的摄影家获得肯定。

【第13届国际摄影艺术展览】

11月28日，由中国摄影家协会和丽水市人民政府共同主办的中国第13届国际摄影艺术展览暨2009中国·丽水国际摄影文化节在浙江丽水开幕。来自全国各省、自治区、直辖市和美国、英国、意大利、荷兰、瑞典、澳大利亚、斯洛伐克、罗马尼亚等34个国家和地区的摄影人齐聚丽水。全国政协委员、解放军总部、中宣部、外交部、文化部、中国文联、中国摄协、人力资源和社会保障部、卫生部、国家民委、国家新闻出版总署、国家林业局、国家体育总局及浙江省等相关单位领导和部门负责人，越南、蒙古、尼泊尔等国驻华使馆的官员，韩国丽水市政府友好访问团代表等出席了开幕式。中共丽水市委副书记、丽水市市长卢子跃主持。中国摄协分党组书记、副主席兼秘书长李前光代表中国摄协向获奖的中外摄影家表示热烈祝贺。

本届国际影展共收到106个国家和地区8395位摄影家和爱好者投寄的70566幅作品，共有270个展览，参展作品超过1万幅。获得本届国际影展彩色类金奖9人，银奖12人，铜奖17人；黑白类金奖3人，银奖5人，铜奖9人。大展期间，除为部分国际影展获奖者现场颁奖之外，组委会还向越南、俄罗斯、印度、罗马尼亚、澳大利亚、美国、意大利、比利时、伊朗、阿根廷等国的10个摄影组织及广东摄协、江苏省苏州市摄协、上海市摄协、河南省摄协、山东省摄协等颁发了本次影展的“组织工作奖”。

本次活动首次设立由11位业内专家组成的学术委员会并评出了“十大策展人”。他们分别是：姜纬、那日松、宿志刚、章翔鸥、蔡萌、张展、姜健、藏策、刘高峰、陈小波。活动期间，在中国·丽水摄影博物馆还举行了中外摄影师优秀作品捐赠仪式。

【第三届“建设社会主义新农村”摄影作品展暨新农村建设示范村成果展】

10月28日，由中国摄影家协会和农业部农村社会事业发展中心共同主办的“新农村建设纪实摄影工程——第三届‘建设社会主义新农村’摄影作品展暨新农村建设示范村成果展”在位于香山脚下的北京市海淀区四季青镇香山村御香园开幕。中国文联党组成员、书记处书记廖奔，中国摄协分党组书记、副主席兼秘书长李前光，中国摄协副主席王瑶、邓维、朱宪民，分党组副书记、副秘书长王郑生，分党组成员、副秘书长顾立群，副秘书长解海龙，农业部人事劳动司副司长冯广军，农业部农村社会事业发展中心主任王守聪，中宣部文艺局艺术处处长李小虹，北京市海淀区和农业部、中国文联、中国摄协有关部门负责人出席影展开幕式并观看展览。中国摄协分党组成员高琴主持开幕式。展览还向全国新农村建设带头人赠送了展览海报和刚刚结集出版的《新农村建设纪实摄影工程——第三届建设社会主义新农村摄影作品展暨新农村建设示范村成果展》画册。

【“中华全家福1949～2009·56个民族共同走过”大型摄影展】

10月9～19日，为庆祝新中国成立60周年，由中国文联、中国摄协联合主办的“中华全家福

1949 ~ 2009 · 56 个民族共同走过”大型摄影展览在北京王府井大街举办。本次影展用摄影家陈海汶拍摄的 56 幅我国各民族的“全家福”式肖像配合新中国成立以来的有关历史照片，在国庆佳节期间向首都群众和全世界各地的来宾、游客展示了中华各民族在中国共产党领导下团结进步的风采，成为首都国庆期间的一大亮点。

展出期间有 300 余万人参观，100 余家媒体全面报道了展览盛况，观众积极留言赞扬，中宣部副部长翟卫华称赞“展览非常有意义”。中国文联党组书记、副主席胡振民给予高度评价。

【庆祝新中国成立 60 周年全军摄影展暨第一届全军摄影展】

9 月 25 日，由中国人民解放军总政治部和中国文学艺术界联合会、中国摄影家协会联合主办，中国人民解放军摄影学会等单位承办的“庆祝新中国成立 60 周年全军摄影展暨第一届全军摄影展”在北京中国人民革命军事博物馆开幕。

中央军委委员、总政治部主任李继耐和中国文联党组书记、副主席胡振民为影展开幕剪彩。总政治部副主任刘永治在讲话中称赞影展“主题鲜明，题材广泛，格调高雅，表现手法多样”。解放军报社社长王梦云，总政治部秘书长张贡献，中国文联党组成员、主席团委员、书记处书记廖奔以及解放军四总部、驻京各大单位和武警部队宣传部的负责人出席开幕式，开幕式由总政治部宣传部部长王建伟主持。中国摄影家协会分党组书记、副主席兼秘书长李前光代表中国摄协对影展的成功举办表示祝贺。中国摄协副主席张桐胜，分党组成员、副秘书长顾立群也出席了影展开幕式。此次展览共评选出 548 幅（组）作品参展。

创作与研究

【口述影像历史丛书研讨会】

4 月，在中国文联和国家有关部门的鼎力支持下，中国摄协启动了“中国珍藏新闻历史文献数字化集成工程”第一阶段的工作。在新中国 60 华诞前夕，中国摄影出版社出版“口述影像历史”丛书《透过硝烟的镜头——中国战地摄影师访谈》和《跨越时空——西藏影像往事》两本。9 月 20 日，在山西平遥摄影大展期间成功举办了口述影像丛书图片展览和图书首发式。

9 月 25 日，“透过硝烟”看今朝，“跨越时空”迎国庆——“口述影像历史”丛书赠书仪式暨研讨会在中国摄协的阳光大厅举行。裴植等 10 余位老摄影家与中国摄协顾问袁毅平、陈昌谦及摄影界中青年理论工作者、摄影爱好者参加研讨会。

【第九届全国摄影理论研讨会】

12 月 15 ~ 18 日，第九届全国摄影理论研讨会在广东省东莞市长安镇召开。与会的 120 余名代表围绕“新中国影像记录 60 年”的中心议题，在摄影术诞生 170 周年、新中国成立 60 周年的历史语境下，各抒己见，畅谈作为记录工具的摄影对于中国社会现实的介入与表述，摄影文化与时代发展变迁的广泛互动，记录类摄影的社会价值与社会学意义等话题。

中国摄影家协会分党组书记、副主席兼秘书长李前光，中国文联理论研究室主任董耀鹏，广东省文联党组副书记、专职副主席廖曙辉，中国摄协副主席李伟坤、朱宪民，分党组副书记、副秘书长、理论委员会主任王郑生，长安镇党委委员陈伟文等出席研讨会开幕式。

协会建设

【会员工作开创新局面】

2009 年上半年的会员发展中，首次实现了全国 31 个省、自治区、直辖市申报并发展新会员可喜景象，创下了中国摄协会员发展 50 年历史的新纪录，再次标志了摄影事业的空前繁荣。

在学习实践科学发展观期间，中国摄协经过广泛征求意见和深入调查研究，推出会员服务新举措。自 2009 年开始，凡年满 65 周岁、会龄满 5 年的中国摄协会员，即可免缴会费。这个决定向全国摄影人宣布后，即在摄影界引起强烈反响。已经有多位老会员来到组联部办理手续，成为第一批享受终身免费待遇的会员。

【中国摄影著作权协会】

由中国摄协发起成立并在事实上负责其组织管理的中国摄影著作权协会在 2009 年 5 月 5 日取得了社团法人登记证书，开始展开工作。今年多次派员参加政府版权主管部门组织的出国考察学习，为其专业化运作打下基础，并与世界知识产权组织

和欧美部分国家的同类机构建立了联系。目前已做成版权推广和维权案例十余件，为摄影家争取到了应得的利益，也为社会提供了影像作品服务。例如2009年中期，成功向北京中海福文化发展有限公司提供了《世纪伟人邓小平贵金属纪念章》图片母版，并促成北京国道黄金有限公司发行一套“开国大典”纪念金币，使协会老摄影家钱世杰、刘少山、郭占英、侯波等老摄影家拿到了丰厚的报酬。

【协会各媒体经营】

2008年以来金融危机席卷全球，而中国摄协下属各媒体的广告收入大部分来自于在这一次危机中受到巨大影响的国际知名品牌影像器材公司。各媒体在协会的督促下自去年开始就不断研究整个经济形势对于自身的影响，制定相应的工作对策。由于相关业务人员的不断努力，《中国摄影报》社、《大众摄影》杂志社、《中国摄影》杂志社、中国摄影家协会信息中心在2009年的广告营销方面均取得了较好的成绩，与去年相比，广告收入不降反升。中国摄影出版社在全体员工的共同努力下，现已初步完成年初所设定的稳步增长的经济管理目标，比去年有良好的增长。

【舆情与宣传工作】

中国摄协发起了“把脉纪实摄影”、“全民摄影时代公众影像价值判定”等的话题讨论，引领摄影界的舆论导向，完成《摄影2008：悲喜中的时代镜像》、《文联工作概论中国摄协概况》等报告。根据上下级工作对接的原则，2009年9月，启动协会舆情摘报工作并定期出版，与机关各部室及直属单位建立信息员制度，确定报送渠道，专人负责汇总整理各部门报送信息。

对外及对港澳台地区文化交流

2月28日，“梅花韵·大陆及港澳台地区著名摄影家梅花作品展”在南京梅花山暗香阁开展。中国摄协分党组书记、副主席兼秘书长李前光和参展作者——香港著名摄影家简庆福、黄贵权等出席了影展开幕式。影展共展出作品120幅，其中40幅出自陈复礼、简庆福和黄贵权等摄影家之手。

3月28日，由香港文化博物馆策划的“香港摄影系列”展览首场“光影神韵”在该博物馆开展。展出了中国文联荣誉委员、中国摄协顾问陈复礼，香港知名摄影家简庆福、黄贵权3人的画意摄影精品。展览为期6个月。年过九旬的陈复礼和2位参展的老朋友一同出席了展览开幕式。中央人民政府驻港联络办副主任李刚，香港特别行政区民政事务局副局长许晓晖，中国摄协顾问杨绍明、陈勃，以及各地摄影团体代表和香港摄影家数百人出席开幕式。

4月7～14日，以蒙古国专业摄影协会主席斯拉特勒·查茨拉特为团长的蒙古国摄影代表团一行4人，应中国摄影家协会的邀请访华。代表团的此次来访让蒙古国摄影家亲身感受到了中国改革开放以来的巨大变化，进一步巩固了中国摄协与蒙古国专业摄影协会的友好关系。

4月8日，由中国文化部和泰国驻华大使馆共同主办、中国对外艺术展览中心承办的“泰国诗琳通公主眼中的中国”个人摄影展在北京中华世纪坛开幕。此次展出的119幅照片分为两部分，一部分是公主参加2008北京奥运会拍摄的“奥运印象”；另一部分呈现公主历次访华时，在北京、上海、西藏、贵州和新疆等地的所见所感。

4月10～18日，应越南摄影家协会邀请，以副秘书长顾立群为团长的中国摄影家协会代表团对越南进行了友好访问。越南文化体育旅游部还与中国驻越南大使馆文化处、中国摄影家协会达成初步意向，举办两国的摄影展览、摄影艺术交流等活动。代表团在越期间先后在胡志明市、广宁省和越南首都河内市等地进行摄影创作。

6月23日至7月2日，应澳洲数码摄影协会、新西兰国际文化交流中心邀请，以中国摄协分党组成员高琴为团长的代表团一行3人，对澳大利亚、新西兰进行了为期10天的友好访问。在代表团访澳期间，澳洲数码摄影协会还向中国摄协分党组书记、副主席兼秘书长李前光颁发了“国际摄影卓越贡献勋章”，向分党组成员、副秘书长顾立群颁发了“国际摄影突出贡献勋章”。

7月2日，由中国人民对外友好协会主办的“2009驻华使节及夫人中国才艺大赛”开幕式暨“寻访最值得驻华大使馆向世界推荐的中国生态旅游城市——走进伊春主题活动”新闻发布会在中国对外友好协会礼堂举行。来自30多个国家的驻华使馆官员及中国人民对外友好协会、外交部、文化部、国务院新闻办公室、国家旅游局、伊春市的相关负责人出席了此次活动。

8月8～28日，由国家版权局选派，中国摄影著作权协会办公室侯建江参加了在瑞典斯德哥尔摩举办的“2009全球经济与版权及相关权利”

的高端培训项目。该培训项目是由世界知识产权组织和瑞典国际合作开发署联合举办的，此次共有来自亚非22个国家的27名人员参加。

9月4日，由匈牙利国家发展和经济区域组织——巴拉顿湖发展局和320℃艺术中心主办的“中国当代摄影”展览在匈牙利的希欧福克市320℃艺术中心开幕。朱锋、蔡鸿硕、陈农、杭明峙等10位摄影师应邀参展。此次展览作为中国和匈牙利建交60周年的系列文化活动之一。

9月27～29日，香港摄影界庆祝国庆委员会为新中国成立60周年而举办的大型摄影展览“大地翻腾60载”在香港中央图书馆展厅展出。中国摄协分党组书记、副主席兼秘书长李前光应邀赴港出席了影展开幕式。香港特别行政区民政事务局副局长许晓晖，中联办宣传文体部部长郝铁川，中国文联荣誉委员、中国摄协顾问陈复礼，香港著名摄影家简庆福、黄贵权、连登良等也出席了影展开幕式。

10月10～24日，以中国摄协分党组书记、副主席兼秘书长李前光为团长的中国摄协代表团一行4人应邀出访英国、葡萄牙、西班牙三国，对英国皇家摄影学会、葡萄牙职业摄影家协会、西班牙塞丹尤拉—瑞普莱特艺术摄影家协会进行了友好访问，并于10月12日在英国皇家摄影学会总部举办了“世界遗产·中国”摄影展览，共展出38幅来自中国摄影家的作品，分别记录了位于中国的38项世界遗产。巴斯市市长科林·巴瑞特和夫人、英国皇家摄影学会主席罗斯玛丽·威尔曼、前主席贝瑞·悉尼尔率主席团成员及多名英国著名摄影家出席开幕式。

11月29日，中外摄影师优秀作品捐赠仪式在中国·丽水摄影博物馆举行。正在中国·丽水摄影博物馆举办展览的美国摄影师山姆·王、浙江摄影出版社分别向博物馆和组委会捐赠了摄影作品和摄影画册，美国摄影师克里斯·瑞克（Chris Raecker）代表39位国外摄影师捐赠了摄影作品。中国摄影家协会副主席张桐胜、副秘书长解海龙出席捐赠仪式。

12月10日，由中国文联主办、中国摄影家协会和澳门摄影学会承办的为期6天的“中华情——庆祝澳门回归10周年”摄影展在澳门大三巴广场旅游文化中心开幕。中国文联党组书记、副主席胡振民发来贺信。外交部驻澳门特派员卢树民，中国摄协分党组书记、副主席兼秘书长李前光，中国文联港澳台办公室主任黄文娟、办公厅副主任刘尚军，中央人民政府驻澳门特别行政区联络办公室文化教育部副部长张晓光，澳门文化局副局长王世红，澳门民政总署管理委员会委员马锦强，中国摄协副主席王悦、朱宪民、李学亮、李伟坤、张宇，分党组成员、副秘书长顾立群，《澳门日报》社社长李鹏翥，澳门摄影学会理事长张耀棠，澳门摄影学会副理事长郭敬文，香港著名摄影家简庆福，香港中国旅游出版社副社长、总编辑王苗，中央电视台中文国际频道新闻编辑部主任马勇和第八届中国摄影金像奖获得者王琛、李刚、杨越峦，以及香港、澳门和内地的摄影家出席影展开幕式。此次展览会聚了来自内地、香港、澳门三地摄影家的100余幅作品。

12月10日，由澳门博物馆主办的“红色岁月——郑景康摄影展”在澳门特区政府文化局辖下的澳门博物馆开幕。115幅郑景康在抗日战争时期至20世纪60年代为共和国留下的珍贵照片，26幅郑景康和澳门摄影工作者参加文化活动的照片，以及他在20世纪50年代出版的著作、影集和使用过的照相机一并展出。

其他活动

1月19日，中国文联党组书记、副主席胡振民在中国摄协分党组书记、副主席兼秘书长李前光，中国文联办公厅主任夏朝华等陪同下来到中国文联荣誉委员、中国摄协顾问徐肖冰和著名女摄影家侯波家，亲切看望两位摄影界老前辈，送上新春的祝福。

1月21日，由中国摄影家协会主办的中国摄影界2009迎春联谊会在中国摄协办公新址万商汇数码大厦举行。中国摄协领导班子，中国摄协副主席，中国摄协顾问以及各全国文艺家协会负责人，中国摄协团体会员代表、全国性摄影组织负责人、会员代表和各方友好人士、企业界人士等600余人出席联谊会。

1月22日，中共中央政治局常委李长春专程来到中国文联荣誉委员、中国摄协顾问吕厚民家中看望这位81岁高龄的著名摄影家，代表胡锦涛总书记和党中央向包括吕厚民在内的全国文化艺术界知名人士致以节日问候和良好祝愿。

3月8日，由中国摄协主办、《中国摄影报》

社和锐意网承办的全国人大代表、政协委员摄影联谊会在京举行。全国政协副主席白立忱，全国人大常委会原副委员长许嘉璐，全国政协原副主席李蒙以及百余位全国人大代表、政协委员和嘉宾聚首畅谈摄影。中国文联党组成员、书记处书记廖奔，中国文联荣誉委员、中国摄协顾问吕厚民，中国摄协分党组书记、副主席兼秘书长李前光，中国摄协顾问于健、陈勃、袁毅平、副主席王悦、王瑶、邓维、朱宪民、罗更前，分党组副书记、副秘书长王郑生，分党组成员、副秘书长顾立群，分党组成员高琴，副秘书长解海龙等参加了本次联谊会。

3月12日，中国摄影家协会和江西省宜春市人民政府在京举行第23届全国摄影艺术展览暨中国宜春·明月山第四届月亮文化节签约仪式。

4月8日，“中国摄影之乡”落户广东省东莞市长安镇，挂牌仪式在长安图书馆举行。中国摄协、广东省文联、广东省摄协以及东莞市、长安镇等相关领导出席了挂牌仪式。仪式结束后，嘉宾和上百名观众在长安图书馆展厅欣赏300多幅展现长安镇经济发展之路的摄影作品。

4月15日，“晚清碎影——约翰·汤姆逊眼中的中国”巡回摄影展在北京中华世纪坛开幕。此次摄影展集中展示了19世纪苏格兰摄影师约翰·汤姆逊于1868～1872年在广东、福建、北京等地游历期间拍摄的148幅历史照片，内容涉及风景、人物、建筑、家居生活和街景。

5月14日，“大美中国”刘海星风光摄影巡展在中国美术馆举行。共展出作品50幅。中国文联党组成员、副主席杨志今，文化部原特别巡视员曾庆淮，中国记协党组书记、副主席翟惠生，中国文联荣誉委员吕厚民，中国音协分党组书记、副主席徐沛东，中国摄协分党组书记、副主席兼秘书长李前光，中国摄协副主席朱宪民、李伟坤、张桐胜和中央文明办、深圳市的有关领导出席影展开幕式。

5月17～25日，在“5·12”汶川地震周年之际，中国摄影家协会、总装备部政治部宣传部在中国美术馆联合举办“汶川记忆”张桐胜“5·12”地震及北川孤儿摄影展。总装备部、中国文联、中国人民对外友好协会、中国作协、中国摄协等单位领导及航天英雄等出席开幕式。迟万春、胡振民为《张桐胜5·12地震摄影集》画册的出版发行正式揭幕。展览共展出66幅纪实作品和反映部分汶川孤儿在京度过灾后第一个暑假的52幅作品。

6月6日，“影像南充”摄影展在北京民族文化宫开幕。展览由海峡两岸暨香港、澳门的38位摄影师在4月28日一日之内从四川南充街头巷尾田间码头抓取的瞬间。全国政协原副主席李蒙，中国摄协分党组书记、副主席兼秘书长李前光，中国摄协副主席王瑶、朱宪民、张桐胜，分党组成员、副秘书长顾立群等出席影展开幕式。

6月13日，由中国文联、中国摄影家协会、中共新疆克拉玛依市克拉玛依区委、区政府共同主办，中国摄协组联部、克拉玛依区文体局承办的“中国摄影金像奖获奖作者作品回顾展”巡展在克拉玛依市开幕。本次展览收录了历届中国摄影金像奖88位创作奖得主的121幅作品。中国摄协副主席王悦、副秘书长解海龙和中国文联国内联络部处长罗江华等出席了巡展开幕式。

8月15～22日，由西藏自治区党委宣传部、中国摄影家协会、西藏自治区文联和拉萨市人民政府主办，西藏自治区摄影家协会承办的“2009·中国西藏珠穆朗玛摄影大展”在拉萨布达拉宫广场开幕。此次展出作品400余幅，同时还有陈宗烈、蓝志贵、刘铁生、车刚等摄影家西藏题材的多个影展。各界人士2000余人出席开幕式。

8月21日，由中国摄影家协会、河南省委宣传部、河南省发改委、河南省文联等单位联合主办，河南省摄影家协会承办的“世界摄影家看河南”大型摄影活动颁奖仪式在郑州举行，共展出200余幅本次活动的优秀作品及花絮照片。中国摄协分党组书记、副主席兼秘书长李前光出席了颁奖典礼。

9月26日，中国摄影家协会“全国摄影创作基地”授牌仪式暨克什克腾四季风光（国际）摄影大展揭晓晚会在内蒙古自治区克什克腾旗拉开了“2009·克什克腾金秋摄影节”的大幕。中国摄协副主席张桐胜代表中国摄协将“全国摄影创作基地”牌匾授予克什克腾旗。

11月20日，由中国摄影家协会、贵州思南县委、县政府共同举办，《中国摄影报》社、思南县委宣传部、县旅游局和贵州省铜仁地区摄影家协会共同承办的中国思南（国际）摄影大展在思南县人民会场颁奖。中国摄协副主席张桐胜，贵州省国土资源局、铜仁地区行署和思南县委、县政府领导及部分摄影家代表出席颁奖仪式。此次影展共收到稿件近3万幅。

中国书法家协会

综　述

2009年，中国书协深入贯彻落实党的十七大、十七届四中全会、中国文联八届四次全委会精神和学习实践科学发展观的要求，按照中宣部、中国文联的总体部署，坚持“在全局中定位、在大局下行动、团结书法家跟党走”的工作理念，围绕中心，服务大局，认真履行职能，加强自身建设，圆满完成全年任务。在这一年中，中国书协为庆祝新中国和中国文联成立60周年，努力营造良好的文化氛围，精心组织，积极筹备，与中国文联共同举办了全国名家邀请展，举办了向祖国汇报——中国书法名城（之乡）国庆巡礼活动；继续深入开展中国书法进万家活动，先后命名10个中国书法之乡、6个创作培训基地，捐建兰亭小学8所、兰亭中学1所；以全面贯彻《中国书法发展纲要》为总抓手，营造多出精品、多出人才的良好环境；进一步健全展览评审机制，严格规范评审规则，成功举办了第三届中国书法兰亭奖评审、展览，及第二届青年书法展、第二届隶书届、第六届楹联书法展等专业展览；继续深化读书年、宣讲年活动，召开了全国第八届书学研讨会等学术活动，全面提升书法艺术的学术水平。2009年是国际书法交流年，中国书协努力加大对外交流力度，不断扩大中国书法环球行计划，在对外交流方面，特别是对外宣传中国书法魅力、提高书法国际地位方面取得巨大成果，中国书法、篆刻被列入《世界非物质文化遗产名录》，成为中国书协本年度工作的最大亮点。

会议与活动

【中国书法篆刻被正式列入“人类非物质文化遗产代表作名录”】

9月28日，联合国教科文组织保护非物质文化遗产政府间委员会第四次会议召开。9月30日，会议审议并通过了2009年“人类非物质文化遗产代表作品录”和“急需保护的非物质文化遗产名录”的报告，中国书法、篆刻被正式列入“人类非物质文化遗产代表作名录”。

中国书法申报联合国“人类非物质文化遗产代表作”，是书法界和全社会共同关心的问题。在中国书法家协会、中国艺术研究院中国书法院、中国篆刻院的通力合作和社会各界的大力支持下，经过几年来的共同努力，申遗终于获得圆满成功。

【五届八次主席团会议】

1月12日，中国书协五届八次主席团会议在北京京海大厦召开。会议由中国书法家协会分党组书记、驻会副主席、秘书长赵长青传达中国文联八届四次全委会精神，并代表中国书协作《中国书法家协会2008年工作总结和2009年工作安排》的报告。中国文联人事部干部处处长郑更生做《关于免去张旭光同志中国书协副秘书长职务，任命戴志祺同志为中国书协副秘书长的建议》和《关于增补戴志祺同志为中国书协理事的建议》。张海做总结讲话。会议还通过了《关于接纳中国电力书协、中国煤炭书协成为中国书协团体会员的建议》。

【2009年新春联谊会】

1月13日上午，由中国书法家协会主办，中国书协中央国家机关分会、东莞市长安镇人民政府协办，东莞市创丰贸易有限公司承办的2009年中国书法家协会新春联谊会在人民大会堂隆重举行。全国人大常委会副委员长韩启德、原副委员长布赫，全国政协副主席李金华，中宣部副秘书长王晓辉，中国文联党组副书记、副主席覃志刚、李牧，中国文联副主席杨志今，外交部、文化部、人事部、公安部、中直机关等有关领导，著名文艺家、各界嘉宾，中国书协顾问、主席团成员、团体会员代表、在京中国书协理事，广东中山东莞市长安镇有关方面负责同志，中国文联机关各部室负责人、各文艺家协会负责人，以及首都各界友好人士共800余人，欢聚一堂，共迎2009年

新春的到来。联谊会上，艺术家们献上的精彩文艺节目，赢得全场观众的阵阵喝彩。联谊会进行过程中，穿插进行了抽奖活动。

【2008年中国书法进万家工作总结会】

1月13日，2008年中国书法进万家工作总结会在北京京海大厦举行。中国书协主席张海，分党组书记、驻会副主席兼秘书长赵长青，副主席申万胜、言恭达、吴善璋、张业法、陈永正、林岫，分党组副书记、副秘书长陈洪武，分党组成员、副秘书长戴志祺以及各团体会员负责人出席会议。会议由陈洪武主持。戴志祺宣布《中国书协关于2008年先进集体、先进个人的表彰决定》。到会的中国书协主席、副主席、副秘书长分别为受表彰的61个先进集体代表和121个先进个人代表颁发了奖牌。

【“向祖国汇报”——中国书法名城（之乡）国庆巡礼活动】

8月11日，由中国书法家协会主办，江苏、河南、山东、浙江、湖南、内蒙古自治区、广东、安徽、宁夏、上海、陕西省书协协办，中国书法名城（之乡）联谊会承办的“向祖国汇报”——中国书法名城（之乡）国庆巡礼活动在北京中国人民革命军事博物馆隆重开幕。苏州、徐州、开封、安阳、临沂、绍兴、湘潭、泰安、乌海、东莞、楚州、常熟、埇桥、桐乡、绍兴（县）、义乌、隆德、邹平、汶上、曲阜、临邑、郸城、偃师、七宝、三原等各书法名城、书法城、书法名山、书法之乡参加巡展。

【中国书法进万家——走进西藏活动】

8月14日上午，由中国书法家协会和西藏文联共同主办的中国书法进万家——走进西藏活动“中国书法家协会第五届理事精品展”开幕式在拉萨隆重举行。赵长青在开幕式上讲话。中国书协向自治区党委、政府捐赠了名家书法长卷，赵长青、李刚田、王学岭还分别向劳模代表、援藏干部代表和文学艺术家代表赠送了自创的书法作品。14日下午，中国书协在拉萨举行了兰亭小学的捐建命名和授牌仪式，为在2008年地震中受损严重的拉萨市当雄县宁中乡第二中心小学捐赠50万元，用于新建教学楼。19日，采风团成员驱车200多公里，来到了海拔在4300米的校址进行实地考察了解。

15日，代表团成员不顾高原反应和旅途疲劳，来到了距离拉萨近500公里的林芝市，于当晚7点30分为中国人民解放军某部官兵举行了中国书法进万家——走进军营活动笔会。

采风团一行还深入到拉萨、林芝、日喀则、江孜等地乡村、民间文化示范基地、革命传统教育基地，考察民俗民风，开展采风、调研、参观活动。十一世班禅额尔德尼确吉杰布得知中国书法进万家——走进西藏采风团来到他家乡的消息，非常高兴地在日喀则行宫会见了采风团一行。

【《中国千名书家精品走进奥运场馆志愿活动作品集》首发暨为第24届世界大冬会捐赠仪式】

2月28日，《中国千名书家精品走进奥运场馆志愿活动作品集》首发暨为第24届世界大学生冬季运动会捐赠仪式在人民大会堂隆重举行。中国千名书家精品走进奥运场馆志愿活动由中国文联、中国书协主办，招商银行协办，中国书法家协会艺术发展中心、北京新海谣影视文化传播有限公司承办。为了全方位地记录这一活动盛况，中国书协编辑了《中国千名书家精品走进奥运场馆志愿活动作品集》。

【中国书法名城（之乡）国庆巡礼活动联席会】

4月17日，中国书法名城（之乡）国庆巡礼活动联席会在开封召开。中国书协分党组书记、驻会副主席兼秘书长赵长青，中国书协副主席、宁夏回族自治区书协主席吴善璋，中国书协分党组成员、副秘书长戴志祺，河南省文联副主席何白鸥，中国书协理事、河南省书协主席宋华平及来自7个中国书法名城、1个中国书法名山、1个中国书法城、15个中国书法之乡的领导出席会议。会议讨论并原则通过了《中国书法名城联谊会章程》，研究了中国书法名城（之乡）国庆巡礼活动的有关事项，并就相关展览活动作了说明。会上，中国书法名城联谊会成立，并召开了第一届理事会。

【“5·12”汶川大地震一周年中国书法名家走进灾区暨中国书协捐建绵竹市“兰亭小学”奠基仪式】

4月25日，由中国书协、四川省委宣传部、四川省文联主办，四川省书法家协会承办的“5·12汶川大地震一周年中国书法名家走进地震灾区”暨绵竹市“兰亭小学”奠基仪式，在绵竹市大西街小学的废墟上举行。在奠基仪式上，邵秉仁代表中国书协向绵竹大西街小学捐款100万元。申万胜、吴善璋代表中国书协向该校授牌，并将绵竹大西街小学命名为“绵竹市兰亭小学”。何应辉受聘为绵竹市兰亭小学名誉校长。随后，参加仪式的领导、书法家及学校师生代表，为学校重建奠基培土。来自全国各地近40名书法名家还举行了现场笔会。

【“中国书法”列入“人类非物质文化遗产代表作名录”新闻通报会】

12月25日，“中国书法”列入《人类非物质文化遗产代表作名录》新闻通报会在京举行。中国书协主席张海，中国文联国内联络部主任夏潮，中国文联理论研究室主任董耀鹏，中国书协分党组书记、驻会副主席兼秘书长赵长青，中国艺术研究院中国书法院院长王镛，中国书协分党组副书记、副秘书长陈洪武，中国艺术研究院书法院常务副院长李胜洪等出席通报会。张海、王镛、赵长青在通报会上讲话。会议由赵长青主持，李胜洪做申遗工作汇报。

通报会上，由中国书法家协会、中国艺术研究院中国书法院联合主编的《人类非物质文化遗产代表作——中国书法》一书同时发行。

【海峡书法论坛暨中国书法家海峡两岸创作交流基地揭牌仪式】

5月17日，由中国书法家协会与厦门市人民政府联合主办的“海峡书法论坛”和“中国书法家海峡两岸创作交流基地”的揭牌仪式在厦门中华儿女美术馆举行。赵长青在论坛开幕式上讲话。两岸著名书法家、学者登坛演讲。仪式举行当天下午，“中国书法家海峡两岸创作交流基地”揭牌仪式在厦门中华儿女美术馆隆重举行。中国文联党组副书记、副主席覃志刚讲话。

【中国书协组联工作会议】

6月23～24日，中国书协2009组联工作会议在黑龙江哈尔滨召开。中国书协分党组书记、驻会副主席兼秘书长赵长青，中国文联副主席、中国书协副主席段成桂，中国书协分党组成员、副秘书长戴志祺，中国书协副秘书长白煦，中国书协组联部主任张陆一、研究部主任刘恒，黑龙江省文联主席付道彬，中国书协各团体会员单位的有关负责人参加了会议。会议由白煦主持。会上，赵长青作了专题报告。

【书法名家慰问三军仪仗队】

1月3日是农历十二月初八，俗称腊八节。上午8点，中国书协主席张海，中国书协分党组书记、驻会副主席兼秘书长赵长青，中国文联机关党委书记徐宝玉，中国书协顾问张飙，副主席申万胜、林岫，中国书协分党组副书记、副秘书长陈洪武等以及中国书协工作人员、新闻媒体一行50余人来到三军仪仗队进行慰问活动。张海和三军仪仗队大队长刘士胥共同为石碑“军威”揭幕。刘士胥在欢迎仪式上介绍了仪仗队的基本情况。赵长青做了热情洋溢的讲话。仪式后书法家观看了反映三军仪仗队工作、生活、训练的纪录片。张飙、申万胜、林岫代表中国书协向仪仗队赠送了100副春联。

【中国书法进万家——走进中国石油】

在祖国迎来60华诞，中国石油大庆油田发现50周年之际，由中国书法家协会主办、中国石油天然气集团公司政治思想工作部联合主办，中国石油书法家协会承办的“中国书法进万家——走进中国石油”活动于11月20日在中国石油国际化人才培训中心举办。

【为首都一线交警送春联】

1月16日，中国书协机关全体人员“送欢乐、下基层”来到北京市公安局公安交通管理局丰台交警支队慰问基层一线公安交通民警。慰问首都交警已是中国书协每年坚持开展的一项中国书法进万家“送欢乐、下基层”的活动。北京市公安交通管理局丰台交警支队政委孟宪忠主持了欢迎仪式，中国书协组联部副主任张陆一介绍了中国书协的主要领导。丰台交警支队长雷军介绍了丰台交警支队奥运交通保障、支队建设的基本情况。北京市公安交通管理局副局长翟双合，中国书协分党组书记、驻会副主席兼秘书长赵长青分别致辞。随后，赵长青和随行书法家来到执勤岗位，把刚刚创作的数十副春联送到正在执勤的一线交警手中。同时还创作书法作品数十幅赠送给了基层交警，受到了热烈欢迎。

【“送欢乐、下基层”活动】

1月19日，中国书协“送欢乐、下基层”活动走进北京昌平麻峪房民俗村送春联下乡出发仪式在中国书协机关举行。

覃志刚代表中国文联党组对中国书协举行形

式多样的送欢乐、下基层活动给予充分肯定和高度评价。赵长青在出发仪式上讲话。仪式上，覃志刚、张海、赵长青、申万胜、孟繁锦分别为送春联下乡的5个小分队书法家代表授旗。中国书协在京理事、北京书协、中国楹联学会、中国书协机关、直属单位工作人员、新闻媒体朋友一行80余人参加了这次送春联下乡活动。书法家们为北京昌平麻峪房民俗村创作春联600余副，受到了广大农民朋友的喜爱。张海、孟繁锦和赵长青、申万胜还分别带领小分队深入村屯把春联贴到了农民的家中，受到了村民的热烈欢迎。

【中国书协漠河创作培训基地挂牌】

6月26日，中国书法家协会漠河创作培训基地举行了挂牌仪式。张陆一宣读了中国书协关于批准中国书法家漠河创作培训基地的决定，黑龙江省书协副主席张戈代表省书协致答谢词；漠河县委副书记杨永革代表县委县政府致辞。戴志祺代表中国书协向漠河县县长计斌授牌，标志着中国书法家漠河创作培训基地正式挂牌。

【慰问解放军总医院】

为庆祝“八一”建军节，促进军民共建，7月30日，中国书法进万家——走进解放军总医院活动在京举行。在欢迎仪式上，文德功政委代表解放军总医院对中国书法家协会领导和书法家的到来表示欢迎和感谢；赵长青代表中国书法家协会向解放军总医院致以诚挚慰问。张海、李铎、赵长青、白煦等近20位书法家将精心创作的50多件作品赠送给了医院一线工作的院士、教授、劳模和医务战士，并集体创作了50米长卷一幅。

【分党组看望在京中国书协名誉主席、顾问】

1月15日，中国书协分党组书记、驻会副主席兼秘书长赵长青，分党组副书记、副秘书长陈洪武，分党组成员、副秘书长戴志祺分头带队来到在京的中国书协名誉主席沈鹏、老顾问欧阳中石、权希军、中国书协主席张海、中国书协顾问佟韦、谢云、李铎、刘艺、张飙等家中，向他们致以亲切的问候和节日的祝福。

【看望中国书协顾问王学仲】

2月11日，中国书法家协会分党组书记、驻会副主席兼秘书长赵长青带领铁道部政治部宣传部部长、中国铁路书法家协会主席王勇平，中国书协展览部主任白煦，《中国书法》主编李刚田等赴天津。在天津书协主席唐云来、副主席张建会等陪同下，在黾园王学仲艺术研究所看望了中国书协顾问、天津大学教授、中国书法兰亭奖终身成就奖获得者、84岁的著名书画家王学仲先生。赵长青代表书协分党组和主席团向王老致以亲切的问候，对王老为当代书法事业作出的杰出贡献表示崇高的敬意。

【42名全国政协委员联名提案呼吁建立中国书法馆】

全国政协十一届二次会议收到一份重要提案，42名全国政协委员联合提案建立中国书法馆。这一提案由全国政协委员、国家林业局副局长、中国书法家协会理事赵学敏作为第一提案人发起，得到了沈鹏、欧阳中石、靳尚谊、覃志刚、张海、刘大为、邵秉仁、王明明、申万胜、周海婴、潘公凯、陈建功、李瑞英、刘长乐等42名全国政协委员的积极响应。

【与镇江丹徒签约共建米芾书法公园】

7月30日，中国书协与江苏省镇江丹徒区政府签订协议，决定共同打造即将开工的中国米芾书法公园。规划建设中的中国米芾书法公园，位于丹徒十里长山的西北侧，占地总面积约40.5公顷，园区内建筑面积约1万平方米，首期投资约6000万元。公园建设将以弘扬米芾书法文化为核心，以丹徒山水文化为延展，集展示、创作、交流、培训、旅游和休闲等功能于一身，将其建成文化产业和休闲相结合的现代服务业基地。

【李铎捐资30万元为家乡建农民图书馆】

4月1～5日，李铎先生一行，专程回到家乡湖南醴陵市捐资30万元创建了当地首家农民图书馆，4月3日在该市新阳乡青泥村正式开馆。此次李铎回湘还特地为捐建的家乡农民图书馆赠送图书1956册。这些捐赠的图书中，既有他自己的多种著作和各种各样的书画作品集，也有适合农民阅读的科普致富实用技术类图书，还有一些涵盖了文史哲等门类的相关书籍，从而使该馆所藏图书达15000余册。此外，他还赠送家乡10个砚台41刀宣纸。

【李铎80华诞暨《李铎书法集》首发式】

4月20日，中国书法家协会、北京世纪名人国际书画院在全国政协礼堂隆重举行恭贺李铎先生80华诞暨《李铎书法集》首发式。

【张飙为汶川灾区学生捐赠仪式】

5月12日，在“5·12”四川汶川大地震一周年之际，著名书法家张飙把自己的善款20万元及作品、书籍捐赠给了河北唐山玉田县银河中学。捐赠仪式在银河中学操场上举行。来自汶川灾区的学生代表接受了张飙捐赠的“中华精神”书法作品和为101名科学院院士而作的书法作品集。

【为沧县、临邑、章丘、开封、固始、新安、曲阜授牌】

7月25日，“中国书法之乡——沧县”命名授牌仪式在河北沧县文化艺术中心举行。

7月26日，“中国书法之乡——临邑”命名揭牌仪式在山东省临邑县恒源大厦隆重举行。

10月18日，“中国书法之乡——章丘”授牌仪式在山东省章丘市百脉泉广场举行。同时举行“清照故里　词意章丘”——李清照文化周开幕式。

10月23日，“中国翰园书法名园——中国翰园碑林”命名授牌仪式在河南省开封市轩辕黄帝广场举行。

10月24日，“中国书法之乡——固始”命名授牌仪式在河南省固始县根亲博物馆举行。

10月27日，“中国书法之乡——新安”命名授牌仪式在河南省新安县世纪广场隆重举行。

12月24日，“中国书法之乡——曲阜”命名授牌仪式在曲阜孔子文化园隆重举行。

【第三届黄河明珠中国乌海书法艺术节】

9月12日，由中国书协、团中央青少年发展中心、内蒙古书协主办的中国首届少儿书法艺术节暨第三届黄河明珠中国乌海书法艺术节在内蒙古乌海市举行。开幕式当天下午，第二届乌海中国书法城建设高峰论坛在乌海图书馆报告厅举行。戴志祺应邀在论坛上发言。张海为百名书法家长卷题名，并为“中国书法城乌海”揭幕。张陆一宣读了关于命名乌达区团结路小学为“兰亭小学”的决定，申万胜为学校授牌。

展览与评奖

【第三届中国书法兰亭奖颁奖晚会暨作品展开幕式】

第三届中国书法兰亭奖自6月启动以来，到10月10日征稿截止，共收到艺术奖参赛作品5900多件，“尧山杯”新人展参赛作品20800多件，参赛作品数量为历届之最。

10月30日至11月4日，第三届中国书法兰亭奖评审工作在平顶山市举行。经过专家评审，评出了艺术奖、理论奖、教育奖、编辑出版奖、终身成就奖五大奖项。其中艺术奖31人、获奖提名64人、入展作品350人；理论奖30人，其中一等奖5人，二等奖10人，三等奖15人；教育奖15个，其中一等奖1个，二等奖1个，三等奖个人12个，集体奖1个；获奖提名12个（个人10个、集体2个）；编辑出版奖15个，其中一等奖2个，二等奖5个，三等奖8个。刘江、沙曼翁、孙其峰、姚奠中获得终身成就奖。“尧山杯”新人展共有入展作品350件。

12月27日，第三届兰亭奖颁奖典礼和文艺晚会在平顶山新城区会议中心举行。出席颁奖典礼的领导和嘉宾为4位获得终身成就奖，以及艺术奖、理论奖、教育奖、编辑出版奖一等奖获得者颁奖。

12月28日，第三届中国书法兰亭奖作品展暨“尧山杯”新人展开幕式在平顶山博物馆隆重举行。共有1080幅作品参加展出。

【“创造力的实现——张海书法展”】

4月30日，由中国文学艺术界联合会、中国书法家协会主办，浙江省文学艺术界联合会、浙江省书法家协会协办的“创造力的实现——张海书法展”在浙江西湖美术馆隆重开幕。

5月20日，“创造力的实现——张海书法展”移师上海，在上海美术馆隆重开幕。5月30日移师南京，在江苏省美术馆开幕。

【全国第二届隶书展】

4月9日，全国第二届隶书展在十三朝古都洛阳开幕。此次隶书大展自2008年5月征稿启事刊发以来，共收到来稿17000余件。来稿作者年龄最长者93岁，最小者刚满18岁，其中女性作者达30%以上。获奖、入展作品共445件。

【全国第六届楹联书法展评审】

为庆祝新中国成立60周年，大庆油田发现50周年，大庆建市30周年，6月19～22日，由中国书协主办，大庆市委、市政府、大庆油田有限责任公司联合主办，黑龙江省书协协办，大庆市文联、大庆油田文联、大庆市书协承办的全国第

六届楹联书法展作品评审工作在大庆师范学院举行。22 日，主办单位召开新闻发布会宣布评审结果。本次楹联书法展评出一等奖 5 名，二等奖 10 名，三等奖 19 名。入展作品 436 件。

【全国第二届青年书法篆刻作品展】

9 月 16 日，全国第二届青年书法篆刻作品展在宁波美术馆隆重开幕。本次展览由中国书协、宁波市人民政府主办，宁波市文联、宁波市书协承办，浙江省书协、浙江前程投资股份有限公司、宁波美术馆协办。这次展览共展出书法篆刻作品 409 件，这些作品都是通过向全国征集、专家评审，从 17000 多件作品中评选出来的入展作品，代表了当今全国青年书法篆刻创作的整体水平。

【纪念中国书协成立 28 周年理事精品展】

5 月 8 日，由中国书协主办，安徽省书协承办的“纪念中国书协成立 28 周年理事精品展”在安徽省博物馆隆重开幕。本次理事精品展共展出中国书协理事作品 150 余件，作品书体齐备，风格各异，具有扎实的传统功力和鲜明的时代特点，反映了理事们在书法艺术创作领域上的最新成果。

【当代名家系列工程全国百位老书家作品展】

11 月 16 日下午，由中国书法家协会和安阳市人民政府主办，河南省书法家协会和中国文字博物馆承办的翰墨春秋——全国百位著名书法家作品展在中国文字博物馆隆重开幕。

【中国书法进万家——走进金门暨中国书法名家精品展】

12 月 30 日，为弘扬中华民族的优秀传统文化，促进海峡两岸文化艺术交流，由中国书法家协会、金门县政府、金门县议会主办，金门县美术学会、金门县书法学会、厦门闽台书画院承办的“中国书法进万家——走进金门暨中国书法名家精品展”在金门隆重举行。中国书法家协会分党组书记、驻会副主席兼秘书长赵长青等一行 7 人组成中国书法进万家——走进金门代表团，于 12 月 30 日上午从厦门通过厦金小三通到金门举办中国书法进万家系列活动。本次展出了 106 件书法精品。两岸书法家们在活动期间切磋技艺，交流心得，赠送书作，相互祝福，进行了深入广泛的交流。

【吴门书道——中国书法名城苏州作品展】

3 月 21 日，由中国书法家协会、江苏省文学艺术界联合会、苏州市人民政府共同主办，苏州市文学艺术界联合会、苏州市书法家协会承办的“吴门书道——中国书法名城苏州作品展”在中国美术馆隆重开幕。展览共展出苏州已故书法篆刻家作品（1949 年后健在者）、海内外苏州籍当代名家特邀作品和当今活跃在书坛的苏州市书法篆刻家作品 180 件。

【沈鹏、吴东民书画作品展】

1 月 6 日，沈鹏、吴东民书画作品展在三亚市图书馆隆重开幕。沈鹏、吴东民、三亚市委宣传部部长张萍及相关领导出席开幕式并为活动剪彩。中国曲协分党组书记、副主席兼秘书长姜昆前来参观展览。

【“八桂书风”优秀作品晋京展】

8 月 18 日，由中国书法家协会、广西壮族自治区党委宣传部、广西文学艺术界联合会主办的庆祝新中国成立 60 周年“八桂书风”优秀作品晋京展，在北京中国人民革命军事博物馆举行开幕式、研讨会暨《“八桂书风”优秀作品晋京展作品集》发行仪式。此次展出了广西书法家近 300 件作品。

【庆祝澳门回归祖国 10 周年中国书法名家作品邀请展】

11 月 15 日，为庆祝澳门回归祖国 10 周年，展现澳门回归 10 年来的辉煌成就，促进内地与澳门书法家之间的交流合作，由澳门基金会、《中国书法年鉴》编辑委员会和湖南省文化艺术基金会联合主办的“庆祝澳门回归祖国 10 周年中国书法名家作品邀请展”在澳门回归贺礼陈列馆隆重开幕。此次展览汇集了覃志刚、沈鹏、张海、李铎、张飙、赵长青、申万胜、朱关田、林岫等名家的作品及中国书协理事、各省区市书协主席及在全国具有影响力的名家作品 70 余件。

【孙其峰从艺 82 周年暨 90 华诞孙其峰师生书画展】

2 月 11 日，由中国美术家协会、中国书法家协会、中共天津市委宣传部主办，天津市文联、天津美术学院、天津市美术家协会、天津市书法家协会和天津玲珑阁文化传播发展有限公司承办的“祝贺著名书画家孙其峰从艺 82 周年暨孙其峰师生书画展”在这里隆重开幕。“孙其峰师生书画展”共展出书画作品 400 余幅，其中包括孙其峰先生数十年来创作的精品力作 120 幅，特邀作品和孙其峰先生弟子的作品 300 余幅。当日下午，

“孙其峰教授教育思想和艺术成果学术研讨会”在天津美术学院召开。

【张飙书歌颂祖国诗词书法展】

9月9日，由中国书协主办、中国书协中直分会承办的“献给祖国母亲的歌——张飙书歌颂祖国诗词书法展”，在北京中国人民革命军事博物馆开幕。本次展览展出120件书法作品。书写内容分为8个部分：祖国万岁、精彩奥运、征途脚步、征天英雄、中华人物、华夏雄风、大好河山、长城之歌。

【申万胜书法展】

7月24日，由中国书法家协会、中国人民解放军美术书法研究院和贵州省书法家协会联合主办，贵阳市文联、贵州省毕节地区行署和金沙县人民政府承办的申万胜书法展在贵阳美术馆开幕。申万胜将这次展览中的部分精品力作公开义卖，并用所得款项在贵州金沙中学设立“万胜奖学金”，专门用来资助从金沙中学考上大学但家庭困难的优秀学生。贵州美吉瑞矿业公司董事长罗仕湘先生出资50万元人民币认购申万胜书法作品。24日下午，主办单位召开了申万胜书法展座谈会。

【旭宇师生书法展】

8月9日，“向祖国汇报——旭宇师生书法作品展”在石家庄市时光街六度园开幕。此次师生展，共展出旭宇和陈茂才、李尚才、牛惠宾、郎岗峰、郭永利、刘金凯、胡立民、付殿川、魏兵然、鉴克、赵险峰、刘月卯、张纬东、李智永、吴占良、萧依等学生的数百幅作品。

【邵秉仁书作展暨《邵秉仁谈书法与传统文化》首发式】

6月27日，由中国书法家协会和全国政协书画室共同主办的邵秉仁书作展在中国美术馆隆重举行。展览开幕式上，举行了《邵秉仁谈书法与传统文化》首发式。下午，举行了邵秉仁书作展学术研讨会。

【共和国部长书画展】

12月2日，由中央国家机关工作委员会、中国书法家协会主办，中央国家机关工会联合会、中央国家机关书画协会承办，中国审计书法家协会、全国农业展览馆和江苏盛世花开文化产业有限公司协办的“庆祝中华人民共和国成立60周年共和国部长书画展”在全国农业展览馆开幕。展览展出乔石、路甬祥、马凯、李金华、李铁映、布赫、张思卿等领导同志作品7件，部级领导作品164件。《庆祝中华人民共和国成立60周年共和国部长书画展作品集》由文物出版社出版，在展览开幕式上首发。

【《中国当代书法大典》首发式暨作品展】

9月15日，《中国当代书法大典》首发式在全国政协礼堂隆重举行，200余位共和国将军部长和书法家，以及首都文化界、新闻界代表近500人参加了首发式。《中国当代书法大典》由中华炎黄文化研究会、中国书协联合组成编委会，谭泽民任主编。首发式上首先推出《将军部长卷》、《中国书协理事卷》。

创作与学术

【全国第八届书学讨论会】

10月16～18日，由中国书法家协会主办、河南省总工会、河南省文联、河南省书法家协会承办的全国第八届书学讨论会在河南郑州召开。全国第八届书学讨论会是书法界的重要学术性活动。共收到论文1173篇。经严格评审，共评出一等奖论文5篇，二等奖论文9篇，三等奖论文26篇，入选论文65篇。

17日上午，讨论会举行开幕式。开幕式上，张海、董耀鹏、赵长青分别讲话。朱关田宣布获奖名单。陈洪武主持会议。会议为获奖作者颁奖。一等奖论文作者祝帅、向彬、邱才桢、杨二斌介绍了获奖论文。陈振濂、曹宝麟、刘恒、朱以撒四位专家分别为四位发言作者作了精辟点评。学术讨论会由周俊杰主持。下午，与会人员分书法史和书法理论两组就书学研究的诸多问题进行了深入探讨和交流。刘恒对会议讨论作了总结。

【传达贯彻党的十七届四中全会精神培训班】

10月19～21日，中国书协在国家图书馆举办学习贯彻党的十七届四中全会精神培训班暨2009中国书法文津大讲堂。中国书协分党组书记、驻会副主席兼秘书长赵长青，分党组副书记、副秘书长陈洪武，分党组成员、副秘书长戴志祺，副秘书长白煦出席开班仪式。赵长青讲话并开讲第一课，陈洪武主持开班仪式。中国书协各部门负责人、全体工作人员及中国楹联协会、北京书协、中直书协、金融书协、铁路书协等书法家代表300

余人参加了培训班。

赵长青联系书法界、书协实际，就学习贯彻党的十七届四中全会精神进行开班首讲。为期3天的培训期间，中国书协特邀北京大学教授、博士生导师张辛、国家行政学院副院长周文彰授课。张辛主要就中国传统文化、艺术哲学及其与书法艺术的相关问题进行阐释讲解；周文彰讲述了文化建设在贯彻科学发展观中的作用、地位，他回顾了新中国成立以来中国政治、经济、文化等社会各领域发生的巨大变化，通过生动具体的实例，深入浅出地阐明了社会主义文化建设的价值意义。

【张海书法展学术研讨会】

6月21日，由中国文联、中国书协主办，中国文联理论研究室学术支持，中国书协研究部承办的“张海书法展学术研讨会”在北京京西宾馆举行。此次学术研讨会是针对“创造力的实现——张海书法展”分别于4月30日、5月20日、5月30日在江、浙、沪三地成功巡展后的一次回顾与总结。

研讨会上回顾播放了张海先生三地展览的开幕式盛况以及作品录像。研讨会上，各位专家畅所欲言，就张海先生的书法艺术成就、当代书法经典与大家、当代书法艺术的继承、发展与创新、当代书法展览等方面展开深入研讨。张海在研讨会结束时以一首现代长诗作为答谢词，向所有关心支持他的领导、同道和广大书法爱好者表示诚挚的感谢。

【首届罗振玉书学书法国际学术研讨会】

12月24日，首届罗振玉书学书法国际学术研讨会在大连开幕。本次研讨会由中国书法家协会学术委员会和大连图书馆、大连市国际人才交流中心联合举办，大连图书馆承办。中国书法家协会，大连市政府、市政协、市委宣传部的有关领导及大连市文化局、大连市文联、大连市书法家协会等同志出席了开幕式。白谦慎、张本义等来自国内外的20多名专家学者等及陈洪武、刘恒参加了研讨会。就罗振玉的学术思想、书法创作、书学理论等重要课题展开了深入讨论，推动了国内书学界对罗振玉的研究。这次研讨会是我国历史上第一次罗振玉学术研讨会，也是国际上规模最大的罗振玉学术研讨会。

【中国书法史苏州论坛】

7月18～21日，由中国书法家协会、江苏省文学艺术界联合会、苏州市文学艺术界联合会、吴江市人民政府主办，苏州市书法家协会、吴江市文学艺术界联合会承办的中国苏州书法史讲坛，在水乡名镇同里开讲。来自海内外书法史研究领域的5名一流学者为200余名书法史研究人员和爱好者做学术讲演，开创了当代书法研究人才培养的新模式，被学术界誉为“具有里程碑式的意义”。中国书协副主席言恭达，中国书协分党组副书记、副秘书长陈洪武，中国书协研究部主任刘恒参加了此次活动。

【组织编选《当代中国书法论文选》】

中国书协组织编辑的《当代中国书法论文选》全集，是中国书协成立28年来书学研究成果的一次集中展示。《论文选》分为书史卷，理论卷，批评卷，技法、创作、教育卷，以及印学卷共5卷。论文选录的时间范围是1949～2008年期间的优秀学术论文，基本要求是从公开发表的书学论文中选取。《论文选》由中国书法家协会主编，学术委员会和编辑出版委员会共同组织选编，荣宝斋出版社出版。

【当代书法研究成果大典——《书法研究博士文库》】

12月19日，中国书法家协会、南方出版社在北京召开书法研究博士文库出版发行座谈会。这是我国第一套以书法为研究对象的博士学位论文丛书——《书法研究博士文库》结集出版，此书获得国家级书法艺术最高奖——中国书法兰亭奖编辑出版奖。

对外及对港澳台地区书法交流

【为日本第25回成田山全国竞书大会获奖者颁发“兰亭新星奖”】

4月2日，中国书协分党组书记、驻会副主席兼秘书长赵长青，中国书协外联部主任蔡祥麟，办公室副主任张艺群一行3人应邀出席在日本千叶县成田山书道美术馆举行的日本第25回成田山全国竞书大会和书法展的颁奖仪式及展览开幕式。中国驻日本大使馆文化参赞张爱平、全日本书道联盟理事长新井光风，日本书法界的同道和中小学生150多人参加了展览开幕式和颁奖活动。赵长青向日本东京都私立巢鸭中学学生和田勇佑颁发了由中国书协精心设计制作的“兰亭新星奖”

奖牌并致祝词。

访问期间，代表团一行还到成田山新胜寺拜访了竞书大会的组织者桥本照稔贯首，双方还达成了合作备忘录。代表团一行参观了附属中、小学校，同时还参加了新胜寺笔魂碑供养法会，感受了谢恩墨笔的妙用，祈念书法文化的兴隆。当晚，成田山新胜寺桥本照稔贯首宴请了代表团一行，并和日本书道界的50多位朋友进行了书艺交流。

【中日自作诗书法展20周年纪念展】

5月25日，由中国书协主办的第20届中日自作诗书法交流展在北京炎黄艺术馆开幕。全国政协副主席李金华，中国文联党组成员、副主席冯远，中国书协分党组书记、驻会副主席兼秘书长赵长青，中国书协顾问李铎、刘艺、张飙，中国书协副主席申万胜、张业法、邵秉仁、林岫、段成桂等出席了开幕式。日中友好会馆理事长村上立躬、日本代表团团长富樫翠云等日方代表及安藤丰村、及川菱成等日本书法家参加了开幕式。 冯远在开幕式上讲话。赵长青、村上立躬和富樫翠云在开幕式上讲话。

展览共展出中日双方书法作品近280件。其中中方121件，分别为邀请作品28件、诗书佳作15件，入选作品78件。日方作品内容包括古体诗和俳句、短歌、诗文、画赞等。此次论坛入选12篇论文，均为中方作者，其中优秀论文5篇。

【第25届中日友好少年少女书法交流大会】

为进一步促进中日两国少年书法交流与友好合作，培养书法艺术后继人才，8月2日，由中国书法家协会与日本全国少年少女竞书大会共同举办的第25届中日友好少年书法交流大会，在北京京都信苑饭店举行。会上，赵长青、桥本照稔分别代表中日两国主办单位致辞，并介绍了各自的情况。

仪式之后，中日两国少年当场挥毫泼墨，展开笔会交流。在当晚举行的中日交流宴会上，张飙、桥本照稔分别致辞，他们对中日两国少年书法交流会多年来的成功合作和所取得的成果给予高度赞扬，同时对中日两国书法交流的美好前景给予了积极评价。

【纪念中蒙建交60周年书法展】

10月13日，为纪念中蒙建交60周年，蒙古国驻华大使馆与中国书协共同在中国社会科学院主办纪念中蒙建交60周年书法展。蒙古国外长中苏巴特宝力德，中国外交部副部长李金章，蒙古国驻中国大使巴图苏赫，中国文联党组成员、书记处书记廖奔，中国书协分党组书记、驻会副主席兼秘书长赵长青，外交部亚洲司副司长吴江浩，中国文联国际部副主任董占顺，蒙中友好协会会长那姜苍诺罗布，中蒙友好协会会长张德麟，中国社科院国际研究部主任张蕴岭等出席开幕式。开幕式上，巴图苏赫、赵长青分别代表蒙古国驻中国大使馆、中国书协致辞。开幕式由中国书协副秘书长白煦主持。

机关建设

【中心组学习扩大会】

2月5日，中国书协召开中心组学习扩大会，认真贯彻学习实践活动“回头看”。会议由赵长青主持。赵长青首先带领大家学习了《毛泽东、邓小平、江泽民论科学发展》、《科学发展观重要论述摘编》和《深入学习实践科学发展观活动领导干部学习文件选编》等学习实践活动必读书目的主要内容，并要求没有通读以上书目的党员干部抓紧补课。会议站在贯彻科学发展观的高度，联系书法界、书协工作实际，就如何实现书法事业的科学发展展开讨论。赵长青还就增强党性修养、加强作风建设提出了明确要求。

会议还确定了当前和今后一个时期，进一步贯彻落实科学发展观的总体目标。

【深入学习实践科学发展观活动总结大会】

2月23日，中国书协分党组召开中国书协机关各部室、所属各单位开展深入学习实践科学发展观活动总结大会。中国书协分党组书记、驻会副主席兼秘书长赵长青代表中国书协开展深入学习实践科学发展观领导小组对开展深入学习实践科学发展观活动进行总结。大会对学习实践科学发展观整改落实方案满意度进行群众问卷测评。中国书协分党组副书记、副秘书长陈洪武主持会议，分党组成员、副秘书长戴志祺传达了胡锦涛总书记、贺国强在中纪委十七届三次会议上的重要讲话。赵长青就学习实践活动情况进行了总结。

中国杂技家协会

综　述

2009年是全党全国人民认真贯彻党的十七大和十七届三中、四中全会精神，深入开展学习实践科学发展观活动的一年，也是新中国成立60周年、中国文联成立60周年的喜庆之年。2009年，中国杂技家协会以邓小平理论和“三个代表”重要思想为指导，根据五届七次主席团会议确定的工作计划，紧密围绕党和国家的大事，抓住中国杂技事业发展的突出问题，开拓创新，求真务实，为推动中国杂技事业的发展作出了积极的贡献。

重大活动

【学习实践科学发展观活动】

按照中央和中国文联的统一部署，从2008年10月开始，中国杂技家协会作为第一批学习实践科学发展观活动单位，认真开展了深入学习实践科学发展观活动。中国杂技家协会分党组高度重视，结合杂技界情况和协会工作实际，确定以“推动杂技繁荣，服务科学发展，促进社会和谐”为活动载体，认真研究，精心部署，扎实开展学习调研、分析检查、整改落实各阶段工作。经过协会机关党员、干部的共同努力，在杂技界的积极支持和配合下，到2009年2月底，按计划圆满完成了各个阶段的学习任务。

通过开展深入学习实践科学发展观活动，中国杂技家协会机关全体党员、干部进一步深化了对科学发展观科学内涵、精神实质和根本要求的认识，进一步增强了围绕中心、服务大局的自觉性和坚定性，进一步明确了改进工作、转变作风的具体措施，进一步坚定了克服困难、积极做好今后工作的信心和勇气。大家一致表示，要继续深入系统地学习科学发展观，加深对科学发展观的思想内涵、理论渊源、实践依据和群众基础的深刻理解，坚持党性修养，不断完善提高，以昂扬向上的精神状态，应对新的挑战，为推动社会主义文化大发展大繁荣作出新的贡献。

【“送欢乐，下基层”赴新疆生产建设兵团慰问演出】

岁末年初，在中国文联党组副书记、副主席李牧的带领下，中国文联、中国杂技家协会组织杂技、魔术、滑稽、曲艺、音乐、戏曲等多门类艺术家远赴新疆哈密，为驻守在祖国西北部边境的新疆生产建设兵团农十三师红星一场、柳树泉农场的各少数民族群众进行“送欢乐、下基层”慰问演出。这是兵团成立50年来，第一次有中央级慰问演出团深入到边远的师团演出。中国文联副主席、中国杂技家协会主席夏菊花，中国文联副主席、中国曲艺家协会主席刘兰芳，中国杂技家协会分党组书记、副主席林建，中国曲艺家协会分党组书记、副主席姜昆等领导参加了这次活动。

慰问演出团于12月20日来到红星一场进行了2场演出。前来观看演出的有解放新疆的老战士、老军垦，有在各条战线中涌现出的英雄模范，还有少先队员、共青团员；哈密市的党政军领导、各界人士代表也观看了演出。

演出开幕式上，卢晓峰副政委首先致辞。他说，艺术家们带来了党中央对兵团干部职工的亲切关怀和深情慰问，带来了对边疆热土的深情厚谊，带来了雅俗共赏的艺术精品，这也是对兵团各方面工作的极大促进。李牧代表慰问团对兵团党委和各有关部门所给予的热情周到的接待表示真诚感谢。他说，艺术家要进一步增进与各民族人民群众的情感，深化对艺术规律的认识，不断推出更多优秀作品，为繁荣先进文化，建设和谐文化，构建社会主义和谐社会作出新的更大的贡献。

演出开始后，掌声、欢笑声、口哨声此起彼伏，剧场成为欢乐的海洋。牛群、徐凤美幽默诙谐的主持让观众一次次开怀大笑；新疆维吾尔自治区杂技团、阿迪力达瓦孜传播有限公司、兵团杂技团的杂技节目惊险优美，令观众赞叹不已；著名金奖魔术师徐凤美、李彦培的魔术节目神奇变幻，令观众回味无穷；著名滑稽表演艺术家刘全和、刘全利的滑稽使全场笑翻了天；姜昆、戴志诚的相声，让观众在笑声中感受着改革开放30年的变化；著名豫剧表演艺术家小香玉的豫剧选段，让离开家乡几十年的河南籍职工重温了乡音乡情；中国杂技团一级演员、著名口技表演艺术家罗秉松的《口技》，把观众带向了小鸟啁啾、花红柳绿的春天；兵团歌舞团维吾尔族歌唱演员热米拉、苏云都克亦歌亦舞，带动场内维吾尔族观众跳起了民族舞。艺术家的精彩表演让观众得到了一次艺术美的享受。

12月21日，艺术家们来到距哈密市约70公里的柳树泉农场为少数民族群众演出。柳树泉农场是一个由维吾尔族、回族、哈萨克族等7个少数民族组成的多民族农场。该农场建场以来，坚持宣传党的民族大团结政策，维护各民族之间的和谐相处。近年来，境内外非法宗教活动、邪教势力、东突活动频繁，极力想要渗透进农场。该农场在党委的领导下，贯彻执行党的方针政策，采取多项防范措施，号召各族群众坚决抵制各种非法活动渗透，为保卫国家边境的安全，构建和谐、安定的社会环境作出了突出贡献。

慰问演出团的到来，给这个团场带来了前所未有的热闹景象。附近乡镇、企业都派了代表来观看演出；柳树泉农场还邀请了大型企业新疆潞安煤业集团、附近驻军等单位来观看演出；甚至还有维吾尔族老大爷赶着毛驴车来看演出。剧场里座无虚席，连过道上都坐满了人。

此次中国文联、中国杂技家协会的赴新疆“送欢乐、下基层”慰问演出，在边疆农场营造出了文明、健康、欢乐、祥和的节日气氛，满足了基层群众的精神文化需求，进一步增进了与边疆各民族人民群众的情感，为构建社会主义和谐社会作出了新的贡献。新华社、中央电视台、《中国艺术报》、兵团电视台、《兵团日报》、十三师电视台等媒体对此次活动进行了报道。

【随中国文联演出团赴甘肃天水、四川绵竹和北川“送欢乐，下基层”慰问演出】

岁末年初，中国杂技家协会选派的济南杂技团的《绸吊——情未了》、新疆杂技团的《手技》、魔术《变脸》等节目，由中国杂技家协会副秘书长邹玉华带队参加中国文联“送欢乐，下基层”赴甘肃天水灾区慰问演出。

1月13～15日，中国杂技家协会选派重庆杂技团的杂技节目《感——倒立组合》，由中国杂技家协会分党组成员、秘书长邵学敏带队参加中国文联“送欢乐，下基层”赴四川绵竹和北川地震灾区慰问演出。

【第三届国际幽默艺术周】

8月12日，由中国文联、中国曲艺家协会、中国杂技家协会主办的第三届国际幽默艺术周在海南三亚拉开帷幕。多位国内曲艺名家、歌手和来自德国、意大利、乌克兰、瑞士、西班牙的幽默魔术大师为三亚的观众献上了一台精彩的幽默盛宴。

中国文联党组书记、副主席胡振民，中国文联党组副书记、副主席李牧，中国文联党组成员、副主席冯远，中国文联副主席、中国曲艺家协会主席刘兰芳，海南省委常委、三亚市委书记江泽林，三亚市委副书记、市长王勇，中国曲艺家协会分党组书记、副主席姜昆，中国杂技家协会分党组书记、副主席林建等领导出席开幕式。

从天而降的椰子拉开了晚会的序幕，董浩叔叔和鞠萍姐姐以幽默情景剧的方式，上演了一幕以“寻找美丽之冠的明珠”为主线的轻松喜剧；滑稽明星刘全和、刘全利把中外版的卓别林表现得淋漓尽致。外国幽默魔术大师的精彩表演更是让观众大饱眼福。西班牙魔术大师乔哥斯的《电影魔术》伴随着阿拉伯风情的音乐，把观众带入了“阿拉丁神话”的世界；德国魔术大师托帕斯极具煽情和幽默的“断臂”、“手彩”表演，让观众笑声不断；意大利魔术大师们具有亚平宁风情的幽默魔术《四人纸箱》，使观众发出会心的笑声；瑞士魔术大师皮特·马韦的《半截人骑车》令人匪夷所思，现场观众惊呼不断；乌克兰魔术大师维特利和伊莲娜的《神奇变幻》如诗如画，仿佛把观众带入了美丽而奇妙的人间仙境。外国魔术大师表演的让人难以置信的魔术，将现场气氛一次次推向高潮。

13日晚，是外国幽默魔术大师的专场演出，幽默魔术大师再次将他们的神奇变幻献给观众。

主持人罗秉松、徐凤美在轻松、诙谐的主持之余，也给观众表演了魔术、口技，让观众欣赏到我国魔术大师的风采。

在国际幽默艺术周期间，艺术家们不仅向三亚人民奉献了精彩技艺，更为三亚人民带去了欢笑和快乐。

2009 北京世界魔术大会系列活动

【世界著名近台魔术大师中国巡演】

为了宣传北京世界魔术大会，中国杂技家协会特邀 5 位近台魔术大师于大会倒计时 100 天之际，到中国进行宣传展演。超强的演出组合——瑞典的雷纳德格林、美国罗扣、阿根廷亨利伊万斯、西班牙米格普伽、日本舒特嘎瓦在中国 6 个城市的剧场里与中国观众见面。

4 月 1 日，广东省东莞市作为巡演第一站拉开了帷幕。随后，陆续在广东省深圳市、上海市、湖北省武汉市、河南省郑州市演出，4 月 19 日在北京保利剧院落下帷幕。全国巡演获得巨大成功，每次演出，观众的尖叫声、欢呼声和掌声贯穿演出始终。

【世界著名魔术大师魔术主题推广活动】

6 月 6 ~ 9 日，中国杂技家协会在北京举办世界著名魔术大师“魔法盛典 全民共享” 魔术主题推广活动。来自美国的国际魔术冠军瑞克·玛瑞尔和来自德国的托帕斯来华参加推广活动，在北京的 6 天时间里，针对不同社会群体开展了形式多样的推广活动。

在恭王府开展了“胜者为王”——中国魔术师挑战世界魔术大师 PK 斗法主题活动，在湖心厅广场和大戏楼安排了中国魔术精英和世界魔术大师的挑战表演，中外娱乐明星与时尚名人 40 余人参加了互动活动。

与由北京 40 多所大学魔术爱好者组成的高校魔术联盟开展合作，在中国人民大学安排大学生魔术社团与魔术大师进行互动。选择大学校园进行主题推广，为本次巡演带来更加广泛的影响力。此外，魔术大师们还在富力广场、金融街购物中心以及 CBD 等白领聚集区域，在国务院机关幼儿园等地，与购物者、公司白领、企业精英、小朋友一起互动，并演练魔法，教述魔术小常识，普及魔术。活动期间，中国杂技家协会邀请在京主流媒体对各项活动进行了采访报道。中央电视台《咏乐汇》、北京电视台《百姓秀场》等栏目还为 2 位魔术大师录制了专题节目。

本次活动为世界魔术大会进行了有力的宣传，既体现了魔法的神奇表现力，又展示了魔术的娱乐亲民性，在社会各界产生了广泛而良好的影响。

【国际魔术联盟第 24 届世界魔术大会】

历经 3 年精心筹备，7 月 26 ~ 31 日，由中国文联、文化部、北京市人民政府主办，中国杂技家协会、北京市委宣传部、北京市文化局承办的国际魔术联盟第 24 届世界魔术大会在北京国家会议中心成功举办。

全国人大常委会副委员长陈至立，全国政协副主席、中国文联主席孙家正，中国文联常务副主席胡振民，中国文化部部长蔡武，北京市市长郭金龙，国际魔术联盟国际主席埃瑞克·埃斯文，国际魔术联盟国际副主席多米尼克·当特，2009 年北京世界魔术大会艺术总监汉克·姆豪斯，2009 年北京世界魔术大会组委会有关单位的领导，以及来自世界 66 个国家和地区的 2500 多名魔术师、魔术爱好者、魔术道具展销商参加了 2009 年北京世界魔术大会。

2009 年北京世界魔术大会是国际魔术联盟成立 61 年来，第一次在发展中国家举办的魔术大会，也是继 2008 年奥运会之后，在北京举办的又一次大型国际文化盛会。本届世界魔术大会共有 98 个舞台魔术和近景魔术节目参赛，进行 4 台舞台魔术比赛、3 台近台魔术比赛，各类别的单项冠军再角逐世界魔术大会舞台魔术和近景魔术总冠军。最终，加拿大的肖恩获得近台魔术总冠军，匈牙利的索马获得舞台魔术总冠军。

尤其值得一提的是，中国通过全国性魔术比赛，共选拔出 2 个近台魔术、3 个舞台大型魔术、4 个手彩魔术和 5 个一般类魔术参加本届世界魔术大会，这是中国参加世界魔术大会历史上，参赛节目数量和门类最多的一次。此次代表中国参赛的傅琰东、沈娟、汪燕飞、马妍妍、曲蕾、刘明亚、戚原睿、汪其魔、邬鹏程、张超等魔术师，以中国传统的魔术改革创新作为参赛节目，在本届大会上有着不俗表现。傅琰东、沈娟、汪燕飞获得舞台魔术舞台幻术类第二名，马妍妍获得舞台魔术一般类魔术第二名，这是中国魔术师参加世界魔术大会比赛获奖最多的一次，也是第一次获得舞台幻术类和一般魔术类奖项，展示了中国新一代魔术师正逐步走向成熟。

在舞台魔术和近台魔术3场嘉宾表演中，在世界上享有盛誉的魔术大师麦克·金、皮特·马韦、托帕斯、奥玛·帕夏、约克、乔格斯、皮鲁、维克多、大卫·苏萨、李永军、藤山新太郎、雷纳德·格林、大卫·威廉姆森、亨利·伊万斯、舒特·欧嘎瓦、米格·普伽等，都拿出了自己的绝活，集体亮相。他们表演的黑色魔术、电影魔术、大型幻术、手彩魔术、喜剧魔术、飞行魔术等都是原创作品、获奖节目，各门类魔术精品集中展现，真正体现了当今世界魔术的高水平。

北京世界魔术大会不仅是激烈的魔术比赛，更是繁荣的文化盛典。大会期间，除魔术比赛和嘉宾演出之外，相关魔术文化活动也精彩纷呈：10位在国际魔术界取得辉煌成就、享有极高盛誉的世界级魔术师进行了14场魔术讲座；来自世界24个国家和地区的70多位道具展销商携带世界最新魔术道具、魔术书籍、魔术DVD等参展；中国魔术图片展向各国参会者展示中国魔术的悠久历史和蓬勃发展的现状；法国著名摄影师Zakary开办个人魔术摄影展，通过他的作品呈现世界著名魔术师的风采。此外，美国魔术大师罗扣举办的个人专场魔术演出，拉斯韦加斯魔术大师杰夫·麦克白举办的魔术大师班，以及晚间多场世界著名的近台魔术大师胡安·达马利兹领衔的魔术沙龙表演都受到与会者的热烈欢迎。

在大会期间，组委会特意精心在欢迎晚宴、联谊晚宴上组织了专场文艺演出。其中中国的杂技颇受欢迎。如中国杂技团的《欢歌嘻调——转碟》，中国铁路文工团杂技团的《晃管》、四川遂宁杂技团的《倒立技巧》等杂技节目，现场观众无不为他们精湛的表演称奇，甚至全场起立为演员报以长时间掌声和喝彩声。此外，中国京剧、云南舞蹈、民乐独奏、歌曲演唱等，都受到了现场观众的青睐，他们被中国独特的民族文化艺术吸引，情不自禁地随节奏而翩翩起舞。大会期间举办的中国民间工艺展，10位从事书画、剪纸、风筝、泥塑、刺绣等民间工艺的大师现场献艺，充满浓郁的民族风情。来自世界各地的嘉宾、参赛选手、爱好者在6天的时间里，真正领略到中国特有的文化艺术魅力。

2009年北京世界魔术大会得到与会者的高度评价。国际魔术联盟国际主席埃瑞克·埃斯文激动地说："中国举办了一届成功的世界魔术大会！开幕式晚宴、联谊晚宴太棒了，太壮观了，只有中国的组织者才能做到！"国际魔术联盟国际副主席多米尼克·当特说："国家会议中心是非常理想的北京世界魔术大会的举办地，舞台、剧场设施都非常先进，餐饮区、休息区很方便，工作人员的服务态度也很好。"中国文联常务副主席胡振民在闭幕式上发表热情洋溢地讲到："2009年北京世界魔术大会组委会以高昂的热情、严谨的工作态度、有条不紊的实施，向各界证明了这是一届内容丰富，亮点频现，是国际魔术联盟历史上一届高水准、有特色、令人难忘的世界魔术盛会。"中国杂技家协会副主席、本届世界魔术大会执行主席林建说："世界级的魔术大师齐聚北京实属不易，他们表演的节目都是原创作品、获奖节目，真正体现了魔术的高水平，魔术师只有在与高手的交流中才能够获得更快成长。"第一次参加世界魔术大会便一举夺得舞台魔术总冠军的年轻魔术师索马激动地说："北京魔术大会美妙无比，意义非凡，令我永生难忘。今后我一定还会带着自己的精彩节目再来中国。"很多参会者言道："大会的活动太丰富了，我经常是一会去剧场，一会去听讲座，忙得不可开交，因为哪一个我都不想落下！" 一位中国青年魔术师感慨到："看了大师们的表演，我看到了自己的差距，对我的魔术创作和表演都有了一种全新的认识和提高，不虚此行。" 很多外国魔术师在离会前，纷纷向组委会表示，2009年北京世界魔术大会是国际魔术联盟历史上办得最好、最成功的一届魔术大会。

北京世界魔术大会期间，共有78家新闻媒体的200余名记者参加了大会报道。其中，有新华社、中央电视台等国内媒体64家，有美国、西班牙、法国、日本、加拿大、英国等境外媒体14家。创下世界魔术大会举办以来新闻媒体报道之最。

世界各国家和地区的魔术师在北京国家会议中心同台竞技、观摩交流，用精湛的技艺、激情

的表演，彰显了本届世界魔术大会的无穷魅力，也给中国人民带来了一道丰盛的艺术大餐。2009年北京世界魔术大会不仅有力推动了魔术艺术的普及和提高，而且让世界更多地了解了中国、中国更多地了解了世界，有效增进了世界各国人民之间的友谊，必将载入世界魔术艺术发展的史册。

【世界魔术大会前后的系列展演】

2009年北京世界魔术大会组委会将本次魔术大会的主题确定为“魔幻盛典、快乐共享”，除魔术专业人士参加的魔术大会之外，还开展一系列魔术展演活动，让普通百姓能够抓住这次千载难逢的机会，共享世界级的魔术盛宴：

7月21～23日，在北京保利剧院举办了中国金奖魔术节目展演暨2009年北京世界魔术大会开幕式预演。9位充满中国民族风情的中国金奖魔术师向首都观众展示了中国魔术创新发展的高水平艺术和崭新风貌。

8月1～8日，在北展剧场举办了世界著名舞台魔术大师展演。10位在各大国际赛场获得冠军和金奖的世界著名魔术大师在北京世界魔术大会作嘉宾表演之后，又为北京公众奉献上各种类型的精彩表演，共享世界高水平魔术的梦幻与神奇。

对外文化交流

【中国文联艺术团赴加拿大访演】

9月9～20日，伴随着举国上下庆祝中华人民共和国60华诞的一系列喜庆活动，中国文联派出了由中国曲艺家协会分党组书记、驻会副主席姜昆为艺术总监，中国杂技家协会分党组副书记、秘书长邵学敏为团长的中国文联艺术团，携带着涵盖杂技、曲艺、舞蹈、声乐等多个艺术门类的综艺晚会，对加拿大温哥华、艾德蒙顿、渥太华、多伦多等4个城市进行了访问演出，取得了非常好的演出效果和宣传效应，在海外华人中营造了浓浓的中华儿女共庆祖国生日的喜庆气氛。

9月10日晚，艺术团首场演出在温哥华烈治文河石剧院拉开帷幕。中国文联党组书记、副主席胡振民莅临现场致辞。他说：长期以来旅居加拿大的华人华侨虽身在异国他乡，但心系祖国，与祖国人民同呼吸，共患难，伴随伟大祖国母亲一起走过了60年的风雨历程，在新中国即将迎来60华诞之际，中国文联艺术团带着祖国人民的深情厚意和亲切问候，不远万里，远涉重洋，来到加拿大慰问演出，体现出祖国人民牵挂着海外的华人华侨一片情谊。中国驻温哥华总领事梁梳根也同场致辞。他说：非常欢迎中国文联艺术团来温哥华演出，与当地侨胞共同庆祝新中国60华诞，相信此次演出必将为侨胞欢庆中国国庆带来更丰富多彩的节目，营造更欢乐祥和的气氛。加拿大国会议员、联邦政府多元文化国会秘书黄陈小萍在致辞中说：中国文联艺术团的演出必将成为加拿大人民更好地了解中国文化的窗口，必将为进一步拓展两国间的友好关系作出重要贡献。她还向姜昆、邵学敏颁发证书，表彰他们以及中国文联艺术团为促进两国文化艺术交流所作出的努力和贡献。

演出在“安徽花鼓灯”的鼓乐声中开始，演员们以饱满的激情，各显身手、各使绝技。尤其是中国杂技家协会特地为此次出访在全国范围内精心挑选的5个杂技、魔术节目更是精彩纷呈，来自武警部队政治部文工团魔术师徐凤美表演的魔术《明天生活更美好》带给观众一个又一个惊喜；新疆杂技团国家一级演员艾热提·艾则孜表演的《手技》，身手敏捷，帅气风趣；北京杂技团青年演员刘佳音、白纯璞表演的《现代软功》曾多次参加国宾招待会，表演优美流畅，技巧炉火纯青；上海市马戏学校年仅16岁的丁国庆和11岁的刚坚措毛表演的《女子力量》，以高难的技巧征服了台下所有观众；重庆杂技艺术团苗巧巧表演的《倒立技巧》曾获得第七届全国杂技比赛金奖，表演如行云流水，给人以艺术享受。整台晚会节目丰富多彩，高潮跌宕起伏，观众反响热烈。演出即将结束之际，胡振民走上舞台，带领全场演员和观众同唱大合唱《歌唱祖国》，共祝祖国繁荣昌盛。

看到来自祖国的演员们的精彩表演，温哥华的华人华侨倍感亲切与兴奋，一位来自广东的老侨民说：这是他看到的最精彩的演出。加拿大中国文化促进会会长李琦兴奋地说，这次演出为温哥华侨界庆祝中国国庆60周年系列活动打响了头炮，希望今后能够继续与中国文联加强联系，把最优秀的节目带到加拿大演出。

接下来艺术团又陆续来到了埃德蒙顿、渥太

华、多伦多等地进行演出，依然是场场爆满，情绪高涨。在埃德蒙顿，演出受到加拿大联邦政府及阿尔伯塔省政府的高度重视，联邦政府总理哈铂、省政府总理 Ed stelmach、文化和社区文明大臣、中国国务院侨务办公室均发来贺词，吴新建总领事还驱车300多公里出席演出活动。在渥太华，艺术团到达当天，中国驻加拿大使馆兰立俊大使就在使馆设宴款待艺术团团员，还和艺术团举行联欢会，在欢声笑语中庆祝新中国成立 60 周年。在多伦多，演出结束后，许多观众跑到台上与演员合影，甚至全家齐上阵，直到演员要离开剧场，才恋恋不舍地走开。13 天中，中国文联艺术团辗转数千公里，横跨加拿大东西部，取得了丰硕的成果。演出期间，加拿大城市电视台、新时代电视、全球电视、OMNI TV、CBC TV、CTV、加拿大广播公司，加拿大中文电台、《环球华报》、《北美时报》等 40 多家新闻媒体和网络媒体都对演出盛况给予了大量报道。

理论研讨

【全国杂技高层论坛】

9 月 19 ~ 22 日，由中国杂技家协会、河南省委宣传部、河南省文联、濮阳市人民政府共同主办，河南省杂技家协会、濮阳市委宣传部、濮阳市文联承办的全国杂技高层论坛在河南省濮阳市召开。来自全国 20 个省区市 68 个单位的 120 余位代表参加了本次论坛。

中国文联党组成员、副主席杨志今，中国杂技家协会分党组书记、副主席林建，河南省委宣传部副部长李庚香，河南省文联党组书记吴长忠，濮阳市委书记吴灵臣，中国文联理研室副主任刘国强，中国杂技家协会副主席边发吉、李西宁，副秘书长邹玉华、曹建明等领导出席了活动。

本次论坛特邀了边发吉、李西宁、广州杂技有限责任公司董事长兼总经理曹建平、天创国际演艺制作交流有限公司副总经理高历霆、杂技界著名编导黄国庆、中国艺术研究院研究员刘春等 6 位近年来国内优秀杂技剧目的主创人员、编导做主题演讲，他们将扎实的文艺理论、先进的创作理念、丰富的创作经验、成功的晚会作品，与大家共享，一起交流切磋，让与会者受益匪浅。河南天艺城文化传播有限公司董事长原国升、濮阳市杂技团团长仇运凯、濮阳市杂技艺术中心董事长付继恩等就河南省以及濮阳市的杂技发展现状和未来规划做了介绍。最后，代表们作自由发言，大家纷纷表示名家的精彩演讲让他们收获颇丰，专家们全新的创作思想和理念对本团（校）今后的艺术创作有极大的借鉴和促进作用。

活动期间，喜逢濮阳市“两节一会”（中华龙文化节杂技艺术节暨第七届运动会）召开之际，中国杂技家协会在“两节一会”开幕式上命名濮阳市为“中国杂技之乡”，再加上河南省首次举办的全国性杂技活动——全国杂技高层论坛，两大杂技盛事成为“两节一会”的巨大亮点。

本次论坛活动内容十分丰富。除论坛之外，不仅观看了新编创的杂技晚会“水秀”，还进行了参观“中国杂技之乡”东北庄、濮阳市杂技艺术学校等采风活动。本次论坛推动了河南乃至全国杂技理论的研究，发挥了论坛作为相互交流的平台作用。

【庆祝新中国成立 60 周年老杂技工作者座谈会】

9 月 24 日，“庆祝新中国成立 60 周年老杂技工作者座谈会”在北京举行。中国文联党组副书记、副主席李牧，中国杂技家协会分党组书记、副主席林建，中国文联国内联络部主任夏潮，中国杂技家协会副主席孙力力、李西宁、程海宝，中国杂技家协会分党组副书记、秘书长邵学敏，分党组成员、副秘书长邹玉华、曹建明以及来自全国各地的老杂技工作者代表、为中国杂技家协会工作作出贡献的优秀杂技工作者代表等 100 多人出席了座谈会。邵学敏主持会议。

李牧代表中国文联党组书记胡振民和中国文联向来自全国各地的老杂技家和杂技工作者表示热烈的欢迎和亲切的问候。林建做了 60 年来中国杂技取得辉煌成就的回顾讲话。邹玉华和曹建明分别宣读了向从艺 60 周年老杂技工作者和为中国杂技家协会工作作出贡献和突出贡献者颁发纪念牌的决定，40 多位代表走上舞台接受到会领导颁发的纪念牌和证书。

中国杂技团老艺术家金业勤，中国杂技家协会顾问李甡、何天宠，中国杂技家协会副主席、著名杂技表演艺术家孙力力，中国广播说唱团副

团长、著名滑稽表演艺术家刘全利等10多位同志相继发言。老一代艺术家历数了旧社会杂技演员所受到的不公平待遇，赞颂新社会给杂技艺术带来的翻天覆地的变化。中年团长们谈到在党的文艺方针政策指引下，自己和全团同志为杂技事业的腾飞不断努力的不平凡经历，赞颂了杂技从单一的技巧表演发展到综合性艺术表演所取得的成就。理论工作者们分别谈到杂技理论、教育等方面取得的重大进步，结合各自在文艺工作和协会工作中的亲身经历与感受，从不同角度和侧面歌颂了随着国家各项事业的飞速发展，杂技事业奋勇前行、成果斐然的大好形势，总结了经验教训，表达了一定要把中国杂技事业继续推向前进的决心和期望。最后，邵学敏做了总结发言。

【第二期美式滑稽培训班】

9月26日至10月26日，由中国杂技家协会、江苏省文联主办，中国杂技家协会滑稽艺术委员会、美国旧金山马戏中心、江苏省杂协、南京市杂技团承办的第二期美式滑稽培训班在南京举办。来自全国10个省区市杂技团的27名学员，在美国旧金山马戏中心滑稽表演艺术家戴耶、兰尼、乔纳的精心教授下，进行了为期一个月的培训学习。

在培训班上，美国滑稽表演艺术家从学员的客观实际出发，针对中国杂技重技巧而轻表演的现状，更多地强调学员外在的表演和心灵的感受。2009年的课程设计更倾向于滑稽的技巧表演，如抓空气杯、推箱子、溜冰、机器人滑稽技巧以及一些行为想象练习等。学员们在老师的帮助下完成了杂技技巧和滑稽元素的结合，并融会贯通使之合理协调。学员们还把自己的想法、创意及一些滑稽技巧与老师沟通交流，经过老师的细心讲解和辅导，学员们的奇思妙想被源源不断地挖掘出来，很多学生切身感到，通过培训他们把握角色能力和创作技能等方面有了明显进步。

培训结束之际，主办方在南京师范大学附属实验学校举办了滑稽专场晚会作为本次培训班的汇报演出。学员们自编、自导、自演的滑稽节目让演出会场成为欢乐的海洋。此外，在10月31日召开的第12届中国吴桥杂技艺术节上，4名来自本次滑稽培训班的小丑又再度精彩亮相，成为吴桥杂技节举办22年来，首次出现在赛场的中国小丑。

【第六届国际马戏论坛】

11月4日，由中国吴桥国际杂技艺术节组委会、中国杂技家协会共同主办的第六届国际马戏论坛在第12届吴桥国际杂技艺术节期间于石家庄市举办。中国杂技家协会副主席、吴桥国际杂技艺术节组委会副秘书长边发吉，中国杂技家协会副主席、大连杂技团团长齐春生，中国杂技家协会副主席、战旗文工团团长李西宁，中国杂技家协会分党组成员、副秘书长曹建明和本届杂技节评委、嘉宾、参赛团队领队和编导50余人出席会议。李西宁主持论坛，边发吉致开幕词。与会代表以“杂技的产业化发展”为议题进行发言。

会上，美国火鸟艺术制作公司总裁皮特·杜宾斯基重点谈了主题乐园的建设。齐春生阐述了在市场化的大环境下，专业剧团的艺术产品只有拿出精品节目，才能占有市场的经营理念。意大利拉蒂那国际马戏节主席法比奥·蒙蒂科指出，保持杂技艺术的传统精髓，并在此基础上进行创新的关键因素是拥有一支好的艺术家团队。墨西哥中美洲大学当代马戏表演艺术系系主任朱里奥·阿尔伯托·雷弗累多·卡底那斯强调：面向消费理念趋于国际化的全世界民众，当前面临的一个棘手难题就是在一个有特定需求的国际化社会中创建文化产业。四川德阳市杂技团团长周小衡介绍了他们作为民营杂技团多年来进行文化产业建设的做法。加拿大太阳马戏团执行导演法布雷斯·贝克尔介绍了加拿大太阳马戏团产业化运作的情况。德国《环球马戏》杂志主编德克·库克、美国旧金山马戏中心艺术总监卢毅还分别就德国马戏产业的发展情况、艺术创作如何适应市场需求的问题发表了意见。

最后，李西宁在总结发言中，逐一对每一位代表的发言进行了点评。她说，研究杂技产业化的发展不仅在全球马戏发展中具有意义，而且在中国对推动文化体制改革，建立健全保障文化科学发展的体制机制，进一步提升文化软实力，增强中华文化的凝聚力、影响力和感召力具有很强的现实意义。

【2009国际杂技教育论坛】

11月10～11日，由中国文联理研室、中国杂技家协会、上海市文联主办，上海市杂协、上海市马戏学校承办的2009国际杂技教育论坛在上海举办。中国文联副主席、中国杂技家协会主席夏菊花，中国文联理研室主任董耀鹏，中国杂技家协会分党组书记、副主席林建，中国杂技家协会分党组副书记、秘书长邵学敏，上海市委宣传部副部长陈东，上海市文联党组书记、副主席杨益萍，上海市文联党组副书记、副主席何麟，上海市教卫党委副书记、市教委副主任莫负春，上海市文广集团副总裁、上海电影集团总裁任仲伦，中国杂技家协会副主席、上海市文联副主席、上海市马戏学校校长程海宝等领导出席了论坛。

来自中国、俄罗斯、法国、澳大利亚、加拿大、美国、蒙古、瑞典、古巴以及中国台湾等10个国家和地区的20多所杂技（马戏）学校的校长、杂技教育家、学者60余人参加了论坛。

夏菊花回顾了国内外杂技教育发展的历史和现状，指出发展杂技教育，进行国际间的对话与交流的必要性和迫切性。她强调，本次论坛的举办对整合优质教育资源，推广成功办学经验，推进国际杂技教育界全方位、多领域、高层次的交流与合作，促进国际杂技事业的健康可持续发展具有非同寻常的意义。

董耀鹏指出，本次论坛是顺应国际杂技教育的发展趋势，在中国杂技家协会的倡导下召开的，是近年来规模最大的一次国际杂技教育论坛，是各国杂技教育工作者交流办学经验，寻求密切合作，共谋发展的会议，是加速发展国际杂技教育的一个重要举措。

在论坛上，俄罗斯国家马戏艺术学校校长瓦林齐娜、澳大利亚国家马戏艺术学院院长帕梅拉、法国阿吾埃特马戏学校校长朱丽叶特、蒙古国新马戏中心学校校长唐多格、瑞典路德维卡马戏学校校长巴勃罗、俄罗斯雅库特共和国国家马戏院附属马戏学校校长谢尔盖、古巴国家马戏学校校长赛吉奥、美国旧金山马戏中心艺术总监卢毅、加拿大蒙特利尔马戏学校校长马克等国外嘉宾以及北京杂技学校校长张红、上海市马戏学校业务科长陈琴芳、河北吴桥杂技学校副校长齐志义、河南濮阳杂技学校书记邓俊方等国内4所杂技学校的代表分别做了大会发言。

大家通过论坛演讲、多媒体播放、发放文字材料等形式，生动而详细地介绍了各自学校的办学情况，并就学科设置、招生方式、师资建设、管理体制、教育成果、特色教育等方面进行了经验交流和介绍。代表们充分肯定了本次论坛的重要意义，希望能够成立国际杂技教育联盟，定期就有关杂技教育问题进行专题研讨，并能够在师资选聘、学员培训、信息交流等方面进行联盟范围内的合作，以期实现资源共享、共同发展。大家各抒己见，会场气氛热烈。

与会者一致认为，2009年上海国际杂技教育论坛开得圆满成功，而且开了一个非常好的头，必将载入世界杂技教育发展的史册。今后的论坛要以更加国际化视野，站在多角度和多层次的高度，推进国际杂技教育论坛发展成为一个国际杂技教育界的高层对话平台，理论研讨、信息交流、成果展示、项目合作的高层峰会。

其他工作

1月11～14日，中国杂技家协会五届七次主席团会议暨2009年理事扩大会议在北京召开。中国杂技家协会主席团成员、顾问、分党组领导、理事，以及来自全国各省、自治区、直辖市的杂协、杂技团负责人等80余人参加了会议。

3月10日至9月16日，中国杂技家协会派出《空竹》、《球技》两个节目的演出小组再赴挪威阿诺德马戏团巡回演出。本次演出季演出170余场，历经130个城镇，行程7467公里。节目受到了挪威观众的热烈欢迎。

3月25～28日，在云南昆明举行的全国文联文艺舆情信息工作会议上，中国杂技家协会因2008年舆情信息报送数量及采用率在全国文联系统中名列前茅，成为受表彰的全国8个“2008年度舆情信息工作先进集体”之一。

10月28～29日，发展杂技高等教育座谈会在北京召开。曾经在北师大艺术与传媒学院杂技大专班任教和就读的50余位师生参加会议，并就杂技高等教育的后续发展及杂技研究所的建立提出了具体意见和建议。

9月20日，中国杂技家协会命名河南省濮阳市为“中国杂技之乡”。

10月15日和10月22日，林建分别在美国田纳西州为上海力创公司经营管理的美国大雾山剧

院、在美国密苏里州布兰森市为美国恒创股份有限公司经营管理的新上海剧院授予“中国杂技家协会海外文化产业示范基地”牌匾。

2009 年上半年，中国杂技家协会先后派出宣传小组赴德国、秘鲁、英国、日本、法国、朝鲜等国参加国际魔术活动，加强与国际魔术组织的交往，为北京世界魔术大会做好宣传工作。

2009 年《杂技与魔术》杂志社共出刊 6 期，发稿 42 万字，图片 640 幅。此外，还根据中国文联人事部门的统一部署，制定完成了事业单位定岗定编的方案的工作。

参与《中国文联年鉴（杂技卷）》、《中国文联概论（杂协部分）》的编撰工作，撰稿 20000 余字；协会全年编辑出版了 13 期《中国杂技家协会简报》、2 期《杂协通讯》。

对中国杂技家协会会员管理软件进行全面升级；进行中国文联人才信息数据库杂技人才信息录入工作。

认真做好离退休老干部工作。组织老干部健康体检，做好医药费报销工作；积极参加中国文联组织的重阳节敬老活动及健康老人评选工作等。

中国电视艺术家协会

综 述

2009年是21世纪以来我国经济发展最为困难的一年，也是全国上下团结奋斗、勇往直前的一年。在中国文联党组的坚强领导下，中国视协深入贯彻落实党的十七大和十七届三中、四中全会精神，牢牢把握“高举旗帜、围绕大局、服务人民、改革创新”的总要求，紧紧围绕贯彻落实中央重大决策部署，坚持用科学发展观统领电视艺术工作和协会工作，认真履行联络协调服务基本职能，充分发挥组织引导服务维权重要作用，齐心协力，振奋精神，开拓进取，圆满完成了2009年确定的各项任务。在坚持导向、引领创作、理论评论、国际交流、联络协调、共建和谐、完善制度、机关建设等方面都取得了较大进展，为促进电视艺术大发展大繁荣作出了积极贡献。

会议与活动

【贯彻落实科学发展观】

2009年，中国视协坚持把思想理论建设放在突出位置来抓，高度重视政治理论学习工作，坚持全体干部职工参加的学习会，及时传达中央文件和中国文联的指示精神，学习有关科学发展的理论文章。通过政治理论学习，增强了中国视协全体干部职工用马克思主义中国化最新成果武装头脑、指导工作、推动工作的主动性，使中国视协干部职工始终在思想上、政治上、行动上与党中央保持高度的一致。同时，通过中国视协机关刊物《当代电视》、内部刊物《中国视协工作通讯》、中国视协网站以及中国视协举办的各种活动，及时向全国各省区市视协、中国视协各专业委员会和中国视协会员传达中央的方针政策。

【“送欢乐、下基层”赴保定慰问演出】

1月15日，由中国文联、中国视协主办的“送欢乐、下基层”保定行慰问活动在河北保定举行。中国文联党组成员、副主席杨志今，中国视协分党组书记黎鸣，中共河北省委宣传部副部长王景武，河北省文联副主席郑世芳，中共保定市委书记宋太平、市长于群等出席了慰问演出晚会。杨志今在晚会上致辞。

演员杜旭东和李威的小品赢得观众的满堂喝彩，奇迹组合、歌手李殊、李依晓、李艳秋等精彩的表演让观众领略了艺术家美妙的歌喉。刘劲与老搭档刘佳为大家朗诵了去年抗震救灾中广泛流传的一首诗《生死不离》，深情的朗诵感动了观众。

1月16日，艺术家们赶到保定市长城汽车公司，在车间里温度很低，音响效果不理想的情况下，在总装车间里为工人师傅们奉献了精彩演出。观众对他们的演出报以长时间的掌声。

【元宵联谊会】

2月9日，中国视协在北京举行2009电视艺术家元宵联谊会，中国文联党组成员、副主席杨志今，中国视协名誉主席杨伟光，主席赵化勇，分党组书记黎鸣，副主席胡恩、胡玫、张晓爱、周振天，中央电视台副总编辑张华山、朱彤、高峰等以及近400位电视艺术家参加了联谊会。杨志今、胡恩在会上致辞。中国视协主席团成员向全国的电视艺术家和电视工作者致以新春的祝福。出席联谊会的电视艺术家们在充满喜庆气息的民族音乐中互道元宵快乐，共叙友情，并为中国电视事业的发展出谋划策。

【纪念改革开放30年电视纪录片论坛暨改革题材优秀电视纪录片颁奖典礼】

2月19日，由中国文联、中共广东省委宣传部、中国电视艺术家协会、南方广播影视传媒集团共同主办，中国电视纪录片学术委员会、广东电视台、广东省文联、广东省视协联合承办的“见证中国三十年”纪录片论坛在广州拉开帷幕。由全国32位纪录片专家组成的作品推选委员会推选出近30

年来中国纪录片的30部经典佳作及改革题材的11部经典作品、29部精品、59部优秀作品及58部好作品受到表彰。

论坛期间，100多位来自著名高校的知名专家学者和业界精英齐聚一堂，纷纷就纪录片面临的重要问题各抒己见，为纪录片的发展建言献策。

【四届四次理事会议】

3月28～29日，中国视协四届四次理事会议在北京召开。中国文联副主席、书记处书记杨志今，中国视协主席、中央电视台台长赵化勇，中国视协驻会副主席黎鸣，副主席李兴国、张晓爱、周莉、周振天、胡玫、胡恩，与来自全国的近百位理事及全国视协秘书长参加了本次会议。赵化勇主持了会议。

杨志今代表中国文联致辞。他高度评价了广大电视艺术工作者在极不平凡的2008年，与全国人民一起无私奉献、共克时艰作出的突出贡献，高度评价了中国视协取得的可喜成绩。

中国视协驻会副主席黎鸣受中国视协主席团委托，向理事会作了《求真务实、扎实工作，为促进电视艺术大发展大繁荣而努力奋斗》工作报告。工作报告从8个方面对中国视协2008年工作进行了全面的认真的回顾和总结。工作报告还对如何做好协会工作，进行了很好的归纳和总结。与会理事对工作报告进行了认真的讨论，对工作报告给予了充分的肯定，并审议通过。

赵化勇主席做了总结发言。他希望中国视协会员学政治，讲政治，关心政治，学习历史，学业务，学做人，注重综合素质的提高，努力成为所在单位的业务尖子。对于做好协会工作，他说，要注意理顺协会与文联、电视台的纵向横向联系，要重视中国视协品牌活动的创建与维护，努力扩大活动在全国的规模和影响。

理事会还讨论了理事增补等事宜，经全体与会理事投票，增补了马继红等5名理事。

【第二届中国旅游电视艺术周】

4月17～19日，由中国电视艺术家协会、江苏省旅游局、吴江市人民政府和苏州市旅游局主办的第二届中国旅游电视艺术周暨第13届“同里之春”国际旅游文化节在江苏省吴江市同里镇举行。本次旅游电视艺术周的主要活动包括：第二届中国旅游电视艺术周活动开幕式、电视连续剧《珍珠塔》项目启动发布会、百家电视台联合采访活动、优秀旅游电视节目论坛暨优秀旅游电视节目颁奖活动等内容。

4月18日，以“相聚同里”命名开幕式晚会在吴江体育馆隆重上演。中国文联党组成员、副主席杨志今，中共苏州市委副书记徐建明、中国电视艺术家协会秘书长王锋、副秘书长张彦民、以及吴江市和同里镇的领导、嘉宾约数百人出席开幕式晚会。苏州市委副书记徐建明致开幕词。中共吴江市委副书记、市长温祥华致感谢词。中国视协秘书长王锋也在开幕式上致辞。

开幕式文艺晚会由中央电视台节目主持人赵保乐、冰娴及来自英国的大牛主持，晚会阵容汇集了林依伦、羽泉、黄圣依、梁咏琪等影视明星，他们的精彩演出，激起热情的宾客连绵不断的掌声。书法家阿郎现场书字一笔连体字——“江南福地人间天堂”令整台晚会高潮迭起。晚会呈现出一派江南水乡文化的丰厚底蕴。

杨志今在优秀旅游电视节目论坛暨优秀旅游电视节目颁奖典礼上讲话。中国视协秘书长王锋介绍了第二届中国旅游电视艺术周优秀旅游电视节目评选情况并宣读了优秀旅游电视节目获奖名单。获奖代表张掖电视台新闻部主任郑威、吉林市电视台科教生活频道总监王雪松分别代表获奖者发言，讲述了各自的创作体会。此次旅游电视节目评选委员会的专家评委、中央电视台体育中心原副主任周经、中国传媒大学教授刘俊杰分别对推选作品进行了点评。

【2008年全国抗灾救灾优秀电视作品表彰活动】

5月7日，由中国视协和中共四川省委宣传联合主办，旨在弘扬伟大的抗震救灾精神，表彰为抗击低温雨雪冰冻灾害和抗震救灾作出突出贡献的全国优秀电视艺术工作者的“纪念汶川5·12抗震救灾一周年暨2008年全国抗灾救灾优秀电视作品表彰文艺晚会”在汶川大地震重灾区四川省德阳市举行。中国文联荣誉委员、中国视协名誉主席杨伟光，中国视协分党组书记、驻会副主席黎鸣，中国视协秘书长王锋、副秘书长张彦民，以及中共四川省委宣传部、四川省视协、德阳市等有关领导和来自全国的近百名电视艺术工作者参加此次活动。杨伟光在表彰大会上讲话。

此次表彰活动分电视专题报道、电视纪录片、音乐电视、电视文艺节目、电视特别节目等类别，各评出一、二、三等奖及特别奖作品共160多部。

活动期间，来自全国各地的近百名电视艺术工作者还深入东汽集团和德阳市人民医院等地考察灾区恢复重建情况，并给灾区人民带去慰问和祝福。

【第六届全国德艺双馨电视艺术工作者表彰大会】

7月10日，中国视协举办的第六届全国德艺双馨电视艺术工作者颁奖活动在浙江省嘉兴市举行。全国80位电视艺术工作者获得“全国德艺双馨电视艺术工作者”光荣称号。全国政协副主席、中国文联主席孙家正出席当晚举行的庆典晚会，并与获得第六届全国德艺双馨电视艺术工作者称号的电视人合影。中国文联党组成员、副主席杨志今，浙江省政协主席周国富，中国文联副主席、中国视协主席赵化勇，浙江省委常委、宣传部部长黄坤明，浙江省政协副主席盛昌黎，嘉兴市委书记陈德荣等出席了颁奖典礼。杨志今、赵化勇分别在在颁奖典礼上讲话。

获得表彰的80位电视艺术工作者是来自电视艺术各条战线的杰出代表，他们中既有活跃在荧屏前的演员、主持人，也有默默奉献在荧屏后的编剧、导演、摄像、舞美和管理者、策划人。

颁奖典礼上，获奖代表张华山、陈小艺、毛卫宁、徐滔、宁照宇、林永健分别发表获奖感言。他们表示，“德艺双馨”是对一个文艺工作者的最高褒奖，他们将努力实践这一标准，为人民群众献上更加优秀的电视艺术作品。

【纪念建军82周年军地电视艺术家联谊会】

7月29日，中国视协在北京举办了纪念建军82周年军地电视艺术家联谊会。中国文联党组成员、副主席杨志今，解放军总政宣传部副部长黎国如，中国文联副主席、中国视协主席赵化勇，中国视协分党组书记、副主席黎鸣，中国视协副主席唐国强、张晓爱、周振天，八一电影制片厂厂长明振江，中国文联办公厅主任夏朝华、国内联络部主任夏潮，以及来自总政、空政、海政、总后、武警部队、二炮、北京军区、兰州军区的电视工作者和地方电视工作者代表60余人参加了联谊会。中国视协秘书长王锋主持了联谊会。

杨志今、赵化勇、黎国如在联谊会上致辞。周振天和中央电视台主持人张泽群分别代表军队和地方的电视艺术家发言。

联谊会气氛热烈，与会地方和军队艺术家说，这是一次军地电视艺术工作者相互交流、学习的机会，也是大家畅叙友谊的平台，在建军节前夕举办很有意义。

【首届中国新农村电视艺术节暨第三届新农村小康电视节目工程颁奖典礼】

11月21日，由中国电视艺术家协会、江西省文联、赣州市人民政府主办的首届中国新农村电视艺术节暨第三届农村小康电视节目工程颁奖典礼在江西赣州举办。中国文联党组成员、副主席杨至今，中国文联副主席、中国视协主席赵化勇，中国视协分党组书记、驻会副主席黎鸣，中国视协秘书长王锋，江西省文联主席刘华，中国视协副秘书长张彦民、翟辉，江西省视协主席俞向党，中国农业电影电视中心副总编詹新华，赣州市市委常委、市委宣传部部长彭光华、副市长唐玉英等领导及全国各地获奖代表和各省视协秘书长、赣州市宣传部、广电局、电视台以及新闻媒体近300人出席了颁奖典礼。

中国视协副秘书长张彦民主持颁奖典礼，赵化勇、彭光华在大会上致辞，王锋介绍了评选过程并宣读了获奖名单，杨志今、黎鸣等领导为获奖者颁发了证书及奖杯。经各地视协的认真筛选，总计有农村小康电视专题片187部、对农电视栏目68个、农村题材电视剧102部、才艺风采展示节目26个报送参加了本次评选。10月18～26日，中国视协在北京组织专家召开了评选会议，对全国报来参评作品进行了专业性评选，共评出农村小康电视专题片最佳作品奖20部、优秀作品奖31部、好作品奖43部；对农电视栏目特别栏目奖1名、最佳栏目奖20名、优秀栏目奖22名；农村题材电视剧长篇最佳作品奖10部、中短篇最佳作品奖10部、长篇优秀作品奖20部、中短篇优秀作品奖6部、长篇好作品奖22部、中短篇好作品奖10部。“才艺风采展示”优秀节目14个。

在颁奖典礼上，本届评选委员会专家、原北京电视台科教频道总监陈虎对报送和获奖的电视栏目进行点评；中国视协纪录片学术委员会常务副主任、高级编辑朱景和对报送和获奖的电视专题片进行点评。同时，各地制作涉农栏目的获奖

编导们也结合各自的创作经验和思考，就对农节目的进一步发展进行了广泛交流。

作为艺术节主体活动之一的“中国新农村电视发展论坛”，从理论层面对中国涉农电视节目进行了梳理。艺术节组委会和当地有关领导王锋，詹新华、彭光华、唐玉英参加了论坛研讨。在论坛上，中国视协分党组副书记、秘书长王锋、中国农业电影电视中心副总编詹新华分别在论坛上讲话。中国传媒大学电视与新闻学院副院长何苏六、农业部政策研究室主任郑有贵、中国农业大学人文与发展学院推广与创新管理研究中心主任高启杰、中央电视台《致富经》栏目制片人冯克、《乡村大世界》制片人陈建中、赣州电视台台长助理钟瑞龙分别作了主题演讲，介绍了各自的研究成果。

【电视剧《杂技皇后夏菊花》首播新闻发布会】

11月26日，由中国文联、中国视协、中共湖北省委宣传部、中共武汉市委宣传部联合主办的19集电视连续剧《杂技皇后夏菊花》首播新闻发布会在湖北省武汉市举行。中国文联党组成员、副主席杨志今，中国文联副主席、中国杂协主席夏菊花，中国视协分党组书记、驻会副主席黎鸣，中国视协分党组副书记、秘书长王锋，中国文学艺术基金会秘书长张根记，湖北省文联党组书记、副主席刘永泽，中共湖北省委宣传部副部长陈连生，中共武汉市委常委、宣传部长朱毅，以及湖北广电总台、武汉电视台、武汉市文化局等单位的领导出席了发布会。《杂技皇后夏菊花》剧编剧赵瑞泰、导演方芬、出品人陈石以及中年和童年夏菊花的扮演者金莉莉、王一帆等剧组主创人员也出席了新闻发布会。《人民日报》、《光明日报》、新华社、《艺术报》、《当代电视》、《文艺报》、《文汇报》、中央电视台“影视同期声”、湖北卫视、武汉电视台以及湖北省、武汉市等40余家媒体的记者参加了新闻发布会。

电视剧《杂技皇后夏菊花》由中国文联、中国视协、中共武汉市委宣传部、武汉玉龙影视制作有限公司、北京森威影视制作有限公司和中国文学艺术基金会联合摄制，用写实和表演相结合的艺术手法，生动再现了夏菊花极富传奇的艺术生涯。

杨志今在发布会上讲话。中共湖北省委党委、宣传部长李春明为《杂技皇后夏菊花》开播发来的贺信并致辞。朱毅和曹立明分别介绍了《杂技皇后夏菊花》的创作拍摄过程以及在湖北卫视的播出方案。

【第五届中国（三亚）国际电视广告艺术周】

12月17～18日，中国视协和三亚市人民政府主办的第五届中国（三亚）国际电视广告艺术周在海南省三亚市举办。中国视协主席赵化勇，中国视协分党组书记、驻会副主席黎鸣，中国视协副主席张晓爱、三亚市副市长李柏青等出席了各项主体活动。

本届艺术周主题活动包括：中国体育电视论坛暨“奥运中国”优秀体育电视节目表彰活动、中俄电视广告合作圆桌会议、中央电视台客户答谢暨2009年优秀广告表彰活动、电视广告艺术周庆典晚会。

12月18日，在中国体育电视论坛暨“奥运中国”优秀体育电视节目表彰大会上，体育报道、体育栏目、体育纪录片、奥运文艺节目、体育特别节目5个类别的86个节目受到表彰。论坛上，与会专家和参与北京奥运会、残奥会一线报道的电视工作者围绕“奥运赛事报道的突破与创新”、“奥运赛事解说的特点与经验”、“体育节目资源的整合与拓展”等主题进行了深入探讨。

本届艺术周的颁奖晚会在三亚“美丽之冠”举行。来自中国、韩国的知名演员倾情献艺。在颁奖晚会上，颁发了本届广告艺术周的年度最佳广告奖、最佳(优秀)广告艺术质量、最佳(优秀)广告创意、最佳(优秀)公益广告、最佳广告代言人等奖项。

本届广告艺术周期间，中国视协和俄罗斯欧亚广播电视学会还联合举行“中俄电视广告合作圆桌会议”。与会双方围绕“广告电视媒体合作的发展”主题，回顾了两国电视界的发展，分别介绍了各自电视广告的情况，对进一步推进两国电视广告领域的交流合作表示了积极的意愿和建议。

创作与研究

【电视剧《女工》学术研讨会】

3月28日，中国视协在京召开了电视剧《女工》学术研讨会。中国文联党组成员、副主席杨志今发来书面讲话，中国文联荣誉委员、文艺评论家李准、仲呈祥，中国视协驻会副主席黎鸣、中国视协秘书长王锋，中国电视艺委会副主任、秘书长王丹彦，八一电影制片厂副厂长马维干，山东广播电视局党组成员，山东影视中心主任王汉平，山东电视台总编辑祝丽华，文艺评论家杜高、刘扬体，中国传媒大学教授、博士生导师曾庆瑞，中国视协理论研究部主任、文艺评论家张德祥、中国视协国内联络部主任黄皓，北京电视台影视中心副主任孟宪华等专家、领导出席了本次研讨会。出席研讨会的还有《女工》剧组主创人员总导演张辉力、执行制片人英子、编剧肖明、演员温玉娟。《人民日报》、《光明日报》、新华社、中央电视台、《文艺报》、《中国艺术报》、《中国文化报》等10多家媒体记者参加了本次研讨会。研讨会由王锋主持。

研讨会上，与会者对《女工》进行了全面的总结、盘点，高度肯定了该剧取得的积极的社会反响和主创者构筑中华民族精神长城的艺术追求，充分地揭示了《女工》主题的历史和现实意义，从人物塑造、叙事策略、情节设计、风格、表演、音乐等方面对该剧进行了认真细致的剖析，对人物性格、细节设计等方面存在的一些不足进行了客观中肯的批评。

【电视剧《我的青春谁做主》研讨会】

5月16日，中国视协、上影集团和北京鑫宝源影视投资公司在京联合举行了电视剧《我的青春谁做主》理论研讨会。中国文联党组成员、副主席杨志今，中国文联副主席荣誉委员、文艺评论家李准，中国文联副主席荣誉委员、文艺评论家仲呈祥，中国视协驻会副主席黎鸣，《文艺报》总编辑范永戈，中央台影视部主任汪国辉，广电总局电视剧司副司长王卫平，广电总局电视艺委会主任兼秘书长王丹彦，中央台影视部副主任黄海涛，中央电视台海外节目中心副主任李舒东，原中国电视剧制作中心副主任王伟国，中国视协理论研究部主任张德祥，北京师范大学教授黄会林，中国传媒大学教授曾庆瑞，中央戏剧学院教授路海波，文艺评论家杜高、刘扬体，《光明日报》艺术评论版主编李春利，以及《我的青春谁做主》主创人员导演赵宝刚，演员丛珊、苏小明、张铎等参加了研讨会。

研讨会上，与会文艺界的专家学者及导演赵宝刚等主创人员就该剧的思想内涵、表现手法及艺术创新等几方面分别做了深入的研讨。与会专家们认为，《我的青春谁做主》一剧紧扣社会热点，将言情和尖锐时代课题相结合，对于社会话题的正确选择以及深刻表现可以说是赵宝刚对于以往现代都市言情作品拍摄模式的一次突破，对于中国的青春题材电视剧是一次成功的尝试。

另外，《我的青春谁做主》中轻松幽默又充满时代特点台词受到与会专家的推崇。

【第五届中国电视南方论坛】

11月1日，由中国视协与《南方电视学刊》5台（集团）协作体（广东电视台、广西电视台、海南广播电视总台、广州电视台和深圳广播电影电视集团）主办，《南方电视学刊》、华南理工大学新闻与传播学院承办的第五届“中国电视南方论坛”在广州举行。中国视协分党组副书记、秘书长王锋，中共广东省委宣传部副部长、省广电局局长杨健，广东电视台台长曾国欢等出席了论坛。王锋、曾国欢分别代表主办方和承办方致辞。王锋期望通过“中国电视南方论坛”这个理论平台，电视界的同人们可以更好地进行学术理论交流，为中国电视事业的发展作出更大贡献。曾国欢介绍了广东电视台和《南方电视学刊》发展情况。

本届论坛围绕广电行业制播分离以及与此相关的媒体转型等主题，学界、业界专家开坛研讨。国家广播电影电视总局原副总编辑黄勇在论坛上指出，制播分离改革是实现整体转型的重要环节，整体转型的推进又为制播分离改革创造了技术基础和体制条件，整体转型和制播分离改革是我国电视进入新发展阶段的客观要求和必然趋势，是广播电视实现现代化的必由之路。南方广播影视传媒集团总编辑张健表示，制播分离改革必须在新闻访谈类、公益性节目栏目类型之外，以保留广播电视新闻的原有功能，然后再通过体育、文娱、财经等栏目进行改革的突破。深圳广播电影电视集团总编辑陈君聪认为，要利用社会的制作力量，以多种方式推进节目制播的适度分离，同时在“统分结合”的原则下，逐步推行“制播分离”的配套改革。上海文广新闻传媒集团副总裁林罗华则强调了市场化运作的重要性。台湾无线卫星电视台（TVBS）总经理杨鸣介绍了台湾的制播分离的历史。北京大学新闻与传播学院陆地教授提出，制播分离绝不是灵丹妙药，制播分离只是形式，

内容的关键是要控制成本，提高质量，实现市场化、专业化、规模化、品牌化和国际化的目标。

【“奥运中国”优秀体育节目推选和中国体育电视论坛】

11月5～7日，中国视协在北京举办了2008“奥运中国”优秀体育节目推选活动。中国视协分党组书记黎鸣，副书记、秘书长王锋，副秘书长张彦民及中国文联领导、电视行业、院校、媒体的专家参加了本次推选活动。

本次活动接受全国各电视台报送的节目有136个，其中报道类32个、文艺节目13个、栏目类28个、特别节目37个、纪录片26个。推选会上，与会专家学者对这些节目进行了审看，共评选出体育报道类最佳作品3部、优秀作品7部、好作品9部；体育栏目类最佳作品9部、优秀作品8部；体育纪录片类特等奖3部、最佳作品4部、好作品6部；体育文艺节目类最佳作品2部、优秀作品3部、好作品4部；体育特别节目类最佳作品4部、优秀作品8部、好作品11部。

在推选工作总结会上，与会专家对此次参与推选的的体育节目进行了认真的评析，认为这些作品基本代表了全国奥运体育最高水平，为今后的体育节目的创作积累了丰富的经验。

庆祝新中国成立60周年系列活动

【全国百家电视台红色旅游巡礼大型电视系列活动】

4月中旬，为庆祝新中国成立60周年，深入贯彻落实党中央、国务院关于发展红色旅游的指示精神，由中国视协旅游电视委员会举办的2009百台联播红色旅游巡礼大型电视系列活动，在贵阳市息烽县开机并正式启动。

全国红办、国家旅游局、国际休闲产业协会、中国旅游协会、中国视协旅游电视委员会，以及各相关单位、部门领导参加了本次开机仪式。

2009百台联播红色旅游巡礼大型系列活动是一次全国性红色旅游电视宣传推广活动，活动将紧扣国家发改委、中宣部、国家旅游局等13部委印发的《全国红色旅游精品线名录》和《全国红色旅游经典景区名录》城市区域展开，主体活动有开机仪式、新闻发布会、百台联播红色旅游（百集）和红色旅游电视大会等。

【“秘境青海”全国电视采风活动】

6月14日，为纪念新中国成立60周年，更加广泛地传递青海各族人民贯彻落实科学发展观，构建和谐社会所取得的成就，让世界更多、更好地了解青海、认识青海，不断提升青海的知名度和影响力，有效推动青海的经济发展和对外开放，由中国电视艺术家协会与青海省政府联合主办的“秘境青海”全国电视采风活动正式拉开帷幕。

上海、天津、江苏、辽宁、山东、贵州、河南、杭州共8家电视媒体参加了此次活动。

在“秘境青海”全国电视采风活动的启动仪式上，青海省委宣传部常务副部长王向明对此次活动寄予厚望。他说，通过这次“秘境青海”全国电视采风活动，必将为外界了解青海打开一扇鲜活的窗口，进而吸引更多的朋友关注青海、走进青海。中国视协秘书长王锋也在启动仪式上讲话。他说，中国视协这次与青海省政府联合举办“秘境青海”全国电视采风活动，目的就是组织电视界为青海做点好事，做点实事。一是通过电视采访，宣传青海，展示青海，让电视观众看到在西部大开发过程中，青海的发展与变化。二是促进电视文化的繁荣。在“秘境青海”活动的启动仪式上，江苏广电总台城市频道编播部主任芦强，代表参加采风的各个电视台表达了参与这次活动的心情。

“秘境青海”全国电视采风活动分两个阶段进行。第一阶段由来自全国各个电视媒体的摄制组，在青海各地进行为期一周的采风拍摄活动。拍摄主题以3个方面为主：一是大美山河。以青海独特的自然风貌为表现对象，突出人与自然和谐相处的时代要求。二是生存故事。以表现青海历史、文化和各民族的文化风俗为主，唱响民族平等、民族团结、共建共荣的主旋律。三是飞跃高原。以科学发展、自信开放为背景，记录青海资源开发、生态建设、城乡发展的巨大变化。第二阶段是对采风拍摄的节目进行展播和观摩研讨，评选出优秀纪录片，推荐参加2010年举办的“中国青海世界山地纪录片节”。

【城市发展与电视人责任论坛暨新中国城市发展电视形象宣传片展评活动】

8月8日，中国视协在江苏无锡举办庆祝新中国成立60周年“城市发展与电视人责任论坛暨新中国城市发展电视形象宣传片颁奖典礼”。中国文联副主席、中国视协主席赵化勇，江苏省文联党组书记、常务副主席王慧芬，无锡市委常委、宣传部部长王立人，中央电视台副总编辑、中国电视剧制作中心主任张华山，中国视协副主席张晓爱、秘书长王锋等出席了颁奖典礼。

王锋在颁奖典礼上宣读了新中国城市发展电视形象宣传片展评活动表彰决定。北京电视台的《北京城市形象宣传片》综合篇获特别奖，《飞越青岛》等17部作品获得一等奖，《绿海之都·中国宿迁》等30部作品获得二等奖，《绿系千里·心动昆山》等34部作品获得三等奖。

赵化勇在颁奖典礼上讲话。他说，新中国60年来发展的成绩在各行各业都得到了体现，但集中体现在城市发展上。城市对于一个地区来说，既是政治中心又是经济中心，同时也是文化中心、新闻中心。作为地区第一媒体的城市电视台，肩负着宣传好、报道好城市重大的责任。城市形象宣传片是城市的名片，此次获奖作品贴近现实，地域特色鲜明，视听语言生动，制作的水平比较高，充分展示了新中国城市发展的风貌，极大推动了城市文化和形象建设，必将为城市发展如虎添翼，为城市发展带来很好的机遇。

论坛期间，还召开了2009年中国视协城市电视台工作委员会年会暨城市电视台工作委员会换届大会，深圳广电集团总裁王茂亮被聘为新一届城市电视台工作委员会主任。

【解放战争题材电视剧质量评析暨理论研讨会】

9月10～12日，以庆祝中华人民共和国成立60周年为宗旨，以缅怀历史、继往开来为导向，以数量巨大、播出密集的作品群落为依托，以总结解放战争题材电视剧创作经验和促进电视剧繁荣和发展为目标，中国视协在北京举办了“解放战争题材电视剧质量评析暨理论研讨”活动。

中国文联副主席、中国视协主席赵化勇在组委会会议上指出，这次评析是中国文联庆祝新中国成立60周年的重要活动之一，也是中国视协年度重点工作项目，希望组委会通过这次节目评析活动，认真总结这一阶段的创作特点和成绩，仔细分析存在的不足，为今后的创作提供坚实的艺术借鉴。中国视协驻会副主席、分党组书记黎鸣在组委会会议上，详细介绍了进行质量评估的具体要求。

研讨会期间，20余位评委分为两组分别观摩全部27部作品。组委会全体成员按照评析指标体系，对观摩作品进行了认真分析、比较研究，《解放》、《潜伏》和《保卫延安》3部电视剧被评析为质量优秀的作品。

中国文联党组成员、副主席杨志今在总结会议上讲话。他说，解放战争题材剧是近期影视创作的一个重点，在观众中引起了热烈的反响。中国电视艺术家协会组织的这次评析活动是中国文联近期文艺活动中的一项重要内容，意义重大，亮点突出。

在评析总结会上，专家们认为，这次评析活动所观摩的作品，题材丰富、类型广泛、风格多样，是近两年来解放战争题材电视剧创作成果的一次整体性汇总，从一个侧面反映出我国电视剧创作的实力和水平。最近播出的解放战争题材优秀作品，深情回望新中国浴火而生的岁月，在广大电视观众中引起热烈反响，对于缅怀历史，弘扬民族精神，凝聚奋进力量，具有重要意义。

专家们在观摩评析中也认为，解放战争题材电视剧创作中存在一些问题也必须引起注意，如：描绘敌我双方情报战线斗争的“谍战剧”数量较多，而描写普通士兵、普通党员的作品较少；血腥场面、暴力镜头的直观呈现较多，含蓄表现还是需要的；有的作品质量粗糙，场面调度不够严谨，缺乏对器械道具的必要年代考证；在人物形象塑造上，个别作品中存在着国民党军官“儒雅化”、解放军指挥员“粗俗化”、女性形象普遍“娇媚化”现象等等。

【全国少数民族题材电视剧质量评析研讨会】

9月29日，全国少数民族题材电视剧质量评析会议。20多位来自中国文联、中国视协、中央电视台、中国电视剧制作中心、中央戏剧学院、中国传媒大学以及中国视协少数民族委员会等相关单位和机构的领导及知名专家参加了此次质量评析会议。中国文联党组成员、副主席杨志今到会并讲话。会议由中国视协驻会副主席黎鸣主持。

全国少数民族题材电视剧质量评析会议，是经中国文联批准，中国视协在全国人民喜迎新中国成立60周年华诞之际，为了贯彻落实国务院

《关于进一步繁荣发展少数民族文化事业的若干意见》，全面系统地回顾、总结全国少数民族地区、少数民族题材电视剧创作成就、现状及发展趋势，积极促进全国少数民族地区、少数民族题材电视艺术事业的繁荣与发展而举办的一次具有检阅意义的会议。会议共收到参评少数民族题材电视剧61部，其中长篇电视剧23部、中篇电视剧22部、短篇电视剧16部。这些作品中既有反映改革开放时代少数民族艰苦奋斗勇于创业的现实题材，又有反映少数民族优秀文化光辉历史的历史题材，还有反映各族人民友好相处互帮互助的共御外侮的爱国题材，体现了近30年来少数民族题材电视剧的创作实绩。

本次全国少数民族题材电视剧质量评析会议是中国视协首次组织全国有影响的专家学者就近几十年来尤其是改革开放以来的少数民族题材电视剧创作进行外科手术般地评析总结。与会专家通过认真审片，从剧作、导演、表演、摄影、灯光、服装、化装、道具、剪辑等各个细部对作品进行细致地评析；从创作环境、投资体制、市场机制、发行和播出渠道等有关方面对少数民族题材电视剧创作进行把脉。经过专家们认真审看和评议，本次全国少数民族题材电视剧质量评析会议共评审出《东归英雄传》等10部长篇电视剧为少数民族题材电视剧一等奖，《木卡姆往事》等16部电视剧为二等奖，《美丽的草原我的家》等28部电视剧为三等奖。

专家们在评议中指出，全国少数民族题材电视剧是全国电视剧创作的一个不可分割的组成部分，在反映各民族的历史文化、现实追求、满足全国各族人民不断增长的精神文化需求中发挥着重要作用。改革开放以来特别是近10年来少数民族题材电视剧创作取得很大的成绩，一些电视剧在全国产生了很大的影响，丰富了全国的电视荧屏。同时，专家们指出少数民族题材电视剧在整个电视剧创作中还处于弱势，从事少数民族题材电视剧创作的队伍还不是很强，投资少数民族题材电视剧创作的投资主体还很单一，这些都应该引起有关各方面的重视。专家们还指出少数民族题材是电视剧创作中一个题材富矿，其核心竞争力是其独特的丰富多彩的各民族的生活、历史和文化，从事这个题材创作的电视剧艺术家一定要增强自信、好好珍惜、努力开掘，力争把少数民族题材电视剧打造成品牌，打造成各民族文化的名片。

与会者相信，随着国务院《关于进一步繁荣发展少数民族文化事业的若干意见》的出台，全国少数民族题材使电视剧创作一定会继续走向繁荣。

【全国少数民族题材电影电视剧创作研讨会】

12月13日，为了庆祝新中国成立60周年，贯彻落实国务院《关于进一步繁荣发展少数民族文化事业的若干意见》，经中国文联批准，中国视协与云南省文联、《中国电影报》社、中国电影艺术家协会文学创作委员会等联合主办的全国少数民族题材电影电视剧创作研讨会在昆明举行。改革开放以来创作的多部优秀少数民族题材影视作品获得表彰。中国文联党组成员、副主席杨志今，中国文联副主席、中国作协副主席、原云南省委副书记丹增，云南省委常委、省委宣传部部长张田欣，云南省政协副主席顾伯平等同志出席开幕式，并先后在开幕式上致辞。来自全国多家影视制作机构的影视节目制作从业人员和文艺评论家50余人参加了此次研讨会。中国视协秘书长王锋主持研讨会。

与会人员认为，少数民族文化是中华民族文化的重要组成部分，为中华民族文化的丰富和发展提供了宝贵的资源。大力发展少数民族文化事业，创造优秀的少数民族题材文艺作品，是满足各民族人民不断增长的精神文化需求的需要，也是艺术家责无旁贷的神圣职责。新中国成立60年来，全国少数民族题材影视作品创作取得了丰硕成果，产生了一大批优秀的作品，充分反映了少数民族人民的新生活、新面貌，呈现出各民族文化和谐发展、共同繁荣的景象，提高了中华民族文化认同感和向心力。专家表示，这些作品不仅展现出少数民族特有的文化风格，而且在艺术质量上达到了较高的水平，深受观众喜爱。与会人员指出，对优秀少数民族题材影视作品的表彰，对少数民族题材文艺作品创作有着积极的促进作用，将有利于少数民族文化的保护工作，推动各民族同胞的团结发展。

【全国电视文艺节目研讨会】

11月8～13日，由中国视协电视文艺委员会主办、云南电视台承办的“庆祝新中国成立60周年电视文艺节目研讨会”在云南腾冲举办，共有123个文艺节目参加了推选。中国视协副主席张晓爱，云南电视台副台长李晓国、杨慧民，上海电视台副台长滕俊杰，内蒙古电视台副台长王世英等来自40多个电视台的近百位领导及编导人员参加了会议。

经过评委们的认真审看，推选出文艺晚会最佳作品10部，文艺特别节目最佳作品10部，并由专家们对这些作品进行了点评。在推选活动中，评委们认为这些作品代表了近期此类节目的最高水准，其中中央电视台的国庆晚会“祖国万岁”受到评委的一致推崇。其他如北京电视台的“花样年华·放歌中华”、上海文广集团“庆祝新中国60华诞《黄河大合唱》诞生70周年大型歌会”等10台晚会和广西电视台选送的“为祖国喝彩——2009广西电视台迎国庆60周年特别文艺节目”、天津电视台选送的“海河欢歌——献给新中国成立60周年”等10部电视特别节目获得与会专家与编导们的认可。

在表彰优秀节目之后，由路海波、陆地、张小琴3位专家对电视文艺问题进行了专题演讲。路海波教授主要谈了对晚会功能的认识、创新的具体思路等问题。清华大学副教授张小琴强调发挥编导在文艺创作中的主体作用。北京大学教授陆地突出了节庆与主题晚会的策划。

对外及对港澳台地区文化交流

【上海合作组织国家驻华文化官员联谊会】

6月22日，中国电视艺术家协会在北京举办了“上海合作组织国家驻华文化官员联谊会”。来自上海合作组织秘书处，俄罗斯、哈萨克斯坦、吉尔吉斯斯坦、塔吉克斯坦和乌兹别克斯坦驻华大使馆的文化官员，中国文联、中国中央电视台和中国电视艺术家协会的领导等嘉宾共聚一堂，共同商讨在北京国际广播电影电视博览会期间举办“上海合作组织国家电视合作论坛”的有关事宜。

中国视协驻会副主席黎鸣、中国文联国际联络部主任黄文娟、上海合作组织秘书处副秘书长扎哈罗夫分别在联谊会上致辞，表达了上海合作组织各成员国在文化领域特别是电视领域的合作的美好愿望。中国视协秘书长王锋向参加联谊会的各位嘉宾介绍了“上海合作组织国家电视合作论坛”的有关情况。

中国视协还向各国外宾赠送了四川绵竹年画，以感谢上合组织各成员国对我国汶川地震灾区给予的无私援助。中国视协副秘书长张彦民主持了联谊活动。

【上海合作组织国家电视合作论坛】

8月25日，由中国视协与中央电视台共同主办的以“携手交流合作，促进共同繁荣”为主题的上海合作组织国家电视合作论坛在京举行。上海合作组织成员国俄罗斯、哈萨克斯坦、吉尔吉斯斯坦、乌兹别克斯坦的电视机构负责人和中国中央电视台等多家电视机构负责人应邀出席了论坛。中国文联党组成员、副主席杨志今，中国文联副主席、中国视协主席赵化勇，中国视协分党组书记、副主席黎鸣等出席了论坛。

杨志今在论坛上致辞。他说，通过多年的实践，上海合作组织赢得了广泛的国际承认，特别是互信、互利、平等、协商，尊重多样文明，谋求共同发展的“上海精神”已得到国际社会的普遍承认和赞许。希望各国电视同人在此互相了解、多方交流，增进友谊，促进本国电视文化“走出去”，积极把其他成员国的优秀节目和制作方式“引进来”，从而形成良好的互动关系，繁荣本国的电视文化和艺术。

赵化勇表示，本次论坛将为上海合作组织成员国电视界相互开展人员交流、组织专业培训、进行新闻节目交换和相互推介引进纪录片、卡通片、文艺节目、电视剧，以及在拍摄制作节目等方面，提供一个崭新的国际平台，积极推动广泛的交流与合作，促进各国电视事业的共同繁荣。

上海合作组织秘书处副秘书长扎哈罗夫也在论坛上致辞。

与会代表各自介绍了所在电视机构的基本情况，表达了期望合作的意向并提出了许多可行的建议。大家表示，上海合作组织五国山水相连，睦邻友好，各国人民之间也有着一些共同的价值观，电视作为一种沟通交流的工具，对于增进彼此间的信任，加强各国人民的友谊有强大的推动力。

论坛期间，赵化勇等中方代表与俄、哈、吉、乌四国代表共同签署了《2009年上海合作组织国

家电视合作论坛关于加强电视交流合作的共同倡议》。

26日，出席论坛的代表参加了中国国际广播影视博览会及中国国际广播电影电视设备展。

【中国视协电视代表团出席2009“台北电视节”】

9月22～24日，应“台北电视节”组委会的邀请，以中国视协秘书长王锋为团长的中国视协代表团一行4人，出席了本届“台北电视节”活动，并参加了所有主体活动，包括国际数位电视论坛暨海峡两岸电视论坛、影视基地宣传、台北国际电视数位内容展、台北电视TOP秀等。

在电视节期间，中国视协代表团专门会见了台湾中华广播电视公会理事长汪威江，双方就举办海峡两岸电视艺术周合作的有关事宜与汪理事长进行了交流。王锋秘书长介绍了中国视协每年的评奖以及大型活动的举办情况。王锋秘书长表示，两岸协拍、合拍电视剧已成为两岸文化交流合作的主流，共赢共荣是两岸影视界的方向。两岸电视媒体只有加强合作，降低制作成本，提高节目内容质量，增加播出平台，共同拓展海外市场，才能让华文影视节目在未来的国际市场上占有一席之地。两岸影视合作之路已打通，相信未来两岸影视交流合作会越走越好。

【第九届中日韩电视制作者论坛】

10月14～17日，第九届中日韩电视制作者论坛在韩国仁川举办。中国电视制作者一行24人由中国视协分党组书记、驻会副主席黎鸣带队出席了论坛活动。此次论坛的主题是“城市与人类”，主要探讨电视是如何反映城市与人的关系的。与会中国、日本和韩国的近百名电视工作者共同观摩了12部来自三个国家的电视节目，并对这些作品进行了讨论，交流学习。

在论坛开幕式上，论坛组委会委员长郑秀雄、中国视协驻会副主席黎鸣、韩国导演制作人联合会会长金德在、日本放送人会特别顾问大山胜美分别致辞。

论坛上，韩国KBS导演李康县、中国中央电视台研究员张群力、日本札幌电视台编导林健嗣分别介绍了各自国家的电视发展状况。

在论坛上观摩的12部作品。在每部作品播放完后，首先由制作人阐述该作品的制作过程与播放效果，然后由各位代表发表对该作品的看法及提出一些制作中的问题。首先播放的是韩国KBS电视台导演金瑞镐制作的纪录片《一个对我来说很重要的夜晚》。该片金瑞镐导演说，制作这类片子，主要是出于提醒人们对于夜间工作与身体健康关系这个问题的关注。论坛上播放了中国电视剧《大过年》、《我的青春谁做主》，纪录片《旅馆》、《在路上》。与会日本、韩国电视同行对中国演员培养机制、制作成本、投资赞助、销售播放等问题向中方代表提出问题，中方代表一一作了解答。日本纪录片《发现！人类的力量——普及校园草坪化》、《网吧难民》，电视剧《购物》、《风之花园》；韩国纪录片《没有人问的死亡》、《首尔有很多可爱之处》、《水的旅行》等也在观摩之列。日本电视剧《风之花园》引起了中国代表团的关注。这部电视剧有别于日本其他电视剧边播边拍的制作方式，而是类似于我国先有剧本，然后进行拍摄的模式。韩国纪录片《水的旅行》也获得了参会者的一致好评。这部纪录片详细记录了自然界中水的变化以及水中生物的生命状态。

中国视协驻会副主席黎鸣对于未来论坛的发展，表达了扩大交流、扩大规模的建议。日本放送人会特别顾问大山胜美指出2010年将迎接论坛10周年，应该回顾一下10年讨论了哪些议题，发挥论坛特点，促进论坛更好地发展。郑秀雄先生认为今后可以不断扩大参与地区，使论坛不仅在亚洲举办，还要推向世界，有一天有可能会将欧洲国家电视制作者引进论坛。

【第四届中俄电视合作论坛】

11月27～28日，由中国电视艺术家协会和俄罗斯欧亚广播电视协会联合主办的第四届中俄电视合作论坛在莫斯科隆重举行。以中国视协副主席、江苏广播电视总台台长周莉为团长、中国视协副秘书长张彦民为副团长的中国视协电视代表团共16名代表参加了本次论坛。本次论坛内容丰富，包括圆桌会议、中国电影电视之夜、产品推荐会等系列活动。中国驻俄使馆文化参赞迟润林出席了相关活动。另外，乌克兰、哈萨克斯坦等国也首次派代表参加了本次论坛。

第四届中俄电视论坛圆桌会议由欧亚广播电视学院第一副主席卢金主持。他简要地回顾了中俄电视合作论坛诞生的历史。指出这个论坛已经产生实际性的成果，这就是由中国导演尤小刚导演的中俄合拍的电视连续剧《中国勇士的秘密》。他期待着俄中在电视合作方面出现更多的实际性的成果。

中国视协副秘书长张彦民代表中方代表团致辞。他说，电视是传播广泛、受众众多的媒体，通过电视各国人民可以相互更加了解，中俄双方共同搭建的这个电视合作论坛，可以为中俄两国的电视工作者相互之间交流合作创作有利的条件。这次论坛除了俄罗斯代表之外，乌克兰、哈萨克斯坦等国也有代表参加，说明我们的论坛影响越来越大，交流的平台也越来越宽广。

中国驻俄使馆文化参赞迟润林宣读了中国驻俄罗斯大使李辉给本次中俄电视合作论坛的贺信。

双方与会代表分别进行了主旨发言，介绍了各自正在筹备或正在进行的合作项目以及有关电视产业和电视节目形态发展的情况。中国导演尤小刚着重介绍了与俄罗斯同行合作拍片的经验和体会，提出就各国共同的历史的坐标点上发生的历史拍摄历史纪录片的设想。中国代表吴江提出了与俄方共同拍摄以中国京剧大师梅兰芳与俄罗斯文化友人之间的交流为题材的影视作品的项目。中国代表孔解民发言说，目前名著改编电视剧和战争题材电视剧在中国拥有很大观众群。她提议中俄双方就这两方面的题材进行合作。中方代表蒋小平介绍了中国的电视产业发展现状和江苏广播电视集团的情况，指出目前中国电视产业的现状是市场巨大、频道丰富、产品齐全、竞争激烈。中国代表唐海还就中国娱乐电视节目发展历程、走向和存在的问题作了简要的报告。他指出，目前中国娱乐节目出现了低俗化、同质化，简单地迎合观众，以丑为美的问题，提出娱乐节目要承担社会责任，要以提高社会文化素质为使命，要追求绿色收视率，要积极健康的主张，得到了与会各国代表的响应。俄罗斯代表就中国四川汶川大地震后，地震灾区的中国儿童到俄罗斯疗养的事情拍摄专题纪录片、建立两国儿童交流网站的合作项目也得到了中国代表团得认同。另外，俄方还提出了中俄两国共办剧本竞赛、就民间故事中的智慧人物拍摄电视剧等项目。

论坛期间，中国视协电视代表团还受邀访问了俄罗斯有关电视机构，两国电视人就中俄电视的媒体环境、频道构成、节目样式等问题进行了亲切交流。

【东南亚、南亚驻华使馆文化官员联谊会】

11月9日，中国视协在北京举办东南亚、南亚驻华使馆文化官员联谊会。来自东南亚、南亚10个国家的驻华文化官员们及国内代表出席了联谊会。

联谊会由中国视协副秘书长张彦民主持。中国文联国际部主任黄文娟和中国视协驻会副主席黎鸣分别致辞，中国视协秘书长王锋向各国嘉宾介绍了拟于2010年在中国云南昆明举办“第一届中国·东南亚南亚电视艺术节”的有关筹备情况。各国嘉宾在欢快、友好的气氛中共同探讨了电视艺术合作发展的前景，并对“第一届中国·东南亚南亚电视艺术节”的举办提出了良好的建议。最后，东南亚、南亚驻华文化官员们表示，将积极配合“第一届中国·东南亚南亚电视艺术节”的各项筹备工作，期待艺术节的成功举办。

机关建设

2009年，中国视协遵照中国文联有关科学发展观学习实践活动的实施方案，扎实推进深入学习实践科学发展观的活动，按质按量，完成了各项任务，达到了预期目的。协会建立了在分党组领导下的正、副秘书长负责日常工作制度。为提高中国视协机关工作效率。制定了《中国电视艺术家协会办公会议暂行规定》。2009年，中国视协着力加强干部队伍建设，进一步改进机关管理工作，注重培养年轻干部，积极安排年轻干部参加各种活动，承担相应的职责，使年轻干部在实际工作中得到锻炼。同时，中国视协制定了有关人事制度，公开招考录用高校应届毕业生，为干部队伍整体素质的提高提供保证。在政治、生活等各方面切实关心老干部，注重发挥老同志的余热，促进了协会和谐。

北京文联

1	2	3
4	5	6
7	8	9
10	11	12
13	14	15

1. 6月29日上午，由北京市委宣传部、北京市人力资源和社会保障局和北京市文联共同举办的北京中青年文艺工作者德艺双馨奖评奖活动在北京文联剧场举行颁奖大会。
2. 9月19日至20日，北京影协成立暨第一次会员代表大会在北京会议中心召开。
3. 7月6日，由北京地区15位美术家、美术评论家组成的评委会在北京画院美术馆对油画、版画、水彩、粉画作品进行了初评，第11届全国美展北京地区作品评选工作全面启动。
4. 剪纸艺术家孙春播与日本全国剪纸作家协会会长后藤伸行先生交流剪纸艺术。
5. 12月14日，由北京市文联与北京大学中文系联合主办的“现实与文艺：2009北京文艺论坛”在北京大学英杰交流中心阳光大厅召开。
6. 澳门特别行政区行政长官何厚铧在北京市文联党组副书记黎晶、北京书法家协会秘书长田伯平的陪同下观看展览。
7. 12月2日，北京市文联和谐之声艺术团赴美国芝加哥进行演出和交流活动。
8. 喜迎新中国成立60周年，北京杂技优秀节目专场演出《命运的摇摆——双人晃管》。
9. 2009北京合唱节开幕式音乐会现场。
10. “感恩之旅”羌族文化与艺术展演现场。
11. 4月17日至26日，北京曲协与台北曲艺团精心筹备的2009“台北活力，北京风味”春季公演在台北著名文化古迹—红楼举行。
12. 3月6日上午，北京市文联、北京影视艺术家协会在北京文联大厦召开《北风那个吹》创作研讨会。
13. 8月9日至23日，北京剧协与朝阳区文化馆在北京“9个剧场”共同举办了2009大学生戏剧节。
14. 11月3日至13日，由北京市文联和北京摄影家协会及民协、美协和美中友协芝加哥分会共同在芝加哥西北大学举办了中国文化展演活动。
15. 三位藏族歌手在北京市文联主席金铁霖的钢琴伴奏中演唱《在北京的金山上》。

天津文联

1	2
3	4
5	6

1. 天津市文联等承办的“全国（天津）相声新作品大赛”在探寻相声创作走产业化之路上实现突破，举行了我国相声作品首次拍卖会。图为拍卖会现场。
2. 天津市文联与中共天津市委宣传部主办，并列入市委宣传工作要点的“庆祝新中国成立60周年天津市美术、书法、摄影、民间艺术系列展”精品荟萃。图为美术展开幕式。
3. 天津市文联为各区县文联出版了《春华秋实——天津市区县文联文艺创作成就荟萃》一书，并举行文联系统报刊工作经验交流和颁奖会。图为会议现场。
4. 2009年，天津文联各艺术门类荣获多项大奖。图为获中国视协“庆祝新中国成立60周年解放战争题材”优秀电视剧一等奖的大型电视连续剧《解放》新闻发布会现场。

5~6. 2009年，天津市文联策划举办了“七展”、“九赛”、“五大演出”等系列活动，产生广泛影响。图5为“第17届中韩国际摄影交流展和中韩美术交流展”、图6为天津市少儿集体舞蹈大赛。

河北文联

1. 中国文联党组书记、副主席胡振民与荣获第24届中国戏剧“梅花大奖”的裴艳玲和河北省文联党组书记赵景之等参赛团人员合影。
2. 应中共河北省委常委、唐山市委书记赵勇邀请，河北省文联党组书记赵景之率艺术家采风服务团冒雨为迁安市山叶口提供经济开发考察论证服务。
3. 中国文联副主席丁荫楠、中国戏剧家协会党组书记季国平为中国文联副主席、中国戏剧家协会副主席、河北省文联主席裴艳玲主演的大型数字电影《响九霄》揭幕。
4. 河北省文联党组书记赵景之率河北省文联工作交流会与会人员在坝上草原采风。
5. 中共河北省委宣传部、河北省文联等在鹿泉市南故城村举办春送万家——全省千名书法家新春联进农村送万家活动启动仪式。
6. 首届中国女娲文化节开幕式及公祭大典在涉县中皇山补天广场隆重举行。
7. 中国文联党组成员、书记处书记廖奔和河北省党政领导聂辰席、孙士彬等出席在石家庄召开的与新中国同行——河北省文学艺术界联合会成立60周年庆祝大会。

山西文联

1	2
3	
4	
5	6
7	

1~2. 8月23日，"情系三晋"海内外儿女书画作品展开展，省委常委、宣传部部长胡苏平在开幕式上致辞。省委副书记、省长王君专程观看展览。
3. 省文联领导与参加庆典活动的嘉宾（左起）李才旺、李树声、杨志今、刘兰芳、陈仲秋、陈济谋、宋新柱。
4. 5月20日，第二届全国农村题材电影创作研讨会开幕式。
5. 8月31日，由省文联主席、省书协主席、省美协顾问李才旺捐建的壶关县百尺镇五集小学及五集饮水工程举行竣工典礼。
6. 12月16日，纪念山西省文学艺术界联合会成立60周年大会会场。
7. 省人大常委、省文联党组书记、常务副主席宋新柱与人民作家胡正在纪念山西省文联成立60周年大会会场。

内蒙古文联

1	2
3	4
5	6
7	

1. “内蒙古自治区文学艺术杰出贡献奖” 颁奖晚会上，自治区党委书记储波（右）向获奖者、著名舞蹈家贾作光（左）表示祝贺。
2. 8月18日，由内蒙古文联、内蒙古国资委主办、内蒙古摄影家协会承办的“辉煌六十年 腾飞看内蒙”图片展在呼和浩特市新华广场开展。图为开幕式现场。
3. 内蒙古文联党组书记李魁在“辉煌六十年 腾飞看内蒙”图片展开幕式上致辞。
4. 8月22日上午，由中华文化促进会市长书画艺术中心、内蒙古文联、内蒙古国际文化交流中心、内蒙古大学共同主办的“《祖国万岁》中国市长艺术作品展”在内蒙古美术馆隆重展出。
5. 8月17日，第11届亚洲艺术节期间，由中国国家书画院、油画院、中国摄影家协会和鄂尔多斯市人民政府联合主办，内蒙古美术家协会、内蒙古摄影家协会参与承办的“走进鄂尔多斯国际美术大展 、鄂尔多斯亚洲艺术摄影展”在鄂尔多斯会展中心开展。图为开幕式现场。
6. 2月9日元宵节下午，由自治区党委宣传部和内蒙古文联主办的“春满草原”2009年自治区文学艺术界新春联谊会在呼和浩特新城宾馆国宴厅举行。图为自治区党委宣传部部长乌兰与著名舞蹈家斯琴塔日哈亲切交谈。
7. 2009年7月15日晚，“内蒙古自治区文学艺术杰出贡献奖” 颁奖晚会《星光草原》在乌兰恰特大剧院隆重举行。图为自治区党委、政府和中国文联有关领导与获奖者合影。

辽宁文联

1. 10月19日，省文联在沈阳隆重召开庆祝新中国成立暨辽宁省文联成立60周年纪念大会。中国文联党组成员、副主席杨志今，辽宁省委副书记张成寅等领导出席大会并讲话。
2. 9月，省文联举办庆祝新中国成立60周年暨辽宁省文联成立60周年美术、书法、摄影优秀作品展。省政协副主席程亚军等领导出席开幕式。
3. 7月，省文联“同心乐”文艺慰问团赴朝阳辽宁省孤儿学校慰问演出，演出后，党组书记、主席王秀杰，党组成员、副主席伊忱等与孩子们合影。
4. 4月，省文联举办“文艺进乡村，辅导面对面”活动，组织艺术家深入铁岭县文艺基地对基层文艺爱好者进行辅导。图为剪纸艺术家在大甸子镇剪纸基地辅导。
5. 5月，省文联在沈阳市和平区山东庙街道建立文艺基地，启动“文艺进社区，辅导面对面”活动。图为省文联党组书记、主席王秀杰等为文艺基地揭匾。
6. 7月，省文联召开“2009·辽宁文艺论坛”，围绕“工业精神与辽宁文艺”的主题展开讨论。
7. 10月19日晚，省文联在沈阳举办“万紫千红”——纪念辽宁省文联成立60周年文艺晚会。图为歌舞《万紫千红》演出现场。

吉林文联

1	2
3	4
5	
6	

1. 3月26日，吉林省文联与中国曲艺家协会在长春召开曲艺、二人转艺术发展调研座谈会会场。
2. 7月13日，庆祝新中国成立60周年吉林省美术作品展开幕式现场。
3. 9月26日，庆祝中华人民共和国成立60周年吉林省书法大展开幕式现场。
4. 12月14日，吉林省文联领导在长春会见中韩友好城市韩国江原道艺术文化团体总联合会访问团。
5. 8月26日，吉林省艺术家与吉林森工集团员工共庆国庆60周年演出后合影。
6. 《鹤舞20年》——吉林省电视文艺丹顶鹤奖颁奖晚会。

黑龙江文联

1. 黑龙江省文联成立60周年纪念大会。
2. 省文联主席傅道彬接受主持人采访介绍龙歌情况。
3. 第11届全国美术作品展——动漫、综合画种作品展开幕式。
4. 省文联主席傅道彬在文联大讲堂讲解《易经》。
5. 唱响龙歌纪念省文联成立60周年文艺晚会合影。
6. 庆祝新中国建国60周年黑龙江发展成就大型美术书法摄影展。

上海文联

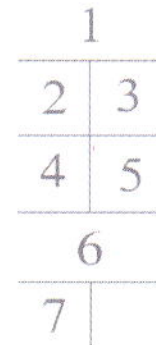

1. 2009 上海文艺界新春团拜会。
2. 第 11 届全国美术作品展览中国画作品展。
3. 2009“上海之春”国际音乐节。
4. 秦怡从艺 70 周年纪念活动。
5. “平复帖”杯国际书法大赛。
6. 《上海戏剧》创刊 50 周年纪念大会。
7. “走进十强县、携手迎世博”江阴采风活动。

江苏文联

1. 2009年5月8日至11日，在四川汶川特大地震发生一周年之际，江苏省委宣传部、江苏省文联、江苏省对口支援四川省绵竹市地震灾后恢复重建指挥部组织江苏文艺家慰问团赴四川绵竹慰问江苏援建队伍和灾区群众。图为江苏省文艺家慰问团的表演艺术家与江苏省对口支援地震灾后恢复重建指挥部的建设者和灾区群众在一起。
2. 江苏省文联党组书记、常务副主席王慧芬将江苏著名书画家创作的22幅作品赠送给四川绵竹市委、市政府、江苏地震灾后恢复重建指挥部。
3. 12月29日，由中国美术家协会、中共江苏省委宣传部、江苏省文化厅、江苏省文联共同主办的“2009·中国百家金陵画展（中国画）”在江苏省美术馆开幕。
4. 江苏文艺家慰问团为灾区建设者和群众演出。
5. 领导和嘉宾参观“第11届全国美展·版画展”。
6. 10月16日，第七届中国音乐金钟奖民乐比赛（二胡、民族管乐、古筝）暨2009中国江苏二胡之乡民族音乐节在南京开幕。
7. 9月28日，由文化部、中国文联和中国美术家协会主办，江苏省文化厅、江苏省文联、江苏省美协承办的“第11届全国美展·版画展”在江苏省美术馆举行。

1 2
3 4
5
6
7

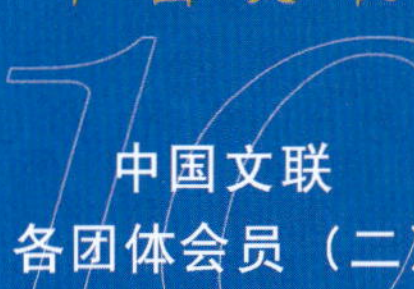

浙江文联

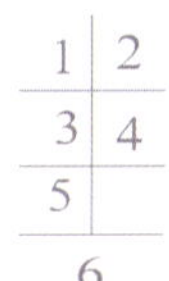

1. 浙江省委、省政府有关领导观看“历史的凝眸·浙江省历史文化重大题材美术作品大展”。
2. “曲艺名家·走进山沟沟”演出照。
3. 10月10日上午，作为首届浙江省文化艺术节重点展览项目之一——“浙江书法60年”系列大展在浙江美术馆开幕。图为省委常委、宣传部部长黄坤明等领导在参观展览。
4. 2009年是浙江画院建院25周年，也恰逢浙江画院首任院长陆俨少百年华诞。12月22日，“浙江画院建院25周年庆典”在浙江美术馆盛装揭幕。浙江省委常委、宣传部部长黄坤明，浙江省委常委、副省长葛慧君等出席开幕式。图为开幕式现场。
5. 8月9日晚，“历史的凝眸·浙江省历史文化重大题材美术作品大展”颁奖晚会在浙江美术馆举行。图为获奖者在发表获奖感言。
6. 浙江省摄影家协会赴东北采风集体合影。

安徽文联

1	2
3	4
5	

1. 9月1日，安徽省文联第五次代表大会在合肥召开，省党政军领导王金山、王三运、杨多良、王明方、孙金龙、段敦厚、孙志刚、徐立全、臧世凯、刘春良、詹夏来、王秀芳、文可芝、任海深和中国文联党组书记、副主席胡振民出席开幕式。
2. 省委书记王金山，省长王三运，省委常委、宣传部部长臧世凯等参观第二届“金色的田野”安徽省农民画·画农民作品展。
3. 风清骨峻——方茂鸿书画艺术展览开幕。臧世凯、文可芝、朱先发、郭万清、倪发科、田唯谦、张学平等省领导出席开幕式并参观展览。
4. 8月19日，第十三届中国安徽·日本高知中日友好书法展在合肥举行。省文联副主席、书记处第一书记庄保斌向日本朋友赠送礼品。
5. 省文联干部职工在迎新年联欢会上表演节目。

福建文联

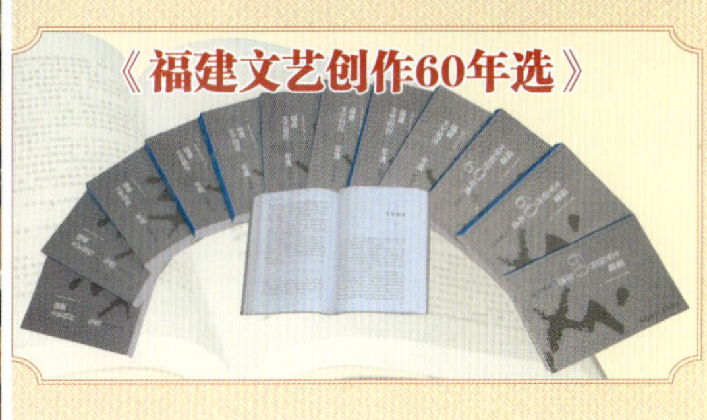

1 2
3 4
5 6
7

1. 9月24日，“献诗·我的祖国”庆祝新中国成立60周年诗歌音乐会在福州西湖大酒店举行。图为省委常委、宣传部部长唐国忠，省文明办主任、省委宣传部副部长马照南，省文联党组书记范碧云，省文化厅厅长宋闽旺等领导与文艺家合影。
2. 11月6日，第四届福建艺术节美术书法摄影作品展在福州国际会展中心举行开展仪式。
3. 8月19日，“2009海峡两岸电视主持人新人大赛”在泉州落下帷幕。图为海协会副会长、厦门大学传播学院院长张铭清，省文联党组书记范碧云，省台办副主任韦忠慈等领导为获奖选手颁奖并合影。
4. 6月19日，“锦绣海西”大型美术创作笔会在福州举行。图为美术家们对创作作品进行观摩点评。
5. 8月11~14日，全省文联系统学习实践科学发展观读书班暨基层文联工作现场会在泉州举办。图为省政府发展研究中心主任李国榕作辅导报告。
6.《福建文艺创作60年选》12卷本。
7. 5月22日，省文联与省委宣传部共同组织开展“辉煌60年”海西发展巡礼大型文艺家采风活动。图为采风活动出发仪式。

江西文联

1. 江西省第七次文代会胜利召开。
2. 部海镭向中共中央政治局委员、国务委员刘延东汇报《坚忍卓绝》创作情况。
3. 向四川小金县捐赠 100 万元。
4. 江西“一首好歌”全国征歌活动。
5. 江西省第十三届美展开幕式。
6. “我的祖国”——2009 谷雨诗会。
7. “舞动江西”电视舞蹈大赛。
8. 组织文艺家赴革命老区创作采风。

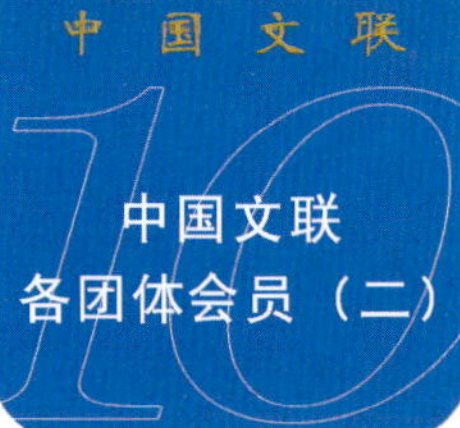

山东文联

1	2
3	
4	5
6	7

1. 8月16日晚，“第二届山东国际大众艺术节开幕式暨‘泰山文艺奖’颁奖典礼”在山东电视台演播大厅隆重举行，中共山东省委常委、宣传部部长李群，中国文联党组书记、副主席胡振民宣布艺术节开幕。
2. 8月16日晚，在第二届“泰山文艺奖”颁奖典礼上，山东省人大副主任时立军，省政协副主席王新陆，著名表演艺术家王玉梅为获奖代表颁奖。
3. 9月24日，第二届山东国际大众艺术节群众文艺系列活动之一“历下欢歌·大型群众歌咏比赛”在历下区佛山苑小区广场举办。图为比赛活动现场。
4. 8月16日晚，在第二届“泰山文艺奖”颁奖典礼上，第二届泰山文艺奖获奖代表领奖。
5. 8月16日晚，“第二届山东国际大众艺术节开幕式暨‘泰山文艺奖’颁奖典礼”在山东电视台演播大厅隆重举行。图为开幕式演出现场。
6. 1月5日，省文联和济南市文联联合举办的“送欢乐、下基层”书画慰问笔会在章丘市双山办事处举办。图为书画艺术家们现场为基层群众挥毫泼墨。
7. 9月6日，在第二届山东国际大众艺术节上，“齐鲁风采·首届山东雕塑大展”在山东省博物馆举行。图为展览开幕式现场。

河南文联

1. 6月7日，全国政协副主席、中国文联主席孙家正到河南省文联调研。图为孙家正参观河南省文联书画展。
2. 9月28日，河南省直文明委、河南省委省直工委、河南省文联主办，河南省美协、河南省书协、河南省摄协承办的“河南省直机关庆祝新中国成立60周年书法绘画摄影展”在省文联举行。图为展览开幕式。
3. 7月12日，河南省文联、河南省文化厅主办，河南省美协承办的“河南省第11届河南省美术作品展览”。图为展览开幕式。
4. 3月29日，河南省政协、河南省黄帝故里拜祖大典组委会主办，河南省文联、河南省美协、河南省政协书画院、济源市政协、中国《收藏界》杂志社等单位共同承办的“己丑年黄帝故里拜祖大典刘石平先生画展”。图为展览开幕式。
5. 河南省文联主席、省美协主席、当代著名画家马国强到素有“中国画虎第一村”的商丘民权县王公庄指导农民画家画画。

湖北文联

1	2
3	4
5	6
7	8

1. 8月10日，省人大副主任周洪宇、省人大教科文卫委员会主任李以章一行到省文联调研湖北文艺队伍建设情况。
2. 4月10日，“第11届全国美展油画展创作论坛”在江汉大学现代艺术学院举行。
3. 9月26日，“第11届全国美术作品展览油画展”在湖北省艺术馆隆重开幕。
4. 2月27日，湖北省委宣传部、湖北省文联、湖北日报传媒集团、湖北省广电总台和湖北省旅游局五家主办单位的负责人相继敲响编钟，正式启动“天下湖北美”歌曲创作推广活动。
5. 12月2日，“荆楚墨象——湖北书法篆刻展”在北京中国美术馆开幕。全国政协副主席、中国文联主席孙家正，中国文联党组副书记、副主席覃志刚，中国书协主席张海，副主席邵秉仁等为开幕式剪彩。
6. 1月10日，湖北省文联组织书画家参加了2009年湖北省文化科技卫生“三下乡”集中示范活动，为农民朋友送去了书画作品。
7. 11月24日，电影《荆州，1024》在武汉举行了隆重的开机仪式，省委宣传部、省文联、荆州市委、长江大学、省电影家协会有关领导和《荆州，1024》剧组出席开机仪式。
8. 1月19日，省文联隆重举办“百花迎春——湖北省文学艺术界2009新春大联欢”活动。会上还表彰了“文艺鄂军百人工程”2008年度十佳优秀青年文艺人才，授予了景高地等同志2008年度湖北文艺事业特别贡献奖。

湖南文联

1. 2月27日，湖南省文联八届三次全委会暨表彰大会在长沙召开。
2. 9月25日，湖南省文艺界庆祝新中国成立60周年座谈会在毛泽东文学院召开。
3. 9月27日晚，湖南省庆祝中华人民共和国成立60周年“祖国颂”群众合唱音乐会在湖南大剧院隆重举行。
4. 7月15日，“庆祝新中国成立60周年湖南美术优秀作品展”在省展览馆隆重开展。
5. 9月23日，湖南省文学艺术论坛之十开讲。中国文联荣誉委员、著名文艺评论家仲呈祥应邀主讲《关于当前影视创作的思考》。
6. 5月26日，第九届中国民间文艺山花奖·民间工艺美术作品奖终评暨湖南省旅游商品博览会开幕。
7. 12月2日，首届湖南校园戏剧节在湖南大众传媒职业技术学院圆满落幕。

广东文联

1. 12月23至24日，广东省文联“送欢乐下基层”走进新丰。图为演出结束后合影。
2. 10月13日，庆祝新中国成立60周年“笔歌墨舞颂中华”双拥书法大展隆重开幕。
3. 1月9日，广东省文联、广东省民间文艺家协会授予花都区狮岭镇“广东省盘古文化之乡”称号。
4. 9月23日，中共广东省委宣传部、广东省文联主办的“祖国步步高——广东省文艺界庆祝中华人民共和国成立60周年文艺晚会”在省委礼堂隆重举行，省委常委、宣传部部长林雄，副省长曾于蓝与红线女等老艺术家合影。
5. 11月3日，举行第八届鲁迅文学艺术奖表彰大会。省文联党组书记、专职副主席白洁与获奖者亲切握手，表示祝贺。
6. 6月27日，广东省文联、广东省舞协主办，港中旅（珠海）海泉湾度假区、珠海市舞蹈家协会协办的第二届广东省岭南舞蹈大赛在珠海举行。图为舞蹈《藤之恋》。

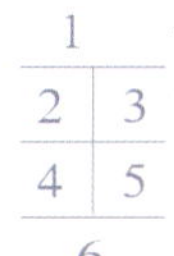

广西文联

1. 2009年10月23日，“记录时代·重铸历史”广西近现代重大历史题材美术创作工程启动。图为重大历史题材美术创作工程论证会现场。
2. 广西壮族自治区党委书记、自治区人大常委会主任郭声琨（右）6月29日在南宁会见了由中国少数民族作家学会名誉会长玛拉沁夫（左）率领的采风团一行20余位作家。郭声琨与玛拉沁夫分别致辞。
3. 2009年7月15日，“庆祝中华人民共和国成立60周年广西美术作品展览优秀作品展” 在邕开幕。图为沈北海、黄道伟、李康、刘新文、黄格胜等自治区领导以及潘琦、李格训、赵如锋、韦苏文、谢麟等主办单位领导为开幕仪式剪彩。
4. 2009年9月17日,为庆祝新中国成立60周年，广西80余位老中青文艺家代表齐聚南宁，参加由广西文联举办的“回顾与展望——广西文学艺术六十年座谈会”。
5. 2009年12月27日至30日，中国民协和广西文联在广西共同举办了少数民族非物质文化遗产抢救与保护论坛暨北部湾采风活动。 图为30日在南宁举行的少数民族非物质文化遗产抢救与保护论坛现场。
6. 中国少数民族作家采风团全体成员及广西陪同人员在友谊关合影留念。

	1
2	3
	4
	5
6	

海南文联

1	2
3	4
5	6

1. 首届海峡两岸暨港澳地区艺术论坛在海口喜来登酒店开幕。
2. 海南省文艺评论座谈会暨首届海南省文艺评论奖颁奖典礼。
3. 海南省首届民俗工艺品展现场。
4. 省文联主席团成员在文艺界新春晚会上向文艺工作者拜年。
5. 文艺家深入海军某基地开展采风和联欢活动。
6. 放歌“三月三”活动现场。

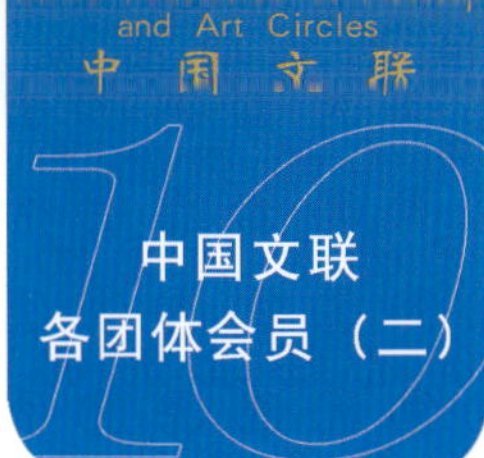

重庆文联

1	2
3	4
5	

6

1. 1月8日，开展“送欢乐下基层”慰问活动。
2. 3月14日，《文联工作概论》编撰启动会议在重庆举行。
3. 3月31日，隆重举办重庆市讲故事首场故事会，中共中央政治局委员、重庆市委书记薄熙来、市政协主席邢元敏出席活动。中国曲艺家协会分党组书记、副主席、著名相声表演艺术家姜昆，著名表演艺术家王刚应邀参加首场故事会并做精彩讲述。
4. 4月16日，举办“书写经典·重庆市书法艺术学校师生现场书写活动”。
5. 11月25日，召开重庆市文艺界从事新中国文艺工作60年文艺工作者座谈会。
6. 9月19日至24日，第七届中国音乐金钟奖合唱比赛在重庆市隆重举行。

四川文联

1 2
3 5
4
6

1. 2 月 24 日，四川省文联第六次代表大会开幕式。
2. 10 月 30 日，第七届“春熙放歌”——“祖国在我心中”警民共建和谐社会专题晚会。
3. 8 月 30 日，庆祝中华人民共和国成立 60 周年暨四川省优秀杂技节目展演。
4. 5 月 21 日，大型交响音乐会《生命》首演。
5. 8 月 30 日，庆祝中华人民共和国成立 60 周年暨四川省优秀杂技节目展演。
6. 10 月 30 日，第七届“春熙放歌”——“祖国在我心中”警民共建和谐社会专题晚会。

贵州文联

1	2
3	4
5	
6	

1. 省文联党组书记、副主席李碧川率艺术家“送欢乐下基层”到天龙屯堡镇，义务为农民书写春联，并将春联送到农民手中。
2. 党日活动，省文联副书记、副主席刘世杰讲课。
3. 省文联党组书记、副主席李碧川等党组成员到党建扶贫点——独山县本寨乡月亮村，为基层党组织解决办公条件。
4. 贵州省民间文艺家协会第五次会员代表大会。
5. 贵州省第10届杜鹃曲艺节。
6. 大型布依族现生态舞剧《利悠热谐谐》。

云南文联

	1
2	3
4	5
6	7

1. 6月18日，全国政协副主席、中国文联主席孙家正在云南省政协副主席顾伯平、省文联主席郑明陪同下到云南省文联视察。
2. 3月26日，全国文联文艺舆情信息工作会议在昆明召开。中国文联党组成员、副主席杨志今到会讲话，中国文联副主席、中国作协副主席丹增，省文联主席郑明等出席。
3. 6月17日，由中国音协、省文联、玉溪市联合主办的“国歌与中国音乐文化论坛”在聂耳的故乡玉溪举行。中国文联副主席、中国作协副主席丹增（中）等出席论坛。
4. 1月13日，中国文联、中国美协一行到云南红河州开展“送欢乐，下基层”活动。中国文联党组成员、副主席、中国美协副主席冯远（右1）现场为村民书写春联。
5. 6月19日，全国政协副主席、中国文联主席孙家正，省委副书记、省长秦光荣，中国文联党组副书记、副主席李牧，省委常委、省委宣传部部长张田欣等领导同志和10000多名观众出席首届聂耳音乐（合唱）周闭幕式。
6. 8月23日，“春满彩云南——云南省文联庆祝新中国成立60周年文艺成就暨美术书法摄影精品展”在省科技馆隆重开幕。中国文联党组副书记、副主席李牧出席宣布展览开幕。省委常委、常务副省长罗正富等领导出席，省文联主席、党组书记郑明主持开幕式。
7. 8月25日，由中国剧协和省文联主办的“纪念关肃霜诞辰80周年系列活动”在省图书馆开幕。中国文联副主席、中国作协副主席丹增，省委常委、省委宣传部部长张田欣，中国剧协分党组书记、秘书长季国平等出席。

西藏文联

1	2
3	4
5	

1. 西藏文联深入学习实践科学发展观活动总结大会召开。
2. “雪域高原——中国绘画作品展”亮相罗马城。
3. 喜迎祖国60华诞，《人文西藏》丛书在拉萨举行首发式。
4. 中国书法家协会第五届理事精品展在西藏博物馆举行。
5. “2009 · 中国西藏珠穆朗玛摄影大展”在布达拉宫举行。

陕西文联

1	2
3	4
5	6
7	

1. 12月28日，2010陕西新年音乐会。
2. 12月28日，中共陕西省委书记赵乐际（右三），原陕西省省长袁纯清（右二），省委常委、政协主席马中平（左三），省委副书记、代省长赵正永（右一），省委常委、组织部长李锦斌（左二），省委常委、秘书长魏民洲（左一）等领导在县人民剧院观看“2010陕西新年音乐会。”
3. 中共陕西省委常委、宣传部部长胡悦，省委宣传部副部长、省文联党组书记刘斌为从艺60年的老文艺工作者颁奖。
4. 陕西省文联专职副主席、秘书长黄道峻陪同省人大常委会副主任杨永茂参观第14届摄影艺术展览。
5. 中共陕西省委宣传部副部长、省文联党组书记刘斌在陕西文艺界走进宝鸡大型采风活动上讲话。
6. 5·23采风活动期间，陕西省文联副主席、陕西省书法家协会主席雷珍民为宝鸡青铜器馆赠送墨宝。
7. 5·23采风慰问团领导和成员与演职人员合影。

甘肃文联

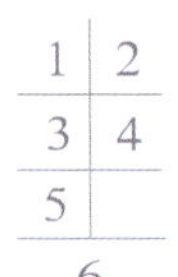

1. 陈伯希（左）从事革命美术工作70年书画展开幕，甘肃省委书记、省人大常委会主任陆浩（中），甘肃省文联党组书记、副主席马少青（右）与他亲切交谈。
2. 庆祝中华人民共和国成立60周年——多彩甘肃摄影作品晋京展在北京民族文化宫开幕，中国文联党组副书记、副主席李牧（左3），甘肃省委常委、宣传部部长励小捷（左4）等领导同志出席，甘肃省文联党组书记、副主席马少青(右1)主持开幕式。
3. 第三届甘肃黄河文学奖、第二届甘肃电视金鹰奖颁奖大会。
4. 甘肃省第五届少数民族文学奖颁奖大会暨少数民族文学创作座谈会。
5. “四大名旦”之一的陈永玲先生诞辰80周年纪念活动在京陇两地隆重举行，中宣部副部长、文化部部长蔡武（前排右2）等领导同志在长安大戏院观看演出。
6. “四大名旦”之一的陈永玲先生诞辰80周年纪念活动项目之一——“北京演出”结束后演员谢幕。左起：第3为斯琴高娃，第4为刘长瑜，第5为梅葆玖，第6为尚长荣。

青海文联

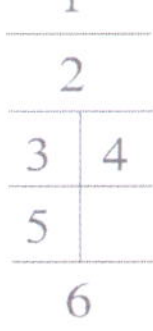

1. 青海省首届基层文联工作会议在门源召开。
2. 第七届戏剧大舞台综合实践活动走进军营。
3. 省文联组织企业文联赴河北考察学习。图为参观河北邯郸集团国内第一条热轧生产线。
4. 全国回族书画精品展在西宁开幕。
5. 青海省第12届美术作品展在省博物馆开展。
6. 省文联2009年送欢乐下基层活动在平安县古城乡开展。

宁夏文联

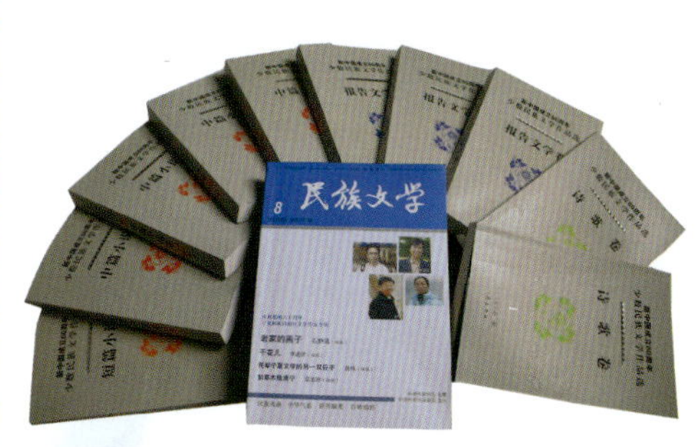

1	
2	3
4	5
6	7

1. 12月31日晚，自治区党委宣传部和自治区文联联合举办的“宁夏回族自治区第八次文学艺术奖”颁奖晚会在宁夏人民会堂隆重举行。自治区党委书记陈建国，自治区党委副书记、政府主席王正伟等领导出席颁奖晚会，并为获奖艺术家代表颁发了获奖证书和奖金。
2. 自治区党委常委、宣传部长杨春光接见“梅花奖艺术团宁夏行”京剧名家。
3. 宁夏重大题材美术作品展览暨创作研讨会在银川举行。
4. 宁夏书协承办“宁夏学习科学发展观活动书法展览”。
5. 庆祝新中国成立60周年——宁夏文学作品专辑出版。
6. 《月上贺兰》获中国舞蹈荷花奖舞剧舞蹈诗作品铜奖。
7. 来自全国的著名摄影家齐聚宁夏沙坡头，参加宁夏首届文博会摄影节。

新疆文联

1. 著名作家王蒙在伊犁参加座谈会。
2. 自治区庆祝新中国成立60周年摄影美术集邮展。
3. 全国著名作家走进新疆采风活动启动仪式暨王蒙写新疆作品研讨会。
4. 新疆作家艺术家维护社会稳定、促进民族团结座谈会。
5. 自治区文联六届十次全委（扩大）会议。
6. 自治区第三届“天山文艺奖”颁奖大会。

新疆生产建设兵团文联

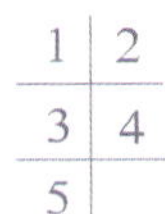

1. 新疆生产建设兵团文学艺术界联合会第四次代表大会开幕式。
2. 兵团文联党组书记丰收（左2）、主席李光武（左1）陪同兵团领导观看“庆祝新中国成立60周年兵团美术书法摄影展”。
3. 兵团政委聂卫国（右2）观看“庆祝新中国成立60周年兵团美术书法摄影展。
4. 新疆生产建设兵团文学艺术界联合会第四次代表大会主会场。
5. 兵团党委常委、副政委卢晓峰同志在“庆祝新中国成立60周年兵团美术书法摄影展”开幕式上讲话。

China Federation of Literature and artsgroups Member(Ⅱ)

2010

中国文联各团体会员（二）

北京市文联

综　述

2009年，北京市文联在市委市政府领导下，深入学习科学发展观，按照“人文北京、科技北京、绿色北京”的建设目标，坚持“二为”方向、“双百”方针和“三贴近”原则，紧紧围绕市委市政府的工作大局，抓住新中国成立60周年的历史契机，积极发挥文联工作优势，营造喜庆热烈的国庆文化氛围，注重发挥文联职能，抓学习、抓队伍、抓活动、抓创作，积极推动各文艺家协会换届。全年精心组织主题文艺活动，积极开展创作、群众性文艺活动、慰问演出等，和谐之声艺术团深入开展文化惠民活动，全年演出达55场，全年开展各艺术门类文艺活动219场次。

会议与活动

【概况】

2009年，北京市文联隆重举办庆祝新中国成立60周年系列活动，精心组织主题文艺活动，积极开展创作、群众性文艺活动、慰问演出等，和谐之声艺术团深入开展文化惠民活动，全年演出达55场，全年开展各艺术门类文艺活动219场次。

【和谐之声艺术团全年演出55场】

2009年，北京市文联和谐之声艺术团深入北京18个城区，开展“北京欢乐社区行”、“慰问国庆阅兵方队”、“慰问解放军官兵”、“颂中华诗歌演唱会”等活动。一年间共演出55场，观众达10余万人次。其中“送欢乐、下基层”演出，被市委市政府列入庆祝中华人民共和国成立60周年系列文化活动之一。

【缅怀老舍主席诞辰110周年】

2月3日，北京市文联、北京老舍文艺基金会、北京市老舍研究会在北京文联大厦举办“缅怀敬爱的老舍主席诞辰110周年纪念大会、座谈会、图片展览”等系列活动。北京市委常委、宣传部部长、副市长蔡赴朝，中国文联党组副书记李牧；北京文联主席金铁霖，北京文联常务副主席、党组书记朱明德等领导出席大会并发表讲话。

【北京新春民族音乐会】

2月7日，由北京市文联、中国音乐家协会、北京音乐家协会、北京交响乐团联合主办的“我和我的祖国——2009北京新春民族音乐会”音乐会在国家大剧院音乐厅举行。本次音乐会演出曲目汇集了新中国成立60年来最经典的原创音乐和音乐作品，由音乐界老中青三代艺术家倾情演绎。本场音乐会由全国26家音乐台现场直播了演出过程，央视音乐频道录制了演出实况。

【民间艺术进校园活动】

3月21日，北京民协在北京大学举办了民间艺术讲座。北京民协剪纸艺术家和葫芦雕刻艺术家为大学生们举办了剪纸、葫芦雕刻艺术讲座。4月22～23日，北京民协组织了面塑、剪纸、风筝、内画鼻烟壶、脸谱、彩蛋、葫芦雕刻、中国结艺术家为北京交通大学的师生们进行了现场制作表演，并结合作品讲解了民间艺术的历史、文化内涵和制作方法。4月25～26日，北京民协在北京工业大学举办了民间艺术展示和表演活动。

【北京作协四届七次理事会】

3月14日，北京作协召开四届七次理事会，审议通过了作协2008年工作报告和2009年工作计划，批准吸收了新会员26人，讨论了换届工作的筹备事宜。

【09法国戏剧荟萃活动】

4月3日至6月23日，由北京剧协、北京文化艺术活动中心、中国传媒大学影视艺术学院在北京朝阳区9剧场举办了“09法国戏剧荟萃”活动。4月26日举办了中法戏剧研讨会，法国巴黎国立高等戏剧学院院长丹尼尔·梅斯基氏、法兰西喜剧院著名演员皮埃尔·维雅、哑剧大师菲利普·比佐出席会议并与中国戏剧家进行了深入的交流和对话。

【“台北活力，北京风味”唱响红楼】

4月17～26日，台北曲艺团与北京曲协联袂打造的一场2009“台北活力，北京风味”的春季公演，在台北著名文化古迹——红楼，连演9场后圆满落幕。

【2009北京钢琴音乐节】

4月30日至5月3日，由北京音乐家协会北京钢琴基础教育分会主办的“2009北京钢琴音乐节”在首都师范大学音乐学院成功举行。来自北京及周边地区的千余名钢琴学习者兴致勃勃地参加了这一音乐盛会。

【专题摄影比赛和展览活动】

4月，北京摄影家协会举办了“庆祝中华人民共和国成立60周年优秀摄影作品征集”和“北京市郊区县摄影精品展”征集两项专题活动。历经半年时间，共收到来稿近万幅，共有300余幅优秀摄影作品入围。并于9月8日、9月15日先后在首都图书馆举办了“北京——我们可爱的家”摄影展、北京市郊区县摄影精品展，各展出作品200余幅。

【北京舞协赴四川汶川参加“感恩之旅”公益演出活动】

5月1～3日，应中国贫困地区文化促进会和羌族文化艺术展演组委会的邀请，北京舞蹈家协会于地震一周年前夕，赴四川汶川参加了“感恩之旅”公益慰问演出。由北京多个文艺团体共同组成的演出团队，共60多人参加了公益演出活动。

【“5·12”艺术家祈福音乐会】

5月12日，在汶川大地震发生整整一周年之际，由文化部中国艺术家协会、北京音乐家协会联合主办了“5·12”北京艺术家祈福追思音乐会。本次活动的宗旨是“发掘艺术真魂，感悟生命价值，倡导慈善感恩，实现和谐友爱”。

【“大爱无疆”北京·什邡心连心书法作品展】

5月12～18日，由北京市文联、北京书法家协会、北京画院、四川什邡市文联、什邡市书协共同举办的“大爱无疆”——北京什邡心连心书法作品展，在北京画院美术馆举行。此展共展出作品75件，其中还有一部分抗震英雄的书法作品参展。

【“非非视线”戏剧群英会】

由北京戏剧家协会、北京市文化艺术中心、北京市朝阳区文化馆联合主办，“非非视线”戏剧群英会活动是一项社会化戏剧公益活动，其目的是为各社区的非职业、非商业戏剧社团搭建一个戏剧演出与交流的平台，为戏剧行业的发展培植社会文化基础。3～5月的每个周末，组委会在9剧场聘请专业人士免费开办了“非非戏剧群英会戏剧课程培训班”。5月29日至6月29日，组委会从16个报名社团中选出了12台剧目组织了非非戏剧群英会第二季演出月及交流活动。

【京澳百名书法家挥毫《澳门基本法》书法展】

6月10～19日，京澳百名书法家挥毫《澳门基本法》书法展，在北京市文联展览厅举办。全国人大常委会副秘书长、澳门基本法委员会主任乔晓阳，全国人大法工委主任、澳门基本法委员会副主任李飞，国务院港澳事务办公室副主任华建，澳门特别行政区驻北京办事处主任吴北明，澳门基本法推广协会副理事长兼秘书长杨允中，澳门基本法推广协会副理事长吴仕明，以及以杨允中为团长的澳门书法家代表团一行13人、首都各界人士、新闻媒体200余名参加了开幕式。

【北京美术家协会第五次会员代表大会】

6月11～13日，北京美术家协会第五次会员代表大会在顺义区乔波国际会议中心召开，共有117名代表出席了会议。本次大会审议通过了《弘扬先进文化，构建和谐社会，大力推动首都美术事业繁荣发展》工作报告；修改了协会章程；选举产生了北京美协第五届理事会，58位美术家当选为理事；王明明当选为新一届北京美术家协会主席；贺成才当选为新一届北京美术家协会驻会副主席；王沂东、田黎明、孙志均、李翔、李耀林、杨飞云、陈履生、雷波、魏小明9位当选为新一届北京美术家协会副主席。聘任刘春华、孙为民、杜大恺、沈尧伊、傅家宝、程振国为艺术顾问。

【“全国优秀少儿合唱歌曲进校园”活动】

6月12日，由北京音乐家协会、北京市青少年活动中心联合主办的“让心灵的花儿尽情开放——全国优秀少儿合唱歌曲进校园”活动北京地区启动仪式在北京市少年宫隆重举行，来自北京地区50余所中小学教师代表和少年儿童代表近150人参加了启动仪式。

【北京曲艺家协会第四届会员代表大会】

6月14～15日，北京曲艺家协会第四届会员代表大会在北京市文联礼堂隆重召开。200多名北

京曲艺界的代表会聚一堂，认真审议了6年来的曲艺工作总结，修改了协会章程。经过大会代表投票选举，李金斗当选为主席，贾德丰、笑林、王谦祥、种玉杰、李立山、邵军、郝金明、李伟建、崔琦当选为副主席，于谦、马小祥、王明铎、王玥波、王金龙、王跃明、付强、田永玲、刘洪沂、刘朝、刘颖、朱德仓、吴林友、宋德全、张文甫、张长来、张宏、张蕴华、李世儒、李建华、李菁、李嘉存、李增瑞、杜宏淇、杨菲、陈光起、陈雅娟、孟凡贵、武宾、郭德纲、康松广、梁琪当选为新一届理事。

【北京杂技家协会第四次代表大会】

6月18～20日，北京杂技家协会在东方饭店召开了第四次会员代表大会。大会选举产生了新一届理事会和主席团，北京演艺集团总经理、中国杂技团有限公司董事长李恩杰当选主席；中国杂技团有限公司副总经理、北京国际艺术学校教学总监孙力力，中国铁路文工团杂技团团长，广播艺术团说唱团副团长、党总支书记刘全利当选副主席；北京杂技家协会秘书长陈润华当选为驻会副主席。

【“天桥杯”鼓曲大擂台】

6月19日至10月16日，北京曲协与天桥街道办事处、北京文艺台联合举办“天桥杯”鼓曲大擂台。百余名选手参与了初赛、复赛、决赛共22场的激烈争夺。共评出金奖16名（专业组8名，非专业组8名），银奖20名，铜奖8名，入围奖8名。

【北京第11届舞蹈大赛】

6月22～28日，由北京市文联、北京舞蹈家协会共同主办，北京歌剧舞剧院、北京戏曲艺术职业学校、北京红舞鞋商务中心协办的“第11届北京舞蹈大赛”成功举办。此次舞蹈大赛，共有256个作品报名参赛，有90多个单位、1200多名演员参加了角逐，经过预赛，选取193个作品进入了8个场次的决赛，最终评选出《嵩山晨曲》、《悠风》、《二胡声声》、《借我一双翅膀》、《蓝天任务》、《小小计算娃》等作品分获专业、业余、少儿组创作、表演一等奖。

【北京民间文艺家协会庆祝活动】

6月24～30日，为了庆祝新中国成立60周年，展示北京民间艺术所取得的成绩，北京民协在中华世纪坛举办了“庆祝新中国成立60周年北京民间艺术展”。这次展览荟萃了北京民间艺术30多个艺术门类600余件作品。10月，北京民协组织了60件作品参加了北京市文联举办的“庆祝新中国成立60周年书法、美术、摄影、民间艺术创作精品展”。北京民协还组织作品参加了北京市文联等6单位组织的北京市庆祝新中国成立60周年文艺作品征集评奖工作。

【北京“德艺双馨”奖评选活动】

6月29日，由北京市委宣传部、北京市人力资源和社会保障局和北京市文联共同举办的北京中青年文艺工作者德艺双馨奖评奖活动在北京文联剧场举行颁奖大会。孔炳彰、刘岩、刘朝、刘建彤、任鸣、迟小秋、李宗印、宋思敏、邸慧、孟凡贵、孟艳、孟繁禧、徐坤、谭利华、魏小明等15名中青年文艺工作者受到表彰。

中国文联党组副书记、副主席、书记处书记李牧，北京市委常委、宣传部部长、副市长蔡赴朝，北京市委宣传部常务副部长陈启刚，北京市人力资源和社会保障局副局长程静，北京市文联党组书记、常务副主席朱明德及北京市文联主席团和其他党组成员出席了颁奖大会。

【庆祝新中国成立60周年文艺作品征集评奖活动】

由北京市文联、北京市文化局、北京市广播电影电视局、北京市新闻出版局、北京日报报业集团、北京出版集团有限责任公司联合举办的北京市庆祝新中国成立60周年文艺作品征集评奖活动6月份正式启动，此项活动列入了市委市政府庆祝新中国成立60周年全市23项大型活动之一。截至9月30日，共收到各类作品4000余件。经过专业征集评奖委员会和总征集评奖委员会两级审定，11月27日评选出12个文艺门类优秀奖61名、佳作奖149名，荣誉奖98名。颁奖典礼于12月30日举行。

【2009北京合唱节】

7月11日，2009北京合唱节开幕式音乐会在中国音乐学院国音堂举行。由北京市文联、北京人民广播电台、中国音乐学院共同发起主办，北京音乐家协会、北京文化艺术活动中心、北京音乐台、北京文艺台联合主办的2009北京合唱节被北京市委宣传部列为“为伟大祖国骄傲”——北京市庆祝新中国成立60周年22项系列重点文化活动之一。合唱节期间还举办了北京之春歌曲演唱会暨2009北京合唱节系列活动发布会、人人音乐教育软件培训班、北京区县残疾人合唱指挥培训班、2009北京合唱节“华夏的黄河 我们的严老”合唱艺术讲座、2009北京合唱节开幕式、2009北京合唱节之——中国经典合唱作品音乐会和2009北京合唱节闭幕式等系列活动。

【2009年北京管乐节】

7月12～20日，由北京市文联、北京音乐家协会、北京管乐协会共同主办的2009年北京管乐节。有600余名来自全国各地的选手参加了比赛。

【北京·西藏文艺工作者联欢会】

7月16日，由西藏自治区政协副主席索朗卓玛任团长、拉萨市委宣传部部长宇文雪琴任副团长的西藏自治区演出团，与首都文艺家进行了联欢。北京市政协副主席王伟，市委宣传部常务副部长陈启刚，副部长肖培，市文联主席金铁霖，市文联党组书记朱明德，副书记黎晶、索谦、王德新、程惠民出席了活动。

【北京摄影家协会第五次会员代表大会】

7月17～18日，北京摄影家协会召开第五次会员代表大会，共有来自首都各界的会员代表80余位参加了代表大会。大会选举产生了新一届协会领导班子，叶用才继续当选为北京摄协主席，王越当选为驻会副主席，王捷、刘英毅、吕小中、何慷民、李英杰、迟玉洁、陈志强、秦大唐、耿大鹏当选为副主席。会上，一致通过了四届理事会工作报告及修改的协会新章程。大会还通过了对上一届的老同志聘任名誉职务的决议。

【北京民间文艺家协会第五次会员代表大会】

7月22～24日，北京民间文艺家协会召开第五次会员代表大会。大会通过了工作报告，修改了会章，新会章中增加了外省市在京艺术家根据具体的条件可以加入北京民协的条款，选出了新一届理事会，刘铁梁当选为北京民间文艺家协会第五届理事会主席，于志海当选为驻会副主席，包世轩、刘一达、刘绍振、哈亦琦、崔陟当选为副主席，赵书被聘为名誉主席。

【北京书法家协会第五次会员代表大会】

7月24～26日，北京书法家协会第五次会员代表大会在北京怀柔区钟磬山庄隆重召开。中国书法家协会分党组书记、驻会副主席赵长青，北京市委宣传部副巡视员陈建文等出席了开幕式。

第五届北京书协理事会选举产生了79名理事，经过理事会投票选举，林岫当选为北京书协第五届理事会主席，田伯平当选为驻会副主席，王家新、龙开胜、叶培贵、刘守安、刘俊京、李有来、汪良、杨广馨、孟繁禧、彭利铭、黎晶等11人当选为新一届理事会副主席。

【北京戏剧家协会第五次会员代表大会】

7月28～30日，在怀柔钟磬山庄召开了北京戏剧家协会第五次会员代表大会。大会选举产生了新一届理事会和主席团，北京人民艺术剧院副院长、表演艺术家濮存昕当选主席；编剧万方，程派青衣迟小秋，北京人艺副院长、导演任鸣，中央戏剧学院副院长廖向红，中国戏曲学院副院长周龙，北方昆曲剧院副院长杨凤一，北京演艺集团副总经理李龙吟当选副主席；北京戏剧家协会秘书长杨乾武当选为驻会副主席。

【“我心中的经典电影形象”评选活动】

7～11月，北京影协与北京电视台文艺节目中心《天天影视圈》栏目联合举办了“我心中的经典电影形象”评选活动。活动囊括了1949～2009年中国本土所有的电影作品，共108位候选形象，并最终评选出包括江姐《烈火中永生》、林道静《青春之歌》、潘冬子《闪闪的红星》、南霸天《红色娘子军》、秋菊《秋菊打官司》、程蝶衣《霸王别姬》、黑皮《疯狂的石头》等在内的53个经典电影形象。

【全国小提琴展演活动】

8月9～13日，由中国群众文化学会音乐专业委员会和北京音乐家协会联合主办的中国少儿小提琴独奏展演暨少儿少提琴教学研讨会在外研社国际会议中心和优龙国际会议中心隆重举行。来自全国各地的近千名少儿小提琴选手和两百多名少儿小提琴老师参加了这一盛会，是迄今为止规模最大的一次小提琴展演活动。

【“为伟大祖国骄傲”2009北京快板邀请赛】

8月8～16日，北京曲协举办“为伟大祖国骄傲”2009北京快板邀请赛。经过4天7场的激烈角逐，评选出“最佳节目奖”8名、“最佳表演奖”6名、“最佳创作奖”4名、“最佳新人奖”5名以及20名“大赛优秀奖”。

【2009大学生戏剧节】

8月9～23日，北京剧协与朝阳区文化馆在北京“9剧场”共同举办了2009大学生戏剧节。本届大学生戏剧节共有来自全国12个省区市42

所高校的59个剧目报名参加。闭幕式上北京文联党组书记朱明德揭晓了本届大学生戏剧节最高奖项“金刺猬”奖，北京戏剧家协会主席濮存昕将其颁发给了浙江师范大学《沧海月明》剧组。

本届大戏节为期15天，共有10000余名观众直接参加了各种公益性演出活动。剧目演出36场，举办专家讲座8场、艺术工作坊5次，音乐演出7场、展览活动6种、大学生电影放映3天、古琴演奏会2场、新农村采风活动2次、校园诗歌朗诵会1场、创意集市15天。

【北京音乐家协会第五次会员代表大会】

8月20～22日，北京音乐家协会第五次会员代表大会在顺义乔波国际会议中心隆重召开，共100名会员代表参加。讨论并通过了工作报告和修改后的《北京音乐家协会章程》，选举产生了北京音协第五届理事会，50名同志当选为理事；谭利华当选为新一届北京音乐家协会主席；王次炤、王黎光、宋祖英、张维良、杨青、孟新洋6位同志当选为新一届北京音乐家协会副主席；陈卫东当选为新一届北京音乐家协会驻会副主席；经新一届理事会讨论通过聘请杜鸣心先生为协会名誉主席，王安国、方堃、朱广星、李湘林、陈天戈、姚思源为协会顾问。

【杂技专场演出和图片展】

8月30～31日，北京杂技家协会在评剧院举办了喜迎新中国成立60周年“北京杂技优秀节目专场演出”和“北京杂技回顾展”。展示60年来北京杂技事业发生的巨大变化和取得的辉煌成就。活动分为演出和图片展两个部分，图片展展出了200多张记录60年北京杂技发展的珍贵照片。

【《漳河水》发表60周年座谈会】

9月3日，由北京作家协会与中国现代文学馆联合主办的纪念《漳河水》发表60周年座谈会暨《阮章竞绘画篆刻选》首发式在京举行。陈建功、贺敬之、舒乙、李青等40余位作家、评论家参加了会议。与会者认为，《漳河水》采用了多种山西民歌的形式，使用了许多比兴的手法，使得诗中的人物形象丰满，且抒情意味浓厚，作者在诗歌创作上开辟了前所未有的新领域。

【2009北京青年戏剧节】

9月7～27日，第二届北京青年戏剧节在北京举办。第二届青戏节推出22部作品，其中首演剧目14个，精彩重现剧目7个，由2008年北京青年戏剧节剧本朗读单元生成的剧目1个。

本届青戏节共收到来自全国各地的80个作品报名，22个展演剧目分别在北京蜂巢剧场、东方先锋剧场、北京人艺实验剧场等10个剧场共演出87场。另外，还有8个朗读文学剧本，3天4场5个主题戏剧论坛以及有众多音乐人参与的戏剧音乐会，并首次推出了视觉引导舞台戏剧展。据统计，共有3万余人参与了第二届戏剧节的观摩及相关活动。

【新世纪第四届“北京文学”奖和第三届“北京文学·中篇小说月报”奖颁奖活动】

9月8日，在北京文学杂志社举办的新世纪第四届“北京文学”奖暨第三届“北京文学·中篇小说月报”奖颁奖活动中，荣获新世纪第四届“北京文学”奖的作品是：中篇小说刘庆邦的《哑炮》、叶广芩的《逍遥津》、迟子建的《草原》、方方的《万箭穿心》、戈悟觉的《状态》；短篇小说是范小青的《谁能说出真相》、韩少功的《第四十三页》、须一瓜的《灶上还有绿豆羊肉汤》、陈世旭的《一看就是个新警察》、巴音博罗的《伐木人遥远的微笑》；报告文学是朱玉的《天堂上的云朵》、何建明的《1978：春雷响起的地方》、朱晓军的《留守在北大荒的知青》、长江的《香港回归祖国十周年回眸》、泽津的《田凤山：一个省部级高官的畸形人生》；获新人新作奖的是：陈爱军的《烟》、王洪勇的《照样风光》、葛佳的《老同学》；阮梅的《农村留守孩子，中国跨世纪之痛》则获得“读者最喜爱的一篇报告文学”奖。

获得第三届“北京文学·中篇小说月报”奖的作品是：王安忆的《骄傲的皮匠》、叶广芩的《豆汁记》、鲁敏《逝者的恩泽》、滕肖澜《姹紫嫣红开遍》、乔叶的《最慢的是活着》、张翎的《余震》、笛安的《莉莉》、季栋梁的《老解》、孙惠芬的《致无尽关系》。

【第三届北京市国标舞大赛】

9月12日，北京舞协举办了“庆祝新中国成立60周年北京市第三届国际标准舞大赛”。本次大赛由北京市文学艺术界联合会、中共石景山区委、区政府共同主办，中共石景山区委宣传部、北京舞蹈家协会、石景山区文学艺术界联合会、石景山区舞蹈家协会共同承办。来自18个区县文联的1000多名选手参加了此次比赛。

【北京电影家协会成立】

9月19～20日，北京电影家协会成立暨第一次会员代表大会在北京会议中心召开。国家广电总局副局长张丕民，国家广电总局电影局局长童刚，中国电影家协会分党组副书记、秘书长许柏林，北京市委宣传部常务副部长陈启刚，市委宣传部副巡视员陈建文，北京市文联主席金铁霖，北京市文联党组书记朱明德等领导出席了会议。大会选举产生了第一届理事会主席团：北京人艺院长张和平当选为主席，马丛峰为驻会副主席、秘书长，尹鸿、王一川、王中军、王兴东、张会军、张宏森、张强、李春良、李艳、李雪健、傅红星、韩三平、路海波等10余名电影人担任副主席。64人当选为第一届理事会理事。北京电影家协会现有会员602名。

【老舍与新中国大型图片展】

9月22日，在老舍故居，北京老舍文艺基金会、北京市老舍研究会、北京老舍纪念馆共同举办“老舍与新中国”大型图片展，以及老舍铜像落成揭幕仪式。图片展用20个版面，共200余幅图片，总结老舍先生为新中国文化事业作出的杰出贡献，介绍他在新中国成立后的创作和60年来出版、改编、演出和研究方面的成果。北京文联常务副主席、党组书记朱明德，原北京市政协副主席甘英，北京市文物局副局长于萍等领导出席活动，并为老舍先生的铜像揭幕。

【北京市级老领导联欢会】

9月26日，近50位北京市级老领导出席了由市委老干部联络室、市文联主办的北京市级老同志庆祝新中国成立60周年联欢会。中共北京市委副书记王安顺，市委常委、宣传部部长、副市长蔡赴朝，市委常委、常务副市长吉林，市人大常委会副主任刘晓晨，市政协副主席沈宝昌和市老领导白介夫、张健民、王大明、陈广文、王光、李伯康、段柄仁、胡昭广等出席了联欢会。

【首都文艺家创作精品展】

9月28日上午，北京市文联隆重推出首都文艺家庆祝新中国成立60周年书法、美术、摄影、民间艺术精品展，展示北京文化艺术的最新成果和精品力作。此次展览由北京市文联主办，北京书协、北京美协、北京摄协、北京民协协办。共展出四大艺术门类240件作品。

【积极参加第七届音乐金钟奖的各项比赛】

9月，北京音乐家协会合唱团和北京海燕合唱团参加金钟奖合唱比赛，获优秀成绩。举办第七届中国音乐金钟奖声乐比赛北京地区选拔赛，由6名选手进入全国复赛。按照严格的程序，推荐了二胡、钢琴、笛子、笙、古筝的选手参加第七届音乐金钟奖比赛，其中选手王磊获笙组比赛铜奖，曹鹏获钢琴比赛三等奖。

【长篇小说《北方佳人》研讨会】

10月，北京作协与中国作协重点作品扶持办公室、北京出版集团有限公司、北京市新闻出版局联合召开了北京作协副主席、选题签约作家凌力的长篇小说《北方佳人》研讨会，邀请作家、评论家40余人出席。大家认为，这部作品第一次以长篇历史小说的创作形式表现了一个古老而伟大的民族称霸世界之后的苦难与悲怆，令人震撼；以女性视角，挖掘出了被以往历史描述所遗忘的女性命运，具有广阔的人文空间，具有深刻的社会反思意义与艺术冲击力，堪称引人入胜、感人至深的佳作。

【北京舞蹈家协会第五次代表大会】

10月27～28日，在北京会议中心召开了北京舞蹈家协会第五次会员代表大会。110名与会代表讨论并一致通过了修改后的《北京舞蹈家协会章程》，经民主选举产生了55名北京舞蹈家协会第五届理事会，陈维亚当选为新一届北京舞蹈家协会主席。王晨当选为新一届北京舞蹈家协会驻会副主席兼秘书长；冯英、阮兰玉、苏自红、李续、赵明、杨华、明文军、贾洪震、顾小英九人当选为新一届北京舞蹈家协会副主席。

【第三届北京国际书法双年展】

10月31日和11月1日，第三届北京国际书法双年展分别在北京市劳动人民文化宫太庙广场和中国人民革命军事博物馆隆重开幕。此展共征集了来自马来西亚、新加坡、印度尼西亚、日本、韩国等全球20多个国家以及我国港、澳、台地区的共计7178件作品。大展包括7个展项：国际书法名家“笔歌中国”精品邀请展、国际知名女书家“笔歌中国”精品邀请展、沈鹏·赵守镐书法艺术联展、中国中青年书法家“笔歌中国”书法邀请展、中国少年儿童“笔歌中国”优秀书法展、北京第14届“笔歌中国”书法篆刻展、北京市四

城区书法联展。

【第八届新人新作展览】

11月7～12日，北京美术家协会在首都图书馆举办第八届新人新作展，共收作品423件，经过评委的严格评审，共有109件作品入选。

【第四届"笔歌中国"BTV北京电视书法大赛】

11月15日，第四届"笔歌中国"BTV北京电视书法大赛圆满结束。本届电视书法大赛是由北京市文联、北京书法家协会、北京电视台、北京市昌平区文联和北京市昌平区旅游局联合主办的。大赛组委会共收到来稿2000余件。本届大赛与前三届相比，有着更加宏大的主题和更加鲜明的艺术特色，可用"一个主题"、"两个亮点"、"三个高度"来概括。"一个主题"就是紧紧抓住新中国成立60周年这个契机，以"笔歌中国"为立意命题，以电视传媒为特殊方式，以书法艺术为展示手段，从而达到歌颂伟大祖国的辉煌成就，书写改革开放的巨大变化，展示华夏文明复兴的艺术风采的目的。"两个亮点"：一是凸显大北京，包容多样性。二是选手水平旗鼓相当，差距缩小。"三个高度"：一是政治高度。二是艺术高度。三是时代高度。

【第16届北京大学生电影节大学生影评大赛】

12月5日，由北京大学生电影节组委会和北京影协共同举办的大学生影评大赛启动仪式暨新闻发布会在北京文联小剧场举行。大赛面向全国（含港、澳、台地区）高等院校正式注册的在校学生（包括专科生、本科生、研究生）征集针对北京大学生电影节入围影片（仅限第14、15、16届）的原创电影评论，并对所征集来的稿件进行分组评选。

【新星杯魔术比赛】

12月11～12日，在北京文联小剧场举办了"CMUC新秀交流大会——新星杯魔术比赛活动"。该活动是由北京杂协与中国高校魔术联盟主办，北京大学、清华大学、中国人民大学、北京外国语大学、中国政法大学等高校魔术社团共同参与。大会活动主要内容包括：比赛、讲座、嘉宾表演。比赛共号召了42所高校的43名选手参加。

创作与研究

【赵明舞蹈艺术研讨会】

1月6～8日，北京市文联、北京军区战友歌舞团、北京舞蹈家协会共同主办，北京舞蹈家协会和《首都舞苑》杂志社共同承办了"赵明舞蹈艺术研讨会"。来自北京及上海、湖南、湖北、广东、四川等地的舞蹈家们齐聚一堂，认真研讨。中宣部文艺局局长，文化部、中国文联的两位领导及总政宣传部、北京军区政治部宣传部、中国舞协、中国艺术研究院舞蹈研究所、北京市文联等有关领导、专家、学者参加了会议。

北京军区战友文工团舞蹈编导、北京舞蹈家协会副主席赵明是一个具有军旅艺术家身份同时有着良好市场口碑的编导，其作品具有阳刚向上的军人气质，又具有鲜明的文人情怀。本次研讨会总结、归纳、研究了赵明的艺术成就、成才模式以及所在部队长期以来对他的培养和支持，同时对舞蹈的市场定位、创作方向、产业化进程进行了全面的探讨。

【出版书籍抢救整理优秀传统杂技】

7月，北京杂协组织编辑的中英文双语书籍《中国古典幻术——剑丹豆环》出版。该书结合图文记录中国古典戏法剑、丹、豆、环四大种类的原始风貌，并进一步调查研究其来龙去脉、创作思路、传统技法、演进过程以及革新创造。

【官布从艺60年画展及研讨会】

5月28日至6月5日，北京市文联、北京美协同中国少数民族美术促进会在中国美术馆举办了官布先生从艺60周年大型画展。中央政治局常委、全国政协主席贾庆林参观了画展，并给予高度评价。北京市文联还召开了官布从艺60周年艺术研讨会。10月15日官布从艺60周年回乡绘画展在呼和浩特市举办。

【儿童文学短篇小说创作座谈会】

10月21～23日，东方少年杂志社在北苑宾馆隆重召开了儿童文学短篇小说创作座谈会。会议由东方少年杂志社社长、主编孟芊芊主持，著名儿童文学作家评论家薛涛、曾小春、张玉清、黄春华、马昇嘉、盛永明、星河、谭旭东、王小民、杨鹏、安武林等受邀出席。会议针对当前儿童文学短篇小说的创作现状、发展瓶颈、生存出路以及儿童文学刊物的办刊追求、编辑素养等焦点话题，进行了热烈真挚的讨论。

【韩小蕙散文理论、作品研讨会】

12月7日，北京作协为合同制作家韩小蕙召开了散文理论、作品研讨会，邀请评论家、作家、记者约40人出席。与会者认为，韩小蕙的散文创作态度真诚，评论中体现出视角的独特和知识的广博，秉承了其一贯认真踏实的作风；她审视散文时常深入作品的内核，批评敏锐且有包容之心，既坚持精英立场，又努力寻找与大众媒体批评之间的连接点；她对新时期散文的梳理见证了当代新散文创作的发展历程，有一定的文献价值。

【现实与文艺：2009北京文艺论坛】

12月14日，由北京市文联与北京大学中文系联合主办的“现实与文艺：2009北京文艺论坛”在北京召开。“北京文艺论坛”是北京市文联在文艺理论评论方面下大力气推进的一项工作，已连续举办5届。本次论坛邀请了来自全国各地的文艺理论评论家30余人，及北京大学、清华大学等校的学生300余人，就文艺关注现实的伟大传统，当下文艺创作与现实的关系，现实生活与艺术想象，“底层写作”的现实关怀与问题，文艺与社会公共事务，如何评价当代文艺的娱乐性狂欢，现实主义文艺在新时代的发展等数十个专题进行了讨论与对话。

【编辑出版小说集《北京短篇小说名作60年60篇》】

本书由北京作协特别策划，著名作家刘恒主编，以作品发表时间排序，编选了新中国成立60年以来的60位北京作协作家的60部有标志意义的短篇小说作品，以自然时序勾勒出从老舍到“80后”张悦然等几代作家间的传承与接续，显现新中国成立60年来北京短篇小说创作路径的流变和文学形态的迁移，形成了一道抢眼的文学风景。上卷所选30篇，既有当年曾引起激烈论争的王蒙最好的短篇小说之一的《组织部新来了年轻人》，又有两获茅盾文学奖的张洁的短篇代表作《爱，是不能忘记的》；既有当年发表之初文坛为之震动的汪曾祺的《受戒》，又有知青文学的代表作史铁生的《我的遥远的清平湾》；既有伤痕文学，又有京味传奇；既有深入写实，又有象征写意，再现了中国当代文学“百花齐放”的盛况。下卷所选30篇，既有开创了“新历史主义”写作先河的刘恒的代表作《狗日的粮食》，又有赋予农村生活田园诗般美丽忧愁的曹文轩的《忧郁的田园》；既有入木三分表现煤矿生活的刘庆邦的《走窑汉》，又有大胆肆意张扬个性的刘索拉的《多余的故事》；既有寻根文学，又有探索创新；既有先锋文学，又有新锐写作，浓缩了当代文学“争奇斗艳”的现实。

【出版长诗《山月》】

这部作品描绘了新时期以来北京农村发生的巨大变化和农民的崭新面貌，歌颂了党的正确领导和改革开放给农民生活带来的实实在在的好处。此书是北京作协为迎接新中国成立60年和改革开放30年所做的重点选题，从2008年开始策划，委派签约作家、诗人马淑琴进行创作，历经一年多的撰写、审读、修改、落实出版，在国庆节期间与读者见面。

【出版《中国儿童文学名家名作》丛书】

为庆祝新中国成立60周年，东方少年杂志社与北京市文联共同出版了6卷本《中国儿童文学名家名作》丛书。

【完成课题情况】

完成了“北京市哲学社会科学‘十一五’规划项目”——《北京文联职能拓展与我国文化管理体制改革中构建公共文化服务体系关系之研究》课题的主体部分；撰写了《发挥文联优势 推动社会主义文化建设兴起新高潮》、《深入学习实践科学发展观调研报告——北京市文联走访浙江、广西、福建三地文联》、《抓好文艺创作工作，进一步推动社会主义文艺大发展大繁荣》等调研报告。

获奖情况

【叶用才、王越受表彰，李宗印获第四届北京中青年文艺工作者德艺双馨奖】

叶用才荣获中宣部、中央外宣办和中国记协等单位授予的“全国优秀新闻工作者”荣誉称号。

王越被北京市委宣传部授予“庆祝中华人民共和国成立60周年宣传文化系统”先进工作者称号。

李宗印荣获“第四届北京中青年文艺工作者德艺双馨奖”。

【《命运的摇摆——双人晃管》获国际金奖】

1月29日，在法国巴黎举办的第30届法国“明日”国际杂技节上，北京杂协会员、中国铁路文工团杂技团演员王强、丛立宝表演的杂技《命运的摇摆——双人晃管》荣获金奖。

【北京剧协2009年度获奖情况】

5月6～18日，第24届中国戏剧梅花奖大

赛在杭州举办。北京剧协推荐的北京市河北梆子剧团老生王英会参加大赛并夺得一度梅榜首；7月30日至8月6日，北京地区26位选手参加第13届中国少儿戏曲小梅花荟萃“佩花晚会”,3名选手获得“十佳称号”、6名选手获得金花称号,1名选手获得银花称号；11月5日，中国文学艺术界联合会和中国戏剧家协会联合主办的第三届中国戏剧奖小戏小品奖评选在张家港大剧院举办，北京剧协推荐的《我脑海里的橡皮擦》获得最佳导演奖，《红豆》获得最佳演员奖；北京京剧院专为青年演员创作的小剧场京剧作品《浮生六记》参加11月27日至12月13日在厦门举办的第11届中国戏剧节评选，荣获优秀剧目奖，北京剧协获得优秀组织奖。

【《东方少年》入选优秀报刊】

5月26日，《东方少年》杂志光荣入选新闻出版总署新闻报刊司公布的2009年向全国少年儿童推荐的优秀少儿报刊名单。此次推选活动于2009年3月启动，推荐了少儿期刊138种、少儿报纸参选44种。

【北京曲协艺术家受表彰】

7月7日，在中国曲艺家协会成立60周年纪念大会上，陈涌泉、李金斗、于万海、贾德丰被评为突出贡献曲艺家，笑林、种玉杰、武宾被评为优秀中青年曲艺家。

【第五届“小荷风采”全国少儿舞蹈展演北京获奖】

7月26日至8月6日，第五届“小荷风采”全国少儿舞蹈展演分别在北京赛区和安徽淮南赛区举行。来自全国30多个省区市，包括中直、解放军各兵种直属幼儿园及港澳台地区的入围作品约250个和近5000人的各族小朋友参加，经过近10天的角逐，北京代表队共获95个“小荷之星”，41个“小荷新秀”；一批指导教师被授予“小荷园丁”称号，北京舞协获得了优秀组织奖。

【大型幻术《青花神韵》世界魔术大赛获奖】

7月31日，在北京举办的国际魔术联盟第24届“2009北京世界魔术大会”上，北京杂协理事沈娟，会员傅琰东、汪燕飞共同表演的大型幻术《青花神韵》获舞台幻术类银奖。

【《北京文学》被评为“中国北方十佳期刊奖”】

8月，在中国北方优秀期刊评选活动中，《北京文学》被评为“中国北方十佳期刊奖”。

【第七届中国舞蹈“荷花奖”民族民间舞大赛北京代表队获金奖】

9月22～29日，来自全国19个省份、18个民族的43支队伍，在贵阳市大剧院决赛，最终北京参赛的8支代表队，喜获2金、2银、4铜，中央民族大学选送的群舞《翻身农奴把歌唱》和北京舞蹈学院选送的单人舞《闲鹤》获得本届大赛作品的最高分，北京舞协获得优秀组织奖。

【中国杂技团《圣斗·地圈》节目荣获金狮奖】

11月8日，在石家庄举办的第12届中国吴桥国际杂技艺术节上，由北京杂协会员、中国杂技团有限公司演员徐有成、张纯、张亮等表演的《圣斗·地圈》获金狮奖。

【北京市文联和谐之声艺术团获北京首批“首都市民学习品牌”】

11月9日，在北京市委、市政府主办的北京市第五届全民终身学习活动周开幕式上，北京市文联、市社科联、市委教育工委、市文物局、市新闻出版局、市总工会、团市委等10家单位喜获“首都市民学习品牌”，北京市文联和谐之声艺术团获此殊荣。

【第23届CBDF国际标准舞全国锦标赛北京选手获奖】

12月4～6日，第23届CBDF国际标准舞全国锦标赛在广州举行。北京队有22对选手进入7个组别决赛，由北京舞蹈学院、北京国标舞学院、中央音乐学院附中、北京戏曲艺术职业学院、北京阎岭舞蹈学院组成的北京代表队，参加了职业组、业余组、职业新星组、21岁组等组别的角逐。最终有4对选手荣获参赛组别的第一名。

【2009年合同制作家获奖情况】

在第11届中宣部精神文明建设“五个一工程”奖评选中，在奖项减少、竞争力极强的情况下，刘恒出任编剧的电影《集结号》、《铁人》获得优秀电影奖，邹静之担任总编剧的《福娃奥运漫游记》获得优秀动画片奖，徐坤的长篇小说《八月狂想曲》荣获优秀图书奖第一名。3位驻会作家的4部作品获此大奖，为北京市争得了荣誉；在第六届北京市文学艺术奖评奖中，徐坤的长篇小说《八月狂想曲》、曾哲的长篇纪实文学《觉建筑》和北京作协副主席凌力的长篇小说《北方佳人》共同获奖；在12月22日举行的表彰大会上，徐坤作为北京作协的代表做了发言；在北京市庆祝新中国成立60周年征文评奖中，曾经或正在与作协签约的合同制作家获得了10项优秀奖中的6项，35项佳作奖中的13项；由杨鹏任总编剧的动画片《少年狄仁杰》（26集）获国家广电总局评选的2008年国产原创电视动画片（中篇）一等奖及第21届“星光奖”电视动画片大奖。毕淑敏的散文集《藏地情》和韩小蕙的散文集《我在我思》获第三届女性文学奖。此外，还有20余人次分别获得《人民文学》、《十月》、《小说月报》等刊物颁发的文学奖项。由北京电视台摄制、祝勇撰稿的纪念新中国成立60周年16集大型历史文献纪录片《我爱你，中国》，被中国纪录片学会评选为2009年十佳纪录片。

对外交流

【北京市文联和谐之声艺术团赴外演出】

1月31日至2月8日，北京市文联和谐之声艺术团和市侨联共同组成的演出团赴澳大利亚演出。演出团中既有知名艺术家刘珊、李初建、胡月，也集中了苏雪冰、李琳、吴泽琦等优秀青年艺术家。他们把家乡父老乡亲的问候和祝愿带给了大洋彼岸的亲人，为澳大利亚的华人华侨奉献出了高质量高水平的演出。12月2日，市文联组团赴美国西北大学进行演出和交流活动。节目包括：声乐、器乐、舞蹈、戏曲、杂技五部分，演员共计20余人。3次文化交流和2场演出，都获得了巨大成功。12月5日的演出，中华人民共和国驻芝加哥总领事黄屏偕夫人观看了演出，并对艺术团给予极高的评价。

【京澳百名书法家举办《澳门基本法》书法精品展】

5月7～17日，由澳门基本法推广协会主办、北京书法家协会协办的“一国两制增活力，澳门十年展鹏程”——京澳百名书法家挥毫《澳门基本法》书法展开幕式在澳门中华总商会隆重举行。澳门特别行政区行政长官何厚铧在展览开幕前接见了北京书协代表团，此次展览共展出京澳两地书法名家作品133幅。

【“北京——我们可爱的家”摄影展】

8月10日，由北京摄影家协会举办的“北京——我们可爱的家”摄影展览，在澳大利亚墨尔本澳华历史博物馆开幕。中国驻墨尔本文化领事和澳大利亚维多利亚议员、州律政部长罗伯特·科拉克出席了开幕式。澳大利亚友好人士及当地华人100余人出席了开幕式。展览共展出100余幅摄影作品。10月，北京摄影家协会还与市对外友协和俄罗斯滨海边疆区俄中友协共同在海参崴举办“北京——我们可爱的家”摄影展。

【“北京之夜”专题摄影展览】

11月3～13日，由北京市文联和北京摄影家协会及北京民间文艺家协会、北京美术家协会和美中友协芝加哥分会共同在芝加哥西北大学举办了中国文化展演活动，北京摄影家协会在西北大学举办“北京之夜”专题摄影展览，参展作品40幅。

【北京民间艺术展】

12月15～22日，为纪念北京—东京缔结友好城市30周年，北京民协参加了北京友协在东京都厅举办北京民间艺术展。参加展览的民间艺术项目有风筝、面塑、内画鼻烟壶、剪纸、葫芦雕刻五大类100余件作品。北京民间传统艺术吸引了来自俄罗斯、英国、瑞士、加拿大、丹麦等国观众，展出期间2000多人次前来参观。

天津市文联

综　述

2009年，在天津市委、市政府的亲切关怀下，在市委宣传部和中国文联的领导下，天津市文联开拓进取，求真务实，抢抓机遇，迎难而上，创造性地开展工作，举办了庆祝新中国成立60周年系列活动，首创了“全国（天津）相声新作品大赛”，举办了“七展”、“九赛”、“五大演出”等丰富多彩的系列文化艺术活动，实施了人才战略和精品工程，开展了“德艺双馨”文艺工作者和文艺新星评选，积极为取得卓越成就的老文艺家举办艺术生涯庆贺纪念等，在文艺界营造了积极向上的良好氛围，激发了广大文艺家奋力拼搏的精神和动力，推出了一大批精品力作，荣获全国各类大奖百余个，为繁荣发展文艺事业作出了突出贡献。

学习实践科学发展观活动

2009年年初，天津市文联继续开展学习实践科学发展观活动。在认真听取干部群众意见建议基础上，先后制定整改落实方案，解决突出问题，建章立制，清理完善制度18项，修订制度4项，新建制度4项，并确定了13个整改项目，雷厉风行地进行了整改。活动以“一首好歌为龙头，四大品牌上水平，八件实事高标准，两个建设作保证”的实践载体，取得实实在在的效果。市里组织的干部群众对领导班子测评满意率达到100%。

艺术活动

【庆祝新中国成立60周年天津市美术、书法、摄影、民间艺术系列展和电视艺术活动】

为做好庆祝新中国成立60周年工作，天津市文联与市委宣传部共同主办了被列入市委宣传工作要点的“庆祝新中国成立60周年天津市美术、书法、摄影、民间艺术系列展”。展览由“天津市美术作品展”、“天津市第六届书法篆刻展览”、“视觉360° 天津市摄影艺术展”和“天津市民间艺术精品展”构成。专业性与群众性、系列展与主题展、届展与邀请展相结合是本次展览的最大亮点。展览以精心的构思、全新的视觉、高雅的艺术，多角度、多侧面地充分表现了新中国成立60年，特别是改革开放30年来天津市在各个方面所取得的巨大成就，充分展现了全市人民在共和国建设中的时代精神和崭新风貌，为天津市历年来在书画、摄影、工艺美术方面最高艺术水平的全面展示。

由天津电视艺术家协会组织、天津电视台等承办的“为祖国喝彩——全国电视文艺连续12小时国庆大型直播行动”、“山·河·海的激情”大型电视文艺晚会等内容丰富，特点突出，广受赞誉。天津电视台与市委宣传部、中央电视台、八一电影制片厂联合摄制的50集电视连续剧《解放》在海内外产生很大影响，深得好评。

【全国（天津）相声新作品大赛】

大赛由中共天津市委宣传部和中国曲协主办，天津市文联、今晚传媒集团、天津市曲协、中国曲协相声艺术委员会承办。2月启动征稿，9月10～16日在津举行。大赛被中央电视台现场直播，海内外百余家新闻媒体给予报道，并在中国曲协全国工作会议上做了经验介绍。

本次大赛以繁荣发展相声艺术为宗旨，力求通过比赛推出更多新作、选出更多精品、发现更多新人，进一步推动和繁荣发展相声艺术创作、丰富相声舞台，让相声焕发新的生机。参赛作品为2007年1月1日以来创作的相声作品，且未参加过全国性相声大赛的优秀节目。大赛分为征稿阶段、改稿阶段、评奖阶段，并通过初评、复评、决赛三个阶段进行。大赛还举办相声新作品改稿会和相声新作品脚本拍卖会。

6月20～24日，“全国（天津）相声新作品大赛终审会”在津举行。以中国曲协分党组书记、副主席姜昆，天津市文联党组书记、秘书长孙福海为主任的评审委员会，最终评选出50余篇优秀作品进入决赛。

6月26日，“全国（天津）相声新作品大赛作品拍卖新闻发布会”在京举行。这是全国首次相声作品拍卖。中共天津市委常委、市委宣传部部长肖怀远，中国文联党组成员、副主席、书记处书记冯远出席并讲话。中国文联副主席、中国曲协主席刘兰芳，中国曲协分党组书记、副主席姜昆，以及主承办单位负责同志出席。

7月2日，“全国（天津）相声新作品大赛作品拍卖会”在北京新闻大厦举行。16部相声新作以1万到20万元不等的价格全部拍出。天津市文联党组书记、秘书长孙福海主持拍卖会。

7月25日，“全国（天津）相声新作品大赛”首场实验演出在北京中曲清音剧场举行。中国曲协顾问朱光斗、中国曲协相声艺术委员会主任常贵田等出席。

9月10～16日，“全国（天津）相声新作品大赛”决赛在津举行。7天的决赛，全国百余位相声演员演出了百余段相声新作。大赛自2月份启动，参赛作品达千余部之多，作品从数量到质量，均创我国同类相声大赛的最好成绩。大赛推出了“群星闹津门”、“京津笑星会”、“桑榆献新花”、“学子曼倩风”、“童心绽新蕾”、“茶苑乐翻天”等六个系列12个专场。评选出荣誉奖：《一封家书》，作者杨振华（辽宁），杨振华、金炳昶表演；《学京剧》，作者王谦祥（北京），王谦祥、李增瑞表演；《听广播》，作者王志新（天津），王志新、刘斌表演。特别奖《一天零一夜》，作者刘俊杰（天津），刘俊杰、王宏表演；《世语新说》，作者侯长喜（天津），侯长喜、王世勇表演。一等奖《城管与地摊儿》，作者王鸣禄（天津），刘亚津、尚大庆表演。二等奖：《模拟疗法》，作者原建邦、陈占国（黑龙江），刘彤、宗成滨表演；《时空隧道》，作者王鸣禄、刘景州（天津），田立禾、王世勇、侯长喜、李梓庭表演；《老有所思》，作者刘德印（天津），魏文亮、王佩元表演。三等奖：《可怜有钱人》，作者孙晨（北京），周炜、郑健表演；《我爱便宜》，作者方清平（北京），方清平、付强表演；《忽悠》，作者白纪元、穆凯（辽宁），李少杰、陈隆赫、元春起表演；《酒后吐真言》，作者杨志刚（天津），高玉庆、牛成志表演；《明星与民工》，作者史东方（天津），刘全刚、刘惠表演。另外27部作品获优秀奖，6部作品获“乐在校园”优秀作品奖，7部作品获优秀童趣奖，4个单位获集体荣誉奖。

【第14届“津门曲荟”】

9月10～27日，举行由天津市文联与市文广局主办，市曲协、市曲艺团承办的天津市第14届“津门曲荟”。20多个院团和演出团体演出了相声新作品专场、快板快书精品专场、鼓曲名段专场、天津电台2009“原创相声”精品专场等30多台精品演出，推出了新作、精品和新人，受到广大曲艺爱好者的好评并在全国产生了很好反响。

【艺术家“大地行”采风活动】

2009年，天津市文联和所属协会成立了10余个深入生活采风小分队，组织500多名文艺家深入工厂、农村、部队、学校、社区体验生活。组织百名艺术家走进中新药业，以讴歌荣获“海河骄子”称号先进人物为题进行艺术创作。组织百余位摄影家赴广西、湖南、河西走廊等地进行摄影采风，行程达万余公里，拍摄近30万张摄影作品。

【“七展”、“九赛”、“五大演出”】

2009年，天津市文联举办了“七展”、“九赛”、“五大演出”。“七展”为：第17届中韩国际摄影交流展和中韩美术交流展、天津市第七届青年美展、天津市印石艺术展、天津市风筝艺术精品展、天津市葫芦艺术精品展、天津市根石艺术精品展。“九赛”为：举办了“祖国在我心中”——发展中的天津滨海新区摄影大赛和天津市首届小提琴大赛、天津市第三届中青年魔术比赛、天津市剪纸艺术大赛、天津市花卉艺术大赛、天津市少儿集体舞蹈大赛、天津市第三届广场舞蹈大赛、天津市第三届少儿舞蹈大赛、天津市第二届群众舞蹈大赛。“五大演出”是：举办了中日演奏家联袂民族音乐会和京津两地获奖钢琴选手音乐会、“城市之光”合唱音乐会、“中华情原创作品系列音乐会”、草原情合唱团建团五周年音乐会等，展示了各艺术门类水平。

【展览】

1月8日，由天津市文联、天津美协主办的“天

津第二届油画双年展”在天津美术展览馆开幕。

2月11日，由中共天津市委宣传部、中国美术家协会、中国书法家协会主办，天津市文联、天津美术学院、天津市美术家协会、天津市书法家协会承办的“祝贺著名书画家孙其峰从艺82周年暨孙其峰师生书画展”，在天津美院展览馆开幕。天津警备区政委谢建华，中国文联副主席、天津市文联主席冯骥才，中国美协分党组书记、常务副主席吴长江等及来自全国书画界知名人士近千人出席了开幕式。孙其峰教学成果和艺术成就研讨会同日召开。

6月5日，由天津市文联、天津市美协主办的“第11届天津市美术作品展国画雕塑展”在天津六号院创意产业园艺术馆举行。《展览作品集》同时出版发行。主承办单位负责人及入展作者和书画界近千人出席开幕式。展览共推出中国画作品340余幅、雕塑作品13件，代表了天津美术界的最高水平。评出金奖12个，银奖、铜奖若干名。

7月16～22日，中共天津市委宣传部、天津市文联主办的“天津市印石艺术精品展”，在和平文化艺术中心展厅举行。

8月10～21日，天津市文联、天津市民协举办“天津市津派风筝精品艺术展”、“天津市葫芦艺术精品展”、“天津市首届剪纸艺术大赛作品展”、“天津市首届花卉艺术大赛作品展”。

8月27日，“天津市民间艺术精品展”在天津市美术展览馆开幕。中国文联副主席、中国民协主席、天津市文联主席冯骥才，中共天津市委宣传部副部长于景森等出席开幕式。展览共展出了40余个艺术门类的佳作百余件，全面展示了天津民间艺术家的成就。

9月5日，“视觉360°——天津市摄影艺术展”在天津市美术展览馆开幕。罗远鹏等出席。本次展览共展出天津市摄影家采取360°全景视角拍摄手法和新老照片对比方式制作的80余幅摄影佳作。其中，240厘米的作品成为新中国成立60年来天津市摄影艺术展中片长之最。

9月13日，“天津市美术作品展”在天津市美术展览馆开幕。杨竞衡、李长兴等出席。此次展览所展出的国画、油画、版画、雕塑等百余幅优秀作品。

9月11～16日，以天津市文联组成的天津艺术代表团赴韩国仁川，出席“天津——仁川美术交流展”和仁川世界都市庆典活动。

9月22日，“庆祝新中国成立60周年天津市美术、书法、摄影和民间艺术系列展”——天津市第六届书法篆刻展览，在创意产业园艺术馆开幕。罗远鹏等出席。共展出书法篆刻作品203件。全面展示了3年来天津市书法创作的最新成就。

12月4日，由中国美术家协会、全国政协书画室、中国艺术研究院和天津市文联共同主办，上海美术馆承办的“何家英画展”在上海美术馆隆重开幕。文化部副部长王文章，中国文联党组副书记、副主席覃志刚，中国文联党组成员、副主席冯远，中国美术家协会主席刘大为，各主承办单位负责同志和来自京、津、沪等地的文艺界知名人士奚美娟、韩美林、姜昆、韩天衡，及外国驻上海的外交、文化使节等出席了开幕式。天津市政协主席邢元敏，中共天津市委常委、宣传部部长肖怀远，中国美术学院院长许江，中国美协分党组书记吴长江和天津市政协、天津市美协分别发来贺信。

12月21日上午，由天津市文联、天津市摄影家协会主办的“第14届天津市摄影艺术展览”在天津美术展览馆开幕。参展的200余幅作品从3600余幅作品选出，其中赵惠祥的《都市乐章》、苏振强的《等待》、宁柯的《金牌时刻》获金牌奖。

【活动】

1月29日，天津市文联党组书记、秘书长孙福海携新作《不用偷着乐——100位相声演员的奇闻趣事》在天津图书大厦举行签名售书仪式。著名相声艺术家苏文茂、著名相声作家王鸣录、著名书法家唐云来等助阵签售。

4月26～28日，由天津市文联、天津市文化局联合举办的“纪念著名河北梆子表演艺术家王玉磬诞辰85周年纪念演出”在中国大戏院开幕。王玉磬生前得意弟子、中国戏剧梅花奖获得者陈春在重新加工整理的《辕门斩子》、《鞭打芦花》担纲演出。

10月25日，由天津市梁斌文学研究会、天津市文联、天津市作协、南开大学、《文艺报》、中国现代文学馆联合主办的“梁斌文学艺术论坛”在南开大学省身楼隆重举行。市委常委、宣传部部长肖怀远，市委常委、政法委书记散襄军，中国作协副主席、书记处书记陈建功出席。肖怀远、陈建功讲话。

11月27日，《春华秋实——天津市区县文联文艺创作成就荟萃》系列丛书首发式在汉沽区举办。天津市文联系统报刊评选颁奖大会同时举行。由市文联编辑的《春华秋实——天津市区县文联天津市文联在汉沽区举办文艺创作成就荟萃》系列丛书共9册，分别为天津市9个区县文联的文艺创作成就荟萃专集，是天津市文化艺术事业的一个概貌和缩影。自3月开始进行的"天津市文联系统报刊交流"活动，经严格评选，最终评选出特等奖1名、一等奖3名、二等奖5名、三等奖8名。

12月3日，由天津电影制片厂、天津市文联等单位联合摄制的我国首部大型古装笑话电视连续剧《老爷升堂》，在天津电视台影视基地举行开机仪式。导演许瑞生携主要演员刘伟、赵伟洲等亮相。《老爷升堂》剧本历时两年创作并数易其稿完成，语言幽默、情节引人。它将电视连续剧的模式与相声的演绎形式相结合，是我国第一部大型古装笑话电视连续剧。该剧集结了众多活跃在央视春晚舞台上的"大腕"，以及影视界喜剧明星。

12月7～9日，2010年全国曲艺工作会议在广东汕头召开。党组书记、秘书长孙福海在会上介绍了"全国（天津）相声新作品大赛"成功举办的经验。

12月28日，天津市文联第三届主席团22次（扩大）会议在天津市美术展览馆举行。会议讨论并通过了《天津市文联2009年工作总结和2010年工作计划》及《天津市文联2010年计划实施的八件实事》。会议由中国文联副主席、天津市文联主席冯骥才主持，主席团成员、文联领导班子成员、各协会秘书长、各部室负责人出席。

【重要赛事】

2月11日，由中共天津市委宣传部、中国曲艺家协会主办，天津文联、天津曲艺家协会、中国曲艺家协会相声艺术委员会等单位承办的"全国（天津）相声新作品大赛"筹备工作正式启动。大赛于9月在津举行。

8月22～25日，天津市文联、天津市舞蹈家协会主办"天津市第三届少儿舞蹈大赛和第二届群众舞蹈大赛"。

获奖情况

2009年，天津市文联以"五个一工程"一首好歌创作为龙头，以各艺术门类出精品出人才为重点，突出抓了申报全国性的文艺评奖和各项大展大赛参评工作，荣获近百个奖项。

【歌曲《天蓝蓝》获中宣部"五个一工程"优秀歌曲奖】

天津市文联和天津市音协坚持抓精品，抓创作，抓人才，组织词曲工作者深入生活开展创作，推出了一大批精品力作。在连续获奖的基础上，歌曲《天蓝蓝》，再次荣获中宣部"五个一工程"优秀歌曲奖，实现"七连冠"。

【合唱比赛获"金钟奖"铜奖，钢琴比赛获"金钟奖" 优秀奖】

由天津市音协组织报送、天津音乐学院青年合唱团、天津师大天狮合唱团参加的第七届中国音乐"金钟奖"合唱比赛和全国音乐"金钟奖"大赛中，分获铜奖和优秀奖，为天津合唱团在全国音乐"金钟奖"首次获奖。天津音乐学院青年教师刘昭智荣获铜奖，是天津钢琴界在全国大赛中历史性突破。

【多人荣获中国戏剧"梅花奖"】

在第二届中国戏剧奖·梅花表演奖（第24届中国戏剧梅花奖）评选中，天津市剧协报送的曾昭娟、孟广禄荣获 "二度梅"，刘桂娟、赵靖荣获"一度梅"，天津成为本届中国戏剧奖·梅花表演奖评选中获奖人数最多、获奖率最高的省市。在中国剧协主办的第四届"中国戏曲红梅荟萃"大赛中，剧协报送的8名演员全部荣获红梅奖。在第13届中国少儿戏曲小梅花荟萃大赛中，获得7金4银的好成绩，在全国名列前茅。

【多人荣获全国美术书法大展奖项】

由天津市美协、书协组织报送的，天津美术家、书法家参加的多项全国大赛取得优异成绩。孙其峰荣获第三届中国书法"兰亭奖"终身成就奖。天津人民美术出版社出版的《颜真卿书法全集》荣获编辑出版奖。在第11届全国美术作品展中，天津市共有62件作品入展，陈治、武欣的中国画《零点》、陈久如的版画《逐渐恢复的记忆·红云》，景育民的雕塑《东归·土尔扈特的史诗》，陈维

东、梁小龙、李晓楠的漫画《三国演义》荣获银奖。祁海平、郭振山、马赈辕的油画和平面设计荣获优秀奖。在第七届全国体育美展中，天津有7件作品入展，白鹏获优秀奖。在第三届全国中小学生书法节中，天津市书协报送的参赛作品获奖率位居全国之首。

【多人荣获中国民间文艺“山花奖”】

由天津市民协组织报送，天津电视台滨海频道拍摄的《贵州屯堡文化》、陈毅谦创作的泥人《弘一法师》荣获第九届中国民间文艺“山花奖”，李岳林荣获中国文联第三届“德艺双馨”文艺工作者称号。

【多部影视作品荣获国家大奖】

在第11届“五个一工程”优秀影视作品评选中，由天津市电影家协会组织报送的故事片《我的左手》，由天津市电视家协会组织报送的电视剧《父辈的旗帜》、《大国医》荣获第11届精神文明建设“五个一工程”奖。在第27届“飞天奖”评选中，由天津市电视家协会组织报送的电视剧《父辈的旗帜》、《双面胶》获提名荣誉奖。电视剧《我是太阳》获“飞天奖”三等奖。由天津市视协推荐的祖光、尹畅荣获全国第六届“德艺双馨”电视艺术工作者称号。由天津市电影家协会推荐，天津电影制片厂拍摄的故事片《我的左手》荣膺第13届中国广播影视大奖电影华表奖“最佳优秀故事片”奖。

【多部舞蹈作品荣获中国舞蹈“荷花奖”】

由天津市舞协组织报送的舞蹈《枯·滴》、《牛仔很忙》在全国第七届舞蹈“荷花奖”民族民间舞蹈大赛和“小荷风采”全国少儿舞蹈展演中分获优秀奖、“小荷之星”奖，实现新的突破。

7月7日，在北京召开的“纪念中国曲艺家协会成立60周年暨全国中青年曲艺家创作会议”上，天津市文联党组书记、秘书长孙福海，市曲艺家协会主席丁元，曲艺理论家薛宝琨、倪钟之，快板书艺术家张志宽被授予突出贡献曲艺家称号；籍薇、刘秀梅、张海涛获得优秀中青年曲艺家称号。

创作研究

【学术研讨和文艺理论工作】

2009年，天津市文联在积极做好各项工作的同时，进一步加强了理论研究和理论建设。先后组织举办各类理论学术研讨会20多个，出版多部理论刊物，刊发协会报纸100多期。

【文学理论期刊】

天津市文联在创办文艺理论期刊方面，积极寻求新的办刊思路，不断开辟新的途径，努力使刊物办出特色，办出新水平。《文学自由谈》和《艺术家》杂志在海内外的影响日益扩大并广受好评。《天津文艺界》、《文联快讯》以及时的信息，丰富的内容，广泛地报道，较全面地反映了文联和各协会的工作。

【创办天津文艺界网站】

为积极推动文联工作信息化进程，不断扩大文联影响，天津市文联筹建了“天津文艺界网站”，并以全方位、多方面的视觉对文联和所属协会各项工作，及文艺家进行了广泛宣传。

服务老文艺家和基层文联

【为取得艺术成就的老艺术家举办庆贺活动】

为把文联建成文艺家之家，天津市文联以亲情和热情为艺术家服务，为20多位取得卓越成就的老文艺家举办了艺术生涯庆贺纪念活动。如“祝贺著名书画家孙其峰从艺82周年暨孙其峰师生书画展”、“梁斌文学成就研讨论坛”、“纪念张仲先生逝世一周年追思会”、“纪念著名河北梆子表演艺术家王玉磬先生诞辰85周年演出和系列学术研讨活动”等。为各艺术门类及文艺家举行了专场演出、展览、研讨会等活动数十项（次）。如“黄殿祺从艺50年成就展与研讨会”、“一支难忘的歌——关牧村独唱音乐会”、“美籍华人茅为惠钢琴独奏音乐会”、“天津籍旅美画家陈幼白重彩画展”等。2009年以来，文联和各协会先后慰问老艺术家数十位，为他们排忧解难。

【为基层文联服务】

天津市文联及所属各协会经常深入基层，热心为基层文联服务，参与主办、参加指导各区县文联活动数十次。召开文联系统工作推动会，出版《春华秋实——天津市区县文联文艺创作成就荟萃》，举办音乐、舞蹈、书法、绘画、摄影培训，近千人参加。

文艺人才培养

【“德艺双馨”文艺工作者和文艺新星评选工作】

2009年，天津市文联在已取得显著成效的基础上，评出“德艺双馨”文艺工作者16人，文艺新星23人。自1990年开展评选天津市文艺新星和1999年开展评选天津市“德艺双馨”文艺工作者以来，天津市文联进行了10届文艺新星和6届“德艺双馨”文艺工作者的评选，共评出185名文艺新星和132名“德艺双馨”文艺工作者，在文艺工作者中产生很大影响，对促进文艺人才成长起到了激励和推动作用。

各文艺家协会

【音乐家协会】

活动

4月17日，主办“中华情原创作品系列音乐会”。

4月17日，主办“一支难忘的歌——关牧村独唱音乐会”。

4月，主办“京津两地获奖钢琴选手音乐会”。

5月24日，与教委联合主办“让心灵的花儿尽情开放——全国优秀少儿合唱歌曲进校园”活动启动仪式。

5月30日，在天津中礼堂举办“美籍华人茅为惠钢琴独奏音乐会”。

6月，举办“草原情合唱团建团音乐会”。

9月20日，主办“城市之光”合唱音乐会。

9月20日，在天津大剧院举办“中日联袂民族音乐会”。

赛事

4月底至5月，主办“天津市小提琴大赛”。

6月，由市委宣传部、市音协、市群众艺术馆共同主办“第四届电视歌手大奖赛”、“首届环渤海地区电视歌手大奖赛”

9月24日，天津音协选送的天津音乐学院青年合唱团、天津师大天狮合唱团在第七届中国音乐“金钟奖”合唱比赛中，荣获铜奖和优秀奖。钢琴选手荣获金钟奖大赛铜奖。美声选手荣获“金钟奖”大赛优秀选手。

11月15～28日，主办“滨海杯第三届钢琴大赛”。

【美术家协会】

展览

1月8日，举办“庆祝天津解放60周年——第二届天津市油画双年展”，展出优秀作品100余幅。

1月15日，举办“第二届天津市油画双年展”。

2月11日，举办“祝贺著名书画家孙其峰从艺82周年暨孙其峰师生书画展”。

5月1日，主办“天津·意大利风情旅游节”油画作品展。

6月5日，举办“第11届天津市美术作品展”（国画、雕塑）。

6月17日，举办“中国画学术提名展”。

6月20日，举办“第11届天津市美术作品展”（油画、版画、水彩、水粉画）。

8月8日，举办“庆祝新中国成立60周年‘盛世华章’金牡丹大奖赛”。

9月12日，举办“第21届亚细亚国际水彩画展”。

9月13日，举办天津市美术作品展。

9月17日，“天津—仁川美术交流展”在韩国仁川开幕。

9月30日，举办“发展中的滨海新区”——天津市青年油画、钢笔画、摄影大赛获奖作品展览。

12月1～25日，在“第11届全国美展优秀作品展”中，天津美协获银奖4个、优秀奖2个、提名奖8个。

活动

1月22日，举办“翰墨情”天津市书画家慰问贫困青少年活动。

9月25日，开展“百名书画家下基层送文化、送艺术活动”，精心创作60米长卷捐赠天津市困难职工。

【戏剧家协会】

活动

4月26～29日，举行“纪念著名河北梆子表演艺术家王玉磬诞辰85周年”系列演出和艺术研讨会。

9月18日，李鹏任天津市剧协常务副主席、秘书长。

11月25日，在天津市文联主办的第六届中青年"德艺双馨"文艺工作者和第10届文艺新星评选活动中，张艳玲、崔洪获"天津德艺双馨"称号；王嘉庆、朱永江、于学武荣获天津市文艺新星称号。

赛事

4月13～24日，参加中国剧协主办的第24届"梅花奖"北方片大赛。

5月17～19日，在第二届中国戏剧奖·梅花表演奖（第24届中国戏剧梅花奖）评选中，天津评剧院曾昭娟、天津市青年京剧团孟广禄分获"二度梅"，天津市青年京剧团刘桂娟、天津河北梆子剧院赵靖荣获"一度梅"。

8月2～6日，在"第13届中国少儿戏曲小梅花荟萃"评选中，天津选送的参赛小演员获得7金4银的好成绩，天津剧协荣获"优秀组织奖"。

10月16日，在中国戏剧家协会主办的第四届"中国戏曲红梅荟萃"大赛中，天津剧协报送的八名演员，全部获得"红梅奖"。

11月25日，在天津市文联主办的第六届中青年"德艺双馨"文艺工作者和第10届文艺新星评选活动中，张艳玲、崔洪获"天津德艺双馨"称号；王嘉庆、朱永江、于学武荣获天津市文艺新星称号。

【书法家协会】

活动

1月10日，天津市书法家协会硬笔书法研究会成立。

1月22日，主办"翰墨情"——2009年天津市书画家扶贫助困现场笔会义卖活动。

3月8日，天津市书协顾问王千先生在津逝世，享年83岁。

6月27日，主席唐云来与贵州省书协主席包俊宜赴韩国清州参加"第六届韩国清州直指世界文字书艺大展"评审工作，被聘为大展审查委员长。

9月10日，天津市文联党组提名，市书协常务副主席兼秘书长张建会任天津市文联副秘书长。

9月28日，举办《天津书法60年》学术研讨会。

11月12日，组织书法家深入中新药业采风，为企业广大职工书写书法作品近百幅。

12月6日，唐云来、张建会、喻建十应邀赴澳门出席"庆祝澳门回归十周年世界名家书画交流展"开幕式和交流活动。

12月27日，在第三届中国书法"兰亭奖"颁奖会上，孙其峰荣获"兰亭奖"终身成就奖。

展览

2月21日，举办"祝贺书画家孙其峰从艺82周年暨孙其峰师生书画展"。中国书协分党组书记、副主席、秘书长赵长青，中国书协展览部主任白煦，《中国书法》杂志社主编李刚田来津出席开幕式。

3月30日，天津大学王学仲研究所举办"日本詠归会第二回书画展"。

5月25日，张建会、崔寒柏获全国十佳"翁同和奖"。

6月6日，举办"天津市第二届华派书法艺术展"。

7月8日，举办"人过花甲"天津市书法名家邀请展。

8月8日，"天津市第六届书法篆刻展览"评审工作在天津市美术展览馆进行，26名评委从800余件应征作品中评出10名获奖作品和10名获奖提名作品。

9月11～17日，天津市文艺家代表团赴韩国进行艺术交流。主席唐云来、副秘书长邵佩英、理事刘彦明、郑连群等参加交流活动。

9月22日，举办"天津市第六届书法篆刻展览"。

12月12日，"天津市第三届硬笔书法大展"在天津青少年活动中心举行。

【舞蹈家协会】

活动

2月2日，制定完成2009年系列舞蹈大赛方案。

2月18日，天津舞协与天津音协共同举办2009年新春联欢会。

5月9日，举办2009年"意式风情杯"天津市少儿广场集体舞蹈大赛。

6月20日，举办"意式风情杯" 天津市少儿广场集体舞蹈大赛、群众舞蹈服饰展演大赛。

10月16～18日，组织会员赴蓟县深入生活，开展"大地行"活动。

10月26日，舞蹈家刘万云、王佩权、崔雯、汪家千荣获中国文联颁发的从艺60周年老艺术家称号。

10月29日，召开筹备2010年天津市第五届舞蹈艺术节工作会议。

11月4日，举办舞蹈系列讲座。由舞协名誉主席、著名舞蹈家王堃，原中央芭蕾舞团副团长、国家一级编导蒋祖慧，天津舞协副主席、著名编导项燕主讲。

赛事

7月26日，由天津舞协报送的天津电视少儿艺术团编创的舞蹈《牛仔很忙》被评为2009年“小荷风采”少儿舞蹈大赛之“小荷之星”奖，并应邀参加开幕式演出。

7月28日，由天津舞协报送的天津体育学院文化艺术系吴崟创作的舞蹈《枯·滴》入围“荷花奖”比赛半决赛，获得优秀奖。

8月22日，“天津市第三届少儿舞蹈大赛”开幕。

8月23日，“天津第二届群众舞蹈大赛”开幕。

【曲艺家协会】

活动

2月4日，在河南平顶山举行的“山河杯”河南、河北、山东、山西、天津五省市曲艺大赛中，获2金2银佳绩。天津曲协获最佳组织奖。

2月17日，召开“全国（天津）相声新作品大赛”动员会。

2月18日，在中国曲协主办的《好人赞》鼓曲录制组织工作中，天津曲协获最佳组织奖。

3月16日至4月28日，举办“全国（天津）相声新作品大赛”改稿会。

4月30日，文化部原部长王蒙，中国曲艺家协会秘书长刁惠香来津观看市曲艺团鼓曲节目。

5月1日，主办“爷俩逗您乐”相声晚会。

5月9日，举办魏文亮表演相声集首发暨收徒仪式。

5月10日上午，孙福海、王宏赶赴北京参加著名相声演员李文华悼念活动。

6月29日，“全国（天津）相声大赛新作品拍卖会”新闻发布会在北京新闻大厦举行。

7月2日，“全国（天津）相声大赛新作品拍卖会”在北京新闻大厦举行，中央电视台进行现场直播。

7月8日，在天津市文联5楼会议室就相声《城管与地摊》召开专题研讨会。

7月22日，在天津市综合执法局举行相声《城管与地摊》改稿会。

9月10～29日，“第14届津门曲荟”在中国大戏院、大金台、群星剧场、天华景、名流茶馆、乐海茶馆、河北区少年宫等纷纷上演曲艺节目。

赛事

7月25日至9月9日，举行“全国（天津）相声新作品大赛”试验演出10余场。

9月10日，“全国（天津）相声新作品大赛决赛暨津门曲荟开幕式”在中国大戏院举行。

9月11～16日，“全国（天津）相声新作品大赛决赛”阶段比赛在中国大戏院举行。

【民间文艺家协会】

活动

2月16日，民间文学研究会扩大会议在文艺大楼召开。

3月31日，所属印石艺术专业委员会在和平文化宫召开成立大会。

5月1日，与南开区文化和旅游局等承办“南开·蓟县·昌平·保定互动游启动仪式暨天津绝活绝技展示周”活动，在文化街开幕。

7月17日，周骥良、李世瑜、魏永昌、魏永珍、霍秀英获中国文联颁发的“从事新中国文艺工作60周年”荣誉证书和奖章。

7月30日，所属风筝艺术专业委员会召开工作会议，李顺根任新一届根石艺术专业委员会会长。

8月26日，所属根石艺术专业委员会召开工作会议，李岳林任新一届根石艺术专业委员会会长。

9月13日，刘文红秘书长随代表团参加“仁川世界都市祝典纪念国际十个都市美术交流展”。

9月17日，在市文史馆召开“黄殿祺从艺50年成就展暨研讨会”。

9月26日，举办“纪念张仲先生逝世一周年追思会”。

10月31日，在“第九届中国民间文艺山花奖”颁奖中，陈毅谦的作品《弘一法师》获本届山花奖；李岳林获“中国文联第三届德艺双馨文艺工作者”荣誉称号。

11月27日，市文联在汉沽区召开“《春华秋实》系列丛书首发式暨天津市文联报刊评选颁奖大会”上，协会刊物《民间文艺家》获二等奖。

11月28日，霍庆有被评为“天津市第六届中青年德艺双馨文艺工作者”；李月、刘云雀被评

为“天津市第十届文艺新星”。

展览

7月10～25日，中国文联举办“百花芬芳——纪念中国文联成立60周年集邮展”，天津民协霍庆有、张宇的艺术作品参加展示。

7月16日，“天津市美术、书法、摄影、民间艺术系列展——天津市印石艺术精品展”，在和平文化艺术中心展厅开展。

8月10日，举办“天津市津派风筝艺术精品展”。

8月12日，举办“天津市葫芦艺术精品展”。

8月20日，举办“天津市首届剪纸艺术大赛”。

8月21日，举办“天津市首届花卉艺术大赛”。

8月27日，举办“天津市民间艺术精品展”。

8月29日，举办“天津市根雕、奇石艺术精品展”。

【摄影家协会】

活动

2月7日，天津市摄影家协会第四届主席团第三次会议召开。

2月8日，天津市摄影家协会第四届第二次理事会召开。

2月20日，举行摄影界老同志新春茶话会。

2月28日，举办天津市摄影家协会2009年迎春联谊会。

5月和9月，天津市摄影家协会主席李瑞雨带队开展了“大地行”摄影采风活动。

7月，摄影家藏策荣获第八届中国金像奖（理论评论奖）。

8月8日，召开第四届主席团第四次会议。

10月，荣获中国摄影家协会颁发的组织工作奖。

11月，副主席张凯林荣获第六届天津市德艺双馨文艺工作者，程旭亮、李继强被评为第10届天津市文艺新星。

展览

5月30日至6月4日，由常务副主席、秘书长许海为团长一行6人参加了在韩国举办的“第17届中韩国际摄影交流展”。

9月5～10日，举办庆祝新中国成立60周年天津市美术、书法、摄影和民间艺术系列展系列展“视觉360º——天津市摄影艺术展”。

9月30日至10月5日，举办“祖国在我心中”——发展中天津滨海新区摄影大赛。

10月底，承办了由中国摄影家协会主办的社会主义新农村工程摄影首站巡回展。

12月21～24日，举办第14届天津市摄影艺术展览。

12月30日至2010年1月9日，举办天津市第三届西青摄影人作品展。

【杂技家协会】

9月23～26日，副主席、秘书长林奕赴京参加“庆祝新中国成立60周年老杂技工作者座谈会”。

10月16～18日，在和平文化宫举行由天津市杂技家协会主办，天津市杂技团、和平文化宫协办的“天津市第三届中青年魔术比赛”。

【电影家协会】

由天津影协组织报送的故事片《我的左手》，荣获中宣部第11届精神文明建设“五个一工程”奖。由天津影协推荐，天津电影制片厂拍摄的故事片《我的左手》荣膺第13届中国广播影视大奖电影华表奖“最佳优秀故事片”奖。

【电视家协会】

活动

在全国第六届“德艺双馨”电视艺术工作者评选中，由天津视协推荐的祖光、尹畅获“德艺双馨”电视艺术工作者称号。

3月，与天津市广电学会组织2008年度天津市优秀电视艺术作品评选，共评选出获奖节目一等奖12个，二等奖22个，三等奖26个。

天津电视台文艺频道协办“2009 CCTV民族器乐电视大赛”天津赛区决赛。

天津电视台为庆祝新中国成立60周年制作播出“山・河・海的激情”大型电视文艺晚会；配合中央电视台完成“为祖国喝彩——全国电视文艺连续12小时国庆大型直播行动”。

录制播出天津市庆祝中华人民共和国成立60周年大会群众歌咏活动。

由天津电视台公共频道、全市各区县委宣传部、文化局联合主办锦绣香江杯“放歌十月 祝福祖国”大型金秋红歌汇。

天津电视台卫视频道、国际频道联袂凤凰卫视在北京联合主办“中国因你而美丽——《泊客中国》2009颁奖典礼”。

天津电视台参与投资拍摄国家重点立项的大型史诗电视连续剧《三国》。

为向新中国成立60周年的献礼，天津电视台摄制完成并播放以李大钊生平为内容的12集电视片《铁肩》。

《辛亥革命》被列入2011年纪念辛亥革命百年的重头作品。

天津电视台参与投资出品的《风声》全球首映庆典在津举行。

津源公司投资拍摄的电视剧《城市外乡人》、100集情景剧《乐活家庭》已经摄制完成并通过审查，电视剧《新警事》正在拍摄中。

赛事

在第11届精神文明建设“五个一工程”奖评选中，由天津视协组织报送的电视剧《父辈的旗帜》、《大国医》荣获优秀作品奖。

在第27届“飞天奖”评选活动中，由天津视协组织报送的电视剧《父辈的旗帜》、《双面胶》获得提名荣誉奖；津源公司拍摄的电视剧《我是太阳》获“飞天奖”三等奖。

在中国视协主办的“全国抗震救灾优秀电视作品”评选中，由天津视协组织报送的《抗震救灾特别节目——我们在一起》荣获一等奖；《爱心传递 彩虹行动——大型六一公益晚会》、《爱让我们同在》、《大爱无疆——用心点亮希望的阳光》获得二等奖;《炫锋行动——用爱传递“六一”的祝福》、《月亮姐姐大点名——地震演习》、《天津市援建四川灾区第一所希望小学连续报道》、《大爱无疆 中华力量》、《心手相连》获三等奖。

在中国视协、中国文联联合举办的“纪念改革开放30年中国电视纪录片精品作品”评选中，由天津视协组织报送的纪录片《泊客中国——改革开放30年》获精品奖。

在由中国文联、中国电视纪录片学术委员会共同主办的纪念改革开放30年，“见证中国30年”纪录片颁奖活动中，由天津视协组织报送，天津电视台科教频道制作的电视纪录片《亲历30年》、《永久的记忆》分获纪念改革开放30年中国纪录片系列片优秀作品奖和长篇优秀作品奖。

在中国视协举办的新中国成立60周年全国优秀解放战争题材电视剧作品评析活动中，由天津视协报送的《解放》在参评的28部作品中荣获一等奖。

在中国视协举办的庆祝中华人民共和国成立60周年“新中国城市发展形象宣传电视片推选及展播”活动中，天津电视台滨海频道制作的《全景天津》荣获全国城市形象片一等奖。

河北省文联

综　述

2009年，河北省文联在深入学习贯彻落实科学发展观活动和推动河北干部作风建设年活动中，以庆祝新中国成立60周年、中国文联成立60周年和河北省文联成立60周年活动为契机，在中国文联指导下，继续以建设学习型机关、和谐型机关、创新型机关为宗旨，围绕“一条主线”、“四个贯穿”开展工作。在服务全省转变经济发展方式、调整文化发展结构、打造文联精品方面出台新路子、新举措，为培育精品名牌，加强队伍建设，不断寻求谋划发展的新思路、改进工作的新办法、促进发展的新举措；吸引传媒，将“豆腐块”做成“大文章”，抓出特点，制造吸引传媒关注的重点、兴奋点、亮点，在开创文联工作新局面中发挥着积极而重要的作用；在配合党和政府中心工作、“三年大变样”、“送欢乐、下基层、送服务”、各种文艺赛事、国庆60周年庆典、中国文联成立60周年庆典、河北省文联成立60周年庆典中作出优异成绩，受到各级领导和广大文艺家的称赞，在社会各界引起轰动。

会议及品牌活动

【“春送万家——河北省书法家新农村新春联送万家”启动仪式】

1月16日，中共河北省委宣传部、河北省文联和河北省文明办联合举办的“春送万家——全省书法家新农村新春联送万家”启动仪式在鹿泉市大河镇南故城村举行。中共河北省委宣传部副部长、省文明办主任白石，河北省文联党组书记赵景之，副主席潘学聪、柴志华等出席。中国书法家协会副主席、河北省书法家协会主席旭宇及省内30余位书法家参加活动，赵景之、旭宇、白石在活动仪式上讲话，向村民赠送400多册《河北省新农村新春联》书籍和1000多副春联。书法家们为村民书写新春对联600多副。

【“春送万家——河北省书法家新农村新春联送万家”活动】

1月20日，由河北省文联副主席柴志华带队，秘书长孙志英和书法家李尚才、刘金凯、陈茂才、刘荣升、牛惠宾组成的小分队在定州市大辛庄镇齐堡村举办“春送万家——河北省书法家新农村新春联送万家”活动，向当地群众赠送500多副春联和100多册《河北省新农村新春联》书籍，现场为村民书写春联100多副。

【学习实践科学发展观活动总结暨“干部作风建设年”活动动员大会】

2月25日，河北省文联在四楼会议室召开学习实践科学发展观活动总结暨“干部作风建设年”活动动员大会。河北省文联党组书记赵景之，副主席郑世芳、潘学聪、柴志华及中共河北省委督导组成员和河北省文联机关全体党员干部参加。郑世芳主持会议，赵景之就学习科学发展观活动总结和“干部作风建设年”活动讲话，潘学聪宣读河北省文联关于开展“干部作风建设年”活动的实施意见。

【召开全体干部大会明确全年重点工作】

4月8日，河北省文联在4楼会议室召开全体干部大会。明确提出以“一条主线”、“四个贯穿”为重点开展全年工作。党组书记赵景之、副主席郑世芳、潘学聪、柴志华及全体干部出席。郑世芳主持大会，赵景之讲话，潘学聪、柴志华分别就贯彻落实好赵景之讲话精神发言。

“一条主线”即乘“干部作风建设年”的东风，勤奋工作，向新中国成立60周年、文联成立60周年献礼。“四个贯穿”一是将“干部作风建设年”贯穿全年；二是抓精品创作、品牌策划贯穿全年；三是将做学者型干部、创和谐型机关贯穿全年；四是将开放型思维、探索性工作贯穿全年。

【省艺术家采风团赴唐山、迁安采风送服务】

4月10日～12日，应中共河北省委常委、唐山市委书记赵勇邀请，河北省文联党组书记赵景之率领河北省艺术家采风团郑一民、祁海峰、卢守平、范国华、张罗义、王建华、颜景龙、卫清河、王立明、刘荣升一行23人到迁安市山叶口、唐山市南湖核心生态风景区采风，为当地经济发展提供考察论证服务。采风团冒雨来到迁安市山叶口，考察山形地貌后召开论证研讨会，为当地政府提出建设性方案。接着前往唐山市南湖核心生态风景区考察唐山市学习科学发展观活动成果展和城市展览馆、唐山地震遗址、南湖改造建设现场，每人撰写一篇建议向当地政府晋言，并举行笔会。中共唐山市委常委、宣传部部长郭彦洪及中共迁安市委、市政府主要领导刘桂东会见了采风团一行。河北省文联副主席潘学聪等参加全程活动。

【“中国孤竹文化之乡”命名暨挂牌成立“中国孤竹文化研究中心”仪式】

6月18日，中国民间文艺家协会、河北省文联主办的“中国孤竹文化之乡”命名暨挂牌成立“中国孤竹文化研究中心”仪式在卢龙县举行。河北省副省长孙士彬，中国民间文艺家协会副主席郑一民、副秘书长赵铁信，中共秦皇岛市委书记王三堂，河北省文联副主席潘学聪等出席仪式讲话，卢龙县各界群众3万余人参加活动，中央电视台、《中国艺术报》、新华网等50余家新闻媒体现场采访报道。

【启动作家、艺术家深入“三年大变样”一线采风活动仪式】

6月18日，中共河北省委宣传部、河北省文联、河北省作家协会等举办的河北省作家、艺术家深入“三年大变样”一线采风活动仪式在河北艺术中心广场启动。各主办单位领导和9个小分队的作家、艺术家代表参加活动。中共河北省委常委、宣传部部长聂辰席带领部分作家、艺术家冒雨到万象天成项目建设现场看望慰问工地建设者，中共河北省委宣传部副部长王景武，河北省文联党组书记赵景之，河北省作家协会党组书记相金科、主席关仁山，河北省文联副主席郑世芳等出席仪式、陪同慰问。

【裴艳玲主演的大型京剧数字电影《响九霄》在石家庄开机】

7月6日，中国文联、中国剧协、河北省文联、河北省京剧院在石家庄市人民会堂联合举行京剧故事片《响九霄》开机仪式。中国文联副主席、导演丁荫楠，中国戏剧家协会分党组书记、秘书长季国平，河北省文联党组书记赵景之、副主席郑世芳，河北省文化厅副巡视员姚来茹，中共河北省委宣传部文艺处处长张俊山等及剧组成员出席仪式。季国平、丁荫楠为开机仪式揭幕，赵景之、张俊山讲话，裴艳玲发表感言。开机仪式结束后拍摄了《响九霄》的部分镜头。

《响九霄》是中国文联副主席、中国戏剧家协会副主席、河北省文联主席、河北省戏剧家协会主席、河北省京剧院院长裴艳玲主演、拍摄的第五部电影剧目。她以其中角色摘取了第19届白玉兰戏剧表演艺术“特别贡献奖”和第24届中国戏剧“梅花大奖”。

【工作交流座谈会】

7月20～24日，河北省文联在张家口召开工作交流座谈会。河北省文联党组书记赵景之，副主席潘学聪、柴志华及副处级以上干部、全省各市文联负责人出席。潘学聪、柴志华主持会议。各市文联及各文艺家协会通报前几个月的工作情况和后几个月的重点工作安排后，互相交流经验，赵景之发表总结讲话。会议结束后，与会人员前往坝上草原采风。

【社团管理知识讲座】

7月30日，河北省文联举办社团管理知识讲座，邀请河北省民政厅民间组织管理局局长王国欣、副局长黄正权、科长刘远讲解社团知识。讲座由河北省文联副主席郑世芳主持，河北省文联秘书长孙志英及组联处负责人，各文艺家协会、企业文联的驻会副主席兼秘书长参加学习座谈。王国欣介绍国家对社团组织的管理政策和河北省社团组织发展情况，黄正权和刘远讲解协会年检、法人变更办理手续和协会管理等基本知识，大家就一些具体问题交流和研讨。

【赵景之到易县调研】

8月21日，河北省文联党组书记赵景之到易县文联调研。保定市文联主席李桂琼、副主席牛力强陪同，中共易县县委宣传部、易县文联有关领导参加座谈，中共易县县委宣传部副部长刘春果主持会议。

【首届中国女娲文化节暨“女娲杯”全国民间歌舞精品展演】

9月16～19日，中国民间文艺家协会、河北

省文联等主办的“首届中国女娲文化节暨‘女娲杯’全国民间歌舞精品展演”在涉县举行。来自全国19个省区市26个民族代表，18个女娲遗迹地代表，16支民族歌舞代表队和涉县及周边地区各界群众1万多人参加祭奠活动。河北省政协副主席段惠军、文史委员会主任王玉楼，河北省文联党组书记赵景之，中国民间文艺家协会分党组书记、副主席罗杨，副主席郑一民、韦苏文、常嗣新，副秘书长赵铁信、吕军，河北省文联副主席潘学聪及邯郸市、涉县等有关领导出席。来自全国参加女娲文化节书画精品展的书画家、从事女娲文化研究的专家学者和省内外50多家新闻媒体记者等出席开幕式。罗杨和中共邯郸市委常委、秘书长王社群讲话，中共涉县县委书记范保平致欢迎词，与会领导剪彩，段惠军宣布开幕。

公祭大典鸣炮34响，击鼓九通，鸣钟九响，表达民族最高礼数；各界领导、与会专家学者、女娲遗迹地代表及26个少数民族代表依次向始祖女娲敬献花篮和敬香，并现场表演大型乐舞告祭。首届中国女娲文化节精品书画展于当天下午开幕，选自全国各地抒发、追忆和缅怀女娲功绩的300余幅作品参展。“女娲杯”全国民间歌舞精品展演大赛6支代表队获金奖，10支代表队获银奖，涉县旅游局的《娲皇颂歌》获特别优秀奖，河北、广西、内蒙古、山西、青海、新疆、云南等11个民间文艺家协会获优秀组织奖。中国文联副主席、中国曲艺家协会主席刘兰芳到会颁奖并即兴为观众表演评书节目，1万多名群众观看颁奖晚会。期间，中国女娲文化研讨会和中国女娲文化联谊会成立大会同时举行，100多名专家学者参加研讨。

【伟大的祖国　可爱的河北——新中国从这里走来·庆祝新中国成立60周年群众歌咏大会】

9月24日，中共河北省委宣传部、河北省文明办、中共河北省直属机关工作委员会、河北省文联等主办的伟大的祖国 可爱的河北—— 新中国从这里走来· 庆祝新中国成立60周年群众歌咏大会在河北省体育馆举行。来自全省城乡的工人、农民、青少年、人民子弟兵和公务员组成的合唱队5000人参加演出。中共河北省委常委、宣传部部长聂辰席，河北省人大副主任侯志奎、王增力、马兰翠、黄荣，河北省副省长孙士彬，河北省政协副主席王玉梅、田向利、段惠军、孔小均、武四海、王刚和河北省军区、石家庄市领导及各主办单位领导出席。

【“浓墨重彩颂祖国”庆祝新中国60华诞书画笔会】

9月18日，河北省政协教科文卫体委员会、河北省文联、秦皇岛市政协在秦皇岛市青龙县祖山兰亭中学联合举办“浓墨重彩颂祖国”庆祝新中国60华诞书画笔会。河北省政协副主席王玉梅、河北省文联党组书记赵景之出席，省内部分书画名家参加活动，并与学校师生共同书写60米长卷。

【“百花乐万家”大型文化惠民工程·邢台行活动】

9月26日，中共河北省委宣传部、河北省文联组织艺术家慰问团一行60余人，由中共河北省委宣传部副部长王景武和河北省文联党组书记赵景之带队，到邢台市举办“百花乐万家”大型文化惠民工程·邢台行活动，慰问当地交通战线干部职工。中共邢台市委常委、宣传部部长路洪昌与河北省文联副主席郑世芳、柴志华等座谈，潘学聪等10余名书画家举办笔会，创作出一批书画作品。王景武、赵景之出席慰问演出并讲话。

【全体工作人员会议】

10月13日，河北省文联召开全体工作人员会议，学习传达党的十七届四中全会和中共河北省委七届五次全会精神，安排部署下一段工作。河北省文联党组书记赵景之，副主席郑世芳、潘学聪、柴志华出席。郑世芳主持会议，潘学聪传达省委有关文件，赵景之发表总结讲话。

【与新中国同行——庆祝河北省文联成立60周年系列活动】

12月10～21日，与新中国同行——河北省文学艺术界联合会成立60周年系列庆祝活动分别在河北省文联文艺家活动中心、河北电视台演播厅举行。中国文联党组成员、书记处书记廖奔，中共河北省委常委、宣传部部长聂辰席，河北省人大副主任、河北省总工会主席马兰翠，河北省副省长孙士彬，河北省政协副主席王玉梅，河北省老领导吕传赞、韩立成、刘健生与各主办单位领导出席与新中国同行——河北省文学艺术界联合会成立60周年庆祝大会。中共河北省委宣传部副部长王景武，河北省文联党组书记赵景之、副主席郑世芳、潘学聪、柴志华等出席系列活动。

12月21日，在河北电视台演播厅举行的与新中国同行——河北省文学艺术界联合会成立60周年庆祝大会上，廖奔、聂辰席、马兰翠、孙士彬、王玉梅、吕传赞、韩立成、刘健生与各主办单位领导及前来参加庆典的300多名文艺工作者一起参加活动。孙士彬宣读中共河北省委书记张云川、河北省省长陈全国的贺信，廖奔代表中国文联致贺词，相金科宣读省直社会团体、全国各省区市文联贺信、贺电，赵景之代表河北省文联致辞，裴艳玲代表全省文艺家致辞，聂辰席发表讲话，少先队员向老艺术家献花，表演艺术家们在大会上表演文艺节目，书画、摄影、民间文艺家们展示作品，庆祝气氛热烈。

12月10日，在河北省文联文艺家活动中心举行“书画漫卷颂辉煌——河北文艺六十年”河北书画名家笔会上，20多名书画家参加活动，创作出60多幅作品。

12月20日，在河北省文联文艺家活动中心召开的波澜壮阔60载，继往开来铸辉煌——河北60年文艺工作和文联工作座谈会上，王景武、赵景之、郑世芳、潘学聪、柴志华及省文联各文艺家协会、企业文联、机关各处室、各事业单位负责人和各市文联代表、作家艺术家代表、新闻媒体等100多人参加研讨。赵景之主持会议，10余名文艺家发言，王景武发表总结讲话。

【工作座谈会】

12月22日，河北省文联在文艺家活动中心召开文联工作座谈会。河北省文联党组书记赵景之，副主席郑世芳、潘学聪、柴志华及机关各处室、各文艺家协会、各事业单位和各市文联的负责人出席。郑世芳主持会议，潘学聪、柴志华和各市文联负责人发言，赵景之发表总结讲话。

【三下乡服务队到柏乡县为民服务】

12月24日，河北省文联党组书记赵景之率领24名艺术家组成的三下乡服务队到柏乡县为民服务。向柏乡县捐赠书画作品10多幅、镜框照片10多幅、电脑2台、挂历100多本、光盘200多张、春联300多幅及《当代人》、《民间故事选刊》、《小小说月刊》、少儿读物、文艺类图书560余册，并进行摄影跟踪服务。河北省文联副主席潘学聪参加全程活动。

机关工作

【人事变动】

全年招收事业干部3名，接收军转干部1名，办理退休手续人员1名。

【人员培训】

全年组织各类培训班36次，文联机关301人次受到中国文联及各艺术家协会、中共河北省委党校、中共河北省直属机关工作委员会、中共河北省委宣传部等的各类培训。

【老干部工作】

现有离退休老干部52人。每月组织集体学习2次，每年组织外出参观学习2次。

【获河北省直属机关“颂歌唱祖国”歌咏比赛特等奖】

9月14日，河北省文联机关党委组织60余名艺术家精心排练钢琴伴奏《祖国颂》、《天路》大合唱，参加中共河北省直属机关工作委员会在铁路工人文化宫举办的“颂歌唱祖国”歌咏比赛，以98.74的最高分获特等奖。

【作家、艺术家国庆60年暨文联成立60年书画摄影展】

9月22日，河北省文联机关党委和河北省作家协会机关党委在河北省文学馆举办“祖国在我心中”省会作家、艺术家庆祝新中国成立60周年暨河北省文联成立60周年书画摄影展。河北省文联党组书记赵景之，河北省作家协会党组书记相金科，河北省文联副主席郑世芳、潘学聪，河北省作家协会副主席王力平、李延青，作家徐光耀等出席开幕式剪彩，省会作家、艺术家及机关干部职工、部分离退休老干部观看展览。

【《河北文艺界》编辑部】

全年完成6期《河北文艺界》内刊采访、编辑、出版、发行工作；并在中国文联网、《中国艺术报》、《文联简报》、河北电视台、《河北日报》、《燕赵都市报》、《燕赵晚报》、《当代人》等发表反映河北省文联的信息文章35篇次、图片130多幅；完成2009年出版的《中国文联年鉴》、《河北年鉴》河北文联部分的全部文字稿件和《河北省地方志》河北文联文字稿件部分撰写任务，全年编辑、撰写文字稿36万字。

各文艺家协会

【戏剧家协会】

5月18日，中国文联、中国戏剧家协会主办的第24届中国戏剧“梅花奖”评选活动在杭州落幕。河北省戏剧家协会选送河北省京剧院裴艳玲（参赛剧目《响九霄》）、河北省河北梆子剧院刘凤岭（参赛剧目《绝唱》）、邯郸市东风剧团郭英丽（参赛剧目《蓝花碗·金豆子》）参赛。裴艳玲获唯一中国戏剧“梅花大奖”，刘凤岭、郭英丽获中国戏剧“梅花奖”。中国文联党组书记胡振民为裴艳玲颁奖致贺，河北省文联党组书记赵景之、副主席郑世芳等有关人员到杭州慰问参赛选手和演职人员。

获悉裴艳玲等人获奖消息，中共河北省委常委、宣传部部长聂辰席批示：“裴艳玲荣获梅花大奖，刘凤岭、郭英丽获得梅花奖，为河北省争得了荣誉，可喜可贺。望再接再厉，争取更大成绩。希望全省文艺工作者以之为榜样，团结拼搏，勇于创新，打造精品，为河北省文化大发展大繁荣作出更大贡献。”聂辰席还委托中共河北省委宣传部常务副部长杨永山于5月19日到石家庄国际机场迎接河北获奖选手，并举行欢迎仪式。河北省文化厅厅长冯韶慧，河北省文联副主席柴志华、郑一民等及中共河北省委宣传部、河北省文联、河北省文化厅、河北省京剧院、河北省河北梆子剧院、石家庄机场等单位及新闻媒体记者60余人一起参加欢迎仪式。

5月24～26日，河北省戏剧家协会等主办的“华正杯”第13届中国少儿戏曲小梅花大赛河北省选拔赛在野三坡举行。中国文联副主席、中国戏剧家协会副主席、河北省文联主席、河北省戏剧家协会主席、梅花大奖得主裴艳玲，河北省文联党组书记赵景之，中共保定市委常委、宣传部部长王洪彬，中国戏剧家协会艺术中心副主任王左民，保定市文化局局长王福友，保定华正集团总裁连分良，河北省戏剧家协会驻会副主席兼秘书长贾吉庆及省内京剧、河北梆子、评剧等剧种的表演艺术家等出席。赵景之在开幕式上讲话。这次活动评选出十佳金奖14名、特别奖1名、童星奖5名、银奖18名。

8月6日晚，中国戏剧家协会主办的第13届中国少儿戏曲“小梅花”荟萃全国总决赛在山东盐城落幕。河北省戏剧家协会选送的裴艳玲艺术学校张亚斌、保定市艺术学校许周熠、唐山市路北区光明实验小学郑伊蔓3名小选手获“小梅花十佳金花”称号，石家庄市艺术学校王芬，河北艺术职业学院田佳茜、郎茜，邢台矿业集团公司幼儿园的吉祥瑞，保定市艺术学校的康佳欢、康佳乐6名小选手获“小梅花金花”称号。

9月30日，河北省戏剧家协会副主席兼秘书长贾吉庆编著反映河北戏剧成就的《燕赵戏剧三味》一书由花山文艺出版社出版发行。

10月18～19日，河北省文联、河北省戏剧家协会主办的“迁安杯”第五届河北省戏剧“燕赵红梅奖”颁奖仪式在迁安市举行。河北省文联党组书记赵景之、副秘书长陈小平，河北省戏剧家协会副主席兼秘书长贾吉庆及迁安市有关领导和河北省戏剧家协会其他领导，各参赛院团领导，社会各界1500多人参加仪式观看演出。期间，河北省戏剧家协会召开了2009年工作会议。

12月13日，中国文联、中国戏剧家协会主办的第11届中国戏剧节在厦门落幕。河北省戏剧家协会选送河北省京剧院创排的京剧《响九霄》和石家庄市河北梆子剧团创排的河北梆子《女人九香》获中国戏剧节·优秀剧目奖，《响九霄》排名第六，《女人九香》排名第八；《响九霄》主演裴艳玲以总成绩第一的名次获优秀演员奖，《女人九香》主演刘莉莎获优秀演员奖。

【音乐家协会】

3月16～17日，河北省音乐家协会第四届常务理事会三次扩大会议在石家庄科技宾馆召开。河北省文联副主席郑世芳，河北省文联副主席、河北省音乐家协会主席曹贤邦出席会议讲话，河北省文联机关党委专职副书记梁秀辰、副秘书长陈小平及河北省音乐家协会副主席、常务理事、各市音乐家协会负责人、各高校音乐负责人等40多人出席会议。河北省音乐家协会副主席兼秘书长白朝晖主持会议，向理事会汇报2008年工作成绩及2009年工作设想。与会人员发言交流。会议审议增补纳川、景申友为常务理事，同时商议流行音乐、吉他、古筝等艺术委员会筹备人选，并通报2007年、2008年全国会员及省级会员发展情况，向优秀单位和个人颁奖。

河北省文联、河北省文化厅、河北电视台和

河北省音乐家协会联合主办的河北省第四届音乐金钟奖比赛于5月24日至6月3日在石家庄落幕。来自全省的300多名选手报名参赛，产生一等奖9名、二等奖26名、三等奖42名及优秀奖68名。

6月10日、11日、17日，河北省音乐家协会联合中共石家庄市委宣传部、省文明办、石家庄市文联等单位在石家庄市人民会堂举办省会第12届合唱艺术节。中共河北省委常委、宣传部部长聂辰席，中共石家庄市委常委、宣传部部长孙万勇等观看，省会各界干部群众4000余人参加演出。

6月30日，中国音乐家协会、河北省音乐家协会、石家庄市教育局共同主办的“让心灵的花儿尽情开放”全国优秀少儿合唱歌曲进校园活动河北启动仪式在石家庄市桥西区实验小学举行。中共河北省委宣传部、河北省文联、河北省音乐家协会及石家庄市教育主管部门的领导郑世芳、白朝晖等向全省40所中小学的师生代表赠送《全国优秀少儿合唱推荐歌曲集》CD光盘和曲谱。

9月21日，中共中央宣传部第11届精神文明建设“五个一工程”表彰座谈会在北京举行。河北省音乐家协会负责组织、生产创作的歌曲《我的祝福你听见了吗》（郝立轩词、王立东曲）上榜。这是1996年以来协会第六次蝉联这一奖项。

9月24日，河北省音乐家协会承办中共河北省委宣传部等单位主办的“伟大的祖国 可爱的河北”新中国从这里走来·庆祝新中国成立60周年群众歌咏大会在省体育馆举行。来自全省城乡的工人、农民、青少年、人民子弟兵和公务员组成的合唱队5000人参加演出，省市领导及各主办单位领导出席。

【美术家协会】

1月8日，河北省美术家协会、武安市人民政府主办的“百名画家画武安”美术作品展览在河北美术馆开幕。河北省政协原秘书长解玉琦，河北省旅游局副局长刘筱秋，河北省文联副主席潘学聪，中共河北省委老干部局局长韩长林，河北省文联副主席、河北省美术家协会主席祁海峰，河北科技大学艺术学院院长高俊峰和武安市有关领导及画家徐福厚、张国君、李丰田等出席开幕式。

6月19日，河北省美术家协会等主办的庆七一、迎国庆——百名画家陶瓷艺术创作精品展在河北省民俗博物馆举行。河北省政协主席刘德旺，中共河北省委常委、宣传部部长聂辰席，河北省人大副主任侯志奎、原副主任王加林和河北省人大、中共河北省委宣传部、河北省文联、河北省文化厅的负责人及各地500多名观众参加开幕式，并参观展出的100多件陶瓷艺术品。

8月15日，河北省美术家协会、河北省少儿美术艺术委员会、河北省美术家协会美术等级考核评审委员会主办，河北盛泽房地产开发有限公司承办的2009年“果岭湾杯”庆祝新中国成立60周年河北省青少年、儿童美术作品大展在石家庄“果岭湾”展厅举行开幕式，1000多人参观展览。

7月11日，河北省文联、河北省文化厅、河北省美术家协会主办的“庆祝新中国成立60周年河北省美术优秀作品展览暨第11届全国美展河北省选送作品展览”在河北美术馆开幕。中共河北省委常委、宣传部部长聂辰席，河北省副省长孙士彬观看展览。河北省人大原副主任王加林，中共河北省委宣传部常务副部长杨永山、副部长王景武，河北省文联党组书记赵景之、副主席郑世芳、潘学聪、祁海峰为开幕式剪彩。中国美术家协会顾问、中国画画家尼玛泽仁，北京画院一级美术师、油画家王沂东，四川美术家协会主席、版画家阿鸽，中国艺术研究院研究员、《美术观察》主编吕品田，中国美术家协会研究部、《美术家通讯》副主编杨萍，中国美术家协会办公室主任刘建及社会各界1000多人出席开幕式参观展览。展览展出国画、油画、水彩、水粉画、版画、雕塑、招贴画等作品500余件。

12月25日，第11届全国美术作品展览暨首届中国美术奖·创作奖、获奖提名作品展览在中国美术馆举行开幕式。河北省美术家协会选送作品122件，取得金奖1件、银奖2件、获奖提名8件、入选86件的成绩，其中孙震生的国画《回信》获金奖，程彪的壁画《抗震壮歌》、许力创作的漫画《改造规划》获银奖，白云乡的国画《故园热土》、刘树允的国画《慈光》、李国庆的国画《革命圣地》、钱宗飞的国画《天际一横》、王维安的油画《腊月》、王福明的油画《依山人家》、张国君和张立农的油画《难忘十月柿正红》、王福明的水粉画《文房四宝》8幅获得获奖提名，实现了河北在历届全国美术作品展览中金奖“零”的突破。

【曲艺家协会】

2月8日至3月28日，河北省曲艺家协会组织省内外20余名曲艺演员，到沧县、吴桥、文安、清苑县举行6场“送欢笑到基层”慰问演出活动。

4月28日至5月3日，河北省曲艺家协会组织发动作者创作60余件作品参加中国曲艺家协会等在大连西岗区举办的相声征文活动，4件作品入选，2名作者应邀参加笔会，4位演员进入复赛、决赛。

6月5～25日，中国曲艺家协会在京召开中华人民共和国成立60周年评选表彰会。河北省曲艺家协会选送的人员中，陈小平获“突出贡献曲艺组织工作者”荣誉称号；崔砚君、常志获“突出贡献曲艺家”荣誉称号；刘小梅、伍振英获“优秀中青年曲艺家”荣誉称号。

河北省曲艺家协会整理材料，报请中国曲艺家协会命名沧县、乐亭县为“中国曲艺之乡”。8月29日至9月28日，中国曲艺家协会专家组在河北省曲艺家协会副主席兼秘书长陈小平陪同下先后对这两个县进行实地考察后，沧县被批准。

9月24日，河北省曲艺家协会承办、陈小平总导演的“伟大的祖国　可爱的河北——新中国从这里走来·庆祝新中国成立60周年群众歌咏大会”在省体育馆举行。来自全省城乡的工人、农民、青少年、人民子弟兵和公务员组成的合唱队5000人参加演出，省市领导及各主办单位领导出席。陈小平获最佳导演奖。

【舞蹈家协会】

5月15～18日，河北省舞蹈家协会主办的第三届河北省小小舞蹈家大赛在石家庄市艺术学校举行。河北省文联副主席潘学聪出席开幕式讲话，副主席兼秘书长柴志华出席闭幕式讲话。各市舞协、专业院校及业余舞蹈学校选派126个节目参加这次比赛。大赛设专业、业余组，分幼儿组、小学组和中学组3个级别进行，评出一等奖32名、二等奖37名、三等奖37名、优秀表演奖20名。

5月24～26日，河北省舞蹈家协会选送舞蹈《花语》参加中国舞蹈家协会在常熟市举办的“中国江南文化节江南舞蹈大赛”总决赛，获银奖。

7月23～27日，河北省舞蹈家协会选送作品《京韵花翎》参加中国文联、中国妇女联合会主办，中国舞蹈家协会承办的新农村少儿舞蹈展演，获金奖。

7月30日，河北省舞蹈家协会选送10个作品参加中国舞蹈家协会主办的第五届“小荷风采”全国少儿舞蹈展演，其中《希望的田野上》、《我学弟子规》、《欢庆鼓娃》获2枚金奖，《在灿烂的阳光下》、《乒乒乓乓》获2枚银奖。

9月30日，河北省舞蹈家协会选送10个作品参加中国舞蹈家协会主办的第七届中国舞蹈“荷花奖”民族民间舞评奖，其中《那是一朵美丽的花》获编导铜奖，河北省舞蹈家协会获优秀组织奖。

11月7～8日，河北省舞蹈家协会主办的中国·河北第五届“金狐杯”国际标准舞全国公开赛在石家庄中山体育馆举行。大赛设职业、业余2大项，分团体舞、摩登舞、拉丁舞、社交舞4个类别、270余个组别进行。全国10多个省区市的41支队伍、1600余人参赛。

【民间文艺家协会】

6月18日，河北省民间文艺家协会承办的“中国孤竹文化之乡”命名暨挂牌成立“中国孤竹文化研究中心”仪式在卢龙县举行。

7月6～10日，河北省民间文艺家协会承办的全国民俗影像作品奖终评在南戴河举行。这次活动从入围的73部作品中评出金奖16部、银奖20部、铜奖25部。河北省人大原副主任吴振华，河北省政协原副主席赵铁炼，河北省文联副主席潘学聪，中国民协副主席郑一民、副秘书长赵铁信，中共秦皇岛市委常委、宣传部部长时晓峰，秦皇岛市人大副主任蔡运国，秦皇岛市副市长李秦生等与社会各界1000多人出席颁奖晚会。

9月1日，河北省文联、河北省民间文艺家协会等主办的田园心歌——河北省农民画精品大展在河北省美术馆举行。中共河北省委宣传部副部长王景武，河北省文联副主席潘学聪、郑一民、祁海峰，河北省美术馆馆长张国君等出席开幕式。潘学聪讲话，农民画家代表贾聪英即兴发言，河北省民间文艺家协会副主席兼秘书长杨荣国主持开幕式。画展评出10幅金奖作品、20幅银奖作品、多幅铜奖作品；6个市的民间文艺家协会获优秀组织奖。

9月16～19日，河北省民间文艺家协会等承办的首届中国女娲文化节暨“女娲杯”全国民间歌舞精品展演在涉县举行。来自全国19个省、市、自治区，26个民族的代表，18个女娲遗迹地代表，16支民族歌舞代表队和涉县及周边地区各界群众10000多人参加祭祀活动。活动分公祭大典、首届中国女娲文化节精品书画展、“女娲杯”全国民间歌舞精品展演大赛、中国女娲文化研讨会和中国女娲文化联谊会成立大会四部分进行。

9月19日，河北省民间文艺家协会承办的命名秦皇岛为“中国葡萄酒文化之乡”并挂牌成立“中国葡萄酒文化研究中心”仪式在秦皇岛举行。河北省老领导龚焕文，中国民间文艺家协会副主席郑一民，中共秦皇岛市委书记王三堂，市委常委、常务副市长马誉峰，法国亚洲发展委员会主席，法中关系委员会主席让·皮埃尔·阿贝阿斯哈，联想控股董事长、联想集团董事局主席柳传志等出席。马誉峰主持仪式，郑一民宣读命名决定，龚焕文颁牌，中央、省及海内外40多家新闻及网络媒体到会采访报道。

10月31日，第九届中国民间文艺“山花奖”在宁波市评选揭晓。河北省民间文艺家协会选送的人员和作品中，张增楼的内画《十二生肖》，滕腾的布糊画《龙凤宝相瓶》，隆尧县的招子鼓舞队《鼓舞尧乡》，秦皇岛市广播电视局的民俗影像作品《大地吹歌》，袁学骏、刘寒编著的《耿村一千零一夜》获6个“山花奖”；郑一民获“山花奖”最高奖——成就奖。

11月15～16日，中国民间文艺家协会等主办的第二届中国故事节少儿红色故事会演讲赛在重庆市北碚区落幕。河北省民间文艺家协会选送耿笠翔讲述的红色故事《一面党旗》获金奖第一名，被大会组委会授予“小故事大王”称号（辅导老师：郎向阳、周宝忠）；河北省民间文艺家协会获“优秀组织奖”。

11月25日，河北省民间文艺家协会在石家庄召开表彰会，表彰近年来为繁荣河北民间文艺事业作出突出贡献的先进个人和先进单位。河北省文联党组书记赵景之，副主席潘学聪、柴志华，中国民间文艺家协会副主席、河北省文联副主席、河北省民间文艺家协会主席郑一民及主席团成员，全省11个市的民间文艺家协会主席、获奖代表出席。河北省民间文艺家协会副主席兼秘书长杨荣国主持会议，赵景之发表总结讲话。与会领导为获奖者颁发荣誉证书。34个单位被评为先进集体；75人被评为先进个人。

11月25日，河北省民间文艺家协会在石家庄承办《历史与文化的沉思》出版座谈会。河北省政协原副主席刘健生，河北省政协常委、文史资料委员会主任王玉楼，河北省文联党组书记赵景之，河北省文史研究馆党组书记、馆长詹文宏，河北省文联党组成员、副主席潘学聪、柴志华，河北人民出版社副总编辑王苏凤等和来自省内文化界、出版界、新闻界、各市的80余名学者参加座谈。潘学聪主持座谈会。

《历史与文化的沉思》一书是中国民间文艺家协会副主席、河北省文联副主席、河北省民间文艺家协会主席郑一民推出的一部著作，由河北人民出版社出版发行。

【摄影家协会】

1月13日，中国摄影家协会、河北省摄影家协会、廊坊市摄影家协会组织的2009中国摄影家送欢乐、下基层活动在永清县董家务村举行。中国摄影家协会党组书记、副主席、秘书长李前光及河北省摄影家协会秘书长杨越峦等16名摄影家参加活动。摄影家们为搬入新民居的村民拍摄全家福，并向董家村赠送1台数码相机。廊坊市摄影家协会还为村民送来过节的大米和食用油。

8月5日，中国文联和中国摄影家协会主办的第八届中国摄影“金像奖”颁奖晚会在大理国际奥林匹克体育中心举行。河北省摄影家协会选送的杨越峦、衣志坚2位摄影家获得该奖项。

9月29日至10月19日，为庆祝新中国成立60周年，河北省摄影家协会等主办的新中国从这里走来——魅力河北英雄老区辉煌60年摄影展在河北省博物馆举行。河北省副省长孙士彬，省级老领导李炳良、陈立友、白润璋等参观展览。摄影展展出照片300多幅，吸引1万多名观众观看。

11月28日，中国第13届国际摄影艺术展览颁奖仪式在丽水开幕。河北省摄影家协会选送于俊海的作品《长城飞雪》获彩色组金奖，赵宇的作品《秀色可餐》获黑白组金奖，党红伟的作品《无悔的选择》获彩色组铜奖。

【书法家协会】

4月12日，河北省书法家协会五届一次主席团会议在石家庄召开。河北省文联副主席柴志华出席会议讲话，中国书法家协会副主席、河北省书法家协会主席旭宇主持会议，河北省文联党组书记赵景之为会议发来贺信。柴志华总结换届以来的工作，提出以后工作方向，并通报河北省书法家协会秘书长人选及工作交接等情况。河北省文联人事处处长梁秀辰做补充说明。经旭宇提名，各位到会副主席表决通过，褚大伟任第五届理事会秘书长。会议决定成立15个工作委员会，并明确主席、副主席在各工作委员会中的分工。

8月1日，河北省书法家协会在石家庄六度园

举办第三届“兰亭奖”河北省重点作者作品点评会。河北省文联副主席柴志华和中国书法家协会副主席、河北省书法家协会主席旭宇出席会议讲话。河北省书法家协会副主席、秘书长及书法家、重点作者100余人到会。点评会由河北省书法家协会秘书长褚大伟主持。

9月8日，河北省书法家协会主办的“新中国从这里走来”风云笔底唱祖国——庆祝新中国成立60周年河北省书法作品展在河北美术馆举行。中共河北省委原常委、石家庄市委书记吴振华，河北省人大副主任马兰翠，中共河北省委宣传部常务副部长杨永山，河北省文联党组书记赵景之、副主席郑世芳、潘学聪、柴志华，中国书法家协会副主席、河北省书法家协会主席旭宇等出席。赵景之主持仪式，杨永山讲话，与会领导为开幕式剪彩，社会各界1000多人参观展览。

11月4日，中国文联、中国书法家协会主办的第三届中国书法兰亭奖在河南平顶山市评选揭晓。河北省书法家协会选送的参赛作品29件入选，6人获奖，其中傅亚成获艺术创作一等奖，李江、寇学臣获教育三等奖，赵生泉获理论三等奖，吴占良获出版三等奖，仇必鳌获得教育提名奖。河北省成绩排名全国第五位。

【杂技家协会】

5月21日，河北省杂技家协会主席边发吉总导演、河北杂技家协会派范建平辅导邯郸市平调落子剧团利用魔术表演技法移植、排演的地方戏《黄粱梦》在石家庄首演成功。

7月26～31日，中国杂技家协会在京举办老艺术家座谈会和颁奖仪式。河北杂技家协会推荐的张伯伦、周大明获突出贡献奖，周良田、陈书镇、李献义、李华阳获贡献奖。

11月8日，文化部和河北省人民政府主办的第12届中国吴桥国际杂技艺术节在石家庄河北艺术中心落幕。河北杂技家协会团体会员单位吴桥杂技艺术学校的参赛节目《草帽》、吴桥杂技大世界的参赛节目《鼓韵》获银狮奖；吴桥杂技职业学校的参赛节目《环之舞》获铜狮奖。

【影视家协会】

5月15～17日，河北省影视家协会主办的第14届河北影视艺术奔马奖评选会议在沧州召开。河北省影视家协会主席团吕振侠、李森池、杨国钧、申晓义、王万举、汪帆、段振起、李银龙、武力国、查岭和河北省文联机关党委专职副书记、人事处处长梁秀辰出席。这次会议评选出河北省影视艺术奔马奖特等奖10个、一等奖40个、二等奖39个、特别奖5个；15人被评为优秀电视节目播音主持。

7月10日，中国电视艺术家协会主办的第六届全国德艺双馨电视艺术工作者颁奖典礼暨群星演唱会在嘉兴举行。河北省影视家协会副主席兼秘书长汪帆和会员冯刚获“全国德艺双馨电视艺术工作者”称号。

8月29日，中国广播电视总局和中国电影家协会主办的第13届中国广播影视大奖电影“华表奖”在京揭晓。河北省影视家协会等单位选送的大型三维动画电影《麋鹿王》上榜。

9月8日，中国广播电视总局和中国电视艺术家协会主办的第27届中国电视剧“飞天奖”在京评选揭晓，河北省影视家协会等单位选送的《战争目光》获长篇电视剧二等奖、优秀音响奖（优秀录音奖）和优秀编剧提名奖；《贞姐》获中短篇电视剧三等奖;《成兆才》获戏曲电视剧二等奖;《相思树》获长篇电视剧提名奖。汪帆撰写的《浅论电视剧〈相思树〉主题与叙事的美学意义》获首届“飞天奖”优秀论文评论类二等奖。

9月21日，中共中央宣传部第11届精神文明建设“五个一工程”表彰座谈会在北京举行。河北省影视家协会选送的电影《亲兄弟》和电视剧《战争目光》上榜。

9月29日，河北省影视家协会等承办的第13届电影华表奖优秀动画片、第27届中国电影“金鸡奖”最佳美术片提名、三维动画电影《麋鹿王》首映礼暨表彰会在保定举行。全国政协委员、中国文联原副主席、中国传媒大学影视学院院长仲呈祥，全国政协委员、全国青联副主席、公益配音演员李扬，中共保定市委书记宋太平，中共保定市委常委、宣传部部长王洪斌，河北省文联副主席郑世芳等出席。王洪斌主持仪式并宣读中共保定市委、保定市人民政府奖励创作团队10万元奖金的表彰决定，河北省影视家协会驻会副主席兼秘书长汪帆代表创作团队接受宋太平颁奖并发表感言，700余名观众首次观看这部影片。

12月3日，首届欧洲国际立体电影节在比利时列日市会议中心举行。河北省影视家协会选送的原创3D动画电影《麋鹿王》参赛，取得最佳长篇立体电影奖金水晶奖。

【企业（行业）文联】

2月19～20日，2009年河北省企业（行业）文联理事工作会议暨经验交流会在石家庄召开。河北省文联党组书记、河北省企业（行业）文联主席赵景之，河北省文联副主席柴志华及全省30余家特大型企业、行业的有关领导和文联干部50余人参加会议。河北省企业（行业）文联副主席兼秘书长靳亚利主持会议并做会务工作报告，河北省交通厅纪检监察专员、党组成员刁厚枝致欢迎词。2008年执行主席邯郸钢铁公司文联总结2008年工作，会议宣布获得2008年度先进企业（行业）文联名单，与会领导为获奖单位颁奖，赵景之主持执行主席交旗仪式并做总结讲话。会议审议通过2008年秘书处会务工作报告和2009年工作计划安排及新增补的理事、常务理事、副主席等事项。河北省交通厅文联、华北油田文联、秦皇岛港务集团文联在会上作典型经验介绍。会议还安排代表们到正定隆兴寺和荣国府参观学习。

6月22～27日，青海省文联、企业文联领导干部一行8人，由青海省文联党组成员、副主席张民带队，来河北学习考察石家庄、邯郸、保定、秦皇岛等地的大型优秀企业文化建设和现代化生产情况；并参观古赵州桥、西柏坡等河北特色文化及风土人情。河北省文联副主席郑世芳、柴志华和河北省企业（行业）文联领导靳亚利、石建和等与他们一起座谈。

9月10～14日，河北省企业（行业）文联主办的河北省行业、企业界第八届美术、书法、摄影展览在石家庄市博物馆展出。来自全省各大行业、企业近300名艺术家及艺术爱好者的300余幅作品参展。

10月1日，河北省企业（行业）文联从“华北油田杯”河北省劳动模范先进事迹征文活动中选出近50篇文章，主编成40余万字《奔跑的火焰》一书，由花山文艺出版社出版发行；从“歌颂企业、行业，歌颂河北，歌颂祖国”优秀歌曲征集活动获奖歌曲中精选部分歌曲录制成《祝福祖国——河北省企业、行业优秀歌曲选编》光盘发行；并编辑出版了《祝福祖国——庆祝中华人民共和国成立60周年“地矿杯”河北省行业、企业界第八届美术、书法、摄影展作品选》大型画册。

11月5日，中国文联、中华全国总工会、中央电视台联合主办的“向祖国汇报——庆祝新中国成立60周年”全国产业（行业）系统文艺展演活动结束。河北省企业（行业）文联从举办的文艺展演活动中选出优秀节目参赛，取得2金、2银、6铜、5优和1个优秀组织奖的成绩，河北省企业（行业）文联获全国产业（行业）系统文艺展演活动优秀组织奖。

直属事业单位

【文艺理论研究室】

8月28日，河北省文联理论研究室承办的第五届河北省文艺评论奖评选落幕，评出文艺理论奖、评论奖和专著奖36件，其中邢建昌的《大众传媒语境下的文学理论只是生产》和周大明、杜滇峰、宋建龙、崔斌彬等的《河北民间舞蹈现状调查报告》2件作品获文艺理论类一等奖，赵惠芬的《论河北梆子的原创精神与文化缺失》等3件作品获理论类二等奖，王露霞的《戏剧批评的位置与品格》和方伟的《国产类型大片〈集结号〉与电影产业化实质》）2件作品获文艺评论类一等奖，汪帆的《浅论电视剧〈相思树〉主题与叙事的美学意义》等5件作品获文艺评论类二等奖，杨红莉的《民间活的审美言说——汪曾祺小说文体论》等6部专著获专著奖，另有18件作品分获文艺理论和评论类三等奖。

【《当代人》、《民间故事选刊》、《小小说月刊》杂志社】

《当代人》、《民间故事选刊》、《小小说月刊》3个杂志社全年均完成各自的24期编辑、出版、发行工作。

11月30日，《小小说月刊》杂志社与天涯社区“短文故乡”举办的“小小说月刊杯”中国首届闪小说大赛评选揭晓。收到参赛稿1368篇，210篇入围。大赛聘请9位评委组成终评委员会，评出金、银、铜奖，《小小说月刊》获“组织奖”。

【文艺家活动中心】

河北省文联文艺家活动中心全年举办、接待各类艺术活动81次，其中，展览展示活动29次，联谊联欢活动19次，社会公益性捐赠、讲座活动11次，学术研讨、学术交流活动13次，培训活动9次。

山西省文联

综　述

2009年是新中国成立60周年，也是中国文联暨山西文联成立60周年。按照中国文联“全国文联一盘棋”工作理念及抓紧抓好系列纪念活动的安排，山西文联党组、主席团一是全面回顾和总结山西文联60年的奋斗历程和宝贵经验。二是精心组织丰富多彩的纪念活动，充分展示新中国成立以来特别是改革开放以来山西文艺界取得的巨大成就，充分展示山西文艺界大团结、大发展、大繁荣的生动局面，充分展示山西广大文艺工作者蓬勃向上、开拓奋进的精神风貌。三是更加积极主动地开展各项活动，抓好各项工作推动山西文联工作向前发展。

会议与活动

【学习实践科学发展观教育活动】

根据中央和省委要求，完成了学习实践科学发展观教育活动，活动从2008年10月开始至2009年2月结束。2月24日召开总结大会。党组副书记、副主席高国俊，受省人大常委、省文联党组书记、常务副主席宋新柱的委托做题为《以科学发展观为统领，围绕大局服务人民，为推动山西文艺事业大发展大繁荣作贡献》总结报告。刘子学代表省委第六指导组对省文联深入学习实践科学发展观活动作了评价。教育活动取得明显效果，民主测评满意度达到99.5%。

【“送欢乐、下基层”活动】

省文联组织艺术家赴扶贫点榆社县青峪村、赴联企帮困点太原化肥厂进行慰问演出。省摄协组织摄影下乡活动。省曲协组织曲艺工作者赴山西省重点工程建设工地进行慰问演出，为交警、特警、民警、巡警、保安大队进行慰问演出。省书协组织书法家到军营、矿山为矿工书写春联。省杂协组织太原、长治杂技团分别开展文艺下乡活动。

【山西省第五届少儿书画新人新作展】

由省文联主办、小学生习字报社承办，在山西文联展厅展出1500多件少儿书画作品。2月6日，在省演艺中心举行开幕式暨颁奖典礼，省委常委、宣传部部长胡苏平，省人大常委、省文联党组书记、常务副主席宋新柱，省文联主席、省书协主席李才旺，省文联党组副书记、副主席高国俊，省文联党组副书记石跃峰等领导及省优秀书画教师、学生代表、家长600多人参加。

【七届六次全委会】

2月25日，召开会议。书面印发了省委常委、宣传部部长胡苏平的重要讲话，省委宣传部副部长李福明出席并讲话。省文联主席李才旺主持会议。省文联党组副书记石跃峰传达中国文联八届四次全委会议精神。省人大常委、省文联党组书记、常务副主席宋新柱作了题为《坚持以科学发展观为统领努力开创文艺工作和文联工作新局面》的工作报告，总结2008年的工作，对2009年的工作做了安排。会议更替、增补了省文联七届委员会委员。

【山西文联《走进书画》电视栏目开播】

3月1日，在中国黄河电视台开播。此栏目是由省文联与中国黄河电视台联办，省文联发展文化产业协会与山西炎黄书画艺术发展中心承办，省书协、省美协协作。旨在宣传介绍山西书画艺术，宣传山西书画艺术家的文化类节目。

【“黄土地·黑土情”山西·黑龙江中国画名家作品展】

由山西省文联、黑龙江省文联主办，山西省美协、黑龙江省美协承办，4月27日在山西文联大厦展出作品100余件，两省文联领导以及文艺界代表数百人出席开幕式。

【第五届山西省“十佳电视艺术工作者”评选表彰】

5月，中共山西省委宣传部、省广播电视局、省文联、省视协联合举办评选表彰活动。中共山西省委宣传部副部长李福明，省人大常委、省文联党组书记、常务副主席宋新柱，省文联主席李才旺，省政协常委、省文联副主席、省视协主席董育中，省文联党组副书记石跃峰等领导出席表彰大会，并为获奖者颁奖。

【全国第二届农村题材电影创作研讨会】

5月20～23日在孝义市召开。研讨会由中国电影家协会、山西省文联、省农村文化促进会、中共吕梁市委、吕梁市人民政府联合主办，省电影家协会、中共吕梁市委宣传部、吕梁市文联、孝义市委市政府承办，中国电影理论评论创作委员会协办，来自全国有关省区市的专家及近70名代表参加研讨。

【纪念建党88周年暨“创先争优”表彰大会】

6月30日，省文联召开表彰大会。会上，宋书记做了重要讲话，对进一步加强省文联机关的党建工作提出新的要求。

【山西省15届美术作品展览】

7月8～12日，由省委宣传部、省文联、省文化厅主办，省美协承办，从收到的980余件作品中评选出参展作品570件。

【庆祝新中国成立60周年“情系三晋”海内外山西儿女书画作品展览】

由省委宣传部、省文联、省委老干局主办，山西艺术研究创作中心、省美协、省书协承办，8月23日开幕。省委常委、宣传部部长胡苏平及省人大、省政府、省政协领导出席开幕式。省委书记、省人大常委会主任张宝顺，省委副书记、省长王君及全省社会各界群众6000余人次参观展览。本次展览收到海内外书画作品1000余件，从中选出300幅作品展出。新华社、《人民日报》、《光明日报》、中央电视台、山西电视台等30多家新闻媒体和网站对这次展览做了宣传报道。

【李才旺捐资兴建壶关县五集小学及五集饮水工程】

8月31日，由省文联主席、省书协主席、省美协顾问李才旺用辛勤创作的书画作品筹集250万巨资兴建的壶关县百尺镇五集小学及五集饮水工程举行竣工典礼。张平副省长发来贺信，高度评价李才旺“情系家乡，关心教育，用自己的书画回报社会，集资办学，是件很有意义的事”。省文联为五集小学赠送100套图书、100套学习用具，省书协赠送100套学习书法的字帖和毛笔，以表达文艺工作者对教育事业的关心和支持。

【山西曲艺进京展演】

9月6日，由山西省委宣传部、省文联、省文化厅主办，省曲协承办的“向祖国汇报”庆祝山西省文联成立60周年大型文艺演出山西曲艺精品展演在北京民族文化宫演出。

【延安采风】

9月14～18日，省文联采风团一行47人赴延安、西安进行“接受传统教育，了解历史文化，丰富文化生活”为内容的采风活动。

【庆祝新中国成立60周年纪念活动】

新中国成立60周年，参与全省举办的系列展览、展演等系列纪念活动。省文联被山西省庆祝新中国成立60周年领导组授予“优秀组织奖”。

【庆祝山西省文联成立60周年全国名家书画摄影邀请展】

由中国文联、山西省委宣传部指导，山西省文联主办，中国美协、中国书协、中国摄协、中国文联产业（企业）文联协办，省书协、省美协、省产业（企业）文联承办，12月14日在文艺大厦开幕。展出书画作品300余幅、摄影作品73幅。

【纪念山西省文联成立60周年】

12月16日，隆重召开纪念大会。省委书记、省人大常委会主任张宝顺发来贺信，充分肯定了山西文联60年来特别是改革开放和七次文代会以来所取得的辉煌成就，并希望全省广大文学艺术工作者继续为时代放歌，为人民抒情，再立新功。中国文联党组成员、副主席、书记处书记杨志今，中国文联副主席、中国曲艺家协会主席刘兰芳，省领导胡苏平、郭海亮、王雅安、张平、刘滇生及省各人民团体负责人出席大会。杨志今、胡苏平分别代表中国文联和省委、省人大、省政府、省政协发表重要讲话，对山西文联的工作给予了充分的肯定和高度的评价。大会隆重表彰了从事新中国文艺工作60年的文艺工作者，并颁发荣誉证书、证章。期间，举办了系列纪念活动：纪念山西省文联成立60周年全国名家书画摄影展、山西60年版画展、山西省第二届书法精品展、山西省首届书坛新人展、纪念山西省文联成立60周年“汾水吟”文艺晚会，编印《山西文联60年》、《山西文联60年——庆典专辑》画册。

机关建设

【人事工作】

理顺了省文联参照公务员管理序列，完成公务员登记和新增人员的工资规范和调整工作。推进各事业单位机构人员编制清理规范、推行事业单位岗位设置管理和公开招聘工作。

【例会制度】

各处室、各协会负责人周一例会制度化。通过例会、编印简报，各项工作争取做到有计划、有成效、有落实、有检查。

【“小金库”专项治理】

根据晋纪发〔2009〕9号文件和全省党政机关、事业单位开展“小金库”专项治理精神，财务处从9～10月对省文联直属各单位、各协会进行“小金库”的自查工作并上报。

【机关基础建设】

文联办公大楼安全监控系统安装完备投入使用，实现全天候24小时不间断监控，聘请监控设备公司专职人员对大楼保卫人员进行专门培训，尽快熟悉掌握监控设备。

抓紧“山西美术馆”的筹建工作，对场馆进行维修，设立多功能（会议、研讨、创作）接待室，对展厅进行了资源整合。

【组联工作】

对文联所属社团的整顿作出新的部署，对规范社团管理提出新的要求。负责汇总收集从艺60年老艺术家名单及颁发证书工作。2009年，先后接待浙江、贵州、江西、云南文联考察团，召开文联工作座谈会，交流工作。

【文艺创作】

完成省委宣传部领导和文联领导在纪念山西省文联成立60周年大会上的讲话及文章。征集、编辑、出版《辉煌山西·纪念中华人民共和国成立60周年》大型画册。承办《山西文联60年》、《山西文联60年——庆典专辑》画册的图片及文字资料的征集、编辑工作。出版《山西文联通讯》5期。编纂完成《2009年中国文联年鉴·山西文联篇》。

【离退休工作】

组织老干部进行了全面体检。妥善照顾好遗属，力所能及地帮助他们解除后顾之忧。使老干部心情舒畅安度晚年，老有所为发挥余热。

5月18日，山西省老文学艺术家协会举行换届选举，王东满当选为第二届委员会主席。

【党组织建设】

2月，向省直工委“作风建设专项检查组”做了作风建设方面的专项汇报。3月11日，省文联党组副书记、机关党委书记高国俊向省直工委检查考核组就2008年文联机关党的工作责任制落实情况、党风廉政建设责任制及精神文明和谐单位的创建工作做了总结汇报。5月，向省直工委讲师团书面汇报了省文联中心组及干部职工的理论学习情况，并上报中心组成员撰写的理论文章。组织“加强党性修养，树立良好作风”考试，文联处以上干部100%参加。按照省直工委组织部的要求，选派处级干部轮流参加全省省直机关处级干部“三个发展”理论培训班学习。

继续开展捐款救助活动，共有130人捐款6290元，送至山西省社会捐助事务管理中心。完成领取、发放中组部慰问新中国成立前“老同志、老党员、老战士”的慰问金工作。继续到太原化肥厂进行“联企帮困”。

编纂完成《中共山西年鉴·山西文联篇》（2007年）。

直属单位

【山西艺术研究创作中心】

承办庆祝新中国成立60周年“情系三晋”海内外山西儿女书画作品展览，被山西省庆祝新中国成立60周年活动领导组授予“山西省庆祝新中国成立60周年系列活动先进集体”。

【赵树理故居】

为配合全社会的爱国主义教育，保证文物安全，成立了文物安全小组，制定文物安全规章，购置防火设施，绿化、美化故居环境。6月，对故居建筑再次进行全面维修。被省文物局评为文物安全达标单位，并授予牌匾。全年共接待中外来访宾客、参观者78200余人次。

故居工作得到了老作家们的支持：胡正两次为故居赠书、马烽亲属（段杏棉）向故居赠《马烽文集》（8套）。

5月，协助平顺县西沟建立赵树理三里湾文化纪念馆。

出版《大家赵树理》大型文学期刊4期。

【《小学生习字报》】

2009年，出版报纸36期144个版。是全国唯一一份坚持办少儿习字的专业报纸。

6月，承办国家教育部第14届全国中小学生书画比赛山西赛区的组织、颁奖工作，5000多人报名参加，评出一、二、三等奖及优秀奖，56位老师获优秀教师奖，小学生习字报社获组织工作先进单位奖。

【晋宝斋】

11月，再次与翰海公司联合举办2009秋季艺术品拍卖会，成交额近3000万元。12月，举办“与祖国同行——山西版画60年”版画展。

获奖情况

【戏剧】

5月，在中国剧协主办的第二届中国戏剧奖•梅花表演奖暨第24届中国戏剧梅花奖（北方片）评比演出中，推荐谢涛主演《傅山进京》荣获中国戏剧“二度梅”第一名；潘国良主演《父亲》荣获第一名；孔向东主演《清风亭》荣获第三名。5月11日，在首届中国戏剧曲剧节上，推荐山西省垣曲县曲剧团参赛，主演白雪琴荣获“中国曲剧十大名星”提名奖，演出剧目荣获优秀剧目演出奖。8月6日，在第13届中国少儿戏曲小梅花荟萃活动中，推荐的11名选手全部获得小梅花金奖称号，其中刘夏飞、尚照刚、魏璐颖、张光浩获地方戏专业组十佳称号，杨红巧获地方戏业余组十佳。8月，推荐16名演员参加中国戏曲红梅唱奖，全部获得金奖。10月28日至11月5日，在第三届中国戏剧奖・小戏小品奖评比活动中，推荐选送的晋北小戏《九品官上树》在小戏综合评比中排名第二名，并获得第三届中国戏剧奖・小戏小品奖优秀剧目奖；小品《暖风》获群众最喜欢剧目奖；主要演员郭梅芸、朱建军、任玉生获群众最喜欢演员奖。11月28日至12月14日，在第11届中国戏剧节上，推荐由山西剧协和山西清徐嫦娥文化艺术有限公司共同制作的新编历史剧《龙兴晋阳》参赛，获得优秀剧目奖和优秀表演奖。这是戏剧节上唯一的一台民营戏曲院团参赛。

【美术】

选送第11届全国美展，王爱忠的中国画《阳婆映在圪梁上》获提名奖，杨临江的漆画《亘古》获银奖，王志俊的艺术设计《纪念南京大屠杀海报》获银奖。选送“力量之美”——第七届中国体育美术作品展览，入选作品八件，其中侯琪的版画《亘古春歌》荣获优秀奖。

【书法】

7月28日，推荐参加全国第八届书学讨论会论文评选，杨二斌的《西汉官文书运行书体研究》获一等奖、赵维红的《从“齐垒论辩”、“碑学”、“帖学”之辩看吴云折衷之书法观念》获二等奖。10月，在国家体育总局、中国奥委会、中国美术家协会和第11届全国运动会组织委员会主办的“力量之美”——第七届中国体育美术作品展览上，入选作品8件，其中侯琪的版画《亘古春歌》荣获优秀奖。11月，在第三届中国书法兰亭奖评选中，老艺术家姚奠中荣获终身成就奖、赵维红的论文《道光之际“宣南”书家行迹考辨》获理论奖三等奖、朱世杰的论文获教育奖三等奖。

【音乐】

推荐山西大学合唱团参加第七届中国音乐金钟奖合唱比赛，获得优秀奖。6月，在中国音协主办的全国优秀流行歌曲创作大赛（华北赛区）评选中，省音协获得组织奖。

【舞蹈】

7月27～30日、8月3～5日，中国舞协分别在北京和淮南举办第五届“小荷风采”全国少儿舞蹈展演，协会选送的《晋韵》等10个节目分别荣获“小荷之星”、“小荷之秀”奖，参加辅导的老师获“园丁奖”，省舞协获“优秀组织奖”。9月23日，选送吕梁歌舞剧院的群舞《核桃熟了》参赛第七届中国舞蹈荷花奖・民族民间舞大赛，荣获“十佳作品奖”。11月27日，中国舞协在北京人民大会堂召开庆祝中国舞蹈家协会成立60周年纪念大会，山西舞蹈家兰田、王秀芳、冯玉梅被授予“卓越贡献舞蹈家”，傅汉生被授予“突出贡献舞蹈家”称号。

【电视】

5月，在中国文联和中国视协主办的纪念四川汶川大地震抗震救灾一周年电视节目评选活动中，

推荐参评的《抗震救灾赈灾晚会》(山西广播电视台录制)获二等奖。6月，推荐王云飞、杨虹在中国文联、中国视协主办的第六届全国“德艺双馨电视艺术工作者”评选中获荣誉称号。8月，在中国文联、中国视协主办的解放战争题材电视剧质量评比会上，推荐参评的电视剧《江阴要塞》（山西省作协影视公司等联合摄制)荣获三等奖。9月，在中国城市形象片评奖活动中，推荐参评的《太原赋》(中共太原市委宣传部、太原电视台联合拍摄)荣获最佳城市形象片奖。11月，在中国首届农民艺术节暨第三届“农村小康电视节目工程”中，推荐参评的农村题材的各类节目有13部获奖：电视剧《喜耕田的故事》(山西电影制片厂等联合摄制)获长篇最佳作品奖、《葛掌柜》(山西省话剧院等联合摄制)获中短篇最佳作品奖、《沟里人》(山西电视台摄制)获中短篇最佳作品奖、《别拿豆包不当干粮》（山西广播电视台摄制)获长篇优秀作品奖、《共产党员张小民》(山西电视台等联合摄制）获中短篇优秀作品奖、《阿霞》(山西黄河影视社摄制)获长篇好作品奖、《杏花岭》(山西运城广播电视台摄制)获中短篇好作品奖、专题片《“吹”出来的阳光》(黄河电视台摄制)获最佳奖、《当家的女人》(黄河电视台摄制)获优秀奖、《小康路》(山西潞城电视台摄制)获好作品奖、《绿色撑起东小景的新生活》(孝义广播电视中心摄制)获好作品奖、电视栏目《上党夜线——生活版》(长治广播电视总台公共频道)获优秀栏目奖、专题片《八面来风》(吕梁电视协会)获农民才艺展示二等奖。12月，在中国视协主办的“奥运中国”优秀体育节目评选和表彰会中，推荐的《“驴驴人”的奥运梦》(黄河电视台摄制)荣获三等奖。

【电影】

10月，推荐参评的由中共山西省委宣传部、中共太原市委宣传部、中央新闻纪录电影制片厂联合出品的《决战太原》荣获第27届金鸡奖最佳纪录片奖。

【曲艺】

2月5日，在第12届“山河杯”曲艺大赛中，推荐李晋平、尹海鹏、张霞参赛的小品《男女有别》荣获创作表演一等奖；刘生辉、赵鹏英参赛的二人台《拜大年》和博继冬、郝启飞的对口快书《朱大爷的感受》获二等奖。参与组织编、导、排的大型笑剧《咱爹咱妈》，获山西省“五个一工程”奖。7月，池银寿、付越舞表演的二人台《路遇》荣获全国小戏小品大赛特等奖。11月，柴氏兄弟的大同数来宝节目《防不谨防》获全国产业(行业)系统曲艺小品大赛金奖。

【杂技】

康浩表演的口技在“和谐颂2009”第五届全国艺术教育成果展现活动中获“金奖”；金恒杰荣获“全国优秀艺术人才奖”、“德艺双馨中国文艺展示活动终身成就奖”、“第16届全国推选新人山西赛区优秀辅导教师”称号。

【太原市文联】

蒋韵创作的《英雄血》荣获《小说月报》第13届百花奖中篇小说奖。

各文艺家协会

【戏剧家协会】

成立山西省“梅花奖”艺术团。山西是戏剧大省，为凝聚全省戏剧界的力量，整合戏剧资源，适应戏剧改革演出的潮流，4月成立的艺术团以行业协会为组织领导，“梅花奖”演员为主体，集全省最优秀的演员为一体，以公益性演出为目的。

第12届杏花奖评比演出。1月19日，与省文化厅联合举办、经过两个月的评比演出落幕，选拔出34台剧目、97名演员，评出奖项。

山西省在中国戏剧“梅花奖”评比中，夺梅名列全国第一。5月，在中国剧协主办的“第二届中国戏剧奖·梅花表演奖暨第24届中国戏剧梅花奖（北方片）”评比演出中，推荐的演员荣获一等奖2名、三等奖1名，至此山西省在中国戏剧“梅花奖”评比中，44次夺梅，42名演员获奖，继续名列全国第一。

第四届中国戏曲红梅演唱奖山西选拔赛。8月12～15日，从120多名参赛的演员中，评选出16名金奖，15名银奖，37名表演奖。

举办座谈会、研讨会。先后为《吴汉杀妻》、《貂蝉逸事》等20多个剧本举办座谈会、研讨会。当年，编纂完成中国戏剧大事记山西部分；帮助北京剧作家在山西的维权服务工作等。12月，在庆祝山西文联成立60周年纪念活动中，组织戏剧演出多场、编纂完成《山西文联60年》画册中戏剧篇。

【美术家协会】

召开五届二次主席团会议。2月15日，在太原召开五届二次主席团会议，30人参加。会议由省美协常务副主席、秘书长李明主持，副秘书长李桂平通报了2008年工作总结、2009年工作设想及2009年工作筹备情况。

参展第11届全国美展。7月，选送第11届全国美展作品67件，入选40件，一件获提名奖、两件获银奖。

举办、参加各种形式美术作品展。4月8日，与山西画院联合主办刘大为艺术工作室人物画家作品展，展出王辅民等10人的80余幅人物画。4月28日，吴大勇的雕塑《妈妈的脊梁》、宋建利的雕塑《血脉》参加由中国文联、中华慈善总会、中国美术家协会和中国美术馆主办的“礼赞生命——‘5·12’中国汶川大地震抗灾周年纪念雕塑展”，在北京中国美术馆展出。5月17日，省美协、山西水彩画学会主办第14届山西省水彩画展，展出作品100余幅。6月3日，由山西省委宣传部、山西美协、山西画院承办的著名花鸟画家赵梅生个人画展在文艺大厦展厅举办，展出画家近3年创作的国画精品119幅、自绘瓷盘30件。6月，在2009年全国中国画作品展中，6件作品入选。10月，与省文联发展文化产业协会等联合举办“从艺60年——李夜冰画展”，展出作品211件。11月，省美协、省油画学会主办，新星大世界会馆视觉空间美术馆承办“2009年山西省油画写生展”，展出作品100余件。12月，由省文联主办，省美协、省晋宝斋艺术总公司、省版画学会承办的“与祖国同行山西60年版画展”在晋宝斋展出，展出作品100余幅。12月，编纂完成《山西文联60年》画册中美术篇。

【书法家协会】

“送欢乐、下基层”。春节前夕，组织书法名家为省城交警书写春联200余幅。

书法创作培训班。3月、7月，两次举办山西省第四期、第五期书法创作培训班，各有60余名学员参加培训。

举办各种形式的书法展、评选活动。“五一”期间，与难老印社、青云宏公司主办难老印社社员诗书画印作品展，展出24位书画家的百余件作品。5月14日，省书协主办、阳泉石舟印社承办“福彩杯”山西省首届印社篆刻艺术作品联展，展出作品122件，14件作品获奖。8月21日，主办的“山西省备战兰亭展重点作者作品观摩会”在省民俗博物馆举行，60余名重点作者参加活动。9月21日，由省书协、美协、摄协，省煤矿文化体育协会，山西东方文化艺术研究院，山西煤炭系统书法美术摄影家协会共同主办，山西晋城煤业集团承办的“晋城煤业杯”第二届全国书法家精品展览暨“晋城煤业杯”山西煤炭系统职工书法、美术、摄影展览在晋城开幕，展出作品300余件。12月，由省书协主办，潞安集团余吾煤业公司协办的山西省第二届书法精品展、山西省首届书法新人展开展，展出书法精品及新人展作品300余件。12月18日，“山西书法邀请展”在湖北武汉举办，展出书法精品140余件。12月23日，与太原市文联、深圳市文联、太原市书协、深圳市书协联合主办的“沈晓英书法篆刻展”在深圳博物馆展出作品60余幅。

文化交流。6月8日，山西省·埼玉县友好省县缔结26周年纪念“日中书法交流埼玉展”在日本展出，近20件书法作品参展。8月10日，第25届中日青少年友好交流高野山书法比赛中，太原市北环小学智久真、太原市双西小学郑丹阳获得日本高野山书道协会奖。

山西省第八届书法篆刻作品展。9月11日，由省书协主办，朔州市委宣传部、朔州市文联、朔州市书法美术家协会协办。400余人参加了在朔州文化中心的开幕式，展览展出作品400余件，14件作品获奖；26日，展览在省民俗博物馆展出。

12月，编纂完成《山西文联60年》画册中书法篇。

【摄影家协会】

举办迎新春联谊会。正月，山西摄影界450余人参加了联谊会。省摄协副主席、秘书长郭宗敏总结2008年摄影协会工作，并代表省摄影家协会向全省3000余名会员和摄影工作者、摄影爱好者致以新春的问候。同时进行了2008年度组织工作奖和优秀会员表彰。

“送欢乐、下基层”。组织各行业摄影家们把精美的年画送到农村，为农民朋友们拍照留影，并现场打印装框送到农民手中，把欢乐送到农民心中。同时号召全省各地、各行业摄影协会，开

展社会公益活动，举办各种摄影创作活动，为构建和谐文化作贡献。

山西省首届摄影团体对抗赛。年初，山西省首届摄影团体对抗赛、中国华北第22届摄影艺术展览和山西摄影家六人联展隆重举行。全省30余个摄影团体450幅作品同台竞技，不同个性、不同风格的作品，是对全省摄影艺术创作成果的一次检阅。运城市摄协、忻州市摄协、长治市摄协、阳泉市摄协、省摄协五台山分会获得组织工作奖；大画幅摄影学会、黑白摄影学会、太原市摄协、民俗摄影学会、花卉摄影学会、阳泉市摄协等分获山西省首届团体摄影对抗赛前六名。

摄影理论研讨会。10月13～16日，2009年度摄影理论研讨会在长治市黎城县召开，60余人到会，就摄影界存在的问题、山西摄影今后的发展和突破建言献策。

北京摄影函授学院山西分院。12月16日，在北京摄影函授学院建校25周年庆典颁奖典礼上，山西分院获得摄影教育突出贡献组织奖，是第二次荣获此奖；副院长韩素卿获得摄影教育突出贡献个人奖。建院25年来，举办了20期培训学习，培训学员3000余人，学院坚持以特色办学，为摄影人服务，被誉为山西摄影家的摇篮，连续四年被评为先进函授分院，王东风、王恩霖被评为优秀教师。

中国五台山第20届国际旅游月暨五台山第六届佛教文化节国际摄影大展。11月1日，作品评选在五台山揭晓。本次大展由五台山风景名胜区区委、区政府，山西省摄影家协会、《人民摄影》报社、《山西画报社》、山西新闻网联合主办，国内外摄影家、摄影爱好者广泛参与，从收到的2000多幅作品中评出特等奖1名，一等奖2名，二等奖5名，三等奖10名，优秀奖20名。

举办多种形式摄影展。6月6日，王东风《室内》系列摄影作品展。7月5日，黄为风光小品摄影作品展。10月30日，举办2009芦芽山生态旅游摄影作品征集大赛，千余幅作品参赛，评出奖项。同期，2009“园林杯”靓丽晋城数码摄影大赛圆满结束，共收到121名摄影爱好者的1006幅作品，从各个角度展示了晋城的风土民情和建设成就。12月，庆祝山西省文联成立60周年全国名家书画摄影展中，组织展出摄影作品73幅。12月，编纂完成《山西文联60年》画册中摄影篇。2009年，省摄影家协会规范管理、热情扶持，陆续批准成立了山西省摄影家协会旅游摄影学会、山西省地质摄影家协会、山西省摄影家协会交通分会、山西省摄影家协会统计分会。至此，已有40个专业、行业摄影团体会员单位和3000余名会员。

【音乐家协会】

主要活动。3月，举办第七届中国音乐金钟奖山西选拔赛，选送山西大学合唱团参加第七届中国音乐金钟奖合唱比赛并获奖。5～8月，承办中国音乐家协会音乐考级山西考区考务工作。6月19日，与省教育厅、太原市教育局、市青少年活动中心联合承办由中国音协主办的“让心灵的花儿尽情开放——全国优秀少儿合唱歌曲进校园”活动山西启动仪式。6月，参加在中国音协主办的全国优秀流行歌曲创作大赛（华北赛区）评选。

举办各种形式音乐会。与山西大学音乐学院联合主办有：4月27日“阎征宇师生音乐会”、5月5日“张立忠学生马杰钢琴独奏音乐会”、5月6日“中韩作曲家新音乐作品交流音乐会”、6月2日“焦春梅学生张静独唱音乐会”、6月3日“陈方圆小提琴独奏音乐会”、6月13日“李岩峰学生叶培隆、赵敏毕业音乐会”、6月17日“薛晓妹师生钢琴音乐会”；5月6日与太原科技大学联合主办“张英民个人独唱音乐会”；5月7日，与太原中北大学体育艺术学院联合主办“马跃二胡独奏音乐会”；8月，与省民族管弦乐学会联合主办中央音乐学院教授张强琵琶、讲师吉炜古筝独奏音乐会；11月与长治学院联合举办“郝峰合唱指挥音乐会”。12月，编纂完成《山西文联60年》画册中音乐篇。

【舞蹈家协会】

太原市第19届校园艺术教育活动月舞蹈类比赛暨第五届“小荷风采”全国少儿舞蹈展演太原选拔赛。4月4～27日举办，2000余人参赛，舞种涉及有民间舞、民族舞、体育舞蹈等，并评出一、二、三等奖及优秀奖。

首届“山西舞蹈杯”青少儿舞蹈大赛暨第五届“小荷风采”全国少儿舞蹈展演山西预选赛。4月30日至5月3日举办，来自全省各市县的2000余名选手参加比赛并评出奖项。期间，同时举办了中国舞蹈家协会“中国舞蹈考级”第38届教学成果展演暨山西表彰会。

培训班。5月11～15日在忻州市、5月17～21日在运城市分别举办中国舞蹈家协会“新农村少儿舞蹈美育工程”第三期和第四期乡镇村教师舞蹈培训班，共有130名乡、村教师参加培训。

调研、交流、采风活动。5月13日，浙江省文联采风团来访，进行座谈与交流。6月、8月，先后赴运城、永济、万荣、晋中、吕梁、临汾等市县进行调研。8月26、27日组织老艺术家赴壶口采风。11月30日至12月4日，组织部分民办舞蹈教学单位舞蹈教师一行18人，赴广东东莞中国舞协南方舞蹈学校进行观摩学习。

7月23～27日，选送山里娃为演员的运城市盐湖区教育局的节目《关乡伞娃娃》参加“新农村少儿舞蹈展演”，并安排孩子们参观长城、故宫等景点。8月，选拔报送14个节目参加第五届CCTV舞蹈大赛。

11月27日至12月1日，在中国舞协举办的“中国舞蹈发展论坛暨第二届全国舞蹈大师进修班”上，选送的5名舞蹈工作者获得“大师证书”。

12月，编纂完成《山西文联60年》画册中舞蹈篇。

【电视艺术家协会】

山西省第17届电视艺术评奖。主办山西省第17届电视艺术评奖活动，从参评节目12个类别136个中，评出文化专题、文艺专题、电视综艺晚会、电视专题晚会、纪录片、音乐电视片、美术片、栏目短剧、广告片、体育比赛宣传片、电视剧等12个类别118个单项一、二、三等奖，13个单位获得组织工作奖。5月，举办了颁奖会。

7月，组织会员一行11人赴新疆采风。

12月，编纂完成《山西文联60年》画册中电视篇。

2009年，发展省会员47名、全国会员六名。

【电影家协会】

大型煤矿安全题材故事影片《命比天大》首映式。影片由省纪委、省监察厅、省委宣传部、省煤炭工业局、省煤矿安全监察局、省电影家协会、山西飞天影视传媒等单位联合摄制，3月30日在太原举行首映式。省委常委、省纪委书记金道铭，省委常委、宣传部部长胡苏平出席首映式并观看影片。

中国老电影文化周暨首届中国老电影收藏品交易博览会。由晋中市人民政府主办，晋中市委宣传部、省电影家协会等联合承办，4月18～24日，在山西榆次常家庄园举办。30多部老电影机同时放映50年代的《吕梁英雄传》、《新儿女英雄传》等近40部老电影，还有《大寨田》、《我国第一颗原子弹爆炸成功》、《周恩来外交风云》、《半夜鸡叫》等纪录片及动画短片。于洋、凌元、张勇手、杨静、张国民、苗苗等老中青电影艺术家与观众举行见面会。山西省委常委、太原市委书记申维辰，省委常委副秘书长姜新文，晋中市市长张璞，省文联主席李才旺，省文联党组副书记高国俊，晋中市委常委、市委宣传部部长刘志宏等领导出席。来自全国各地的老电影收藏爱好者齐聚一堂，进行交流研讨、拷贝交易等活动。

5月20～23日，在孝义市共同承办研讨会，近70名代表参加，会后组织代表到碛口、汾阳贾家庄、杏花村汾酒厂、刘胡兰纪念馆参观采风。

纪录影片《决战太原》荣获第27届金鸡奖最佳纪录片奖。推荐参评的《决战太原》是以全国解放战争为历史大背景，运用鲜为人知的真实资料通过寻访当年战争的亲历者，记录解放战争时期解放军同国民党阎锡山部队激烈战斗最终夺取胜利的影片，凭借其独特创新的拍摄手法和人性化的影片结构，摘得大奖。

12月，编纂完成《山西文联60年》画册中电影篇。

【曲艺家协会】

参加山东省滨洲市惠民胡集书会。2月6日，组队赴滨洲参加，因演出节目受欢迎，临时加演“山西专场”。

曲艺节目录制。2月，在中宣部、中央文明办主办，中国曲协承办的“中国好人颂——全国道德模范先进事迹”宣传中，组织创作优秀曲艺节目参加中央电视台《曲苑杂坛》节目录制。9月，应中央电视台三套《周末喜相逢》邀请，录制“山西曲艺精品专场”播出。10月，中央电视台再次邀请，省曲协主席马小平录制《周末喜相逢》——群星大联欢任主持人，并现场表演。

送欢乐、下基层。2月，赴省文联扶贫点进行慰问演出、赠送慰问品。5月22日，纪念毛泽东《在延安文艺座谈会上的讲话》发表67周年，组

织曲艺下乡赴阳曲县专场慰问演出。7月，组织“阳泉评说”进社区专场演出。7月，曲协主办，与舞协、音协共同组织了太原南宫广场“中小企业文艺会演”。10月1日，组织曲艺艺术家慰问太原市公安局，巡警队、保安公司、特警队的一线民警。多次组织曲艺团由张平副省长带队，赴山西省重点工程建设工地慰问演出。

申报山西省非物质文化遗产。4月，大同数来宝获批；6月，太原莲花乐获批。

曲艺研讨会、讲座。3月，举办“大同数来宝”论坛，中国曲协、中国快板艺术委员会等十几位专家参加研讨。6月，与浙江省曲协在太原举办“手挽手、唱响莲花乐，心连心、创出南北牌”绍兴莲花乐与太原莲花乐南北曲艺研讨会，来自两省的40人参加交流。6月，组织、参与太原莲花乐曹强作品专场演出及研讨会。8月，老曲艺家李鸿民在阳泉进行曲艺表演讲座。9月，举办“阳泉评说”研讨会。11月，举办了为期10天的阳泉曲艺小品创作笔会。

“晋曲情声——向祖国汇报”大型系列节目·山西曲艺专场晚会。9月，由中宣部、中国文联、中国曲协、山西省委宣传部、省文化厅主办，省曲协和曲艺团承办，在北京民族文化宫演出。

大同数来宝。9月，由中国曲协、大同市委宣传部主办，省曲协协办的《大同数来宝》精品节目在京专场演出，并举办柴京云、柴京海作品研讨会。10月，中央电视台两个频道连续播出柴氏兄弟、大同数来宝片断，台湾17家媒体采访并在《台湾大脚逛大陆》栏目播出。

4月8日，在榆社县创办山西省少儿曲艺创作基地并挂牌。

5月8日，成立太原市民间曲艺团。

12月，编纂完成《山西文联60年》画册中曲艺篇。

【杂技家协会】

“送欢乐、下基层”。1月、2月分别到太原、上党地区进行慰问演出活动。

参与山西建设文化大省文化建设工作。6月，撰写出版大型文化丛书《魂系山西》。省委常委、宣传部部长胡苏平参加首发式，作了题为《传承三晋文明 重铸三晋辉煌》发言。

致力杂技艺术建设，积极创新。副主席、理事为主创人员参与演出的大型民歌歌舞杂技晚会“唱享山西”呈现全新的演出形式，从2008年至今已演出100多场。12月，由协会主要负责人、理事等为主要策划人创作的大型杂技主题秀晚会“我们年轻，我们去追梦”上演，晚会将杂技技巧与青春追梦完美地结合起来——将青春的可爱、炫酷、潇洒、靓丽，青春的困惑、痛苦以及青春的奋进等青春特质分别用空竹、地圈、爬杆、花盘、技巧、魔术、造型等杂技技巧表现出来，具有戏剧艺术效果的同时还有很强的文化内涵；协会积极为晚会做策划、宣传并撰写评论文章进行总结、分析、研究，对山西杂技的走势进行探索。

杂技艺术理论和批评。与《太原晚报》合作，宣传山西民间杂技艺术，发表《舞狮》、《火流星》、《二鬼跌跤》、《抬阁》、《踩高跷》等系列文章，研析山西民间杂技的文化内涵及现实意义，探索民间杂技的发展与创新。

传承杂技艺术。老艺术家金恒杰注重传帮带工作，其徒弟康浩表演的口技在中国科教文卫事业促进会、中国文化管理学会、中国艺术家协会、中国艺术教育国际交流协会为庆祝新中国成立60周年共同举办的“和谐颂2009”第五届全国艺术教育成果展现活动中获得“金奖”。金恒杰因此获得“全国优秀艺术人才奖”、“德艺双馨中国文艺展示活动终身成就奖”、“第16届全国推选新人山西赛区优秀辅导教师”称号。

加强艺术交流。12月，协会组织安排太原杂技团与长治杂技团进行相互观摩学习、交流活动。6月、9月、10月，先后与甘肃省、山东省、北京市杂技家协会进行交流学习。

参与协助中国杂协庆祝新中国成立60周年、山西省文联成立60周年演出多场。编纂完成《山西文联60年》画册中杂技篇。

【民间文艺家协会】

召开主席团会议。6月5日，在阳泉市召开省民协主席团扩大会议。

举办特色展。9月中旬，与省老年咨询服务中心在省煤炭博物馆共同举办老年用品博览会。10月，在新东方品牌大世界举办民间工艺品展览。

主要活动。10月，在山西寿阳举办“中国寿星文化研讨会”。11月5～7日，组团参加并推荐吕梁市民间艺术团参加由中国民协主办的江西民间艺术节暨第九届山花奖民间艺术表演奖的演出和评选活动。4～7月，组织部分民间艺术家赴吕梁、运城、晋中等地进行艺术交流、研讨。

编纂完成《山西文联60年》画册中民间文艺篇。

【产业（企业）文联】

主办画展。徐茂旺牡丹画展1月在文艺大厦、6月在长治市展出。10月，韩东光"水墨乡情画展"，在文艺大厦展出。

向祖国汇报——庆祝新中国成立60周年全国产业（企业）系统曲艺小品展演活动。由中国文联、全国总工会、中央电视台主办，山西产业（企业）文联参与承办。4月，开始筹备承办；9月，赴北京参加初评工作；11月，在太钢工人俱乐部进行展演终评并举办颁奖晚会。

经验交流会、采风笔会。5月，组团18人赴贵州省参加"四省区产业（企业）文联工作经验交流会"，并考察贵州茅台酒厂；承办了由中共汾阳市委、汾阳市政府主办的"国家地理标志性保护产品——汾州核桃"宣传周（新闻发布会、书画家采风笔会、摄影展等系列活动）。6月，承办全国部分著名书画艺术家赴长治采风笔会。7月，承办由吕梁市委宣传部、汾阳市委、汾阳市政府主办的首届汾阳核桃文化节全国百名著名书画摄影艺术家采风活动。

演出活动。7月，承办晋城市委举办的"第二届中国·晋城棋子山国际围棋文化节"的开幕式演出。8月，承办同煤中央机厂成立60周年慰问演出。

12月，编纂完成《山西文联60年》画册中省产业（企业）文联篇，并负责出版画册。

基层文联

【太原市文联】

大力开展民俗文化活动：1月，联合主办晋商会馆图片展暨晋阳民俗月活动，以晋商会馆图片展、春节食俗风味文化展、《削面传奇》舞台歌舞绝艺会演、民间工艺品与民间艺术绝技展四个篇章集中展现了晋阳"春节"、"元宵"两节民俗；在"文化遗产日"，举办全晋面食表演艺术创新研讨会；9月21日，举办"孝老爱亲"主题摄影展。举办研讨、座谈会：繁荣都市文学研讨会暨《都市》创刊50周年座谈会；梁枫从事戏剧创作50年暨作品研讨会；名社、名刊、名家与太原作家座谈会，就中国文学诸多问题进行研讨。送欢乐、下基层活动：组织进行了"新春送福、福佑中华"送福到农家、"文联文化志愿者进社区"等。纪念太原解放60周年活动：联合举办书法、美术、摄影展，展出近200幅作品以缅怀革命先烈、弘扬爱国主义精神；期间，举办了"60记忆"黑白纪实摄影图片巡回展，展出作品编辑出版。纪念新中国成立60周年活动：承办欢庆锣鼓展演；"颂祖国、扬正气、促发展"主题书法评展；"太原记忆60年"有奖征文；省城百名书法家共书60米长卷暨捐赠活动；"60记忆'三晋魅力人物'"黑白摄影艺术图片展，展出作品编辑出版。市文联获得太原市2008年度宣传思想文化工作先进单位称号。

【大同市文联】

共同举办民族音乐剧《走西口》演唱会。主办"和谐大同、魅力古城"中国当代实力派书画家精品展。7、8、9月连续举办多场不同形式庆祝新中国成立60周年的音乐会。举办了："中国书法家看大同"活动、柴京云、柴京海大同数来宝进京专场演出、与朔州市文联合办晋冀蒙三省书画大赛、以"歌颂祖国，赞美家乡"为主题的"龙园杯"全市第九届摄影艺术展、庆祝新中国成立60周年大同市美术作品展览等。承办了省委、省政府的《漫游三晋》油画家赴大同的写生及展览活动，历时1个月。为配合古城保护与修复活动，开展"四合院的故事"有奖征文。召开各种研讨会六次。成立传记文学研究会和青年诗歌研究会。

内蒙古自治区文联

综　述

2009年，内蒙古自治区文联圆满完成深入学习实践科学发展观活动各项任务，取得了积极成果。采取举办文学艺术理论、流派、风格讲座和国内国际热点问题讲座等多种形式开展中心组学习，收到明显成效。积极参加各种社会公益活动，全力做好扶贫帮困工作，特别是对兴安盟科右中旗查顺套卜嘎查的扶贫帮困工作和对呼市回民区文化宫街第一社区的党员执政为民教育基地共建工作。

为庆祝新中国成立60周年，举办了一系列重大活动。组织了“内蒙古自治区文学艺术杰出贡献奖”评奖及颁奖活动，评选出60位“内蒙古自治区文学艺术杰出贡献奖”获得者，并举行了颁奖晚会“星光草原”，组织了主题为“新中国60年内蒙古文学艺术”的“草原文化与文学艺术论坛”，与自治区党委宣传部共同举办了“春满草原”2009年自治区文学艺术界新春联谊会，组织了自治区第九届文学创作“索龙嘎”奖和第九届艺术创作“萨日纳”奖评奖活动。

13个文艺家协会开展各类文艺活动80多项（其中举办展览、展演50次，召开专题座谈会、研讨会2次，国际文化交流2次，其他活动10多次）。

庆祝新中国成立60周年重大活动

【“内蒙古自治区文学艺术杰出贡献奖”评奖及颁奖活动】

2009年是新中国成立60周年，为表彰60年来为自治区文学艺术作出杰出贡献的艺术家，内蒙古文联于2009年3月开始组织筹备“自治区文学艺术杰出贡献奖”评奖工作，经过协会推荐、老文艺家讨论提名、评委会评选、新闻媒体公示等程序，从110位候选人中评选出60位“内蒙古自治区文学艺术杰出贡献奖”获得者，他们都是在内蒙古文学艺术发展各个历史时期起到奠基作用或重要贡献，或内蒙古某个文学、艺术领域的领军、代表人物，在全国有较高知名度，在内蒙古产生了重大影响的文学家、艺术家。7月15日晚，“第六届中国·内蒙古草原文化节”闭幕式暨颁奖晚会“星光草原”在内蒙古乌兰恰特大剧院举行。晚会上，60位杰出的老艺术家被授予内蒙古文学艺术杰出贡献奖，并获颁荣誉证书、奖杯和金质奖章。自治区党委、政府领导和中国文联、中国作协、中国音协、中国舞协的领导及自治区党、政、军负责人出席了颁奖仪式，并为艺术家颁奖。颁奖晚会由内蒙古电视台和内蒙古文联承办，采取直播的方式进行，引起巨大的社会反响。之后，《内蒙古日报》蒙汉文版刊载了60位获奖人员的照片和简介，进一步扩大了此次评奖活动的影响。

【“辉煌60年 腾飞看内蒙”图片展】

为庆祝新中国成立60周年，8月18日，由内蒙古文联、内蒙古国资委主办、内蒙古摄影家协会承办的“辉煌60年 腾飞看内蒙”图片展在呼和浩特市新华广场开展。这次展览共展出180块展板2000多幅图片，内容涉及经济发展、农业新貌、科教兴国、民族团结等各方面的内容，是在自治区范围内历时半年征集来的，反映了新中国成立60年来内蒙古经济、社会、文化的巨大变化。展览历时7天，在广场免费展出。

【乌兰巴托·中国内蒙古文化周暨内蒙古摄影艺术展】

6月25日上午，纪念中蒙建交60周年重要活动之一——乌兰巴托·中国内蒙古文化周暨内蒙古摄影艺术展在蒙古国国家展览厅隆重开幕。

中共中央政治局常委、中央纪律检查委员会书记贺国强，中共中央对外联络部部长王家瑞，内蒙古自治区主席巴特尔，中国驻蒙古国大使余洪耀，蒙古国教文科部部长敖特根巴雅尔，蒙古国对外关系与贸易部部长巴特宝勒德，蒙古国教文科部副部长库兰达等出席“乌兰巴托·中国内蒙古文化周”

开幕仪式，并为内蒙古摄影艺术展剪彩。

开幕式后，贺国强在王家瑞、巴特尔、余洪耀以及蒙古国有关部门官员的陪同下参观了内蒙古摄影艺术展。此次摄影展由内蒙古摄影家协会承办，展出的150余幅摄影作品从不同角度展示了内蒙古自治区改革开放以来经济社会发展、人民安居乐业的美好画卷，反映了两国人民在友好交往与合作中共同走过的光辉历程和不断推动中蒙两国睦邻互信伙伴关系健康发展的美好前景。

【斯拉夫蒙文《鲁迅文学奖获奖作品译丛》第一辑出版】

为庆祝新中国成立60周年和中蒙建交60周年，内蒙古翻译家协会组织有关专家学者，用斯拉夫蒙文翻译出版了《鲁迅文学奖获奖作品译丛》第一辑，30万字。该译丛选译了我国10个省区市的10位著名作家的中短篇小说，是我国鲁迅文学奖获奖作品用斯拉夫蒙文出版发行的第一部著作，被选定为中蒙建交60周年文化宣传交流产品。

【庆祝中华人民共和国暨自治区政协成立60周年书画摄影作品展】

9月25日，由内蒙古自治区政协主办，内蒙古书协、美协、摄协承办的“庆祝中华人民共和国暨自治区政协成立60周年书画摄影作品展”在内蒙古美术馆隆重开幕。展出的书画作品题材广泛、格调高雅，热情讴歌了中国共产党领导下的多党合作制度和政治协商制度，展示了内蒙古人民政协事业和内蒙古经济文化建设所取得的伟大成就。

【庆祝中华人民共和国成立60周年内蒙古自治区美术作品展览】

7月16～21日，经过近一年来的创作组织及筹备，由内蒙古文联、内蒙古美术家协会主办的庆祝中华人民共和国成立60周年内蒙古自治区美术作品展览在内蒙古美术馆举办。展览共展出中国画、油画、版画、水彩、水粉画等画种的美术作品312件（组），其中评选出优秀作品92件送选第11届全国美展，并出版了画册。此次展出的作品代表了近5年来内蒙古自治区美术创作的最好水平。

【“和谐铁路　吉祥草原”书法篆刻展】

为庆祝新中国成立60周年，由中国铁路书协和内蒙古书协联合举办“和谐铁路　吉祥草原”展。展览在内蒙古美术馆展出，共展出内蒙古和中国铁路书法篆刻作品160件。本次书法展以庆祝新中国成立60周年为主题，荟萃了全国铁路和内蒙古自治区书法家的精品力作。同时出版了画册。

【“祖国万岁”中国市长艺术作品展】

8月22日，由中华文化促进会市长书画艺术中心、内蒙古文联、内蒙古国际文化交流中心、内蒙古大学共同主办的“‘祖国万岁’中国市长艺术作品展”在内蒙古美术馆隆重展出。内蒙古文联主席阿云嘎主持开幕式。自治区政府副主席、内蒙古大学校长连辑，参展作品的作者代表、全国人大常委、致公党中央副主席杨邦杰、主办单位代表、中华文化促进会市长书画中心主任鲁光分别致词。

“‘祖国万岁’中国市长艺术作品展”汇集了24位作者的192幅作品。作为与共和国一同成长的新中国建设者，他们的作品饱含着对祖国的深切爱恋和对新中国60年成就的热情赞美，充分体现了作者在艺术上的探索和追求。

开幕式结束后，中华文化促进会市长书画艺术中心的代表以文会友，举行了书画笔会。

各文艺家协会和《草原》、《花的原野》杂志社也分别举办了丰富多彩的庆祝活动，《草原》杂志增设了“国庆60周年”专栏，《花的原野》杂志与内蒙古电视台、内蒙古电台联合举办了“国庆60周年征文活动”，并开办了专栏，在第10期办了“60周年专刊”，集中推出了一批反映新中国成立60年来，特别是改革开放以来的伟大成就的精品力作。

会议与活动

【深入学习实践科学发展观活动】

圆满完成深入学习实践科学发展观活动，按照“实践科学发展、促进文艺繁荣、构建和谐文化”这一主题，完善了党组中心组学习、支部学习、个人自学、交流学习等方式。制定了《关于加强文学艺术人才培训的方案》、《关于举办文学艺术创作研究班的方案》、《关于文学艺术评奖方案》、《关于加强文艺评论的方案》、《关于专业技术人员聘用和退出机制》、《关于促进精品创作的方案》、《内蒙古自治区重点文艺创作扶持资金实施方案》、《内蒙古自治区重点文学创作扶持资金使用方案》、《作家艺术家签约制》、《关于职称评定、奖励创作等监督意见》等相关机制，

进一步完善了《关于请休假有关规定的试行办法》及有关固定资产、差旅费管理等18项符合文联特点、促进文艺繁荣、服务团结文艺家的新机制、新制度，为科学发展观在文艺工作中的贯彻落实营造了良好的制度环境。3月4日，进行了学习实践活动总结和群众满意度测评，5月进行了“回头看”工作。

【中国·第五届草原文化百家论坛】

7月7日，2009中国·第五届草原文化百家论坛在呼和浩特举行。论坛由中国内蒙古草原文化保护发展基金会、内蒙古音乐家协会和内蒙古舞蹈家协会共同主办，从2005年起已成功举办4届。

本届论坛以“草原音乐舞蹈文化研究”为主题，特邀学术名家、文化界人士探讨草原音乐舞蹈在草原文化中的地位、作用及意义，旨在对草原音乐舞蹈文化历史及传承脉络进行系统梳理，对其本质、风格、形式、功能进行全面阐释，提炼其历史价值、人文价值、艺术价值。

自治区有关领导出席开幕式，来自俄罗斯、蒙古国、美国等国家以及中国社会科学院、中央民族大学、中央音乐学院、北京现代学院、上海音乐学院等40多家科研机构和高等院校的120多名专家学者参加了本次论坛。会上，还为第四届百家论坛论文获奖者颁发了证书。

【第六届中国内蒙古草原文化主题论坛】

7月11日，第六届中国内蒙古草原文化主题论坛在呼和浩特开幕。此次论坛共分为“蒙古族文化与草原文化”、“草原文化与文学艺术”、“民族电影发展”和“草原文化与考古”4个分论坛，分别由中国内蒙古草原文化研究会、内蒙古文联、广电局、内蒙古博物院主持，共有来自中国社会科学院、中央民族大学、深圳社会科学院、内蒙古社会科学院、内蒙古大学等200多名专家学者参加了会议。

此前，由内蒙古文联主办，文联理论研究室和内蒙古文艺评论家协会承办的“草原文化与文学艺术论坛”作为独立的学术论坛已举办2届，本次论坛的主题为“新中国60年内蒙古文学艺术”，共收到论文36篇，经专家评审选出8篇推荐给此次文化主题论坛。入选论文编入《草原文化与文学艺术论丛》（第五辑）。

【“春满草原”2009年自治区文学艺术界新春联谊会】

2月9日（元宵节），由自治区党委宣传部和内蒙古文联主办的“春满草原”2009年自治区文学艺术界新春联谊会在呼和浩特新城宾馆国宴厅举行。来自区内外的百余名内蒙古籍文学艺术家欢聚一堂，叙旧话新。

自治区党、政、军领导出席了联谊会。自治区党委宣传部部长乌兰致词。她代表自治区党委、政府向辛勤工作在文学艺术战线上的各族干部群众致以节日的问候，向长期以来为自治区文学艺术作出突出贡献的作家、艺术家、专家、学者表示诚挚的谢意，并向所有关心和支持自治区文化事业建设与发展的领导和同志们表示衷心的感谢。

出席联谊会的艺术家们表演了精彩的节目，并通过电视转播为广大观众送去了新春祝福。

【第二届中国蒙古舞蹈大赛暨第二届电视舞蹈大赛】

4月30日，由内蒙古文联、广电局和文化厅主办的第二届中国蒙古舞蹈大赛暨第二届电视舞蹈大赛颁奖晚会举行。此次大赛从2008年10月启动，共有来自内蒙古、北京、新疆、甘肃等省区市，以及蒙古、俄罗斯、日本等国家的参赛作品230多部，最终有64部作品分获各舞种表演创作金、银、铜奖。此外，有12部作品获本次大赛音乐创作奖和服装设计奖。大赛期间还召开了蒙古舞蹈理论研讨会，邀请了国内外专家、学者对当今蒙古舞蹈的发展态势，以及对传统舞蹈的保护和挖掘进行了探讨。

【文学创作调研活动】

为贯彻落实中央政治局委员、书记处书记，中宣部部长刘云山在全国文学创作座谈会上的讲话精神，厘清内蒙古文学创作的现状、存在问题及解决办法，进一步繁荣发展内蒙古文学创作，11月10～25日，内蒙古文联由4位党组成员牵头，带领3个调研组分赴包头市、鄂尔多斯市、通辽市、呼伦贝尔市和呼和浩特市及区直机关，通过召开文学创作座谈会和文艺评论座谈会等形式，与当地宣传部门、文联有关领导及专家学者就内蒙古文学创作的成就与问题、当下内蒙古文学创作现象分析、如何提高文学创作的原创力、文学创作如何坚持正确的价值取向、如何在文学创作中充分开掘利用民族文化资源、文学创作如何在继承的基础上创新以及怎样从体制和机制上为推出优秀文学作品提供保障等9个课题进行了调研。100多名作家艺术家参加了此次调研，并提出了很好的意见建议。

【内蒙古音乐创作研讨会】

6月24～27日，由自治区党委宣传部、内蒙古文联、内蒙古音乐家协会主办，通辽市委、市政府承办的"内蒙古音乐创作研讨会"在通辽市召开。内蒙古文联副主席、作协主席阿尔泰，内蒙古文联副主席、音协主席阿拉泰和通辽市委领导出席会议。自治区各盟市音乐和文学界代表80余人参加会议。中国音协《人民音乐》主编、音乐理论家金兆钧，作曲家张千一，词作家屈塬3位专家做了专题讲座。此次研讨会涉及歌曲、交响乐、民族乐器、歌剧、音乐剧创作等方面，旨在通过学习和讨论准确定位内蒙古音乐创作水平、找出全区音乐创作前进的方向、突破民族音乐和歌词创作的瓶颈、发现和培育新人，实现内蒙古音乐创作大繁荣的目标。

【走进鄂尔多斯国际美术大展、鄂尔多斯亚洲艺术摄影展】

8月17日，由中国国家书画院、油画院、中国摄影家协会和鄂尔多斯市人民政府联合主办，内蒙古美术家协会、内蒙古摄影家协会参与承办的"走进鄂尔多斯国际美术大展 、鄂尔多斯亚洲艺术摄影展"，在鄂尔多斯会展中心开展。中国文联副主席、中国美术家协会主席刘大为，中国摄影家协会分党组副书记、副秘书长王郑生，内蒙古美术家协会主席周荣生，内蒙古摄影家协会主席额博及鄂尔多斯市有关领导出席开幕式并剪彩。亚洲各国文化部长、驻华大使及广大观众参加了开幕仪式。

本次美术大展围绕"吉祥草原，祝福亚洲"为主题，共征集到来自世界各地美术作品2200余件，展览展出油画、国画、版画作品共计200余幅。其中获奖作品、优秀作品约170件；特邀名家作品30余幅。展览不仅呈现各国艺术家的优秀画作，更展现出艺术家们思想和技法上不断创新探索的成果，在了解鄂尔多斯悠久灿烂的同时也增进各国艺术家的交流与合作。

同时举行的亚洲艺术摄影展共展出摄影作品300余幅，分5个部分：腾飞的鄂尔多斯、和谐的内蒙古草原、璀璨的中国世界遗产、多彩的亚洲文化、国际野生动物展。"腾飞的鄂尔多斯"带观者身临其境地领略鄂尔多斯壮美的风景、浓郁的风情和厚重的文化；"和谐的内蒙古草原"则将草原特色"一网打尽"，从四季风光、马文化、民族服饰等多方面展示草原的宽广辽阔、文化的源远流长和人民的和谐生活；会聚着国内知名摄影家大手笔的"璀璨的中国世界遗产"展出中国的38处世界遗产影像；"多彩的亚洲文化"集纳了参会的亚洲23个国家图片之大成，展示出各个国家独特的风土人情、自然景观和旅游资源；"国际野生动物摄影展"展出了世界优秀野生动物作品，使观众可以直观、形象、全面的了解鄂尔多斯、内蒙古草原、中国和参与本次亚洲艺术节的23个亚洲国家丰富多彩的传统文化和现代风情。

获奖情况

美术家协会有63件作品入选第11届全国美术作品展，油画《吉祥蒙古系列——搏克》和中国画《草原上的额木格太》2件作品获奖，油画《布里亚特黄昏的邂逅》和《苍山如镜》获提名，另有14件作品获全国奖。曲艺家协会3名会员获中国曲协"杰出贡献曲艺家"称号，1位获优秀中青年曲艺家称号，并获突出贡献曲艺组织工作者称号。舞蹈《布里亚特儿童》获全国新农村少儿舞蹈展演金奖，《五彩童年》获第七届"小荷风采"全国少儿舞蹈展演小荷之星奖；《舞动的旋律》获小荷新秀奖；2位编导教师获园丁奖，荣获组织奖。在第七届中国舞蹈"荷花奖"民族民间舞蹈比赛中，群舞《东归兄弟》、独舞《纳满祈勒》荣获表演金奖；群舞《大漠驼影》获编导金奖；独舞《心中的绿洲》获作品银奖；群舞《盘羊》获作品铜奖。舞蹈家协会荣获组织奖。《大漠驼影》获第五届CCTV电视舞蹈大赛专业群舞组银奖。摄影家协会会员的《烈马追风》专题摄影参加山西平遥国际摄影大展，荣获优秀摄影师大奖，在第八届中国摄影艺术节上荣获第八届中国摄影金像奖。作品《北纬45度·心系草原》荣获《影像亚洲》PPA国际职业摄影师大展纪实类"金奖"。"游牧人"个人专题摄影展在德国柏林展出。1位会员荣获第六届中国人像摄影十杰、中国莱卡摄影师大奖。并在法国巴黎凯布朗利美术馆、美国迈阿密、纽约鲁宾博物馆举办"中国游牧蒙古人"个人专题摄影展。戏剧家协会选送的二人台《摘花椒》获第三届中国戏剧奖小戏小品优秀剧目奖。

电视家协会推选的9部作品获全国少数民族电视优秀电视剧奖，6部作品在全国农村小康建设优秀电视节目中获奖，2名会员获“飞天”奖。电影《锡林郭勒·汶川》获“华表奖”最佳数字电影奖和导演新人奖，《长调》获全国“五个一工程”奖、上海国际电影节最佳故事片奖、德国科隆电影节最佳故事片奖；电影《十八个手印》作为纪念改革开放30周年的献礼片，荣获“华表奖”最佳数字电影奖及“百合奖”优秀故事片一等奖，电影《青春创造》荣获“百合奖”优秀故事片二等奖，1人荣获中央电视台电影频道“百合奖”优秀编剧奖。民族题材电影剧本《牧村诊所》获得了浙江省“凤凰杯”电影剧本大赛一等奖，《小牛的草原》获二等奖；动画电影《国家的孩子》入围自治区“五个一工程”奖。报告文学《丁新民与他的民工兄弟》获全国“五个一工程”优秀图书奖；6位作家的作品获得自治区“五个一工程”优秀图书奖。音乐家协会选送的百灵合唱团获全国合唱“金钟奖”优秀奖。职工文联选送的13个文艺节目分别获得了全国产业文联职工文艺会演的歌咏、舞蹈和曲艺小品奖。歌咏类有东方路桥集团的《我们是快乐的收费员》获金奖；呼铁局的《放歌万吨》和《“三不让”的阳光》分别获银奖和铜奖；中核北方燃料元件有限公司的《美丽的草原我的家》，中铝集团包头企业《可爱的包铝》获优秀作品奖；呼铁局的《放歌万吨》获创作一等奖；呼铁局的《“三不让”阳光》、二０二厂的《二０二之歌》、包铝的《可爱的包铝》获创作三等奖。舞蹈类有东方路桥集团的《马蹄随想》和《筑路先锋》分别获金、银奖；呼铁局的《赛拜努——和谐号》、包铝的《辉煌》获铜奖；大兴安岭林业局的《北方情韵》、呼铁局的《同行》获优秀奖；东方路桥的《马蹄随想》还获得了优秀编导奖；曲艺小品类有包铝集团的《包铝是我家》获得铜奖，呼铁局的《成就梦想》获优秀奖，职工文联获优秀组织奖。《草原》杂志获中国期刊学会评选的“新中国60年有影响力的期刊”。

对外及对港澳台地区文化交流

2009年，内蒙古文联各单位共组织了对外文化交流活动32次，参加人员3341人，文联的对内对外文化交流有了进一步发展。1月5～10日，内蒙古作协主席阿尔泰率内蒙古作家代表团一行4人出访蒙古国，出席蒙古国作协成立80周年大庆活动。3月，美协主席周荣生随中国美术家代表团出访日本。7月23～30日，接待贵州省文联作家艺术家采风团并进行了交流。7月30日至8月9日，党组书记李魁、摄影家协会主席额博与内蒙古摄影家代表团一行7人赴宝岛台湾进行摄影艺术交流，在台湾举办了为期5天的“内蒙古风情艺术展览”。8月，两位诗人参加青海第二届国际诗歌节。10月26～31日，接待新加坡文艺协会访华代表团，并进行了采风和创作交流。11月2～7日，接待韩国忠清北道艺总会代表团。11月12日，接待日本作家代表团来访，并就环保题材文学专题创作举行座谈会。8月1～7日，在鄂尔多斯举办的第11届亚洲艺术节上举办了亚洲摄影艺术展览；10月11～19日，内蒙古音乐家协会采风团赴山东进行了交流采风活动。7月12～19日，接待广东少音协代表团考察采风。6月18～21日，接待东三省、四川、湖北、青海、宁夏、云南、河南戏剧家来内蒙古采风，并举办了研讨活动。为纪念中蒙建交60周年，摄协参与举办了乌兰巴托·中国内蒙古文化周暨内蒙古摄影艺术展，翻译家协会出版了斯拉夫蒙文《鲁迅文学奖获奖作品译丛》第一辑，并被选定为中蒙建交60周年文化宣传交流产品在蒙古国出版发行。9月14日，民协代表团赴河南参加了中国民间文艺之乡暨新农村文化建设县市长论坛。9月16～18日，民协组织兴安盟中旗民间艺人参加了在河北省涉县举办的“首届中国女娲文化节暨‘女娲杯’全国民间歌舞精品展演”活动。10月16～25日，参加了中国民间文艺家协会举办的“第三届中国民间艺人节”活动。11月6～10日，组织兴安盟中旗乌兰牧骑参加了在江苏举办的“第二届鼓舞鼓乐民间展演”活动。11月12～21日，参加了在北京民族文化宫展览馆举办的“中国民间文化遗产抢救工程成果暨民族民间服饰文化展”的展览。10月31日至11月4日，《草原》编辑部人员赴北京与《小说选刊》编辑人员进行了交流和座谈。11月24日至12月2日，职工文联参加了全国产业文联新中国成立60周年文艺展演总结交流会。12月，美协与陕西美协分别在鄂尔多斯和榆林举办美术作品交流展。7月7～9日，电视家协会组织了全国电视文艺管理策划会暨呼伦贝尔采风考察活动，共有10个省区市50多人参加了会议。内蒙古杂技团赴德国、芬兰、瑞士、我国香港、泰国，共演出130多场。

各文艺家协会

【作家协会】

推荐2名作家参加中国作协《民族文学》杂志社举办的“全国各民族作家迎接新中国成立60周年创作研讨班”，并推荐2位“三少”民族作家参加中国作协组织的人口较少民族作家赴东部采风活动。与自治区党委宣传部、文联共同举办了长篇报告文学《丁新民与他的民工兄弟》研讨会。向中国作协《建国60年少数民族文学作品选》呈报219篇作品。编辑出版《北方星灿·草原历史上的女人》系列长篇小说丛书五部，出版老作家文集《敖德斯尔文集》、《安谧文集》、《贾漫文集》、《孟和博彦文集》、《朋斯克文集》、《扎拉嘎胡文集》。

【戏剧家协会】

与内蒙古电视台合作选送作品参加第七届CCTV小品大赛；大型二人台现代戏《大花眼》入选文化部国家戏剧精品工程，组织推选《摘花椒》等八部作品参加第三届中国戏剧奖·小戏小品奖的评选工作，1部获奖；选报《西口好人》等5部作品参加第11届中国戏剧奖的评选；推荐1名会员参加第24届中国戏剧梅花奖的评选；组织参与了自治区文学艺术杰出贡献奖和自治区艺术创作“萨日纳”奖、文学创作“索龙嘎”奖评选活动；组织了5个新创剧目的研讨会。发展新会员5人，全国会员5人。

【摄影家协会】

5月23日，与呼伦贝尔国税局在深圳举办“南国风、北国雪”摄影艺术展览。8月18日，由中国摄影家协会主办，与《中国摄影报》和鄂尔多斯市摄影家协会承办了第11届亚洲艺术节暨“鄂尔多斯市摄影艺术展”。4月，与《大众摄影》杂志社主办“包商银行杯——走进五当召”首届全国摄影大赛作品展览，分别在包头美术馆、呼和浩特市内蒙古博物馆、鄂尔多斯市成陵旅游区、山西平遥国际摄影大展中展出。与内蒙古文联、土默特左旗旗委、旗政府主办了“魅力土默川”摄影艺术大赛优秀作品展览。12月27日，与《中国摄影报》、内蒙古文联、西乌珠穆沁旗旗委、旗政府主办首届“多彩西乌珠穆沁”——全国摄影艺术大赛获奖、入选作品展览及颁奖仪式，并举行了画册首发式。与内蒙古文联、内蒙古旅游局举办“陪你一起看草原”全国摄影艺术大赛。与《中国摄影》报，内蒙古摄影家协会、扎鲁特旗委员会、旗人民政府主办“扎鲁特杯”第三届科尔沁草原行全国摄影大展。先后赴锡林郭勒盟、呼伦贝尔市、乌兰察布市、阿拉善盟、通辽市、兴安盟、赤峰市、清水河等地采风创作，举办摄影理论研讨会4次，发展自治区会员210名，全国会员9名，建立内蒙古摄影家协会创作基地2个，中国摄影家创作基地1个。

【书法家协会】

组织书法家到和林格尔县开展文化下乡送春联活动，为农牧民群众送去500多幅春联。7月29日，由中国铁路书协和内蒙古书协联合举办“和谐铁路吉祥草原”展。9月25日，与内蒙古自治区政协、内蒙古美协、摄协承办“庆祝中华人民共和国成立60周年暨自治区政协成立60周年书画摄影作品展”。10月25日，在内蒙古美术馆主办“夕阳红·内蒙古自治区老年书法展”。内蒙古自治区政协主席陈光林，自治区党委常委、宣传部部长乌兰，自治区政府副主席连辑，内蒙古老年书画研究会会长张廷武，自治区政协副主席娜仁，自治区政协秘书长陈毅民，自治区文联主席阿云嘎，副主席巴特尔，老书法家马继武、李清波、康庄以及12个盟市参展作者代表参加了开幕式。展出作品146件。同时出版展览作品集。12月12～13日，举办“园丁颂——全区教育系统书法展”，展览共收到全区教育系统书法作品300余件，经书法评委评审共评出140件作品。同时出版书法作品集。9月13日，在乌海召开了第四届第六次全委扩大会议及“走进乌海”书法交流展。发展新会员26人，推荐中国书协会员13人。

【民间文艺家协会】

3月25～27日，民协有关专家应邀分别赴锡林郭勒盟苏尼特左旗、阿巴嘎旗指导工作，参加了“苏尼特左旗恭森敖其尔民间谚语集成评审会”，并指导了民间文化抢救保护、搜集整理工作。在阿巴嘎旗期间，参加了由旗4套班子分管领导、旗宣

传、文化、广播电视、民事、文联等单位负责人参加的民间文化抢救保护座谈会，为该旗确定了近期民间文化抢救保护的谚语集成、民间美术集成等10项内容。推荐会员参加了中国民协在江苏省镇江市举办的"第九届中国民间文艺山花奖·民间文学（新故事创作）奖评奖活动"和"第二届中国故事节少儿故事会故事表演参赛"活动。6月15～19日，陪同中国民间文艺家协会的专家组，分别赴鄂尔多斯市前旗对拟命名为"中国鄂尔多斯文化之乡"、"中国马文化保护基地"、"中国鄂尔多斯婚礼文化传承基地"开展了前期考察工作。《内蒙古民间故事全书·旗县卷（蒙古文）》，是民族民间文化遗产抢救和保护项目及文化品牌项目，第二批3卷已出版。9月15日，举办了《游牧文化摄影大全》首发仪式。报送的作品《大漠之子——乌兰夫》获得11月14～16日在重庆市举办的"第二届中国故事节少儿红色故事会"参赛资格，并取得了优异的成绩。共发展会员20人，向中国民协推荐了6人。

【舞蹈家协会】

4月10日，组织区内33名少儿舞蹈教师前往北京现代音乐学院进行为期2天的学习、观摩和考察活动。4月23～30日，与内蒙古电视台共同举办了第二届中国蒙古舞蹈大赛暨第二届电视舞蹈大赛。来自蒙古国、俄罗斯以及全国各省区市艺术院团的68部作品参加了此次大赛，大赛期间还召开了蒙古舞蹈理论研讨会，邀请了国内外专家、学者对当今蒙古舞蹈的发展态势，以及对传统舞蹈的保护和挖掘进行了探讨。5月，参加了由中华文化促进会舞蹈艺术委员会在余姚市举办的第四届校园舞蹈研讨会。7月26日，参加了由中国舞蹈家协会举办的第七届"小荷风采"全国少儿舞蹈展演。9月，参加了在贵州省贵阳市举办的第七届中国舞蹈"荷花奖"民族民间舞蹈比赛，组织区内专业艺术院团的26个舞蹈作品参赛。经大赛初、复评，有5部作品入围决赛获奖。10月18日，组织5个代表队的舞蹈和时装展示参加了由中华文化促进会舞蹈艺术委员会在青岛市举办的第二届全国社区舞蹈展演，荣获4个表演特等奖，1个表演银奖，2个创作奖，1个道德风尚奖。11月26日至12月1日，组织区内艺术院团、艺术院校以及群艺馆的有关负责人参加了中国舞蹈家协会在北京举办的全国第二届舞蹈大师讲习班。12月7～17日，由中国舞蹈家协会举办的第七届中国舞蹈"荷花奖"舞剧、舞蹈诗决赛在上海市举行，由锡林郭勒盟民族歌舞团创作表演的大型民族舞剧《草原记忆》获银奖。发展中国舞蹈家协会会员5名；内蒙古舞蹈家协会会员6名。

【电影家协会】

组织6位专家撰写了论文，在"中国·内蒙古第六届草原文化论坛"的"民族电影分论坛"上宣读，并举办了为期10天的草原文化节"民族电影展映"活动，共展演10部民族电影（《锡林郭勒·汶川》、《圣地额济纳》、《圣山》、《长调》、《我的母亲大草原》、《成吉思汗水站》、《帕日札特格》、《尼玛家的女人们》、《赛因玛吉克的儿子》、《抗日英雄贾力更》等）。组织参与了草原文化节"民族电影进校园"活动，共展演内蒙古自治区拍摄的民族电影10余部。组织影视专家和评论家对20余部剧本进行审读、评论，并对重点剧目进行论证。参与组织了"内蒙古民族影视沙龙"活动；出席了中国电影家协会与福建电影家协会共同举办的"首届海峡两岸闽南语电影研讨会"、中国电影"金鸡百花电影节"。与内蒙古电视台《蔚蓝的故乡》栏目共同制作了"内蒙古影视人"专题节目第四季、第五季（每季5个影视名人），并于4月12～16日、6月8～12日分两个时段在内蒙古电视台《蔚蓝的故乡》栏目中连续播出。协助拍摄电影《孤驼泪》，并于5月29日在央视电影频道中播出。

【美术家协会】

召开了全委会及主席团会议，研究部署了自治区庆祝新中国成立60周年全区美展及第11届全国美展创作、组织工作，并赴盟市进行了创作动员，组织了创作研讨会、作品观摩会。组织参与了自治区文学艺术杰出贡献奖和自治区艺术创作"萨日纳奖"评选活动。举办了庆祝新中国成立60周年全区美术作品展览，并选送优秀作品92件参加第11届全国美展。主办了"同一片草原——青年画家7人美术作品展"、自治区政协书画展、自治区煤炭系统书画摄影展、鄂尔多斯第11届亚洲艺术节美术作品展等多项展览。筹备第六届"西部大地情——全国油画、中国画作品展览"。7月，组织推荐27件美术作品参加了第七届中国体育美术作品展览，入选作品9件。9月，组织推荐美术理论、评论专著两部参加第11届全国美展当代美术创作论坛。10月，向2009中国百家金陵画展（中国画）推荐送选各类美术作品5件，2件入选。另外，还组织了2009年全国中国画作品展、倡导绿色生活、共建生态文明——全国美术作品展、2009年观澜国际版画双年展、庆祝中华人民共和国成立60周年2009大东方当代油画作品展、微观与精致——第二届全国工笔重彩小幅作品艺术展、感恩·重建——纪念“5·12”汶川大地震一周年全国美术作品展等全国美展的作品征集、送选工作，3件作品获奖。11月20～25日，举办了第二届自治区写生作品展览，共展出中国画、油画、版画、雕塑、水彩、粉画、素描、速写等画种的写生作品638件，评选出获奖及优秀作品105件。新发展会员69名，推荐全国会员12名。

【音乐家协会】

举行了“让心灵的花儿尽情开放——全国优秀少儿合唱歌曲进校园内蒙古地区启动仪式”，并向11个学校和儿童合唱团代表赠送了光碟，举行了演出。为武川县等偏远山村牧区16所学校送去了优秀儿童歌曲光碟。组织参加“全国音乐金钟奖”的评选活动，有美声、合唱、笛子3项进入复赛，其中合唱获优秀奖。为4位会员举办了个人作品和演奏专场音乐会。组织了全国“五个一工程”、全区“五个一工程”和全区艺术创作“萨日纳”奖歌曲的推荐选择工作。组织参加了“全国优秀流行歌曲大赛”。

【电视家协会】

组织推荐21部作品参加2008年度全国抗震救灾电视节目评奖活动，9部获奖。推荐3名会员参加全国德艺双馨电视艺术家评奖，2人获奖。组织参加了自治区文学艺术杰出贡献奖和自治区艺术创作“萨日纳”奖、全区“五个一工程”奖评选活动。组织推选全国少数民族电视优秀电视剧评选，9部获奖。推荐10部作品参加全国农村小康建设优秀电视节目评选，6部获奖。与内蒙古电视台联合承办全国电视文艺管理策划会议，召开电视连续剧《我从草原来》作品研讨会。发展会员4名。

【曲艺家协会】

举办了两期少儿曲艺培训班，成立了2个少儿培训基地，分别在“五一”和“六一”节举行了两次故事大赛。并于7、8月分别举办了两次“内蒙古曲协少儿培训基地纳凉晚会”，受到观众欢迎。同时，下基层小分队分别赴7个苏木乡演出7场，乌海曲协的“送欢乐、下基层”活动共演出62场，观众达3万人以上，被评为“民间文化宣传先进集体”。1月2日，举办了内蒙古“新大地杯相声大会”。2月推荐会员参加了山东举办的“胡集书会”。9月底，带队参加了“中国曲艺之乡优秀节目展演”活动，并在同期举办的“中国曲艺之乡建设理论研讨会”上做了重点发言。参加了中国科尔沁民歌、乌力格尔电视大赛的评奖工作。11月23～28日，举办了“全区蒙古语戏剧曲艺培训班”，来自全国各地的60多名学员参加了学习，有关专家举办了讲座，并就民族曲艺文化遗产的保护与抢救进行了座谈。

【理论研究室】

4月18日，会同自治区党委宣传部新闻出版处组织召开了长篇报告文学《丁新民与他的民工兄弟》研讨会。5～7月，与内蒙古社科院协作，组织召开了“第六届草原文化主题论坛”，编辑出版了《草原文化与文学艺术论丛》第四辑。4～7月，具体组织开展了庆祝新中国成立60周年“内蒙古自治区文学艺术杰出贡献奖”的评选工作。4～11月，组织开展了第九届自治区文学创作“索龙嘎”奖和艺术创作“萨日纳”奖的评奖工作。与有关部门和高校合作召开了长篇小说《地球宣言》中、日、斯拉夫蒙文版的出版发行仪式及研讨会等四次作品研讨会。

【职工文联】

9月份，组织了全区第三届职工书画摄影展的评奖工作。全区共收到书法作品90件，美术作品59件，摄影作品164件共计313件。评出一等奖9件（各门类3件）、二等奖18件（各门类6件）、三等奖32件（书法美术各10件，摄影12件），并于10月30日在内蒙古美术馆举办了获奖作品展暨颁奖会，会员单位200余人参加了颁奖会并参观了获奖作品展。组织会员单位节目参加了全国产业（行业）文联“向祖国汇报——庆祝新中国成立60周年文艺展演”，有4个单位选送的9个节目获奖。在10月份举办的全国产业（行业）系统舞蹈展演中，有4个单位选送的7个节目获奖。在11月初举办的全国产业（行业）系统曲艺小品展演中，2家单位选送的2个节目获奖。）11月底在全国产业（行业）工作委员会举行的向祖国汇报——庆祝新中国成立60周年文艺展演总结交流会上，职工文联被评为优秀组织单位，4位同志被评为优秀工作者。组织会员单位参加内蒙古

第九届艺术创作“萨日纳”奖、第九届文学创作“索龙嘎”奖和第十届“五个一工程”奖评奖活动，7部作品获奖。参加了包铝集团举办的“与祖国同行——包铝集团工会建会50周年庆祝新中国成立60华诞激情广场演唱会”，8月份参加了内蒙古电力集团“庆祝建国60周年职工书画摄影展”。

直属单位

【《草原》杂志社】

与内蒙古政协、兴安盟文联等单位联合举办了“草原之夏笔会”等文学笔会，并做了专题讲座，会同《散文选刊》赴井冈山调研，土左旗采风，参加了在鄂尔多斯举办的“首届中国西部散文年会”。为新中国成立60周年献礼征集作品140多件。完成了年度“草原文学奖”评奖工作，有12篇诗歌、小说、散文获奖。获得了第二届“自治区出版”奖、华北十省区“优秀期刊”奖。

【《花的原野》杂志社】

与八协办、民委、教育厅、文联联合举办了第三届“八骏杯全国大中专学生蒙古文作品大赛”，来自全国27所大学、60所高中、121所初中的6万名学生参加了比赛。与锡林郭勒盟文联联合举办了“乌珠穆沁笔会”，有50多名作者参加。与作协等部门联合举办了“力格登作品研讨会”、“都格尔作品研讨会”，并先后6次深入基层参加文学活动。重点推出了3名中青年作家，在《民族文学》等国家级报刊上选发了5篇作品，并在蒙古国国家级文学报刊上选发了2篇作品。

【内蒙古美术馆】

全年共完成各种艺术展览39个。4月17～19日，与内蒙古文化厅、内蒙大学艺术学院和内蒙古雕塑学会联合举办了“初绿的原野——纪念中美东方之旅艺术交流十周年作品展”。4月25～29日，与内蒙文化厅、内蒙古草原油画院举办“第二届内蒙古草原油画院作品展”。8月8～10日，与内蒙古广播电影电视局、韩国国家报勋文化艺术协会和内蒙古草原油画院举办中韩“国际美术交流展”。8月22～24日，与中华文化促进会市长书画艺术中心、内蒙古文联、内蒙古国际文化交流中心和内蒙古大学举办“‘祖国万岁’中国市长艺术作品展”。8月26～31日，与福建省美术馆举办“郑浩千·游光霖·高少苹作品联展”。9月5～10日，与内蒙古文联、内蒙古美术家协会和内蒙古书法家协会举办“耶拉先生作品回顾展”。11月20～25日，与内蒙古美术家协会举办“第二届内蒙古自治区写生作品展”。根据宣传部部长乌兰指示，开始着手进行整体改造，成立了内蒙古美术作品捐赠管理委员会，并向区内外优秀艺术家发出了捐赠倡仪书。

基层文联

赤峰文联举办了第四届红山文化节大型美术、书法、摄影作品展，共展出130名艺术家的200多幅作品。与市委宣传部共同举办了庆祝建国60周年主题征歌活动，从全国13个省区共征得歌曲170多首。书法家协会积极响应中国书协号召，参加“中国书法进万家”活动，被中国书协授予全国“书法进万家”先进集体称号。举办了“赤峰市油画首届作品展”、“赤峰市第三届美术作品展览”、“辉煌60年，腾飞看赤峰”摄影图片展、第14届文苑杯征文表彰活动、小作家杯青少年文学作品大赛及多场文艺演出，出版摄影艺术画册10套，出版了新中国成立60周年献礼书目——总计240万字的大型长篇历史文学丛书《消失的草原帝国》和《赤峰市新中国成立60周年献礼文学作品集》。两个县级文联完成换届，成立了赤峰油画学会，新发展市级会员近百名，推荐自治区级会员60多名，国家级会员5名，有10部作品获自治区文学创作“索龙嘎”奖，8部作品获艺术创作“萨日纳”奖。锡林郭勒文联组织创作出版了纪实文学集《草原上的人们》、民族文化专辑《锡林郭勒文化之——马》和《锡林郭勒蒙古文文学作品译文集》，录制出版了《锡林郭勒经典歌曲选》CD，举办了“庆祝新中国成立60周年锡林郭勒书画展”和第二届“月光草原”诗歌电视大赛，与内蒙古电视台蒙语卫视、东苏旗文联合办了全国首届蒙古族女诗人诗歌大赛，来自全国各省市的102名女诗人参加了比赛。共有12部文艺作品获国际奖，32部作品获全国性奖项，40多部作品获自治区奖项，百多部作品获盟级奖，其中舞剧《草原记忆》获全区、全国“五个一工程”奖、第七届全国舞蹈“荷花奖”银奖和全区首届民族文艺会演金奖，9部作品获自治区第九届文学创作“索龙嘎”奖，7部作品获自治区第九届艺术创作“萨日纳”奖。

辽宁省文联

综 述

2009年，在省委和省委宣传部的指导下，辽宁省文联坚持以邓小平理论和“三个代表”重要思想为指导，深入贯彻落实科学发展观，按照高举旗帜、围绕大局、服务人民、改革创新的总要求，团结和带领全省文艺工作者，携手并肩，扎实苦干，锐意进取，开拓创新，开展各类文艺活动270余项，荣获国际及国家级奖项140余人次，推动辽宁省文艺工作和文联工作又上了一个新台阶。

庆祝新中国成立60周年和省文联成立60周年系列活动

2009年是新中国成立60周年，也是辽宁省文联成立60周年，辽宁省文联举办了一系列大型活动。

9月11日，在辽宁美术馆举办“庆祝新中国成立60周年暨辽宁省文联成立60周年美术、书法、摄影优秀作品展”。展出美术、书法、摄影作品300余幅，大部分都是曾在60年来历届国展、省展上斩获大奖，赢得无数赞誉的代表作品，生动形象地反映了新中国成立60年来辽宁政治、经济、文化、社会各方面取得的光辉成就，展现了60年来辽宁文艺家耕耘艺海的不俗实力、不凡成就。展览后，省文联将参展的精品力作编辑出版《庆祝新中国成立60周年暨辽宁省文联成立60周年美术、书法、摄影优秀作品集》。

10月19日，在沈阳举办庆祝新中国成立60周年暨辽宁省文联成立60周年纪念大会和“万紫千红”——纪念辽宁省文联成立60周年文艺晚会。中国文联党组成员、副主席杨志今，中共辽宁省委副书记张成寅，省人大、省政协及省直相关部门、单位领导，省文联主席团成员、名誉主席、顾问、委员会委员和全省各门类艺术家代表共400余人出席纪念大会。吉林省文联、黑龙江省文联等兄弟省文联也派代表出席并向大会送来贺联。杨志今和张成寅在大会上讲话，对辽宁省文艺工作和文联工作近年来取得的成就给予了肯定，并对做好新形势下的文艺工作和文联工作提出了明确要求。辽宁省文联党组书记、主席王秀杰代表省文联作了题为《高举旗帜 传承图新 为繁荣辽宁文艺而努力奋斗》的讲话，对文联成立60年走过的风雨历程和取得的辉煌成就进行了回顾和总结。纪念大会还向辽宁省从艺60年的73位老艺术家颁发了“辽宁文艺终身成就奖”。辽宁省文联名誉主席、人民表演艺术家李默然代表艺术家发言。

19日晚，“万紫千红”——纪念辽宁省文联成立60周年大型晚会在辽宁电视台举行。中国文联党组成员、副主席杨志今等出席晚会。晚会以新老艺术家联欢的形式，营造出观众与演员相融合的欢快祥和的气氛，通过辽宁的著名艺术家及在全国产生重大影响的文艺作品的展示，充分显示了辽宁戏剧、音乐、美术、摄影、书法、曲艺、舞蹈、民间文艺、电影、电视、杂技、文艺理论等12个艺术门类60年来取得的辉煌成就。

10月，编辑出版《辽宁省文联60年》。全书以辽宁省文联60年的工作图录、综述、大事记、主要文艺成果获奖一览表、组织机构沿革等为主要内容，较为全面翔实地介绍了辽宁省文联60年来的发展轨迹及取得的辉煌成果。

此外，省文联与省民委联合主办“祖国颂·民族风”辽宁省第五届少数民族美术、书法、摄影展。展览以“祖国颂·民族风”为主题，展出作品287幅。省文联与省新闻出版局联合主办“春华秋实”纪念新中国成立60周年书画摄影作品展。展览邀请了部分省级老领导、老艺术家参与，展出书法、绘画、摄影作品150余幅。

各艺术家协会也通过丰富多彩的文艺活动庆祝新中国成立60周年。省音协组织专业词曲作家

围绕新中国成立60年等主题，举行选题论证研讨会、专题报告会、作品创作思路与结构的研讨等，并组织重点词曲作家进行“振兴之歌”组歌采风创作。与辽宁电视台携手吉林卫视、黑龙江卫视，共同推出30集系列电视新闻节目“歌声飘过60年”。省美协举办庆祝新中国成立60周年暨迎接第11届全国美展辽宁美术作品展。省摄协举办辽宁省庆祝新中国成立60周年摄影艺术展。省舞协举办辽宁舞蹈界庆祝新中国成立60周年联谊、表彰大会，回顾了60年间辽宁舞蹈走过的辉煌历程，并对辽宁有突出贡献的48位老舞蹈家进行了表彰。《音乐生活》杂志社举办“新中国成立60周年”征歌活动。

重要活动与会议

【围绕辽宁老工业基地振兴开展主题文艺活动】

举办“2009·辽宁文艺论坛”。8月，省文联和大连市文联在大连市长海县联合举办了“2009·辽宁文艺论坛”，美术、书法、戏剧、音乐、电视、文艺理论等门类的文艺工作者围绕“工业精神与辽宁文艺”的主题展开讨论，梳理了近几年辽宁工业题材文艺作品，旨在引导和加强工业题材的文艺创作，打造工业题材文艺精品。

召开全省工业题材电视剧创作生产座谈会。3月，省广电局与省视协联合召开全省工业题材电视剧创作生产座谈会。会议围绕辽宁如何把握优势资源，打造工业题材电视剧创作生产基地展开深入的研讨。会议提出，要重视工业题材影视剧创作生产，调动各方面力量全力打造辽宁工业题材影视剧创作生产大省的形象。同时，辽宁剧作家要以改革开放30年以后的辽宁工业题材为工业题材影视剧创作生产的主攻方向，加大创作力度。

组织中央主要新闻媒体摄影家走进铁西。2008年，省文联开展的“全国摄影名家看辽宁”活动，《人民日报》专版报道了活动情况，对宣传辽宁老工业基地振兴起到了积极作用。2009年，省文联再次邀请新华社、《人民日报》、《中国青年报》、《工人日报》、《经济日报》等中央主要新闻媒体的摄影家走进沈阳市铁西区大型企业采风创作。采风后，一系列报道陆续发表。新华网9月5日、6日分别以《中国首台一次试验合格的正负800千伏特高压直流变压器研制成功》和《老工业基地展新颜》为标题，报道了铁西的相关新闻。《经济日报》也分别于5日和7日以图片的形式对特变电工和沈阳机床进行了报道。《工人日报》9月12日以《铁西聚变》为题整版报道了铁西区近年来改造带来的翻天覆地的变化，对宣传铁西老工业基地振兴起到了重要作用。

召开辽宁省企业（产业）文联工作研讨会。为促进和引导企业文化的良性发展，省文联年初就制定了调研方案，11月，由主要领导班子成员带队，赴鞍钢、本钢、辽河油田等大型企业进行深入调研，并于12月中旬召开辽宁省企业（产业）文联工作研讨会，共同探讨新形势下，如何加强企业文联建设，使企业文化的发展更好地服务于企业发展大局、服务于全省老工业基地振兴的大局。

【围绕基层文化建设开展主题文艺活动】

为深入贯彻落实省委宣传部的指示精神，2009年，省文联针对辽宁的基层文化特点，分层次制定了面向基层、服务群众的活动方案，开展了一系列扎实有效的基层文化活动，在巩固以往成果的基础上，初步建立了文艺工作者面向基层、服务群众的长效机制。

积极开展各种形式的“送”文化活动。省文联继续组织“同心乐”文艺轻骑小分队下基层演出。邀请省内文艺名家深入阜蒙县福兴地镇学校、敬老院、朝阳县北四家子乡、朝阳市社会福利院、辽宁省孤儿学校、大连市长海县大长山岛亲海广场、驻岛部队等地为广大群众、部队官兵演出近10场，观众近万人（次）。省书协组织书法家到沈阳军区空军导弹第12旅慰问退伍老兵，为战士书写书法作品。省美协组织艺术家赴康平县向阳学校为学生送去绘画工具和学习用品。

开展“文艺进乡村，辅导面对面”、“文艺进社区，辅导面对面”系列活动。针对基层群众文化水平不高，基层文艺骨干苦于求教无门的现状，省文联研究制定并先后3次组织文艺家深入农村进行面对面辅导的活动。4月，省文联5位领导班子成员亲自带队，组织20余位民间剪纸、美术、书法、曲艺创作和表演及诗歌创作方面的专家，分成4支小分队赴铁岭县凡河镇农民文艺创作基地、大甸子镇民间剪纸基地、双井子乡书画创作基地及李千户乡中秋诗社四个文艺基地开展辅导活动。7月，组织音乐、戏剧等门类艺术家赴阜新、朝阳辅导农民文艺骨干。8月，再次组织舞蹈、书法等门类的艺术家赴大连市长海县大长山岛镇进行文艺辅导。所到之处，艺术家根据当地文艺基地的特点或者文艺骨干的专长有针对性地进行了辅导、培训，踏踏实实地为基层文艺爱好者做些实事，提高其专业水平和艺术修养。在“文艺进乡村，辅导面对面”活动取得的宝贵经验基础上，省文联进一步扩大了面向基层、服务群众的范围，5月12日，在沈河区山东庙街道三八南社区正式启动“文艺进社区，辅导面对面”活动，并先后在和平区、沈河区、皇姑区建立30个社区联系点，组织音乐、美术、舞蹈、书法、戏剧等门类的15名艺术家深入联系点举办各类辅导讲座近90余次。艺术家们有针对性的辅导，直接提高了社区群众的艺术水平，受到了群众的普遍好评。

完善文艺基地建设。2009年是辽宁省文联的“基地建设年”。省文联制定和实施了一系列具体措施，要求各团体会员着重抓好文艺基地建设，组织文艺家和文艺工作者深入基层送文化、种文化，将基层文化抓实抓好。其一，建立了一批新文艺基地。全年，省文联及各艺术家协会在全省乡村、学校、社区、企业建立文艺基地60余个。其中，省文联在阜新市阜蒙县福兴地镇，朝阳市朝阳县北四家子乡、长在营子乡，铁岭市昌图县，沈阳市沈河区山东庙街道三八南社区，省音协在本溪市高官镇三合村、大连市旅顺口区，省美协在沈阳市康平县向阳学校，省摄协在辽河油田冷家油田、北方重工集团，省书协在沈阳市铁西区、沈河区，营口大石桥市、盖县，葫芦岛兴城市，大连市金州区等，省曲协在阜新市海州区，省舞协在铁岭市地运所小学，省影协在铁岭市清河区等地都建立了文艺基地，并陆续组织艺术家深入这些地方进行辅导、采风、创作。其二，完善了一批老文艺基地。铁岭文艺基地形成了发展稳定、创作活跃的良好发展态势。为进一步巩固和完善铁岭县文艺基地，2009年，省文联先后2次组织评剧、音乐、美术、书法、曲艺、舞蹈、民间文艺等门类的艺术家深入这些文艺基地，针对基层群众的活动特点，举办了辅导讲座，有的还进行了一对一的具体辅导。尤其是凡河镇沙山子村李山林创办的文艺创作协会，农民活动积极性高，自编自导自演了一些文艺节目。艺术家针对他们创作的曲艺剧本、他们的表演技巧，甚至是节目编排，给予了充分的指导。8月，在铁岭召开的现场交流观摩会议上，这些农民艺术家精心编排了一台文艺节目，精彩的演出受到与会人员的一致好评。其三，及时检验文艺基地建设成果。省文联为检验和推广铁岭文艺基地的成果，进一步引导全省广大文艺工作者更好地为基层文化建设服务，8月，在铁岭市召开了全省县（市）区基层文化建设现场经验交流观摩会议，各市及部分县（市）区文联主要负责人出席，观摩了铁岭县文艺基地建设情况，并就如何加强文艺基地建设，推动全省基层文化建设，形成服务基层、服务群众长效机制进行了交流和研讨。

【文艺评论工作】

8月，召开辽宁文艺论坛，引导和加强工业题材的文艺创作，打造工业题材文艺精品。

12月，举办首届中青年文艺评论骨干读书班，交流各艺术门类当下创作情况，交流读书体会，探讨当下文艺创作中存在的倾向性问题，研究有针对性和现实意义的评论选题。

省剧协组织参加东北三省第八届戏剧理论研讨会；省音协举办新中国成立60周年歌曲创作回顾与反思理论研讨会，与音乐生活杂志社联合举办辽宁流行音乐理论研讨会；省摄协召开王玉文“工业记忆”摄影作品座谈会；省书协举办辽宁省第24届书法临帖班，组织作者参加全国第八届书学研讨会，在《辽宁日报》开辟“名家专栏”，推介书家，引导书风；省舞协举办舞蹈论文评选；省影协举办首届东北三省电影论文评选；省视协以“工业题材”和“青春励志题材”为主题召开电视剧创作专题研讨会。

【文艺评奖工作】

2009年，省文联和相关艺术家协会继续开展全省性文艺评奖工作，评出第13届辽宁戏剧玫瑰奖、第二届辽宁美术金彩奖、第三届辽宁书法兰亭奖。

其他艺术家协会也组织了部分文艺奖项的评选：省音协组织辽宁省第三届“校园新歌”征集评选、第七届中国音乐金钟奖辽宁地区选拔工作；省摄协组织辽宁省第四届青年摄影十佳金镜头奖评选活动；省视协举办辽宁省第三届农村小康故

事电视专题片征集、评选活动。

【围绕加强未成年人和大学生思想道德建设开展主题文艺活动】

辽宁省文联、省音协等单位共同主办辽宁省第三届“校园新歌”征集评选，受到全国多个城市数百名词曲作者的关注，收到参赛作品近千余首。省音协举办“让心灵的花儿尽情开放——全国优秀少儿合唱歌曲进校园”辽宁地区活动，邀请韩国Recorder（竖笛）教育专家培训沈阳市和平区第一小学乐团。省剧协举办第四届“辽宁少儿小戏剧家”大赛。省美协举办“为了孩子们快乐成长”主题活动、组织艺术家赴康平县向阳学校为学生送去绘画工具，并进行辅导。省书协组织骨干书法家走进大、中、小学讲授书法课，主席团成员、知名书法家等纷纷在鲁迅美术学院、辽宁大学等担任书法客座教授，为大学生讲授书法知识，提高其书法修养；举办“希望之星”全省少儿书法大赛，千余名少儿参赛，近百人获奖。省舞协举办辽宁省第六届“小舞蹈家杯”少儿舞蹈比赛。省影协举办“慧光杯”中小学生电影征文竞赛。省视协召开辽宁青春励志题材电视剧创作专题研讨会，就青春励志题材电视剧的界定、创作内核、播出平台以及市场前景等问题进行了讨论。

【办好期刊网站，加强阵地建设】

加强阵地建设，做好文艺作品和文艺人才的服务工作。以《艺术广角》、《音乐生活》、《新世纪剧坛》、《辽宁文艺界》、“辽宁文学艺术网”为宣传和改进文艺工作，服务文艺作品和文艺人才的有效阵地，办好期刊，改版网站，进一步完善辽宁文艺人才信息库，提高服务能力和服务水平。

【民间文艺家协会第六次会员代表大会和文艺理论家协会第二次会员代表大会】

经过精心筹备，5月和12月，辽宁省民间文艺家协会第六次会员代表大会、辽宁省文艺理论家协会第二次会员代表大会分别在沈阳召开。两次大会分别回顾和总结了上一届会员大会以来的工作，制定了今后5年的工作纲要，修改了协会章程，选举产生了新一届主席团和理事会。武斌当选省民协主席，王廷瑞等10人当选副主席，乌丙安为名誉主席。洪兆惠当选省文艺理论家协会主席，丁宗皓等14人当选副主席。2个艺术家协会会员代表大会的顺利召开，为协会及文联的发展提供了强有力的组织保证。

对外及地区间文化交流

【国际民间文化交流】

组团赴日参加第八届国际友好美术交流展及富山县美术联合展活动、赴摩纳哥参加国际演剧节、赴比利时参加国际盛典演剧节、赴韩国参加马山戏剧节，随中国文联代表团出访西班牙、葡萄牙，随辽宁省代表团出访日本、韩国等，通过文化交流，增强辽宁文化的国际影响力，提高中华文化的国际地位。

【地区间文化交流】

组团赴台湾进行文化考察；省剧协在澳门举行徐培成中国戏曲人物画展。活动促进了两岸三地的文化交流与合作，增进了两岸三地文化团体的感情。

此外，组织艺术家赴北京等省区市进行文化交流，青海省文联、宁夏回族自治区文联等兄弟省文联来辽进行考察，并分别举办了风情摄影作品展和座谈会，交流文艺和文联发展的经验，增进了地区间的友好情谊。

机关建设

【班子建设】

认真落实领导班子学习制度，弘扬良好学风。通过制订《省文联领导班子理论中心组学习计划》和《省文联机关党员干部学习计划》规范班子学习计划。全年中心组学习12次，做传达党的十七届四中全会精神学习辅导报告1次，上报班子成员学习体会文章2篇。

巩固深入学习实践科学发展观活动成果，加强领导作风建设。班子成员通过调研、访谈、座谈会、满意度测评等方式，不断拓宽民主渠道，深入了解广大干部职工关心的热点，把握制约科学发展的突出问题，完善了干部带薪休假等8项规章制度。组织开展学习实践科学发展观活动“回头看”，对照整改方案，按照“六看”要求，自查整改方案落实情况；召开“加强领导干部党性修养，树立和弘扬良好作风”为主题的民主生活会，不断强化领导作风建设。

【党组织建设】

深入落实党建责任制。制定《2009年省文联机关党建工作要点》，机关党委专职副书记列席党组会，召开支部联席会议，建立党建沟通联络机制等多渠道、多方式了解支部党建工作开展的情况，提高了对基层党建工作的认识程度，为有效开展基层党组织工作奠定了基础。继续做好党建示范点建设，发挥良好示范效应，以点带面，全面推进。

发挥好青工委作用，引导青年干部健康成长。面对青年工作不断发展的需要，机关党委、青工委有针对性地开展工作，先后组织机关干部参加省直机关徒步走活动；召开“青春飞扬”五四青年干部座谈会；组织参加“青春献给祖国 我与辽宁振兴同行”省直机关青年演讲大赛；推荐年轻干部参加省直党建研究会征文工作等活动。

创新工作方式，拓展服务领域，增强为基层服务的责任感。结合文联工作实际，在机关开展了“促进科学发展，服务全面振兴”为主题的实践活动，通过深入基层开展文化服务工作，将基层文化服务领域不断延伸，扩大受益群众范围，激发了干部职工的服务意识。在基层厂矿、社区、创建多处文艺基地，搭建了服务平台，形成了为基层服务的长效机制。

【党风廉政建设】

以加强机关廉政教育为重点，落实专项自查工作。积极组织落实《领导党员干部重大事项报告制度》要求，对2006年以来，党员干部应报告重大事项进行全面统计，完善个人廉政档案；认真抓好“小金库”专项清理工作，制定工作方案，成立相关组织，提出具体要求，作出明确规定。

围绕廉政文化建设，开展形式多样的教育活动。组织机关干部职工参加省直机关工委组织的先进性典型事迹报告会，突出实例教育；组织干部职工参观“新中国60年辽宁英模展”，参观“九一八历史纪念馆”，参加“100位为新中国成立作出突出贡献的英雄模范人物和100位新中国成立以来感动中国人物”评选活动；组织干部观看《一个明星区长的堕落轨迹——周良洛受贿案警示录》，强化廉政建设的正反两方面教育。

【文明机关建设】

积极开展精神文明机关创建活动。为做好国庆60周年纪念等重大活动，加强机关安全保卫工作。专门召开会议部署落实，通过安排机关干部职工节假日值班，安装监控设备，建立保卫责任制等手段，提高安全保卫工作水平。在日常办公中，积极落实节能减排规定，开展节约意识教育，加强对日常基本设施进行维护，减少跑漏现象发生，杜绝浪费。

丰富机关生活，广泛开展群众性文体活动。举办第五届省文联机关职工乒乓球比赛；组织机关干部职工20余人参观“国家宝藏——中国国家博物馆馆藏文物精品展”；组织干部职工赴大连长海岛采风，举办赴长山岛采风摄影作品展；组织机关干部参观新中国成立60周年美术、书法、摄影展，活跃了机关文化生活，营造机关和谐环境。

【干部队伍建设】

本年度顺利完成了干部的晋升与选拔任用工作，严格落实中层干部公开竞聘上岗制度，通过公布竞聘岗位、竞聘演讲、民主测评、干部考核、公示等一系列程序，本年度共有15人职务或职级发生变动，其中机关14人，事业单位1人。机关有1人岗位交流，7人选拔任用为正处级领导职务，4人选拔任用为正处级调研员职务，2人选拔任用为副处级调研员职务；事业单位1人选拔任用为副处级领导职务。

加强业务学习，丰富理论知识。积极开展党员干部教育活动，组织干部职工参加省委党校、省委宣传部、组织部、省直机关工委党校等部门举办的各类进修班、培训班30人次，通过组织参加文联举办的文艺论坛、中青年文艺评论骨干读书班等业务培训活动，提高全系统的业务能力。在辽宁文艺网搭建学习交流平台，多方式地加强学习的互动性，调动了干部职工的参与热情。

直属单位

【文艺理论研究室】

省文艺理论研究室以《艺术广角》为载体，跟踪当下文艺思潮，加强辽宁文艺现象的研究，重点推介青年批评家，同时，扩大学术交流，加强编辑部成员自身的理论素养，提高编辑水平。

【《音乐生活》杂志社】

《音乐生活》杂志社除做好刊物的出版工作，

还主办第一届国际歌剧比赛（香港）东北地区选拔赛，与省音协合办辽宁流行音乐理论研讨会等活动，扩大自身的社会影响力，提高刊物发行量。

【辽宁美术馆】

辽宁美术馆全年举办艺术展览27个，从筹备到布展、撤展等各方面做了大量的工作，保证展览的顺利进行；主办“盛世天香”——辽宁名家写意牡丹展，努力提升自主办展的能力，增强自主办展的意识；加强内部管理，改善工作环境，为职工创造良好的工作氛围。

【辽宁画院】

辽宁画院举办迎春画展、北国风光·采风写生作品展等展览活动，催生辽宁省优秀美术作品，促进优秀人才成长；全年，近20人次的40余幅作品入选国家级及省级的各类展览，取得了可喜的成绩。

【辽宁图片资料馆】

辽宁图片资料馆加强对社会关注大事件的图片资料的拍摄、征集、整理、存档等工作，同时，做好公益性社会服务工作，利用自有橱窗和图片网站进行宣传展示；做好各项交接工作，实现事业单位改革的平稳过渡。

【《新世纪剧坛》杂志社】

《新世纪剧坛》杂志社圆满完成全年的编辑出版工作，立足于辽宁的戏剧创作，研究辽宁的戏剧问题。同时，主动深入市场，拓展发行空间，扩大刊物知名度。

各文艺家协会

【戏剧家协会】

3月，应韩国马山戏剧节组委会邀请，组织辽宁戏剧代表团赴韩国进行为期6天的文化交流活动。4月，与澳门颐园书画会、澳门出版协会联合主办的戏曲名家徐培成中国戏曲人物画展在澳门文化广场举行，展览展出了戏曲名家徐培成各种戏曲人物画45幅。7月，在营口市举办第四届中国戏曲红梅荟萃辽宁赛区选拔赛，共推选48人参加第四届中国戏曲红梅荟萃评选，最终有40人获得“金梅花”和“红梅花”称号。7月，组织会员参加东北三省第八届戏剧理论研讨会。8月，编撰的《改革开放30年辽宁文艺成果与研究·戏剧卷》正式出版。8月，推选代表队参加由中国剧协主办的第13届中国少儿戏曲小梅花荟萃活动。8～12月，举办第13届辽宁戏剧玫瑰奖评选活动。10～12月，举办第四届辽宁少儿小戏剧家大赛。10月，推荐选手参加由中国文联、中国剧协主办的中国戏剧奖·小戏小品奖比赛。11月，推选大型现代评剧《我那呼兰河》参加第11届中国戏剧节，获金奖第一名，冯玉萍获优秀表演奖。

【音乐家协会】

2月，召开第七届主席团五次会议，研究2009年工作方案，审批通过省会员38人，并推荐全国会员18人。承办中国音协冬季考级工作。在新增设的大连冬季考点进行考级工作。邀请韩国Recorder教育专家和专业人才来沈，分别对辽宁省Recorder成人乐团和少年乐团进行为期3天的辅导，并在沈阳市和平一校进行学习成果汇报演出。3月，召开“辅导培训到基层，音乐文化送千家”表彰座谈会。对2007～2008年度在服务基层活动中表现突出的笙演奏家文佳良、马头琴演奏家包玉明、歌唱家周皓、毕成、王辉、张辉、陈默等28名音乐工作者进行了表彰。组织召开新中国成立60周年大型组歌创作及群众歌咏新作品创作选题论证研讨会。4月，召开全省音协工作会议，传达了中国音协2009年工作会议精神，部署了省音协新一年的工作安排。邀请省发改委副巡视员郁红军为省内词曲作者作了题为《回顾历史，评价振兴》的专题报告。向全省词作者发出创作倡议，号召词作者紧紧围绕新中国成立60周年、改革开放30年、东北老工业基地全面振兴的宏大主题，坚持格调高雅、角度独特，艺术化地反映辽宁的特色与变化，积极创作，并要求4月底提交初稿。对省直报送的72首“五个一工程”歌曲进行筛选，最终选出《生命中拥有了你》（胡宏伟词　范哲明曲）、《再唱春之声》（甲丁词　刘聪曲）、《中国赤子》（金河词　吕威曲）、《感谢祖国》（金河词　吕威曲）、《大姑娘美》（于清涌词　朱一文曲）等五首作品上报省委宣传部备评。5月，与丹东市文联联合组织词曲作家赴丹东举行“唱响丹东”歌曲创作采风活动，共创作歌词23首，并与丹东市40余名作者进行作品交流研讨。组织进行“振兴之歌”大型群众歌咏新作品歌词征集筛选，从征集到的近200首作品中筛选出51首歌词作品印制成册，作为推荐歌词向辽宁省曲作者发放。与省教育厅艺委会共同主办，省关工委协办的“让心灵的花儿尽情开放——全国优秀少儿合唱歌曲进校园”辽宁地区赠送暨活动启动仪式在沈阳市岸英小学举行，向岸英小学及虹桥中学赠送了《全国优秀少儿合唱推荐歌曲集》和CD光盘。随后又分别将此光盘送给大连、本溪、阜新等地中小学校。6月，与本溪市文联联合组织词曲作家赴本溪举行“唱响本溪”歌曲创作采风活动，并在高官镇三合村建立了音乐创作基地。进行中国音协主办的第二届“卡西欧”杯电子琴考级优秀考生展演辽宁省选拔活动，最终推选24人参加全国展演。组织专家对丹东采风创作的25首作品进行试唱研讨。组织完成第七届中国音乐金钟奖辽宁地区9项选拔推荐工作。组织词曲作家赴大连旅顺进行创作采风活动，并在旅顺口区建立音乐创作基地。组织辽宁省部分词曲作家赴盘锦、锦州、葫芦岛进行“振兴之歌”组歌采风创作。7月，组织辽宁省词曲作家21人举行丹东采风作品试唱会。同日，组织辽宁省词曲作家7人举行本溪采风作品试唱会。承办中国音协暑期考级工作。8月，编撰的《改革开放30年辽宁文艺成果与研究·音乐卷》正式出版。进行第三届“校园新歌”歌曲作品征集评选活动初评。与辽宁电视台、吉林卫视、黑龙江卫视，共同推出30集系列电视新闻节目——“歌声飘过60年”，并在辽宁电视台共享大厅举行启动仪式。9月，对第三届“校园新歌”歌曲作品征集评选活动进行复评，最终评选出中、小学组一等奖各2首，二等奖各3首，三等奖各5首。组织艺术家赴铁岭昌图县，对当地民乐团进行辅导排练。10月，与省青年宫共同组织专业教师到本溪小市少年宫进行演出辅导。组织沈阳音乐学院钢琴专业的学生到沈阳大学音乐学院演出交流。主办“喜庆中国——我们的60年”杨韵琳、李青双钢琴重奏音乐会。11月，在省青年宫为辽宁省入围中国音乐金钟奖声乐（美声组）复赛的青年教师举行临行观摩演出。与省青年宫共同主办辽宁省校外教育声乐教师培训活动，义务为辽宁省声乐教育工作者进行了为期3天的辅导培训。与省青年宫共同组织省音协会员到东陵区少年宫演出。12月，举办“新中国成立60周年歌曲创作回顾与反思”理论研讨会。在省青年宫举办第二届辽宁省民族器乐展演比赛决赛。主办民族器乐专场音乐会。在省青年宫举办第二届辽宁省民族器乐展演中部分获奖选手音乐会。组织代表参加中国音协第七次会员代表大会。推荐歌手李雪花、金美玲代表沈阳赛区参加在韩国举行的韩国KBS电视台歌唱擂台赛年终总决赛，获第一名。

【美术家协会】

1月，在营口鲅鱼圈召开2009年工作年会暨第11届全国美展动员会。在沈阳鲁园古玩城举办辽宁美协鲁园艺术馆成立暨迎新春名家绘画联展。2月，在辽宁美协鲁园艺术馆举办周卫油画作品展。3月，省美协主席宋雨桂，副主席、副秘书长王易霓，画家刘震力、吴林、于辉随中国美术家代表团赴尼泊尔考察。与鲁园艺术馆、古玩商会联合赴康平进行“送文化下乡活动”。为向阳小学送去100套学生用品，并带领艺术家为学生进行现场辅导。4月，由中国美协、辽宁省文联主办，省美协等单位协办的“高山景行”冯大中中国画展在中国美术馆开幕。在昌图县建立写生基地，同时观摩了昌图县美术爱好者为第11届全国美展创作的草图，与他们交流，提出修改建议和意见。由辽宁画院副院长徐萍为团长的辽宁美术家代表团，携50幅美术作品赴日本参加纪念横滨开港150周年系列活动。5月，会员网增加空间，为会员作品及文章上网宣传提供平台。为迎接第11届全国美展，省美协主席团部分成员分别到丹东、鞍山、锦州、朝阳、大连等地走访。主席宋雨桂，副主席王易霓、吴云华、周卫等亲自与画家探讨，对草图提出修改意见。在盘锦辽河美术馆举行“阳光2009”——迎接新中国成立60周年辽宁省17所院校教师美术作品展，共展出教师作品200余件。5～11月，组织理事杨海滨、董植葵、邱洪恩等艺术家开展“文艺进社区，辅导面对面”活动，每周2次到社区为美术爱好者们进行辅导。在盘锦辽河美术馆举办中国佛教主题画家李唐《缘机合》邀请展。与鲁园艺术馆联合主办的“为了孩子们快乐成长”活动在鲁园古玩城开幕，小画家们完成了100米长卷，书画家现场义卖。所得款项全部捐赠给了“金氏孤儿之家”。6～12月，各市美协分别在沈阳市鲁园艺术馆举办绘画展览并展销，此项活动为辽宁省的美术家直接面向市场，面向大众提供了非常好的场所和机会。6月，冯大中“高山景行”中国画展在上海美术馆隆重开幕，省美协主席宋雨桂出席。省美协主席团成员分别赴盘锦、铁岭、抚顺观摩“第11届全国美展”创作草图，主席宋雨桂亲自为画家指导并提出修改意见。组织20幅儿童作品参加富山县儿童艺术节画展。7月，第11届全国美展辽宁省预展在辽宁美术馆举行，中国美协专家组对作品给予了极高评价。此次展览共展出国画作品327幅，油画作品230幅，水彩粉画作品176幅，版画作品74幅，并完成第二届青年美术家提名奖评选工作。8月，编撰的《改革开放30年辽宁文艺成果与研究·美术卷》正式出版。与中国美协、大连市人民政府共同主办的第10届大连艺术博览会在星海会展中心举行。赴南京参加中国美协金陵百家动员会。9月，与盘锦市政府共同承办第11届全国美展水彩、粉画展区展览工作。配合省文联做好庆祝新中国成立60周年暨辽宁省文联成立60周年美术、书法、摄影优秀作品展工作。10月，配合省新闻出版局和省文联做好“春华秋实”——纪念新中国成立60周年书画摄影作品展工作。为辽宁省6位女画家举办中国画展。承办由中国美协、中国书协、省文联、省文化厅主办的王冠从艺60周年书画艺术展。举办湖北美术家张金林邀请展。11月，组织30幅作品参加“第八届国际友好美术交流展”及“富山县美术联合展”活动。12月，省美协主席宋雨桂前往澳门参加庆祝澳门回归10周年中国画名家邀请展，并代表画家致词。在鲁迅美术学院美术馆举行张鹏油画艺术展。第11届全国美展表奖大会在京举行，省美协获优秀组织工作奖。举办省美协“山水画创作基地”挂牌仪式。完成第二届辽宁美术金彩奖评选工作。评选出金奖1件，银奖10件。

【摄影家协会】

1月，举办2009年辽宁摄影界迎新春联谊会。4月，举办北京摄影函授学院辽宁分院第20期摄影基础函授大专班，26名学员参加开班典礼。主办郑之“静物、商业广告摄影作品展”。与鞍山市摄协共同主办王玉文“工业记忆”摄影作品研讨会。中国摄协副主席朱宪民来沈阳出席会议。6月，举办“浦江盛景湾摄影大奖赛作品展”颁奖仪式。配合辽宁省文联、青海省文联举办青海、辽宁两地风情摄影作品展。邀请中国摄协副主席朱宪民、王玉文，副秘书长解海龙赴抚顺新宾进行摄影创作，筹备“努尔哈赤故乡魅力新宾”旅游风光全国摄影大展。在辽河油田冷家油田建立摄影创作基地。8月，编撰的《改革开放30年辽宁文艺成果与研究·摄影卷》正式出版。参加第八届中国摄影金像奖颁奖典礼，辽宁省姜振庆荣获纪实类创作奖，线云强荣获艺术类创作奖。与本溪市文化局、本溪市摄协联合主办尚江“东北二人转”专题摄影作品展。9月，配合省文联举办“老基地·新面貌”中国摄影名家看铁西采风活动。配合省文联做好庆祝新中国成立60周年暨辽宁省文联成立60周年美术、书法、摄影优秀作品展工作。与新宾县人民政府、《中国摄影报》联合举办的“努尔哈赤故乡魅力新宾旅游风光全国摄影大展”评选揭晓。参加2009年平遥国际摄影大展，马卓凭借《空村》荣获2009PIP中国移动杯优秀摄影师大奖，李铁成的《最后的老工业》获新闻报道类优秀摄影师奖，史春的《闹正月》获民俗类优秀摄影师奖，郑之的《商业静物》获商业类优秀摄影师奖，吴长海的《无名的记忆》获社会生活类优秀摄影师奖。10月，配合省新闻出版局和省文联举办“春华秋实”——纪念新中国成立60周年书画摄影作品展。与东北摄影器材城联合主办辽宁省庆祝新中国成立60周年摄影艺术展。展览征集作品万余幅，展出200幅。11月，配合省文联、省环保局举办“环保生态文明与绿色辽宁”摄影比赛。举办“北国风光摄影大奖赛”颁奖仪式。12月，配合省交管局等单位做好“红绿灯摄影大展”工作。与沈阳中山摄影家协会联合举办“2009沈阳中山摄影家协会会员作品展”。举办辽宁省第四届青年摄影十佳金镜头奖评选，吴长海、谢军、赵建军、赵敬卫、刘军、阳光、吴晓天、常勇、刘海东、赵正辉等10人获奖。全年《辽宁摄影通讯》出刊2期。

【书法家协会】

5月，与《辽沈晚报》、沈阳市群众艺术馆联合举办“希望之星”全省少儿书法大赛。千余名少儿参赛，近百人获奖。举办第六届全国楹联书法作品观摩会，参加人员200余人，作品千余件。6月，第六届全国楹联书法评选结果揭晓，辽宁省入展作品38件，其中苏德永、姜勇、孙学辉获三等奖。入选、获奖量排全国第四位。8月，编撰的

《改革开放30年辽宁文艺成果与研究·书法卷》正式出版。举办备战第三届中国书法兰亭奖创作培训班暨辽宁省第24届临帖班。历时一周，学员达280余人次。举办第三届中国书法兰亭奖作品观摩会，参加人员220余人，作品2000余件。9月，配合省文联做好庆祝新中国成立60周年暨辽宁省文联成立60周年美术、书法、摄影优秀作品展工作。并将参加展览的92件书法作品义拍所得款项捐赠给了沈阳市盲童学校。配合中国文联、中国书协、辽宁省文化厅、省文联举办“创造力的实现”——张海书法展。10月，推荐的大连金州区被中国书协评为“中国书法之乡”。11月，第三届中国书法兰亭奖评选结果揭晓，辽宁省入展22人，获奖6人，其中张威获二等奖，张信凯、孙万民获三等奖，陈亮男、董文广、姜勇获提名奖。正式启动第三届辽宁书法兰亭奖评选。组织书法家到沈阳军区空军某导弹旅慰问官兵。配合中国书协考察组对盘锦市申报“书法名城”，大石桥市、盖州市、兴城市申报“书法之乡”进行全面考核。12月，设立“辽宁省书法奖励基金”，此项资金专用于奖励辽宁省优秀书法人才。

【曲艺家协会】

3月，配合中国曲协在大连市西岗区启动第五届“西岗杯”全国相声新人新作推选活动。活动历时半年，共收到来自全国各地的投稿502篇，最终评选出最佳作品奖1个，优秀作品奖5个，作品奖10个。8月，编撰的《改革开放30年辽宁文艺成果与研究·曲艺卷》正式出版。在阜新市海州区建立省曲协少儿曲艺基地。配合共青团辽宁省委、省少工委、省教育厅、省关心下一代工作委员会、辽宁电视台等单位举办“祖国发展我成长——寻找红色故事王大赛”，近200名小选手参加此次比赛，共评出金奖3名，银奖4名，铜奖13名。

【舞蹈家协会】

3月，召开2009年工作会议，总结了2008年全省及各市舞协工作，安排部署了2009年省舞协工作。3～4月，在沈阳、锦州、抚顺、鞍山举办4期中国舞协教师培训班，来自省内各市的133名舞蹈教师参加培训。4月，组织艺术家赴湖南采风。6月，与省文化厅联合主办的“舞蹈专业论文评选”活动结束。共收到参评论文87篇。在铁岭市银州区地运所小学建立舞蹈美育基地。8月，编撰的《改革开放30年辽宁文艺成果与研究·舞蹈卷》正式出版。第六届“小舞蹈家杯”少儿舞蹈比赛在锦州举行。来自辽宁省大连、阜新等11个市的1500余位选手、教师和34个作品参加比赛。9月，举办辽宁舞蹈界庆祝新中国成立60周年联谊、表彰大会。会议对辽宁舞蹈界60年来取得的成就进行了回顾和总结，并对荣获“有突出贡献舞蹈家”荣誉称号的48位老舞蹈家颁发了奖章和证书。

【民间文艺家协会】

5月，召开辽宁省民间文艺家协会第六次会员代表大会。乌丙安代表五届主席团作了题为《与时俱进，开创辽宁民间文艺事业新局面》的工作报告。大会修改了协会章程，选举产生了新一届理事会、主席团，选举武斌为主席，江帆、夏秋等10人为副主席。大会表彰了为民间文艺事业作出突出贡献的先进团体和个人，并举办了辽宁民间文艺成果展。7月，国家级非物质文化遗产项目“满族民间故事”项目组赴东陵区满族乡进行为期近一个月的田野调查，重点收录了肇恒昌、那永胜等满族故事家民间故事153则，以及大量的图像、音频、视频资料。8月，配合中国民协、葫芦岛市委、市政府等单位举办第三届国际葫芦文化节暨“中国葫芦文化之乡”开幕授匾仪式。中国民协授予葫芦岛市“中国葫芦文化之乡”称号，授予葫芦山庄“中国葫芦文化博物馆”和“中国关东民俗博物馆”称号。省文联副主席洪兆惠，省民协副主席、秘书长夏秋到本溪市泥塔村向文化部公布的第三批国家级非物质文化遗产项目代表性传承人爱新觉罗·庆凯，转发传承人奖状、证书和传承人保护经费。爱新觉罗·庆凯是省民协主持项目“满族民间故事”中唯一获国家级传承人称号的故事家。编撰的《改革开放30年辽宁文艺成果与研究·民间文艺卷》正式出版。9月，由省民协主持的国家级非物质文化遗产项目完成初稿。经一年的整理，桓仁、新宾、清原、本溪、岫岩、沈阳东陵6个采录小组共整理故事文本1200则、80余万字，调查报告6篇、42万字。与朝阳市民协共同主办的“朝阳市民间文艺家艺术作品展”在朝阳市举行。选送作品《满族婚庆舞》参加由中国民协、河北省文联等联合主办的“首届中国女娲文化节暨‘女娲杯’全国民间歌舞精

品展演”活动。10月，组织艺术家参加文化部民族民间文艺发展中心主办的“十部文艺集成志书”全部出版总结表彰大会。选派大连市非物质文化遗产项目核雕代表传承人韩志耀参加由中国民协、杭州市政府主办的第三届中国民间艺人节。组织参加第九届中国民间文艺山花奖颁奖典礼，辽宁省民间文艺家共获得4项山花奖。曲彦斌《中国典当史》获民间文艺学术著作奖；靳宏琴、佟涛《喀左·东蒙民间故事》、白琅新故事《60年后的握手》获民间文学作品奖；刘吉程面塑《金陵十二钗》获民间工艺作品奖。省民协顾问王光获中国民协“德艺双馨民间文艺家”称号。11月，第10届中国民间文艺山花奖全国民间鼓舞鼓乐大赛在江西省婺源县开赛。选派的“抚顺满族腰铃鼓”荣获山花奖入围奖。组织作品参加由中国民协举办的“第二届中国故事节少儿红色故事会”，阜新选手张德馥以《滴水之恩，涌泉相报》荣获“铜奖”和“小故事员”称号。申报的中国社科项目《中国民间剪纸集成——医巫闾山卷》交付印刷。

【电视艺术家协会】

3月，与省广电局联合主办“全省工业题材电视剧创作生产座谈会”。省委常委宣传部部长张江出席会议并做重要讲话。5月，与省影视产业协会联合举办“全省电视剧市场运营现场会”。辽宁电视台、沈阳电视台、大连电视台等全省各电视台，大连天歌传媒等影视剧制作机构以及协会会员单位等70余人参加了会议。6～8月，举行第三届农村小康电视节目征集、评选活动，共有30余部作品参加评奖，14部电视专题片和4个对农栏目获奖，省视协筛选部分作品报送中国视协，参加首届新农村电视艺术节暨第三届“农村小康电视节目工程”评奖。7月，参加中国视协举办的第六届全国德艺双馨电视艺术工作者表彰活动，推荐的庄学军和王永福获此殊荣。8月，在日本富山市举行的第九届世界自然·野生生物映像节上，推荐的纪录片《农夫和野鸭》(编导李汝建、王轶群、张申、曲波）喜获“亚洲大洋洲奖”。编撰的《改革开放30年辽宁文艺成果与研究·电视卷》正式出版。9月，在北京举行的第27届全国优秀电视剧“飞天奖”颁奖典礼上，推荐的电视剧《闯关东》荣获长篇电视剧一等奖，该剧编剧高满堂、孙建业荣获优秀编剧奖，女主演萨日娜荣获优秀女演员奖，王滨荣获优秀摄像奖；由高满堂编剧的《北风那个吹》和沈阳电视台的《漂亮的事》荣获长篇电视剧二等奖；由大连电视台等联合摄制的儿童电视剧《快乐的同桌》荣获少儿电视剧三等奖。11月，召开“青春励志题材电视剧创作专题研讨会”，就青春励志题材电视剧的界定、创作内核、播出平台以及市场前景等问题交换了意见和看法。参加由中国视协主办的首届新农村电视艺术节暨第三届“农村小康电视节目工程”评奖，推荐的《篱笆·女人和狗》“农村三部曲”、《坨子屯纪事》、《雪野》、《马大帅》4部农村题材电视剧以及电视栏目《庄稼院》、《沟通零距离》，电视专题片《农家女的奥运梦》、《大光和他的“农业110”》、《蝇蛆喂鸡产“金”蛋》均获得奖项。积极组织推选工作，参加由国务院妇女儿童工作委员会办公室、中国视协、全国妇联宣传部联合主办的第四届女性风采优秀电视作品推选展播活动。推荐节目参加由广电总局和中国电视艺委会联合举办的中国广播影视大奖·广播电视节目奖（第21届“星光奖”）评选，辽宁电视台等联合摄制的“梨园春潮2009年18省区市地区元宵戏曲晚会”、“千秋华宴——2008中华16省区市新年戏曲音乐会”分别荣获戏曲节目大奖和提名荣誉奖。11～12月，编辑“中外电视信息”。12月，推荐作品参加由中国视协主办的中国体育电视论坛暨“奥运中国”优秀体育电视节目表彰大会，“奥运倒计时100天大型文艺晚会‘放歌奥运’”获文艺节目类好作品奖。推荐节目参加由广电总局、中国广播电视协会联合举办的2007～2008年度中国广播影视大奖评奖，《抗击暴风雪》获专题类大奖，《用我的眼睛看世界》获专题类提名奖，《战俘营的记忆》获对外电视类提名奖。

【电影家协会】

2月，2008全国夏衍杯优秀电影剧本评选结果揭晓，辽宁省影协理事蒋志杰的《葫芦岛大遣返》、青年编剧张学森的《东北厨子牛大雷》双双荣获一等奖。3月，由铁岭市委宣传部投资拍摄的首部描写农村循环经济故事片《喜临门》在辽宁大剧院举办首映式及创作研讨会。4月，与沈阳市政府、市电影公司、葫芦岛开发区、辽影厂联合主办的现代乡村电影三部曲《喊过岭的故事》、《海的故事》、《清水的故事》电影创作研讨会在沈阳新东北影城举行。5月，辽宁电影制片厂拍摄的故事片《潘作良》在北京政协礼堂举办全国首映式。该片荣获全国精神文明建设“五个一工程”优秀故事片奖、第13届华表奖优秀故事片提名奖，填补了辽宁省故事片“五个一工程”奖的空白；数字电影《村官李八亿》获第九届数字电影百合奖·入围奖；《从心开始》获上海国际电影节白玉兰奖·入围奖。在铁岭举办国内首部二人转电影《贵妃还乡》关机仪式及“辽宁影视创作基地”授牌仪式。推荐理论评论家王玮的论文参加中国电影家协会举办的第二届农村题材电影创作研讨会。6月，组织策划、拍摄辽宁省会员创作的电影作品，已完成的有李铭的《黑蛋快跑》、徐广顺的《圣经里的秘密》、王琳的《从心开始》。7月，推荐辽宁省青年导演、编剧董博、梁强等5人参加国家广电总局在北京举办的全国青年电影创作培训班。8月，组织剧本创作，择优推荐《少年王》、《心中的军歌》、《黄瓜花》、《开发区里的快乐厨师》、《风雷激荡送瘟神》、《蓝领》6部作品参加2009年全国夏衍杯优秀电影剧本评选活动。编撰的《改革开放30年辽宁文艺成果与研究·电影卷》正式出版。9月，配合沈阳军区宣传部、《前进报》、省文联、白山文艺出版社等单位举办“省影协理事刘国彬军事文学作品首发式及送作品到基层”活动。推荐辽宁省农村题材剧本《黄瓜花》、《村官尼克》2部作品参加“大地杯”优秀农村题材电影剧本征集和评选活动。组织会员观摩新中国成立60年献礼影片《建国大业》。10月，电影《潘作良》在香港九龙湾国际展贸中心举办慈善首映礼。举办“慧光杯”中小学生征文竞赛活动。与《辽沈晚报》联合在中影百老汇影城举行老电影人“看《建国大业》、圆电影梦”活动。11月，举办首届东北三省电影论文评选活动。12月，组织影评作品参加中国电影评论学会、电影频道、华夏电影发行放映公司等相关单位主办的庆祝新中国成立60年全国影评征文比赛活动。

【杂技家协会】

8月，编撰的《改革开放30年辽宁文艺成果与研究·杂技卷》正式出版。9月，组织杂技表演团队参加沈阳体育学院成立55周年校庆晚会。10月，率辽宁杂技代表团参加由中国文联和中国杂协主办的中国杂技60年重大成果奖表彰活动及从艺60年老艺术家纪念活动。在荣誉榜排行中，辽宁杂技以290枚奖牌名列全国第一。冯志新获中国杂技界突出贡献奖；金东平、张德贞、安宁、张业庆、齐春生、崔凤云获贡献奖。11月，率辽宁杂技团参加第12届吴桥国际杂技节，参赛节目《敦煌焕》获银狮奖章。参加2009年国际杂技教育论坛活动，与澳大利亚国家马戏学院在2010年适当时机达成教学双向交流意见。

【文艺理论家协会】

4月，与省社科院文学所等4家单位联合主办“牟心海诗歌创作研讨会”。8月，编撰的《改革开放30年辽宁文艺成果与研究·理论卷》正式出版。9月，与省社科联、省传记文学学会联合举办传记文学研讨会，并进行优秀传记文学评论评选。12月，省文艺理论家协会第二次会员代表大会在沈阳召开。姚一风代表一届主席团作了题为《高举旗帜，凝聚力量，开创辽宁文艺评论事业的新局面》的工作报告。大会修改了协会章程，选举产生了新一届理事会、主席团，选举洪兆惠为主席，丁宗皓、王晓峰等14人为副主席。

吉林省文联

综　述

2009年是新中国成立60周年，省文联在省委省政府的领导下，高举中国特色社会主义的伟大旗帜，坚持邓小平理论和“三个代表”重要思想，全面贯彻落实科学发展观，紧紧围绕加快实现吉林老工业基地振兴，大力推进社会主义和谐社会建设，开创振兴吉林、富民强省的总体目标，坚持文艺“为人民服务，为社会主义服务”方向和“百花齐放，百家争鸣”方针，坚持贴近实际、贴近生活、贴近群众的原则，认真履行联络、协调、服务的职能，团结广大文艺工作者，围绕中心，服务大局，为推动文艺繁荣，服务经济建设，促进社会和谐，组织开展了一系列活动，发挥了文联应有的作用。

会议与活动

【庆祝新中国成立60周年吉林省书法大展】

9月26日，“庆祝中华人民共和国成立60周年吉林省书法大展”在长春隆重开幕。省委书记王珉致信祝贺，全国人大常委会委员、农业和农村委员会副主任委员王云坤，省委副书记王儒林，原省级老领导张岳琦、谷长春、赵家治，省政协秘书长王尔智，省军区副司令员路运忠等出席开幕式并剪彩。王珉在贺信中说：“书法艺术是中华民族的瑰宝。新中国成立以来，特别是中央实施振兴东北战略以来，吉林省广大书法工作者和爱好者根植传统，注重创新，唱响时代旋律，弘扬先进文化，热情讴歌我们伟大祖国日新月异的发展变化和取得的辉煌成就，创作了许多艺术精品，涌现出一批优秀人才。全省书法艺术事业呈现出一派蓬勃发展、欣欣向荣的景象。本次书法大展，是吉林省书法界创作成果的一次大展示、大检阅。预祝书法大展取得圆满成功！衷心希望全省宣传文化部门、广大书法工作者和爱好者以此为契机，深入学习实践科学发展观，深入生活，多出成果，多出精品，为吉林文化大发展大繁荣作出新的更大的贡献！”这次书法大展共展出作品300件。这些作品既有年近九旬的书坛耆宿刘乃中先生的巨幅精品，也有七龄童的用心之作，中青年书法家的作品，也各具风格。成世杰、于省吾、丁盛文、赵玉振、孙晓野、罗继祖、金意庵等已故书法名家的遗墨，更为展览锦上添花。作品内容丰富，真、草、隶、篆、行各种书体俱全，中堂、对联、横披、长卷等形式多样。每幅作品都饱含着作者对伟大祖国的热情歌颂，对英雄人民的真挚祝福和对美好生活的由衷赞美，充分展示了新中国成立60年来吉林省书法艺术多姿多彩的风貌。

【庆祝新中国成立60周年吉林省美术作品展览】

7月13日，“庆祝新中国成立60周年吉林省美术作品展览”在长春市远东艺术馆和吉林艺术学院美术馆展出。中国文联党组成员、副主席冯远发来贺信，中国美协副秘书长陶勤出席开幕式并讲话，省委常委、省委宣传部部长荀凤栖、省人大副主任车秀兰、原省级老领导谷长春等出席开幕式。此次展览坚持中国美术“熔铸中国气派、塑造国家形象”的基本理念，展示了吉林省美术创作的整体实力，是历届省美展规模最大的一次。共展出作品700件。作品以中国画、油画、版画、水彩（粉）画为主。参展作品以不同的艺术手法和表现形式，充分体现了当代美术的时代性、学术性、多元性与创新性。作品以风格各异的画面反映着中国改革开放的前进步伐和蒸蒸日上的美好生活，描绘着吉林大地的风土人情和山川物貌，展现了吉林美术在新时期的发展与繁荣。

【首届东北亚国际书画摄影展】

8月31日，首届东北亚（国际）书画摄影展在长春国际会展中心开幕。省文联、省书协、省美协、省摄协作为承办单位，积极参与这项大展。此次展览分别设置中国近代书画作品馆，中国当代书画作品馆，中国百名将军书画作品馆，中国现代学生书画作品馆，中国镌刻作品馆，中国摄影作品馆，朝、日、韩、蒙、俄等东北亚五国书画摄影作品馆。展览共展出了5000多幅来自中国、日本、俄罗斯、韩国、朝鲜等东北亚国家的书画摄影作品。中国摄影作品馆中展示了中国摄影界最高个人成就奖——第八届中国摄影金像奖45位获奖者的纪实、艺术、商业类摄影作品200余幅。文化部部长蔡武，中国文联党组副书记、副主席李牧，中国文联国内联络部主任夏潮，吉林省文联党组书记杨廷玉，中国美术家协会主席刘大为，中国书协分党组书记赵长青，中国摄影家协会分党组成员高琴等领导为开幕式剪彩。中国文联党组副书记、副主席李牧等领导先后致辞。领导们在致辞中强调文化交流在构建和谐社会、促进经济发展中的重要作用。同时，东北亚博览会艺术交流与文化产业论坛在东北亚艺术中心一楼举行，刘大为、赵长青、高琴等领导出席了论坛。展览期间，还将举办东北亚各国书画名家现场笔会、书画摄影论坛，评选书画摄影新秀，进行艺术家作品拍卖等活动。

【深入生活，丰富创作】

7月23日，省文联党组书记、副主席杨廷玉等率省内外著名书法家深入前郭尔罗斯蒙古族自治县体验生活，了解近年来前郭经济发展、文化建设、民族团结、社会稳定所取得的辉煌成就。并与县委、县政府共同主办“翰墨书盛世，书法进万家——2009查干湖书法联谊笔会”，书法家们与当地书法爱好者进行广泛交流，中国文联副主席、中国书协副主席、当代著名书法家段成桂为笔会开笔，书法家们在笔会上纷纷挥毫泼墨，描绘查干湖美景，抒发对伟大祖国和美好生活的热爱，集体创作了百米长卷，被县博物馆收藏。

4月20日，省文联、作协主席张笑天就非物质文化遗产“跑崴子”的由来等相关课题赴延边珲春深入生活，进行调研。期间参观了中俄出入口边境口岸、防川国家名胜风景区和张鼓峰战役纪念馆，围绕珲春的历史、文化、发展进行调研。珲春在历史上地位很重要，满清末年，可以出海，那时的珲春是一个商贾云集的重要水旱码头，由于满清政府的腐败，珲春逐步衰落了，今天珲春又重新崛起，这是改革开放的成果，回顾这段历史，如果能以此为背景创作一部文艺作品，从侧面来宣传今天珲春的改革发展建设，相信对提高珲春知名度将有一定推动作用。

9月，“长白山之歌”歌曲创作采风活动拉开序幕，由东方歌舞团著名词作家宋小明，沈阳军区前进歌舞团著名词作家胡宏伟，空政文工团著名词作家车行，二炮文工团著名作曲家肖白，山东省文联副主席、著名作曲家戚建波等国内著名词曲作家，和省内多位词曲作家组成歌曲创作采风团赴长白山采风。他们走进长白山，探访杨靖宇将军殉难地、漫步幽静的望天鹅风景、俯瞰深邃的鸭绿江大峡谷、观赏奇妙的松桦恋、登临神秘的天池……艺术家们心潮奔涌，一路风光一路歌，他们在看、在想、在记，著名词曲作家与吉林省艺术家共同探讨切磋，以期多出作品、多出精品，相信优美的旋律一定会从他们的心中流淌出来的。

【国内外艺术交流】

为加强省际间文联的广泛联系，沟通工作信息，交流工作经验，促进省与省文联间的工作协作，广东、四川、天津、宁夏、广西等省区市文联的领导、文艺家、机关各有关处室同志相继来到吉林考察调研，与吉林省文联的领导、各艺术家协会的艺术家、机关各职能部门的同志们进行对口交流。这是近年来开展省与省文联间交往最多的一年，他们带来了很多好的工作经验，特别是在繁荣文艺创作，培养艺术人才以及扩展工作领域等方面都有很多值得我们学习的地方。在交流交往中建立了协会间、部门间的联系，为今后工作提供了广泛联系的信息渠道。在交往中大家都表示今后要加强经常性的工作联系，协同搞一些艺术交流活动，诸如举办各艺术门类之间的对口交流、组织艺术家到两地采风、开展艺术作品交流展览等，通过活动为各地艺术家提供一个广泛交流的平台。

8、9月间，四川省作家与吉林省作家在两地开展了文学交流考察活动，这是省作协间的对等交流活动，四川作家文学交流考察团到长春、延吉、图们、珲春、长白山、集安等地进行考察，吉林省作家文学交流考察团到成都、九寨沟、黄龙、映秀镇、都江堰、青城山、三星堆博物馆等地进行考察，并召开交流座谈会，进行文学交流与研讨，两地作家通过交流考察结下了深厚的友谊，大家感到受益匪浅，开阔了视野，汲取了创作营养，两地考察活动取得圆满成功。

举办中韩艺术交流活动。4月，在韩国首都首尔举办了中韩国际摄影艺术交流展，吉林省有100幅作品展出。10月，又参加了在韩国首都首尔举办的“冰上渔花开”中韩摄影艺术交流展，吉林省10位摄影家的50幅作品参加展览。11月，“冰湖渔花”中韩国际摄影展暨首届查干湖渔猎摄影大赛在吉林前郭县查干湖举行，中韩摄影家们亲临现场用镜头记录查干湖冬季捕鱼的宏大场面。8月，“中韩书画交流展”在长春举办。韩国现代美术协会理事长郑日焕率韩国书画艺术家来长春参加开幕活动。这次展览共展出中韩艺术家的书画作品200余幅，参展作品内容丰富，形式多样，对促进中韩两国书画交流，为吉林书画艺术走向世界起到了重要的推动作用。展览期间，吉林省书画家与韩国书画家进行了广泛交流。

为扩大企业间的沟通和交往，开阔视野，学习各地好的经验，4月，由来自全省林业、煤炭、电力、油田、石化、金融等行业主管企业文联工作的领导组成的考察团，在省文联副主席赵春江带领下，走出省门到湖北和江西考察，就企业文联的工作在企业发展建设中的地位和作用及工作范围等进行了交流和探讨。大家感到企业文联的工作，关键在一个“联”字，广泛联系，沟通信息，相互学习，是开展好企业文化工作必不可少的。考察期间，考察团参观了革命圣地井冈山，在感受传统文化魅力，重温光辉革命历程的同时，升华着对伟大祖国和中华民族的热爱之情。

机关建设

【人事干部工作】

为更好的发挥省文联、省作协的作用，省机构编制办公室10月26日发文，同意将省文联、省作协恢复为原来各自独立设置的形式。省文联、省作协独立设置后，事业单位性质不变，仍按相当于厅级规格待遇。按各自章程开展工作。省文联内部设置办公室、组联部、人事处。机关党委按党章规定设置。省作协内部设置办公室、创联部、人事处。机关党委按党章规定设置。

事业单位聘任1名副高级专业人员。

4人办理干部退休手续。

职工参加各类培训近120人次。

【党的工作】

总结学习实践活动，推动文艺工作开展。2月24日，省文联（作协）召开大会对学习实践活动进行全面总结，按照省委的统一部署，学习实践活动历时5个月，收到预期成果，机关面貌发生很大变化。组织学习《中共中央关于加强和改进新形势下党的建设若干重大问题的决定》。组织全体职工参加“双日捐”活动，共捐款11528元，参与率达100%。组织党员领导干部参加省委宣传部、组织部、党工委组织的高端论坛3次。组织正处级领导干部参加省委组织部，省纪委组织的法律法规考试。组织2007～2009年新党员参观长春革命烈士馆和中国共产党在长春建立的第一个通讯站。组织观看新中国成立60周年献礼影片《建国大业》，进行爱国主义教育。国庆节前慰问新中国成立前入党的老党员。年内发展新党员2名。

直属单位

【吉林省书画院】

为迎接第11届全国美术作品展，2月25日召开全体画家创作启动会。会议对当前美术界的创作状况进行了研究与分析，画家们共同交流了创作思路，为搞好创作奠定了基础。3月，组织画家深入长白山脚下的长白县农村体验民情，收集创作素材。5月，组织画家就进一步搞好创作，进行走访式草图观摩，相互交流，提出创作建议。9月，在第11届全国美术作品展览中，院内画家孙志卓的作品《蝶》、卜昭禹的作品《水平线下的律动》、院外聘任画家付保民的作品《芳夏》、张建华的作品《安居》、王洪章的作品《看大戏》、《蓝调》、李哲虎的作品《长白山阿里郎》入选全国美展。10月，组织观摩采风团先后到武昌、三峡、泾县、歙县农村、上海等地观摩美展和实地采风，把艺术作品与实际生活实地进行比较研究，为创作积累经验。

【吉林省文学院】

为了庆祝新中国成立60周年，省文学院从省内70多位老作家中通过投票选举出18位老作家，为他们编辑出版“合抱丛书”18部。这18位作家都是在全国文坛上产生过或正在产生影响的作家。这18部“合抱丛书”是：《中申中篇小说集》、《王汪中短篇小说集》、《王肯散文集》、《王士美小说散文集》、《朱晶评论集》、《曲有源绝句体白话诗集》、《朱雷诗集》、《刘凤仪儿童文学集》、《乔迈报告文学散文集》、《谷长春杂文集》、《张笑天散文集》、《陈景河中短篇小说集》、《张满隆诗集》、《芦萍诗集》、《南永前图腾诗集》、《郭大森儿童文学集》、《袁庆望小说散文集》、《鄂华短篇小说集》。体裁为诗歌、中短篇小说、散文（包括杂文随笔等）、儿童文学、报告文学、文艺评论等的合集，是作者发表过的代表作，每本近20万字。这些作品在一定历史时期产生过较大影响，代表了当时吉林文学创作的最高水准，艺术形式和题材相对集中，有较鲜明的风格特征和审美倾向，有的作品还获得过国家级奖项，以及长白山文艺奖、东北文学奖、吉林文学奖等重要奖项。

【文艺期刊】

《作家》杂志在庆祝新中国成立60周年前夕，与吉林日报社联合举办“情系60年”的主题征文活动，并在杂志上选发了4篇征文；编辑出版庆祝新中国成立60周年特选作品增刊，刊发以省内作家为主的长中篇小说4部。7月28～30日，与长春市委宣传部、省散文学会共同举办“中国有座城市叫长春”的全国著名作家采风活动。王充闾、赵玫、林建法、邱华栋、吴克敬、李江树、穆涛、李舫及省内10余位作家到长春汽贸区、净月区、伪皇宫、雕塑公园等处采风，并创作了一批散文作品，发表在《人民日报》、《长春日报》等报刊上。6月4日，与上海同济大学协办第一届同济人文工作坊活动，共同探讨了“20世纪中国文学思想与学院的关系”问题。编辑出版2008吉林文学作品选《作家》增刊。年内刊发的作品有20余件被《新华文摘》、《小说选刊》、《小说月报》、《中华文学选刊》、《读者》、《民族文学》、《文学报》等重要选刊转载。杂志在2008年度北大版的中文核心期刊评定中连续第五次被评为全国核心期刊。杂志主编5月应邀参加在西安举办的第二届中国诗歌节、8月参加在青海举办的第二届青海湖国际诗歌节、10月参加中国作协组织的“中国作家看河南”等大型文学活动。《作家》在年度内以小说《天香酱菜》获得《小说月报》第13届百花奖，以小说《我在哪里丢失了你》获得《中华文学选刊》2008～2009年度文学季中华文学奖。《文艺争鸣》杂志在纪念新中国成立60周年，开辟“纪念国庆60周年特辑”暨“中国当代文学60年小通史”系列专栏，刊发了《走向新境：中国当代文学理论60年》（童庆炳）、《壮怀激烈：中国当代文学60年》（陈晓明）、《民族心史：中国当代文学60年》（孟繁华）、《当代文学60年通说》（程光炜）4部“小通史”，在文艺学术界引发了极大的关注和空前的反响。与中国当代文学研究会和首都师范大学共同在北京主办了“中国当代文学60年”国际学术研讨会。与中国社会科学院文学研究所现代文学研究室、《中国现代文学研究丛刊》杂志社和曲阜师范大学共同举办了“传统文化与20世纪中国文学国际学术研讨会”。与复旦大学中国当代文学创作与研究中心共同在上海复旦大学举办了“雪漠长篇小说《白虎关》作品研讨会”。与中国作协、深圳作协等单位联合在北京举办了“曹征路小说《问苍茫》研讨会”。与哈尔滨师范大学共同主办了“迟子建、阿成文学创作研讨会”。中文社会科学引文索引2010～2011年来源期刊（CSSCI）目录公布，本刊在同类期刊中的排名提升到第二位，仅列于《文学评论》之后。中国人民大学报刊复印资料中心发布的“语言文学学科期刊全文转载量排名”公告中，本刊2009年被《人大报刊复印资料》全文转载43篇，转载量在同类期刊中排列第二位。针对方兴未艾的“文艺学的建构论和本质论”论争，本刊开辟专栏发表系列相关论文，在学术界引起了广泛的关注和回响。与首都师范大学文学院共同编辑出版了《中文文艺论文年度文摘（2008年度）》。12月，省新闻出版局批复同意本刊增设“艺术版”，于2010年1月正式创刊。《民间故事》杂志5月，在“第二届中国故事节少儿故事比赛”中，推荐的故事作品《小足球迷大宝子》和派出的比赛选手曹靖函荣获银奖。杂志在原有栏目的基础上，新增设了民间教子故事、关东往事栏目。杂志社在职各级编辑通过了全国责任编辑资格认证注册。《小说月刊》杂志为提高本刊稿件质量，扩大本刊影响，把本刊办成小小说界第一品牌原创基地，杂志社实施了一系列措施。扩充“小小

说江湖”QQ群，有500余人参与，方便了本刊在网上的宣传。开办“中国小小说金牌作家”专号，产生了很好的示范效应。参加第三届郑州小小说节，与全国各地同类期刊开展广泛交流。社长兼主编王双龙获小小说界园丁奖。全年本刊稿件被《小说选刊》、《意林》、《小小说选刊》、《微型小说选刊》、《特别关注》、《青年博览》、《故事会》等转载；收入各种权威选集；获各类奖项共达184篇，258次，转载率高达43%。改革刊物设计风格，提高刊物装帧质量，增强刊物的竞争力。开展与知名作家签约活动，扩大本刊在作家中的影响。《轻音乐》杂志改刊后在发行、组稿等各方面积极努力，克服困难，高质量高标准出刊36期，受到读者认可和好评。《小作家选刊》杂志在省内部分学校开展“阳光阅读真情写作”活动，倡导通过阅读创建书香校园，使中小学生成为爱书的人，从而远离贫乏与平庸，得到了广大师生及家长的认可和好评。成立吉林省校园文学艺术创作者协会，3月得到了省民政厅正式批准。5月，本刊入选吉林省新闻出版局推荐的优秀少儿十佳报刊。7月，本刊承办第六届“星星火炬”中国青少年艺术英才吉林赛区推选活动，成效显著。

各文艺家协会

【作家协会】

召开庆祝新中国成立60周年座谈会，忆往昔、讲传统、展望未来，畅谈伟大祖国繁荣昌盛的光辉历程。为记录60年来吉林省老作家为社会主义文学事业的繁荣发展作出的不可磨灭的贡献，编辑出版18部近400万字“合抱丛书”，并向从事文学创作60年的中国作协会员吉林省籍的老作家王肯、吕元明、孙中田、袁庆望、杨凤翔、鄂华颁发了荣誉证章和证书。与吉林日报社联合举办“情系60年”主题征文活动，在北京与中国作协重点作品扶持办公室、解放军文艺出版社联合为省内作家高杰贤的长篇小说《拂晓长春》举办研讨会。为海南中篇小说集《往事又来敲门》召开研讨会。历时一年的“30省作协主席小说巡展”，经过严格的网络综合评分和评委打分，省作协主席张笑天的作品《沉沦与觉醒》获得冠军。在中国报告文学学会组织评选的“改革开放优秀报告文学奖”活动中，省内作家乔迈的《三门李轶闻》获奖。

【戏剧家协会】

召开“东北三省第八届戏剧理论研讨会”，收到论文76篇，就东北戏剧的地域特征、戏剧小品的品格与走向、小沈阳现象、话剧的历史地位、戏曲的发展前景等话题，进行了广泛研讨，从2002年开始已举办过8届，已有300多篇作品问世。预选中国戏剧节剧目，组织参加第三届全国小戏小品大赛，吉林省剧目《出门难》入选参赛。举办“吉林省戏剧发展战略研讨会”，研讨半个世纪以来吉林省戏剧发展的轨迹，回顾上世纪八九十年代吉林戏剧的辉煌和剧作家的贡献，编辑出版《吉林省剧作家丛书》。在第二届中国戏剧奖·梅花表演奖颁奖晚会上，吉林省以新编历史剧《孙安动本》参加角逐，著名京剧艺术家、省京剧院副院长高派传人倪茂才榜上有名，摘得梅花奖（一度梅）。组织策划、排演话剧《夜迷茫》参加上海国际戏剧节演出获得成功。筹备成立吉林省实验话剧院。

【电影家协会】

在第27届中国电影金鸡奖评选中，影协申报《倔人吕尚斌》、《凤舞天下》、《导火线》、《一座城市和两个女孩》、《北极雪》、《麻辣母女》、《耳朵大有福》、《重归杜鹃》、《机密行动》、《丢失的耳朵》等10部影片分获最佳故事片、最佳导演、最佳编剧等41个单项奖。其中范伟因《耳朵大有福》获金鸡奖最佳男演员提名奖。6月，在电影局组织的“电影记忆”采访活动中，协会积极配合，联系采访对象袁乃晨、尹升山、刘学尧等老电影艺术家，较好地完成采访任务。7月，与长影集团赴北京参加中国电影博物馆“向前，向前，向前——纪念新中国成立60周年大型系列活动”，历时4个月。

【音乐家协会】

举办“庆祝新中国成立60周年”征文评奖和“长白山之歌”征歌评奖等系列活动，组织作家和诗人们为祖国放歌，为时代礼赞，为人民写作。“吉林省第三届合唱比赛”历时3个月取得圆满成功，近百支队伍参赛，覆盖面广，影响力大，社会各界及各大专院校都有队伍参加，经过层层选拔，选出12支强队，他们有各大专院校的合唱团，也有老干部艺术团，还有“春蕾合唱团”，社会各界音乐爱好者广泛参与，舞台上老、中、青三代同台竞技，用歌声赞美着祖国和今天的美好生活，体现出三代人良好的精神风貌，使表演异彩纷呈。赛后，一等奖获得者东北师范大学音乐学院女子合唱团、长春大学音乐学院学生合唱团代表吉林省参加了“2009年第七届中国音乐金钟奖合唱比赛”。举办“高雅艺术进校园”活动，省交响乐团与中央歌剧院联袂演出，分别走进东北师范大学和吉林大学等高校，演出了多场由歌剧选段和交响乐曲组成的音乐会，精彩而高雅的演出使大学生们体验到了难得的艺术享受，“高雅艺术进校园”是近年来国家倡导的一项全国性活动，旨在提升大学生的艺术修养和艺术鉴赏力，进而增强大学生的文化艺术素质，丰富校园文化生活，促进校园精神文明建设。在“全国优秀流行歌曲创作大赛”中，吉林省10首歌曲从参选的千余首新歌中脱颖而出，进入全国总决赛，由冯彦飞作词、杨柏森谱曲的《幸福歌》获吉林赛区一等奖，《今天我们一起HIGH》、《打工小唱》获二等奖，《晚安朋友》、《中国人齐声唱国歌》、《妈妈的眼泪》获三等奖，《回家的感觉真好》、《新农村的好带头人》、《东北新农村》、《梦飞花》获优秀奖。《东北新农村》以30万票遥遥领先，深受全国各地歌迷喜爱。此外，《不论多么难》，出自年仅16岁的初三女生陈健敏之手，她不仅自己作词、作曲，还亲自演唱，成为吉林赛区一个亮点。

【美术家协会】

2月13日，召开省美协第六次会员代表大会，选举产生新一届理事会、主席团，王晓明当选为新一届美协主席。7月13日，举办庆祝新中国成立60周年吉林省美术作品展，参展作品600余件，作品以中国画、油画、版画、水彩、雕塑等作品为主，为全省美术家近年来创作的既有思想性又有很高艺术性的佳作，充分体现了当代美术的时代性、学术性、多元性和创新性，反映了改革开放的前进步伐和日新月异的美好生活，描绘了吉林大地的风土人情和山川物貌，展现了吉林美术在新时期的发展与繁荣。为迎接“第11届全国美术作品展览”，坚持中国美术“熔铸中国气派、塑照国家形象”的理念，组织美术创作参加五年一届的大展。在长春参加“第11届全国美术作品展览雕塑展览”，共展出入选作品300余件，吉林省有24件作品入选参展，6件作品获奖。在全国各个展区中，吉林省共有82件作品入选参展，13件作品获奖。其中银奖1件；铜奖2件；优秀奖7件；提名奖3件。在“东北亚(国际)书画摄影展”展览中，吉林省唐明珍的油画作品《陡自秋意》作为礼品，由省长韩长赋赠送给蒙古国副总理米耶贡布·恩赫包勒德。8月3日，“中韩书画交流展”在吉林省博物馆展出，展出作品200余幅，韩国现代美术协会理事长郑日焕率韩国书画艺术家10余人参加开幕式等交流活动。

【曲艺家协会】

曲艺发展以新取胜，发挥创作优势，全年共组织快板书《说说农博会》、《消防连着你我他》，单弦联唱《消防知识进万家》，相声《一不小心！活了》、《美梦成真》，小品《救人之后》、《如此细致》、《心灵后院》、《我的饭店我做主》等15个新创节目，还改编了小品《无备有患》等。受中国曲协邀请，创作“中国好人”专题节目，西河大鼓《高尚情怀普通人》，京东大鼓《长春老王头》、《助手！他是我妹妹》等。为宣传第七届中国农交会暨第八届长春农博会演出10场。为宣传新《消防法》，深入延边、白山、通化、辽源、吉林、白城、长白山管委会等地巡回演出达一个月，共演出22场，观众达数万人。为宣传环境保护，深入广场、社区等演出10场。按照省委、省政府“文化惠民，送戏下乡”的要求，下乡演出26场。另外还结合各类宣传活动，共演出9个专场。在纪念中国曲艺家协会成立60周年活动中，吉林省李颖、王大海获得中国曲艺牡丹奖突出贡献奖，丁冬、张弘获得青年曲艺家称号。在中宣部、文化部组织的《中国好人》系列节目录制中，吉林省创作的西河大鼓《高尚情怀普通人》、京东大鼓《助手！他是我妹妹》参加中央台《曲苑杂坛》录制播出。

【舞蹈家协会】

为活跃基层文化生活，促进社会主义精神文明建设，协会国英舞蹈团积极编排舞蹈节目，以“走进厂矿、学校、部队”公益演出的形式，展示长春群众舞蹈成果和奋发向上、友爱和谐、不断进取的精神风貌。5月，该团舞蹈《闻闻那花香》入选中国舞蹈家协会在常熟举办的江南艺术节，并获得铜奖。与吉林艺术学院邀请舞蹈家张继刚来长春讲学，600余人参加。1～8月，举办5期舞蹈教师培训班，300余人参加培训。7月，在榆树市举办全省少儿舞蹈教学观摩研讨会，20多位教师参加。7月，举办“全国舞蹈教学展演暨吉林省第12届少儿舞蹈大赛”，全省共有4000多少年儿童参加大赛。组织推荐3个优秀少儿舞蹈作品参加全国第五届“小荷风采”展演，3个节目分别获得2金1银的好成绩，协会获优秀组织奖。

【民间文艺家协会】

在全国的第四个“文化遗产日”到来前夕，在伊通满族自治县具有萨满文化特色的牧情谷举办首届“文化遗产日”民俗文化周活动。活动期间，举办了非物质文化遗产保护与传承论坛、民俗文化旅游发展高端论坛、民间剪纸表演、民间收藏展、民族婚礼表演以及民俗文艺会演等近20项主题活动。乌力格尔、二人转、象帽舞等珍贵的非物质文化遗产项目进行了展演，同时在牧情谷建立了萨满文化展示基地。举办吉林省首届非物质文化遗产保护论坛，专家学者们就非物质文化遗产保护建言献策，提出很多抢救和保护的措施。省民协主席曹保明在吉林卫视《跨越》栏目，呼吁全社会关注和参与非物质文化遗产的保护工作。还就东北民间地域文化的发展状况及前景接受央视网专访。召开吉林省萨满文化协会成立大会，协会的成立将为更好地抢救、挖掘、整理和再现萨满文化遗存，促进萨满文化与民俗旅游的紧密结合，推动吉林经济的发展起到积极的作用。举办“中国鱼文化剪纸艺术大赛”，全国200多名作者的1500多幅作品参赛。与中国民协联合考察民间文艺之乡，命名延边州珲春密江乡为“中国朝鲜族洞箫艺术之乡”。组织“祭祀文化发生地”主题活动，先后对几处重要文化发生地进行考察命名。举办“首届中国少年儿童民间手工艺交流会”，成立吉林省小民间文艺家协会。参加“中国十套集成经验表彰会”，曹保明代表吉林省做《三十年的文化情缘》专题发言。省民间剪纸艺术家关云德被评为中国民协第三届“德艺双馨民间文艺家”。在“第三届中国民间艺人节”上，张铁梅荣获“最受欢迎的民间艺术家”称号。在“第九届中国民间文艺山花奖”上，曹保明获民间文艺成就奖，黄敬国获民间文学作品奖提名奖。在“第二届中国故事节少儿故事比赛”中，民协推荐的故事表演作品《小足球迷大宝子》和派出的选手曹靖函获银奖。在“缤纷中国——中国民族民间服饰文化暨中国民间文化遗产抢救工程成果展”上，朝鲜族、满族民族民间服饰入选并参加现场表演。《中国民间故事全书·吉林卷》东丰、四平、前郭尔罗斯3个县卷本出版发行。在集安建立中国关东风情文化艺术创作基地。筹建“中国东北地域文化研究中心”。

【摄影家协会】

为庆祝新中国成立60周年，举办吉林省摄影艺术展、吉林省社会发展成就图片展，展览从不同的侧面展示了吉林大地的美好景象和发展前景，真实地再现了吉林的新面貌，摄影家们用无声的语言和色彩叙述了一个时代的变迁，记录了伟大祖国的发展变化，人民生活水平的提高，抒发了爱国情怀。并在文化广场摄影艺术画廊展出吉林省历届优秀摄影作品100余幅。通过各种展览和比赛，为摄影家和摄影爱好者提供观摩学习交流的平台。举办“信合杯”中国龙井梨花民俗摄影展，通过摄影作品记录延边秀美风光和文化名胜，对宣传长吉图开发开放先导区的规划和实施，对延边经济的发展起到积极的作用。举办吉林省第18届摄影艺术展，这是全省最高规格摄影艺术大展，展出的200幅作品，是从全省400多名作者送评的5000多幅作品中严格评选出来的，作品通过精美而又准确的视觉形象将人民昂扬乐观、积极向上的时代精神展现在大家的面前。完成了以长白山风光为主，包括吉林八景、吉林民俗、关东风情、历史文化等摄影作品征集工作，拟以“白山松水·精彩吉林”摄影展的形式在2010年首都国际机场航站楼展出，以宣传、推介吉林。创建开通了“关东摄影网”。

【书法家协会】

举办“庆祝中华人民共和国成立60周年吉林省书法大展”，同时出版《吉林省书法大展作品集》。举办“中国著名书法家书法作品邀请展”，国内及省内著名书法家精选的近百幅作品参展，书法家们用饱蘸感情的笔墨，抒发他们对祖国的真诚赞颂和热爱。在“第三届中国书法兰亭奖”上，吉林省丛文俊、张金梁分获“中国书法兰亭奖”

教育奖一等奖和理论奖一等奖。成立吉林省书法家协会省直机关分会。组织申报通化市柳河县为“中国书法之乡”，经中国书协实地考察，现已被确认“中国书法之乡”。为培养书法爱好者，举办书法培训班，有近100人接受培训。参加在绍兴举办的“第25届中国书法兰亭节”学习交流活动。7月，组织“书法进万家”活动，深入前郭尔罗斯蒙古族自治县，中国文联副主席段成桂等省内外著名书法家及书法爱好者100余人参加了此次活动。

【杂技家协会】

9月23日，举办吉林省魔术大赛，推动魔术艺术的提高和发展，吉林省的魔术艺术散在于民间，各自活动，各自发展，技艺水平提高很慢，通过大赛全面动员全省业余魔术人员参加这次活动，不仅为他们提供相互交流技艺的平台，充分展示他们的艺术才华，而且对于提高吉林省的魔术水平，建立一支庞大的魔术队伍，起到了极大的推动作用，白学松获近景魔术比赛金奖，并推荐参加亚洲魔术联盟大赛，获近景魔术银奖。9月25日，在庆祝新中国成立60周年老杂技工作者座谈会上，吉林省沈娟、王忠久分别获得突出贡献奖和贡献奖。在东北三省杂协工作会议上，决定2010年由吉林省承办东北三省魔术大赛。为扩展发展空间，长春杂技团走出国门，不失时机地打入美国市场，开展艺术交流活动，扩大了吉林杂技的国际影响。

【电视艺术家协会】

6月，举办《鹤舞20年》——吉林省电视文艺丹顶鹤奖颁奖典礼，创立20年的吉林省电视文艺最高奖——丹顶鹤奖，从设立之初的3个奖项，到今天涵盖9个类别的各个奖项，记录着每一年吉林电视文艺发展现状，也通过荧屏折射出现代文明的多面精彩。回顾20年来创造出的数以万计的电视文艺作品，在国际国内省内的各类评奖中，成绩斐然。《又回向海》、《农村俱乐部》、《松花江之夜》、《东北风》、《中国风》、《朝阳与夕阳的对话》、《生命的旋律》、《回家》、《成功》……越来越多的优秀电视文艺作品，在丹顶鹤奖上崭露头角。本届“丹顶鹤”奖有近百部作品参评，综合电视文艺《山花烂漫时》、栏目《成功》等节目获奖。为庆祝新中国成立60周年解放战争题材优秀电视剧创作论坛暨总结评析活动，长影制作的电视剧《保密局的枪声》获得推荐。7月，在第六届全国德艺双馨电视艺术工作者表彰活动上，吉林省李冬冬获奖。8月，在首届全国“新农村电视艺术节”暨第三届“农村小康电视节目工程”中，吉林省有近30部作品参加，12部作品获奖。

【二人转艺术家协会】

举办“全省第四届二人转·戏剧小品艺术节优秀剧目巡回演出”活动，共有来自省内各地的11台、60余个剧目参加演出，涌现出了一大批优秀剧目，如《将热情进行到底》、《西施与范蠡》、《狼妻》、《霸王别姬》等。为改变以往艺术节一结束很多剧目就“刀枪入库”的局面，将各艺术团精心创编的节目打磨为艺术精品，并让更多的观众欣赏到这些优秀的二人转节目，以丰富基层群众文化生活。有6个小品，获剧目、编剧、导演、表演奖等36各单项奖项。与吉林电视台“乡村频道”共同打造“二人转总动员”栏目，受到广大观众的喜爱和好评。在中国曲协成立60周年纪念大会暨全国中青年曲艺家工作会议上，二人转表演艺术家韩子平获突出贡献奖。闫书平被授予优秀中国青年曲艺家称号，徐小军被授予突出贡献曲艺工作者，这是吉林省二人转表演者获得的最高荣誉。与中国曲协举办“二人转的发展状况调研座谈会”，中国曲艺家协会分党组书记、副主席姜昆等一行来长春与吉林省文艺界、二人转界相关领导和专业人士进行座谈，深入研讨了二人转发展状况。

【民俗学会】

1月21日至2月9日与《长春晚报》共同举办“逛庙会、看年俗、寻找年味儿”大型文化活动，近千人参加，报纸推出10个版面进行介绍，《光明日报》等报刊给予了报道。5月，与《新文化报》共同举办“听民俗、看龙舟、包粽子”活动，向市民解析端午由来及饮食文化习俗。与省红楼梦学会先后3次考察长白山大荒顶古遗址（辽金古祭坛遗址）。与长春电视台共同制作大型文化节目《发现长春》，已完成萨满文化2集，伊通河8集。参加省社科联举办的“齐鲁文化关东行·关东文化讲坛”活动，做《解析吉林地名，解读民俗文化》的讲座。与长春电视台共同制作了《东北方言说文解字》活动，已作100期，汇集成书出版。

还举办了孝圣曾参雕像落成揭幕仪式、长春首届文昌会、长春道台府落成百年纪念和长春民间艺术博览会论坛等活动。

【企业文联】

组织作家艺术家深入吉林森工集团十大林业局和股份公司，举办庆祝新中国成立60周年“为绿色而奉献”文艺会演，九台由林业员工自编自演的节目相继登台亮相，2000多名林业员工参加演出，呈现了共克时艰迎国庆，奉献绿色大联欢的感人场面，每到一处艺术家们都融入在林业系统广大员工当中，和他们共同庆祝祖国60岁生日。组织省内著名作家、艺术家赴红石林业局采风，在采风过程中，召开座谈会、书画笔会。艺术家们深入批洲林场看望采访全国绿化奖章获得者、2007绿色中国年度人物赵希海。艺术家们在走进森林亲近自然中产生了浓厚的创作激情，书画家们挥毫泼墨颂早春，妙笔丹青绘红林；摄影家们用镜头记录一个个感人的场面和大森林自然美景。采风结束后，出版了《红林文采》专刊，作家专门为此撰写文章赞美大森林。组织艺术家们到吉林森工集团所属林场深入生活，并参加“吉林森工杯”中外散文诗大奖赛，来自国内外著名诗人150人参加了这次活动，省文联（作协）党组书记杨廷玉出席会议并向大会表示祝贺。会议期间，文艺家们进行了广泛交流，深入集团十大林业局和股份公司考察学习，参加林业职工庆祝新中国成立60周年“为绿色而奉献”文艺会演等活动，9台由林业员工自编自演的节目相继登台亮相，2000多名林业员工参加演出，呈现了共克时艰迎国庆，奉献绿色大联欢的感人场面，每到一处艺术家们都融入在林业系统广大员工当中，和他们共同庆祝祖国60岁生日，在歌声中艺术家们感受到了林业工人们那种合谐与蓬勃向上的精神气质。为庆祝新中国成立60周年，编辑出版《吉林油田风采》专刊。

黑龙江省文联

综　述

2009年，黑龙江省文联在省委的坚强领导和省委宣传部的有力指导下，深入贯彻落实党的十七大和十七届三中、四中全会精神，按照“高举旗帜，围绕大局、服务人民、改革创新”的总体要求，坚持用科学发展观统领文艺和文联工作，不断解放思想，开拓进取，强化理论学习研究，加强指导文艺创作，有效组织文艺活动，积极推动文化事业和文化产业发展，各方面工作都取得了新进展、新成效，圆满完成了省文联五届七次全委会确定的工作任务。

会议与活动

【五届七次全委会】

4月17日，黑龙江省文联五届七次全委（扩大）会议在哈尔滨市召开。会议传达贯彻中国文联八届四次全会和全省宣传部部长会议精神；总结2008年工作，部署2009年工作；增补省文联委员；选举傅道彬为省文联主席。会上，省文联党组副书记、副主席燕鹏代表第五届省文联主席团作了题为《坚持以科学发展观为统领，努力开创文艺工作和谐发展新局面，为建设边疆文化大省作贡献》的工作报告，从深入学习实践科学发展观、积极开展文艺活动、精心组织抗震救灾活动、广泛开展文化惠民活动、落实出精品出人才战略、深入开展民间文化交流、打造文化艺术品市场、不断加强文联自身建设8个方面实事求是地总结了2008年的工作，全面系统，重点突出，对2009年的工作作出了部署和安排，翔实具体，操作性强，坚定了大家做好工作的信心和决心。新当选的文联主席傅道彬发表讲话，他在讲话中指出：要始终把文艺工作和文联工作同学习实践科学发展观活动紧密联系在一起；要始终把文艺工作和文联工作同党和国家工作大局、同当前形势的发展紧密联系在一起；始终把文艺工作和文联工作同满足人民群众文化的需求紧密联系在一起；始终把文艺工作和文联工作同提升自身素养，努力争做德艺双馨紧密联系在一起。黑龙江省文联五届七次全委（扩大）会议是一次求真务实、开拓创新的大会，为开创文联工作和文艺工作和谐发展新局面，推动黑龙江文化大发展大繁荣产生了积极的影响。

【庆祝新中国成立60周年系列活动】

成功举办了“黑龙江发展成就大型美术书法摄影展”、“百花竞放颂中华·大型美术书法摄影艺术设计民间艺术大赛”、黑龙江省戏剧大赛·第九届少儿戏剧“小梅花奖”评选活动、全国百名画家走进哈尔滨大型采风活动、“黑龙江省舞蹈大赛暨中国舞协第42届教学成果展演”、全省少数民族舞蹈会演、“龙江山水情”省级老领导大型摄影作品展、“祖国颂·庆祝新中国成立60周年全省老年书画大展”、黑龙江省艺术设计优秀成果展、编辑出版了《庆祝新中国成立60周年·黑龙江发展成就美术书法摄影作品集》，充分展现了广大文艺工作者热爱伟大祖国、讴歌美好时代的真挚情怀。

【庆祝黑龙江省文联成立60周年系列活动】

12月28日，黑龙江省文联成立60周年纪念大会在哈尔滨市隆重召开。中国文联党组成员、副主席冯远出席会议并致辞，向全省从事新中国文艺工作60年的113位文艺工作者颁发荣誉证书，给广大文艺工作者以巨大鼓舞和亲切关怀。当日举办了唱响“龙歌”——庆祝黑龙江省文联成立60周年大型文艺晚会。此外还举办了“冰雪红梅——黑龙江省小梅花戏曲晚会”、黑龙江省第三届迎新年合唱音乐会。这些活动集中展现了黑龙江省文艺界大团结、大发展、大繁荣的生动景象，充分展示了广大文艺工作者意气风发、昂扬向上

的精神风貌。

【深入学习实践科学发展观活动】

按照省委深入学习实践科学发展观的部署及省文联深入学习实践科学发展观方案规定，根据文联工作实际，认真组织安排文联的学习活动，认真贯彻落实文联党组各项要求，圆满完成所应承担的工作任务，使文联学习实践科学发展观活动总体评价满意率达98%。认真开展学习实践科学发展观“回头看”活动，不断巩固和扩大学习实践活动成果。

机关建设

【创建省级文明单位】

黑龙江省文联作为党和政府联系广大文艺家的桥梁和纽带，省委领导下的群团组织，近年来，从实际出发，紧密结合新时期文艺工作的繁荣和发展需要，在省委省政府的领导下，在省直文明办的热心指导下，以邓小平理论和“三个代表”重要思想为指导，努力践行科学发展观，认真贯彻落实精神文明建设的指示精神，一手抓机关创建文明单位，一手抓各项职能工作的开展，创建工作与职能任务两不误，相互促进，推进机关三个文明建设协调发展。在被连续评为“省直文明单位”、“省直文明单位标兵”的基础上，坚持进一步贯彻落实《黑龙江省文明单位建设条例》和《公民道德建设实施纲要》，重新修订了《黑龙江省文联文明单位创建规划》，以提高文联人的思想道德素质和科学文化素质，培养有理想、有道德、有文化、有纪律的社会主义新型公务人员为目标，围绕文艺工作管理和职能工作，扎扎实实地开展创建活动，使机关工作作风显著转变，内部管理水平显著提高，队伍素质显著增强，服务质量显著改善，业务能力显著提升。干部职工的精神面貌和工作环境也发生较大变化。立足于新起点、新形势和新要求，着重突出了以人为本、文明至上的创建宗旨。

【开办文联大讲堂】

为了提高文联职工的整体文化素质与业务水平，开办了文联大讲堂，举办文学艺术知识讲座，加强业务培训，省文联主席傅道彬作了题为《〈周易〉与中国文化的诗性品格》的首场学术报告。

【建设学习型、和谐型、服务型、发展型文联】

按照党的十七大和十七届四中全会要求，认真贯彻落实科学发展观，努力提高科学发展的能力和水平，把建设学习型党组织与建设学习型、和谐型、服务型、发展型文联有机结合起来，通过“文联大讲堂”、“文联之窗”等阵地和载体以及中心组学习制度、督学考学制度有机结合，把学理论与学业务有机结合起来，不断提升党员干部理论素养、业务能力和道德水准，树立文联新形象。

各文艺家协会

【戏剧家协会】

黑龙江省戏剧家协会第六次代表大会于2009年10月26日在哈尔滨召开。黑龙江省委宣传部副部长、省文联党组书记潘春良，省文联主席傅道彬，省文联副主席燕鹏、计世伟等领导及代表100余人出席了会议。会议审议了剧协工作报告、修改了协会章程、选举产生了新一届理事会和主席团，并聘任了名誉主席和顾问，圆满地完成了各项会议议程。白淑贤再次当选省剧协主席。喜迎新中国成立60周年，举办黑龙江省戏剧大赛·第九届少儿戏剧“小梅花奖”评选活动，共有百余名选手参赛，专业组和业余组分别进行比赛，从龙江剧、京剧、评剧、戏曲演奏等类别共评选出四度梅花奖、三度梅花奖、二度梅花奖、金花奖、银花奖、铜花奖，还评出优秀教师奖和优秀组织奖。举办黑龙江戏剧大赛·第四届丁香奖评奖活动。共收到参评作品113件，评委会经过认真分类、观看、探讨、评议，评选特别荣誉奖、剧目奖、编剧奖、导演奖、表演奖等奖项。为庆祝新中国成立60周年、省文联成立60周年，弘扬我国传统文化，省文联、省剧协、省京剧院、省电视台少儿频道联合主办“冰雪红梅——黑龙江省小梅花戏曲晚会”。本台晚会是历届“黑龙江省戏剧大赛·小梅花奖”优秀获奖选手的集中展示。黑龙江省先后已有51名小选手在中国少儿戏曲“小梅花荟萃”活动中被授予“小梅花”称号，有15名小选手在“和平杯”邀请赛中获奖，为黑龙江省争得荣誉。本次参加晚会演出的有中国戏曲小梅花荟萃“二度梅花奖”、“金花奖”、“和平杯”中国京剧小票友邀请赛“十小名票”、“优秀小票友”等称号的获得者，他们的演出博得满堂彩，省市多家新闻媒体进行了跟踪报道。配合中国文联表彰从艺60年老艺术家，整理出云燕铭等74位老戏剧家材料，表彰他们为戏剧事业作出的卓越贡献。中国文联、中国剧协和省文联分别授予这些老戏剧家“从事艺术工作60年”荣誉证书。推荐王禹皓、单奕玮等22人参加第13届中国少儿戏曲小梅花荟萃，王禹皓获“二度梅花奖”，单奕玮、李一冉分别获京昆业余组、专业组十佳，3人均入选小梅花颁奖晚会演出，另有2人获“银花奖”，多位教师获指导教师奖，省剧协获优秀组织奖。推荐优秀小梅花奖获奖选手参加第二届“和平杯”中国京剧小票友邀请赛。王禹皓获“十小名票”称号，刘孟千一、卢布、刘珂妍、刘衍辰获“优秀小票友”称号，省剧协获优秀组织奖。经剧协推荐，演员艾平获得第24届“中国戏剧奖·梅花表演奖”，成为黑龙江省第14位梅花奖得主，为黑龙江省梅花又添新香。经剧协推荐，龙江剧院演出的龙江剧《鲜儿》参加第11届戏剧节。获得专家评委及观众的一致好评，夺得“优秀剧目奖”、“优秀导演奖”、“优秀表演奖”。经剧协推荐哈尔滨话剧院小品《大男人》、《怪圈》进入第三届“中国戏剧奖·小戏小品奖”决赛，《大男人》、《怪圈》两个小品均被评为“优秀入选剧目”，王山雨获得本奖项唯一的小品“优秀编剧奖”，暴洪涛、牛硕、王山雨、王健等四人获“观众最喜爱的演员”称号。经剧协推荐省龙江剧院周振华、省京剧院张欢、孙德强、蒋兰兰、梁丹参加第四届“中国戏曲红梅荟萃”活动，均获“中国戏曲红梅金花”称号。联合辽宁、吉林省剧协共同主办第八届东北三省戏剧理论研讨会。建立小梅花培训基地。

【电影家协会】

2月，开始对从艺60年以上的电影界老艺术家进行统计，从省文联和中国影协两个渠道上报材料。为加盟中国电影家协会高校电影联盟，往省内30余所高等院校发出倡议书、高校联盟章程、高校联盟组织构成、高校联盟登记表等材料，并接触了部分学生会干部开展宣传、发动工作。进行第六届黑龙江省文艺奖（2006～2008年度）的申报工作。组建黑龙江省文艺奖电影门类专家库。参加全国电影家协会秘书长会议暨第二届全国农村题材电影作品研讨会。为在黑河建立黑龙江省电影家协会影视基地，专程去黑河进行考察调研并撰写关于建立黑河影视基地的调研报告。组织首届东北三省电影论文征集、评奖活动。参加第六届黑龙江文艺奖（电影）评比，并代表评委们写出评审意见。召开黑龙江省电影家协会第四次代表大会。

【音乐家协会】

完成2004～2009年《北方音乐》合订本集成工作。成立黑龙江省“动漫音效”创作专业委员会，“动漫音效”研发工作室，填补全国“动漫音效”市场空白。完成由中宣部组织协调，中国音乐家协会、中央人民广播电台、中央电视台联合主办的“全国优秀流行歌曲创作大赛”黑龙江赛区的报送及东三省评奖，组织选手进京决赛相关工作。组织开展纪念“5·23”毛泽东《在延安文艺座谈会上的讲话》发表67周年合唱音乐会。启动“龙歌”工程。从1万首“龙歌”中选出最具代表性的300首筹备出专辑与光盘工作，评选出15首优秀歌曲，入选“龙歌”专场演唱会，为宣传黑龙江省音乐品牌“龙歌”这张音乐名片奠定基础。配合中国音协，举行了黑龙江省少儿合唱歌曲进校园活动首发式。配合“中俄建交60周年和中国俄语年”活动，与省对外文化交流协会、省美术馆、省美协、省舞协和俄罗斯阿穆尔州美协联合主办“让我们永远像太阳一样——2009中俄青少年文化艺术交流活动”。组织培训17名优秀选手赴大连参加第二届“卡西欧杯”全国电子琴考级优秀考生展演。黑龙江省选手取得优异成绩，分别获高级组“金奖”、“铜奖”；重奏组“银奖”、“铜奖”；省音协获优秀组织奖。组织吉他专业委员会选手参加“2009年首届全国吉他专业发展研讨会”，以及全国古典吉他邀请赛，参赛选手穆彤获一等奖，何雪薇获少年组二等奖。组织参加意大利威尼斯国际声乐比赛，协会会员歌舞剧院女高音杨晶获女子组铜奖，男高音于洋获男子组铜奖。组织钢琴专业委员会选手参加中央音乐学院“卡丹撒杯”钢琴总决赛，丁日升辅导的学生获得第二名。承办“共贺黑龙江省文联成立60周年暨黑龙江省第三届迎新年合唱音乐会”。

【曲艺家协会】

6月4日，协会为农垦宝泉岭分局申办“中国曲艺之乡”获准，在宝泉岭举行揭牌仪式。中国曲协分党组书记、副主席姜昆带领赵炎、师胜杰、石富宽等11人亲赴宝泉岭。揭牌仪式后，进行了“送

欢乐、下基层”演出，全场4万多人观看了艺术家的表演。与大庆市文联共同举办全省（西部片）曲艺征文活动，征集曲艺作品380件，评出了一、二、三等奖项。举办第二届“关东王”二人转大赛，演员于忠波蝉联“关东王”桂冠。在庆祝中国曲协成立60周年活动中，师胜杰、原建邦获“突出贡献曲艺家”称号，刘彤、宗成滨获“优秀中青年曲艺家”称号，协会驻会秘书长孙静波荣获“突出贡献曲艺组织工作者”称号。召开第五次曲代会，黄恺当选曲协主席。

【舞蹈家协会】

按照省委宣传部和文联党组的工作安排，在全省舞蹈界广泛开展了全省宣传文化系统“六个一批人才”的评选活动。经过全省13个市（地）的层层推选，省舞协副主席、齐齐哈尔市群众艺术馆馆长于力平获得“全省宣传文化系统中青年舞蹈家”荣誉称号。为响应国家发展农村文化的倡导，省舞协与中国舞协联合在黑龙江省举办“新农村舞蹈美育工程”乡村舞蹈教师培训班，培养农村舞蹈教师。为了庆祝新中国成立60周年，推动黑龙江省舞蹈艺术的繁荣发展，奖励优秀舞蹈作品和优秀舞蹈人才，省舞协与中国舞协联合举办了“庆祝新中国成立60周年——2009·黑龙江省舞蹈大赛暨中国舞协第42届教学成果展演”。全省共有112个作品、840名演员参赛。组织参加“向祖国汇报——全国新农村少儿舞蹈展演”。在全国“新农村舞蹈美育工程”工作中成绩突出的黑龙江、新疆、内蒙古、四川等15个省区市的20个节目在全国政协礼堂进行展演，黑龙江省同江市赫哲族农村小演员表演的《欢乐的赫哲渔娃》入选参加展演。与省民委共同组织策划“庆祝新中国成立60周年——全省少数民族文艺会演”。组织参加第五届“小荷风采”全国少儿舞蹈展演，其中《乌吉娜和小鹿》、《东北小妞》、《赛龙舟》、《来比高》、《摩登女孩》荣获“小荷之星”金奖；《敦煌彩塑映像》荣获“小荷之星”银奖。黑龙江省编导、教师何新力、杨淑红、李玲等6人荣获“小荷园丁”金牌。组织参加第七届中国上海舞蹈“荷花奖”颁奖仪式，由省舞协选送大庆市歌舞团创排的大型舞蹈诗剧《鹤鸣湖》喜获编导金奖和剧目、表演铜奖3项大奖，同时，省舞蹈家协会获得优秀组织奖。组织7名舞蹈教师赴埃及进行9天的文化艺术交流。代表团在埃及期间，系统地学习了闻名世界的东方舞蹈——肚皮舞，并向埃及同行介绍了中国舞蹈文化。召开黑龙江省舞蹈家协会第四次代表大会。会上，第三届舞蹈家协会主席、省文化厅厅长白亚光致贺词；省舞协秘书长何新力作了题为《高举旗帜、科学发展、谱写黑龙江舞蹈事业新篇章》工作报告。代表们认真审议了工作报告、选举产生了省舞协第四届理事会和省舞协第四届主席团。

【民间文艺家协会】

黑龙江省民间文艺家协会第六次代表大会。通过第五届理事会工作报告和章程修改草案，并选举产生了第六届省民间文艺家协会领导机构。王益章当选为省民间文艺家协会第六届主席团主席，兼任协会秘书长。白雪松等10人当选副主席，石树源等49人当选协会理事。聘请王士媛（女）等4人担任省民协名誉主席，聘请徐昌翰等24人担任顾问。参加第九届中国民间文艺“山花奖”评选，荣获5个奖项。省民间文艺家协会主席、秘书长王益章荣获“德艺双馨工作者”称号；省民间文艺家协会名誉主席王士媛荣获“山花奖·民间文艺终身成就奖”；张敏杰的田野调查报告《赫哲族渔猎文化遗存》荣获“山花奖·民间文艺学术著作奖”；傅英仁、张爱云、朱佳新整理的《傅英仁满族故事》荣获“山花奖·民间文学作品奖”；付清泉的鱼皮画《远古的回声》荣获“山花奖”。组织参加第六届“黑龙江文艺奖（民间文艺类）”评奖。民间文艺类大型图书《中国谚语集成·黑龙江卷》、《中国歌谣集成·黑龙江卷》荣获一等奖，图书《赫哲族风俗画》、民间故事集《傅英仁满族故事》、剪纸作品《满乡三姐妹》荣获二等奖，皮影《龙江皮影人物大全》荣获三等奖。组织评选“十大黑龙江优秀民间艺术家”。翟孟义等10人获“十大黑龙江优秀民间艺术家”称号。参与策划组织“2009中俄兴凯湖沙雕艺术大赛暨第二届鸡西养生度假旅游节”。举办第10届“哈尔滨民间民俗艺术博览会（哈博会）”。举办“三江国际旅游节暨首届中国赫哲族鱼皮文化艺术节”。举办“中国民族民间服饰文化暨中国民间文化遗产抢救工程成果展”。组织参加第三届“中国民间艺术节”，付清泉（女）荣获“中国十佳艺人”称号。启动《黑龙江流域口头与非物质文化遗产代表作丛书》编写工作，由省民协编辑，黑龙江人民出版社出版发行。原省委常委、宣传部部长衣俊卿与省文联主席傅道彬担任丛书主编。衣俊卿部长为丛书作序。丛书共30卷，第一卷《黑龙江摩苏昆》（孟淑珍编著）已经出版。编辑出版《黑龙江经典民间艺术丛书》，共12部。推进《中国民间口头与非物质文化遗产推介丛书》第三卷《白桦遗韵——中国北方桦皮文化》编辑出版工作。推进《中国服饰文化集成·赫哲族卷》编辑出版工作。创建“三江流域赫哲族鱼皮文化产业研发基地”、“鄂伦春族桦树皮文化产业研发基地”、“绥棱陶文化产业研发基地”、“勃利黑陶文化产业研发基地”。组建“黑龙江民间艺术家协会狼文化艺术专业委员会”。

【摄影家协会】

通过多种措施，组织和鼓励广大摄影爱好者投入摄影创作。从宣传黑龙江、扩大黑龙江影响出发，继续做好黑龙江地域题材创作。省摄协直接组织百余名会员投入创作完成省委宣传部交办的拍摄黑龙江图片资料的创作任务。同时，发挥齐齐哈尔扎龙自然保护区、逊克和伊春、牡丹江镜泊湖风景区摄影创作基地的作用，开展地方摄影题材创作。组织摄影家从当地摄影资源、个人艺术情趣、艺术追求出发，从立意、题材、表现手法、创作风格入手，制定专题摄影创作规划，并积极投入专题创作。一大批摄影家的专题创作，无论从作品的内涵和艺术表现力度上都达到了较好的艺术水准，得到了社会各界的广泛好评与充分肯定。在办好《黑龙江新闻图片》艺术作品专题的同时，积极与国内外各大媒体联系，推荐作品，为全省会员发表作品搭建平台。初步统计，2009年，黑龙江省在《中国摄影》、《大众摄影》、《摄影之友》、《中国摄影报》、《人民摄影报》及佳友在线网站等主要媒体共发表作品2600多幅。在国际、国家级和跨省区的摄影大展、大赛中有80余幅作品获奖。在奥地利国际艺术摄影大赛和美国全美摄影大赛、俄罗斯国际摄影大赛中黑龙江省有8位作者10余幅作品获奖。省摄协把摄影作品展览，作为“围绕中心，服务大局”和展示摄影家艺术风采、促进摄影艺术交流、丰富群众文化生活的有效形式，认真组织实施。先后采取单独举办、联合举办等方式，举办规模较大的摄影作品展览11项。全省第23届摄影艺术展，参赛作品万余幅，参赛作者1200余名，作品题材广泛，风格多样，在很多方面创造了全省影展之最，展览开幕式盛世空前，产生良好的社会反响。在浙江丽水第13届国际摄影艺术节中，黑龙江省举办的9位省级领导“龙江山水情”摄影作品展，立意新颖、题材丰富，受到国内外观众好评。在庆祝新中国成立60周年纪实摄影作品展览中，摄影家协会围绕黑龙江省“十大经济区”建设展出大板块专题，也产生了良好的反响。省摄协单独举办的于英斌摄影艺术展、夏福祥“天地生灵”摄影作品展，祝全一、肖殿昌数码大画幅作品展、宋晓君东北虎摄影作品展，在创作理念、表现手法上都有新的突破，对全省摄影创作起到了引导和推动作用。省摄协与省公安厅、哈市公安局分别举办了警民共建摄影作品展，哈尔滨市10位警官摄影作品展。在哈洽会现场，与省外事办联合举办了“黑龙江对外开放30年”、“中美建交30年”摄影作品展、在省政协会议期间与大兴安岭行署联合举办“北极之恋”摄影作品展，省政协在任主席团全部出席开幕式。与此同时，国庆期间省摄协还承办了省政协联谊会老政协委员摄影作品展，省欧美同学会学子风采摄影作品展。都分别得到联合举办单位的赞扬。协助省邮政储蓄银行举办首届系统摄影作品展。召开黑龙江省摄影家协会第五次代表大会，大会通过了工作报告，修改了章程，选举了新一届领导机构，成立了8个专业委员会。

【美术家协会】

承办“第11届全国美展——动漫、综合画种作品展”。五年一届的“全国美术大展”不仅是我国水平最高、规模最大、影响最广的美术展览，也是持续时间最长的一项国家级文化活动，黑龙江省有幸承办动漫、综合画种作品展。省美协与省（平房）动漫产业基地等部门通力合作出色的完成了承办任务。中国文联党组成员、副主席冯远，中国文联副主席、中国美协主席刘大为，中国美协秘书长刘健专程来哈参加展区开幕式，并对这次承办工作给予高度评价和充分肯定。黑龙江省展区还荣获文化部、中国文联、中国美协颁发的组织工作奖，这是黑龙江专业美术组织工作有史以来获得的最高荣誉。协办“新中国建国60年——

黑龙江发展成就大型美术作品展”，这是继2008年省美协成立50周年全省美术大展之后，又一次检阅黑龙江省美术创作水平和实力的极好机遇。参与承办“长河行——晁楣从艺60年回顾”文献展。这一展览是由中国文联、中国美协、省委宣传部、省文联共同主办，省美协、省美术馆承办，于中国美术馆展出的晁楣先生艺术生涯总结回顾性的一项重要展事。展览共展出了晁楣先生不同时期的代表性版画作品66件，彩墨、书法作品各12件，部分写生、速写、草图以及出版物、艺术旅程图片和视频资料等。从不同角度展示了晁楣先生从艺60年来在艺术领域所取得的卓越成就及其创作过程中的心路历程。组织“兴凯湖杯——黑龙江省版画群体作品展”。版画群体作品展的举办在黑龙江省尚属首次，是省版画界的一件盛事。参与主办“庆祝新中国成立60周年——全国百名画家走进哈尔滨大型采风活动”，本次活动为宣传黑龙江、描绘黑龙江起到了积极的推进作用。参与主办了“关维兴、张克让、张翔得水彩画作品展”、“花园杯——庆祝新中国成立60周年黑龙江省青年书画作品展”、“留韵丹青——中国画小幅精品展”等展览。组织在哈画家一行18人于春节前夕慰问省军区官兵。省美协与俄哈巴洛夫斯克美协各选派5位油画家，于2009年金秋时节在哈巴边区进行了为期半个月的写生活动，与此同时共同举办“2009年中·俄美术家写生作品展”。

【书法家协会】

为庆祝新中国成立60周年，由中国书协主办、省书协协办、大庆市承办的“全国第六届楹联书法展”，得到了国内外广大书法爱好者的大力支持，共收到海内外来稿3万余件，创下了历届楹联展来稿数量之最。承办中国书协2009年全国组联工作会议。协办“中国书法进万家——走进大庆炼化”笔会活动。中国书协领导及20余位国内书法名家参加了本次活动，这是中国书协在黑龙江省举办的第一次大型笔会活动。建立第一个中国书法家漠河创作培训基地。这是中国书协在黑龙江建立的第一个创作培训基地，标志着“中国书法边疆行”的正式启动，也标志着黑龙江省书法的创作培训又多了一个重要阵地。承办“新中国成立60年——黑龙江发展成就大型美术作品展”、西泠印社“诗书画印大展”。举办了“第二届中国·亚布力国际书法节”、黑龙江省书法精品赴台展览、黑龙江书画赴非洲展览、“上海书法篆刻作品黑龙江邀请展”、“黑龙江省妇女书法精品邀请展”、“黑龙江省第八届临帖展”、《赫哲族哈普都·隽明书法作品集》首发式暨书法篆刻作品展、黑龙江省第二届硬笔书法展、牡丹江市书法精品晋省展、“祖国颂·庆祝新中国成立60周年全省老年书画大展”、“庆祝新中国成立60周年陈雷书法展”、“花园杯”庆祝新中国60华诞黑龙江省青年书画作品展。编辑出版《黑龙江书学论文集》、《纪念游寿先生诞辰百年研讨会论文集》、《黑龙江地域书法学术研讨会资料汇编》、《黑龙江地域书法研究文集》。为了备战全国第三届兰亭奖、第二届青年展及第六届楹联展，举办“2009年黑龙江省备战国展书法培训班”。为了迎接全国第八届刻字艺术展，省书协举办“黑龙江省迎八届全国刻字展创作培训班”。通过培训，一批精英作者在全国展览中大显身手：在“第三届中国书法兰亭奖”中黑龙江省获一等奖1人，二等奖1人，获提名奖5人，入展21人，约占入选总人数的6%。在“全国第二届青年书法篆刻展”中黑龙江省获一等奖2人，三等奖3人，入展16人，约占入选总人数的4%。在“全国第六届楹联书法展”中黑龙江省获二等奖1人，三等奖2人，入展57人，在全国排名第一位。这些成果的取得，充分显示了省书法事业蒸蒸日上的良好态势。

【杂技家协会】

召开黑龙江省杂技家协会第四次代表大会。成立黑龙江省杂技家协会理论研究委员会、魔术艺术委员会、杂技教育委员会。举办黑龙江魔术进高校系列活动。该活动不但丰富了高校艺术种类，活跃了大学生业余文化生活，也为黑龙江省魔术师提供了展示艺术的平台，同时也起到了宣传了黑龙江省魔术，扩大黑龙江省魔术影响的作用。到目前为止，已有十几所高校600多名大学生参加了此项活动。该活动在2009年5月左右举办首届黑龙江省大学生魔术比赛，赛后将到各高校巡演。并在适当时机成立高校魔术联盟。继续编辑《黑龙江杂技》一书。

【电视家协会】

组织、推选、参加全国德艺双馨评选工作。组织、推选第六届全国新农村建设纪录片评选工作。组织2009年全省电视文艺评奖工作。协助省委宣传部完成黑龙江省文艺奖初评工作。组织、报送中视协优秀体育节目评选工作。召开电视剧《胭脂沟》研讨会。接待中央台影视部在黑龙江的调研。策划韩乃寅工作室创作电视剧。参与世博会形象片投标工作。筹备30集电视剧《猎熊行动》。举办大型系列儿童剧《按时长大》剧本征集活动。组织、报送第四届女性风采优秀电视推选展播活动作品。

【楹联家协会】

年初，中国楹联学会命名肇源县为“中国楹联文化县”，授牌仪式在肇源县隆重举行。中国楹联学会会长孟繁锦代表中国楹联学会发表了重要讲话，副秘书长叶子彤宣读了中国楹联学会的批复文件。黑龙江省文联副主席谭宇宏到会并讲话。省楹联家协会副主席兼秘书长刘兴君代表黑龙江省楹联家协会和肇源县委、县政府汇报创建情况。肇源县180多名楹联代表和基层宣传、文化部门负责同志参加了仪式。东北三省首届楹联协作会在长春召开，黑龙江省楹联家协会副主席兼秘书长刘兴君代表黑龙江出席了会议。年中，中国楹联学会在南昌举行第六次全国代表大会。来自全国各省区市和解放军的代表180余位代表参加了会议。省协会刘兴君、郑恢、杨克炎、鄂明尔参加了会议。同时作为嘉宾参加第三届中国·南昌国际楹联文化艺术节。孟传生再次被聘为顾问，刘兴君、杨克炎当选为常务理事，贾福林、鄂明尔当选为理事，赵佩绂、柳成栋、付道全被聘为名誉理事。召开2009年黑龙江省楹联家协会第二次主席办公会。会议传达了中国楹联学会第六次全国代表大会精神，同时，总结上半年工作，部署下半年任务。会议由孟传生主席主持，刘兴君做了具体汇报。参加牡丹江市诗词楹联家协会成立20周年纪念大会。组织80余名会员到哈尔滨太阳岛风景区采风。协会秘书长刘兴君为哈尔滨老年大学讲楹联课，题目是：《谈楹联创作中的几个基本问题 》。协会组稿庆祝新中国成立60周年楹联作品在《黑龙江日报》、《北方时报》发表。《黑龙江联坛》如期出版。

【艺术设计协会】

加强对业内专业机构、职业设计师、院校教师和会员的专业指导，充分发挥行业协会的职能，并普及渗透到各地市设计领域，将艺术设计行业协会真正建设成艺术设计师之家。3月，黑龙江省参与上海世博会对国内10家著名展览公司提交的设计方案进行评审，由袁耕、刘迈、杨林合作完成的《中国2010年上海世博会黑龙江馆展示设计方案》以最高得票位居全部入围方案之首。其后根据相关领导部门安排，至10月，与北京展示设计团队共同完成了该方案的优化设计与深化设计工作。举办“黑龙江2008创意设计系列优秀作品巡回展”。召开黑龙江省艺术设计协会第四次会员代表大会”，选举产生了新的一届理事会，田卫平当选会长，张震甫当选秘书长。应韩国大韩产业美术家协会邀请，由协会秘书长张震甫率代表团赴韩国首尔参加“韩中现代设计展”及学术交流活动。召开2009黑龙江艺术设计理论研讨会。参与策划组织“百花竞放中华——黑龙江大众美术、书法、摄影、民间艺术、艺术设计大赛暨优秀作品展”。应中国创新红星奖组委会邀请，协办“中国创意设计红星设计大奖”。组织参加世界设计大会的相关学术交流活动。承办“庆祝新中国成立60周年、省文联成立60年·黑龙江省艺术设计优秀成果展”。召开黑龙江特色艺术设计流派及创作群体建设研讨会。承办第七届全省、第四届全国大学生冰雕艺术设计创作大赛。出版《黑龙江艺术设计报》。

上海市文联

综　述

2009年，上海市文联围绕全市“四个确保”要求，积极履行联络协调服务的基本职能，认真落实学习实践科学发展观活动提出的整改项目，以加强文联功能建设为重点，扎实工作，开拓前进，较好地完成了全年各项任务。

以庆贺新中国成立60周年为主题举办一系列文艺活动，在弘扬时代主旋律方面发挥积极作用。举办迎国庆上海美术作品展暨第五届上海美术大展、“祖国颂”上海摄影艺术精品展、迎国庆上海青少年书法篆刻展等专题展览，举办“颂国庆、迎世博”儿歌民歌征集大赛、“精彩上海”网络摄影赛等创作比赛，同时开展其他形式多样的文化活动。

以迎世博为主题开展文艺宣传活动，做好参与世博的项目策划筹备工作。策划“走进十强县、携手迎世博”系列采风活动，组织艺术家深入江阴、昆山等地，宣传世博主题。培训指导中心承办上海著名书画家迎世博作品邀请展在各社区巡展，艺术团以“迎接精彩世博·共建美好家园”为主题，创排都市文明情景剧《社区的一天》，艺联组织演艺工作者参与迎世博文艺巡演，荣获“迎世博贡献奖”。2009年，文联还完成了参与世博10个项目的策划筹备工作。

精心组织各项有声势有特色有影响的文艺活动，为文艺繁荣贡献力量。一是办好品牌艺术活动和特色艺术活动。如第19届白玉兰戏剧表演艺术奖评选颁奖活动、2009年度“上海之春”国际音乐节、第五届上海美术大展等。二是办好全国性或区域性文化活动。特别是第11届全国美术作品展览中国画展，各项筹备工作到位，在确保中心展览圆满成功的同时，又举办了9个系列展，荣获组委会授予的组织工作奖。三是认真做好全国性文艺奖项的参评工作。全年，各协会认真做好推荐工作，帮助作品加工提高，取得了优异成绩。

认真组织文艺界的学习活动，在建设学习型组织方面迈出扎实步伐。文联加强了对学习活动的研究和组织工作，明确在学习活动中建设载体的要求，明确各种载体建设的责任部门，努力推进学习长效机制的形成。

切实加强舆情信息、理论评论工作，坚持正确导向，促进创作繁荣。通过建立健全文艺舆情信息载体，加强舆情信息工作队伍建设和加强与文艺界人大代表政协委员联络，推进舆情信息与建言献策工作；通过开展多形式、专题性的文艺评论活动，推进理论评论工作。通过继续编辑出版《上海文化漫步》、《上海文化观察》评论集和《上海文艺界》内刊等，推进自身理论评论阵地建设。

努力推进对外民间文化交流，拓展文化走出去的渠道。办好国际文化论坛和赛事，巩固和拓宽对外民间文化交流渠道。实施文化走出去战略，搭建文化新人海外推介平台。在美国大雾山宫殿剧院建立上海艺术家展演基地，组织代表团出访欧洲，对在欧洲设立上海市文联海外文化中心的可行性进行考察研究。

广泛开展面向基层的惠民文化活动，为丰富人民群众文化生活方面发挥积极作用。2009年，文联围绕文艺巡演辅导、艺术家讲坛和各类艺术普及活动开展基层惠民活动。艺联和艺术团面向社区群众和外来务工人员组织“和谐心声”、“情暖家园”文艺巡演、演讲，培训指导中心帮助社区建设群众文化精品团队，举办美术、书法、合唱、舞蹈等专业培训班，同时推出致力于面向基层群众传播艺术鉴赏知识的上海市文联艺术家讲坛。

围绕广大会员的需要做好服务工作，增强文联和协会的凝聚力。主要工作包括认真组织好慰问工作和联欢活动、在服务会员方面推出实事项目、为老艺术家举办纪念活动和庆贺活动、为培养青年人才搭建平台以及不断推进文艺维权工作和演艺工作者社会化服务工作。

上海市文联实行团体会员制。现有团体会员

为上海市作家协会、上海市戏剧家协会、上海音乐家协会、上海市美术家协会、上海电影家协会、上海市摄影家协会、上海市舞蹈家协会、上海市书法家协会、上海市曲艺家协会、上海民间文艺家协会、上海市杂技家协会、上海电视艺术家协会、上海翻译家协会、上海演艺工作者联合会。各协会会员总数约14000人。

会议与活动

【2009上海文艺界新春团拜会】

2月9日，2009上海文艺界新春团拜会在上海文艺活动中心举行。市委常委、市委宣传部部长王仲伟出席并致辞。市委常委、副市长屠光绍，市人大副主任胡炜，市政协副主席周汉民，市委宣传部副部长陈东与袁雪芬、秦怡、尚长荣、孟波、朱践耳、陈佩秋、王安忆、吕其明、迟志刚、何麟、王汝刚、叶辛、江明惇、周慧珺、凌桂明、程海宝、穆端正、戴炜栋、施大畏、张元民、张建亚等数百位文艺工作者欢聚一堂，共度元宵佳节。

在新的一年里，文艺工作者们表示，要在党的十七大精神指引下，继续坚持高举旗帜、围绕大局、服务人民、改革创新的总要求，牢记推动文化大发展大繁荣，建设文化大都市的重要使命，特别是牢牢抓住迎接新中国成立60周年，迎接2010年上海世博会等重大契机，以更加饱满的热情、更加昂扬的斗志、更加务实的作风，使上海的文艺事业更加生机勃勃，为孕育出无愧于时代、无愧于人民、无愧于上海这座城市的精品力作而努力奋斗。

【第19届上海白玉兰戏剧表演艺术奖】

4月9日，第19届上海白玉兰戏剧表演艺术奖在上海戏剧学院剧场举行隆重的颁奖晚会。裴艳玲获“白玉兰戏剧艺术特殊贡献奖”，陈少云、艾平、安平、严庆谷、周好俊、郭京飞、龚仁龙、楼巧珠、镇亚荆获“白玉兰戏剧艺术主角奖”，翟万臣、刘洁、周野芒、姚祺儿、郭睿玥获“白玉兰戏剧艺术配角奖”，陈圣杰、杨淼获“白玉兰戏剧艺术新人主角奖”，董洪松获“白玉兰戏剧艺术新人配角奖”，宁夏回族自治区话剧团、陕西省戏曲研究院小梅花秦腔团获“白玉兰戏剧艺术集体奖”。白永成、华雯、吴双、张兰、陈颖、郑国凤、黄静慧、蒋文端获“白玉兰戏剧艺术主角奖”提名，钱程、潘华获“白玉兰戏剧艺术配角奖”提名。

市委常委、宣传部部长王仲伟，市人大副主任郑惠强，市政协副主席钱景林等出席晚会并为获奖演员颁奖。

【上海市文联艺术家讲坛】

2月21日，上海市文联艺术家讲坛首场讲演在青浦区中心医院会议厅举行。此次讲演由著名作曲家、上海音乐学院教授何占豪担任主讲，青浦区中心医院的各级领导、医护工作者、管理干部等百余位员工聆听了讲演。2009年是小提琴协奏曲《梁祝》诞生50周年。何占豪着重为听众介绍了《梁祝》的创作背景、作品与越剧的渊源，并逐段逐句地解析《梁祝》的创作思路、情感理念。讲演还邀请了“上海之春”古筝比赛银奖获得者陆莎莎进行古筝改编曲《梁祝》的逐段演奏。交响乐与民族器乐的两种不同技法的演奏，增添了讲演了生动性和趣味性。在历时两小时的讲演中，随着作品的渲染，听众深入其境，意犹未尽。

2009年还邀请了叶辛、王汝刚、马莉莉、周良铁、金复载、梁波罗等知名艺术家在嘉定、周浦、曲阳、周家渡等社区开展了26场“艺术家讲坛”。

【2009“上海之春”国际音乐节】

4月28日至5月16日，2009“上海之春”国际音乐节隆重举行。4月28日晚，小提琴协奏曲《梁祝》诞生50周年音乐会在上海大剧院举行，拉开本届音乐节序幕。市委副书记殷一璀出席晚会，并转达了中共中央政治局委员、市委书记俞正声对何占豪、陈钢、俞丽拿等艺术家的敬意。王仲伟、屠光绍、胡炜、钱景林，以及中国文联党组成员、副主席、书记处书记冯远等领导出席。

在本届音乐节上，来自10余个国家和地区的音乐家奉献了30余台、40余场的经典音乐演出以及百余场群众文化活动，促进了中外音乐艺术交流；收听、收看音乐节演出的市民达到数百万人次，极大地丰富了城市的文化生活；共有来自全国的1500多名选手先后参加了音协举办的竹笛全国邀请赛、手风琴全国邀请赛、第四届长三角地区青年歌手大赛，“海上新梦Ⅲ——中华礼赞”管弦乐新作品音乐会和“江山多娇”民族器乐新作品音乐会则一举推出了18部新作品。

【第五届上海美术大展】

6月24日，由上海市文联、上海市文广局、

上海市美协主办的“庆祝中华人民共和国成立60周年上海美术作品展暨第五届上海美术大展”在上海美术馆隆重开幕。市委常委、宣传部部长王仲伟，市委宣传部副部长陈东，市文联党组书记、专职副主席杨益萍，市文广局局长朱咏雷，市文联党组副书记、专职副主席迟志刚，中国美协副主席、上海美协主席施大畏，中国美协秘书长刘健，上海美术馆馆长方增先，上海美协名誉顾问陈佩秋和中国美协第11届全国美展专家团以及观众1000余人出席了开幕式。杨益萍、朱咏雷、刘健等分别致词。

本次展览展出作品410件，其中入选作品380件、特邀艺术家作品15件、评委作品15件。展览还首次设立上海美术专业大奖——白玉兰美术奖，评出了白玉兰美术奖一等奖1件、二等奖2件、三等奖3件、优秀作品奖7件、沈柔坚艺术基金奖7件。

【祖国颂——庆祝中华人民共和国成立60周年上海摄影艺术精品展览】

7月28日，由市文联、市摄协主办的“祖国颂——庆祝中华人民共和国成立60周年上海摄影艺术精品展览”在上海美术馆开幕。市委常委、宣传部部长王仲伟，市政协副主席朱晓明，市委宣传部副部长陈东，市文联党组书记、专职副主席杨益萍，市文联党组副书记、专职副主席迟志刚，市文联秘书长沈文忠等出席开幕式。

本展以“祖国山河壮美，中华源远流长”为主题，对参展作品的主题内容、艺术表现形式、创作技术技巧和作品影像精度及后期制作都有严格标准，是继“纪念改革开放30周年——上海摄影艺术精品展”之后的又一个高规格的摄影艺术精品展览。此次共展出53位作者的105幅摄影作品。

【海上文化论坛】

8月18日，由市文联主办的海上文化论坛第一讲在上海文艺活动中心大厅举行。本次论坛的主题是“上海文化的形态”，主讲人为著名文化学者余秋雨。他循着“文化的形态—中国文化的形态—上海文化的形态”这一线索，由大到小、由古到今，对上海的文化精神做了深入浅出的阐述。

论坛由市文联党组书记、专职副主席杨益萍主持。市文联党组副书记、专职副主席迟志刚，何麟和本市老中青文艺工作者，艺术院校师生近500人参加了论坛。

11月25日，市文联举办了海上文化论坛第二讲《世博中的上海文化元素》，邀请全国政协常委、市政协副主席、2010上海世博会执委会副主任周汉民担任主讲嘉宾。

【《东方翻译》首发式】

9月3日，《东方翻译》首发式暨新闻发布会在上海宾馆举行。市委常委、宣传部部长王仲伟出席会议并讲话。市文联党组书记、专职副主席杨益萍，上海外国语大学党委书记吴有富、校长曹德明等领导与上海文艺界、教育界和新闻界百余位专家、学者出席了首发式。

由上海市文联主办，上海翻译家协会和上外高翻学院承办的《东方翻译》杂志不是一本传统意义上的简单研究如何翻译的杂志，而是一本学术文化类杂志。它的创刊顺应了国际翻译职业化时代到来后翻译界新的发展趋势。

【国际盲人日·盲人触觉艺术展览会】

10月15日，由市文联和市残联联合主办的“国际盲人日·盲人触觉艺术展览会”在上海文艺活动中心开幕，200多名盲童学校的学生和各区盲协代表出席了开幕式。此次触觉艺术展览会在全国是首次举办，旨在为盲人这一特殊群体搭建一个了解、感知祖国60年的发展成就和世博会建设成果的平台。主办者会聚了社会力量，运用集体智慧，大胆创意，敢于发挥想象，特邀专家们制作了一批可供盲人触摸的展品。展览分国内外名画欣赏区、著名雕塑欣赏区、著名建筑欣赏区和心语祈愿区等四大展区展出约50件展品。这些展品，按比例缩小成模型，触摸感极强，凝聚了艺术创作者的高超技艺。

【第11届全国美术作品展览中国画展】

10月23日至11月5日，第11届全国美术作品展览中国画展在上海展览中心举行。上海市人大常委会副主任胡炜，上海市政协副主席钱景林，中国文联副主席、中国美协主席刘大为，中共上海市委宣传部副部长陈东，上海市文联党组书记、专职副主席杨益萍，上海市侨办主任崔明华，上海市文联党组副书记、专职副主席迟志刚，上海市文广局副局长刘文国，中国美协副主席、广东省美协主席许钦松，中国美协副主席、天津画院院长何家英，中国美协副主席、上海美协主席施大畏，中国美协秘书长刘健等众多来自主、承办方的领导嘉宾和全国各地的中国画家及美术爱好者出席了开幕式。

展览在主展区的基础上发挥上海各美术馆、艺术馆的优势，在上海美术馆举办“国家重大历史题材美术创作工程作品展”，在刘海粟美术馆、明园文化艺术中心举办“开放的表达——2009上海青年美术大展”，在上海中国画院展厅举办“上海中国画院藏品展”，在朱屺瞻艺术馆举办“朱屺瞻书画艺术精品展、朱屺瞻艺术人生影像展”，在莫干山路50号创意中心举办“上海艺术院校水墨画探索展”，在徐汇艺术馆举办““品·格”江浙沪城市生活小品展”，在嘉定陆俨少艺术院举办“陆俨少书画精品展”，在南汇刚泰美术馆举办“刚泰美术馆馆藏选——当代海上名家中国书画作品展”，在上海一号美术馆举办“中国画人物写生展”等9个中国画系列展。

【“平复帖”杯国际书法大赛】

10月28日，由上海市文联、文汇报社和上海市松江区人民政府联合主办的“平复帖”杯国际书法大赛颁奖暨作品展开幕仪式、《平复帖》暨二陆文化学术研讨会在上海松江泰晤士小镇隆重开幕。市委常委、宣传部部长王仲伟，中国书协副主席申万胜，市委宣传部副部长陈东，松江区委书记盛亚飞，市文联党组书记、专职副主席杨益萍，市文广局党委书记、上海博物馆馆长陈燮君，市文联党组副书记、专职副主席迟志刚，文汇报社党委书记袁岳滨，松江区区长孙建平，市书协主席周慧珺等出席颁奖典礼，并为获奖者颁奖。

本次大赛共收到来自海内外书法作品4000多件，学术论文52篇，评委会从中评出成人组一等奖3名、二等奖9名和三等奖18名；青少年组一等奖2名、二等奖5名和三等奖8名；《平复帖》暨二陆文化学术研讨会论文一等奖1名，二等奖5名，三等奖5名。

《“平复帖”杯国际书法大赛作品集》和《〈平复帖〉暨二陆文化学术研讨会论文集》同期出版。

【2009’国际杂技（马戏）教育论坛】

11月9～12日，由中国文联理论研究室、中国杂协和上海市文联主办，上海市杂协、上海马戏学校承办的2009’国际杂技（马戏）教育论坛在上海举行。中国文联副主席、中国杂协主席夏菊花，上海市委宣传部副部长陈东，中国杂协分党组书记、副主席林建，上海市文联党组书记、专职副主席杨益萍，中国文联理论研究室主任董耀鹏，中国杂协分党组副书记、秘书长邵学敏，上海文广集团副总裁任仲伦，上海市教卫党委副书记、市教委副主任莫负春，上海市文联党组副书记、专职副主席何麟，中国杂协副主席、上海杂协主席、上海马戏学校校长程海宝等出席论坛。

本届论坛共有来自中国、俄罗斯、法国、澳大利亚、加拿大、美国、蒙古、瑞典、古巴、中国台湾等10个国家和地区的20多所杂技（马戏）学校的负责人、杂技教育专家、学者60余人参会，代表们以本校教学情况及办学经验为议题进行了研讨。

【秦怡从艺70周年暨秦怡电影回顾展】

11月15日，由上海市文联、上海文化发展基金会、中国电影资料馆、上海电影(集团)有限公司、上海电影家协会、上影演员剧团等单位联合举办的“魅力造就艺术·艺术温暖人生”——著名电影表演艺术家秦怡从艺70周年暨秦怡电影回顾展活动在上海影城开幕。国家广电总局副局长张丕民，前南京军区司令员朱文泉，上海警备区政委李光金，国家广电总局电影局副局长张宏森，中国影协主席李前宽，中国电影资料馆馆长傅红星，市委宣传部副部长陈东，市文联党组书记、专职副主席杨益萍，文广集团总裁薛沛建，市文联党组副书记、专职副主席何麟，上影集团总裁任仲伦，市影协主席张建亚，著名表演艺术家于蓝、于洋、王晓棠、杨在葆、祝希娟、杨静、肖桂云、黄国林等近1200余名嘉宾、观众参加了此次活动。

活动后，放映了开幕电影《母亲》。11月16～18日，《马兰花开》、《摩雅傣》、《浪涛滚滚》、《海外赤子》、《梦非梦》、《我坚强的小船》在上海影城献映。

【走进十强县、携手迎世博系列采风活动】

11月18～20日，在市文联主席吴贻弓，党组书记、专职副主席杨益萍，副书记、专职副主席迟志刚的带队下，王汝刚、凌桂明、仲星火、刘子枫、谷好好、马晓晖、李九松、周良铁等著名艺术家以及各文艺家协会秘书长一行50余人，前往江苏江阴市和昆山市，拉开了“走进十强县，携手迎世博”系列采风活动的帷幕。

在为期3天的采风活动中，上海文艺家认真听取了两地的市情介绍，深入社区、农村、企业考察和学习当地改革开放及经济、社会、文化建设

的鲜活经验。江阴、昆山的建设成就，生动诠释了“城市让生活更美好”的世博主题，大大激发了艺术家们的创作热情。在2个晚上的文艺专场演出中，上海的文艺家们与当地文艺工作者一起，用歌舞和激情演绎着和谐与幸福，表达了真诚与热情，营造了长三角地区共迎世博的热烈氛围。

【文艺工作者权益问题高峰论坛】

11月27～28日，市文联举办了文艺工作者权益问题高峰论坛。中国文联党组副书记、副主席李牧，市文联党组书记、专职副主席杨益萍，市文联党组副书记、专职副主席迟志刚、何麟，市文联秘书长沈文忠出席论坛。李牧、杨益萍、何麟分别致辞。

专家论坛旨在围绕文化发展要求和文艺工作者的基本权益，探索市场经济环境下规范文化市场、建设和谐文化的有效方法，以进一步推进和谐文化建设。会上，来自清华大学、复旦大学等全国知名高校的专家学者和国家版权局、中国文字著作权协会等行政部门和社团领导等18位嘉宾，围绕文艺工作者著作权保护、演艺人员劳动和社会保障、文化名人的名誉权保护、文艺家参政议政权的实现等文艺工作者普遍关心的问题展开研讨。

【2009中华元素创意盛典】

12月22日，2009中华元素创意盛典在兰心大戏院隆重举行。市委常委、宣传部部长杨振武，市政府副秘书长蒋卓庆，市委宣传部副部长陈东，市文联党组书记、专职副主席杨益萍，市文广局局长朱咏雷，市文明办巡视员陈振民以及中华元素创意作品征集系列活动组委会的领导出席了盛典。

本次活动共评出了186件优秀作品，其中上海杂技团的《时光之恋——绸吊》、《中国传统构建拼插模型中国馆》等8件作品被评为中华元素创意作品征集系列活动金翎设计和金翎创意。

2009中华元素创意作品征集活动由市文广局、市文联、上海夏征农文教基金会主办，上海群艺馆、上海民协等单位协（承）办。活动分中华元素创意产品设计、中华元素创意作品征集系列活动标志设计、世博会吉祥物“海宝”服饰设计、舞台艺术作品创作四大类。征集活动自3月31日启动，历经近9个月，共征集到作品5599件。活动参与者众多，影响辐射到北京、上海、深圳、台湾等40多个城市和地区，中央美术学院、清华大学、复旦大学等310多所院校、大陆和台湾的30多家企业及设计公司。

对外文化交流

【市文联时装表演代表团赴埃及参加“今日中国艺术周”】

2月1日，上海市文联时装表演代表团一行27人赴埃及参加为期8天的“今日中国艺术周”。2月5日晚，“东方霓裳·一慧、李黎明、陈闻时装作品展示会”在埃及国家大剧院露天剧场上演。中国文联党组成员、副主席冯远，中国驻埃及大使，文化参赞夫妇，各国驻埃及大使及夫人，埃及人民议会议长夫人，埃及时尚界代表等观看了演出。

【“上海青年艺术家展演周”在美国大雾山宫殿剧院开幕】

8月8日，由上海市文联和美国恒创有限公司合作举办的“上海青年艺术家展演周”在美国中部田纳西州大雾山国家公园内的大雾山宫殿剧院开幕。上海市文联副主席、代表团团长程海宝致开幕词，赛维尔郡郡长赖瑞瓦特、赛维维尔市副市长戴尔卡出席开幕式并致辞。

本次展演周活动，由“民族风”文艺演出、“海派书画”美术作品展、“今日上海”摄影图片展三部分内容组成。当天晚上的开幕式演出，吸引了1100多名观众前来观看，成为剧院有史以来人数最多的一场演出。

【2009大邱·上海国际交流展】

9月14～18日，应韩国大邱广域市文化艺术总会的邀请，市文联艺术交流团一行赴大邱参加了2009大邱·上海国际艺术交流展活动。15日，2009大邱·上海国际交流展在大邱文化艺术会馆开幕，展出了上海艺术家的美术、书法和摄影作品100件，其中中国画20件、油画19件、版画12件、水彩9件，摄影30件和书法10件。作品吸收了中西方文化的传统养分并融合了强烈的时代气息，充分反映了上海当代艺术风格和创意理念，深刻表现了独特的海派艺术审美与地域特征。

访问期间，交流团还参观了SPACC美术馆、东在美术馆和由大邱广域市政府、艺总打造的艺术创作园区，并与大邱的艺术家们进行了交流座谈。

【日本文化名人代表团访沪】

11月25日，以日中文化交流协会理事粟原小卷为团长的日本文化名人代表团一行6人，抵沪访问。日中文化交流协会代表团团长栗原小卷表示，她对上海非常有感情，曾多次到上海做客，每一次都有新的收获，她衷心祝愿日中友谊万古长青。在沪期间，代表团参观了上海博物馆、田子坊等代表性文化场所，观摩了上海马戏城现代杂技《时空之旅》。

文艺家协会

【上海音乐家协会第八次会员代表大会】

3月24日，上海音乐家协会第八次会员代表大会在上海文艺活动中心举行。市委常委、宣传部部长王仲伟向大会发来贺信，市文联党组书记、专职副主席杨益萍出席会议并讲话。著名音乐家孟波、朱践耳、周小燕、吕其明、曹鹏、张敦智、黄准等作为特邀代表出席大会。

通过民主选举，会议产生了新一届理事会和常务理事会。陆在易当选为上海音乐家协会主席，余震、张国勇、杨燕迪、闵惠芬、徐孟东、徐景新、廖昌永、魏松当选为副主席（按姓氏笔画排序）。

【上海市舞蹈家协会第五次会员代表大会】

4月10日，上海市舞蹈家协会第五次会员代表大会在文艺活动中心大厅举行。市委宣传部副部长陈东发来贺电，市文联党组书记、专职副主席杨益萍到会讲话，党组副书记、专职副主席迟志刚、何麟出席会议。凌桂明、张玉照、张煜、辛丽丽、杨新华、陈白桦、黄豆豆等120余名代表出席了本次大会。

通过民主选举，会议产生了新一届理事会和常务理事会。凌桂明当选为上海市舞蹈家协会主席，李莹、辛丽丽、陈飞华、陈白桦、陈家年、周洁、徐森忠、黄豆豆当选为副主席（按姓氏笔画排序）。

【上海市曲艺家协会第六次会员代表大会】

4月15日，上海市曲艺家协会第六次会员代表大会在文艺活动中心举行。市委宣传部副部长陈东，市文联党组书记、专职副主席杨益萍，党组副书记、专职副主席迟志刚以及159位曲协代表出席了会议。

通过民主选举，会议产生了上海市曲艺家协会第六届理事会理事41名。王汝刚当选为主席，周介安、范林元、钱程、梅平、葛明铭当选为副主席（按姓氏笔画排序）。

【上海市戏剧家协会第六次会员代表大会】

4月27日，上海市戏剧家协会第六次会员代表大会在文艺活动中心举行。市委宣传部副部长陈东，市文联党组书记、专职副主席杨益萍，党组副书记、专职副主席迟志刚、何麟与尚长荣、马博敏、荣广润、茅善玉、杨绍林、钱惠丽、梁伟平等200余名代表、嘉宾出席了大会。

通过民主选举，会议产生了由88名理事组成的新一届上海市剧协理事会。尚长荣再次当选为上海市剧协主席，马博敏、卢昂、杨绍林、何晓星、张静娴、陈少云、茅善玉、荣广润、钱惠丽、梁伟平当选为副主席（按姓氏笔画排序）。

【纪念果戈理诞辰200周年学术研讨会】

5月16日，由市译协举办的“纪念果戈理诞辰200周年学术研讨会”在沪召开。市文联党组副书记、专职副主席迟志刚出席会议并致辞。来自北京、浙江、山东的翻译家和上海的译协会员以及华东师范大学、上海外国语大学近40位专家学者出席了研讨会。研讨会对果戈里的作品创作、艺术成就、翻译和社会影响等方面召开了专题论坛。

【纪念解放60周年交响音乐会】

5月30日，由市音协和市双拥办的纪念上海解放60周年《拂晓之光》交响音乐会在上海音乐厅隆重举行。中共中央政治局委员、上海市委书记俞正声发来贺信。市委常委、宣传部部长王仲伟，市委常委、统战部部长杨晓渡，上海警备区政委李光金，市委宣传部副部长陈东等领导以及驻沪各部队负责同志，与众多参加过上海解放战役的老战士、地下党、驻沪部队官兵、老战士后代代表和各界观众共同聆听了该场音乐会。

音乐会特地为纪念上海解放60周年新创作了交响序曲《永远的号角》和交响合唱《拂晓之光》。

【2009上海舞蹈新人新作展演】

6月20日，由市文联主办、市舞协承办的2009上海舞蹈新人新作展演在美琪大戏院举行。市文联党组副书记、专职副主席何麟出席了展演。

展演以2007年6月以后全新创作的节目为主，本着“推新人、展新作”，大力推进上海舞蹈编创水平，培养上海本土编导的宗旨，为年轻编导、

演员搭建了展示自身作品的良好平台。展演分2个系列，包括芭蕾舞、古典舞、民族民间舞、现（当）代舞和小舞剧5个舞种，近50个剧目参加了初选。经由市舞协主席团组成的评审委员会的严格审核与评选，最终20余个节目入围本次展演。

【纪念柯灵百年诞辰观摩研讨活动】

6月26日，上海电影家协会、中国电影资料馆、上海文化发展基金会联合举办"墨磨人生·笔耕影苑——纪念中国著名文学家、剧作家、评论家、编辑家柯灵先生百年诞辰观摩研讨活动"在上海影城举行。上海市文联党组书记、专职副主席杨益萍，党组副书记、专职副主席何麟，上影集团党委副书记郭大康，中国电影文学学会会长王兴东，著名表演艺术家秦怡等以及专程从海外、北京来沪的学者、专家与上海电影界、文学界、新闻界的代表约400人出席了观摩纪念活动，活动由上海电影家协会常务副主席许朋乐主持。

【第九届上海市版画展览】

8月29日，由市美协主办，上海明圆文化艺术中心和市美协版画艺术委员会承办的第九届上海市版画展览在明园艺术中心开幕，沪上200多位版画家、版画爱好者和来宾参观了展览。开幕当天，《第九届上海市版画展览作品集》同时发行。

本次展览展出作品101件，一等奖空缺，8件作品分获二、三等奖。作品整体质量较高、风格题材多样，涵盖了木版、铜版、石版、丝网等多个不同版种，部分作品还运用了数码技术。参展及获奖作者的年龄结构比较均衡，充分反映出近年来上海版画创作的健康状态与发展潜力。

【上海翻译家协会第五次会员代表大会】

9月11日，上海翻译家协会第五次会员代表大会在上海文艺活动中心举行。市委宣传部巡视员、干部处处长徐瑞仪代表王仲伟部长、陈东副部长出席大会并致贺词，上海市文联党组书记、专职副主席杨益萍到会并讲话。会议根据上海市社团管理规定和上海翻译家协会章程，按民主程序选举产生了新一届理事会。在随后召开的五届一次理事会议上，谭晶华当选为上海翻译家协会会长，吴洪、张伊兴、张春柏、张慈赟、郑体武、袁莉、柴明颎、黄勇民等当选为副会长。

【曲苑文坛——曲艺创作笔会】

12月2～4日，市曲协品牌活动"曲苑文坛——曲艺创作笔会"在苏州东山举行。来自各曲艺剧团的曲艺工作者，业余作者及专家学者、曲协主席团成员参加了笔会。

此次笔会收到了20多部2009年新创作的曲艺作品，其中有不少是专为2010年上海世博会新创作的作品，如上海说唱《我是世博志愿者》、数来宝《唱响世博》、浦东说书《阿凤嫂》等。笔会为作品切诊把脉、破疑解难、出谋划策。笔会还就一些创作理念、创作走向展开了热烈讨论。

事业单位

【《上海戏剧》创刊50周年系列纪念活动】

11月13日，《上海戏剧》创刊50周年纪念大会在文艺活动中心召开。市文联党组书记、专职副主席杨益萍，党组副书记、专职副主席何麟，中国剧协顾问刘厚生，上海戏剧学院院长韩生，市作协党组成员、秘书长臧建民，中国曲协副主席、市曲协主席王汝刚，市剧协副主席兼秘书长杨绍林与全市戏剧编导演、理论评论工作者百余人出席了会议。会议宣读了市委宣传部副部长陈东、中国剧协和中国剧协主席尚长荣的贺信；韩生、王汝刚分别代表戏剧界和曲艺界致辞表示祝贺；刘厚生代表《上海戏剧》老一辈工作者发言。杨益萍作了题为《业绩在前，重任在肩，使命在心》的讲话。在随后举行的上海戏剧论坛上，郭宇、孙惠柱、黎中城、郑大圣等上海老中青戏剧工作者以宏观的视角和微观的例证发表了他们最新研究成果。在下午举行的戏剧专业媒体战略发展研讨会上，30多位专家通过对当今戏剧专业媒体生存现状的观察，探讨了当前整个剧坛的创作演出、理论发展态势以及专业媒体未来走向和发展对策等问题。

12日晚，"戏折书痕·京昆同贺上海戏剧创刊50周年折子戏演出"在天蟾逸夫舞台上演。与此同时，会聚《上海戏剧》创刊50年来刊载的戏剧界著名人士精华篇章的《戏折书痕·〈上海戏剧〉50年名家百篇文选》由文汇出版社出版发行。

江苏省文联

综　述

2009年，江苏省文联在江苏省委、省政府的领导下，认真贯彻党的文艺方针，积极履行联络、协调、服务、指导的基本职能，围绕中心，服务大局，大力繁荣文艺创作，加强人才队伍建设，打造文艺品牌，求真务实，奋发有为，圆满完成省文联七届六次全委会确定的各项任务，推进江苏文艺事业的大发展大繁荣，为江苏经济社会发展营造和谐奋进的文化氛围。

会议与活动

【庆祝新中国成立60周年系列活动】

江苏省文联及各团体会员紧紧围绕新中国成立60周年，精心策划、组织一系列庆祝活动。举办"庆祝中华人民共和国成立60周年"江苏省优秀美术作品展、书法篆刻作品展、摄影作品巡回展、"向祖国汇报"——《茉莉情韵》江苏评弹晋京展演专场演出、电影理论评论60年研讨会、全国城市电视台城市形象电视宣传片推选表彰活动暨城市电视台发展战略论坛、"舞动长江·歌唱祖国"长江流域戏曲演唱大赛、大学生话剧展演暨第二届江苏省校园戏剧节、江苏书画60年发展高层论坛等活动。编辑出版"庆祝新中国成立60周年"江苏省优秀美术、书法、摄影、歌曲作品集。

【贯彻落实全省文化建设工作会议】

江苏省委、省政府2009年召开的全省文化建设工作会议，对全面推进文化体制改革、加快文化强省建设作出部署。会议明确了"三强"目标，确定了文化强省建设的"时间表"与"路线图"。江苏省文联认真学习贯彻会议精神，分别召开各部门、协会、中心、杂志社负责人座谈会和全省文联工作座谈会。与会人员紧紧围绕文化强省的目标，联系江苏文艺和文联工作实际，着重在如何多出优秀作品、多出优秀人才方面，积极建言献策。在学习研讨的基础上，江苏省文联领导班子成员分工负责，组成调研组深入徐州、连云港、扬州、镇江等市文联，开展调查研究，形成调研报告。通过座谈和调研，进一步掌握了江苏文艺和文联工作实情，理清了工作思路，找准了推进文化强省建设的切入点和着力点，增强了责任感和使命感。

【江苏文艺家慰问团赴川慰问江苏援建队伍和灾区人民】

在汶川大地震一周年之际，江苏省文联组织文艺家慰问团赴四川灾区，举行文艺演出，赠送书画作品，开展采风创作，慰问江苏援建四川灾区的干部职工和灾区人民群众，激发灾区人民和援建队伍重建家园的豪情。

【第11届全国美展——版画展】

9月28日至10月12日，由文化部、中国文联和中国美协主办，江苏省文化厅、省文联、省美协承办的第11届全国美展——版画展在省美术馆举行。中国文联党组成员、副主席冯远，中国美协分党组书记、常务副主席吴长江，江苏省人大副主任赵龙，省政府副省长曹卫星，省政协副主席张九汉，省老领导顾浩、冯健亲，省委宣传部常务副部长、省文化厅厅长章剑华，省委宣传部副部长梁勇，省文联党组书记、常务副主席、书记处第一书记王慧芬，省文联副主席、书记处书记言恭达，省文联党组成员、人事部主任叶飚荣等出席开幕式，冯远、曹卫星、吴长江分别在开幕式上讲话。

【第13期全省文艺家读书班暨第19期戏剧知名演员暑期读书班】

6月8～12日，江苏省文联在南通举办第13期全省文艺家读书班暨第19期戏剧知名演员暑期读书班。江苏省老领导顾浩、冯健亲，省文联领导王慧芬、言恭达、杨企鹏、叶飚荣等出席开班仪式。省文联党组书记、常务副主席、书记处第一书记王慧芬在开班仪式上讲话。来自全省知名

文艺家、优秀中青年文艺工作者代表、戏剧编导、演员，以及部分市、县文联负责人等170余人参加本期读书班。江苏省委宣传部常务副部长、省文化厅厅长章剑华，以及丁大卫、周宪、郁钧剑、谈镇等5人分别做了专题讲座。

【全省文联工作座谈交流会】

8月20～21日，江苏省文联在南京召开全省文联工作座谈交流会。江苏省文联领导王慧芬、言恭达、杨企鹏、叶飚荣，以及13个省辖市文联和省所属部门、单位的负责人共50多人出席会议。省文联党组书记、常务副主席、书记处第一书记王慧芬，就深入贯彻落实全省文化建设工作会议精神提出了指导意见。会上，南京市文联等13个省辖市文联的负责人，围绕建设"文化事业强、文化产业强、文化人才队伍强"的目标和要求作交流发言。

创作与研究

【加强理论建设】

江苏省文联及各团体会员多次组织召开文艺创作研讨会、座谈会，围绕文艺创作领域的热点、难点问题展开研讨。在品牌活动中，坚持把文艺创作与理论研究结合起来。2009·中国百家金陵画展高层论坛围绕"中国画的广阔空间与文化品位"、"中国画与中国传统文化"等主题，对中国画的历史传统与当代发展进行深入剖析，并将理论成果汇编成册。第七届中国音乐"金钟奖"民乐比赛暨2009中国江苏——二胡之乡民族音乐节举办中国民族器乐创作高层论坛，特邀全国民乐界专家和江苏作曲家、理论家，围绕现代作曲技术与民族器乐创作及本届"金钟奖"二胡、笛子比赛委约作品的创作进行学术探究与解读。召开文艺创作座谈会，邀请全省各艺术门类的文艺评论家，就文艺创作的现状与存在问题展开探讨，引导文艺创作健康发展。

【举办各类展览赛事活动】

举办第四届"江苏戏剧奖·红梅奖"、江苏舞蹈"莲花奖"第二届青年舞蹈演员大赛、第三届江苏曲艺"芦花奖"评选、江苏省第二届现代刻字艺术展、第25届江苏省电视"金凤凰奖"评选、第三届江苏省电视专题片《新农村新农民——江苏农村小康故事》作品征集评比、江苏省第五届魔术比赛等活动，催生了一批新人新作。

【文艺创作硕果累累】

一年来，在全省文艺家的共同努力下，由省各文艺家协会组织参赛（展、演）的近80件作品在全国性文艺奖项评选中获奖。其中，在第11届全国美展评选中，江苏有245件作品入选，53件获奖，其中金奖3件、银奖3件、铜奖4件、理论奖1件，超过了以往江苏在前10届所获金奖的总和，在全国各省区市中名列第一。在第九届中国民间文艺"山花奖"评选中，江苏有12部作品获奖，1人获得成就奖，获奖总数名列全国第一。在"中国戏剧奖·梅花表演奖"评选中，江苏有2位演员获此殊荣。在第三届"中国戏剧奖·小戏小品奖"评比中，江苏有7部作品获奖，获奖数量和质量位居全国第一。在第七届中国音乐"金钟奖"评比中，江苏也在全国各省区市中居于前列。在全国优秀流行歌曲创作大赛中，江苏有2首作品获奖，2首作品参加颁奖晚会的演出。在第八届中国摄影"金像奖"评选中，江苏获得2个创作奖和1个理论奖，位居全国第三。在第三届书法"兰亭奖"评比中，江苏获得4个创作二等奖，名列全国第二，6个理论奖，名列全国第一。在中国舞蹈"荷花奖"第五届"小荷风采"全国少儿舞蹈展演、第13届国际影展等重要赛事中，江苏也都获得了优异成绩。

品牌文艺活动

【第七届中国音乐"金钟奖"民乐比赛暨2009中国江苏——二胡之乡民族音乐节】

10月16～22日，由中国文联、中国音协、江苏省委宣传部、省文联共同主办的第七届中国音乐"金钟奖"二胡、民族管乐（笛子、管子、唢呐、笙）比赛暨2009中国江苏二胡之乡民族音乐节在南京举行。16日晚，在南京紫金大剧院举行开幕式。江苏省政协主席张连珍，中国文联党组副书记、副主席覃志刚，江苏省委副书记、组织部部长王国生，江苏省委常委、宣传部部长杨新力，省人大常委会副主任张艳，省政府副省长何权，省政协副主席、统战部部长周珉，省政协副主席陈宝田，省委老领导、省文联主席顾浩，省文联领导王慧芬、言恭达、杨企鹏、叶飚荣等出席开幕式。覃志刚和杨新力分别在开幕式上致辞。第七届“金钟奖”民乐比赛和民乐节活动由金钟奖二胡、民族管乐、古筝比赛，以及5台系列民族音乐会、中国民族器乐创作高层论坛、江苏文艺·名家讲坛——民乐大师进校园、分会场活动等五大板块组成。22日晚，闭幕式颁奖晚会在南京紫金大剧院举行。江苏省委原书记、省人大常委会原主任陈焕友、省人大常委会副主任柏苏宁，省政协副主席黄因慧，省委老领导、省文联主席顾浩，中国音协分党组书记、驻会副主席徐沛东，中国音协副主席、著名二胡演奏家闵慧芬，江苏省委宣传部副部长梁勇，省文联党组书记、常务副主席、书记处第一书记王慧芬等出席颁奖晚会。徐沛东、王慧芬分别在颁奖晚会上讲话。

【2009中国百家金陵画展（中国画）】

12月29～30日，由中国美协、江苏省委宣传部、省文化厅、省文联共同主办的“2009中国百家金陵画展（中国画）”在江苏省美术馆开幕。江苏省委常委、宣传部部长杨新力，中国文联党组成员、副主席冯远，中国文联副主席、中国美协主席刘大为，江苏省人大副主任朱龙生，省政协副主席黄因慧，南京军区原政委方祖岐、司令员朱文泉，省老领导陈焕友、顾浩、冯健亲，省委宣传部副部长梁勇，省文联领导王慧芬、言恭达、杨企鹏、叶飚荣等，以及画展部分获奖、入选作者出席开幕式。在开幕式上，杨新力、冯远分别致辞，刘大为宣读荣获金奖的作者名单。开幕式由江苏省文联党组书记、常务副主席、书记处第一书记王慧芬主持。金奖获得者桑建国代表获奖画家发表了感言。画展开幕期间还举办以“中国画探索的广阔空间与文化品格”、“中国画与中国传统文化”、“2007、2009年中国百家金陵画展中国画作品分题讨论”为主题的高层论坛和名家访谈。

文艺惠民活动

【文艺惠民活动异彩纷呈】

江苏省文联以惠民作为推进文艺事业繁荣发展的出发点和落脚点，引领文艺家以优质文艺成果，丰富和满足人民群众的精神文化生活。一年来，江苏省文联及各团体会员组织各艺术门类的文艺工作者深入乡村、学校、社区、军营，举行文艺演出117场。2009年的惠民演出更加注重向苏北地区、贫困地区倾斜，让欠发达地区人民群众共享文艺发展成果。还举办“真情与正义”江苏书画名家作品义捐活动，捐献书画作品332幅，义捐作品由爱心企业进行义购，400多万元善款全部用作资助社会弱势群体的法律援助事业。

对外及对港澳台地区文化交流

【推动江苏文化走出去】

成功举办2009江苏灌南世界魔术交流大会暨第六届亚洲魔术比赛。组织艺术家赴巴西、阿根廷、丹麦、瑞典、俄罗斯等地访问交流，接待日本爱知艺协、韩国大邱艺总和法国艺协等代表团20余人次，积极开展对外民间文化交流与合作，推介江苏文化，展现新江苏精神。会同有关部门精心举办全国组联工作会议、华东中南地区文联工作会议、全国文联外事工作会议等。

协会组织建设

【协会组织建设焕发生机】

2009年，江苏省文联积极稳妥地推进协会换届工作。经过严密组织，精心策划，完成江苏省剧协、省曲协、省影协、省视协、省舞协、省民协等6个协会和省文促会的换届工作。在换届工作中，认真听取方方面面的意见和建议，在新一届主席团成员建议人选产生后，严格组织考察，又分别与每位候选人及退下来的老一届主席团成员谈话、沟通，把思想政治工作做在前面，保证换届工作的顺利进行。各协会新一届主席团成员在选举中都高票当选，顺利实现新老交替。新一届协会主席团成员年龄结构和专业分布更加合理，各协会活力得到有效激发，呈现出争先创优、整体推进的良好态势。

自身建设

【筹备召开省八次文代会】

按照江苏省委要求，江苏省文联以高度的责

任感，精心筹备，周密安排。4月初，江苏省文联向江苏省委宣传部上报了关于筹备召开省八次文代会的请示，9月份全面启动筹备工作，成立了文代会筹备工作组，下设组织组、文秘组、联络组、会务组、综合组、宣传组、演出组等7个小组，由省文联党组书记负总责，党组、书记处成员分工负责。党组、书记处对于文代会的主题、规模、议程、代表的产生、会议的组织等问题多次研究，明确分工，责任到人，各项筹备工作规范有序。

【基层文联建设蓬勃发展】

江苏省文联领导带队，组成调研组到各市县文联开展调研工作，全面了解市县文联的情况，并在南通召开全省基层文联工作研讨会，加快推动乡镇文联建设的步伐。会后，各市文联结合当地实际，积极发展基层文联组织，全省新增加乡镇（街道）文联近60个，常熟、沛县、宝应、江都等市县每个乡镇都建立了文联组织，全省基层文联建设呈现出蓬勃发展的良好局面。

【积极探索职能拓展】

召开第三届江苏省文艺界保护知识产权论坛暨网络环境下文艺版权保护研讨会。组织国际动漫大师进校园，推动行业管理、行业服务、行业自律。

【基础建设扎实推进】

江苏文艺网全面升级改版，工作通讯《繁荣》编辑质量和水平稳步提高。首次编辑出版《2009江苏省文联年鉴》，客观记录江苏省文联和各团体会员的主要工作，记载江苏文艺事业的发展轨迹。在江苏省委、省政府的关心下，江苏省文联顺利迁入新址，新办公楼的硬件设施和办公环境得到显著改善，为组织和开展文艺活动创造更好的条件。

各文艺家协会

【戏剧家协会】

江苏省戏剧家协会第五次代表大会。6月2日，江苏省戏剧家协会第五次代表大会在南京召开。江苏省委宣传部副部长梁勇，省文联领导王慧芬、言恭达、杨企鹏、叶飚荣等领导出席开幕式。梁勇、王慧芬分别在开幕式上讲话。会议通过新的《江苏省戏剧家协会章程》，选举产生新一届理事会和主席团。经选举，汪人元当选为江苏省戏剧家协会主席，王芳、王建伟、吕效平、李洁、李政成、杨丽娟、陈晶、陈澄、竺小招、周东亮、柯军、顾芗、徐秀芳、蒋晓勤（以姓氏笔画为序）等14人当选为副主席。

第四届“江苏戏剧奖·红梅奖”大赛。2月，第四届“江苏戏剧奖·红梅奖”大赛拉开帷幕。各剧种分赛首次走出江苏省会南京，分别在无锡、苏州千灯、淮安及南艺校园举办赛事，与地方文化活动联姻。来自全省47个专业、业余剧团及南京军区、院校的337名优秀青年演员参加比赛。经过初赛、复赛、决赛3个阶段，大赛共决出金奖13名，银奖、铜奖及优秀表演奖、表演奖若干。江苏省文联党组书记、常务副主席、书记处第一书记王慧芬，省文联副主席、书记处书记言恭达等领导专程赴苏州千灯、淮安等地为演员鼓劲、加油。整个活动历时10个月。

第二届江苏省校园戏剧节。2009年，江苏省剧协承办了“庆祝新中国成立60周年江苏省大学生话剧展演暨第二届江苏省校园戏剧节”活动，共有34所高校、78个剧节目报名参赛。经评委会初评审定，28所高校、43个剧节目（其中大戏16台，短剧27个）进入复赛。江苏省剧协邀请10余位著名戏剧家（包括编剧、导演、表演、评论、舞美、音乐、戏剧教育各门类专家）担任评委，行程5000多公里，走进苏州、无锡、常州、南京等4个城市、20所高校，观看20场演出，开展座谈交流、现场点评20余次，观众人数达5万余人次。

【美术家协会】

江苏省优秀美术作品展览。9月18日，由江苏省委宣传部、省文化厅、省文联主办，省美协承办的“庆祝中华人民共和国成立60周年·江苏省优秀美术作品展”在江苏省美术馆和南京艺术学院开幕。江苏省人大常委会副主任赵龙，省政协副主任陈宝田，省老领导、省文联副主席冯健亲，省委宣传部常务副部长、省文化厅厅长章剑华，省文联党组书记、常务副主席、书记处第一书记王慧芬，省文联副主席、书记处书记言恭达等出席开幕式。章剑华在开幕上致辞。

江苏省美术家协会台湾艺术之旅。5月2～9日，江苏省美协组织“江苏省美术家协会台湾艺术之旅”参访团在台湾举行画展、交流、写生等活动。

【音乐家协会】

刘天华阿炳中国民族音乐基金会在南京成立。1月4日，“刘天华阿炳中国民族音乐基金会”在南京成立。这是我国首家专为发展中国民族音乐而设立的基金会。省委老领导、省文联主席顾浩，中国音协分党组书记徐沛东，省委宣传部副部长梁勇，省文联党组书记、常务副主席、书记处第一书记王慧芬等出席成立大会。在成立大会上，徐沛东宣读理事会名单，梁勇致贺辞，王慧芬讲话。该基金会是在中央领导同志和江苏省委、省政府的关心支持下成立的。基金会面向全国，在江苏注册。第一届理事会由23人组成，顾浩当选为理事长，徐沛东、王慧芬当选为名誉理事长，刘文金、朱昌耀、何山、邹建平、闵慧芬、赵季平（以姓氏笔画为序）当选为副理事长。当晚，为庆祝基金会成立而举办的新年民族音乐会在南京紫金大戏院举行。江苏省委书记、省人大常委会主任梁保华，省委常委、政法委书记林祥国，省人大常委会副主任赵龙，省政协副主席张九汉，省长助理徐南平，省委老领导、省文联主席顾浩，省文联党组书记、常务副主席、书记处第一书记王慧芬等观看了演出。

江苏音乐“茉莉花奖”中小型器乐作品评奖。根据江苏省委宣传部、省文联3年的创作规划，2009年“茉莉花奖”举办中小型器乐作品评奖。共评出二等奖1首（一等奖空缺）：竹笛独奏曲《抽思》（蔡东铧曲）；三等奖2首：中音萨克斯《鸟与海》（许志斌曲），小提琴、钢琴二重奏《忆江南》（王蔚曲）；优秀奖4首：扬琴独奏曲《剑歌》（蔡东铧曲）、小提琴与乐队《传奇幻想曲》（崔安强曲）、笛子与乐队《醉翁吟》（甘璐曲）、二胡与管弦乐团《第一随想曲》（王啸冰曲）。

“让心灵的花儿尽情开放”——全国优秀少儿合唱歌曲进校园。为了推动少年儿童德育、美育教育，普及和传播优秀原创少儿歌曲，中国音协、江苏省音协和省中小学教研室共同主办、省音协教育委员会承办了“让心灵的花儿尽情开放——全国优秀少儿合唱歌曲进校园”江苏推广活动。6月8日，在南京师范大学举行赠送仪式，来自江苏各地30所中小学校的校长、老师来宁参加，接受赠与。赠送仪式结束后，南京小红花艺术团合唱团现场演唱了部分推荐的少儿合唱作品。

【舞蹈家协会】

江苏省舞蹈家协会第六次代表大会。7月27～28日，江苏省舞蹈家协会第六次代表大会在南京举行。江苏省委宣传部副部长梁勇、省文联领导王慧芬、言恭达、杨企鹏、叶飚荣等出席开幕式。梁勇、王慧芬在开幕式上讲话。会议通过新的《江苏省舞蹈家协会章程》，选举产生新一届理事会和主席团。经选举，刘仲宝当选为江苏省舞蹈家协会主席，王爱国、刘同春、应志琪、张晓苏、张俊、陈惠芬、胡春田、栾虹（以姓氏笔画为序）当选为副主席。

江苏省“莲花奖”第二届青年舞蹈演员比赛。6月28日至7月1日，由江苏省文联、省舞协、无锡市文联主办，省舞协承办的“江苏省‘莲花奖’第二届青年舞蹈演员比赛”在无锡举行。江苏省文联党组书记、常务副主席、书记处第一书记王慧芬出席颁奖晚会并为获奖演员颁奖。比赛共设江苏青年舞蹈家、江苏优秀青年舞蹈家、江苏舞蹈新秀、组委会奖等4个奖项。经评比，共有37名选手获奖。

“中国舞蹈发展的趋势”高级学术讲座。5月23日，由江苏省舞协、南京市文联、南京市舞协主办的“中国舞蹈发展的趋势”高级学术讲座在南京师范大学音乐厅举行，中国舞蹈家协会分党组书记、中国舞蹈家协会常务副主席、著名舞蹈理论家、评论家、博士生导师冯双白主讲。

【电影家协会】

江苏省电影家协会第五次代表大会。4月24～25日，江苏省电影家协会第五次代表大会在南京召开。江苏省委宣传部副部长梁勇向大会发来贺电。江苏省文联领导王慧芬、言恭达、杨企鹏、叶飚荣等出席开幕式。省文联党组书记、常务副主席、书记处第一书记王慧芬在开幕式上讲话。会议通过新的《江苏省电影家协会章程》，选举产生新一届理事会和主席团。经选举，陶泽如当选为江苏省电影家协会主席，江奇涛、邵文林、陈国富、徐青、徐耿、高英（以姓氏笔画为序）等6人当选为副主席。

电影理论评论60年。5月9～10日，由中国影协、江苏省文联主办，中国影协理论评论工作委员会、江苏省影协承办的“电影理论评论60年”

在南京举行。中国文联党组成员、副主席杨志今，中国电影家协会分党组书记、常务副主席康健民，江苏省文联党组成员、人事部主任叶飚荣等出席了研讨会。杨志今在会上致辞，叶飚荣代表江苏省文联致欢迎辞。

皖浙苏三省影视编剧高级研修班。3月27～31日，省影协与安徽影协、浙江影协在安徽共同举办皖浙苏三省影视编剧高级研修班。来自三省的40多位影视编剧艺术家参加了本次活动。中国影协党组书记、常务副主席、国家一级编剧康健民，北京电影学院文学系主任、教授、国家一级编剧黄丹，中影华纳市场策划部主任桂侑铭到班授课。

【摄影家协会】

“祖国多美好”——江苏省庆祝新中国成立60周年大型摄影作品巡回展。9月28日，由江苏省文联主办、省摄协承办的“祖国多美好——江苏省庆祝新中国成立60周年大型摄影作品巡回展”在江苏省美术馆开幕。江苏省人大常委会副主任、省总工会主席张艳，省政协副主席张九汉，省委老领导、省文联主席顾浩，省人大常委会副秘书长薛和、黄利群，省政协副秘书长丁泽生，省委宣传部副部长梁勇，省文联党组书记、常务副主席、书记处第一书记王慧芬，省文联副主席、书记处书记言恭达，省文联党组成员、人事部主任叶飚荣等出席开幕式。王慧芬在开幕式上致辞。

“咱们工人有力量”大型摄影创作汇报展。11月19日，由江苏省总工会、江苏省文联主办，《江苏工人报》、江苏省摄影家协会承办的“咱们工人有力量”大型摄影创作汇报展在江苏省美术馆隆重开幕。原江苏省委书记、省人大常委会主任陈焕友，省人大常委会副主任、省总工会主席张艳，省政协副主席陈宝田，省委老领导、省文联主席顾浩，中华全国总工会原副主席徐锡澄，省文联党组书记、常务副主席、书记处第一书记王慧芬，省文联副主席、书记处书记言恭达等领导，与来自省内各地的摄影艺术家代表、劳动模范以及社会各界群众参加开幕式。王慧芬在开幕式上致辞。

“江苏省暨南京市摄影界迎春联欢会”、“百成杯”江苏省摄影金瞬奖颁奖。1月9日，省摄协在南京举行“江苏省暨南京市摄影界迎春联欢会”、“百成杯”江苏省摄影金瞬奖颁奖仪式。江苏省文联党组书记、常务副主席、书记处第一书记王慧芬出席联欢会和颁奖仪式。

【曲艺家协会】

江苏评弹晋京展演。9月8日，由江苏省文联主办、省曲协承办的“向祖国汇报”——《茉莉情韵》江苏评弹晋京展演专场演出在首都民族文化宫大剧院举行。全国人大常委会副委员长严隽琪、全国政协副主席王志珍到场观看演出。丁关根、张怀西、曾培炎、唐家璇、杨洁篪、冯远一同观看，江苏省委常委、宣传部部长杨新力，省老领导顾浩、陆军，省文联党组书记、常务副主席、书记处第一书记王慧芬等陪同观看。王慧芬在演出前讲话。

江苏省曲艺家协会第六次代表大会。5月18～20日，江苏省曲艺家协会第六次代表大会在南京召开。省委老领导、省文联主席顾浩，省委宣传部副部长梁勇，中国曲协分党组书记、副主席姜昆，江苏省政协原副主席陆军，省文联领导王慧芬、言恭达、杨企鹏、叶飚荣等出席会议。姜昆和王慧芬分别在开幕式上讲话，梁勇在闭幕式上讲话。会议通过新的《江苏省曲艺家协会章程》，选举产生新一届理事会和主席团。经选举，盛小云当选为江苏省曲艺家协会主席，孙惕、芦明、张巧玲、陆建荣、周沛然、杨鲁平、黄霞芬、韩兰成（以姓氏笔画为序）等8人当选为副主席。

江苏省首届优秀青年曲艺人才评选。7月25～26日，江苏省首届优秀青年曲艺人才评选在南京终评。江苏省文联领导王慧芬、言恭达、叶飚荣在终评开始前，看望评审委员会全体评委，江苏省文联党组书记、常务副主席、书记处第一书记王慧芬在评委会上讲话。经评选，11人荣获2009首届江苏省优秀青年曲艺人才称号。

第三届江苏曲艺“芦花奖”。11月24日，第三届江苏曲艺“芦花奖”颁奖晚会在扬州举行。中国曲协分党组书记姜昆，江苏省文联党组书记、常务副主席、书记处第一书记王慧芬，省文联副主席、书记处书记言恭达等领导、有关专家和来自全省各地的获奖者出席颁奖晚会。王慧芬发表讲话并宣布颁奖晚会开幕。第三届江苏曲艺芦花奖共评出中篇苏州弹词《淳安知县》等5个节目奖，包伟等11个表演奖、苏州弹词《重逢》等3个文学奖、赵松艳等9个新人奖、《扬州清曲概论》等1个理论奖、弹词开篇《我们想对小平说》等

2个音乐奖，王鹰、王月香、薛小飞等3人获终身成就奖。

【书法家协会】

江苏省优秀书法篆刻作品展。9月5日，由江苏省文联主办，省书协承办的“庆祝中华人民共和国成立60周年江苏省优秀书法篆刻作品展”在江苏省美术馆开幕。省人大副主任丁解民，南京军区原司令员朱文泉上将，全国总工会原副主席、中央机关书画协会副会长徐锡澄，省人大副秘书长高咏沂，省人大科教文委员会副主任朱正伦，省政协副秘书长丁泽生，省委宣传部副部长梁勇，省文联领导王慧芬、言恭达、杨企鹏、叶飚荣等出席开幕式。省文联党组书记、常务副主席、书记处第一书记王慧芬在开幕式上发表讲话。

创造力的实现——张海书法展。5月30日，由中国文联、中国书协主办，江苏省文联、省书协协办的“创造力的实现——张海书法展”在江苏省美术馆开幕。全国政协副主席、中国文联主席孙家正，中国文联党组副书记、副主席覃志刚，江苏省领导张连珍、王国生、林祥国、李全林、曹卫星、张九汉，河南省领导孔玉芳、王菊梅、王平，南京军区老领导方祖岐、朱文泉，中国书协分党组书记、常务副主席兼秘书长赵长青，江苏省委宣传部常务副部长章剑华，省委宣传部副部长梁勇，省文联党组书记、常务副主席、书记处第一书记王慧芬，省文联副主席、书记处书记、中国书协副主席言恭达等领导出席开幕式并参观展览。在开幕式上，覃志刚讲话，王慧芬致欢迎辞，张海致答谢词。

吴门书道——中国书法名城苏州作品展。“吴门书道——中国书法名城苏州作品展”在北京中国美术馆隆重开幕。全国政协副主席、中国文联主席孙家正，中国文联名誉主席周巍峙，中国书法家协会主席张海，中国书法家协会分党组书记、驻会副主席兼秘书长赵长青，江苏省委常委、宣传部部长杨新力，省委宣传部副部长梁勇，省文联党组书记、常务副主席、书记处第一书记王慧芬，中国书法家协会副主席、江苏省文联副主席、书记处书记言恭达等领导出席开幕式。此次展览共展出苏州已故书法篆刻家作品（1949年后健在者）、海内外苏州籍当代名家特邀作品和当今活跃在书坛的苏州市书法篆刻家作品180件。开幕式当天，由荣宝斋出版社出版的《吴门书道——中国书法名城苏州书法作品集》同时首发。

【电视艺术家协会】

江苏省电视艺术家协会第四次代表大会。9月21日，江苏省电视艺术家协会第四次代表大会在南京召开。中国视协分党组书记、常务副主席黎鸣，江苏省委宣传部副部长梁勇，省文联领导王慧芬、言恭达、杨企鹏、叶飚荣等出席开幕式。黎鸣、梁勇、王慧芬分别在开幕式上发表讲话。会议通过新的《江苏省电视艺术家协会章程》，选举产生新一届理事会和主席团。经选举，周莉当选为主席，严克勤、吴建宁、李爱彬、陈小杭、陈炜、陈梦娟、陈辉、徐丽玲、曹剑、嵇道青、魏云辉（兼秘书长）、瞿长林（以姓氏笔画为序）等12人当选为副主席。

第二届江苏省电视纪录片（专题片）《新农村新农民——江苏农村小康故事》作品评选。10月8日，江苏省视协举办第二届江苏省电视纪录片（专题片）《新农村新农民——江苏农村小康故事》作品评选活动。全省10多家电视台创作了20部作品参加评选。经评选，泰州广播电视台《木船村纪事》等9部作品获得最佳和优秀作品奖，连云港电视台《走乡村》等3个栏目获最佳栏目奖。在此基础上，江苏省视协选送了10部作品参加中国视协“第三届社会主义新农村小康电视工程——电视节目”评选活动。

第25届江苏省电视“金凤凰”奖。7月4～6日，省视协在南京举办第25届江苏省电视“金凤凰”奖评选活动。共收到全省各电视台、制作单位报送的参评作品（电视剧、电视文艺专题、文学专题、文艺晚会、MTV、电视纪录片、动漫艺术片、广告片等）300余部（集），电视节目主持人6人。经评选，共有106部作品获奖。

【杂技家协会】

江苏灌南世界魔术交流大会暨第六届亚洲魔术比赛。11月25～28日，由江苏省文联、灌南县委、县政府主办的2009江苏灌南世界魔术交流大会暨第六届亚洲魔术比赛在灌南举行。中国文联副主席、中国杂协主席夏菊花，江苏省委常委、宣传部部长杨新力，省委老领导、省文联主席顾浩，文化部艺术司副巡视员李延年，江苏省文明办常务副主任韩松林，江苏省文联党组书记、常务副主席、书记处第一书记王慧芬，省文联党组成员、

书记处书记杨企鹏等分别出席了开闭幕式。张国洲、白学松和符竞、梁冬凯获得近景魔术冠亚季军，刘蓓获得舞台魔术比赛冠军，韩国魔术师Noh Kjung Yong获得亚军，中国香港的李行齐获得季军，汪小魔获得舞台大型幻术比赛冠军。王慧芬在颁奖晚会上讲话。中央电视台新闻联播播出了世界魔术大会赛事消息，中央电视台《曲苑杂坛》全程录播本次活动。

江苏省第五届魔术比赛。7月16～17日，由江苏省文联、灌南县委、县政府主办的江苏省第五届魔术比赛在灌南举行。中国杂协副主席戴武琦、齐春生，江苏省文联党组成员、书记处书记杨企鹏等出席本次活动。本次比赛分为舞台类、近景类和大学生组。经评选，共有13个节目获奖。

第二期美式滑稽培训班。9月13日至10月16日，江苏省杂协在南京举行第二期美式滑稽培训班。中国杂协副主席、滑稽艺术委员会主任宁根福出席开班仪式并授课。24名来自全国8个省区市的学员参加培训。

【民间文艺家协会】

江苏省民间文艺家协会第六次代表大会。10月19日，江苏省民间文艺家协会第六次代表大会在南京召开。江苏省委宣传部副部长梁勇，省文联领导王慧芬、言恭达、杨企鹏、叶飚荣等出席开幕式。梁勇、王慧芬在开幕式上分别发表讲话。会议通过新的《江苏省民间文艺家协会章程》，选举产生新一届理事会和主席团。经选举，陶思炎当选为江苏省民间文艺家主席，马达、吴元新、张丹、陈国欢、姚建萍、徐艺乙、曹永森、蔡焜（以姓氏笔画为序）等8人当选为副主席。

编辑出版《江苏特色文化》（省卷本）。在历时3年的“江苏特色文化和民间艺术普查”工作基础上，江苏省民协编辑出版《江苏特色文化》（省卷本）。《江苏特色文化》以“名城文化”、“古镇老街”、“名人胜迹”、“民俗风情”、“工艺美术”、“表演艺术”、“口传文学”等7个篇章构成，图文并茂地介绍了江苏特色文化的200多个项目。全书约50万字，并配置300多幅图片。全书涵盖的内容，基本上反映了江苏特色文化的历史及现状，可以比较全面而具体地了解江苏的文化特色，认识江苏特色文化在全国的特殊地位和历史价值，是一部具有一定知识性、学术性、实用性的文化著述。

【文艺评论家协会】

江苏省文联文艺创作座谈会。1月19日，江苏省评协在南京召开江苏省文联文艺创作座谈会。省文联副主席、书记处书记言恭达出席座谈会，各艺术门类理论评论家和各艺术家协会驻会负责人参加座谈讨论。与会人员回顾总结江苏文艺创作情况，对当下文艺创作提出建议，共同谋划2009年省文联艺术创作。会议总结了江苏文艺创作的现状，着重指出了当前存在的问题：一是机制，二是理论建设。会议对2009年江苏文艺创作提出了几点思考，简要概括为“一个中心、二翼推进、三大工程、四项建设”。“一个中心”，即以艺术创作为中心；“二翼推进”，即要用创作和理论为翅膀推进文联工作；“三大工程”，即努力抓好人才工程、品牌工程和精品工程；“四项建设”即为基地建设、机制建设、品牌建设和理论建设。会议强调文联工作要以文为魂、以联为体，一切工作要立足于江苏文化强省的高度，立足当前文化大发展大繁荣，自觉回应时代风云的高度，以文化自觉做到出精品、出人才、出成果、出思想。

【动漫艺术协会】

江苏省动漫专业职称资格评审项目方案（草案）专家听证会。5月21日，江苏省动漫协会召开关于江苏省动漫专业职称资格评审项目方案（草案）专家听证会。省老领导、省文联副主席、省动漫协会主席冯健亲，省文联领导言恭达、叶飚荣等出席听证会。

艺述法兰西·国际动画教育暨国际动画人才选拔。4月23～26日，由江苏省动漫协会主办的“艺述法兰西·国际动画教育暨国际动画人才选拔”活动在江苏举行。邀请国际动漫大师分别走进南京艺术学院等江苏6所高校进行巡回演讲和交流。

浙江省文联

综　述

2009年是浙江人民坚定信心、迎难而上、共克时艰，努力应对国际金融危机取得显著成效的一年，也是浙江社会主义各项建设事业取得重大进展的一年。一年来，省文联及各团体会员在省委、省政府和省委宣传部的领导下，以科学发展观为统领，进一步强化文艺精品创作生产，打造文艺活动品牌，推动浙江文化大发展大繁荣。

重要活动

【庆祝新中国成立60周年和首届浙江文化艺术节系列活动】

2009年，首届浙江文化艺术节开幕之时，正值共和国60华诞，省文联精心策划，及早部署，围绕纪念新中国成立60周年和首届浙江文化艺术节，发挥组织优势，调动各方力量，推出美术、书法、摄影等一系列规模大、质量高、影响广的大型文艺展览活动，向新中国成立60周年和首届浙江文化艺术节献礼。

“丹心·丹青——庆祝中华人民共和国成立60周年浙江省第12届美术作品展览”。该展览创造了“浙江美术史上规模最大；艺术品种最完整；创作质量最能体现浙江文化实力；作品内容最贴近民众”等多项历史记录。展览共收到中国画、油画、版画、水彩（粉）画、雕塑、壁画、漆画、陶艺、艺术设计、年画、动画、漫画、连环画、插图、综合材料等作品2163件。经过评委会认真评审，共评出入选作品788件，其中金奖作品10件，银奖作品29件，铜奖作品49件，优秀作品83件。9月29日，展览在浙江美术馆开幕，浙江省委常委、宣传部部长黄坤明等领导以及获奖作者和美术界代表，共1000余人出席了开幕式。

“浙江书法60年”系列大展。10月10日，“浙江书法60年”系列大展在浙江美术馆隆重开幕。展览分“浙江书法名家遗墨展”、“浙江书法名家展”、“浙江书法精英展”、“浙江书法新人展”4个篇章。其中：“浙江书法名家遗墨展”集中展示1949年后故世的百余位浙籍以及曾工作、生活在浙江的书法大师、名家的经典之作，可谓当代书坛的丰碑。“浙江书法名家展”展出的是70岁以上的浙江老一辈书法名家、省书协顾问以及本届书协主席、副主席等46位名家的精品力作141件，这些名家随着共和国建设的步伐成长，见证了新中国成立以来浙江书法事业繁荣的发展历程。“浙江书法精英展”则展出从全省近3000名会员中遴选的493名代表书家的最新力作，这是全省书法创作成果的一次大检阅，堪称群英荟萃。“浙江书法新人展”展出的是由浙江省书协评审委员会评出的217名新人的作品，以体现目前浙江书法生力军的总体风貌及未来走向为宗旨。系列大展是对新中国成立以来浙江书法队伍的第一次全面展示，是浙江书法界60年来规模最大的一次“联欢”，也是浙江文艺界献给共和国60华诞的一份贺礼。

“浙江省摄影艺术展览”和“浙江省优秀摄影家作品展”。10月18～25日，“浙江省摄影艺术展览”和“浙江省优秀摄影家作品展”在浙江美术馆展出。展览自征稿以来，共收到各市近千名摄影家寄送的作品9000多幅（组），经过评选，最终展出作品500多幅（组）。这次展出的作品题材广泛，风格多样，视觉独特，构思新颖，是见证共和国成长的珍品。

【陆俨少诞辰100周年系列活动】

自2008年先后在上海、南京、北京举行展览及研讨活动后，“陆俨少百年展·广东站开幕式暨《陆俨少全集》广东赠书仪式”于2009年4月23日在广东美术馆隆重展出。12月22日，陆俨少百年巡回展（杭州站）在浙江美术馆盛大举行。浙江省委常委、宣传部部长黄坤明，浙江省副省长葛慧君，浙江省文联党组书记、副主席、书记处常务书记林晓峰，浙江省文联主席、中国美术

学院院长许江，中国美术馆馆长范迪安等出席了开幕式。展览精选了国画大师陆俨少先生在20世纪五六十年代、70年代和八九十年代3个不同时期的精品力作70余幅，充分、完整、全面地展示了陆俨少先生一生的创作历程和艺术风貌。与此同时，浙江画院还推出了“陆俨少艺术暨晚辈艺术展”、“百年俨少·薪火相传——中青年山水画家邀请展”和以“陆俨少画学精神及其传承”为主题的学术研讨会。

【浙江画院25周年庆典】

12月22日，浙江画院25周年庆典系列活动在浙江美术馆隆重举行。此次活动由浙江画院主办，浙江省美术家协会、浙江美术馆、中国美术学院中国画系、浙江人民美术出版社、陆俨少艺术院和浙江陆俨少艺术研究会协办。推出了包括陆俨少百年巡回展（杭州站）、陆俨少艺术暨晚辈作品展、百年俨少·薪火相传——中青年山水画家展、浙江画院25周年回顾作品展、专职画师作品展、学术成果展在内的六大展览，展出作品590余件。结集出版《延续经典——陆俨少艺术暨晚辈作品合集》、《百年俨少·薪火相传——中青年山水画家邀请展作品集》、《传承经典——浙江画院25周年回顾作品集》、《远行——浙江画院画师采风集》等4本画册。同时，还组织了陆俨少学术研讨会（杭州站）、陆俨少学术讲座和浙江画院建院25周年学术回顾研讨会等3场研讨活动，全面系统地展示浙江画院在发展、壮大历程中所取得的各项学术成果。

【第三届中国民间艺人节】

10月16日，由中国民间文艺家协会、浙江省文联、杭州市政府共同主办，浙江省民间文艺家协会、清河坊历史文化街区管委会等共同承办的“第三届中国民间艺人节”，在杭州吴山广场隆重开幕。活动主要包括“中国民间工艺精品展”、“中国旅游工艺品推介汇展”、“中国民间艺术高层论坛”、“中国民间收藏品交流”和“中国当代民间工艺精品拍卖会”等5个重要项目。其中中国民间工艺精品展共吸引了32个省区市的100余名工艺大师参展，60多个门类、2000余件极富地域文化特色的民间手工艺精品力作登陆杭城。本届艺人节还采取专家评选和市民投票的方式，在这些民间艺人中评选产生“中国十佳民间艺人”和30名“最受欢迎的民间艺术家”。

文艺创作

【民俗风情舞剧《十里红妆·女儿梦》】

纳入浙江文化“走出去工程”和浙江省“文化精品工程”的大型民俗风情舞剧《十里红妆·女儿梦》，经过进一步精心加工打磨，于3月起在宁波、杭州、上海等地展开巡演，并在首届浙江文化艺术节期间举行了专场演出，得到专家和观众的一致好评。10月，该剧远赴欧洲，试水国际巡演。

【交响音画《钱塘江》】

大型交响音画《钱塘江》是由浙江省文联整合全省音乐、文学、影视、演奏、演唱、表演等各路精英组建的跨界复合创作团队历时3年，经反复论证，几易其稿打造而成的，是浙江省有史以来第一部由本土作曲家创作的原创大型交响音乐作品。它以浙江的母亲河——钱塘江为母题，旨在用音乐来解读浙江的人文历史，阐释浙江的当代精神。在2008年完成总谱创作和小样录制的基础上，省音协又组织力量进行修改打磨，终于在首届浙江文化艺术节开幕前夕完成总谱，交付排练，并于8月30日正式对外演出。

9月26日，《钱塘江》的片段作为压轴曲目，亮相首届浙江文化艺术节开幕式。

【浙江重大题材美术创作工程】

由浙江省委宣传部、省文化厅、省财政厅、省文联共同组织实施的“浙江重大题材美术创作工程”，经过3年多的努力，顺利结题，并于8月9日在新落成的浙江美术馆隆重展出。浙江省委常委、杭州市委书记王国平以及省委宣传部、省财政厅、省文化厅、省文联、中国美院等领导出席开幕式并参观展览。

此次展出的113件作品，分为“万古悠韵”、“百年浙潮”和“千山竞秀”3个部分，其中“万古悠韵”描绘浙江7000年历史题材，有34件作品；“百年浙潮”描绘1840年以来的浙江历史与现实题材，有52件作品；“千山竞秀”描绘浙江山水风物题材，有27件作品。经过评选，共评出金奖5件、银奖10件、铜奖20件、优秀奖78件。

8月9日晚，浙江美术馆开馆暨“历史的凝眸·浙江历史文化重大题材美术作品大展”颁奖晚会在浙江美术馆中央大厅举行。浙江省委副书记夏宝龙，省委常委、常务副省长陈敏尔，省委常委、宣传部部长黄坤明出席，并为获奖者颁奖。

获奖情况

2009年，省文联各团体会员在文艺创作方面也取得了新成果。

大型民俗风情舞剧《十里红妆·女儿梦》、电影《超强台风》、胡宏伟的报告文学《中国模范生——浙江改革开放30年全记录》、王旭烽的报告文学《家国书》、电视剧《北风那个吹》和歌曲《钢筋班的棒小伙》获得第11届全国精神文明建设“五个一工程”奖。电视剧《十万人家》、《北风那个吹》、《名校》和《我是太阳》获中国电视剧“飞天奖”。在第二届全国青年书法篆刻家作品展中，浙江省书法家协会取得了入展数第一、获奖数第一的优异成绩，在5个一等奖作品中浙江占了3件。在第11届全国美展中，浙江省有220余位美术家入选参展，其中获金奖2名，银奖3名，铜奖7名，优秀奖7名；省美术家协会获得第11届全国美术作品展览优秀组织奖；赵延年、王伯敏获第11届全国美术作品展览中国美术奖·终身成就奖。此外，浙江30余位美术家的14幅作品入选国家重大历史题材美术创作工程。在中国第13届国际摄影艺术展览中，浙江摄影家共有46幅作品获奖入选，奖牌、入选作品数列各省第一。在第九届中国民间文艺山花奖评选中，浙江省民间文艺家共获得11个“山花奖”，获奖数位居全国第一。省电视艺术家协会推荐的《珍珠情缘》、《老篾匠的新发明》、《百叶龙》，在首届新农村电视艺术节暨全国第三届农村小康电视节目工程活动中分别荣获农村小康专题片最佳奖、优秀奖和好作品奖。歌曲《江南小茶楼》、《清清家乡》、《招潮蟹儿》获全国优秀流行音乐创作大赛华东区优秀奖、全国提名奖。交响组曲《中国大运河》，入围全国“金唱片”奖评选。省戏剧家协会推荐的2名演员获得24届中国戏剧梅花奖；戏剧小品《奴才明白》获第三届中国戏剧奖·小品小戏奖；越剧《红色浪漫》获第11届中国戏剧节剧目奖和优秀表演奖。另外，省文联所属《山海经》杂志被评为“新中国60年最有影响力的期刊”，成为浙江唯一获此殊荣的期刊。

在浙江省第10届精神文明建设“五个一工程”奖评选中，省文联获得了浙江省“五个一工程”有史以来第一个也是唯一一个“创作工作奖”。

对外及对港澳台地区文化交流

【“印象浙江”纪念中匈建交60周年浙江省摄影图片展】

5月15～31日，由浙江省人民对外友好协会、浙江省文学艺术界联合会和中匈友好协会联合举办的2009“印象浙江”纪念中匈建交60周年浙江省摄影图片展于在匈牙利首都布达佩斯亚洲中心隆重举行。匈牙利国务秘书、国会议员、经济部长瓦留·拉斯洛先生，中国驻匈牙利大使馆文化参赞刘文卿，匈中友好协会会长、匈牙利前驻华大使叶桐，布达佩斯亚洲中心负责人鲁道夫·里德先生等参加开幕式并剪彩。

本次展览共展出摄影图片60幅，以其独特的视角，丰富的内涵和强烈的东方艺术魅力给匈牙利观众留下了深刻印象。

【浙江省—栃木县书法友好交流展】

为纪念浙江省—栃木县缔结友好省县15周年，浙江省书协与日本栃木县书道联盟合作，分别于3月26日、4月4日在杭州和日本栃木举行“浙江省—栃木县书法友好交流展”，展出双方作品共300件。在两地展览期间，双方还举行了书艺交流、学术研讨、专题报告等活动。

【杭州—台北名家书法交流展】

浙江省书法家协会与台北汉光书道学会联合举办“杭州—台北名家书法交流展”，展出双方作品100余件。首展于4月在台北举行，省书协组织书法家赴台湾参加“风华再现——两岸书法发展学术研讨会”与两岸书法对话活动。7月，交流展在浙江西湖美术馆展出，台北汉光书道学会书法代表团一行20余人来杭交流。

服务基层文联活动

【“新时期文联工作的实践和创新”专题培训班】

10月20～23日，浙江省文联“新时期文联工作的实践和创新”专题培训班在杭州开班。全

省市、县、企业文联主要负责人80余人参加了培训。浙江省文联党组书记林晓峰在培训班上作了题为《创新思路 重在实践 进一步推进文联工作科学发展》的报告。培训班还专门安排了专家辅导、经验交流、实地考察等环节，编印《文联工作资料选编》和交流材料，为基层文联干部开拓工作思路、提升实践水平、增强工作信心、联络友好感情提供实实在在的帮助，收到基层文联的欢迎。

【行业文联工作交流会】

为更好地了解行业文联工作情况，推动行业文联事业发展，6月26日，浙江省文联组织召开了“全省行业文联工作交流会”，全省10家行业文联的代表出席会议。通过交流，增进了各行业文联间的相互交流与学习，为浙江省文联强化与行业（企业）文联进行的对口衔接奠定了基础。

机关建设

【机关党建】

2009年，浙江省文联认真贯彻党的十七大对思想理论建设的新要求，坚持以党组理论学习中心组为龙头，处以上领导干部为重点，推进理论学习工作。

一是联系实际，组织党员干部着重学习理论读本《六个“为什么”》，认真思考社会主义核心价值体系的6个重大问题，深入学习领会中国特色社会主义理论体系的主要内涵，力求用中国特色社会主义理论体系武装头脑。

二是将学习党的十七届四中全会和省委12届六次全会精神作为政治学习的重中之重，及时下发有关文件和学习资料，组织党员通读《决定》和《实施意见》，并对当前及今后一个时期深入学习贯彻全会精神提出实施意见和安排。

三是举办文联干部暑期读书会，通过专题讲座、交流发言等形式，拓展工作思路，学习先进经验，开阔了视野，提高了干部的思想素质和工作能力。在读书会上，省文联书记处成员还结合学习和各自的分管工作，分别为文联中层干部作了专题讲座，把学习和实践有效结合起来，进一步强化了学习成效。

【队伍建设】

2008年，浙江省文联协会干部纳入参照公务员管理后，一大批协会干部退休，队伍建设摆上了议事日程。2009年，浙江省文联继续通过规范的干部人事任用制度和相关程序，引进一批专业人才，提任一批优秀干部，调整充实机关和部分直属单位领导岗位，基本配齐了协会专业干部、机关处室负责人和基层单位领导班子，解决了近年来困扰文联事业发展中最为关键的干部队伍建设问题，为文联事业的可持续发展打好组织基础。

调整的文联机关处室负责人：

郑蓉任浙江省文联办公室副主任（主持工作）

调入的各协会秘书长：

谢丽泓任浙江省戏剧家协会秘书长

各文艺家协会

【美术家协会】

1月3日，与上海市美协、江苏省美协联合举办了“与时代同行——纪念改革开放30周年长三角地区美术作品联展”。展出中国画、油画、版画、雕塑、水彩画作品274件。浙江省委副书记夏宝龙，省委常委、宣传部部长黄坤明等领导出席开幕式。此次展览既是对长三角地区美术创作整体水平的一次集中展示，也是改革开放30周年历程的一次成果展。

3月16～24日，组织各地（市）美协秘书长一行16人赴四川甘孜藏族自治州写生采风。画家们沿途创作的作品将集结展出并出版。

为迎接在山东省济南市举行的“力量之美——第七届中国体育美术作品展览”，8月1日，由浙江省体育局和省美术家协会主办的第六届浙江省体育美术作品展览在杭州黄龙体育中心开幕，吸引众多美术爱好者前来参观。本次展览共收到来自全省各地的参赛作品约300件。最后评选出金奖1件，银奖6件，铜奖15件，优秀奖69件，入选55件。

【书法家协会】

1月14日，与《今日早报》联合主办“温暖前行——新年送万福名家送福现场活动”。70余位知名艺术家积极参与，共收到“福”字100余件。本次活动还得到中国文联、中国书协领导的重视与支持。中国文联党组成员、副主席冯远，中国书协主席张海等寄来亲笔书写的“福”字。

3月8日，主办“浙江省首届女篆刻家作品展”，汇集来自浙江各地123位女篆刻家的近期佳作。

3月29日，第25届中国兰亭书法节开幕期间，与绍兴市人民政府合作主办“浙江书坛42人展”兰亭雅集活动，展出浙江最具代表性书家42人的精品力作84件，展现了浙江当代书法名家的最新成果。

4月28日，由浙江省书法家协会主办、义乌市书法家协会承办的“中国书法进万家——佛堂古镇楹联书法展”在义乌文博会开幕式上举行。展出省内外学者撰写的100幅以义乌佛堂老街为题材的楹联，为当地献上一场丰富多彩的书法盛宴。

8月6日，成立“沙孟海研究委员会”，并推出《沙孟海研究》杂志创刊号。委员会主任由浙江省书法家协会副主席兼秘书长赵雁君担任，楼建军、江吟任副主任，王自力任秘书长。

8月6日，举办吕迈《井冈山印存》首发式暨座谈会。浙江省文联党组书记林晓峰，党组成员、书记处书记高克明等出席座谈会。

【戏剧家协会】

8月12～14日，在杭州召开2009’浙江戏剧创作年会。

11月26～27日，举办第四届浙江戏剧论坛，对浙江戏剧的现状和未来做了梳理，为浙江戏剧创作和发展提供理论支持。

此外，采取“订购合作”的方式，与浙江绍剧团签订合同，组织完成《猪八戒别传》的剧本创作；与嵊州越剧团签订合同，组织完成《大漠骊歌》的创作。

【音乐家协会】

5月，与上海、江苏、福建联合举办“第四届长三角歌手”比赛。

9月，与温州市文联联合举办“江浙民歌大赛”，为原生态歌舞提供展示平台。

12月5日，成立浙江音乐家协会合唱联盟，旨在推动浙江合唱队伍建设，促进浙江合唱事业发展。

12月15日，组织成立“浙江音乐教育委员会”。

【电影家协会】

12月，举行第三届浙江电影完成片“凤凰奖”评选，这也是“凤凰奖”创立以来首次对完成片的征集、评比与表彰。经评选，《超强台风》、《村支书郑九万》、《民警王法金》3部作品获优秀故事片，《我的天使在街上》、《亲亲鳄鱼》、《公孙子都》、《动物狂欢节》分获优秀数字电影、优秀少儿片、优秀戏曲片和优秀动画片。

协助浙江省武警政治处举办以罗家岙边防派出所先进事迹为原型的影片《心桥》首映式，并和浙江省电视艺术家协会一起邀请省内专家、新闻媒体展开系列研讨；与浙江大学影视学院共同推出影视硕士研究生班；与安徽、江苏两省影协联办皖浙苏影视编剧高级研修班，并首次组织浙江12名老、中、青编剧参与，推动影视艺术研讨的常规化、高端化。

【电视艺术家协会】

4月，完成第19届浙江电视“牡丹奖”评选。本次评选共收到电视剧作品28部，最终入选12部，在充分评议的基础上，产生特别奖1部，一等奖3部，二等奖3部，三等奖5部，同时评出最佳编剧奖和最佳导演奖各1名。

6月5～14日，组织浙江电视代表团赴加拿大、韩国进行电视艺术交流和考察。

9月23日至10月2日，与浙江电视台新农村公共频道联合举办“走进新农村——小康故事”专题片展播活动。

10月24日至11月4日，应丹麦国家电视台、挪威电视台、芬兰市政府的邀请，组织浙江省电视艺术代表团一行4人，对上述三国进行电视艺术方面的交流访问。

【曲艺家协会】

2月9日，与杭州电视台生活频道等单位联合举办“有说有笑闹元宵”晚会。

4月8日，与上海曲协共同举办“绍兴莲花落名家新秀”上海巡演活动，受到上海曲艺界同行、部分浙江籍在沪曲艺家及上海观众的欢迎。

4月9日，与上海曲协共同举办“绍兴莲花落名家新秀”上海巡演研讨会。与会专家各抒己见，对绍兴莲花落进行点评和探讨，并从创作、表演、舞美、服装等方面为莲花落的发展和创新提出良好建议。

9月28日，与海盐县文联等单位举办王健小品专场演出，展演王健近年来新创作的反映勤政廉政作品共7个。

11月24日，举行《屈指行程二万——浙江省

曲艺家协会50年》画册首发仪式。中国文联副主席、中国曲艺家协会主席刘兰芳，中国曲艺家协会秘书长刁惠香专程到会祝贺。

为庆祝中华人民共和国成立60周年，讴歌改革开放巨大成果，举办了浙江省曲艺征文评奖活动，共收到作品154件。经过评委们的认真评选，评出一等奖8个，二等奖11个，三等奖13个。

组织浙江部分曲艺骨干举办“送欢笑、下基层”活动，共演出20余场，受到基层群众的欢迎。

【舞蹈家协会】

6月，在杭州举办浙江省第19届国际标准舞锦标赛。

9月，在嘉兴举办浙江省第二届少儿国标标准锦标赛。

【民间文艺家协会】

10月17日，召开中国民间艺术高层论坛，中国民协秘书长向云驹作了《关于非物质文化遗产的民间工艺》的学术报告。

10月26日，参与主办的首届中华慈孝节开幕式晚会在慈溪举行，浙江省委常委、宁波市委书记巴音朝鲁，中国民协党组书记、副主席罗杨，中国民协秘书长向云驹，浙江省文联党组成员、书记处书记柳国平等参加了此次活动。

10月27日，在中华慈孝节期间，举办中华慈孝论坛，邀请德国、美国、日本、韩国、新加坡和中国香港、台湾以及中国社科院、清华大学、北京师大等单位的知名专家参加。于丹做了《慈孝——中国文化的伦理起点》的精彩演讲，中国社会科学院研究员、博士生导师、中国伦理学会名誉会长陈瑛，中华孔子学会副会长钱逊，新加坡南洋理工大学孔子学院院长许福吉，香港孔教学院副院长洪秀平4位著名专家学者也分别围绕“慈孝文化与和谐社会构建”作了演讲。论坛还公布了《慈孝——慈城宣言》。

与上海民协、江苏民协联合举办长三角编织大赛，并于10月30日在上海嘉定举行评奖和展览。

【摄影家协会】

6月30日，与《中国摄影报》联合主办的“失海的渔木”——张弘摄影艺术作品展暨作品集首发式在中国美院美术馆开幕。省政协副主席盛昌黎出席开幕式。开幕式后，还举行了张弘摄影艺术作品研讨会。

7月16～17日，在舟山岱山县秀山岛举行2009年浙江省摄影创作研讨会，各市摄协负责人、创作骨干40余人参加了会议。

分别与省农村工作办公室以及新昌、仙居、松阳、千岛湖、苍南、泰顺、武义等地区联合举办各种类型的摄影创作比赛活动。

安徽省文联

综　述

2009年，安徽省文联紧紧围绕中心、服务大局，自觉担当推动安徽文艺大发展大繁荣的时代责任，切实履行联络、协调、服务职能，坚持改革创新，紧跟时代潮流，顺应人民期待，勇于求真务实，着力开拓创新，努力创造一流业绩，切实增强凝聚力、影响力、号召力，在满足人民群众日益增长的精神文化需求、促进经济社会发展、提升安徽文化软实力等方面发挥了重要作用。2009年，安徽省文联工作有3个特点：一是坚持从党和政府的工作全局中找准结合点，文艺工作和文联工作的影响力不断扩大。庆祝新中国成立60周年是党和国家的重大庆典，也是各族人民的盛大节日。紧紧围绕中央和省委确定的活动主题和总体要求，集中各方面智慧、动员全省文艺界，精心策划并组织实施了“放歌60年”系列文艺活动。各项活动主题鲜明、气氛热烈，富有时代感和感召力，受到各方面普遍好评，《人民日报》、《中国艺术报》、《安徽日报》等中央和省有关媒体做了充分报道。系列活动的成功举办，彰显了文艺优势，提升了安徽形象，扩大了文联影响。二是坚持从人民群众精神文化需求中找准切入点，文艺工作和文联工作的感染力不断增强。丰富社会文化生活，让人民共享文化发展成果，是党对文艺工作的新要求。坚持以人为本，贴近实际、贴近生活、贴近群众，举办了一系列惠民文艺活动，不仅在广大人民群众中引起热烈反响，也受到省委、省人大、省政府、省政协、省军区的高度重视，领导同志分别出席有关会议和展览开幕式。三是坚持从文艺事业发展的关键环节中找准着力点，文艺工作和文联工作的号召力不断提高。把提升谋划水平、提高工作质量、狠抓精品创作，作为推动文艺工作和文联工作的关键环节来抓。“放歌60年”等文艺活动和经典回顾与现代思考等研讨活动立意新颖、创意独特，有效地整合了全省创作资源、吸引了全国文艺家，文艺界知名人士陈忠实、刘兰芳、张海、吴长江、冯双白、陈维亚、杨晓阳等参与或出席有关活动。省第五次文代会准备充分、安排周密、盛况空前，与会代表倍感振奋、倍感亲切。大会的成功召开，进一步巩固了全省文艺界大团结大繁荣大发展的生动局面。

主要工作

【“放歌60年”系列活动】

充分发挥文艺和文联优势，精心筹划、认真开展“放歌60年”系列活动，大力弘扬民族精神和时代精神。一是演出活动共唱祖国繁荣赞歌。“梅苑芬芳”安徽省梅花奖演员国庆晚会在第五次文代会期间举办，与会代表和社会各界人士观看演出，10位梅花奖演员轮番登台演唱黄梅戏、徽剧和梆子戏精彩片段，为文代会增添了喜庆气氛。举办“祖国颂”安徽省第四届合唱节、“舞动长江·讴歌祖国”长江流域12省市戏曲演唱大赛、安徽省首届新农村少儿舞蹈会演。组织节目参加全国产业（行业）系统“向祖国汇报”文艺展演活动并获好成绩，参加由中国舞协举办的“向祖国汇报，向国庆献礼”第五届小荷风采少儿舞蹈展演。艺术家们以精彩的演出，热情讴歌伟大时代、礼赞江淮儿女、祝福盛世中国，营造喜庆、欢乐、祥和的社会氛围。二是展览活动描绘安徽崛起蓝图。举办“向共和国献礼”第三届安徽美术大展系列作品展、“锦绣安徽”摄影图片展、安徽省书法特展暨新世纪安徽省第二届书法大展和“送光明·光明颂”摄影大赛、“祖国·印象”全国摄影大赛作品展，勾勒徽风皖韵、记录时代变迁、展示崛起画卷，为新中国60华诞增添缤纷色彩。三是创研活动激发团结奋进力量。紧紧围绕省委决策部署，与有关部门合作，创作出版报告文学集《民生为天——来自安徽民生工程的报告》，

省委书记王金山题写书名，省长王三运作序。创作出版纪实文集《见证安徽新崛起》，全面展示安徽省经济建设、社会发展和民生工程建设的巨大成就。为及时总结沈浩先进事迹，省文联组织文艺家在第一时间赴小岗村深入采访，创作大量优秀文艺作品，与安徽文艺出版社联合创作出版大型报告文学作品，《清明》发表专稿《村官沈浩》。编纂出版大型文学评论专著《1949 ~ 2009：安徽作家报告》，举办安徽 60 年农村题材电影研讨会，回顾辉煌成就，激发创作激情。《清明》、《安徽文学》、《诗歌月刊》、《传奇·传记文学选刊》等出版"放歌 60 年"专刊，面向全国开展征文活动，向祖国致敬、为时代放歌。

【第五次代表大会】

开好省第五次文代会，是全省文艺界的热切期待，对于文联更好地发挥桥梁纽带作用，广泛团结和动员广大文艺工作者，推动安徽文艺事业全面发展繁荣，具有十分重要的意义。一是筹备周密细致。省委对开好第五次文代会高度重视，常委会专门听取筹备工作汇报，作出重要指示，明确要求有关方面认真做好各项工作，确保大会圆满成功，切实发挥统一思想、凝聚力量、鼓舞人心、催人奋进的作用，为推动文化强省建设作出新的更大贡献。在省委的领导和省委宣传部的直接指导下，文代会各项筹备工作扎实有效，组织周密，安排细致。二是大会庄严隆重。9 月 1 ~ 3 日，安徽省文联第五次代表大会在合肥召开，来自全省各地、各行业的 400 多名代表欢聚一堂，共商繁荣发展安徽文艺事业大计。省党政军领导王金山、王三运、杨多良、王明方、孙金龙、段敦厚、孙志刚、徐立全、臧世凯、刘春良、詹夏来、王秀芳、文可芝、任海深等出席开幕式。省委书记王金山，省政府省长王三运，省委常委、宣传部部长臧世凯发表重要讲话。中国文联党组书记、副主席胡振民专程到会祝贺并做重要讲话。大会审议通过省文联四届主席团工作报告和修改后的安徽省文联章程，选举产生新一届领导机构，季宇当选主席，马雷、方茂鸿、王章好、田传江、庄保斌、朱建平、吴雪、张甦、张居淮、李慧桥、唐跃、钱念孙、黄新德、韩再芬等当选副主席。三是意义重大深远。本次大会准备充分、进展顺利、成效显著，自始至终充满民主、团结、鼓劲、和谐的气氛，是一个继往开来、开拓创新、促进大团结大繁荣大发展的盛会，在全省文艺界产生良好反响，受到社会各界的普遍好评。大会的成功召开，进一步明确新形势下文艺工作和文联工作的指导思想、方针原则、目标任务，广大文艺工作者的信心更加坚定、精神更加振奋，为奋力开创安徽文艺事业新局面提供了强大动力、奠定了坚实基础。

【加强理论评论工作】

主办或联办"黄山魂"新徽派版画创作研讨会、经典回顾与现代思考·中国画学术系列活动、2009 安徽文艺论坛·当代文艺理论评论的品格与境遇学术研讨会、第 11 届全国美展参展作品观摩会、安徽省农村题材文学创作座谈会、安徽省影视创作选题讨论会、苏浙皖三省影视编剧高级研讨班、安徽省舞蹈高级编导进修班、安徽曲艺创作研讨会、黄梅大鼓研讨会和方兆祥长篇小说《罂粟果》、郭明辉长篇小说《老板娘》和陈忠村诗歌集《城市的暂居者》研讨会。编辑出版 2 期文艺评论专辑《文艺百家》。建立文艺信息报送制度和重要创作成果跟踪评论制度，把握文艺思潮、评判文艺现象、推介优秀作品。

【搭建创作和展示平台】

启动 2007 ~ 2008 年度安徽省社会科学文学艺术出版奖（文学类）评奖活动，举办"雾里青"小说大赛，颁发安徽省首届老作家文学贡献奖，出版安徽省第二届签约作家丛书、安徽作家创作基地丛书《秋浦渔村文集》（第一辑），开展第三届安徽省文联文艺评论奖评奖、第三届安徽省音乐论文评奖，举办安徽省青年通俗歌手大赛，扎实推进"水墨安徽"中国画创作工程，组织编写反映"安徽省民间文化杰出传承人"创作实践和艺术成就的传记作品集《守望》。115 名老文艺家获中国文联颁发从艺 60 周年纪念证书证章。配合省委宣传部开展"文艺皖军风采录"专题宣传，全方位、多角度展示安徽省各文艺门类领军人物、拔尖人才的精神风貌和艺术成就。所属文艺期刊牢牢把握机遇，积极应对挑战，大胆探索创新，倾力打造品牌，期刊质量、发行量都有所提高，进一步赢得了读者、拓展了市场、提高了效益。

【推出优秀作品和人才】

文艺家潜心创作、积极参与各类全国性文艺

活动，取得丰硕成果。由省文联文艺家主创和参与创作的《走进帕米尔高原——穿越柴达木盆地》、《蓝天下的课桌》获中宣部第11届精神文明建设“五个一工程”文艺类图书奖，《红红的太阳升起来》获安徽省第11届精神文明建设“五个一工程”歌曲奖；为中国驻美使馆创作巨幅国画《黄山春晖》，吴邦国、李建国等党和国家领导揭幕，全国人大常委会办公厅专门发来感谢函；梅之韵·黄新德演唱作品、长篇小说《酒楼》、《医医》等出版发行，黄梅戏电视轻喜剧《非常如意》在中央电视台播出。完成安徽省承担的国家重大历史题材创作美术工程作品《生死印》、《战胜非典》。一批作品荣获全国文艺家协会主办的各类专业奖项。青年黄梅戏演员周源源摘得第24届中国戏剧梅花表演奖，成为安徽省第11朵“梅花”。《清明》走过风雨30年，为社会奉献大量精品力作、培养一批优秀人才，现任主编当选“新中国60年有影响力的期刊人”。《清明》、《诗歌月刊》、《艺术界》、《传奇·传记文学选刊》分获第四届华东地区优秀期刊奖和安徽省优秀期刊奖。

【开展惠民文艺活动】

满足群众文化需求、提高群众精神境界，是文艺工作者的庄严使命。一是“送欢乐、下基层”活动丰富多彩。春节前后，由省文联牵头，全省文联系统上下联动、与有关部门协调配合，组织广大文艺工作者先后深入歙县雄村、淮北市杜集区、六安市裕安区等地的农村、学校、厂矿、社区、军营，开展“送欢乐、下基层”慰问演出、书法进万家、赠送春联图书等活动，把党和政府的温暖送到千家万户。继续实施“映山红”民间职业剧团扶持工程，与安徽电视台联合制作播出“江淮十大戏剧民星”个人专辑。二是农民画·画农民作品展特色鲜明。作为中国农民歌会重要活动的第二届“金色的田野”安徽省农民画·画农民作品展11月7日在滁州大剧院隆重开幕。省委书记王金山为展览题写展名，省长王三运撰写前言。王金山、王三运及省委常委、宣传部部长臧世凯，副省长谢广祥等领导出席开幕式并参观画展。省文联党组书记、书记处第一书记庄保斌在开幕式上致辞。本次画展共展出作品100幅，其中包括萧县农民国画、凤阳凤画、青阳农村生活题材风俗画等作品50件，专业画家的“三农”题材作品50件。这些作品主题突出，题材丰富，风格多样，具有浓郁的生活气息和鲜明的时代特色。主办方还邀请了10名农民画家在开幕式现场作画。三是各类展赛活动精彩纷呈。举办安徽省首届“田野的欢歌”农民吹打乐比赛、安徽省第五届少儿舞蹈比赛、第二届安徽省高校影视艺术大赛和纪念中国书协成立28周年中国书协理事作品展、安徽省首届临书大展、安徽省第九届少儿书法作品展、2009年全国中国画作品展、安徽省大学生美术作品展、安徽省女书画家作品展、“走进松潘”摄影展和方茂鸿、顾美琴等一系列艺术家作品展。赴广东省举办徽风皖韵·安徽省中国画名家精品展。这些展赛活动的举办，提升了城市的文化品位、丰富了群众文化生活。

【拓展对外交流】

互办第13届中国安徽·日本高知中日友好书法展。5月26日，展览在日本高知县美术馆开幕，安徽省书法家代表团一行，日本高知县文化生活部部长大崎富夫、日中友好协会会长铃木康夫、日中友好协会副会长渡边英子、日中友好书道协会代表大野祥云等出席开幕式。8月19日，省长王三运在稻香楼宾馆会见由知事尾崎正直、议会副议长森田英二率领的日本高知县友好代表团一行，当晚，还举行了安徽省与高知县结好15周年庆祝晚会，王三运、尾崎正直分别发表热情洋溢的致辞。省人大常委会副主任胡连松、副省长文海英、省政府秘书长方宁及省文联党组书记、书记处第一书记庄保斌等参加会见和晚会。之前，友好书法展于合肥久留米美术馆举行，高知县友好代表团全体成员，安徽省政府省长助理邵国荷，庄保斌和省文联书记处书记吴雪，省委宣传部、省政府外事（侨务）办负责同志，省书协负责同志及部分书法界名家出席开幕式。两省县的书法家们还举行了交流笔会。此外，组织安徽民间工艺精品赴澳门展出，举办首届中韩双向当代美术家作品邀请展，省杂协组织艺术家赴多国开展交流演出。这些活动的开展，开阔了文艺家眼界，同时也扩大了安徽文化的影响。

【加强领导班子建设】

5月12日，省文联召开干部大会，宣布省委关于省文联主要领导同志职务变动的决定。省委常委、宣传部部长臧世凯出席会议并做讲话。省

委宣传部常务副部长叶文成宣布省委决定：庄保斌任省文联书记处第一书记、党组书记，杨屹因年龄原因不再担任省文联书记处第一书记、党组书记职务。臧世凯说，对近年来省文联杨屹的工作，省委及省委宣传部是充分肯定的。他希望同志们自觉把思想和行动统一到省委决定上来，积极支持庄保斌的工作，以实际行动确保省文联日常工作的顺利交接、平稳过渡。他希望省文联勇于担当重任，自觉肩负起推动安徽文艺大发展大繁荣的光荣使命，努力为建设文化强省、加速安徽崛起建功立业。按照人岗相适、人尽其才和干部交流原则，从工作需要和事业发展出发，调整选配省作协、省书协、省影视协、安徽文学院、《艺术界》杂志社等部分事业单位负责人。按照省政府要求，完成省文联事业单位岗位设置管理方案，报有关部门审批。经过多方争取，为部分具备正高资格的文艺家兑现相应技术职称。

【开展专题教育活动】

着眼于培育良好学风、优良政风和廉洁清风，加强领导班子和干部队伍建设，不断增强领导科学发展、服务科学发展的能力。加大学习实践科学发展观活动整改方案落实力度，集中解决存在的突出问题，不断增强服务文艺发展的能力。以开展“效能建设在安徽”主题性文艺创作活动为特色，按照服务全省工作大局、促进经济社会平稳较快发展等5项要求，深入开展机关效能建设，改进机关作风，提高工作效率。认真落实党风廉政建设责任制，严格执行廉洁从政各项规定，开展“小金库”专项治理工作，自觉接受群众监督。承办安徽省反腐倡廉文艺作品征文活动，切实加强廉政文化建设。坚持理论中心组学习制度，通过干部职工大会、专题辅导报告会、专题培训班等形式，加强党员干部理论、业务学习。组织参加安徽省暨合肥市机关迎国庆·健身跑活动，开展国防教育日、我为农民捐赠一本书等活动，调整省文联精神文明建设指导委员会，推动机关精神文明建设。按照建设文艺工作者温馨之家的要求，加大联络力度，改进协调方式，优化服务质量，争取更多支持，多办实事好事。国庆前夕，开展走访慰问离休老同志活动。召开全省文联工作交流研讨会，各市文联负责同志先后发言，回顾总结成绩，深入分析形势，提出下一步工作设想，并对做好当前和今后一个时期安徽文艺工作和文联工作提出意见和建议。组织有关部门负责同志学习考察文化创新、文化产业发展成功经验，积极探索以服务为主、切合文联职能的文化产业运营模式。

【基层文联工作】

各地和企业文联坚持从党委、政府和企业发展大局出发，充分发挥优势，切实履行职能，各方面工作取得新进展、新成效。一是大力唱响时代主旋律。围绕庆祝新中国成立60周年、应对国际金融危机冲击、保增长保民生保稳定以及各地、企业重要纪念日、重大活动，举办一系列有声势、有特色、有影响的主题文艺活动，有力配合了重大决策部署的贯彻落实，为促进经济社会发展提供了强大的精神动力和文化条件。二是千方百计活跃基层文化生活。各地、企业文联充分发挥文艺在推动保障人民基本文化权益方面的重要作用，结合实际，上下联动，深入乡村、社区、企业、军营、校园生活前沿，开展各具特色、形式多样的文艺惠民活动，初步形成全省文联“一盘棋”的生动局面，极大地丰富了基层群众精神文化生活，同时也进一步密切了文艺工作者与人民群众的血肉联系。三是努力推动创作繁荣。切实加强和改进文艺创作、理论评论和评奖办节工作，整合创作资源、加大扶持力度、健全奖励机制，促进优秀文艺作品的创作生产，不断提高文化产品的供给能力。一些地方文联通过举办各类展演、申报艺术之乡活动等，展示历史底蕴，繁荣民间文艺，打造知名文化品牌，有力地提升了当地的对外形象。四是积极争取党委政府支持。一些市、县文联成功召开文代会，党政主要负责同志出席会议并讲话。有的地方党政领导深入文联开展调研，与文艺家座谈，共商推动文艺发展大计。有的地方党委、政府在干部配备、人员编制、经费投入等方面给予大力支持，为推进文艺工作和文联工作提供了有力保障。

各文艺家协会

【作家协会】

一本书。为配合省委、省政府工作部署，全方位展现全省民生工程取得的巨大成绩，省文联、省财政厅、省作协等单位联手打造了大型报告文学集《民生为天——安徽民生工程纪实》，省委书记王金山题写书名，省长王三运作序，新中国成立60周年前夕，由新华出版社正式出版发行。采访写作期间，正值高温酷暑。在短短3个月的突击采访、创作、出书期间，安徽作家表现出能吃苦、能战斗、敢拚搏的精神。图书出版后，在社会引起强烈反响，为新中国成立60周年献上一份厚礼。

一项奖。安徽老一辈作家是一个具有辉煌成就的群体，为安徽乃至全国的文学事业作出过巨大贡献。据不完全统计，全省年龄在70岁以上的老作家有210人。为向为文学事业流过汗水、付出心血、作出贡献的老一辈作家表达崇高的敬意，开展了安徽省首届老作家文学贡献奖评选活动，共有109位老作家获得此项殊荣。设立安徽省老作家文学贡献奖，既是对安徽老一辈作家辛勤、智慧、富于创造性的文学工作的肯定、推崇和致敬，也意在安徽文学界提倡一种尊重创造、尊重坚守、崇尚学养、自强不息的品行、操守和风气。

一项活动。向21位安徽省第二届签约作家提供了各种后勤支援和帮助，主要是召开作品研讨会，推荐参加各种研讨活动和进修深造，提供与国内著名作家、编辑共同参加采风活动的机会。签约期间，签约作家均按时完成或超额完成《第二届签约作家招聘方案》规定的创作任务，发表和出版了大量文学作品，一些作品被全国重点文学选刊转载并获奖，有的作品被改编成影视剧。经多方努力，出版《安徽省第二届签约作家丛书》，并举行隆重的首发式和研讨会。签约作家们的优质创作是安徽文坛的新收获。

【美术家协会】

坚持服务大局，把握正确导向。扎实开展深入学习实践科学发展观活动，通过各种形式和渠道组织美术家分期、分批深入基层，到生产第一线和有地域特色的城镇乡村采风、写生。策划组织庆祝新中国成立60周年主题展览，主办或联办了安徽省女画家美术作品展、第二届安徽省老年人书画艺术展、党是阳光我是苗·全省少年儿童绘画大赛、全省高校大学生美术作品展。承办了第二届中国农民歌会重要项目之一的“金色的田野”安徽省农民画·画农民作品展，省委书记王金山题写展标，省长王三运撰写前言，王金山、王三运、臧世凯、谢广祥等领导以及出席第二届中国农民歌会的嘉宾出席开幕式并参观展览。参与组织协调的国家重大历史题材创作工程《生死印》、《战胜非典》通过验收并参加专题展览。张松应邀创作巨幅中国画《黄山朝晖》、《新安春韵》，以全国人大常委会名义分别赠送中国驻美大使馆和人民大会堂。郭公达、章飚、王涛、班苓、张松、范竟达、汪炳璋、谢海洋等画家作品入编《纪念人民大会堂建堂50周年——人民大会堂珍藏作品集》画册。赖少其、郑震、章飚、班苓版画作品入选由中央宣传部、国家出版署主编，人民出版社出版的国家美术重点图书《中国美术六十年》。

强调理论领先，提升学术层次。作为美术大年，2009年安徽画坛十分活跃，省美协强调理论领先、提升创作内功。与合肥市委宣传部、市文联共同承办了经典回顾与现代思考——大型中国画学术系列活动。活动始终坚持理论引领，注重品位两大原则，通过举办新安画派经典作品展、全国中国画名家作品邀请展、安徽当代中国画提名展和新安画派艺术研讨会，再次确立新安画派在中国画坛上的历史地位与现实意义，并由安徽美术出版社推出《新安画派经典作品集》、《全国中国画名家作品邀请展暨安徽当代中国画提名展作品集》、《近现代中国画研究论文集》、《当代中国画研讨论文集》等4部学术性画册与专著。与此同时，在省文联的大力支持下，继续实施旨在弘扬徽文化优良传统的“水墨安徽”中国画创作工程。

分类组织实施，办好各项展览。围绕迎接“全国第11届美展”，举办大型作品草图观摩会，中国美协常务副主席吴长江等5位专家出席观摩会；举办了“第三届安徽美术大展”中国画作品展、油画作品展、版画作品展、水彩粉画作品展、雕塑艺术设计综合画种作品展获奖作品展，其中60件优秀作品入选第11届全国美展，5件获奖。全国第11届美展览评奖结果揭晓后，在合肥举办了第三届安徽美术大展·获奖作品展。承办2009年全国中国画展、在风景中行走·中国当代水彩画名家写生展等一系列重要展赛活动。据不完全统计，有近300件作品分别入选庆祝新中国成立60

周年·全国中国画名家邀请展、第三届全国青年美展、中国当代版画精品展等展览，为安徽画坛赢得了荣誉。对外交流活动频繁，主办首届中韩双向当代美术名家作品邀请展，参与中华文化促进会和安徽省政协组织的赴台湾、澳门的艺术交流活动，一些画家赴越南、柬埔寨、日本、俄罗斯、法国、荷兰、德国等国家开展交流采风、学术研讨和创作展览。

【书法家协会】

以繁荣创作为抓手，打造展览活动品牌。举办庆祝新中国诞辰60周年书法特展，展出的118件作品均为邀请作品，省委书记王金山，省政协主席杨多良、副主席田维谦等领导分别为展览提供贺作；新世纪安徽省第二届书法大展，收到来稿1200多件，420件作品入展，其中30件作品获奖；安徽省首届临书大展，收到全省各地以及安徽籍书家来稿近2000件，其中380件入展，35件获奖，颁发奖金近10万元；安徽省第九届少儿书法作品展，收到来自全省各地少年儿童来稿1000余件，600件作品入展，其中一等奖5件，二等奖10件，三等奖20件；方茂鸿书画艺术作品展览，以此倡导勤奋耕耘、无私奉献的艺术精神，激发广大书法家的创作热情，把精美的艺术作品呈现给社会。2009年，在中国书协举办的各类展览中，安徽入展60余人次，获奖5人次。

凝聚力量，扩大交流，推进书法事业全面协调发展。春节前后，组织书法家赴黄山、淮北、马鞍山、滁州等地，开展“书法进万家”活动，为群众义务写春联。省直书画家协会获中国书协“书法进万家”活动先进集体称号，合肥金友华和宿州朱绍俭被评为先进个人。互办第13届中日书法联展。5月，安徽省书法代表团在日期间，与日方书法家开展书法艺术交流笔会、座谈会等活动。8月，高知县友好代表团回访安徽省，双方共展出作品近200件。联合省青年书协、书艺公社网倡导并开展了立足安徽、面向全国的书坛绿色行动——绿城合肥“兰亭奖·尧山杯”免费看稿大会活动，邀请的4位书坛名家不索任何报酬，认真讲学，仔细点评，学员们不同程度的收获了较为完整的书学理念，学习了国展投稿的一些技巧，明确了今后的发展方向。在省书协努力下，举办“徽风墨韵”马鞍山等沿江八市书法篆刻精品联展巡展；省直书画家协会召开第三次代表大会；合肥市书协组织开展“江淮书风研究”理论研讨，研讨对象涉及清末民初近百位书家，37篇论文结集出版；池州市书协组织作品观摩会，邀请部分省书协主席团成员现场点评；巢湖市书协组织开展巢湖市书法家协会精品展，之前举办了观摩会。

不断拓展工作领域，完善整体服务与组织协调机制。承办中国书协第五届理事会暨中国书协成立28周年理事作品展，中国文联党组副书记、副主席覃志刚，中国书协主席张海，中国书协常务副主席、秘书长赵长青，以及来自全国各省区市书协负责人共150余人出席会议，安徽张学群、李士杰、张宇在本次会议上当选中国书协理事。“八一”前夕，参加由省政协、省民政厅等举办的深入省军区、省武警总队慰问活动，当场创作多幅书法作品，送去全省书法界对人民子弟兵的问候。配合省检察院、省公安厅、省财政厅、省民政厅等单位举办新中国60华诞书法展。为配合省文联第五次代表大会隆重召开，组织50位书法家为代表创作600余件书法小品，作为纪念品分发与会代表。不断完善展览评审和奖励机制，严格遵守“阳光评审、规范评审、学术评审、和谐评审”原则，较好地发挥了导向和激励作用。

【摄影家协会】

围绕中心工作，唱响主旋律。新中国成立60周年之际，与有关部门联办“锦绣安徽”大型摄影图片展，展出的106幅精美图片，集中展现了安徽的山水名胜、历史人文、经济建设、人民生活、社会发展，受到社会各界普遍好评；“送光明·光明颂”摄影大赛，展示安徽电力发展的辉煌成就，宣传省委、省政府能源发展战略；“祖国·印象”——首届“徽商期货杯”证券期货投资者全国摄影大赛，通过广大股民、期民的镜头，记录巨大成就、展现大好河山，反映我国资本市场的发展进步和新的气象。“5·12”汶川大地震一周年之际，在合肥久留米友好美术馆举办“走进松潘”纪实摄影展，其中大量图片摄自当时救灾重建的现场，展览结束后，将所有参展作品制成精美画册赠送给松潘县有关部门。精心策划省直机关效能建设摄影展。

发挥宣传作用，服务经济发展。与有关单位合作，举办发现匡河暨2009合肥政务文化新区摄影活动，组织摄影家走进合肥政务新区，亲身感受日新月异的城市发展，为大家创作出最新、最真、最美的作品提供便利条件；休闲养生在徽州摄影大赛，以珍贵的瞬间、精美的画面展现了黄山市徽州区的自然风光、人文历史、民俗风情、城市风貌，记录了徽州区建区以来的经济、社会建设发展成就；花亭湖旅游摄影比赛，充分挖掘花亭湖秀丽的自然美景和丰富多彩的人文景观，向世人展现花亭湖春夏秋冬四季景观的风采。支持黟县人民政府承办第四届黟县“画里乡村”摄影展，计划在2010年秋季举行颁奖和展览活动。

组织开展文艺惠民活动。举办“锦绣安徽”大型图片展走进军营活动，省军区首长和广大官兵认真欣赏每一幅图片。与有关方面共同主办“视觉五年”图片展，展出《新安晚报》近5年来部分经典摄影图片，就新闻图片采编开展专题研讨。举办纪实摄影讲座，邀请中国摄影家协会副秘书长解海龙江结合多年来“希望工程”摄影经历，讲解纪实摄影的地位、作用和方法，使大家对于纪实摄影的历史价值有了全新的理解和认识。举办首期电子暗室技术（PhotoShop软件技术）学习班，旨在逐步提高摄影家和摄影爱好者的图片后期处理与创意水平。在全国省区市摄协率先创办电子杂志《大家摄影》，受到广大会员、省内外摄影家和摄影爱好者的热烈欢迎。在中国第13届国际摄影艺术展上，省摄影家取得1银、2铜、4人入选的佳绩。

【音乐家协会】

为重大节庆举办活动。与有关方面联办“放歌60年”——庆祝新中国成立60周年安徽省第四届合唱节，来自全省10余支合唱团参加此项活动。省文联党组书记、书记处第一书记庄保斌，省文联书记处书记王章好出席并为获奖团队颁奖；安徽省首届“田野欢歌”农民吹打乐比赛，来自省内外的30支代表队参加角逐，评选产生安徽吹打乐“十大名班”，授予举办地砀山县“安徽省唢呐之乡”、“安徽省民族吹管乐培训基地”称号，农业部农产品加工局副局长卢永军和王章好等领导出席并颁奖、授牌；安徽省青年通俗歌手大赛，来自全省各地的200名通俗歌手参加比赛，一批优秀通俗歌手脱颖而出。

组织选手参加各类比赛。主办第七届中国音乐“金钟”奖安徽省选手选拔活动。推荐人选中，流行音乐歌手吕海民、吕海成、苏峰获“金钟奖”流行歌手30强，美声组张祖顺获入围奖，安徽师范大学庆萍合唱团、阜阳市金旋律合唱团获优秀奖。时白林、申非伊、朱宝强、韩永昌、潘汉民等老音乐家获中国文联从艺60周年纪念证书证章。推荐创作歌曲参加全国优秀流行歌曲创作大赛，其中《家乡步步高》、《春雨》、《登陆心灵》获提名奖。组织选手参加首届香港国际中国民族器乐系列邀请赛，获8金、9银、6铜的优秀成绩，省音协副主席陈惠龙获德艺双馨奖，省音协获最佳组织奖。省音协副主席盘龙创作的歌曲《红红的太阳升起来》获安徽省第11届精神文明建设“五个一工程”奖。组队参加第二届“卡西欧”杯全国电子琴优秀考生展演活动，获2金、1铜，2人获优秀指导教师奖，省音协获优秀组织奖。

积极开展群众性音乐活动。邀请中央音乐学院教授林朝阳来肥举行演奏教学及音乐会。与有关单位联办中国·三河情歌节、安徽省第二届“黄山杯”琵琶二胡大赛、安徽省第二届电子琴（单双排键）比赛、安徽省笛子比赛、安徽省第四届西洋管乐大赛。关注音乐教育与高校音乐艺术院校联合开展活动，与有关方面共同举办让心灵花儿尽情开放——全国优秀少儿合唱歌曲进校园安徽省启动仪式、朱慧子、陈琛钢琴重奏音乐会、“美妙的歌声”戴剑武独唱音乐会。省音协音乐素养培训基地在润安公学挂牌。开展安徽省第三届音乐论文评选活动。发展省级会员70名、推荐中国音协会员30名，编印《安徽音乐报》。

【戏剧家协会】

继续推进“映山红”农村职业剧团扶植工程。联合安徽卫视《相约花戏楼》栏目深入农村采编十期“十大江淮戏曲民星个人专辑”，节目播出后引起较大反响，“十大江淮戏曲民星”之一的薄战士代表安徽农村戏班农民演员登上央视7频道；为保护民间黄梅戏传统戏口授本，购买一台录音机赠给怀宁石牌镇黄梅戏团演员江洁环，记录她从老艺人那里学来的口传戏，《中国艺术报》等媒体予以报道；怀宁县公岭镇从农村文化站拨出房间解决公岭镇农民剧团的驻地。与安徽卫视《相约花戏楼》栏目联合组织“舞动长江·歌唱祖国”长江流域11省市“长江之星”青年戏剧演唱大赛，

活动受到国内外关注，一些境外媒体予以报道。为庆祝新中国成立60周年和省文联第五次代表大会胜利召开，组织梅苑芬芳——安徽省“梅花奖”演员国庆晚会，出席安徽省文联第五次代表大会的全体代表观看演出。侯露创作的黄梅戏电视轻喜剧《非常如意》，成功运用民营资本制作，国庆节期间在中央电视台播出。组织创作、排演大型革命历史剧《红杜鹃》。

举办安徽省第四届小戏小品大赛，来自全省的徽、黄、庐、泗、花、梆子、坠子七大剧种和话剧、曲艺的32个新编新创作品参加比赛，其中徽剧《一文钱掌柜》参加中国戏剧奖·小戏小品奖角逐，获得观众最喜欢的小戏奖和观众最喜爱的演员奖；《试妻》、《特殊党费》等11件作品获安徽省反腐倡廉文艺作品奖。青年黄梅戏演员周源源摘得第24届中国戏剧梅花表演奖，成为安徽省第11朵“梅花”。开展第九届安徽省少儿戏曲小梅花评选活动，选拔的优秀选手参加全国大赛，获6朵金花。与河南、山东省联办中国亳州·皖鲁豫二夹弦演唱大赛，来自三省的40多位演员参加比赛，评选出6个金奖、10个银奖、24个铜奖。积极推荐青年演员参加中国戏曲“红梅奖”评选，查寅等10位演员获金奖，汪晓明等6位演员获银奖。

【舞蹈家协会】

组织研讨活动，促进舞蹈创作。举办安徽省首届舞蹈编导高级研修班，邀请国内顶级专家来皖授课，就舞蹈发展趋势、舞剧及舞蹈创作理论、技法等课题做专门研讨并从创作理念、编创技巧以及舞蹈教学等层面予以指导。全省160名从事舞蹈工作的同志参加学习，为提高安徽舞蹈创作水平、培养创作团队发挥了积极促进作用。组织舞蹈骨干参加中国舞协中国舞蹈发展论坛暨第二届全国舞蹈大师班进修活动，就中外舞蹈比较、舞蹈表演、舞蹈市场、院团管理、舞台灯光、舞美设计等课目进行了系统学习。

组织各项赛事，庆祝祖国华诞。与有关部门联办安徽省首届新农村少儿舞蹈会演，参演节目全部来自县（区）、乡（镇）及村级单位，比赛评出演出一等奖3个、二等奖6个、三等奖9个及个人特殊贡献奖若干。组织新作参加第五届“小荷风采”全国少儿舞蹈展演，推选入围节目21个，其中15个节目获得“小荷之星”称号，6个节目获“小荷新秀”称号，省舞协获优秀组织奖。举办安徽省第五届少儿舞蹈比赛，参加决赛演出的52个节目具有较高艺术水准，体现了安徽少儿舞蹈作为知名品牌的一贯品格。组织节目参加第二届华东六省一市大学生舞蹈大赛，《花鼓敲天下》、《爱在人间》、《茉莉情怀》等作品分获创作、演出奖；省舞协获“优秀组织奖”。组织花鼓灯群舞《兰花嫂》参加第七届“荷花奖”全国民族民间舞蹈比赛，获得演出铜奖。

履行协会职能，服务基层需要。重视基层工作，按照“重团结、整资源、促发展”的务实工作思路，分别深入淮南、滁州、蚌埠、芜湖、宣城、池州、铜陵等地开展调研，加强沟通，了解情况，更好地发挥协会的影响和作用。在开展活动过程中，主动为基层单位的创作演出出谋划策、帮扶指导。积极开展中国舞蹈考级活动，共有173名舞蹈教师获得中国舞协注册教师证书和1～6级教师资格证书，2800多名学员参加中国舞蹈考级等级考试。开展会员档案整理工作，发展省级会员54名，推荐中国舞协会员10名。开通安徽省舞蹈家协会网站，编发《安徽舞蹈》会刊，及时发布舞蹈信息；编辑发放省、市舞协通讯录。张力、张白萍、周文琦、郭铁等老一辈舞蹈艺术家获中国文联从艺60周年纪念证书证章。在中国舞协成立60周年纪念活动中，高倩、芮淑敏、张居淮、邓晓焰等舞蹈工作者获荣誉称号。

【民间文艺家协会】

圆满完成安徽民间工艺家“走出去”赴澳门交流展示活动。活动从2008年9月开始，到2009年8月结束，历时一年，共有50多位民间工艺家参加交流。这次活动扩大了安徽地域文化在境外的影响，鼓舞了全省民间工艺家，推动了安徽民间工艺的传承和发展。组织青年作家赵宏兴、苗秀侠撰写反映杰出传承人创作实践和艺术成就的报告文学作品集《守望》，并配发约120幅彩色照片。寿县民间传统抬阁艺术《小二姐游春》在中国第九届民间艺术“山花奖”评选中获民间艺术表演奖。由芜湖市镜湖区荆山中学教师钱岩创作的新故事作品《有一条路叫幸福》获中国第九届民间文艺“山花奖”民间文学作品奖。在亚明艺术馆举办青年剪纸艺术家方军化作品展，并将展览作品作为民间艺术精品系列丛书编辑出版。

【曲艺家协会】

承办第五届中国黄梅戏艺术节活动之一的黄梅大鼓研讨会。来自省内外的专家学者近50位专家就黄梅大鼓这一新曲种的兴起缘由和现象展开研讨，同时对黄梅大鼓的传承、创新与发展等一系列问题，展开了充分的讨论。中国文联副主席、中国曲协主席、著名评书表演艺术家刘兰芳，中国曲协分党组成员、秘书长刁惠香，中国曲协副主席、著名梅花大鼓表演艺术家籍微等专家学者作精彩发言。举办安徽曲艺创作研讨会，全省各地数十位曲艺创作人才会聚一堂，通过专家讲座、集中研讨和采风等活动，总结近年来省曲艺创作的成果和经验，探索曲艺创作方向，展望安徽曲艺发展前景，省文联党组书记、书记处第一书记庄保斌出席会议，省文联书记处书记王章好在开班仪式上发表讲话。为庆祝新中国成立60周年，组织编辑了《安徽曲艺作品选》。广泛动员和精心组织全省曲艺工作者参加全国和安徽省“反腐倡廉曲艺作品征文”活动。积极做好会员服务和管理工作，重新登记全省会员，发放新会员证，发展一批新会员。推荐安徽曲艺表演人才和优秀曲目参加全国性展赛、演出活动，取得较好成绩。

【电影电视艺术家协会】

召开安徽60年农村题材电影研讨会。作为省文联“放歌60年”系列文艺活动之一，研讨会全面总结了新中国成立以来安徽农村电影创作，同时编印了论文资料集，其中收录了新中国成立以来安徽艺术家参与主创的农村题材电影主要片目和12篇相关论文。与苏、浙两省电影家协会联合在黄山举办影视编剧高级研修班，邀请国家影视部门权威人士及著名编剧讲课，共有50多位学员参加研修。研修班的举办对提升影视编剧水平，加快编剧队伍的建设，加强与苏、浙两省影视界的联系与交流，具有积极意义。在淮南矿业集团举办煤矿影视题材研讨会，会议期间，与会影视艺术家深入大通煤矿、顾桥煤矿、田家庵电厂、毛集镇等地考察采风。召开安徽省影视创作选题讨论会，来自全省各地40余位影视工作者出席会议，研讨会交流国际国内影视创作信息，分析安徽影视创作现状，讨论部分影视创作选题，并就如何搞好剧本创作及相关宣传等问题提出意见和建议。启动安徽省第二届高校影视艺术大赛相关工作，省文联和省广电局联合下发《关于举办第二届安徽省高校影视艺术大赛的通知》，举行启动仪式，省内多家媒体予以报道，安徽人民广播电台制作专题节目。

【杂技家协会】

为促进安徽杂技事业可持续发展，按照省发改委要求，配合省杂技团做好安徽百戏城项目的批复、选址、用地等相关手续的办理工作，力争2010年上半年破土动工。组织艺术家赴美国等国开展200多场交流演出。全力配合省杂技团转企改制，起草《安徽省杂技团转企改制方案（草案）》。组织节目参加由省文联部署安排的“送欢乐、下基层”慰问演出活动。组织演员赴休宁县举办捐资助学专场杂技晚会并当场捐款。参与杂技音乐剧《天仙奇缘》剧本创作和系列采风活动。

福建省文联

综　述

2009年，福建省文联深入贯彻落实科学发展观，认真学习贯彻党的十七大、十七届三中、四中全会精神，深入贯彻落实中国文联八届四次全委会和省委八届六次全会精神，以“高举旗帜、围绕大局、服务人民、改革创新”16字总要求为主线，以学习宣传贯彻中央领导同志来闽考察重要讲话精神和《国务院关于支持福建省加快建设海峡西岸经济区的若干意见》、围绕新中国成立60周年开展群众性爱国主义教育活动为重点，认真履行联络、协调、服务职能，全面推进精品创作、人才培养、闽台文艺交流、文艺理论评论、基层文联和基础建设等“六大工程”，为加快海峡西岸经济区（简称“海西”）建设提供强大的精神力量和文化支撑。

重要会议

【党组中心组学习（扩大）会暨工作务虚会】

1月15日，省文联在冰心文学馆召开党组中心组学习（扩大）会暨工作务虚会。认真学习贯彻十七届三中全会、省委八届五次全会、全省经济工作会议精神，传达贯彻中国文联八届四次全委会精神，结合海峡西岸经济区“两个先行区”（科学发展先行区和两岸人民交流合作的先行区）建设的实践，总结2008年工作，研究2009年工作思路。会议由党组书记、副主席范碧云主持，各处、室、协会、院、馆、中心、杂志社的负责人以及处以上干部参加了会议。

【六届二次全委会暨2009年工作会议】

2月18～20日，福建省文联六届二次全委会暨2009年全省文联工作会议在福州梅峰宾馆召开。省政协副主席、省文联主席张帆，省委宣传部副部长、省委文明办主任马照南，省文联名誉顾问许怀中，省文联党组书记、副主席范碧云，巡视员、副主席张宇，党组成员、副主席杨少衡、罗训涌，副主席陈济谋、章绍同、陈奋武、郑怀兴、曾静萍出席开幕式。省文联六届委员会委员、各市县（区）文联、各行业系统文联（文协）负责人，省文联各协会、处、室、院、馆、中心、杂志社负责人共180人参加会议。马照南在开幕式上代表省委宣传部做重要讲话，充分肯定省六次文代会以来文联工作呈现的新进展、新气象，分析面临的新形势、新任务，对做好当前文艺和文联工作提出明确要求。范碧云代表省文联第六届主席团作了题为《解放思想　锐意进取　为推动海西文艺大发展大繁荣作贡献》的工作报告，罗训涌做会议总结。会议期间，召开省文联六届二次全委会，审议通过增补王永昌、汪莉莉、翁振新、徐杰、朱发新等5名同志为福建省文联第六届委员会委员。会议还举行省政府表彰奖励2007～2008年优秀文艺精品创作单位和个人的颁奖仪式，举办了轻松欢乐的联欢晚会。

【第四届机关职代会暨工会会员大会】

5月12日，召开省文联第四届机关职代会暨工会会员大会，选举新一届职工代表和工会委员。省文联领导范碧云、张宇、杨少衡、罗训涌、曾珊，省直机关工会二片领导陈晃出席会议，文联机关131名职工参加了会议。陈晃代表省直工会做重要讲话，机关工会负责人杨平作了题为《开拓创新、共建共享，努力把文联机关建设成职工的和谐家园》的工作报告。大会以无记名投票方式选举产生了35名职工代表和15名工会委员，杨平当选新一届工会主席。

【全省文联系统学习实践科学发展观读书班暨基层文联工作现场会】

8月11～14日，在泉州市举办全省文联系统学习实践科学发展观读书班暨基层文联工作现场会，就深入贯彻落实科学发展观、学习贯彻国务院《关于支持福建省加快建设海峡西岸经济区的若干意见》、文艺如何为海西建设鼓与呼的思路和举措进行探讨和交流，省文联领导班子、省文联各单位负责人、各设区市文联驻会负责人和秘书长、各县（市、区）文联驻会负责人、行业系统文联负责人共约130人参加了学习与观摩。会议由省文联党组成员、副主席杨少衡主持，党组书记、副主席范碧云总结了文联上半年工作、部署下半年工作并对读书班提出具体要求，省政府发展研究中心主任李闽榕做了“深入贯彻落实国务院《意见》，在新的历史起点上加快建设海峡西岸经济区”的辅导报告，泉州市委常委、宣传部部长宋长青出席晚宴联欢会。本期读书班的一大特点是结合基层文联工作现场会来举办，与会同志前往南安、德化实地考察基层文联工作，参观党的建设“三级联创”成果展览、文化创意产业等项目，以现场观摩学习交流的形式，推进基层文联工作上层次、上水平。

重要活动

【庆祝中华人民共和国成立60周年系列活动】

编辑出版《福建文艺创作60年选》。这是一项文化工程，从2月开始启动编选工作，历时8个月完成。丛书第一次涉及众多文艺门类，选编作者近1200名，12个分卷，1100多篇优秀作品，共700多万字，集中展示福建文学艺术创作60年的丰硕成果，充分展示“文艺闽军”的创作实力，既有史料性、导向性，兼具思想性、艺术性，由省委常委、宣传部部长唐国忠题写总序。开展了丛书出版座谈会、捐赠仪式、解读讲座、“走进读者”和面向基层图书馆的赠书送书等一系列宣传活动，得到社会各界广泛好评。

“献诗·我的祖国”庆祝新中国成立60周年活动。省文联与省委宣传部联办，省文学院承办，向百名福建诗人征集100首歌颂伟大祖国的诗歌，编辑成精美诗集《献诗·我的祖国——福建百名诗人心灵之歌》。9月24日晚，在福州西湖大酒店举办“献诗·我的祖国”庆祝新中国成立60周年诗歌音乐会暨《献诗·我的祖国——福建百名诗人心灵之歌》、《福建文艺创作60年选》赠书仪式，省委常委、宣传部部长唐国忠，宣传部副部长、省委文明办主任马照南，省文联党组书记范碧云，省文化厅厅长宋闽旺等有关领导以及文艺界代表近200人参加活动。9月27日晚，在泉州府文庙举办“献诗·我的祖国”百名福建诗人海西放歌诗歌音乐会，文艺家们深情演绎了《祖国啊，我亲爱的祖国》、《开国大典》、《以海西的名义出发》等诗歌音乐作品，并开展摄影诗展览和观摩祭孔活动。

第九届水仙花戏剧奖颁奖暨“梅花奖”演员联袂演出系列活动。6月6～8日，省文联、省剧协联合在泉州举办“海西梨园芬芳”——福建第九届水仙花戏剧奖颁奖暨“梅花奖”演员联袂演出系列活动，活动内容包括：第九届水仙花戏剧奖颁奖典礼、第24届中国戏剧梅花奖福建获奖者表彰会、福建历届“梅花奖”演员联袂演出、“海西泉州行”——戏剧家侨乡采风、“清源雅集”——水仙花奖梅花奖演员即兴演唱会。省委宣传部副部长、省委文明办主任马照南，省文联党组书记、副主席范碧云，省文化厅副厅长、省剧协主席陈立华，省文联党组成员、副主席罗训涌，泉州市委常委、宣传部部长宋长青等领导和戏剧界人士130人出席开幕式。

福建省当代美术精品大展。由省文化厅、省文联、省美协联合主办的“庆祝新中国成立60周年——福建省当代美术精品大展暨第11届全国美展福建省作品选拔展”于7月10～17日（油画、水彩粉画、版画）、8月15～19日（中国画）分别在省画院、福州画院及省美术馆展出。游德馨、黄瑞霖等省老领导，省文联党组书记、副主席范碧云，原省文联主席许怀中，省文化厅副厅长陈朱参观了展览。大展共收到油画218件、水彩作品115件、版画45件、国画462件，选出油画65件、国画184件、水彩作品23件、版画8件作为入选省展作品，并精选油画18件、国画18件、水彩作品25件、版画12件报送全国美展，充分展示出福建美术创作近年发展的轨迹。

全省小戏小品小剧场戏剧展演。10月15日晚在闽江学院开幕。展演规模大、阵容强，参演单位不仅有福建人民艺术剧院、福州市歌舞剧院等专业表演团体，还有机关、企事业单位、高等院校、公安、武警部队等非专业演出阵容，进行了为期一周共9场60多个剧目的演出。

海峡西岸当代书法精品展。省文联与省委宣

传部联合主办，省书协承办的“庆祝新中国成立60周年——海峡两岸当代书法精品展”，于9月25～29日在福州画院举行。展出江西、浙江、广东、福建四省21个城市书法家的作品约220件，并编成《作品集》。

“向祖国汇报、向海西献礼”——福建省国展获奖书家提名展。9月29日至10月2日，由省委宣传部、省文联主办，省书协、闽台书画院承办，全省36位在中国书协主办展览中获奖作者的作品参展在福州举行首展，省委常委、宣传部部长唐国忠等领导出席开幕式。之后在厦门、金门举办巡回展。

见证祖国60岁闽籍人士影像展。9月27日，省文联与省摄协联合在省图书馆举办“见证祖国60岁，我的名字叫国庆——60位闽籍人士影像展”，以摄影家的角度，独特视角、别具匠心，拍摄60位分别从1949～2008年10月1日出生、且名字叫“国庆”的福建人，以此来庆祝新中国成立60周年。《人民摄影报》头版以大幅的版面刊登这次影展的作品，《中国摄影报》等媒体也做了报道。

“祖国颂”迎接新中国成立60周年征文活动。征文活动自4～9月，共收到全国来稿500余篇，《福建文学》从2009年第四期连续刊载征文中部分优秀作品，在此基础上，评选出24篇入围作品，最终评选出11篇获奖作品。9月9日上午，在福州景城大酒店举行颁奖大会，省文联党组书记、副主席范碧云，党组成员、副主席、省作协主席杨少衡等领导为获奖作者颁奖。

【海西主题文艺活动】

“辉煌60年”海西发展巡礼大型文艺家采风活动。为呼应国务院《关于支持福建省加快建设海峡西岸经济区的若干意见》的颁布、纪念毛泽东在延安文艺座谈会上的讲话发表67周年，省文联与省委宣传部共同组织开展“辉煌60年”海西发展巡礼大型文艺家采风活动。省委常委、宣传部部长唐国忠对活动做了重要指示并参加5月22日在省文联举行的采风出发仪式，为采风团授旗。省委宣传部副部长张宗云、省文联党组书记范碧云在出发仪式上致辞。该活动以“文艺家采风团”省内采风和“作家采风团”海西经济圈跨省文学采风等形式进行。“文艺家采风团”会聚百名省内知名文艺家，分成“红色闽西”、“闽北路先行”、“侨乡霞彩”3个团，深入海西建设最前沿和群众生活第一线进行采风创作。“作家采风团”以“锦绣海西”为主题，组织“龙岩—赣州采风行”、“宁德—温州采风行”和“漳州—汕头采风行”跨省文学采风活动，举办了“锦绣海西”征文活动。该项活动被列入了省委2009年工作总结。

“锦绣海西”大型美术创作笔会。6月19日，省文联与省美协主办的“锦绣海西”大型美术创作笔会在福州隆重举行。开笔仪式由省文联巡视员、副主席张宇主持，省文联党组书记、副主席范碧云致辞。这是一次大规模高水平的创作活动，集中福建省美术界国画创作方面的骨干近30人，共同创作两幅反映福建地域风情与特色的大型画作《丹霞闽粤》、《锦绣海西》长卷，展示海西风采，用于赠送林芝援藏工程和省政协60周年庆典。

福建省第四届艺术节“魅力海西”美术书法摄影大展。11月6日，由省政府主办，省文化厅、省文联承办的“第四届福建艺术节美术书法摄影展”在福州国际会展中心举行开展仪式。这是第四届福建艺术节的首场活动，共展出美术书法摄影作品700件，台湾参展作品近100多件，有油画、国画、漆画、水粉水彩、版画、书法、雕塑等。作品围绕庆祝新中国60华诞为主题，充分展示和表现新中国成立60年来辉煌成果和改革开放的伟大成就，海西建设所取得的成果及和谐社会的人文精神风貌。

海西20城市作家联谊座谈会。12月30日，由省作协、海峡文艺出版社联合举办的“海西20城市作家联谊座谈会”在福州温泉宾馆举行。来自浙江温州、衢州、丽水，江西赣州、上饶、抚州、鹰潭，广东梅州、潮州、汕头、揭阳以及福建九市的“海西”20个地级城市作家代表40余人出席。会议形成了“海西建设、文学先行”为主体的“福州共识”。

【其他重要活动】

承办2009全国舞协工作会议暨全国舞蹈家走进海西舞蹈创作采风活动。1月14～17日，省文联、省舞协承办了2009全国舞协工作会议暨全国舞蹈家走进海西舞蹈创作采风活动，中国舞协名誉主席、著名舞蹈表演艺术家贾作光，中国文联副主席、中国舞协主席白淑湘，中国舞协分党组书记、常务副主席冯双白以及60多名来自全国各地的舞蹈艺术家参加了活动。省委常委、宣传部部长唐国忠在福州接见了与会代表。活动包括冯双白的《近年来中国舞蹈创作发展趋势》专题讲座、2009年全国舞协工作会议、舞蹈艺术家走进福州五一广场与市民同欢乐及赴泉州、厦门的创作采风等。

承办中国音协六届四次理事会。9月3～5日，中国音协第六届理事会第四次会议暨纪念李焕之诞辰90周年座谈会在武夷山召开。中国音协名誉主席吴祖强、主席傅庚辰、分党组书记徐沛东以及中国音协六届理事会100多位理事出席会议，省委常委、宣传部部长唐国忠出席会议并致辞。5日，为纪念我国当代著名作曲家、音乐理论家、合唱指挥家、音乐活动家、祖籍晋江池店村的李焕之先生，召开了纪念李焕之诞辰90周年座谈会暨李焕之研究会筹备会成立大会。中国音协分党组书记、驻会副主席徐沛东宣布"李焕之研究会筹备委员会"成立，省文联党组成员、副主席罗训涌介绍李焕之的生平业绩及成立研究会、建设纪念馆的重要意义和筹建工作情况，李焕之家乡泉州文联副主席邱章平、亲属代表李大康分别做了发言，数十位理事作了缅怀感言。

联合承办"第11届全国美展漆画·陶艺展"。9月18日，由文化部、中国文联、中国美协主办，厦门市政府、省文联承办的"第11届全国美展漆画·陶艺展"开幕式在厦门美术馆隆重开幕。全国政协常委、陶艺艺委会主任韩美林，原省人大党组书记、常务副主席张家坤，文化部艺术司副司长刘中军，中国文联国内联络部主任夏潮，中国美协副主席、中国美术馆馆长范迪安，省文联党组书记范碧云，中国美协秘书长刘健，厦门市委常委、副市长詹沧洲，省文联党组成员、书记处书记、副主席杨少衡，厦门市文化局局长罗才福，厦门市委宣传部副部长林书春，漆画艺委会主任蔡克振，中国美协有关部门领导、省美协主席团成员及来自全国各地和福建漆画家等近千人出席开幕式。从全国直接应征的4500多件漆画、陶艺作品中选出并展出漆画作品286件、陶艺作品121件。作品观念新颖、视角多维、题材丰富、风格多样，代表了中国当代漆画家、陶艺家的思考和创作水平。福建省在本届展览中有101件作品入选，13件作品获奖并推荐晋京展出。

参与承办第11届中国戏剧节。11月27日至12月13日，由中国文联、中国剧协主办，省文联、省剧协参与承办的第11届中国戏剧节在厦门举行。来自全国17个省区市和解放军艺术团及台湾地区的30台剧目参加演出，这些剧目涵盖京剧、昆曲、话剧、歌剧等23个剧种，总计演出场次达58场。福建省共入选7台大戏。来自台湾的剧目以及台湾和厦门戏剧家共同创作的剧目首次亮相中国戏剧节，是本届戏剧节的一大亮点。戏剧节还邀请了国际剧协主席拉门度·马珠姆达等来自五个国家的13位外国同行前来观摩剧目并举办中外戏剧交流会。

组织大规模省外考察学习活动。6月底至7月初，省文联领导分4组分别带领省文联机关、协会及事业单位的主要负责人、设区市文联驻会负责人、县（市、区）文联驻会负责人以及部分行业文联负责人，先后赴云南、贵州、黑龙江、宁夏等地考察学习。这次考察学习活动，以科学发展观为统领，围绕创新文联体制机制的思路和做法等内容，学习借鉴兄弟省市区文联的先进经验，开拓了视野，推进了全省文联组织的建设，也进一步巩固了深入学习实践科学发展观活动成果。

创作与研究

【获奖情况】

文学，实施长篇小说创作精品工程，"文学闽军"引起全国文学界的注目。《福建文学》、《台港文学选刊》、《故事林》等文学刊物均被评为第四届"华东地区优秀期刊"。《故事林》还获得中文期刊网络传播排行TOP100四连冠第四名（全国共12家）。音乐，原创歌曲《海峡之梦》获第11届"五个一工程"歌曲类优秀作品奖。在"全国优秀流行歌曲创作大赛"（新中国成立以来规模最大的流行歌曲创作活动）中，取得1金1铜1优秀的成绩，居全国前列，省文联获得"优秀组织奖"。美术，在五年一届的美术奥运会——"全国第11届美展"中，国画、油画和特色优势项目漆画作品入选数量超过历届。国画、油画入选作品均在全国排名第七，漆画入选103件（全国总数286件），排名第一，且在推荐晋京的优秀作品中占12件（全国32件），2件获得银奖，省美

协首次在全国美展中获“组织工作奖”（全国仅7个省）。戏剧，在第24届中国戏剧梅花奖评选中，2人获奖，1人取得直接进入下届决赛的资格，至此，福建省连续4届获奖，有10位演员11次夺得“梅花奖”。在第11届中国戏剧节中，7部剧作参评与展演，有3部获优秀剧目奖、2部获剧目奖，8人获单项奖，省剧协获优秀组织奖，取得历史最好成绩。舞蹈，在第五届“小荷风采”全国少儿舞蹈展演中，5个节目获得金奖，省舞协获“优秀组织奖”；舞协组织的“福建省广场舞蹈迎新春邀请赛活动”获得“2009全国特色文化广场活动”荣誉称号。书法，在全国第六届楹联大展中，获1金3铜23件作品入展的佳绩；在第三届“兰亭奖”中，2人获提名奖，6人入展；在全国第二届隶书展中，1人获二等奖，3人获提名奖。民间文艺，在“第九届中国民间文艺山花奖”评选中，《故事林》佳作《60年后的握手》荣获“新故事创作奖”（全国五篇获奖）；民间鼓舞鼓乐《漳州大鼓凉伞》荣获“民间艺术表演奖”（入围山花奖第一名），省民协获“优秀组织奖”。此外，摄影、电视等方面也取得不斐成绩。

曾静萍（省文联副主席、省戏剧家协会副主席）获全国宣传系统“四个一批”优秀人才荣誉称号，曾静萍（省文联副主席、省戏剧家协会副主席）、李式耀（省音乐家协会副主席）、赖妙宽（厦门市文联作家）、柯云瀚（省书法家协会副主席）、石广智（省摄影家协会副主席）、林荏青（省画院画家）等6位文艺家荣获福建省宣传文化系统第一批“四个一批”人才称号。汪梅田（《故事林》主编）荣获中国民协“第三届德艺双馨民间文艺家”称号。

【理论研究】

成立省美协“中国人物画艺委会”等协会学术委员会，召开“全省青年文艺评论家理论研讨会”、“海峡两岸闽南语电影研讨会”、“福建省重点青年画家座谈会”、“福建省中国人物画创作现状及发展”学术研讨会等理论研讨和文艺评论活动，认真总结创作经验，研究文艺思潮，引导健康评论。开展“海峡两岸文化艺术田野采风调研”、“漳州花卉产业群”采风等学术活动，编辑出版《海峡两岸传统文化艺术研究文集》、《闽南民间工艺美术》等理论文集。建立舆情信息员队伍，举办信息工作培训班，畅通舆情信息渠道。深入开展“关于纯文学网络阵地的开拓与管理”等重大课题的调查研究，撰写专题调研报告，收入省委政策研究室《调研文稿》第十期。

【创作情况】

编辑出版《福建文艺创作60年选》（12卷本）。丛书分为中篇小说、短篇小说、诗歌、散文、纪实文学、儿童文学、文学评论、艺术评论、民间文学、戏剧文学、电影文学、歌曲12个分卷，共选入新中国成立以来主要是1998 ~ 2008年期间各文艺门类优秀作品1100多篇（部、首），涉及作者近1200名，共700多万字。其中纪实文学、文学评论、艺术评论、戏剧文学、电影文学、歌曲等文艺门类的优秀作品，系首次以历史年段编选大型卷本的方式结集成册。丛书既有史料性、导向性，兼具思想性、艺术性，由省委常委、宣传部部长唐国忠题写总序。

举办中国舞协第22届教学成果展演暨“小荷风采”全国少儿舞蹈展演福建选拔赛。1月21 ~ 22日，中国舞协社会舞蹈教育委员会、省舞协联合在福州举办，700多名选手表演了41个舞蹈节目，且多是新作品，评出9个一等奖、13个二等奖、15个三等奖。

组织专家团观摩指导“迎国庆福建省当代美术精品大展暨第11届全国美展”创作活动。为更好地组织实施五年一次的“第11届全国美展”活动，推出更多的精品力作向新中国60周年献礼，省美协于4月26 ~ 30日，组织由省美协主席团成员、有关艺术院校、有关画种学科带头人及美术理论家组成的专家团18人，分两组赴全省各地市、美术院校，了解全省美术家创作情况，对作品进行指导点评，围绕“迎国庆福建省当代美术精品大展暨第11届全国美展”与作者座谈、解答、帮助、提高。活动在每个地市都设有1个观摩点，其中泉州、厦门各设2个观摩点，每场观摩会都召开座谈会。这次活动是对“第11届美展”的一次再动员，影响大、效果好。

举办“全国第六届楹联书法展览创作班”。5月14 ~ 17日，省书协在福州梅峰宾馆举办全国第二届青年书法篆刻展览及全国第六届楹联书法展览创作班。创作班采取书法讲座与分班具体指导相结合的方式进行，全省60多名书法骨干参加，中国书协白煦、刘文华、刘洪彪等领导专家进行授课辅导。

举办“第三届中国书法兰亭奖暨“尧山杯”全国书法创作班”。8月29日至9月1日，省书协在福州梅峰宾馆举办第三届中国书法兰亭奖暨“尧山杯”全国书法创作班。创作班采取讲座、评点作品、示范修改作品、开启创作方向等相结合的方法进行。由中国书协副主席聂成文、省书协主席陈奋武授课。

举办“首届福建省画院创研学术展”。11月13日，省画院举办“首届福建省画院创研学术展”，展出全省各地画院专业画家作品100余幅。这是一次全省画院名家的集体亮相，是为提升全省画院整体形象和学术优势而锐意进取的一种思考和实践。开幕当日，还召开“全省画院工作联席会”。

文学创作。省作协与省炎黄文化研究会先后组织3批共60多位作家，深入德化瓷都产业群、白茶祖地福鼎、坦洋功夫祖地福安、漳州花卉产业群采风创作，撰写出版5部散文报告文学集。

北北的长篇报告文学《过台湾》、伊路的长诗《永远犹未尽》等2部作品入选2009年度中国作家协会重点作品扶持项目。

对外及对港澳台地区文艺交流

【对台文艺交流】

牢牢把握两岸关系和平发展的主题，认真贯彻落实中央赋予的政策，着力先行先试，两岸文化交流合作更加广泛深入。8月上旬，配合第二届中国丹霞（泰宁）文化旅游节，成功组织“首届海峡两岸青年舞蹈嘉年华活动”，签署了海峡两岸舞蹈交流合作协议，首次成功搭建“海峡两岸青年舞蹈嘉年华”平台，省台办充分肯定此项活动的做法并向国台办、省对台工作领导小组呈了专报件。8月中旬，成功举办“海峡两岸电视主持新人大赛”，首次尝试在台湾设立分赛区，得到台湾大学等9所院校相关专业学院积极响应，引起台湾岛内的密切关注。9月，成功举办“首届海峡两岸闽南语电影研讨会”、“海峡两岸首届电影发行放映同业论坛”，签署了《漳州协定书》，推动两岸电影交流合作向更高层次迈进。12月，成功举办第六届“海峡诗会”，以当代台湾最具影响力，与洛夫、余光中三足鼎立的著名诗人郑愁予为本届诗会焦点，邀请台港澳诗人学者参与，开展了诗歌研讨会、朗诵会、创作座谈会和海西文化考察、采风与诗文创作等活动，对促进两岸文化交流产生了积极影响。此外，举办“首届海峡两岸四地花鸟画名家网络盛典邀请展”、海峡两岸中小学生“手拉手·我们同行”大型有奖征文评选活动，承办“海峡两岸青年书法交流展”，协办“首届闽台两地鎏金铜佛展暨名家品鉴”活动，组织省文联代表团及舞蹈、电影等文艺门类代表团赴台交流等。

【对港及对外文艺交流】

赴港举办“闽海锦绣——福建工笔画及书法作品展”。组织冰心文学馆代表团赴俄罗斯交流访问。接待美国威尔斯利女子学院教授访问团。

机关建设

【进一步加强思想作风建设】

上半年，以深入学习实践科学发展观活动为重点，着重在整改落实环节上下工夫，圆满完成学习实践活动的各项任务，取得“党员干部受教育、科学发展上水平、文艺为民显成效”的学习成果，群众测评满意率达100%。6、7月间，以科学发展观为统领，围绕创新文联体制机制的思路和做法等内容，组织大规模省外考察学习活动，先后赴云南、贵州、黑龙江、宁夏等地考察学习。8月，在泉州举办全省文联系统学习实践科学发展观读书班，进一步巩固学习实践成果。下半年以学习贯彻党的十七届四中全会精神为重点，大力推进“落实‘四责’要求、奋力‘四求作为’”的学习教育，进一步加强党组领导班子和机关干部的思想政治建设。建立完善省文联惩治和预防腐败体系领导小组，落实反腐倡廉工作责任制，不断推进党风廉政建设。

【进一步加强组织建设】

调整充实文联所属各领导班子，调整提任了30名处、科级干部，表彰年度岗位考核优秀干部和优秀党员，开展2006 ~ 2009年度全省文联系统双先评选、迎接第10届省直机关文明单位检查评比的各项准备工作等活动，大力夯实文联党组织和党员干部队伍建设这一基础工程。认真做好

老干和工青妇工作，召开职工大会、职代会，选举产生第四届工会委员；在纪念日和节庆日举办“三八”节晋江踏春行、“七一”党员采风、离退休老干部运动会、省文联机关迎春联欢会等丰富多彩的娱乐活动，不断增强党组织和党员干部队伍的生机活力。

【进一步加强机关建设】

制定实施《省文联固定资产管理办法》、《省文联大楼管理暂行规定》及保密、安全、消防、卫生等相关制度，进一步加强机关内部管理。在上级部门的大力支持下，“三坊七巷”文学讲习所完成修复建设，省画院正着手全面装修改造，省文联办公环境进一步完善，安装了监控系统、改进了“职工之家”。根据文艺和文联工作环境、任务、内容、渠道和对象的发展变化，积极探索服务文艺工作者的途径和办法，制定了“六个一”协会管理制度，召开社团管理工作会议，签订《福建省文联所属社团管理协议书》，加强对会员的联络协调服务工作。

【开展慰问及“送温暖、献爱心”活动】

广泛开展春节慰问活动。春节前夕，省文联领导班子成员与相关部门的负责人分5组赴全省九地市及部分县（区、市），登门看望慰问老文艺家、基层文联驻会干部。文联党组领导集体看望慰问在榕文联名誉顾问、协会省级顾问、退休的第六届主席团成员、离退休老同志和生病住院的知名文艺家，向他们送去节日的问候和美好的祝愿。召开老干部新春茶话会、2009机关迎春联欢会，组织文艺家与援藏干部联谊等，喜迎新春。

元旦、春节期间，省文联精心安排系列群众文艺活动及“送欢乐、下基层”慰问活动。12月，省杂协、书协、曲协等文艺家协会积极组织文艺工作者参加省文联艺术团，赴革命老区、农村、厂矿、军营、重点建设一线开展“送欢乐、下基层”慰问活动，为基层群众、干部职工、部队官兵文艺展示、写春联、拍“全家福”等，深受群众欢迎。民文协、舞协开展了“海西爱心涌动·助学春蕾圆梦”民间艺术品义拍、“美育工程爱心直通车”等捐助公益活动，为贫困及特殊学校儿童送去爱心和温暖。建立领导挂钩基层文联制度，组织文艺专家讲师团下基层，举办讲座培训骨干，深受基层文联和文艺爱好者的欢迎。

直属单位

【文艺理论研究室】

发挥《福建文艺界》等刊物的阵地作用，积极开展文艺创作和理论研究，全年编辑出版《福建文艺界》4期、《文艺理论信息参与》12期，举办“2009全省青年文艺评论家理论研讨会”，联合举办“2009年福建省文学艺术高级讲习班”，完成省委宣传部2009年度“关于纯文学网络阵地的开拓与管理”的文化调研任务，参与《福建文艺创作60年选》艺术评论卷的选编工作。组织有关艺术家和学者，继续开展“海峡两岸民间文化艺术采风和学术交流研讨”系列活动，编辑出版《漳州徐竹初木偶雕刻艺术》、《闽南民间工艺美术》等专著。联合举办“庆祝新中国成立60周年——祖国颂”大型征文比赛，参与筹划摄制大型电视系列片《海峡神缘》的有关活动，摄制《海西文化名人坊——福建当代作家艺术家电视传记系列片》第五辑。

【文学艺术对外交流中心】

国庆期间，在香港举办“闽海锦绣——福建工笔画及书法作品展”，成为近年来闽港文艺交流的重大活动之一。参与“海峡论坛”活动，与省影协等部门共同承办“海峡文化艺术周”的“海峡影视展映展播周”活动。做好服务，为文艺家办理赴台赴外交流手续。

【省画院】

先后举办“置换与融通——画家书法、书家国画研究展”、“首届全省画院创研学术展”、“意写心墨——第二回福建中国人物画学术邀请展”、“闽、黔、港、澳、台书画名家艺术精品联展”、“中国书画之乡——浙江浦江籍书画家作品展”、“甘肃画院赴闽作品交流展”、“瑟瑟和鸣——林俊龙、李淑华、洪洁、林荏菁绘画艺术展”等展事。联合开展纪念丁仃先生逝世10周年活动，组织“红色之旅”采风团前往古田会议会址参观访问，接待台湾台中县文化局局长陈志声的访问，筹备画院大楼的修缮工作。认真开展学术理论研究，画院多名画家多次受邀参加全国性大展或学术交流活动，多人作品在重大展览及评奖活动中获奖。在全国11届美展福建选拔展中成绩突出。

【省文学院】

实施福建长篇小说创作精品工程，组织对三坊七巷、闽商、红土地、下南洋、船政等福建重点特色题材的创作，《三坊七巷》已结稿，《唐山过台湾》、《闽商》正在创作中。承办“献诗·我的祖国”庆祝新中国成立60周年活动，参与《福建文艺创作60年选》散文卷的选编工作，完成省文学院文学讲习所的修复建设工程。

【冰心文学馆】

2月，与中国现代文学馆、省文联、长乐市委市政府、冰心研究会在北京联合举办“冰心逝世10周年系列纪念活动”，包括“永远的冰心——冰心逝世10周年纪念展”、“冰心文学系列讲座”等活动。6月23～25日，美国威尔斯利女子学院教授代表团一行15人访问冰心文学馆，这是威尔斯利女子学院首次组织大规模代表团访问中国。11月，与巴金研究会联合在上海举办“巴金冰心世纪友情”专题展览。组织冰心文学馆代表团赴俄罗斯进行为期10天的文学访问和交流，完成冰心文学馆西大门改造工程，参与《福建文艺创作60年选》文学评论卷的选编工作，荣获“第四批全国爱国主义教育示范基地”荣誉称号。

【《福建文学》杂志社】

为迎接新中国成立60周年，讴歌新中国的伟大历程和光辉成就，与文艺理论研究室联合举办“祖国颂”迎接新中国成立60周年征文活动，设立“福建文学60年”专栏，分期推出福建省新中国成立以来最有影响、最有代表性的作家及作品。联合举办“劲霸”文学奖、“逢时杯”征文、初出茅庐暨新人新作奖等评奖活动及“2009年福建省文学艺术高级讲习班”，参与《福建文艺创作60年选》中篇小说卷的选编工作。加强和省内外不同单位、团体的联系，联合举办文学笔会、作品联袂推出等活动，参与“微型小说6＋3·向国庆60周年献礼”活动，在社会上引起很大反响。

【《台港文学选刊》杂志社】

改版为双月发行的大型文学丛刊，结合重大题材，推出台港海外作家大陆题材作品专辑，澳门小说、散文和“走近郑愁予”等特色专辑和专号。12月11～16日，主办“2009海峡诗会”，邀请台湾著名诗人郑愁予等嘉宾，与大陆诗人、诗歌学术界同行进行深入交流，活动由郑愁予诗歌研讨会、“游吟的诗锦——郑愁予经典诗歌朗诵会”、文学讲座、海内外华人作家恳谈会、海峡两岸现代诗创作座谈会和海西文化考察、采风与诗文创作等组成，在两岸四地及海外产生了良好影响。以“手拉手 我们同行”为主题的海峡两岸青少年征文和“以把握民生脉动，关注民生诉求，倡导和谐、呼唤爱心”为主题的征文评选揭晓，联合举办“第三届全国高校教师世界华文文学课程高级进修班暨第二届世界华文文学教学工作研讨会”，参与《福建文艺创作60年选》纪实文学卷的选编工作。

【《故事林》杂志社】

进一步加强有关社会主义新农村建设、西岸经济区建设、构建和谐社会主题新故事的组稿和编发，继续开展面向全国征稿的“新时代风貌”和“海峡两岸采风”新故事大奖赛评选活动，参与《福建文艺创作60年选》民间文学卷的选编工作。

各文艺家协会

【作家协会】

组织“锦绣海西·福建作家跨省区域合作”——龙岩赣州采风行、宁德温州采风行、漳州汕头采风行等采风活动，举办“锦绣海西”大型征文活动。与省炎黄文化研究会合作，深入“德化瓷都产业群”采风，创作出版散文报告文学集《中国瓷都》。组织作家往宁德福鼎、福安进行采风，创作出版两部关于福鼎大白茶、福安“坦洋功夫”为主的散文报告文学集。组织作家进行“走进漳浦、走进漳州花卉产业群”采风，创作出版两部散文报告文学集。召开省作协六届二次主席团会议，举办或联办第22届福建省优秀文学作品奖暨第四届陈明玉文学奖颁奖座谈会和第二届陈明玉诗学研讨会、2008年度省优秀文学作品奖颁奖活动、首届全球妈祖文化征文、哈雷诗歌专场朗诵会等活动。联合召开“海西20城市作家联谊座谈会”、吴玉辉长篇小说《守护》座谈会、何葆国长篇小说《山坳上的土楼》研讨会、林筱玲长篇小说研讨会、闽粤作家座谈会。参与《福建文艺创作60年选》文学系列7卷的选编工作。

【戏剧家协会】

举办“海西梨园芬芳”——福建第九届水仙

花戏剧奖颁奖暨“梅花奖”演员联袂演出系列活动、庆祝新中国成立60周年全省小品小戏小剧场戏剧展演、第10届福建省水仙花戏剧奖小品小戏奖、小剧场戏剧奖比赛，参与承办第11届中国戏剧节。举办2009年全省戏剧界迎新春联谊活动、舞台设计与灯光艺术沙龙；召开六届二次主席团、常务理事会；召开闽剧艺术的传承与发展座谈会暨《闽剧史话》首发式；参与《福建文艺创作60年选》戏剧文学卷的选编工作。

在第24届中国戏剧梅花奖中，获奖成绩位居全国前列，省委常委、宣传部部长唐国忠，省委常委、副省长陈桦分别对此做重要批示。12月，省政府正式发文，对全省11位先后获得过“中国戏剧梅花奖”的演员实行重奖，并形成经常性奖励机制。

【美术家协会】

3月8～9日，在福州召开福建省重点青年画家座谈大会暨2009年全省美术工作会议。3月14日，与省文联、省政协科教文卫体委员会、省画院、省书协共同主办“丁仃艺术作品展暨纪念丁仃先生逝世10周年文集《丁影稀声》首发式”。国台办副主任孙泽夫，省政协副主席李祖可，原省委副书记何少川，原省人大副主任宋俊，原省政协副主席林逸，全国政协常委、香港福建书画研究会会长施子清和省文联现任班子领导、老领导及省直厅局领导、美术界、书法界有关负责人出席开幕式。4月25日，在厦门成立省美协中国人物画艺委会，这是省美协成立的第一个专业委员会。组织专家团赴各地市、院校观摩指导“迎国庆福建省当代美术精品大展暨第11届全国美展”创作活动，举办“锦绣海西”大型美术创作笔会、第13回福建省东海浪（新人新作）展，联合举办庆祝新中国成立60周年——福建省当代美术精品大展暨第11届美展福建省作品选拔展、首届海峡两岸四地花鸟画名家网络盛典邀请展、“海西风骨”2009年福建省实力派青年画家作品展、福建省第六届当代工笔画大展、福建省南北方青年油画家采风写生作品展系列活动，参与承办第四届福建艺术节美术书法摄影展。

【书法家协会】

承办庆祝新中国成立60周年——“海峡西岸”当代书法精品展、向祖国汇报向“海西”献礼——福建省国展获奖书家提名展，联合举办“海西杯”全国书法大赛、“安全交通杯”全省书法大赛，联合承办“海峡两岸青年书法交流展”，参与海峡论坛活动。配合“辉煌60年”海西发展巡礼大型文艺家采风活动，开展“福建书法进万家”活动。组织福建书法海西行——书法家走进茶都安溪大型采风活动，举办全国第六届楹联书法展览和全国第二届青年书法展览创作班、第三届中国书法兰亭奖暨“尧山杯”全国书法创作班、临摹与创作书法市级班高级研修班。3月成立“福建省书法家协会女子委员会”，6月成立“漳州书法培训创作基地”，8月召开书协四届二次常务理事会暨全省书法创作工作会议。

【摄影家协会】

与中国摄协、永定县委县政府、龙岩市文联联合举办“福建土楼——永定土楼国际摄影比赛”，来自世界各地的摄影家100余人汇集永定县洪坑承启楼前举行开镜仪式，成立“福建土楼·客家永定创作基地”。举办“见证祖国60岁，我的名字叫国”——60位闽籍人士影像展”，承办“中外摄影家看福州”摄影比赛作品展，参与承办第四届福建艺术节美术书法摄影展。举办“2009福建省摄影界联欢会”，组织数批会员共500多人次赴江西婺源和省内的泰宁、东山、长乐、尤溪、永春等地创作采风，与贵州、广东等11个省区市的摄影协会进行交流。召开2009省摄影工作会议暨省摄协六届二次理事会，举办摄影培训班3期、摄影鉴定班3期，发展会员近300名。创办福建《摄影家》丛书。

【音乐家协会】

5月，省音协申报的“福建吟诵第一人”陈侣白的“福州传统诗词吟诵调”列入第三批省级非物质文化遗产，在“传统音乐”项目之首。8月，举办“第七届中国音乐金钟奖福建赛区赛”，确定第七届中国音乐金钟奖入围全国复赛福建省的选手。9月，承办中国音协第六届理事会第四次会议暨纪念李焕之诞辰90周年座谈会。承办“中国音协社会音乐水平考级”工作，10月，在武夷山召开考级工作总结会议。10月下旬，举办“福建省首届青少年音乐节”——钢琴·小提琴比赛，11月28～29日在福州召开决赛及颁奖音乐会，12月10日钢琴获奖选手在厦门与国际知名钢琴家郎朗同台表演。组织词曲专家创作大型音乐套曲《妈祖颂》，已完成文字初稿。分别推荐优秀青年曲作者肖发灿、蒋舟赴上海音乐学院和福建师范大学音乐学院进修。参与《福建文艺创作60年选》歌曲卷的选编工作。

中央宣传部召开第11届精神文明建设“五个一工程”表彰座谈会，省音协副主席、秘书长魏德泮作为歌曲类获奖作者代表之一参加中央宣传部召开的第11届精神文明建设“五个一工程”表彰座谈会并领奖。

【舞蹈家协会】

8月，与泰宁县政府联合承办“第二届华东六省一市大学生舞蹈大赛暨首届海峡两岸青年舞蹈嘉年华”活动。35个节目300多名选手在泰宁举行总决赛，全国政协常委、中国奥委会副主席张发强，国家旅游局原副局长、中国旅游协会名誉副会长程文栋，国务院参事、中科院可持续发展战略组组长、首席科学家牛文元，福建省人大常委会副主任袁锦贵，福建省人大常委会原副主任黄贤模，中国舞蹈家协会原副主席吕艺生，台湾工党主席郑昭明，福建省委宣传部副部长、文明办主任马照南，福建省人大常委会法工委主任游劝荣，中国旅游报社社长陈志学，中国旅游文化资源开发促进会副会长魏小安，国务院发展研究中心研究室主任刘锋等领导出席颁奖晚会。大赛首次成功搭建“海峡两岸青年舞蹈嘉年华”这一两岸舞蹈交流平台，省台办充分肯定并向国台办、省对台工作领导小组呈了专报件。承办“2009年全国舞蹈家协会工作会议暨全国舞蹈家走进海西舞蹈创作采风活动”，举办第五届“小荷风采”全国少儿舞蹈展演福建选拔赛。召开省舞协第五届二次常务理事会，组织省舞蹈家协会艺术团赴台进行为期一周的“2009海峡两岸舞蹈艺术文化交流活动”。在福鼎、南平、永泰、三明等市县举办“新农村少儿舞蹈美育工程”师资培训班，开展“美育工程爱心直通车”等捐助公益活动。举办“全国少儿舞蹈教师培训班”,《少儿拉丁舞》、《中国舞蹈考级》等师资培训班。发展省级新会员61人，全国会员29人。

【电视艺术家协会】

与泉州电视台、泉州视协和台湾世新大学联合主办“09海峡两岸电视主持新人大赛”，8月16～19日在泉州进行决赛，来自台湾地区和上海、江西、浙江、山东、安徽、四川、湖北、江苏、福建10省市的60名选手参加了此次大赛。国家行政学院兼职教授、中国教育电视台播音指导闻闸，清华大学教授、中央电视台著名主持人张小琴，中央电视台高级编辑张力群，台湾世新大学副校长熊杰与中国传媒大学播音主持艺术学院教授任悦等来自两岸的专家组成评委团，共决出一等奖3名、二等奖5名、三等奖8名。决赛现场发动为台湾“莫拉克”台风重创灾区进行募捐。大赛受到媒体的广泛关注，中新社、中国新闻网、福建电视台等对大赛情况做了系列报道，决赛新闻同日在中央电视台播出，台湾岛内网站媒体链接整个活动过程。继续组织“社会主义农村”题材的创作，选送优秀社会主义新农村建设电视片参加全国评奖活动。开展援藏援疆的宣传工作，组织电视艺术工作者赴西藏、新疆采访。协办“海峡西岸经济区城市电视发展合作论坛”，举办主持艺术高级研讨班，编写出版《海峡祠堂大观》。

【电影家协会】

4月，由中国影协、省文联、台湾电影资料馆主办，与厦门、泉州、晋江电影家协会共同承办“海峡两岸闽南语电影研讨会”，为时5天，全国各省电影家协会秘书长以及北京、台湾的理论专家参加会议，对闽南电影文化做追根溯源的初探。9月18～21日，在漳州召开“海峡两岸首届电影发行放映同业论坛”，广东、江西、浙江、福建等海峡西岸经济区域的城市电影发行放映同业代表与台湾电影发展事业基金会的发行放映同业代表共同签订了《漳州议定书》。召开全省电影家协会常务理事扩大会，协助宁德市成立宁德市电影家协会，组织福建省电影家协会代表团一行20人赴台湾交流访问，参与《福建文艺创作60年选》电影文学卷的选编工作。

【民间文艺家协会】

2月初，在福州市衣锦坊明清艺术博物馆协办“鎏金岁月、盛世风范”首届闽台两地鎏金铜佛展暨名家品鉴活动。来自全国各地的专家及两岸藏友数百人参加活动，展出精品数百件，省委常委、宣传部部长唐国忠等相关领导出席开幕式，著名青铜佛像鉴定专家、中国艺术研究院美术研究所研究员金申教授开展“明清铜佛名家品鉴”讲座。

10月，联合主办以“海西爱心涌动、助学春蕾圆梦”为主题的捐助儿童民间艺术品义拍活动，现场168件作品拍出110件，筹集善款150.9万元，全部捐献给福建省儿童基金会。联合举办福建文人剪纸展，在福州召开主席团会议，参与《福建文艺创作60年选》民间文学卷的选编工作，完成《中国木版年画集成·漳州卷》的编纂工作。全年发展省级会员13人、全国会员3人。

【杂技家协会】

组织会员参加省文联的“送欢乐、下基层”慰问演出活动。

【曲艺家协会】

开展中国曲协“德艺双馨”会员的评选推荐工作，组织会员参加省文联的“送欢乐、下基层”慰问演出活动。

基层文联

【福州市文联】

2009年作为福州市文联的换届年，文联换届、协会换届工作圆满完成，文艺事业百花竞放、异彩纷呈，形成了大团结、大繁荣、大发展的生动局面。

一是圆满完成市文联换届，认真指导协会完成换届，奠定文艺发展繁荣的基石。2月2日召开福州市文学艺术界联合会第六次代表大会，市四套班子领导和省文联领导出席开幕式。省委常委、市委书记袁荣祥作重要讲话，充分肯定市文联五年来的工作并提出新的要求。换届后的新一届班子立即对福州市的文艺家协会进行全面调研摸底、周密安排、精心指导，八个文艺家协会先后召开换届大会，使一批有素质、能战斗、能力强的中青年艺术家和文艺工作者进入文艺工作第一线，为福州文艺事业的进一步繁荣发展奠定了坚实的基础。

二是积极开展各类文艺活动，服务海西建设的发展大局。按照上级党委的要求和部署，整合资源抓重点，把握契机造声势，各类文艺活动的亮点明显增多。围绕纪念新中国成立60周年，开展了各类特色文艺活动。市美协举办了“庆祝新中国60周年华诞——福州市美术作品大展”；市作协主办了“迎国庆中秋‘秋声赋’原创诗文吟诵会”；市美协举办了“金秋翰墨情”庆祝新中国成立60华诞书画展；市作协编辑出版《放歌60年——闽都作家诗文集》；市摄协举办了“庆国庆拍福州”网络摄影比赛等，营造了良好的节日氛围。此外，市文联主办、承办、联办的“辉煌成就——福州60年巨变摄影作品展”、“爱福州，爱家乡”歌曲征集活动、福州市民间民俗文化研讨会、“首届海峡两岸生态摄影作品展”等130多场（次）高规格、高水平的文艺活动，极大激发了福州文艺的生机与活力，推动福州文艺走向更高的层次。

三是对台文艺工作不断推进，对台文化交流取得喜人成绩。由福州市文联主管，闽都文化研究院主办的《闽都文化》杂志经过两年多的努力，申请CNQ刊号成功，成为福州市唯一的侨刊乡讯。定期赠送给台湾100多名高层人士和社会精英，得到良好的反响，获得国务院新闻办及各级台办的一致好评。《闽都文化》杂志还参加了10月30日~11月1日在厦门举办的第五届海峡两岸图书交易会并同时在“福建特色刊物”和“侨刊乡讯”两个展区内显著位置展出，迅速引起海峡两岸业界的好评和媒体的关注。

【永安市文联】

奋力推进海西区域中心城市文艺事业的大发展大繁荣。

2009年，永安市文联以争创全省山区县级市一流文联为目标，提出了“六个与”（与市委同心、与市民同乐、与企业联姻、与部门联手、与驻军共创、与乡村共荣）工作理念，按照做大事、有大为、求创新、促发展的工作思路，各项工作取得了显著成绩。被评为“福建省文联系统先进集体”、“永安市文明单位”，并连续四年获得“三明市文联系统先进集体”荣誉称号。主要做好四个方面工作：

抓好阵地建设和基层组织建设。元月，永安市文联搬入独立办公新址办公。6月，增设永安市文学艺术馆事业机构，并核定事业编制1名，彻底转变了“一桌一椅一文联”的局面。同时设立组织联络工作部、《永安文艺》编辑部、文艺产业发展部和文联工作办公室“三部一室”。年底，对原有八个协会进行换届选举，进一步为各协会领导班子注入新鲜血液。新成立了永安市奇石协会，积极筹备成立永安市楹联协会。着力抓好文艺人才队伍建设。7月，市委、市政府出台《永安市优秀文艺作品奖励办法》和《永安市优秀文艺作品评奖工作实施细则》，设立政府文艺奖励基金，奖励“德艺双馨”的优秀文学艺术家和优秀文学艺术精品。同时，启动文艺人才的挖掘、吸纳和培养工程，全年共发展各协会新会员108名，其中国家级会员四人、省级会员11人、三明市级会员22人、永安市级会员71人。

做好海峡两岸交流工作，组织丰富多彩的文艺活动。一是紧紧抓住对台“五缘”优势，组织两岸诗人、艺术家50多人举办“海峡两岸诗人诗歌笔会暨三明诗群诗歌作品研讨会”，对海峡两岸近十年来现代诗歌创作的趋势、走向和发展以及诗歌理论建树等问题进行了研讨，有效推动了海峡两岸文化交流活动。二是组织丰富多彩的文艺活动。利用各种节日和纪念日，与单位、部门、驻军共同举办《祖国在我心中·永安市“邮储银行杯”庆祝中华人民共和国成立60周年”》征文、“中国文化名人书画篆刻展”、“孺子牛·公仆杯”市直机关党员干部书法摄影大赛、“庆祝中华人民共和国成立60周年”美术书法、摄影大赛暨摄影展、“三明市第三届青年歌手大赛”、“走进军营”书画笔会等多项大型活动，丰富了全市机关干部、驻军及市民生活。三是举办本土艺术家作品展。举办“皮尔萨”杯聂国佐师生书画作品展等近10场本土艺术家作品展。

着力创作出精品。全年共创作各类文艺精品100余篇，电视短剧两部。其中诗歌《瓷·火中的语言》（五首）获“新中国成立60周年大型征文活动”特等奖，《驻村手记》获三明市第二届“百花文艺奖”二等奖；谢钧溶著作歌曲《绿色的希望》获三明市第二届“百花文艺奖”三等奖；《劳动者之歌》入编《2009中国摄影年鉴》，《家园》获《大众摄影》杂志社主办的“印象荆门”全国摄影大赛优秀奖；小品《社区巡逻队》在福建省第三届社区文化艺术节文艺调演中获银奖。

抓好宣传工作。注重重大主题活动宣传报道，全年共被《永安要讯》选登20篇，三明文联选登17篇，省文联选登11篇，位居全省县市文联信息采用总量第一位。提高《永安文艺》刊物质量，从2008年起《永安文艺》改为双月刊，被市委、市政府指定为全市机关内部刊物，同时被列入福建省期刊方阵刊物，每期印发数达3000册。

江西省文联

综　述

2009年，江西省文联紧紧围绕年初召开的江西省第七次文代会提出的“打造一支在全国有实力、有地位的文艺赣军”的战略目标和确定的今后5年工作部署，充分依靠文联系统广大干部职工，广泛团结和引导全省文艺工作者，坚持文艺“二为”方向、“双百”方针和“三贴近”原则，弘扬主旋律，讴歌新时代，在建立文艺创作策划机制、组织机制、激励机制上出了新招，在履行联络协调服务指导职能，出作品、出人才、出效益等方面下了功夫，在转变机关作风、推进自身建设、加强基层建设等方面用了力气，在突出抓重大项目、利用外资发展文化产业上做了探索，有力地推动了文联工作和文艺工作的新发展，取得了显著成效。

文艺创作取得新成果。全省有2件陶艺作品获全国第11届美展金奖和铜奖，有3件民间文艺作品获第九届中国民间文艺“山花奖”，有1件摄影作品获第13届国际影展金奖。特别是巨幅油画《坚忍卓绝》，晋京举办高规格的展览，取得社会效益和经济效益双丰收。

文艺活动取得新成效。先后举办了庆祝新中国成立60周年的主题文艺活动、“一首好歌”全国征歌、协助南昌成功申办第18届金鸡百花电影节、向四川小金县捐款100万元、“舞动江西”、“谷雨诗会”、“名家讲坛”、届展届赛等一系列文艺活动，有力地支持了经济社会发展大局，扩大了江西文化影响力。

文联工作有了新提升。成功召开了省七次文代会，凝聚了人心，振奋了精神。通过加强班子建设、作风建设、制度建设和队伍建设，省文联机关焕发出作风严谨、工作扎实、热情服务的新面貌，文联各项工作更加规范，被评为第12届全省文明单位、第九届省直机关文明单位。

会议与活动

【江西省第七次文代会】

1月17～19日，江西省文学艺术界联合会第七次代表大会在南昌滨江宾馆召开，省委在昌的所有常委，省人大、省政府、省政协有关领导以及518名文艺界代表出席会议，共商全省文艺发展繁荣之大计。省委书记苏荣在开幕式上做了热情洋溢的重要讲话，提出了打造在全国有实力、有地位的“文艺赣军”的目标。中国文联党组书记、副主席胡振民专程到会致辞，省委常委、宣传部部长刘上洋在闭幕式上做了重要讲话。会议讨论通过了省文联党组书记郜海镭所做的“工作报告”，修订了《江西省文联章程》，选举产生了江西省文联新一届领导机构。刘华当选为主席，郜海镭、余达喜、鄢平原、曹杭当选为副主席。会议进一步明确了今后文联工作和文艺工作的方向、目标和任务，振奋了精神，增添了信心，真正开成了“团结、民主、求实、鼓劲”的大会。

【“一首好歌”全国征歌活动】

5月1日，为打造新时代江西音乐名片，省文联与省委宣传部联合举办“一首好歌”全国征集活动。此次征歌共收到全国30个省区市的投稿近800首，词曲作者810余人。经过专家评审与群众投票，评出10首优秀入选作品。同时拍摄了4首音乐电视MV、制作发放了3000张音乐光碟进行宣传推介，取得了良好效果，成为江西省征歌史上发动面最广、影响最大、效果最好的一次。

【向四川灾区捐款100万元】

5月8日，在汶川大地震一周年前夕，省文联举行了向四川灾区捐款100万元捐赠仪式，将巨幅油画《坚忍卓绝——2008·五月记忆》拍卖所得款100万元和100套画册捐献给江西对口援建的地震灾区四川小金县，省领导陈达恒等领导出席并讲话。

【新中国成立60周年系列展览活动】

2009年是新中国成立60周年，省文联先后举办省第21届摄影艺术展览、第13届美展、第八届书法篆刻艺术大展、全省美术摄影展、第八届江西高校摄影艺术作品展等各类展览40余次，每次展览都在3天以上，充分展示了全省各行各业60年取得的重大成就和文艺界60年的发展变化，进一步激发了全省广大文艺工作者的创作热情，为全省上下庆祝祖国华诞营造了良好的艺术氛围。

【第18届金鸡百花电影节和新农村电视艺术节】

10月14～17日，经省文联与南昌市委市政府积极争取，第18届金鸡百花电影节在南昌举办，这是江西第一次承办这一当代影响和规模最大、最具权威性的电影评奖颁奖活动，也是在中部六省第一次举办这一活动，对提升江西南昌文化软实力和影响力起到了积极的作用。11月21日，承办了首届中国（赣州）新农村电视艺术节暨第三届“农村小康电视节目工程”，颁奖典礼在赣州举行。这是江西连续第三年承办这一活动，参评作品数量、质量都为历届之最。

【“舞动江西”电视舞蹈大赛】

省舞协通过构建“舞动江西”全民舞蹈大赛暨江西省首届“白鹭奖”舞蹈电视大赛平台，吸引舞蹈专业人士和普通群众积极参加，全省共3万多人参赛，11个设区市推荐产生了1400多个节目，这在江西舞蹈史上是空前的。比赛竞争非常热烈，电视节目的收视率节节攀升，产生了良好社会效益和经济效益，并引发了全民习舞热潮，大大提高了舞协的知名度和影响力，使省市舞协有了一个强有力的抓手，打开了全省舞蹈工作的新局面。

【“我和我的祖国”——谷雨诗歌节】

4月20日，省文联、省作协举办了以新中国成立60周年为主题的“我和我的祖国——走进奉新”谷雨诗歌节。邀请全国著名诗人、诗歌评论家开展诗歌讲座、研讨和朗诵活动。为使谷雨诗会在全省广泛开展，省文联下发了举办第七届谷雨诗歌节的《通知》，要求各设区市、县市区文联开展丰富多彩的活动。谷雨前后，整个江西大地都诗潮涌动，大大小小的诗友会、朗诵会、研讨会、采风创作会在城市、学校、企业、社区纷纷举行，成为江西一道独特的风景。

【“江西文艺·名家讲坛”活动】

在过去以表演类讲学为主的基础上，2009年“江西文艺·名家讲坛”增添了文学、美术、影视等内容，于3月中下旬接连邀请了仲呈祥、廖奔、徐芒耀、阎晶明、郭磊、肖燕英等6位全国著名文艺家来赣讲学，吸引了数千名文艺工作者、爱好者踊跃参与，为提高江西文艺队伍的理论素养、开拓创作视野产生了积极的推动作用，“江西文艺·名家讲坛”已成为省文联培养文艺人才的重要基地和平台。

创作与研究

【巨幅油画《坚忍卓绝》晋京展览】

5月11～17日，巨幅油画《坚忍卓绝》大型展览活动作为第九届“相约北京”活动的唯一的展览活动，在北京首都博物馆隆重展出。这次展览由文化部、广电总局、北京市政府共同主办，中国对外文化集团、首都博物馆及中共江西省委宣传部承办，中共四川省委宣传部、江西省文联协办。中共中央政治局委员、国务委员刘延东，文化部、中国文联、广电总局、27个国家驻华使节、四川灾区代表以及国内外媒体记者近千人出席开幕式，数万名观众观看。此次画展出席领导规格之高、影响之大，是江西文艺60年来第一次，较好地体现了江西文联在重大事件面前的作为，得到了全国文艺界及社会各界的一致好评。中央电视台在“晚间新闻”、“朝闻天下”、四套、九套节目中予以了报道，新华社、《人民日报》、新华网、人民网、新浪网、新加坡联合早报网等大量知名媒体都进行了报道，《光明日报》以半版的篇幅做了报道，《中国文化报》用2个半版的形式浓墨重彩地报道了新闻发布会和开展盛况。据谷歌搜索网上报道此次展览活动的信息达14000余条。江西省领导吴新雄、刘上洋、陈达恒、凌成兴、孙刚闻讯先后作出批示。

【文艺创作成果丰硕】

在省文联积极组织引导下，广大文艺家创作热情竞相迸发，创作成果大幅增长，不少作品获得全国重大文艺奖项。文学方面，温燕霞的小说《红翻天》、彭学军的小说《腰门》荣获中宣部

第11届“五个一工程”奖。陈世旭的小说《一看就是个新警察》分获小说月报第13届百花奖和新世纪第四届《北京文学》奖。戏剧方面，采茶戏《快乐标兵》、广播剧《重返鄱阳湖》获中宣部第11届“五个一工程”奖。音乐方面，江西省词作家陈特明歌曲《旗帜》荣获中宣部第11届“五个一工程”奖。民间文艺方面，张小红的夏布手工艺品《清明上河图》、孙立新的传统薄胎瓷灯《江南春晓》、万载县得胜鼓队获第九届中国民间文艺“山花奖”，孙立新还荣获第三届“中国十佳民间艺人”荣誉称号。摄影方面，彭学平的《藏袍》获第13届国际影展金奖。美术方面，孟福伟的陶艺作品《生死时速》、张婧婧的陶艺作品《“弧”系列》分别获得全国第11届美展金奖、铜奖，有69件作品入选第11届全国美展，实现了新世纪以来的重大突破。省文联编著的《坚忍卓绝》一书获得全国图书类设计三等奖。书法方面，毛国典获第三届全国书法兰亭奖三等奖，谢部生获全国第六届楹联书法展一等奖。舞蹈方面，新余的《小胖胖》、《快乐奶仔》、《俏皮奶奶》获全国第五届少儿舞蹈“小荷之星奖”金奖,《鼠们与猫》、《走进春天、走进阳光》获“小荷风采”金奖、《笔神》获银奖。影视方面，电视剧《井冈山》、电视剧《地下地上》、电影《从头再来》荣获中宣部第11届“五个一工程”奖，赣州电视台的农村栏目《新农村》获首届新农村电视艺术节节目金奖、萍乡电视台的《丰收》、鹰潭电视台的专题纪录片《春风扬柳拂新村》获银奖,省计生委的专题片《动人春色》、新余的电视剧《远湖》获铜奖。

机关建设

【“机关效能年”活动】

2009年，按照省委省政府的部署，成立了考勤小组，建立了考勤制度，加强了对干部职工上下班、参加学习和出席会议进行考勤。举办了机关协会干部职工电脑打字比赛活动，机关干部职工的工作效率、出勤情况和精神面貌有了很大改观。

【建立一整套长效机制】

从完善规章制度入手，先后出台了34个规章制度，并编成《省文联管理制度汇编》一书，使文联工作有章可循，规范运行。制定了《省文联关于民办文艺类社团管理办法》，并在新成立的高速文联、硬笔书法家协会等四个协会认真开展学习实践科学发展观活动，受到了有关部门的肯定。

【规范内设机构】

2009年，先后成立了重大项目策划小组、聘请了省文联顾问团队、成立了江西油画艺术研究院、将城雕工作室更名为江西雕塑院、胜利完成了企业文联的换届工作、解决了省各文艺家协会30个参照公务员管理的编制，省文联所属文艺家协会驻会干部列入了参照公务员法管理范围，对于留住人才促进文艺事业发展将起到重要的推动作用。

【机关常规工作】

胜利完成了机关4个党支部的换届工作；老干部工作更加规范和加强，得到了老同志的广泛好评；通过档案学习和培训，各协会的档案意识进一步增强，工作档案、会员档案、成果档案初步建立，为下一步全省文艺成果展示奠定了基础；全年共编发领导班子会议纪要14期、文联简报72期；全国各类报纸、电视、网络等媒体共刊发省文联和江西文艺工作新闻稿两万多篇，极大地提升了江西文艺的影响力。2009年，省文联及省各文艺家协会共组织各类采风活动20多次；举办各类座谈会、培训班、研讨会40余次；13个文艺家协会共发展个人会员360人，团体会员18名，推荐加入全国各文艺家协会57人。目前，江西省有全国文艺家协会会员近2000名，省级会员近10000名。

各文艺家协会

【作家协会】

第八届谷雨诗歌节系列活动。2月底开始，省作协与省直机关工委宣传部在省电力系统联合开展了历时一个月的“歌颂祖国　赞美江西”诗歌朗诵大赛活动，通过初赛和决赛，评选出文学创作奖、组织奖若干名，并于谷雨期间在省电力学校举办了省电力系统“歌颂祖国　赞美江西”诗歌朗诵音乐会。

4月21～22日，江西诗人代表及评论家、书法家、摄影家和新闻媒体共70余人齐集奉新县城，举办了“金源之夜”——“我的中国”大型诗歌朗诵音乐会，召开了“江西省第七届谷雨诗歌节诗歌讲座及创作研讨会”，并参观了工业园区、华林书院、宋应星纪念馆等。为扩大诗歌节影响，邀请了《文艺报》、《中国文化报》、《中国艺术报》、《人民文学》、《诗刊》等重要报刊参加第八届谷雨诗歌节。

期间，省作协组织《中国文化报》、《中国艺术报》、《文艺报》、《人民文学》编辑及省作协人员等出席了上饶信州区、江西化工厂等地的谷雨诗歌节诗歌音乐朗诵会，并参加诗友创作笔会，给文学爱好者们做了文学讲座。

《中国文化报》、《中国艺术报》、《文艺报》、中国江西网等对第七届谷雨诗歌节活动都给予了充分报道。《江西日报》整版介绍了江西谷雨诗歌节情况，南昌电视台《解密南昌》栏目做了50分钟的谷雨诗歌节专题。

举办江西散文现象研讨会。11月8日，由省作家协会、省散文学会联合举办的江西散文现象研讨会在南昌红角洲隆重举行。省委常委、省委宣传部部长刘上洋出席会议并讲话。中国作协副主席李存葆，《十月》、《文艺报》、《散文海外版》、《都市美文》、《散文选刊》、《人民日报》等报刊编辑，以及江西散文家和媒体记者共70余人参加了会议。

举办“江西文艺·名家讲坛”——小说讲座。3月27日，邀请著名文学评论家阎晶明来赣讲学。全省各地100多位作家和文学爱好者倾听了讲座。当日下午，召开了全省小说创作座谈会，全省30多位小说家对江西省小说创作现状进行了热烈讨论。

举办“江西文艺·名家讲坛”——诗歌讲座。4月22日，邀请中国作协《诗刊》编辑、著名诗人林莽主讲，来自全省各地的诗人及文学爱好者共一百余人倾听了讲座。与会人员还就诗歌发展的一些问题与林莽进行了探讨和互动。

举办江西网络文学座谈会。6月23日，与省评协联合举办了江西网络文学座谈会。近20位江西作家、评论家和网络作家代表参加了会议，就网络文学发展情况和江西省网络文学、网络作家等相关话题进行了热烈的探讨。中国文联简报做了报道。

召开闽赣作家座谈会。7月15日，和福建省作协，赣州市文联、作协在赣州市联合召开了闽赣作家座谈会，就海峡西岸经济圈实施后文学的作为，以及两省文学队伍、创作和机关建设等话题进行了深入座谈。

召开著作权保护座谈会。11月9日，邀请中国文字著作权协会常务副总干事张洪波和江西省部分作家，召开著作权保护座谈会。座谈会介绍了美国谷歌对数百位中国大陆作家作品侵权，文著协开展的维权情况，还就作家权益保护话题进行了探讨。

【音乐家协会】

举办了江西“一首好歌”全国征集活动。5月6日，为打造一张精美的江西地域音乐名片，省委宣传部、省文联、省音乐家协会，面向全国开展“一首好歌”征集活动，并在全国五大主要音乐媒体《音乐周报》等上刊登征歌启事，期间举办了4次全省专题音乐创作研讨会，共收到全国30多个省区市来稿766件。其中江西省内来稿333件（11个设区市委宣传部、文联组织来稿186件），外省来稿433件。是该省规模最大的一次征歌活动。经过8月26日南昌初评，11月21日在广州终评，由著名作曲家赵季平、徐沛东等担任评委，评出了10首入选作品，进入下一阶段的群众投票评出“最受欢迎的一首好歌”。

举办了“2009 CCTV民族器乐电视大赛”江西选拔赛。7月10日，江西省音协和江西电视台联合举办“2009 CCTV民族器乐电视大赛”江西选拔赛。推选了6名选手参加全国大赛，达到了锻炼队伍，培养新人的效果。

举办了全省青少年民族器乐独奏比赛。5月1～3日，江西省音乐家协会、江西省教育厅艺术教育委员会联合主办了“全省青少年民族器乐独奏比赛”。近百名选手踊跃报名参赛，通过比赛，构建了民族器乐教学、演奏的交流平台，促进江西省民族器乐艺术的发展。

启动“全国优秀少儿合唱歌曲进校园”江西片活动。11月27日，由中国音协主办、各省音协联办的“让心灵的花儿尽情开放——全国优秀少儿合唱歌曲进校园”江西片活动在南昌市羊子巷小学正式启动。江西省音乐家协会将50套《全

国优秀少儿合唱推荐歌曲集》（含CD光盘）赠送给南昌市羊子巷小学。通过这次活动，使主题健康、内容活泼的优秀少儿歌曲作品在江西省中小学生中进行普及、传播，丰富了校园的音乐文化生活。

承办“红色之旅”——井冈山爱国主义教育活动。4月，中国音乐家协会主办，江西省音协协办的“红色之旅”——井冈山爱国主义教育活动在井冈山举行。中国音协党组成员、副秘书长李培隽，副秘书长韩新安及《人民音乐》、《歌曲》等刊物编辑，在井冈山革命烈士纪念馆前开展主题学习活动，进行了一次珍贵的革命传统教育。

《心声歌刊》特设专栏隆重庆祝新中国成立60周年。为隆重庆祝新中国成立60周年，《心声歌刊》特设了“时代心声”歌曲专栏，每期分别展示了各地市隆重庆祝新中国成立60周年的优秀歌曲50余首。

《心声歌刊》举办全国词、曲创作大赛。《心声歌刊》继续举办了一年一度的全国词、曲创作大赛，推出了一批新作，其中歌词类一等奖2首、二等奖3首、三等奖4首；歌曲类一等奖5首、二等奖11首、三等奖26首。评奖活动得到读者、作者的好评。

【摄影家协会】

1月10日，召开协会四届六次常务理事会，回顾总结过去一年的工作，研究部署新一年摄协工作。下午举办“2009年迎新春会员联谊会”活动，500余位会员从全省各地赶来参加每年一次的摄影家聚会。

7月4日，与尼康公司在江西宾馆举办“2009尼康新品嘉年华活动”和“天强杯摄影比赛”。

8月15日，在七星商务酒店与佳能公司共同举办“佳能摄影器材大篷车摄影活动”。

8月，组织全省2000余幅作品参加由中国摄影家协会主办的“第13届国际摄影艺术展览”，会员彭学平的作品《藏袍》在展览中获金奖。

8月9～18日，在中国美术馆举办“生态江西”——朱英培、欧阳萍摄影作品展。这是江西摄影家第一次在中国美术馆举办摄影展览，社会各界反响较大，数十家中央媒体进行了报道。

10月15～19日，在江西省文联艺术展览中心举办“江西省庆祝中华人民共和国成立60周年——‘辉煌的历程’摄影展”。

10月17日，邀请中国摄影家协会领导，著名摄影家、评论家30余人在进贤县叶学龄摄影艺术馆，举办叶学龄生态摄影艺术研讨会。

10月26～30日，在天沐温泉主办“世界超级模特摄影大赛”。

11月2～4日，在江西省文联艺术展览中心举办庆祝新中国成立60周年“江西省交通厅职工摄影展”。

11月18～22日，在江西省文联艺术展览中心举办“第21届江西省摄影艺术展览”。展出获奖和入选作品360幅。

2009年，发展新会员129人，推荐45名会员申请加入中国摄协，其中11人（上半年）被批准加入中国摄影家协会。举办了12期月赛评奖活动，已经累计举办了117期。多次组织小分队赴福建霞浦海滨渔村、云南德庆、中甸、丽江、大理、德洪少数民族地区，安徽天柱山等地采风，并与当地摄影家一起交流创作体会。

【美术家协会】

2月27日，省文联、省美协在南昌召开第11届全国美展暨第13届省美展创作动员大会。来自全省各设区市美协、省内各专业院校以及其他创作机构的代表和重点作者80多人参加大会。

5月5日，举办“江西文艺·名家讲坛”，邀请著名油画家徐芒耀先生来赣讲学，数百名江西画家及美术爱好者参加。

6～8月，举办江西省第13届美术作品展，展览分3个阶段展出：6月20～22日，展出艺术设计、动漫、插图、年画、宣传画及综合材料类作品。7月11～13日，展出雕塑、漆画、陶艺、油画、水彩、水粉、版画类作品。8月12～14日，展出国画作品。

6月，邀请由许江为组长、王胜利、杜滋龄、王维新为成员的第11届全国美展专家组来江西指导。

8月，选送作品参加第11届全国美术作品展览，获得金奖1名、铜奖1名、获奖提名4名、入选62名的好成绩。

【书法家协会】

1月16日，邀请江西知名书法家30余人先后在南昌县、南丰县等地举办送春联下乡活动，为农民书写2000余副书法作品和春联。

9月16～20日，在江西省文联艺术展览中心举办江西省第八届书法篆刻艺术大展。此次大展共收到全省书法家和书法爱好者投稿600余件，展出作品330余件。其中一等奖6件，二等奖12件，三等奖32件，优秀奖86件；入展作品200余件。并出版了作品集。

11月16～20日，举办了首届中国“白凤乌鸡杯”书画大赛。共收到作者来稿1000余件，经过初评、复评、终评，评出入选作品172件，其中一等奖1名；二等奖2名；三等奖6名，优秀奖27名。获奖作品53件，入展作品119件。

10月23～27日，在欢庆祖国60华诞之际，举办了60年代代表书法家提名展，共展出了120件书法作品，并出版了精美的作品集。

11月11～15日，举办了江西省第三届书法临帖展览。展览共收到全省书法家和书法爱好者作品300余件，经专家认真评选，本次展览共评出一等奖3名，二等奖4名，三等奖8名，优秀奖21名。

12月25～29日，首届全省老年书法作品展览在江西省文联艺术展览中心展出。此次展览共收到全省各地老年书法家投稿400余件。展示了江西省老年书家的整体水平和风貌。

7月25～27日，为迎接“第三届全国‘兰亭奖’书法大展和尧山杯兰亭新人展”，举办了全省书法培训班。来自全省各地的110余名学员参加的培训。

12月6～10日，在江西省文联艺术展览中心举行了“江西—广西书法联展”，展示江西和广西两省的书法创作成果。

【舞蹈家协会】

3月21～24日，由江西省文联、省舞协主办的“2009江西文艺·名家讲坛暨舞蹈编舞技法培训班”在省文联多功能厅隆重举行。来自全省各设区市近180人参加了此次活动，活动邀请了北京舞蹈学院副院长、著名舞蹈教育家郭磊教授和北京舞蹈学院著名舞蹈教育家、舞蹈编导、副教授肖燕英亲临授课。两位老师分别讲授了“中国民族民间舞蹈教材建设”和“舞蹈编舞技法”，内容丰富精彩的讲学。

5月23日，为纪念毛泽东《在延安文艺座谈会上的讲话》发表67周年，由省舞蹈家协会、萍矿集团安源艺术团主办的“全省舞蹈创作座谈会”在萍乡召开。来自省内40多位舞蹈创作人员参加会议。此次座谈会凝聚了江西省舞蹈创作力量，提出了扶持和培养青年人才设想和计划，鼓舞了士气，增添了信心，明确了目标。

由江西省舞蹈家协会、江西电视台经视频道联合主办的2009“舞动江西”全民舞蹈大赛暨首届“白鹭奖”舞蹈电视大赛，从7月5日吉安赛区首场海选启动纵横全省11个设区市，录制播出了35场海选，10场淘汰赛，到12月5日总决赛结束历时整整5个月。据不完全统计，从海选到总决赛有超过3万人登上舞台，其中最小的选手只有4岁，最大的已是78岁高龄。在全省各地舞协的高度配合下，使得大赛海选阶段在各地掀起一阵又一阵舞动的浪潮。大赛为众多的舞蹈爱好者提供了展示自我和实现梦想的平台，在全省引发了全民习舞热潮，有效地推动了舞蹈培训业的发展，产生了良好的社会效益和经济效益，打开了全省舞蹈工作的新局面。

7月26～30日，由中国文联、中国舞蹈家协会主办的第五届“小荷风采”全国少儿舞蹈展演北京展区在政协礼堂举行。省舞蹈家协会推荐的3件少儿舞蹈作品《小胖胖》、《快乐奶仔》、《俏皮奶奶》以无可挑剔的表演一举获得全国少儿舞蹈展演最高奖——“小荷之星”奖（金奖），再一次向全国小朋友展示江西省少儿舞蹈的无穷魅力，为江西省舞蹈界赢得了荣誉。与此同时，大赛安徽淮南展区舞蹈家协会推荐的另外3件作品以同样出色表现赢得了评委们的青睐，《鼠们与猫》、《走进春天、走进阳光》共同获得“小荷之星”奖（金奖），《笔神》获得“小荷新秀”奖（银奖）。

8月3日，由华东六省一市舞蹈家协会联合主办的“第二届华东六省一市大学生舞蹈大赛”在福建省泰宁县举行。省舞蹈家协会推荐的双人舞《爱·睁开了眼睛》、群舞《心情·心律》、群舞《红是红啊，绿是绿》分别获得金、银、铜奖。本届大赛加强了与兄弟省份舞蹈文化、教研的交流与合作，充分展示了江西省大学生良好的精神风貌和舞蹈创作、表演水平。

【戏剧家协会】

3月28日，举办了“江西文艺·名家讲坛”讲座，邀请中国文联书记处书记、研究员、博士、

戏剧理论家、戏剧史家和文化学者廖奔来赣讲授《当下戏剧创作发展趋势》。

8月，在“舞动长江、歌唱祖国——庆祝新中国成立60周年长江流域戏曲演唱大赛”中，江西剧协推荐的选手曾洁、魏志敏荣获“长江之星”银奖。

12月26日，在省文联二楼多功能会议厅，江西省剧协承办了已故戏剧家、教育家，原江西省戏剧家协会副主席石慰慈作品研讨会。

11月，创建了“江西省戏剧家协会”专业网站，并于同年9月和中国电信南昌分公司合作，建立了“短信服务平台”。

【民间文艺家协会】

6月16日，省民协参与组织、推荐了省民间艺术表演队，参加由省政府、省安监局等单位主办的全国安全生产万里行江西省活动。以“寻根赣鄱安全文化”为主题，展示了丰富多彩的江西民间艺术，获得来自全国的媒体好评。

2月份，在已连续举办了10多届的全省故事创作、演讲大赛的基础上，2009年由省委宣传部、省司法厅、省文联、省普法办共同主办了“江西省首届法治故事创作、讲演大赛”。整个活动共收到新创作的法治故事130多篇，全省有14个市、县举办了群众性法治故事讲演比赛。以故事形式宣传法治，达到较好的效果。11月21 ~ 22日，在南昌举办了大赛讲演复赛、决赛，38位选手参加角逐，年龄最小的只有8岁。评出了优秀故事作品与讲演员。中央电视台新闻联播及省内有关媒体予以了报道。

9月份，省民协参与了由省委组织部、宣传部、省文联、省党史办联合主办了“江西省‘天翼杯’优秀红色故事征文比赛”，还派员组织审读稿件。

一年来，积极发展会员，抓好民间文艺队伍建设。发展了15名省民协会员，推荐7人加入中国民协。

积极推荐组织参加各类全国展评活动。在第九届中国民间文艺“山花奖”的评选中，江西有3件作品（节目）获此殊荣：新余张小红的夏布手工艺《清明上河图》、景德镇孙立新的传统薄胎瓷《江南春晓》均获第九届中国民间文艺“山花奖”民间工艺类，万载县得胜鼓队获第九届中国民间文艺“山花奖” 民间艺术表演类。另外，孙立新还荣获第三届“中国十佳民间艺人”荣誉称号。

先后组织省民间工艺美术家参加了全国民间艺人节、“山花奖”全国民间工艺美术精品展、中国长春民间工艺博览会，组织赣南客家服饰参加中国民间民族服饰文化展；推荐万载县得胜鼓队参加第九届中国民间文艺“山花奖”·全国民间鼓舞鼓乐大赛；组织江西省少儿故事选手参加第二届中国故事节全国少儿故事会和全国少儿红色故事会。江西省小选手王雪翎获第二届中国故事节少儿故事会优秀奖；叶涵彧获第二届中国故事节少儿红色故事会三等奖。省民协因组织工作出色，分别获得全国民间鼓舞鼓乐大赛优秀组织奖、少儿故事会的“故事作品最佳组织奖”，“少儿红色故事会表演优秀组织奖。”

【评论家协会】

召开江西小说创作座谈会。3月27日，与有关部门一起在省文联召开了江西小说创作座谈会。邀请江西30多位小说作者和评论家就江西小说现状和未来进行座谈。

召开江西网络文学座谈会。6月23日，与有关部门联合在省文联举办了江西网络文学座谈会。会议邀请了江西部分网络文学作者和评论家共20多人就全国网络文学态势和江西网络文学现状进行了座谈。

举办江西宜春职场小说群体创作研讨会。12月30日，与有关部门联合在江西樟树举办了江西宜春职场小说创作群体研讨会。江西宜春市涌现出了一个以熊学义、刘胜财、欧阳娟、朱墨、毛毛等5位小说作者为代表的职场小说创作群体，创作了《公务员》、《女招商办主任》、《仕途》、《官高一品》等长篇小说，反映职场规则和竞争，塑造了一个个在欲望、正义、良知和权力之间挣扎的鲜活的职场人物。一个设区市能涌现出这么多同一类型小说作者，全国罕见，是一个值得关注、研讨的文学现象。

【曲艺家协会】

2月13日，在南昌召开了全省曲协工作会议。认真学习了苏荣书记在省第七次文代会上的重要讲话和省委宣传部部长刘上洋的报告，交流了各区市曲协活动及工作情况。特别是就人才的培养、“精品”创作、推新人、出效益等内容进行了广泛深入的讨论。

10月29日，省曲协在省话剧团礼堂组织了“相聚金秋——庆祝新中国成立60周年公益大展演”中的“熊光平喜剧小品晚会——憨宝系列专场演出”，受到观众好评。

【电影家电视艺术家协会】

参加组织全国首届新农村电视艺术节。11月20～23日，由中国电视艺术家协会、江西省文联、赣州市人民政府共同主办的首届中国新农村电视艺术节隆重举行。省电影家电视艺术家协会承担了赣州同中国电视艺术家协会的桥梁、纽带。从方案拟定到各项准备工作，协会全力协助主办单位和承办单位做了大量工作。协会选送的参评作品取得1金、2银、3铜的较好成绩。

共同主办华东六省一市电视主持新人赛。由华东六省一市电视艺术家协会（上海、安徽、山东、江西、江苏、福建、浙江）共同主办的2009年华东六省一市电视主持新人赛，8月在山东齐鲁电视台举行。此次赛事共有10支参赛队100余名各省选拔的优秀选手参赛。最后决赛由齐鲁电视台现场直播。江西省选手获银奖1名，铜奖2名，优秀奖6名。

联合拍摄电影《这样一位将军》。该电影由中共萍乡市委、市人民政府、萍乡市大兴影视文化传媒有限公司、江西省电影家电视艺术家协会、江西尚视亚星影视有限公司联合出品。讲述的是开国将军甘祖昌回乡当农民的故事。该电影首映式于2010年1月28日在江西艺术剧院举行，来自省内外的专家一致给予了好评。《江西日报》全文刊登了专家的发言，做了专版报道。这部电影将在中央电视台电影频道播出。

参与举办第18届金鸡百花电影节在南昌举办。10月，第18届金鸡百花电影节在江西南昌隆重举行。本次电影节盛况空前，取得了圆满的成功。该电影节由中国文联、中国电影家协会、南昌市政府共同主办。

举办“江西文艺·名家讲坛”。协会于3月邀请了著名影视评论家仲呈祥先生来赣讲课。组织联络各地会员120余人到会听讲，收到了良好的效果。

【杂技家协会】

5月份，省杂技家协会与成都战旗杂技团合作排演了一台大型杂技剧《茶》。参加第九届人民解放军全军会演获原创奖，《抖杠》获节目一等奖，《滚灯》获节目二等奖。

协会主席杨军获中国杂技家协会庆祝新中国成立60周年重要贡献奖。老杂技演员朱殿兰获中国文联颁发的从事新中国文艺工作60周年荣誉证书及中国杂协颁发的从事杂技艺术工作60周年老同志纪念证书。

【企业文联】

召开江西省企业文联第三次代表大会。7月31日，在南昌隆重召开了江西省企业文学艺术工作者联合会第三次代表大会。来自国企、央企等34家团体会员单位和各文艺家协会代表100多人欢聚一堂，共商企业文化发展大计。大会由省文联党组成员、副主席曹杭主持。省文联主席刘华向大会致热情洋溢的开幕词。省国资委副主任、党委委员沙甲先代表国资委向大会致贺辞。中共江西省委宣传部常务副部长陈东有代表省委宣传部到会讲话。省文联党组成员、副主席鄢平原受省企业文联第二届理事会的委托，向大会作题为《振奋精神 锐意进取 努力共创我省企业文联工作新局面》的工作报告。省文联党组书记部海镭代表江西省文联向大会的召开表示热烈的祝贺并对企业文联今后的工作提出了殷切的希望。此次大会得到了中国文联国内联络部、省委宣传部、省国资委、省民政厅社团管理局和12个省的企业文联的重视和大力支持。大会通过了省企业文联第二届理事会工作报告和《江西省企业文学艺术工作者联合会章程》，选举产生了新一届理事会。鄢平原当选第三届企业文联主席。

隆重举办了“纪念改革开放30周年全省企业界文艺会演暨迎春联欢会”。1月8日，协会与省企业联合会在江西饭店举行“纪念改革开放30周年企业文艺会演优秀节目展演暨迎春联欢会”，来自全省各地200余名企业界人士欢聚一堂，联欢会上演出了“纪念改革开放30周年文艺会演”中的优秀节目。20家企业30多个不同类型的节目，展现了改革开放以来各企业的发展变化和取得的成就，塑造了企业新形象。

举办省电力系统“歌颂祖国 赞美江西”诗歌朗诵大赛。5月8日，为庆祝“五一”国际劳动节和新中国成立60周年，反映电力建设成就和电力干部职工精神风貌，省企业文联和省直机关工

委宣传部、省作家协会在省电力职业学院，共同举办了省电力系统“歌颂祖国 赞美江西”诗歌朗诵大赛。

召开“江西部分企业文化建设研讨会”。10月20日，为探索企业文化新思路，交流各企业文化建设经验，省企业文联、省国资委宣传处、桑海集团在桑海集团共同主办“江西部分企业文化建设研讨会”。来自各企业的20多位领导、部门负责人代表参加了会议。研讨会就企业文化建设的经验、企业文化的创新、进一步做好企业文化工作的意见和建议等相关内容进行了热烈的探讨，形成了要大力发展企业文化的共识。

积极选送节目参加全国展演并获奖。省企业文联积极组织选送由萍乡矿业集团安源艺术团刘卫萍编剧、导演，秦志萍、黄瑶、肖奇良表演的小品《党小组会》参加中国文联、中华全国总工会、中央电视台主办的“向祖国汇报——庆祝新中国成立60周年全国产业（行业）系统曲艺小品展演”，在全国159个曲艺作品和小品节目中，被选入前30个参演节目，并在11月4～6日山西省太原钢铁有限公司工人俱乐部现场终评演出中脱颖而出，荣获银奖，省企业文联获优秀组织奖。

山东省文联

综　述

2009年是山东省大事喜事多的一年，全力应对国际金融危机、共克经济时艰，庆祝新中国成立60周年，迎接第11届全国运动会在济南举办，成为全年的工作重点。在省委、省政府和省委宣传部的领导下，省文联党组、主席团团结带领干部职工及全省广大文艺工作者认真贯彻落实科学发展观，围绕中心，服务大局，创新思路，扎实工作，为推动经济文化强省建设作出了积极贡献。

主要工作

【主题性重大文艺活动】

2009年，省文联及各协会、各单位紧密围绕庆祝新中国成立60周年、迎接第11届全运会等重大节庆，开展了一系列有声势、有特色、有影响的重大文艺活动。一是省美协在中国美术馆举办“齐鲁风韵——山东中国画花鸟画作品展”，展出了山东省42位优秀画家的110余幅大型创作性花鸟画作品。省曲协与济南曲艺团开展“向祖国汇报”演出活动，组织曲艺喜剧《茶壶就是喝茶的》晋京演出取得圆满成功；省影协与鲁信影城联合举办“影像中国　共享经典——庆祝新中国成立60周年电影系列展映”等活动。二是省摄协会同有关单位承办了“和谐中国、全民全运·佳能杯——第11届全国体育摄影展”，收到来自全国各地的优秀摄影作品7000余幅，评出优秀作品330件。省音协在全国范围内组织第11届全运会会歌及颁奖音乐创作征集和制作工作，共征集歌曲1000余首，评出10首获奖歌曲。省美协与其他单位联合承办“第七届中国体育美术作品展览”，全国参选作品达到7616件，其中山东省作品达到1521件，山东入选和获奖作品数量均列全国各省区市第一。国际奥委会主席罗格，中央政治局委员、国务委员刘延东，山东省委副书记、省长姜大明等领导出席美展开幕式并参观展览。三是举办群众性主题文艺活动。省剧协会同山东电视台在威海联合举办“山东省首届京胡大赛”，来自全省的40位选手参加比赛。省舞协举办“第四届全省青少年舞蹈大赛”，来自全省的4900余名选手、700余个舞蹈作品参加比赛。省音协与有关单位举办了“佰笛杯·全国手风琴展演比赛”、“荣威杯·山东省高级别钢琴大赛”、“美得理杯·山东省电子琴大赛”。省曲协联合津、晋、冀、豫四省市曲协举办了“山河杯·曲艺新作大奖赛”。省书协精心组织了“第七届山东省青年书法篆刻展”。省视协举办了“首届山东省青少年电视才艺大赛”等活动。

【文艺精品创作】

各级文联及各艺术家协会把文艺精品创作放在首位来抓，精心策划，精心运作，组织创作了一大批反映时代精神、展示当代生活、人民群众喜爱的文艺精品，并积极组织参加、角逐全国的各项大奖。省音协组织创作和选送的歌曲《可可西里》荣获第10届中宣部“五个一工程”奖优秀歌曲奖；《百家姓，中华情》等4首歌曲获“全国优秀流行歌曲创作大赛”全国总决赛提名奖。山东艺术学院的大型话剧《校园回旋曲》在中宣部主办的校园戏剧节中获得了“中国戏剧奖·校园戏剧奖”一等奖；推荐的戏剧表演艺术家章兰、吕凤琴获得第24届中国戏剧奖·梅花表演奖。省舞协组织推荐的舞蹈诗《蒙山沂水》获第六届中国“荷花奖”特别奖，舞蹈作品《花仙子》等3项作品获得金银奖；组织拍摄的山东省三大秧歌电视专题片在央视《舞蹈世界》栏目播出。省美协等单位组织的孔维克创作的国画《公车上书》、杨松林创作的油画《开创共和——孙中山就任临时大总统》和徐青峰创作的油画《血战台儿庄》等3件作品入选中国重大历史题材美术工程。省书协组织的作品在“第三届中国书法兰亭奖”评选中，获奖人数和入展人数都居全国前列。

省民协组织山东省木版年画、面塑、黑陶等艺术作品在陕西第一届中国花馍艺术节中荣获 2 块银牌。省视协推荐的《港岛互动、共推奥运》等 13 件作品在"奥运中国"优秀体育节目评比中获奖。各市、大企业文联也取得了丰硕的创作成果，济南市文联组织创作的散文集《淡香水》获冰心图书奖，青岛市文联组织创作的电影《寻找微尘》、威海市文联推荐的歌曲《红旗颂》获全国"五个一工程"奖，泰安市文联策划创编录播的百集长篇评书《话说泰山》在中央人民广播电台播出，临沂市文联组织创作的电视文献纪录片《大地震 1668》获四川电视节"金熊猫"最佳创意奖提名，菏泽市文联组织创作的戏剧《山东汉子》入选国家舞台艺术精品工程，齐鲁石化周蓬桦的散文集《风吹树响》获第三届中华铁人文学奖。据统计，去年全省文联系统共荣获 150 余项全国各类艺术大奖，取得了较大艺术成就，为山东争得了荣誉。

【第二届山东国际大众艺术节】

8 月 16 日至 9 月 27 日举办的第二届山东国际大众艺术节，围绕"庆国庆、迎全运"这个重大主题，组织策划了 30 余项、70 余场次大型文艺活动，参与活动的艺术家、文艺工作者和文艺爱好者超过 1 万人次，省外及国外参与艺术家及其作品超过 500 余人（件），直接到场观众超过 15 万人次。充分体现了"艺术走近大众、大众共享艺术"的宗旨，受到了社会各界的肯定和欢迎，中央及省市级媒体进行了广泛的宣传报道，总计发稿 700 余篇，国内数十家网站进行了相关内容的转载，网民发帖不计其数，产生了重大的社会反响，丰富和活跃了人民群众的精神文化生活，成为向新中国 60 周年华诞和全运会献礼的丰盛艺术大餐。

【文艺评奖及文艺评论宣传工作】

7 月，在山东省泰山文艺奖评选委员会的领导下，开展了第二届山东省泰山文艺奖评选工作。经过科学民主、公开公正、严肃认真的评选，共评出戏剧、音乐、曲艺、舞蹈、杂技、电影、电视、美术、书法、摄影、民间文艺、艺术理论研究等 12 个门类 137 件优秀作品，其中一等奖 17 件，二等奖 47 件，三等奖 73 件。文艺创作研究室及文艺评论家协会充分发挥职能作用，加强了文艺评论研究和宣传工作，举办了一系列有影响的文化活动，如"大众艺术节论坛"、"长篇小说《南明英烈传》座谈会"、"《蒙山沂水》实景歌舞剧讨论会"、"电影《沂蒙六姐妹》研讨会"、"十一运开闭幕式文艺演出创意研讨会"等。组织编辑《庆祝新中国成立 60 周年山东文艺评论丛书》和冯德英、王玉梅、郎咸芬等五位被省委省政府授予文化艺术终身成就奖的艺术家评传丛书。

【文化艺术惠民活动】

各级文联及各艺术家协会坚持"三贴近"原则，组织广大艺术家和文艺工作者深入改革建设第一线，汲取营养，激发灵感，创作优秀作品，同时为人民群众送欢乐、送艺术。省文联及有关艺术家协会分别到全运会场馆建设工地、园博园、槐荫西客站建设工地以及滨州、枣庄、聊城、章丘、莱钢、齐鲁石化等地，开展了"送欢乐、下基层"、"书法进万家"、"送戏进农村"、"民间音乐进校园"、"送书画进课堂"等系列活动。青岛市文联举办了"文联社会，艺进百家"每月一讲活动，威海、莱芜市文联开展了"区域特色文艺品牌"打造命名等活动。据统计，2009 年各级文联、各艺术家协会开展了 100 余次、2600 余人次参加的文化惠民活动，丰富和活跃了人民群众的精神文化生活。

【自身建设】

各级文联认真加强机关和协会的思想、组织、制度及后勤建设。一是深入开展学习实践科学发展观活动，提高了广大干部职工的政治素质。二是加强领导班子和干部队伍建设。顺利召开了省八次文代会，圆满完成了换届任务。顺利完成省美协、省舞协、省摄协、省杂协的换届工作。调整充实了中层干部，推进干部交流轮岗，加大优秀年轻干部的培养和选拔力度。三是推进机关精神文明建设。省文联被评为"省直机关精神文明建设先进单位"。四是《新聊斋》、《金视点》注重刊物质量、在市场发行方面取得了较好成绩；《齐鲁艺术》和《文联信息》的编辑工作有了进一步提高，创办了《书画艺术导刊》杂志。五是增强服务文艺家和离退休老干部的意识，先后为 10 余位著名老艺术家举办了研讨会和纪念、展览等活动，并建立了为离退休老干部祝贺生日制度。

各文艺家协会

【电影家协会】

省影协与有关单位联合举办"影像中国 共享经典——庆祝新中国成立 60 周年电影展映"活动。

免费展映了150场经典影片，以独特的影像魅力向祖国的成长、跨越和发展致敬，让群众共享新中国电影事业发展的硕果。还特邀《闪闪的红星》原著作者李心田，《英雄儿女》中王成的扮演者刘世龙、著名演员李保田、青年演员刘桦等众多明星来济南与广大影迷见面。成功开展以电影《南京！南京！》为主题的宣传活动，邀请电影导演陆川和演员秦岚来到济南，与观众进行座谈、交流。

成功举办“山东联通杯·第二届山东省大学生数字影像大赛”。大赛共评出38个作品奖，还评出优秀导演奖、优秀摄影奖、优秀教师指导奖、网络人气奖等单项奖23个，共计61个奖项，产生了广泛的社会影响。圆满完成了“第二届泰山文艺奖”电影类的评奖工作。还参加了在福建举办的中国首届“海峡两岸闽南语电影研讨会”。

【摄影家协会】

9月5日，省摄协、新之航传媒在济南主办“新之航杯·山东省第九届摄影艺术展”，展示了近几年来山东省摄影艺术创作取得的成就。与有关单位联合举办了“山东省庆祝新中国成立60周年——美术、书法、摄影、文物展”，生动展示了新中国60年特别是改革开放30年来山东省各条战线取得的辉煌成就。10月21日，省摄协及有关单位联合承办了“佳能杯·第11届全国体育摄影展览”，共评选出一等奖3名、二等奖6名、三等奖9名、佳作奖50名。

认真完成第二届泰山文艺奖摄影类的评奖工作。为中国第13届国际摄影艺术展览征集作品291件，作品中有1幅获得银奖，2幅获得优秀奖。举办了“朱家峪风情摄影大赛”、“‘红红火火过大年’网站论坛摄影大赛”、“生态文化 绿色家园——全国摄影大奖赛”、“迎新中国成立60周年 看消防发展成就——摄影大赛”、“沂山杯·国际摄影大赛”、“千名摄影家看孝乡——摄影大赛”、“泉城之夜——百姓摄影大赛”等赛事。

省摄协还组织摄影家分别赴临沂、威海、新泰、寿光、邹平等市县农村，举办“送欢乐、下基层、送和谐树新风”慰问活动。省摄协认真参与中宣部、中国摄协等有关单位举办的各项摄影展览活动，先后4次荣获有关单位的优秀组织工作奖。

【民间文艺家协会】

在“第一届中国花馍艺术节”上，山东省民间艺术家荣获2块银牌。在“第二届中国故事节”上，山东省选手王正冉获得铜奖，并获故事家称号。在“第三届中国民间艺人节”上，山东省木版年画艺术家张运祥获得“十佳民间艺人称号”，陶艺家刘文江、葫芦烙画艺术家葛懋新获得“最受欢迎的民间艺术家”称号。

6月，完成了“第二届泰山文艺奖（民间文艺类）”的评选工作，共评出二等奖4个，三等奖6个。8月，举办了“2009齐鲁民间艺术博览交易会”，吸引了社会各界及来自美国、加拿大、新西兰、澳大利亚、日本、韩国等国家的友人3万余人参观，展会交易额达到了百余万元。主办了“2009手艺创造财富——传统手工艺保护与发展国际论坛”、“环球杯·庆祝新中国成立60周年剪纸及民间工艺品展”，得到了社会各界的一致好评。

积极开展了民间文化遗产抢救工作，完成了《中国木版年画集成·扑灰年画卷》的编纂出版发行任务，《中国木版年画集成·平度东昌府卷》也完成了编纂画册工作。此外，还开展了对胶州“中国剪纸文化之乡”、蒙阴“中国珠算文化之乡”、博兴“中国孝文化之乡”的申报工作。

【书法家协会】

在第三届“中国书法兰亭奖”评选中，魏启后先生荣膺终身成就奖，有2人获二等奖，3人获三等奖，2名作者获得理论研究奖，获奖提名和入展人数均居全国前列。在“全国第六届楹联展”中，山东省也有2名作者获奖。在全国第六届篆刻艺术展中，山东省有2人获一等奖，1人获三等奖，5人获提名奖。在第八届书学讨论会上，山东省有5名作者获奖，在全国名列第二。

围绕新中国成立60周年、第11届全运会等重大活动，省书协积极发动、精心组织了山东省第五届书法篆刻展、第七届山东省青年书法篆刻展，协办了“庆祝新中国成立60周年·山东省美术书法摄影文物展览”。在第二届山东国际大众艺术节上，省书协主办了“第二届大众文化艺术节国际书法名家邀请展”，同时出版了《第二届国际大众艺术节暨国际书法名家邀请展作品集》。认真完成了“第二届泰山文艺奖”书法类的评选工作。

此外，在全国“书法之乡”、“书法名山”、“书法名城”的申请活动中，又有临邑、曲阜、章丘、

福山等四个单位入选。

【杂技家协会】

完成第二届“泰山文艺奖”的杂技类的评选组织工作，评出一等奖1个、二等奖2个、三等奖2个。举办了第二届“山东国际大众艺术节”山东省杂技魔术晚会。7月，举办了“山东省第二届魔术比赛”，共评出一等奖4个，二等奖5个，三等奖6个，展示了近年来山东省杂技艺术的丰硕成果，发现了一批杂技魔术新人。11月，带领艺术家到天桥社区，为基层群众演出了精彩的杂技节目，受到基层群众的喜爱。

顺利召开了全省第五届杂技艺术家代表大会，选举产生了新一届主席团。还组织撰写“齐鲁非物质文化遗产”丛书杂技篇、“山东文化概览”杂技篇等论文专著。

【音乐家协会】

省音乐家协会报送的歌曲《可可西里》荣获第10届中宣部“五个一工程”奖优秀歌曲奖。举办了《歌唱山东》歌词、歌曲精品创作征集活动。组织参加“全国优秀流行歌曲创作大赛”，《百家姓，中华情》、《父母在，家就在》、《开心歌谣》、《如梦令》等4首歌曲获华东赛区最佳作品奖和全国总决赛提名奖；《夫妻情》以及《家乡的泉》、《月弯弯，海浅浅》分别获华东赛区入围奖和优秀作品奖。按照省委宣传部的工作部署，在全国范围内认真组织了第11届全国运动会会歌及颁奖音乐的创作征集和制作工作，评出10首获奖歌曲，受到全运会筹委会、全国音乐界体育界的好评。参与大型民族交响乐《泰山》的构思、策划和文学脚本的纂写，该作品荣获第九届全军文艺会演优秀剧目奖。组织第二届山东省“泰山文艺奖”音乐类作品征集和初评，共征集作品70余件，歌曲《口碑》等12件作品获奖。

在“第二届山东国际大众艺术节”上，推出了“我爱我的祖国·于联华独唱音乐会”、“韩国国乐音乐会”、“青春旋律·摇滚乐音乐会”、“唱响泉城·音乐节系列音乐活动”、“激情百脉·青年摇滚乐音乐会”等4项展演活动。成功举办了“第七届山东省‘齐鲁风情’青年歌手暨新作品演唱大赛”、“佰笛杯·全国手风琴展演比赛”、“美得理杯·’2009山东省电子琴大赛”、“荣威杯·’2009山东省高级别钢琴大赛”、“放歌齐鲁·山东省首届山东民歌演唱大赛”、“塞尔玛杯·山东省第四届管乐大赛”、“第七届中国音乐金钟奖”比赛、“全国音乐考级优秀电子琴考生展演比赛”等系列音乐比赛活动。举行了“让心灵的花儿尽情开放——全国优秀少儿合唱歌曲进校园”活动。参与“下基层、送欢乐、送祝福”、“群众歌咏之城”、“暑期管乐特训营”等活动。主办或参与了“天翼之声——毕玉凝独唱音乐会”、“赤子之情，爱心咏叹——著名旅美歌唱家吴沁中国独唱音乐会”、“江山颂歌——冉艳独唱音乐会”、“日本古典吉他演奏家铃木岩先生暨日籍歌唱家张君访鲁音乐会”等。

此外，还编辑、出版了迎全运系列丛书《唱山东》歌曲卷。

【戏剧家协会】

省剧协推荐的话剧《校园回旋曲》获得“中国戏剧奖·校园戏剧奖”一等奖，该剧导演获得“中国戏剧奖·校园戏剧奖”最佳导演奖，剧协获得优秀组织奖。推荐的聊城豫剧院章兰获得第24届中国戏剧奖·梅花表演奖“二度梅”，淄博五音戏剧院吕凤琴获得“第24届中国戏剧奖·梅花表演奖”。在第13届中国少儿戏曲“小梅花”荟萃总决赛中，推荐的陶萍和丁杨柳分别获得一等奖第一名和第七名。在第六届中国小戏节上，推荐的聊斋俚曲戏《求骂》获得最佳推荐剧目奖。在“中国（亳州）皖鲁豫二夹弦演唱大赛”上，省剧协推荐的2位演员均获金奖。在第四届中国戏曲红梅荟萃评奖中，杨洋、陈瑞云、孙海龙、张倩等5位选手获得红梅金花。省剧协选送的渔鼓戏《追龙缸》、吕剧《收脚印》均获得第三届“中国戏剧奖·小戏小品奖”。由省剧协组织专家精心打造的新编历史故事剧《运河老店》获得第11届中国戏剧节“剧目奖”，主演杜玉珍荣获“优秀表演奖”。

1月，成功举办了“2009山东迎新春戏曲晚会”演出活动。7月组织筹办了“山东戏曲红梅大赛”，将22位优秀选手推荐到第四届中国戏曲红梅荟萃，参加全国比赛。圆满完成了第二届“山东省泰山文艺”奖戏剧奖的评选活动。参与了第二届山东国际大众艺术节，组织演出大型吕剧现代戏《补天》和第二届山东戏曲红梅大赛颁奖演唱会。10月，在第五届中国广饶孙子国际文化节上，省剧协邀请诸多省内著名戏曲名家为文化节送上一场精彩的戏曲专场晚会。11月16～18日，与有关单位主办了山东省首届京胡大赛决赛，40位选手经过2天3场的精彩决赛，决出专业组一等奖6名，二等奖7名；业余组一等奖6名，二等奖8名。

【曲艺家协会】

2月5日，省曲协联合河南、天津、河北、山西等省市曲协在河南宝丰举办了“‘山河杯’曲艺新作大奖赛”，山东琴书《青藏高原》、相声《精彩演绎》、快板《红柳楼》分别夺得特别奖、一等奖和二等奖。

7月上旬，省曲协在第二届山东省“泰山文艺奖”的评选中，小品《水果摊》获得一等奖；单弦《刘颇赶车》、相声《我是小哥》、山东琴书《新风曲》获得二等奖。

8月21日，山东曲协成功承办了“第二届山东国际大众艺术节——首届全国幽默曲艺邀请赛决赛暨颁奖晚会”。邀请了北京、天津、河北、河南、江苏等地20余名演员参加演出，受到观众普遍好评。

9月10日，山东曲协参与承办曲艺喜剧《茶壶就是喝茶的》晋京出席“向祖国汇报”系列活动，演出获得圆满成功。

11月3日，山东省曲艺家协会在青岛江宁会馆（劈柴院），建立“山东省曲艺家协会青岛江宁会馆演出基地”并成功举办了挂牌仪式和演出活动。

【美术家协会】

在第二届全国壁画大展中，山东省画家张一民、孙景全、刘文健、刘刚、肖文津、崔炜、唐国峻、康军雁创作的大型系列浮雕壁画《中华体育五千年》荣获“大展大奖”；杨松林的油画《开创共和——孙中山就任临时大总统》、孔维克的国画《公车上书》和徐青峰油画《血战台儿庄》入选国家重大历史题材美术创作工程展览。承办了第七届中国体育美术作品展览。山东入选72件，获奖12件，入选和获奖数量名列全国第一。全国“两会”前夕，在中国美术馆举办“齐鲁风韵——山东中国画花鸟画作品展”，展出了42位优秀画家的110余幅大型创作性花鸟画作品，引起了首都各界的广泛关注。围绕祖国60周年华诞的重大主题，举办了“庆祝新中国成立60周年·山东省美术作品展览”、“第11届全国美展油画、版画、水彩及粉画、中国画的预选展览”。

成功举办了“山东省首届青年美术大展”、“第五届山东国际美术博览会”、“名家书画到万家”活动、“纪念孔繁森全国书画邀请展”、“山东美术家协会2009迎新春联谊晚会”等活动。3月28日，成立山东省美协油画艺术委员会，举办了“山东省美协油画艺委会委员作品展”。

第二届山东国际大众艺术节期间，举办了“第11届全国美展山东省预选展中国画展”、“中韩美术作品交流展”、“西风东韵·华东六省一市油画作品展”、“庆祝新中国成立60周年·山东省美术作品展”、“首届齐鲁风情油画展”5项美术展览活动，为打造齐鲁文化品牌，丰富群众文化生活作出了贡献。做好第二届“泰山文艺奖”美术类评选工作，共评出一等奖1名，二等奖3名，三等奖8名。

成功举办了“梦绕神州路——著名旅美画家五人汇报展”、“第四届山东·仁川国际美术交流展”、“华东六省一市美术交流展”等展览，加强了国内、国际间的美术交流与合作。另外，还先后为窦凤至、李勇、岳祥书、孙墨龙、冯大中、刘宝纯、于阳春、陈文瑛、路洪明、尹延新、张洪祥、吕应鑫、陈兰英、郑兵、刘晓刚、蔡玉水、张宏宾等名家举办了个人展览，为徐培基、孔繁森等老一辈美术家举办了纪念展览和纪念活动，为众多会员出版了“山东美术家资料库”专集。

【舞蹈家协会】

在第六届中国舞蹈“荷花奖”评奖中，推荐的舞蹈诗《蒙山沂水》荣获组委会特别奖，《多角的枫叶》获本届评奖的提名奖。在“小荷风采”全国少儿舞蹈展演活动中，推出的舞蹈作品《花仙子》、《中国舞蹈考级教材》、《鼓韵》获得金奖，《天竺女孩》、《玩偶》、《小白船》获得银奖。在中国舞蹈家协会成立60周年庆典活动中，山东省高艺学、刘志军、阚玉纯等6人荣获“突出贡献舞蹈家”称号。在“全国残疾人舞蹈比赛”中，推荐的舞蹈《谁不说俺家乡好》获得一等奖，《呐喊》获得二等奖。在“CCTV舞蹈大赛”中，选送的女子群舞《谁不说俺家乡好》获得荣誉奖。在“华东六省一市大学生舞蹈比赛”中，山东省选手获得铜奖。在“中国江南舞蹈奖”的比赛中，省舞协组织的新作品《江南雨》获得了铜奖。

成功举办了“舞动青春——2009山东省国际标准舞街舞展演”、“山东省第四届青少年舞蹈比赛”等活动。年底，特邀请北京的鲁籍著名舞蹈家赵青、冯英、明文军等参加了由省政府、省委宣传部、省文联主办的鲁籍知名艺术家联谊会活动。组织的商河县鼓子秧歌参加中国文联主办的2010年“百花迎春”春节联欢会演出。与中央电视台《舞蹈世界》、省文联共同主办了三大秧歌专题片的录制工作，作为新中国成立60周年献礼的作品，宣传了山东底蕴深厚的民间舞文化。参加了由中国文联、中国舞协主办的“送欢乐、下基层，走进胶州”活动。

进行了山东省第二届“泰山文艺奖”舞蹈类的评选工作。顺利完成协会换届工作。另外，还对全省舞蹈考级“教学单位”进行了考级工作。

【创作研究室】

发挥职能作用，加强文艺评论和研究宣传工作，举办了一系列有影响的文化活动，如“大众艺术节论坛”、“长篇小说《南明英烈传》座谈会”、“《蒙山沂水》实景歌舞剧讨论会”、“电影《沂蒙六姐妹》研讨会”、“十一运开闭幕式文艺演出创意研讨会”、电视剧《沂蒙》研讨会等。组织编辑《庆祝新中国成立60周年山东文艺评论丛书》和冯德英、王玉梅、郎咸芬等5位被省委省政府授予文化艺术终生成就奖的艺术家评传丛书。这些专题研讨活动和文艺书刊的出版发行，推动了文艺事业的健康发展。此外，山东省舆情工作走在全国前列，孙建章获得舆情工作先进个人。

【《新聊斋》杂志社】

加大发行工作力度，努力开拓市场占有空间。年初，实施了一系列的整改措施，制定了立足山东，面向全国，以点带面，重点突破的发行战略，形成了全国31个省级市没留一个空白点的发行网。年底，《新聊斋》和《金视点》的发行量就增长了1万余册，走出了开拓创新的重要一步。

突出刊物个性，狠抓刊物质量。在办刊思路上，坚定不移地走个性化办刊道路。在具体工作中，更加注重加强稿件的编辑意识，在稿件的精编上下工夫，逐步使刊物的版面设计、语言风格和故事内容更加融和统一，凸显刊物“鬼故事”特性。

增收节支，拓宽进财之路。在提高刊物质量、扩大发行量的同时，靠自已的力量来增加收入，使刊物走向良性循环。具体做法就是将广告、合订本、增刊号进行了新一轮承包，在降低经营成本的同时，使收入有所提高。2009年，全面实现了内部管理的各项目标，理顺了各项人事关系，进行了重新分工，使每个人都职责明确，高质量、高效率地完成了各项工作任务。

河南省文联

综　述

2009年，河南省文联在省委的领导和中国文联的指导下，深入贯彻党的十七大和十七届三中、四中全会精神，坚持用科学发展观统领文艺工作和文联工作，认真履行联络协调服务指导基本职能，振奋精神，锐意进取，各项工作整体推进：以庆祝新中国成立60周年为重点，组织开展了一系列特色鲜明、影响广泛的文化艺术活动；坚持多出精品，多出人才，带动文艺创作全面繁荣，多个艺术门类在全国获得最高奖；服务群众、服务社会，精心打造“送欢乐、下基层”等惠民文化服务品牌；以创建省级文明单位为载体，机关建设稳步推进，服务能力得到进一步增强，赢得了广大文艺工作者和文联干部职工的信赖，大团结大发展的局面得到进一步加强。

会议与活动

【孙家正到河南省文联考察工作】

6月7日，全国政协副主席、中国文联主席孙家正在河南调研文化产业期间，到河南省文联进行了考察。孙家正在参观了河南省文联的展览后，与河南省文联机关各处室、协会负责人和文艺家代表举行了座谈，听取了河南省文联工作情况的汇报。

孙家正在座谈会上做重要讲话。他充分肯定了河南省委、省政府对文艺工作和文联工作的高度重视，肯定了河南省文联卓有成效的工作，肯定了河南氛围浓厚的文化环境。他强调，文化很重要，一个国家、一个民族的未来，很大程度上依靠于文化。物质生产，不过是文化的物化而已，当物质生产达到一定水平的时候，要靠文化，但文化归根到底要靠人。文联主要是联络人的工作，文联，“文”是根本、“联”是服务，文联就是要把文艺工作者团结起来，联系起来，给大家服好务。他说，文学艺术的繁荣取决于文学艺术工作者的创造性思维和独特的表现方式。同时，文学艺术的繁荣还需要调动非文艺工作者和广大人民群众的参与和支持，因为人民群众是文艺的欣赏者和创造者，是人民群众养育了文艺工作者，文艺工作者要满腔热情地为人民群众服务。

孙家正指出，建设和谐社会，政治是保障、经济是基础、文化是灵魂。目前，文艺工作正值最好时期，在以胡锦涛为总书记的党中央、国务院对文化工作高度重视，积极给大家创造好的体制、机制和条件。河南是文化大省而且正在走向文化强省，河南的历史文化底蕴非常深厚，河南传统文化、革命文化、现代文化占全国的比重很大。他希望河南省文联发扬优良传统，引导和帮助艺术家挖掘底蕴深厚的文化资源，创作出更多的无愧于人民、无愧于时代、经得起历史检验的传世佳作，为建设中华民族的精神家园，为中华民族的文化繁荣和发展作出应有的贡献。

【徐光春与作家艺术家座谈】

春节前夕，河南省委书记、省人大常委会主任徐光春与河南省文艺工作者进行座谈。徐光春热情寄语全省广大文艺工作者在新的一年里，弘扬牛的精神、牛的风格、牛的力量、牛的闯劲，更好地在河南文化和文艺肥沃土壤里耕耘，收获更多的丰硕果实，在推动“两大跨越”、促进中原崛起的进程中作出新的更大贡献。

徐光春指出，文化工作、文艺工作在社会发展中有着重要的地位和重要的作用，文化工作和文艺工作创造精神财富，同时也提供精神动力，在丰富和满足人民群众精神文化需要的同时，又为经济社会的发展提供强大的动力。党和政府历来高度重视文化工作，高度重视文艺工作。近些年来，省委提出要实施“两大跨越”，促进中原崛起。省委把文化的跨越发展与经济的跨越发展

相提并论，作为河南进一步发展和增强综合实力的两大举措来安排和部署，充分说明了河南省委、省政府对文化在经济社会发展中的重要地位、重要作用的深刻认识，也表现了河南省委、省政府这样一个高度的文化自觉。在这样一个决策和部署下，这些年来河南的经济有了长足的发展，文化有了长足的进步，共同顶托中原加快崛起。

他衷心地希望全省广大作家艺术家要进一步肩负起历史重任，促进中原文化大发展大繁荣，要进一步发挥文化工作者、文艺工作者的创造性和积极性，以更加饱满的热情、更加多彩的艺术、更加丰富的内容来反映河南深刻的经济社会变化、深刻的思想观念方面的变化、深刻的社会变化，用更多更好的优秀作品引领社会前进，推动社会发展，促进人们素质的提高。他指出，河南有着悠久的文化传统，而且拥有一大批有影响、有才华的作家艺术家，相信在党和政府的正确领导下，广大作家艺术家一定能够更好地履行我们的历史使命，在推动“两大跨越”、促进中原崛起的过程中，作出新的更大的贡献。

河南省委常委、宣传部部长、副省长孔玉芳，省委宣传部常务副部长马正跃，省委政研室主任白建国，省委宣传部副部长刘少宇、李庚香，省文联党组书记吴长忠，主席马国强，巡视员王洪应，副主席李佩甫、何白鸥、郑彦英、苗树群及河南省文艺界代表何南丁、二月河、张一弓、孙广举、丁中一、周俊杰、夏挽群、范军、宋华平、虎美玲、曹新林、周虹、邵丽、王绣、谢冰毅、刘杰、李强、胡秋萍、王惠、汪荃珍、贾文龙、王红丽、蒋愈红、李仲党、陈静、刘鲁豫等出席座谈会。

【冯远到河南省文联考察工作】

5月20日，中国文联党组成员、副主席冯远，中国文联办公厅主任夏朝华一行利用《中国文联年鉴》编撰工作培训班培训活动的间隙到河南省文联考察工作。冯远一行先后参观了河南省文联新办公大楼及家属院、省书画院并观看了画展，与河南省文联干部职工及文艺家进行了座谈，听取了河南省文联的工作情况汇报。

冯远在座谈会上说，河南历史悠久、文化积淀深厚，是名副其实的文化大省。近年来，河南省文联干部职工克服困难、团结奋斗，在一些文艺领域推出了一批影响大、水平高的文艺大家和文艺领军人物，文艺豫军在全国具有越来越大的影响。他指出，文联是党领导下的人民团体，是党联系广大文艺家的桥梁和纽带。近年来，党对文艺事业更加重视，文联的地位不断提升，文联的工作很有希望。文艺的特点和规律决定文艺工作没有定性的量化目标，从另一个角度讲，这更加有利于文艺工作者把眼光放开，充分发挥主动性和创造性，以更加开阔的眼界和更加创新的思维来推动文艺事业的繁荣和发展。他希望河南省文联在推动文化大发展大繁荣上能有更大的作为。

【六届三次全委会】

2月11日，河南省文联六届三次全委会在郑州召开。河南省委宣传部副部长李庚香，河南省文联党组书记吴长忠，省文联主席马国强，省文联巡视员王洪应，副主席李佩甫、何白鸥、苗树群、王宝贵、范军、夏挽群、周绍成、邓本章，省文联副巡视员张剑锋出席会议，河南省文联机关各处室负责人列席会议。会议由马国强主持。李庚香在会上讲话，马国强传达了全国宣传部部长、中国文联八届四次全会、全省宣传部部长会议精神，吴长忠代表省文联党组和六届主席团作了题为《坚持以科学发展观为统领，推动河南文艺事业大发展大繁荣》的工作报告，开封市文联、濮阳市文联、省书协、省杂协在会上作了经验发言。会议还调整增补了省文联六届委员会委员。

【庆祝中华人民共和国成立60周年系列活动】

河南省直机关庆祝新中国成立60周年书法绘画摄影展。由省直文明委、省委省直工委、省文联主办，省美协、省书协、省摄协承办，9月28日在省文联举行。共展出作品385件，其中一等奖作品29件，二等奖作品41件，三等奖作品56件，入选作品211件，是从河南省直机关100多个厅局推荐的11300余件作品中精选出来的。展出作品个性鲜明，或大气磅礴，或凝炼厚重，或舒缓细腻，或潇洒飘逸。不仅展示了书画摄影艺术特有的魅力，更抒发了省直机关干部职工爱党、爱社会主义、爱祖国、爱人民的炽热情怀，讴歌了60年来共和国走过的光辉历程和取得的辉煌成就，表达了对祖国更加繁荣昌盛的向往之情和对加快河南发展的不懈追求。

祖国颂——河南省书画摄影作品展。由省委宣传部、省文联主办，省美协、省书协、省摄协承办，9月26日在郑州商都艺术馆开幕。共展出美术作品150件、书法作品150件、摄影作品190件。美术作品风格多样，充分显示了“中原画风”的深厚实力；书法作品名家荟萃，在继承传统的基础上进行了大胆创新；摄影作品内涵丰富，展示了全省各地190个“历史瞬间”，通过对同一地点的今昔对比，见证了祖国和河南省60年间翻天覆地的变化。参展的各类作品都有较强的思想性、艺术性、观赏性，深刻表现了全省人民自强不息、艰苦创业的奋斗精神，充分表达了河南艺术家对祖国的热爱，对家乡的赞美，是全省文艺工作者献给祖国60华诞的美好祝福。

祖国颂——当代著名女书法家邀请展。由省委宣传部和省文联主办，省妇女书画家协会承办，9月19～23日在省文联举行。展览以歌颂新中国成立60周年以来取得的丰硕成果为主题，会聚了全国27个省区市94名女艺术家的书法精品，几乎囊括了目前我国书坛比较活跃的女书法家的作品。河南省杨杰、胡秋萍、毛鸿雁等19位女书法家的作品参展。参展书法家用饱含深情而又极富表现力的笔墨表达对新中国的美好祝福，抒发了爱祖国、爱人民的思想情感，共同谱写了一曲饱含无限热爱和深情祝福的“祖国颂”。展览期间还举行了“当代女性书法研讨会”，与会专家对此次展览给予高度评价，同时还就当代女性书法在世界背景、中国历史和当代艺术中的坐标、特点、走向、当代女书法家的生存状态等进行了探讨。

【河南省第11届美展】

7月12日，由省文联、省文化厅主办，省美协承办，是河南省规模最大、画种最全、最具权威性的综合性大展，在郑州举行。展览自3月下发征稿通知以来，共收到由全省各地美协选拔推荐的近5000幅参赛作品，参赛人员多、作品多，整体创作实力较上届有较大提高。通过无记名投票的方式评选，共评出一等奖作品71幅、二等奖作品91幅、三等奖作品185幅，入选作品587幅。参展作品涵盖国画、油画、版画、雕塑、水彩、水粉、招贴设计、漫画、插图、连环画等10个画种。另外展出15位评委作品及河南著名老画家的特邀作品。

【第三届中国书法兰亭奖评选及颁奖】

由中国文联、中国书协主办，省委宣传部、省文联、平顶山市委、平顶山市人民政府联合主办，省书协、平顶山市委宣传部共同承办。共评出艺术奖31人、理论奖30人、教育奖15个、编辑出版奖15个、终身成就奖四人；“尧山杯”新人展369件作品入展。12月27日在平顶山市举行了盛大的颁奖晚会，12月28日在平顶山举办了作品展开幕式。

【“世界摄影家看河南”大型摄影活动颁奖典礼及展览】

由中国摄协、河南省委宣传部、省发改委、省文联等单位联合主办，省摄协承办，8月21日在郑州国际会展中心会议中心举行。标志历时2年多、广受各界关注的“世界摄影家看河南”大型摄影活动圆满结束。“世界摄影家看河南”大型摄影活动自2007年5月23日启动以来，来自美国、英国、法国、德国、意大利、比利时、荷兰、芬兰、加拿大、澳大利亚、越南等11个国家的摄影家和来自我国港、澳、台地区的摄影家以及来自全国各省区市的摄影家踊跃参与。活动中共收到国内外参赛作品8000余幅，共有230幅优秀作品入选，其中65幅作品获奖。共评出特别收藏精品24幅，特级收藏精品1幅，一级收藏精品4幅，二级收藏精品12幅，三级收藏精品24幅。“世界摄影家看河南”优秀作品展览也同期展出，共展出200幅精品佳作，从不同的视角，记录、见证了河南丰厚的历史文化、壮美的自然风光和现代化建设的新成就，展示出一个既有历史内涵又有时代光彩的魅力河南新形象，具有很强的艺术表现力和感染力。

【中国作家看河南】

由中国作协和河南省委宣传部、省文联联合举办，省作协承办，10月28日至11月1日在河南举行。活动以社会主义新农村建设为主题，旨在通过作家以不同的文化背景和视角记录、见证河南的发展，集中展示河南省社会主义新农村建设的新风采、新面貌、新成果，激发广大群众为全面建设小康社会、构建和谐中原、开创中原崛起的新局面而努力奋斗。中国作协创联部主任孙德全、副主任夏申江以及吕雷、熊召政、徐贵祥、何申、阿成、邓刚、燕燕、孟繁华、宗仁发、衣向东、鲍尔吉·原野、杜丽、武歆、郑小琼、李寂荡等来自全国各地的作家参加了采风活动。作家们先后深入郑州、洛阳、安阳、新乡等地进行了采风、采访和参观考察。作家们对河南厚重的历史文化

和当代巨变赞叹有加，在11月1日举行的“中国作家看河南采风座谈会”上，作家们表示，要在日后的写作中用笔描绘河南的历史文化、当今文化和“新农村建设”，从而让更多的人了解河南、感受河南、学习河南、赞美河南。

【第八届全国文学院院长联席会议】

会议于10月20～22日在郑州召开。来自鲁迅文学院、全国20余个省区市文学院的主要负责人出席了会议。会上，各省区市文学院主要负责人就加强省际文学院之间的联合办学或联动办班、省际文学院之间互派学员跨地培训、文学院开设培训班的方式和内容、签约作家与文学院的合作等问题深入广泛地交换了看法，提出了许多务实而富有建设性的建议和意见。与会者还对鲁迅文学院课题组《全国各省、自治区、直辖市文学院状况调研报告(征求意见稿)》进行了讨论修改。会议决定，第九届全国文学院院长联席会议将于2010年在福建举行。

【“世界摄影家看河南”摄影展加拿大巡展】

9月27日至10月2日在加拿大多伦多中华文化中心展厅举行，10月9～16日在加拿大多伦多市政厅举行。共展出“世界摄影家看河南”大型摄影活动入选作品230幅（包括获奖作品65幅），摄影展在加拿大华人华侨中产生了巨大反响，强烈震撼了海外赤子心，赢得众人交口称誉。

【首届中国木版年画艺术节】

由中国文联，中国民协，河南省文联、民协，开封市委、市政府主办，开封县委、县政府承办，2008年12月28日至2009年1月2日在开封朱仙镇举行。活动旨在进一步挖掘朱仙镇木版年画的艺术价值，传承弘扬优秀民族文化，推动优秀民间文化的保护和开发，带动中国木版年画的发展和繁荣，丰富和活跃节日文化生活。在开封博物馆举行的中国木版年画联展上，上千幅来自河南、安徽、河北等地的木版年画以武将、神仙、孩童、动物造型为主，表达了祥和、喜庆、平安、富贵的主题。活动期间，中国文联和中国民协还在朱仙镇举行了“送欢乐、下基层”文艺演出。

【我们的节日——中国开封2009清明文化节】

由中国民协、省委宣传部、省文明办、省文联等主办，4月4日在开封开幕。节日以“传承文明、拥抱春天”为主题，共组织32项节俗文化活动，内容包括特色食品展、皇帝踏青巡游表演、蹴鞠表演赛、马球表演赛、踏青秋千表演、风筝展演、诗词书法展、名家论坛、祭祖敬贤、缅怀先烈等活动。

【首届中国曲剧艺术节】

由中国剧协、河南省委宣传部、省文联、省文化厅、平顶山市委、平顶山市政府主办，汝州市委、市政府，省剧协，省艺术研究院等承办，5月18～22日在汝州举行。来自全国的15支曲剧演出团体深入汝州市社区、乡村，演出90场次，观众达10多万人次。艺术节期间，主办方先后举办了“中国曲剧艺术发展论坛”、第五届“中国·汝官瓷杯”书画邀请赛，评选出“十大曲剧名角”及“十大曲剧名角提名奖”，包括《婚姻大事》、《绣花女传奇》在内的29个剧目被评为“观众最喜爱的剧目”。

【第二届中国戏剧奖·梅花表演奖大赛（北方片）】

由中国文联、中国剧协、河南省委宣传部、省文联主办，平顶山市委、市政府承办，4月14～27日在平顶山市举行。共有来自12个省区市及中直院团的27名演员进行激烈角逐，其中进入“一度梅”终评的有21人，进入“二度梅”终评的有6人。在27台参赛剧目中，有23台大戏，4台折子戏。演员们用他们的精彩表演、优美唱腔，充分展示了各个剧种的无穷魅力和戏曲艺术广阔的发展前景。

【中国书协理事精品展】

由河南省书协等单位主办，8月30日至9月1日在省文联五楼展厅举行。展出了119幅书法精品，其中103幅是全国各地中国书协理事的作品，16幅是河南省书协主席团成员的作品。中国书协主席张海及中国书协11位副主席也为展览书写了作品。展览旨在以书法艺术来记录伟大祖国60年来所取得的伟大成就。

【全国第二届隶书大展】

4月9日在洛阳开幕。本次展览共评出一等奖5名，二等奖10名，三等奖20名，入展作品418件，全面展示了全国隶书作者的创作状态和实力，展示了作者承继前贤优秀艺术精神的广度和深度，体现了作者对书法本质的不断探索、勇于创新的意识。

【己丑年黄帝故里拜祖大典刘石平先生画展】

由河南省政协、省黄帝故里拜祖大典组委会主办，省文联、省美协、省政协书画院、济源市政协、中国《收藏界》杂志社等单位共同承办，3月29日在河南博物院举行。展出作品涉猎题材广泛，画法博采众家之长，既有传统的国画技法，又将油画的色彩融入其中，其作品自成一体，生活气息浓厚、朴实，饱含真情。

【《大国医》央视热播】

5月21日至6月1日，由河南省文联联合中视传媒、北京阳光盛通文化艺术有限公司等单位创作摄制的36集电视连续剧《大国医》，在央视8套黄金时段进行了首播。《大国医》以河南洛阳中医正骨郭氏家族20世纪上半叶的命运起伏为背景，讲述了郭氏正骨第五代传人云鹤鸣这位女中医在时代大潮激荡中演绎的一系列动人心魄又令人击节赞叹的故事。该剧由著名导演吴子牛执导，徐帆、赵文瑄领衔主演。全剧情节设计起伏跌宕，人物命运大起大落，赵文瑄、徐帆等演员的出色表演，对主人公的复杂性格完美塑造，引起了广大观众的喜爱和热议。该剧播出后，在社会上引起了较好的反响，受到广大观众的一致好评。

【全国杂技高层论坛暨杂技编导研习班】

由中国杂协、河南省委宣传部、省文联、濮阳市人民政府主办，省杂协、濮阳市委宣传部、濮阳市文联承办，9月20～21日在河南濮阳举行。共有来自全国19个省区市68个单位的杂协秘书长、杂技团团长及编导人员共120余人参加。活动采取高层论坛与专家授课相结合的方式，专家们结合国际市场的运作、民族文化的开掘、艺术审美、构思创作的体会、编导的技能经验等方面为学员作了精彩的演讲，传授了先进的杂技创作理念和技巧等。

【《中国文联年鉴》编撰工作培训班】

由中国文联主办，中国文联办公厅、河南省文联承办，5月20～23日在郑州举行。来自全国各省区市文联，部分产业文联，全国各文艺家协会和中国文联各直属单位、机关各部室的年鉴编撰人员近60人参加了培训。中国文联党组成员、副主席冯远、中国商业年鉴社常务副社长苏伯华、新华出版社副编审梁秋克等分别为学员做了专题讲座。学员们还通过大会交流、集中讨论等形式对如何做好《中国文联年鉴》编撰工作展开了深入的探讨。

【濮阳被命名为“中国杂技之乡”】

9月20日，在河南濮阳市龙文化节、杂技艺术节和濮阳市运动会的开幕式上，中国杂协副秘书长邹玉华宣读了《关于命名河南省濮阳市为“中国杂技之乡”的决定》，中国杂协副主席、理论研究委员会主任、成都军区战旗文工团团长李西宁向濮阳市市长王艳玲授予了“中国杂技之乡”的牌匾。

【开封、固始、内乡、新安被授予“中国书法名园”、“中国书法之乡”】

10月23日，“中国书法名园”中国翰园碑林命名授牌仪式在开封市轩辕黄帝广场举行。“中国书法之乡——固始”命名授牌仪式于10月24日在固始县根亲博物馆举行，“中国书法之乡——内乡”授牌仪式于10月26日在内乡县城滨河西路书法之乡纪念亭举行，“中国书法之乡——新安”命名授牌仪式于10月27日在新安县世纪广场举行。

【大风歌——周俊杰书法艺术展】

由中国书协、河南省文联主办，省书协、省文艺评论家协会、省美术馆承办，10月16～22日在河南省美术馆举行。共展出河南代表书家——周俊杰先生书法新作100件左右，展示其出版的著作、作品集数十种，并展出其主要的艺术观点语录。书法作品以隶、草书为主，既有纯传统的临作，又有以融古今为一体的新古典作品，还有部分在结字、章法、墨法探索性的新式样。书写内容除古今经典诗词外，还有大量自作诗文。展出中还首发了《大风歌——周俊杰书法艺术展作品集》、《周俊杰自书诗词选》、《周俊杰书法序跋集》等著作。周俊杰书法艺术研讨会也于展览期间举行。

【“辉煌中原”河南省作家艺术家大采风活动成果展】

3月3日在省文联举行。展览是在“辉煌中原”文艺大采风活动的基础上，以艺术家独到的艺术视角和表现手段，通过采风图片、创作成果，展示了作家艺术家采风创作的阶段性成果，展示了文艺家眼中的中原之美，展示在实现中原崛起科学进程中的积极发展态势，展示文艺家创作的丰厚成果。

【“中国火文化之乡”授牌仪式】

3月12日在北京举行。中国文联党组成员、书记处书记、中国民间文艺家协会副主席白庚胜，中国民间文艺家协会分党组书记、副主席罗杨分别向睢阳区授予“中国火文化之乡”和“中国火文化研究中心”牌匾。中国民协秘书长向云驹宣读了中国民协《关于同意命名商丘市睢阳区为“中国火文化之乡”并建立“中国火文化研究中心”的决定》。

【“送欢乐、下基层”活动】

“梅花奖艺术团”送戏到汝州。3月19～20日，河南省剧协“梅花奖艺术团”送戏到汝州市临汝镇、寄料镇，李树建、刘晓燕、田敏、杨帅学、贾文龙等“梅花奖”获得者及其他演职人员50余人参加了演出，为当地数千名群众献上两场精彩的演出，受到热烈欢迎。

省文联组织艺术家赴商水县慰问演出。4月28日，河南省文联组织由省内演艺界和摄影界的多位名家组成的慰问团到周口市商水县，举办了“送欢乐下基层、保夏粮夺丰收”专场慰问演出，慰问正在紧张保夏粮夺丰收的父老乡亲，把精心编排的节目送到群众身边，受到热烈欢迎。

【文艺新人培养】

举办音乐、舞蹈、书法等培训考级，举办各类面向青少年和大学生的文艺展演和比赛活动，举办河南省第三届“舞动中原”电视舞蹈大赛、第三届世界华人国际标准舞锦标赛、第四届中国戏曲红梅花河南选拔赛、第六届少儿戏曲大赛、第八届相声小品大赛、第三届摄影新人新作展、14届美术新人新作展、16届河南省歌曲创作评选、少儿舞蹈教师培训班等活动，为青少年求知学艺、展示才华创造了条件，提供了舞台，一批新人通过展演比赛成为文艺专业人才，为河南文艺事业的繁荣发展增添了新的力量。

【“讲党性修养、树良好作风、促科学发展”学习教育活动】

4月7日至7月6日，按照省委的统一部署和要求，在文联全体党员干部中开展了“讲、树、促”学习教育活动。通过活动的开展，进一步统一了文联干部职工的思想认识，明确了方向，开阔了思路，增强了信心，排查和解决了一批影响河南省文艺发展的思想观念、体制机制、工作作风等方面存在的突出问题，文联的凝聚力、亲和力和战斗力得到了进一步的增强。

创作与研究

【文艺评奖】

重视文艺评奖对加强正确导向和促进精品创作的作用，举办了第二届河南摄影金像奖、第二届杂技“百戏奖”暨2009河南宝丰魔术大会、第四届黄河戏剧奖·小戏小品奖、第五届专业舞蹈大赛暨首届河南舞蹈“洛神奖”的评奖和第三届河南文学奖的颁奖，配合河南省委宣传部组织第五届文学艺术成果奖评奖，推出了一批新人新作。

【理论评论】

发挥河南省文艺评论家协会、各文艺家协会专业委员会的作用，进一步加强和改进文艺理论研究和评论工作，开展健康的文艺评论，评介和推荐优秀的文艺作品，引导创作，举办电视连续剧《大国医》研讨会及观众座谈会、国家重大历史题材美术创作工程——油画《焦裕禄》创作研讨会、许五零曲艺作品研讨会，在北京召开陈峻峰先秦历史题材文学作品研讨会、青年作者李暮作品《青春·断代史》研讨会等等，保证文艺创作的健康发展，促进精品力作的生产。

【报刊建设】

重视编辑出版工作，河南省文联主管主办的各个刊物在推介作家作品、扶植文学新人、活跃文艺评论上发挥了积极作用。《莽原》杂志长期坚持文学期刊的原创性和纯粹性，注重对读者心灵的文学滋养，其名牌栏目的影响和质量得到提高，发行量保持稳定，已位居全国同类期刊前列，并入选《中文核心期刊》；《南腔北调》杂志适应当前影视文化产业的蓬勃发展和不断创新的特点，紧跟读者阅读兴趣和阅读方式的变化，编发了大量反映当前影视文化产业发展动态的新闻稿件；《散文选刊》杂志在办刊理念、办刊思路等方面做了较大的调整，得到了全国散文界的认可；《书法导报》加强内部管理，在办刊质量上有了新的提高；《时代报告》杂志以记录时代演进历程，关注社会发展变革，关心百姓冷暖，推动报告文学发展为宗旨，成功创刊，为报告文学作家开辟了一个崭新的阵地；《故事家》杂志、《武侠故事》

杂志成功转企改制并着手进行了转变发展方式、引进合作伙伴、推进产业创新的尝试。《河南文联简报》和《河南文艺界》及各协会内刊的编刊质量和水平有了进一步提高，为宣传文艺政策、交流文艺信息、推介作品提供了平台，在向中国文联报送舆情信息和向省委宣传部部刊《河南宣传信息》报送的稿件数量和采用篇数位居系统前列。

【获奖情况】

在全国第11届精神文明建设“五个一工程”评奖活动中，由河南省文联担纲主创和参与创作的电视连续剧《大国医》、戏曲电影《程婴救孤》、歌曲《农家车谣》、长篇小说《大瓷商》等获入选奖，获得了河南省委宣传部的表彰。作家、艺术家保持良好的创作势头，有多部作品获重要奖项。李佩甫的长篇小说《羊的门》和《城的灯》被收入《共和国文库》，李洱的长篇小说在国外获得较大反响，郑彦英长篇小说《从呼吸到呻吟》获“30省作协主席小说巡展”第二名，乔叶获第12届庄重文文学奖。毛本华等人创作的油画《焦裕禄》入选“国家重大历史题材美术创作工程”。在第三届中国书法兰亭奖评选中，河南共获得16个奖项，其中陈花容、郑庆伟获艺术奖一等奖，河南省文联主管主办的《书法导报》获编辑类一等奖，在第二届全国隶书展中，王乃勇获一等奖。在第24届梅花奖会演活动中，商丘市豫剧院陈新琴、省豫剧一团徐俊霞获梅花奖。在第七届中国音乐金钟奖合唱比赛中，河南师范大学合唱团获金奖第二名，郑州市音协合唱团获优秀奖，在第二届海峡两岸合唱节比赛中，郑州师范高等专科学校合唱团获金奖。在第八届中国摄影金像奖评选活动中，李刚、李光成获金像奖艺术创作奖，在第13届国际摄影艺术展览中，郭平的摄影作品《冬季》获金奖。在中国舞协“小荷风采”少儿舞蹈比赛中，河南四个节目获“小荷之星”奖、二个节目获“小荷之秀”奖，在第五届CCTV电视舞蹈大赛中，河南选送的节目《宝宝会走了》获少儿组第二名。在第13届蒙特卡洛国际杂技节中，河南杂技节目《荡杆飞绳》获“银小丑”奖。在全国抗灾救灾优秀电视作品总结表彰活动中，河南省影视家协会推荐的12部作品获奖。在第九届中国民间文艺山花奖评选中，张振犁等著的《中原文化大典·民俗典》获山花奖·民间文艺学术著作奖，高水旺的仿古唐三彩“啃蹄马”、韩玉琴的汴绣“忠孝图”获山花奖·民间工艺美术作品奖，“开封盘鼓舞”获山花奖·民间表演艺术奖。在河南省第五届文学艺术成果奖评比中，河南省文联所属各艺术门类一大批作品和个人获奖。另外，河南还有一大批从事文艺工作60年以上的老艺术家受到中国文联及国家级文艺家协会的表彰。

机关建设

【人事变动】

提拔河南省书协主席、秘书长宋华平任河南省文联驻会副主席。

【党委工作】

机关党委坚持以邓小平理论和“三个代表”重要思想为指导，深入贯彻落实科学发展观，紧紧围绕全省工作大局，围绕文联中心工作，大力加强机关党的思想建设、组织建设、作风建设和反腐倡廉建设，为文联各项任务的圆满完成，提供了有力的思想保证和政治保证。

【老干部工作】

重视、关心离退休老同志的生活和学习，重大节日由省文联领导班子成员带队走访慰问老艺术家、老干部，举行省文联老干部、老工人、老党员迎新中国成立60周年座谈会，组织老干部赴革命老区参观，重走革命先烈路，认真为老同志办好身后事，举行杨兰春、王怀让追思会，在省委主办的“庆祝新国成立60周年爱国歌曲大家唱”活动中，由离退休老同志组成的省文联代表队荣获金奖，省文联荣获组织奖。

【制度建设及后勤服务】

以创建文明单位为载体，机关建设稳步推进。健全了财务管理机制，规范和加强了对省文联所属各协会、直属各单位的财务监管，成立了省文联会计中心，对文联所属11个文艺家协会的财务统一管理，对7个直属单位实行分级管理、核定收支、定期审计。加强了文联家属院的改造，投入经费70余万元，拆除了乱搭乱建的围墙，更新了上下水管道，粉刷了墙体，硬化了路面，规范了机动车及自行车的停放，文联干部职工的生活、居住环境得到了较大的改善。

协会工作

【省青创会】

3月2日，河南省青创会在郑州召开。来自省内的100多位各行各业的青年作家会聚一堂，交流创作体会，共同描绘河南文学的美好前景。河南省委宣传部副部长李庚香，省文联党组书记吴长忠，省文联主席马国强，省文联副主席、省作协主席李佩甫等分别在会上讲话。召开青创会旨在展示河南省青年作家创作队伍，检阅青年文艺创作队伍，为河南文学事业整体实力和影响的进一步提升做好准备。

【叱咤中原——2008年河南戏剧演员排行榜】

由河南省剧协、郑州广播电视局、洛阳广播电视局主办，郑州电台文娱广播、洛阳电台交通广播联合承办。省豫剧三团的贾文龙、偃师市豫剧团的王艺红、省豫剧二团的柏青、河北邯郸东风豫剧团的苗文华、河南省曲剧团的刘艳丽、郑州市歌舞剧院的连德志、平顶山豫剧团的刘晓燕、郑州市曲剧团的张兰珍、洛阳曲剧团的李天方、河南省豫剧一团的徐俊霞、省越调剧团的徐爱峰上榜。

【第八届相声、小品电视大赛】

由河南省文联、河南电视台、省曲协联合举办的河南省第八届相声、小品电视大赛于3月25日结束。全省共有14个相声和23个小品节目参加了本次大赛决赛。经评奖委员会认真评选，共评出相声节目表演一等奖3个，二等奖4个，三等奖7个，最佳逗哏奖1个，最佳捧哏奖1个，作品奖2个，特殊贡献奖2个；小品节目表演一等奖5个，二等奖9个，三等奖9个，最佳表演奖2个，编剧奖4个，导演奖4个，组织奖23个。

【百名油画家走进嵩山写生展】

由郑州市人民政府、河南省文联主办，郑州市申遗办、省美协、登封市人民政府承办，2月19日在省文联5楼展厅举行。共展出81幅油画作品，艺术风格多样，表现形式新颖，个性语言鲜明，艺术探索广泛深入，画家在对景写生的基础上赋予画面更多的人文情怀和美好理想，基本代表了河南油画界写生的最高水平。

【第五届专业舞蹈大赛暨首届河南舞蹈“洛神奖”评奖】

由河南省文化厅、河南省文联主办，郑州市文化局、省舞蹈家协会、河南省艺术研究院承办，8月6日在郑州市艺术宫举行。是河南省文联、河南省舞协启动的首届河南舞蹈“洛神奖”和河南省文化厅主办的第五届专业舞蹈大赛的合二为一。大赛设独舞、双人舞、三人舞和群舞4个组别。经过激烈角逐，《别了·南京》、《我的长征》等10个作品获得河南文华舞蹈暨首届河南舞蹈“洛神奖”一等奖；《望》、《毛南古歌》等12个作品获得河南文华舞蹈暨首届河南舞蹈“洛神奖”二等奖。

【第三届世界华人国际标准舞锦标赛】

由世界华人国际标准舞联合会与河南省舞协联合主办，10月5～6日在河南省体育馆举行，共有来自马来西亚、日本、新加坡、韩国、泰国、缅甸及我国的港、澳、台地区的海外华人和来自陕西、河南、河北、浙江、山东、山西、湖北、海南、江苏、安徽、甘肃、北京和深圳特区等国内50余个单位上千名选手组队参加了比赛。

【《舞动中原》电视舞蹈大赛】

由河南电视台、省舞协、省影视协主办，河南电视台8频道、河南青兰拉丁舞俱乐部承办，5月1～3日在郑州举行。来自全国各地102支代表队近5000名选手参加了此次比赛，这些选手中年龄最大的60多岁，最小的不过4岁，参赛人数和规模远远超过往届。

【“明日之星”2009新春音乐会】

由河南省音协和河南保利艺术中心管理有限公司共同主办，2月6日在河南艺术中心音乐厅举行。本次参演的演员大都是近年来在全省、全国获奖的器乐选手，集中展示了近年来河南器乐教育取得的成果。

【“中原画风—漓江画派”双向采风交流】

10月27日至11月3日、11月13～20日，桂豫两地画家分赴对方省份，开展了“中原画风—漓江画派”双向采风交流活动，进行采风、写生，创作了多幅作品，在再度加工的基础上，将于2010年在郑州举办“河南·广西美术交流展”。

【大型杂技情景剧《神龙部落》郑州驻演】

该剧是河南首部以杂技艺术为主要形式表现中原历史文化的大型杂技情景剧，由濮阳市杂技团、中原杂技艺术发展有限公司投资创作，与河南中州影剧院联合演出，是河南省杂技情景剧的开先河之作。该剧以中原龙文化为内涵，以传统的濮阳杂技为主要表现形式，是融舞蹈、武术等形体艺术为一体的舞台情景剧。于端午小长假期间在河南中州影剧院盛大公演并在此长期驻演，成为市区内第一个驻演的杂技剧。

【“河南风光摄影十杰”评选】

宋国华、毛天路、李庆哲、陈旭杰、刘善军、傅强、张柳松、何祥松、郑伟杰、陈振波等10位摄影家荣膺“十杰”，另有10位摄影家获“十杰”提名。

【河南美术名家走进画虎村辅导农民画师】

由河南省文联、省美协主办，5月5日，在素有“中国画虎第一村”的商丘民权县王公庄举行。马国强等14名河南著名画家和该村的农民进行创作交流，并进行艺术辅导。

【农民画师颁证】

7月，河南省美协组织有关专家对洛阳牡丹画专业村农村画师的作品进行评审。最终评出一级画师3人，二级画师9人，三级画师9人。

【省美协成立11个专业艺术委员会】

4月22日，河南省美协在郑州召开大会成立了中国人物画、中国山水画、中国花鸟画、中国工笔画、版画、雕塑、艺术设计、教育8个专业艺术委员会。12月29日成立了油画、水彩、当代艺术3个专业委员会。

【豫书画家为江油捐建豫川翰墨博爱小学】

11月19日，由河南省文联、省美协、省书协捐建的“豫川翰墨博爱小学”在地震灾区四川省江油市太平镇古柏村顺利落成。“5·12”汶川地震后，河南省文联、省美协、省书协广泛动员全省书画家和省文联全体干部职工，相继举办了多场大规模的义画、义写、义捐活动，筹集了88万元善款，通过河南省红十字会定向捐助江油市灾区，捐建“豫川翰墨博爱小学”。

【《中国木版年画集成·河南滑县卷》出版】

该书是中国民间文化遗产抢救工程重点项目，是河南省民间文化遗产抢救工作的又一重要成果。该书就滑县木版年画的历史起源、代表作、古版、民俗特点、工艺流程、传承谱系、流布情况等作了文字、图片、影像记录。该书的出版，充实了中国木版年画艺术宝库，对研究中国木版年画的历史、传承、发展具有重要意义。

【杨兰春追思会】

由河南省文联、省剧协主办，6月9日在河南省文联三楼会议室举行。来自全省各地的豫剧表演艺术家、戏曲评论家，杨兰春的生前好友、艺术伙伴、文艺界人士40余人出席追思会。与会专家学者纷纷建议要继承、发展、研究杨兰春的艺术成就、艺术风格、艺术思想，要把杨兰春创作的剧目整理出来制成光碟广为流传；要出版杨兰春艺术研究图书；在合适的时候合适的地方兴建杨兰春纪念馆；要筹备拍摄有关杨兰春的电视连续剧。

直属单位

【文学豫军33名作家签约新浪网】

4月10日，河南省文学院和新浪网合作，组织文学豫军的33位作家与新浪网读书频道签约，把文学豫军创作的优秀成果通过新浪网展示给广大网民。

【《时代报告》杂志社、《故事家》杂志社转企改制】

省文联所属《故事家》杂志社、《传奇文学选刊》杂志社按照中央和省委“事改企”的有关政策和程序规定，规范处置了国有资产，妥善安置了单位职工，理顺了劳动和社会保障关系，保持了单位稳定和刊物的正常出版发行，成功实现转企改制，于12月26日揭牌成立河南时代报告杂志社有限责任公司、河南故事家杂志社有限责任公司。

湖北省文联

综　述

2009年，在省委省政府和省委宣传部的领导下，湖北省文联和各团体会员注重发挥文艺凝聚力量、提振信心的独特作用，以服务全省工作大局为中心，以推动文艺大发展大繁荣为目标，团结带领全省文艺家和广大文艺工作者，求真务实、改革创新、勇于担当，在成功举办重大活动、完成重大任务中发挥了重要作用，为实现湖北经济社会又好又快发展作出了积极贡献。一是隆重举办庆祝新中国成立60周年系列活动，为营造欢乐和谐的社会环境作出了新贡献；二是精心组织主题性文艺活动和专业性文艺创作，在服务全省工作大局方面发挥了新作用；三是始终把握文艺评奖的正确导向，在推出优秀作品和优秀人才方面取得新成果；四是加强对基层文联的服务指导，全省基层文艺工作和文联建设取得新进展；五是加强交流，广泛开展文化惠民活动，在满足人民群众精神文化需求方面取得新成绩；六是巩固学习实践科学发展观成果，文联机关自身建设成效明显，文联干部职工的精神面貌呈现新气象。

会议与活动

【周洪宇一行到省文联调研】

8月10日，省人大副主任周洪宇、省人大教科文卫委员会主任李以章一行到省文联调研湖北文艺队伍建设情况，与省文联党组、主席团、各部室、协会、文学艺术院、报刊集团负责人进行了座谈，听取了省文联党组书记、常务副主席刘永泽所做的有关工作汇报，视察了今古传奇报刊集团、《书法报》社、《湖北画报》社。省人大常委会副主任周洪宇听取汇报后，做了重要讲话，高度肯定了省文联的工作，并就加强文艺人才队伍建设提出了明确要求。省人大教科文卫委员会主任李以章、省文联主席沈虹光主持座谈会。

【第11届全国美展油画展】

9月26日，由文化部、中国文联、中国美协主办，中共湖北省委宣传部、省文化厅、省文联承办，省美协、省艺术馆协办的“第11届全国美术作品展览油画展”在湖北省艺术馆隆重开幕。展览自9月26日至11月8日，向社会公众免费开放参观。这是新中国成立60年来湖北首次承办的全国性美术大展，来自全国各地的参观人数达25万余人，展览以规模大、水平高、学术精、组织细、观众多、反响好获得专家和群众的一致好评，取得了文化旅游、美育教学、丰富生活的综合效益。油画展共收到来自全国34个省区市共918幅油画作品，评选出488幅参展作品，其中90幅获奖提名作品，包括金奖提名作品2幅、银奖提名作品7幅、铜奖提名作品6幅、优秀奖提名作品5幅。

【2009首届湖北美术节】

9月24日，由中共湖北省委宣传部、省文化厅、省文学艺术界联合会联合主办的“2009首届湖北美术节”在武汉美术馆开幕。200多位来自省内外美术界专家和学者出席开幕式。“2009首届湖北美术节”历时3个月，组织了60个形式多样、内容丰富的美术作品展览和美术交流活动，推进美术进校园、进社区、进家庭、进市场等文化惠民工程的深入展开。中国文联党组书记、副主席胡振民，省委书记罗清泉为美术节题词，中国文联副主席、中国美协主席刘大为为“长江画派研究中心”题名。开幕式上，省市领导为武昌区“昙华林美术村”、江岸区“兰陵艺术村”、硚口区“崇仁美术街”等三条美术街及“长江画派研究中心”授牌。

【“一县一品”文艺品牌创建活动】

组织召开湖北省基层文联“一县一品”文艺品牌创建工作经验交流暨表彰大会，省委宣传部陈连生副部长到会，对近年来“一县一品”创建工作给予了充分肯定，并提出了更高的要求。恩施、宜昌、襄樊、孝感市文联荣获“一县一品”组织工作先进单位，武汉市黄陂区文联等35个县市区文联荣获“一县一品”文艺品牌创建先进单位。省领导李春明、张通为先进单位颁奖。各地文联充分依靠当地党委政府的领导和宣传部门的指导，积极协调相关部门，集中力量，整合资源，突出重点，精心打造培育了一批具有地域特点、堪称文艺亮点的文艺品牌：如武汉黄陂区的“木兰传说”、恩施州恩施市的“土家女儿会”、襄樊保康县的“荆山楚源”、宜昌夷陵区的民间文艺、孝感云梦县的皮影、十堰房县的“房陵文化圈”、咸宁崇阳县的崇阳提琴戏、鄂州梁子湖区的农民剧团、荆门钟祥市的“乡土作家群”、黄冈黄梅县的“中国楹联之乡”、荆州洪湖的“诗联家园”、黄石大冶的“矿冶遗产”、天门的“江汉曲艺”、潜江的“曹禺文化周”、神农架林区的“三锣鼓”、随州随县的炎帝故里文化以及仙桃的歌词文学创作群等等。这些文艺品牌的创建，整合了文艺资源优势，以其本土性和亲和力受到了基层群众的欢迎，促进了基层文艺的繁荣。在2010年全省宣传部部长会议上，“一县一品”上升为特色文化品牌创建工程，被列为全省宣传系统10项任务之一，并明确省文联为该项目的第一责任人。从2010年到2012年，省委宣传部每年将拿出1000万元作为“一县一品”文化品牌创建工作经费。

【承办“向祖国汇报”全国产业（行业）系统文艺展演综合晚会】

10月19日，由中国文联、中华全国总工会、中央电视台联合主办，湖北省文联与省总工会、省广电总台联合承办的“向祖国汇报”庆祝新中国成立60周年全国产业（行业）系统文艺展演综合晚会在武汉市琴台大剧院举行。中共湖北省委书记、省人大常委会主任罗清泉，中华全国总工会副主席、党组书记孙春兰，省委常委、省总工会主席张昌尔，省委常委、宣传部部长李春明，中国文联党组成员、书记处书记廖奔，中国文联副主席、中国杂协主席夏菊花，中国文联国内联络部主任夏潮，湖北省文联党组书记、常务副主席刘永泽等领导以及千余名产业工人观看了晚会。“向祖国汇报”综合晚会以全国产业（行业）系统文艺展演的获奖节目为主，结合文艺名家的表演，以职工为主角，通过职工合唱、联唱、工装秀等新颖的方式，展现了新中国成立60年来职工队伍建设的成就，展示了新时代中国职工的精神风貌。

【第11届湖北省美术作品展】

7月13日，由省文联、湖北省文化厅、湖北省美协、湖北美术出版社主办的第11届湖北省美展在湖北美术学院美术馆和湖北省美术院美术馆拉开帷幕。开幕式上，中共湖北省委宣传部副部长李子林代表省委宣传部讲话，对湖北美术家们的创作给予了高度评价。中国美协副主席、中国美院院长许江出席开幕式并讲话。当天下午，省美协还在湖北美院美术馆组织了创作座谈会，中国美协专家组的专家们和湖北画家就参加本次美展的作品进一步进行了交流。

【湖北省书法篆刻展在中国美术馆展出】

12月2日，由中共湖北省委宣传部、省文联、省书协、书法报社共同主办的“荆楚墨象——湖北书法篆刻展”在北京中国美术馆开幕。全国政协副主席、中国文联主席孙家正，中国文联党组副书记、副主席覃志刚，中国书协主席张海、副主席邵秉仁等出席了开幕式。孙家正和覃志刚在开幕式上为“荆楚书道研究中心”揭牌。“荆楚墨象——湖北书法篆刻展”集结了湖北书法篆刻群体作品194件，是湖北书法界有史以来以全省团队阵容首次到北京展出，是湖北书坛艺术和学术研究成就的一次总结梳理，也是荆楚书风面向全国的一次检阅。展览期间，还举办了“荆楚书道论坛”。

【全省市州文联工作会议】

4月28～29日，全省市州文联工作会议在咸宁召开。会议紧紧围绕湖北形象提升工程和精品战略，交流市州《新形势下繁荣文艺事业的若干意见》的经验做法，研讨部署湖北形象歌曲创作推广活动，进一步推动“天下湖北美”湖北形象歌曲创作推广系列活动深入开展。省文联党组书记、常务副主席刘永泽在会上做重要讲话。省音协驻会副主席方石介绍了开展“天下湖北美”湖北形象歌曲创作推广系列活动的具体内容和要求，咸宁市文联主席、党组书记柯于明介绍了咸宁市文联努力打造鄂南文艺百花园的工作情况，襄樊、黄冈、十堰文联交流了《新形势下繁荣文艺事业

若干意见》的经验。

【第八届委员会第三次会议】

2月26～27日，省文联第八届委员会第三次会议在武昌召开。会议认真贯彻落实科学发展观，深入学习领会全国、全省宣传部部长会议和中国文联八届五次全委会精神，回顾总结2008年工作，认真分析文艺工作和文联工作面临的新形势、新任务、新要求，研究部署2009年工作。会议期间，委员们认真学习了省委宣传部副部长陈连生的重要讲话，讨论、审议了省文联党组书记、常务副主席刘永泽代表湖北省文联第八届主席团所做的工作报告，审议通过了关于《湖北省文联2008年工作总结》和《湖北省文联2009年工作要点》的决议，及《关于替换湖北省文联第八届委员会部分委员的决定》。出席会议的有省文联主席团、党组成员和省文联全委会委员。部分产（行）业文联负责人和省文联机关部室、协会、报刊集团负责人列席会议。

【中国民协专家组赴襄樊考察】

3月10日，中国民间文艺家协会四委办主任杨吉星、文化部艺术研究院研究员苑利、中国社会科学院历史研究所研究员刘驰、中国《三国演义》学会常务副会长、四川省社会科学院研究员沈伯俊等一行7人组成的中国民协专家组赴襄樊，考察“中国三国文化之乡”、“中国三国文化研究基地”筹建情况。对襄樊市的申报工作进行验收。专家组就申报工作和三国文化资源保护开发，与襄樊市部分三国文化专家学者进行了座谈、交流，对襄樊博物馆、襄城北街、临汉门、荆州古治、仲宣楼、古隆中、襄樊学院、南漳徐庶庙和水镜庄等地进行了考察。

【“百朵牡丹唱盛”文艺演出】

9月12日，由省文联、省戏剧家协会联合主办的“庆祝中华人民共和国成立60周年——百朵牡丹唱盛世”文艺演出在武汉中学举行。省文联、省文化厅以及武昌区委、区政府有关领导和4000多名群众一起观看了演出。“湖北戏剧牡丹花奖”作为湖北省戏剧表演最高奖项，历年为推出优秀演员、推动湖北戏剧发展、扩大湖北戏剧影响作出了重要贡献。此次演出是湖北戏剧人才的集中展示，更是湖北戏剧界为祖国60华诞献上的一份厚礼。

【参加全省文化科技卫生“三下乡”集中示范活动】

1月10日，2009年湖北省文化科技卫生“三下乡”集中示范活动在湖北省洪湖市戴家场镇举行。湖北省文联作为宣传文化系统的省直单位，参加了此次集中示范活动。中共湖北省委常委、宣传部部长李春明在活动出发仪式上作了讲话。省文联党组成员、副主席朱莎莉率省书协副主席张明明、秘书长葛昌永，以及荆州市、洪湖市书协的部分会员，来到戴家场镇，为群众书写对联和书法作品。艺术家还和书法爱好者探讨了书法艺术。本次集中示范活动，省委宣传部、省科技厅、省文化厅、省卫生厅等25个部门和单位援建项目、扶持物资和资金共计5200万元，有力地推动了老区经济社会发展，推动了仙洪新农村实验区的建设。

【“送欢笑到钟祥”活动】

4月26日，由中国曲艺家协会、湖北省文联、钟祥市人民政府主办，湖北省曲艺家协会、湖北省群众艺术馆协办的“送欢笑到基层——走进钟祥”慰问演出活动在钟祥市隆重举行。中国文联副主席、中国曲协主席、著名评书表演艺术家刘兰芳，中国曲协分党组书记、著名相声表演艺术家姜昆及全国知名艺术家为当地的父老乡亲送上了一台精彩的曲艺节目。此项活动得到了中共湖北省委宣传部大力支持，李春明部长专门为此做了批示，中共湖北省委宣传部副部长陈连生，省文联党组书记、常务副主席刘永泽，省文联党组成员、副主席李宁出席了慰问活动。

【庆祝新中国成立60周年曲艺专场晚会】

9月2日，由省曲艺家协会主办、武汉市群艺馆协办的湖北曲艺界庆祝新中国成立60周年曲艺专场晚会在汉口江滩隆重举行。省著名曲艺表演艺术家、青年曲艺工作者为江城人民献上了一台丰富多彩的曲艺盛宴。出席晚会的有省及武汉市有关方面的领导，现场有数千名观众和部分老一辈曲艺家和曲艺工作者一同观看了演出。

【百花迎春——湖北省文学艺术界2009新春大联欢】

1月19日，省文联隆重举办“百花迎春——湖北省文学艺术界2009新春大联欢”活动。省人大副主任周洪宇，省委宣传部副部长陈连生，省直有关部门领导和有关厅局负责人，省文联八届主席团成员、党组成员、八届委员会名誉主席、委员，来自13个省级文艺家协会、各市州文联、各产业文联的600余位文艺家代表出席了联欢活动。文艺工作者代表和社会各界人士欢聚一堂，共庆新春佳节。省委宣传部副部长陈连生代表省委宣传部致新春祝辞。省文联主席沈虹光代表主席团致辞并给全省文艺家拜年。之后举行了精彩的文艺演出。会上还表彰了“文艺鄂军百人工程”2008年度十佳优秀青年文艺人才，授予了景高地等同志2008年度湖北文艺事业特别贡献奖。

【产（行）业文联庆祝新中国成立60周年主题性文艺活动】

武钢文联举办“祖国，我们为你歌唱”大型文艺晚会，“热爱武钢、歌颂祖国”职工文艺会演，庆祝新中国成立60周年职工美术、书法、摄影展等系列活动；湖北中烟文联举办“唱红歌，颂祖国”文艺晚会；武铁文联举办“唱红歌、颂祖国、爱武铁”歌咏比赛；华电文联举办“与祖国同行”职工文艺会演；长航文联举办“江风海韵”第13届职工书法摄影展；水利文协举办“赞美祖国、放歌水利”文艺会演和文学作品征文；地矿、葛化、江汉油田文联组织开展了多项文化庆典活动，营造了颂祖国、畅和谐、化危机、保增长的良好氛围。

创作与研究

【“第11届全国美展油画展”创作论坛】

4月10日，“第11届全国美展油画展创作论坛”在江汉大学现代艺术学院举行。中国美协秘书长刘健，展览部主任杜军，展览部监审孙宁莅临论坛。省文联名誉主席、省美协主席唐小禾，省文联党组书记、常务副主席刘永泽，省文联主席、省文化厅副厅长沈虹光，江汉大学校长杨卫东，副校长桑建平，武汉市文联党组书记、常务副主席陈元生及30余位美术界的专家学者们出席论坛并发言。

【全国优秀流行歌曲创作大赛湖北队成绩斐然】

5月23日，“全国优秀流行歌曲创作大赛”全国总决赛胜利闭幕。湖北代表队斩获1银3铜1提名的好成绩，获奖数量在全国各省市名列第一，湖北省文联、湖北省音乐家协会荣获组织工作奖。“全国优秀流行歌曲创作大赛”是由中宣部文艺局牵头，中国音协、中央人民广播电台、中央电视台主办的新中国成立以来规模最大、规格最高的流行歌曲创作赛事。大赛自2008年6月启动，共有来自全国各省区市的25000余首作品报名参赛，在经过七大赛区的三轮选拔赛之后共有210首作品进入全国总决选。经过为期14天的电视直播，共评选出一等奖3名、二等奖6名、三等奖9名以及优秀作品奖12名。省委书记罗清泉、省长李鸿忠分别批示，表示祝贺。

【“天下湖北美”——湖北形象歌曲创作推广系列活动】

2月27日，省委宣传部、省文联、湖北日报传媒集团、省广电总台和省旅游局5家主办单位的负责人相继敲响编钟，正式启动“天下湖北美”歌曲创作推广活动。该活动围绕“唱响湖北、歌扬天下”这一主题，邀请中国音协联合举办“湖北形象歌曲”全国征集评奖活动，还将召开创作推广研讨会，组织全国著名词曲作家开展采风活动，进行重点创作。同时，还向央视“春晚”等全国重要晚会推荐湖北形象歌曲；报送参评中宣部“五个一工程”歌曲评选；作为选唱曲目，推荐歌手参加央视“青歌赛”等全国重大歌唱比赛。在启动仪式上，湖北著名音乐人王原平、方石、熊召政、雷子明、王丹萍等20位艺术家被聘为首批“天下湖北美”湖北形象歌曲特约词、曲作家和歌唱家。

【“千湖之恋”书画创作论坛】

4月18日，省文联在黄陂木兰湖举行了“千湖之恋”书画创作论坛。近20位书画家及美术学院的专家教授就湖北省参加第11届全国美展国画创作进行了学术研讨，并为迎接第11届全国美展国画展热身，挥毫泼墨创作了20余幅书画作品。研讨会上，刘永泽书记介绍了全国美展的筹备情况，分析了湖北省参加全国美展国画展的资源优势。曾在第九届全国美展凭借国画《银锁》获得银奖的武汉画院副院长李乃蔚介绍了湖北省近年来国画创作现状和整体创作水平。

【“两型社会”与文化建设全国性学术研讨会】

12月26日，由省文联、中国两型社会建设改革试验区研究中心、省理论协会共同主办的“两型社会”与文化建设全国性学术研讨会在武汉举行。会议就“两型社会”建设实践下，中部地区“两

型”产业发展、文化创意产业价值定位、武汉城市圈“两型”试验区文化软实力建设、学术期刊向文化产业转型等问题进行了热烈讨论。会议结集出版了《“两型社会”与文化建设论文集》。

【吴楚民俗战略论坛】

3月21日，省文联、省民间文艺家协会赴黄梅举办吴楚民俗战略论坛。省文联党组书记、常务副主席刘永泽，省民间文艺家协会副主席鄢维新，武汉大学民俗专家张薇、桂胜，黄梅县民俗专家周濯街、余彦文、罗与之，黄冈市委常委、市委宣传部部长邓新华、副部长刘民华，民营企业家胡丹，黄冈市、黄梅县文联负责人等10多位专家学者和领导参加了研讨。会议期间，专家学者们还深入黄梅县五祖寺进行了考察，听取了见忍方丈对禅宗文化的介绍，并向五祖寺及当地赠送了10余幅书法作品。

【湖北省书画事业与产业协调发展研讨会】

5月29日，由省文联，孝昌县委、县政府联合主办，省书法家协会、省美术家协会协办的“湖北省书画事业与产业协调发展研讨会”在湖北省孝昌县举行。会议围绕“文艺如何更好地贯彻落实科学发展观，更好地发挥文艺产品在建设中国特色社会主义过程中的作用，如何使文艺产品与市场更好地结合，实现文艺事业与产业协调可持续发展”这一主题进行了热烈讨论。

【全省产（行）业文联诗歌小说创作讲习班】

8月10日，全省产（行）业文联诗歌小说创作讲习班在咸宁九宫山举行。来自全省产（行）业文联（文协）的近50位文学创作骨干参加了讲习班。省文联党组成员、副主席朱莎莉，省文联副主席、省作协副主席梁必文，省地矿局党组成员、纪检组长、省地矿文联主席陈书田以及通山县政府、省第四地质大队等相关部门的负责人出席了开班典礼并讲话。讲习班上，省文艺理论家协会副主席、著名文艺评论家刘川鄂，省文联副主席、省作协副主席、著名诗人梁必文，省作协副主席、武汉市文联副主席、《芳草》杂志总编辑、著名作家刘醒龙，省电影家协会副主席、作家余述平等做了专题辅导。

【亲吻岁月赤壁文艺论坛】

5月13～14日，省文联在咸宁赤壁举办“庆祝新中国成立60周年——亲吻岁月赤壁文艺论坛”。与会专家学者紧紧围绕贯彻落实省委常委、省委宣传部部长李春明在全省宣传思想工作会议上的讲话精神，推动文联围绕中心、服务大局，提高美术创作水平、繁荣美术事业，举办庆祝新中国成立60周年相关活动等方面进行了研讨。会上，大家一致提议，为庆祝新中国成立60周年，应当继续推介“亲吻岁月”品牌，制作30位艺术家共900分钟的节目，从9月1～30日，连续播放30天，形成隆重的文艺宣传态势。

【《湖北现代名家书法作品集》签约仪式】

2月27日，湖北省文联在武昌举行了编辑出版《湖北现代名家书法作品集》签约仪式。湖北省文联党组书记、常务副主席刘永泽，长江出版集团副总经理周百义出席签约式。《湖北现代名家书法作品集》是湖北省文联为向新中国成立60周年献礼、弘扬荆楚文化艺术而打造的一本具有文化含量和艺术特色的图书精品，展示湖北省新中国成立后在社会上具有影响力的老一辈书法家们的艺术成就。该书的编辑出版被列入2009年湖北省宣传思想工作要点。

【第八届湖北戏剧牡丹花奖颁奖活动】

2月24日，由省文联和省剧协共同主办的“福星杯”第八届湖北戏剧牡丹花奖颁奖暨文艺演出在汉川福星科技控股有限公司礼堂成功举行。本届“牡丹花奖”共评选出“牡丹花大奖”获得者1名、“牡丹花奖”获得者27名、8个戏剧院（团）获“组织工作奖”。其中，首次设立的“牡丹花大奖”与中国戏剧梅花大奖相对应，来自湖北省地方戏曲艺术剧院的优秀演员詹春尧荣获该奖项。

【获国家、省部级文艺奖励】

积极组织湖北省戏剧、音乐、美术、摄影、舞蹈、民间文艺、书法、杂技、电视等门类的文艺人才、文艺作品参加全国性比赛、评奖、展演，荣获国家级奖项49个（次）。其中：在第11届全国美展中，中国画《工棚》获银奖、油画《静静的故园》获铜奖、水彩画《巡航》获银奖；沈伟获中国美术奖·理论评论奖；周国强获第八届中国摄影金像奖；在第二届中国戏剧奖·梅花表演奖（第24届梅花奖）比赛中，由省剧协推荐的省黄梅戏剧院优秀演员张辉凭借在黄梅戏《僧尼浪漫曲》中的精彩演出荣获“梅花奖”。在第八届全国舞蹈比赛中，三人舞《爸爸的画笔》、群舞《叭一口》、

《过早》获文华舞蹈节目创作二等奖，中国文联、中国舞协授予刘凤“中国卓越贡献舞蹈家”称号，授予梅昌胜“中国突出贡献舞蹈家”称号；莎莱、周韶华、余笑予、肖慧芳、张善平、陈方既等78位老文艺家荣获中国文联授予的“从事新中国文艺工作60年文艺工作者”称号；在第九届全国民间文艺评奖中，湖北省获奖数挺进全国前列；少儿电视剧《六年级的夏天》获第27届“飞天奖”少儿类二等奖。

【首届长江流域戏曲青年演员大赛】

10月18日，由长江流域11省市戏剧家协会与安徽卫视《相约花戏楼》栏目共同举办的“舞动长江、歌唱祖国——庆祝新中国成立60周年首届长江流域戏曲青年演员大赛”落下帷幕。湖北省京剧院万晓慧夺得金奖，湖北省地方戏曲艺术剧院麻华和湖北省京剧院李奕平荣获银奖，湖北省地方戏曲艺术剧院李爰、湖北省京剧院郑雪莲分获“长江之星”称号。

【“10·24”英雄群体写意人物画捐赠活动】

为进一步弘扬荆州长江大学10多名大学生搭起人链勇救落水少年的英雄事迹，展现英雄风采，省文联迅速成立了以梁岩、聂为斌等著名画家为主体的“10·24”英雄群体写意人物画创作组。并先后2次奔赴荆州，现场采风，与英雄群体成员座谈，收集创作素材。2010年3月，在长江大学会议室举行了写意人物画捐赠仪式。省文联党组书记、常务副主席刘永泽，长江大学党委副书记朱业宏，荆州市委宣传部副部长杨运春出席捐赠仪式。本次活动共捐赠“英雄赞”群体肖像画15幅，书法作品及镶名楹联作品5幅。受到长江大学师生和荆州社会各界的好评。

采风与文化交流

【赴四川创作采风】

11月14日，湖北省20位艺术家赴四川慰问采风。此次采风团考察了震区现状，实地感受了抗震救灾精神，参观了萝卜岗和葛洲坝集团路桥公司援建工地，慰问湖北在汉源援建工作人员。采风团还走访了当地群众，了解当地民风民俗和深厚的文化积淀，积累创作素材，并与当地文艺工作者进行艺术创作和交流。

【赴东北三省创作采风】

12月8～15日，省文联组织产（行）业文艺骨干30余人赴东北三省考察采风。考察采风期间，采风团与黑龙江省地矿文联进行了工作交流，与黑龙江省公安文联的音乐人进行了音乐创作交流。

【与台湾地区文艺交流】

9月17～24日，应台北交流协会邀请，省文联组成以省政协常委、省政协民宗委主任李传锋为团长的湖北省文联文艺代表团，赴台湾进行文艺交流。代表团分别拜会“专栏作家协会”、“湖北文献社”、“台北市书画美术工会”和“中国文艺协会”。并分别就文学、美术方面的创作、发展等问题进行了学习交流。

【对外文艺交流】

7月21～27日，应俄罗斯圣彼得堡亚洲及太平洋地区合作中心邀请，经湖北省人民政府批准，省文联组织4位文艺家和文艺工作者，由省文联党组书记、常务副主席刘永泽带队，赴俄罗斯莫斯科、圣彼得堡进行了6天的文艺交流及考察。在俄期间，交流团成员与圣彼得堡俄罗斯民族文化中心负责人进行了会谈，还和当地的民间文艺家同台联欢，并在圣彼得堡皇家剧院欣赏了芭蕾舞名剧《吉赛尔》。

机关建设

【全省文联系统办公室主任培训班】

12月30～31日，省文联举办了全省文联系统办公室主任培训班，来自全省文联系统办公室主任及省文联办公室工作人员30多人参加了培训。省文联党组书记、常务副主席刘永泽到会并讲话。孝感市文联党组书记、主席曾忠安介绍了孝感市文联工作情况；省委办公厅信息处副处长王林、省委宣传部办公室副主任黄学龙分别就舆情信息工作、办文办会知识进行了专题辅导。省文联党组成员、秘书长聂为斌讲话并作培训小结。

【“翠柳问艺”文艺讲座】

6月26日，省文联举办了第一期“翠柳问艺”——系列文艺讲座。邀请了省文联副主席、武汉音乐学院院长、武汉市人大副主任、著名音乐家彭志敏，省文联副主席、省文联文学艺术院院长、著名作家熊召政分别就“音乐，你可以告

诉我们什么”、“张居正的改革对今天的启示”进行了艺术讲座。省文联党组书记、常务副主席刘永泽，省文联党组成员、副主席朱莎莉、李宁，省文联党组成员、纪检组长易熙君，省文联秘书长聂为斌，各市、州、直管市、神农架林区文联及产（行）业文联代表，省文联全体工作人员聆听了讲座。“翠柳问艺”是湖北省文联为了进一步提高文联干部队伍业务能力和综合素质而举办的系列文艺讲座，听了第一期的讲座，广大干部职工反响良好，纷纷要求以后多组织这样的讲座。

【纪念中国共产党建党88周年活动】

6月30日，省文联召开全体干部职工大会，纪念中国共产党建党88周年。纪念大会由省文联党组成员、副主席朱莎莉主持。省文联党组成员、纪检组长易熙君以《讲党性修养，树良好作风，求科学发展》为题，为全体干部讲了一堂深入浅出、内涵丰富的党课。省文联党组成员、副主席李宁，省文联副巡视员舒少华，省文联秘书长聂为斌出席大会。

直属单位

【文学艺术院】

完成了全省重点项目的签约工作。共收到各团体会员单位推荐和申报的重点签约项目67个，按照省财政厅〔2007〕年42号文件要求，文学艺术院对每个项目进行考证，为评审小组提供了候选篇目。经过评委认真讨论，《辛亥革命首义人物画》、《亲吻岁月——湖北文艺界庆祝新中国60华诞真情回眸》、《1024电视纪录片》、《荆楚民间文化大系》、《娘子县官》、《户口》等18件作品被评为扶持项目。11月，已经与所有项目人签订了协议，首付经费也已全部到位。

完成湖北文艺名家电视专题片拍摄。为了庆祝新中国成立60年，省文联和武汉电视台联合摄制了《亲吻岁月——湖北文艺界庆祝新中国60华诞真情回眸》20集电视专题片。文学艺术院组织作家对20个名家进行采访和撰写脚本，配合电视台经过半年的紧张工作，在国庆节期间的黄金时段，20集专题片正式播出，效果之好，影响之大，受到省委宣传部领导和武汉市委宣传部领导的好评，也得到广大观众的喜爱。在全国庆祝新中国成立60年大型节目评选中，该片获得大奖。

《南方书画》和《名家典藏》正常出刊。《名家典藏》杂志社和荆楚书画院，编辑出版《名家典藏》4期，《南方书画》4期。2份杂志配合第11届全国美展油画展和湖北美术节等活动，开辟了较大版面，刊登了文章和美术作品，为大型活动的宣传和影响，做了积极的工作。此外，在出人才出作品和团结文艺家方面，也发挥了较好的纽带作品。

举办丁竹君个人画展。为扩大湖北省书画家的影响，12月在广东珠海市举办了丁竹君画展。此次展出规模之大，影响之高，受到全国不少知名画家和评论家的好评。

【今古传奇报刊集团】

今古传奇报刊集团创新发展。今古传奇报刊集团不断推进体制改革和机制创新，以企业化、市场化为导向，克服了金融危机给市场带来的影响，集团全年发行总量2082万册，同比上升45%；实现销售码洋3840.23万元，同比上升8%。《书法报》注重社会效益和经济效益协调发展，全年实现产值912万元，同比增长4%；实现利税130万元，同比增长16%。《湖北画报》成功创办《湖北画报·时政版》，实现了当年赢利。《今古传奇》荣获国家出版总署颁发的“新中国60年有影响力的期刊”，总经理舒少华荣获“新中国60年有影响力的期刊人”。

《新传奇》创刊70天发行量突破100万册。3月2日，省文联在武昌召开表彰会，授予《新传奇》创新贡献奖。省新闻出版局副局长邵明义出席表彰会，并转达了国家新闻出版总署报刊司、中国期刊协会的贺信，祝贺《新传奇》跻身中国百万大刊。《新传奇》是省文联主管的今古传奇报刊集团打造的一本旬刊。从2008年11月1日试刊第一期到2009年1月10日，短短70天，发行量一举突破100万册，创造了中国期刊界百万大刊成长的新纪录，成为湖北省第四个百万大刊。

各文艺家协会

【戏剧家协会】

9月，编撰出版了《百朵牡丹唱盛世——庆祝新中国成立60周年》图册。该书全面介绍了“湖北戏剧牡丹花奖”创办20年的历程和历届获奖情况，特别以详尽的图文介绍了“牡丹花大奖”和“牡丹花奖”全部144位优秀演员。该图册不仅受到获奖演员、戏剧院（团）的欢迎，而且还被中国剧协、部分兄弟省市剧协以及一些戏剧研究单位列为资料保存。

积极完成有关推荐参评工作。推荐京、汉、楚等剧种的一批专业和民营戏剧院团的优秀青年演员参与中国剧协主办的“中国戏曲红梅荟萃”活动。在第四届“中国戏曲红梅荟萃”活动中，由省剧协推选的省京剧院青年演员谈元夺得京昆组表演的最高荣誉“中国戏曲红梅之星”，同时荣获“中国戏曲红梅金花”称号；省京剧院青年演员万晓慧、郑雪莲和武汉汉剧院的青年演员王黎、李青分别荣获京昆组和地方戏曲组的“中国戏曲红梅金花”称号。积极推荐湖北省4台剧目参加第11届中国戏剧节，其中，十堰市艺术剧院新编豫剧《乡试》入选28台参演剧目之一，最终，该剧获得第三届“中国戏剧奖·剧目奖”。

2月12日，“湖北戏剧牡丹花艺术团”一批优秀演员深入基层，赴武汉市残疾人科技工业园开展“牡丹迎春”文艺演出。赢得各方好评。

【音乐家协会】

举办第三届“湖北音乐金编钟奖”评奖活动。本届金编钟奖评奖活动共设置4个子项：作品奖、表演奖、终身成就奖和组织奖；2个分项：流行、合唱演唱比赛；6个类别，其中作品2类：管弦乐、室内乐；表演4类：美声、民族、指挥、伴奏。活动自3月份启动以来，共有33件管弦乐、室内乐作品，11支合唱团队，近1000名选手参加了各项赛事。共有110人，6支合唱队，5个获优秀组织奖的单位捧走103个奖杯；其中8位德高望重的老音乐家荣获终身成就奖

主办湖北60年“十大金嗓十大金曲”评选活动。6月21日，由省委宣传部、湖北日报传媒集团和省文联为指导单位，《楚天金报》、荆楚网和省音协联合主办，《楚天金报》承办的“湖北十大金嗓、十大金曲”推评活动在武汉琴台大剧院落下帷幕。本次“双金”评选活动共推选出4名“杰出金嗓奖”和4首“传世金曲奖”和“十大金嗓”、“十大金曲”。

承办首届湖北网络文化节音乐比赛活动。11月底，由省委宣传部、省委外宣办、省文联、省文化厅、湖北日报传媒集团、省广播电视总台主办，中国电信湖北公司、省音乐家协会承办的湖北省首届网络歌手大赛取得圆满成功。本次大赛旨在通过网络向社会广泛和有效地展示湖北省网络歌手的歌艺才华和创作才华，发掘一批优秀网络歌手和作品，以健康文明的网络环境向祖国60年华诞献礼。

组织开展2009年音乐考级活动及湖北小音乐家评选活动。省音协共派出考官314人次赴各地市（州）考级，全省参加考级总人数17091人。参加“湖北小音乐家”评选活动人数共1800余人，分为儿童A组、儿童B组、少年组等组别，通过同台竞技和音乐综合素质问答测试等方式评选出“湖北小音乐家”、“湖北小歌唱家”、“湖北小演奏家”和“优秀辅导员”等奖项。

编辑出版了《湖北音协60年》文献集；筹备举办了纪念湖北音协成立60年座谈会。完成了“湖北原始民歌音响资料”抢救工作。

【美术家协会】

举办“画境文心——陈立言画作专题展”。5月6日，由中共湖北省委宣传部、中国美术家协会、湖北省文化厅、湖北省文学艺术界联合会、湖北长江出版集团、湖北省美术家协会、湖北美术学院、湖北省美术院、武汉市文史馆联合主办，湖北省艺术馆承办的“画境文心——陈立言画作专题展”在省艺术馆举行开幕仪式。省委常委、宣传部部长李春明和省原领导关广富、蒋祝平等出席了开幕式，副部长陈连生，湖北省文化厅党组书记、厅长杜建国，湖北省文联党组书记、常务副主席刘永泽等参观了画展。本次展览是陈立言潜心创作20余年后的第一次个展，展览分为人物画和花鸟画两部分，165幅作品系统展示了其在中国传统花鸟和人物画传承方面所作的努力和贡献。陈立言因创作中国画《秋忙》声名鹊起于20世纪80年代中期。出版有《中国历代文星图赞》、《吉祥花语》等。展览开幕式当天，还举办了人物题材与当代中国学术研究会，来自全国各地的评论家、国画家对陈立言在中国画创作方面取得的艺术成就进行总结，并探讨了当代中国人物画的创作发展方向。

主办“第三届湖北省现代陶瓷艺术展”。10月，

为推动第三届湖北省现代陶瓷艺术展成功举办，在湖北美术学院美术馆召开了第三届湖北省现代陶瓷艺术展论坛，省内陶艺专家聚集一堂，共同探讨了湖北省陶瓷艺术的发展之路。

编辑出版了《第11届湖北美术作品展览画集》、《60+1“首届湖北美术节”艺术地图》、《第三届湖北省现代陶瓷艺术展览作品集》等画册。

【曲艺家协会】

湖北著名曲艺家喜收新徒。6月3日，著名湖北大鼓表演艺术家张明智，湖北小曲表演艺术家何忠华在省文联一同喜收“曲艺小子”——黄陂区文化干部吴健为徒，同时何忠华收武汉邮政艺术团青年曲艺演员黄青为徒。吴健、黄青自幼酷爱曲艺，在省级和全国各类曲艺大赛中频频获奖。在湖北大鼓、小曲等几个大曲种列为国家级非物质文化遗产名录之后，更需要年轻人传承发展。

湖北曲艺家送欢乐到崇阳。由湖北省文联、省人口计生委、省曲艺家协会、崇阳县人民政府联合主办的“和谐湖北·曲艺山乡行——走进崇阳”专场慰问演出在崇阳县天成剧场隆重举行，来自武汉市说唱团的20多位艺术家和当地群众演员同台联袂演出。

省曲协召开第六届主席团第六次会议。3月19日，省曲艺家协会召开第六届主席团第六次会议。传达了省文联八届第三次全委会精神，听取了关于省曲协2008年工作总结和2009年工作要点，以及协会2009年第一季度工作汇报，并审议和通过了一批新会员名单。会议认真分析了湖北省曲艺发展面临的形势，并对如何支持民营社团的发展进行了深入的讨论。

【摄影家协会】

3月28～29日，召开了湖北省摄影家协会七届五次理事(扩大)会。省摄影家协会主席团成员、理事、各市县摄影组织负责人60余人出席了会议。会后还组织参加了“湖北省摄影家协会摄影创作基地”挂牌仪式。

4月，由中国文化出版社出版了省摄协主席樊德寿《激情岁月》摄影画册，中国文联主席团委员、中国摄协党组书记、常务副主席李前光为画册作序。

4月，由湖北省人民政府新闻办公室主办，湖北日报传媒集团、荆楚网承办，省摄影家协会协办的“魅力湖北摄影大赛”正式启动。10月，“魅力湖北”摄影大赛颁奖典礼在省艺术馆隆重举行。省委常委、宣传部部长李春明出席颁奖典礼并为特等奖作者颁奖。

5月31日，由省食品安全监管领导小组办公室、省食品药品监督管理局、省摄影家协会联合举办的湖北省“关注食品安全暨贯彻实施食品安全法”摄影大赛在武昌举行颁奖仪式。本次摄影大赛，共征集参赛作品2000余幅，充分展现了湖北省学习宣传贯彻食品安全法、保障食品安全、维护群众利益、共创美好生活的风采。

7月，由中国文联、中国摄协主办的第八届中国摄影金像奖评选揭晓，省摄影协会员周国强荣获中国摄影最高奖——金像奖(创作奖)。

9月24～28日，“湖北省第23届摄影艺术作品展”在汉口江滩隆重举行。本届展览共收集摄影作品4000多幅(组)，重点体现了“和谐、共生”的理念，是一次摄影艺术与摄影理念的大展示。

9月29日至10月9日，由湖北省摄影家协会、湖北省摄影家协会妇女工作委员会联合举办的“共和国的同龄人”摄影作品展览在汉口江滩隆重展出。此次展览以“共和国的同龄人”为题，组织全省女摄影家以饱满的热情投入摄影创作，完成图文并茂的摄影专题作品近60组。

12月，由省福利彩票发行中心、省摄影家协会联合举办的“福彩印象”摄影大赛获奖作品展在洪山礼堂隆重举行。彰显了湖北省福利彩票21年来的辉煌历程和公益成就，进一步扩大了福利彩票社会影响。

【民间文艺家协会】

省民协命名咸宁市咸安区为“嫦娥文化之乡”。经省民协专家委员会鉴定论证，省民协授予咸宁市咸安区为“嫦娥文化之乡”称号。经专家组考察、评议后认为，在咸安地区民间文化中，民间传说、歌谣、谚语、歇后语与当地文献记载、地面文化遗存、民间习俗相互印证、互为补充，且分布较为全面、数量也较为丰富，基本具备省级“文化之乡”的条件，同意授予咸宁市咸安区“湖北省嫦娥文化之乡”的称号。

启动省民间工艺美术传承人认定命名工作。4月，省民间文艺家协会、省美术家协会、省文联文学艺术院共同启动了湖北省民间工艺美术传承人认定命名工作。此次认定命名的项目内容包括：

织绣、印染、编结、塑艺、雕艺、剪刻。根据湖北省民间工艺美术传承人认定命名工作实施方案，将在全省范围内认定命名一批“民间工艺大师”、“民间工艺美术家”、“民间工艺美术师”。

【舞蹈家协会】

完成第二届湖北舞蹈“金凤奖”（职业舞蹈）评奖工作。为了搞好本届评奖活动，3月2～3日，举办了“湖北舞蹈创作座谈会”，全省30余位舞蹈创作人员与会，就参赛舞蹈作品的题材、体裁、表现形式等问题进行了座谈。4月20～24日，在荆门召开了“湖北舞蹈创作交流研讨会”，来自全省专业艺术院团、艺术院校的20多位舞蹈编导参加了会议。大家分别就创作作品的题材、形式、主题思想及创作思路、进展情况、创作过程中所遇到的困惑等作了交流。第二届湖北舞蹈“金凤奖”（职业舞蹈）评奖工作于3月全面展开。本次评奖共收到复赛参评作品100件，经评委会评审，有47件作品进入决赛。经评委会严格评审，共评出舞剧、舞蹈诗类：剧目奖4个；舞蹈节目类：作品一等奖3个、作品二等奖5个、作品三等奖9个；表演一等奖3个、表演二等奖5个、表演三等奖7个；优秀奖13个；单项奖类：舞蹈音乐创作奖9个；组织奖10个。

积极完成推荐参评工作。从第二届湖北舞蹈“金凤奖”（职业舞蹈）比赛部分优秀舞蹈作品中，遴选参加“第八届全国舞蹈比赛”。报送的三人舞《爸爸的画笔》、独舞《日昂祖》、群舞《叭一口》、《过早》、《怀念战友》、《武当和韵》、《绣鞋垫》等13个优秀舞蹈作品入围决赛。其中，三人舞《爸爸的画笔》、群舞《叭一口》、《过早》获文华舞蹈节目创作二等奖；独舞《日昂祖》获文华舞蹈节目表演三等奖；群舞《行走的家园》、《武当和韵》、《怀念战友》获文华舞蹈节目优秀创作奖；群舞《绣鞋垫》、《土家阿哥苗家妹》、独舞《那场雨》获文华舞蹈节目优秀表演奖。选送优秀舞蹈节目，参加了“第三届中国舞蹈节”、“第七届中国舞蹈荷花奖评奖”活动，舞蹈作品《西兰卡普情韵》入围决赛，并获得表演三等奖，省舞蹈家协会荣获优秀组织奖。

参加第五届“小荷风采”全国少儿舞蹈展演评奖活动。7月，由中国文联和中国舞蹈家协会共同主办的第五届“小荷风采”全国少儿舞蹈展演在北京、淮南两地隆重举行。湖北省选送10个优秀舞蹈作品参加了展演评奖活动，其中《小钢花》、《扑》、《孩子王》等节目入围决赛，其中，作品《扑》、《孩子王》获得金奖——“小荷之星奖”。

举办舞蹈编导培训班。12月14～18日，在荆门举办了湖北舞蹈编导帮扶惠民培训班，来自荆门、襄樊及其周边等地基层文化单位的60多名编导和学校老师参加了培训。培训班就编舞、编导的概念，作品创作要素，独舞、双人舞、三人舞、群舞的创作方式、技法，音乐与舞蹈的关系等内容进行了讲授。

【书法家协会】

1月3日，“湖北省第六届书法篆刻作品展览”在湖北美术学院美术馆开幕。全省各地书家和书法爱好者3000多人参观了展览。

12月18日，“山西省书法篆刻作品邀请展”在湖北美院展览馆开幕。省文联党组书记、常务副主席刘永泽，省文联党组成员、副主席朱莎莉，省书协主席团全体成员出席了开幕式。此次展览展出作品百余件，山西省书法家代表团成员与湖北省书法家和书法爱好者，结合展出的书法作品进行了现场交流。

举办书法培训研讨活动。5月7～9日，举办了湖北省老年书法创作培训班。6月12～14日，举办了2009年度新会员书法创作研讨班。6月8～12日，为迎接全国第二届青年书法篆刻展览，省书协青年书法家联谊会举办了书法创作培训班。这些培训活动挖掘和培养了书法人才。

【电影家协会】

纪录片《走进山楂树之恋》获金奖。由省电影家协会和宜昌市夷陵电视台联合拍摄的大型电视纪录片《走进山楂树之恋》荣获中国广播电视协会纪录片工作委员会、中国国际影视文化协会主办的“改革开放30年赞礼优秀纪录片（专题片、宣传片）评选活动”金奖。该片根据2008年流行的美籍华人作家艾米的小说《山楂树之恋》改编拍摄而成，讲述了20世纪70年代初发生在湖北省宜昌市夷陵区南坪村一个真实感人的爱情故事，被读者称为“史上最干净的爱情”。

电影《荆州，1024》开机。11月24日，电影《荆州，1024》在武汉举行了隆重的开机仪式。省委宣传部、省文联、荆州市委、长江大学、省电影

家协会有关领导和《荆州，1024》剧组出席开机仪式。该片用纪实的电影语言，以10月24日发生在荆州长江边10多名大学生搭起人链勇救落水少年的英雄壮举为背景，艺术地塑造了90后敢于进取，勇于承担，甚至毫不犹豫地献出自己生命的青春形象。

【文艺理论家协会】

举办了第六届湖北省文艺论文奖评奖和颁奖活动。11月18日，在省文联举行了第六届湖北省文艺论文奖颁奖仪式。湖北省文艺论文奖是经湖北省委宣传部批准的省级文艺奖项之一。该奖项自1995年创立，到2009年已历6届。本次评奖共收集论文102篇。其中：文学46篇，展览艺术32篇，表演34篇。最后终评评出：一等奖5名，二等奖10名，三等奖15名。

召开湖北省动漫艺术家协会筹备工作座谈会。12月17日，召开了“湖北省动漫艺术家协会筹备工作座谈会”，为湖北省动漫艺术家协会的正式成立打下了坚实的基础。

办好《文艺新观察》。编辑出版《文艺新观察》4期，并完成了特刊“荆楚文化研究高峰论坛”专辑的出版。对《文艺新观察》的栏目、版面进行了调整，获得业内的好评。

【电视家协会】

电视剧创作发展势头良好。经上报省委宣传部作为省重点创作的电视剧《南下》，已完成前期拍摄，投入了后期制作；经过两年改编的红色经典电视剧《洪湖赤卫队》投入拍摄；反映农村改革的电视剧《风骚的唐白河》已完成剧本创作，省广电总台已筹备拍摄。由省电视剧制作中心拍摄的《六年级的夏天》继2008年获得“金鹰奖”少儿电视剧优秀奖后，又获得中国电视剧第27届“飞天奖”少儿电视剧二等奖。与武汉京剧团、省总台电影频道联合策划了《三寸金莲》京剧电视戏剧片的创作。荣获诸多奖项。在中国文联、中国视协举办的全国第六届德艺双馨电视艺术工作者推选活动中，省电视艺术家协会常务副主席、湖北广电总台常务副台长唐源涛获得全国“德艺双馨电视艺术工作者”称号。根据“中国文联表彰从艺60周年的老文艺工作者通知”精神，协会推荐上报的老电视艺术工作者何宏业、黄益凑、孙光明、刘家振受到表彰。在中国视协举办的“奥运中国”优秀体育电视节目评奖中，湖北省参评的体育节目《科技与奥运》特别节目获得最佳作品奖；《奥运活页——第九期》获体育栏目优秀作品奖，《九旬老人周游全国宣传奥运》、《盲人也能“看”奥运》体育报道获得好作品奖。

【杂技家协会】

加大杂技精品创作力度。推出的大型旅游杂技秀《梦幻九歌》和《魔幻之域》，受到广大观众的好评。完成杂技创作节目3个，其中，成人节目2个：《男子双人对手技巧》、《抖杠扛杆》，少儿节目1个：《转毯》。《钢丝》节目组圆满完成赴匈牙利组团演出的任务，受到好评。

荣获诸多奖项。武汉杂技团《立绳》节目参加2009年河北吴桥国际杂技艺术节比赛获银奖。《英雄天地间》节目获文化部2008～2009年度中国国家舞台艺术精品工程剧目。《海盗》节目获2009～2010年度国家文化出口重点项目目录。《女子柔术》节目组荣获2009年度“武汉市巾帼文明岗”称号。武汉杂技团演员李坛获武汉市优秀文艺人才“江花大奖”。

湖南省文联

综　述

2009年，湖南省文联在湖南省委、省政府的统一部署和省委宣传部的领导下，坚持以邓小平理论和“三个代表”重要思想为指导，深入学习实践科学发展观，牢牢把握“高举旗帜、围绕大局、服务人民、改革创新”的总要求，团结带领全省文艺工作者，与时俱进、开拓进取、锐意创新、扎实工作，努力整合社会资源，开展大型活动，全方位推进文艺工作和文联工作体制、机制及内容、形式、方法与手段创新；着力打造文艺精品，积极推进基础设施建设，加强舆情信息、组织联络工作，重视制度与机关党的建设，不断增强文联的凝聚力、影响力。文联文艺队伍团结和谐，社会影响不断扩大，各方面的工作都取得了较大的成绩，为服务湖南工作大局、促进湖南文艺事业的大发展大繁荣、推进湖南文化强省建设作出了积极贡献，呈现了良好的发展态势。

重要会议

【八届三次全委会暨表彰大会】

2月27日，湖南省文联八届三次全委会暨表彰大会召开。省政协副主席、省文联主席谭仲池，省委宣传部副部长魏委，省文联领导罗成琰、江学恭、何满宗、管群华、彭见明、黎晓阳、夏义生，省人事厅副巡视员谢久尤等与第八届省文联委员、受表彰的中青年德艺双馨文艺工作者、先进单位负责人120余人出席会议。谭仲池、魏委做了重要讲话。省文联党组副书记、副主席、秘书长江学恭传达了全国宣传部部长会议、中国文联七届四次全委会和全省宣传部部长会议精神。省文联党组书记、副主席罗成琰作了题为《坚持以科学发展观为统领，开创文联工作新局面，推动全省文艺事业大发展大繁荣》的工作报告。会议还表彰了湖南省中青年德艺双馨文艺工作者和2008年度湖南省文联系统先进单位。

【“辉煌60年”湖南文艺界庆祝新中国成立60周年座谈会】

9月25日，省文联、省作协在毛泽东文学院联合召开了座谈会。省委书记、省人大常委会主任张春贤与省委副书记、省长周强联名发来贺信，高度评价了新中国成立60年来湖南省文艺工作取得的辉煌成就，对进一步做好文艺工作提出了殷切希望。省委常委、省委宣传部部长路建平，省政协副主席、省文联主席谭仲池出席会议并讲话。湖南省文学艺术界代表80余人参加会议。

【纪念建党88周年暨表彰大会】

7月1日，省文联机关全体党员、干部职工隆重集会，庆祝建党88周年，表彰在“创先争优”活动中评选出的先进党支部、优秀共产党员和优秀党务工作者。党组领导罗成琰、江学恭、何满宗、管群华、黎晓阳和副巡视员郑解文等人出了席会议，并给2个先进党支部、6名优秀共产党员和3名优秀党务工作者颁奖。省文联党组书记、副主席罗成琰在纪念大会上做了重要讲话。

【学习贯彻全省文化强省建设工作会议精神大会】

湖南省文化强省建设工作会议召开以后，按照省委宣传部统一部署，省文联进行了认真传达和学习贯彻。11月30日，省文联召开了学习贯彻全省文化强省建设工作会议精神大会。省政协副主席、省文联主席谭仲池，省文联领导罗成琰、江学恭、何满宗、管群华、黎晓阳、彭见明、夏义生、郑解文与在职、离退休干部职工及聘用人员150多人参加了会议。谭仲池主席在会上做了重要讲话。省文联党组书记、副主席罗成琰传达了全省文化强省建设工作会议精神，结合文联实际，部署了贯彻落实会议精神的具体措施。12月3日，又召开了省文联中层以上干部会议，围绕如

何贯彻落实文化强省建设工作会议精神，如何抓住机遇，进一步发展繁荣全省文艺事业，进行了认真研究，为2010年的工作开展出谋划策。

【湖南省文艺创作扶助基金会筹备会议】

11月10日，湖南省文艺创作扶助基金会筹备会议在长沙蓉园宾馆召开。省政协副主席、省文联主席谭仲池，省文联党组、主席团成员，省各文艺家协会秘书长，各市州文联负责人及部分原始基金捐赠单位负责人出席了会议。湖南省文艺创作扶助基金会由谭仲池倡议发起并组织筹建，其目的是为了建立一个多元投入、社会广泛参与的支持文艺创作的新机制，以促进湖南文学艺术的发展，为建设文化强省作贡献。会议讨论了《湖南省文艺创作扶助基金会章程（草案）》，研究了基金会正式挂牌成立的有关事宜，决定在2010年1月正式成立湖南省文艺创作扶助基金会。

【深入学习实践科学发展观活动群众满意度测评大会】

2月25日，省文联召开了学习实践科学发展观活动群众满意度测评大会，省文联党组书记、副主席罗成琰在会上做总结报告，对活动各环节进行了回顾，对取得的成效、积累的经验、存在的不足进行了实事求是的总结。省委第15检查指导组伍国保、谭兵出席会议，伍国保对省文联学习实践科学发展观活动进行了高度评价，充分肯定了取得的成效，并进一步提出了继续深入学习实践科学发展观的几点希望。会上，省文联机关、协会、报刊社和下属单位干部职工代表、离退休同志代表对整改落实阶段和整个学习实践科学发展观活动进行了满意度评价，满意和比较满意度达98%。

【全省文联组联工作会议】

9月10～11日，全省文联组联工作会议在涟源市白马湖湖南省文艺家创作之家召开。省文联党组副书记、副主席、秘书长江学恭做了重要讲话，对加强和改进组联工作提出了指导性意见。省文联党组成员、副主席彭见明围绕文联干部如何提高素质、做好文联工作为与会人员做了讲座。来自湖南各市州文联的有关领导和组联干部30余人出席会议。与会同志围绕省文联领导的讲话、讲座进行了热烈的讨论，对做好以后的组联工作提出了许多宝贵的建议。

重要活动

【庆祝中华人民共和国成立60周年系列活动】

“祖国颂”群众合唱交响音乐会。这是湖南省委确定的湖南省庆祝新中国成立60周年的重大活动之一。由省委宣传部、省文化厅、省广播电视局、省文联等10家单位联合主办，省文联、省音乐家协会承办。9月27日晚，“祖国颂”群众合唱交响音乐会在湖南大剧院隆重举行。中央第一地方巡视组领导周声涛、张秀明和省党政军领导梅克保、路建平、刘莲玉、徐明华、谭仲池、刘新等出席了音乐会。本次音乐会由12个来自各行业、各系统的合唱团共1000余人激情演出，省交响乐团伴奏。省领导对音乐会给予了高度评价。音乐会由湖南经视录制后，于10月3日播出。

新中国成立60周年湖南省美术优秀作品展览。老领导熊清泉、王克英，湖南省人民政府副省长郭开朗，省政协副主席、省文联主席谭仲池，中国美术家协会分党组书记、驻会副主席吴长江等领导出席了开幕式或专程观看了展览。这次展览共展出800余幅优秀作品，在展览基础上，选出了90余幅作品参加第11届全国美展。

庆祝新中国成立60周年湖南省京剧票友专场演唱会。国庆期间，由省文联主办，省剧协、省京剧票友委员会联合承办的2场京剧票友专场演唱会在长沙湘江剧院举行。此次专场演唱会有来自全省14个市州的100余名京剧票友参加演出，演出内容以样板戏选段、毛主席诗词演唱和一些脍炙人口的传统戏选段为主。演唱会气氛热烈，观众和戏剧界专家、领导对活动组织和演出效果一致给予了高度评价。

省文联机关庆祝新中国成立60周年美术、书法、摄影作品展。9月21日，省文联机关美术、书法、摄影作品展在湖南省画院举办。展出湖南省文联干部职工100余幅作品，表达了省文联干部职工对祖国、对人民的热情歌颂和美好祝福，展示了文联干部职工的艺术才华和昂扬向上的精神风貌，也是省文联创建“学习型机关”、“和谐机关”的体现。

“颂祖国·第六届湖湘书法月”活动暨湖南10人书法作品展开幕。9月30日，“祖国颂·第六届湖湘书法月”活动暨湖南10人书法作品展在省画院美术馆开幕。展出了罗成琰、何满宗、王宏、胡立伟、陈曦明、孔小平、张敏、杨远征、袁绍明、田绍登等10位书法家的作品。湖南10人书法作品展展出的百余幅作品，无论是作品尺寸还是书写风格都体现了形式和内容的和谐统一，作品中不乏自作诗文，集中反映了10名书法家高尚的精神追求和深厚的书法功底，更表达了他们热爱祖国、喜迎国庆、共盼盛典的心情。第六届湖湘书法月从9月开始，至12月结束，期间举行书法展览、学术交流等书法活动近50个。

此外，省文联机关党委和省曲协积极组织节目参加了省直工委庆祝新中国成立60周年文艺会演，并获得了特别奖。省音协举办了歌唱祖国全省歌曲征集活动，《理论与创作》杂志开辟“新中国文艺60年回顾”专栏。省企（事）业文联主办了首届湖南省企（事）业书法艺术展等等。

【湖南文艺家“高速贯三湘”采风创作活动】

这一采风创作活动是省文联同省交通运输厅、省高速公路管理局联合开展的一项重要文艺活动。省委书记、省人大常委会主任张春贤高度肯定这项活动的意义，并给予了亲切关怀。4月24日，在长沙举行了隆重的采风出发仪式。省委常委、省委宣传部部长路建平出席仪式并讲话，冒雨为文艺家们送行。近百名湖南文艺家以及特邀的《人民日报》、《中国艺术报》、《中国作家》和湖南各大媒体编辑、记者对湖南省20多条高速公路进行了现场采风，并与高速公路建设者、管理者一起举办了10多场座谈会、联欢会和笔会活动。参加采风活动的文艺家潜心创作，推出了一批文学、音乐、美术、书法、摄影作品，其中一部分作品在《人民日报》、《中国艺术报》、《湖南日报》、《散文》等报刊发表，《人民日报》、《中国艺术报》分别推出采风创作成果专版。湖南文艺出版社出版了《托起大地的画卷——湖南文艺家“高速贯三湘”采风创作活动作品集》，在湖南省画院举办了采风创作活动美术、书法、摄影作品展开幕式暨采风作品集首发式。整个采风创作活动产生了良好的社会反响。

【2009湖南省文学艺术论坛】

围绕“出人才、出作品”这一目标，为省文艺工作者的成长、发展营造有利的环境，省文联推出了2009湖南省文学艺术论坛这一新的活动平台。全年共举办了12期论坛（讲座），平均每月一期，邀请了一批全国著名文艺家和学者来湘讲学。包括：省作协主席、著名作家唐浩明，中国摄影家协会分党组书记、副主席、著名摄影家李前光，中国音乐家协会分党组书记、副主席、著名作曲家徐沛东，著名音乐评论家金兆钧，著名摄影家于云天，中国文联副主席、中国民间文艺家协会主席冯骥才，中国舞蹈家协会分党组书记、副主席、著名舞蹈家冯双白，中国音乐家协会主席傅庚辰，中国美术家协会分党组书记、副主席吴长江，原中国文联副主席、书记处书记、著名文艺评论家仲呈祥，中国曲艺家协会分党组书记、副主席、著名相声表演艺术家姜昆，中国书法家协会分党组书记、副主席、著名书法家赵长青等。专家们渊博的学识、开阔的视野、生动的语言、丰富的信息以及面对面交流，受到了湖南广大文艺工作者们的热烈欢迎，对湖南文艺创作水平的提高产生了深远的影响。

【电影《袁隆平》湖南首映】

3月18日，一部展现杂交水稻之父、中国工程院院士袁隆平传奇人生的电影《袁隆平》在湖南大剧院举行首映式。省委副书记、省长周强，省委常委、宣传部部长路建平，副省长徐明华，省政协副主席、省文联主席谭仲池等领导，袁隆平院士夫人邓哲以及剧组主创人员出席了首映式。影片由谭仲池编剧，史凤和执导，果静林、徐筠主演。由湖南省委宣传部、潇湘电影集团、中视天全（北京）文化发展有限公司等单位联合摄制的电影《袁隆平》通过荧幕再现袁隆平进行杂交水稻“三系配套”研究并取得成功的风雨历程，用鲜活的艺术手段展现了袁隆平的精神魅力。《袁隆平》作为一部具有史诗风格的传记电影，其交响乐贯穿的结构、幽默风趣的叙事、浪漫主义与现实主义相结合的手法获得观看首映的观众们阵阵笑声和一致好评。

【谭仲池到湘乡市调研文联工作】

7月31日，省政协副主席、省文联主席谭仲池，省文联副主席、省美协主席朱训德等一行来到湘乡市调研指导文联工作。谭仲池在调研中指出，文化是城市发展的灵魂，一个城市应该高度重视文化建设，大力继承和发扬民族文化。县文联、

乡镇文联要通过培养文艺人才，活跃农村文化，使老百姓都投入文化活动中来，从而提高人民的素质，提高人民发展经济的创造力。谭仲池一行先后考察了湘乡市东山书院旧址、云门寺和龙洞镇文联。

【熊清泉画展】

8月2日，由省文联和毛泽东文学院举办的熊清泉画展在毛泽东文学院开幕。省领导和老同志王克英、蔡力峰、陈肇雄、魏文彬、谭仲池、黄明开、刘玉娥、朱东阳、张树海，省委宣传部副部长魏委，何满宗、管群华、夏义生、朱训德等省文联领导与陈白一、李立等众多艺术家出席展览开幕式。原省委书记熊清泉退休后笔耕不止，作品颇丰，曾先后在昆明、北京、香港以及日本、美国等地成功举办了个人书画展。这次展出的熊清泉中国画作品45件，内容丰富，有的寓牛为劳动者品格，有的以梅写人文情怀，有的借松立强者傲骨。作品既弘扬了传统文化，又展示了时代精神。

【洛夫国际诗歌节】

10月24日，由省文联和衡阳市人民政府主办的2009秋（中国·衡阳云集）洛夫国际诗歌节在“洛夫故里”衡南云集开幕。世界华语诗坛泰斗洛夫，中国作协副主席陈建功，湖南省政协副主席、省文联主席谭仲池等百余名领导嘉宾和上万名群众见证了洛夫国际诗歌节开幕式及洛夫文化广场奠基。谭仲池在讲话中说，洛夫先生2001年以长诗《漂木》获得了诺贝尔文学奖的提名，被誉为当代“诗魔”，故乡人民以诗歌节的方式迎接漂泊在外的游子诗人的到来，是最为恰当、最为隆重、最具诗意，也是最具纪念意义的一种形式。洛夫国际诗歌节是一次彰显衡南历史文化底蕴，打造衡南文化名片的历史盛会，必将对衡南经济社会发展起到巨大的推动作用。

【第九届中国“山花奖”·民间工艺美术作品奖终评活动暨湖南省旅游商品博览会】

这次活动由中国文联、中国民间文艺家协会、省文联、省旅游局和长沙市委宣传部共同主办。中国文联副主席、中国民协主席冯骥才，省人大常委会副主任肖雅瑜，中国民协分党组书记、驻会副主席罗杨等领导和专家出席了5月26日的开幕式。来自全国各省区市的民间工艺美术精品，角逐第九届全国山花奖·民间工艺美术作品奖。同时，还举办了中国民间文化产业高峰论坛、湖南旅游商品博览会、民间艺术和工艺表演等一系列活动。《中国艺术报》用两个整版的篇幅报道了这次大型活动。活动期间，冯骥才还前往湘西自治州、张家界和邵阳等地进行了文化考察。

【中国第五届梅山文化学术研讨会】

11月22在，由中国民间文艺家协会、湖南省文联、湖南人文科技学院主办的中国第五届梅山文化学术研讨会在娄底市召开。中国民间文艺家协会副主席曹保明、省文联党组书记罗成琰等领导及来自美国、韩国及北京、四川、重庆、贵州、湖南等省市的专家学者80多人参加了研讨会。曹保明认为，梅山地区这种研究地域文化的方法与模式，在全国各地的地域文化研究中是绝无仅有的，值得向全国推广。

【首届湖南校园戏剧节】

首届湖南校园戏剧节是由湖南省文联、湖南省教育厅、湖南省文化厅3家联合主办的一次高规格戏剧赛事。12月2日晚在湖南大众传媒职业技术学院圆满落幕，大赛历时2个月，全省20多所高校共30多个作品参赛，最终产生特等剧目奖2名，优秀剧目奖5名，剧目奖5名及纪念奖10名。其中特等剧目奖分别由湖南职业艺术学院和湖南大学广播影视学院夺得，他们所排演的《50二家别墅》和《二对二》将代表湖南参加2010年在上海举行的全国校园戏剧节的初赛。另外大赛还评选出了优秀编剧奖、优秀导演奖、优秀表演奖、园丁奖等个人单项奖。戏剧节期间组委会组织了形式多样的座谈会，与大学生们就戏剧问题进行了生动的交流，赢得了广大学子的热烈欢迎。

文艺交流

【罗成琰赴英国、西班牙进行文化交流】

10月10～23日，省文联党组书记、副主席罗成琰应邀参加中国摄影家协会代表团赴英国、西班牙进行文化交流活动。中国摄影家协会党组书记、副主席、秘书长李前光担任代表团团长，罗成琰担任副团长。团员由中国摄影家协会有关部门负责人及摄影家组成。出访中，代表团在英国主办了“世界遗产·中国”摄影展，同英国皇家摄影学会、西班牙摄影家协会进行交流，同时，考察两国的一些世界遗产地。

【管群华率团赴法国、意大利考察访问】

应法国萨莫瓦塞纳市政府的邀请，省文联党组成员、主席团委员管群华率“湖南文化艺术考察团”赴法国、意大利等欧洲国家进行考察访问。在法国，双方就文化艺术的创新与发展、文化设施的建设与管理、历史文物的保护与管理、文化市场的准入拓展与保护等方面进行了探讨和交流。访法结束后，考察团又前往意大利考察访问，并同有关方面进行了友好交流。

【四川省文联来湘交流文艺工作】

金秋十月，四川省文联一行26人在四川省文联党组副书记、副主席陈黔鲁的带领下来湖南文联交流文艺工作。省文联党组副书记、副主席、秘书长江学恭和机关部分工作人员出席座谈会，双方进行了广泛交流。

创作与获奖

【电影《袁隆平》获全国大奖】

电影《袁隆平》由省政协副主席、省文联主席谭仲池主创，潇湘电影集团拍摄。该片以宏阔的视野、宏大的叙事、感人的细节、巧妙的结构，生动再现了袁隆平进行杂交水稻研究并取得成功的风雨历程。全片洋溢着强烈的爱国主义精神，闪耀着理想主义色彩和人性美、人情美的光辉。该片上映后，引起了社会各界的强烈反响，被中宣部、国家广电总局列为向新中国成立60周年献礼的重点影片并获得中宣部第11届“五个一工程”奖、第13届中国电影华表奖。

【2位摄影家荣获第八届中国摄影金像奖】

在第八届中国摄影金像奖评奖中，湖南摄影家获2个大奖。其中李晓英荣获艺术类奖，颜志雄荣获商业类奖。8月20日，省文联、省摄影家协会在长沙隆重举行颁奖大会，对获奖摄影家进行表彰，授予他们证书和奖金。

【5位民间文艺家荣获第九届中国民间文艺山花奖】

在第九届中国民间文艺山花奖评奖中，湖南共获5个奖杯。所获奖项是：花垣县鼓舞艺术团的《湘西苗族鼓舞》获民间表演艺术奖，田明的著作《土家织锦》获学术著作奖，彭若君的湘绣作品《百鸟朝凤》、柳建新的湘绣作品《荷塘清趣》、漆林生的根雕作品《伊甸园》获民间工艺美术奖。

【湖南画家在第11届全国美展中获奖】

在第11届全国美术作品展评奖中，湖南画家石君的国画《和谐的家园》获银奖，阳先顺的国画《锦绣徽乡》获优秀奖，刘永健的水彩画《2009矿工纪事》获铜奖，刘顺湘的水彩画《雨秋》获优秀奖，文牧江的版画《世相二》获优秀奖。

【省文联获中国文联“我与文联”大型征文活动组织奖】

为纪念新中国成立60周年及中国文联成立60周年，中国文联主办了“我与文联”大型征文活动。省文联党组书记、副主席罗成琰的《文联60正芬芳》等3篇征文获奖，另有16篇征文入选，省文联荣获组织奖。

机关建设

【制度建设】

在总结多年管理工作经验的基础上，经过反复讨论修改，制定和出台《中共湖南省文联党组议事规则》、《湖南省文联主席团职责及议事规则》、《湖南省文联机关管理办法》、《湖南省文联协会工作管理办法》、《湖南省文联协会、报刊及下属单位财务管理暂行办法》、《湖南省文联关于参与主办有关文艺活动的规定》、《关于对文联领导班子和领导干部实行党风廉政建设责任制考核的实施办法》等制度。这些制度的相继建立和实施，使湖南省文联的管理效能不断提高，联络、协调、服务职能得到了更好的发挥和显现。

【机关党的建设】

组织开展机关优秀党员、优秀党务工作者、优秀党支部的评选工作。在庆祝建党88周年大会上，表彰了在“创先争优”活动中评选出的一批先进集体和个人。组织老文艺家到周立波故居参观学习，缅怀原省文联主席、著名作家周立波。纪念毛泽东《在延安文艺座谈会上的讲话》发表67周年。组织了机关党员、干部职工赴贵州遵义学习参观，开展革命传统教育。高度重视学习型机关的建设，中心组学习组织规范，内容丰富，学习质量和效果好。加强党风廉政建设，对近年

文联机关财务情况进行了内部审计。省文联机关党委的工作得到了省直工委的充分肯定，被评为省直机关2009年度先进机关党委。

各文艺家协会

【戏剧家协会】

9月，在安徽举办的“长江流域戏剧之星”的比赛中，省剧协推选优秀青年祁剧演员肖笑波的折子戏《奈何桥》参赛，折服专家评委，一举夺魁，赢得“长江之星”的称号。

首届湖南省校园戏剧节是2009年省剧协筹划的重要活动之一，旨在提高大学生戏剧艺术审美修养和人文素养，促进德智体美全面发展。通过戏剧这种综合艺术形式展示湖南高等院校艺术教育的丰硕成果，营造健康高雅的校园文化环境，进一步推动高校精神文明建设，营造“向真、向善、向美、向上”的校园文化氛围，促进大学生健康成长。同时也为湖南选拔优秀的校园戏剧作品，参加2010年在上海举行的全国校园戏剧节比赛做好准备。首届湖南省校园戏剧节共有20多所学校30多个作品参加了选拔，包括地方戏曲、话剧、音乐剧、小戏小品。内容涉及大学校园生活、社会百态、历史人物等。绝大多数的作品都是由学生自己创作，也不乏经典戏剧作品的移植。大赛选出的8台优秀剧目，从11月23日开始在全省几个定点高校展演，持续到12月2日。

为庆祝中华人民共和国60华诞，省剧协联合湖南省京剧票友委员会举办了2场“热烈庆祝中华人民共和国成立60周年湖南省京剧票友专场演唱会”，场面热烈，获得了很高的评价。

【音乐家协会】

9月27日，庆祝中华人民共和国成立60周年“祖国颂”群众合唱交响音乐会在湖南大剧院举行。12支来自各行业、各系统的合唱团队1000余人激情演出。省委副书记梅克保，省委常委、省委宣传部部长路建平对音乐会给予了高度评价。音乐会由湖南经视国庆期间播出，产生了更广泛的社会影响。

在2009湖南省文学艺术论坛系列活动中，邀请中国音协分党组书记、副主席、著名作曲家徐沛东，中国音协流行音乐学会秘书长、著名音乐评论家金兆钧来湘分别开展了《音乐创作的继承与创新》和《流行音乐创作》专题讲座；邀请中国音乐家协会主席傅庚辰开展了《歌声与时代》专题讲座。这些专题讲座极大地拓展了湖南音乐艺术家的艺术视野，提高了艺术素养，对湖南音乐创作水平的提高将产生深远的影响。

举办了“歌唱祖国”——庆祝新中国成立60周年优秀歌曲征集活动，收到创作歌曲426余首，评出各等级奖作品45首、优秀奖作品35首。

组织参加了中国音乐家协会、中央人民广播电台、中央电视台主办的全国优秀流行歌曲创作大赛，湖南词曲作者创作的《幽兰传说》等5件作品，在华南赛区的总决赛和全国总决赛中获奖。

【舞蹈家协会】

组织湖南省“文学艺术论坛”之舞蹈篇，邀请中国舞蹈家协会分党组书记、博士生导师冯双白来湘讲授《近年来中国舞蹈创作发展趋势》，参加听课的会员人数达300人之多，反响强烈。

参加了中国舞蹈家协会主办的舞蹈界最高奖“荷花奖”的系列比赛活动，共取得6金4银的优异成绩。第七届“荷花奖”民族民间舞比赛中，湖南师范大学演出的《月光下的阿达玛》入围全国总决赛。

组队参加庆祝中国人民共和国成立60周年暨中国舞蹈家协会60周年系列庆祝活动。在中国舞协60周年庆典上省舞蹈家协会主席许红英获全国“突出贡献舞蹈家”称号，刘睿懿获中国舞蹈艺术“优秀组织工作者”称号。

由舞协主席团专家亲自指导、协助，湖南省歌舞剧院创作演出的大型舞蹈诗剧《天山芙蓉》讲述了20世纪50年代初，八千湘女响应祖国“保卫边疆，建设边疆”的号召，入伍赴疆，为屯垦戍边奉献壮丽人生的往事。这台舞蹈诗剧一经推出就好评如潮，获得了湖南省第三届艺术节“田汉大奖”，同时被中宣部、文化部选调进京参加“庆祝新中国成立60周年——向祖国汇报”献礼演出，并入围第九届中国艺术节。

【美术家协会】

7月15～19日，“庆祝新中国成立60周年湖南省优秀美术作品展览”在省展览馆展出。展览期间，中国美协专家组召开了该次展览研讨会，对湖南美术现象和展出作品进行了深入研讨，吴长江、冯大中、骆根兴、黄铁山等领导和专家纷纷发言，对展览涌现出大量新人新作深感振奋，同时也指出了展览作品存在的不足和努力的方向。展览共收到各画种作品1500多件，展出500余件，选出90余件优秀作品参加第11届全国美展。

7月15日，特邀中国美协分党组书记、副主席吴长江主讲《中国青年美术创作及队伍建设》，全省300多名湖南文艺工作者、美术工作者聆听了讲座，吴长江对全国青年美术创作现状的肯定、为加强青年美术队伍建设提出的一系列建议和措施，尤令湖南美术工作者深受鼓舞。

为隆重纪念省人民政协成立60周年，省美协、省书协和省摄协协办的同舟前行——庆祝人民政协成立60周年优秀书画、摄影图片展于9月19日开展。省政府及省政协相关领导出席开幕式并参观展览。展览共展出优秀美术作品40余幅。

8月29日，由文化部青年联合会美术委员会同省美术家协会共同主办的全国青年美术家“画说五岳”走进衡山写生活动展开。中国艺术研究院画家张龙新、石峰、中国国家画院张桐瑀、湖南省美协旷小津、石纲等11名全国青年杰出画家聚集在一起，用笔墨描绘自然之美，抒发对祖国河山的一份深情。

【摄影家协会】

3月30日，中国摄影家协会常务副主席李前光应邀来湘讲学，近400名摄影家及摄影爱好者聆听讲座，讲座的举办为湖南摄影人提供了一个良好的学习交流平台。

10月22日，受澳门基金会邀请，湖南省摄影家协会主席张利萍等一行7人赴澳门进行为期7天的访问、采风，增强了湘澳两地的友谊和联系。

托起大地的画卷——湖南文艺家“高速贯三湘”采风创作活动美术、书法、摄影作品展11月17～19日在湖南省画院开展。摄影采风作品展反响热烈。

为庆祝新中国成立60周年，开展了“芙蓉王杯”湖南省第15届摄影艺术展系列采风创作及征稿活动。7月始，陆续在全省开展不同形式的采风创作，期间举行了百名摄影师在芙蓉路芙蓉广场隆重的采风仪式。9月“芙蓉王杯”湖南省第15届摄影艺术展截稿评选。年底在长沙市博物馆举办了庆祝新中国成立60周年“芙蓉王杯”湖南省第15届摄影艺术展和画册首发式，评选了2000～2009年湖南突出贡献摄影家。

【书法家协会】

第六届湖湘书法月从9月初至11月底共主办或参与举办了20多次规模不等形式多样的书法展览。主要展览有“颂祖国十人书法艺术展”、“庆祝新中国成立60周年湖南艺术节美术书法摄影展”、“托起大地的画卷——湖南文艺家‘高速贯三湘’采风创作活动美术、书法、摄影作品展”、“纪念人民政协成立60周年湖南书法美术摄影展”、“中国书法名城（之乡）国庆巡礼书法展”、“何满宗书法展”、“红社第一回书法精品展”、“三湘青年颂祖国书法展”、“颂祖国·首届湖南省企事业书法艺术展”、“第三届湖南省大学生书法篆刻作品展”、“第三届湖南书法网书法篆刻展”、“君山茶杯全国书法大赛作品展”、“湖南洞庭印社成立20周年社员作品展”等等。

出版了一系列书册。一是《湖湘文库·湖南书法史》，填补了湖南书法史册的空白。二是《2008年湖南书法年鉴》。三是“第六届湖湘书法月”系列书法展览作品集。

邀请了中国书法家协会分党组书记、驻会副主席兼秘书长赵长青，著名学者王岳川等来湘讲学。省书协驻会副主席陈羲明应广东书法院邀请，前往广州为书法院主办的书法创作班讲学辅导。为省书协主席团成员王宏的《三米格草书习字帖》召开了座谈会，通过请进来走出去等方式，有效地促进了书法创作的普及与提高。

【曲艺家协会】

11月7日，第11期2009湖南省文学艺术论坛举行。中国曲协分党组书记、副主席、著名相声表演艺术家姜昆应邀主讲《中国曲艺艺术的魅力》。

从5月下旬开始，省曲协在长沙湘江剧场建立笑工场，每周六晚上演出1场。由青年相声演员担任主角，大兵、周卫星、曹曙光等协会主席团成员和郭新、芦克宁等曲艺家也经常登台演出。笑工场凭借低廉的票价和独特的艺术魅力，赢得了老百姓的欢迎。全年演出20多场，既丰富了群众文化生活，又为青年演员提供了一个锻炼平台。

2月6～8日，受山东省曲协的邀请，省曲协组织10位祁东渔鼓演员，参加了胡集书会。胡集书会是具有800多年历史的民间曲艺盛会。湖南曲协代表队共演出渔鼓新年祝词《王伟求婚》（王伟）、《对口渔鼓》（邹冬梅、邹昆山）、祁东小调《五更留郎》（周秋琼、王联荣）等9个节目，受到当地观众的欢迎。

出版《湖南曲艺创作与研究丛书》。丛书共10种，收入10位湖南曲艺作家、理论家的创作和研究成果，由姜昆作序，是湖南省曲艺创作、研究成果的一次集中展示和推介。丛书从2008年开始策划，至2009年5月出齐。

在7月7日召开的纪念中国曲艺家协会成立60周年大会上，湖南曲艺家黄士元、大兵、周卫星受到中国曲协表彰。黄士元被评为全国突出贡献曲艺家，大兵、周卫星被评为全国优秀中青年曲艺家。

【民间文艺家协会】

5月6日，“第九届中国民间文艺山花奖民间工艺美术作品奖终评”活动开幕。盛会期间，同时举办了中国民间文化产业高峰论坛、湖南旅游商品博览会、民间艺术和工艺表演等一系列活动。来自日、韩、土耳其等国，以及中国大陆、香港、台湾地区的1500余家参评、参展企业共赴盛会，享受了这场空前的民间文化盛宴。

5月26日，承办了第四期湖南省文学艺术论坛。全国政协常委、国务院参事、中国文联副主席、中国民间文艺家协会主席冯骥才来长沙做《当代中国文化发展》的演讲。

8月6日，湖南瑶族传统文化研讨会召开。来自日本神奈川大学、早稻田大学、筑波大学、东京艺术大学和长沙、永州的30余位瑶族文化专家参加会议。与会专家学者分别就“瑶人的来源和迁徙”、“蓝山县瑶族度戒仪式的文化层”、“度戒仪式中的演戏性”、“瑶族仪礼的意义与传承”、“度戒仪式的功能、现实意义、文化价值”、“泰国优勉与蓝山瑶族仪礼的比较”、“蓝山瑶族度戒仪式的音乐”等论题介绍了各自的研究成果，进行了富有成效的研讨。

中国第五届梅山文化学术研讨会于11月22日在娄底市召开，中国民间文艺家协会副主席曹保明、省文联党组书记罗成琰等领导及来自国内、美国、韩国的专家学者80多人出席了会议。

在中国文联、中国民协举办的“中国龙舟文化节龙舟艺术展演赛”中，湖南获得金奖，省民协获优秀组织奖。

【设计艺术家协会】

应英国考文垂大学邀请，2009年新年伊始，湖南省设计艺术家协会副主席、中南大学教授戴端女士的中国画《乡间·情》个人画展与湖南省设计艺术家协会常务副主席、秘书长马建成的《中国·西藏红》个人画展先后在英国考文垂市隆重开展。考文垂市市长Ardy Matchett及夫人到场祝贺，称这次画展是两国文化艺术交流一个值得纪念和庆贺的盛典，是对考文垂市人民迎接春天到来的最好贺礼。

9月16日，由湖南省设计艺术家协会主办，湘潭市设计艺术家协会承办的“庆祝新中国成立60周年”湖南设计艺术作品展（湘潭展区）经过近6个月的紧张筹备，在湘潭市平政路392号观圣殿隆重开幕。

12月5日，2009年中国室内设计大奖赛在北京国际会议中心揭晓。一年一度的大奖赛是中国室内设计界最具权威与最高水准的赛事。2个含金量最高的奖项均被湖南人收进囊中：美迪装饰赵益平、杨宏波、张都、夏凡的设计作品《线计线策》获住宅别墅公寓工程类金奖，湖南省设计艺术家协会理事鸿扬家装吴才松的设计作品《光·时间·空间与自由》获住宅别墅公寓方案类金奖。

红点奖是世界上知名设计竞赛中最有影响的一个竞赛。作为中国唯一的终评评委，湖南省设计艺术家协会主席何人可参加了在德国举行的“2009年红点奖”的终评评审。由“红点产品设计奖”、“红点传播设计奖”以及“红点设计概念奖”三大奖组成红点设计奖家族。2009年度，湖南大学和中南大学各获得一项设计概念奖。

【企（事）业文联】

湖南省企（事）业文联第三次代表大会2月19日召开。选举冯伟林为湖南省企（事）业文联第三届理事会主席，王宏、史雪华、安敏、李剑雄、汪俊、张跃、胡子敬、谢永健、管群华、廖静仁为副主席，廖静仁兼秘书长，赵涛、黄刚为副秘书长。会议一致通过设立“湖南企（事）业文艺奖”，表彰一批活跃在全省企（事）业战线上的文学、美术、书法、摄影等文艺人才。

7月，省企（事）业文联与湖南省企业文化促进会、省书法家协会共同发起成立了湖南省企事业书法家协会。

10月，由中国作家协会副主席、省文联名誉主席谭谈题签，省企（事）业文联、《财富地理》杂志策划推出“湖南企事业文艺传”系列特刊。

11月，省企（事）业文联深入常德、张家界、怀化、湘西自治州、邵阳等地开展企（事）业文艺调研。

【文艺评论家协会】

3月，省文联在昆明获得“2008年度中国文联舆情信息工作先进集体”，夏义生副巡视员作先进集体代表发言。

5月5日，《当代湖南作家评传》丛书出版座谈会在长沙举行。该套丛书2003年开始筹备，2008年底完稿，首批收录彭燕郊、谭谈、孙健忠、残雪4位作家评传，湖南文艺出版社出版。丛书的出版对于加强湖南本土作家作品的研究，激励湖南文学创作，促进文学湘军再创辉煌，展现湖南文学评论风貌以及对当代湖湘文化的学术积累均有重要意义。

9月23日，第10期湖南省文学艺术论坛在湖南师范大学理学院国际学术报告厅举行。仲呈祥先生应邀做了《关于当前影视创作的思考》讲座。仲呈祥先生的讲座以哲学思辨阐述影视艺术问题，将影视热点与文艺理论知识熔于一炉，观点新颖，阐述精辟，分析独到，深受听众喜爱。

11月28日，“政治文化与当前小说创作”研讨会在湘潭大学举行。省文联党组书记、省文艺评论家协会主席罗成琰对承办该次会议的湘潭大学和各位来宾表示感谢和欢迎，并就政治文化的内涵、官场文化与官场小说的定位和评价、官场小说热兴起的利与弊以及官场小说创作的得与失做了讲话。数十位文艺评论家和一些青年学者参加了研讨会，湖南著名作家王跃文、阎真、肖仁福也到会与评论家对话、交流，这次研讨会对官场小说的研究与创作起到很好的疏导作用。

【电影家协会】

3月3日，根据中国文联通知精神，省电影家协会上报了18名从艺60年以上的艺术家和文艺工作者名单。12月16日，受中国文联委托，省影协对肖向阳等16名协会会员进行了表彰。

9月23日，电影《尔玛的婚礼》入围法国巴黎中国电影节，省影协副主席兼秘书长陈玖元及该片女主角出席了在法国巴黎高蒙电影城举行的放映观摩活动。

10月21日，影片《乡村环保事件》入围第一届加拿大多伦多环保电影节。该片是电影节评选委员会从全世界400多部影片中经过严格挑选而成功入围的影片，同时也是在多伦多举行全球放映的唯一一部中国电影。省影协会员、该片年轻导演韩万峰参加了此次电影节。

10月29日，省影协组织80余名会员、电影艺术家赴长沙铜官古窑、长沙靖港古镇、望城县光明村等地开展采风创作活动。江畔小镇风貌、奇特的人文景观，以及光明村新农村的田园风光，给了艺术家们深刻的艺术感受和丰富的生活体验，提高和激发了大家的创作热情。

在第13届中国电影华表奖颁奖典礼上，电影《袁隆平》一举斩获“优秀故事片”和“优秀男演员”两个重量级奖项；《我是花下肥泥巴》则荣获“优秀故事片“等4项提名奖，创造了湖南电影在华表奖获奖史上单次获奖的最佳纪录。此外，《袁隆平》还入选了中宣部第11届精神文明建设“五个一工程”奖和湖南省第10届精神文明建设“五个一工程”奖。《我是花下肥泥巴》荣获第27届中国电影“金鸡奖”导演处女作和最佳男主角两项提名奖。

【杂技家协会】

1月17～18日，在省水电宾馆召开全体代表大会，完成了换届选举，产生了新的领导班子。

省杂技团演员二队受文化部派遣代表中国艺术团体赴叙利亚、科威特等国进行国际文化交流，受到当地政府、观众的高度赞誉及省领导的表扬。演员一队4月至10月底连续6个月赴土耳其进行商业演出，得到好评。

9月，杂技家协会主席刘军科、副秘书长余文辉赴北京参加中国杂协举办的庆祝新中国成立60周年老杂技工作者座谈会，刘军科荣获“杂技工作贡献奖”光荣称号。

12月，由杂技家协会副主席、省杂技团副团长尹帮清带领演员队一行14人应德国演出商梅登先生邀请赴德国进行了为期40天的商业演出活动。衡阳东方神韵杂技团，积极开拓旅游景区演出市场，在广州故乡里民族风情公园演出场所进行了为期半年之久的演出。岳阳“黎氏魔术”先后参加了湖南卫视“越策越开心”、“乡村发现”等栏目演出，创造了良好的社会和市场效益。

【电视艺术家协会】

11月3～4日，省电视艺术家协会第四次会员代表大会在长沙召开。出席此次大会的领导有中国视协分党组书记、副主席黎鸣，省政协副主席、省文联主席谭仲池，省委宣传部副部长魏委，省文联党组书记罗成琰等。此次大会共有140名代表参加，代表来自湖南各大电视台、各地州市广电局、各电视制作单位、高校、企事业电视台等各个领域，具有广泛的代表性。会议选举产生了新一届湖南省视协领导班子，省广播电影电视局党组书记、局长欧阳常林当选第四届理事会主席。邓秋林、冯一粟、吕焕斌、何群生、汪涵、汪炳文、张华立、陈大军、黄晖、曾雄当选为第四届理事会副主席。汪炳文当选为秘书长，孙建平当选为副秘书长。省政协副主席魏文彬受聘为名誉主席。

11月21日，由湖南电广传媒股份有限公司推行的作品《许茂和他的女儿们》获首届新农村电视艺术节“农村题材电视剧”长篇好作品奖。

12月3～6日，中国视协电视管理策划委员会2009年工作研讨及信息交流会议在长沙召开。全国政协常委、中国文联副主席、中国视协主席赵化勇，中国视协分党组书记、驻会副主席黎鸣，湖南广电局局长、党组书记、省视协主席欧阳常林，湖南电视台副台长、省视协副主席兼秘书长汪炳文等30余人出席了会议。湖南广电局局长欧阳常林介绍了湖南广播电视改革情况及其今后的发展设想。

广东省文联

综　述

2009年是广东省全力应对国际金融危机，保持经济平稳较快发展取得显著成绩的一年，也是文联工作面对挑战和机遇，大力促进文艺繁荣发展的一年。一年来，在省委的领导和中国文联的指导下，省文联及各团体会员深入贯彻上级有关精神和省文联六次文代会精神，坚持用科学发展观统领文艺工作和文联工作，以服务全省工作大局为中心，以改革创新为动力，以整合资源为手段，以力抓精品创作、打造品牌活动、扩大对外和粤港澳台文化交流、壮大实力、夯实基础为重点，各方面工作取得新进展、新成效。特别是积极配合各级党委和政府中心工作，围绕新中国成立60周年、澳门回归10周年、亚运会、提高文化软实力等，开展了一系列主题文艺活动，在服务党和国家中心工作方面作出新贡献；力抓文艺精品创作生产和文艺人才培养，获奖数量和取得成果有新突破；加强对外和粤港澳民间文化交流，在提升岭南文化影响力和创新合作方式上迈出新步伐。

重要会议

【深入开展学习实践科学发展观活动】

根据中央和省委统一部署，省文联及各团体会员继续认真开展深入学习实践科学发展观活动。2月3日，省文联召开深入学习实践科学发展观活动分析检查阶段总结暨整改落实阶段动员会，针对查找出的主要问题，制定出《广东省文联深入学习实践科学发展观活动整改方案》，确定四大整改目标，27个整改落实项目。2月26日，省文联召开学习实践科学发展观活动总结大会，对省文联开展的学习实践活动进行全面总结，会上省文联领导分别与牵头部门签署了《省文联深入学习实践科学发展观活动整改落实任务承诺书》。省文联学习实践活动历时4个多月，经过学习调研、分析检查、整改落实3个阶段，取得了4个方面的成果：一是学习调研形成了贯彻落实科学发展观的重要共识；二是分析检查找准了科学发展迫切需要解决的突出问题；三是整改落实完善了文化艺术发展的体制机制；四是学习活动促进了文联工作又好又快发展。

【六届二次全委会】

3月25日，广东省文联六届二次全委会暨2009年全省文联工作会议在广东大厦召开。省委宣传部副部长顾作义和省委宣传部有关部门领导、省文联委员、各有关单位代表、省文联所属事业单位负责人以及新闻媒体100多人参加了这次会议。省文联党组书记、专职副主席白洁向会议代表报告了2008年文联主要工作情况和2009年的工作计划。会议交流了基层文联工作经验，增补了文联委员。

【2009年纪律教育学习月动员大会】

7月20日，广东省文联召开纪律教育学习月动员大会。活动以“加强作风建设，保障科学发展”为主题，深入开展理想信念教育和廉洁从政教育，加强领导干部的党风廉政教育。

【社会组织工作会议】

9月17日，省文联社会组织工作会议召开。省文联机关各部室负责人、省各文艺家协会负责人和省文联业务主管的近30个社会团体、基金会的负责人参加，共同探讨加强所属社会组织的管理工作，促进所属社会组织规范、有序、健康发展。

【广东省文联系统通讯工作会议】

12月15日，省文联系统通讯工作会议召开。会上表彰了7个省文艺家协会、2个地市文联，18位优秀通讯员。省文联及团体会员结合自身工作实际，扎实推进宣传舆论和信息通讯工作，已初步建立起一批以公开发行报刊、内部工作通讯和互联网站为主体的宣传舆论阵地，培养了一支精

干、稳定的信息通讯工作队伍，宣传信息工作网络基本覆盖省、市、县各级文联和文艺家协会组织，全省文联系统联系广泛、快速高效、上下联动的宣传舆论和信息通讯工作格局基本形成，在服务大局、服务决策、提供公共文艺资源等方面发挥重要作用。

文艺活动

【庆祝新中国成立60周年系列文艺活动】

2009年，省文联及团体会员围绕庆祝新中国成立60周年这一重要主题，精心组织、开展了以弘扬时代主旋律，反映伟大祖国60年辉煌成就为主线的系列纪念活动，讴歌伟大祖国的重大成就，反映时代生活的巨大变迁，营造奋发进取、昂扬向上的良好氛围，抒发对党和国家的无比热爱之情。

祖国在我心中——广东省第九届“百歌颂中华”歌咏活动。活动由省委宣传部、省文联等9个单位共同主办，省音协承办。于3月启动，历时半年，近3000支合唱队、逾15万人（包括歌手7000余人）参赛，经选拔评选出合唱大赛金奖16个、银奖46个、最佳指挥奖4个、最佳钢琴伴奏奖4个，歌手大赛金奖8个、银奖20个，最佳台风奖2个，组织奖36个。本次活动的合唱赛事首次采取分级制，在总决赛过程中，增加了知识问答和专家点评环节，增强了活动的趣味性和观赏性，同时由全国一流的专家担当评委，极大地提升了本届活动的品位和规格。“百歌颂中华”歌咏活动从1994年开始举办以来，每两年一届，至今已举办了9届。本届活动参加人数、举办规模、持续时间、选手水平和产生的社会影响力都创下历届之最。

广东省美术作品展。6月23日至7月5日，由省委宣传部、省文化厅、省文联和省美协联合主办的“庆祝中华人民共和国成立60周年——广东省美术作品展览”在广州艺术博物院展出。省委常委、宣传部部长林雄，副省长雷于蓝和美术界专家出席开幕式。展览集中展示了5年来广东省美术创作的最新成果，是对新中国成立以来广东美术事业蓬勃发展和优秀人才的全面检阅。展览共收到参展作品4118件，入选作品755件，其中获奖作品82件，其中不少是80后的画家。作品运用不同的绘画语言，充分展示60年以来伟大祖国尤其是南粤大地的风云变化，作品风格多样，呈现出对传统与当代、民族与世界、跨画种交融等方面的思考与探索。

新中国成立60周年广东文艺经验座谈会。8月26～27日，省文艺批评家协会召开新中国成立60周年广东文艺经验座谈会。与会专家表示，要在提高文化软实力的大背景下，注重挖掘广东文艺亮点，发现文艺人才，宣传文艺精品；紧跟广东文艺发展的热点开展文艺批评活动，倡导文艺批评界面向创作实际、面向公众需求，触及并回答当下文艺创作面临的焦点问题，积极肩负起评点作品、引领鉴赏、梳理现象、引导创作的社会作用。

书画名家共作“盛世颂中华”60米巨型书画册页。9月1日，省文联主办的“为祖国60华诞献礼”名家挥毫活动在广东文联艺术馆拉开帷幕。杨之光、刘斯奋、刘济荣等40多名书画名家挥毫泼墨，以“盛世颂中华”为主题，用书画的形式歌颂新中国成立60周年的辉煌成就。该书画册页长60米，为国内目前参与书画名家最多，画卷长度最长。

广东省书法大展。9月3～8日，省书法家协会主办的“庆祝中华人民共和国成立60周年——广东省书法大展”在广州文化公园中心展厅展出。展览旨在向祖国60华诞献礼，展示新中国成立以来广东书法艺术创作的丰硕成果，是对省委提出“建设文化强省”方略的实践。本次大展展出作品327件，作者有经历战火洗礼的老将军、老领导和经历过新旧社会两重天岁月的老一辈书法家，还有生长在五星红旗下的优秀中青年，以及来自港、澳、台的同胞和海外侨胞。

庆祝新中国成立60周年杂技晚会。9月12日，省文联和佛山市文联共同主办的庆祝新中国成立60周年杂技晚会在佛山市工人文化宫隆重举行。本场晚会老中青三代同台献艺，年龄最大的超过60岁，最小的只有7岁。

庆祝新中国成立60周年文艺晚会。9月23日，省委宣传部、省文化厅、省文联主办的“祖国步步高——广东省文艺界庆祝中华人民共和国成立60周年文艺晚会”在省委礼堂举行。省委常委、宣传部部长林雄，省人大常委会副主任王宁生，副省长雷于蓝，省政协副主席陈蔚文，广东省著名艺术家、文艺界代表红线女、林兆明、李素华等出席并观看演出。晚会包括“东方旭日”、“火红年代”、“春天述说”、“珠江放歌”、“祝福祖国”5个部分，以广东省60年来在中国乃至世界具有影响力的歌曲、舞蹈、戏剧、杂技等文艺精品力作，展现广东文艺事业不同凡响的60年。

第三届“南雅奖”书法篆刻展。9月27日，省书协、长安镇人民政府主办的广东省第三届“南雅奖”书法篆刻展在长安图书馆开幕。省政协副主席蔡东士等出席。展览从来自3000多名投稿人的3500多件稿件中，评出入展作品170件，并从中选出金奖5名、银奖10名、铜奖20名，以及最佳创新奖、最佳经典奖、最佳探索奖、最佳形式奖和最佳章法奖各1名。这些作品忠实于对传统的吸收，追求时代气息，显示出省书法创作的综合实力和勃勃生机。作品在长安和广州展出。“南雅奖”是南粤书法界最具学术性、权威性、艺术性、原创性和创新性的书法品牌，是广东省书法爱好者交流书艺、展现才华的重要舞台。

“笔歌墨舞颂中华”双拥书法大展。10月13日，广州军区政治部、省双拥办、省文联、省书协共同主办的庆祝新中国成立60周年“笔歌墨舞颂中华”双拥书法大展，在广州开幕。展览共展出近500件作品，书体俱全、形式新颖，展示了军民共建的成果。书法家以丰富的思想内涵、精湛的艺术形式，反映新中国成立60年来的光辉历程，展现了新时期军政军民团结的崭新风貌，对激励广大军民与时俱进地做好双拥工作，促进军地文化建设，产生积极的影响。此次展览得到社会各界广泛关注，产生良好反响。

第七届广州大学生电影节。10月14日，省委宣传部、省教育厅、省文化厅、省团委、省广电局、省文联、南方广播影视传媒集团联合主办，珠影集团、省影协承办，广东各高校协办的第七届广州大学生电影节开幕。省委常委、宣传部部长林雄，电影节组委会主任、省委宣传部副部长顾作义参加了开幕式。电影节为期两个月，参展影片达50多部，在广州、深圳、珠海、湛江等地近100所高校巡展，展映500余场次。明星见面会、电影艺术讲座、DV大赛、动画短片大赛、配音大赛、影评征文大赛等活动穿插其中。广东和其他省（市）60多所高校学生参加了电影竞赛活动，直接参与学生5万多人次，参赛作品近800件。华南农业大学等四所高校获得优秀组织奖，142件作品获得优秀作品奖。本届电影节规模、内容、覆盖面、参与学生数量均创历届之最。

【庆祝澳门回归10周年系列活动】

百越鎏金庆盛世——庆祝澳门回归10周年艺术专场。11月18日，省文联和澳门基金会共同主办的“百越鎏金”在澳门永乐剧院成功上演。“百越鎏金”以岭南文化特质为创作元素，在保持浓郁岭南地域特色基础上，注入新的时代审美品格，汇集汉剧、粤剧、粤曲、潮音、瑶歌、咸水歌、渔歌、客家山歌以及南宋宫廷舞蹈“滚地金龙”等艺术形式，展现岭南文化多元绚烂之美。来自广州、汕尾等地专业和业余演员100多人激情献艺。晚会最大亮点是极具特色的艺术表现形式与丰厚浓郁的地方文化底蕴的充分交融。澳门社会各界给予晚会高度评价。这是省文联首次通过整合全省专业院团、民营演出团体等资源，汇集粤澳两地知名艺术家而组织的大型演出，创新了粤港澳艺术交流与合作的方式。

庆祝澳门回归10周年——粤澳摄影家“澳门今日”摄影大赛。10月1日，省文联、省摄协等单位联合举办的“庆祝澳门回归10周年——粤澳摄影家‘澳门今日’摄影大赛”在澳门大三巴启动。经过征集作品和评选，11月8日评选结果揭晓，林锦洪的作品《幻泉咏濠江》荣获金奖，另有3幅作品获银奖，6幅作品获铜奖，80幅作品入选。大赛自启动以来，社会反映热烈，共收到来稿近3000幅，投稿人数200多人，作品反映了10年来澳门实施“一国两制，澳人治澳”，保持繁荣稳定的伟大成就，以及澳门的城市风光和社会人文风情。大赛是新世纪以来，粤澳摄影家的首次重大互动交流和同台竞技。获奖作品于12月在粤澳两地巡回展出。

【“送欢乐、下基层”等文化惠民活动】

2009年，省文联及团体会员紧紧围绕繁荣先进文化、建设和谐文化，为构建社会主义和谐社会作贡献这一现阶段我国文化工作的主题，以努力丰富和活跃基层广大群众的精神文化生活，营造欢乐、祥和、文明的社会氛围为重点，以进一步推动保障和实现人民群众的基本文化权益为目

标，积极组织各文艺家协会和广大文艺工作者，坚持贴近基层、贴近实际、贴近群众，持续开展“三下乡”、“送欢乐、下基层”等文化惠民活动。

赴阳春开展“七一文化进村·互帮互助”活动。6月30日至7月1日，省文联机关和直属事业单位的党员50多人，赴阳春市合水镇与高河、潭震、留垌、军迳、军塘、平西村等6个结对村党支部开展“七一文化进村·互帮互助”活动，与全村党员一起开支部大会、过组织生活，进行新党员入党宣誓仪式，举行捐赠书刊、扶助项目启动经费仪式，探望慰问困难党员、困难学生，参观村容村貌，了解确定需要扶助的项目内容等。此次活动，共为合水镇6个村提供了9万元的扶助项目启动经费，文化读物600多册。7月27日，省文联组织机关二支部党员干部约20人前往阳春合水镇河山村，与村党支部共同召开支部大会，送去3万元扶助项目启动经费，上门慰问农村困难党员与复退军人、军烈属，举办摄影知识讲座等，受到了当地党员干部群众的欢迎。

“摄影大篷车下基层”活动。7～12月，省摄协主办的“摄影大篷车下基层”活动在湛江、揭阳、顺德、新丰、高州、阳茂、中山、阳春等地举办了8场展览。“摄影大篷车下基层”活动，是广东摄协“变革创作观念，倡导多元发展”的又一务实措施。整合全省摄影资源，用大篷车下基层的活动形式，把标志着广东近年来创作成果的“广东省第22届摄影展览”送到基层展出，同时举办“以本土的影像创作为已任”等系列讲座、开展与名家面对面交流活动、特惠供应摄影书刊、维修摄影设备。

“送欢乐、下基层”慰问活动进新丰。12月23～24日，省文联2009“送欢乐、下基层”慰问团走进新丰，带去全省文学艺术工作者对新丰人民的新春祝福。慰问团给新丰百姓带去一台丰富多彩的文艺节目，送去47幅作品组成的新农村摄影展，深入省文联扶贫开发“规划到户责任到人”工作帮扶点黄礤镇下黄村，为98户村民拍摄全家福100多幅，送上省文联制作的新春贺卡和慰问金，并组织书法家义务为村民挥写春联300多幅。本次慰问活动，艺术家们用自己的爱心和精湛的技艺，把党和政府的关怀送到基层群众中，受到广大人民群众的热烈欢迎。

【广东文艺界2009年新春大联欢】

1月12日，省文联在广州白云国际会议中心举行广东文艺界2009年新春大联欢。省委常委、宣传部部长林雄，省文联主席团成员，省各文艺家协会主席团成员，各团体会员负责人，省直有关单位负责人，著名文艺家红线女、张良、郑秋枫、陈翘、杨之光等500多人出席了会议。省文联党组书记、专职副主席白洁在会上报告了省文联2008年的工作情况。

【艺术家采风】

3月5～12日，省文联艺术家采风团一行19人，赴辽宁、吉林考察采风。广东省文联分别与辽宁、吉林省文联交流了在管理体制、运行机制、发挥整体资源优势、发展文化产业等方面的做法，以及文联机构建设和基层文联建设方面的经验。双方艺术家进行了精彩的文艺交流，互相展示了在音乐、舞蹈、杂技等方面的特长，精彩纷呈。

4月7～16日，文联艺术家赴云南采风。云南采风以滇西南线路为主，艺术家们驱车千里，跨怒江，翻高黎贡山，重走滇缅公路，先后到大理、保山、腾冲、芒市、瑞丽等地，收集到大量第一手音乐、舞蹈、人文、经济、历史等资料。采风过程中，艺术家们创作了包括摄影、诗歌在内的许多艺术作品。

【怀念与展望——广东省文联“5·12”汶川大地震纪念活动】

5月12日，广东省文联领导及文艺界代表近百人在广东省文联艺术馆举行“5·12”汶川大地震纪念活动，沉痛哀悼和缅怀“5·12”大地震中失去生命的同胞，回顾一年前广东文艺界在省委、省政府的领导下，所作的救灾和援川工作，赞扬了艺术家们在灾难面前表现出的无疆大爱。举办巨幅抗震史诗油画《地恸·重生》暨“5·12表情”展览，《地恸·重生》全长57.6米，分为“地劫”、“拯救”、“重生”3部分。作品真实再现抗震救灾的英勇场面，讴歌了党和国家领导人亲临一线指挥抗震救灾的光辉形象，以及灾民重获新生等豪壮图景；“5·12表情”由88个单幅作品组成，通过人物局部表情和动作特写，展现出抗震救灾中的众生表情。中共中央政治局委员、省委书记汪洋曾亲临巨幅油画创作现场，并高度评价作品：“大爱无疆，伟大的时代必然产生伟大的作品！”举办“5·12汶川大地震周年祭摄影展”，精选

73 幅摄影作品，展现中华民族团结奋斗的民族品格和风雨同舟的强大力量，以及共同建设美好家园的必胜信念。广东著名话剧表演艺术家潘伟行、张页川、郭东文、高侠分别朗诵了为汶川大地震一周年祭而创作的诗歌。

【“迎亚运，促和谐” 首届中国龙舟文化节】

5 月 28 日，中国民协、省委宣传部、省文联、省民协等联合主办的首届中国龙舟文化节在广州市番禺区石楼镇启动。中国文联党组成员、书记处书记白庚胜，中国民协分党组书记罗杨，省文联党组书记白洁在启动仪式上分别向番禺区石楼镇代表授予“中国龙舟文化之乡”、“中国龙舟文化传承基地”、“广东省龙舟文化之乡”称号。“首届中国龙舟文化节”中来自全国及广东各地的参赛队伍都极富特色，充分展示各地民俗特色。共有 118 艘龙舟参赛，分别是传统龙舟 15 艘、国际标准龙舟 12 艘、游龙 73 艘，参加“中国龙舟艺术展演赛”的龙舟 18 艘，运动员共约 8000 人。最终乔林龙舟队勇夺金奖。龙舟盛况吸引了数万观众观看，其中还有 100 多位驻穗的外国外交人员。首届中国龙舟文化节主题为“迎亚运·促和谐”，活动内容丰富，包括龙舟艺术展演赛、龙舟竞渡、中国龙舟文化论坛、龙舟工艺模型及民俗文化图片展以及龙舟文化节文艺晚会等 5 个项目，是迎亚运系列工程之一。

【第二届岭南舞蹈大赛】

6 月 27 日，省文联、省舞协主办，港中旅（珠海）海泉湾度假区、珠海市舞蹈家协会协办的第二届广东省岭南舞蹈大赛在珠海举行。本届大赛共有省各专业舞蹈艺术团体、专业艺术院校创作编排的 51 个舞蹈作品，以及来自广东省 16 个地市舞协、群众艺术馆的 85 个舞蹈作品参赛，参赛人员 900 余人。大赛历时 6 天，是近年来广东省舞蹈界影响最大的舞蹈赛事。大赛颁奖晚会上颁发了舞蹈家“终身成就奖”和“突出贡献奖”，这是广东省舞蹈家协会成立 60 年来的首举。梁伦、查烈、陈翘荣获“终身成就奖”，方明、诸幼侠、张国良、刘选亮、廖炜忠、史留阳、杨子达、杨美琦、杨明镜荣获“突出贡献奖”。省委常委、省委宣传部部长林雄、中国舞蹈家协会名誉主席贾作光、中国舞蹈家协会主席白淑湘、著名舞蹈评论家冯双白出席颁奖晚会。大赛主办方还邀请第 16 届亚运会组委会庆典和文化活动部全程观摩，选拔优秀的舞蹈作品参加亚运期间的文化庆典、表演等活动，为广东办好亚运会作出广东舞蹈界的一份贡献。

【第二届广东省少儿美术优秀作品展览】

9 月 19 日，省文联主办、省美协少儿艺委会协办，广东文联艺术馆承办的第二届广东省少儿美术优秀作品展在广东文联艺术馆举行。本次活动得到了省内 2000 多名少年儿童和在校中小学生的积极参与，共收到参评作品 2356 件，最终评出一等奖作品 21 件，二等奖作品 31 件，三等奖作品 58 件，优秀奖作品 94 件，入选作品 442 件。活动还评出优秀指导老师 21 名。广东省少儿美术优秀作品展作为省文联、广东文联艺术馆的品牌项目，为广东省少年儿童美术爱好者提供了展示美术作品、发挥艺术才华的平台，为引导广大少年儿童感受生活、观察世界、提高艺术素养作出积极贡献。

【荧屏溢彩，岁月流金——广东省百佳电视艺术工作者颁奖晚会】

11 月 10 日，省文联、省视协联合主办的“荧屏溢彩，岁月流金——广东省百佳电视艺术工作者颁奖典礼暨南粤名家精品荟萃文艺晚会”在中山纪念堂举行。晚会旨在表彰为广东电视 50 年无私奉献的电视艺术工作者，展现广东电视 50 年的辉煌历史，促进广东电视事业的繁荣发展。唐彪、李素华、李仙花、丁凡、蒋文端、张怡凰等多位国家一级演员同台献艺，为广东电视半个世纪发展史上的 180 位优秀电视艺术工作者的奉献加冕。省文联党组书记、专职副主席白洁宣读了《广东省文联、广东省视协关于表彰“广东省百佳电视艺术工作者”的决定》；副省长雷于蓝、省政协副主席蔡东士、省政协副主席温兰子、广州军区政治部副主任徐昕民少将、省文化厅厅长方健宏、广州军区政治部宣传部副部长彭泽成等领导出席晚会，并分别为获奖者颁发奖杯和证书。

【第二批“广东省古村落”认定发布会】

12 月 6 日，省文联、省民间文艺家协会在广州市花都区炭步镇茶塘村举行第二批“广东省古村落”认定发布会，全省 37 个古村入选，进一步充实完善了广东省古村落名录。省委宣传部副部长顾作义等为入选村授牌。古村落凝聚着包括建筑文化、工艺美术和民俗风情等要素在内的丰富的岭南文化。保护和开发古村落，有助于维护岭

南文化的多样性、促进岭南文化的传承发展。自2007年省文联、省民协牵头率先在全国启动古村落专项工作以来，得到省各级党委、政府和社会各界的大力支持，受到广大群众的热烈欢迎，从第一批古村落公布到现在，各地共上报了近200条古村，经专家实地考察，科学甄别，现两批共认定64条古村落。

【第二届“广东省十大摄影家”命名仪式暨“星河展”】

12月12日，省文联、省摄协主办的第二届“广东省十大摄影家”命名仪式、第二届“广东省十大摄影家”作品展、“星河展——第四届广东省青年摄影家作品展”在广州文化公园展览中心举行。“第二届广东省十大摄影家”8月启动，41名摄影人申报，最终纪录类的陈显耀、吴剑文、张村城、赵青、郑迅，艺术类的黄楚中、孙成毅、唐卫东、王琛，商业类的范华等10位摄影师获此殊荣；本届“星河展”的征稿、推荐、申报和评选活动8月开始，37名摄影人投报作品550幅。最终纪录类的孙景梅、叶伟明、曾庆旻、刘晓明、文智诚，艺术类的方健华、黄孟良、黎彬瑗、汤东涛、徐兴、周浩，商业类的麦志勤、苏卫等13人获奖。本届“星河展”展出了杜江、尹淦江等19位青年摄影家精选的190幅作品，这些作者都是经过广东省摄影家协会主席团推荐、评选出来的优秀青年摄影家，不少作者的作品曾在全国性比赛中获奖。“广东省十大摄影家”评选活动是省文联和省摄协为表彰在摄影创作方面有突出成就的摄影家而设立的常设性活动，从2006年开始，每隔2～4年评选一次，“十大摄影家”命名，是给予广东摄影人一个省级最高荣誉。“星河展”是省文联为美术、书法、摄影等艺术门类而设计的专项展览活动，其宗旨是有计划、有步骤地推介广东省在这些艺术门类创作中有一定成绩、具有发展潜质的优秀青年艺术家。“星河展——广东青年摄影家作品展”自2006年举办首届以来，每年一届，目前已举办3届。

文艺创作与研究

【名家众手共绘国画《岭南春晖》】

6月14日，由许钦松、杨之光、陈金章、叶绿野、方楚雄、李劲堃、刘济荣、王永、方向、陈映欣、刘思东、李纲、林顺文、朱永成等14位名家联袂泼墨创作的国画《岭南春晖》在省美协艺术中心创作完成。《岭南春晖》高11.7米×宽4.7米，500平方尺，是岭南画坛有史以来面积最大、参与名家最多的杰作。7月26日，省美协（方圆）艺术中心揭幕，同时《岭南春晖》公开展示。

【文艺经验座谈会】

8月26～27日，省批评家协会主办的“新中国成立60周年广东文艺经验座谈会”在南海召开。与会专家表示要在提高文化软实力的时代背景下，挖掘广东文艺亮点，发现文艺人才，宣传文艺精品，面向公众需求，积极肩负起评点作品、引领鉴赏、梳理现象、引导创作的社会作用，实行“走出去、请进来”战略，与世界华语地区进行有效的和深度的艺术交流，联合开展文艺现象的共性与差异性研究。

【广东文化创意产业国际贸易论坛】

12月17～18日，省文联、羊晚报业集团主办，省当代文艺研究所承办的首届广东文化创意产业国际贸易论坛在广州隆重举行。本次论坛的主题是：中国文化产业如何走出去。来自国家发改委国际合作中心的花建、中国创意产业研究中心的张京成、北京大学文化产业研究院文化金融研究中心的喻文益等8位专家表示，发展文化创意产业需要具有艺术修养、文化管理能力、了解当代最新技术的复合型人才；并建议设立弘扬岭南文化基金，为弘扬岭南文化注入持久动力。

【扩容充实广东艺术网】

广东艺术网是省文联主办，旨在宣传广东省文艺成就、更好地为广大文艺家服务、促进广东省文艺事业和文艺产业进一步繁荣的现代化信息平台。2009年，广东艺术网的内容迅速扩充、作用明显增大、影响快速扩展。访问总量582万余次，页面浏览总量859万余次，点击量8090万余次。其中境外访问比例达36%。全年共录入文章2794篇，图片5418幅，发布文字357万余字。

文艺评奖

【广东省第八届鲁迅文学艺术奖（艺术类）评奖】

4月24日，广东省第八届鲁迅文学艺术奖（艺术类）评奖工作全面启动。面向全省广泛征集作品，历时 3 个月，共收到参评作品 1020 件（个），其中有近半作品来自非珠三角地区，全省大部分县（区）都有作品参评，全省广大文艺工作者和文艺爱好者热情参与。7 月初，各文艺家协会完成初评，按评奖办法规定 1.5 倍差额比例，推选出入围总评的作品 111 件（个）。7 月 29 ~ 30 日，省文联在东莞举行广东省第八届鲁迅文学艺术奖（艺术类）总评会议，总评委经过 12 轮抽签差额无记名投票，评选出获奖作品 82 件（个）。其中美术、书法、摄影、曲艺、杂技、民间文艺、音乐、舞蹈、文艺批评、戏剧、电影、电视等 12 个艺术门类的作品 77 件（个），和本届评奖年度内获"五个一工程"奖的 5 件（个）（其中戏剧 4 个、电影 1 个）。11 月 3 日，第八届鲁迅文学艺术奖与广东省第七届精神文明建设"五个一工程"奖表彰大会在珠岛宾馆举行，省委常委、宣传部部长林雄在会上作了重要讲话。评奖依照《广东省鲁迅文学艺术奖章程》规定，结合文艺发展实际情况，以严格公正的评奖原则、严谨细致的评奖程序、严肃缜密的操作办法评选出了代表广东省近年来文艺发展水平的精品佳作。

【艺术家和作品参评国家奖取得优异成果】

2009 年，广东省文艺家获得国家最高奖的成果喜人。粤剧表演艺术家红线女获得首届中国戏剧奖·终身成就奖，舞蹈艺术家梁伦获得中国舞蹈艺术终身成就奖，舞蹈艺术家陈翘获得中国舞蹈艺术卓越贡献奖，省曲协主席李时成获得中国曲协"突出贡献曲艺家"称号，省民协主席罗学光获得第九届中国民间文艺"山花奖·成就奖"等。同时，广东省共有 124 人获得中国文联"从事新中国文艺工作 60 年的文艺工作者"表彰。

通过组织指导、选拔推荐，省文联成功创作和推出了一批文艺精品，其中有 80 多件作品获全国性奖项，300 多件作品获全省性奖项。较为突出的是在第 11 届全国美展中获得了历史最好成绩，广东省美术作品总入选数占全国总入选数的 9%，国画、油画、水彩粉画、壁画、艺术设计的入选总数均排在全国前三位，画家李节平的作品《小夫妻》获油画类金奖，填补了广东省该奖项全国奖的空白；省剧协推选作品和选手参加第三届中国戏剧奖·小品小戏奖、第 13 届中国少儿戏曲梅花奖、第 4 届中国戏曲红梅荟萃比赛，共获得 19 个奖项，在全国名列前茅；省摄协在第 13 届中国国际摄影艺术展览中，取得总分第一，实现了中国摄影展、中国国际摄影展 11 连冠的佳绩，六名摄影家获得中国金像奖殊荣。此外，驻粤总队和各行业、产业文联也在各自领域取得了新的成绩，其中，广州军区组织精典剧（节）目参加第九届全军文艺会演，获奖数量名列前茅，杂技《生命·阳光》获金奖。

【省级评奖获奖情况】

2009 年，省文联组织艺术家参加全省性评比有近 600 人次得奖或获得表彰。由省美协主办的广东省美术作品展览和"星河展"，已经成为长期推介中青年美术家的重要平台；省书协的广东书法大展、双拥书法大展、广东省新人新作书法展、"南雅奖"书法篆刻展成功推出了一批书法新人；省摄协主办的摄影大展已举办了 22 届，该活动培养了一大批广东摄影人，许多获奖者已成为广东摄影队伍的骨干；省剧协通过举办第六届演艺大赛粤剧赛区、潮剧赛区和梅州赛区比赛，一批粤剧、潮剧、汉剧、雷剧、山歌剧、采茶戏、西秦戏演员脱颖而出，成为省内各艺术团体的中坚力量；第二届岭南舞蹈大赛以发掘岭南舞蹈个性，构建岭南舞蹈体系为宗旨，激发了岭南舞蹈的创作；第五届"小荷风采"全国少儿舞蹈展演共有 14 个作品获最高奖项，激励了全省少儿舞蹈人才的培养；省曲协主办的第六届广东省政协"四洲杯"粤港澳粤曲演唱大赛为粤港澳地区扶掖新秀、培养人才、推动交流、促进创作等起到积极作用。

各文艺家协会

【戏剧家协会】

2009 年，粤剧成为广东首个入选联合国"人类非物质文化遗产代表作名录"的剧种，也是中国第二个成功"申遗"的传统剧种。

举办了旨在弘扬中华民族优秀文化艺术，培育优秀剧目，发现优秀人才的第六届广东戏剧演艺大赛，7 月 14 ~ 17 日，在汕头举行潮剧比赛，10 月 27 ~ 29 日，在梅州举行广东汉剧、山歌剧、采茶戏、雷剧、西秦戏等比赛。本次大赛的特点是参赛剧团多，剧目和行当丰富，演员年轻化，

30岁以下的演员占65%以上。8月，在第13届中国少儿戏曲梅花奖评选中，广东省揭阳市的方炯鹏、林佳，广州市荔湾区的王璇荣获地方戏业余组“十佳”选手称号，另有4人荣获“金花”称号。12月，在第四届中国戏曲红梅荟萃评选中，广东省粤剧院一团的李嘉宜、文汝青荣获地方戏演唱组“金梅花”称号，另有6人荣获地方戏演唱组“红梅花”称号。11月4日，在第三届中国戏剧奖·小品小戏奖评选中，深圳市的《乡情》荣获小品类优秀剧目奖，汕头市的《东方娃娃》、深圳市的《搞掂》、惠州市的《老鼠搬家》等荣获观众最喜爱的小品奖。11月22日，省剧协和省潮剧发展与改革基金会、汕头市文化艺术学校共同主办“古韵新声——王少瑜潮曲演唱会”。11月，省剧协推荐参加第11届中国戏剧节的剧组赴厦门演出。

【电影家协会】

7月19日，省影协和肯德基广东公司等主办的以“我的成长，我的责任”为主题，面向90后征集剧本、选拔演员活动在广州市正式启动。《炭烧90°》入选并完成拍摄，12月28日，在广州举行首映。7月，省影协与广州军区政治部联合主办“庆八一·迎国庆”军地电影工作者座谈会。9月10～25日，省影协、《羊城晚报》、金羊网和金逸珠江院线联合举办60年60部经典华语电影评选活动，观众、网民用手机短信、网络等方式投票，选出60部经典电影作品。10月14日，第七届广州大学生电影节开幕，为期2个月，参加展映影片50余部，巡展全省近百所高校，展映500余场次，期间穿插明星见面会、电影知识讲座、DV大赛、动画短片大赛、配音大赛等活动，社会反响热烈。

【电视艺术家协会】

7月，在第六届德艺双馨电视艺术工作者评选活动中，广东电视台的任永全、南方电视台的陈星被评为全国德艺双馨电视艺术工作者。10月，省视协组织电视机构征集拍摄反映社会主义新农村建设小康生活的专题片和纪录片参加中国新农村电视艺术节的评选活动。11月10日，广东省电视艺术家协会隆重举行“荧屏溢彩，岁月流金——广东百佳电视艺术工作者颁奖典礼暨南粤名家精品荟萃文艺晚会”。11月，编撰出版《广东电视50年》，以翔实的史料，记录广东电视艺术50年的发展轨迹，在全省电视艺术界产生重大影响。11月，积极参与省文联举办的“十年辉煌，影像见证——纪念澳门回归十周年系列活动”。11月，组织会员到韶关市坪田镇等地进行采风活动，并向坪田镇爱生小学送去图书400余册。

【音乐家协会】

3月，承办由省委宣传部、省教育厅、省文化厅、省文联和南方广播影视传媒集团等单位主办的“祖国在我心中——广东省第九届百歌颂中华歌咏活动”。2～6月，省音协举办第二届广州亚运会歌曲征集评选活动，活动共征集到作品3000余件，经评选《最美的风采》（陈小奇词，金培达曲）等14首歌曲入围。2006年启动的广东省交响乐新作品征集评选活动至2009年揭晓，征集活动共收到作品40件，经由国内知名音乐家组成的评委会评选，共评选出金奖3个、银奖5个、铜奖8个、优秀奖12个。

2009年，在第七届中国音乐“金钟奖”、表演奖声乐大赛（美声）中，刘颖荣获铜奖，蒋志伟荣获优秀奖；在全国优秀流行歌曲创作大赛中，4部作品进入决赛，《孔雀》（陈道斌、阿鉻词，栾凯曲）荣获优秀奖；在中宣部第10届精神文明建设“五个一工程”奖评选中，歌曲《我生在一九七八》（肖羽词，姚峰曲）荣获优秀作品奖；在广东省第七届精神文明建设“五个一工程”奖评选中，省音协荣获组织奖。

【舞蹈家协会】

6月22～27日，省文联与省舞协共同主办第二届广东省岭南舞蹈大赛。8月，省舞协组织优秀少儿舞蹈作品参加在北京展区、淮南展区的第五届“小荷风采”全国少儿舞蹈展演，其中舞蹈《戏偶》、《遥远的爸爸妈妈》、《蚂蚁过河》、《四年2班》等14个作品荣获展演最高奖项“小荷之星”，《擦、擦、擦》获“小荷新秀”殊荣。11月，省文联与省舞协、共青团广东省委、南方电视台、南方报业传媒集团联合主办“活力南方——HIP HOP达人街舞挑战赛”。2009年，编辑出版舞蹈理论刊物《舞蹈研究》4期。

【美术家协会】

省美协通过举办各类美术活动、组织美术创作来服务大局，弘扬健康向上的主流思想。4月，陪同中国美协考察团莅临位于增城区新塘镇的中国美协广东创作中心，组织创作交流。5月，赴龙门县考察龙门农民画发展现状及运营机制。6月，广东4名画家方瑞、张绍诚、潘嘉俊、梁明诚顺利完成由中宣部、文化部、财政部联合主办的“国家重大历史题材美术创作工程”创作任务，以思想性和艺术性俱佳的作品塑造国家和民族的形象。6月23日，省委宣传部、省文化厅、省文联和省美协联合主办“庆祝中华人民共和国成立60周年——广东省美术作品展览”，向祖国60华诞献礼。展览共收到参评作品4118件，从不同角度讴歌新时期的美好生活，反映南粤大地日新月异的变化。8月3日，广东中国画佳作展开幕。10月，举办“星河展”，在全省范围内遴选出4名具代表性的画家：张东、赵红雨、段远文、杨达明共同参与，均在全省及全国展览中取得优异成绩。11月26日，省美协将巨幅史诗油画《地恸・重生》暨《“5・12”表情》捐赠给中国国家博物馆。在第11届全国美展中，由青年女画家罗寒蕾创作的国画《回家》荣获“2009・中国百家金陵画展（中国画）”金奖。叶献民的《较量》（油画）、张大中的《娘子军》（油画）和吴俊明的《小天地》（版画）获得“第七届中国体育美术作品展览”优秀奖。深圳市和汕头市分别承办了第11届全国美展设计展区和港、澳、台作品展区，两市美术工作者充分发挥自身优势将展览办得有声有色，成为本届全国美展亮点。至2009年底，省美协拥有会员2964名，其中全国会员522名。

【书法家协会】

广东书法界以庆祝中华人民共和国成立60周年为主题，举办了广东省书法大展、“笔歌墨舞颂中华”双拥书法大展、第三届广东省新人新作书法展、第三届“南雅奖”书法篆刻展等，表达对祖国的深情祝福与无比热爱。4月底，组织书法家携书法作品前往韶关培训基地，慰问国庆受阅部队将士。8月，在湛江等驻军较多的地市开展慰问驻军的书法活动，促进军民团结。4～8月，省书协成功举办第四届全省青少年书法大赛。7月，中国书协、省书协、湛江市书协联合主办“中国书法家进万家雷州行”活动，中国书协副主席吴东民等百名书家在雷州半岛现场挥毫，为雷州人民书写了大量书法作品。8月，与国际书法艺术联合会韩国本部湖南支会主办了第七回中韩书法交流展。9月，应邀组织书法交流团前往日本、韩国进行友好交流，在日本大阪与晓书法学院师生进行笔会交流，在韩国与大韩民国国会书道会进行交流，受到韩国国会副议长亲切接见。11月，召开五届二次理事会，免去陈绍基省书协主席职务，增补吕伯涛、许鸿基为省书协副主席。全国第九届书法篆刻作品展继续在省内巡展，已在汕头、东莞、珠海巡回展出并获得强烈反响。2009年，共发展新会员394名，会员总数达到3058人。

【摄影家协会】

1月10日，“厚街杯”广东省第22届摄影展览开幕式暨东莞市厚街镇“广东摄影之乡”授牌仪式在厚街举行。6月7日，省摄协、佛山市顺德区容桂文化站、顺德区容桂文联联合举办“广佛同城・童心慧影——佛山市顺德区容桂少儿摄影学会会员作品展”。6月，与《羊城晚报》、搜狐网等媒体联合举办“新中国成立60周年——衣、食、住、行看巨变”摄影大赛。参赛作品近3000幅。8月9日，举行第八届中国摄影金像奖获得者座谈会。9月10日，举行第八届广东省鲁迅文学艺术奖获得者座谈会。10月1日，启动“庆祝澳门回归10周年——粤澳摄影家‘澳门今日’摄影大赛”。11月28日，在中国第13届国际摄影大赛中，广东省有44幅作品获奖或入选，获奖作品总分位居全国第一，年仅25岁的陈焕庭创作的《人与人》获得金奖，省摄协获得组织工作奖。12月12日，“广东省十大摄影家”暨2009“星河展”——第四届广东青年摄影家作品展命名、展览开幕式在广州文化公园举行。

【曲艺家协会】

省曲协将2009年列为曲艺创作年，以优秀作品迎国庆。选派梁少锋、曾小洁、甘剑波等赴京参加中国曲协首次举办的全国中青年曲艺创作会议；组织曲艺理论文章参加由中国曲艺家协会主办的2009年中国曲艺高峰(柯桥)论坛活动和为“中国曲艺之乡”建设论文集撰写稿件。其中被评为年度优秀曲艺理论（评论）文章1篇，入选年度曲艺理论（评论）文章2篇，入编《中国曲艺之乡建设论文集》9篇。在广东省“中国曲艺之乡”优秀节目展演活动中挑选出10多个优秀节目，组织100多人的演出队伍，于9月奔赴四川省广安市岳池县参加全国“中国曲艺之乡”优秀节目展演。

3月18～21日，陪同中国曲艺家协会赴广东调研组深入广州市荔湾区、番禺区，广东音乐曲艺团，深圳市罗湖区、宝安区、南山区等地进行调研。8月，在顺德均安镇举办第四届广东省青少年曲艺“明日之星”选拔赛，中国文联副主席、中国曲协主席刘兰芳出席并担任评委会主任。11月10日，在澳门举办第六届广东省政协“四洲杯”粤港澳粤曲演唱大赛，澳门特首何厚铧、广东省政协副主席梁国聚等出席主礼，大赛决出金奖2名、银奖3名、铜奖4名。2009年，推荐的佛山市禅城区祖庙街入选“中国曲艺之乡”候选名单。

【杂技家协会】

4月，省杂协成功主办“同心结华夏——两岸四地大学生魔术交流大会”，并在中央电视台《正大综艺》栏目播出2辑。这是我国历史上举办的最大规模、最高规格的大学生魔术艺术盛会。与中央电视台《正大综艺》栏目组共同策划并制作了《魔术大联盟》节目，共播出15集。参加“中国江苏灌南世界魔术交流大会暨亚洲第六届魔术比赛”，中央电视台进行全程跟踪录制。9月，省杂技家协会与佛山杂技家协会共同承办了广东省文联、佛山市文联主办的庆祝中华人民共和国成立60周年杂技晚会。9月，组织广东省杰出老杂技工作者代表赴京参加庆祝新中国成立60周年老杂技工作者座谈会，并慰问广州杂技团、广州军区战士杂技团的老一辈杂技工作者。2009年先后举办3次魔术讲座，邀请来自美国、中国香港等国家和地区的魔术师开班授课。

【民间文艺家协会】

5月27～30日，与中国民协、省文联在番禺区联合主办中国首届龙舟文化节。7月，与东莞市宣传文化部门在望牛墩镇主办全省乞巧文化研讨会，中国民协秘书长向云驹以及省内民俗专家30多人与会。9月27日，省文联、省民协组织东莞市大朗镇大井头社区民间艺术团参加在新界粉岭祥华村中央球场举办的国庆文艺晚会。11月15日，在第二届中国故事节少儿红色故事会上，省民协选送的小选手黄彤彤以精彩的表演在全国18名选手中取得第四名，荣获银奖。继续开展抢救工程：公布第二批广东省古村落名单，开始编辑《广东古村落》丛书；召开第三个“文化遗产日”座谈会；与南方电视台合作拍摄民间文化杰出传承人高清电视纪录片；编辑广东民间故事全书，2009年，出版了中山卷、博罗卷、花都卷、兴宁卷。

授予珠海市斗门区乾务镇为“广东省民间文化之乡”，成功申报东莞市桥头镇为“中国荷文化之乡”、番禺区钟村镇为“中国龙狮文化之乡”、番禺石楼镇为“中国龙舟文化之乡”。罗学光荣获第九届中国民间文艺山花奖·成就奖。

【文艺批评家协会】

2009年，省批协编撰的《精神跨越——改革开放30年与广东文艺实践评析》理论专著付梓。8月，召开2009年度省批协主席团会议、省批协理事会议。会议审核批准10位申请者加入省批协。8月，召开新中国成立60周年广东文艺经验座谈会。10月，省文联、省批协主办的《程文超文存》学术研讨会在广东文学艺术中心举行，30余位文学批评界的专家学者出席座谈会。10月，与省文联、广东画院联合主办“都市与山林·刘斯奋人物山水画展”研讨会，来自全省美术界、文艺批评界代表40多人出席研讨会。10月，省批协主办“陈永锵花鸟画艺术研讨会”，美术界20余位专家出席。12月，省批协配合中国摄协、省摄协在东莞长安镇举办第九届全国摄影理论研讨会。在省批协促动下，2009年2月中山市批协成立；8月，清远市批协成立。

机关建设

【人员变动】

白洁作为团体会员代表接任中国文联第八届全委会委员，陈中秋不再担任中国文联第八届全委会委员职务。张小军、邹继海等3位同志退休。面向社会公开招录机关工作人员2名，接收军队转业干部1名，接收有基层工作经验的选调生1名。

【人员培训】

以邓小平理论和“三个代表”重要思想为指导，全面贯彻落实科学发展观，以推进文化强省建设、加快提高文化软实力为目标，努力锻造一支善于科学发展、适应加快转变经济发展方式的高素质干部队伍。配合省委组织部在省委党校对处以上干部进行了《珠三角发展规划纲要》的培训；安排6名干部参加了中央和省委党校及军转干部等各类培训；对机关厅、处、科干部分3个层次进行了信息化培训。在机关举办如何开展协会工作、办公室保健与健康常识、公文写作知识、新闻报道的采访与写作等多个讲座，进一步提高机关干部队伍的学习风气，努力造就结构优化、素质优良的人才队伍，为科学发展服务。

【机关党建工作】

协助党组开展了深入学习实践科学发展观活动第三阶段及总结工作、转变作风抓落实主题实践活动等机关党建工作；开展以学习贯彻落实党的十届四次全会精神、省委十届四次全会精神、省委省政府《关于贯彻实施〈珠江三角洲地区改革发展规划纲要(2008 ~ 2020 年)〉的决定》等多个专题的中心组学习会议；进一步做好城乡基层党组织的互帮互助工作，鼓励各党支部采取形式多样的帮扶措施，落实“五个一”任务；具体牵头开展“规划到户责任到人”扶贫工作，成立三个省文联扶贫开发驻村工作小组，并下到扶贫点进行调查研究。

直属单位

【广东文艺职业学院】

学院以高职院校人才培养评估工作为契机，大力加强学院软硬件建设，兴建实验剧场，建立校内实训基地 42 个，校外实训基地 86 个，引入 8 名中高级人才。组织 14 名教研室主任、助理和 9 名青年教师参加相关培训，9 人取得了双师素质教师认定证书。加强图书资源建设，购进纸质图书 24751 册，安装超星数字图书馆，增加 12 种试用数据库，满足了学院教学和科研工作的需要。12 月，学院顺利通过评估工作。

【岭南美术出版社】

作为全省文化企业的改革试点单位，岭南美术出版社 2009 年完成了转制工作，改制后，岭南社将建立现代企业制度，引入民营资本，做大做强。这对于推进岭南社适应出版行业新形势，抢占新的市场空间是一次有利契机。

【当代文艺研究所】

当代文艺研究所推出的“艺术普及推广工程”公益活动全面展开，全年共开展各类讨论 14 场；举办“广东文化创意产业国际贸易高峰论坛”，并于 8 月成立文化产业研究室；全国第一套全景式总结归纳广东音乐成就的大型书系《岭南乐库——广东音乐大全》正在紧张的编纂中。

【广东书法院】

作为公益性单位的广东书法院，以活动为依托，不断满足广大群众丰富多样文化需求，2009 年共举办全国名家艺术双年展、首届高级书法创作观摩研究班南海康有为书学院书法交流笔会、第二届高级书法创作观摩研究班、“书法教育进校园”东莞行、广东书法院情系汶川——名家书画慈善拍卖会、“翰逸岭南·书法兄弟连”行草十家展等。广东文联艺术馆自去年 11 月挂牌以来，举办了一系列影响较大的活动，编辑出版了《书画评鉴》、《艺术视野》，建立了广东文联艺术馆网站，改善近 400 米展线的展厅环境，建立收藏家会所。

附：第八届鲁迅文学艺术奖（艺术类）获奖作品名单

美术（8 个）

油画《地恸·重生》（集体创作）

油画《瑶山运动会》（作者：叶献民）

油画《首饰》（作者：罗文勇）

国画《早班地铁》（作者：罗寒蕾）

油画《女孩·日记》（作者：孙洪敏）

水彩《出游》（作者：陈朝生）

版画《城市 1 ~ 7》（作者：喻涛）

国画《暖阳》（作者：于理）

书法（6 个）

篆书条幅《老子语》（作者：田炜）

篆刻《篆刻一组》（作者：周汉标）

行草条幅《赵孟頫词》（作者：纪光明）

小楷斗方《古诗》（作者：丘仕坤）

草书条幅《韩愈诗》（作者：王忠勇）

行书对联《云移风送》（作者：颜奕端）

摄影（8 个）

摄影《油画第一村——深圳大芬村》（作者：余海波）

摄影《北川废墟上的幸存者》（作者：赵青）

摄影《生活在邓小平时代》（作者：彭振戈）

摄影《浮华与空洞》（作者：王海明）

摄影《海的乐章》（作者：林清云）

摄影《丰收时节》（作者：黄楚中）

摄影《和谐的旋律》（作者：廖俊鸿）

摄影《透心凉》（作者：李楚益）

曲艺（6个）

曲艺晚会《粤韵留声》（演员：黄少梅、谭佩仪、李丹红、杨达、黄俊英、陈玲玉、梁玉嵘、何宝文、何萍、李敏华、严佩贞、赖惠英，撰曲、作曲、音乐编配：蔡衍棻、汤凯旋、何宝文、黄德兴，创作单位：广东音乐曲艺团）

粤曲独唱《李清照柳岸愁怀》（表演：李敏华，撰曲：陈锦荣）

潮州快板说唱《歌唱社区好总理》（表演：刘洁玲、许曼、余洁莹、朱桂辉、李莲香、蔡燕玲，作词：宋麟铿，作曲：陈登谋）

相声《冰雪大巴》（作者：杨子春、逗笑、逗乐，表演：逗笑、逗乐）

龙舟说唱《龙舟一曲唱小龙》（作者：何足道、黄白龙，演员：梁建和）

粤曲对唱《顺德礼赞》（编撰：甘剑波、廖宇光，演员：廖宇光、侯玉霞）

杂技（5个）

杂技《升降软钢丝》（创作单位：广州杂技团）

杂技《翔——女子软功》（作者：沈玉来、赵玉琴）

杂技《蹬人空竹》（作者：李广玉）

杂技《跳板蹬人》（作者：王敬宇）

杂技《青春节奏——足尖空竹》（创作单位：广州杂技团）

民间文艺（7个）

民间文学《广东民俗大典》（主编：叶春生、施爱东）

民间文学《广州民间歌谣》（主编：萧卓光）

牙雕《皆大欢喜》（作者：吴志伟）

泥塑《客家风情系列》（作者：刘沅声）

民间文学《深圳民俗寻踪》（作者：廖虹雷）

民间文学《东莞木鱼书1～3集》（编者：东莞群众艺术馆）

民间表演艺术《麒麟庆盛世》（表演单位：广州市南沙区黄阁镇大井村麒麟队）

文艺批评（5个）

文艺批评著作《十九世纪中国外销通草水彩画研究》（作者：程存洁）

文艺批评著作《中国流行音乐与公民文化——草堂对话》（作者：陈小奇、陈志红）

文艺批评著作《触摸泣血的灵魂》（作者：鄢文江）

文艺批评著作《黄庭坚书学研究》（作者：陈志平）

文艺批评著作《刘斯奋评传》（作者：谭运长）

音乐（8个）

歌曲《我生在一九七八》（作词：肖羽，作曲：姚峰）

歌曲《沧海桑田》（作词：郑集思，作曲：崔臻和）

琵琶与交响乐《弦上的秧歌》（作者：张晓峰）

歌曲《欢乐山寨》（作词：时照、福民，作曲：李需民）

交响叙事合唱《岁月甘泉》（作词：苏炜，作曲：霍东龄，编配：严冬）

歌曲《珠江水》（作词：陈中秋，作曲：姚晓强）

大型组歌《香飘四季》（集体创作）

歌曲《为你精彩》（作词：陈道斌，作曲：连向先）

舞蹈（7个）

舞集《潮汕那壶茶》（创作单位：南方歌舞团）

舞蹈《城市·家》（创作单位：深圳市群众艺术馆）

岭南音乐舞蹈诗《岭南行走》（创作单位：广州歌舞团）

舞蹈《稻草香》（创作单位：广东舞蹈学校）

舞蹈《士兵兄弟》（创作单位：广州军区政治部战士文工团）

舞蹈《选村官》（创作单位：电子科技大学中山学院）

都市生活舞剧《骑楼晚风》（创作单位：广东歌舞剧院）

戏剧（共10个，含“五个一工程”奖4个）

粤剧《小周后》（第三版）（创作单位：佛山粤剧院）

潮剧《东吴郡主》（创作单位：广东潮剧院一团）

汉剧《尘埃落定》（创作单位：广东汉剧院）

话剧《南越王》（创作单位：广州话剧团）

山歌剧《桃花雨》（创作单位：梅州市山歌剧团）

木偶戏《八层半》（创作单位：广东省木偶剧团）

粤剧《山乡风云》（改编版）（创作单位：

广东粤剧院）

粤剧《三家巷》（创作单位：广州粤剧团）

话剧《我的疯子娘》（创作单位：广东话剧院）

大型多媒体都市话剧《有一种花的语言》（创作单位：深圳市戏剧家协会）

电影（共6个，含“五个一工程”奖一个）

电影《夜·明》（出品单位：深圳广电集团、深圳电影制片厂、珠江电影制片有限公司）

电影《五颗子弹》（出品单位：深圳电影制片厂、上海电影制片厂等）

电影《喜羊羊与灰太狼之牛气冲天》（出品单位：广东原创动力文化传播有限公司、上海文广新闻传媒集团、北京优扬文化传媒有限公司）

电影《红棉袄》（出品单位：珠江电影制片有限公司）

电影《等郎妹》（国家广电总局电影频道节目制作中心出品，珠江电影制片有限公司、中共梅州市委宣传部联合摄制）

电影《回家的路》（出品单位：珠江电影制片有限公司、香港领先电影制作有限公司、香港IEC国际娱乐有限公司）

电视（6个）

电视剧《潜伏》（制作单位：广东南方电视台、东阳青雨影视文化有限公司）

电视艺术片《中山影杰》（制作单位：中山广播电视台）

广播剧《旺旺，你好》（制作单位：深圳广电集团宝安广电中心）

纪录片《房子》（制作单位：广州市电视台）

纪录片《寻找少校》（制作单位：深圳市越众影视有限公司）

电视剧《香港姊妹》（制作单位：广东电视台、中央电视台中国电视剧制作中心、中共广东省委宣传部）

广西壮族自治区文联

综　述

2009年，广西文联在自治区党委、政府的正确领导下，在自治区党委宣传部和中国文联的指导下，广西文联及各团体会员高举旗帜，迎难而上，围绕大局，服务人民，团结协作，改革创新，开展了各种主题活动，较好地完成了广西文联八届三次全委会确定的各项任务，为创造“保增长、保民生、保稳定、保持发展良好势头”和谐稳定积极的社会文化氛围贡献了力量。

重要活动

【国庆60周年专题展览与活动】

7月23日，以“庆祝中华人民共和国成立60周年”为主题，由广西文联、广西摄影家协会共同主办，贵州、四川、云南、西藏、重庆摄影家协会协办的第二届中国西南六省区市摄影联展在广西博物馆开展。联展共展出268幅摄影作品。8月18日，广西文联参与举办了在北京举行的庆祝中华人民共和国成立60周年“八桂书风”优秀作品晋京展、研讨会暨《八桂书风优秀作品晋京展作品集》发行仪式。9月17日，为纪念中华人民共和国成立60周年，广西文联在南宁举办“回顾与展望——广西文学艺术60年座谈会”，80余位广西老、中、青三代文艺家参加。参与举办迎接新中国成立60周年广西庆“六一”儿童电视文艺晚会、“向祖国倾诉——诗歌朗诵会”等活动。

【举办主题活动，加强文联自身建设】

1月16日，广西文联召开八届三次全委（扩大）会暨广西文联工作会议，研究贯彻落实自治区党委〔2008〕38号文件精神的有关问题，自治区党委书记、自治区人大常委会主任郭声琨到会做了重要讲话。这是自治区党委书记第一次出席文联全委会和文联工作会议。2月6日晚，广西文联主办的2009“歌海元宵”广西文艺界元宵联欢晚会在广西电视台演播大厅举行。晚会展现了广西文联系统精品创作的成果以及广大文艺工作者的艺术风采。5月6～7日，来自广西文联系统的100多名文艺期刊负责人会聚来宾市，召开文联系统文艺期刊工作会议。5月8日，广西产（行）业文联建设工作会议在柳州华锡大厦举行，广西各文艺家协会、各产（行）业文联负责人以及广西相关产（行）业系统和企业单位代表共60余人与会。这是新时期以来广西文联系统第一次以研究文联期刊办刊工作经验和产（行）业文联建设为主题内容的会议。广西文联“三贴近”艺术团于3月中旬和10月中旬，分赴钦州、港区、灵山县和藤县举行了3场“送欢乐、下基层”慰问演出。

【采风活动】

6月26日至7月1日，由中国少数民族作家学会、民族文学杂志社、广西文联和广西作协联合主办的“辉煌60年·中国多民族著名作家走进广西”采风活动在广西举行。自治区党委书记、自治区人大常委会主任郭声琨在南宁会见了采风团20余位作家。10月10～18日，以广西文联党组副书记、副主席黄德昌为团长的广西文艺家考察交流团赴黑龙江、吉林两省进行了为期8天的考察交流活动。10月21～28日，广西文联党组成员、副主席韦苏文率队赴青海、宁夏进行了为期8天的考察、交流。

创作与研究

【获奖情况】

电视剧《没有语言的生活》获第11届“五个一工程”奖电视剧奖，《我是太阳》获第27届“飞天奖”长篇电视剧三等奖；电影《清水的故事》获第27届“金鸡奖”评委会编剧特别奖；广西艺术学院合唱团获第七届中国音乐“金钟奖”合唱表演铜奖；危瑛获第七届中国音乐“金钟奖”声乐表演比赛优秀奖；闭理书获第三届中国书法“兰亭奖”教育奖三等奖；民俗影像作品《京族哈节》、长诗《仫佬族古歌》和民间文艺家农冠品获中国民间文艺“山花奖”；水彩画《秘语》、漆画《山涧云梦》获第11届全国美展铜奖；小戏小品《旅店夜话》获第三届中国戏剧奖“小戏小品优秀剧目奖”，主演潘春竹获“优秀表演奖”；歌剧《壮锦》获第11届中国戏剧节“剧目奖”，主演韦艺获“优秀表演奖”；专著《海底科普寓言》获第四届全国寓言文学“金骆驼奖”；鬼子小说《一根水做的绳子》获《小说月报》优秀长篇小说奖，张燕玲散文集《此岸，彼岸》获第二届中国女性文学奖；少儿舞蹈《哪嗬咿嗬嗨》、《小小刘三姐》等6个节目获第五届“小荷风采”全国少儿舞蹈展演“小荷之星”奖，6个节目的编导获“小荷园丁奖”；壮族群舞《吨派》获第七届中国舞蹈“荷花奖”民族民间舞比赛“作品十佳奖”；舞蹈《竹篮子响起来》获第五届CCTV舞蹈大赛优秀表演奖。

【理论研究】

1月24日，广西作家协会与广西文学杂志社联合召开长篇报告文学《云水激荡：2008广西北部湾》研讨会。为庆祝广西文联成立60年，2009年广西文联组织专家撰写了60多万字的典著《广西文学艺术60年》，回顾了60年来广西13个文艺门类和广西文艺刊物走过的风雨历程和辉煌成就。参与组织召开广西未成年人文艺创作题材规划会，部署安排加强全区未成年人文艺精品力作生产和推介工作。组织召开打造“桂学”专家座谈会，树立“桂学”概念，明确打造“桂学”的必要性和重要性，树立广西的文化自信。举办少数民族非物质文化遗产抢救与保护论坛，推出民间文艺优秀成果，就加强非物质文化遗产保护展开研讨。

对外及对港澳台地区文化交流

3月23日至4月1日，以广西文联党组成员、副主席赵如锋为团长，广西文联副主席、南宁市文联主席林万里为副团长的广西文艺家交流考察团一行13人，到台湾开展交流考察活动。12月4～12日，以广西文学院院长冯艺为团长的广西文艺工作者采风团赴柬埔寨、马来西亚、新加坡三国进行了为期9天的文化艺术交流采风活动。12月30日，越南舞蹈家协会主席、人民艺术家周翠琼女士率越南舞蹈家协会代表团一行15人来到广西文联，与广西舞蹈家协会进行了交流座谈。

机关建设

根据自治区党委的统一部署，紧紧围绕党的十七大精神和科学发展思想，在文联系统开展了一系列贯彻落实科学发展观活动。举办了“深入学习贯彻科学发展观，弘扬中华民族优秀传统文化读书班”，开设4期文化知识讲座，聘请专家授课。为了进一步贯彻落实自治区党委文件精神，广西文联确定了文联“一盘棋”的工作思路，分别召开八届三次全委（扩大）会暨文联工作会议、广西文联文艺期刊工作会议、广西产（行）业文联建设工作会议。机关刊物《广西文艺界》和广西文联网，在工作动态、创作研究、基层展示、文艺时讯等各个方面充分宣传。

直属单位

【广西文学杂志社】

与《小说选刊》、《文学报》等报刊联合举办“微型小说‘6+3’向国庆60周年献礼”征文活动，共发表10位作者的22篇作品，全部作品已由黑龙江妇女儿童出版社结集出版。策划推出论述诗歌语言问题的系列文章，参与中国诗歌的建构，在全国诗坛产生了较大的反响。以第九、第十期合刊的形式，隆重推出“广西少数民族文学作品专号”，该专号集中展示了壮、苗、侗、瑶、仫佬、毛南等广西世居少数民族作家、作者的最新创作成果。与广西作家协会少数民族文学委员会联合在靖西县举办“靖西文学笔会”，20多位少数民族作家、作者参加了笔会。与广西钦州市文联联合举办“北部湾经济区重点作者高级研修班”。与广西作家协会、广西文学院、南方文坛杂志社联合主办“广西第三届青年诗会”，来自广西各地的60多名青年诗人参加了诗会。

【美术界杂志社】

策划和组织了“庆祝新中国成立60周年中国

画学术提名”活动，并为此专门设置了栏目。6月，以重要篇幅报道了“2009，台湾—广西漓江画派作品展”暨“两岸书画家交流会”活动及其作品展。9月，推出了庆祝新中国成立60周年广西美术作品展览作品精选。10月，编辑了缅怀阳太阳先生的专版，介绍了北海画院及其水彩画作品。承办了“魅力水墨·七彩东盟——当代中国画名家邀请展”、“墨花礼赞——庆祝新中国成立60周年美术界百名中国画家作品邀请展”等活动，画展先后于10月、12月在广西民族博物馆举行。

【南方文学杂志社】

4月，在广州与《南方都市报》、广东外语外贸大学联合召开“新世纪十年中国诗歌研讨会”，舒婷、于坚、阿来、臧棣、陈超等近百人与会。7月，在北京与中国作协创研部联合召开“曹征路长篇小说《问苍茫》研讨会”。10月出版增刊1期，庆祝中华人民共和国成立60周年，对广西文学艺术60年作了回顾与展望。11月，在广东珠海市与《人民文学》联合主办了“第八届中国青年作家批评家论坛”，全国各地的近50位青年作家、批评家参加。11月底，与广西文学院联合举办“2009广西文学创作高级讲习班”，50多名来自广西各地的一线文学创作者参加学习，国内著名文学批评家李敬泽、施战军、阎晶明、贾梦玮等应邀授课。11月底，由南方文学杂志社编印的《南方文坛》获得由中国当代文学研究会、中国当代少数民族文学研究会联合颁发的“第七届全国当代少数民族文学研究园丁奖”。

各文艺家协会

【作家协会】

5月6日，承办广西文联文艺期刊工作会议。6月25日～7月3日，联合主办“辉煌60年·中国多民族著名作家走进广西”采风活动。12月10日，联合承办第三届广西青年诗会。承办2009西南地区六省（市、区）文学工作协作会议。分别主办班源泽长篇小说《市长秘书马苦龙》研讨会、龙志小说作品研讨会、汤松波长篇组诗《东方星座》研讨会、龚桂华作品研讨会。

【戏剧家协会】

2009年，举办了广西小戏小品选拔与展演活动，推荐参加全国小戏小品大赛。协办了第七届广西戏剧展·小戏小品及大型剧目展演。

【音乐家协会】

1月21日，《风生水起北部湾》CD专辑首发式暨2009年广西音协迎春茶话会在南宁举行。6月7日，举行了“中国音乐金钟奖广西选拔赛”美声唱法和民族唱法的决赛。6月18日，广西文联与广西音协联合在忻城县马泗乡中心小学举办了《让心灵的花儿尽情开放——全国优秀少儿合唱歌曲》CD光盘赠送仪式，拉开了“全国优秀少儿合唱歌曲进校园”全国推广活动在广西启动的序幕。组织演员参加广西文联“三贴近”艺术团“送欢乐、下基层”慰问演出。受中国文联和广西文联的指派，组成艺术小组前往韩国济洲参加第三届国际德菲尔艺术节音乐舞蹈比赛。受中国音乐家协会的组派，组织了“广西艺术学院壮族大歌合唱团”一行26人赴台湾参加合唱节的比赛和交流，以《雨后彩虹》、《采茶》、《蒲公英在风中微笑》、《葡萄园夜曲》4首女声合唱夺得银奖。12月8日，与广西文联联合主办第四届广西音乐金钟奖暨广西优秀流行歌曲颁奖典礼。

【美术家协会】

3月16～17日，广西美术家协会在柳州市召开“2009年广西美术工作会议暨广西美术创作理论研讨会”。5月22～24日，在台北市中心纪念堂协办“2009·台湾—广西漓江画派精品展”、“两岸书画名家交流会”。7月15日，在广西博物馆联合主办“庆祝中华人民共和国成立60周年广西美术作品展优秀作品展”。10月17日，在广西艺术学院美术馆联合主办“2009年广西老美术家作品展”。10月23日，在南宁联合主办“广西近现代重大历史题材美术创作工程论证会”。12月9日，在南宁联合举行“广西近现代重大历史题材美术创作工程”签约仪式，并召开创作研讨会。

【曲艺家协会】

5月，中国曲艺家协会与广西曲艺家协会合作，对广西少数民族曲艺的表现形态和生存状态进行了实地考察，并在广西龙州县召开了“广西少数民族曲艺的生存与发展”研讨会。

【舞蹈家协会】

“五一节”期间，与广西国标舞协会在南宁联合主办了“广西第14届国际标准舞大赛”，来自广西各地37个代表队参加了这次广西最高规格的国际标准舞盛会。

【民间文艺家协会】

4月26～28日，在乐业县与贵州省民间文艺家协会、云南省民间文艺家协会、中共乐业县委、乐业县人民政府主办了“欢歌乐业”滇黔桂三省区毗邻县山歌大奖赛活动，组织相关人员参加了7月由中国民协主办的全国首届民俗影像作品评奖活动。其中韦苏文摄录的《京族——哈节》，覃悦坤、陆璎摄录的《侗族百家宴》分别获得银奖，韦苏文、林超俊、黄芳、刘德敢、阿归等录制的《广西祭祖大典——广西壮族人文始祖布洛陀祭拜活动纪实》获铜奖。7月20日，在广西鹿寨县与中国楹联学会、中共鹿寨县委员会、鹿寨县人民政府联合举办“全国诗联书法名家鹿寨采风暨庆祝新中国成立60周年全国名家联墨展”活动。2009年，历时20多年收集、整理、编纂的广西民间文学三集成之一《中国谚语集成·广西卷》出版发行。报送的龙殿宝《仫佬族古歌》荣获中国民间文艺山花奖·民间文学作品奖，《京族哈节》荣获中国民间文艺山花奖·民俗影像作品奖。农冠品荣获中国民间文艺山花奖·成就奖。

【摄影家协会】

3月，由广西摄影家协会、中共鹿寨县委员会、鹿寨县人民政府主办，鹿寨县摄影协会、广西图书馆协办“2009年鹿寨县摄影作品展”在广西图书馆开展。3月，南宁大明山风景旅游区管理委员会、广西摄影家协会联合主办“首届广西环大明山摄影作品大赛”。7月，广西摄影家协会协办的“第二届中国西南六省区市摄影联展”暨广西摄影家协会主办，广西玉柴机器股份有限公司协办的“第八届广西摄影艺术展”在广西博物馆举行。7月，由德保县人民政府主办，广西摄影家协会承办的首届德保“红叶情”摄影大赛在德保举行。8月，广西摄影家协会、田东县人民政府主办了“2009百色·田东芒果节摄影大赛”。8月，中共广西区纪律检查委员会、广西摄影家协会主办了全区第二届“共产党员风采摄影竞赛”。9月，由广西摄影家协会、中共乐业县委员会、乐业县人民政府主办的首届“行摄天坑之都、玩转魅力乐业”网络影像图文大赛摄影作品展览在广西图书馆举行开幕仪式暨“广西摄影家协会乐业创作基地”授牌仪式。9月，由中国建设银行广西分行主办，广西摄影家协会承办的“中国建设银行 建设现代生活——庆祝新中国成立60周年暨建行行庆55周年摄影大赛作品展”在建行大厦开展。10月，由广西壮族自治区国土资源厅、自治区地质矿产勘查开发局、自治区海洋局、自治区测绘局、广西摄影家协会主办的“庆祝中华人民共和国成立60周年全区国土资源系统摄影作品展”在广西博物馆开幕。11月，广西摄影家协会在玉柴集团举办摄影艺术讲座，前往参加听课摄影爱好者达150人。11月，第五届广西摄影理论研讨会暨广西摄协七届二次理事（扩大）会议在广西荔浦县召开，120多人出席会议，收到论文68篇。12月，协办的“火炎、阎天际、方荣钰《桂林记事》纪实摄影作品展”在桂林开展。

【书法家协会】

1月6日，由中国书法家协会、广西壮族自治区宣传部主办，广西文联、广西书法家协会、邕江湾美术馆承办的“第六届中国书坛新人作品展”在南宁市邕江湾美术馆举行开幕式。2月，河池市书法家协会、武宣县书法家协会被授予2008年度中国书法进万家先进集体，石锋、黄家城、刘炳玉、邬文康被授予先进个人。3月，《巴马神杯首届“八桂书风”网络书法篆刻展作品集》出版。5月15～20日，举办“八桂书风”晋京展展前培训班，各市县有100余名作者参加了培训。5月17日，广西第四届中青年书法篆刻作品展在南宁进行评审，共有115件作品入选，其中一等奖2人，二等奖4人，三等奖9人，获奖提名14人。5月16日，在南宁召开“八桂书风”优秀作品晋京展新闻发布会，对“晋京展”的宣传报道和活动策划展开了讨论，为“晋京展”活动拉开序幕。5月16日，在南宁召开了广西书协六届二次理事会。6～8月，与《书法导报》合作，在“八桂书风”优秀作品晋京展前后一段时间，开设专栏，逐一介绍“八桂书风”潘琦、钟家佐等代表书家。6月20日，在南宁进行“八桂书风”优秀作品晋京展评审工作，共评出入展作品170件。6月30日，“纪念中国共产党成立88周年——岭南仫佬人潘琦书法长卷展”在自治区博物馆展出。7月3日，广西书协第一所兰亭小学、巴马书法院揭牌仪式，广西书协首届巴马书法论坛在巴马瑶族自治县举行。8月18日，“八桂书风”优秀作品晋京展在

中国人民革命军事博物馆开幕，共展出300件作品，这次展览是广西书坛创作阶段性成果的大展示，当天上午还举行了“八桂书风”研讨会及《八桂书风优秀作品晋京展作品集》发行仪式。9月26日，“冲刺第三届中国书法兰亭奖”重点作者签约仪式在南宁市举行，广西文联主席潘琦，广西文联副主席赵如锋出席了签约仪式，广西各市、行业书协主席等60余名重点作者参加了这一签约仪式。全国第六届楹联展广西入展作者有：罗良福、谭念宗、唐少平、杨亚友、叶枝校。全国第二届青年书法篆刻作品展广西入展作者有：石锋、刘炳玉、甘文锋。10月24日，在南宁进行了“广西—江西青年书法联展”广西作品评审活动。11月13～16日，中国书法进万家走进广西巴马暨中国书法之乡考察活动在广西巴马举行，中国书协分党组书记、驻会副主席兼秘书长赵长青，中国书协副主席、山东省书协主席张业法，广西文联党组副书记、副主席黄德昌，中国书协副秘书长白煦，中国书协理事、中国书协组联部主任张陆一，中国书协理事、中国书协研究部主任刘恒，中国书协理事、广西书协主席韦克义，中国书协理事、贵州省书协主席包俊宜等参加了活动，为巴马书写了100多幅书法作品。第三届中国书法兰亭奖，广西有石锋、蒙麓舟、刘炳玉、卢和华、闭理书5人入展。其中闭理书获教育三等奖，石锋获提名奖。由中国书协主办的中国移动杯西部书法篆刻展，广西有33人入展，名列西部省区前茅。12月3日，第四届广西中青年书法篆刻作品展在广西博物馆开幕，本届展览收到852件作品，共评出入展作品152件，其中一等奖2件、二等奖4件、三等奖9件、获奖提名14件。此外还有特邀作品33件、评委作品11件。12月6日，“广西—江西青年书法联展”在江西省文联艺术展览中心展出，共展出两省青年书法名家作品100余件。

【杂技家协会】

配合广西文联“三贴近”艺术团“送欢乐、下基层”，精心组织了一台杂技魔术专场节目，在钦州港、灵山县两地进行慰问演出，每次观演的观众都有上万人。选送参赛的演员参加北京举办的国际魔术大赛。

【文艺理论家协会】

4月5日，承办的广西文化界打造“桂学”首次专家座谈会在桂林召开。对打造“桂学”的战略意义以及如何成功打造“桂学”等方向性问题和具体细节进行了深入探讨。4月10日，协办的“广西文艺60年”研究工作启动，将在2010年广西文联成立60周年之际编辑出版典著《广西文艺60年》。

【电影家协会】

6月，组织《冰雪同行》电影走进高校活动，并在广西大学、广西民族大学举行了电影主创艺术家与高校师生座谈会。组织会员参与创作生产向新中国成立60周年献礼影片《冰雪同行》、《碧罗雪山》。其中《冰雪同行》列为中宣部、国家广电总局迎接新中国成立60周年第一批10部重点国产影片之一，获得第13届中国电影华表奖优秀影片提名奖；获得第27届中国电影“金鸡奖”最佳美术提名奖。电影《清水的故事》获得第27届中国电影“金鸡奖”最佳编剧提名奖、“金鸡奖”评委会编剧特别奖。

【电视艺术家协会】

电视剧《绝密1950》列为中宣部、国家广电总局迎接新中国成立60周年第二批重点国产电视剧之一。广西投资拍摄的《没有语言的生活》、《美丽的南方》在中央台热播。电视剧《清凌凌的水蓝莹莹的天》Ⅱ、《血色迷雾》也分别在中央台、全国多家卫视反复播出。由广西满地乐影视公司运作30集电视连续剧《红七军》开拍，作为纪念新中国成立60周年、百色起义80周年献礼剧。该剧将再现邓小平、韦拔群、张云逸、李明瑞等革命先辈的形象，艺术地展现红七军的创建和它艰苦卓绝的战斗历程。5月，由广西东视东盟国际影视文化传播有限公司、广西电影制片厂拍摄的30集电视连续剧《人民利益》在南宁开机。广西电视台拍摄的庆祝广西壮族自治区成立50周年献礼剧《美丽的南方》已在央视播出，这也是广西台近年来自己投拍的拥有自主知识产权的第一部长篇电视剧。由广西电视艺术家协会主办的大型广播影视刊物《电视文学》2009年共出版4期。2009年《电视文学》共刊登一期评奖特刊，16个电影、电视剧和一批广播剧、戏剧剧本及评论文章，共计144万字。从2009年初开始，配合中国视协开展工作，完成了农村小康电视节目工程、新中国城市发展形象宣传电视片、少数民族题材电视剧以及第四届女性风采优秀电视作品等评选活动的推选任务。其中，由南宁电视台选送的电视专题片《山村纪事》、崇左电视台的《边境小竹排》、广西东视东盟国际影视文化传播有限公司的《清凌凌的水 蓝莹莹的天》Ⅱ分别获得了全国小康电视节目评比最佳奖和优秀作品奖。

海南省文联

综　述

2009年，海南省文联以“创作精品增强竞争力，大胆革新调动社会资源，强化制度改进组织管理”为目标。加强对文艺社团的管理，纳民间、民营社团入文联大家庭，形成体制内外互相呼应、互相支持、互相促进的发展合力。服务基层和扎根群众的意识进一步增强，下市县调研形成制度，加强对市县文联工作的指导及支持。做实、做大“送温暖、下基层”和“朝霞工程”等惠民工作，文艺家与人民群众联系更加密切。文艺活动丰富多彩，承办首届海峡两岸暨港澳地区艺术论坛，影响深远。开展庆祝新中国建立60周年系列活动。文艺创作更加繁荣。

重要活动

【首届海峡两岸暨港澳地区艺术论坛】

2月23日，由中国文联和海南省人民政府联合主办，省委宣传部、省文联、中国文联港澳台办公室、理论研究室、中国剧协、中国美协、中国摄协联合承办的首届海峡两岸暨港澳地区艺术论坛在海口市开幕。全国政协副主席、中国文联主席孙家正向论坛发来贺信，希望与会人士畅所欲言，群策群力，继承中华文化百家争鸣的优良传统，发扬中华文化海纳百川而又独树一帜的创造精神，植根传统，适应时代，面向未来，找准中华文化发展的方位，永葆中华文化旺盛的生命力，创造中华文化新的辉煌，增强中华文化的国际影响力，为中华文化的繁荣昌盛，为中华民族的伟大复兴，贡献出自己的智慧。中国文联党组成员、副主席冯远、杨志今，海南省委常委、宣传部部长周文彰，副省长林方略，国台办交流局局长戴肖峰等出席开幕式。冯远在开幕式上讲话。杨志今宣读贺信。林方略、戴肖峰在开幕式上致辞。周文彰主持开幕式。仲呈祥、杨伟光、傅庚辰、韩少功、尚长荣、白淑湘、董耀鹏、于洋、金铁霖、杨在葆、冯小宁、吴长江、冯双白、苏叔阳、黄文娟、王吉隆、徐嘉炀、梁晓鸣等百余名从事文化艺术工作且在本领域具有影响的专家、学者、评论家及管理者出席开幕式，围绕“影响与交融——当代中华艺术的多点透视”的主题发言。论题涉及“全球化趋势与中华艺术发展战略”、“当代中华艺术的时代精神与民族特色”、“当代中华艺术的人文精神和审美价值取向”等多个方面，论坛重在学术研讨和交流互动，通过大会演讲、分组讨论、论文提交等形式，探索当代中华艺术的发展规律，推动不同地域中华艺术的相互影响，促进不同地域艺术群体和艺术门类的相互交融。中国文联荣誉委员仲呈祥、中国影协顾问苏叔阳分别主持了论坛主题演讲。本次论坛还安排戏剧演出、摄影展览、绘画联展等多项活动。2月26日，首届海峡两岸暨港澳地区艺术论坛结束。

【首届文艺评论奖】

3月5日，由省文联主办的首届文艺评论奖评选结束。文艺评论奖依据尊重劳动、尊重知识、尊重人才、尊重创造的准则和公开、公平、公正的原则，通过媒体公告和多层次的发动，广泛调动文艺评论工作者们的积极性，参评作品涵盖舞蹈、戏剧、音乐、摄影、书法、美术、影视、曲艺、民间文艺等领域。省文联出台《文艺评论奖实施条例》确立了海南省文艺评论奖指导思想，成立了省文联理论与批评委员会，使文艺评论奖制度化。首届文艺评论奖评委会按照初评、复评、终评程序，对参评文章进行筛选，以记名投票方式决定获奖作品及获奖等级，评出一等奖1篇，二等奖4篇，三等奖2篇。张平的《回归天地的歌唱——兼论歌唱艺术中的非科学场域》获一等奖，亚根的《黎族与道家乐舞的和谐际遇》、杨之举的《朴素自然的本色之美——海南五指山地区民族歌谣审美特征论析之一》、刘胜角的《楷书的形态演变与当代书坛创作》、李牧之的《果硕叶茂——陈茂叶和他的〈南国佳果系列〉》获二等奖，焦勇勤的《幽灵与惩戒：从电影〈青红〉的空间叙事谈起》、朱东根的《论骈绮派传奇的社会文化成因》获三等奖。上述获奖作品均发表在《文艺争鸣》、《电影文学》、《戏曲研究》等国内权威刊物上。本届文艺评论奖还增设了特别奖，获第一届、第五届中国文联文艺评论奖三等奖的舞蹈评论家吴名辉、戏剧评论家谢成驹及《海南历史文化大书系》文学艺术卷10本专著作者单正平、邢纪元、毕光明、张浩文、刘复生、符策超、羊中兴、符耀彩、王家儒、黄承利、王梅等获该奖项。3月23日，举行颁奖，省委宣传部、省文联、省教育厅、省作协、省社科联、《海南日报》等单位领导为获奖者颁奖。

【放歌“三月三”】

3月28日，省文联与琼中黎族苗族自治县联合主办的大型黎苗歌会《放歌三月三》在琼中县文化广场隆重举行。8时，歌会在黎家、苗家阿哥阿妹甜蜜深情的对歌声中拉开序幕。歌会共分3个篇章，分别是“丰收”、“欢乐”和“和谐”。热情奔放的歌声，唱出了黎、苗同胞的豪迈与热情，更唱出了黎、苗同胞心中的欢乐。黎、苗同胞与四方宾客近5万人，共同欢庆传统节日“三月三”的到来。省政协、省文联、省交通厅、琼中县委、人大、政府、政协领导观看演出。随着朵朵绚烂的烟花在天空绽放，全体演员和现场5万多群众激情飞扬，共同唱起了《放开喉咙唱山歌》，把整场晚会推向高潮。媒体记者、摄影师纷纷聚焦、记录这欢乐的时刻，海南电视台影视娱乐频道现场直播整场晚会。“欢乐的三月三，群众的三月三”是歌会的主题，展示了琼中民族文化底蕴以及浓郁的民族风情。歌会结束时，“三月三”广场上空烟花绚烂，火光照亮广场一片，人们欢呼雀跃，笑逐颜开，陶醉在歌声中，久久不愿离去。期间，除举行大型黎苗歌会暨焰火表演外，还有民族歌舞专场演出、民俗风情一条街展示、黎、苗族服饰展示、少数民族传统体育比赛、“三月三”文化论坛等丰富多彩的活动。

【首届中国南方（海口）国际合唱艺术周】

11月18～22日，由中国合唱团协会、海口市政府、海南省文体厅、海南省文联主办，海口市文体局、海南省合唱协会承办的首届中国南方（海口）国际合唱艺术周活动，在海口举行。这是第10届海南岛欢乐节海口分区的重要活动之一。主办单位依托海口自然环境优越和文化氛围浓厚的优势，以高水平的合唱活动为载体，增强国内外合唱艺术爱好者的交流互动，促进合唱艺术在海口发展，从而促进文化旅游业的发展，把海口打造为知名的冬季合唱基地。本届活动以“生活需要歌声，歌声创造生活”为主题，突出“国际性”和“海口味”，在设计上力求海口元素和国际元素的融合，在打造国内外优秀合唱团体交流切磋和展示平台中立足海南建设国际旅游岛的背景下，力求文化与旅游元素的融合。奥地利男声合唱团、纽约“姚大叔”、新加坡雅歌爱乐合唱团及海口合唱团、海南爱乐女子乐团等本土艺术团体共44家合唱团体同台竞风采，放歌海口，唱响海南，为海南人民奉献艺术盛宴。活动期间开展合唱音乐会、合唱比赛、专家讲座、广场展演、合唱进社区和校园等内容丰富的系列展示表演活动；活动在奖项设计上除保留传统奖项，同时特别设立“椰城”奖。本次合唱艺术周参赛者及观摩人数达2500人左右。

【首届海南省舞蹈大赛】

12月20日，各市县、省内艺术团体、大专院校、业余队伍共737名舞蹈演员在决赛中精彩角逐。21日，大赛圆满结束，参赛节目近200个，最终66个节目进入决赛。其中，专业组节目37个，非专业组节目29个，创作作品24个。本次大赛分专业组和非专业组，专业组分为民间舞、古典舞、当代舞等舞种，设独舞、双人舞、三人舞和群舞等比赛项目；非专业组分为幼儿、小学、中学、青年、中老年等组别（不分舞种），每个舞种和组别分设节目表演一、二、三等奖和优秀表演奖、创作奖、优秀组织奖。为鼓励出作品出人才，鼓励社会各界广泛参与和支持舞蹈事业，大赛组委会设立了演员舞蹈明星奖及企业特别奉献奖。海口市艺术团表演的群舞《凤凰涅槃》等9个节目获得专业组群舞表演一等奖、非专业组表演一等奖由海口市琼山中学《金果灿灿》等13个节目分享；《那片血色山岗》的陈慧等27人获得优秀指导教师奖，王婷等10名演员获十佳舞蹈明星奖；海口市艺术团、省民族歌舞团、省文化艺术学校、海南师范大学、海口市经济学院艺术学院、万宁

市文联获得本届大赛组织奖。体现出全民参与、比赛水平高和公益性3个特点。21日晚上，大赛进行颁奖晚会，省委宣传部、省文联、省文体厅、海南日报报业集团、海南广播电视总台领导为获奖演员和组织颁发奖杯。

【首届“中国移动杯”DV（视频）创意大赛】

由省委宣传部指导，省文联、中国移动通信海南有限公司，省电影家电视艺术家协会、省摄影家协会、海南在线、海南广播电视总台《直播海南》联合主办的海南省首届“中国移动杯”DV（视频）创意大赛，经过将近半年的激烈角逐，于4月28日正式落下帷幕。大赛设立一、二、三等奖、优秀、鼓励奖、评委特别推荐奖、最佳人气奖、特别组织奖等奖项，按感动、美丽、幽默、奇异等四类板块对参赛视频作品进行评比，评选出一、二、三等奖、优秀奖、鼓励奖作品27部。参赛作品150余部，形式丰富，主题突出，其中美丽类获奖作品以展现海南自然风光和历史文化为重要内容，成为参赛作品的一大特色。以上各类奖项，一等奖奖金为5000元，二等奖奖金为3000元，三等奖奖金为1000元；优秀奖及特别组织奖奖品为先科牌635型DVD1台（价值398元）；鼓励奖及评委特别推荐奖奖品为韩国三七牌美容套装1套（价值280元）；10名大众投票幸运奖（获奖手机号公布在网上）奖品为先科牌635型DVD1台（价值398元）。5月16日下午，大赛颁奖典礼在海口市举行。省委精神文明办、省文联、省广播电视台副台等宣传文化部门领导出席典礼并为获奖作者颁奖，近200人参加颁奖活动。在创作座谈会上，大赛评委对参赛作品作了全面、详细的解析和点评。

【省职工文艺会演在海口举行】

9月26日，省文联、省总工会在海南广播电视总台演播厅联合举办“我与祖国共奋进”——海南省职工庆祝新中国成立60周年文艺会演。省委常委、宣传部部长谭力，省人大常委会副主任康耀红，省政府副省长符跃兰，省政协副主席张海国等到场观看了演出。晚会在大型歌舞《祖国颂》的欢庆气氛中拉开了序幕。情景诗《我骄傲，我是海南工会人》，以纪实感人的画面和铿锵的朗诵，有力地展现了海南工人阶级开拓、坚韧、团结与和谐的力量，彰显了海南工会人坚定地沿着中国特色工会发展道路奋进的壮志豪情。整台晚会行业特点突出，主题鲜明，紧紧围绕唱响共产党好、社会主义好、改革开放好、伟大祖国好、各族人民好的主旋律，用歌舞、朗诵、小品、快板的形式，以精湛的艺术，完美演绎了海南工人阶级挺立时代潮头、创造现代文明、开拓海南新天地的精神风貌和时代风采，为共和国的生日献上一份厚礼。

【第五届海南省音乐金椰奖颁奖音乐会】

1月29日，由省委宣传部指导，省文联、省音协主办的第五届海南省音乐金椰奖颁奖音乐会在省图书馆报告厅举行。第五届海南省音乐金椰奖，全部赛项7月完成，省各专业院校及文艺团体的专业选手及音乐少儿400余名选手参与钢琴、民族器乐、声乐、小提琴、电子琴等专业比赛。声乐专业美声、民族唱法各有1名选手入围第七届中国音乐金钟奖复赛，流行音乐专业共有2名选手获得金钟奖片区比赛资格，海南大学艺术学院合唱团获得金钟奖合唱比赛优秀奖。本届比赛是历届参赛选手最多，也是获得金钟奖比赛资格选手最多的一次。颁奖音乐会上，曾获得“二十一世纪艺术”钢琴、小提琴国际比赛第一名，就学于乌克兰奥德萨国立音乐学院管弦系的小提琴硕士林晓明，代表优秀指导教师教学成果奖获得者在音乐会上做精彩表演。钢琴、小提琴、古筝、扬琴等专业的部分获奖选手也展示了他们出色的技艺。声乐专业部分获奖选手演出了中国歌剧《原野》及外国歌剧《波西米亚人》选段。声乐专业专家评委组也集体在音乐会上助兴演唱，赢得观众的热烈掌声。音乐会吸引了省各艺术院校音乐专业的师生及音乐界人士前来观看。省委宣传部、省文联领导为获奖选手颁发奖杯及证书。

【市县文联工作会议】

3月26日，省文联在海口召开市县文联工作会议。省文联认真履行“联络、协调、服务”职责，注意文艺工作面向基层，探索与市县文联的合作方式，市县文联工作会议形成制度，成为加强省文联与基层文联联系交流，促进文艺事业发展的推动剂。各文艺家协会、各市县文联负责人及省文联机关干部职工出席会议。会议特邀省农垦总局文体办负责人参加。基层文联代表汇报了近两年来工作情况，进行了经验交流，还围绕着新形势下如何进一步加强联系与合作的主题集思广益、献谋献策。省文联作协党组书记、省文联主席韩少功表示，认真倾听基层的声音，不断提高服务意识和服务水平，进一步拓宽与基层文联之间联系的深度和广度，更好地为基层服务，希望文艺工作者要自尊、自信、自强，以有为争取地位，尤其要以“新思路、新风貌、新手段”，围绕大局，抓住机遇，开拓进取，打破困局，打破边缘，努力开创新时期文艺工作的新局面。

【“海南变迁”大型摄影展】

9月29日，由省委宣传部、省文联、海南报业集团联合举办的庆祝新中国成立60周年“海南变迁”大型摄影展，在省博物馆开幕。展览持续到10月10日结束。省政协主席钟文、省委副书记于迅、省人大副主任王法仁出席开幕式。省委常委、宣传部部长谭力致辞。林方略副省长主持开幕式，省委宣传部常务副部长张松林，省文联作协党组书记、省文联主席韩少功，省文体厅厅长范晓军，海南报业集团党委书记王绥雄，省文联副主席张秀强、吴东民、邢孔建及思想宣传文化单位干部职工、省内新闻宣传媒体记者和摄影爱好者共近300人参加了开幕式。展览采用新老图片配搭以形成强烈对比、突出时代发展变迁的同时还播放历史纪录片增强视觉效果。展出图片200多幅，按主题内容，以时间为顺序分“新的一页从这里开始”、“中南海情系海南岛”、“时代大变迁”、“建设国际旅游岛”4个部分展出，艺术形象地展现和讴歌新中国成立60年来，海南各族人民在党中央的正确领导下，建设宝岛，建设美好家园的伟大变化和精神风貌，尤其是通过图片全方位多角度展现了建省办特区以来，海南各领域取得的令人瞩目的成就。开展当天，来自社会各界人士冒着暴雨前来参观。

【海南首届民俗工艺展】

10月20日，省委宣传部、省文联、省文体厅主办，海南报业集团、省民协共同承办的“蓝海鑫城杯·海南首届民俗工艺展”在海口圆满落幕。吸引了省内上百位民间艺术家积极参与，《南国都市报》特别开辟专栏，对民间艺术家艺术创作经历和作品进行全程宣传推介。在综合民众投票和专家评审后，专家评委会从50位民俗工艺“能工巧匠”中评选民间艺术大师，容亚美、刘崖福、吴名驹、卓耀伟、张进山、吴关诗、吴孔德、王家锋等8位获“海南民间艺术大师”称号。省文联作协党组书记、省文联主席韩少功，海南报业集团党委书记、社长王绥雄，省文联专职副主席张秀强、吴东民，海南报业集团副总编辑、南国都市报总编辑尹婕好等领导出席颁奖仪式并为获奖者颁奖。韩少功认为海南文化艺术遗产是祖国优秀文化遗产的有机组成，历史悠久而珍贵。过去时代，民间艺人、艺术家名字少为人知，在当今时代民间文化遗产面临着很大困顿的形势下，如何采取有效方式，扣准重要环节，是抢救和保护民族民间文化遗产中需要认真思考的严峻课题。举办民俗工艺展的初衷就是希望通过此次活动，形成文化遗产护根之举，唤醒大家对本土文化遗产的重视，激发民间艺术家热情。本次活动开展了海南民俗工艺和民间艺人的普查、调研和评选工作，首次展示海南省民间各类工艺的创新成果，搭建起岛内外民间艺术创作交流的平台。

【挂靠文艺社团工作会议】

11月12日，省文联在海口召开挂靠民间文艺社团工作会议，省文联作协党组书记、省文联主席韩少功与会祝贺并做重要讲话，肯定了社团的工作，并提出了两点要求。一要规范管理。社团领导者要讲团结、讲民主、讲大局、讲责任，要遵章守制的办事，要以深入学习实践科学发展观活动为契机，进行总结和反思，要对照《海南省文联挂靠社团登记管理条例》找差距，进一步强化民主管理、科学管理、依法管理。使得具有专业性的民间文艺社团更加适应国家形势发展的要求，更好地承担起为社会主义文艺服务的重要责任，成为广大会员的温暖家园和施展舞台。二要增强活力。以科学发展观精神自我检查，探索出凝聚人心凝聚力量的方法途径，最大限度发挥出每个成员参加组织和参与活动的热情和动力，开展具有艺术水准的文艺活动，在求质创新上实现新突破。当前，文化团体“官”改“民”是重要体制改革，各文艺社团要关注当前国家文化体制改革趋势，与时俱进，进一步解放思想，改变观念，提高创新意识，以创新精神为主导，大胆革新，通过思想认识上的新飞跃实现工作思路上的新突破，建立和完善适应新形势任务需要的体制机制，以人力资源和体制机制方面上的优势，充分调动利用社会资源，在广阔的市场中丰富和拓宽文艺

生存发展的战略空间。海南诗社、椰娃艺术团、根雕文化艺术协会、合唱协会等优秀社团获通报表彰。一些不按章程履行职责的社团也在会议上被通报批评并责成整改。与会代表还就如何在新形势下保生存求发展壮大议题展开发言。

【换届筹备动员工作会议】

12月23日，省文联作协党组召开会议，启动省文联及各文艺家协会换届工作。省文联作协党组书记、省文联主席、省文联文艺家协会换届筹备领导小组副组长韩少功在会上说，搞好文艺界的团结是文联和文艺家协会的职责所在，要通过换届的机会，最大限度地把来自五湖四海的文艺家纳入我们文艺工作的视野中，真正地团结在文联和文艺家协会这个温暖和谐的大家庭里，凝聚力量、焕发热情、同心同德，繁荣发展海南省社会主义文艺事业。12月29日，省委宣传部、省文联作协党组召开换届工作动员大会，明确文艺家协会换届的原则：第一，讲纪律、发扬民主、公开透明、公平公正，要坚持德才兼备、德艺双馨的原则，参照《党政领导干部选拔任用条例》，按照章程规定，符合程序，选出一个讲党性、讲政治、讲大局、讲民主、讲团结、讲正气的领导班子。第二，要通过换届选出具有代表性、凝聚力、开拓创新精神的各艺术门类领军人物。领军人物要体现广泛性的代表性，要有凝聚力。领军人物首先要讲团结，要努力作广泛团结文艺家的楷模，要有奉献精神，处事公道，要有组织协调能力，有新思维新观念，未来的协会工作要适应国际旅游岛建设的需要，还要适应市场的需要。第三，要以开阔的眼光发现人才，用开阔的胸怀推荐人才，不分体制内外，不分系统内外，不分地域内外，不拘一格任用人才。第四，要换出团结、换出动力、换出新面貌。省文联作协党组书记、省文联主席、省文联文艺家协会换届筹备领导小组副组长韩少功作换届工作具体部署，省文联作协党组成员、省文联专职副主席、省文联文艺家协会换届筹备领导小组成员张秀强、吴东民分别宣读《海南省文联下属文艺家协会换届工作方案》和主持会议。省文联副巡视员林渔安以及省委宣传部干部处处长符史霞、文艺处长刘曦到会。省文联各文艺家协会主席团成员和省文联、作协机关工作人员100人出席会议。

【“送欢乐、下基层”活动】

1月初，14名中青年书画家组成首支慰问队伍，来到农垦八一总场，拉开“送欢乐、下基层”活动序幕。书画家们听总场领导介绍了农场发展史，观看该场建场50年来的专题纪录片《农垦军魂》。农垦人50年来的艰苦创业精神激发出了书画家们创作热情，创作30余件书画作品赠给农场，并与当地书画爱好者进行书画交流与研讨。书法家还分赴琼海、儋州等市县为群众写春联。摄影家翻山越岭，深入琼海市石壁镇苗村和五指山革命老区，送挂历和年画，为86户农民免费拍全家福，受到群众热烈欢迎。1月6日下午，歌舞工作者为龙塘镇群众献上了一场精彩的歌舞大餐，送上新年的问候和祝福，演出整整一个多小时，13个节目旋律优扬有激情，内容健康向上，群众喜闻乐见。1月22日晚，戏剧工作者到澄迈县金安农场慰问演出大型传统古装剧目《秦楼春雨》，农民说能在家门口看戏，感谢艺术家，感谢党和政府。5月22日，省文联组织30余名艺术家冒雨来到海口市未成年人法制教育中心开展对学员关爱活动，挥毫泼墨，赠送图书读物。7月10日，省文联慰问演出团再次来到海口市未成年人法制教育中心，送上了精心编导排练的情景歌舞《跪羊图》、儿童歌舞《感恩的心》、励志舞蹈《从头再来》、槟榔花组合《思乡曲》等健康活泼、积极向上、充满教育意义的歌舞节目。

【文艺家基层采风活动】

5月22日，为纪念毛泽东《在延安文艺座谈会上的讲话》发表67周年，省文联组织文艺工作者36人，深入基层采风。在海口市未成年人法制教育中心，少年学员们将书画家们团团围住，看着他们书写作画。中心工作人员深有感触：“艺术家下基层给孩子们带来了欢乐，孩子们能够如此认真地观摩书画家们挥毫作画，本身就是一种无形的健康的精神教育。”歌唱家为少年学员唱歌，少年学员们集体唱了一首《感恩》，对文艺家们送文化送欢乐表示衷心的感谢，省文联向中心捐赠书籍。在洋浦金海浆纸厂，艺术家体验现代科技的神奇，开展书画笔会，将20余幅现场挥就的墨宝送给金海浆纸厂。在驻洋浦海军91082部队，歌唱家深情的歌声打动了海军士兵，书画家创作《岛西初春》、《柳趣牧歌》、《红遍南疆》、《南岛红荔》等作品送给部队。在千年古盐田等地，摄影家从多个角度，去发现蓬勃发展的海南。艺术家们表示，采风活动意义重大，在体验生活的同时，汲取到的营养，撷取到的素材，将纳入自己的艺术创作之中。

【四届四次全委会】

1月15日，省文联召开四届四次全委会。省委宣传部常务副部长张松林到会祝贺，对省文联工作给予充分肯定，提出进一步开展文艺活动，抓队伍抓创作出精品和改革创新要求，为推动海南文化大发展大繁荣作新贡献。省文联作协党组书记、省文联主席韩少功在工作报告中提出新年工作要求：一要把作品的创新和创优始终作为工作的重中之重，实现文艺产能升级，培育文艺特色优势，打造一批有长远影响和保留价值的精品，巩固和增强海南文艺事业的核心竞争力。二要锐意革新，广泛调动社会资源。充分注意到当前国情与省情的变化，充分注意到当下经济基础、资源配置、社会环境、传播渠道、文化兴趣、民众需求等方面的新特点，进一步创新思路，改变观念，打掉旧习气，打破旧框框，争创富有活力的新体制和新机制，因地制宜，扬长避短，破解文联工作各种制约因素，用小资金撬动大资金，用小队伍激活大队伍，用前期的策划组织吸引后续的参与响应，善于寻找合作各方的利益交集点和需求共同点，善于在合作共赢中调动、整合、利用各种社会资源，拓宽文艺事业的战略空间。三要强化制度，切实改进组织管理。要进一步强化民主管理、科学管理、依法管理，加强海南省文艺队伍的组织建设，为文艺的大繁荣和大发展提供强有力的组织保障。会议增补了四届文联委员。代表们对文艺家协会工作进行投票测评。晚上，举行了以“百花回报沃土，亲情歌唱祖国”为主题的文艺界“百花迎春”晚会，展现文艺家风采、展现文艺创作成果。

【朝霞工程】

6月23日，琼中县黎族女生符悦、王丹丹等10名文艺特长的贫困少年，分别接过了省文联“朝霞工程”组委会资助的2000元钱和“朝霞少年”荣誉证书，此举标志着省文联2009年第四批“朝霞工程”文化扶贫活动在琼中、白沙、昌江全面铺开，33名贫困少年喜沐朝霞。省文联“朝霞工程”得力于省内相关市、县委宣传部、教育局和文联等部门的大力支持和配合，选拔书法、美术、音乐、舞蹈、戏剧、曲艺等方面的贫困少年文艺人才，作为培养和资助对象。按照“朝霞工程”、“选对人、用好钱、跟踪服务”的要求，专家评委组深入基层，亲自选拔和考核，在当地引起了强烈反响。“朝霞工程”活动不搞遍地开花，而是突出重点与民族文化传承、抢救结合起来，注重民族文化传统，突出民族特色。如琼中的符悦、林春蕊，白沙的羊冠雄、王菊芳，昌江的刘露珍、蔡依辛等学生的选拔。

【扶贫工作】

11月19日，韩少功带领专职副主席张秀强、吴东民等人，深入帮扶对象屯昌县屯城镇良史村所辖的8个自然村、13个经济社、2所村级小学作实地考察，并在农民家里与村干部、村民代表、小学校长座谈，了解村情民意。20日上午，韩少功召开会议作出决定，一是针对村里办公及开会场所门窗遭台风肆虐而破败不堪的情况，购买新桌椅援助。二是针对该村委会群众热衷篮球、排球等健身运动，由省文联和省作协共同出资建设一个篮球场。三是协调省教育厅、省交通厅，尽快实现学校教学和卫生设施建设以及农村公路的修建问题。已将2009年省文联作协资助并发动党员、干部职工捐款的4万元兴建球场，为村委会购买56张新桌椅。

机关建设

【思想政治学习】

先后组织了有关科学发展观、贯彻中央四中全会精神、国际旅游岛建设、公文写作、涉外活动知识、知识产权法规等有针对性的专家讲座，采用了电影、视频、参访、座谈、个别谈心、评比奖优等多种方式，强化文艺工作者的政治敏感，大局、责任意识，确保社会主义文艺的正确方向。

【机制体制创新】

创新一系列制度：实施文艺活动立项与结项、机关和各协会年度民主测评，干部轮岗和后备选拔等，增加了编制和干部职数，一些音乐、舞蹈、美术、网络管理方面的专业人才陆续到岗，优化了组织结构。

【机关搬迁】

顺利实现机关新址搬迁，争取省财政支持进行重新装修，各部门的工作条件大为改观。省文

化艺术活动中心在修建中。

【机关党委换届】

召开换届会议，选举产生新一届机关党委委员。

各文艺家协会

【作家协会】

2月16日，启动“诗歌岛”计划及海南诗歌大奖赛。5月7～9日，举办“垦区文化旅”采风活动。7月5日，“2009海南省诗歌大奖赛”评奖结束。9月，张品成小说《可爱的中国》，被上影集团改编拍成电影，被中宣部、国家广电总局列为“庆祝新中国成立60周年重点推荐影片”在全国公映。9月26日，举行江非诗歌创作学术研讨会。10月12日，开展送书下乡宣传活动，分别将价值8000元的新书和文具送到东方市大田中学和元门小学。11月中旬，组织作家到三亚开展采风活动。11月底，“海南奥林匹克花园长篇小说大奖赛”评选出该年度优秀作品和两部提名作品。12月27～29日，举办读书班，洪寿祥、韩少功、牧之、徐晋如等著名作家为60多名学员讲课。12月9～10日，在儋州和文昌开展诗歌朗诵会。12月11～15日，组织作家到广西桂林等地开展采风活动。12月29日，举办“清秋子与海南网络文学研讨会”。

【书法家协会】

1月6日，在三亚举办沈鹏、吴东民书画作品展。1月12日，举办杨毅书画新作展。1月18～20日，在琼海市、文昌市等地开展送文化下乡、义务为群众挥春活动。5月16日，举办第二届十乡镇书法作品展。6月18日，举行后安中学“书法校园”命名授牌仪式。9月，举办王俊岩书法作品展；9月5日，主办“海南省第三届青年书法作品展”。9月8日，展出统一战线庆祝新中国成立60周年书画摄影作品。9月12日，主办“海南省建国创业老同志书画作品展。9月23日，主办省组织系统庆祝新中国成立60周年书画摄影作品展。9月24日，举行“送欢乐、下基层·海南书画家走进武警总队” 笔会慰问活动。10月份，举办陈其吉书法展。10月14日，举办省农民书画作品展。10月24日，主办祝嘉先生书法遗墨展暨祝嘉书法学术研讨会。11月，主办杨毅书画新作展。11月14日，举办欧卫珍书画作品展。12月29日，举办“第二届海南书画精品展”。

【美术家协会】

年初，为迎接第11届全国美展，召开工笔画、版画、中国画创作研讨会、水彩（粉）画创作座谈会、“油画学术研讨会”。2月26日至3月2日，邓子芳等6位画家到广东进行艺术交流，两地画家还就当前中国画创作“笔墨当随时代”等问题，展开了研讨。3月26日，承办台湾·海南·崇明三岛画展。11月6日，举办罗继贞花鸟画展。4月29日，联合主办庆祝新中国成立60周年暨“五一”职工美术作品展。5月11日，启动版画创作班。7月2日，召开詹建俊、马书林、焦小健、李宝泉等专家座谈会，为海南美术把脉。10月28日，举办蔡於良中国画作品展。12月19日，举办“第11届全国美展海南作品展”。12月26日，主办“海南·济州美术作品联展”。

【音乐家协会】

2月，征集流行歌曲选出优秀作品结集成册，在省内推广。3月，省音协邀请著名词作家车行、陈道斌，著名曲作家李昕以及省内主要创作力量，赴琼中、五指山、儋州、三亚等采风。6月，举办许潇尹“椰林情深”个人独唱音乐会。6月12日，举办“让心灵的花儿尽情开放——全国优秀少儿合唱歌曲进校园”活动启动仪式。向海口市教育局和海南侨中等20所中小学校赠送了《全国优秀少儿合唱推荐歌曲集》CD光盘及曲谱。6月15日，在琼中黎族苗族自治县开展培训、讲座、排练活动，向教师和文艺工作者开设了歌唱基础知识和合唱与指挥基础的专题讲座，并选择了黎母山小学进行赠送、赏析、教学等系列帮教活动。8月，主办赵晓生音乐人生钢琴音乐会。11月，承办香港（亚太区）格里格与巴托克钢琴大赛海南赛区选拔赛。11月29日，主办第五届省音乐金椰奖颁奖音乐会。12月3日，举办“海南省歌舞团刘亚峰二胡独奏音乐会”。12月12日，举行林一荟扬琴独奏音乐会。12月24日，举办马兰钢琴独奏音乐会。

【舞蹈家协会】

1月6日，组织海口市艺术团到琼山区龙塘镇开展“送欢乐、下基层”慰问演出。2月22日，复排黎族歌舞诗《达达瑟》在海口市人大会堂上演。3月，彭煜翔组织舞剧《黄道婆》主要演员赴京参加上海、江苏、西藏、新疆、海南、解放军代表团联欢活动演出。3月29日，庆祝黎族苗族“三月三”节日中，协调配合陵水主会场开幕式大型民族音舞诗画《放歌三月三》的文艺表演。6月1日，协办中国舞协第40届教学成果展演暨椰娃艺术团第11届艺术节。6月5日，组织民族舞剧《黄道婆》赴琼中黎族苗族自治县举行《黄道婆》走进广场下乡演出。7月，组织海口市艺术团赴海口市未成年人法制教育中心、武警海口市第14中队慰问演出。8月25日，参与七仙温泉嬉水节系列演出活动，创作排演大型开幕式“风景这边独好”，大型文艺晚会“甘工涅槃”。9月26日，参与省职工庆祝新中国成立60周年电视晚会“我与祖国共奋进”演出。

【摄影家协会】

年初，组织会员到海口、澄迈县，开展“送欢乐、下基层”活动，为群众赠送年画和免费拍摄“全家福”。3月21日，主办蒋聚荣“走进非洲”影展。3月25日，组织摄影作者深入琼中采风。4月，组织摄影采风队到琼中、保亭、陵水、乐东、三亚、儋州、昌江等地，参加 黎苗族传统节日“三月三”活动。7月30日，组织代表团赴云南省大理州参加第八届中国摄影艺术节活动。8月22日，主办陈东“美在瞬间”影展。8月22日，主办王密“百姓纪实”影展。8月，举办“2009中国海南分界洲生态文化摄影比赛”活动。10月18日，主办黄一冰“海口史迹”纪实影展。11月21日，主办吴坤哲“风光风情”影展。12月5日，主办兰建琼“生命之树”生态影展。12月5日，举办佳能摄影讲座，邀请著名摄影家梅生讲座。12月19日，举办第五届省摄影艺术展，作品涵盖纪实、风光、艺术三大类，作品题材和风格多样、视角独特、构思新颖。130幅作品入展，作者用镜头敏锐地捕捉海南生态环境的变迁。

【戏剧家协会】

4月3～5日，现代琼剧《下南洋》在省人大会堂首演。3月21日，省剧协承办省琼剧名家名段演唱会。 5月10～19日，《下南洋》赴杭州参加第三届全国地方戏优秀剧目展演， 8月26日，《下南洋》在北京梅兰芳大剧院首场献礼演出。中共中央政治局委员、中央书记处书记、中宣部部长刘云山，全国政协副主席、中国文联主席孙家正，党组书记胡振民，中宣部副部长翟卫华，文化部副部长赵少华等领导观看演出，并与全体演员合影留念。12月22日，协办 “戏曲院团生存与发展座谈会”，就如何通过继承求取戏曲院团的生存与发展、培养优秀的戏曲艺术人才、戏曲艺术早日走进校园和创作演出优秀的琼剧精品等问题进行探讨交流。10月22日至11月2日，组团参加由新加坡海南会馆主办的第11届世界海南乡团联谊大会暨第二届新加坡海南传统文化节并演出。9月28日至10月2日，组团赴香港九龙高山剧场演出。

【影视家协会】

5月，组织专家评审团对电视连续剧《欲望岛》剧本分集梗概评审。8月28日，赴霸王岭开展采风活动，召开研讨会。10月21日，召开新闻发布会，启动“庆祝海南解放60周年、农垦成立60周年电视剧剧本梗概全国有偿征集活动”， 得到了全国各省市影视文学创作者的响应，共收到外省及本省作家创作的故事梗概46篇。组委会将在入选的优秀剧本梗概的基础上，聘请专业编剧进行电视剧剧本创作、拍摄。

【民间文艺家协会】

7月，制作《宝岛惊美——海南十大文化名镇（村）》精装图册本。7月，承办“海南首届民俗工艺展” 。10月16～20日，评出8位“海南民间艺术大师”和3个“海南首届民俗展创意金奖”，整理编辑了《海南首届民俗工艺评展活动“能人绝活”》资料册。

重要文艺创作成果

【文学】

韩少功小说《蛮师傅》获首届蒲松龄小小说奖。李鸿然的《中国当代少数民族文学史论》获首届中华优秀出版物（图书）奖。 黄葵的汶川抗震诗集《汶川诗草 爱在燃烧》荣获第二届中华优秀出版物抗震救灾特别奖。 晓剑创作反映汶川抗震中人们相互关爱的中篇小说《篮球》，获2008年中国人口文化奖小说奖。耿占春获第七届华语文学传媒大奖年度文学评论奖。林森中篇小说《小镇》荣获2008年度中国作家鄂尔多斯文学新人奖。胡庆魁长篇报告文学《风流海南》获2009年中华之魂优秀文学作品征文活动特等奖。符浩勇《无处

安放的花瓶》获冰心图书奖。张书松影评《从梦想步入辉煌的交响》获全国“奥运体育电影”优秀作品奖。杜光辉长篇小说《可可西里狼》被中国作协定为2009年重点资助项目。董元培散文《后水湾素描》获中国散文年会、散文选刊杂志社办的2009年中国百篇散文奖。张传誉《归思》、《祖国在我心中》、《继母》分别获得中国当代文学研究会一等奖。《共和国与她的改革开放30年》获专家学者理论创新奖。牛汉、陈言等编著的《开国大典》获“共和国脊梁奖”最高奖项、“新中国文艺60周年”金奖、中国作家年会一等奖。

【书法】

孔祥志获全国第三届榜书艺术展一等奖。宋涛、肖春生、张圆满、林斯兴、蒋冰作品入展第六届中国书坛新人展。全国第二届青年书法展中，黄乐辉、朱国振获三等奖；冯伟入展。李大旺获全国第六届楹联书法展二等奖；李景新论文入选全国第八届书学研讨会。黄承利获第三届兰亭奖教育三等奖，江寿男入展艺术奖。陈洪、江寿男、王熊平、陆庆作品入展中国书坛500人作品展。

【美术】

丁孟芳、梁峰、张继光、王家儒、王锐油画作品，符祥康、林先动、王家儒、周建宏水彩粉画作品，邓子芳、李菁、郭红雨、王守田、王娟、陈茂叶等版画作品，齐英石中国画作品入选第11届全国美展，李汉波油画《红色娘子军之歌》获提名奖。郭红雨的《哥哥心中的梦想》获第七届中国体育美术作品展优秀奖，王锐、吴一丹、吴多天、王守田作品入展。邓子芳、阮江华、齐英石、曾周作品入选第五届中国美协会员国画精品展，齐英石的《庭院青青》获优秀奖。周铁利、周国富作品获大东方当代油画作品展优秀奖，周建宏、符嘉臻、柯兰亭、姜旺、郑文雄油画作品入展。符嘉臻油画《拯救》获“倡导绿色生活、共建文明生态——全国美术作品展”优秀奖，丁孟芳、李牧之、陈雄、周彬、周铁利、符嘉臻作品入选。阮江华、傅世林中国画《溪山春晓》和《荷塘鹅影》入选“全日本与中国书画家联展”。韩勤中国画作品《黎乡婚庆图》获“走进鄂尔多斯国际美术大展”优秀奖。

【摄影】

吴建华的《祈福》、代国夫的《水之舞》分别获得第八届中国摄影艺术节大奖赛优秀及入选奖。王方宁的《斗牛》入选《中国原生态国际摄影大展》。任志才的《静谧的海湾》获“最美海南”摄影大奖赛专业组金奖，冯推德的《黎寨春色》获业余组金奖，陈东作品《寂静的海湾》获业余组银奖。龙泉作品《新车出炉》获省第五届摄影艺术展艺术类金牌奖，孔祥标作品《苹果手链》获银牌奖，任志才作品《静谧的海湾》获风光类金牌奖，吴乾山作品《红花向日开》、陈立华作品《水帘洞》获得风光类银牌奖。黄一冰作品《众志成城》获纪实类金牌奖，李铭作品《骏马飞蹄踏清秋》、代国夫作品《猴趣》、吴扬作品《锚地》获纪实类银牌奖。刘冶、陈颖专、吴建华、吴坤哲、司衍雄、游必生、张卫华等人的作品分别获得艺术类、风光类、纪实类铜牌奖，许灿等10人作品获得优秀奖。黄一鸣获郎静山摄影艺术金像奖，杨威胜获提名奖。

【戏剧】

《下南洋》获第三届全国地方戏优秀剧目展演二等奖、第11届中国戏剧节优秀剧目奖。冯禹铭获第13届“中国少儿戏曲小梅花荟萃”专业组“银花”奖。参评论文获第六届中国戏剧文学奖论文二等奖和三等奖。中国戏剧出版社出版《冯所庆剧作集》、符策超的《此乡多宝玉》专著。

【舞蹈】

《快乐儋州娃》（编导辜杰红）获“第三届全国青少年才艺电视展演”一等奖。《黎童与小鸡》（编导王淑兰、王英玉），获全国第五届“小荷风采”少儿舞蹈比赛小荷之星奖。《筛·筛·筛》（编导苏和荣）、《种山兰》（编导胡海兰），获第七届中国舞蹈“荷花奖”民族民间舞总决赛“提名奖”。嘉积中学男子舞蹈团群舞《远征》（辅导颜业岸），荣获第五届全国电视舞蹈大赛“群文舞蹈”类铜奖。蒙麓光获中国舞蹈艺术“突出贡献舞蹈家”称号，王淑兰、詹晓莉获“优秀组织工作者”称号，省舞协获“优秀组织奖”。吴名辉的论文《陈翘舞蹈：“国际旅游岛”的金项链》收入《国家战略与国际旅游岛建设论文集》。

【音乐】

海大艺术学院合唱团获第七届中国音乐金钟奖合唱决赛优秀奖。“2009香港（亚太区）格里格与巴托克钢琴大赛海南（国内）赛区选拔赛”

香港地区总决赛中，庄沁婷、杨博淇获得儿童中级组优秀奖一等奖，朱懿钦获儿童高级组优秀奖一等奖，陈文获少年初级组第五名，教师张慧获优秀指导教师表扬证书。全国流行歌曲大奖赛，5首作品分别获得一、二、三等奖，《爸爸再见》、《香水湾的传说》、《难忘 1988》参加央视全国比赛获提名奖。何玮琪获第二届“卡西欧杯”全国电子琴考级优秀选手展演初级组第一名，何红获优秀指导教师奖，省音协获组织奖。声乐专业美声唱法方芳、民族唱法李佳娜入围第七届中国音乐金钟奖复赛。

【影视】

彭铁林获得第六届全国“德艺双馨电视艺术工作者”荣誉称号。

【民间文艺】

海南根雕协会有两件作品获得全国根雕艺术展金奖。民间艺术家符策超被评为中国民协第三届德艺双馨民间文艺家。

基层文联

【乐东黎族自治县文联】

年内抓好文联自身建设和基层协会建设，开展丰富多彩的文艺活动，满足人民群众对文化的需求，为推动当地经济社会发展，提供文化支撑。参加学习实践第二批科学发展观活动，结合文联干部自身情况，采取集中学习、自学、座谈会、调研等多种形式，加强自身的学习和实践。协助省艺术馆在黄流镇举办全省群艺馆（文化馆）书法骨干暨书法之乡黄流群众书法培训班，成立望楼河文艺协会，加强文艺人才培训和基层文艺协会建设。完成县摄影等协会的换届工作。精心组织本县“2009 海南诗歌大赛”，全县参赛面广，参赛人数达256人，投稿件700多篇，共评出一、二、三等奖共 18 名，对黄流中学、冲坡中学、九所中学、莺歌海盐场联合中学等4家被评为“诗歌校园”的学校进行表彰。组织舞协、剧协、音协等协会的文艺工作者深入农村，企业和中小学，开展文艺下乡活动，丰富基层文化生活。组织动员县文学作者参加中国文联开展的“我与文联”大型征文活动。组织 12 人 12 幅书法作品参加全省十乡镇书法作品展，出版融书画、摄影、文学创作为一体的省内知名的文艺刊物《天池》两期，为文艺工作者提供与外地互相交流的平台，深受广大读者的好评。邢孔镭作曲的《椰风海韵》在第十届“祖国之春，中国民族民间歌曲演创高端选萃”中荣获“中国民歌十大金曲金奖”。作家关义秀的《我从天池走来》在中国文联开展的“我与文联”大型征文活动中收编入《庆祝文联成立60周年我与文联大型征文集粹》。《旅途》（陈作翠著）、《心潮集》（吴南杰著）、《童声诗歌散文集》（陈人志著）、《鸤鱼缘》（杨生龙著）等文学作品出版。佛罗镇被省书协授予书法之乡称号。

重庆市文联

综　述

2009年，重庆市文联团结带领全市文艺工作者，以邓小平理论和“三个代表”重要思想为指导，深入贯彻落实科学发展观，按照“高举旗帜、围绕大局、服务人民、改革创新”的总要求，以迎接新中国成立60周年为主线，以服务全市工作大局为重点，以“学先进省市经验、创重庆工作特色、建西部人文高地、促文艺事业繁荣”为目标，认真履行联络协调服务指导职能，开拓创新，勇挑重担，团结一心，扎实苦干，超额完成了全年工作任务，为重庆文化大发展大繁荣作出了新的贡献。

重庆市文联紧紧围绕学习实践科学发展观活动，深入贯彻落实中共重庆市委三届五次全委会精神，切实增强推进文艺发展的责任感和使命感。围绕纪念新中国成立60周年，精心组织以“最美的颂歌献给祖国”为主题的系列创作、展演、展映、展览、展示文艺活动，展示新中国的辉煌成就和美好前景。围绕人民群众对文化建设的新期待，扎实开展面向基层、服务大众的群众文化活动，努力保障人民群众的基本文化权益，积极开展服务普通百姓的文艺活动，大力唱响弘扬民族精神和时代精神的主旋律，进一步丰富基层群众的精神文化生活。围绕坚持文艺的正确导向，切实履行文联工作主题，努力推出优秀人才和作品，紧扣“出作品出人才”两大主题，采取多种措施促进人才培养，推动创作繁荣，取得了可喜成果。围绕文联工作职责，牢固树立崇尚实干、鼓励创新、强化服务、重视基层的工作理念，全面加强自身建设，努力开创文联工作新局面，把文联机关建设成为全市文艺工作者的“和谐家园”。

这些成绩的取得，是中国文联加强指导的结果，是中共重庆市委正确领导的结果，是中共重庆市委宣传部直接领导的结果，是社会各界积极支持、多方协助的结果，也是全市广大文艺家和文艺工作者团结奋斗、艰辛努力的结果。通过这些成绩，重庆市文联更深刻地认识到：坚持以马克思主义中国化的最新成果为指导，是繁荣发展社会主义文艺事业的根本保证；全面贯彻落实党的文艺方针，是繁荣发展社会主义文艺事业的关键所在；围绕大局、服务人民，是繁荣发展社会主义文艺事业的基本遵循；与时俱进、改革创新，是繁荣发展社会主义文艺事业的必由之路；重在建设、团结鼓劲，是繁荣发展社会主义文艺事业的重要法宝。

文艺活动

【承办第七届中国音乐金钟奖合唱比赛】

9月19～24日，作为献给祖国母亲60华诞的一份厚礼，备受瞩目的第七届中国音乐金钟奖合唱比赛在重庆市隆重举行。比赛历时6天，来自全国各地、由近3000人组成的45支合唱团经过激烈角逐，10支团队分获金、银、铜奖，重庆市歌剧院合唱团荣获银奖。在9月23日的颁奖晚会上，中共中央政治局委员、中共重庆市委书记薄熙来，中国文联党组书记、副主席胡振民出席颁奖晚会。重庆卫视现场直播了晚会盛况。中国音乐金钟奖是中国音乐最高奖，此次合唱比赛不仅是近年来重庆市举办的规格最高、影响最大的音乐赛事，也是重庆市文联自成立以来承担的最为复杂、最为艰难的一次大型活动。在中共重庆市委市政府的大力支持下，在社会各方的大力协助下，市文联上下经过近一年的艰辛努力，终于向中国文联、中国音乐家协会和中共重庆市委、市人民政府及全市人民交上了一份满意的答卷，极大地提高了重庆的知名度和美誉度。

【牵头开展讲故事活动】

中共重庆市委大力倡导的唱红歌、读经典、讲故事、传箴言四位一体的群众文化活动，得到全市文艺工作者的广泛认可和积极响应。重庆市文联牵头开展了讲故事活动。自3月底讲故事活动启动以来，重庆市文联克服人手少、时间紧、任务重、活动密、要求高等困难，在重庆市组织开展了重庆市讲故事活动启动仪式暨首场故事会、全国革命纪念馆讲故事大会、全国名家到重庆讲故事、红色故事讲遍新重庆——讲故事活动全市巡讲首场故事会、第二届中国故事节少儿红色故事会等一系列大型主题故事活动。通过搭建故事平台、征集故事作品、组建故事员队伍、强化媒体栏目，讲故事活动在全市上下迅速形成浩大声势，巴渝大地掀起了一轮又一轮讲故事活动高潮，在全国也产生了重大影响，引起中共中央宣传部、中央文献研究室、中国文联、中国民间文艺家协会、中国曲艺家协会、中国电影家协会及全国诸多省区市的关注，刘兰芳、姜昆、王刚、牛群、鞠萍、董浩等全国名家纷纷到重庆讲故事，中央政治局委员、中共重庆市委书记薄熙来多次亲临讲故事活动现场并对全市讲故事活动给予高度评价。据不完全统计，自3月底首场故事会以来，重庆市共组织一定规模的故事会34900多场，讲述故事114800多个，直接听众3300多万人次，出版《讲故事》杂志11期，发行近3万册，讲故事活动已成为重庆新的城市文化名片。

【“书写经典”大型系列活动】

重庆市文联和市书法家协会策划组织的“书写经典”系列文化活动，得到了中共重庆市委和宣传部领导的高度重视。4月16日，重庆市文联和重庆市书法家协会共同主办的“书写经典·重庆市书法艺术学校师生现场书写活动”在重庆市九龙坡区杨家坪小学隆重举行，来自全市20余个区县的36所书法艺术学校的400余名师生现场挥毫泼墨，书写经典。5月18日，由中共重庆市委宣传部主办，重庆市文联等单位承办的“书写经典·重庆百名书家书写经典作品展”在三峡博物馆隆重开展，中共中央政治局委员、中共重庆市委书记薄熙来出席开幕式并宣布展览开幕。中共重庆市委常委、宣传部部长何事忠主持开幕式。10月15日，重庆200幅励志书法作品挂在了崇州市崇庆中学实验学校体育馆内。这批价值30余万元，凝聚200位重庆书家和书法爱好者爱心的作品，已捐赠给崇州市各所中小学校。12月19日，由中共重庆市委宣传部主办，重庆市文联、重庆市书法家协会承办的“书写经典·重庆市优秀书法作品展”在重庆大剧院开展。通过广泛征稿，展览共展出从全市278件作品中选出的190件入展作品，88件作品获优秀奖。4项主题活动的成功举办，意味着“书写经典”大型系列活动完美收官。

【“送欢乐、下基层”系列慰问活动】

2009年元旦春节期间，市文联精心组织实施了重庆市文艺界“送欢乐、下基层”系列慰问活动。1月8日，市文联党组书记、副主席王超率12个市级文艺家协会的80多名文艺工作者，来到三峡库区涪陵区李渡街道，开展“送欢乐、下基层”慰问活动。艺术家不仅为乡亲们表演了精彩节目，赠送了春联、绘画和剪纸作品，重庆市文联还向当地敬老院的27名老人、15户困难群众代表赠送了全家福照片、春联、棉被等慰问品，向涪陵区马鞍街道、马鞍中心学校赠送了美术、书法作品。1月6日，由市文联、市书法家协会联合组织的“送欢乐、下基层”和“书法进万家”活动在千年古镇垫江高安举行。重庆市各区县文联、行业（企业）文联也积极响应号召，把欢歌笑语送到老百姓心坎里。据不完全统计，2009年元旦春节期间，全市文联系统共组织500多人次艺术家开展“送欢乐、下基层”公益慰问活动，受益群众近2万人次。全市各基层文联、企业（行业）文联也结合实际，发挥自身优势，参与和组织了形式多样的文化惠民活动。

【第四届青年歌手电视大奖赛】

4月2日，重庆市第四届青年歌手电视大奖赛正式启动，来自全市40个区县的近3000名选手，经过选拔赛、片区团体赛（复赛）、决赛等层层角逐，最终，35名选手分获美声、民族和原生态、流行3种类别的一、二、三等奖，7首原创优秀歌曲分获一、二、三等奖。10月28日，重庆市领导为获奖选手和作品隆重颁奖。此次大赛，收集了一批新歌，发现了一批有潜力的年轻歌手，为重庆市参加全国青年歌手电视大赛储备了资源和力量。

【首届重庆青年美术双年展】

首届重庆青年美术双年展包括主题展“当下艺术的文化想象”和特别计划展“重庆高校青年师生作品推荐展”，以及由社会艺术机构配合主办的独立展“中德青年装置作品展”和“城市档案摄影作品展”。主题展于9月3～12日在重庆

国际会展中心举行，来自全国各地（含港澳台地区和居住大陆的外国艺术家）的青年艺术家共85人（组）参加展览，共展出包括装置、雕塑、影像、绘画四大类200余件作品。展览期间，由批评家组成的艺术委员会对优秀展品进行了评选，20位优秀艺术家及作品当选。

【中国西部书法摄影联展】

9月3～12日，中国西部书法摄影联展在重庆国际会展中心举行。来自重庆、云南、四川、西藏、宁夏、青海等西部12省区市的360件作品参加了展出。这次展览，作品覆盖面广、制作精良、布局活泼新颖、突出“当代”特色。在展览的同时，还举行了“摄影创新之路”摄影高峰论坛，可谓理论与研讨并行。

【第三届大学生戏剧节】

由市文联、市戏剧家协会共同举办的第三届大学生戏剧节，自启动以来，共收到来自重庆市17所院校的63个剧目。10月11～28日，申报参节剧目第一阶段的校内选拔演出结束，选出的16个多幕剧、12个小品小戏将参加戏剧节第二阶段的参评演出。

文艺创作

【推荐优秀人才荣获国家级奖项】

经重庆市文联和各市级文艺家协会推荐，多名会员荣获国家级奖项。歌剧《巫山神女》主演张礼慧摘得第24届梅花奖。川江号子传承人陈邦贵获第九届中国民间文艺山花奖·民间文艺成就奖。双面异形绣艺术家康宁获“2009年中国民协第三届德艺双馨民间文艺家”称号。重庆市书法家协会廖科获第三届中国书法兰亭奖·理论奖三等奖，周庶民获第三届中国书法兰亭奖·教育奖提名奖，戴文的隶书作品获第二届全国隶书大展三等奖，刘再兵的篆刻作品获第六届全国篆刻大赛三等奖。重庆市曲艺家协会主席王毅荣获中国曲艺家协会60年优秀中青年曲艺家称号，著名谐剧表演艺术家凌宗魁荣获中国曲艺家协会60年突出贡献曲艺家称号，重庆市曲艺家协会副秘书长程汪红荣获中国曲艺家协会60年突出贡献曲艺组织工作者称号。重庆市杂技家协会主席王亚非、名誉主席何天宠被评为“为中国杂技家协会工作作出突出贡献者”，何天宠还荣获“新中国成立60周年重庆杰出贡献英模”称号。重庆市电视艺术家协会惠愚获“第六届全国德艺双馨电视工作者”称号。

【第四届重庆市美术作品展暨第11届全国美展重庆市选送作品展】

五年一届的全国美展从1949年至今，已成为我国影响最广、规模最大、最具权威的学术性美术展览。按照惯例，在举办全国美术作品展的当年，重庆市将同时举办全市的综合性美术作品大展，并在展览上评选出参加全国美展的作品。7月18日，由重庆市文化广播电视局、重庆市文联、重庆市美术家协会联合主办的“第四届重庆市美术作品展暨第11届全国美展重庆市选送作品展”在四川美术学院内的重庆美术馆隆重开展。从近2000件作品中评选出的国画、油画、版画、水粉水彩共717件作品参加了展览，78件作品被选送参加全国美展。最终，段胜峰、孙元明、许冲的工业艺术设计《全地形突击救援车》获得第11届全国美展总评金奖，裴天林的版画《日出东方》获得银奖，金川的版画《牧人》、四川美院动画学院06级动画实作班的动画《汶川300秒》获得铜奖。

【电影《片警周鑫》】

为贯彻落实中共中央政治局委员、中共重庆市委书记薄熙来，国务委员、公安部部长孟建柱等领导同志关于向勇斗歹徒英勇献身的涪陵区敦仁派出所民警周鑫学习的批示精神，更好地宣传英雄，弘扬正气，重庆市文联、重庆市电影家协会于2月底着手创作电影《片警周鑫》。经过近2个月的剧本创作，在重庆广电广播电视剧制作中心的协助下，5月7日，影片在涪陵开机。这是重庆市首次依靠自己的力量，融编、导、演、制为一体的影片。8月25日晚，数字电影《片警周鑫》在涪陵首映，中共重庆市委宣传部、政法委、重庆市文联、涪陵区等单位领导及主创人员、各界群众1000余人参加首映式。该片已在全市各大影院上映。

【重庆市从艺60年文艺工作者推荐及表彰工作】

为庆祝中国文联成立60周年，经中宣部批准，中国文联决定向从事新中国文艺工作60年的文艺工作者颁发荣誉证章和证书。按照中国文联的部署，3月，重庆市文联向中国文联推荐了130名全市文联系统从事新中国文艺工作60年的文艺工作者。11月25日，重庆市文联在雾都宾馆隆重召开“重庆文艺界从事新中国文艺工作60年文艺工作者座谈会”，向老文艺家代表颁发了证章证书。

机关建设

【学习贯彻《中共重庆市委关于推动文化大发展大繁荣的决定》】

2009年，中共重庆市委三届五次全委会通过了《中共重庆市委关于推动文化大发展大繁荣的决定》。以全委会的形式专题研究文化建设，重庆直辖以来是第一次，在全国也是党的十七大召开以来的第一个省区市。中共重庆市委三届五次全委会后，重庆市文联和各市级文艺家协会迅速行动起来，利用多种形式传达学习会议决定和薄熙来书记的讲话精神。中共重庆市委宣讲团成员、重庆市文联党组书记、副主席王超到各市级文艺家协会做了12场专题宣讲，并分别召开了学习贯彻全委会精神、发展繁荣文艺事业座谈会。重庆市文联二届七次主席团（扩大）会议专题审议通过了《重庆市文联关于贯彻落实市委三届五次全委会精神的实施意见》，发出了《关于号召全市广大文艺工作者积极投身推动重庆文化大发展大繁荣倡议书》，向全市文艺界吹响了奋勇争先的号角。

【编写《文联工作概论》】

由中国文联理论研究室组织编撰、为规范文联工作、并为中国文联成立60周年献礼的理论书籍《文联工作概论》，由市文联牵头，举各地文联之力进行编撰。3月14日，《文联工作概论》编撰启动会议在重庆举行。中国文联理论研究室以及来自全国部分省市的文联领导、文化专家参加了会议。与会代表充分肯定了编写此书的意义，认为该书是文联成立60周年来的第一次，具有填补空白性质，必将进一步规范文联工作，对文艺事业发展产生深远影响。会议围绕本书的定位、体例、写作原则、提纲进行了讨论，达成了共识。

【加强文联组织建设】

2009年，市文联精心指导武隆县、忠县、綦江县先后成立了文联组织，指导万盛区文联完成换届。截至2009年末，市文联有团体会员单位51个，其中全市性文艺家协会13个，区县（自治县）文联32个，行业企业文联6个，非团体会员的文艺研究会（协会）4个。全国个人会员1513人，市级个人会员10718人，基层个人会员2万多人。各基层文联积极开展工作，渝中区文联、巴南区文联、璧山县文联等16个基层文联被评选为2008年度先进基层文联，并在市文联二届四次全委会上进行了表彰。涪陵区文联等20个基层文联被评选为2009年先进基层文联。

协会工作

【首届青少年书法艺术节】

为了加强青少年书法教育，促进重庆市青少年艺术人才的培养，由重庆市语言文字工作委员会、市文联、市书法家协会等联合举办的“重庆市首届青少年书法艺术节”经过近半年的精心准备，于11月18日在重庆市大渡口区隆重开幕。开幕式上，与会领导先后为书法艺术学校授牌，为少儿书法50佳、先进单位和先进个人颁发了奖牌、奖杯和奖品，对第25届中日青少年书法竞赛重庆获奖者颁了奖。江苏、重庆4个书法艺术学校举行了富有成果的结对联谊签字仪式。重庆市首届青少年书法艺术节还举办了首届全国大中小学生规范汉字书写大赛重庆选拔赛优秀作品展、育才杯·重庆市第二届青少年书法小品展、大渡口区育才小学师生书法展览暨现场表演、重庆市首届书法教育论坛、墨坊杯·重庆市首届青少年书法优秀作品展、渝北区新牌坊小学师生现场书法表演和成果展示展览、重庆市青少年书法创作与辅导研讨会等多项活动。重庆市首届青少年书法艺术节的举办，为重庆书法教育的可持续发展迈出了更加坚实的步伐。

【申报中国曲艺之乡和中国民协《民间文学》基地称号】

经重庆市九龙坡区文联要求，经市文联研究批准，市曲艺家协会向中国曲艺家协会递交了申请重庆市九龙坡区走马镇为“中国曲艺之乡”的请示。中国曲艺家协会经过实地考察，认为该镇在组织申报曲艺之乡活动中准备充分，特色鲜明，同意授予重庆市走马镇“中国曲艺之乡”称号。重庆市北碚区是全国文化先进区，拥有厚重的故事资源，经过争取，11月，北碚区被授予中国民间文艺家协会《民间文学》故事基地称号。

【参加第五届全国“小荷风采”少儿舞蹈展演】

8月6日，第五届全国“小荷风采”少儿舞蹈展演决赛落下帷幕。重庆参赛队在本届赛事中表现出色，参赛的7件作品均榜上有名，其中，《快乐的小羊》等5件作品获得金奖，《摆呀摆》等2件作品获得银奖，创造了重庆历届参赛之最，市舞蹈家协会也因组织工作出色获“优秀组织工作奖”。另外，在全国土家族、苗族民间歌舞展演中，市舞蹈家协会选送的3件作品也获得了2金1银的好成绩。

【参加中国第13届国际摄影艺术展览】

9月5～7日，全球最大的国际性摄影赛事之——中国第13届国际摄影艺术展开展。重庆市摄影家协会会员彭健的《凤凰涅槃》荣获彩色铜牌奖，陈彤的《乌江力量》、陈亚蘋的《觅途》、田中友的《季春的阳光》和《转场路漫漫》入选影展。

【系列评论活动】

2009年，市文艺评论家协会按照年初确定的工作思路，高度重视文艺理论和文艺评论工作，先后举办或合作举办了《吕进文存》和《吕进诗文选》首发式，周顺恺现实主义作品创作研讨会，电视剧《国家行动》研讨会，《从废墟走向天堂》新书研讨会，《多诗的河流——宋家伟诗歌集》研讨会，小说《大码头》、《血海情殇渝水悠》，电视剧《下江人》、川剧《鸣凤》等作品研讨会，积极撰写评论文章，扩大作品影响，为作品的进一步修改完善提出意见与建议。

四川省文联

综　述

2009年，在四川省委、省政府的领导下和四川省委宣传部的指导下，省文联及各团体会员高举邓小平理论和“三个代表”重要思想伟大旗帜，全面贯彻落实科学发展观，围绕中心、服务大局，面向基层、服务群众，认真履行联络协调服务和业务指导的职能，在改革创新中焕发活力、在热情服务中增强凝聚力、在奋发有为中扩大影响力，团结动员广大文艺工作者，圆满完成了各项任务，为推进“两个加快”，推动四川文艺事业大发展大繁荣作出了积极贡献。

会议与活动

【第六次文代会】

2月，四川省第六次文代会在成都召开。会议按照人民团体章程规定审议通过了一系列程序性事项。举行了隆重热烈的大会开幕式，聆听了四川省委书记、省人大常委会主任刘奇葆的重要讲话和四川省委副书记、省长蒋巨峰做的经济形势报告。审议通过了四川省文联五届委员会工作报告和《四川省文联章程（修改）草案》，民主选举产生了省文联六届全省委员会委员和文联主席、副主席，推举了名誉主席，聘任了秘书长，聘请了荣誉委员。省委宣传部召开了第六届四川省文联委员、第七届四川省作协委员座谈会，对唱响时代主旋律，努力建设文化强省提出了新要求。会议结束后，省委、省政府主要领导亲切接见了省文联、省作协新当选的主席、副主席。

【纪念汶川大地震一周年文艺活动】

5月8日，由中国美术家协会、中共四川省委宣传部、省文联主办，省美术家协会、美术馆承办的“感恩·重建——纪念‘5·12’汶川大地震一周年全国美术作品展”在四川美术馆开幕。中国美术家协会分党组书记、驻会副主席吴长江，中共四川省委宣传部副部长朱丹枫，四川省文联党组书记、常务副主席黄启国，成都军区政治部宣传部部长赵明仁等出席了开幕式。此次作品展，荟萃了全国美术界的名家大师，集中了抗震救灾主题美术创作的代表成果。作品是一次对抗震救灾悲壮历程的总结回顾和面向全国人民尤其是灾区群众进行的抗震救灾伟大精神的宣传与弘扬。

5月9日，以“生命的绽放”为主题的“5·12”汶川特大地震周年纪念暨第二届挑战命运特殊艺术大赛颁奖晚会在四川大邑举行。本届大赛由省文联、中国残疾人事业新闻宣传促进会、绽放基金联合主办，省舞蹈家协会、中国特殊艺术在线联合承办。大赛共设置了声乐、器乐、舞蹈、语言等组别，参赛选手来自全国14个省区市。是一次面向残疾人大众的艺术选拔，也是一次全国特殊艺术的集中展现和会演。省文联党组书记、常务副主席黄启国，党组副书记、副主席陈黔鲁等出席颁奖晚会。残疾人艺术家分别表演了歌曲、舞蹈、诗朗诵、钢琴、萨克斯演奏等节目。

5月12日，由省文联、省政府驻广州办事处、省扶贫基金会、省对外友好协会等单位共同发起主办，以“携手同行，明天更美好”为主题的“5·12”汶川大地震周年纪念晚会，在广州市奥林匹克体育中心举行。省人大常委会副主任、省文联主席郭永祥，广东省委常委、省委秘书长徐少华，广东省人大常委会副主任陈小川，广州军区副政委田义功以及广州市有关领导等出席纪念晚会。晚会分为“众志成城、抗震救灾”、“重建家园、感恩世界”、“携手同行，明天更美好”3个篇章，充分表达了四川人民在省委、省政府坚强领导下重建美好新家园的决心和信心，充分体现了四川对全国人民的感恩之情。晚会成功举办后，组委会向省人民政府办公厅做了《携手同行 明天更美好——关于举办“5·12”汶川大地震周年纪念晚会的情况报告》，省委副书记、省长蒋巨峰阅后，

于5月27日作出批示："以'携手同行，明天更美好'为主题的'5·12'汶川大地震周年纪念晚会在广州取得圆满成功，展现了四川加快灾后恢复重建的良好形象，表达了四川省对全国各族人民的感恩之情，组委会工作卓有成效，特向同志们表示热烈的祝贺和深切的感谢！"

5月12日，由中共四川省委宣传部为指导单位，中共上海市委宣传部、上海市文联、四川省文联、四川音乐学院等主办的以"感恩"为主题的音乐会在上海音乐厅上演。中共上海市委宣传部副部长陈东，上海市文联党组书记、专职副主席杨益萍，四川省文联党组副书记、副主席陈黔鲁，四川省文联副主席、四川音乐学院院长敖昌群等出席音乐会。音乐会演唱了《我们永远在一起》、《我们的子弟兵》、《我和我的祖国》、《绣荷包》等歌曲。合唱团的羌族歌手尔玛娜泽和藏族歌手拥江帆还演唱了《羌寨之恋》和《青藏高原》，并献上了羌红和哈达。此次活动还向上海市各界赠送了5万张可终身免费旅游都江堰市景区的感恩卡 。

5月21日，以中共四川省委宣传部、省文联主办、省音乐家协会组织省音乐界倾力创作的"大型交响音乐会'生命'"，在四川音乐学院音乐厅举行。该作品由四川音乐学院和爱乐乐团组成交响乐队，由四川音乐学院声乐系学生、教师合唱团、海星合唱团等联合演出。省人大常委会、省人民政府、省政协的有关领导和省级宣传文化单位的负责同志出席音乐会观看演出。整台音乐会分"安魂曲"、"殇"、"拯救"、"此去经年"、"五月的红樱桃"、"重新站起来"和"生命"7个乐章。音乐会旨在通过交响乐作品重塑人类生命的辉煌与人性的高贵，高扬对生命的尊重大旗，赋予生命更崇高的价值与意义。

5月26日，由省文联主办，省美术家协会、四川美术馆以及成都、德阳、绵阳、广元、阿坝5个地震重灾区文联、美术家协会联合承办的"不屈的脊梁——四川地震灾区画家'5·12'周年祭美术作品展"在四川美术馆举行。省文联党组书记、常务副主席黄启国，党组副书记、副主席陈黔鲁，四川省美术家协会主席阿鸽等出席展览开幕式。展览共展出作品82件，这些作品从不同的侧面反映了百折不挠、英勇顽强的抗震救灾精神以及灾区人民战胜灾难、重建家园的信心和决心，表达了地震灾区人民对全国人民的深深谢意，同时也是对地震灾区人民挺过灾难迎来希望的美好祝福。参展作品还在5个重灾区进行了巡回展出。

6月23～28日，应韩中文化协会的邀请，由黄启国为团长的演出团，赴韩国首尔、全州、益州等地进行"关爱四川、感恩韩国"大型公益演出。此次演出节目继承传统，体现创新，展示了当代巴蜀文化的特色，如川剧《白蟮观景》、四川清音《摘海棠》、川剧绝活《变脸》等，表现出面临巨大灾害后的四川人民自强不息、重建家园的信心和决心，传达了四川依然美丽的信息。在韩演出期间，韩国唯一的国家级电视台KBS全程报道，并且进行了录播，同时向韩国全国播出演出内容。所到地方电视台都进行了报道和节目的直播。

【展演活动】

7月27日，由省文联、省美术家协会、四川美术馆共同主办的"庆祝中华人民共和国成立60周年——四川省美术作品展"在四川美术馆开幕。展览展出的作品题材广泛，种类丰富，风格多样，体现了鲜明的巴蜀文化特色和强烈的时代精神，表现了中国特色社会主义、改革开放和建设和谐社会的时代主题，从不同角度反映了新中国成立60年来中华民族的沧桑巨变和日新月异的变化，展示了人民群众良好的精神面貌和蓬勃向上的社会风气。

8月30日，由省文联主办、省杂技家协会承办的"庆祝中华人民共和国成立60周年暨四川省优秀杂技节目展演"在成都锦城艺术宫举行。此次展演既是向祖国献礼，也是向四川人民展示近年来四川省的杂技艺术取得的丰硕成果。演出的11个杂技节目，如遂宁市杂技团的《双人技巧》(该节目曾获中国杂技最高奖——金菊奖金奖、第29届巴黎"明日"国际杂技节金奖等大奖）、《高椅》、《五壮士皮条》、《转毯》、《快乐的炊事员》等都是四川省近年来深受广大观众喜爱的优秀杂技节目。同时还表演了登上中央电视台春晚舞台的《功夫熊猫》以及参加过北京2008年残奥会闭幕式大型演出的草帽舞《欢庆》。演出结束后，省人大常委会副主任、省文联主席郭永祥，省人民政府副省长黄彦蓉，省政协副主席曾清华等上台向参演单位颁发了"四川省优秀杂技节目奖"奖杯和证书，并与全体演职员合影留念。

10月30日，由省委宣传部、省文联、省精神文明办、成都市公安局共同主办，省音乐家协会、省曲艺家协会、成都市锦江区委宣传部等单位承办的第七届“春熙放歌”——“祖国在我心中”警民共建和谐社会专题晚会在成都市春熙路广场唱响。省人大常委会副主任、省文联主席郭永祥，省人大常委会副秘书长李清禾，省委宣传部副部长朱丹枫，省文联党组书记、常务副主席黄启国，党组副书记、副主席杨茂成，党组副书记、副主席陈黔鲁，机关党委书记、副主席兼秘书长杨时川等与公安干警、武警战士和成都市民万余人，共同观看由专业艺术院团和成都市公安局的警官们联袂表演的节目。晚会以“祝福”、“忠诚”、“祖国颂”3个板块组成，在《祝福祖国》的大合唱中拉开帷幕，由“海星”、“黎明”、“星光”合唱团同台高歌。在第二个板块里，着重展现了四川省公安战线干警们的铁骨柔情，节目艺术地再现了不同警种在各自战线上的风采，表达了他们对党、对祖国、对人民的无限忠诚。晚会在现场万余名观众齐声高歌《歌唱祖国》的热烈气氛中结束。

【惠民文化活动】

为基层群众送戏剧、送电影、送绘画、送书法、送春联、送照片等，把群众喜闻乐见的优秀文艺作品送到灾区、乡村、企业、社区、军营和校园，为人民群众提供了优质的文化服务。

4月25日，由中国书法家协会、中共四川省委宣传部、省文联主办，省书法家协会承办的“5·12汶川大地震一周年中国书法名家走进地震灾区”暨绵竹市“兰亭小学”奠基仪式，在绵竹市大西街小学的废墟上举行。中国书法家协会分党组书记、驻会副主席兼秘书长赵长青，中国书法家协会副主席申万胜、邵秉仁、吴善璋、何应辉，省文联党组书记、常务副主席黄启国等出席奠基仪式。邵秉仁代表中国书法家协会向绵竹大西街小学捐款100万元。申万胜、吴善璋代表中国书法家协会向该校授牌，并将绵竹大西街小学命名为“绵竹市兰亭小学”。省书法家协会主席何应辉受聘为绵竹市兰亭小学名誉校长。参加仪式的领导、书法家及学校师生代表，为学校重建奠基培土。来自全国各地近40名书法名家还进行了现场笔会，当场向孩子们展示了书法的魅力。

11月19日，由省文联、省对外友好协会等共同主办，省民间文艺家协会等承办的第10届西部国际“三品”博览会在省科技馆隆重开幕。四川省老领导聂荣贵，原省人大常委会副主任、省文联名誉主席席义方，省人大教科文卫主任杨国安，省政府副秘书长陈保明，省政协文体医卫委员会主任苏海红等以及新加坡、巴基斯坦、泰国驻成都领事馆领事，英国、加拿大等国的民间文艺研究专家出席开幕式。来自全国17个省区市的民间文艺家、“三品”企业以及泰国的民间艺术家携展品参加展出。由省文联、省民家文艺家协会共同评选出来的省民间工艺百家展团也首次参加展出。博览会期间，还举办了2009西部茶文化展览会。

12月3～4日，省文联主办，省杂技家协会承办了“四川省优秀杂技节目赴地震重灾区茂县、汶川慰问演出”。此次慰问演出集结了四川省近年来10余个优秀杂技节目，如《转毯》、《掌上芭蕾》、《晃圈》、《快乐的炊事员》、《溜冰》、《手技》、《滑稽》、《蹬人》、《水流星》、《力量》、《熊猫跳绳》等，省杂技家协会还向两地的文化宣传部门赠送了百余册杂技画册和光碟。

另外，还开展了多场“情系百姓·送欢乐、下基层”慰问演出，“全国优秀少儿合唱歌曲进校园”、“镜头见证‘百年牵手，重建家园’灾后集体婚礼”等惠民文化活动。

【贯彻落实川委办〔2009〕15号文件】

《中共四川省委办公厅关于加强和改进新时期文联和作协工作的意见》（以下简称《意见》）（川委办〔2009〕15号）于5月22日下发。《意见》出台后，省文联及时召开了贯彻文件精神的工作会议，交流了情况，提出了要求。四川省各市州文联结合工作实际，提出了工作规划和实施方案。四川省21个市州有13个市州根据《意见》精神下发了当地加强和改进文联工作的意见。部分市州在基层文联组织建设、场馆建设、经费、人员编制等方面有了实质性的改善。

创作与研究

【创作情况】

重点以纪念“5·12汶川大地震”为主要题材，创作了大量的美术、书法、音乐、摄影等作品，许多作品均已结集成册，正式出版发行。省文联

首次参与制作发行了国内首部反映抗震救灾的儿童电影《风雨之后》。在成都浓园国际艺术村、广元、九寨沟等地建立了创作基地。

【评奖获奖情况】

开展了第六届四川巴蜀文艺奖评奖工作，并于12月29日召开表彰颁奖会。歌舞剧《相如长歌》、电影《鏖兵天府》、电视连续剧《我在天堂等你》、大型交响乐《生命》、舞蹈《诺苏惹》、国画《南国晨曲》、摄影《乡村戏迷》、书法家吕金光等的作品、论著《媒体上的文化庄稼》、曲艺《英雄》、杂技《蹬球》、民间文艺作品《中国木版年画集成·绵竹卷》、企业文联作品《中铁二局组歌》等为代表的12个艺术门类共102件作品获奖，同时还授予了部分艺术门类作品的荣誉奖。

组织推荐作品参评中国音乐“金钟奖”。组织艺术家参评中国戏剧“梅花奖”、“二度梅”和“戏曲小梅花”奖。组织推荐作品参加全国“小荷风采”比赛。报送“全国德艺双馨电视艺术工作者”。组织“山花奖”作品推选。报送金鸡、百花电影节评选材料。组织作品参加全国第11届美展。在上述赛事和评奖活动中，四川取得了突出成绩。

【理论研究】

4月28日，由省文联，省美术家协会、四川美术出版社联合主办的纪念张大千先生诞辰110周年暨《张大千的世界》、《张大千的世界研究》首发仪式并学术研讨会在省文联举行。省政协副主席曾清华，原省政协副主席章玉钧，省文联党组书记、常务副主席黄启国，省文联机关党委书记、副主席兼秘书长杨时川等出席会议。《张大千的世界》由内江市张大千纪念馆原馆长、省地方志编委会办公室主任汪毅所著。以图文方式探究了张大千世界的文化魅力，其中有的文献资料为首度披露，数百幅张大千、张善子鲜为人知的国民老照片与海外生活的照片也是首度公开。其所编的《张大千的世界研究》收集了海峡两岸58位专家学者对张大千绘画与生活世界研究的80篇宏文，内容广泛并具有相当的学术水准和学术价值。张大千女儿张新庆（代宣读）、张大千弟子龙国平、谢伯子女儿谢建平，再传弟子游三辉在会上发言，共同缅怀了一代艺术大师张大千生平以及其为中国文化作出的巨大贡献。研讨会上，10余位专家学者就张大千的贡献、张大千学与大风堂画派、张大千的艺术创作、张大千的破墨泼彩、张大千敦煌画展与文艺复兴及创意产业等内容做了发言并进行了学术探讨。

12月22～24日，省文联召集戏剧、电影、电视、美术、书法、摄影、音乐、舞蹈、曲艺、杂技、民间文艺、文艺评论等12个艺术门类的50余名实力编导、作者、评论家、民间艺术家在成都召开重大题材、重点作品创作研讨会。此次会议旨在理清思路，确定重点，建立机制，理顺体制，研究办法，制定措施，推出一批精品力作。会议期间，各协会主席、秘书长和专家、学者结合本艺术门类提出了很多有价值的重大题材及创作选题和建设性意见。

另外，与中共内江市委、内江市人民政府联合举办了“纪念张大千诞辰110周年系列活动”。召开“纪念新中国成立60周年四川省优秀电视剧回顾与发展研讨会”、“灾后重建与灾难学术研讨会”，四川省首届曲艺创作研讨会等。编辑出版《交流合作、和谐发展》川渝文化合作论文集。充分发挥文艺界各类报刊网站的阵地功能，推出了一批以探索文艺发展规律，引导人们审美情趣，提高文艺赏析能力，推荐优秀作品为主题的高质量文艺评论。

【民族民间文化艺术保护】

在继续开展“民保工程”的同时，紧紧围绕抗震救灾、重建家园这一中心，迅速开展了一系列保护羌文化的工作。编纂《中国服饰文化集成》之《羌族服饰卷》。协助编纂《羌族口头遗产集成》。另外，录制出版了《张永贵竹琴演唱精品DVD》。出版蒋守文著《四川曲艺史话》。出版《王智忠古彩戏法作品精选》光盘。编纂《四川彝族民间音乐全集》。在岳池县举办西部地区首个“中国曲艺之乡”授牌系列活动。

对外及对港澳台地区文化交流

9月24日，受中国驻澳大利亚悉尼总领馆、澳大利亚新南威尔士州议会、澳中文化科技促进会邀请，由省文联、成都东方茉莉女子乐团共同主办的“东方茉莉·花开悉尼”大型音乐会，在悉尼歌剧院上演。中国驻悉尼总领事胡山，四川省文联党组副书记、副主席陈黔鲁，当地侨界首领、澳大利亚主流社会知名人士，中国驻澳中资机构负责人，华人华侨和澳洲朋友等两千余人出席了音乐会。这是四川文艺团体首次荣登悉尼歌剧院。澳大利亚总督昆廷·布莱斯，总理陆克文，中国驻澳大使章均赛以及中共四川省委书记刘奇葆，省长蒋巨峰发贺电以示祝贺。音乐会将中国传统乐器二胡、琵琶、古筝、古琴、笛子、箫进行了曲风上的全新改编和舞台表演形式上的创新，由“序”、“风”、“雅”、“颂”、“尾声”5个乐章组成，从演员的服装、头饰、乐器包装到整体布局，都以中国青花瓷和茉莉花的韵致出现，舞台主背景的巨型屏幕也同步展示中国的灿烂文化和壮丽山河。音乐会既是祝福祖国母亲60华诞，同时也是表达灾区人民对澳洲各界人士在“5·12”汶川特大地震中给予无私援助的感恩之心。

另外，还组织了“少儿舞蹈直通车澳门行”。举办“秋韵——中日画家联合展”。推荐作品参加第二届法国巴黎摄影双年展。推荐作品参加第25届中日友好少年书法交流大会等对外文化交流活动。

机关建设

采取多种形式，开展一系列学习中央和省委重要文件精神以及领导重要讲话的活动，把思想建设工作落到实处。加强了机关和协会的管理，进一步开展了文联系统干部的培训、选拔、考察等工作。完成了年度专业技术人员的选拔、培养、管理、职称评聘等工作。进一步健全和完善了行政、财务、文秘管理制度，强化了后勤保障工作。加强了对文艺界离退休老同志、老文艺家的服务工作，开展了有益于老年人身心健康的各项活动。进一步重视编辑出版工作，充分发挥文联和协会报刊、网站的作用，重建“四川文艺网”，为宣传文艺政策，推介作家作品，交流文艺信息，培养文艺新人，活跃文艺评论提供了平台。

各文艺家协会

【戏剧家协会】

组织四川省小戏小品创作，并向中国戏剧家协会推荐优秀作品11部，被选中3部参加第三届“中国戏剧奖·小戏小品奖”的复评活动。组织四川14岁以下小演员参加中国戏剧家协会举办的第13届戏曲小梅花评选活动，该项活动取得优异成绩，所推6名小演员全部获得“戏曲小梅花”称号，其中5人还进入全国“十佳”行列，省戏剧家协会获优秀组织奖。推荐著名川剧艺术家陈巧茹、胡瑜斌参加第25届中国戏剧梅花奖的评选。与中央电视台电视剧制作中心联合组织绵阳剧作家王慧清创作了川剧电视连续剧《李白进京》（20集）。参加了长江流域12省市戏剧联盟共同打造的“舞动长江”戏剧展演活动，组织四川省青年川剧演员虞佳、夏恭雨雪、孔刚参加演出，获“长江之星”银奖。10月14日，举办“梅花奖”得主、川剧表演艺术家蒋淑梅从艺30周年系列演出活动。邀请我国著名戏剧理论家邢剑君，就民营剧团的现状、生存、发展及青年戏剧的推广，做了《民营剧团的戏剧推广》专题讲座。推荐第26届中国戏剧节参演剧目，共推荐了川剧《死水微澜》、《尘埃落定》，话剧《红叶旅途》3个剧目，其中《死水微澜》赴厦门参加中国戏剧节。组织6台戏剧参加“送戏下基层”活动，其中送戏下乡4台，到社区2台。

【电影家协会】

1月16日，在太平洋影城邀请部分会员观摩影片《非诚勿扰》。参加海峡两岸闽南语电影研讨会及全国第二届农村题材电影研讨会。参加国家“十一五”重点文化项目《中国少数民族古籍总目提要·羌族卷》和全国少数民族古籍重点出版项目《羌族释比经典》首发座谈、研讨会。与太平洋电影院线为纪念新中国成立60周年联合举办“献礼华诞 红动大银幕”大型系列活动。9月22日，在太平洋影城举行专家讲座。省电影家协会组织50多名来自四川大学、四川师范大学和成都理工学院的影视艺术学院的学生，观看了国庆重点献礼影片《建国大业》，邀请峨影集团董事长、省电影家协会主席李康生，为大学生们进行了观影后的现场讲授。9月24日，举行了省电影家协会迎国庆“银幕闪耀60年辉煌”座谈会。9月28日，组织影评专家和大专院校影视专业的研究生观看《惊天动地》，并举行看片讨论会。12月3日，送主旋律电影进高校及专家点评活动第一站走进成都理工大学。举办“六一”儿童电影周。开展数字电影流动放映下基层活动。

【电视家协会】

1月14日，举行“四川省电视家协会抗震救灾优秀电视节目颁奖典礼”。3月10～12日，举办“四川省电视专题节目高级编导培训班”。5月

7～8日，承办中国电视家协会举办的纪念“5·12”汶川特大地震一周年暨2008全国抗灾救灾优秀电视作品表彰活动。举行“新中国城市发展形象宣传电视片评选活动”。8月15日，组织院校的学生赴福建省泉州市参加“’09海峡两岸电视主持新人大赛”。9月3日，组织院校的学生参加“华东及全国十省市主持人大赛”。9月18日，在成都召开“纪念新中国成立60周年四川省优秀电视剧回顾与发展研讨会”。举行第六届“四川省十佳电视艺术工作者”评选活动并推选全国第六届“德艺双馨电视艺术工作者”，并于10月15日在四川电视台演播厅举行颁奖典礼。在第10届四川电视节上举行“传媒发展与影视教育高峰论坛”。

【音乐家协会】

2～6月，组织并实施了四川省第11届“五个一工程”音乐作品收集、评选，并完成《锦绣天府》等5首参评作品的报送工作。4月，为迎接新中国成立60周年，组织四川省内部分优秀词曲作家赴古蔺、合江等川南地区进行采风、创作。5月11日，在四川省青川县东河口地震遗址公园与重庆市音乐家协会、西南大学共同主办“音乐祭奠遇难同胞 感恩伟大祖国 自强奋进重建家园”专场主题音乐会。5月11日，与中共德阳市委宣传部、中共德阳市直机关工委、德阳市文联共同主办“纪念‘5·12’抗震救灾一周年诗画音乐会”。5月21日，在四川音乐学院音乐厅举办大型交响音乐会“生命”。5月29日、6月5日分别在成都“列五中学”和绵竹市“天河小学”举行“全国优秀少儿合唱歌曲进校园”——成都站启动仪式、绵竹市重灾区启动仪式。5月，在绵阳、南充、内江三地举办了第七届“金钟奖”选拔赛。6月13～14日，中国音乐“金钟奖”声乐比赛（四川分赛区）在四川师范大学举行半决赛和决赛。民族组和美声组共有8位选手报送到中国音乐家协会。8月7日，参加四川省音乐舞蹈研究所“释比”文化项目采风活动。11月中旬，参与凉山彝族自治州《唱响西昌》歌曲创作评奖活动。召开2009年四川省考级工作会并组织实施了四川省社会艺术业余音乐考级工作。10月30日，举办第七届“春熙放歌”——“祖国在我心中”警民共建和谐社会专题晚会。新发展成人会员320多人，小音乐家会员增至600人。建立省音乐家协会川音工作站及小音乐家学会川音艺术附中工作站。主办“2009成都少儿才艺大赛”。编辑《乐苑》2期。

【舞蹈家协会】

1月1日，四川省少儿舞蹈直通车什邡行。1月22日，四川省少儿舞蹈直通车都江堰行。2月24日，四川省少儿舞蹈直通车文代会专场晚会。4月4日，省舞蹈家协会老专家下基层活动。5月1～3日，举行全国部分城市暨四川省舞蹈家协会第九届国际标准舞锦标赛。5月9日，举办以“生命的绽放”为主题的“5·12”汶川特大地震周年纪念暨第二届挑战命运特殊艺术大赛颁奖晚会。5月10日，举行少儿舞蹈直通车专场晚会——金色的童年。6月，开展省舞蹈家协会2009全省社会艺术水平（舞蹈）考级工作。7月14～21日，四川省少儿舞蹈直通车澳门行。8月1～4日，组织参加全国“小荷风采”舞蹈大赛，荣获4个金奖，省舞蹈家协会获优秀组织奖。8月15～20日，四川省少儿舞蹈直通车安仁古镇行。8月17日，举办首届全省中老年“金秋乐”舞蹈大赛。8月18日，四川省少儿舞蹈直通车2009夏令营开营仪式及专场晚会。9月22～25日，组织参加全国“荷花杯”舞蹈大赛，荣获作品银奖、服装金奖，四川省舞蹈家协会获优秀组织奖。9月28日，组织、指导“向祖国致敬”大型文艺晚会。9月29日，主办迎接新中国成立60周年“祖国您好”大型文艺晚会。11月3～5日，举办四川省“星光灿烂”系列活动——首届“金秋乐”中老年舞蹈展演。10月21日，举行省舞蹈家协会2009年全省社会艺术水平考级工作总结表彰大会暨第三届“星光灿烂”系列活动工作会。11月7～29日，举办第三届“星光灿烂”舞蹈展演活动，包括第三届“星光灿烂”青少年儿童展演、第三届“星光灿烂”大学生舞蹈展演、第三届“星光灿烂”颁奖暨2007～2009年全省社会艺术水平考级表彰、“金秋乐”中老年获奖颁证大会。

【美术家协会】

1月1日，在九寨沟景区举行以“走进童话九寨、体验生态之旅”为主题的“2009中国生态旅游九寨沟首游式”和省美术家协会九寨沟创作基地成立揭牌仪式。1月，组织画家赴绵阳北川羌族自治县及广元青川县马鹿乡所在的板房区开展送文化下乡活动。2月6日至3月10日，举办第一期油画研修培训班。3月2～12日，赴眉山、自贡、遂宁、成都、广元、凉山6个片区组织进行了一系列看稿、研讨活动。3月12日，参加在西昌市举办的攀西地区美术作品看稿会。4月28日，为纪念张大千先生诞辰110周年，由省文联、省美术家协会、四川美术出版社共同主办纪念张大千先生诞辰110周年暨《张大千的世界》、《张大千的世界研究》首发仪式并学术研讨会。5月5日，在省美协创作培训中心举办迎接第11届全国美展创作班。5月9日，由中国美术家协会、中共四川省委宣传部、省文联主办，省美术家协会、四川美术馆承办的"感恩·重建——纪念5·12汶川大地震一周年全国美术作品展"在四川美术馆举办。5月26日，由省文联主办，省美术家协会、四川美术馆以及在"5·12"汶川大地震中受灾情况比较严重的成都、德阳、绵阳、广元、阿坝五市州联合承办的"不屈的脊梁——四川地震灾区画家'5·12'周年祭美术作品展"在四川美术馆举办。7月6～17日，举办第二期俄罗斯油画西南技能培训班。7月27日至8月13日，由省文联、省美术家协会、四川美术馆共同主办的"庆祝中华人民共和国成立60周年四川省美术作品展"在四川美术馆开幕。选送参加第11届全国美展作品95件，最后入选全国美展作品53件，其中，油画13件、国画14件、版画23件、水粉水彩画3件。8月18日，在成都浓园国际艺术村举行省文联和省美术家协会创作基地授牌仪式。9月，日本北海道艺术家白鸟信之、中野邦昭、三宅悟、伊藤洋子应邀来蓉，与四川省4位艺术家在四川美术馆共同举办"秋韵——中日画家联合展"。10月30日，在四川美术馆举办藏族祥巴版画展，编辑出版《藏族祥巴版画》画册，同日召开"藏族祥巴版画学术研讨会"。开展四川美术馆新馆建设的前期筹备工作。10月，在四川美术馆举办"第32届国际版画藏书票双年展获奖作品邀请展"。新发展省级会员86名。

【摄影家协会】

1月1日，组织摄影家深入北川地震极重灾区，慰问当地的受灾群众。3月，在南充召开四川省第12届摄影大会。4月，在四川美术馆主办"2009年四川省新人新作"摄影展，参展作品500余幅。4月26日，组织100余名会员到北川重灾区擂鼓镇猫儿石村吉娜寨开展"四川摄影家用镜头见证'百年牵手，重建家园'灾后集体婚礼"活动。5月初，在成都锦江剧场举办"四川省2008年度摄影人物"颁奖仪式。6月，组织优秀摄影作品参加以庆祝新中国成立60周年为主题的"第三届中国西南六省区市摄影联展"。10月12日，省摄影家协会副主席林强边疆万里行个人摄影展在全国政协机关多功能厅展出。11月中旬，在眉山市举行"庆祝中华人民共和国成立60周年暨四川省第14届摄影艺术展览"评选工作会，精选出200余幅近两年来代表四川省摄影水平的优秀摄影作品。12月下旬，在四川科技馆主办庆祝"中国人民共和国成立60周年暨四川省第14届摄影艺术展"。2009年，先后6次组织摄影家深入双流、眉山、洪雅、丹巴、北川、射洪等地进行"灾后重建"、"天府新农村"创作采风活动。开展3次"送文化下乡"活动。会员景长观作品《四川5·12大地震》组照在第52届世界新闻摄影比赛（荷赛）中荣获二等奖。会员邹森作品《地震·母爱》荣获第五届中国国际新闻摄影比赛（华赛）全场大奖。会员廖小西作品《马赛部落——迎宾》荣获中国第13届国际摄影艺术展银奖。副主席金平与我国4名摄影家的作品代表中国参加第二届法国巴黎摄影双年展。省摄影家协会承办的北京摄影函授学院四川辅导站被评为全国十佳辅导站，荣获"摄影教育突出贡献组织奖"。新发展省级会员300余名，国家级会员40余名。编辑发行6期《摄影艺术》内部会刊。

【书法家协会】

1月5日，由省书法家协会主席何应辉带队，组织四川省近20位书法创作骨干，走进地震灾区安县桑枣中学，为学校创作了近80件书法作品。1月9日，组织近40位书法家赴绵阳市安县参加"四川省科技、卫生、文化赶场"大型惠民活动。4月24～27日，承办由中国书法家协会、中共四川省委宣传部、省文联主办的"5·12汶川大地震一周年中国书法名家走进地震灾区暨绵竹市'兰亭小学'奠基仪式"。1月10～12日，在四川美术馆举办"四川省第六届新人新作书法篆刻作品展"。6月13日，在新都宝光寺成立"四川省书法家协会书法培训中心"并举行挂牌仪式，同时开办为期3天的四川省第12期临帖培训班。7月18～19日，8月8～9日，9月26～27日，举办3期针对中国书法最高奖"兰亭奖"书法作品展的创作培训班，第三届"兰亭奖"四川省14位作者入展，5位作者获提名奖。3月18日，在成都召开成都

地区重点创作骨干作者调研座谈会。四川省20位书法作者参加了2009年韩、中、日国际书法展，郭强副主席等代表省书法家协会出席在韩国青州举办的展览开幕式并进行了友好交流访问。8月2日，5名四川青少年书法爱好者参加了中国书法家协会和日本成田山书会共同举办的第25届中日友好少年书法交流大会。编辑的《二十世纪四川书法名家研究丛书》推出《刘孟伉卷》和《徐元闻卷》。新发展省级会员159名，国家级会员35名。

【曲艺家协会】

6月4日，举办程永玲从艺50周年纪念演出活动及理论研讨会。组织推荐沈伐、严西秀、叮当参加“庆祝新中国成立60周年、中国曲协成立60周年曲艺精品创作班”。推荐张徐、李多、吴瑕、王文能、吴泽地参加全国中青年曲艺家代表大会。举办四川省首届曲艺创作研讨会。承办西部地区首个“中国曲艺之乡”挂牌暨全国曲艺之乡经验交流、“乡音·乡韵·乡情——中国曲艺之乡优秀节目展演”等活动，省曲艺家协会获组织奖。配合中国曲艺家协会完成中青年人才培训计划：在“中国曲艺之乡”——岳池举办四川谐剧培训班。录制出版《张永贵竹琴演唱精品DVD》、蒋守文著《四川曲艺史话》。举办第19届老曲艺家重阳节同乐会。启动全省曲艺人才数据资源库建设。编辑发行内刊《四川曲艺》。

【杂技家协会】

2月28日，在成都市文化艺术学校召开省杂技家协会五届五次全委会。出版《王智忠古彩戏法作品精选》光盘。4月2日，在春熙路街道办事处华兴社区开展“好书赠农家——成都市文化资源再利用”活动，捐赠54册《四川杂技》（画册）和50张《王智忠古彩戏法作品精选》光盘。8月30日，举办“庆祝新中国成立60周年四川省优秀杂技节目展演”。10月12～19日，参加云贵川三省联合采风云南行活动。12月3～4日，举办四川省优秀杂技节目赴地震重灾区茂县、汶川慰问演出。

【民间文艺家协会】

启动《中国服饰文化集成——羌族服饰卷》编撰工作。6月23日，组织专家、摄影家等6人深入阿坝羌区进行10余天的田野调查、采访。对不同河谷、高山、平坝等区域村寨的服饰进行记录、比对、拍照，对服饰的流传、制作、工艺等进行了深入细致的采访，收集整理了万余字的记录。在“5·12”地震一周年纪念日，由省民间文艺家协会协助编纂并最终由中国民间文艺家协会正式出版的《羌族口头遗产集成》在北京人民大会堂发布并举行了捐赠仪式。中华慈善总会等联合为“四川羌族文化遗产工作基地”颁发了“慈善单位”的牌匾。由省民间文艺家协会组织，中国民间文艺家协会及四川省的专家考察评审组就阆中市申报“中国春节文化之乡”的相关情况进行了考察评审，并授予阆中市“中国春节文化传承基地”称号。10月中旬，召开省民间文艺家协会成立50周年庆祝大会，大会向11位70岁以上的民间文艺家颁发了“四川省民间文艺成就奖”。11月，承办由省文联、省对外友协等主办的“第10届西部国际‘三品’博览会”。11月底，推荐宜宾电视台拍摄的《寻吟“东巴”》参加由中国文联、中国民间文艺家协会主办的第九届中国民间文艺“山花奖”，荣获民俗影像“山花奖”。推选的西南民大教授杨正文，以其在民俗学，尤其是苗族文化研究等领域的成果，获得中国民间文艺家协会授予的“中青年德艺双馨文艺家”称号。

【文艺评论家协会】

参与编辑出版《交流合作、和谐发展》论文集（大众文艺出版社2009年10月出版）。5月11日，参与组织召开“灾后重建与灾难学术研讨会”，会员提交10多篇论文，首先提出建立“灾难学”的学科构想。省评论家协会主席何开四为抗震救灾撰写《午子抗震救灾党员缴纳特殊党费赋》、《青城山抗震救灾赋》、《绵竹年画赋》、广元《东河口赋》和《成都赋》，发表《意蕴的深化和叙述的诗意》、《感人至深的〈北川殇〉》等评论20多篇。11月中旬，组织四川省专家探讨新农村文化建设问题，研究农村公共文化服务、农村社区文艺活动、保护利用非物质文化遗产等问题。组织会员主研国家社科基金重点委托课题《文化四川——文化体制改革与文化强省建设的探索与实践》的研究和撰写工作（四川人民出版社2009年5月出版）。12月，召开“文学与思想学术研讨会”。组织会员参加中央电视台四川电视大型电视专题片《跨越》、《蜀道》的座谈和采访。与《四川日报》等单位联合举办“媒体评论”研讨会，探讨伍松桥媒体评论特色与影响。

贵州省文联

综　述

2009年，贵州省文联在省委、省政府的领导下，牢牢把握“高举旗帜、围绕大局、服务人民、改革创新”的总要求，紧紧围绕庆祝新中国成立60周年和省委工作大局，坚持文艺“二为”方向、“双百”方针和“三贴近”原则，充分发挥“联络、协调、服务”的职能作用，以文艺精品工程为龙头，以主题文艺活动为抓手，以人才培养为基础，以文化惠民为出发点，以机关制度建设为保障，着力调动广大文艺工作者的积极性、主动性和创造性，进一步推动全省文艺事业的大发展大繁荣，全年共获得省部级以上金奖11项、银奖32项、铜奖25项、优秀奖10项，圆满完成了省文联六届七次全委会确定的各项工作任务，为实现贵州文艺事业大发展大繁荣作出了积极贡献。

获奖情况

【表彰省文联系统年度先进集体】

3月，为深入贯彻落实科学发展观，推动文联工作的发展，省文联在全省范围内开展文联系统评选先进集体工作。对一年来在认真贯彻落实科学发展观，围绕党委、政府工作大局，出作品、出人才，繁荣文艺创作中取得可喜成绩的贵州省作家协会、遵义市文联、开阳县文联等40家先进集体进行表彰。

【作家协会】

长篇小说《绝地逢生》（作者：欧阳黔森）获全国第11届精神文明建设“五个一工程”奖，短篇小说《敲狗》获蒲松林奖，长篇小说《乐黛云传》（作者：王鸿儒）获第四届贵州省文艺奖一等奖，长篇小说《绝地逢生》（作者：欧阳黔森）、散文集《陶或易碎的片段》（作者：刘照进）获二等奖，诗集《呵嗬》（作者：李发模）、长篇小说《玉兰》（作者：林亚莉）、长篇小说《傩赐》（作者：王华）、小说集《惊虹》（作者：戴冰）获三等奖，长篇小说《雄关漫道》（作者：欧阳黔森、陶纯）、长篇小说《雪豆》（作者：王华）、散文集《松桃舞步》（作者：完班代摆）、散文集《山中那一个家园》（作者：孟学祥）获贵州省文艺奖荣誉奖。

【美术家协会】

组织推选作品参加第11届全国美展的评选，版画插图作品《诗水流年》（作者：谌宏微、李康）、壁画《抗震壮歌》（作者：吴江勇等集体创作）获第11届全国美展获奖作品提名作品展，“首届中国美术奖·创作奖”银奖；油画《高原平湖》（作者：王杰）、版画《和煦春风》（王建山）、版画《城市镜像NO.1》（作者：曹琼德）、壁画《醉苗乡》（作者：吴江勇）获提名作品奖。

【音乐家协会】

组织创作的歌曲《永远》、《红了》分别获“全国优秀流行歌曲创作大赛”二等奖和三等奖。组织创作的歌曲《锦绣苗岭》、《小城之歌》、《一梦醒来是贵州》、《爱在侗乡》、《欢迎你到茶乡来》获贵州省第11届精神文明建设“五个一工程”奖。“贵州山韵合唱团”获贵州省庆祝新中国成立60周年合唱大赛二等奖、首届中国南方（海口）国际合唱艺术周成人组混声合唱金奖。

【民间文艺家协会】

组织和推荐的《苗族花鼓舞》在江西省婺源县举办的第九届中国民间文艺“山花奖”全国民间鼓舞鼓乐大赛中，获中国民间文艺“山花奖”。组织编撰的《中国民间美术遗产普查集成·贵州卷（上、下）》一书获第四届贵州省政府文艺奖二等奖。

【书法家协会】

组织作品参加中国文联、中国书法家协会主办的“第三届中国书法兰亭奖”，冯泽松、王大

武 、杨昌刚、 徐启刚、岑岚 、郭堂贵 、熊华禹的作品入展，薛连桐的作品入选“尧山杯”兰亭新人展。作者冯泽松、岑岚、张洪荣、汪定强的书法作品，在中国书法家协会主办的“中国（芮城）永乐宫第二届国际书画艺术节”上获书法百佳奖。王世鹏的书法作品入选西泠印社主办的“西泠印社诗书画印大展”。在中国书法家协会主办的“全国第六届楹联书法展”上，郭堂贵的作品获二等奖。在中国书法家协会主办的“全国第二届隶书展”上，郭堂贵的作品获三等奖。在中国书法家协会主办的“全国第二届青年书法篆刻展”上李茂江的作品获二等奖。

【舞蹈家协会】

组织推荐8个舞蹈节目参加第七届中国舞蹈“荷花奖”民族民间舞大赛，《古道行》获作品金奖、《猎恋》获表演金奖、《苗岭雄鸡》获作品银奖、《山路银河》获表演银奖、《苦荞甜》和《吉宇鸟》获作品铜奖、《仡佬神砂》获表演铜奖，省舞蹈家协会获优秀组织奖。组织推荐舞剧《天蝉地傩》、《天边外》参加第七届中国舞蹈“荷花奖”舞剧·舞蹈诗评选，《天蝉地傩》获4个奖项——编导金奖、表演金奖、服装金奖及剧目银奖。推荐8个优秀少儿舞蹈作品参加第五届“小荷风采”全国少儿舞蹈大赛，《山谣》获金奖，《秋趣》、《扇花花儿》、《苗岭小锦鸡》获银奖，省舞蹈家协会获最佳组织奖。推荐苗族少儿舞蹈作品《猴儿鼓》参加“全国新农村少儿舞蹈展演”获优秀奖 ，省舞蹈家协会获组织工作奖。组织推荐苗族舞蹈《花满坡》参加“多彩贵州”舞蹈大赛，获铜鼓奖。

【电视艺术家协会】

组织作品参加第二届中国优秀旅游电视节目评选活动，电视专题片《天下西江》、《长征路串起一片“多彩贵州”——红色篇》等16件作品获奖，其中一等奖2个；二等奖6个；三等奖8个。参加全国“第九届中国民间文艺山花奖民俗影像作品奖”，《嘎老 My love》、《水族的卯历》等作品获金奖2个、银奖1个、铜奖2个。组织参加全国“新中国成立60周年新中国城市发展形象宣传电视片推选及展播”活动，《高原桥城 绿色都匀》等7件作品获奖，其中一等奖1个、二等奖3个、三等奖3个。在“奥运中国”优秀体育电视节目推选活动中，《“喜”迎奥运》等3件作品获二等奖2个，三等奖1个。《侗歌声声》等2部作品获“新中国成立60周年全国少数民族题材电视剧优秀作品评选活动”三等奖。在“全国农村小康建设电视节目工程”电视专题片、电视栏目、电视剧的评奖及首届中国农村艺术节农村才艺展演活动中，《石龙腾飞谱新篇》等作品获全国一等奖2个；二等奖6个；三等奖8个。

各文艺家协会

【作家协会】

省作协团结全省广大作家，坚持先进文化的前进方向，坚持“三贴近”原则，开展了一系列促进贵州文学创作的工作。

为促进贵州文学创作的发展，省作协编辑出版了纪念新中国成立60周年《新世纪贵州作家作品精选》丛书。丛书分为短篇小说卷、诗歌卷和散文卷。 丛书的出版，有力地推介了贵州作家作品，是对21世纪以来贵州作家阵容的一次大检阅，集中体现了新世纪10年以来贵州文学创作的重要成果，成功填补了贵州文学精品集中展示的空白，具有很高的史料价值。

加强对作家人才的培养，做好后备人才储备。

举办少数民族作家改稿班，是省作协长期以来一直坚持的培养少数民族创作人才的成功模式。7月上旬，省作协成功举办了“全省少数民族文学创作改稿班”。来自全省各地的21名青年作家及安龙县文学爱好者共140余人参加学习。学员作品陆续在《民族文学》、《山花》、《贵州民族报》等报刊发表。

为了加强贵州影视作家人才的培养，充分利用和发挥自身的特点和优势，主动打造属于自己的影视文学品牌。12月，省作协在贵阳举办贵州省影视创作研修班，来自全省的40多名影视文学创作骨干参加了学习，为提高贵州省影视创作整体水平奠定了良好的创作基础。

组织近百名作家赴省内外深入生活、创作采风。“大山与草原的对话”是举办的有较大影响的采风活动。

【美术家协会】

省美术家协会以抓好“第11届全国美术作品展览”作品创作组织工作为重点，做了大量工作。

举办“庆祝新中国成立60周年·贵州省美术大展暨第11届全国美术作品展览选拔展”。从3月初开始陆续召开了6次动员会、研讨会、观摩会，组织了数次采风活动，到各院校、专州巡视和指导创作。展览评选出入选作品360件，其中特别奖2件、金奖4件、银奖6件、铜奖10件、优秀奖41件、推送全国作品50件。6月26日在贵阳美术馆举行了隆重的开幕式和“中国美协专家指导组学术座谈会”。36件入选“第11届全国美展”，其中2件获首届“中国美术奖·创作奖”银奖，4件获“提名奖”。4月，配合省民政厅、省双拥办，组织创作作品参加“鱼水情”全国第二届双拥书画艺术展。9～10月，组织和全程参与了省政协主办，省文联、省文史研究馆、省博物馆承办的“贵州省政协·庆祝中华人民共和国成立60周年暨人民政协成立60周年书画展”。出版一期《贵州美术·庆祝建国60周年·贵州省美术大展暨第11届全国美术作品展览选拔展专辑》。

【音乐家协会】

参加全国流行音乐的创作比赛。完成贵州省第11届精神文明建设“五个一工程”歌曲的组织创作、评选、推荐工作，4首歌曲获奖。认真组织选手参加第七届中国音乐“金钟奖”比赛。完成中国音协贵州考区音乐考级。组织参加中国音乐家协会全国电子琴优秀考生考级展演，获得优异成绩。举办贵州省庆祝中华人民共和国成立60周年“迎国庆·颂贵州”合唱大赛。召开贵州音乐创作研讨会。完成了“让心灵的花儿尽情开放——全国优秀少儿合唱歌曲进校园”活动在贵州的启动工作。协助省委宣传部、省旅游局完成《贵州恋歌》音乐光碟的歌曲遴选工作。协助省文化厅完成贵州省政府文艺奖评奖的相关工作。针对贵州实际情况，成立了古筝、吉他2个二级专业学会；完成省音协小号学会的换届工作。邀请国内著名作曲家肖白、张全复等为黔南州三都水族自治县创作宣传水族文化的歌曲。

【戏剧家协会】

5～12月，为册亨县策划、组织、创作大型布依族现生态民族民族舞剧《利悠热谐谐——幸福亨通》，在四川大学排练3个月。

策划、组织创作、排演大型黔剧《苍琴》。《剧本》杂志第11期发表了《苍琴》剧本。将在纪念黔剧60周年和纪念周恩来总理为黔剧题词60周年时上演。

推荐话剧《天地文通》、黔剧《大学生村官》、花灯戏《征人行》参加第11届中国戏剧节。话剧《天地文通》在全国128台参选剧目的激烈竞争中成为28台入选剧目之一，并于第11届中国戏剧节期间在厦门演出，荣获中国戏剧奖·剧目奖和优秀演员奖。

组织参加由安徽省文联，贵州、江西、安徽、江苏、上海等11个省市戏剧家协会共同主办的“舞动长江歌唱祖国——庆祝新中国成立60周年长江流域戏曲演唱大赛”。选送的青年黔剧演员姜雪梅以《秦娘美》选段、青年黔剧演员张亚西以《团圆之后》选段的精彩演出闯入决赛，获得银奖并荣获长江之星称号。黔剧演员杨薇、花灯戏演员张惠清、蔡娟荣获本次大赛三等奖并荣获长江之星称号。

组织参加“长江流域12省、市戏剧联盟”与中央电视台戏曲音乐部《锦绣梨园》栏目共同创意策划的“庆祝新中国成立60周年戏曲现代小戏小品展演”活动。经过选拔，报送独山花灯小戏《竞争》和安顺黄果树艺术团小品《美丽的错》参加此次展演活动。

组织参加第三届“中国戏剧奖·小戏小品奖”。经过评选，确定19部作品报送中国剧协。《美丽的错》等3部作品入选全国复评。

组织参加第13届中国少儿戏曲小梅花荟萃活动，选送的2位选手李云平、陆颖璇荣获本届大赛二等奖，并获得银花称号。

10月15～19日，与省群众艺术馆共同承办贵州省首届农民艺术节。

【民间文艺家协会】

省民间文艺家协会民族文化及民间文艺研究成果丰硕。负责组织实施的省卷本民间文艺三套集成，最后一卷《中国歌谣集成·贵州卷》已出版面世；《“蒙恰”苗人文化研究》、《月亮河流域布依族文化研究》、《苗族贾理》、《苗族古经》等民族文化及民间文艺研究成果已经公开出版和编印；启动《中国民俗志》(贵州省县卷本)编撰出版项目。

组织4台民间歌舞节目赴河北、江西、福建等地演出，其中，《苗族花鼓舞》代表贵州省参加在江西省婺源县举办的第九届中国民间文艺“山

花奖”全国民间鼓舞鼓乐大赛，获得中国民间文艺最高奖项“山花奖”。

与贵州民族学院、兴仁县联合举办第三届贵州民族民间文化青年论坛“文化遗产与创意产业”暨兴仁“盛世苗家”文化品牌创意研讨会。贵州民族民间文化青年论坛每年举办一届，由主席团会议决定论坛主题和方案，出版优秀论文集一册，自成立以来，已成功举办了首届论坛 “文化多样性与乡村建设”与第二届论坛“民族文化与文化软实力”，公开出版《文化多样性与乡村建设》一书，《民族文化与文化软实力》已终审付印，于2010年出版面世。第三届青年论坛旨在充分发挥和挖掘民间文化遗产青年研究者的潜力，为民族文化创意产业的发展献计献策。来自全省各地的80多名青年学者提交了70多篇学术论文，与会者分别就打造“盛世苗家”品牌促进创意产业发展，民族文化创意产业开发中的传统知识产权保护，贵州民族文化创意产业优势分析，非物质文化遗产与创意产业等方面的问题进行了热烈探讨。民族民间文化青年论坛正逐步成为协会的一个文化品牌。

7月，协会召开了第六次代表大会，选举产生了新一届主席团。

【书法家协会】

1月，省书法界新春联谊会在贵阳召开；组织艺术家送文化下乡，到安顺市平坝县天龙镇义务为农民书写春联；由省书协主办，贵阳市书协承办的贵州省第三届楹联书法展在贵阳美术馆举行开幕式。3月，组织征集稿件参加第25届中日青少年书法作品交流展，5人入展。3～6月，分别在织金县、贵阳卫校、毕节地区、贵阳市乌当区举办书法艺术知识、创作培训班。4月、5月，由贵州省书协与印江县委、县人民政府联合主办“2009中国梵净山全国书法大赛”，分别在铜仁和贵阳美术馆举行巡回展览。8月，组织书法作品参加第三届中国书法兰亭奖“尧山杯”兰亭新人展。9月，由贵州省文化厅、遵义市人民政府、贵州省书法家协会主办，遵义市文联和市书法家协会承办的贵州省第三届“茫父杯”书法双年展开展仪式在遵义隆重举行；由中共黔南州委、州人民政府、贵州省文联、贵州省书协主办，黔南州交通局、黔南州文联、黔南州民宗局、黔南州书协承办的“交通杯”全国书法篆刻展览在都匀开幕；由贵州省书协、毕节地区文联主办，毕节地区书法家协会、地区乌蒙书画院承办的“金海杯”贵州省第四届行草书大赛在毕节举办。11月，开展了由中国书协主办，贵州省书协承办的“中国书法进万家——走进贵州毕节”活动；由省文明办、省文联主办，贵州省书协承办的公民道德建设工程 ——“满意在贵州”主题活动全省书画展在贵阳美术馆举行。

【摄影家协会】

省摄影家协会在省文联的领导下，践行科学发展观，积极组织广大摄影艺术工作者开展活动：

2月，成立了“贵州省老摄影家委员会”。8月，召开贵州省摄影家协会第六次代表大会，选举产生了新一届主席团，韩贵群当选主席。

举办并参与了一系列摄影展览和摄影大赛。如：“多彩贵州”原生态摄影大展、新中国成立60周年贵州多姿多彩的民族风情和秀美风光摄影精品展、“贵州绿茶·秀甲天下”摄影艺术作品评选征集活动、“盛兴杯”中国名茶之乡首届摄影大赛、西南六省、区、市摄影联展、“南江大峡谷杯、人与自然”人体、风光摄影大赛等、中国贵州·威宁草海国际观鸟节“百鸟之都、魅力威宁”山鹰杯国际摄影大赛等。

组织摄影艺术家开展“送欢乐、下基层”惠民服务活动，在全省8个地、县义务为农民拍摄照片；走进贵广高速铁路建设工地、镇胜高速公路、都新高速公路等摄影。对贵广高速铁路、镇胜高速公路、都新高速公路、都匀王司格多苗寨、都匀斗篷山风景区进行了摄影创作，展现了建设者的精神风貌和绚丽多彩的民族风情和自然风光。

12月3日，由省摄影家协会牵头，协调广东省摄影家协会和广东省佛山市供电局携手捐资50万元、凯里市人民政府同时匹配资金新建的“广东省摄影家协会佛山供电局龙场希望小学”在凯里市龙场镇落成。副省长谢庆生出席挂牌仪式并发表讲话。

【舞蹈家协会】

组织、参与及推荐优秀作品参加国家级、省级重大赛事，取得可喜的成绩。4～8月，由省委、省政府大力推动，省委宣传部、中国舞蹈家协会主办，省内10多家单位联合承办的“中天城投杯”多彩贵州舞蹈大赛中，省舞协完成了大赛方案、赛制规则、评分规则制定，组织专家及评委选拔、评审参赛作品等专业性工作，并推荐苗族舞蹈作品《花满坡》参加本次大赛，获省直机关赛区选拔赛金奖、多彩贵州舞蹈大赛铜鼓奖。7～8月，组织推荐少儿舞蹈作品参加“第五届‘小荷风采’全国少儿舞蹈大赛”和“全国新农村少儿舞蹈展演”，取得好成绩。9月，成立专家组对多彩贵州舞蹈大赛获奖作品进行认真选拔、打磨，推荐8个优秀舞蹈作品参加在贵阳举行的中国舞蹈界最高赛事——第七届中国舞蹈“荷花奖”民族民间舞大赛，取得优异成绩（分别获金、银、铜大奖）。

举办全省舞蹈赛事，受到社会各界的好评。成功举办了“贵州省第六届中老年舞蹈比赛”、“中国舞协第五届‘小荷风采’全国少儿舞蹈大赛贵州选拔赛”、“贵州省首届街舞大赛”3项赛事，为省内老、青、少提供了展示的平台，进一步推动了贵州省群众文化事业的发展。

举办了中国舞蹈考级教师资格培训班，在省内各市、州、地开展舞蹈考级工作，为贵州省培养舞蹈界新生力量提供了条件，促进了舞蹈教育事业的发展。

【杂技家协会】

1月10日，以“对贵州杂技50年来的回顾与展望”为题，进行了全方位的专题宣传报道。围绕“贵州杂技50年纪念”活动，及《贵州杂技50年》一书的出版，组织编写文稿，精选图片寄予中国杂协理论编辑部。中国杂协以“蓬勃发展的贵州杂技”为题，于5月第二期《杂技与魔术》刊登。

在协会的倡议下，魔术协会的学生主动与贵州电视台合作，创办本土魔术系列栏目《魔幻空间》，3月于贵州卫视频道开播以来，社会反响良好，深受广大观众的好评与喜爱。丰富了群众的文化生活，为爱好者提供了一个学习交流的平台。6月3日，在“贵州民族学院”举办魔术联谊会，与会师生100多人纷纷要求加入协会学习魔术。

9月中旬，协会代表赴河南濮阳参加全国高层论坛暨杂技编导研习班学习全新的创作思想和理念，对贵州的杂技艺术创作有较大的借鉴和促进作用；10月中旬，组织代表赴云南滇西采风；10月13日，组织《蹬人》等4个杂技、1个魔术节目，参加省文联等单位举办的“心系建设者”贵广铁路慰问演出活动。

【曲艺家协会】

举办了“全省中青年曲艺创作培训班”、“贵州省第十届杜鹃曲艺节”，参加中国曲协组织的各类赛事，并在各类赛事活动中取得了优异成绩。

4月，在“中国（天津）相声作品大赛”上，朱耀斌创作的相声《王老五戒毒记》；孙德生创作的相声《咱比洋人“牛”》，进入大赛优秀作品专辑。

6月，成功举办“贵州省中青年曲艺创作培训班”。80余名学员聆听全国著名曲艺家和省知名曲艺家授课。

7月，梁正帮、钟振亚、王东风参加“纪念中国曲协成立60周年暨全国中青年曲艺家创作会议”。在新中国成立60周年暨中国曲协成立60周年表彰大会上，卜小贵荣获“突出贡献曲艺家”称号，汪孝杰荣获“优秀中青年曲艺家”称号，段春林荣获“突出贡献曲艺组织工作者”称号。参与中国曲协成立60周年珍贵历史图片及实物征集，贵州的历史照片入选，贵州曲协及梁正帮个人受到中国曲协的表扬。“2009中国曲艺高峰（柯桥）论坛”，张顺永撰写论文《坚持创新、走符合地情的曲艺发展之路》入选全国36篇论坛汇编书。

8月，“首届中国·重庆‘红岩杯’革命故事大赛”，李祥泰创作的故事《特殊的党费》入选有关专辑。

9月，举办“贵州省第10届杜鹃曲艺节”。黔南水族旭早《水寨除魔》、武警的化妆相声《拍广告》荣获一等奖；兴仁的苗族板凳说唱《三角梅花开红遍地》荣获特别奖；安顺的谐剧《老太献艺》等4个节目荣获二等奖；遵义的快板书《神州铁拳》等7个节目荣获三等奖；黔南的水族旭早《水寨除魔》等7个作品荣获创作奖。

【电影家协会】

组织会员观摩中外优秀影片《赤壁》、《画皮》、《李米的猜想》、《梅兰芳》、《非诚勿扰》、《贫民窟的百万富翁》、《南京、南京》、《终结者4》、《伪钞制造者》、《建国大业》等。与省教育厅、省教育工委、省文明办、团省委等单位联合举办“全省大学生纪念新中国成立60周年电影评论征文”活动。评出一、二、三等奖多名。与《贵州省广播电视报》联合开辟“纪念新中国成立60周年红色电影评论”专栏，持续刊载4个

月。组织优秀国产影片《叶问》、纪录片《防雷知识》到羊昌、黄莲、马埸等布依村寨，开展“送电影下乡”活动，丰富基层人民群众的文化生活，受到村民热烈欢迎。组织剧本创作会员到清镇朝凤布依寨采风，通过与村民交流，了解新农村情况，拓展视野，丰富创作思想。在贵州大学举行了“纪念新中国成立60周年电影理论研讨会”。会议对贵州省的电影理论现状进行分析，并对电影理论的发展提出新想法、新思路。12月，与各高校联合举行手机短信评国产新片活动，形式新颖，激励青年学生的爱国热情。

【电视艺术家协会】

组织、承办各类活动并推选优秀作品参加全国电视艺术作品评选。

与贵州电视台等部门联合承办全国百家电视台红色旅游巡礼活动。组织开展新中国成立60周年贵州电视人摄影大赛。按人物类、城市自然风光类分别评出一等奖4名，二等奖8名，三等奖13名，优秀奖21名。组织作品参加全国“新中国成立60周年新中国城市发展形象宣传电视片推选及展播”活动。组织作品参加“奥运中国”优秀体育电视节目推选活动。组织作品参加“新中国成立60周年全国少数民族题材电视剧优秀作品评选活动”。组织作品参加“全国农村小康建设电视节目工程”电视专题片、电视栏目、电视剧的评奖及首届中国农村艺术节农村才艺展演活动。组织、选拔选手到山东济南参加“第五届华东及全国部分省市电视主持新人大赛”。组织作品参加“新中国成立60周年解放战争题材电视剧评奖活动”。组织作品参加全国“第九届中国民间文艺山花奖民俗影像作品奖”。组织作品参加第二届中国优秀旅游电视节目评选活动。组织艺术家到江苏、江西2次交流，1次赴玉树采风拍摄活动和1次省内采风拍摄活动。在全省开展了全国第六届贵州第四届“德艺双馨电视艺术工作者”推选活动。举办4个培训班，建立1个远程教育基地，分别是：全省电视教学课件开发创作培训班，编辑、播音培训班，播音化妆培训班，电视艺术综合培训班以及农村党员干部现代远程教育基地。

【文艺理论家协会】

开展、参与文艺评论工作，对当代文艺创作、文艺思潮和文艺管理的现状和态势展开实事求是的分析、研究和讨论。

围绕“中国现当代文学艺术研究”、“贵州民族民间文化艺术研究”和“全球化、信息化、现代化与文化艺术研究”这3个主题分辑出版学术丛刊《今日文坛》第五辑、第六辑、第七辑、第八辑。

2月，组织协会的20多位专家学者对由省文联独立投资、拍摄的电视连续剧《杀出绝地》的思想性、艺术性和观赏性进行研讨；3月，组织10多位协会会员，协同省委宣传部召开电视连续剧《绝地逢生》作品讨论会；12月，与其他单位联合主办，召开“贵州正安小说创作研讨会”；联合贵州日报社文艺部组织开展了《贵州日报》“文艺视界”专栏优秀论文评奖活动。

派送青年同志参加中国文联在青海省举办的“第四届中国文联中青年文艺评论家高级研修班”和省内的多种学术交流和学习活动。

根据中国文联文艺舆情信息工作会议的要求，建立贵州文艺舆情信息点。

年初，分别召开协会主席团会议和理事会会议，研究协会的重大事项。组织开展贵州省第七次哲学社会科学优秀成果评奖的初评工作。

【企业文联】

省企业文联工作委员会紧紧围绕贵州经济社会发展的大局，开展了一系列有声有色的文化艺术活动：

组织“心系建设者·贵州文艺界赴贵广快速铁路慰问演出活动”。5～6月，组织作家、艺术家到贵广快速铁路一线工地深入生活，创作小品《一封家书》、诗朗诵《远方的祝福》等文艺节目。10月，组织100多名文艺工作者沿着铁路一线建设工地，先后在大桥工地、隧道洞口进行了五场演出，数以万计的铁路工人和周边的各族民众观看了演出。省委副书记、省长林树森为慰问演出活动作了书面讲话。

举办“贵州省第九届‘新长征’职工文艺创作评奖活动”。全省有26000余件文艺作品申报参加评选，评出：一等奖19件、二等奖36件、三等奖84件、优秀奖81件、特别荣誉奖9件，奖项总数229件。对积极参与这项活动的8个产业厅（局）、行业、企业设置了组织奖。9月13日召开了颁奖大会，同时举办了“庆祝中华人民共和国成立60周年·贵州省第九届职工美术书法摄影优秀作品展”。

创作、录制、播出4集广播连续剧《情系大塘村》。根据中央电视台“感动中国·人物评选”入选者、贵州省从江县大塘村乡村医生李春燕的真实事迹创作了4集广播连续剧《情系大塘村》，由省文联、贵州人民广播电台联合录制，4次在中央台、5次在贵州台播出，受到广大听众和业内专家的好评。9月，中国广播网以“向新中国成立60周年献礼”的节目，向国内外展播，引起广大听众的强烈反响。《情系大塘村》先后获第九届中国广播剧研究会专家奖、中国广播电视文艺大奖广播剧类提名奖、贵州省第11届精神文明建设“五个一工程”优秀作品奖、贵州省政府文艺奖一等奖。

推荐参加全国性职工文艺展演获得好成绩。由中国文联、中华全国总工会、中央电视台联合主办的“庆祝新中国成立60周年·全国产业（行业）系统文艺展演”，于3月相继成功地举办了戏曲演唱、歌咏比赛、舞蹈展演、曲艺小品展演和综合文艺晚会等一系列活动。由贵州省企业文联推荐，贵州电网公司演出的合唱歌曲《追着太阳去上岗》、贵阳供电局演出的音乐快板《不落的太阳》分别获歌唱类、曲艺小品类银奖。省企业文联获本次活动优秀组织奖，省企业文联秘书长朱理敦、工作人员杨建蜀，贵州电力文体协会秘书长孙龙军，贵州电网贵阳供电局工会副主席周丽欧获优秀组织工作者奖。

其他活动

【电视剧《杀出绝地》】

由中共贵州省委宣传部、省文联、省电视剧制作中心联合摄制，省文联独立创作、独立投资和独立版权的29集大型红色经典电视连续剧《杀出绝地》2月14日晚上7点30分在中央电视台CCTV-8黄金强档播出，收视率获央视年度排行第四名。《杀出绝地》是央视作为年度推出的首部向新中国成立60周年献礼的大戏。该剧获得了由中共贵州省委宣传部颁发的年度贵州文艺作品高端平台展示奖金58万元。

【“送欢乐、下基层”活动】

1月18日，省文联组织艺术家赴平坝县天龙镇开展“送欢乐、下基层”惠民服务活动。活动由省文联党组书记、副主席李碧川带队，副书记、副主席刘世杰，党组成员、副主席井绪东、汪信山，书法家陈加林、陈弘，摄影艺术家卢现艺等一行40余人参加了此次活动。活动分3个小分队，义务为农民书写春联、拍摄全家福照片、送优秀电视剧光碟。李碧川等领导亲自将春联、照片、光碟送到村民手中，并与村民座谈，了解新农村建设过程中农民对文化的需求情况和文化建设情况等。此次活动共为群众义务书写春联1000余副，拍摄照片200余张，发放电视光碟200余套，送新春挂历100余份。这是省文联连续18年组织此项活动。

【从事新中国文艺工作60周年老文艺工作者表彰座谈会】

12月15日，省文联隆重召开从事新中国文艺工作60周年老文艺工作者表彰座谈会。全省34位老文艺工作者获此殊荣，参加座谈会的有省文联党组书记、副主席李碧川等领导，从事文艺工作60年的老文艺工作者代表冀洲、胡维汉、雅文、田宇高、何平、洪家尧、李子敬、李哲良及省文联有关部门负责人。

【省文联艺术家赴松桃深入生活】

11月11～14日，由省文联党组成员、副主席井绪东带队，省文联党组成员、秘书长徐凡军，省文联副巡视员、省作家协会秘书长杨胜利及艺术家顾林、杨霜、罗吉万等一行14人赴松桃县深入生活、创作采风。并与基层文艺工作者和文艺爱好者50余人进行了创作交流。

【“朝霞工程”培训班】

为培养少数民族学生传承民族文化，7～8月分别在贵州省的黔东南州榕江县、黔南州三都水族自治县、毕节地区、遵义市举办了4期“朝霞工程”艺术教育培训，受训学生达到200余人。

由中国文联发起并实施的“朝霞工程”在贵州省已开展9年，各级文联做了大量工作，省文联编辑出版了《贵州省朝霞工程全记录》一书，对9年来的工作进行总结。

其他工作

【机关建设】

一是召开了贵州省文联六届七次全委会；认真做好省文学艺术联合会第七次代表大会的筹备工作；分别组织召开省民间文艺家协会和贵州省

摄影家协会第六次会员大会，完成2个协会主席团换届选举工作。二是加强制度建设，转变工作作风，提高工作效率。制订了《贵州省文联“三级联动学习计划”》、《贵州省文联关于开展“三级联创进机关”，进一步完善和落实党建工作责任制实施办法》、《贵州省文联“工作例会”制度》等制度，在抓好机关建设目标落实的基础上，全面完成职能绩效“六项重点目标”的工作。三是扎实推进深入学习实践科学发展观活动。突出抓好干部职工理论武装工作。认真抓好整改，积极争取贵州省文化艺术中心筹建、干部职工住房改造工程；安排资金为包括离退休干部在内的全体干部职工进行健康检查，组织专人及时慰问困难、患病职工，积极为职工排忧解难；基本解决了群众反映强烈的干部职务晋升、职称评聘、自收自支事业编制人员纳入全额拨款等问题；构筑机关平安工程，认真搞好保密、国安、社会治安综合治理、档案、维稳等工作，不断完善后勤保障工作，改善文联办公大楼室内外环境。

【党建扶贫工作】

省文联机关党委，坚持“抓学习，突出理论武装；抓党建，突出制度落实；抓服务，突出作风改进”，较好地完成了党建工作任务。紧紧“围绕制度抓党建，抓好党建促工作”，大力开展“三级联创进机关”、“四型机关”等活动，完善和落实机关党建工作责任制，健全7个党支部建设，配齐配强支部书记，落实党支部组织活动经费，严格督导落实组织生活制度、党建述职述廉制度。

组织党员开展党建日纪念座谈会、征求意见座谈会，参观开阳县新农村建设、赤水市农村党建示范点等系列活动。在认真抓好年度职能绩效共性目标基础上，逐项抓好“六项重点目标”落实。利用新中国成立60周年、贵州解放60周年之机，围绕“有作为、出精品”目标，组织开展各项（类）文艺活动。9月，机关党委组织参加的“多彩贵州”舞蹈大赛、歌唱祖国暨歌唱贵州大赛中，获金奖等13项奖项。

制订省文联“三级联动”学习计划，落实党组中心组、中层干部、党员领导干部学习制度，组织学习党的十七大精神及胡锦涛同志在纪念党的十一届三中全会召开30周年会议上的重要讲话等一系列重要论述，积极创建学习型党组（支部）、学习型机关，支部书记认真履行一岗双责。

围绕“双万”结对帮扶、“十万干部下基层”活动，派出专人长期驻点帮扶，积极筹措资金20余万元，用于帮扶点独山县本寨乡月亮村农村危房改造工程、沼气开发使用建设、农村书屋建设。开展“送温暖·献爱心”捐赠活动，走访慰问农村特困户、困难党员、病残户等农村弱势群体11户，对贫困子女入学就读，进行了一对一帮扶资助。

【离退休干部工作】

1. 切实落实老干部政治待遇。根据省老干通25号文件通知精神，在中华人民共和国成立60周年之际，由省直机关工委配套部分资金，单位补助部分资金，省文联党组成员带队亲自到14名老干部和三名特困党员家中走访慰问。坚持在半年和年终时由省文联领导向老同志通报文联工作情况，征求老同志对文联工作的意见和建议，召开离退休民主党派人士座谈会，听取对文联党组意见和建议。

2. 认真贯彻落实老干部生活待遇。做到病有所医、老有所养、住有所居，加强老龄工作，推动建设和谐社会。

在落实老干部生活待遇上，坚持按规定逐项予以落实，及时和足额发放离退休费用和其他各项补贴。为庆祝新中国成立60周年，举办了全体离退休老同志的棋牌比赛活动，组织召开迎春茶话会，在春节、国庆、中秋等重大节日到老同志家中或医院走访慰问，为年满90岁和80岁的15名老人祝寿，送去组织的温暖和关怀。根据省卫生厅通知，为离休干部、副厅以上退休干部和高级职称人员共计50人进行健康体检。根据中组部有关精神，协助人事部为冀洲办理了享受副省级医疗生活待遇的有关手续。为5名老同志办理了丧事。

3. 充分发挥离退休党支部的作用，省文联的对口扶贫点，国家一级贫困村独山县本寨水族乡月亮村，捐款支持农村危房建设工程，奉献爱心。共有16名老党员捐款2150元。在省委老干部局组织的全省离退休老干部先进个人评选中，张有碧被评为全省离退休干部先进个人。

基层工作

【黔南州文联】

州文联坚持以服务党委、政府工作大局为出

发点，以满足群众精神文化需求为落脚点，以促进文艺繁荣为着力点，各方面工作都取得较大成效。

1. 围绕庆祝新中国成立60周年组织有影响的主题文艺活动，先后主办了“交通杯”全国书法篆刻展，“庆祝新中国成立60周年60米诗词书画长卷展”，60米“爱我中华”少儿现场书画表演，“迎国庆、颂祖国、唱家乡”广场文艺展演和全州文艺调演，主办“颂祖国、唱黔南”征歌活动并出版《黔南州庆祝新中国成立60周年征歌优秀歌曲集》和《黔南本土原创新歌》CD歌碟，还承办了全州科学发展观演讲比赛，组织创编宣传科学发展观的山歌集印发农村等。

2. 积极开展面向基层、服务群众的惠民文化活动。组织“送欢乐、下基层”为农民群众写春联、慰问演出，举办全州少儿音乐比赛、“朝霞工程”水族文化少儿培训班和黔南“好花红”群众民族广场健身舞蹈培训班，承办“多彩贵州”舞蹈大赛黔南赛区复赛，协办“庆五一劳动者创业之歌歌咏比赛”，深入州内各大、中学校开展校园诗教活动和与乡镇共创“诗词之乡”等。

3. 文艺创作取得新成绩。通过组织采风，与县（市）文联联办展览，召开各门类作品研讨会、笔会，推荐会员参加学习培训及对获国家级文艺奖项和在国家级平台展示作品的会员给予表彰奖励、办好公开发行刊物《夜郎文学》抓好文艺创作。各协会会员作品获省级以上奖50余项，在《光明日报》、《人民日报》、《诗刊》等国家级和省级以上报刊发表作品100余篇（首）。

【遵义市文联】

现有编制12人，有市属文艺家协会、社会组织16个，下辖14个县（区）市文联，有各级各类会员近4万名，编辑《遵义文艺》刊物，建有遵义文艺网站。

围绕“出精品、出人才、出效益”的重要任务，提出“调动一切积极因素，优化整合黔北最佳文艺阵容，冲出贵州，对接全国，走向世界”的奋斗目标。并按照“抓班子（市文联党组、主席团班子建设）、铺摊子（市直各文艺家协会班子建设、团结会员、开展活动）、筹票子（通过多渠道、多形式筹集专项创作发展资金，解决制约文艺繁荣瓶颈问题）、树牌子（拼力打造全国文学艺术品牌）、扎根子（扎根广大民众中间狠抓各项工作的落实）的思路开展工作。

争取到市委、市政府联合下发了《关于大力繁荣全市文学艺术的通知》（遵委办发〔2009〕21号）文件，为全市文学艺术创作发展科学化、规范化、规模化、制度化奠定了良好基础。

恢复并完成了遵义市第二届“遵义文艺奖”评奖工作；举办了以“四在农家”为主题的“走进乡村，情系民生”四在农家文艺采风创作活动；为有效探索市属各文艺家协会的科学化、规范化、制度化管理，召开“遵义市音乐家协会主席团成员述职会”；成功承办了贵州省第三届“茫父杯”书法双年展、第二届“多彩贵州·中国原生态国际摄影大展”遵义展等大型活动。

遵义市文联连续5年被评为“贵州省文联系统先进集体”。

云南省文联

综 述

2009年，云南省文联及广大文艺家、文艺工作者开拓进取，奋发有为，文艺工作和文联工作卓有成效，为云南民族文化强省建设发挥了积极的作用。省文联党组及各团体会员认真学习贯彻胡锦涛在视察云南时的重要讲话精神，贯彻省委八届八次会议和全省宣传思想文化工作会议精神，按照省委、省政府的统一部署，在中国文联、中国作协和省委宣传部的指导下，继续开展深入学习实践科学发展观活动，紧紧围绕庆祝中华人民共和国成立60周年这一难得的历史机遇。成功主办和积极参与一系列重大文艺活动，为云南文艺大发展大繁荣作出积极贡献。文艺创作取得丰硕成果，一批文艺家和文艺作品在全国获奖，扩大了云南在全国的知名度和影响力。省市领导高度重视，“云南文苑”筹建工作进展顺利。积极开展对外文化交流与合作，宣传云南文化，扩大云南文化在国际上的知名度，深入开展服务群众的惠民文化活动，大力支持社会主义新农村建设，省文联工作取得了新的突破，圆满完成了省文联六届二次、三次全委会确定的各项任务。有为文联、开放文联、和谐文联、快乐文联的新形象正在逐渐形成。省文联工作呈现出奋发进取、蓬勃向上的良好态势。

全国政协副主席、中国文联主席孙家正在视察省文联后说：“看到云南文联美好的未来和前景，感到非常高兴。云南文联的工作做得好，在云南文联工作是幸运而自豪的。”中国文联党组书记、副主席胡振民到云南文联视察后对云南文联的工作也给予了充分肯定，指出云南文联的工作做得很出色，是全国文联系统的排头兵。省委常委、省委宣传部部长张田欣2月5日在省文联的工作报告中批示：2009年，云南省文联工作卓有成效，为推动云南民族文化强省建设作出了积极贡献，2010年要继续创新发展，更上一层楼。

会议与活动

【2009年云南新年音乐会】

2008年12月29日至2009年1月1日，省文联与省委宣传部、云南电视台共同主办的2009年“春之声”云南新年音乐会在云南大剧院举行。省文联特邀请了奥地利莫扎特交响乐团为云南观众献上了一台原汁原味的维也纳新年音乐会。省人大常委会副主任杨保建，省政协副主席陈勋儒、顾伯平，省文联名誉主席梁公卿等出席音乐会。

【2009年“春满彩云南”云南文艺界联欢】

1月18日，由云南省文联、云南电视台共同主办的“‘春满彩云南’2009云南省文艺界新春联谊会”在昆明世博吉鑫园举行。来自全省文艺界的作家、艺术家与省级有关部门领导共600多人参加。中国文联副主席、中国作协副主席丹增，中共云南省委常委、省委宣传部部长张田欣，省人大常委会常务副主任晏友琼，省文联名誉主席梁公卿，老干部赵廷光等到会。联谊会由省文联主席、党组书记郑明主持。张田欣到会作重要讲话，他代表省委、省政府对全省广大文艺工作者，对关心支持云南文艺发展繁荣的各级领导和各界人士表示衷心的感谢，并致以新春的祝福。要求云南广大文艺工作者积极响应六次文代会的号召，不断创作精品力作，文学创作，音乐、美术、戏剧、曲艺、民间文艺、摄影、舞蹈、杂技、书法、电视、电影等各个艺术门类都要出成绩，出成果，为云南文艺增添新的光彩。《边疆文学》、《边疆文学·文艺评论》、《边疆文学·时代名流》和“云南文艺网”要成为云南文艺的重要平台。

【六届二次全委会】

3月5～7日，省文联六届二次全委会在昆明召开。省委常委、省委宣传部部长张田欣到会做了重要讲话，对做好2009年全省文联工作提出了7点要求。省文联主席、党组书记郑明做工作报告，对2008年文联工作进行总结，部署了2009年的文联工作。会议还对荣获全国文艺大奖的有关单位和个人进行表彰奖励，对《云南省文学艺术创作奖励基金章程》进行修改。张田欣部长开通了云南文艺网。

【《神系云南》书画巨屏创作】

3月30日，由省委宣传部主办，中国书画院、省文联承办的《神系云南》书画巨屏采风写生创作活动在北京钓鱼台国宾馆举行首发仪式。省文联主席郑明出席首发仪式，来自全国各地十几个省区市的50多位中青年书画家聚集在一起，将集体前往云南各地，深入各少数民族村寨采风写生，进行专题创作。创作成果将在云南各地展出，在国庆节前赴京献礼。艺术家们用独特眼光和视角来看云南，画云南，以他们多年积累的艺术功底和高昂的创作激情来反映云南各族人民的精神风貌和美好生活，描绘出云南的山川瑰丽、文化绚烂、民族融合的壮美画卷。

【承办西部文联工作会】

4月21～28日，由省文联承办的第19届西部文联工作会在昆明召开。来自陕西、西藏、青海、贵州、广西、宁夏、甘肃、四川、重庆、内蒙古、云南等11个省区市和新疆生产建设兵团的文联代表会聚昆明，交流经验和成果，探讨新方法新思路，共商开创西部文联工作新局面的大计。会议对新形势下如何拓展文联工作新局面等重大课题进行了有益的探索，取得了圆满成功。

【全国流行音乐大赛获佳绩】

5月23日，历时一年多的“全国优秀流行音乐大赛”落下帷幕。云南省由徐荣凯作词、土土作曲的《醉了丽江》和由王世雄作词、杨云燕作曲的《白云》均获一等奖；由金甲劲松作词作曲并演唱的《月亮花》获三等奖；云南省文联获得优秀组织奖第一名。获金牌数占总数的2/3，奖牌总数的1/6，在全国各省区市排名第一，创下了参加此次大赛总决赛获奖数量最多，荣获奖项最高，比赛成绩最好的纪录。

【协助做好首届聂耳音乐（合唱）周相关工作】

6月12～18日，首届中国聂耳音乐（合唱）周在北京人民大会堂及玉溪市同时拉开帷幕。在首届中国聂耳音乐（合唱）周系列活动中，省文联除了主办“国歌与中国音乐文化”论坛外，还积极参与了首届中国聂耳音乐周相关活动，负责邀请出席开幕式的中国文联领导和各协会在京艺术家以及接待全国政协副主席、中国文联主席孙家正，中国文联党组副书记、副主席李牧等领导出席在玉溪举办的闭幕式大型文艺晚会等工作。孙家正在云南出席聂耳音乐周闭幕式期间，专程看望了省文联、玉溪市文联和红塔区文联的干部职工，听取了各级文联的工作情况汇报。

【国歌与中国音乐文化论坛】

6月17日，由省文联与中国音协、中共玉溪市委、市人民政府共同主办的“国歌与中国音乐文化论坛”在玉溪举行。来自国内音乐界及艺术研究领域的知名专家和学者会聚一堂，共同探讨国歌在中国音乐文化发展中的地位、价值和影响，深入研究聂耳精神对现代音乐的影响和启示，尤其是在推进群众性爱国主义教育活动以及云南民族文化强省建设中的重要作用和意义。中国文联副主席、中国作协副主席丹增，中国文联荣誉委员、著名文艺理论家仲呈祥，中国音协分党组书记、驻会副主席、著名作曲家徐沛东，中国艺术研究院音乐研究所所长张振涛，中央音乐学院音乐学研究所副所长宋瑾，上海音乐学院音乐学系主任韩钟恩，民族音乐学家杨民康、冯光钰，音乐史学家向延生，玉溪市相关负责人，聂耳亲属代表和云南省部分知名音乐家出席论坛并发言，论坛取得了圆满成功。

【第八届中国摄影艺术节暨2009首届大理国际影会】

8月1～5日，由中国文联、省委宣传部、省文联、大理州委州政府等单位联合主办的“第八届中国摄影艺术节暨2009首届大理国际影会”在大理举办。全国政协副主席李蒙、中国文联党组成员、书记处书记廖奔等领导出席。来自国内外的摄影家1000余人，中外百余家媒体的记者参加了摄影节。本届摄影节期间，有美国、法国、希腊、芬兰等国及中国港澳台地区选送的130个摄影展集体亮相，参展照片超过7000幅，海内外3万余名摄影爱好者以及近10万名游客共同分享了这一影像盛宴。8月5日晚，第八届中国摄影“金像奖”得主在大理产生，省摄影家协会副主席兼秘书长朱运宽获本届“金像奖”理论评论奖。

【六届三次全委会】

8月22～24日，省文联六届三次全委会在昆

明召开。会议学习了胡锦涛总书记在云南视察工作时的重要讲话，传达了庆祝中国文联成立60周年大会的精神，报告了修改《云南省文学艺术创作奖励基金章程》的情况，通报了2009年以来省文联的主要工作和云南文苑建设的进展情况，选举段斌为省文联专职副主席。

【庆祝新中国成立60周年文艺成就暨美术书法摄影精品展】

8月23日，“春满彩云南——云南省文联庆祝新中国成立60周年文艺成就暨美术书法摄影精品展”在省科技馆隆重开幕。中国文联党组副书记、副主席李牧、省常务副省长罗正富等领导出席了开幕式，省级各有关部门主要负责人、省文联全委会委员以及省文联干部职工也参加了开幕式。展览分3个展区，分别展出了60年来省文联、各文艺家协会和16个州市文联的文艺成就。还展出了200多件美术、书法和摄影精品。这是省文联主办或参与的26项庆祝新中国成立60周年系列活动中规模最大，规格最高，内容最全，也是最有代表性的一项活动，是新中国成立60年来云南文艺辉煌成果的一次重要展示。近10万群众参观了展览，在社会上产生了较大影响，受到云南文艺界和社会各界的一致好评。

【纪念关肃霜诞辰80周年系列活动】

8月25日，由中国戏剧家协会、云南省文联、省文化厅主办的纪念关肃霜诞辰80周年系列活动在省图书馆隆重开幕，中国文联副主席、中国作协副主席丹增，省委常委、省委宣传部部长张田欣，中国戏剧家协会分党组书记季国平等出席开幕式。系列活动共有5项，即关肃霜京剧艺术研讨会、关肃霜京剧艺术展览、关派京剧艺术剧目展演、出版关肃霜纪念文集、举办“关肃霜杯”京剧票友大赛。活动取得了良好的社会效果，6000多人参加了纪念活动，对继承和弘扬关派艺术产生了积极的推动作用。

【峨山社会主义新农村文学基地创作作品研讨会】

9月24日，省作协在昆明举办了云南峨山社会主义新农村文学基地创作作品研讨会。中国文联党组成员、书记处书记白庚胜及中国作协创联部副主任尹汉胤、创研部副主任何向阳及相关部门领导、挂职作家参加了会议。与会者共同回顾并总结了峨山文学基地的经验，认为这是省作协在组织作家深入生活方式上的积极探索和尝试。两年时间，挂职作家写出了7部有价值的文学作品。同时，为庆祝新中国成立60周年，省作协还组织了一批作家，深入农村、厂矿基层，创作了10部反映云南沧桑巨变的报告文学。

【表彰115位老文艺家和老文艺工作者】

9月22日，在新中国成立60周年前夕，省文联召开表彰会，隆重表彰苏策、谭碧波等115位新中国成立前从事文艺工作的老文艺家和老文艺工作者。省文联名誉主席梁公卿，省政协副主席顾伯平等领导出席会议，中国文联副主席、中国作协副主席丹增，省文联主席、党组书记郑明发表了讲话，对老文艺家及老文艺工作者为社会主义文艺事业所作出的重要贡献给予了充分肯定，并号召全省文艺工作者向他们学习。

【首届云南省青少年书法大赛】

9月28日，由省文联主办，云南省现代诗书画院承办，省书法家协会、云南美术馆、昆明金殿名胜区协办的“庆祝新中国成立60周年从小写好中国字，长大做好中国人——云南省首届青少年书法大赛作品展”在云南美术馆隆重举行。此项活动共有8000多人参加，参加终评的书法作品共1534件。

【王丕震历史小说研讨会】

11月2日，由中国文联、中国作家协会、省文联、省作协和丽江市委市政府共同举办的纳西族作家王丕震历史小说研讨会在北京召开。与会人员充分肯定王丕震对当代中国文学作出的贡献，认为王丕震是手写文学作品最多、最快的作家，也是用文学形式描写历史名人最多的作家之一。此前在丽江和昆明两地，也召开了《王丕震全集》研讨会。

【中国戏剧家协会梅花奖艺术团云南行】

11月10～11日，省文联与中国戏剧家协会共同组织了“中国戏剧家协会梅花奖艺术团云南行”活动。分别在玉溪和昆明举行了专场演出，32位艺术家分别是京剧、昆曲、晋剧、豫剧、秦腔等多个剧种的梅花奖获得者。此外，来自云南本土的滇剧、花灯戏、白剧等剧种的梅花奖获得者也轮番登场，给云南观众献上了一场异彩纷呈的戏剧艺术盛宴，精彩的演出受到观众的高度赞扬。11日上午，省文联还专门邀请了梅花奖艺术团成员及云南戏剧界专家在连云宾馆召开座谈会，中国文联副主席、中国作协副主席丹增，省委常委、省委宣传部部长张田欣，副省长高峰等领导出席会议并做了重要讲话。

【全国少数民族题材电影电视剧创作研讨会】

12月12～13日，省文联与中国电影家协会、中国电视艺术家协会、《中国电影报》社在昆明共同举办了“全国少数民族题材电影电视剧创作研讨会”。中国文联副主席杨志今、丹增，省委常委、省委宣传部部长张田欣，省政协副主席顾伯平等领导出席会议并做重要讲话，来自全国各地的70多位电影电视界人士参加了会议。会议对中国少数民族电影电视剧取得的经验、存在的问题进行了总结，对今后如何更好更快地发展少数民族电影电视剧事业进行了交流研讨。与会代表认为，在当前形势下研讨少数民族题材电影电视剧具有现实意义和政治意义，关系到各少数民族的文化权益。

获奖情况

在第七届中国舞蹈“荷花奖”舞剧舞蹈诗比赛中，由云南艺术学院文华学院、省舞蹈家协会和沧源县政府共同创作演出的《重彩·佤山》和怒江州民族歌舞团创作演出的《傈僳人》获得“荷花杯”舞剧舞蹈诗铜奖。在第七届中国舞蹈“荷花奖”民族民间舞蹈大赛中，云南省荣获1银2铜和1个十佳作品的好成绩。在中央电视台CCTV电视舞蹈大赛中，杨丽萍编导的单人舞《螳螂》和红河州歌舞团创作的群舞《阿细跳月》获民族民间舞铜奖；景洪文体局的群舞《基诺大鼓》获群众舞蹈铜奖；KGS舞团创作表演的《功夫厨房》获街舞铜奖。在“滇黔桂山歌擂台赛”中，师宗女队获第一名，2位女歌手荣获“歌后”称号，师宗男队荣获第二名的好成绩。在全国鼓手大赛中，云南省选派的傣族鼓手罗云春获“象脚鼓王”称号。在中国文联、中国民协举办的“第九届中国民间文艺山花奖·全国民间鼓舞鼓乐大赛”中，云南省潞西县三台乡德昂族的水鼓舞获“山花奖”；云南省学者李云峰、李子贤和杨甫旺合著的学术专著《梅葛的文化学解读》获第九届中国民间文艺学术著作类“山花奖”。组织昆明选手参加“第二届中国故事节少儿故事会”大赛，获故事作品铜奖，省民协获故事会表演最佳组织奖及故事作品最佳组织奖。在中国作协、江苏省委宣传部等单位主办的“庆祝新中国成立60周年·长江颂”全国游记散文征文活动中，云南省作家张永权的《太阳岩上观万州》获三等奖；周祖平的《彩云之南》和陈金洪的《石鼓：时光深处的第一湾》获优秀作品奖。在“第11届全国美术作品展”中，云南省取得了入选47件，2件作品获提名奖的成绩。

对外文化交流

省文联积极开展对外文化交流，走出去，请进来，广交朋友，扩大了云南省文艺界与国际间的交往与合作，把丰富多彩、富有浓郁少数民族特色的云南文化传播到四面八方，扩大了云南的影响力和知名度。

3月19～25日，云南书法代表团赴韩国参与主办“2009中韩书法交流展”。双方的作品充分体现出了书法艺术跨越国界、同源异流、一脉多姿的文化特征，为两国艺术家架构了增进友谊，促进交流的平台。

5月8日，举办第一届韩国光州全南·中国云南美术展览及第一届韩国全南美术作品交流展。展览分别在韩国光州和昆明展出。展览的成功举办，为云南美术走向世界作出了贡献。

4月15日，省文联、省摄协接待了蒙古国专业摄影协会代表团一行。云南神奇的山山水水、丰富多彩的民族文化给蒙古国摄影代表团留下了难忘的印象，他们表示今后还要继续来云南进行创作，并通过自己的作品让蒙古人民了解云南、热爱云南。

8月30日，接待了日本中部音乐艺术团一行，让中日艺术家们在活动中相互学习，取长补短，共同挖掘并发扬光大中日音乐文化，从而更好地增进了云南与日本中部地区的友好往来，拓宽了文化交流领域。

10月20～30日，郑明参加中国文联交流团赴西班牙、葡萄牙进行考察及文化交流。

机关自身建设

按照中央、省委的要求，在上半年继续开展深入学习实践科学发展观第三阶段整改落实工作

及“回头看”活动，并对整个活动进行了总结，为云南省文联的科学发展进一步奠定了坚实的思想基础。经过学习实践科学发展观活动群众满意度测评统计显示，群众对党组的《分析检查报告》满意率达99%，对学习实践活动的满意率达到93.85%，实现了群众满意，推动工作的良好效果。学习实践活动不仅受到了省委学习实践活动指导小组的表扬，也受到了省委领导的肯定。

挂靠省文联的各类民间性社团有云南省诗词学会、云南省南社研究会等6家，按照中央和省委关于在社团组织开展学习实践科学发展观的要求，专门成立了领导小组，从8月开始启动了学习实践活动，对6家单位进行指导。进一步理顺了关系加强了联系，调动了积极性，推动了工作。

“云南文苑”建设工作进展顺利。云南文苑建设在白恩培、秦光荣、李纪恒、罗正富、仇和、张田欣、高峰等省委、省人大、省政府、省政协领导的关心重视下，被列为2009年度云南省五大重点文化设施建设项目，2009年全省20项重点建设工程之一。2009年以来，全国政协副主席、中国文联主席孙家正，中国文联党组副书记、副主席李牧以及罗正富、张田欣、高峰、顾伯平、梁公卿、张祖林等多位领导实地查看了解了云南文苑项目规划选址、外观设计进度等情况，对“云南文苑”建设的顺利进行给予了充分肯定。省文联党组高度重视云南文苑项目的建设，多次组织召开专家论证会、各协会研讨会，征询、督促推进云南文苑项目前期工作的开展，成立了云南文苑项目建设指挥部，扎实有效地开展了一系列前期工作。目前已取得由昆明市规划局颁发的云南文苑建设项目选址意见书，明确了云南文苑总用地119.65亩。

云南文苑要建成文化地标工程，省文联通过公开发布云南文苑项目建设征集概念性方案设计公告，共有包括省内外、国外的相关设计单位共15家报名参与投标，其中12家单位通过了资格预审，经评审委员会公平、公正评审，最终评出了云南文苑建设项目概念性方案设计前三名。省文联广泛听取和征求了省级各文艺家协会负责人及广大文艺家、国内知名专家的意见和建议，并将这些意见和建议反馈给设计单位，对3个方案进行了反复修改完善。征地拆迁补偿工作方面，积极主动与昆明市人民政府、官渡区委、区政府、区国土分局、官渡办事处以及土管所等部门对接，并召开协调会，昆明市政府有关领导明确表示：将根据相关会议纪要精神督促办理，力争尽快完成土地征用工作。

全面加强文联机关建设和干部队伍建设。按照省委和省委组织部、省纪委的要求，省文联积极开展评议机关作风活动。通过网上评议、群众问卷调查等多种方式对省文联党组和各个部门的机关作风进行评议，社会和群众的满意度很高。在省委“深入整治用人上不正之风”专项检查中，民主评议测评结果对党组选拔任用干部工作总体评价满意率为88.8%。还开展了反对用人不正之风的评议，对11位新提拔的正处级干部进行民主测评，满意率平均为86.4%。结果表明，群众对省文联干部任用工作满意度较高，对11位正处级干部的表现也比较满意。通过认真扎实开展学习实践科学发展观活动和机关作风评议，机关面貌及干部职工精神面貌焕然一新。省文联党组抓住契机，下大力气加强机关建设和推进干部队伍建设。经省直机关工委批准，成立了省文联机关党委，增设了机关党委专职副书记，加强了党对文艺工作的领导。发展了4位青年积极分子入党。坚持标准，遵照程序，提拔了一批处级干部和段林、王国栋2位为厅级干部，聘任了4名副高、1名中职干部，调进、调整了一批干部，改善了干部的年龄结构，优化了知识结构。发展了省级文艺家协会会员255名，国家级文艺家协会会员43名。省人力资源和社会保障厅批准在省文联成立云南省文学专业技术职称。有力地促进了省文联的自身建设。

深入开展服务群众的惠民文化活动，大力支持社会主义新农村建设。按照党的十七大提出的“满足人民基本文化需求，保障人民基本文化权益，让人民共享文化发展成果”的要求，省文联组织文艺家开展惠民文化活动，为建设社会主义新农村贡献力量。

安排中国文联、中国美协一行文艺家到红河州开展了“送欢乐、下基层”活动，为红河州元阳县箐口小学送去了4万元的助学金。

组织云南省音乐、舞蹈、戏剧、曲艺、杂技、书法、美术、摄影等门类60余位文艺家到省文联扶贫挂钩点禄劝县转龙镇开展“送欢乐、下基层”

慰问活动，向转龙镇捐款10万元援建希望小学，另外还捐赠了一批物资。艺术家们还为当地群众书写春联、拍摄全家福，不仅把欢乐和祝福送到群众的心中，更重要的是把党和政府的关怀送到了群众中。通过上述工作，丰富了转龙镇人民群众的精神文化生活，增进了文艺工作者与人民群众的血肉联系，受到了社会各界的广泛好评。省文联还每年派出1名新农村建设指导员，长期帮助禄劝县转龙镇。

基层文联

各州市文联结合自身实际，开展了一系列丰富多彩的文艺活动，在文艺创作，培养新人和加强队伍建设等方面也做了大量的工作，扩大了文联的影响力。

昆明市文联召开了全国部分城市文学院院长联谊会和“关键在人、重点在作品、核心在影响”为中心的重点文艺创作会议，启动了“昆明新貌”专题文艺采风创作活动。

楚雄州文联召开了第六次文代会，出版了《让我悄悄蒙上你的眼睛》等21部文学丛书，与州委宣传部共同举办了庆祝楚雄彝族自治州建州50周年摄影、根雕和书画作品展。

曲靖市文联隆重举行首届文学艺术创作政府奖颁奖大会暨“五个一文化精品工程”签字仪式，召开了文学精品创作规划会。

昭通市文联与市广播电台共同开办了“朱提书苑”，宣传昭通作家和作品，打造有声文学品牌。

文山州文联举办了“三七杯·多彩文山”征文活动，并积极组织文艺家创作采风。

保山市文联组织了《辉煌60年——祖国好、家乡美、生活新摄影展》等一系列以庆祝新中国成立60周年为主题的文艺活动，开展了第二届保山市文学艺术政府奖评选和送文化下基层活动，召开了有中国、美国、德国、加拿大、新西兰、马来西亚以及港台地区40多位华人作家参加的“四海作家采风团文学座谈会”。

怒江州文联召开了“第三次代表大会”，承办了“2009滇西文学笔会暨纪念新中国成立60周年百名作家怒江行”活动，有来自北京、昆明和滇西八州市的100余名作家参加。

丽江市古城区和玉龙县成立了文联，举办了“丽江古城楹联”全国征联活动，在北京举办了“双城水墨：丽江、凤凰书画联展”。

西双版纳州文联举办了全州文学创作笔会。玉溪市文联举全文联之力协办首届中国聂耳音乐（合唱）周——国歌与中国音乐文化学术论坛。

大理州文联积极协办第八届中国摄影艺术节暨首届大理国际影会。

红河州文联认真做好中国文联、中国美协“送欢乐、下基层”活动服务工作。

德宏州文联召开了第四次代表大会，开展了一系列丰富多彩的文艺活动，办好《勇罕》（傣文）、《文蚌》（景颇文）等刊物。

临沧市成立了音协、美协、作协，在影视创作和文学创作上取得了显著成绩。

普洱市文联围绕重大历史题材和少数民族题材组织创作，取得了显著成绩。

西藏自治区文联

综　述

2009年不仅是新中国成立60周年、西藏民主改革50周年，而且是推进“十一五”规划顺利实施的关键一年。一年来，在自治区党委和自治区党委宣传部的正确领导下，西藏文联高举中国特色社会主义伟大旗帜，以邓小平理论和“三个代表”重要思想为指导，深入贯彻落实科学发展观，紧紧抓住推动社会主义文化大发展大繁荣这一根本任务，围绕中心、服务大局，积极发挥联络、协调、服务职能，充分调动广大文学艺术工作者的创作热情，团结奋斗、开拓进取，各项工作取得了新的成绩。

会议与活动

【“送文化进千家万户”志愿服务活动】

2月，为不断提高西藏各族群众的文明素质和提高社会文明程度，着力营造欢乐喜庆、文明祥和、平安和谐的节日气氛，西藏文联组织摄影艺术工作者和期刊工作志愿者前往拉萨市加措居委会、蔡公堂乡和日喀则江孜县，开展以“送先进文化进千家万户”为主要内容的志愿服务活动。活动中，文艺志愿者向居民群众赠送了《幸福不忘共产党》宣传画和一批西藏文艺期刊及体育用品，摄影家们还深入居民家中，为他们拍合家欢照，并将冲扩好的照片亲手送到他们手中。志愿服务活动得到了当地居民的赞扬。

【组织文艺家参加自治区“三下乡”活动】

3月，按照中国文联关于开展“送欢乐、下基层”活动部署和自治区送文化科技卫生“三下乡”活动安排，西藏文联组织8人小分队，参加由自治区文明委组织的工作团，前往2008年拉萨市当雄县地震和山南地区错那县雪灾受灾地区，开展为期一周的“送欢乐、下基层”文化活动。小分队将文联制作的《幸福不忘共产党》宣传画、美术作品、藏文书法作品和教材以及藏汉文文艺期刊等，向所到县乡村农牧民群众赠送发放，受到欢迎。

【深入学习实践科学发展观活动总结大会】

3月4日，西藏文联召开深入学习实践科学发展观总结大会，对西藏文联历时4个多月的学习实践活动进行全面总结。通过开展学习实践活动，西藏文联党员干部队伍的思想观念有了新转变，工作作风有了新改进，业务工作有了新进展，实现了“党员干部受教育、科学发展上水平、社会稳定见成效、人民群众得实惠”的目标，得到了自治区党委指导检查组的肯定和党员干部群众的肯定和好评。

【西藏文艺界纪念西藏百万农奴解放50周年座谈会】

3月24日，为纪念西藏百万农奴解放50周年，迎接首个“西藏百万农奴解放纪念日”的到来，西藏文联召开文艺界纪念西藏百万农奴解放50周年座谈会。40余名文艺家怀着对党的真情挚爱和深厚情感，分别从自身的经历和感受出发，结合自己从事的文艺门类，畅谈西藏民主改革的伟大意义，回顾西藏民主改革50年来取得的辉煌成绩和翻天覆地的变化，展示西藏民主改革50年文艺事业呈现出的蓬勃生机，表达对设立“西藏百万农奴解放纪念日”的期盼和喜悦心情，表示将以更好更多的优秀作品，奉献给西藏各族人民，以推动文艺事业的大发展大繁荣。

【四届二次全委会】

5月8日，西藏文联四届二次全委会召开。全委会听取了西藏文联党组书记、副主席索朗石达的工作报告，回顾总结了西藏第四次文代会以来的工作；自治区党委宣传部副部长张晓峰出席会议并讲话。会议强调，要继续深入学习实践科学发展观，以科学发展观统领文联工作；要进一步繁荣文艺创作，多出作品、多出人才；要进一步发挥职能作用，开创文联工作新局面；要开展丰富多彩的文艺活动，努力为新中国成立60周年、西藏民主改革50周年营造良好文化氛围。西藏各地、市文联工作座谈会同时召开。

【与北京文联进行文艺交流座谈】

7月2日，西藏文联与北京文联一行9人进行文化交流座谈。交流座谈中，西藏文联党组书记、副主席索朗石达对西藏文联的工作状况和文艺成就进行了简要介绍，表示将加强同北京文联的联络、学习、沟通，为繁荣文学艺术事业共同努力；北京文联党组副书记、副秘书长王德新简要介绍了北京文联的基本情况，提出今后要加强与西藏文联的联系、交流，共同探索繁荣文艺事业之路。座谈会后，两地书法家还进行了交流笔会。

【赴中国文联、中国作协开展专题汇报和答谢活动】

7月15～20日，为贯彻落实全国援藏干部座谈会会议精神，共同研究进一步做好对口援助西藏文艺工作的具体措施，为新一轮援藏作好衔接准备，西藏文联工作组一行分别赴中国文联和中国作协开展专题汇报和答谢活动。西藏文联领导在汇报中回顾了中国文联、中国作协开展援藏工作以来在选派干部、推动文艺创作、开展文化交流、出版文学作品、培养文艺新人、财力物力支援及智力帮扶等方面给予西藏文联的亲切关怀、大力支持和无私援助，总结了西藏文联、西藏作协和西藏文艺事业近年来取得的成就，介绍了王守明、吉米平阶2位同志在西藏文联5年来的优秀表现和突出成绩，对下一步中国文联、中国作协的援藏工作提出了意向性请求。中国文联党组书记、副主席胡振民，中国作家协会党组书记、副主席李冰分别代表中国文联、中国作协对西藏文联的工作给予了充分肯定，并就下一步如何更加有效地开展援藏工作，提出了明确意见和殷切期望。

【情系西藏　爱心捐赠——中国书法家协会捐资50万元在西藏当雄建兰亭小学教学楼】

8月14日，情系西藏 爱心捐赠——中国书法家协会捐资建兰亭小学教学楼仪式在拉萨生态园大酒店举行。中国书法家协会捐赠50万元人民币，为在2008年遭受地震灾害的当雄县宁中乡第二小学捐建西藏兰亭小学教学楼，自治区党委常委、拉萨市委书记秦宜智和中国书法家协会分党组书记、驻会副主席兼秘书长赵长青等出席捐赠仪式。

【“西藏书画摄影展”亮相第八届珠峰文化旅游节】

8月26日，作为自治区庆祝新中国成立60周年爱国主义教育活动之一的“西藏书画摄影展”在西藏日喀则地区第八届珠峰文化旅游节上亮相。展出了来自西藏书法家协会、西藏美术家协会、西藏摄影家协会和日喀则地区文联组织创作的100多幅艺术作品。来自不同岗位的各族艺术工作者以饱满的激情、生动的笔触，表达了一个共同心愿——祝福祖国繁荣昌盛、祝福西藏明天更美好。

【领导干部作风建设年活动总结大会】

9月18日，西藏文联领导干部作风建设年活动总结大会召开。会议对领导干部作风建设年活动进行了全面总结，大会指出西藏文联自6月开始领导干部作风建设年活动以来，始终以自治区党委提出的“六个明显”为总目标，以解决“六个方面”的突出问题为重点，以思想建设、制度建设为抓手，坚持结合实际，高标准，严要求，求实效，认真部署，扎实开展了领导干部作风建设年活动各项工作，促进了领导干部以坚强的党性和优良的作风推动文艺事业科学发展的自觉性和坚定性。

【西藏文艺界庆祝新中国成立60周年座谈会】

9月25日，西藏文艺界召开座谈会庆祝新中国成立60周年，文艺界人士欢聚一堂，回顾光辉历程，展望美好未来，共同庆祝祖国母亲60岁生日。会上，西藏文联副主席、西藏作家协会主席扎西达娃，知名藏族作家班觉，原舞蹈家协会主席仁金才珍，西藏军区副政委、西藏文联副主席杨双举，《拉萨河》编辑部副主编罗布次仁代表西藏各族从政治、经济、历史和个人回忆的角度各抒已见，表达对新中国成立60年翻天覆地变化的深切感受和维护祖国统一、加强民族团结的决心。

【心系雪域　情寄书法——沈安良艺术创作及捐赠仪式】

11月8日，由西藏文联主办的世界艺术家协会副主席、竹笔书法协会主席、中国书法艺术研究院教授沈安良“心系雪域、情寄书法”艺术创作及捐赠仪式在西藏博物馆举行，自治区副主席多托出席捐赠仪式。捐赠仪式上，沈安良挥动刻有“天下第一竹笔”，即兴写下了“中华龙腾 西藏昌盛”8个大字，并捐赠给西藏博物馆收藏。

展览与评奖

【《天上的祝愿》等3首歌曲在“全国优秀流行歌曲创作大赛西南赛区总决赛”中获奖】

1月17日，杨年华词、多吉欧珠曲的《天上的祝愿》，旺堆词、美朗多吉曲的《神奇的西藏》，阿旺旦增词、欧珠曲的《藏家美酒》，在“全国优秀流行歌曲创作大赛西南赛区总决赛”中获优秀奖，并在“全国优秀流行歌曲创作大赛总决赛”中获提名奖。

【西藏民主改革50周年美术、书法、摄影展】

6月18日，由自治区党委宣传部、西藏文联共同主办的“西藏民主改革五十周年美术、书法、摄影展”在西藏博物馆开展。本次展览共展出200多名艺术家和艺术爱好者的作品322幅，其中美术作品35幅、藏文书法作品52幅、汉文书法作品78幅、摄影作品157幅，作品主题鲜明，内容丰富，形式多样，品味高雅，其中藏文书法成为展览亮点。

【“吉祥”系列木雕工艺品获“自治区首届旅游纪念品大赛（展）”银奖】

6月中旬，西藏民间文艺家协会组织设计制作的“吉祥”系列木雕工艺品在“自治区首届旅游纪念品大赛（展）”上获银奖。

【平措扎西、米玛分获新中国曲艺60年“优秀中青年曲艺家”和“突出贡献曲艺家”称号】

7月7日，在纪念中国曲艺家协会成立60周年暨全国中青年曲艺家创作会议上，西藏文联副主席、西藏曲艺家协会主席平措扎西获新中国曲艺60年“优秀中青年曲艺家”称号；拉萨市曲艺队曲艺演员米玛获“突出贡献曲艺家”称号。

【吴兴元、伦珠巴桑获第六届全国“德艺双馨电视艺术工作者”荣誉称号】

7月10日，第六届全国“德艺双馨电视艺术工作者”表彰活动在浙江省嘉兴市隆重举行，全国80位电视艺术工作者榜上有名，西藏影视家协会理事吴兴元、伦珠巴桑获此殊荣。

【纪录片《索桥上的村落》在“全国民俗影像作品评奖”中获铜奖，并获“第九届中国民间文艺山花奖”入选奖】

7月12日，在浙江宁波召开的由中国文联、全国民俗摄影作品奖评委会、中国民协、河北省文联主办的“全国民俗影像作品评奖”上，纪录片《索桥上的村落》获铜奖；10月31日，该作品在由中宣部、中国文联、中国民间文艺家协会主办的“第九届中国民间文艺山花奖”中获入选奖。

【刘成俊诗词书法作品展】

8月2日，刘成俊诗词书法作品展在西藏博物馆开展。此次展出的120余幅作品吸引了众多书法爱好者前往观摩。刘成俊几十年勤学不辍，有着坚实的楷书功底。在西藏高原近40年的生活工作中，深受雪域文化的熏陶，潜心研究，大胆创新，逐步形成了独具高原特色的一种新书体“雪域书体”，传统书法艺术得以实现新的突破。

【中国书法家协会第五届理事精品展】

8月14日，由中国书法家协会和西藏文联共同主办的“中国书法家协会第五届理事精品展”在西藏博物馆开幕。来自中国书法家协会第五届理事的140余幅书法作品展出。这是继2006年中国书法家协会第二届理事精品展在拉萨展出之后，中国书法界的精英们带着书法精品再次进藏举办展览，作品全方位反映了当代中国书坛的精神风貌和创作水平，不仅为西藏的书法爱好者提供了一次绝佳的学习机会和交流平台，而且将进一步拓展书法艺术对社会的影响，提升书法艺术的对外形象。

【2009·中国西藏珠穆朗玛摄影大展】

8月16日，由自治区党委宣传部、中国摄影家协会、西藏文联和拉萨市人民政府主办的“2009·中国西藏珠穆朗玛摄影大展”在拉萨布达拉宫广场隆重举行。“2009·中国西藏珠穆朗玛摄影大展”是庆祝新中国成立60周年和西藏民主改革50周年系列活动之一，大展以“和谐、繁荣、进步”为主题，从来自全国32个省市区以及港、澳、台地区的300多名知名摄影家选送的6500余幅摄影作品中选出400幅作品进行展览，在为期8天的展览中，先后有8万余名国内外游客，区内外干部群众参观了展览。

【庆祝新中国成立60周年魏富绪书法篆刻艺术展】

9月12日，庆祝新中国成立60周年魏富绪书法篆刻艺术展在西藏博物馆开幕。这是西藏文艺界隆重庆祝新中国成立60周年的一项重要活动。

魏富绪是长期坚持在西藏工作和艺术创作并取得突出艺术成就的书法篆刻艺术工作者。数十年来，魏富绪用自己的艺术作品生动地讴歌了社会主义新西藏取得的辉煌成就，讴歌了勤劳智慧勇敢和富于创造精神的西藏各族人民。

【西藏美术书法摄影展】

10月13日，为配合林芝第五届雅鲁藏布大峡谷文化旅游节宣传活动，西藏文联组织美术、书法、摄影作品在林芝地区举行“西藏美术书法摄影展”。展出的200件作品大都是反映林芝地区自然风光、人文景观和民俗风情的精品力作，展览成为第五届雅鲁藏布大峡谷文化旅游节的一道亮丽风景，成为西藏和林芝文艺界欢庆节日的视觉盛宴。

【车刚摄影作品《天路》获尼康摄影大赛金牌奖】

10月15日，“尼康在中国”2009中华56个民族摄影活动作品评选在上海美术馆揭晓，著名摄影家、西藏摄影家协会副主席车刚参赛的作品《天路》获得金牌奖。在全国参赛的接近27000幅摄影作品中能够获得摄影活动设置的唯一一个金牌奖，不光是其本人的荣誉，也是整个西藏摄影艺术的荣誉。

【次旦朗杰获“最受欢迎民间艺术家”称号】

10月16日，西藏唐卡艺人次旦朗杰在浙江杭州西湖博览会·第三届中国民间艺人节上获“最受欢迎民间艺术家”称号。

【普布多吉荣获“第九届中国民间文艺山花奖——德艺双馨民间文艺家”荣誉称号】

10月31日，在浙江宁波召开的第九届中国民间文艺山花奖颁奖典礼上，西藏民间文艺家协会副主席普布多吉荣获“第九届中国民间文艺山花奖——德艺双馨民间文艺家”荣誉称号。

【西藏剧协参加张家港“长江流域文化艺术节”并获奖】

11月3日，西藏戏剧家协会带去的民间艺人表演的节目在第三届长江流域民族民间艺术节上获优秀奖，西藏戏剧家协会获优秀组织奖。

【“灾区安好——西藏抗震救灾、抗雪救灾纪实”三地巡展】

11月6～12日，西藏文联在拉萨、泽当和当雄举办“灾区安好——西藏抗震救灾、抗雪救灾纪实”巡回展。展览从灾区现场、领导关怀、抗灾救灾、灾后重建4个方面展示了自2008年10月6日拉萨市当雄县发生6.6级地震，10月26日山南、林芝地区遭遇严重雪灾后一年来灾区人民在党和政府的关怀下，在社会各界的大力支援下，自强不息、艰苦奋斗、重建家园的壮丽画卷。展览在拉萨市宗角禄康公园首展后，又分别在当雄县和山南地区泽当镇进行巡展，参观群众达两万多人次。巡回展热情歌颂了党和政府心系灾区人民以及灾区人民在党和政府的领导下，团结一心，战胜灾难，重建家园的精神风貌。

【“第五届珠穆朗玛文学艺术奖”和“第三届才旦卓玛艺术基金奖”评选工作】

12月，本着公开、公平、公正的原则，西藏文联组织“第五届珠穆朗玛文学艺术奖”和“第三届才旦卓玛艺术基金奖”双奖评选领导小组，层层筛选出新世纪以来，西藏广大文艺工作者在不同的艺术领域创作出的优秀文学艺术作品，各项评比工作圆满完成。共评选出文学、美术、书法、摄影、音乐、舞蹈、戏剧、曲艺、民间文艺、影视等10个文学艺术门类的优秀作品79件（含特别奖16件，金奖13件，银奖18件，铜奖24件，优秀奖8件），这些获奖作品从总体上反映了8年来西藏文艺创作的优秀成果，是对西藏文艺界在推动文艺事业大发展、大繁荣工作的一次全面检阅。

创作与研究

【文学创作】

1月，协助《芳草》杂志社组稿，出版“吉祥青藏专号”，刊发白玛娜珍的散文《生活的拉萨》，冉启培的小说《下午八点》、《雨季心情》，班丹的小说《温暖的路》，郭阿利的中篇小说《雪山之上》，朗顿·班觉创作，次多、朗顿·罗布次仁翻译的长篇小说《绿松石》等6篇作品。

3月，向中国作家协会推荐肖干田的长篇小说《魂系边疆》、张祖文的长篇小说《青藏》等3篇重点作品扶持项目。

4月，向《文艺报》推荐改革开放30周年西藏文学事业成就10余篇文章，包括西藏作家协会的评论《藏文文学的新天地》、克珠群佩《在坎坷中前进 在变化中发展》、尼玛潘多的获奖感言《有种感动叫温暖》、次仁央吉的散文《心雨》；

诗歌《渴望新生》入选全国新诗大赛作品精选《我心中的桃花源》。

6月，向中国作家协会推荐21篇文章入编《新中国成立60周年少数民族文学作品选》，包括拉巴群培的评论《再论西藏文学史分期》，扎西达娃的小说《西藏隐秘的岁月》、《系在皮绳上的魂》，益希单增的小说《汪甲鱼》，恰白·次旦平措的诗歌《牧民心里全明白》等。

9月，在由郭小川研究会、河北承德市老作家协会、河北承德市作家协会、河北承德市电视台、《国风》诗刊、北京鸿鹄志业文化传播有限公司联合举办的“新中国成立60周年‘中国放歌’文学大奖赛”中，杨年华的报告文学《情系雪域》荣获优秀奖，并入选《中国放歌——新中国成立60周年中国作家精品大典》（由中国作家出版社出版）一书。

12月，西藏文联副主席、西藏作家协会主席扎西达娃创作的电影剧本《西藏往事》已由中影公司拍摄完成，预计2010年将在国内上映。

【美术创作】

9月15日，根据自治区党委办公厅的要求，西藏美术家协会确定9名美术家，为自治区党委创作一批以西藏特色景观为主题的油画作品，并作为自治区党委的文化礼品。

10月1日，西藏文联原主席、西藏美术家协会主席、书画院院长韩书力经过2年多的潜心创作，数易其稿，完成大型国画作品《东方祥云——和平解放西藏》（280cm×400cm），作品在国庆期间在北京展出，成为西藏人民向国庆60周年献礼的美术巨作。

【书法创作】

8月，西藏书法家协会和“中国书法进万家——走进西藏”全体书法家欢聚在西藏拉萨市娘热乡民俗文化度假村藏文书法苑，共同开展书法笔会交流活动。交流活动中，书画家互展技艺，互赠作品，就书法艺术进行广泛交流和探讨；西藏书法家协会组织20余幅书法作品参加第三届中国书法兰亭奖，西藏书法家协会副主席、秘书长李运熙的一幅行草入选。

【摄影创作】

7月，由中国新闻摄影学会、辽宁省新闻摄影学会、澳门综艺摄影会、西藏摄影家协会主办的“澳门、西藏、沈阳摄影作品联展”在辽宁省沈阳市举行。西藏摄影家协会选送的近100幅摄影作品入选；由广西文联、广西摄影家协会共同主办，贵州、四川、云南、西藏、重庆摄影家协会协办的“第二届西南六省区市摄影联展”在广西南宁举行，西藏摄影家协会选送的40幅摄影作品入选。

9月，由重庆市文联、重庆市新闻工作者协会、重庆市摄影家协会承办的首届中国西部当代摄影艺术邀请展在重庆开展。西藏摄影家协会选送的5幅作品入选。西藏摄影家协会参加在广西南宁举办的“第二届中国西南六省区市摄影作品联展”，其中6幅作品获奖。

10月，应自治区政协办公厅的要求，西藏摄影家协会主席旺久多吉受西藏文联党组委派到自治区政协主持完成大型摄影画册《西藏政协50年（1959～2009）》的编撰工作。

【音乐创作】

9月18～20日，山南地区群艺馆达瓦卓玛、格桑帕珠和拉萨歌手强巴玉珍获“中国西部原生态山歌柳州赛歌会”风采奖，达瓦卓玛、格桑帕珠、强巴玉珍、尼琼、格桑朗杰获金嗓子奖。

9月21日，西藏歌曲《故乡情怀》获中共中央宣传部第11届精神文明建设“五个一工程”奖。

10月25日，拉萨市尼木县格桑梅朵合唱团获“全国首届童声合唱电视公开赛”优秀奖和特别奖。

【舞蹈创作】

8月13日，拉萨市老年文体队舞蹈《在阳光下的舞步》获中央电视台《我爱祖国》大型电视文艺晚会一等奖。

10月19日，西藏重点献礼晚会大型民族乐舞《魅力西藏》在京参加“向祖国汇报——庆祝中华人民共和国成立60周年展演活动”。日喀则地区男女六弦琴弹唱《查琼啦》和女子舞《同甲啦》参加第11届上海艺术节并获演出交易会特别奖。

10月23～24日，日喀则地区大型特色民族歌舞《珠峰彩虹》在上海第11届国际艺术节演出。

10月，拉萨市远大农民工艺术团舞蹈《香甜的糌粑》获“向祖国汇报”——庆祝新中国成立60周年全国产业（行业）系统舞蹈展演活动金奖，舞蹈《盛世踏歌》、《牧民的天堂》获优秀奖及优秀编导奖。

11月7日，山南地区琼结县卓舞《雅砻春潮》

应邀参加在台湾举办的“守望精神家园——首届中华非物质文化遗产月”活动之“国风——中华非物质文化遗产专场演出”。在台湾演出期间，《雅砻春潮》作为压轴节目在台北市、台北县、台中市、台中县演出五场，场场爆满，受到了文化部领导和台湾观众的高度评价和广泛欢迎。

11月8日，山南地区卓舞《雅砻春潮》获第五届CCTV电视舞蹈大赛银奖。

11月12日，西藏歌舞团女子集体舞《热萨玛》获第八届全国舞蹈大赛优秀表演奖，男子集体舞《飞快的舞步》获组委会特别奖，拉萨市民族艺术团舞蹈《吉祥颂》、日喀则地区民族艺术团独舞《琴缘》获优秀表演奖。

【戏剧创作】

3月，制作播出广播剧《吉祥红云——讲述国旗阿妈的故事》、《门巴将军》，广播文艺专题片《翻身农奴把歌唱》。

5月25日，藏戏《朵雄的春天》获全国地方戏（南方片区）优秀剧目展演荣誉奖。

7月1日，藏语广播剧《热普村的春天》在藏语和康巴语频道播出。

12月15日，话剧《扎西岗》入选2008～2009年度国家舞台艺术精品工程年度资助剧目。

【曲艺创作】

2月，西藏文联副主席、曲艺家协会主席平措扎西为西藏电视台藏历新年晚会创作相声《姜昆开店》、《三十年邻居》，小品《家乡的宴请》，其中由中国曲艺家协会分党组书记姜昆和西藏曲艺家协会名誉主席土登合作演出的相声《姜昆开店》，深受西藏观众的喜爱。

8月，曲艺家协会组织拉萨曲艺队创作了反映阿里地区在改革开放30多年来所发生巨大变化的《时代歌曲的另一种唱法》、《农村新变化》等曲艺节目，到阿里地区象雄艺术节演出，受到当地群众的热烈欢迎。

【民间文艺创作】

6月13日，西藏唐卡绿度母获庆祝中华人民共和国成立60周年和第四个文化遗产日——“锦绣中华”中国织绣精品大展创作金奖，刺绣喀卡苏前装获银奖，氆氇男士加罗藏装获铜奖，氆氇后藏女式藏装获优秀奖。

9月23日，由西藏民间文艺家协会副主席、国家一级美术师张鹰，经过近4年的艰辛劳动和30多年间踏遍雪域大地的发现、记录和研究、积累所创作完成的《人文西藏》丛书（共有6卷：《西藏服饰》、《节庆礼仪》、《传统建筑》、《生活习俗》、《藏戏歌舞》、《宗教艺术》）在拉萨举行首发式，首发式向读者生动形象地展示了雪域高原独特的民俗风情和民族文化，展示了半个世纪以来西藏的发展和变迁，展示党和国家对西藏优秀传统民族文化的保护、继承与发展方面的丰硕成果。

12月底，西藏文联组织原西藏民间文艺家协会主席、原中国藏学研究中心副总干事大丹增编纂的藏文稿《西藏民间故事集成》完成初审，由西藏民间文艺家协会主席才旦多吉编纂的藏文稿《西藏民间谚语集成》完成选稿、定稿工作，由原西藏民间文艺家协会副主席德庆卓嘎编纂的藏文稿《西藏民间歌谣集成》已完成定稿工作。《中国民间文学集成·西藏卷》藏文卷具有较高的文学价值和科学价值，全面性、代表性和学术性较强。

【影视创作】

3月21日，由西藏文联副主席王能生参与撰稿，为隆重纪念西藏民主改革50周年和“西藏百万农奴解放纪念日”而创作的大型电视政论片《跨越》在中央电视台一套首播。政论片对西藏民主改革50年来的伟大历程作了系统回顾，深刻阐述了民主改革是西藏历史上最广泛、最深刻、最伟大的社会变革，是西藏社会发展和人权进步的划时代的重大历史事件，也是人类文明发展史和世界人权史上具有重大意义的进步。

8月，由西藏影视家协会副秘书长杨年华创作完成的电视剧本《雪域丹青》入围“首届全球写作大展”剧本类征文50强。

对外及对港澳台地区文化交流

【西藏文艺界与尼泊尔民间友好代表团交流会】

6月17日，西藏文艺界代表与尼泊尔民间友好代表团一行57人在西藏宾馆进行友好交流。西藏文艺界向代表团成员介绍了自治区概况、设立“西藏百万农奴解放纪念日”的伟大意义和西藏民主改革50年政治、经济、社会、文化发展等方面的情况，希望通过代表团的交流，为两国艺术

家之间架起友谊的桥梁。尼泊尔民间友好代表团对提供交流机会表示感谢，通过交流，切身感受到西藏所发生的巨大变化，并表示愿在文化方面开展进一步的交流合作。

【西藏、澳门两地文艺家座谈】

7月11日，西藏文联文艺家与以澳门已故陆昌先生的夫人蔡华嘉女士等一行22人在西藏文联座谈。两地艺术家在亲切友好的气氛中，共同回顾改革开放以来，两地文艺交流合作走过的历程，缅怀为西藏、澳门文化交流作出重要贡献的澳门著名实业家、前澳门摄影协会主席陆昌先生的卓著功绩。两地文艺家一致表示，将进一步加强两地的文艺交流与合作，共同开创西藏、澳门两地经济腾飞、文化发展繁荣的美好未来。座谈会后，蔡华嘉女士一行还分别向西藏文联、西藏珠穆朗玛文学艺术基金会、西藏美术家协会捐款。

【与自治区妇联共同在尼泊尔举办“中国西藏妇女摄影展”】

9月9日，由自治区妇联和西藏摄影家协会共同主办的“中国西藏妇女摄影展”在尼泊尔加德满都举办。摄影家们以他们的敏锐眼光和独特视角，以111幅照片展现中国西藏妇女的劳动场景、生活状态及民俗民风，从不同侧面表现了西藏妇女自强不息、艰苦奋斗、开拓创新的时代风貌，描绘了西藏妇女的新发展、新变化、新生活。同时，展览还突出反映了西藏各级妇联组织在维护妇女儿童权益、促进妇女发展方面所取得的成绩。全国妇联党组书记、副主席、书记处第一书记黄晴宜，自治区党委书记张庆黎，自治区党委常委、组织部部长尹德明给予了充分肯定和高席评价。

【“雪域高原——中国绘画作品展”亮相罗马城】

10月26日，为纪念中华人民共和国成立60周年和西藏实行民主改革50周年，“雪域高原——中国绘画作品展”在意大利首都罗马开展，西藏美术家协会选送的17幅布面重彩画参加展览，此次展览对于展示中国各民族美术画家创作的西藏题材的优秀绘画作品，探讨西藏题材绘画的精神特质和人文价值，对于推动中意两国之间的美术交流与研究具有重要意义。

【第三届中国西藏摄影艺术展】

12月28～31日，由西藏文联和中国驻尼泊尔大使馆文化处共同举办的“第三届中国西藏摄影艺术展”28日在尼泊尔首都加德满都开幕。展出的100幅图片通过摄影艺术形式，真实反映了西藏社会发展所取得的成就，“把一个美丽、迷人、富裕、文明的大美西藏展示给尼泊尔朋友”。中国驻尼泊尔大使馆临时代办郗慧在开幕式上致辞说，展览对帮助尼泊尔朋友了解西藏、增进中尼两国人民传统友谊和相互了解具有重要意义。尼泊尔信息和通信部部长波克雷尔在参观完展览后题词说，他深深被西藏的美丽和发展所打动，深切了解了西藏取得的重大成就。

机关建设

【舆情信息及专题调研工作】

西藏文联舆情信息坚持注重在思想认识上围绕中心、服务大局，在信息内容上注重总结经验、推出典型，在工作方法上注重深度介入、勤于思考，在工作态度上积极竞争、认真负责，更好地为中心工作服务、为决策服务。共上报舆情信息稿件55期，简报8期。承担自治区党委宣传部专题调研材料3份，其中《改革开放以来西藏文艺事业的成就和经验》被自治区党委宣传部评为优秀调研报告二等奖。

【干部队伍工作】

根据自治区党委11月10日常委会议决定，沈开运任自治区党委宣传部副部长、自治区文联党组书记、副主席；按照上级组织部门的统筹安排，选派8人（次）参加自治区党校的理论和业务培训；根据自治区党委组织部、自治区人事厅有关要求，坚持标准，聘任1名同志为正高级专业技术职称，2名同志为副高级专业技术职称，调整7名同志到其他岗位工作，向上级组织部门推荐了县级后备干部。

【扶贫工作】

西藏文联认真贯彻落实自治区党委政府召开的扶贫工作会议精神，进一步按照“十一五”定点扶贫要求，对昌都地区八宿县瓦乡开展扶贫工作。送去了价值6000余元的一辆摩托车，价值1000余元的太阳能电瓶，价值24000元的粮食和水电机、草场网围栏等。受到农牧民群众的一致好评。

各文艺家协会

【作家协会】

7月，认真做好第五届珠穆朗玛文学艺术基金奖文学作品推荐和初评工作。

8月，发展次央等16名西藏作家协会会员。

9月，派遣西藏作家协会会员次仁罗布、亚伊、多布杰到鲁迅文学院第12届中青年作家高级研讨班（55个少数民族作家班）进行为期4个多月的学习；配合《西藏文学》、《西藏文艺》等刊物组织创作庆祝新中国成立60周年文学作品；组织西藏文学界专家学者30余人参加长篇小说《绿松石》汉文版作品研讨会。

10月，接待来藏采风的中国作家协会领导及兄弟省市作家协会采风团。

11月12日，西藏作协召开主席团会议，传达学习中宣部部长刘云山在中国作协文学创作座谈会上的讲话精神，与会人员对刘云山的讲话精神进行了认真学习和领会，并就来年工作做了安排。

【美术家协会】

7月，西藏美协接待了中国美协“灵感西藏”采风团和澳门西藏文化交流采风团。

11月13日，在由中国西藏文化保护与发展协会、中国美术家协会、中国美术馆和首都师范大学共同举办的“灵感高原——中国美术作品展”上，西藏推荐的21件美术作品最终入选包括西藏美术家协会主席韩书力创作的《毛主席派人来》等11幅优秀作品，西藏美术家协会副主席、秘书长计美赤列创作的《拉萨北京》等3幅作品被中国美术馆收藏。此次展览是新中国成立以来最大规模的以青藏高原为创作背景的美术作品展览，同时也是新中国成立60周年“向祖国汇报”的献礼活动之一。

12月25日，第11届全国美术作品展在中国美术馆开幕，西藏美术家协会选送的18幅美术作品入选。

【书法家协会】

9月，与西藏高山文化发展基金会在拉萨召开笔会；与四川书法家协会在拉萨召开“蜀藏书法艺术交流笔会”。

12月，组织20幅书法作品参加中国西部地区书法作品展。

【摄影家协会】

1月，根据自治区党委宣传部的统一安排，结合每年举办的“送温暖、下基层、为农牧民拍合家欢”活动。组织摄影家随自治区“三下乡”慰问团赴当雄地震灾区、山南错那雪灾灾区等地拍摄灾后重建、生产生活状况，为农牧民拍合家欢，并为他们送去年画。

3月，在中央外宣办、自治区党委宣传部、自治区外宣办等有关部门的安排下，西藏摄影家协会主席旺久多吉接受中央第四频道和第九频道“法语”栏目的访谈，用自己的亲身经历和大量对比图片讲述新旧西藏翻天覆地的变化。

12月，向中国摄影家协会推荐5位同志加入中国摄影家协会。

【音乐家协会】

7月，积极推荐2首音乐作品参加由中国音乐家协会主办的第七届中国音乐金钟奖流行音乐大赛。其中王彬入围成都赛区50强选手；在拉萨市委宣传部、拉萨市文化局共同主办的红歌演唱活动中，由杨年华作词、多吉欧珠作曲的《天上的西藏》被列入红歌演唱曲目，并参与指导、排练、录音等工作，演出后受到好评。

8月，积极配合参加由西藏拉萨市委宣传部牵头主办的拉萨雪顿节的征歌评选活动，西藏音乐家协会副主席多吉欧珠被邀请为评委，共评选出包括一首主题歌曲在内的13首拉萨雪顿节歌曲。

9月，积极配合西藏医学院建院20周年校庆活动，为西藏医学院创作校歌《生命的源泉》（尼玛次仁、尼玛顿珠作词，多吉欧珠作曲，罗珍演唱），由西藏电视台录制成音乐电视MTV向全国播放，受到广大听众的好评。

12月，完成中国音乐家协会考级委员会西藏考级办公室的前期筹备工作。

【舞蹈家协会】

3月6日，在“纪念西藏民主改革50周年演出周”上，由西藏舞蹈家协会主席旦增贡布担任总导演的大型风情歌舞《天上西藏》在北京演出，中共中央政治局常委李长春与首都各界群众一同观看演出并给予高度评价。

7月，积极配合中国舞蹈家协会组织选送日喀

则地区文工团的《情缘》、自治区歌舞团的《热萨玛》、西藏军区文工团的《太阳谷》3个节目参加第七届中国舞蹈荷花奖民族民间舞评奖活动。

8月6日，在由中国文联、全国妇联、安徽省人民政府等主办的第二届中国淮南国际少儿艺术节上，西藏舞蹈家协会选送5个节目，其中《幸福家园》等2个舞蹈被组委会选定参加展演。

9月20日，西藏舞蹈家协会组织60余名会员参与新中国60华诞的献礼剧目国家大型音乐歌舞史诗《复兴之路》的演出，历时4个多月的排练，实现了“广场艺术和舞台艺术的高度融合，中国当代和历史穿越时空的对话”。

10月19～21日，西藏舞蹈家协会参加由中宣部、文化部等组织的国庆献礼演出活动“魅力西藏”，在北京专场演出3场，受到首都观众的热烈好评。

11月21日，在第八届全国舞蹈比赛上，西藏舞蹈家协会推荐的日喀则地区文工团次仁旺堆的《琴缘》荣获文华舞蹈节目创作二等奖、自治区歌舞团的《热萨玛》、西藏拉萨市歌舞团的《吉祥颂》荣获文华舞蹈节目优秀表演奖，自治区歌舞团的《飞快的舞步》荣获第八届全国舞蹈比赛组委会特别奖。

【戏剧家协会】

西藏戏剧家协会积极协助自治区区直机关和自治区团委举办大型联谊晚会“激情燃烧的青春”，自治区纪念西藏平息叛乱、西藏民主改革50周年大型专题文艺演唱会“翻身颂”，自治区区直机关工委、共青团拉萨市委员会纪念“五四”运动90周年文艺晚会“青春之歌”，自治区纪律检查委员会和自治区区直机关工委领导干部作风建设年文艺晚会“百姓在心中”等文艺晚会，获得自治区领导及广大干部群众的高度评价。

【曲艺家协会】

5月，为纪念西藏民主改革50周年，组织拉萨曲艺队演员深入拉萨市宗角禄康公园、堆龙德庆县、墨竹工卡县等地巡回演出10余场次，受到广大观众、农牧民和有关领导的好评。

12月，为解决西藏曲艺队的人才问题，经多次呼吁反映，初步解决10名年轻曲艺人才到拉萨曲艺队工作的相关事宜。

【民间文艺家协会】

10月3～12日，由中央统战部、中国西藏文化保护与发展协会主办、西藏民间文艺家协会承办的“2009吉祥哈达——苏州大型西藏文化博览”亮相苏州。展出的60件民俗作品（包括服饰、面具、唐卡、挂毯等），将一个独具特色且丰富鲜活的西藏从雪域高原带到苏州体育中心的室内展馆，让苏州的市民“零距离”地了解和感受到了它的悠久历史和灿烂文化。

11月1～4日，中国民间文艺家协会“第七届三次理事会暨海峡民间工艺高峰论坛”在福建召开，西藏民间文艺家协会副主席普布多吉出席。

11月12～21日，由中国文联、中国民间文艺家协会主办的“中国民间文化遗产抢救工程成果暨民族民间服饰文化展”在北京民族文化宫举办，西藏民间文艺家协会应中国民间文艺家协会的要求，搜集西藏门巴族、珞巴族两套民族服饰参展。

【影视家协会】

充分利用西藏影视文化资源优势，参与摄制了一批深受人民群众喜爱的影视作品：拍摄完成2009年春节、藏历新年电视综艺晚会《雪域欢歌》、“西藏各族各界庆祝百万农奴解放50周年大型演唱会”《翻身农奴把歌唱》、自治区庆祝新中国成立60周年电视专题文艺晚会《祖国·扎西德勒》（该晚会获全国庆祝新中国成立60周年电视文艺晚会优秀作品奖）、自治区第三届精神文明建设“五个一工程”颁奖晚会《今夜星光灿烂》、共青团自治区委员会成立20周年暨“五四”特别节目《大时代的物证》、庆祝政协自治区委员会成立50周年专题文艺晚会《我们携手走过》、自治区庆祝新中国成立60周年电视专题文艺晚会《祖国·扎西德勒》，拍摄制作纪录片《即将消逝的驮队》、《寻访穹隆银城堡》、《摩托县长》、《情系雪域》、《今日拉萨》、《西藏科技之光》。

文艺期刊

《西藏文学》、《西藏文艺》（藏文）、《邦锦梅朵》（藏文）、《西藏人文地理》等刊物在推出精品力作和新人新作方面成效显著。《西藏文学》推出抗震救灾特稿，亚依、凌仕江、王寿民散文作品等专辑，发表文学评论15篇；《西藏文艺》（藏文）推出小说31篇、散文18篇、诗歌58篇、评论18篇、综合栏目1篇、专栏3篇；《邦锦梅朵》（藏文）继续推出“故事大观”、“歌舞的海洋”、“民风民俗”、“传说”、“名胜古迹”、“论谈”等栏目；《西藏文联通讯》突出内部刊物特点，重点刊发了一批工作交流文章。各刊物坚持正确的办刊宗旨，策划周密，内容突出，办刊质量有了明显提高。

陕西省文联

综 述

2009年，在陕西省委省政府的领导和宣传部的指导下，陕西文联及团体会员以邓小平理论和“三个代表”重要思想为指导，深入贯彻落实科学发展观，紧紧围绕党和政府的中心工作，认真履行联络协调服务指导基本职能，积极发挥组织引导服务维权重要作用，在改进创新中激发创造力，在热情服务中增强凝聚力，在奋发有为中扩大影响力，团结动员广大文艺工作者埋头苦干，锐意进取，圆满完成了年初确定的各项任务，为构建和谐陕西，推动陕西文艺事业的繁荣和发展作出了重要贡献。

重要会议与活动

【胡悦到省文联调研】

3月4日，中共陕西省委常委、宣传部部长胡悦来到省文联调研指导工作。在看望走访了省文联机关干部及所属协会的工作人员后，对文联机关的办公环境及干部的精神面貌表示满意，他强调：要发挥文联的桥梁纽带作用，团结和带领广大文艺工作者，进一步发挥自身优势，为构建和谐陕西，建设西部强省作出新贡献。在听取了文联的工作汇报后表示：省文联党组班子团结，思路清晰，工作方式方法有效，干部精神状态很好，特别是在把握导向、出精品、培养人才方面取得了很大成绩。胡悦指出，实现文化强省的战略目标，省文联一是要围绕中心，服务大局，发挥好“润合剂”的作用，有为才能有位。二是要把握文艺创作的真谛，坚持“三贴近”，注重策划，坚持地域特色，满足人民群众多样化的精神文化需求。三是要充分发挥桥梁纽带作用，为文化人排忧解难、遮风挡雨。四是要加强机关建设，提高干部修养，建设服务型机关。胡悦还提出要加强调研，进一步摸清陕西文化人力资源状况。

【四届五次全委会】

3月5日，省文联四届五次全委会在西安召开。文联党组成员及主席团成员出席了会议。省委宣传部副部长、省文联党组书记、常务副主席刘斌代表文联主席团在会上作了题为《深入学习实践科学发展观、努力开创陕西文联工作新局面》的工作报告。

刘斌对省文联在过去一年所做的工作进行了全面的总结和回顾。针对2009年的工作，他提出了8点要求：一是要坚持以科学发展观统领文联工作；二是举办新中国成立60周年系列文艺庆祝活动；三是扎实推进面向基层的文化惠民工程；四是努力改进文艺评论评奖工作，办好陕西文艺各项赛事及相关活动；五是切实加强文艺队伍建设，打造知名品牌；六是积极探索履行行业服务职能的有效途径，为维护文艺工作者合法权益提供切实保障；七是着力落实文艺调研和信息工作；八是全面加强文联系统的思想作风建设，把文联建成文艺工作者的“温馨和谐之家”。

会议期间，委员们认真学习了胡悦在省文联调研时的重要讲话，讨论了刘斌代表主席团所做的工作报告。在气氛热烈的分组讨论中，委员们对做好文联工作也提出了一些建设性的意见和建议。

会议还增补了省文联四届全委会委员。

【各级文艺家协会会员统计工作】

4月，省文联组联部对所属各文艺家协会、各市（县）文联、产业文联、各民间社团的会员进行了一次全面的统计。在这次统计中，汇总了12家直属协会、29家民间社团、3家行业文联、11个市（区）文联及部分县级文联（42个县）的300余份资料，对各级协会会员进行了摸底登记，并按照其级别、艺术门类、所属区域进行了统计分析。并据此初步建立起了文联艺术家信息库，同时，还对所有会员的基本情况进行了初步摸底登记。陕西省文联现有各级会员51338名。

此项工作不仅为省文联今后发现人才、培养人才奠定了基础，也给省委、省政府实现“文化强者”提供了较为准确的文艺人才数据。

【调研工作会议】

11月5日，陕西省文联调研工作会在省文联2楼会议室召开。省文联党组成员、专职副主席高建群出席会议，创作评论部副主任陈君峰主持会议。

会议传达了省委宣传部有关调研工作的文件，总结了省文联2009年度的调研工作、研讨设想了省文联2010年度调研工作。省文联创评部的同志及各协会秘书长等参加了会议。大家发言踊跃，总结了各自所在协会2009年的调研工作和2010年的调研设想。通过研讨，大家统一了认识，充分地认识到调查研究是谋事之基、成事之道，是新形势下宣传思想工作科学决策的基础、探索规律的途径、改进工作的前提；调研工作要围绕宣传思想工作中的一些亟待解决的突出问题、重大问题，立足于服务领导决策、立足于指导推动工作，在题目选择、成果转化应用上下工夫，深入分析研究，提出对策建议。此次会议要求大家，要深入开展调研，推出一批高质量的、有可操作性的调研成果，为领导决策提供参考。

【成立第二届直属机关工会】

省文联直属机关第二届工会会员代表大会经过3个多月的筹备，于11月2日召开。大会按照《中华人民共和国工会法》、《中国工会章程》、《基层工会暂行条例》等有关规定，选举产生了陕西省文联直属机关第二届工会委员会。王卫、王钊、石静等7名同志当选直属机关工会委员会委员。

省文联党组成员、纪检组长陈普代表文联党组在大会上讲话。希望新一届工会委员会能够充分认识新形势下工会工作的意义和重要作用，抓好理论学习、积极开展机关文体活动，维护干部职工合法权益，积极开展扶贫和送温暖献爱心活动。加强工会的自身建设，团结动员文联系统广大干部职工，为促进陕西文化事业又好又快发展作出新的更大的贡献。

【陕西电影产业发展研讨会】

11月28～29日，由省文联、省电影家协会、省评协、西部电影集团筹备的“陕西电影产业发展研讨会”顺利召开。此次研讨会研究推动陕西电影产业理论新思路，探讨陕西电影如何更好的进行产业化运作诸多问题。大会由文联党组成员、专职副主席兼秘书长黄道峻主持。会上，省委宣传部副部长、省文联党组书记刘斌做了重要讲话。广电局领导介绍了陕西影视发展情况。

会议邀请了清华大学新闻与传播学院副院长尹鸿，电影《画皮》营销总监杨真鉴，上海联合院线总经理吴鹤沪，陕西投金融专家及西部电影集团、陕西电影评论家陕文投，陕西民营影视制作公司负责人等。研讨会就“如何把陕西电影从文化事业做成文化产业；电影发展趋势及投融资状况；电影市场营销及广告植入，后电影开发分析；电影产业发展脉络及前瞻性分析；电影生产企业与院线互动问题研究”等主题开展了研讨。

【庆祝新中国成立60周年系列活动】

7月17日，在陕西省戏曲研究院举办“西北五省区梅花奖演员迎国庆汇报演出”活动。来自西北五省区的部分梅花奖演员，陕西的李东桥、李梅等、甘肃的张小琴、宁夏张晓琴、青海屈巧哲等分别登台亮相，献演了自己的拿手好戏，令戏迷观众大饱眼福。

7月，在省美术馆举办了迎国庆陕西美术精品展览，展出国画作品400余件，油画作品300余件，综合类作品160余件。

8月28日，在美术博物馆举办了迎国庆陕西省第二届优秀篆刻书法作品展，展出作品300余幅。

9月，组织承办了省委省政府“庆祝新中国成立60周年——陕西省美术书法摄影展”，展出美术作品400幅，书法作品60幅，摄影作品160幅。省委常委、宣传部部长胡悦出席并讲话。

9月12日，在西安曲江国展中心举办了“延安杯”庆祝新中国成立60周年陕西省第14届摄影艺术作品展。展出作品1000余幅，参观人数达5000多人次。省人大常务副主任杨永茂，省人大原副主任巩德顺出席开幕式。

在陕西省庆祝新中国成立60周年活动评比中，省文联荣获优秀组织奖。

品牌活动

【“送欢乐、下基层”文化惠民活动】

春节前夕，省文联精心组织了40余名知名文

艺工作者、新闻记者，冒着严寒，分别于元月7、8、9日，开展了以“百花回报沃土，艺术奉献人民”为宗旨的“送欢乐、下基层” 慰问演出活动。深入西安市未央区汉城街道办事处、第四军医大学老干所、银桥乳业集团等地，为老红军、老八路、老科技工作者、工人、农民、市民、进城务工人员和解放军指战员，进行了3场慰问演出，为下岗工人、贫困户和随军家属送去了米、面、油等慰问品，2万多名基层群众观看了演出。省书协副主席李成海等书法家还为老八路、工人、农民赠送了30多幅书法作品，现场为群众书写了100多幅春联。

在胡锦涛总书记视察汉中灾区一周年之际，中国文联、省委宣传部、省文联组织慰问演出团，赴宁强县广坪镇与金山寺村八一小学的孩子们同台演出了精彩的节目。

10月14日，组织30余名艺术家赴临潼对参加国庆阅兵的空军某部进行慰问。12月1日，组织文艺工作者深入武功县戴家村开展慰问演出。

5～10月，组织曲艺家深入安塞县高桥乡开展送欢乐义务演出，并为延安大学西安校友进行义务演出。邀请刘兰芳、姜昆、李金斗等30多位著名曲艺家在西安进行了为期一周的义务演出活动。组织省内曲艺家赴商洛市开展了为期5天的义务演出活动。

从7月20日开始，举办了历时一个半月的国产优秀电影走进百家社区展映活动和影评活动，共放映各类爱国主义影片13部11场，观众达万人。

【“5·23”采风慰问活动】

5月19～24日，由中共陕西省委宣传部、陕西省文联主办的“庆祝新中国成立60周年——陕西文艺界走进宝鸡”大型采风慰问活动，在宝鸡隆重举行。

本次活动，以纪念毛泽东《在延安文艺座谈会上的讲话》发表67周年为契机，以贴近实际、贴近生活、贴近群众，在人民伟大实践中汲取创作养料，将精美的精神食粮奉献给人民，让人民共享文化发展成果为宗旨，组织了70多位画家、书法家、表演艺术家、新闻记者，深入宝鸡开展了丰富多彩的采风慰问活动。

在紧张的6天采风慰问活动中，采风团先后听取了宝鸡市、渭滨区、金台区、陈仓区、凤县、凤翔县等市、县经济、政治、文化、社会发展和生态文明建设的情况介绍；深入96401部队、宝鸡市高新区蒙牛乳业宝鸡公司、宝鸡石鼓山公园重点工程、宝鸡石油钢管厂、西凤酒业有限公司、省级“一村一品”示范村——凤翔县六营村、陈仓区周原镇西山移民新村等部队、工厂、农村体验生活，汲取创作素材；参观了宝鸡市容市貌、绿化工程、宝鸡市行政中心、凤县大型水上喷泉旅游景观等标志性工程。采风团在宝鸡市、凤县、凤翔县、陈仓区举办了4场大型广场慰问演出，在96401部队、宝鸡石油钢管厂、西凤酒业有限公司、千河镇俱刘村举办了4场小型慰问演出，观众近10万人次；在宝鸡、凤县等地举办笔会6场，随团书画家为群众义务创作书画作品600余幅；采风团为陈仓区周原镇西山移民新村的村民捐挂了6幅书画作品；动员文联所属各协会文艺工作者，为陈仓区千河镇俱刘村捐赠及省文联出资购买2300多册图书，帮助建立了“陕西省文联俱刘村图书室”；陕西省文联副主席肖云儒为宝鸡文理学院师生举办一场以“当下大文化的若干走向”为题的精彩文化讲座，听众达2000多人；省书协副主席薛养贤在宝鸡职业技术学院为宝鸡书法爱好者举办了一场专题书法创作理论辅导，听众达300余人；随团书画家为地震灾区凤州中学校园重建创作捐赠了30余幅书画精品；随团新闻记者撰写了50多篇新闻报道；陕西电视台连续3天报道了采风团采风慰问活动花絮，在社会上引起很大反响。

在洛川建立创作基地，组织20多名画家深入生活，并创作出50多幅反映洛川果业的作品；启动了陕西音乐家走进交通采风活动，组织22位音乐家，用3天时间穿越了西康、西汉等多条高速公路开展采风。

【陕西新年音乐会】

12月28日，由陕西省文联、西安音乐学院、陕西省音乐家协会主办的“2010陕西新年音乐会”在西安人民剧院隆重举行。

中共陕西省委书记、省人大常委会主任赵乐际，省委副书记、省长袁纯清，省委常委郭永平、宋洪武、魏民洲、胡悦，省人大常委会副主任杨永茂、刘维隆，副省长郑小明等领导同志与各界群众1000余人欢聚一堂，在恢弘大气的音乐盛典中迎接新的一年。

本次音乐会由著名作曲家赵季平担任音乐总监，著名指挥家胡炳旭执棒指挥，西安音乐学院百人交响乐团盛装出演。

工作动态和信息交流

办好文联系统的各文艺类刊物。完善了陕西文联网站，增设了“文艺创作”和“理论批评”栏目。编辑11期《陕西文联简讯》和4期《陕西文艺界》，编发了文联工作《送阅件》4期，公开发行出版《音乐天地》12期、《当代戏剧》6期，出版了《西部音乐信息报》12期，美术、书法、摄影、评论、电视等协会编辑出版了内部交流会刊或建立了信息网站，进一步加强了文联工作信息交流，扩大提升了文联和文艺工作的社会影响力。

编撰完成了大型图文集《陕西文艺三十年》、《西安鼓乐全书》。《陕西文艺三十年》上下两册，图文并茂，集中展示了改革开放以来陕西文艺发展历程和取得的成果；《西安鼓乐全书》分5卷总计300万字，存有国内最完整的西安鼓乐资料。《中国民间歌谣集成·陕西卷》已通读定稿。

队伍建设

【戏剧人才高级研修班】

7月13～17日，由省文联、省剧协主办的“戏剧人才（西北五省区梅花奖演员）高级研修班”在西安举行。中国文联党组成员、书记处书记白庚胜，中国剧协分党组书记兼秘书长季国平，陕西省委宣传部副部长、省文联党组书记、常务副主席刘斌，省文联党组成员、专职副主席兼秘书长黄道峻，省文联副主席、省剧协主席陈彦，西北五省区剧协负责人和梅花奖演员及省内戏剧工作者100余人出席了研修班开班仪式。

本次研修班特邀了著名文艺评论家毛时安，中国戏曲表演学会会长胡芝风，中国剧协分党组书记季国平博士，中国文联书记处书记白庚胜，国家突出贡献专家陈幼韩等国内戏剧界知名专家学者和领导，为本次研修班学员进行专题讲座，同时注重理论与实践相结合，注重综合素质的训练，提高培训效率和办班质量，使学员们收获颇大。

【干部素质培训班】

8月5日，省文联2009年度干部素质培训班正式开班。文联机关及所属12个文艺家协会的100余名干部听取了省委宣传部副部长、省文联党组书记、常务副主席刘斌所做的《陕西文艺队伍现状及未来发展的思考》的首场辅导报告。

在专题辅导中，刘斌围绕陕西省文艺队伍的现状、陕西省文艺队伍在全国的位置、目前存在的问题、今后如何发展等4个方面的问题进行了全面的阐述。并指出今后要在文艺界和全文联营造爱读书、读好书、善读书的良好学习氛围，拓宽视野，提高知识修养，不断加强文联系统的品牌建设，推出精品力作。各协会要加强全国会员的推荐选送以及参与全国重大奖项的评奖工作，不断推出优秀文艺人才。要强化宣传力度，不断扩大文联的凝聚力和影响力。

【市县行业文联负责人培训班】

10月12日，省文联市县（区）行业文联负责人培训班在西安开班。培训班认真学习了党的十七届四中全会文件，交流了基层工作经验。培训班期间，来自市县（区）行业文联的58名同志认真听取了省委宣传部副部长、省文联党组书记、常务副主席刘斌所做的《我省文艺的现状及思考》的辅导报告。培训班举办期间，省文联还组织40余名基层文联的负责人分两组赴广西、贵州等地进行考察学习，并和贵州文联、广西文联进行了座谈。

【陕西省高级摄影理论培训班】

10月10～12日，举办了陕西省高级摄影理论培训班，著名摄影家胡武功、王文澜等深入西安航空发动机公司等基层单位讲课，基层60余名摄影工作者参加了培训。

【舞蹈培训班】

9月14日、11月9日分别在定边县、扶风县举办了2期新农村少儿舞蹈美育工程培训，培训教师100余人。举办了首届少儿舞蹈师资培训班，全省46名青年少儿舞蹈老师参加培训。举办了6期中国舞协考级注册教师培训班，培训教师220人。

【文艺工作者表彰大会】

12月，组织召开了从事新中国文艺事业60年文艺工作者表彰大会，中共陕西省委常委、宣传部部长胡悦参加会议并颁奖，此次受到表彰的老文艺工作者共有210名。

获奖情况

通过组织推荐参加全国最高奖的评选，不断推出优秀作品和优秀人才，获得各类奖项：在全国“五个一工程”奖评选中，歌曲《我的陕北》荣获优秀奖；在全国流行歌曲创作大赛中，《我的陕北》、《圆梦》荣获最佳创作奖，《感恩》、《亲亲中华》、《石油汉子》、《蓝月亮》等荣获创作奖，陕西赛区荣获优秀组织奖；歌曲《圆梦》、《感恩》、《石油汉子》、《亲亲中华》荣获省“五个一工程”奖，《我的陕北》、《圆梦》荣获第二届陕西文艺大奖；在第11届中国戏剧节上，秦腔现代戏《大树西迁》荣获中国戏剧节优秀剧目奖，李梅荣获优秀演员奖，省剧协荣获优秀组织奖；在第四届中国戏曲红梅荟萃活动中，韩睿、曹年生荣获器乐组金梅花称号，雷红茹等13人荣获地方戏演唱组金梅花称号，齐晓春荣获地方戏演唱组红梅花称号；在第三届全国小戏小品大赛中，小戏《老憨照相》、小品《老城根》荣获第三届中国戏剧奖·小戏小品优秀剧目奖；在第13届中国少儿戏曲小梅花荟萃活动中，张碧恬、赵亚婷荣获小梅花金梅花称号，张蓓、惠敏莉荣获第二届中国戏剧奖·梅花表演奖；在第五届全国小荷风采少儿舞蹈展演中，省文联推荐的参赛作品《鼓唱》、《踅面香香》荣获金奖，省舞协荣获优秀组织奖，舞蹈《长恨歌》荣获中国舞协“舞剧舞蹈诗”组委会大奖；在第九届中国民间文艺山花奖·民间工艺美术作品奖评奖活动中，省文联推荐的凤翔彩绘泥塑《坐虎》荣获最高奖山花奖；在“女娲杯”全国民间歌舞精品大赛上，省文联推荐的华阴市老腔艺术保护中心表演的《关中古歌》荣获金奖，长安龙族妙音女子古乐艺术团演奏的长安古乐《满园春》获银奖；孙晋强、杨晓东、惠怀杰、李泛4人荣获第八届中国摄影金像奖。

一篇调查报告荣获2008年度全省宣传思想工作调研成果优秀奖，2名同志分别荣获中国文联2008年度舆情工作全国先进个人和2008年度全省宣传思想工作先进个人，2篇论文荣获第六届中国文联文艺评论奖，王木椟剧场和首届陕西农民戏剧节荣获陕西省宣传思想工作创新奖和提名奖。

精神文明建设

建立了人事管理数据库，省文联被省委组织部评为省管干部档案管理先进单位，在离退休干部服务工作中荣获宣传工作先进单位。完成了上年度目标责任考核工作，省文联被评为良好。举办了省文联“党性、宗旨、作风、奉献”演讲比赛，2名选手分别获得省直机关演讲比赛一等奖和三等奖。在省直机关运动会上，荣获跳棋比赛一等奖，女子乒乓球甲组第一名。开展文联系统读书月活动，组织了“我的文联我的家”征文活动，出版《我的文联我的家》一书，在中国文联“我与文联”大型征文活动中荣获组织奖。加强党风廉政建设，落实“一岗双责”。选派干部深入地震灾区眉县咀头村结对帮扶，机关党委荣获省直机关抗震救灾“先进单位”。先后争取资金35万元，帮助武功县代家村新打配套机井4眼，建水塔1座，埋设管道1公里，省文联荣获陕西省“两联一包”扶贫先进单位。

各文艺家协会

【戏剧家协会】

举行第四届陕西戏曲红梅大赛。由陕西省戏剧家协会主办的第四届陕西戏曲红梅大赛决赛在陕西省戏曲研究院剧场隆重举行。本届大赛规模大，参赛选手多，从全省报名参赛的30所院团的300多名演员中选拔出来的90名优秀演员、演奏员参加了决赛，参赛剧目涵盖了全省主要剧种和行当。大赛评委认真观摩，详细评议，本着公正、公平、公开的原则，评出了陕西戏剧奖·红梅奖。演唱类：杨静等19名演员获一等奖；雷红茹等29名演员获得二等奖；梁新海等33名演员获得三等奖。演奏类：曹年生等2名演奏者获得一等奖；严苗等3名演奏者获得二等奖；程少华等4名演奏者获得三等奖。省戏曲研究院、西安秦腔剧院、咸阳市剧协、榆林市剧协、安康市剧协、商洛市剧协、渭南市剧协等获得优秀组织奖，省京剧团、省民间艺术剧院、西安音乐舞蹈学院宏蕾艺术团、宝鸡市剧协、延安市剧协、周至县剧团获得组织奖。

省剧协参与组织了首届华清池七夕中华情人

节活动，编辑出版了《陕西戏剧文化作品集》。

组织陕西省第二届大学生戏剧节。从10月15日至12月21日，历时2个多月，31所院校近千名学生参加，推出20余台、近60个具有鲜明校园特色和时代气息的剧目。评选出“陕西戏剧·校园戏剧奖”67个。

【音乐家协会】

中国音协社会音乐考级于7月底在省音协和陕西音乐艺术学校同时启动。本次考级科目包括：钢琴、小提琴、电子琴、萨克斯、小号、长笛、单簧管、二胡、琵琶、古筝、成人歌唱和少儿歌唱。西安地区考级工作7月26日结束，各地市考级8月底全部结束。

举办了“让心灵的花儿尽情开放——全国优秀少儿合唱进校园”活动、“绿色吴起·温馨家园”征歌活动及王林声乐作品专辑《京西十年》发布演唱会、杜德民创作歌曲演唱会暨作品研讨会、薛范合唱音乐会、张耀坤个人演唱会、2009年中法钢琴艺术交流会。

举办了第二届陕西音乐奖声乐比赛和合唱大赛、全国流行歌曲创作大赛西北赛区赛事活动和决赛电视晚会，开展了陕西省第11届“五个一工程”奖歌曲评选活动。

【美术家协会】

2月，在西安亮宝楼举办了“陕西省美术家协会己丑年元宵节美术作品展”。

完善了协会网络建设，充实了会员的艺术电子档案和80名省美协会员的审批工作，申报中国美协会员39人。

【书法家协会】

举办纪念于右任先生诞辰130周年系列活动。由陕西省书法家协会主办，陕西省于右任书法学会和陕西省三原县政府等协办的于右任先生诞辰130周年纪念系列活动，于4月11日在西安、三原两地同时举行。“纪念于右任先生诞辰130周年于右任书法真迹展暨国际书画邀请展”在省美术博物馆展出书画作品近500幅，其中于右任书法真迹100余幅。在邀请展作品中，除大陆书画名家外，还有我国港台地区、日本、美国、新加坡、韩国、印尼等国名家作品。中国国民党主席吴伯雄、海峡基金交流会董事长江丙坤等也为此次展览奉书纪念。来自省内外的千余名观众参观了展览，同时参加纪念活动的嘉宾又赶赴三原县于右任纪念馆，向刚刚落成的于右任先生全身雕塑敬献花篮，并参观了馆藏的于右任书法真迹展览。

陕西省书法代表团赴韩国访问。8月29日，以省书协主席雷珍民为团长，副主席赵大山为副团长，魏良、高峡、邱宗康、李艳秋、石瑞芳、于唯德、冀志宏等17人组成的陕西省书法家代表团，应韩国书道协会首尔支会的邀请，赴韩国首尔参加“韩中书法名家书法展”等书法交流活动。

由陕西省书法家协会与韩国书道协会首尔支会联合举办的“韩中名家书法展”于4月在陕西省美术博物馆进行了为期4天的展览。共展出中韩双方书法作品113幅，这些作品异曲同工、各有千秋，充分代表了中韩双方当今书法家取得的艺术成就。代表团除参加了29日的“韩中名家书法展”开幕式外，还与首尔同道进行了交流和座谈。

举办陕甘两省书法交流展。5月18日，陕西、甘肃书法交流展首展在陕西省美术博物馆展出，展览开幕式后举行了书法研讨会嗣后，展览又于6月18日移师甘肃省兰州市展出。通过展览，两省书法家增加了友谊，提高了对书法的认识。

【舞蹈家协会】

7月13日，陕西省第八届舞蹈比赛在西安建筑科技大学华清学院学生活动中心隆重开幕。省文联党组成员、专职副主席兼秘书长黄道峻致开幕辞。

本届大赛有来自陕西省的60个参赛单位，近2000名参赛演员，表演了180多个舞蹈剧目，本届比赛设专业组和业余组，分初赛、决赛2轮进行，经过5天紧张的比赛，于17日圆满闭幕。

【民间文艺家协会】

举办首届“陕西民间文艺山花奖”评奖活动。1月10日，由陕西省文联、陕西省民协共同主办的首届“陕西民间文艺山花奖”评奖活动在西安落下帷幕。“陕西民间文艺山花奖”是中共陕西省委宣传部批准的全省唯一一项民间文艺综合性奖项，共设置6个子项目，本届奖项设置为学术著作奖。该奖自2008年4月启动以来，面向各市、县艺术馆、文化馆，各级民协组织、高等院校、文化与出版部门、研究机构，共征集到参评稿件近150份。参评作品涉及民俗、民间美术、民间音乐、民间曲艺、民间文学等各个民间文艺门类，

基本涵盖了陕西省改革开放30年来的民间文艺理论研究成果。经过评委紧张有序的评议，最终评出学术著作类一等奖6名，二等奖5名，三等奖7名；学术论文类一等奖7名，二等奖13名，三等奖16名。另外，王继胜的《陕南端公》、王山水的《陕西民居木雕集》、王应西的《西府方言》、张喜臻的《酥油花》等4部著作荣获特别奖。

召开首届陕西省庙会文化研讨会。“五一“期间，首届陕西省庙会文化研讨会在榆林市隆重召开。此次庙会文化研讨会由省民间文艺家协会、陕西师范大学文学院、榆林市文联等单位联合举办。来自陕西省各地的80多位代表会聚一堂，深入探讨庙会文化的源流，挖掘庙会文化的内涵，对庙会与民间艺术、庙会与现代生活、庙会与民间信仰、庙会中的多元文化共存现象等相关问题进行了热烈讨论。此次参会的代表对于庙会文化都有着长期的关注和深入的研究。研讨内容涉及庙会的方方面面，广泛而深入。会议期间，代表们还到著名的佳县白云山，对那里的庙宇和庙会情况进行了实地考察。

在中国文联、中国民协5月26～31日于湖南长沙市举办的“第九届中国民间文艺山花奖·民间工艺美术作品奖”的评奖活动中，陕西省非物质文化遗产代表作——凤翔彩绘泥塑《坐虎》荣获最高奖“山花奖”。

10月下旬，在汉中市举办了全省文化馆（站）干部业务提高班，全省20多个市县近50名基层文化工作者参加了培训。

【评论家协会】

2月21日，“首届陕西文艺评论奖”颁奖活动隆重举行。省文联党组书记、常务副主席刘斌，省作协党组书记、常务副主席雷涛，中国作协副主席、省作协名誉主席陈忠实，省文联党组成员、专职副主席、秘书长黄道峻，省文联党组成员、专职副主席高建群，省文联党组成员、纪检组长陈普，省文联副主席、省评论家协会主席孙豹隐等有关部门领导和评论界人士、获奖作者出席了颁奖仪式。首届陕西文艺评论奖经过3个多月的认真初评、复评和终评，最后评选出特等奖1名、一等奖3名、二等奖6名、三等奖14名、优秀奖20名。

完成了《首届陕西文艺评论奖获奖论文集》的编辑工作，并编辑出版了评协会刊《终南》5期。

【曲艺家协会】

5～10月，组织曲艺家深入安塞县高桥乡开展送欢乐义务演出，并为延安大学西安校友进行义务演出。邀请刘兰芳、姜昆、李金斗等30多位著名曲艺家在西安进行了为期一周的义务演出活动。组织陕西曲艺家赴商洛市开展了为期5天的义务演出活动。

【杂技家协会】

继2006年举办了第一届大学生魔术进校园活动之后，省杂技家协会于3月开展了第二届大学生魔术进校园活动及“大学生魔术研讨会”。

此次活动在高校中再掀魔术高潮，随着活动的推进，参加活动的高校已增加到30多所。与此同时，许多大学还先后成立了魔术俱乐部，并在各校园巡回展演，受到师生热烈欢迎，极大地活跃了校园的文艺生活。

魔术不仅走进了大学校园，同时还应邀走进了西安铁一中等几所中学，受到了中学生的热情追捧。铁一中还专门开设了“魔术培训班”，由省杂协的艺术家向中学生面对面传授魔术技艺，使参加培训的中学生心灵受到了极大的陶冶。

9月28日，省杂协与百脑汇共同组织了百名业余魔术爱好者，在西安城墙举办了大规模的魔术交流活动。11月7日进行了业余魔术大奖赛。

甘肃省文联

综　述

2009年是甘肃受金融危机影响，开拓奋进、经受考验，各项事业稳定发展的一年，也是全省文艺事业大事喜事不断，异彩纷呈，硕果累累的一年。一年来，在甘肃省委、省政府的领导下，在省委宣传部的具体支持下，甘肃省文联坚持以邓小平理论和“三个代表”重要思想为指导，深入学习实践科学发展观，紧紧围绕推动文艺繁荣、服务科学发展、促进社会和谐这一主题，团结动员各团体会员和广大文艺工作者高举旗帜、围绕大局、服务人民、改革创新，认真履行联络、协调、服务职能，充分发挥组织、引导、服务和维权的作用，调动一切积极因素，团结一切力量，振奋精神，开拓创新，为繁荣发展甘肃文艺事业，构建和谐社会积极努力，圆满完成了各项工作任务，取得了良好效果。

会议与活动

【四届十二次全委会与主席团会议】

1月17日，甘肃省文联召开第四届十二次主席团会议。审议通过了省文联四届十二次全委会工作报告和全委会各项议程；增补、卸免了部分文联委员；通过了省文联秘书长的提名，吉光安不再担任省文联秘书长职务。会议由省文联主席马西林主持，省文联顾问、主席团成员等参加了会议。主席团会议结束后，省文联召开四届十二次全委会，省文联主席马西林主持会议。省委常委、省委宣传部部长励小捷，省委宣传部副部长张瑞民，省文联党组书记、副主席马少青，省文联党组成员、副主席张永基、苏孝林，省文联副巡视员吉光安，省文联副主席马自祥、孔庆浩、尕藏才旦、许琪、张文轩，省文联顾问谢富饶出席了大会。会议选举马少青、苏孝林为省文联副主席，通报了新增补的省文联全委会委员名单，宣布了王登渤担任省文联秘书长的决定。省文联党组书记、副主席马少青作了题为《深入学习实践科学发展观，为推动甘肃文艺事业大发展大繁荣作贡献》的工作报告。报告回顾总结了2008年省文联的工作，安排部署了2009年省文联工作任务。省委常委、省委宣传部部长励小捷做了重要讲话，对省文联2008年的工作给予了充分肯定，并对今后的工作提出了新的要求。省委宣传部副部长张瑞民宣读了《省委组织部、省委宣传部、省文联关于表彰首届甘肃省中青年德艺双馨文艺工作者的决定》。授予何胜江、牟婕、王登渤、杨长春等30位艺术家“首届甘肃省中青年德艺双馨文艺工作者”荣誉称号，并对获奖的德艺双馨文艺工作者进行了表彰。

【甘肃省文学艺术界2009新春大联欢暨颁奖晚会】

1月17日，省文联在宁卧庄宾馆大礼堂举办了“甘肃省文学艺术界2009新春大联欢暨颁奖晚会”。省委常委、宣传部部长励小捷，省委建设社会主义新农村领导小组副组长、省文联主席马西林，省人大秘书长张开勋，省政协秘书长石晶，省委组织部副部长、省人事厅厅长庞波，省委宣传部副部长张瑞民等省直有关部门领导同志出席并观看了演出。省文联四届全委会委员、顾问、名誉委员及甘肃各市州文联主席、党组书记，各企业文协负责人，省文联机关全体干部职工、离退休老干部、老艺术家200多人齐聚一堂，共迎新春。晚会上，由省委宣传部批准，省文联、省美协组织评选的甘肃省首届美术“金驼奖”揭晓并举行颁奖仪式。李伟、段新明等9人荣获金奖，王辅民等26人获银奖，唐鸿发等37人获铜奖。

【学习实践科学发展观活动总结大会】

2月24日，省文联召开深入学习实践科学发展观活动总结大会。省委第十八指导检查组副组长方正、成员赵晓明及省文联全体党员干部职工及部分离退休党员代表共84人参加了大会，会议由省文联

学习实践活动领导小组副组长兼办公室主任、党组成员、副主席张永基主持。会上，省文联全体党员干部职工及群众代表、离退休老干部对甘肃省文联学习实践科学发展观活动进行了群众满意度测评，参加测评人员82名，测评度为100%。测评结束后，省文联学习实践活动领导小组组长、党组书记、副主席马少青从学习实践活动的总体回顾、存在的问题和不足、主要成效和体会、巩固扩大学习实践活动成果等几个方面客观公正、实事求是地总结了省文联学习实践活动取得的成效。省委第十八指导检查组副组长方正代表省委第十八指导检查组对甘肃省文联开展的学习实践活动给予了高度评价，并对今后的工作，提出了具体要求。

【京陇两地隆重纪念“四小名旦”之一陈永玲诞辰80周年】

12月13～16日，由中国戏剧家协会、甘肃省委宣传部、中国京剧艺术基金会、省文联共同发起主办的“陈永玲先生诞辰80周年纪念系列活动”，分别在兰州和北京两地隆重举行。此次活动以座谈会和大型纪念演出的形式，共同缅怀纪念中国京剧“四小名旦”之一的陈永玲先生。陈永玲原名陈志坚，是集梅、程、尚、荀、筱绝技于一身的京剧表演艺术家，18岁时与张君秋、毛世来、许翰英一起被评为中国京剧“四小名旦”。1955年起，陈永玲在省京剧团任主演，直到20世纪80年代中期离开兰州，陈永玲为甘肃京剧事业的发展作出了卓越贡献。2006年2月，陈永玲在北京病逝。

12月13日上午，纪念座谈会在兰州金城大剧院举行。尚长荣、刘长瑜、沈福存、秦雪玲、陈霖苍等著名京剧表演艺术家，以及陈永玲先生的“关门弟子”——著名影视表演艺术家斯琴高娃参加了座谈会并发言，对陈先生的艺术成就做了回顾，陈先生的家人、弟子、生前好友、票友戏迷代表也纷纷发言，对陈先生精湛的技艺和崇高的品格表达了深厚的敬意和无限的怀念，座谈会气氛热烈、发言感人。座谈会由省文联党组书记、副主席马少青主持，省文联党组成员、副主席苏孝林参加座谈会。晚8点，纪念演出在金城大剧院举行。京剧名角和省京剧演员为金城戏迷献上了一出精彩纷呈的“京剧名家演唱会”。京剧名家刘长瑜、尚长荣陆续登台，为观众送上《红娘》、《智取威虎山》等京剧名段。从重庆专程赶来，曾数次与陈永玲同台演出的京剧名家、75岁高龄的沈福存，演唱了《穆桂英挂帅》，表达自己对陈永玲的怀念之情。斯琴高娃作为陈永玲的关门弟子，也来到现场，表演了《贵妃醉酒》选段。省委书记陆浩，省委副书记刘伟平，省委常委、宣传部部长励小捷，副省长咸辉等观看演出并在演出结束后接见全体演员。

16日下午，“陈永玲艺术座谈会”在北京国际饭店会议中心召开。中国剧协主席尚长荣，中国剧协分党组书记、秘书长季国平，台湾国立戏曲学院院长郑荣兴，中国戏曲学院原副院长钮骠，《中国戏剧》原副主编安志强，著名影视导演郭宝昌，《中国戏剧》副主编赓续华，中国剧协顾问王蕴明，北京京剧院一级作曲朱绍玉，北京戏曲学院原院长孙毓敏，著名影视表演艺术家斯琴高娃，著名京剧表演艺术家谭孝增，中国戏曲学院副院长周龙出席座谈会并发言。与会专家高度评价了陈永玲先生对京剧艺术的杰出贡献，并对京剧艺术流派的发展提出许多好的意见和建议。座谈会由省文联党组书记、副主席马少青主持，省文联党组成员、副主席苏孝林参加会议。16日晚，纪念演出在北京长安大戏院举行。除参与兰州演出的阵容外，著名京剧表演艺术家梅葆玖、优秀青年京剧演员常秋月、昆曲名家邢金沙也加盟演出，为纪念活动献上了各自的拿手好戏。中宣部副部长、文化部部长、党组书记蔡武，原省委书记孙英，原省政协主席杨振杰，中宣部原副部长翟泰丰，中国作协副主席高洪波，中国作家出版集团党委书记艾克拜尔·米吉提，中国剧协副秘书长刘卫红等与首都千名京剧票友一起观看了艺术家们精彩的演出。

【中国文联、中国影协、中国曲协“送欢乐、下基层”暨玉门油田开发70周年庆祝慰问演出活动】

8月19日，由中国文联党组成员、副主席冯远带队的中国文联、中国影协、中国曲协“送欢乐、下基层”慰问演出小分队一行30余人来到被誉为“中国石油工业摇篮”的中国第一个天然石油基地玉门油田，与玉门油田的数万名职工家属共庆玉门油田开发70周年。当晚，慰问演出小分队在甘肃省酒泉市中心的世纪广场进行了精彩的文艺演出，央视著名主持人鞠萍担任主持。著名表演艺术家田华、李金斗、姜昆、巩汉林、陶玉玲、张连文、戴志诚、李丹阳等为玉门油田数万名热情观众表演了小品、相声、歌曲、诗朗诵等精彩的节目，把党和祖国的亲切慰问送到了玉门油田人们的心里。

【陈伯希从事革命美术工作70年书画展】

11月17日，由省委宣传部、省文联联合举办的“陈伯希从事革命美术工作70年书画展”在省画院隆重开幕。省委书记、省人大常委会主任陆浩宣布书画展开幕。省政协主席陈学亨，省人大常委会副主任崔玉琴，省政协副主席黄选平及李文辉、姚文仓、杜颖、韩正卿等省上有关领导出席展览开幕式。展览开幕式由省文联党组书记、副主席马少青主持，本次展览展出了陈伯希的书画作品百余幅。陈伯希是甘肃当代美术事业的重要奠基人和开拓者，现为省美协顾问，在甘肃书画界具有广泛影响。1939年进入鲁迅艺术学院专攻美术创作，新中国成立后一直在甘肃工作，将毕生精力献给了甘肃的文艺事业。70年前，陈伯希在笔与枪、血与墨的共生共存里，开启了自己的艺术生涯。数十年来，无论经历怎样的风雨坎坷和人生际遇，他都矢志于甘肃的艺术事业，不仅为甘肃美术创作奉献了一大批载入甘肃美术史册的优秀作品，更在培养发现新人、建设甘肃美术队伍、举办美术活动、开展美术交流等许多方面付出了大量心血，成为甘肃当代美坛的一面旗帜。如今，88岁的他仍笔耕不辍，保持着蓬勃的艺术创造力。70年的艺坛耕耘，他的书画创作达到了较高艺术水准，并呈现出气势沉雄、意蕴深厚、繁茂清新、热情奔放、鲜活生动的特征，深受广大人民群众喜爱。此次展出的百余幅书画作品虽只是他众多作品中的一小部分，但从中可窥见其毕生的艺术追求和艺术造诣。当日在甘肃画院还同时举行了陈伯希书画作品研讨会，甘肃省书画界专家及文艺界人士会聚一堂，对陈伯希的艺术作品及艺德进行了深入探讨。与会专家一致表示，陈伯希的艺德和艺术都不愧为真正的大师风范。这次展览展示了他艺术创作的风貌，彰显了他毕生的艺术追求，这对启迪后人、激励同行，展示老艺术家的精神风范和艺术操守，引领甘肃书画事业的进一步繁荣发展，具有十分重要的意义。

【甘肃省新年戏曲晚会暨中国作协从事文学创作60年老作家颁奖仪式】

由省文联主办，兰州大剧院、省剧协、兰州市剧协承办。晚会得到国家京剧院积极加盟，省城所有戏曲院团积极参与，兰州交响乐团大乐队承担演奏，共同组成了庞大的演出阵容。12月28日晚，来自国家京剧院的老生演员黄炳强、裘派花脸魏积军、青衣花衫王润菁、丑角徐孟轲、老旦毕杨等，以及甘肃省的5位“梅花奖”获得者周桦、窦凤琴、边肖、张小琴、马少敏等在金城大剧院演唱了京剧《红灯记》、《杜鹃山》、《刺王僚》、《智取威虎山》、《贵妃醉酒》等国粹名段，以及秦腔《回荆州》、《白蛇传》，陇剧《官鹅情歌》，豫剧《朝阳沟》等选段。艺术家们的精彩表演，丝丝入扣，激动人心，赢得观众的阵阵掌声。整台晚会洋溢着浓郁的传统文化意味，为甘肃省城观众奉献了华丽的文化盛宴，带来了别样的新年祝福。甘肃省和兰州军区领导陆浩、关凯、李国辉、励小捷、刘巨魁、崔玉琴、咸辉、侯生华、栗震亚以及老领导姚文仓等观看了演出，并在演出结束后接见了全体演员。晚会开场前，出席晚会的领导还为获得中国作协表彰的甘肃省作家武玉笑、杨文林、汪玉良、赵燕翼、高平、于辛田、刘传坤等颁发荣誉证章和证书，这7位作家均为从事文学创作60年的中国作协会员，他们为甘肃和祖国的文学事业作出了突出贡献。

新中国成立60周年庆祝活动

【多彩甘肃摄影作品展】

8月21日，由省委宣传部、省文联主办，省摄影家协会承办的大型主题摄影展“庆祝中华人民共和国成立60周年——多彩甘肃摄影作品展”在北京民族文化宫隆重开幕。省文联党组书记、副主席马少青主持开幕仪式，中共甘肃省委常委、宣传部部长励小捷致辞。中国文联党组副书记、副主席李牧，中国摄影家协会分党组副书记、副秘书长王郑生，党组成员副秘书长顾立群，副主席张桐胜，省文联党组成员、副主席张永基等有关部门领导出席开幕式。本次摄影展包含“亲切关怀、巨大成就、精神风貌、秀美山川、民族风情”5个部分，集中反映了改革开放以来甘肃全面建设小康社会、构建和谐社会的巨大成就，及近年来人民群众良好的精神风貌，是甘肃广大摄影工作者为新中国成立60周年献上的一份厚礼。本次摄影展展期6天，共收到摄影作品2000多幅，经严格筛选出优秀摄影作品330幅进京参展。这些作品立足陇原，在甘肃丰

富多彩的摄影素材中捕捉创作灵感，铸造了特色鲜明的甘肃气派。它从一个侧面反映了甘肃秀美的山川美景，讴歌了新中国成立以来甘肃经济建设和社会发展的巨大成就，再现了各民族绚丽多姿的民俗风情，凸显了甘肃各族人民构建和谐社会，建设小康社会的崭新风貌和甘肃精神。这次展览是甘肃摄影作品近年来最新成果的集中展示，是新中国成立以来甘肃摄影作品在首都北京的第一次整体亮相，代表了近年来甘肃摄影创作的最高成就。在国庆60周年来临之际举办这样一个展览，营造了喜庆热烈的节日气氛。

【美术作品大展】

6月20日，为配合“第11届全国美展”甘肃美术作品的选送工作，由省文联、省美协共同主办的“庆祝新中国成立60周年甘肃美术作品大展”在甘肃省美术馆、兰州美术馆同时开展。省文联党组书记、副主席马少青，省文联党组成员、副主席张永基以及甘肃美术家、美术爱好者600余人参加了展览开幕式并参观了展览。本次展览收到了全省各地美术家的2500余件美术作品，经评选入选近500件作品，因场地原因展出了其中的200件精品之作。本次展览为期6天，展览期间中国美协副主席杨晓阳一行6人来兰检查指导第11届全国美展甘肃美术作品的选送工作，听取了省美协的工作汇报，并同省部分美术家进行了座谈交流，对甘肃美术事业的发展和美术作品的创作提出了宝贵的建议和意见。

【首届体育美展】

7月20日，“甘肃省首届体育美术作品展”在甘肃省美术馆开展。本次展览由中共甘肃省委宣传部、省体育局、省文联共同主办，旨在庆祝新中国成立60周年和全国运动会成立50周年。省人大副主任崔玉琴，省文联党组书记、副主席马少青，文联党组成员、副主席张永基，省体育局副局长马赛敏等有关单位领导以及部分知名美术家、美术工作者200多人参加了开展仪式并参观了展览。马少青在开展仪式上讲话，省美协常务副主席张万凌主持开展仪式。本次展览共展出88幅作品，展期6天，展览中产生的优秀作品将选送参加“第七届中国体育美展”。这次体育美展的作品展现了甘肃省人民群众参与体育运动、健身活动的热情，反映了甘肃省人民日益丰富的精神文化生活以及良好的精神风貌。

【电影藏品展】

9月8日，为庆祝新中国成立60周年，由省文联主办，甘肃省电影家协会、省集邮协会联合承办的“甘肃电影藏品展”在甘肃省艺术馆开幕。中国电影家协会发来贺信，肯定了甘肃省近年来在电影事业方面所取得的成绩并预祝本次展览圆满成功。中共甘肃省委常委、宣传部部长励小捷于10日上午观看了展出。省委宣传部副部长张瑞民，省政协科教文卫体委员会主任张家昌，省文联党组书记、副主席马少青，省广电局局长孙伟，省广电总台台长陈青，中华全国集邮联合会副会长王新中，省政协科教文卫体委员会副主任张改琴，省文联党组成员、副主席孙周秦，省文联党组成员、副主席张永基，省文联副巡视员吉光安等领导出席展览开幕式并观看了展览。本次电影藏品展，精心筛选并展示了新中国电影海报原作120幅，中外电影邮品和火花各九框，具有代表性的电影机械设备16台（部）。电影海报、邮品、火花这些藏品，是电影艺术发展的高度浓缩，从一个侧面反映出新中国特别是改革开放以来的发展和变化。本次展出的电影邮品、电影海报和电影火花，分别由省电影家协会员、全国电影海报收藏联谊会副会长廖元林，省收藏协会第四收藏委员会常委、副会长李桂生等同志提供。展览得到甘肃省广播电影电视局、兰州电影制片厂、省电影发行放映公司，以及集邮家吴凯、孔荣先生的大力协助与支持。本次展览展出的藏品以其精美的画面、巧妙的构思、深刻的内涵而受到群众的喜爱。

【老同志座谈会】

9月15日，省文联召开了离退休老干部、老党员、老工人座谈会，12名老同志及相关处室负责人参加了会议并发言。省文联党组书记、副主席马少青，省文联党组成员、副主席张永基参加了座谈会并讲话。马少青书记代表省文联向老同志们送上了最崇高的敬意和节日的问候，并为他们发放了慰问金。马少青书记在座谈中指出，新中国成立以来特别是改革开放30年来，在党的正确领导下，在各位老领导、老前辈的共同努力下，甘肃省广大文艺工作者潜心创作、勤奋耕耘，创作出一大批思想性、艺术性、观赏性相统一的精品佳作。甘肃省的文学艺术事业能快速发展，与各位老领导、老前辈的辛勤工作是分不开的。他们是国家和社会的宝贵财富，更是文联的有功之臣，对全省文学艺术事业发展作出了突出贡献。特别是在2008年抗震救灾急难之时，他们主动献计献策、捐款捐物、丹心犹在、激情不老，对省文联的工作给予了很大的鼓舞和支持，也发挥了很好的表率和激励作用，全省文学艺术事业有了新变化，文联各项工作有较大发展，都离不开老同志们的辛劳与汗水。座谈会上，老同志们畅所欲言，回顾了新中国成立60周年来伟大祖国的光辉历程，并结合亲身经历和自身岗位，抒发了爱国、爱党、爱文联的情怀，大家纷纷表示要珍惜眼前来之不易的大好形势，对党和祖国时刻怀着一颗感恩的心，为甘肃文艺事业的发展作出新的更大的贡献！

【庆祝新中国成立60周年联欢会】

9月26日，省文联举办庆祝中华人民共和国成立60周年联欢会。文联机关全体干部职工、离退休老同志90余人欢聚一堂，共话和谐发展，喜迎新中国60华诞和中秋佳节。省文联党组书记、副主席马少青讲话，全面回顾了新中国成立60年来，尤其是省文联成立55年来，在省委、省政府和省委宣传部的领导下，甘肃的文艺工作取得了前所未有的历史性进步和成功经验，并对甘肃文联今后的工作提出了新的要求。联欢会上，机关干部职工和离退休老干部纷纷登台，献上自编自演的小合唱、快板、舞蹈、独唱、诗朗诵、花儿清唱等丰富多彩的文艺节目。大家竞相登台，精心表演他们事先准备好的节目，台上台下互动，热烈的掌声一浪高过一浪，将联欢会气氛不断推向高潮，表达了文艺工作者对伟大祖国的无限热爱之情。

【第三届“张芝奖”书法展】

9月28日，由省文联、省书协主办的“庆祝新中国成立60周年——甘肃省第三届‘张芝奖’书法展”在甘肃省艺术馆隆重开幕。省文联党组成员、副主席张永基致辞，省政协科教文卫体委员会副主任、省书协主席张改琴主持开幕式。省政协副主席张世珍等省上有关领导以及甘肃省书协主席团成员、省内外书法家、各大新闻媒体记者、书法爱好者200余人出席开幕式并观看了展览。本次展览收到参评作品1500余件。共选出艺术奖获奖作品33件、入选作品249件，理论奖获奖作品9件、入选作品14件。这些作品思想性、艺术性俱佳，内容高雅、积极向上、体现了时代精神，积极讴歌了社会主义现代化建设的新成就。本次展览，内容丰富、涉猎广泛，不同书体皆有传承和发展，富有甘肃地域特色的敦煌写经、简牍也受到书法家的关注；书法理论文章观点新颖、立意高远、分析透彻、论证严谨，具有较高理论水平和指导借鉴意义。

【第四届青少年儿童书法展】

5月30日，甘肃省第四届青少年儿童书法展开幕。这次展览共收到参评作品1000余件，有300余件入选，本次展出作品内容丰富，涉猎广泛，不同书体皆有传承和发展，风格多样，异彩纷呈，充分显示了甘肃小作者们扎实的书法功底，基本反映了甘肃青少年儿童的实际创作水平。

创作与研究

【文艺研讨】

举办了作家读书会、甘肃影视论坛、第七届中国音乐金钟奖“翠英杯”甘肃选拔赛，参加了美术、戏剧、音乐、舞蹈、曲艺等艺术门类的全国性赛事，组织召开了一系列的文艺研讨、座谈活动，举办了各种形式的创作研修班、培训班、提高班等活动，对甘肃省各门类艺术的发展规律和成功经验进行理论总结，推出了一批新人新作。

【“5·12”全国抗震救灾文学研讨会】

5月15日，由中国作家协会、省委宣传部、省文联、省民政厅、省地震局、陇南市委、天水市委主办，省文学院、省作协、《飞天》杂志社承办的“5·12全国抗震救灾文学研讨会”在兰州举行。这次活动是由省文联、省文学院创意策划，也是自2008年5月12日汶川特大地震以来的首次全国性抗震救灾大型文学学术研讨活动。中国作协党组成员、副主席陈建功和省委常委、宣传部部长励小捷出席研讨会并担任会议主席。来自北京、四川、上海、天津、湖北、广东、浙江、河南、陕西和甘肃的80余名作家、诗人、评论家参加了会议，省人大副主任朱志良、省政协副主席黄选平、省委宣传部副部长张瑞民、省文联党组书记马少青、省民政厅厅长田宝忠、省地震局局长王兰民、省文联党组成员、副主席张永基等相关单位领导出席了会议。与会代表研讨了“5·12”大地震以来的文学现象，总结了“5·12”大地震以来全国抗震救灾文学作品，一致认为，“5·12”汶川特大地震发生后，广大文学艺术工作者在第一时间奔赴第一现场，及时深入灾区，尽到了自己的社会责任，实现了自己的文学抱负，创作了大量感天动地的文学作品，使文学在人民群众遭遇大灾大难时发挥了精神救赎作用。而由此释放的“5·12中国抗震救灾文学精神”，更是体现着作家们在大灾大难中的良知、责任、勇气，是广大文学艺术家们从一场自然浩劫中夺取的一笔巨大精神财富，值得珍惜和发扬。“5·12”大地震后所涌现出的大量含血带泪的文学作品，不但促进了包括灾难文学在内的当代中国文学创作，而且丰富了当代中国人的精神世界，“5·12”大地震后所呈现出的悲壮而阳刚的文学景观，不仅是一个民族永久的文化记忆，而且成为一个国家进步的精神动力。16日，省文联党组成员、副主席张永基带队，中国作协出版集团党委书记艾克拜尔·米吉提及部分与会代表一行前往甘肃地震灾区陇南天水等地考察。

【文艺创作】

11月26日，省文联举行了吴坚论著与回忆文集《花雨伴君行》的出版首发座谈会。省委书记、省人大常委会主任陆浩为该书作序。省委常委、省委宣传部部长励小捷，省人大常委会副主任朱志良，省政协副主席栗震亚等出席座谈会并发言。座谈会由省文联党组成员、副主席孙周秦主持。吴坚曾任中共甘肃省委常委、省委宣传部部长，中共甘肃省顾问委员会副主任，省第六届人大常委会副主任，省文联主席、党组书记等职。《花雨伴君行》一书由张家昌编著，全书收录了吴坚从20世纪50年代到21世纪初的部分论著，概括地反映了他在文化艺术上的主要观点，还收录了同事、亲友对他的回忆文章以及部分图片资料。《花雨伴君行》一书的出版发行为甘肃的现代化建设提供了宝贵的精神财富，对甘肃省宣传文化战线继承传统，改革创新有着积极的现实意义。

依托《飞天》、《甘肃文艺》等省文联所属的文艺刊物，举办了“我与祖国同行”、“文联与我”主题征文活动。重点邀请了一批省内、国内知名作家撰写文学作品和回忆文章，并在刊物上开辟专栏，集中一部分征文优秀作品，并评出了获奖作品数十篇。同时刊出了庆祝新中国成立60周年作品专号，集中推出了一批反映庆祝新中国成立60周年主题的文艺作品。

与电信部门等有关单位联合举办了一些群众性征文活动，反映普通民众享受改革开放成果，步入新生活的感受和心得，组织专家对应征作品进行评选，评选出了一批优秀作品。

推出了一批以讴歌建设成就、反映建设者精神风貌的文艺作品。甘肃著名作家阎强国的报告文学《土豆的微笑》、陈玉福创作的《1号交警——抗震救灾纪实》、大型电视系列片《跨越——甘肃改革开放30年》光盘图书，以及《兰州鼓子》等作品出版发行。

国家社科基金重大项目、国家艺术科学规划重点项目“全国民族民间文艺十大集成志书”的系列成果之一——《中国谚语集成·甘肃卷》历时25年的收集编撰由国家正式出版，海内外公开发行。

创作了一大批美术、书法、戏剧、舞蹈、曲艺等门类的优秀艺术作品，一些作品还获得了全国性文艺奖项。另外，还组织省内的专业人士编写出版了庆祝新中国成立60周年《甘肃美术作品集》、《多彩甘肃摄影作品集》、《第三届甘肃书法“张芝奖”书法大赛作品集》、《陇原花雨——改革开放30年来的甘肃文艺》等优秀书籍。

经过十几所高校图书馆、中国科学院国家科学图书馆、中国社会科学院文献信息中心等相关单位百余名专家和期刊工作者研究评价，从全国正在出版的中文期刊中评选出1980余种核心期刊。其中文学类期刊448家中，《飞天》榜上有名。另外，在由国家新闻出版总署、中国期刊协会、北方十几个省区市新闻出版局共同组织的“第三届中国北方优秀期刊奖”评选活动中，甘肃文联主办的文学期刊《飞天》被评为“中国北方优秀期刊”。

省文学院常务副院长、诗人高凯荣获“首届闻一多诗歌奖”唯一大奖，并获10万元奖金，中国作协副主席高洪波代表中国作协向高凯致函祝贺。

甘肃12位诗人的诗作入选由中国作家协会策划、著名作家王蒙主编的《新中国60年文学大系》丛书中，甘肃成为该丛书诗歌入选最多的省份。

【文艺评奖】

7月10～15日，“第二届甘肃省电视金鹰奖评委会”分3个小组对参评“第二届甘肃省电视金鹰奖”的报送作品进行了评选。经金鹰奖评奖组委会评选审定，共评出63部作品（包括个人单项奖）

获奖。省文联和省视协将对本届获奖作品和获奖个人进行表彰，并颁发荣誉证书和奖杯。

11月10日，由省文联、省民委、省作协联合举办的“甘肃省第五届少数民族文学奖”揭晓，这也是时隔10年之后举办的又一次少数民族文学评奖活动。共评出获奖作品78件，其中荣誉奖3项、小说18项、散文20项、诗歌22项、综合10项、少数民族母语创作5项。获奖作者、作品涉及甘肃省11个少数民族，2个民族自治州，7个民族自治县。汪玉良、尕藏才旦、娜夜获得荣誉奖，马自祥的《阿干歌》、铁慕尔的《北方女王》、草人儿的《从边缘的花瓣开始》等获得一等奖。本届评奖，还首次设立了少数民族母语创作奖，有5位藏族母语文字作家获奖。

12月18日，第三届“甘肃省黄河文学奖”颁奖大会在兰州召开。“甘肃黄河文学奖”是由中共甘肃省委宣传部批准，省文联、省作协主办的甘肃文学界最高专业奖项。本届评奖主要针对2007～2008年甘肃作家创作的文学作品，共收到266名作者报送的291篇（部）作品。经过评委认真评审，共评出获奖作品106件，其中长篇小说20件，中短篇小说12件、散文26件、诗歌23件，综合类25件。

9月28日，“第三届书法张芝奖”评奖揭晓。书法“张芝奖”经省委宣传部批准，为省文联所设12个专业文艺奖项之一，是甘肃省最高书法艺术奖项，代表了甘肃省当前书法创作的最高水平。本次“张芝奖”的评选在甘肃省各市州书协的密切配合下，在广大会员和书法爱好者的大力支持下，收到参评作品1500余件。经省书协评审委员的初评、复评、终评，共选出艺术奖获奖作品33件、入选作品249件，理论奖获奖作品9件、入选作品14件。整个评选过程民主、公正、透明，推出了一批思想性、艺术性过硬，内容高雅、积极向上、体现时代精神，讴歌社会主义现代化建设新成就的精品力作。

【采风活动】

4月8～18日，省委宣传部、省文联组织省文学院常务副院长高凯、省社科院文学所所长马步升、《飞天》副主编阎强国等作家赴陇南回访陇南的灾后重建工作并撰写报告文学。在10天的采访期间，陇南市文联也组织市、县作者跟随3位作家一起深入文县、武都、康县、成县等重灾区采写。采访至武都，省文学院、陇南市委宣传部、市文联、武都区委宣传部以及武都区文联还联合举办了纪念“5·12”地震一周年“诗歌之夜——以陇南的名义”诗歌朗诵会，陇南市区文艺界人士40多人参加了朗诵会。这次朗诵会以陇南作者在抗震救灾和恢复重建中创作的诗歌作品为主，是全市纪念“5·12”大地震一周年系列活动之一。

4月中旬，组织摄影艺术家，由省文联党组成员、副主席张永基和省摄影的有关同志带队分别到河西的武威、金昌、张掖、嘉峪关、酒泉等市和404厂等企业以及陇东的平凉、陇南、天水等市进行调研，了解、指导基层的摄影创作情况，动员基层摄影工作者努力创作，为繁荣甘肃摄影事业作出积极贡献。

10月29日至11月2日，组织作家、理论家、美术家、书法家等，由省文联党组成员、副主席孙周秦带队到河西的武威、金昌、张掖等地进行采风创作。艺术家们深入金川公司、高台西路军纪念馆、瑞安堡、张掖湿地等地进行采风创作，感受基层人民群众热爱生活，建设家园的精神风貌，开阔视野，启迪灵感，促进了艺术创作。同时，加强了省文联与市州文联之间的联系，推进基层文联的工作。

11月24日至12月1日，省文联组织市州文联主席一行8人，在省文联党组成员、副主席孙周秦，省文联组联处处长赵艳超的带领下，赴南方考察采风。考察采风团先后走访了广州、深圳等地，分别同广东省文联、广东省作协、深圳市文联座谈交流，开阔了考察团成员的视野，启发了创作灵感，丰富了开展文艺工作的手段。

机关建设

【深入学习实践科学发展观和党的十七届四中全会精神】

1～2月，深入学习实践科学发展观活动进入整改提高阶段以后，省文联严格按照中央和甘肃省委要求，始终把这一活动当做文联政治生活中的头等大事来抓。在2008年扎实开展学习调研、分析检查阶段工作的基础上，2009年认真抓好了学习实践活动整改落实阶段的各项工作，一是抓好了整改方案和整改措施的制定，二是抓好了整改任务的落

实，三是抓好了双向监督。通过积极努力，确定的10项整改任务，按照实际情况，得到有效整改落实，群众满意度测评，总体满意度达到100%。党的十七届四中全会召开以后，省文联及时采取有效措施，区分层次，突出重点，认真抓好了全会精神的学习，同时联系实际，学以致用，把党的十七届四中全会精神贯彻落实到文联工作实际中去。一是抓好了党组中心组的学习，在平时自学的基础上，规定了一周时间集中学习，同时党组中心组成员和各支部都完成了研讨课题，写出了研讨文章，进行了专题讨论。二是全体党员通过学习，认真做了学习笔记，撰写了学习心得，并分别在支部和全体职工学习会议上进行了交流。三是组织了包括全体干部职工参加的一次专题学习会、一次报告会、一次讨论会、一次知识竞赛、一次学习笔记和心得体会展评。同时在《甘肃文艺》等刊物充分展开宣传，营造了浓厚的舆论氛围，进一步推进了广大文艺工作者对全会精神的学习贯彻。

【庆祝建党88周年联谊活动】

6月19日，为庆祝建党88周年，歌颂党的丰功伟绩，展示党员干部“爱岗敬业、无私奉献”的精神风貌，由省文联机关党委组织的“庆祝建党88周年联谊活动”在刘家峡太极岛举行。省文联在职党员干部、离退休党员90多人参加了活动。省文联党组书记、副主席马少青，党组成员、副主席张永基参加了联谊活动。省文联举办本次联谊活动，一是通过全体党员的座谈交流，共同回顾中国共产党走过的88年光辉历程，歌颂中国共产党的丰功伟绩；二是通过联谊活动中的互动交流，加强干部职工间的相互了解，丰富干部职工业余文化生活，促进和谐机关的创建；三是通过举办联谊活动，进一步引导党员干部立足岗位，以科学发展观为指导，进一步促进精神文明建设，建设和谐型机关，以实际行动为党旗增光添彩。

【业务理论学习讲座】

2009年12月28日～2010年1月12日，省文联组联处组织5场业务理论学习讲座。省文联党组书记、副主席马少青，省文联党组成员、副主席孙周秦，省文联党组成员、副主席张永基以及文联部分干部职工参加讲座。省文联秘书长、省剧协副主席王登渤，省文学院专业作家邵振国，省文学院常务副院长高凯，省作协原主席高平分别就“戏剧叙事学中的元素问题”、“小说的创作与欣赏”、“甘肃诗歌的传统、格局及甘肃文学的出路”、“中国诗歌：新诗与旧体双翅飞翔”等几方面做了深入浅出的讲解。此次系列讲座进一步提高了文联干部职工的业务素质，对营造学习型机关创造了良好的氛围。与会人员纷纷表示，希望这样的讲座能定期开展，使得大家不断提高业务素质，更好地为文艺家服务。

各文艺家协会

【作家协会】

举办了甘肃省第五届少数民族文学奖、第三届黄河文学奖；举办了第二届甘肃作家高研班；举办了首届甘肃作家读书会；积极开展文学交流和采风活动；积极推荐甘肃作家参加中国作协等有关单位组织的各类活动。

【戏剧家协会】

在北京、兰州两地举办了陈永玲先生诞辰80周年纪念活动；举办了2010新年戏曲晚会；为青年演员马少敏成功申报了第24届中国戏剧梅花奖；组队参加了第三届中国戏剧节——小戏小品奖暨第三届全国小戏小品大赛和中国少儿戏曲“小梅花”荟萃并获奖。

【美术家协会】

举办庆祝新中国成立60周年——甘肃美术作品大展、甘肃省首届体育美展；举办了莫建成、莫晓松工笔画师生作品展；举办了陈伯希等画家个人画展10个；与各市州文联及有关单位联合举办或主办展览多次；积极开展国内外及省内外各种交流活动。

【书法家协会】

举办了第四届青少年儿童书法展；举办了甘肃—陕西书法交流展；举办了庆祝新中国成立60周年——甘肃省第三届“张芝奖”书法展；召开了甘肃省书法奖励基金颁奖大会，颁发奖金4万多元；举办了第六届书法创作提高班；举办了第五届书法创作提高班学员作品展。

【民间文艺家协会】

《中国谚语集成·甘肃卷》由国家正式出版，国内外公开发行；积极参加第一届民间花馍艺术节、第三届中国民间艺人节、缤纷中国——中国民族民间服饰文化及中国民间文化抢救工程成果展、第二届中国故事节少儿红色故事会、第九届中国民间文艺山花奖评奖等活动并获奖。

【音乐家协会】

举办了中国音乐“金钟奖”甘肃选拔赛；开展了中宣部“五个一工程”一首好歌选拔及制作工作；举办了庆祝新中国成立60周年甘肃首届青少年长笛比赛及颁奖音乐会；举办了全国流行歌曲创作大赛甘肃选拔赛；主办了甘肃省校园键盘类比赛；开展考级活动。

【摄影家协会】

举办了庆祝新中国成立60周年——多彩甘肃摄影作品晋京展；与有关单位联合举办或主办了一系列会员摄影作品展和研讨会；积极与省内外有关单位开展交流活动；多次组织会员赴省内外各地采风交流。

【舞蹈家协会】

举办了中国舞蹈考级师资培训班；开展中国舞蹈考级活动；积极参加了第五届“小荷风采”全国少儿舞蹈展演活动、第七届中国舞蹈“荷花奖”民族民间舞比赛活动、中国舞蹈发展论坛暨第二届全国舞蹈大师班和中国舞协成立60周年大会并获奖。

【电影家协会】

举办了回顾与展望——甘肃影视论坛暨采风活动；与中国影协、中国曲协联合举办了“送欢乐、下基层”——走进玉门油田暨玉门油田开发70周年大型文艺演出活动；举办了庆祝新中国成立60周年甘肃电影藏品展；组织甘肃文联干部职工开展电影观摩活动；参与电影文学创作、数字电影摄制、电影史志的编撰等工作。

【电视家协会】

举办了第二届电视金鹰奖评奖；开展了第六届全国德艺双馨电视艺术工作者推选活动；组织实施了第三届“新农村、新农民——中国农村小康故事”电视节目工程专题片的拍摄，并做好报送工作；开展了“回顾与展望——庆祝新中国成立60周年甘肃影视论坛及采风活动”；协助召开了《跨越——甘肃改革开放30年》光盘图书首发暨研讨会。

【曲艺家协会】

参加了新中国成立60周年庆祝活动、全国曲艺创作系列活动、全国讲红色经典故事活动以及全国高层曲艺理论论坛活动；支持会员开展有社会影响的活动。

【杂技家协会】

组织参加了海峡两岸暨港澳台地区艺术论坛、2009上海国际马戏论坛、第三届亚洲魔术大赛、中国杂协庆祝新中国成立60周年老艺术家座谈会、全国杂技编导培训活动等；支持民间魔术活动，推荐民间杂技艺人出国访问演出，促成甘肃首家魔术俱乐部创立。

青海省文联

综　述

2009年是深入学习实践科学发展观、全面建设小康社会的重要一年，也是纪念新中国成立和青海解放60周年的喜庆之年。一年来，省文联按照省委总体要求和省委宣传部统一部署，深入贯彻落实党的十七届三中、四中全会精神，坚持用科学发展观统领文艺和文联工作全局，坚持“以工作争地位，以活动聚人心，以项目争经费，以精品出人才”的工作理念，以服务省委、省政府工作大局为重点，以满足人民群众日益增长的精神文化需求为根本，以促进青海文艺大发展为目标，重点推动各类文艺活动的开展，认真履行联络协调服务的基本职能，充分发挥组织指导服务维权的重要作用，努力调动一切积极因素，扎实工作，锐意进取，为繁荣青海文艺事业发展作出了积极贡献。

会议与活动

【六届三次全委会议】

2月17日，青海省文联六届三次全委会议在西宁召开。省委常委、宣传部部长曲青山，副部长周贤安出席会议，省文联党组书记、主席樊光明，党组成员、副主席角巴东主、张民、马有义，党组成员、秘书长王庆元，省委宣传部文艺处处长陶林、干部处处长祝贺及省文联委员、各基层文联负责同志、省文联全体干部职工参加会议。会议分别由角巴东主和马有义主持。张民传达了全国和全省宣传部部长会议、外宣工作会议精神。

樊光明向大会作了题为《以科学发展观为统领，努力推进青海文艺事业大发展大繁荣》工作报告。省委宣传部副部长周贤安做重要讲话，充分肯定过去一年省文联所作的大量卓有成效的工作和为提高文联影响力，繁荣青海文艺事业取得的显著成绩，对今后工作提出了意见和要求。期间，委员们积极建言献策，表示要发挥各自的作用，共同把青海文艺事业做大做强，用事实和行动提高文联的社会价值，扩大文联影响。

【《格萨尔》工作领导小组会议】

3月31日，全省《格萨尔》工作领导小组会议在省文联10楼会议室召开。省人民政府副省长吉狄马加，原省人大副主任、省《格萨尔》领导小组组长格桑多杰，中国社科院学者降边嘉措，省文联副主席角巴东主等省垣有关单位领导参加会议。角巴东主全面汇报省《格萨尔》工作情况。会议研究商讨了《格萨尔》重点工作，调整了省《格萨尔》工作领导机构。吉狄马加任省《格萨尔》工作领导小组组长。

【全省基层文联工作会议】

7月14日，省文联在海北藏族自治州门源回族自治县召开“首届全省基层文联工作会议”。省文联党组书记、主席樊光明，党组成员、副主席角巴东主，中共门源县委副书记、县长马应寿，县政协主席马生福，县人大副主任马玉柱等领导及全省各基层文联、企（行）业文联（协）和省文联各协会、部（室）、所负责人70余人出席会议。会议由角巴东主主持。县长马应寿致祝辞。门源回族自治县、西宁市、海西蒙古族藏族自治州、互助土族自治县、中国铝业青海分公司文联代表分别就近年来各自开展的工作情况、工作经验做大会发言。樊光明作了题为《加强交流，上下联动，开创基层文联工作新局面》的重要讲话，从4个方面阐述了这次工作会议的重要性和必要性，并对今后工作提出了要求。

会议历时3天，以专题会议、观摩学习、采风交流等形式交流工作经验，取长补短，共同发展。代表们还参观了门源县庆祝新中国成立60周年摄影、书法、刺绣、剪纸展览；参观门源县近年来经济文化发展成果图书展及回族民俗展；参加“2009门源油菜花旅游文化节”开幕仪式，冒雨观看华热服饰展示和当地民族歌舞展演，与会人员充分肯定了近年来门源县取得的文艺成果。期间，各文艺家协会和基层文艺爱好者进行现场创作、交流并答疑解惑，达到了互相学习、借鉴交流、共同提高的目的。

【首届《格萨尔》工作表彰大会】

11月2日，由青海省《格萨尔》工作领导小组、省社会科学院和省文联共同举办的青海省首届《格萨尔》工作先进集体、先进个人表彰大会在西宁召开。

省政府副省长、省《格萨尔》工作领导小组组长吉狄马加，原省人大副主任格桑多杰，省委宣传部副部长周贤安，省政府副秘书长王胜德，省文化和新闻出版厅厅长曹萍，省民族宗教委员会主任普日哇，青海民族出版社总编班果，省文联副主席张民等出席大会。著名《格》学专家降边嘉措、中国社会科学院少数民族文学研究所藏文室主任丹曲专程莅青祝贺。省内各地的《格萨尔》说唱艺人、专家学者及组织工作者100多人参加大会。会议由省文联副主席、省《格萨尔》研究所所长角巴东主主持。吉狄马加做重要讲话，降边嘉措发表祝词。角巴东主汇报60年来青海省《格萨尔》史诗的抢救、搜集、整理、翻译、出版和研究工作方面取得的成绩，提出了未来几年《格萨尔》工作的发展规划。果洛州《格萨尔》研究中心等14个先进单位和格桑多杰、才让旺堆等40名先进个人受到大会表彰并颁发荣誉证书，著名《格萨尔》说唱艺人格日尖参代表获奖人员发言。

【承办第四届中国文联中青年文艺评论家高级研修班】

8月3～10日，由中国文联主办，中国文联理论研究室、省文联承办的第四届中国文联中青年文艺评论家高级研修班在西宁举行。

本届研修班由来自全国各文艺家协会、各省市文联、产业文联以及北京、天津、黑龙江、海南、甘肃等地高等院校的学员近80人参加。在为期7天的学习研修中，学员们听取中国文联荣誉委员仲呈祥，辽宁省文联党组副书记、副主席崔凯，北京大学艺术学院副院长、博士生导师彭吉象，中国社会科学院文学研究所研究员白烨的专题讲座。培训班交流探讨了文艺评论工作的成果和经验，并就当下文艺评论展开充分讨论，提出许多有见地的建议、意见和问题。与会学员们表示，此次研修班必将进一步提高大家的思想政治水平和理论业务素质，团结引领更多的文艺理论评论工作者，在倡导积极健康的文艺评论、推动文艺理论评论工作繁荣发展方面作出积极贡献。

【《中国艺术报》通联工作会议暨“大美青海”艺术采风活动】

8月27日，由中国艺术报社、省文联主办的《中国艺术报》2009年通联工作会议暨“大美青海”艺术采风活动在西宁启动。中国文联党组成员、书记处书记廖奔，青海省副省长吉狄马加出席开幕式并致辞。著名画家陈醉、丁杰、张文华，著名军旅摄影家张桐胜，著名书法家彭利铭、李义兴及来自全国24个省区市的近百名文艺工作者出席《中国艺术报》2009年通联工作会议并参加“大美青海”艺术活动启动仪式。

吉狄马加代表青海省政府向与会代表表示热烈欢迎。他用充满诗意的语言向与会代表介绍了青海独特的自然、地理风貌和经济、社会发展状况。吉狄马加指出，如何将青海优秀的民族民间文化发扬光大，把青海独特的人文面貌展现给世界，进一步推动“大美青海”的宣传，不仅需要青海媒体的宣传，更需要国家级媒体的倾情关注和大力支持。他希望与会代表在开好会议的同时，能够尽情地游览青海秀美山川，感受这里淳朴的民风民情，领略这里悠久的历史和灿烂文化，更多更深入地了解青海、宣传青海。

廖奔在致辞中充分肯定《中国艺术报》近年来在工作中取得的成绩，并且希望今后能继续加强和青海的合作，把“大美青海”的宣传做得更好。

本次“大美青海”艺术采风活动为期3天，与会代表们赴塔尔寺、青海湖、贵德黄河等地采风。

【摄影家协会第五次代表大会】

12月25日，青海省摄影家协会第五次代表大会在西宁隆重召开。省人大副主任刘春耀，省政协副主席鲍义志，原省人大副主任赵永忠，省军区政治部主任李军，省委宣传部副部长周贤安，省文联党组书记、主席樊光明，省文联党组成员、副主席张民、马有义，省委宣传部文艺处处长陶林，省民间组织管理局负责同志及代表200余人参加开幕式。开幕式由第四届省摄协主席蔡征主持。

樊光明代表省文联致辞，周贤安代表省委宣传部做重要讲话。蔡征代表四届理事会做题为《锐意进取，创新求实，在促进和谐青海建设中开创摄影事业新局面》的工作报告。省摄协四届副主席樊大新做《青海省摄影家协会章程》（草案）的修改说明。

大会通过了《工作报告》和《青海省摄影家协会章程》（草案）。选举产生新一届理事会和主席团，118名代表当选为理事，蔡征当选为省摄协第五届主席团主席，付洛、田选章、田惠源、李军、李晓南、刘应祥、刘贵有、郑爱军、娄勇智、贺凤龙、贺西京、贾新华、徐浩、葛玉修、崔春起、樊大新当选为副主席；新增第五届主席团委员59人。

【第六届文学艺术创作评奖暨第二届德艺双馨文艺工作者表彰大会】

9月30日，青海省第六届（新中国成立60周年）文学艺术创作评奖暨第二届“德艺双馨文艺工作者”表彰大会在西宁召开。省委常委、宣传部部长曲青山，省人大副主任刘春耀，省政协副主席韩玉贵，省军区政治部主任李军等参加会议。省文联党组书记、主席樊光明主持会议，副省长吉狄马加做重要讲话。

会议表彰了近年来青海省文学艺术界创作的优秀作品，表彰了“德艺双馨文艺工作者”。经省人民政府决定对文学艺术创作获奖的110件作品予以表彰并奖励人民币1500元。其中获奖的文学作品20件，音乐作品10件，舞蹈作品9件，戏剧作品5件，影视广播艺术（含音像制品）7件，书法作品11件，美术作品11件，摄影作品11件，民间文艺作品10件，《格萨尔》研究5件，少数民族语言文学7件，文艺理论评论4件。经省委、省政府同意，省人力资源和社会保障厅、省文联联合表彰扎西多杰、马钧、刘桂莲、王景珊等20名“德艺双馨文艺工作者”并奖励人民币1000元。

【第12届美术作品展览】

为庆祝中华人民共和国成立60周年，纪念青海解放60周年，7月5～10日，由中共青海省委宣传部、省文联、省文化和新闻出版厅联合主办，省美协、省博物馆承办的“青海省第12届美术作品展览”在西宁展出。展览期间，中共青海省委常委、宣传部部长曲青山，省政府副省长张光荣、省委宣传部副部长周贤安，省文联党组书记、主席樊光明，省文化和新闻出版厅厅长曹萍，省财政厅厅长程丽华，省文联副主席角巴东主、张民，省委宣传部文艺处处长陶林等观看展览并给予高度评价。

本届省展是油画、国画、版画、水彩画、年画、漫画、粉画、布贴画、雕塑等画种的综合性美术展览。作品题材广泛，内容丰富，形式多样，充分体现出广大美术工作者热爱生活、表现美好生活的激情和热情，体现出艺术家们对艺术事业永不停歇的执着追求和严谨的创作态度，展出作品集思想性、学术性、艺术性及社会影响力于一身，展示了5年来青海美术界遵循先进文化的前进方向，遵循艺术规律，讴歌时代进步、社会发展、文艺繁荣的良好局面。

这次展览共展出作品161件，展览规模、作品层次都高于往届，取得了良好的社会效益。展览后，经严格评选，有36件作品脱颖而出，推选全国第11届美展参展。

【全国回族书画精品展】

7月23日，由省文联、宁夏回族自治区文史馆主办，青海省美术家协会、青海省书法家协会、青海河湟穆斯林书画研究院协办的“全国回族书画精品展”在青海省博物馆隆重开幕。

中共青海省委常委、省总工会主席穆东升，省委常委、省委宣传部部长曲青山，省政协副主席鲍义志，省人大原副主任喇秉礼、张玉林，省政协原副主席、中国伊协副会长韩生贵，省委宣传部副部长周贤安，省委统战部副部长马忠孝，省文联党组书记、主席樊光明，宁夏回族自治区文史馆馆长杨继国，省文联副主席张民、马有义，党组成员、秘书长王庆元等出席开幕式并参观展览。为期4天的展览共展出近400件书画作品。举办这类全国性独个民族特色的书画展览在青海省还是第一次，得到省垣回族及各民族群众的喜爱和好评。展览期间，参观者络绎不绝，参观人数达千余人次，反响热烈，认为展览形式新颖，题材丰富，内容充实，很有新鲜感和回族特色，希望今后举办更多的民族艺术交流展示活动。

【庆祝新中国成立60周年、青海解放60周年系列活动】

9月30日，由省委宣传部、省文联主办的“庆祝新中国成立60周年暨青海解放60周年美术、书法、摄影作品展”在省博物馆开幕。参展作品638幅，获奖作品69件，其中美术参展作品139件，获奖作品20件；书法参展作品147幅，获奖作品

20幅；摄影参展作品350幅，获奖29幅。编辑出版作品集《大美青海——庆祝新中国成立60周年暨青海解放60周年美术、书法、摄影作品集》。

9月，省文联、中国移动通信集团青海有限公司、省摄影家协会共同主办“庆祝中华人民共和国成立60周年、青海解放60周年、中国移动通信集团青海有限公司成立10周年暨第五届员工摄影大赛”。征集作品1500余幅，展出精选作品300幅，编辑出版画册《里程——纪念中国移动青海公司十周年摄影作品集》；同期举办“中国移动杯”手机彩信摄影大赛，收到彩信参赛作品6000余幅，评出一等奖2名，二等奖4名，三等奖6名，佳作奖20名，入选300名。

9月26日，由青海省委宣传部、省发展改革委员会、省摄影家协会共同主办的“走向富裕文明和谐——青海发展60年大型图片展”在西宁北大街城门楼隆重开幕。省市领导参加开幕式，展览共展出反映青海60年来经济建设与社会发展、西部大开发、改革开放巨大成就的摄影作品800余幅，吸引万人驻足观看，收效良好。

9～10月，省作协组织文学界庆祝新中国成立60周年、青海解放60周年，编辑出版《新中国成立、青海解放60周年献礼丛书》，集中推出青海优秀文学作品，举办“60年青海文学创作回顾及展望座谈会”。揭示青海文学新中国成立以来特别是近10年来的发展轨迹，与相关报刊举办“新中国成立60周年青海省作协图片展”，向大众展示从1949年以来青海文学创作、会员发展历程及成就。

10月，省文联文学创作研究室编辑出版新中国成立60周年青海文学作品选《评论卷》，西宁市文学作品选《评论卷》。

创作与研究

【创作情况】

省作协与强势出版社联手，7月出版了青海省中青年作家梅卓创作的《月亮营地》、方标创作的《鞭子》、海桀创作的《唱阴舞阳》、李明华创作的《静夜》、李晓伟创作的《金魔方》、江洋才让创作的《然后在狼印奔走》和曹建川创作的《魅惑敦煌》等7部小说力作，面向全国市场发行，扩大了青海小说创作在全国的影响，推动了西部文学创作的繁荣。重点扶持“极地散文”丛书项目，中青年作家李向宁、辛茜、葛建中、海桀、王文中的5本散文集被该丛书收录。报送中国作协重点文学作品6部，其中江洋才让的长篇小说《康巴方式》成功入选。专业作家海桀年创作达60万字，如：散文集《路旁的镜子》、长篇小说《云间草》、中篇小说《神鹰》、短篇小说《系在牛毛绳上的光珠》、《鸟仔》等。电影文学剧本《神鹰》由央视电影频道节目中心制作出品，电影文学剧本《塞北草》由北京中视科麟影视公司制作出品；井石创作散文集《煮字坊笔记2》，主编《青海花儿选》；风马创作的长篇小说《你走不出你的鞋子》获“盛大文学”举办的“30省市作协主席小说巡展（擂台）”三等奖；马光星主编的《土族服饰集成》已通过省级专家学者审定，报送中国民协非物质文化遗产抢救办公室审稿，叙事诗专著《悲情绝唱：河湟民间叙事诗》由青海人民出版出版；张海涛创作完成电影剧本《福生》由国家广电总局电影局立项。

省民协组织专家编纂刚察县历史、地理、人文作品《神湖记忆》，由青海人民出版社出版；与青海湖景区管理局联合编写《青海湖民间故事集》由中国文联出版社出版；完成国家社科基金资助的重大项目《中国民间文学三套集成·青海卷》由中国ISBN中心出版。省《格萨尔》研究所负责的国家哲学社会科学重点项目《藏区格萨尔遗迹遗物普查与考证》已结项，角巴东主主编的《藏族传统射箭文化》，11月由甘肃民族出版社出版，黄智负责的全国社会科学重点项目——《格萨尔版本研究》已完成初稿。著名艺人才让旺堆等说唱，研究所人员整理的5部《格萨尔》说唱部本由甘肃出版社出版。研究人员用藏汉文字在《西藏研究》、《中国藏学》、《格萨尔研究》等学术刊物上发表学术论文10篇。

【理论研究】

元月6日，省书法家协会主办的“青海省第二届书法理论研讨会”在西宁举行。省垣书法家百余人参加研讨活动，孟世强等10位同志的理论文章在会上做重点发言。省委宣传部副部长周贤安、文艺处处长陶林参加研讨会。5月编辑出版《青海省第二届书法理论研讨会论文集》。

4月，省作协与中国少数民族文学学会、省

文化和新闻出版厅、青海人民出版社、省诗歌学会共同主办“格桑多杰诗歌作品研讨会”。来自省内外藏学专家及诗人、作家、评论家60余人出席会议。研讨会上，与会诗人、作家和评论家畅所欲言，分析探讨格桑多杰诗歌创作成就、经验及对广大作家、诗人的启示和借鉴意义。

省文学创作研究室会同有关单位、协会先后主办刘鹏新作《露珠上的村庄》首发式暨作品研讨会、崔春起《野性三江源》摄影作品研讨会、海桀文学作品研讨会等，加强文艺评论建设，倡导良好学术风气，推动文艺创作，在推介潜力作家、艺术家，扩大影响方面取得了良好的效果。

2009年，原省文联内刊《文坛瞭望》作为《青海湖》理论专号转为正式出版物，由季刊改为双月刊并调整版式和页码，由原来的64版改为现在96版，栏目调整为青藏文化、文艺评论、旅游文化、艺苑纵横等，吸引了广大作者和读者，文学评论和理论研究水平及刊物质量有了较大提高。

【获奖情况】

5月，在杭州第二届“中国戏剧奖·梅花表演奖”（第24届中国戏剧梅花奖）大赛中，西宁市戏剧团国家一级演员屈巧哲荣获中国戏剧奖·梅花表演奖，填补了中国戏剧表演最高奖在青海省的空白，激励了全省戏剧艺术工作者的干劲与热情，推动了青海戏剧事业的繁荣。12月7日，省文化新闻出版厅、省文联联合对屈巧哲进行表彰，副省长吉狄马加出席表彰会并讲话。经省政府批准，省文化和新闻出版厅、省文联对屈巧哲给予通报表彰，由省政府奖励基金给予嘉奖，奖励人民币3万元。

省戏剧家协会副主席王景珊创作的大型平弦现代戏《日月湾的笑声》、省戏剧艺术剧院张璐创作的大型儿童剧《嗨、草原娃》在第六届中国戏剧文学奖评奖中荣获铜奖。由省文联副主席、省剧协主席张民牵头组织省剧协撰写的《青海省专业戏剧表演团体改革情况的调研报告》，荣获2009年“全省宣传文化系统优秀调研报告二等奖”和“全省优秀调研报告三等奖”。省剧协组织推荐省戏剧艺术剧院和西宁市戏剧团5位演员参加由安徽省文联、安徽省戏剧家协会和长江流域11省、市剧协联合安徽卫视《相约花戏楼》栏目举办的首届“舞动长江、歌颂祖国”长江流域戏曲演唱大赛。省戏剧艺术剧院平弦剧团演员张凌云获得“长江之星”金奖；西宁市戏剧团演员李兰获得“长江之星”银奖；刘春香、邹学军、韩永辉3位演员获得“长江之星”铜奖。10月29日，在第二届中国戏剧奖·小戏小品奖总决赛中，青海省戏剧艺术剧院话剧团小话剧《偏方》荣获“观众喜爱的剧目奖”。

省作家协会推荐青年诗人曹有云诗集《时间之花》，参评并入选中国作协“21世纪文学之星丛书”，成为青海省近10年来首位入选者，极大地鼓舞了青海省青年作家的创作热情。作家祁建青、尹海杰、阿朝阳获首届中国西部散文奖；唐涓的长篇报告文学《我心中的手》获2009青海省第八届精神文明建设“五个一工程”奖，散文《深埋在老城墙里的岁月》获全国报纸副刊作品年赛二等奖；梅卓获“第三届中国女性文学奖”。张海涛执导的艺术片《再塑昆仑》荣获纪念改革开放30年中国电视纪录片“长篇优秀作品奖”，长篇民俗文化片《河沿上的故事》荣获全国民俗影像作品展播“导演金奖”，电影《九妹》在“5·12”大地震一周年影视作品展播中获“优秀作品奖”。

省美协在“第七届中国体育美术作品展览”中，积极推选优秀作品，青海入选4件，其中曹正海作品《秋染霜林醉人家》获优秀奖；在“全国中国画作品展”中，刘晨曦作品《春风徐来》入选；在“第五届中国美协会员中国画精品展”中，冯秀梅作品《春讯》获优秀奖；在“2009大东方当代油画作品展”中，青海入选6件，王筱丽作品《春儿的画室》获优秀奖；“倡导绿色生活，共建生态文明——全国美展”中，曹正海作品《八月之乡》入选。

在中国文联、中国舞协主办的第五届“小荷风采”全国少儿舞蹈展演活动中，省舞蹈家协会组织推荐的少儿舞蹈作品《雪域童心》荣获“小荷金星”（金奖），教师荣获“小荷园丁”称号；11月27日，在中国舞蹈家协会成立60周年优秀舞蹈家和舞蹈艺术工作者表彰会上，省舞协主席增太被授予“突出贡献舞蹈家”称号，原省舞协常务副主席陶万民被授予“优秀工作者”称号。

由省音协选送的10首歌曲参加“全国流行歌曲创作大赛”西北赛区比赛，1首歌曲获“优秀歌曲创作奖”，3首获“创作奖”，6首获歌曲提名奖，青海音协获“优秀组织奖”。5月，在中国音乐家协会、中央人民广播电台、中央电视台举办的“全国流行歌曲创作大赛”中，省音协选送的4

首流行歌曲获“提名奖”。11月，在青海省委宣传部召开的“五个一工程”表彰会上，由省音协推荐的3首歌曲《一首歌》、《安召索罗罗》、《可可西里》获青海省第八届精神文明建设“五个一工程”入选作品奖。

9月16日，在中国民协、河北省文联、河北省旅游局、邯郸市人民政府主办的首届中国女娲文化节暨“女娲杯”全国民间歌舞精品展演中，省民间文艺家协会组织选送的果洛州民族歌舞团参演的藏族歌舞《舞动高原》，以豪放动人的舞姿和优美动听的旋律一展风采，深受众多观众和专家们的高度关注，并一举获得首届中国女娲文化节暨“女娲杯”全国民间歌舞精品展演“金奖”，省民协获优秀组织奖。

文化艺术交流

【第三届中韩作家会议】

7月9日，由中国少数民族文学学会、韩国Paradise文化财团和青海省作家协会共同主办的第三届中韩作家会议在西宁举行。中韩两国作家、诗人以“人与自然、和谐世界”为主题，进行文学创作经验和心得体会的交流。青海省副省长吉狄马加和省文联党组书记、主席樊光明分别致欢迎词和开幕词。

中韩作家会议曾在中国上海和韩国首尔各举办过一届。第三届中韩作家会议中方代表团由著名作家阿来、董立勃、杨少衡、梅卓、吴克敬，诗人严力、娜夜、叶舟等30位代表及两位来自《文学报》和《文艺报》的特邀记者组成，韩方代表团由当代韩国文艺界举足轻重的作家金炳翼、金周荣、洪廷善、徐河辰，诗人金基泽、安度炫等16位代表、7位翻译及7位随行记者组成。

会议期间，副省长吉狄马加，韩国著名作家、评论家金炳翼及我国著名作家、茅盾文学奖得主阿来分别作了题为《中国西部文学与今天的世界》、《源自自然的心灵风景》和《汉语：多元文化共建的公共语言》的演讲。省作家协会借助中韩作家会议这个平台，进一步通过文学视角解读中韩文化，为两国文化交流搭建桥梁。两国的作家、诗人在交流探讨中增进彼此的了解和对对方文化的理解，相互学习，取长补短，达到了促进交流、繁荣文学的目的。

【青海、辽宁两省在沈阳举办摄影艺术展暨文艺交流活动】

6月9～16日，由青海省文联和辽宁省文联联合举办的两省摄影艺术联展在沈阳工业展览馆展出。两省各展出摄影作品100幅。

6月9日上午举行隆重的摄影展开幕仪式。专程赴辽开展文艺交流的青海省文联主席樊光明、副主席角巴东主及省各文艺家协会、部门负责人出席开幕式。辽宁省文联、省各文艺家协会及辽宁省百余名摄影家同时出席。辽宁省文联副主席伊忱主持开幕仪式，辽宁省文联党组书记、主席王秀杰，青海省文联党组书记、主席樊光明先后发表热情洋溢的讲话。

以“大美青海”为主题的“三江源”摄影展引起了沈阳社会各界和摄影界的强烈反响。短短5天内，就有3000余人参观展览，并给予很高的评价。期间，两省文联间还开展了文学艺术座谈交流。青海、辽宁文联领导和协会部门负责同志各自对口介绍本省文化发展情况，交流两省摄影、美术、书法、音乐、舞蹈、戏剧、民间艺术等发展经验，达成了多项文化交流互访、创作采风的意向。青海文联一行结束辽宁活动后，又赴吉林省文联进行了文艺交流与采风。

【其他】

7月，省音协邀请韩国作曲家协会首尔分会的音乐家来青海进行音乐艺术交流，与青海音乐家在省民族歌舞剧院排练厅举办音乐交流会，并邀请韩国作曲家和领导前往海北州门源回族自治县进行回族宴席曲的采风工作。应韩国光州政府邀请，省音协组团参加“亚洲多元文化音乐节”活动。

7～9月，“大美青海”摄影展赴宁夏、甘肃、贵州展出。展出作品280幅，充分展示了青海独特的自然风光和民族风情，受到社会各界及摄影家好评。

7月，省文联组织省内企（行）业文联、基层文联负责人，由省文联党组成员、副主席张民带队赴河北省进行企业文化交流和基层文联工作交流。

机关建设与扶贫工作

【机关建设】

2009年，按照省委要求和省委宣传部安排，

省文联切实加强了文艺队伍建设，认真落实《青海省文联五年干部教育培训规划》和《青海省文联2009年干部培训班计划》，对领导干部、艺术家、文联干部分级分类进行以政治理论、党风廉政、业务技能、知识更新为主要内容的培训。组织文联党员干部职工参观原子城爱国主义教育基地，重温入党誓词，召开“庆祝建党88周年暨‘七一’表彰大会”，开展党史国情及党风廉政建设知识竞答等活动，凝聚了力量，鼓舞了干劲。深入开展民族团结进步创建活动和机关精神文明创建工作，深化“三优一满意”和争创文明单位、文明处室等活动，评出文明处、室3个，文明家庭3个并在文联机关进行表彰，营造了团结、文明、和谐的氛围。更新“青海文艺大世界网站”，完善并充实摄影网页设施建设，组建青海新闻网《青海书画》频道等，拓宽了对外文艺信息窗口。组联部编发的《青海文联工作》及时反映省文联及各协会重大文艺活动，速递文联工作情况，并及时反映文艺工作者真实意愿和诉求。全年共出《青海文联工作》18期，《青海日报》采纳4期，《中国文联简报》转载2期，《中国艺术报》刊登4篇。

【扶贫工作】

省文联积极组织实施“2009送欢乐、下基层”文艺慰问及“送温暖”，扶贫帮困活动。一年来，省文联组织文艺工作者深入平安县古城乡古城村，开展文艺慰问演出、书写春联、拍摄全家福等活动，丰富群众节日文化生活。为扶贫点兴海县唐乃亥乡落实植树资金30000元，争取扶贫棉被210条、面粉70袋、各类服装600件及省文联党员干部职工捐赠现金14350元，衣物91件，各类书画作品160余幅。这些惠民文化活动为当地群众送去了欢乐和温暖，受到好评。

直属单位

【格萨尔史诗研究所】

2009年，研究所人员赴西藏昌都等地区进行《格萨尔》遗迹遗物调查和艺人寻访工作，发现一位新的《格萨尔》说唱艺人和许多《格萨尔》遗迹和文物，进行文字、影像记录。

5月20日，省《格萨尔》史诗研究所和省《格萨尔》研究学会联合创办的中国《格萨尔》研究网正式开通。这是目前国内首家全面介绍《格萨尔》史诗文化的专业性主题网站，全面报道《格》学研究方面最新动态和科研成果，由藏文版和汉文版组成，设有动态、人物、遗迹、图库、成果、简介和留言7个栏目，内容涉及说唱艺人、专家学者、史诗人物、遗址、遗物、说唱部本、出版专著和发表论文等。

中国《格萨尔》研究网网址：

http:/www.gsryj.com

【省文学创作研究室】

文创室发挥人才资源优势，积极参与到地方文化资源的开发和建设中，策划文化旅游开发项目，编纂地方文化丛书及有关大型文化活动，取得良好的效果。组织作家和专家先后与海北、祁连、黄南等州、县联合开发文艺资源，为海北州和黄南州编辑旅游文化丛书，系统梳理两州文化旅游资源，并编辑出版导游词，为加快地方旅游文化事业发展起到了积极的推动作用。加强文艺舆情信息的收集、整理、上报工作，全年共上报30篇，3万余字，为各级领导掌握文联工作情况和决策提供了依据。

【《青海湖》编辑部】

《青海湖》编辑部以“文学质地、阅读品位、时代精神、高尚情怀”为办刊宗旨，在确保稳步发展的基础上，刊物质量有了突破性提高。4月，省文联党组调整编辑部领导班子，由梅卓任《青海湖》主编，马丁任执行副主编。7月，《青海湖》装帧版式、栏目设置、纸型选定等方面进行较大幅度改版，以设置“本期推荐”、“名家之约”、“羊皮经卷”为栏目改版重点，体现刊物品位、使命和特色，其中，“本期推荐”栏目以大版面、全方位推介青海作家作品，尤其受到青海省作家、读者欢迎。

9月，与省作协联合举办首届青海省文学期刊联谊会，并召开《青海湖》改版座谈会，省文联党组书记、主席樊光明出席会议，省及州县作家、诗人、评论家和全省文学期刊（报纸副刊）负责人共50余人与会，大家各抒己见，畅所欲言，在充分肯定改版效果的基础上，为《青海湖》进一步健康发展，建言献策，提供许多建设性想法与思路。

各文艺家协会

【作家协会】

元月，省作协举办第四届“青海省青年文学奖”颁奖仪式，江洋才让、曹有云、毕艳君、郭守先4名青年作者受到表彰。举办第二届“青海省中小学生作文大赛”颁奖仪式，对获奖的中小学生进行表彰，并对西宁市虎台中学颁授“青少年作家创作基地”牌匾，省作协已在全省建立10个青少年作家联络站。

6月，省作协和出版社联合推出《星宿海文丛》，收录作家梅卓《走马安多》、马均《越界的蝴蝶》、马海轶《西北偏北的海拔》、龙仁青《光荣的草原》、耿占坤《大香格里拉坐标》、郭建强《穿过》等6部作品。

9月，成功举办“首届青海文学周”活动。活动以“赞美青海、热爱文学”为主题，为期5天，先后举办了“60年青海文学创作回顾与展望座谈会”、“青海作家协会湟源县文学创作基地挂牌仪式暨青海作家走进丹噶尔古城”、“星宿海文学丛书研讨会”、“青海作家向青海师范大学图书馆及文学院赠书活动”、“青海省文学期刊（报纸副刊）联谊会成立暨首届联谊年会”等一系列文学活动。为营造文学氛围，提升文学形象，打造青海文学品牌，作出了有效的尝试。

【戏剧家协会】

5月，省剧协与西宁一中联合举办“第七届戏剧大舞台综合实践活动”，以庆祝新中国成立60周年，高唱红色戏曲，缅怀革命先烈为主题，继去年走向农村之后，2009年走进军营，采用载歌载舞的形式，歌颂共产党、歌唱新中国。校园和军营的2场演出有近千人参加，省市有关领导、93987部队、市教育系统领导以及有关戏剧界、教育界和社区居民观看了在西宁一中校园演出及部队演出。

7月，省剧协与陕西省剧协联合举办“青海省戏剧作品创作改稿会”。集中讨论了大型秦腔现代戏《日月湾的笑声》（王景珊），话剧《断臂人生》、《欢乐谷》、《金秋》（杨得志）、《树·人》、《嗨，草原娃》（张璐）、《洪武泪》、《香炉情》（齐小宁）等作品。陕西省剧协组织5位编剧、专家对青海省戏剧作品从选材、结构和人物塑造等方面提出了修改意见和建议，为今后提高剧本创作打下良好的基础。

7月，省剧协在海北州门源县、大通县等地开展社会主义新农村建设农村农民剧团辅导帮扶工作。根据门源县农民业余剧团演出及发展情况，特地为该县西滩乡边麻掌村农民业余剧团购置价值万元的戏剧服装、道具、乐器等，并组织戏剧家为业余剧团排练、辅导大型古典剧目，受到农民好评。

【音乐家协会】

2月，省音协开展的寒假“音乐基础知识”考级，共有1000多名考生参加考试，考级通过率为80%。3月，“全国音乐等级考试‘音乐基础知识’（初级）西北地区师资培训班”在西宁举行。中央音乐学院教务处处长赵易山，中央音乐学院作曲系视唱练耳教研室副教授付尼、中央音乐学院音乐研究所博士生导师戴嘉枋、朱辉、奥妮等亲临授课，来自新疆、甘肃、宁夏、内蒙古、河南、青海地区的75名学生参加了培训。

7月下旬，省音协在省青少年活动中心举办“让心灵的花儿尽情开放——全国优秀少儿合唱推荐歌曲集”青海地区启动仪式，为西宁市部分中、小学及幼儿园赠送推荐歌曲集。7月底至8月初，省音协开展为期一个星期的2009暑假社会音乐水平考级工作。此次考级共设西洋乐、民乐、声乐、音乐基础知识等15个专业，分西宁和格尔木两个考点进行考试。中央音乐学院考级委员会选派26位考官专程来青海考级。共有6000余名考生参加考级，通过率为82%。3～10月，省音协先后在西宁和互助北山组织全国投稿的“大美青海”歌曲初评工作，共有65首歌曲进入初评。8月13日，由省音协、省电视台、贡嘎诺布朗文化艺术中心，在玉树州曲麻莱县举办“相聚黄河源”大型文艺演出活动。11月，由省音协、甘肃广播电视总台、青海电视台联合主办的“唱响西域”歌手选拔大赛在西宁举行。100余名歌手参加大赛，6名歌手获最佳歌手奖，8名歌手获优秀歌手奖。

【舞蹈家协会】

3月9日，省舞协、西宁市群艺馆联合举办首届踢踏舞培训班。培训班由省舞协主席增太授课，来自西宁市第一职业技术学校、新世纪职业学校及市群艺馆业务教师30多人参加培训，效果良好。

4月20日，省舞协应安徽省花鼓灯艺术研究会的邀请，专程赴安徽合肥市，举办为期5天的藏族民间舞蹈培训班，这次培训班授课内容主要以独具特色的新编藏族锅庄舞为主，把藏民族矫健、明快、飘逸、优美的舞种展示给安徽舞蹈工作者，也使他们更进一步了解和掌握藏族民间舞种，同时也为交流与传播青海民族民间舞蹈起到了很好的促进作用。新编藏族锅庄舞是青海舞协在传统藏族锅庄舞的基础上，大胆继承创新，精心编排的一组具有地域特色和时代气息、民族特点浓郁的群众性藏族舞蹈。

7月29日，省舞协承办的2009年暑假期间“中国舞”学生考级工作在西宁圆满结束。为期九天的学生考级工作分别在格尔木市、德令哈市、大通县和西宁地区4个考级点进行，800多名学生参加1～8级考试，考生合格率达99%。10月，省舞协举办“中国舞1～3级教师培训班”。来自西宁、海东、海北等地的14名舞蹈教师参加为期7天的培训。北京舞蹈学院考级中心派考官来青专程考级，考级合格率为98%。11月27日，由省文联主办、省舞协承办的“全省第三届专业艺术表演团体舞蹈基本功比赛”在省艺术学校礼堂落下帷幕。来自海南州、黄南州、海北州、果洛州及省艺术院校5个团体、单位的舞蹈教员、演员、舞蹈钢琴伴奏员等158人参加比赛，在客观公平公开的评审中，12名舞蹈演员、学员荣获(单项)一等奖;18名舞蹈演员、学员荣获（单项）二等奖；25名舞蹈演员、学员荣获(单项)三等奖；14名舞蹈演员、学员荣获(单项)优秀奖；8名舞蹈教员、四名舞蹈钢琴伴奏员分别荣获一、二、三等奖和优秀奖。

【书法家协会】

省书协积极响应中国书协号召，认真组织中国书协倡导的“中国书法家进万家活动”，先后9次组织主席团部分成员、部分理事及会员42人次分别赴平安县、湟源县、门源县、德令哈市、互助县、湟中县、大煤沟矿区等地，义务为农牧民群众和煤炭工人奉献书法作品400余幅。

4月，省书协、美协联合主办“王云、李万西、朱拙、段光明书画联展”。展出书法作品100余幅；12月，省书协、美协、西宁市少年宫共同承办“培鑫国际杯少儿美术书法展览”，主办“走进经典——青海青年书法六人展”等，促进了书法创作活动，扩大了书协影响。

【美术家协会】

省美协在举办多次美术展览及会员作品联展同时，全力支持和精心策划群众性美术展览活动，协助省群文系统、机关团体、企业工会和会员开展的活动有：“庆祝新中国成立60周年青海书画院院展”、“柳湾彩陶——2009全国中国画名家作品邀请展”、“庆祝新中国成立60周年暨第八届环湖赛开幕首届“天佑德”杯全省书画大赛、“青海省著名商标标志设计展”、“青海省艺术品收藏协会成立作品观摩展”、省广电局廉政书法绘画摄影展、西宁市公安系统庆祝新中国成立60周年书画作品展、“韩明 刘金诚 宋玉寿 书画作品展”、“庆祝新中国成立60周年暨青海解放60周年青海省军区书画作品展”、“柳得信书画作品展”、“高原 李渊 马一 行为影像展”等等。同时，协会积极协助企、行业及会员个人出版的作品集有：《庆祝新中国成立60周年青海电力系统美术书法摄影作品集》、《和谐海西——“义海杯”第二届书画作品集》、《周之发山水画集》、《王颖花鸟作品选集》等。

在海西蒙古族藏族自治州建政55周年柴达木第二届民族文化艺术节期间，省美协、省书协与义海集团联合举办第二届“义海杯”全国美术书法作品大奖赛，从全国近6000余件投稿中遴选出366件书画作品，在艺术节开幕式首展，8月20日在青海省博物馆举行第二次展览，近万名观众参观了展览。

【摄影家协会】

3月，省摄协征集作品举办第14届“中国移动杯”青海省摄影艺术展。截至10月底，共收到省内外近500名摄影作者的6000余幅作品。作品内容包括：社会生活与民族风情类、风光与资源类、移动通信事业类、新闻纪实类、人物肖像类、静物花卉与广告创意类、系列组照类共7个类型，涉及社会生活方方面面及摄影艺术各个门类。11月5日，经评奖委员会认真评审，共有380幅作品入围，按7个类别分别设奖，评选出金牌奖10个、银牌奖20个、铜牌奖40个、优秀奖80个，入选作品200幅；另设最佳瞬间奖2个、最佳创意奖2个、新人新作奖6个、组织奖3个，使本届影展更具广泛性和多样性。

7月，省摄协联合中国工商银行青海分行共同举办2009“牡丹卡杯”环青海湖国际公路自行车赛采风暨“梦幻青海”全国摄影大赛。比赛历时12天，协会组织15名摄影家，全程跟踪环湖赛运动员，行程2000多公里，留下了各国运动员精彩的瞬间。本次大赛共收到300余名摄影家4000余幅作品，评选出一等奖2名，二等奖4名，三等奖6名，佳作奖25名，入选140幅。

7月，省摄协与上海市摄协联合举办“中外摄影家激情穿越柴达木”。共邀国内、省内著名摄影家近百人次参加采风创作活动，行程3000多公里，走遍了柴达木各个角落。此次活动共征集作品4000余幅。10月底经评委评选：一等奖1名，二等奖2名，三等奖4名，优秀奖20名，画册入选奖120幅。同时遴选部分优秀摄影作品28幅，编辑出版《西部密境——柴达木》大型摄影画册。

6月，省摄协积极帮助支持建设银行青海省分行成立摄影协会。8月，中国移动青海公司成立中国移动集团摄影协会。9月成立“全球通”青海摄影俱乐部并举办首次摄影采风活动，省摄协组织移动用户摄影爱好者及部分省内摄影家60人赴祁连县进行为期3天的采风创作活动，受到大家欢迎和好评。采风结束后，10月30日对采风创作的摄影作品进行细致深入的点评。同期，协会积极策划和帮助各企、行业以及个人出版摄影画册，如：崔春起《野性三江源》、杨森林《青海古建筑》、何能敏《抒情青海》、省电力公司《矗立昆仑唱大风》、河南县《天河之南》、循化县《撒拉族绿色家园》、平安县《平安吉祥》、果洛州《玛域果洛——格萨尔的故乡》等。

【民间文艺家协会】

8月，受中国民间文艺家协会委托，省民协赴果洛举行“中国格萨尔研究基地”挂牌仪式。这是中国民协在青海命名的第一个文化之乡，具有开创性意义。10月，由省文联、省民协、中共尖扎县委、县人民政府主办的全省第六届拉伊大赛在黄南州尖扎县举行，来自全省各地44名歌手，经过为期3天的公开、公平、公正的激烈角逐，圆满完成各项赛程，共评出一等奖2名，二等奖4名，三等奖6名，纪念奖32名及部分组织奖。同期，由甘肃人民出版社出版《安多拉伊集锦》，这是省民协在连续举办五届全省藏族拉伊大赛基础上，通过录音、整理并搜集相关资料形成的一部内容完整全面的拉伊集成，受到广大民众好评。

基层文联

【海北州门源县文联】

2009年4月29日，海北藏族自治州门源回族自治县文学艺术界联合会第二次代表大会在浩门镇隆重召开。省、州、县有关部门领导到会祝贺，全县57名文学艺术界代表参加会议。景占旭当选县文联主席，郭守江、马凤卿当选为副主席。

门源县文联自2004年成立以来，在县委、县政府的正确领导和大力支持下，依托门源丰富的文化旅游资源，文艺作品成果颇丰，文艺人才不断涌出，文艺队伍发展壮大，文艺事业发展迅速。截至目前，门源县文艺创作队伍已由当初不足40人发展到120余人。他们植根高原，情系门源，笔耕不辍，创作出一批批具有民族和地方特色，反映门源风土人情、展现时代风貌的文学艺术作品。编辑出版文学作品17部，出版个人文学专著10部；开展书法、摄影、美术、刺绣、剪纸等艺术门类展览、大赛活动30余次，展出作品5000余件（幅）。戏剧、音乐、曲艺艺术生机勃勃，去年，全县音乐工作者创作赞美家乡、歌颂美好生活歌词50余首。其中，30余首已由省、县作曲家谱曲，13首歌曲参加了“全国优秀流行歌曲创作大赛”，26首优秀歌曲被录制并制作成主题为《请到浩门河畔来》、《我的缘啊在门源》的DVD光盘。2008年，由县委书记陈鹏作词，张启元先生作曲的《我的缘啊在门源》，在“门源油菜花旅游节”，特邀著名歌唱家阎维文现场演唱，受到广大群众的赞誉和传唱。马凤卿创作的歌曲《尕妹妹本是天上的人》在第19届“北极星杯”全国词曲创作比赛中荣获铜奖。2008年门源县文联组织举办“门源县迎新年联谊会暨原创歌曲汇报演出”；回族宴席曲《尼卡好、赛俩目》获全省第二届民俗表演奖。

宁夏回族自治区文联

综　述

2009年，宁夏文联紧紧围绕庆祝新中国成立60周年和宁夏解放60周年，认真贯彻执行党的路线、方针、政策，贯彻执行中央和自治区党委重大决策、重要工作部署，运用文学艺术作品宣传宁夏经济社会发展和人民群众精神面貌发生的巨大变化，宣传宁夏科学发展、跨越发展、各项事业欣欣向荣的大好局面，唱响共产党好、社会主义好、改革开放好、人民军队好、人民群众好、伟大祖国好、党的民族区域自治政策好的时代主旋律，振奋民族精神，激发爱国热情。通过展演、出版、大赛等工作，创作出了一批思想性、艺术性、观赏性俱佳，深受群众喜爱的优秀作品，推出了一批人才，促进了文艺事业的健康发展，提升了文联工作水平，树立了文联对外形象，增强了文联的凝聚力，扩大了文联的影响力。

一年以来，文联始终坚持先进文化前进方向，以社会主义核心价值体系引领文艺创作，以重要节日、重要事件和重要活动为契机，开展一系列主题文艺活动，其中与有关部门共同举办了以科学发展观为主题的“全区学习实践科学发展观活动书法作品展览”、“庆祝新中国成立60周年宁夏少数民族文学创作座谈会”，庆祝新中国成立60周年“中国剧协梅花奖艺术团京剧名家宁夏行”大型演出活动，“庆祝新中国成立60周年宁夏美术作品展暨第11届全国美展宁夏预选作品展”，首届中国宁夏国际文化艺术旅游博览会“六盘山杯”美丽宁夏全国摄影大赛暨宁夏摄影艺术节，书协会员冲击第三届中国书法兰亭奖系列活动，“中国音乐金钟奖第二届合唱比赛宁夏分赛区暨宁夏第四届合唱大赛”等活动有声有色的开展，努力唱响了时代发展主旋律。特别是按照宁夏区党委主要领导的指示要求，宁夏文联和美术家协会组织本地30多位美术家，历时一年，反复修改磨砺，创作完成了《胡锦涛总书记在宁东》、《温总理和“喊叫水”种瓜农民在一起》等一批重大美术题材作品，并成功举办了作品研讨会。这是宁夏30年来规模最大的一次集体创作活动，推出了宁夏的强势文艺品牌，形成了独具宁夏特色的现实主义美术创作风格，培养磨炼出了一支高素质的美术军团。在围绕中心、服务大局、打造独具特色的艺术品牌工作上做了有效的尝试。

宁夏文联以“九大主流文化”建设为着力点，推动文艺精品创作，推出文艺人才，一批优秀作品和文艺家获国家级大奖，彰显了宁夏文艺发展成果。歌曲《回族尕妹，我的花儿》被评为全国精神文明建设“五个一工程”奖。《花儿，我可爱的家乡》、《沙枣花开了》获“全国优秀流行歌曲创作大赛”西北赛区最佳创作奖，《马兰花》、《千年情缘》、《一弯金月牙》获得创作奖。舞剧《月上贺兰》荣获舞剧作品铜奖，这是宁夏在中国舞蹈“荷花奖”舞剧·舞蹈诗奖项上零的突破；舞蹈《沙枣花香》获第五届“小荷风采”全国少儿舞蹈展演“小荷新秀”、“小荷之家”两项殊荣；回族舞蹈《月上弦》获第七届中国舞蹈“荷花奖”民族民间舞奖。成功承办第九届中国民间文艺山花奖·民间文艺学术著作奖终评会，《中国花儿通论》和《宁夏民俗大观》获学术著作奖，《刻岩画罐》获民间工艺美术作品奖，这是宁夏民间文艺史上获奖人数最多，同时获奖最多的一次。《朔方》获“中国北方十佳期刊”、“新中国60周年有影响力期刊”荣誉。电影《画皮》荣获中国政府华表奖“优秀合拍片”奖；获第27届中国电影金鸡奖“最佳导演奖”、“最佳女主角奖”、“最佳女配角奖”、“最佳摄影奖”、“最佳美术奖”五项提名奖，为宁夏人民赢得了荣誉。电视剧《李双成》获首届中国新农村电视艺术节中短篇电视剧好作品奖；专题片《蔬菜园区里的插卡消费》获得好作品奖；“塞上乡村”栏目获得最佳栏目奖一等奖，电视剧品牌栏目和专题片摘得3个奖项在我区尚属首次，体现出了宁夏影视机构的综合实力。推荐优秀人才参加第24届中国戏剧奖—梅花表演奖的评选，李小雄荣获中国剧协第24届梅花奖，成为我区第三位梅花奖得主。积极申报、推荐，潘振声、张贤亮等10位文学艺术家荣获"60位新中国成立以来感动宁夏人物"和"100位为宁夏建设作出突出贡献英雄模范人物"殊荣；杭行等4位从事文学创作60周年的老作家受到中国作协的表彰；郭刚获中国曲协"突出贡献曲艺组织工作者"称号，徐明智、白永蔚获中国曲协"优秀中青年曲艺家"称号；秦绥武、马学礼被中国舞蹈家协会授予"卓越贡献舞蹈家"和"突出贡献舞蹈家"称号；杨永圣、邓宁东获中国民协、中国视协"德艺双馨艺术家"称号。

为了发挥评奖的"指挥棒"作用，提高文艺创作水平，引导文艺创作方向，进一步调动文学艺术工作者为建设和谐宁夏努力创作的积极性，造就"德艺双馨"文艺楷模，推出文艺精品，在自治区党委宣传部的指导下，认真组织开展了全区第八次文学艺术评奖。"宁夏文学艺术奖"是我区最高级别的综合性文艺奖项，此次评奖包含文学和艺术的所有门类。经申报、初评、复评、终评等程序，共评出文学和艺术两大类、23个小项的荣誉奖20个，特别奖11个，一等奖34个，二等奖78个，三等奖148个，充分反映了宁夏近年来高质量的文艺作品，高水平的文学艺术家，是近年来宁夏文学艺术事业发展丰硕成果的一次全面展示。12月31日在宁夏人民会堂举行隆重的颁奖晚会，自治区主要领导出席晚会并为获奖代表颁奖。

重要活动与会议

【六届六次全委（扩大）会暨2009年宁夏文艺界迎春团拜会】

1月17日，宁夏文联六届六次全委（扩大）会暨2009年宁夏文艺界迎春团拜会在银川召开。自治区党委常委、宣传部部长杨春光，副部长尤艳茹，宁夏文联第六届委员会委员以及各文艺家协会、机关各部室负责人、有关单位负责人出席了会议。会议由宁夏文联副主席郭刚主持。宁夏文联主席、党组书记郑歌平代表文联第六届主席团做工作报告。他对2008年工作进行了回顾和总结，并对当前文艺工作和文联工作面临的新形势进行了分析。杨春光在会上做了重要讲话。他充分肯定了文联的成绩，并代表自治区党委对文联的积极工作表示感谢。全委会上对文联系统先进集体和优秀工作者进行了表彰，并通过了新委员。团拜会上表彰奖励了2008年度"德艺双馨文艺工作者"和获得全国大奖、专业奖项的集体和个人。

【"送欢乐、下基层"活动暨"中国书法进万家"——走进开元丰友化工公司活动】

2009年新年来临之际，宁夏文联组织36人的慰问团到宁夏开元丰友化工厂进行"送欢乐、下基层"慰问联欢演出活动。宁夏文联副主席冯明、冯剑华，宁夏书协主席吴善璋，美协主席宋鸣，摄影家协会主席陈长祥等艺术家参加了慰问活动。宁夏书法家协会将30多幅书法作品奉送给了奋战在丰友化工第一线的劳模们。宁夏文联副主席、《朔方》杂志主编冯剑华还为丰友化工公司赠送了书刊。化工公司职工质朴的《三句半》、歌曲《我的中国心》、诗朗颂《祝福牛年》等节目，表达出的是百姓企福牛年的心愿，引发的是观众对祖国的深沉的情感。宁夏文联的歌曲《百花迎春》、《民歌串烧》，舞蹈《找情郎》，京剧《天女散花》，将现场带入了欢快喜庆的节日气氛里，赢得了丰友化工职工们的喝彩，让大家享受到较高水平的艺术视觉大餐。

【参加文化、科技、卫生"三下乡"活动】

1月12日，宁夏文化科技卫生"三下乡"活动启动仪式及系列宣传活动拉开帷幕。自治区领导杨春光、李堂堂、张乐琴等出席了启动仪式。按照自治区党委、政府的部署，宁夏文联副主席冯剑华带领书法家郭佳荣、魏沁、宋琰等来到金积镇广场，冒着严寒为群众义务书写春联。将上百副春联送到群众手中，也带去了全区文艺工作者的新春祝福。

【宁夏文艺界元宵节联谊会】

2月6日，由自治区党委宣传部，自治区文联主办的宁夏文艺界元宵节联谊会在银川国际饭店举行。参加联谊会的有自治区宣传文化系统主要负责人，银川、吴忠、中卫、石嘴山、固原等五市宣传部部长、文联主席，曾杏绯、董小吾、刘正谦、王志洪等10余位知名老艺术家，10个文艺

家协会的代表，共计150余人。联谊会由自治区文联主席、党组书记郑歌平主持。自治区党委常委、宣传部部长杨春光代表自治区党委和政府向全区广大文艺工作者致以节日的祝贺。联谊会上，美术家、书法家们挥毫泼墨，老、中、青艺术家欢聚一堂，兴致勃勃地表演了秦腔、京剧、诗朗诵、舞蹈、独唱等精彩的文艺节目。

【2009清凉宁夏·自治区文联专场文艺晚会】

自治区文联5月23日在纪念毛泽东《在延安文艺座谈会上的讲话》发表67周年之际，组织了一场演员阵容强、内容精彩的文艺晚会，为广大市民送上了一台丰富的视觉享受。同时，文联还利用这次机会，制作了近30块展板，图文并茂地展示了自治区文联成立以来十大协会和《朔方》文学编辑部，文学艺术院所取得的成绩，让广大市民近距离地了解文联、熟知文联，收到很好的效果。

【李牧到宁夏文联考察】

6月25日，中国文联党组副书记、副主席、书记处书记李牧借考察中国文联在宁夏回族自治区挂职干部工作之机，到宁夏文联考察工作，并看望驻会文艺家及工作人员。宁夏回族自治区人民政府副秘书长张显，宁夏文联主席、党组书记郑歌平等陪同视察。

李牧副主席在视察中说，宁夏虽然是一个小省区，但宁夏文艺事业的发展并不滞后，甚至有些文艺门类还走在了前面，这与宁夏党委政府的正确领导和广大文艺工作者的辛勤工作是分不开的，尤其是近年来宁夏文联各文艺家协会与中国文联及所属文艺家协会联合举办了多项展览展演活动，取得了良好的社会效果，使更多的人了解了宁夏及宁夏文艺界。

【开展多种学习活动推动文联工作和文艺事业发展】

为了陶冶情操，建立学习型文艺队伍，加强文联效能建设，推动文联工作和文艺事业大发展大繁荣，根据自治区党委和宣传部的要求，宁夏文联党组决定在文联系统开展“爱读书、读好书、善读书”活动。并以“落实科学发展，促进文艺繁荣”为题举办系列讲座。6月5日，由宁夏大学人文学院副院长郎伟教授作了题为《从改革开放30年经验看文学艺术发展的趋势》的讲座。6月26日，由宁夏文联副主席、宁夏作家协会副主席、宁夏文学艺术院院长荆竹作了题为《20世纪中国的政治事件与精神事件——以胡风案为例》的讲座。2个讲座在文艺界获得了一致好评。

【庆祝建党88周年活动】

6月30日，宁夏文联机关党委举办丰富多彩的活动庆祝建党88周年暨表彰大会。会上表彰了2007～2008年度先进党支部、优秀党务工作者、优秀共产党员。文联党组书记、主席郑歌平，副主席、机关党委书记冯明为受到表彰的集体和个人颁了奖。各党支部表演了精心准备的丰富多彩的文艺节目。机关全体党员和干部60余人参加了会议。机关党委专职副书记王加玲主持大会。颁奖仪式后举行了庄严的入党宣誓，新老党员齐聚在党旗下，新党员进行入党宣誓，老党员重温入党誓词，与会的干部群众共同受到一次党的传统教育。

经宁夏文联推荐，第三党支部被区直机关工委授予“先进基层党支部”称号，王加玲被授予“优秀共产党员”称号，区美协主席宋鸣被授予“敬业奉献道德模范”，区摄协副主席兼秘书长张春荣被授予“助人为乐道德模范”。

【福建·宁夏文联交流座谈会】

7月13日，由福建省文联党组成员、秘书长曾珊带队一行15人，来到宁夏文联进行考察交流座谈。该团是由福建省的12个市、县、区的文联代表组成。宁夏文联副主席郭刚在座谈会上介绍了自治区文联的基本情况，特别是在学习实践科学发展观活动后，文联工作出现的创新思路、创新方法，以及在自治区成立50周年的各项重要文艺活动中宁夏文联的突出贡献。曾珊介绍了福建省文联在深化合作、对台文艺交流等多方面工作上的探索，以及在创新机制提升文联吸引力、凝聚力、战斗力等方面做的大量工作。

【组织艺术家赴驻宁某部开展庆八一军民联欢活动】

7月30日，由宁夏文联副主席冯明率作协、书协、美协、剧协、舞协艺术家及组联部、协会工作部、办公室等20余人赴兰州军区驻宁某部举行了庆祝中国人民解放军建军82周年联欢活动。

【冯骥才来宁考察】

应宁夏文联、宁夏民间文艺家协会之邀，全

国政协常委、国务院参事、中国文联副主席、中国民间文艺家协会主席冯骥才于8月16～20日来宁，就宁夏的民族民间文化、历史文化遗存等进行了考察。中国民间文艺家协会分党组书记罗杨，宁夏文联党组书记、主席郑歌平随同考察。

冯骥才十分关注民间文艺的传承问题，他说，不论是历史遗存的文化，还是现代民间优秀的民间文化，都是我们宝贵的文化财富。随着社会的发展，不少民间文艺面临濒危，全社会都有义务、有责任呵护这些文化财富，使我们的精神家园更加丰富多彩。

【中国水利文协赴沙坡头水利枢纽采风】

8月11日，由中国水利文学艺术协会主席张印忠带队的水利文学艺术协会18名艺术家到中卫沙坡头水利枢纽进行采风活动。宁夏文联副主席冯明、宁夏摄协主席陈长祥、宁夏书协副主席李洪义、宁夏美协副主席郭震乾、宁夏作协理事张鹏、宁夏文联组联部调研员王文等一同进行了采风活动。

【组织艺术家赴中宁县采风】

8月21日，由宁夏文联副主席郭刚带队，30余位文艺家赴中宁县参加庆祝新中国成立60周年、中国文联成立60周年 、宁夏解放60周年、红枸杞书画摄影艺术展文艺家采风活动。中宁县委领导陪同采风团参观了宁夏隆基硅材料有限公司，观摩了中宁县供港蔬菜基地、万亩枸杞观光园、中国枸杞博物园。会后，采风团还参加了“红枸杞书画摄影艺术展”的开幕式并举行了书法、美术笔会，留下墨宝40余幅；同时还召开了“红枸杞文学”座谈培训会。

【看望老文艺家】

9月22日，在新中国60华诞和中秋佳节即将到来之际，宁夏文联主席团成员分成8个组，在10个文艺家协会的负责人的陪同下，分别看望了在银川的宁夏文联荣誉委员、老文艺家和离退休老领导、老同志，衷心感谢他们为宁夏文艺事业和文联工作作出的突出贡献。

【学习贯彻党的十七届四中全会精神】

党的十七届四中全会和自治区党委十届九次全体（扩大）会议结束后，宁夏文联党组迅速组织广大党员干部认真学习《胡锦涛同志在十七届四中全会上的讲话》、《中共中央关于加强和改进新形势下党的建设若干重大问题的决定》、自治区党委《关于学习宣传贯彻党的十七届四中全会精神的通知》等文件精神，并就贯彻落实四中全会精神、加强和改进新形势下文联党的建设作出安排部署。

9月28日，宁夏文联又召开党组中心组理论学习会议，传达学习了宁夏回族自治区党委书记陈建国在自治区党委十届九次全体（扩大）会议上的讲话精神。党组书记、主席郑歌平就如何深入学习、贯彻党的十七届四中全会精神提出了3点要求：一要充分认识党的十七届四中全会的重大意义，认真学习，深刻领会，全面准确地理解和把握党的十七届四中全会的精神实质和深刻内涵。二要把学习贯彻十七届四中全会精神作为当前和今后一个时期的重要政治任务，按照四中全会的要求，以加强文联党组织建设为基础，着力发挥文联党组的领导核心作用，党支部的战斗堡垒、监督保障作用和党员的先锋模范作用。结合文联机关党建工作实际，积极探索和创新党建工作的新路子、新方法，切实抓出文联机关的党建特色。三要以贯彻党的十七届四中全会精神为契机，结合文联和文艺工作实际，努力开创文联工作新局面。

【2009年度领导班子党员领导干部民主生活会】

11月20日，宁夏文联党组召开了以“加强领导干部党性修养、树立和弘扬良好作风”为主题的民主生活会。自治区党委组织部副部长赵宪春、区直属机关工委副巡视员宋万年、组织部干部四处处长景瑜到会指导。文联党组成员、副主席、正处级干部以及有关协会负责人参加了会议。会议由郑歌平主持。

【“第八次文学艺术奖”评委会】

12月2日，宁夏第八次文学艺术奖评委会在文联召开。自治区党委宣传部副部长尤艳茹，文联党组书记、主席郑歌平以及各门类评委参加了会议。郭刚主持了会议。

依照《宁夏回族自治区第八次文学艺术奖评奖方案》有关条款的规定，经各文艺家协会主席团推荐，评审委员会充分酝酿，报请评奖领导小组批准，成立了长篇小说等17个专业评审组，包括中国文联副主席、中国音协副主席吴雁泽，著名评论家雷达在内的78位评委受聘于本届评委会。会上为评委颁发了受聘证书。

郑歌平在讲话中重申了评奖纪律，要求全体评委增强政治意识、大局意识和责任意识，本着“推出精品、推出人才”的原则，将那些思想性、艺术性俱佳的文艺作品评选出来、推向社会。严格按照评奖实施方案及评奖细则开展工作。以严肃、认真、负责的态度完成评选工作。

尤艳茹希望各位评委在评奖过程中一定要遵守职业道德和艺术良心，以作品和艺术家所表现出的艺术水准为根本，充分考虑群众对文艺评奖的意愿和诉求，将作品影响范围、出版印刷数量、演出场次、收视率、上座率和发行量等指标作为评选的重要参考，把经过实践检验和得到群众认可作为衡量和检验文艺成果的最终标准。评奖工作要增强透明度，实行评奖程序、评委评语公开制度，评奖结果要予以公示。

【“第八次文学艺术奖”颁奖晚会】

12 月 31 日，宁夏区党委宣传部和宁夏文联联合举办的“宁夏回族自治区第八次文学艺术奖”颁奖晚会在宁夏人民会堂隆重举行。自治区党委书记、人大常委会主任陈建国，自治区党委副书记、政府主席王正伟，自治区党委常委、组织部部长徐松南，自治区党委常委、宣传部部长杨春光，自治区党委常委、秘书长蔡国英，自治区人大副主任冯炯华，自治区政协副主席安纯人，自治区政府主席助理田明等领导出席颁奖晚会，并为获奖艺术家代表颁发了获奖证书和奖金。来自全区文艺界的代表和文学艺术工作者千余人观看了颁奖晚会。

“宁夏文学艺术奖”是宁夏最高级别的综合性文艺奖项，对于促进文艺创作、推出优秀文艺人才具有很强的激励和导向作用。通过评审委员会的初评、复评、终评等程序，最终评出了文学和艺术所有门类的 23 项奖项，其中荣誉奖 20 个，特别奖 11 个，一等奖 34 个，二等奖 78 个，三等奖 148 个。此次评奖，充分反映了宁夏近年来高质量的文艺作品，高水平的文学艺术家，是近年来宁夏文学艺术事业发展丰硕成果的一次全面展示。

颁奖典礼上，充满浓郁民族风情的歌舞、戏剧、杂技等节目精彩纷呈，气氛欢快热烈。具有地方特色的宁夏坐唱《新农村新气象》和独唱《艾伊河之歌》以其精湛的表演艺术和表现手法将宁夏美好的生活画卷展现在观众的面前，让所有观众接受了一次高雅艺术的熏陶，对生活在宁夏这片热土有了更深的关注和热爱。颁奖典礼在歌舞《百花迎春》中结束。

【六届七次全委（扩大）会议】

12 月 31 日，宁夏文联召开六届七次全委（扩大）会议。自治区党委常委、宣传部部长杨春光，自治区人大副主任冯炯华，自治区政协副主席安纯人，自治区党委宣传部副部长尤艳茹，自治区人大教科文卫委员会主任张银屏，自治区政协教科文卫委员会主任王有才，自治区文联党组书记、主席郑歌平，以及文联副主席、文联委员、各协会、各部室和各市、县、产业（行业）文联负责人参加了会议。杨春光做重要讲话，郑歌平做工作报告，郭刚主持了会议。会议深入学习贯彻党的十七大、十七届四中全会和自治区党委十届十次全委会、自治区经济工作会议精神，学习贯彻李长春在全国思想政治工作研究会第七次代表大会上的讲话精神，回顾总结 2009 年工作，认真分析当前形势，研究部署 2010 年任务，替补了文联委员，增补哈若蕙为文联副主席，并对 2009 年度先进集体和先进个人进行了表彰奖励。

杨春光在讲话中指出，自治区文联坚持围绕中心、服务大局，面向基层、服务群众，立足宁夏、面向全国，以饱满的热情、昂扬的姿态，积极投身文艺创作的火热实践，热情讴歌广大人民群众的生动创造，为推动宁夏跨越式发展发挥了很好作用。特别是在庆祝自治区成立 50 周年、新中国成立 60 周年等重大活动中，广大文艺工作者不辞辛劳，潜心创作，涌现出了一大批精品力作。重大美术题材作品《胡锦涛总书记在宁东》、《温总理和“喊叫水”种瓜的农民在一起》、《给水团》等开创了重大现实题材创作先河，歌曲《回族尕妹，我的花儿》获全国精神文明建设“五个一工程”奖，电影《画皮》荣获中国政府华表奖“优秀合拍片”奖等奖项。宁夏的文学艺术事业在国家级精品创作舞台上频频亮相，鲁迅文学奖、少数民族文学“骏马奖”、中国戏剧“梅花奖”、中国书法“兰亭奖”、中国美术“金彩奖”、中国音乐“金钟奖”、中国民间文艺“山花奖”、中国曲艺“牡丹奖”等桂冠也被宁夏回族自治区艺术家们先后摘取。对文艺工作取得的成绩，自治区党委是满意的。

他强调，要充分认识当前文化发展的积极作用，准确把握当前文化发展的基本形势，进一步明确当前文艺创作的任务和方向，统一思想、凝聚力量，担当起时代赋予的光荣使命，锐意进取，发愤图强，为推动宁夏文化大发展大繁荣而不懈努力。

各文艺家协会

【作家协会】

长篇小说《青春绝版》获中国回族学会特颁发的首届优秀成果奖文艺类评奖一等奖。《青春绝版》是宁夏文联专业作家查舜创作的一部近40万字的长篇小说。2001年8月由上海文艺出版社出版，2002年4月再版，并被收入该社重点丛书小说界文库。同时获一等奖的，还有著名作家张承志等。

3月3日，“宁夏作协向银川市图书馆赠书”仪式在银川市图书馆举行。宁夏文联副主席、宁夏作协副主席冯剑华，宁夏作协常务副主席余光慧，银川市图书馆馆长强朝辉，宁夏作协、银川市图书馆的工作人员及媒体记者60余人参加了赠书仪式。冯剑华和强朝辉在仪式上分别发言。宁夏作协向银川市图书馆赠送了宁夏作家们创作出版的四类文学书籍（小说、散文、诗歌、文学理论与评论）约150册。银川市图书馆向宁夏作协回赠了图书收藏证及特殊读者借阅证。

为迎接新中国成立60周年，宁夏作家采风团30多人在作协常务副主席余光慧的带领下，赴吴忠市红寺堡开发区——我国最大的生态移民扶贫开发区进行采风。余光慧、慕岳等作家在发言中对红寺堡10年来发生的巨变，给予了由衷赞叹与高度评价，并向创造了奇迹的拓荒者致以深深的敬意。并希望作家们深入生活，创作出红寺堡人们希望的更好的作品来。

8月11日，应广西文联《南方文坛》杂志社邀请，宁夏作协组织文艺理论与批评家代表团赴广西参加“新时期西部文艺理论与批评研讨会”。宁夏作协常务副主席余光慧，宁夏文联副主席、作协副主席、宁夏文学艺术院院长荆竹，宁夏作协顾问慕岳，宁夏理论评论家钟正平、崔宝国、杨森翔、李生滨、倪万军等参加了研讨会。这是宁夏作协首次组织文艺理论与批评家赴外省参加学术研讨和交流。研讨会上，双方讨论交流了各自的工作和文艺理论批评情况，并就西部文艺理论与批评的发展与前景进行了深入的探讨。

在迎接新中国成立60周年之际，《民族文学》2009年第8期编发了“庆祝新中国成立60周年——宁夏回族自治区文学作品专辑”。8月31日，“庆祝新中国成立60周年——宁夏少数民族文学创作座谈会”在银川召开，来自全区的回汉各民族作家150余人共同座谈新时期宁夏的民族团结和少数民族文学创作工作。自治区政协副主席安纯人、自治区党委宣传部副部长尤艳茹、《民族文学》主编叶梅、自治区文史馆馆长杨继国等出席了座谈会。

10月28日，由宁夏文联、宁夏作协、中共同心县委、同心县人民政府联合举办的“李进祥小说作品研讨会”在银川召开。来自全区的评论家、作家共80多人参加了研讨会。中国作家协会创联部副主任尹汉胤、宁夏文联副主席冯剑华、宁夏文联党组成员哈若蕙、吴忠市委常委、同心县委书记王中出席会议并讲话。宁夏作家协会常务副主席余光慧主持会议。

宁夏文艺理论评论家荆竹的学术专著《学术的双峰》，7月由中国出版工作者协会主办的“第24届北方15省区市哲学社会科学优秀图书评选活动”中被评为优秀图书奖。这部学术专著是2008年5月由宁夏人民出版社的“金骆驼丛书”之一。

【戏剧家协会】

5月18日，在杭州举办的中国戏剧家协会“梅花奖”南方片比赛结束。由宁夏戏剧家协会申报的银川市秦腔剧团优秀青年秦腔演员李小雄荣登榜单，为宁夏摘取了第三朵梅花。

由中国戏剧家协会、宁夏回族自治区党委宣传部、宁夏文联主办，宁夏剧协承办的“中国剧协梅花奖艺术团京剧名家宁夏”是宁夏文艺界为庆祝新中国成立60周年和宁夏解放50周年而举行的系列活动之一。中国剧协分党组书记季国平带领的中国剧协梅花奖艺术团京剧名家一行17人，由中国文联副主席、中国剧协副主席、全国著名京剧大师裴艳玲，国家一级演员、首届梅花奖获得者叶少兰等梅花奖获得者组成。这次宁夏行，为宁夏人民带来了高水准的京剧盛宴。艺术团于11月19日在宁夏人民会堂进行了公益性演出，裴

艳玲的《石三郎》、叶少兰的《罗成叫关》、孙毓敏的《金玉奴》、赵葆秀的《打龙袍》、康万生的《坐寨》等艺术家流派纷呈的京剧选段演唱，把演出活动和观众的情绪一次次推向高潮。杨春光在演出前会见了京剧名家并观看了演出。

【美术家协会】

2008年12月11～13日，中国美术家协会第七次全国代表大会在北京隆重召开。宁夏代表团共有5人组成：宋鸣、郭震乾、马建军、张键、郭琳。宋鸣、郭震乾当选为中国美术家协会第七届理事会理事。

3月1日，由自治区党委宣传部、自治区文联共同主办的“实践科学发展观 庆祝新中国成立60周年 宁夏重大题材美术作品展览暨作品研讨会”在银川文化艺术中心隆重开幕。自治区党委常委、宣传部部长杨春光在展览前会见了中国美术家协会分党组书记、常务副主席吴长江，中国美术家协会秘书长刘健以及著名美术史论家、中央美院教授薛永年，中央美院教授王宏建、袁宝林，《美术》杂志执行主编尚辉，《美术》杂志社副社长张文华以及新闻媒体记者等一行11人。开幕式由自治区文联副主席冯明主持。自治区文联党组书记、主席郑歌平致辞。中国美协分党组书记、常务副主席吴长江做重要讲话。应邀前来的中国美协领导和著名美术理论家、评论家，重大题材作品英模人物代表，驻宁某给水团部分官兵、神华宁煤集团、宁夏话剧团部分职工、自治区文联职工和《中国艺术报》、《中国文化报》、《中国书画报》、《美术报》及宁夏新闻媒体记者，观众500余人参加了开幕式并参观了展览。开幕式后，召开了宁夏重大题材美术创作作品研讨会。研讨会由自治区党委宣传部副部长尤艳茹主持。自治区美协主席宋鸣介绍了宁夏重大题材美术作品的组织创作情况。研讨会上，中国美协秘书长刘健，著名美术评论家薛永年、王宏建、袁宝林、尚辉、张文华等先后发了言。

马知遥，宁夏文联专业作家。1964年毕业于中央民族学院艺术系，1985年加入中国作家协会。长篇小说《亚瑟爷和他的家族》获第七届全国少数民族文学创作“骏马奖”。3月9日，由宁夏作家协会、宁夏美术家协会、宁夏书画院、宁夏大学美术学院、北方民族大学设计艺术学院联合主办的“马知遥油画作品观摩展”，在宁夏大学美术学院陈列室开幕。3月18日，宁夏作协、宁夏美协举办了“马知遥先生文学·美术作品研讨会”。宁夏文联主席、党组书记郑歌平，以及来自全区文学界、美术界的50多名作家、美术家参加了研讨会。宁夏美协主席宋鸣主持了会议。大家对马知遥先生多年来潜心于文艺创作的韧性和热情助人的精神给予高度评价，希望宁夏年轻的艺术家学习和继承老一辈艺术家马知遥这种为人、为文、为画的高贵品质。9月26日，由宁夏文化厅、宁夏文联主办，宁夏美术家协会、宁夏作家协会、宁夏展览馆联合承办的“马知遥从艺50周年油画展”，在宁夏展览馆开幕。此次展览共展出马知遥先生的180余幅作品，其作品将法国印象派的色彩与俄罗斯严谨的造型手段相结合，运用油画的写实手法表现生活、自然、和谐之美。画面中明艳的色彩、奔放的笔触给人以强烈的视觉冲击和愉悦心灵的艺术享受。

7月10日，由宁夏文化厅、宁夏文联、宁夏美术家协会主办，银川市文化广播电视局、银川美术馆协办的“庆祝新中国成立60周年宁夏美术作品展暨第11届全国美展宁夏预选作品展”在银川美术馆隆重开幕。宁夏文联主席郑歌平，宁夏文化厅副厅长马宇桢，宁夏文联副主席冯明、郭刚等文化部门领导，知名老画家张少山、胡正伟、沈德志，宁夏美协主席宋鸣，宁夏书画院院长马建军和美协主席团成员以及书画艺术同人近200人参加了开幕仪式。

【书法家协会】

6月25日，为庆祝中华人民共和国成立60周年和宁夏解放60周年，由自治区学习实践科学发展观活动领导小组办公室、自治区党委宣传部、区直机关工委和自治区文联主办，宁夏书法家协会承办的全区学习实践科学发展观活动书法展览，在宁夏展览馆开幕。自治区党委常委、宣传部部长杨春光，自治区政协副主席安纯人等领导出席了开幕式。杨春光致开幕辞。自治区文联党组书记、主席郑歌平主持了开幕式。书法界及社会各界人士500余人一同参观了展览。

1月22日，由宁夏书协副主席李洪义带队组织了数位书家赴宁煤集团金能公司为广大职工书写春联300余幅，受到公司广大职工的热烈欢迎。

2009年为宁夏书法临摹年。宁夏书协分书体举办书法临摹沙龙，提升宁夏书法的整体水平，迎接“全国第三届书法‘兰亭奖’”。3月7日，宁夏书法家协会举办了“备战‘兰亭奖’、宁夏书法临摹年系列活动——草书临摹沙龙”，来自全区各市的书协会员及书法爱好者百余人参与了活动。6月7日，“宁夏书法临摹年——行书临摹沙龙”在区文联举办，来自全区各地的书协会员及书法爱好者百余人参加了活动。宁夏文联党组书记、主席郑歌平，书协主席吴善璋等参加了本次活动。

为备战全国第六届楹联书法展览，宁夏书法家协会举办了楹联书法学习点评会。5月3日，百余名宁夏书协会员和书法爱好者放弃“五一”假期，参加此次学习班。学习班由宁夏书协副主席兼秘书长李洪义担任主讲。宁夏书法家协会主席吴善璋为学员点评了学员创作的楹联作品，指出了不足和应该努力的方向。

在中国书法家协会组织的“当代书坛名家系统工程五百人书法精品展”中，李洪义、宋琰、陈国鸿3位宁夏书家入围。“当代书坛名家系统工程”是中国书法家协会为了深入贯彻落实《中国书法发展纲要》，达到出精品、出人才的目的而推出的大型活动。此次五百人展是在千人展的基础上，由中国书协组织专家通过投票评选而推举出的入围作者，全面展示了当今书坛中青年为主的整体创作实力。

“江南文化节翁同和书法奖”评选揭晓，宁夏回族自治区书法家李洪义、宋琰获提名奖。

5月25日，诗书东方——“中日自作诗书法展”20周年大展在京隆重开幕。本次展览为首次公开在中国书协会员中征稿，展览收到稿件近千件。经评审，中方从入选的78件作品中，评出优秀作品15件；日本参展作品152件。宁夏书协副主席兼秘书长李洪义作品获诗书优秀作品。

为贯彻宁夏书协主席团会议关于“宁夏书法临摹年”的安排部署，推动全区各地书法创作的均衡发展和全面进步，实现宁夏书法创作整体水平的科学发展。6月12～15日，宁夏书协副主席兼秘书长李洪义、书协副秘书长宋琰赴中卫、固原、隆德三地考察调研。

7月4日，宁夏书法家协会举办了备战西部展作品点评会。上百名宁夏书协会员和书法爱好者携作品齐聚区文联会议室。区书协主席团成员吴善璋等逐一点评作品，为作者支招。

宁夏书协为冲击中国书法最高奖——第三届中国书法兰亭奖召开主席团会议和骨干作者动员会，向在宁的中国书协会员及其他符合参加兰亭奖条件的书法作者发出了“赢取兰亭奖，为宁夏争光”的号召。8月1日，宁夏书协举办了经典与当代优秀作品分析会。提高了广大作者对古代经典和当代优秀作品形式感的感受力和领悟力。8月15日，宁夏书协邀请第二届兰亭奖获得者、河南书法家耿自礼做了一堂隶书临摹及创作讲座。宁夏书协还在自治区展览馆举办了冲击兰亭奖第一次看稿会，宁夏书法家协会主席吴善璋在逐一点评作品，宁夏文联党组书记、主席郑歌平也携作品参与了本次活动。10月8日，“冲击兰亭奖宁夏书法作品预展”在自治区展览馆举行。在整个冲击兰亭奖的准备过程中，自治区书协组织了动员、研讨、观摩、培训、预展等多次活动，并对前来银川参与活动的固原作者进行了差费补助，并承担了评委的评审费。通过这些活动的组织，激发了广大书法家的创作热情，提高了创作水平，锻炼了整体队伍。第三届兰亭奖评选揭晓，宁夏回族自治区书法家喜获佳绩，李洪义 、刘志骋、关宁国 、马雪宝获兰亭奖艺术奖提名奖；宋琰、陈国鸿、杨占军、马建军在兰亭奖艺术奖中入展；徐晓玲作品入展“尧山杯新人展”。此次“兰亭奖”也是宁夏迄今为止成绩最好的一次，充分体现了宁夏书法家的创作实力。

8月17日，由中国书法家协会、中国教育学会、自治区党委宣传部等单位主办，吴忠市政府、自治区文联、宁夏书法家协会承办的“盾安杯”第三届中国（吴忠）中小学生书法节在中国回族之乡宁夏吴忠市开幕。自治区人大、政府、政协等领导出席了开幕式，来自全国30余个省区市的479件中小学生和教师的书法作品参展。本届书法节活动的主题是“写好中国字，做好中国人”，旨在彰显博大精深的书法艺术，增进全国中小学生书法艺术交流。

在全国第八届书学讨论会上，宁夏回族自治区青年书法理论家、中国书法家协会会员、宁夏大学副教授杨开飞论文《宋人胸次论》获二等奖。

杨开飞在全国9位二等奖作者当中排名第一。

【摄影家协会】

1月8日，中国摄协和宁夏摄协响应中国文联号召，由分党组成员高琴带队，率展览中心副主任许志强，组联部干部王妍峰，中国摄影金像奖获得者、著名摄影家黑明、梁达明及宁夏摄影家协会主席陈长祥，副主席张春荣、张治军及摄影家吴建新等组成的慰问团一行，来到永宁县纳家户村，拉开了中国摄协2009年"送欢乐、下基层"文化惠民活动的序幕。恰逢三九第一天，虽然天寒地冻，但纳家户清真寺大院内一片欢腾景象。中国摄协分党组成员高琴热情洋溢地致辞，向回族父老乡亲表达了中国摄协和宁夏摄协诚挚的问候与关怀。慰问团首先将百余幅由摄影作品制成的年画作为新年贺礼赠送给现场的回族群众。原本计划为50位回族老人拍摄，没想到这一消息不胫而走，周围上百名群众闻讯赶来，争先恐后在摄影家镜头前排起了长队。夫妻照、母女照、兄弟照、姐妹照、爷孙照、全家福，摄影家们一一满足了他们的要求。即使同住一个村，但也难得欢聚一堂，摄影家们又为村民们拍摄了一张"大全家福"，大家乐得合不拢嘴。1月19日，宁夏摄影家协会已将这些照片洗印出来，专程送往纳家户，为村民们在春节前增加一份欢乐。

5月25日，由宁夏文联、宁夏摄影家协会主办的第八届摄影艺术作品展在展览馆开幕。宁夏文联党组书记、主席郑歌平，宁夏出版社社长杨宏峰出席了开幕式。摄影家和爱好者以及获奖作者共340余人参加了此次活动。开幕式由摄影家协会主席陈长祥主持。宁夏文联副主席冯明致开幕辞。此次展出的175幅作品，是从6000多件来稿中精选出来的其中一、二、三等奖及优秀奖作品共计49幅。

由宁夏文联、宁夏摄影家协会承担的中国宁夏国际文化艺术旅游节期间举办的"'六盘山杯'美丽宁夏全国摄影大赛"及摄影周活动是宁夏摄影界的大型摄影盛会，内容丰富，形式多样，既有大型全国影展，又有我国知名摄影家及宁夏摄影家的个展，还有摄影高峰论坛、幻灯讲座以及采风活动。8月10日，"'六盘山杯'美丽宁夏全国摄影大赛"32个奖项全部揭晓，评选入围作品125件。9月9日，"首届中国宁夏国际文化艺术旅游博览会'六盘山杯'美丽宁夏全国摄影大赛暨宁夏摄影艺术节"在银川国际会展中心开幕。展览展出了本次大赛的入选作品，以及25个摄影作品个展。

6月，宁夏摄影家协会与沙坡头旅游联合举办"沙坡头杯"全国摄影大赛。8月12日，"我眼中的沙坡头—沙坡头杯全国摄影大赛"首次创作活动在沙坡头旅游景区展开，来自区内外的百余名摄影家聚焦沙坡头进行采风创作。9月初开展第二次创作活动，来自全国各地的著名摄影家200余人到沙坡头进行创作。10月23日"沙坡头杯"摄影大赛29个奖项全部揭晓。陕西摄影家陈思禹的《老船工》摘得本次大赛金奖，《大漠风云》（李泽摄·广西）等3幅作品荣获银奖，《黄河汉子》（王新正摄）等5幅作品荣获铜奖以及优秀奖作品20名。

【音乐家协会】

6月3日，宁夏大学音乐学院青年教师王婕斯"灵之舞"钢琴独奏音乐会在宁夏大学音乐学院音乐厅举行。宁夏音乐界的专家、宁夏大学音乐学院、北方大学音乐学院、宁夏艺术学院的领导和师生以及社会各界400多人参加了音乐会。王婕斯，宁夏大学音乐学院教师。2004年毕业于陕西师范大学音乐学院，2008年获得硕士学位。

6月23日，由中国音乐家协会、自治区文联、宁夏音协共同主办了"让心灵的花儿尽情开放——全国优秀少儿合唱歌曲进校园"活动暨合唱歌曲集、CD赠送仪式。自治区文联、教育厅（局）、宁夏音乐家协会、受赠市县教育局的相关领导及授赠学校代表、中小学生代表、各新闻媒体参加了此项活动。

7月3日，由中国音乐家协会、自治区党委宣传部、自治区文联、宁夏音乐家协会联合举办的"中国音乐金钟奖第二届合唱比赛宁夏分赛区暨宁夏第四届合唱大赛"，为中华人民共和国60华诞献礼。比赛期间，宁夏音协在北方民族大学音乐厅组织召开的研讨、座谈会，从北京邀请了中国音乐家协会音乐委员会副主任、总政歌舞团一级作曲家、指挥家、中国音协合唱联盟主席徐锡宜对音乐、合唱指挥、培养合唱演员的音乐艺术修养，进行了全面系统的讲座。

第11届精神文明建设"五个一工程"（2007 ~ 2009

年）初评入选作品共162部。其中，歌曲25首，由车行作词、王佑贵作曲的宁夏歌曲《回族尕妹，我的花儿》（宁夏回族自治区党委宣传部报送）入选其中。

11月2日，宁夏音乐家协会召开主席团五届十三次会议。宁夏音乐家协会副主席吉千通报了2009年度工作和2010年工作要点；宁夏音乐家协会主席何继英就协会取得的成绩和存在的问题做了总结；主席团成员围绕推动我区音乐事业的主题建言献策，提出了切实可行的意见和建议；最后通过民主选举，推荐何继英、程牧（理事2名）和吉千、范晋国（2名会员）参加12月在北京召开的中国音协第七次全国代表大会。会议还讨论通过了宁夏音协会员入会新的细则。会议由音协主席何继英主持。

【舞蹈家协会】

为推动自治区舞蹈事业的繁荣与发展，以培养人才为己任，更快更好地提升宁夏少儿舞蹈工作者的教学水平，科学地规范普及舞蹈素质教育，促进区少儿舞蹈教学的专业水平，7月13 ~ 22日，由宁夏舞协特邀中国舞蹈家协会培训中心教师来宁，分别在固原、银川两地举办了为期10天的师资培训班。

8月26 ~ 30日，由宁夏舞蹈家协会举办的“全区舞蹈编导、教师高级培训班”开班。应邀来宁讲学的中国舞协分党组书记、驻会副主席、我国著名舞蹈评论（理论）家、博士生导师冯双白，南京军区前线文工团著名编导、国家一级编剧苏时进，四川省歌舞剧院一级编导马琳，中国舞蹈家协会东莞南方舞蹈学校校长陈军一行4人，为本次培训班传授舞蹈理论、舞蹈技艺。

7月26日，由中国文联和中国舞蹈家协会共同主办的第五届“小荷风采”全国少儿舞蹈展演，在北京举行。宁夏银川市银燕七彩艺术学校的回族舞蹈《沙枣花香》终获第五届“小荷风采”全国少儿舞蹈展演“小荷新秀”、“小荷之家”2项殊荣。

为推动舞剧艺术的繁荣与进步，由中国文联、中国舞蹈家协会主办的第七届中国舞蹈“荷花奖”舞剧·舞蹈诗评奖在上海举行。由宁夏舞协组织选送，银川市艺术剧院排演的大型回族舞剧《月上贺兰》最终荣获舞剧作品铜奖。这是宁夏舞剧首次荣获中国舞蹈“荷花奖”舞剧·舞蹈诗比赛的最高奖项。

【民间艺术家协会】

8月16 ~ 20日，第九届中国民间文艺山花奖·民间文艺学术著作奖终评会在银川举行。此次评奖在宁夏举办，对宁夏民间文艺理论研究产生了积极的影响。来自全国民间文学理论、民俗学、民间艺术界的十几位知名专家和学者，就全国参评的民间文艺学术著作进行了评审。此次参评的作品是2006 ~ 2008年间出版的民间文艺学术著作，是中国民间文艺学术著作的一次展示，也是对中国民间文艺理论研究的一次检阅，反映了中国民间文艺理论研究的最新成果。

10月31日，由中国文联和中国民协主办的第九届中国民间文艺“山花奖”在浙江宁波揭晓。自治区武宇林的《中国花儿通论》，杨继国、何克俭主编的《宁夏民俗大观》获民间文艺理论专著奖；李五奎的黑陶“刻岩画罐”获民间工艺美术作品奖。11月11日，宁夏文联、宁夏民协举行了获奖作品座谈会。宁夏文联党组书记、主席郑歌平，中国民协副主席、宁夏文史馆馆长、宁夏民协主席杨继国，以及“山花奖”获得者和文艺家代表等参加了座谈会。

【曲艺杂技协会】

7月7日，在纪念中国曲艺家协会成立60周年之际，中国曲艺家协会决定，授予自治区青年演员徐明智、白永蔚“优秀中青年曲艺家”荣誉称号；中国曲艺家协会副主席、宁夏文联副主席、宁夏曲艺杂技家协会主席郭刚获得“突出贡献曲艺组织工作者”的荣誉称号。

新疆维吾尔自治区文联

综　述

2009年是中华人民共和国60周年华诞。新疆文联在自治区党委的正确领导之下，努力贯彻党的十七大精神，贯彻党的文艺方针，服务于党和政府的工作大局，精心组织了各类主题文艺活动，唱响时代主旋律，努力营造喜庆、和谐的社会氛围，取得了较为丰硕的成果，得到上级领导的好评。同时，2009年又是新世纪以来极为不平凡的一年，国际国内环境复杂多变，金融危机冲击我国，波及新疆，尤其是在首府乌鲁木齐发生了震惊中外的“7·5”打砸抢烧严重恐怖暴力事件，很多文艺活动和文艺交流被迫取消或延期，但新疆文联经受住了考验，坚持最广泛地团结各族文艺工作者，坚决维护祖国统一和民族团结，旗帜鲜明地反对西方反华势力和国内外“三股势力”，充分发挥了文艺的战斗功能，为维护边疆社会安定和民族团结作出了贡献。

重要会议及活动

【六届五次全委（扩大）会议】

自治区文联六届五次全委（扩大）会议，于2月15～16日在乌鲁木齐市召开。自治区党委宣传部副部长施生田到会做了重要讲话。自治区文联党组书记、副主席刘宾在会上做了《坚持以科学发展观为指导，努力开创文艺工作的新局面》的工作报告。报告共分3个部分：2008年工作的回顾与总结；当前文艺工作和文联面临的新形势；2009年的工作安排。同时还增补了新的文联委员。

【自治区人民政府到文联调研】

6月1日，自治区人民政府发展研究中心一行4人到自治区文联进行调研。调研采取座谈会和个别访谈的形式进行，主要围绕改革开放30年新疆文化建设的总体情况，新疆文化建设的主要成就，存在的主要问题及原因，当前新疆文化产业发展中面临的主要困难，面向未来加快新疆文化建设的思路和建议等5个方面进行。自治区文联11个文艺家协会和11个文艺期刊，以及机关职能处室的主要负责人参加了调研。

【庆祝新中国成立60周年“新歌唱新疆”大型演唱会】

6月26日晚，由中央人民广播电台、中国音乐家协会、自治区党委宣传部主办，自治区文化厅、自治区文联、新疆人民广播电台、新疆电视台、新疆音乐家协会承办的庆祝中华人民共和国成立60周年“新歌唱新疆”大型演唱会在自治区体育中心室内馆举行。新疆歌舞团、新疆木卡姆艺术团、新疆军区文工团、新疆文化艺术学校、武警新疆总队文工团兵团武警指挥部文工团、武警新疆边防总队文工团等单位参加了演出。演唱会上，对“新歌唱新疆”获奖的词曲作者进行了颁奖。

【全国著名作家走进新疆采风活动暨王蒙写新疆作品研讨会】

6月29日，由中国作家协会、新疆维吾尔自治区党委宣传部、自治区文联联合主办，中国作家协会创研部、新疆作家协会承办的“全国著名作家走进新疆采风活动启动仪式暨王蒙写新疆作品研讨会”，在乌鲁木齐市南航国际酒店隆重举行。文化部原部长王蒙，中国作家协会主席铁凝，中共新疆维吾尔自治区党委副书记、自治区主席努尔·白克力等各方面负责同志到会，铁凝做了重要讲话，努尔·白克力向王蒙表示祝贺，并向采风团赠送了团旗。王蒙写新疆研讨会由陈建功主持，著名评论家陈柏中、阿扎提·苏里坦、艾克拜尔·米吉提、夏冠洲、胡平、温奉桥等先后做了主题发言。当天下午，王蒙做了精彩演讲。自治区党委、自治区文联、新疆作协等有关部门的领导，各民族作家、评论家，区内外新闻媒体记者共250余人参加了此次活动。采风团以王蒙、铁凝为名誉团长，阿来为团长，胡平为副团长，先后在乌鲁木齐、伊犁、独山子、石河子、喀什等地进行了为期一周的丰富多彩的活动。7月4日，采风团的著名作家在喀什参加了由新疆作家协会、《西部》杂志社联合举办的“喀什噶尔杯”首届西部文学颁奖活动，并为获奖作者颁发了获奖证书和奖金。

【新疆作家、艺术家严厉声讨“7·5暴行”，发表告《世界书》】

7月16日，由自治区文联党组、主席团授权，新疆作家协会负责召集新疆各民族作家、艺术家120余人召开了“新疆作家、艺术家维护社会稳定，促进民族团结座谈会”。与会的各族作家、艺术家严厉声讨了7月5日发生在自治区首府乌鲁木齐市的严重打砸抢烧暴力犯罪事件，重申了维护社会稳定、促进民族团结的重要性，并一致通过了《新疆作家、艺术家告世界书》。新疆作家协会主席、新疆师范大学校长阿扎提·苏里坦，新疆文联党组书记、副主席刘宾分别用维吾尔语和汉语宣读了《告世界书》。之后，各族作家、艺术家纷纷在上面庄重地签上了自己的名字。新华社于当日下午4点56分在新华网上以“即时新闻”首先报道了这则消息，并全文刊出了《新疆作家、艺术家告世界书》。

【8位文艺家获中国文联授予的荣誉证书证章】

11月10日，自治区文联召开全体干部大会，宣读了《中国文联关于向从事新中国文艺工作60年的文艺工作者颁发荣誉证章证书的决定》，并代表中国文联向郭继南、李肖冰、万桐书、刘定陵、邱陵、买买提·热依木、居素甫·玛玛依等8位从事新中国文艺工作60年的老文艺工作者颁发了荣誉证章证书。

【庆祝中华人民共和国成立60周年摄影美术集邮展】

9月25日，由自治区党委、人民政府主办，自治区文联、自治区文化厅、新疆日报社、新疆摄影家协会、新疆美术家协会、新疆邮政公司联合承办的“庆祝新中国成立60周年摄影美术集邮展”在新疆国际博览中心隆重开幕。自治区党委常委、宣传部部长李屹，自治区人民政府副主席铁力瓦尔地·阿不都热西提，以及有关方面的领导同志出席了开幕式。这次展览以新疆60年来的发展历程和取得的辉煌成就为主线，突出宣传民族区域自治，宣传改革开放是实现中华民族伟大复兴的必由之路。展览由“序言”、“巨变之疆”、“和谐之疆”、“奋进之疆”、“尾声”5个部分组成。

【第三届“天山文艺奖”评选揭晓】

12月24日，自治区党委、人民政府在乌鲁木齐召开第三届“天山文艺奖”颁奖大会。自治区党政领导同志到会祝贺，王乐泉在会上作了重要讲话。第三届“天山文艺奖”共有15个艺术门类的84件作品获得作品奖，同时授予3年内已获国家级文艺奖项的35件作品荣誉奖，2件作品特别奖，周涛等5位文艺家贡献奖。本届“天山文艺奖”还增设了“媒体文艺作品奖”、“影视译制作品奖”，以表彰奖励媒体文艺和影视译制领域近年来涌现的优秀作品和人才。为了做好此次评选工作，自治区文联根据区党委宣传部的指示，从3月即安排11个文艺家协会进行征集作品、分类甄选的工作，共有1870件作品申报参评。各文艺家协会组织各方面的专家组成11个审读委员会，对作品进行了认真细致的初评和复评。

机关建设

年初，开展了学习实践科学发展观“回头看”活动。

7月1日，自治区文联组织文联全体干部，举办“感恩伟大祖国，构建和谐新疆”主题诗歌朗诵会。

“7·5”事件发生后，根据党中央、自治区党委的要求，自治区文联用3个月的时间，开展了一系列宣教活动，采取集中学习、座谈会、个人撰写心得体会、出板报等形式，组织学习了胡锦涛总书记的重要讲话，以及自治区领导同志的讲话，就以下几个重大问题组织全体干部职工展开广泛、深入、热烈的讨论：（1）全面贯彻中央政治局常委会关于维护新疆稳定工作的重要意义；（2）作为一名文艺工作者，我们应该如何发挥自身优势，为新疆民族团结、社会稳定发挥更大的作用；（3）如何理解稳定、发展、改革三者的关系；（4）学习“7·5”事件中民族团结互救互助事迹后的深切感受。通过一系列的学习，进一步增强

了自治区文联干部职工思想基础，调动了广大文艺工作者为新疆的民族团结、社会稳定作贡献的热情。

根据自治区党委“精兵强将上一线”的要求，自治区文联于7月、9月2次抽调10名厅、处级干部和业务骨干，分赴乌鲁木齐黑甲山社区和红十月社区，驻点进行维稳工作。党组成员同中层干部一起4次，分别赴驻点，了解情况，提出工作建议。

12月15日、16日，自治区文联精神文明建设领导小组、文明办，对2009年文联27个文明处室和3个新申报部门进行了年度考核验收工作。

2009年，党组成员分别到喀什、博州、阿勒泰、阿克苏、伊犁、和田等地州文联调研，为基层文联服务，加强了与各基层文联及产业文联的联系。

主要获奖情况

2009年，新疆有数百件文艺作品在全国、自治区获奖。主要有：冯晨作词、艾尔肯作曲的《无可奈何》获“新歌唱新疆”全国歌曲征集一等奖。民间文艺家协会获第九届中国民间文艺鼓舞鼓乐类“山花奖”优秀组织奖。民间歌舞《灿烂刀郎》获“女娲杯”全国民间歌舞精品展演比赛金奖。周俐佼创作的民间剪纸作品《丰收的喜悦》获“第五届国际剪纸艺术节”银奖。《江格尔》传人加·朱乃被中国文联、中国民间文艺家协会授予中国民间文艺“山花奖”终身成就奖。舞蹈《沙吾尔登小传人》、《欢动·亚克西》、《欢腾的天山》获第五届“小荷风采”全国少儿舞蹈展演金奖。舞蹈《当美人遇上美人》获第七届中国舞蹈“荷花奖”民族民间舞比赛特别奖。舞蹈《盘子舞》获第五届CCTV电视舞蹈大赛金奖。赵培智油画《来自高原的祈福——5·19国家记忆》获“第11届全国美术作品展”金奖。电影《大河》获第13届中国电影“华表奖”优秀故事片奖、优秀编剧奖、优秀导演提名奖、优秀电影音乐提名奖，并获中宣部“五个一工程”奖优秀影片奖。电视剧《木卡姆往事》获“五个一工程”奖。音乐杂技剧《你好，阿凡提》获2008～2009年文化部国家30台精品剧节目奖。维吾尔族作家帕尔哈提·伊力亚斯创作、狄里木拉提翻译的长篇小说《楼兰古国的奇幻之旅》获“五个一工程”奖。电影《买买提的2008》、文学作品《虚土》等15个文艺门类共84件文艺作品获第三届“天山文艺奖”作品奖；电影《两个人的教室》等35件文艺作品获第三届“天山文艺奖”荣誉奖；《舞动春天》等2件文艺作品获第三届“天山文艺奖”特别奖；周涛、陈柏中、伊明·吐尔逊、玉山江·加米、夏侃·沃阿勒拜等5位文艺家被授予第三届“天山文艺奖”贡献奖。李泽生的散文《人生秋语》获首届中国西部散文奖。

各文艺家协会

【作家协会】

1月19日，为新疆女作家江南召开了“荒野中的家——江南作品研讨会”。

2月10日，召开了作协主席团会议，就2009年的具体工作做了明确部署，并批准了各民族作者116人入会。目前新疆作家协会共有各民族会员2209人。

2月中旬，启动了第三届“天山文艺奖”评选的推荐选报工作，给各地州作协下发了通知，征集整理参选作品，并成立了由著名作家、学者组成的初评评审委员会，对上报作品进行审读。3月27日，召开了第三届“天山文艺奖”文学作品的初评会议，评出各民族各类文学、翻译作品57件进入复评。

选派乌兹别克、塔吉克、塔塔尔、俄罗斯4个民族的4名作家参加由中国作协主办的中国人口较少民族作家赴沿海经济较发达地区采风活动。

5月15日，召开纪念哈萨克族诗人阿合特·乌娄木吉诞辰140周年暨作品研讨会。

5月21日，和新疆法制报社联合为《新疆法制报》记者孙春明创作的长篇反恐小说《摄氏零度》召开作品研讨会。

6月29日，全国著名作家走进新疆采风启动仪式和王蒙写新疆作品研讨会召开。自治区主席努尔·白克力、中国作协主席铁凝、著名作家王蒙出席会议并讲话。陈建功、刘庆邦、迟子建、陆天明、舒婷、于坚、谢有顺等20多位全国著名作家、诗人、评论家出席会议。新疆各族作家、文学爱好者250余人参加了会议。

6月29日、7月1日分别在乌市和伊宁市召开了王蒙和新疆各民族作家座谈会，王蒙先生发表了精彩的演讲。

6月29日至7月5日，全国著名作家采风团一行先后赴伊宁、独山子、石河子、昌吉、喀什等地采风考察。

7月4日，和《西部》杂志社联合主办了“喀什噶尔杯西部文学奖”颁奖会。采风团23位著名作家为获奖的各族作家颁奖。

7月6日，新疆作协、《启明星》杂志、新疆社会科学院民族文学研究所、新疆卫拉特蒙古研究学会主办，巴音郭楞蒙古自治州和静县政府、巴州东归历史文化研究学会承办的“新疆蒙古族诗人齐·艾仁才文学作品研讨会” 在和静县巴音布鲁克草原举行，共有60余位专家、学者、作家、评论家和文学编辑参加了会议。

7月14日，新疆作协和自治区文化厅联合组织策划，在《新疆日报》推出关于“7·5”事件的诗歌专版《晚安，乌鲁木齐》。

7月16日，组织召开了新疆各民族作家艺术家维护社会稳定促进民族团结座谈会，严正声讨了7月5日发生在乌鲁木齐市的严重暴力犯罪事件，120余位与会各族作家、艺术家签署并发布了《中国新疆作家艺术家告世界书》。

8月27日，新疆作协与《曙光》杂志联合举办的新疆第三届哈萨克族长篇小说创作研讨会在沙湾县召开。

10月10日，著名哈萨克族作家孔盖·木哈江的作品研讨会在乌鲁木齐市召开。

新疆作协重点扶持，翻译家分会策划组织翻译的维吾尔作家帕尔哈提·伊力亚斯的长篇儿童文学作品《楼兰古国的奇幻之旅》获得中宣部第11届“五个一工程”奖。

12月，新疆各民族作家的12部各类题材作品荣获第三届“天山文艺奖”作品奖，8部作品获得荣誉奖。

新疆作协专业作家刘亮程、沈苇、夏木斯·胡玛尔分别赴以色列、印度、美国进行友好访问。

【音乐家协会】

1月4日，新疆音协组团赴香港参加2009亚洲青少年钢琴比赛，有3人分获得一、二等奖。

1月23日，新疆音协主办的“新师杯”新疆手风琴大赛于新疆师范大学音乐厅举行。

2月6日，澳大利亚籍华人、锡伯族青年钢琴演奏家关键钢琴独奏音乐会在新疆师范大学音乐厅举行。

2月中旬至5月，新疆音协组织作品参加天山文艺奖音乐类评奖，有6首歌曲、2首器乐乐曲获奖。

2月19日，“新歌唱新疆”全国优秀歌曲终评在北京举行，共有30首歌曲分别获得一、二、三等及优秀创作奖。

4月20日，新疆音协组团参加在西安举行的全国流行歌曲创作大赛西北赛区的比赛，获得2项金奖、3项优秀奖，5项优秀奖。

5月2日，新疆音协与自治区青联组织众艺术家和部分青联常委来到驻疆某通信团，与部队官兵展开共庆“五一”迎“五四”活动。

5月中旬，新疆音协组队前往北京参加全国优秀流行歌曲创作大赛总决赛，获得4项优秀奖。

5月29日，新疆“全国优秀少儿合唱推荐歌曲进校园启动仪式暨六一儿童节联欢会”在乌鲁木齐国际SOS儿童村举行。

6月3日，新疆音协主办的王瑛独唱音乐会在新疆师范大学音乐厅举行。

6月26日，庆祝新中国成立60周年“新歌唱新疆”大型演唱会暨颁奖晚会在自治区体育馆举行。

8月1日，中国音协、新疆音协在全疆各地的各专业考级工作启动。

11月3日，新疆音协组团赴台湾参加“相约台中”第二届海峡两岸合唱节，新疆移动公司“会员之声”合唱团获得金奖。

【民间文艺家协会】

2月9日，与新疆师范大学联合举办“新疆卫拉特蒙古族民间文化研讨会暨2009年乌鲁木齐市蒙古族麦德尔节”，活动期间还进行了新疆蒙古族民间歌舞展演。

5月20日，选送乌鲁木齐市六年级学生肖男代表新疆赴江苏参加了由中国民间文艺家协会主办的“中国少儿故事比赛”。肖男的参赛故事《青年人要走个正路子》获得了优秀故事创作奖，他本人获得了优秀表演奖。

8月5～7日，与自治区文化厅、自治区民宗委联合主办的“新疆首届蒙古族非物质文化遗产项目类比赛、和布克赛尔蒙古自治县第11届那达

幕大会暨第三届江格尔文化旅游节”，在和布克赛尔蒙古自治县举行。

9月14日，选派阿瓦提县歌舞团代表新疆在河北省涉县参加了由中国文联、中国民协、涉县人民政府主办的中国首届女娲文化节暨“女娲杯”全国民间歌舞精品展演比赛，并获得金奖，新疆民间文艺家协会获得了优秀组织奖。

8月5～7日，与和布克赛尔县人民政府联合举办了新疆首届“江格尔杯”《江格尔》说唱、长调、祝赞词邀请赛。新疆民协蒙文研究室的全体同志参加了此次活动。

9月25日，新疆民协组织120余件刺绣、布艺、手工制作等富有新疆地域特色和民族特色的民族民间工艺品参加了由中国民协在北京举办的全国首届民间工艺品展览。

11月6日，带领库车龟兹歌舞团在江西婺源县代表新疆参加了由中国文联、中国民协举办的第九届中国民间文艺“山花奖”鼓舞鼓乐大赛，新疆代表队获得第九届中国民间文艺鼓舞鼓乐类“山花奖”。

11月12日，“缤纷中国——中国民族民间服饰文化暨中国民间文化遗产抢救工程成果展”在北京隆重开幕。新疆民协选送的32件少数民族服装、12件民族乐器和46件饰品在展览中展出。展览期间还推荐了2名民间艺人现场进行刺绣表演。

新疆民协组织推荐新疆艾特工艺社携带大批自行开发的民间工艺品前往杭州参加了由中国民协主办的为期10天的全国民间工艺品博览会。新疆艾特工艺社负责人王维女士也被这次博览会评为“最受欢迎的工艺师”。

【书法家协会】

6月7日，新疆书协与国际书法艺术联合会韩国本部大邱·庆北支会共同举办的“第三届中韩国际书法交流展”，在乌鲁木齐市美术馆揭幕，共展出双方作品134件，并编辑出版了《第三届中韩国际书法交流展作品集》。

7月1～10日，在乌鲁木齐市人民公园朝阳阁举办新疆“第三届篆刻艺术展”，来自全疆各地51位篆刻作者的106件作品参展。

从3月开始，根据自治区文联的安排，开展了自治区第三届“天山文艺奖”书法作品的初评、复评工作。

9月25日，与阿克苏地委宣传部、阿克苏地区文联共同举办的“庆祝新中国成立60周年——新疆第四届书法篆刻大展”在阿克苏揭幕。11月21日又在乌鲁木齐新疆教育学院艺术分院展出。共140件作品入展，其中20件获奖。

11月30日，在中国书协分党组书记赵长青的带领下，组织参加第二届中国西部书法篆刻展评审的20位书法家前往武警新疆总队慰问官兵和维稳部队，此活动得到了自治区党委宣传部、自治区文联领导的高度重视和好评。

12月1日，由新疆书协组织，经中国书协严格考察，沙湾县第三小学被命名为“兰亭小学”，中国书协捐款50万元，用于该学校的基础建设和书法教育。

【戏剧家协会】

5月22日，由新疆文联和兵团文联主办，新疆戏剧家协会、兵团戏剧家协会等承办的“我爱中国——2009年首届新疆戏曲曲艺大赛暨新疆网络电视才艺大赛”活动拉开帷幕。因受乌鲁木齐“7·5”打砸抢烧严重暴力犯罪事件影响，本次活动推迟到9月，以视频方式进行评审。全疆有60多名专业及业余演员参加，并对专业和业余演员及作品分别颁发了优秀表演奖、创作奖、优秀组织奖等。

7月13～17日，与陕西省文联、西北五省戏剧家协会联合举办了“西北五省（区）梅花演员高级研修班”。本次研修班邀请了中国剧协领导及在全国戏剧领域有影响的专家、学者为西北五省（区）历届梅花奖演员和戏剧工作者做了专题讲座。

【美术家协会】

5月12日，新疆美协版画艺委会、乌鲁木齐市文联、新疆艺术学院美术学院、新疆师范大学美术学院联合举办的“纪念汶川5·12特大地震周年祭版画展”在乌鲁木齐市博物馆揭幕。

5月，新疆美协与新疆妇女儿童发展中心共同举办“新疆庆祝‘六一’儿童节少儿美术作品展”。展览期间举行了几百名小画家现场作画，自治区领导亲临现场参观。

9月25日，举办庆祝中华人民共和国成立60周年摄影美术集邮展，共展出近200幅美术作品。这些作品反映了新疆社会经济文化各方面发生的巨大变化。

12月25日，在全国第11届美展上，新疆美术家协会选送的赵培智的油画作品《来自高原的祈福—5·19国家记忆》在全国第11届美展中获金奖，这是新中国成立以来新疆（包括西北五省区）美术作品首次获此殊荣。

12月，与自治区旅游局、兵团旅游局、石河子市政府联合举办“首届新疆（石河子）冰雕设计大赛”。

【舞蹈家协会】

2月9～11日，与自治区妇幼儿童中心联合举办“贫困地区少儿舞蹈教育志愿者培训班”、“新疆校外艺术骨干教师专业技能”免费培训班，以促进社会主义新农村的文化建设。

4月28日，由新疆舞蹈家协会、新疆迪丽娜尔文化艺术基金会、自治区团委共同举办“相约春天、共享成长”大型公益活动。

7月23日，参加在北京举行的“新农村”少儿艺术展演活动，选送的作品《小艺人》获金奖，舞协获组织奖。

7月26日至8月6日，在北京举行的第五届“小荷风采”全国少儿舞蹈展演上，新疆舞蹈家协会选拔的《沙吾尔登小传人》、《欢动·亚克西》、《欢腾的天山》3个节目获得金奖“小荷之星”奖，新疆舞蹈家协会获组织奖。

8月3日，赴安徽参加“第二届淮南国际少儿艺术节”选送作品《美丽的小花帽》获作品金奖，舞协获组织奖。

9月，在贵阳举行的第七届中国舞蹈“荷花奖”民族民间舞决赛中，协会选送作品《当美人遇上美人》获大赛特别奖、《窈窕淑女》获作品铜奖、《沙漠之花》获表演银奖、《当美人遇上美人》获表演银奖，舞协获组织奖。

10月31日至11月10日，协会选送的专业舞蹈《山鹰之邦》、《盘子舞》等5个作品，少儿舞蹈《那孜库姆》、群众舞蹈《风中胡杨》、街舞《金色风暴》分别获第五届CCTV电视舞蹈大赛金银铜奖、优秀作品奖、优秀组织奖及优秀表演奖，成为本次比赛获奖最多的省份。

【电影家协会】

9月，为纪念新中国成立60周年，新疆影协编辑出版了记录新疆电影发展历程的大型画册《电影记忆新疆》。

2009年，由新疆影协创作的8集电视连续剧《拾花妹》，在新疆电视台多个频道用汉、维、哈语播出。

【摄影家协会】

3月5日，新疆摄协与乌鲁木齐市水磨沟区旅游局联合举办了“休闲水磨沟，健康快乐游”摄影大赛，由专家与水磨沟区旅游局人员组成评审组，对选送的摄影作品进行了评选，从而产生了特等奖作品1幅，一等奖2幅，二等奖4幅，三等奖6幅，优秀奖37幅，入选奖91幅。

3月底，新疆摄协启动了2009年鄯善摄影大行动，出版了《中国新疆——鄯善》大型画册。

4月30日，新疆摄协邀请国内知名摄影家于云天、梅生、谭明、朱恩光来新疆讲学和创作。

5月8日，由拜城县委、县政府主办，新疆摄协承办的“富饶的拜城”大型摄影展在乌鲁木齐市美术馆开幕，并出版了拜城画册。

9月，由新疆移动公司主办，新疆摄协协办的“见证历史变迁——新疆移动与我同在”庆祝中华人民共和国成立60周年暨新疆移动成立10周年，新疆移动全球通摄影俱乐部首届摄影艺术展。

8月25日，由自治区党委宣传部主办，新疆摄影家协会、新疆日报社、新疆画院等单位参与筹办的“新疆维吾尔自治区成就展”和“7·5事件纪实图片展”，在北京民族文化宫隆重开幕。

9月25日，自治区庆祝新中国成立60周年摄影、美术、集邮展在自治区博览中心开幕。

【杂技家协会】

音乐杂技剧《你好！阿凡提》是协会的一项重大工程，经策划、筹备、排演后成功演出了114场，其中102场是商业演出，12场慰问演出，商演总收入260万元，好评如潮，使新疆各族人民有了一次全新视野的精神享受。

新疆生产建设兵团文联

综　述

2009年是新中国成立60周年，同时又是新疆生产建设兵团成立55周年。一年来，在中国文联和兵团党委的领导下，兵团文联及各团体会员坚持以邓小平理论和“三个代表”重要思想为指导，深入学习实践科学发展观，团结广大文学艺术工作者努力工作，抓创作、抓队伍、抓活动，做了大量的工作，取得了一定的成绩，为推动履行屯垦戍边使命，充分发挥“三大作用”，推动兵团各项事业的快速发展作出了积极的贡献。

重要工作、会议与活动

【三届十七次全委会议】

2月16～17日，兵团宣传文化思想工作会议在乌鲁木齐博格达宾馆召开，同时召开了兵团文联三届十七次全委会议。兵团党委常委、副政委卢晓峰做了重要讲话。兵团党委宣传部部长、文联党组书记万卫平做工作总结。会议认真总结了2008年宣传、文化、文联系统工作；安排部署了2009年主要工作任务；对2008年度全国宣传文化系统的先进集体和先进个人进行了表彰；替补、增补了兵团文联委员；传达了中国文联工作会议精神；分组讨论了卢晓峰的讲话、万卫平的工作总结以及宣传、文化、文联系统2009年工作要点。来自兵团各师、大学和各文艺家协会的120多名代表出席了会议。兵团副秘书长赵广勇主持会议。

【第四次代表大会】

5月25～26日，兵团文联第四次代表大会在乌鲁木齐召开。兵团党委书记、政委聂卫国，中国文联党组成员、副主席、书记处书记杨志今等领导出席了大会开幕式。杨志今同志代表中国文联党组和中国文联发表了热情洋溢的祝辞。兵团党委书记、政委聂卫国在开幕式上做了重要讲话。兵团文联党组书记丰收致开幕词，兵团工会主席蒋建勋代表兵团工会、兵团团委、兵团妇联、兵团科协、兵团侨联致贺词。兵团党委常委、副政委翟小衡主持大会开幕式。兵团文联党组书记丰收代表兵团文联第三届委员会作了题为《团结奋进、开拓创新、努力开创兵团文学艺术事业新局面》的工作报告。兵团文联党组成员、副主席郭成云做了《兵团文联章程》修改说明。来自兵团各师、大学、公安局文联和11个文艺家协会的代表、特邀代表和来宾以及兵直有关部门和单位的领导共计200多人参加了开幕式。选举产生了由69人组成的兵团文联第四届委员会。选举产生了兵团文联第四届委员会主席、副主席。李光武当选为兵团文联第四届委员会主席，丰收、郭成云当选为兵团文联第四届委员会副主席。

【大业千秋——庆祝新中国成立60周年成就摄影展和美术、书法艺术作品展】

9月22～23日，由兵团党委、兵力主办，兵团文联承办的“大业千秋——庆祝新中国成立60周年成就摄影展和美术、书法艺术作品展”在兵团机关二楼前厅开幕。成就展分“历史回眸”、“铸剑为犁”、“国土在我心中”和“共和国版图上新的星座”四大板块。兵团领导聂卫国、华士飞、翟小衡、王继亮、卢晓峰、宋建业、成家竹等出席了开幕式并分别观看了展览。兵团驻乌单位以及自治区、乌鲁木齐市有关单位的干部、职工观看了展览。社会各界对此次展览给予了高度评价，认为“大业千秋——庆祝新中国成立60周年成就摄影展和美术、书法艺术作品展”文字精美，图片经典，主题鲜明，全面生动反映了兵团55年来经济社会发展的历史巨变，讴歌了屯垦戍边的伟大实践和兵团精神。

10月8日开始，展览分别在石河子、阿克苏、库尔勒等地进行了历时一个月的巡回展出，兵团文联党组成员分别参加了巡回展览。据不完全统计参观展览的人数达20多万人次，“新华网”、《中国艺术报》、《兵团日报》、兵团电视台、《兵团建设》、《兵团文艺》、“天山网”等多家新闻媒体先后进行了宣传报道。

【首届篆刻书法研讨会】

10月26～30日，由兵团文联主办，兵团文联创研部和兵团书法家协会、农四师文联承办的兵团首届篆刻研讨会在伊宁市农四师召开。新疆自治区书法家协会、兵团书法家协会、新疆大漠印社的领导和篆刻、书法艺术工作者、爱好者50余人参加了研讨会。兵团文联李光武和农四师的领导到会祝贺并讲话。新疆自治区书法家协会和兵团书法家协会的书法、篆刻专家做了专题讲座，对500方篆刻作品进行了现场讲评。自治区和兵团的篆刻爱好者分别在研讨会上交流了自己的论文，展示、观摩了篆刻条屏45幅。

【杨兵才摄影作品展和杨兵才军垦题材摄影作品研讨会】

11月28日，兵团文联与农八师石河子市在石河子艾青诗歌馆联合举办了杨兵才摄影作品展、《浩瀚新歌》摄影作品集首发式暨军垦题材摄影作品研讨会。兵团党委常委、农八师党委书记、政委、石河子市人大主任宋志国，兵团文联党组书记丰收，兵团文联副主席郭成云，农八师石河子市老领导丁兴瑞、刘成林等出席了开幕式和研讨会。

【兵团散文丛书】

根据兵团第六次党代会提出的“实施文艺精品战略”精神，2009年，兵团文联在全兵团范围内征稿，编辑出版了“果树巷散文丛书”一套5本。分别是丰收的《西部人间》、曹平林的《行走的记忆》、虞翔鸣的《含蓼集》、郁笛的《被耽搁的遗忘》和曾秀华的《白色》。该丛书10月由百花文艺出版社出版。这套丛书是兵团散文园地的精品展示，是新时期以来兵团散文创作的新收获，得到兵团内外一致好评。

文艺交流

【兵团舞蹈家协会与南方舞蹈学校进行学习、交流】

4月，兵团舞蹈家协会组队15人赴广东东莞中国舞蹈家协会南方舞蹈学校进行了为期15天的舞蹈艺术交流、学习、考察。之后南方舞蹈学校一行22人来到新疆，为新疆兵团、自治区、军区等各文艺团体、艺术院校进行了4场教学展示演出，兵团文联党组书记丰收，中国舞蹈家协会副主席、自治区舞蹈家协会主席迪丽娜尔和中国舞蹈家协会副秘书长李淑芬参加了活动。

【杨晓阳为团长的第11届美展巡视团来兵团交流】

1月，兵团美术家协会与以中国美术家协会副主席、中国国画院院长杨晓阳为团长的第11届美展巡视团一行在乌鲁木齐进行了交流、座谈。并分别在乌鲁木齐和石河子举办了作品观摩展。

组织建设

【人事工作】

3月，兵团党委对兵团文联党组班子进行了调整，丰收任文联党组书记、建议拟任副主席职务，李光武任文联党组副书记、建议拟任主席职务，郭成云任文联党组成员、建议拟任副主席职务。5月25～26日，在乌鲁木齐召开了兵团第四次文代会，选举产生了兵团文联第四届委员会主席、副主席。李光武当选为兵团文联第四届委员会主席，丰收、郭成云2位同志当选为兵团文联第四次委员会副主席。

【基层组织建设】

12月27日，兵团民间文艺家协会剪纸学会在石河子大学成立。兵团文联主席李光武、石河子大学副校长吴新平出席会议并讲话。兵团文联、兵团民间文艺家协会和新疆自治区剪纸学会、石河子大学、农八师石河子市文联、农六师文联、农九师、兵团党校等单位的有关负责人及剪纸爱好者200余人参加了大会。会上，进行了剪纸艺术展览和剪纸艺术理论研讨。石河子大学李永梅当选为兵团民协剪纸学会会长。

获奖情况

4月，兵团文联副主席郭成云主创的电视纪录片《天边部落》（英文版）入选第五届半岛国际电影节展演交流；5月《天边部落》被国家文化部译成多国文字向世界推介，郭成云受到文化部奖

励；11月《天边部落》获第九届中国民间文艺“山花奖”民俗影像作品奖。兵团民间文艺家协会会员杨新平创作的《军垦情系列》烙画作品获中国民间文艺家协会民间文艺大奖“中国民间工艺美术作品奖”。舞蹈《馕儿香香》获中央电视舞蹈大赛优秀节目奖。杂技《绸吊》获国际银奖。兵团民间文艺家协会副主席廖肇羽荣获中国民间文艺家协会“德艺双馨工作者”称号。

基层文联

【农一师阿拉尔市文联】

召开了文联工作表彰会议暨迎新春联谊会和文联二届七次全委会，改选了文联主席和秘书长；举办了“新口子杯”美术、书法、摄影展和庆“十一”美术、书法、摄影展；召开了《胡杨有情》作品研讨会；召开了美术创作工作会议，邀请全国、新疆自治区的画家吴列勇、郑炎风2位老师到农一师讲课、座谈；与师教委、纪委、宣传部等部门联合举办了第三届中小学生艺术展演活动和廉政教育格言警句、漫画、书法作品展览；文联同志深入阿拉尔农场进行调研，开展“一帮一”扶贫活动，指导帮助少数民族职工脱贫致富，为他们送去大米、面粉、清油等慰问品。刘栋的报告文学作品集《老军垦的故事》出版；徐崇侠的纪实长篇小说《胡杨有情》出版。李沙平的摄影作品《途中》、《节节高》分别获全国职工摄影展二等奖和入围奖。

【农二师文联】

表彰了先进基层文联和先进个人；完成了2期《文联通讯》的组稿、编印工作；举办了“祝福祖国、祝福新疆”诗歌朗诵会；举办了“绿源杯”文学征文活动；选派4名舞蹈工作者参加了兵团舞蹈家协会举办的舞蹈培训班；举办了王安润电视散文《飘逝的车辙》首映式。戴春的长篇小说《悲欢世界》获第一届中国法制文学原创作品大赛三等奖；王安润的散文《飘逝的车辙》被中国散文家协会评为优秀作品；刘浩的摄影作品《大漠之魂》入选“辉煌60年——政协委员摄影展”；陈赓昌书法作品获全国总工会老年书画研究会书画联展一等奖。

【农三师图木舒克市文联】

编辑出版了《西域绿洲》文化丛书，全套14本；与教委联合举办了师生书画摄影展；开展了“颂歌献给党”民族民间歌曲演唱会；开展了“增强民族团结、共建美好家园喜迎国庆60周年”文艺巡回演出。祝玉婷、李红哲分别出版了诗歌集《播韵绿洲》和散文集《绿洲情韵》；谢家贵的两篇小说、两篇散文入选中央民族大学、北京大学主编《当代中国苗族作家作品选集》，一部报告文学入选《亚心文萃》。

【农四师文联】

举办了“迎新春廉政清风美展”和“新中国成立60周年美展”，共展出美术、书法、摄影作品600余幅；举办了文学创作座谈会和美术创作工作会，邀请自治区、兵团的作家讲课；编辑、出版《放歌伊犁》文学作品集，共收集了300余篇作品约56万字；与兵团文联、兵团书法家协会联合举办了兵团首届书法篆刻研讨会；开展了书法艺术下基层、进万家活动；举办了美术、书法、摄影培训班；参与了广场文化艺术活动；成立了篆刻委员会和一个基层文联。曾秀华的散文《谒见喀纳斯》获中国地市报副刊二等奖；成煜的散文诗《花朵的舞蹈》入选《2008中国年度散文诗》；王复耀的杂文《绿荫闲话》获全国金盾征文金奖；卢长的国画《古老的歌》入选全国第七届美展；武怀扬的版画《祝福》入选国际观澜版展；罗进屏的版画《醒狮》、《翩跹起舞》入选文化部主办的国庆文化艺术展；孙朝军的篆刻作品入选西泠印社书法篆刻展；付进娟等四人的八幅摄影作品入选中国检察、中国司法系统首届艺术作品展。

【农五师文联】

举办了基层文联首届文艺骨干培训班，邀请了兰州军区、新疆军区和兵团歌舞剧团的专家授课，培训骨干50多人；组织了文学研讨班；举办了2次摄影培训班；举办了第九届广场文化节；举办了美术、书法、摄影展；开展了“爱国歌曲大家唱”、“五师组歌”演唱会等活动。蒋献的长篇小说《浩瀚男儿》和赵毓芬的散文集《炊烟掠过窗外》出版，《浩瀚男儿》获兵团“五个一工程”奖；王贵江获全国书法比赛一等奖并获“中国当代书画创新百杰”荣誉称号；宋广斌、蔡志新创作的歌曲在全国获奖。

【农六师五家渠市文联】

召开了师文联工作会议暨作协理事会，各协

会主席及作协理事参加了会议；与文化局联合开办了舞蹈编导人才培训班，邀请兵团舞蹈家协会、兵团歌舞剧团老师授课；举办了文艺创作研讨会；举办了庆祝五家渠建市5周年迎春美术书法展，共展出美术书法作品100余幅；与团委联合举办了青年文化节的演出活动；配合师市完成了“郁金香节”活动期间的展览、文艺演出等活动；组织各单位积极广泛开展“爱国歌曲大家唱”群众性歌咏活动；与师市直党工委联合开展了廉政书画展和老干部书画展；开展“送欢乐、下基层，送春联、构和谐”艺术进社区、进校园活动，为职工群众书写、赠送春联200余幅；联合举办了刘涛古典吉他音乐会；邀请自治区、兵团书画名家来五家渠举办笔会；举办了“我唱五家渠”创作歌曲、“唱响五家渠——一座没有陌生人的城市大型文艺晚会”和“我拍五家渠”摄影大赛和“我说五家渠”征文及演讲大赛；鲁淑然作词、朱加农作曲、赵宇宁演唱的歌曲《把一生献给你》在全国流行歌曲大赛中被西北赛区选送到国家参评；李仁彬应邀参加庆祝新中国成立60周年齐鲁名家书画展，书法作品被选入《齐鲁名家作品集》。

【农七师文联】

举办了书画展览，共展览作品200多幅；创办了《准噶尔文艺》，已出刊2期，为七师的文艺大发展创建新平台；结合学习实践科学发展观开展调研活动，先后在128团、130团、126团、奎管处、天北新区等单位召开了专题调研座谈会，走访了在奎屯的文化工作者和业余作者，写出了纪念性文章《璀璨的文艺百花》收录到师出版的回忆录中；参加了中国出版科学研究所举办的期刊标准培训班，为进一步办好刊物奠定了基础；编辑、出版了《奎河之韵》、《奎河放歌》、《奎河情思》散文集、小说集、诗歌集3本文学丛书，收集农七师作者的文学作品300多篇。张新荃出版了中篇小说《抢婚》、中篇小说集《野狼谷》；郭地红、张新荃出版了中篇小说集《最后一个义勇军》；李凌鹤出版了长篇小说集《雨翼之下》。

【农八师石河子市文联】

开展了深入学习实践科学发展观活动；与相关部局协作完成了大型雕塑屯垦戍边纪念碑的建设任务；3月15日，举办了“水墨韵律·于云涛美术作品展”，先后在新疆师范大学、艾青诗歌馆展出；编辑出版了3部摄影作品集《今日石河子》、《在那火红的年代——石河子摄影纪实》、《瀚海新歌——杨兵才摄影作品集》；举办了庆祝新中国成立60周年书画摄影作品展；与师市妇联共同举办“创业成果展暨妇女手工展示大赛”；举办了梁文修书法作品展；《绿风》诗刊设立了“三弦琴”，推出了目前诗坛上最为活跃的青年诗人的作品及创作诗观；编辑出版了“网络诗歌精品特大号”；《绿风》诗刊所刊发的多篇作品被《年度诗歌选》、《年度最佳诗选》等重要选本选载；举行了第四届院外书画家签订聘约会；召开了赵华诗集《春天的眉笔》研讨会、杨召海散文集《心灵月光》研讨会；出版了《军垦之歌》歌曲集、《石河子之歌》音乐风光歌碟；举办了第三届收藏展第三届剪纸展。曲近出版了诗集《马匹啃食十月的阳光》；彭惊宇出版诗集《苍蓝的太阳》；杨眉出版长篇小说《兵团儿女》；黄彦出版歌曲集《绿色的歌》。

【农九师文联】

收集、拍摄、编辑、出版了庆祝农九师成立40周年图片特刊《田园牧歌》；收集、拍摄、编辑农九师改革开放30年成就《辉煌30年》系列丛书；设计、订制了“农九师成立40周年纪念章”；参与孙龙珍烈士陵园大型浮雕和孙龙珍主题雕像的设计与创作；创作、选送作品参加兵团成立55周年摄影、美术、书法展。杨小平烙画作品《军垦情系列》获第九届中国民间文艺山花奖；谢华摄影作品《六月的原野》、《难忘的岁月》在全国职工摄影展览中分别荣获三等奖和入围奖；谢民的摄影作品分别在《摄影与摄像》、《国家地理》等杂志刊登并获优秀作品奖；张效峰书法作品入编《全国书画家庆祝新中国成立60周年北京（香港）邀请展》作品集；李志俊书法作品在“全国首届湘中书画电视大赛”中获奖。

【农十师文联】

开展了学习实践科学发展观活动，深入基层开展了2次调研活动，撰写了专题调研报告；举办了“边陲十师50年”美术、书法、摄影展；出版了一批反映兵团精神，讴歌十师、庆祝十师成立50周年的文学书籍；在《新疆北屯报·金山周末》举办13期“额河文苑”专栏。张军旗主编了《铸剑为犁生生不息——农十师成立50周年回忆录》；

邓立新主编了《额河神韵——新闻作品选粹》；李雪华创作出版了长篇小说《我们这一季的青春》；贾曦出版了两部小说集《赛外清风桃花红》、《兵团一家人》；吕坷勇出版了长篇小说《大漠深处军垦魂》；吴彩霞出版了短篇小说集《羊爱上狼》；黎佳君出版了作品集《魂系边庭》；毛正华创作出版了长篇小说《飘逝在天堂的爱》。

【建工师文联】

与宣传部等部门联合举办了第四届职工文艺会演和首届广场文化节；举办了庆祝新中国成立60周年美术、书法、摄影展。曾其祥出版了长篇小说《东方风来》、中短篇小说集《额尔齐斯石》；张国成出版了散文集《西部如歌》。

【农十二师文联】

先后举办了第六期小品创作表演培训班、第二期电视短剧培训班、第五期舞蹈表演、编导培训班和第一期“彩虹文艺”节目策划培训班；选送节目参加了兵团庆祝新中国成立60周年文艺节目会演；编辑出版了《首府彩虹》画册；举办了第一届诗歌散文节；开展了“爱我中华、和谐新疆”歌咏比赛；3个基层文联召开会议替补了文联主席；完成了5期《熔炉》副刊征文活动；师属各基层文联文艺文化活动空前高涨，三坪农场文联出版了画册《都市之间——西部明珠》、诗歌散文集《聆听彩虹》、举办了“一连一品”文艺会演；104团举办爱国歌曲大家唱；五一农场举办了第11届文化艺术节；头屯河农场举办了“屯河之声”文艺会演；221团开展了社火及地方戏表演等职工文化活动。

【农十三师文联】

召开了文艺座谈会和青年作家座谈会，与24名青年作家签订了创作协议书，对2009～2012年的创作进行了规划和调整；举办了“庆祝新中国成立60周年、兵团成立55周年‘生活·印象’专题油画展”；举办了“岁月·记忆”柴作相个人油画作品展；举行了“百花芬芳”戏曲专场演出；与团委共同举办了“红星杯”青年歌手大赛；举办了庆祝新中国成立60周年、兵团成立55周年“农十三师书法美术摄影作品展”；邀请著名作家韩天航来师采风讲学，与十三师作家、作者和文学爱好者进行了座谈；出版了赵德智的长篇小说《成吉思汗在巴里坤》、王善让的散文集《成长的代价》、魏红花的散文集《田野飞歌》；王善让的散文《兽医的宝藏》获中国散文学会征文二等奖。

【农十四师文联】

举办了美术、书法、摄影展，展出作品100多幅；为纪念中国人民解放军进军和田60周年，出版了《忠魂》和《奋进中的农十四师》2本画册；完成了重大题材美术作品创作；配合有关部门举办了广场文化活动；组织了文化下基层活动。

【石河子大学文联】

举办了改革开放30年师生书画展；举行了石河子大学新疆大山水画研究所吐鲁番创作基地挂牌仪式；深入农九师161团跟踪采访，完成了《代江生连环画》初稿绘制工作；监督实施大学创意雕像两座；在校庆60周年之际，编辑出版了《放歌集》、《足音》、《艺苑丹青》三本图书，举办了剪纸艺术展览并召开了研讨会，与兵团民间文艺家协会联合成立了兵团剪纸学会。

【兵团公安局文联】

为兵团政法系统美展选送照片120件；组织参加了兵团政法系统文艺演出，小品《智擒》获一等奖；组织11篇诗歌作品参加全国公安文联“难忘2008”诗歌大赛；组织参加了全国公安文联举办的管弦乐指挥班培训；组织公安警官艺术团，举行了以“警民和谐”为主题的文艺采风活动；参加了全国公安系统文艺会演，舞蹈《石榴熟了》获得铜奖。

各文艺家协会

【作家协会】

出版了兵团作家散文丛书5本；丰收出版了纪实文学《王震和我们》；郭晓力出版了中篇小说集《沉默的奔跑》。全年发展会员16名，推荐1人进鲁迅文学院学习，1人到杭州疗养。

【美术家协会】

成立了兵直美术家协会，举办了于云涛美术作品展和兵地水彩作品联展；杨永旺、郄博英的美术作品入选“感恩重建——纪念5·12汶川大地震一周年全国美术作品展”，组织选送了15件作品参加第11届全国美展，入选6件。其中尤山与孙晨合作的版画作品获第11届全国美展提名奖；秦建新、李军、孙晨、卢长4位同志的美术作品分别入选文化部举办的庆祝新中国成立60周年书画展和全国第七届体育美展。

【书法家协会】

组稿参加了第三届书法兰亭奖和第二届中国西部书法篆刻作品展览，报送作品37件，10人的作品入展；组织召开了篆刻研讨会和篆刻研修班；西域印社进行了换届；协助兵团文联举办了“庆祝中华人民共和国成立60周年美术书法展览”；2个基层书协和4名书法家受到中国书法家协会通报表彰；兵团书协应邀参加了农一师十团“红枣节”；与自治区书法家一起，到武警181师驻地慰问维稳部队；发展全国会员5人，发展兵团会员20人。

【摄影家协会】

参与承办了新中国成立60周年成就摄影展和杨兵才摄影展，参与自治区摄影家协会等单位举办的“新疆移动杯”、“新疆电信杯”摄影赛事活动；编辑、出版了《今日兵团》画册；全年发展兵团会员11名、全国会员2名。李春林出版了《魅力兵团——西部边境》画册。

【诗词楹联家协会】

先后与自治区诗词协会和兵团军事部农九师武装部等单位举办了诗书画笔会和采风创作活动；出席了中国楹联学会代表大会；参加了“2009中国诗词名家开元行”采风创作活动；发展了3名会员；出版了《绿韵》一期。

【舞蹈家协会】

选送的少儿舞蹈作品《那孜库姆》参加了全国第五届“小荷风采”少儿舞蹈北京赛区展演，获“小荷之星”奖，编导张国庆，指导老师巩静洁获小荷“园丁奖”，兵团舞蹈家协会获“优秀组织奖”；少儿舞蹈作品《北塔山小勇士》参加了全国第五届“小荷风采”少儿舞蹈淮南赛区展演，获“小荷之星”奖，编导陈爱萍获小荷“园丁奖”；在第七届中国舞蹈荷花奖民族民间舞比赛中，舞蹈《馕儿香香》获创作“特别奖”、“表演铜奖”和“优秀组织奖”；少儿舞蹈《那孜库姆》参加全国第五届CCTV电视舞蹈大赛少儿组决赛的专场比赛，这是西北五省唯一入围的少儿舞蹈作品。这是兵团首次参加中央电视台举办的CCTV电视舞蹈大赛，是兵团历史上零的突破，此次大赛取得了第十名“优秀节目奖”的成绩；与兵团群艺馆联合举办了为期20天的兵团第七届舞蹈编导骨干培训班，来自8个师的30名学员，先后学习了芭蕾基本功训练、中国古典舞身韵及维、蒙、藏、汉、塔等民族民间组合和舞蹈编导理论与技法等；与农六师宣传部、农九师161团工会等单位合作，举办了2期舞蹈编导骨干培训班；徐梅花、蒋玫分别荣获中国舞蹈家协会颁发的“突出贡献舞蹈家”称号。

【杂技家协会】

杂技节目《女子造型》荣获第30届法国巴黎“明日国际杂技节”银奖；杂技剧《戈壁儿女》荣登上海艺术殿堂。

【音乐家协会】

在全国流行歌曲作品选拔赛中共有10首入选，其中4首在西北片获奖，1首获文化部最佳作品奖；举办了宫积冰、葛少华2位副主席退休欢送会；吴军与沈阳音乐学院合作的专业课题《扬琴双音琴竹练习曲100首》（于海英、吴军编著）由沈阳出版社出版；李霞演唱的《我们是兄弟姐妹》光盘，由广东音像出版社出版发行；吴军代表兵团音协赴京参加中国音协第七次全国代表大会，再次当选中国音协第七届理事。

【电视艺术家协会】

选送的由郭成云等主创的电子影像片《天边部落》获中国民协山花奖，郭成云应邀出访塔塔尔国际电视节并展播电视片。

【民间文艺家协会】

廖肇羽荣获中国民间文艺家协会“德艺双馨工作者”称号。

中国石油文联

1. 10月15日，由中国石油书法家协会和东方地球物理公司联合主办的中国书法进万家—走进东方地球物理公司暨“东方物探杯”中国石油书法篆刻大赛在河北涿州拉开帷幕。
2. 6月26日上午，“中华铁人文学奖”第三届颁奖大会在北京人民大会堂举行。
3. 中国石油天然气集团公司副总经济师兼思想政治工作部主任、铁人文学基金会副会长关晓红作评奖情况的报告。
4. 中国石油天然气集团公司党组成员、副总经理王福成宣读获奖名单。
5. 中国石油天然气集团公司原党组成员、副总经理、铁人文学基金会会长阎三忠为获奖作者颁奖。
6. 石油艺术家在中国石油苏丹炼厂投产十周年活动演出现场。

中国铁路文联

	1	
2		3
4		5
6		7

1. 中国铁路文联等单位联合召开铁路作家张庆洲长篇小说《红轮椅》研讨会。
2. 中国铁路文联主席佟立军，内蒙古自治区党委常委、统战部部长伏来旺，内蒙古自治区政府副主席连辑，呼和浩特铁路局局长林奋强（右起）为“和谐铁路·吉祥草原”书法联展开幕剪彩。
3. 铁道部政治部副主任兼宣传部长、中国书法家协会理事、铁路书协主席王勇平在“送文化，下基层”活动中为职工写书法。
4. 中国摄影家协会分党组书记、驻会副主席兼秘书长李前光，分党组成员高琴，副主席王悦，铁道部政治部原副主任、铁路文联主席佟立军（左起）参观中国铁路摄影家作品展。
5. “全国铁路名家送书法到基层现场笔会”在呼和浩特举办。
6. 西安铁路局组织的文艺小分队下站区文艺演出，广受一线职工欢迎。
7. 鲁迅文学院、中国铁路文联等单位联合组织召开铁路作家青年李小重长篇小说《走火》研讨会。

中国煤矿文联

1. 11月22日，“开滦杯·中国煤炭工业辉煌60年”电视专题片颁奖大会在京西宾馆举行。

2. 5月23日，“新淄矿新风采全国煤矿摄影家走进淄矿摄影一日”活动在山东淄博矿业集团举行。

3~4. 8月1日至5日，组织煤矿31位作者创作的50幅摄影作品，参加在云南大理举办的第八届中国摄影艺术节。

中国电力文协

1. 2009 年电力行业职工文体工作会议。
2. 中国电力文协下属的中国电力集邮协会年会合影。
3. “辉煌历程——庆祝新中国 60 周年全国电力诗词大赛”的评委们正在认真地评选诗词作品。
4. 庆祝新中国成立 60 周年“与祖国同行”书画创作笔会现场。
5. 全国电力摄影创作采风活动合影。
6. 在庆祝新中国成立 60 周年全国产业（行业）系统文艺展演活动中中国电力文协选送的戏曲代表队获银、铜奖。

1	2
3	4
5	
	6

中国水利文协

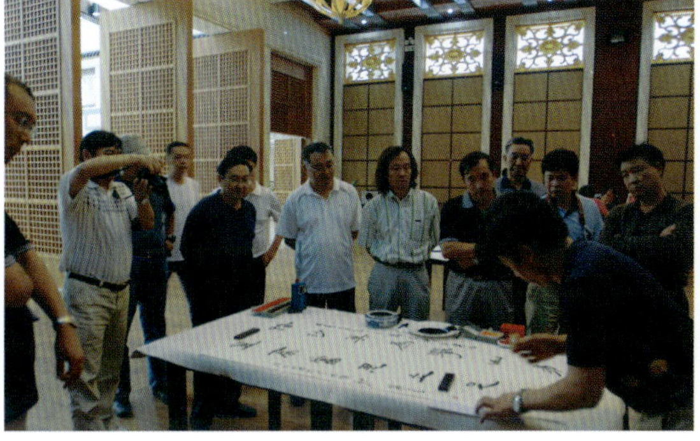

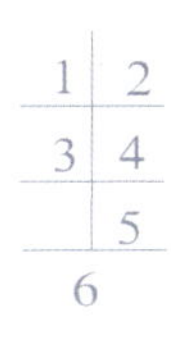

1. 水利部部长陈雷在首届中国水文化论坛上讲话。
2. 水利部副部长刘宁参观庆祝新中国成立60周年美术、书法、摄影展。
3. 中国水利文学艺术协会主席张印忠率领水利美术、书法、摄影、作家到宁夏沙坡头水利枢纽采风。
4. 庆祝新中国成立60周年“江河欢腾颂祖国”文艺演出。
5. “手拉手——珍惜生命”安全生产巡回演出在哈达山水利工地。
6. 水利部部长陈雷、副部长鄂竟平、周英、刘宁等领导观看庆祝新中国成立60周年文艺演出并与演员合影。

中国化工文联

1. 泸天化50年厂庆文艺演出。
2~3. 送春联下乡、下基层活动。
4. 中国化工摄影大赛获奖作品展天津汉沽巡展开幕式现场。

中国石化文联

1	2
3	4
5	6
7	

1. 中国石化集团公司党组部分成员参观《升腾的朝阳》摄影展。
2. 中国石化摄影家协会组织会员前往中国石化位于北海涠洲岛的原油码头建设工程基地采风创作。
3. 中国石化文联作者和文学作品在第三届“中华铁人文学奖”评奖活动中获奖。
4. 广州石化公司热烈欢迎参加中国石化职工文艺汇演的评委和演员。
5. 茂名石化职工创作表演的舞蹈《工地节奏》参加了中央电视台主办的CCTV第五届电视舞蹈大赛并获得铜奖。
6. 中国石化总部机关职工举办庆祝新中国成立60周年歌咏演唱活动。
7. “为祖国放歌——中国石化庆祝新中国成立60周年暨第二届职工文艺会演”广州赛区颁奖晚会。

全国公安文联

1	2
3	4
5	6
7	

1. 12月29日，全国书画名家邀请展在首都军事博物馆举行开幕式。
2~3. 11月中旬，"为祖国放歌"——全国公安机关文艺汇演在北京公安部礼堂举行。
4. 8月14日，海峡两岸暨香港、澳门警察书画作品展在北京皇城艺术馆举行开幕式。
5. 8月30日，庆祝建国60周年外交部、公安部集邮展开幕式在北京中国邮政邮票博物馆举行。
6. 12月29日，全国公安文联成立五周年暨全国公安集邮协会成立一周年座谈会在内蒙古自治区召开。
7. 4月中旬，第三届中国管乐展演活动在上海举行。

中国石油文联

综 述

2009年，石油文联遵循“围绕中心，服务大局，面向职工”的工作宗旨，坚持“三个为主”、“三贴近”的工作方针，基本上完成了各项工作任务，在石油企业系统内和中国文学艺术界产生了较好的社会影响，不断提升了石油文化艺术工作的社会地位和影响力。

会议、活动与主要工作

【参加庆祝新中国60年全国产业（企业）文艺展演系列活动】

2009年，由中国文联、中华全国总工会、中央电视台联合举办了“向祖国汇报——庆祝新中国成立60周年全国产业（行业）系统职工文艺展”。石油文联根据中国文联的部署和要求，采取工作会议和专项研究相结合、全面推进和重点安排相结合的办法，积极组织各专业协会和油田文联参加比赛，获得中国文联、中华全国总工会、中央电视台授予的优秀组织奖3个，金奖6个，银奖9个，铜奖7个。具体获奖情况：

（1）音乐奖：

金奖

《祖国知道》 中国石油兰州石化公司

《灿烂的石油之光》 中国石油大庆油田文联

银奖

《再唱我为祖国献石油》 中国石油长庆艺术团

《祖国万岁》 中国石油宝石花艺术团

铜奖

《激情飞扬》 中国石油长庆油田公司

《播撒理想的土地》 中国石油辽河油田公司

优秀作品奖

《为了祖国好》 中国石油兰州石化公司

《爱我中华》中国石油吉林油田宝石花合唱团

《献出油花千万朵》 中国石油辽河油田公司

创作一等奖

《祖国知道》 中国石油兰州石化公司

《再唱我为祖国献石油》 中国石油长庆艺术团

创作二等奖

《祖国万岁》 中国石油宝石花艺术团

《灿烂的石油之光》 中国石油大庆油田文联

创作三等奖

《激情飞扬》 中国石油长庆油田公司

《播撒理想的土地》 中国石油辽河油田公司

《献出油花千万朵》 中国石油辽河油田公司

优秀组织奖

中国石油音乐家协会

（2）戏剧曲艺奖：

银奖

京剧《喜荣归》 大庆油田

小品《古树下》

铜奖

京剧《霸王别姬》 华中销售公司

（3）舞蹈奖：

金奖：

群舞《赫哲渔火》 大庆石化公司

群舞《春天》 长庆油田公司

群舞《石油魂》 华中销售分公司

群舞《多彩的旋律》 辽河油田公司

银奖

三人舞《邵多丽》 长庆油田公司职工艺术团

独 舞《忆》 大庆石化公司工会

群 舞《石油魂》 大庆油田公司文联

群 舞《雪绒花》 锦西石化分公司文联

双人舞《采油路上》 大庆石化公司文联

群 舞《俏妹子》 长庆油田公司职工艺术团

铜奖

群 舞《加油站的早晨》 华中销售职工艺术团

双人舞《爱恋》　　　华中销售职工艺术团
群　舞《风舞艳阳》　　锦西石化分公司工会
独　舞《一个真实的故事》
长庆油田公司职工艺术团

【承办“向祖国汇报——庆祝新中国成立60周年全国产业（行业）系统舞蹈展演”】

2009年10月26日，由中国文联、中华全国总工会、中央电视台、中国舞蹈家协会联合主办，中国石油文联协办，中国石油大庆石化公司、中国石油舞蹈家协会承办的“向祖国汇报——庆祝新中国成立60周年全国产业（行业）系统舞蹈展演”颁奖晚会在大庆石化公司举行。中国文联副主席、中国舞蹈家协会主席白淑湘，中国石油集团公司副总经济师、思想政治工作部主任关晓红，国资委群工局局长李学东，中国文联国内联络部副主任周雪静，全国总工会能源化学工会副主席张萌萌，中国石油集团公司思想政治工作部副主任、中国石油文联执行副主席贾光生，中国舞协分党组成员、副秘书长李淑芬和大庆地区的石油企业领导姜万春、郑怀义、杨继钢、冷胜军等出席颁奖晚会并和上千名干部职工一起观看了演出。白淑湘、关晓红在颁奖晚会上讲话。

“向祖国汇报——庆祝新中国成立60周年全国产业（行业）系统舞蹈展演”自2009年3月开展以来，在全国各产业（行业）系统各级文联、工会的认真组织和积极参与下，取得了丰硕成果。参加颁奖晚会演出的舞蹈节目，就是这些优秀舞蹈精品的代表，它们来自基层群众的创作，来源于火热的生活，具有相当高的艺术水准。这次全国产业（行业）系统舞蹈展演共评出金奖18个、银奖30个、铜奖38个、优秀奖44个、优秀编导20人、优秀组织奖20个、特殊贡献奖1个。参加晚会演出的有西藏、云南、广州、上海、武汉等企业的获奖节目。中国石油有三个获金奖的节目参加了颁奖晚会的演出，成为晚会的亮点。晚会的节目精彩绝伦，受到专家和观众的一致好评：这些来自基层企业、源于职工生活的舞蹈，不仅生活气息浓厚、行业特色鲜明，而且充满生命的活力，具有产业工人特有的神韵和气势，一看就是工人的舞蹈，令人精神为之振奋。

【承办中国书法家协会“向祖国汇报——中国书法走进石油”书法展览活动】

2009年10月15日由中国石油书法家协会和东方地球物理公司联合主办的中国书法进万家—走进东方地球物理公司暨“东方物探杯”中国石油书法篆刻大赛在河北涿州拉开帷幕。展览在东方地球物理公司职工活动中心开幕。

中国书法家协会分党组书记、驻会副主席兼秘书长赵长青，党组副书记、副秘书长陈洪武，副秘书长白煦，理事、理论研究部主任刘恒，理事、组联部主任张陆一及原石油工业部副部长李敬，中国石油天然气集团公司离退休职工管理局局长、中国石油书法家协会主席樊胜利，中国石油文联秘书长路遥峰，中国书法家协会理事、中国石油书协副主席兼秘书长于恩东，中国石油集团东方地球物理公司党委书记王小牧，总经理王铁军，党务副书记段世民，副总经理苟量，总经理助理王治富，文联主席殷会祥等领导以及新闻媒体和来自全国各石油企事业单位的书法爱好者四百余人参加了开幕式。

全国石油系统的书法精英，饱含对祖国、对生活的炽热之爱，饱蘸浓墨，用拳拳赤子之心创作一幅幅令人耳目一新的艺术精品，讴歌中国石油精神，讴歌东方物探“先锋”精神，为共和国六十华诞献上一份厚礼。本次大赛，共收到来自全国石油系统的书法、篆刻作品1千余件。评选出获奖作品60件，优秀作品200余件。一幅幅书法篆刻作品以深厚的功力、鲜明的个性、强烈的时代气息和独到的石油语言，展示了当代石油职工的风采、学养和品质，展现了全国石油系统书法创作的勃勃生机。

【第三届“中华铁人文学奖”评奖颁奖活动】

2009年6月26日上午，“中华铁人文学奖”第三届颁奖大会在北京人民大会堂举行。石油文学热度再次升温，铁人精神、石油人物再次成为社会关注的焦点。

原石油工业部部长、世界石油大会高级副主席、铁人文学基金会名誉会长王涛，中国作协党组书记、副主席李冰，中国石油天然气集团公司原党组成员、副总经理、铁人文学基金会会长阎三忠，中国文联党组成员、副主席杨志今，中国作协副主席高洪波，中国石油天然气集团公司党组成员、副总经理王福成，中国石油化工集团公司党组成员、纪检组组长王作然，中国海洋石油总公司党组成员、常务副总经理周守为，国资委外部董事、中国石油文联主席、铁人文学基金会

高级顾问李克成出席颁奖大会。

“中华铁人文学奖”是我国石油石化行业最高级别的文学大奖，由中华文学基金会和铁人文学专项基金管理委员会主办，中国石油、中国石化、中国海洋石油三大集团公司协办。第三届评奖共有50部作品奖和8名个人奖。经评委一致提议，授予中华铁人文学奖和铁人文学专项基金的创立者焦力人特别贡献奖，以表彰和纪念他对石油石化行业文学事业的毕生关怀和卓越贡献；授予何建明、赵天山、刘恒等创作的《部长与国家》、《西圣地》、《铁人》三部文学、影视作品“中华铁人文学奖特别奖”，授予忽培元、和谷、孙晶岩的作品《共和国不会忘记》、《中国百年油矿》、《中国动脉》“中华铁人文学奖荣誉奖”，以表彰社会专业作家对石油题材创作的突出贡献；授予冯敬兰等7名同志“中华铁人文学奖个人荣誉奖”，以鼓励他们长期以来在个人创作和石油文学组织工作中取得的优秀成绩。这届中华铁人文学奖25名获奖者和19名提名奖获得者都是在石油石化战线不同岗位工作的业余作家。

这届获奖作品是从2004年至2009年5月期间创作发表、出版的石油石化题材的文学作品中评选出的精品。这些作品大部分出自石油石化一线工人作家之手，体现了“石油人写，写石油人”的鲜明特色。由全国著名文学专家组成的评委会认为，自2004年第二届铁人文学奖评奖以来的5年中，石油石化文学队伍健康发展，整体素质有很大的提高，创作数量和质量都上了新台阶，开创了新局面。

颁奖大会由中国海洋石油总公司党组成员、总经理助理吕波主持，王福成宣读了获奖名单，中国石油天然气集团公司副总经济师兼思想政治工作部主任、铁人文学基金会副会长关晓红作了评奖情况的报告，评委高洪波，获特别奖代表、中国作协党组成员何建明，石油作者代表第广龙和周洪成作了大会发言。阎三忠、周守为分别讲话。大庆油田公司党委副书记王昆代表大庆油田和石油石化基层单位作了发言。

中国作协党组成员、书记处书记、中华文学基金会理事长陈崎嵘，中宣部文艺局副巡视员梁鸿鹰，中国小说学会副会长、著名评论家雷达，著名诗人、鲁迅文学院原常务副院长雷抒雁，中国报告文学学会、中国散文学会常务副会长周明，中国报告文学学会副会长、著名评论家李炳银，《人民日报》文艺部副主任、著名评论家王必胜，人民文学出版社社长潘凯雄，著名诗人、《诗刊》常务副主编李小雨，中国作协创研部主任、著名评论家胡平，《文艺报》总编、著名评论家阎晶明等参加会议。

【“中华铁人文学奖”获奖作家铁人精神论坛】

2009年9月26日“中华铁人文学奖”获奖作家铁人精神论坛在大庆油田铁人纪念馆举行，铁人基金会高级顾问张轰、铁人文学专项基金管理委员会会长阎三忠参加和主持了会议。历届铁人文学奖的获奖作家代表，评委代表，三大石油集团公司思想政治工作部主管领导出席会议。会议听取了阎三忠重要讲话和传达中共中央宣传部关于批准“中华铁人文学奖”在全国评奖及在中宣部备案的有关批件；获奖作家畅谈获得“中华铁人文学奖”的感言及如何在石油文学创作中弘扬铁人精神、大庆精神；就如何办好铁人文学奖谏言献策。会议组织大家参观了铁人纪念馆和大庆油田历史陈列馆，近距离感受大庆精神、铁人精神。

【参加“百团万人颂中华——水立方大型歌咏会”演出】

2009年9月24日，中国石油辽河油田合唱团参加了首都国庆“百团万人颂中华——水立方大型歌咏会”演出活动。此次活动是中宣部庆祝新中国成立60周年“向祖国报告”文艺系列活动十五项重点项目之一。中央有关领导应邀出席并与现场万人合唱团一起歌唱，20余位著名影视表演艺术家、歌唱家参与歌唱，晚会盛况由中央电视台等媒体播出报道。

【参加第七届中国音乐“金钟奖”合唱比赛】

2009年9月23日，第七届中国音乐“金钟奖”合唱比赛在重庆举办。中共中央政治局委员、重庆市委书记薄熙来，中国文联党组书记、副主席胡振民，重庆市委副书记、市长王鸿举，市人大常委会主任陈光国，中国文联荣誉委员、中国音协主席傅庚辰，中国文联副主席、中国音协副主席吴雁泽，中国音协分党组书记、副主席徐沛东，中国音协副主席王世光，重庆市委常委、宣传部部长何事忠等领导出席了颁奖晚会。

在3天时间里，4 5支来自全国的参赛合唱团经过两轮六场的激烈角逐，由中国石油音乐家协会选派的大庆石化百灵合唱团和吉林油田职工合唱团进入了复、决赛，其中，大庆石化百灵合唱团获第12名，吉林油田职工合唱团获29名。另外，石油歌唱家万思妍于11月19日至27日，参加了在广州举办的第七届中国音乐金钟奖声乐（民族）比赛复、决赛，并获入围奖。

【《踏着铁人脚步走》进入中央电视台第五届全国电视舞蹈大赛决赛】

2009年10月30日晚，中国石油大庆石化公司舞蹈《踏着铁人脚步走》参加了中央电视台第五届全国电视舞蹈大赛现场决赛。舞蹈以铁人王进喜用身体搅拌泥浆的动人画面，塑造了铁人的光辉形象，表现了新一代石油人在铁人精神感召下茁壮成长的历程，显示出中国石油工人立志献身祖国石油工业的精神风貌。舞蹈以节奏铿锵的踢踏舞踏出了石油职工青年一代的豪情满志。

【《石油魂》进入文化部第八届全国舞蹈决赛】

第八届全国舞蹈大赛于2009年11月在武汉举办，石油文联选送的舞蹈《石油魂》参加现场决赛，获得优秀奖，这是国家企业唯一进入决赛获奖，并参加颁奖晚会的节目。

【石油工人作曲家韩刚原创作品进入首届全国优秀流行歌曲创作大赛中央电视台全国总决赛获提名奖】

2009年5月19日，首届全国优秀流行歌曲创作大赛总决赛第11场，在中央电视台举行。中国石油川庆钻探工程公司长庆钻井总公司工会的业余作曲家韩刚创作的歌曲《爱飞了》，经过全国层层筛选，从专业作曲家创作的25000首作品中脱颖而出，比赛中荣获提名奖。

【“石油歌唱家”、长庆油田职工周珊参加中央电视台《星光大道》决赛夺得周赛冠军并参加月赛决赛】

2009年6月21日至7月25日，中国石油长庆油田职工周珊以石油人独特的形象和卓越的表演，给电视机前的观众和百万石油员工带来了惊喜。在“周赛”中她以歌曲《我要飞》先声夺人；接着以带有石油生活韵味的原创情景剧《山上山下》夺得周赛的桂冠。

【《动脉》征歌活动、石油歌曲电视大赛、编辑石油歌曲选】

用优美的旋律为创作出反映西气东输工程，唱响世纪宏伟工程的歌曲，集团公司思想政治工作部、中国石油文联积极组织石油系统的音乐爱好者和创作者，认真部署和开展了《动脉》歌曲创作征集系列活动，征集到一批优秀的石油歌曲。

中国石油集团公司政治思想工作部、石油文联、石油音乐协会联合发出征集启示，先后两次开展征集活动；并组织全国著名词曲家到西气东输工程施工一线深入生活，进行现场创作。两次征集活动，共征得作品1730多件。邀请总政歌舞团创作室主任、作曲家丁晓里，国家一级作曲张卓娅，中国歌剧院创作室主任、作曲家温中甲，中国音协杂志社社长、作曲家冯世全，中国音协《歌曲》编辑部主任、作曲家田晓耕等对作品甄别筛选，涌现的《石油圣火》、《八千里路光明行》、《哦，妈妈》、《万里一线牵》等优秀歌曲经编辑成册，印发石油职工广泛传唱。以此为基础组织了石油歌曲电视大赛。

【《图注百年石油》、《石油大厦美术作品》编辑出版工作】

通过多年的资料收集、脚本创作，《图注百年石油》摄影作品集及新中国成立60年石油文学作品集编辑完成。

完成对石油大厦美术作品的装饰工作，石油大厦的公共区域共陈列有200多幅石油艺术家创作的作品。编辑出版了《石油大厦美术、书法、摄影作品集》。

【组织建设工作】

参加了辽河油田公司、吉林油田公司文联代表大会，深入兰州石化公司、辽宁销售、大庆油田、长庆油田公司文联进行调研。

召开秘书处工作会议，完成石油文联的内外联络工作，编发石油文联工作通讯，完成中国文联对石油文联年鉴工作和文联年审工作，组织参加了中国文联2009年文艺论坛。

【文化交流活动】

2009年5月12～20日，中国石油艺术团参加俄罗斯天然气工业股份公司在格连吉克——海滨疗养城举办的第三届“火炬杯”艺术节。双方进行的广泛的文化交流，深化了中俄两个特大能源企业及员工间的友谊。

5月17日晚，一台荟萃众多中国元素的歌舞表演《中国印象》在格连吉克文化宫拉开帷幕。

随着“中国京剧”、“中国风情”、“中华民族”等单元的依次展示，广大观众被洋溢着浓郁东方特色的中国艺术吸引。演出结束时，全体观众起立鼓掌欢呼。次日，俄罗斯及当地众多媒体纷纷对中国专场进行赞扬。

艺术节期间，中国石油艺术团还先后参加了开幕式狂欢游行、友谊之夜联欢、闭幕式演出等多项活动。同年，中国石油艺术团远赴苏丹中国石油海外石油公司进行慰问演出。

中国铁路文联

综 述

2009年，中国铁路文学艺术工作者联合会认真履行联络、协调、服务职能，团结铁路文艺工作者坚持“二为”方向，贯彻“双百”方针，遵循“三贴近”原则，围绕庆祝中华人民共和国成立60周年，紧紧围绕铁路中心工作，热情讴歌铁路改革发展的伟大实践，坚持高标准，讲科学、不懈怠，积极主动地开展文联工作，组织和配合开展了一系列健康向上的文学艺术创作活动，创作出一批反映铁路火热生活的优秀作品，为铁路改革与发展努力营造良好的文化氛围。

会议、活动与主要工作

【第二届二次理事会暨秘书长会议】

11月，在长沙召开了铁路文联第二届二次理事会暨秘书长会议。铁路文联理事、各单位文联秘书长等78人与会。铁路文联主席佟立军主持会议并讲话，铁路文联秘书长才凡做工作报告，总结2009年工作，对2010年工作进行部署。与会文联理事和各单位文联秘书长对《关于加强铁路文化建设的若干意见》（草稿）进行了深入讨论。

【“放歌60年”征文活动】

3月，铁道部政治部宣传部、铁路文联发出《关于开展放歌60年征文的通知》，要求广大文艺工作者紧紧围绕主题，讴歌新中国成立以来铁路改革发展创造的光辉业绩，集中展示铁路职工艰苦创业、拼搏奉献的精神风采，激励广大干部职工在实现中国铁路现代化的征程中再铸辉煌。铁路文联积极组织各单位文联深入开展“放歌60年”系列活动。北京局、西安局、郑州局等单位文联举办了内容丰富的职工艺术节，北京局集体舞蹈队和威风锣鼓队参加“十一”天安门广场国庆联欢，南宁局开展了“风笛如歌”文学作品征文比赛、“风笛嘹亮”歌咏比赛、“风笛传情”书画摄影比赛，武汉局开展了“唱红歌、颂祖国、爱武铁”万人歌咏比赛，哈尔滨局、沈阳局、上海局、济南局、太原局、成都局、南昌局、兰州局、昆明局、呼和浩特局、乌鲁木齐局、广铁集团、青藏公司、第三勘察设计院等单位通过开展征文、美术书法展、演讲会、知识竞赛、编辑图书画册等形式，广泛开展丰富多彩的文艺活动。《人民铁道报》、《中国铁路文艺》等报刊推出多个专栏，刊发文学艺术作品，加强互动，营造了“放歌60年”的浓厚氛围。

【“送文化、下基层”活动】

1月，铁道部政治部宣传部部长、中国铁路书法家协会主席王勇平率队进行“千里走京沪高铁”采访采风活动，将百余幅书法作品送到京沪铁路建设一线，鼓舞建设者士气。6月，在青藏铁路胜利开通3周年前夕，铁路文联、铁路作协将百余册反映青藏铁路建设和运营的诗集《铿锵青藏》赠送青藏铁路沿线职工图书室。12月6日，由铁路书协、徐州市文联主办的“潘传贤书法作品展”暨《潘传贤草书〈蜀道难〉墨迹·碑拓全集》赠书仪式在江苏徐州举行，展览活动后，中国书法家协会理事、铁路书协常务副主席兼秘书长潘传贤率领16位铁路书法家深入上海铁路局蚌埠地区进行送书法下基层活动。12月12日，结合“送文化、下基层”活动，中国铁路作家协会与襄樊市文联在襄樊铁路地区召开“李木马诗歌、散文作品研讨会”，送图书到襄樊站和襄樊北机务段。

【主要创作成果】

铁路各级文联（文协）组织，积极打造行业特色，推出精品力作。全路数百位作者的千余篇（幅）文学、书画、摄影作品在全国省级以上报刊媒体发表，通过文学艺术的窗口向社会展示铁路人良好的精神风貌，其中涌现出的一批精品力作，代表了铁路文艺创作的较高水准，引起了社

会文化界的关注。铁路文联副秘书长潘传贤创作了30多米的《蜀道难》大型草书拓片并出版了墨迹本和拓片本。铁路文联与北京铁路局文协联合组织京津城际铁路采风，创作完成千余行的长诗《大地飞歌》，在《人民铁道报》发表并在《人民文学》重点推出。王福春的“火车上的中国人”系列摄影在多家报刊发表，引起关注。王福春的摄影作品集《东北人》和邹毅反映铁路30年发展的摄影作品集《铁路情怀》正式出版发行。李小重创作的反映铁路公安生活的长篇小说《走火》在《小说选刊》发表后又由天津百花文艺出版社出版，获得全国第七届金盾文学奖一等奖。王秀梅创作的长篇小说《幸福秀》被2009年4期《当代·长篇小说选刊》转载，被数十家媒体连载和推介（上述两部作品正在筹拍电视连续剧），张风奇、刘惠强、李志强、赵克红、陈久泉、黄丽荣、李金桃、黄润秋等多篇作品在《人民文学》、《诗刊》、《人民日报》、《十月》、《中国书法》、《中国作家》、《小说选刊》、《北京文学》、《文艺报》、《天涯》等报刊发表。年内，铁路作家出版作品数十部，如彭文斌的散文集《一个叫彭家园的村庄》、张庆洲的长篇小说《红轮椅》、万玲的散文集《那记忆的刻度》、朱珊珊的《朱珊珊铁路诗选》、贾桥的报告文学集《纵马放歌》等铁路作家的专著在全国出版发行。此外，各单位文联、文协积极采取各种有效方式，着力打造文艺精品，获得多种奖项，扩大了铁路文艺的社会影响力。北京局业余歌手参加全国行业电视职工风采展示活动，取得1金3银的佳绩，该局职工合唱团参加中央电视台“五一”文艺晚会。哈尔滨局文联加黑龙江省百花竞放迎国庆美术摄影大展获金银奖25项，陈宇龙获得书法、美术、摄影3项金奖。

【文艺人才培养】

铁路各级文联积极加强队伍建设，组织各类创作班、研讨班和改稿会，整合创作资源，不断提高广大铁路作家、艺术家的思想素质和创作水平。铁路作协、铁路书协、铁路文联摄影分会积极利用参加展赛、研讨、组织深入建设工地采风创作、“送文化、下基层”等形式，培养、锻炼和壮大书画家、摄影家“铁路军团”，提高铁路艺术家创作水平和社会知名度。年内，铁路系统有3人被中国书法家协会吸收为会员；有3人被中国作家协会吸收为会员；铁路文联摄影分会主席温继武在中国新闻摄影学会论文座谈会上发布论文，铁路文联李志强的诗学论文在全国第四届青年评论家高级研讨班上发布并被收入选集。7月，铁路文联与鲁迅文学院、天津市作家协会、北京铁路局文协在鲁迅文学院联合召开铁路作家李小重长篇小说《走火》研讨会。雷达、王干、阎晶明、施战军、何向阳等30多位著名评论家与会，并就其改编影视作品提出意见和建议。7月，铁路文联与唐山市文联、北京铁路局文协在河北唐山联合召开铁路作家张庆洲长篇小说《红轮椅》研讨会。30余名评论家、作家与会。经铁路文联推荐申报，铁路系统36位从事文艺工作60年以上的老同志被中国文联授予荣誉证书和奖章。

【文艺刊物】

围绕构建以和谐铁路文化为主线的安全文化、服务文化、经营管理文化、高铁文化体系，铁路文联主办的文艺刊物《中国铁路文艺》吸引包括全国著名的作家、诗人、学者撰稿，提高刊物的质量，积极为和谐铁路建设鼓与呼，推出近千篇铁路作者创作的讴歌火热时代、咏赞铁路建设和运输生产、反映现实生活、为广大职工所喜闻乐见的小说、诗歌、散文、报告文学等各类文学作品，为丰富广大职工的精神文化生活，陶冶健康情操发挥了积极作用。《中国铁路文艺》在吸引广大职工积极参与的基础上，注重发现和培养文学骨干，推荐优秀作品。年内，有6篇作品被全国主流期刊《小说选刊》、《散文选刊》、《小小说选刊》等选载。各铁路局（公司）的文艺刊物努力办出特色，追求雅俗共赏和高品位，较好地发挥阵地作用的优势。

各专业协会

【作家协会】

2月，中国作协在京召开七届四次全委会会议，铁路作协主席才凡当选为中国作协七届四次全委会委员。4月8日，全国铁路文学创作座谈会在河南郑州召开，50余名铁路作家与会。铁路作协主席才凡主持座谈会，并就铁路系统文学创作工作，开展“放歌60年”征文，围绕庆祝新中国成立60周年和铁路建设新高潮，积极开展铁路题材文学艺术创作进行部署。《文艺报》、《人民铁道报》等报刊对会议进行报道。5月，铁路作家协会主办组织的纪念中国改革开放30周年铁路诗歌、散文征文作品选《大地飞歌》，精选58篇20多万字的作品，由中国铁道出版社出版发行并下发全国铁路各单位，受到广大职工欢迎。8月，中国铁路作家协会在长沙召开铁路文学创作会议暨《中国铁路文艺》约稿会，60余名铁路作家进行了座谈、组稿。铁路作家刘惠强、李志强、黄丽荣、王秀梅等为与会作家授课，谈创作体会。广大铁路作者积极创作，踊跃投稿，其中多篇佳作被《人民日报》、《诗刊》、《中国作家》、《人民铁道》报等报刊选用。年内选送铁路青年作家李小重进入中国作协鲁迅文学院第11届青年作家高级研讨班学习深造。经推荐，铁路作家李小重长篇小说《铁路世家》被中国作家协会选为重点扶持作品。

【书法家协会】

1月，在中国书法家协会“中国书法进万家”活动总结表彰大会上，石家庄铁路书协和哈尔滨铁路书协受到表彰并荣获先进集体称号；任云程、刘晓斌、何清青、陈宇龙受到表彰并荣获先进个人称号。3月，组织部分铁路书画家参加《诗刊》杂志社、铁路书协、《书画名家报》以及中韩书画家联谊会在北京和国内多个城市共同举办的“书法家写新诗”书法作品展览，5位铁路书法家作品参展并受到好评。5月12日，中国书法家协会第五届五次理事会上，王勇平、潘传贤被增补为理事。5月，铁路书协分别与《人民铁道报》联合推出庆祝五一国际劳动节和纪念汶川抗震一周年书画专版5个。7月，铁路文联、铁路书协与内蒙古书协在内蒙古呼和浩特举办“和谐铁路·吉祥草原”书法联展。铁路系统和内蒙古自治区各80位书法家的作品参展，并印制作品集。铁路数十位铁路书法家在展览结束后还到呼和浩特铁路客运段进行“送书法、下基层”采风活动。9月，铁路书协还推荐铁路书法骨干参加了中国书法家协会组织的文津阁文化大讲堂等活动。9月，由中国书法家协会主办，铁路书协、中国铁路渤海轮渡有限公司承办的“中铁渤海轮渡杯·全国百位书法名家邀请展”在大连举办，集中展示百位中国书协理事的精品力作，并出版作品集。并在中铁烟大轮渡上进行“送书法、下基层”活动。中国书法家协会驻会副主席、分党组书记赵长青和戴志祺、白煦等领导以及包括8名铁路书法家在内的50余位著名书法家参加了开幕式，活动取得圆满成功，60多家媒体进行了宣传报道。11月，铁路书法家石月晨、李洪波、李胜春、李杰的书法作品入选中国书法第三届“兰亭奖”，中国书协理事、铁路书协常务副主席兼秘书长潘传贤受聘担任该奖监审委员。

【摄影分会】

1月，选派摄影家深入京沪高速铁路建设工地采风创作，为全方位反映这一重点工程积累素材。2月，铁路文联摄影分会组织50多位摄影家赴铁路渤海轮渡采风创作，对采风优秀作品进行评选和奖励。7月，会同人民铁道报社组织30多位摄影家赴京沪高速铁路大胜关特大桥进行摄影采风创作，作品在多家报刊发表，《人民铁道报》刊发专版。9月，铁路文联摄影分会首次参加中国平遥国际摄影大展，并举办了中国铁路摄影家作品展。铁道部政治部副主任兼宣传部部长、铁路书协主席王勇平为展览题写了展名。铁道部政治部原副主任、文联主席佟立军参加开幕式并为展览开幕剪彩。中国摄影家协会分党组书记、副主席李前光，分党组成员高琴参观展览，中国摄影家协会副主席王悦参加开幕式。温继武、原瑞伦等70多位铁路行业摄影家的165幅主要反映铁路发展建设的作品参展，获得最佳优秀组织奖和观众好评。12月，组织50多名摄影家赴武广高速铁路进行摄影采风创作活动，并进行评奖，在《人民铁道》报刊发专版。

中国煤矿文联

综　述

2009年，中国煤矿文联以发展先进文化的重要思想和科学发展观指导、统领开展全国煤矿群众文化工作，以庆祝新中国成立60周年为契机，在中国文联和中国煤炭工业协会的指导下，开展了一系列贴近现实、贴近矿区、贴近矿工的群众文化艺术活动，收效甚好。

2009年，中国煤矿文联所属的专业协会中，已有6个国家级专业协会的团体会员单位，他们分别是：中国煤矿作家协会、中国煤矿摄影家协会、中国煤矿曲艺家协会、中国煤矿音乐家协会、中国煤矿集邮协会、中国煤矿书法家协会。

会议、活动与主要工作

【2009年度中国煤矿文联第一次理事会议暨中国煤矿文化宣传工作会议】

3月29～30日，中国煤矿文联在广州召开2009年中国煤矿文联第一次理事会议暨中国煤矿文化宣传工作会议。会议对2008年煤矿群众文化工作进行总结，对2009年全年工作进行部署。会上，与会同志对“开滦杯·中国煤炭工业辉煌60年”电视专题片大赛活动进行了广泛讨论。中国煤炭工业协会副会长、党委副书记孙之鹏、中央电视台科教频道综合部主任张广义、煤矿文联主席许传播等同志就专题片大赛整个活动进行了动员和安排。煤矿影视戏剧家协会对电视专题片的创作、拍摄和后期制作进行了探讨。会议同时召开各协会的专业会议，煤矿群众文化研究会通报了2008年课题完成情况，增补了煤矿群众文化研究会副会长及其理事。

【“开滦杯·中国煤炭工业辉煌60年”电视专题片大赛】

2009年，为隆重庆祝新中国成立60周年，全面反映新中国成立以来煤炭工业发展的光辉历程，中国煤矿文联（基金会）会同中国煤炭工业协会、中国能源化学工会全国委员会、中国煤炭报社等联合举办了“开滦杯·中国煤炭工业辉煌60年”电视专题片大赛。活动得到煤炭各基层企业响应与支持。与此同时，煤矿文联多次邀请中央电视台的同志进行指导，并先后2次召开电视专题片大赛进展情况汇报会，及时了解各地参与活动的进展情况和专题片的选题及拍摄思路。由于组织得力，工作到位，严格把关，有效地保证了专题片的质量和活动的圆满成功。此项大型活动至少创造了4个之最。一是在近年来举办的各种形式的煤矿文化艺术活动中是主办方最多的一次。活动由中国煤炭工业协会、中国煤矿文联、中国煤矿文化宣传基金会、中国能源化学工会全国委员会、中国煤炭报社5家单位联合主办，阵容强大。二是通过影像反映我国煤炭工业发展历程，此项活动是规模最大的一次。从时间上来说，它涵盖煤炭工业的60载沧桑岁月；从空间上说，它多角度、多侧面地反映了煤炭工业在生产方式、安全状况、科技进步、职工生活、企业文化、管理方式等方面发生的巨大变化。从内容上说，它几乎包容了煤炭工业发展和矿区职工生活的各个层面。三是在煤矿文联组织的影像作品比赛活动中，此项活动是收到参赛作品最多的一次。大部分国有煤炭企业都积极行动，按照大赛要求，组织专业力量投入电视专题片的拍摄、制作，从集团公司到矿处级单位，甚至不少地方煤矿也加入其中，显示了煤炭企业积极参与的高涨热情。四是在近年来煤矿题材的电视专题片中，此次所征集作品无论从思想性还是从艺术性上来说都达到了一个新的高度，是整体水平最高的一次。

经过基层推荐、专家评审和无记名投票等程序，从各单位报来的50余部电视专题片中共评出获奖片目38部，其中金奖4部，银奖6部，铜奖12部，优秀奖16部。11月22日，“开滦杯·中国煤炭工业辉煌60年”电视专题片颁奖大会在北京京西宾馆隆重举行。全国政协常委、中国煤炭工业协会会长、党委书记王显政，中国煤炭工业协会名誉会长濮洪九，中国煤炭工业协会副会长赵岸青，中国能源化学工会全国委员会主席张成富及活动主办方领导都出席了颁奖大会。全国各大煤炭企业的董事长、总经理，2008年度煤炭工业协会科学技术奖获得者、煤炭工业双十佳矿长和优秀矿长及获得2008年度煤炭工业节能减排先进单位、先进企业和先进个人的代表500余人参加了颁奖大会。颁奖会上播放了获得金奖的4部专题片。中央电视台从中精选出8部，从颁奖大会后的第二天起，连续4天在中央电视台十频道播出，每天播放2次。许多集团公司和矿区的电视台选播了其中的专题片。煤矿文联还将全部获奖作品制成光盘，发放到各地煤炭企业。

【组织参加“庆祝新中国成立60周年全国产业（行业）系统文艺展演”】

为庆祝新中国成立60周年，中国文联、中华全国总工会、中央电视台联合举办了“向祖国汇报——庆祝新中国成立60周年全国产业（行业）系统文艺展演”活动。煤矿文联积极与全国各有关煤炭企业联系，组织职工参加展演系列活动中的职工歌咏比赛、舞蹈展演、曲艺小品展演、戏曲演唱、新创工人歌曲演唱等5个单项活动和综合文艺晚会的演出，取得较好成绩。

【组织参加国家安全生产监督管理总局等部门举办的全国职工安全文艺会演活动】

为全面落实科学发展观，推动2009年“安全生产年”各项任务的落实，提高全民的安全意识和安全文化水平，促进全国安全生产形势的稳定好转，2009年，国家安全生产监督管理总局、中华全国总工会、中国文学艺术界联合会联合举办了全国职工安全文艺会演。根据组委会的要求，煤矿文联选送了一批以安全为主题的文艺节目，以生动的事例，寓教于乐，艺术化地再现了煤矿安全卫士的感人形象，对促进安全生产起到了积极推动作用。

【全国煤矿群众文化先进单位和先进个人表彰会】

12月2日，全国煤矿群众文化工作先进单位、先进个人表彰大会在重庆召开，来自全国煤炭行业的文化工作的领导、群众文化工作先进单位、先进个人的代表及《阳光》编务代表200多人参加大会。大会由中国煤矿文联副主席、开滦集团集团工会主席苗久主持，中国煤矿文联副主席庞崇娅在会上就2009年煤矿文联的主要工作做了总结，对2010年的工作进行部署。中国煤炭工业协会副会长、中国煤矿文联主席许传播对煤矿群众文化在煤炭工业发展进程中所发挥的作用作了充分肯定，对今后一段时间煤矿文联的各项工作提出了要求。大会表彰了历年来在煤矿群众文化工作中作出突出贡献的先进单位260个、先进个人365名及获国家级艺术奖项人员50名，并给获奖代表颁发了奖杯和证书。开滦集团、徐州矿务集团等单位的代表在会上介绍了开展群众文化工作的经验和做法。

中国煤矿文化宣传基金会理事会同期召开。会上，理事们结合各自企业的实际情况，回顾煤矿文化宣传基金会及煤矿文联一年来的工作，尤其是对“开滦杯·中国煤炭工业辉煌60年”电视专题片大赛活动给予了高度评价，赞赏此项活动记录了中国煤炭工业60年来的发展历程，展示了煤炭企业为我国经济建设作出的巨大贡献，颂扬了广大煤矿工人特别能战斗的可贵精神，将煤炭行业的国庆文化活动推向了高潮。理事会还就基层文化组织建设、网络建设等问题也做了热烈的探讨，对开展群众文化工作提出了很好的建议和意见。

各专业协会

【作家协会】

3月29日，煤矿作协理事会增补郑煤集团董事长、诗人杜工会为副主席。7月31日，中国作家看“平煤”暨第三届煤矿中青年作家高级研讨班启动仪式在内蒙平庄煤业集团公司举行。中国作协党组成员、副主席、书记处书记陈建功，中国煤炭工业协会副会长、中国煤矿文联主席许传播等领导出席活动启动仪式。陈建功对近年来煤矿文学创作所取得的优异成绩给予了充分的肯定和高度评价。中国作家看“平煤”考察团由陈建功，许传播，中国煤矿作协主席、北京市作协副主席刘庆邦，鲁迅博物馆馆长、中国人民大学文学院院长孙郁，鲁迅文学院副院长评论家施战军，沈阳师范大学教授评论家孟繁华，《人民文学》副

主编宁小龄，《十月》副主编陈东捷，小说家魏微、戴来，中国煤矿作协副主席徐迅、刘俊、荆永鸣、温治学组成。他们与来自全国煤炭系统的80余位中青年作家一起深入平庄煤业集团公司的元宝山露天矿进行了参观、调研，亲身感受了改革开放给煤炭工业带来的深刻变化。中国作家看“平煤”活动的同时，举办了第三届煤矿中青年作家高级研讨班，来自国内煤炭行业的40多位中青年作家聆听了许传播、孙郁、刘庆邦、施战军、孟繁华、宁小龄、陈东捷等专家学者的文学讲座。

10月26日“重阳节”之日，煤矿作家协会在北京召开了全国煤炭系统老作家座谈会。中国作家协会党组成员、书记处书记、副主席陈建功，中国煤矿文联主席许传播出席会议并讲话。特邀作家谭谈、焦祖尧、孙友田、李向春、蒋法武以及煤矿老作家代表梁东、李士翘、成善一、黄树芳、张枚同、李向春、毛守仁等20余人参加了会议。大家欢聚一起，以“回顾、展望、鼓劲、繁荣”为主题，共同回顾煤矿文学的发展历程，总结创作经验，分享创作成果，畅谈煤矿文学的美好前景。与会代表深有感触地说，“没想到我们已经退休多年，煤矿文联还想着我们这些老同志，我们感到非常温暖”。表示要始终不忘“煤矿作家”的身份，努力为建设煤炭行业的精神家园奉献余热。会后，与会作家代表一同参观了国家大剧院以及鸟巢、水立方等奥运场馆，到人民艺术剧院观看话剧《窝头会馆》。

【书法家协会】

2009年，“晋城煤业杯·第二届全国煤矿书法家精品展”由中国煤矿文联、中国煤矿文化宣传基金会、中国能源化学工会全国委员会联合主办。此届展览作为庆祝新中国成立60周年的系列活动之一，共收到来自全国煤炭系统的书法作品1000余件。从中评选出入展作品150件。展览邀请到一些书法界名家及包括国家安全生产监督管理总局副局长梁嘉琨等领导在内的企业家的祝贺作品100余件。9月21日，展览在晋城无烟煤矿业集团公司隆重开幕。中国煤炭工业协会副会长、中国煤矿文联主席许传播，山西省煤矿文联主席闫文升，中国煤矿文联副主席、中国书法家协会理事、中国煤矿书法家协会主席张宇及晋煤集团公司领导出席开幕仪式。煤炭系统近百名书法作者参加了开幕式。开幕式同时请浙江美院教授、博士生导师著名书法家陈正濂进行了书法讲座，召开了煤矿书协主席团会议。

根据中国煤矿文联书法家协会的申请和《中国书法家协会章程》、《中国书协团体会员入会条件细则管理办法（试行）》的有关规定，中国书协在综合考核的基础上，经中国书协五届八次主席团审议通过，接收中国煤矿书法家协会为中国书法家协会团体会员。

【摄影家协会】

3月29日，煤矿摄影家协会在广州聘请专家进行了摄影理论讲座，并对部分摄影作品进行了观摩、交流。

8月1～5日，由中国摄影家协会、中共云南省委宣传部等单位共同主办的第八届中国摄影艺术节暨2009首届大理国际影会在云南大理举办。经中国煤矿文联摄影家协会组织申报，第八届中国摄影艺术节组委会专家评审，31位煤矿摄影作者的50幅作品入选本次摄影艺术节摄影展览。这次入展的作品题材广泛，主题鲜明，形象地反映了新中国成立60年来煤炭工业取得的巨大成就和变化，展示了煤矿职工开拓进取、积极向上、无私奉献的精神风貌，为进一步提高全国煤炭摄影创作水平起到了积极推动作用。

【曲艺家协会】

5月，中国煤矿文联在北京举办全国煤矿曲艺小品创作表演培训班，来自全国15个矿区的70多名学员参加了学习班。学习班期间，中央戏剧学院副院长（第七届小品大赛评委）廖向红，中国戏剧家协会艺术培训中心主任（第七届小品大赛评委）周光，第七届小品大赛评委、著名导演由二群、娄乃鸣，以及著名作家冯俐，著名相声表演艺术家李增瑞、宋德全和导演高宗正等全国曲艺、戏剧界著名表演艺术家、导演进行专题讲座，并对作品及表演技巧进行具体修改和指导。专家与学员们共同剖析、共同探讨、共同切磋了近80个曲艺、小品节目。学员们认为面对面与这些戏剧界顶尖大师进行互动机会实在难得，虽然学习班时间仅有短短的7天，但学到了极其宝贵的知识，为开展煤矿文化工作进一步打下坚实的基础。学习班安排学员们观看了北京人民艺术剧院演出的戏剧《知己》和相声俱乐部的周末相声晚会。

为庆祝新中国成立60周年，由中国煤矿文联、中国曲艺家协会、中国戏剧家协会、中国能源化学工会全国委员会联合举办的“淄博矿业杯·全国煤矿职工曲艺、小品原创作品大赛”，历经半年多时间，经过组织创作、征集作品、编排演出、集中决赛等环节及基层推荐、评审组初选、专家现场观摩、评比等程序，从参加决赛的作品中共评出获奖作品30部。其中，曲艺作品评出金奖3部，银奖6部，铜奖9部；小品作品评出金奖2部，银奖4部，铜奖6部；同时评出优秀创作奖2名，优秀演员奖4名，优秀组织奖16个，特别贡献奖1个。

本次大赛的获奖作品以讴歌新中国成立60年来中国煤炭工业取得的辉煌成就为主线，生动反映了矿区火热的生活，热情歌颂了煤矿工人的动人事迹和普通劳动者的优良品质。通过此次大赛，基层曲艺小品的创作水平有了很大提高，同时推出了一批年轻的优秀演出人才。10月23日，淄博矿业杯·全国煤矿职工曲艺、小品原创作品大赛颁奖会在山东淄博矿业集团公司举行，刘兰芳、王谦祥、李增瑞、宋德全、王玉等著名表演艺术家参加了颁奖晚会，并与获奖演员同台献艺。国家级评委、中国戏剧家协会艺术中心主任周光对获奖作品给予了较高的评价。中央电视台《周末喜相逢》栏目对节目也给予充分的肯定，并邀请部分获奖节目参加央视《周末喜相逢》栏目的录制。

【美术家协会】

2009年，由中国煤矿文联（基金会）、中国能源化学工会全国委员会和煤矿美术家协会共同主办的“中平能化杯·全国煤矿美术展览”举行。展览共收到作品200余件，经过专家评选，共评出参展作品100件。12月22日，“中平能化杯·全国煤矿国画精品展”在河南平顶山矿区文化宫开幕。中国煤矿文联副主席庞崇娅、中国煤矿文联组联部部长张强、中国煤矿美术家协会主席吴凤仪等出席开幕式。庞崇娅副主席代表活动组委会发表了热情洋溢的讲话。此次国画精品展得到了中平能化集团及全国煤矿美术工作者的大力支持。获奖、入展的100幅作品以讴歌伟大祖国、反映煤矿工人火热生活的题材为主，体现了煤矿儿女的爱国情操，表达了煤矿职工对党的事业和中华民族振兴的强烈愿望，向全社会展示和宣扬了煤矿工人“特别能战斗”的中国矿工精神，展示了全国煤矿职工国画艺术风采。

【集邮协会】

4月9日，中国2009世界集邮展览在洛阳体育馆隆重举行。本次邮展有110多个国家和地区参加，共有3200件展品，几乎荟萃了最高水平的中国邮票展品并特邀了世界珍稀邮票参展。中国煤矿集邮协会组织全国煤炭系统此次入选展览集邮作品3部。其中，徐州矿务集团邢建旭的专题《羽毛》荣获镀金奖；平顶山神马集团公司高亚平的邮政历史《中华邮政国内信函邮资（1912～1949）》荣获大银奖；兖矿集团公司张朝斌的专题《狮子》荣获银奖。

直属单位

【《阳光》杂志】

3月29日，《阳光》杂志在煤矿文联第一次理事会议暨中国煤矿文化宣传工作会议上，将“阳光文学奖”和第六届“乌金文学奖”的评奖方案提交讨论。2009年，由《阳光》杂志社主办、内蒙古平庄煤业集团公司工会协办的“阳光文学奖”，严格遵循“打造《阳光》品牌，鼓励优秀文学作品创作，发现新人，推出精品”的评奖宗旨，对近百部（篇）初评备选作品进行了认真审读、反复讨论、集体评议，最后以不记名投票的方式产生出获奖作品17部（篇），其中：中篇小说2部、短篇小说4篇、散文3篇、诗歌4组、报告文学2篇、文学评论2篇。8月1日，阳光文学奖颁奖会在平庄煤业集团公司举行。

2009年，由中国煤矿文联作家协会、山西潞安集团联合主办，《阳光》杂志社承办的“潞安集团50华诞杯·中国煤炭工业改革开放30年文学作品征文”活动历时一年，于5月结束。征文活动共收到征文作品94篇，从中择优刊登了23篇。作品主题突出，内容真实，细节生动，情感饱满，梳理了煤炭工业改革开放30年的发展脉络，反映了国有煤炭企业近年来发生的深刻变革，塑造了矿山新人形象，体现了新时代的矿山精神，得到矿区职工和广大读者的一致好评。经过本次征文评选委员会的认真审读、集体讨论、严格遴选，从中评出一等奖2篇，二等奖3篇，三等奖10篇，纪念奖18篇。

在隆重纪念新中国成立60周年之际，中国煤矿文联与中国煤矿作家协会联合推出了“郑煤杯·庆祝中华人民共和国成立60周年文学作品征文”活动，此项活动由《阳光》杂志社承办。截至11月底，共收到全国各地的作家及煤矿作者撰写的散文、纪实文学、报告文学等作品560多篇。作品内容健康向上，情感真挚朴实，以独特的视角，记录了时代变迁和煤炭工业的进步，描绘了煤炭工业又好又快发展的宏伟蓝图和美好憧憬，反映了煤矿工人无私奉献的精神风貌，唤起了550万矿工自强不息、奋发上进的民族自豪感。《阳光》已陆续择优刊登了20余篇。

12月2日，随着全国煤矿群众文化工作先进单位、先进个人表彰大会在重庆召开，《阳光》编务会议同时召开。《阳光》编务代表200多人参加了大会。《阳光》杂志社社长兼主编徐迅就《阳光》的办刊情况及今后的工作做了重点发言。

中国电力文协

综　述

2009年，中国电力文协在中国文联和中电联的关怀指导下，面向基层、贴近群众，以迎接和庆祝中华人民共和国成立60周年为主题，在电力行业开展了丰富多彩的文化艺术活动，进一步激发了电力职工的爱国热情和为电力事业努力奉献精神，在活动中推出许多优秀作品和优秀人才，为促进电力文化建设和营造电力行业和谐的环境作出了新贡献。在中国电力文协自身组织建设方面也有新的发展。

重要会议与活动

【2009年全国电力行业职工文体工作会议】

3月31日，在北京中国电力文协与中国电力体协共同召开了“2009年全国电力行业职工文体工作会议”。来自全国电力行业的有关领导和代表50多人参加了会议。中电联党组书记、常务副理事长、电力文体协理事长谢振华，中国能源化学工会主席张成富，国家电监会供电监管部主任贾英华，中国华能集团公司副总经理乌若思等有关领导出席会议。会议由中电联副秘书长、理事会工作部主任孙永安主持。

本次会议完成了以下议程：对2008年全国电力行业职工文体工作进行了总结，研究部署了2009年电力行业的职工文体工作；会议安排中国长江三峡工程开发总公司和中国电力作家协会做了职工文体工作经验交流；中国电力文学艺术协会在会上对2008年举办的“进步与辉煌——纪念中国改革开放30年电力行业文学作品征文”活动获奖单位及作者给予表彰；中国电力体育协会对中国电力网球协会进行换届，选举产生了新一届电力网球协会领导机构。

【参加全国文艺展演】

5～10月，中国电力文协积极组织电力企业参加了由中国文联、中华全国总工会、中央电视台联合举办的2009年庆祝新中国成立60周年全国产业（行业）系统文艺展演。在这次展演中，中国电力文学艺术协会选送的戏曲代表队获银、铜奖；歌咏代表队获金、银奖和优秀创作奖；曲艺代表队夺得金奖。中国电力文协分别在这3个单项活动中获得优秀组织奖。

【第四届全国电力职工文学作品比赛】

为庆祝新中国成立60周年，展示2004年至2009年5年间电力行业文学创作成果，中国电力文协与下属的中国电力作协于4～11月联合举办第四届全国电力职工文学作品比赛。在这次比赛中共收到小说、报告文学、散文、诗歌、剧本等各类专著625部、单篇1300多篇及丛书30套（部）。

此次比赛邀请了中国作家协会副主席高洪波等13位全国知名作家和文艺评论家组成评委会，共评出专著类奖项：“中国电力文学金奖”六部、“优秀著作奖”20部、“著作奖”47部、“优秀文学作品集（丛书）奖”7部（套）、“特别奖”13部等；单篇类奖项有：优秀作品一等奖10篇、优秀作品二等奖22篇、优秀作品三等奖25篇、作品奖68篇；10个单位获优秀组织奖。

【“感动电力”——电力辉煌60年摄影大赛】

4～9月，由中国电力文协主办，中国电力企业管理杂志社承办了“感动电力”——电力辉煌60年摄影大赛，共收到参赛作品近千幅（组），共评出电力题材和艺术类一等奖3名、二等奖6名、三等奖10名，入选作品奖各15名。6个电力企业获单位优秀组织奖。

各专业协会

【集邮协会】

4月10～15日，电力文协下属的电力集邮协会在洛阳召开了2009全国电力集邮工作会议，中国电力企业联合会副秘书长、理事会工作部主任、中国电力集邮协会会长孙永安出席会议并讲话。

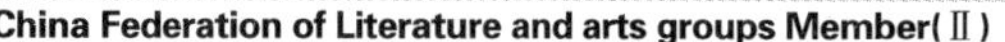

来自全国电力行业企业集邮负责人和集邮爱好者60多人参加会议。会议期间组织与会代表参观了“中国2009世界邮展”。从邮展上获息，邮协会员、江苏常州戚墅堰电厂李静波的八筐自行车运动的专题邮集，喜获中国2009世界邮展“大镀金奖”。

【诗词协会】

4～12月，中国电力文协与下属的中国电力诗词学会共同举办了“辉煌历程——庆祝新中国60周年全国电力诗词大赛”。此次大赛共收到格律诗、词、曲等征稿近千首。经大赛评委会评选，共有146首入围，最终评出优秀组织奖3名，一等奖1名，二等奖3名，三等奖10名，优秀奖50名。

【书法家协会】

12月18日，在安徽合肥举办的“庆祝新中国成立60周年全国电力诗词大赛全国电力诗词书法作品邀请展”上，展出了“辉煌历程——庆祝新中国60周年全国电力诗词大赛”中入围的146首诗词作品，举办了电力书法创作研讨会、电力书法笔会交流及参观采风等。

2月，根据《中国书法家协会章程》和《有关产业（行业）书法家协会申请团体会员条件细则》的有关规定，在中国书协名誉主席邵秉仁的支持和关注下，通过艰苦细致的申请工作，经中国书法家协会进行综合考核，批准中国电力书法家协会为中国书法家协会团体会员。中国电力书协是继中国石油书协、中国金融书协、中国铁路书协之后，被批复吸收为中国书协团体会员的又一个产业（协会）书协，经《中国电力报》、中国电力新闻网和社会媒体报道后，在电力行业内外产生了广泛影响。5月份，在中国书协五届五次理事会上，贺恭主席、肖鹏副主席被增补为中国书协理事。

6月28日，中国电力书法家协会三届二次理事会在北京召开。这次会议在总结工作的同时，对电力书协章程作部分修改，同时增补了部分理事，壮大了电力行业书法家队伍。

为庆祝中华人民共和国成立60周年，中国电力文学艺术下属的中国电力书法家协会于2009年下半年举办了庆祝新中国成立60周年全国电力书法创作笔会和庆祝新中国成立60周年“与祖国同行”书画创作笔会。笔会以书法艺术形式庆祝伟大祖国60华诞，并结合企业文化的需要，展示宣传了电力企业文化精神和形象，讴歌了新中国电力工业60年的发展和成就。

【摄影协会】

为了迎接和庆祝新中国成立60周年，宣传节能环保的基本国策，配合“电力辉煌60年摄影大赛”，电力文协与下属的中国电力摄影协会于7月27日至8月1日在内蒙古乌兰察布市辉腾锡勒风电场联合举办了“走进辉腾锡勒，感受‘风电三峡’”——全国电力摄影创作采风活动。来自全国电力行业43名企业工会负责人、新闻工作者及摄影爱好者参加了创作采风活动。摄影创作采风活动期间，举行了辉腾锡勒风电场现场摄影创作、数码摄影讲座与业务交流。虽然活动时间较短，安排日程比较紧凑，又遇到不尽人意的天气条件，但是参加活动的每个成员都认真地创作，互相学习和交流，达到了预期的目的。

组织建设工作

11月17日，民政部批复同意筹备成立中国电力文协。下一步将按民政部的要求，完成筹备工作后向民政部申请登记。

中国水利文协

综　述

2009年，水利文协深入学习实践科学发展观，围绕水利精神文明建设工作中心，认真贯彻落实水利部党组和中国文联关于庆祝新中国成立60周年的活动部署，组织开展了全国水利系统职工业余文艺会演，书法、美术、摄影创作展览，诗歌、散文征文评比和集邮培训班；组织召开了首届水文化论坛，举办了以宣传安全生产为主要内容的“水系民生、安全发展、放歌水利”为主题的演讲比赛和摄影作品巡展、文艺宣传演出等。

各项活动

【“放歌水利、水系民生”主题职工业余文艺歌舞活动】

水利文协根据水利部党组和中国文联的有关部署要求，配合水利部精神文明办，下发了庆祝新中国成立60周年，深入开展以爱国主义教育为主旨的基层文艺活动的通知，要求水利系统各单位把基层文艺活动融入到爱国主义教育活动中，寓教于乐，以文化人。在全系统开展了以“放歌水利、水系民生”为主题，展现广大水利职工、丰富活跃水利职工精神文化生活的群众业余歌舞活动。组织了由45个单位选送的包含声乐、器乐、舞蹈、戏曲和诗歌朗诵等不同形式的81个文艺节目，600多名演员参加的文艺展演比赛。从比赛中选拔出《党的光辉照我心》、《情系人民》和《功勋写在江河上》等节目，在水利部机关举办了“江河欢腾颂祖国”文艺调演。这次活动，参与职工广泛，内容丰富多彩，形式活泼多样。主题突出，唱水、说水、演水的行业风格鲜明，充分表达了广大水利职工热爱党、热爱祖国的深厚情感，为新中国60华诞营造了热烈、喜庆、欢乐、祥和、团结奋进的良好氛围，得到广大群众好评和部领导的好评。

在这次群众歌舞活动中，推选出四川省水利业余歌手张黎玲参加中国文联、中华全国总工会、中央电视台举办的“庆祝新中国成立60周年全国产业（行业）系统文艺展演”单项活动歌咏比赛，演唱水利歌曲《都江堰》并荣获金奖和作品创作二等奖。

【“水系民生安全生产”文艺宣传展演】

受水利部安全监察司委托，于上半年配合水利系统开展“水系民生，安全发展——安全生产年宣传教育活动”，举办了以“水系民生、安全生产”为主题的文艺作品创作、演讲比赛和摄影创作图片宣传展览活动。32个单位推荐演讲稿69篇，摄影作品338幅和部分文艺作品，于6月下旬在小浪底建管局进行了演讲比赛和摄影作品展览评比。评出了32篇优秀演讲作品、30幅优秀摄影作品，组成有20名业余文艺骨干参加的“手拉手——珍惜生命”安全生产宣传教育活动文艺演出小分队，携带摄影巡展作品，深入吉林省哈达山水利枢纽工地和小浪底水利工程建管局，进行宣传演讲、文艺演出和摄影图片展览。并于7月24日在北京向部领导和机关及在京直属单位进行汇报演出。并按国家安全生产监督管理局要求，制作了光盘上报，荣获歌曲创作银奖和活动组织奖。

【书法、美术和摄影展览】

在广西、陕西、河南、安徽省水利厅的支持下，水利文协与部精神文明办、离退休干部局联合举办“庆祝新中国成立60周年书法、美术、摄影作品展览”。共有45个单位近500名业余书法、美术、摄影爱好者应征选送了283件书法、美术作品和600幅摄影作品。评选出161幅优秀作品（书法72件、美术43件、摄影46件）和评委的作品及领导题词共172幅作品入展。涵盖了全国30多个省区市水利厅（局）和部直属单位的书法、美术和摄影爱好者的力作。参展作品集中展示了水利书画、摄影艺术工作者创作的丰硕成果。

【《中国水利职工摄影作品选集》出版】

为进一步推进水利业余摄影活动的发展，宣传水利事业发展，丰富职工精神文化生活。由水利文协摄影分会从全国水利系统近40个单位300多名摄影爱好者中征集500多幅作品，精选出130余幅，编辑出版了《中国水利职工摄影作品选集》。水利部部长、党组书记陈雷为影集作序，鼓励水利摄影爱好者，“继续拿起相机，记录下这个伟大时代进步、发展、繁荣的感人瞬间，记录下水利发展与改革大潮中丰富多彩的场景和可喜变化，创作出更多更优秀的作品，为祖国喝彩，为水利事业喝彩”。

【采风、调研活动】

8月上旬，由水利文协主席张印忠带队，有书法、美术、摄影和文学作家等12名同志参加，赴黄河沙坡头水利枢纽工程采风、调研。现场进行了书法、美术、摄影创作，并由黄委会“三黄”杂志出版专刊，对沙坡头水利枢纽工程进行系统宣传。

2次组织10多名摄影爱好者分赴无锡太湖和广西桂林摄影创作。

【组建水文化研究咨询机构】

为具体落实水利部党组关于大力加强水文化建设的指示精神，筹备组建了中华水文化专家委员会，聘请了周魁一等57位专家学者，为专家委员会委员。由水利部副部长刘宁任名誉主任委员，原部纪检组组长、文协主席张印忠为主任委员，周魁一、顾浩、郑大俊等21位同志为副主任委员。于7月15日在西安召开了“中华水文化专家委员会成立大会”，有40位委员出席会议。刘宁给大会发了贺信，张印忠出席会议并作了题为《整合资源，凝聚智慧，努力开创水文化研究和水文化建设的新局面》的讲话。会议就委员会成立的重要意义、指导思想、主要任务、工作思路等形成了会议纪要。

【首届中国水文化论坛】

11月13日，47位大专院校、有关水文化研究机构的专家、学者、水文化论文获奖作者代表出席在山东济南召开的水文化、可持续发展水利为主题的“首届中国水文化论坛”。参加全国水利精神文明建设工作会议的部机关各司局、部直属单位和各省、自治区、直辖市水利部门的负责同志200多人列席。陈雷部长出席并作了题为《大力加强水文化建设，为水利事业发展提供先进文化支撑》的重要讲话。9位专家、学者做论文交流发言。

会上向应征论文获奖作者及获组织奖的单位颁发了获奖证书和奖杯。

【开办中国水文化教育园地】

经和华北水利水电学院商定，由该校开办“中华水文化教育基地”，和河海大学协商，不定期举办“水文化建设与院校水利人才培养论坛”。协助综合事业局开展“全国水利风景区建设与水文化论坛”活动，面向社会、面向水利职工、面向在校学生，传播水文化知识，培育水文化人才。

【诗歌、散文征文活动及《中国水利文艺丛书》出版】

以《大江文艺》杂志为平台，在全行业开展了以“放歌水利，心系民生”为主题的诗歌、散文征文活动。有28个单位的业余文学爱好者200多人参加，应征作品194篇。评出《三说长江》、《红旗渠的故事》、《淮河放歌》和《五星红旗，我为你骄傲》等46篇获奖作品。在《大江文艺》刊登，并编辑出版了《中国水利文艺丛书》。

【水利作家协会主席、秘书长会议暨《大江文艺》杂志社理事会联谊会议】

传达学习部党组、中国文联、中国作协有关迎国庆活动的指示精神。贯彻落实以文学创作融入群众性爱国主义教育，用中国特色社会主义理论体系武装头脑，把建设社会主义核心价值体系的要求作为开展文学创作和办好《大江文艺》期刊的宗旨落到实处。办刊思路有了新的调整，期刊的内容形式有了新的提高。

【基础工作】

建立了水利作协会员档案、会员作品信息库，制定了会员培训规划。2009年发展水利作家协会会员4名。推荐并经批准加入中国作家协会会员2名。根据中国作协有关要求，进行了水利作家协会会员情况、为会员服务、保障会员权益和重点扶持等情况的调查，并撰写了报告。

【集邮培训班】

4月中旬，在小浪底水利枢纽建管局举办了水利集邮培训班。水利集邮协会的会长、秘书长和来自全国水利系统各单位负责集邮协会工作的骨干、集邮爱好者30多人参加学习。聘请了国家级集邮专家讲课，期间组织参观了在洛阳举办的2009年世界邮展，并参加了世界邮展讲座。

中国化工文联

综　述

2009年，是伟大祖国新中国成立60周年。这一年，中国化工文联以“庆国庆看发展，抒情怀立大志”为主题，组织开展了一系列丰富多彩的庆祝活动。

为确保国庆活动既轰轰烈烈又扎实有效，化工文联采取了条块结合的组织形式，最大化地集中发挥企业人力物力财力和文化艺术资源优势。条，即是以中国化工文联所属专业协会为牵头单位，组织相关庆典活动。块，即是以团体会员企业为主体，组织相关庆典活动。团体会员企业主要搞好2项活动：一是积极配合所在地方政府组织好相关国庆庆典活动，强化一盘棋意识，强化社会责任意识，强化企业形象意识，积极参与策划，积极参与创作，积极参与组织，积极参与活动。二是积极组织好企业内部的庆典活动，力求形式多样，形式创新。

各专业协会

【书画家协会】

继2008年12月成功举办中国化工改革开放30周年暨第二届书画展后，把书画展的后期效应放在了行业巡展上。2009年上半年，中国化工书画网，广泛征集以讴歌新中国成立60周年辉煌成就为题材的书画作品，并举办了大型网展。进入下半年，将网展作品与纪念改革开放30周年书画展作品融为一体，在行业内组织巡展。作品展出后，在业内得到广泛好评，一致认为作品既内容丰富，又风格千秋，贴近实际、贴近生活、振奋人心，反映了中国化工的光辉历程，反映了中国化工改革开放30的新成就、新变化、新面貌。同时，组织了向企业劳模、先进工作者赠送书画作品和送春联到基层活动。

【摄影家协会】

继2008年秋成功举办中国化工改革开放30周年暨第二届摄影展后，2009年把主要精力转移到了组织迎国庆大型摄影网展、巡展上来。专门召开理事会，研究部署活动议程、选题方向、评比标准等。将部分改革开放30周年摄影展的优秀作品与网展部分优秀作品合并为巡展。一年来，巡展了5个省区，10多家大型化工企业，并与天津汉沽区、山东潍坊、山东广饶等5个县市区文联、摄影家协会联合举办了迎国庆摄影展。在天津汉沽联展期间，汉沽区委区政府有关领导及区文化局、区文联、区摄影家协会主要领导和汉沽区艺术界著名艺术家、天津化工厂干部职工等300余人出席开幕式，当地媒体给予了采访报道。

与此同时，中国化工摄影家协会积极与化工媒体协调，建立了化学工业题材图片库，引导会员及摄影爱好者将镜头聚焦行业，聚焦身边的人和事，张扬行业新风，弘扬行业精神，讴歌行业新貌。

【舞台表演艺术协会银河艺术团】

所属银河艺术团将“送欢乐、下基层”活动经常化制度化，继2008年深入内蒙古、宁夏等部分化工企业慰问演出以来，积极参加地方政府组织的文化下乡活动，在国庆、“五一”等重大节日中，积极参与地方文化艺术活动的策划和演出。创作思路不断向社会文化领域拓展，艺术水准不断提高，大型舞蹈《春风绿浪》、《红红的日子》、《奋进》分别获四川省文联第六届“巴蜀文艺奖”、泸州市“五一”国庆文艺调演奖。

【作家协会】

在纵深推进新人新作培养发现工程的同时，选派优秀作家深入企业，深入基层，总结优秀企业的发展经验，探讨优秀企业的发展心路，为在危机中求生存、求发展提供文化滋养。以在新疆这块神秘大地发展起来的化工企业为背景，采写

的大型纪实文学《岁月如歌》并策划出版。中国化工作家协会还特别注重文学与社会文化、文学与企业文化、文学与管理文化的结合，关注现代管理成果理论和技术，使大批文学爱好者的目光聚焦企业，聚焦管理。作家叶建华的《读贤文品管理》已经出版4集，继荣获2008年度全国人力资源管理类图书金奖后，又被列为系出版物。部分青年作家走上企业高管岗位和领导岗位。

会员单位工作

中国化工文联所属团体会员单位，庆典活动丰富多彩，效果明显。中国化工集团、上海华谊集团、四川化工控股集团、陕西渭南煤化集团、浙江巨化集团、桂林橡胶公司、四川化工控股集团泸天化公司、山西天脊集团、天津化工厂、陕西兴化集团公司、四川自贡昊华西南公司、安徽三星化工公司等30家团体会员企业，在庆典活动中，受到地方政府表彰。

四川化工控股集团泸天化公司将新中国成立60周年、建厂50周年和纪念改革开放30周年的延续活动并称为“三庆”文化工程，纳入公司党委和董事会的重要工作议事日程，精于策划，周密部署，划拨专项经费，由党委、工会牵头。一年来组织各类活动达近百项之多，规模大，层次高，人气旺，效果好，为祖国60年大庆和企业50年大庆，营造了浓厚的昂扬向上的节日气氛。

4月，在泸州市《劳动者颂歌》“五一”文艺演出中，舞蹈《奋进》获奖，并在全省直播。

8月中旬开始，分别举办了大型企业发展史展览、书法绘画展、摄影展、集邮展、兰花展、奇石展及大型文艺晚会、诗歌朗诵会。

9月，举办了有14个基层单位、22支代表队参加的“与祖国共命运，与企业心连心”诗歌朗诵比赛和600多名公司员工参加演出的庆祝新中国成立60周年、泸天化建业50周年红歌大合唱比赛。大型舞蹈《红红的日子》被泸州市选定为文化下乡节目。大型舞蹈《春风绿浪》获四川省文联第六届“巴蜀文艺奖”。组织300多人参加了“泸州市隆重庆祝新中国成立60周年”万人红歌演唱会。12幅书画作品入选参加四川省总工会、四川省文联主办的国庆书画展。31幅摄影作品入选泸州市总工会举办的“庆祝新中国成立60周年摄影展”和6幅摄影作品入选中国化工文联组织的“庆新中国成立60周年摄影展”。在全国总工会组织开展的“读书——提升素质”征文活动中获奖。

10月26日，举办了重阳节文艺演出晚会。

11月16日，是泸天化建业50周年的喜庆日子，举行大型文艺演出的同时，举行了泸天化公司建业50周年职工文学作品集《银花》发行仪式。《银花》是由公司员工创作的一部文学佳作，从不同视角，不同层面反映了泸天化的奋斗历程和人文精神面貌，以鲜活的人，鲜活的事，感召和弘扬泸天化人“自强、拼搏、求实、奉献”的企业精神。

中国石化文联

综　述

2009年，中国石化文联在集团公司党组的领导和中国文联的指导下，在各专业协会和各企事业单位文联（工会）的大力支持配合下，认真贯彻落实党的十七大和十七届三中、四中全会精神，围绕中心、服务大局，积极履行工作职责，团结带领广大文艺工作者和爱好者，以庆祝新中国成立60周年为契机，以深入学习实践科学发展观和“我要安全”活动为主题，以活跃和丰富职工精神文化生活、凝心聚力为目标，开展了形式多样、丰富多彩的群众性文化艺术活动，为促进中国石化又好又快发展，建设具有较强国际竞争力的跨国能源化工公司作出了积极贡献。

主要工作与活动

【各专业协会秘书长会议】

2008年12月底，中国石化文联召开各专业协会秘书长会议，学习贯彻集团公司2009年工作会议精神，研究和探讨全年的工作思路；召开中国石化文联常委会，讨论并通过了《中国石化文联2008年工作总结和2009年工作要点》；中国石化音乐、舞蹈、作家、摄影等专业协会也相继召开常务理事会议，统一思想、明确方向，切实把中国石化文联全年工作任务落到实处。

【2009年新春团拜会文艺演出】

中国石化文联和中国石化音乐舞蹈家协会召开专题会议研究、制订实施方案，抽调得力人员进行编创工作。整台演出以舞蹈、歌舞、声乐、曲艺、配乐诗朗诵组成，融思想性、艺术性、娱乐性、观赏性为一体，讴歌了干部职工创业创新创效的时代精神，表达了百万石化员工在集团公司党组领导下，昂首阔步踏上新征程、再铸石化新辉煌的豪迈之情。来自总部机关和17个直属单位的200多名演员参加了15个节目的演出。

【为祖国放歌——中国石化庆祝新中国成立60周年暨第二届职工文艺会演】

为庆祝中华人民共和国成立60周年，持续推进群众性精神文明创建活动，全面展示职工文艺活动的丰硕成果，中国石化文联联合集团公司思想政治工作部、中国石化报社共同举办了“为祖国放歌——中国石化庆祝新中国成立60周年暨第二届职工文艺会演”。集团公司党组对文艺会演十分重视，总经理苏树林、副总经理曹耀峰和中国石化文联主席周原等领导多次听取汇报并给予指示。思想政治工作部和中国石化文联把这项活动列入到全年的重点工作来抓，并成立了活动组委会，在组织上给予保证。各承办单位成立了相应的工作机构，制订了实施方案，保证各赛区的会演顺利进行。

7月5日至8月6日，“为祖国放歌——中国石化庆祝新中国成立60周年暨第二届职工文艺会演”分别在胜利油田、中原油田、广州石化、天津石油4个赛区进行。82家直属企事业单位报送的177个节目参加，共演出17场，演员达1800余人，现场观看演出的人数达20000多人。各赛区还通过有线电视转播等方式，让更多的职工群众广泛了解会演盛况，扩大影响力。4个赛区共评出金奖20个，银奖37个，铜奖64个，优秀节目奖56个，优秀创作奖40个；胜利油田、中原油田、广州石化、天津石油和燕山石化获得特别贡献奖。会演活动呈现出参演作品多、节目质量高、题材内容丰、活动规模大的特点，达到了“突出主题、隆重节俭、祥和安全、参与广泛”的主创目的，成为全系统职工文艺的“群英会”和职工群众振奋精神的“动员会”，是对全系统文艺成果的大检阅、文艺队伍和实力的大展示、先进经验的大交流和骨干人才的大培训大提高。一场场欢乐的聚会、一幕幕精彩的表演，为广大职工群众带来了艺术享受，为迎接和庆祝新中国成立60周年营造了热烈喜庆、昂扬向上、团结奋进、开拓创新的良好氛围。

【升腾的朝阳——庆祝新中国成立60周年摄影展览】

中国石化文联与思想政治工作部、办公厅、中国石化报社等主办单位统筹安排，密切协作，于9月下旬举办了“升腾的朝阳——庆祝新中国成立60周年摄影展览”。办公厅牵头撰写了近3万字的摄影展脚本；各企事业单位根据活动通知要求，报送了近4000幅照片；中国石化摄影家协会和金陵石化作为承办单位认真做好照片精选、布展及画册编辑等工作；全国政协原副主席、中国石化老领导陈锦华为画展亲笔题写展名；集团公司党组书记、总经理苏树林为摄影展作序。本次展览分“亲切关怀”、“艰苦创业”、“开拓振兴”、“内涵发展”、“重组发展”、“新的起点”6个篇章，展出照片400余幅，用光与影的艺术，编织起石化人的光荣与梦想、追忆与展望、欢歌与沸腾；用镜头和图片，在升腾的朝阳中，唱响中国石化信心与豪情、责任与使命、憧憬与祈盼。老照片弥足珍贵，重大题材照片史料详尽，艺术照片感染力强，每幅照片既饱含了石化儿女对伟大祖国的深情回望，又蕴涵对中国石化未来持续有效和谐发展的无限遐想。

【协办“向祖国汇报——庆祝新中国成立60周年全国产业（行业）系统职工歌咏比赛”】

由中国文联、中华全国总工会、中央电视台、中国音乐家协会联合主办，中国石化文联协办，中原油田、中国石化音乐家协会承办的“向祖国汇报——庆祝新中国成立60周年全国产业（行业）系统职工歌咏比赛”在2009年下半年举行。比赛共评出表演金奖16个、银奖29个、铜奖38个，创作一等奖8个、创作二等奖13个、创作三等奖19个和优秀组织奖15个、特殊贡献奖1个。这些作品大多出自工人之手，不仅主题突出，时代感强，唱响了共产党好、社会主义好、改革开放好、伟大祖国好的主旋律，而且特色鲜明、充满活力、生活气息浓厚，多侧面生动反映了各行各业的崭新面貌。

10月9～10日，颁奖晚会在中原油田举行。参加颁奖晚会的领导、嘉宾和演职人员达600人之多。在承办过程中，中原油田举全局之力，成立了9个专门工作小组，努力做好演出、安全、接待、宣传等一系列工作；同时，邀请《工人日报》、中央电视台、《中国文化报》、《中国艺术报》、河南电视台、广播电台等10多个国家主流媒体和省市传媒单位进行大量报道和录播，中央电视台文艺部组成了20多人的录制组现场采访，以整台晚会的形式在央视音乐频道连续三次进行播放，使晚会的宣传效果和社会效益实现了最大化，展示了中国石化良好的精神面貌和时代风采。中国文联党组副书记、副主席覃志刚参加了颁奖晚会并讲话。他说，这次职工歌咏比赛的最大特点，是紧紧围绕庆祝新中国成立60周年的主题，紧密结合中宣部、中央文明办等十部委倡导的“爱国歌曲大家唱”活动而获得了成功。中国音协合唱联盟主席徐锡宜在接受记者采访时深有感触地说，这次晚会的成功举办再一次证明，广大产业工人不但是物质财富的创造者，也是和谐文化的创造者。

【参加全国产业（行业）系统职工文艺会演】

选送文艺作品参加由中国文联、中华全国总工会、中央电视台主办的全国产业（行业）系统职工文艺展演中的歌咏、舞蹈、曲艺小品展演。其中，6个节目获金奖，8个节目获得银奖，10个节目获得铜奖，9个节目获得优秀创作奖。中国石化文联分别在3个系列展演中获得优秀组织奖；中原油田由于承办歌咏比赛成绩突出，获得特殊贡献奖。

【《工地节奏》获CCTV第五届电视舞蹈大赛铜奖】

茂名石化职工创作表演的舞蹈《工地节奏》参加了中央电视台主办的CCTV第五届电视舞蹈大赛并获得铜奖，这是中国石化在中央电视台举办的CCTV系列大赛中取得的最好成绩。

【参加全国职工安全文艺会演】

遴选节目参加由国家安监总局、中国文联、中华全国总工会主办的全国职工安全文艺会演，获得金奖1个，银奖1个，优秀奖6个，创作奖1个，中国石化文联荣获优秀组织奖。

【参加第三届“中华铁人文学奖”评奖活动】

中国石化文联推荐的42部文学作品参加了第三届“中华铁人文学奖”评奖活动，共有15名作者和文学作品获奖。

【中国石化“朝阳”文学艺术奖】

作为中国石化文化艺术界的最高荣誉，中国

石化“朝阳”文学艺术奖日益受到全系统文艺工作者和爱好者的重视。2009年，中国石化文联组织了文学、摄影两个门类的评选。文学类共收到26个单位报送的参评作品165件，有127件作品入围，有22部文学类作品荣获中国石化首届“朝阳”文学艺术奖，5名同志荣获新人奖。摄影类共收到23个单位报送的83名候选人材料，有63人入围，13位摄影作者获得首届中国石化“朝阳”文学艺术奖。获奖作品深刻反映现实生活，多侧面、多角度、多方位展示了中国石化改革发展稳定的历程，极大地鼓舞了职工群众，发挥了文学艺术在构建和谐企业中的独特作用。

各专业协会

【作家协会】

作家协会对第二届文学循环赛小说大赛进行了终评，共收到28个单位报送的162篇小说，约150万字，最终评出35个奖项，并出版了40多万字的获奖小说集《天边为什么这样红》。协助中国石化文联成功举办了首届“朝阳文学奖”的评奖，奖项分为小说、报告文学、散文、诗歌、剧本等五类，最终评选出22部（篇、组）文学类作品获得首届中国石化“朝阳”文学艺术奖。依托《太阳魂》文学期刊为载体，充分展示广大石化作者的文学创作才华，全年共出版发行6期，发表小说29篇，散文85篇，诗歌396首，报告文学7篇，散文诗6章，石化作家评论6篇，美术书法摄影作品18幅。同时，积极组织出版文学作品并推荐作品参加文学赛事活动。

【音乐家协会、舞蹈家协会】

音乐舞蹈家协会为努力弘扬民族精神和时代精神，满足职工群众精神文化需求，积极开展了一系列音乐舞蹈艺术活动。承办了“为祖国放歌”中国石化第二届职工文艺会演（中原赛区）活动；协办了全国产业（行业）系统职工歌咏比赛；组队参加全国第五届“小荷风采”少儿舞蹈展演并取得了优异成绩。7月3日，中国石化音乐舞蹈家协会二届四次常务理事会在中原油田宾馆召开，会议增补了2名常务理事，并研究发展了34名新会员，壮大了石化系统音乐舞蹈事业的骨干队伍。

【美术家协会】

美术家协会组织企业美术工作者和爱好者参加了“第11届全国美展”和“第七届全国体育美术作品展”，全系统有近百件作品入选各省市预选展览，有30余件作品获得奖项，有10余件作品被选送全国展区参加终评，7件作品入选第11届全国美展，两件作品入选第七届全国体育美术作品展，这是中国石化美术工作者进军全国性美展的重大突破。

协会针对各画种的创作特点，协调各单位美术组织根据本地创作状况，发动骨干会员，以讴歌祖国60周年辉煌历程为创作题材，采取多种适用技法创作，涌现出一批优秀作品。荆门石化美协举办了2期创作美术培训班，以版画为载体结合本单位的实际情况进行了多种艺术语言上的探索，有2位作者的作品入选“第七届全国体育美术作品展”；胜利油田以孤岛采油厂为美术创作基地，于5月份举办了为期10天的第二届版画培训班，极大地促进了会员的创作热情，陆续创作出近百件作品，从7月开始举办了专题巡回展，在山东省庆祝新中国成立60周年美展中有21件作品入选，其中4件作品获奖；齐鲁石化美协于9月举办了“齐鲁石化第30届美术作品展览”，展览共计展出作品166幅；中原油田美协于3月成立了美协下属的第一个学术团体版画艺术委员会，并于5月举办了版画作品展。10月，在庆祝新中国成立60周年美展中展出了油田系统的400多件美术精品，对油田的整体美术发展起到很大的促进。

【摄影家协会】

协办“升腾的朝阳”——中国石化庆祝新中国成立60周年摄影展。协助完成中国石化“朝阳”文学艺术奖摄影类奖项的评比工作。分别与《中国摄影家》和《大众摄影》2家杂志社共同举办了中国石化影友联谊会。11月，组织会员前往中国石化位于北海涠州岛的原油码头建设工程基地采风创作，用镜头记录下工程建设者不怕困难，与天地共经纬的精神风貌。

全国公安文联

综 述

2009年，全国公安文联在公安部党委和政治部宣传局的领导下，全国公安文联以十七大精神为指针，认真学习贯彻落实科学发展观，围绕公安部的中心工作，团结全国公安广大文艺工作者做了大量的工作。

机关工作

【自身建设与机构改革】

调整理顺内设机构。根据工作实践和广大会员的反映，经全国公安文联第五次主席办公会研究决定，自2008年12月份起，调整原全国公安文联书法美术摄影集邮专业委员会的设置，分别成立全国公安集邮协会、书法家协会、美术家协会和摄影家协会。原全国公安文联文学专业委员会，更名为全国公安作家协会。2009年3月，各协会完成组建工作。各协会成立后，按照全国公安文联章程的规定，围绕各艺术门类特点，积极开展与社会各文化艺术对口单位的联系与合作，受到上级对口单位和公安广大会员的好评。

【会刊和网站工作】

会刊《警察文化沙龙》作用明显。《警察文化沙龙》自2007年创刊以来，得到了各地公安文联和广大会员的支持和热爱。会刊及时准确地传达公安部党委、政治部、宣传局和中国文联及全国公安文联的有关工作部署，通报交流各地公安文联的工作经验和体会，开展对公安文化工作和文艺理论的探讨和思考，发表了众多基层公安民警创作的小说、纪实文学、散文、相声小品和歌曲，推介公安书法、美术、摄影等艺术人才及作品。截至目前，《警察文化沙龙》共发刊10期，免费赠送给全国公安文联会员，得到了各级领导的肯定。

全国公安文联网站良性运转。2008年7月，全国公安文联对外网站（http://www.gawl.org.cn）正式建立，8月30日对社会公开。网站开通一年来，据不完全统计，截至目前，页面总流量已经达到2262801人次，注册会员1065人，发表帖子22925个，其中主题帖3455个。2009年5月份，页面总流量达至380974人次，平均每天点击量13000人次。4月初，全国公安文联在公安部内网上开通了全国公安文联网站（http://10.1.6.59:81），经过2个多月的试运行，目前网络信号稳定，网站点击量达到1584598人次，注册会员1496人，发表帖子26854个，其中主题帖3759个。网站已经逐步成为活跃民警文化生活、交流文化信息、发表民警文学艺术作品、展示公安文化形象的重要窗口之一。

【基层联系点、创作基地、示范点建设】

在基层联系点的基础上，逐步建立多个创作基地，充分发挥联系点、示范点、创作基地的引领作用。在基层建立全国公安文联联系点、创作基地、示范点等基层公安文化组织，一直是全国公安文联工作的一部分。除原有的12个基层联系点和2个创作基地、1个示范点外，2009年全国公安文联又在基层建立了12个联系点、2个创作基地。各基地成立后积极开展各类公安文化活动。如：2009年，河南内乡公安文学创作基地成立后，组织承办了公安文艺小分队和公安书画家下基层活动；全国公安文联福建书画创作基地举办了海峡两岸暨香港、澳门警察书画巡展和全国公安系统优秀书法家作品巡展活动；全国公安文联鄂尔多斯摄影创作基地举办了全国公安文化工作研讨会等活动。这些活动的举办，是全国公安文联基层联系点、创作基地、示范点开展公安文化活动的有益尝试，更是各联系点、创作基地、示范点各级领导高度重视的结果，起到了引领带头作用。联系点、创作基地、示范点组织机构的逐步完善，组织开展活动能力的不断提高，走出了一条公安文化工作从基层中来到基层中去的模式。

文化活动

2009 年是新中国成立 60 周年，又逢公安部建部 60 周年，全国公安文联按照公安部的统一部署，以新中国成立建部 60 周年为主题，积极组织开展了丰富多彩的公安文化活动。

【新中国成立建部 60 周年主题文化活动】

为紧密配合公安部宣传局的文化宣传工作，全国公安文联按照宣传局领导的指示精神，积极参加局里组织的各项文化活动。参加金盾文化工程评选的有关工作；参加对公安类题材电影、电视剧本的评审工作；从 11 月初至 11 月中下旬，参加“为祖国放歌”——2009 年全国公安系统文艺会演的各项工作。全国公安文联遵照会演领导小组的安排，积极参加了组织协调组、会演评审组、后勤保障组等相关工作，圆满完成了会演领导小组交办的任务。

【“难忘 2008”网络图片展览】

为反映 2008 年公安机关积极投身抗击冰雪灾害、抗震救灾、奥运安全保卫等活动中取得的突出成绩，记录公安民警在自然灾害和奥运安保活动中的典型事迹和难忘瞬间，全国公安文联于 2008 年 11 月下旬至 2009 年 2 月组织开展了“难忘 2008”网络图片展征集活动。这次活动是全国公安文联网站正式开通后开展的第一次图片征集展示活动，继而开展了以新中国成立 60 周年为主题的网上书画展、摄影展。

【全国公安民警诗歌散文大赛】

2008 年 12 月至 2009 年 2 月 28 日，全国公安文联组织开展了全国公安民警诗歌散文大赛活动。活动共收到全国 31 个省、自治区、直辖市公安系统民警创作的诗歌、散文 9121 篇，经过初评，有 1686 篇（首）诗歌、散文作品进入复评，复评后，有 200 篇作品进入终评。10 月中旬，经过专家评委的认真评选，共评出一等奖 9 个、二等奖 18 个、三等奖 27 个、优秀作品奖 45 个，优秀组织奖 10 个。

组织召开古典诗词创作研讨会。4 月 28 日，全国公安文联在广东佛山举办古典诗词创作研讨会。来自基层公安机关的 15 名古典诗词作者参加了会议。会议认为，古典诗词创作已经成为基层公安文化的一个新亮点，在提高基层民警的文化素质上发挥着重要作用。会议回顾了公安机关古典诗词创作发展的过程和取得的成绩，特别围绕“古典诗词如何为公安工作服务”这一重要课题展开了研讨。与会代表结合自身创作体会充分发表了意见。

【中国第三届非职业优秀管乐团队展演比赛】

为迎接 2010 年世博会在上海举行倒计时一周年，4 月 28 日至 5 月 2 日，全国公安文联组织选派交通运输部天津港公安局警官乐团、河南驻马店市公安局警官乐团、深圳边防特检站管乐团代表公安部参加了“世博号角”——2009 上海之春国际音乐节管乐艺术节暨“中华杯”中国第三届非职业优秀管乐团队展演比赛活动。在此次活动中，交通运输部天津港公安局警官乐团获得社会组金奖，河南驻马店市公安局警官乐团和深圳边防特检站管乐团获得社会组银奖。全国公安文联获得优秀组织奖。

【向四川地震灾区公安机关捐赠书画作品活动】

5 月 14 日，全国公安文联在四川省彭州市举行了向四川震区公安机关捐赠书画作品活动。共向震区公安机关捐赠由全国公安系统书画家创作的书画作品 70 余幅。捐赠活动得到了各地公安机关和书画作者、爱好者积极响应，从公安部机关的各级领导干部，到祖国各地的基层公安民警，一幅幅饱含深情的作品陆续送到了全国公安文联秘书处。公安部党委委员、政治部主任蔡安季，也亲笔书写了毛泽东的诗句，以“今日长缨在手，何时缚住苍龙”的豪情壮志激励灾区的全体公安民警，战胜灾难，重建美好家园。

【海峡两岸暨香港、澳门警察书画作品巡展】

经过多方努力，继 2008 年澳门、深圳两地“海峡两岸暨香港、澳门警察书画作品展”展出后，2009 年 5 月 20 日至 8 月初首次在福建厦门展出，8 月 14 ~ 16 日在北京展出。

这两次展览都是经全国公安文联第六次主席办公会研究决定举办的重要活动，对于进一步繁荣警察书画艺术，促进海峡两岸及港澳警察文化交流、增进友谊、加强合作、激励创作具有十分重要的意义。展出的 230 余幅作品，是从两岸四

地警察书画作品中精选出来的优秀作品。

【推动基层公安文化活动】

为促进基层公安文化活动的开展，推动基层公安文化出成果、出人才，树名品，推精品，全国公安文联参与组织了河南公安作家李晓燕作品《血色泪歌》研讨会、福建公安画家林增华作品展、厦门市公安局新中国成立60周年书画创作笔会等基层公安文化活动。一年来，先后赴北京怀柔区、天津宁河县、辽宁大洼县、安徽肥东县开展活动，深受基层民警的欢迎。自2005年以来，全国公安文联领导，每年要抽出时间带队开展“公安文化下基层”活动，现已成为全国公安文联工作惯例。

【全国公安系统优秀书法家作品展】

8月8～13日，为庆祝新中国成立60周年，全国公安文联组织全国公安机关18位优秀书法家创作的百余幅作品，在北京皇城艺术馆举办了全国公安系统优秀书法家作品展。展览由全国公安文联和中国书法家协会联合举办。展出的百余幅作品，都是近年来18位公安书法家创作的优秀之作。

【全国公安（外交）系统集邮展】

8月28～30日，为庆祝新中国成立60周年，全国公安集邮协会和外交部集邮协会共同举办了公安部、外交部集邮展。

这次集邮展是近年来外交部和全国公安文联组织开展的一次较大的集邮展活动，展出的82框邮品代表了全国公安机关集邮工作的水平。

【组织参加“向祖国汇报”——庆祝新中国成立60周年全国产业（行业）系统文艺展演活动】

为庆祝新中国成立60周年，按照中国文联的有关通知精神，全国公安文联积极参加了由中国文学艺术界联合会、中华全国总工会、中央电视台及中国戏剧家协会、中国音乐家协会、中国舞蹈家协会、中国曲艺家协会联合主办的“向祖国汇报”——庆祝新中国成立60周年全国产业（行业）文艺展演活动。该活动历时3个月，分戏剧、歌咏、舞蹈、曲艺小品4个艺术类别。展演颁奖和汇报演出分别在北京市、河南省濮阳市、黑龙江省大庆市、山西省太原市举行。全国公安文联领导非常重视这次活动，选派专人，精心组织，在全国公安机关开展了戏剧、歌咏、舞蹈、曲艺小品四个艺术类别的作品征集工作，并从各地选送的作品中遴选出40余部优秀作品推荐给活动组委会。经过本次活动评审委员会的评选，全国公安文联推荐的作品，共获得7个金奖、11个银奖、19个铜奖、11个优秀奖、3个编导奖、9个创作奖。因组织工作成绩突出，全国公安文联分别获得戏剧、歌咏、舞蹈、曲艺小品4个艺术类别的优秀组织奖。在中国文联组织召开的该活动总结大会上，全国公安文联张策、孙洁、方玉杰、戴东英，公安边防文联王立刚、江苏省公安文联许丽晴、新疆边防总队政治部文工团陈玥等获得了中国文联的表彰。

【部分侦探文学作家座谈会】

11月19日，全国公安文联和轻工业出版社联合举办了部分侦探文学作家座谈会。座谈会对侦探文学的现状、发展、创作规律；如何创作出青少年喜爱的侦探文学；适应新形势探讨网络侦探文学创作等问题进行研究探讨。参加座谈会的作家们畅所欲言，提出许多能提升侦探文化品质和可读性的建设性意见。

【第二期全国警察管乐指挥培训班】

为进一步提高警察管乐水平，强化警察管乐指挥的基本功，培养一批警察管乐指挥人才，12月4～8日，全国公安文联在天津港举办第二期全国警察管乐指挥培训班。培训班特邀解放军军乐团团长、中国管乐学会主席、著名指挥家于海先生和解放军军乐团原副团长、著名指挥家程义明先生授课。来自全国公安机关25个单位的36名警察管乐指挥参加了培训。

【庆祝新中国成立60周年全国书画名家作品邀请展】

12月29日，全国公安文联举办庆祝新中国成立60周年全国书画名家作品邀请展。这次活动得到了社会文化名家的积极响应和参与，展出的300余幅作品，集当今书画名家之精品（包括公安系统名家），是一次思想性、艺术性极佳，质量、品质极高的视觉盛宴。公安部政治部主任蔡安季出席活动并讲话。

基层公安文联情况

【基层公安文化活动】

按照全国公安宣传处处长会议精神，全国公

安文联坚持以服务公安中心工作为出发点和落脚点，充分发挥基层公安文联在公安工作和公安队伍建设中的作用，推进基层公安文化工作蓬勃开展。

全国公安文联组织建设工作进展顺利，80%以上的基层公安建立了文联组织。遵照部领导关于在全国公安机关全面建立公安文联的指示，近年来，全国公安文联始终着力于基层公安文联的筹建工作。4 年多来，全国公安文联领导先后深入基层公安机关调研，对基层公安文联的筹备工作进行了督导，并就地市县一级公安机关积极筹建成立文联的工作进行研究探讨。至 2009 年年底，除黑龙江、山东、海南、甘肃和西藏外，有 28 个省、自治区、直辖市公安厅、局（包括公安边防文联、公安消防文联）已成立了公安文联或类似的公安文艺组织。部分地市县如广东省广州市、深圳市，山东省聊城市、枣庄市，河北省承德市，河南省郑州市，云南楚雄州、路江州、西双版纳州，河南省内乡县、辽宁省大洼县等公安机关也都成立了文联。迄今为止，全国公安机关 80% 成立公安文联的目标已经完成。

以庆祝新中国成立 60 周年为主题，组织开展形式各异、丰富多彩的公安文化活动。2009 年以来，各地公安文联，以服务公安中心工作为中心，以庆祝新中国成立 60 周年为主题，组织开展了丰富多彩的公安文化活动。如：春节前夕，福建、河南、江西、广西等地公安文联，以“欢乐祥和·喜庆平安”为主题，举办了春节文艺晚会；江苏省公安文联组织 10 多位公安书画家，分两批深入常州等地公安机关和社区，开展了“送祝福、送欢乐”基层服务行活动；青海公安文联组织开展了全省公安机关“爱民温情送万家”主题广场文化活动；四川省公安文联在“5·12”大地震到来之际，组织开展了以“告慰英灵”为主题的各种文化祭奠活动；6 月份以来，重庆市公安文联围绕正在开展的“打黑除恶”工作，组成 150 人的合唱队和舞蹈队，自创自编自导，参加了重庆市政法委举办的“重庆市政法系统第三届文艺会演”，并为配合全国公安一级英模周鑫烈士事迹的宣传，创作了歌曲《天堂的思念》并制作了 MV，在全国公安系统文艺会演中获得铜奖；“7·5”事件后，新疆生产建设兵团公安局文联克服困难，组织当地公安机关的艺术骨干，以“警民和谐”为主题，深入基层采风，体验一线民警和广大武警官兵的火热战斗生活，编撰了舞蹈《石榴熟了》、小品《一家人》和歌曲《英雄无悔》等文艺作品。其中，《石榴熟子》入选全国公安系统文艺会演，并获铜奖；在庆祝新中国诞辰 60 周年到来之际，安徽省公安文联独具匠心，以优美的民乐《春江花月夜》做背景，组织开展了“庆祝中华人民共和国成立 60 周年——安徽省公安民警网上书画作品展”；广西公安文联举办庆祝新中国成立 60 周年大型摄影、美术、书法展；内蒙古自治区公安文联，继承和发扬蒙古族能歌善舞的艺术风格，发挥优势，积极开展基层公安文化活动，并承办了历时一年的《金盾金曲》全国公安民警电视音乐大赛活动；云南省公安文联坚持每年组织开展全省公安书法美术骨干培训班，得到了云南省公安厅领导的高度重视和大力支持。同时，他们充分利用网络平台，发挥网络快捷优势，在网站上开展各类文化活动。北京、上海、广东、广西、江西、贵州、浙江、山西、河北、新疆、甘肃等公安文联（筹备组）分别组织开展了以庆祝新中国成立 60 周年为主题的读书、书法、美术、摄影、文艺会演等活动。这些活动的开展，陶冶了情操，凝聚警心，激励了斗志，鼓舞士气，树立了形象，弘扬了新时期人民警察精神，激发了基层公安文艺工作者和爱好者的工作热情和创作激情。推动基层公安文化更上一层楼。

2009 China Federation of
Literature and Art Calendar

2010

2009年中国文学艺术界联合会大事记

2008年12月25日至2009年1月18日，中国文联及各团体会员继续深入开展“送欢乐、下基层”公益性惠民文化活动。中国文联党组成员和各全国文艺家协会分党组成员分别率领各艺术门类的艺术家和文艺工作者700余人次，赴18个省(区、市)的21个地县乡（镇），深入灾区、乡村、厂矿、学校等，以演出、放映、展示、座谈等形式举行36场次慰问活动，约30万基层群众直接受益。

1月10日，中国文联在北京举办“百花迎春——中国文学艺术界2009春节大联欢”。各艺术门类的千余名艺术工作者欢聚一堂，畅谈文艺事业发展的美好未来。华建敏、李建国、孙家正、李金华、曹志、顾秀莲等党和国家领导同志、有关部委领导及中国文联主席团成员、荣誉委员和出席八届四次全委会的委员出席观看演出。

1月10日，中国文联八届主席团第四次会议在北京召开。全国政协副主席、中国文联主席孙家正主持会议。会议审议了《中国文联第八届全国委员会第四次会议议程（草案）》，审议并确认第八届全委会委员更替、增补事宜，审议了《在中国文联第八届全国委员会第四次会议上的工作报告(审议稿)》、《中国文联2009年工作要点(审议稿）》。

1月11～12日，中国文联第八届全国委员会第四次会议在北京召开。中宣部副部长焦利到会讲话，胡振民代表主席团作工作报告。会议传达学习了全国宣传部长会议精神，审议通过《工作报告》和《中国文联2009年工作要点》，对第八届全委会委员进行了更替和增补。

1月14～15日，中国文联组织艺术家赴四川绵竹市和北川县地震灾区开展“送欢乐、下基层”活动。此次活动由胡振民、覃志刚带队进行。

1月20～21日，中国文联与中国曲协主办的“刘兰芳艺术生活五十年”系列活动在京举行。全国人大原副委员长顾秀莲和胡振民、冯远出席观看20日晚举行的文艺晚会。胡振民出席1月21日上午举行的座谈会并讲话。

2月2～8日，中国文联与埃及文化部、中国驻埃及大使馆在埃及开罗、亚历山大举办“今日中国”艺术周。冯远率中国文联代表团一行6人出席活动。

2月17～23日，白庚胜赴日本出席以“活着的文化——非物质文化遗产的传承与发展”为主题的非物质文化遗产研讨会。

2月23～26日，中国文联与海南省人民政府在海口举办“首届海峡两岸暨港澳地区艺术论坛”。此次论坛以“影响与交融——当代中华艺术的多点透视”为主题，130余位来自大陆和港澳台地区文艺界的专家学者和嘉宾出席论坛。孙家正发来贺信，冯远、杨志今出席开幕式。

3月2日，中国文联在北京召开“文艺界全国人大代表政协委员联谊会暨中国文联‘送欢乐、下基层’活动表彰会”。孙家正、中国文联名誉主席周巍峙和中国文联党组全体同志出席活动，向4年来参加“送欢乐、下基层”活动的980余名文艺家和文艺工作者颁发证书并给予通报表彰。

3月12日晚，中国文联等单位在北京举行“和韵天歌——感悟《道德经》咏诵会”。全国人大副委员长周铁农和胡振民、廖奔出席观看咏诵会。

3月19日，中国文联、中华全国总工会、中央电视台联合举办的“庆祝新中国成立60周年全国产业(行业)系统文艺展演活动”启动。该活动于9月7日至11月6日在北京及全国部分地区举行，覃志刚、冯远、廖奔分别出席部分场次的演出和颁奖活动。

3月23～25日，中国文联国内联络部在江苏无锡召开2009中国文联组联工作会议。李牧出席会议并讲话。

3月26～28日，中国文联在云南昆明召开全国文联文艺舆情信息工作会议。杨志今出席会议并讲话。

4月15日，第二届中国戏剧奖·梅花表演奖(第24届中国戏剧梅花奖)大赛在河南省平顶山开幕。李牧出席开幕式。

4月20日，中国文联发出《中国文联关于围绕庆祝新中国成立60周年深入开展群众性爱国主义教育活动的通知》，要求各团体会员按照中央、中宣部统一部署，积极开展丰富多彩的文艺活动。

4月29日至5月17日，中国文联与中国美协、总政宣传部、上海市文广局、上海市文联在上海美术馆举办“史诗与牧歌——刘大为作品展”。胡振民、冯远出席开幕式。

4月30日至6月4日，中国文联与中国书协主办的“创造力的实现——张海书法展”在杭州、上海、南京举行巡展。全国政协副主席桑国卫和胡振民、冯远出席开幕式，杨志今出席6月21日在北京举行的学术研讨会。

4月30日至8月31日，中国文联举办“我与文联”大型征文活动，并于11月26日召开颁奖座谈会，胡振民、覃志刚、李牧等到会为获奖者颁奖。

5月12～14日，中国文联在江苏苏州举办全国文联外事工作研讨班。冯远出席开幕式并讲话。

5月26日，中国文联主办的“翱翔的凤凰——纪念郭沫若新诗创作90周年暨郭沫若题词（匾）大展”活动在北京举行。全国政协原副主席孙孚凌和廖奔出席活动。

5月31日，中国文联组织艺术家赴陕西汉中地震灾区，与陕西省委宣传部、陕西省文联在新建成的宁强县广坪镇金山寺村抗震救灾纪念广场举行“纪念胡锦涛总书记视察汉中灾区一周年——走进金山寺”文艺演出。

6月10～28日，中国文联与台湾“中国文艺协会”共同举办“世纪初艺术——海峡两岸绘画联展”。胡振民出席6月13日在台北举行的开幕式并致辞。

6月12日，中国文联与云南省委、省政府及中国音协主办的“首届中国聂耳音乐（合唱）周”在北京开幕。覃志刚、李牧、冯远、白庚胜出席开幕式，孙家正、李牧出席观看6月18日在云南玉溪举行的闭幕式文艺晚会。

6月24日至7月2日，应德国文化政策研究会、意大利中国友好协会邀请，廖奔率中国文联代表团一行4人访问德国、意大利。

6月25日，孙家正在全国政协礼堂会见韩国驻华大使辛正承，双方就进一步发展中韩文化交流交换意见。

6月29日，中国文联与中国音协在北京国家大剧院举行“时代之声——傅庚辰作品音乐会”。孙家正、李继耐、胡振民、覃志刚、杨志今出席观看音乐会，覃志刚出席6月30日召开的“傅庚辰作品研讨会”。

7月2日，中国文联荣誉委员、著名戏剧家欧阳山尊逝世，享年95岁。

7月7日，“中国曲艺家协会成立60周年纪念大会暨全国中青年曲艺家创作会议”在北京召开。孙家正、周巍峙、胡振民、冯远等出席会议，来自全国各地的曲艺界代表和嘉宾300余人参加会议。

7月8日，“中国电影家协会成立60周年庆祝大会”在北京召开，胡振民、杨志今等出席会议，200余名电影艺术家参加会议。

7月10～25日，中国文联与中国邮政集团公司在北京举办“百花芬芳——纪念中国文联成立60周年集邮展”。周巍峙、胡振民、覃志刚出席开幕式。

7月11日，中国文联国内联络部和湖北省文联在北京举办“庆祝新中国成立60周年暨中国文联成立60周年全国文艺名家书画作品邀请展”启动仪式。全国人大原副委员长何鲁丽、全国政协原副主席张思卿和覃志刚、冯远出席启动仪式。展览于10月17～21日在北京举办。

7月11～18日，中国文联、中国驻芬兰大使馆和芬兰考斯蒂宁民间音乐节合作，在芬兰联合举办“中国主题演出活动”。中国文联艺术团一行80人参加此次活动。

7月17日，“纪念中国文联成立60周年大会”在北京召开。李长春发来贺信，刘云山出席会议并讲话，孙家正出席会议并致辞，胡振民主持大会。会上，中国文联向60位从事新中国文艺工作60年的文艺工作者代表颁发荣誉证章证书。

7月17日，“百花赋——纪念中国文学艺术界联合会成立60周年文艺晚会”在北京举行。李长春、刘云山、李源潮、华建敏、马凯、孙家正、郑万通、张思卿、李蒙等党和国家领导同志，有关部委领导及周巍峙、中国文联主席团成员、荣誉委员等与近二千名文艺工作者欢聚一堂观看晚会，共同回顾往昔岁月，展望社会主义文艺事业的美好未来。

7月18日，“纪念中国文联成立60周年座谈会”在北京举行。老中青三代艺术家代表、中国文联各团体会员负责同志及文艺理论评论工作者参加座谈。胡振民出席会议并讲话，覃志刚、李牧、冯远、杨志今、白庚胜出席会议。

7月23日，“纪念中国音乐家协会成立60周年座谈会”在北京召开。胡振民、覃志刚等出

席会议，来自全国各地的老中青音乐家和音乐工作者参加会议。

7月26～31日，中国文联、文化部、北京市人民政府主办的国际魔术联盟“第24届世界魔术大会”在北京举行。来自世界66个国家和地区的2500多名魔术师、魔术爱好者等参加大会。全国人大副委员长陈至立出席大会并宣布开幕，孙家正出席开幕式并致欢迎辞。文化部部长蔡武，北京市市长郭金龙和中国文联党组成员出席相关活动。

7月27日至8月11日，中国文联组派山西省太原市民间艺术团一行31人赴美国参加犹他州国际民间艺术节。

8月2日，中国文联在北京举行“我和我的祖国——庆祝新中国成立60周年著名艺术家演唱会”。温家宝总理来电致贺，覃志刚出席观看晚会。

8月3～10日，第四届中国文联中青年文艺评论家高级研修班在青海西宁举办。杨志今出席开班式并讲话。

8月8～16日，中国文联与中国民协、吉林省政府、长春市政府在长春举办“第五届中国(长春)民间艺术博览会”，覃志刚出席开幕式。

8月9日，中国文联与文化部在北京举行“记忆·情深——王昆从事革命文艺工作70周年师生演唱会”。温家宝发来贺信，贾庆林、李长春、贺国强、王刚、刘延东等党和国家领导同志及文化部部长蔡武，中国文联周巍峙、覃志刚、李牧、冯远、杨志今出席观看演唱会；9月11日，冯远出席“王昆从事革命文艺工作70周年暨王昆声乐艺术研讨会”。

8月18～31日，应捷克民间文艺协会邀请，中国文联组派上海电影艺术职业学院张江艺术团一行30人赴捷克参加国际民间艺术节。

8月24～29日，应捷克民间文艺协会邀请，覃志刚率中国文联代表团一行3人访问捷克，观摩捷克国际民间艺术节演出等活动。

9月5～10日，中国文联、中国曲协在北京举办“向祖国汇报——庆祝新中国成立60周年曲艺精品系列展演”。李牧、冯远、杨志今、廖奔等出席观看演出。

9月7日，中国文联与中国音协、中央音乐学院、上海音乐学院、萍乡市委、萍乡市人民政府在北京召开“纪念女高音歌唱家、声乐教育家喻宜萱先生诞辰100周年座谈会”。覃志刚出席座谈会。

9月9～20日，中国文联组派艺术团一行36人赴加拿大举办“欢声笑语迎国庆”访问演出，胡振民出席在温哥华举行的开幕晚会。

9月21～26日，国际艺术理事会及文化机构联合会(IFACCA)第三次全体代表大会暨第四届世界文化艺术峰会在南非召开，李牧再次当选为新一届IFACCA执委会执委。

9月24日至10月9日，中国文联、中国美协、中国书协、中国摄协、中国民协在北京联合举办“向祖国汇报——庆祝新中国成立60周年暨纪念中国文联成立60周年美术书法摄影民间艺术精品展”。胡振民、覃志刚、杨志今、廖奔出席开幕式。

9月25日，中国文联、中国音协在北京举行“百团万人颂中华——水立方大型歌咏会”，李长春、刘淇、刘云山、刘延东等党和国家领导同志及中国文联党组成员出席观看歌咏会。

10月2～5日，应香港中华文化城和中央驻澳门联络办公室邀请，冯远等一行4人访问香港、澳门，出席“香江明月夜”大型中秋综艺晚会等活动。

10月9～19日，中国文联、中国摄协在北京王府井大街举办“‘中华全家福1949～2009·56个民族共同走过’大型摄影展”，孙家正为展览撰写前言，胡振民、李牧、廖奔出席开幕式。

10月11日，“庆祝新中国成立60周年暨中国戏剧家协会成立60周年纪念大会”在北京召开。胡振民、李牧、廖奔等出席会议，来自全国各地的戏剧界代表和嘉宾200余人参加会议。

10月11～16日，杨志今率中国文联出版业代表团赴德国参加法兰克福书展“中国主宾国”活动，并出席期间在法兰克福举办的“中国当代美术精品展”开幕式。

10月12～21日，应韩国文化艺术委员会和日本日中文化交流协会邀请，孙家正率中国文联代表团一行6人访问韩国和日本，会晤日本参议院议长、韩国国会副议长等政要。

10月14～17日，“第18届中国金鸡百花电影节”在江西南昌举行。全国政协副主席罗富和和胡振民、覃志刚出席相关活动。

10月17日，中国文联与国家安全生产监督管理总局在北京举行“《我的祖国》——刘炽作品音乐会”。胡振民、李牧、冯远出席观看演出。

10月21～28日，应中央外宣办邀请，冯远赴意大利出席“雪域高原——中国绘画作品展”开幕式，并进行艺术交流活动。

10月27日，中国文联荣誉委员、著名摄影家徐肖冰逝世，享年93岁。

10月27～29日，全国文联研究室主任暨文艺评论家协会秘书长研讨会在青岛举办，杨志今出席会议并讲话。

10月31日，中国文联、中国民协和宁波市人民政府在宁波举行“第九届中国民间文艺山花奖”颁奖典礼。胡振民、李牧出席颁奖活动。

11月3～11日，应台北艺术家文教推广基金会邀请，覃志刚率中国文联访问团赴台湾参加第二届海峡两岸合唱节活动。

11月3～12日，中国文联与澳门基金会在澳门举办“庆祝澳门回归10周年——中国当代美术作品展”。廖奔出席开幕式。

11月9～10日，中国文联与中国剧协、中央戏剧学院联合在京举办“欧阳予倩诞辰120周年纪念活动”。李牧出席9日举行的纪念大会。

11月20～27日，中国文联、中国音协与广州市人民政府联合在广州举行“第七届中国音乐金钟奖”总决赛。胡振民出席27日举行的颁奖晚会。

11月23日，孙家正、冯远在北京会见以日本日中文化交流协会代表理事、著名演员栗原小卷为团长的日本日中文化交流协会代表团一行。

11月25日，由中国文联主办的“第八届造型表演艺术成就奖”在北京举行颁奖典礼。胡振民、冯远到会并为获奖艺术家颁奖。

11月27日，中国文联、中国舞协在北京召开“中国舞蹈家协会成立60周年纪念大会”。孙家正、胡振民、廖奔等出席会议，数百名来自全国各地的舞蹈界代表参加会议。28日晚在北京举行“舞动中国——中国舞协成立60周年纪念精品晚会”。

11月29日，中国文联荣誉委员、著名戏剧家马少波逝世，享年92岁。

12月10～15日，中国文联在澳门举办“中华情——庆祝澳门回归10周年”摄影展。

12月15～17日，中国音乐家协会第七次全国代表大会在北京举行，刘云山出席会议并讲话，周巍峙、胡振民、覃志刚、李牧、冯远、杨志今、廖奔出席会议。会议选举产生了中国音乐家协会新一届领导机构，赵季平当选为中国音乐家协会主席。

12月20～25日，中国文联举办2009年外事干部培训班暨工作交流会，冯远出席开班式并讲话。

12月27日，中国文联、中国书协在河南平顶山举行“第三届中国书法兰亭奖”颁奖晚会，并于12月28日起在该市举办兰亭奖（尧山杯）展览。

2010 Appendix

附　录

地方各级文学艺术界联合会名录

北 京 市

东城区文联
主　席：赵　书
常务副主席：王富国
秘书长：李　宏

西城区文联
主　席：张世俊
常务副主席：杨海森
副主席：包旭东
秘书长：王永辉

朝阳区文联
主　席：李光羲
副主席兼秘书长：黄晓伟

丰台区文联
名誉主席：孙毓敏
主　席：王苏维
常务副主席：王艳秋
副主席：咸向东
秘书长：韩玉莲

石景山区文联
主　　席：宋青松
秘书长：王成成

海淀区文联
主　　席：卫汉青
常务副主席：常利民

门头沟区文联
主　席：王作楫
党组书记兼常务副主席：
孙永春
副主席兼秘书长：陈晓红
副主席：赵国安

房山区文联
主　席：史长义
副主席：曹燕杰
秘书长：刘泽林

通州区文联
主　席：杜德玖
常务副主席：刘姝平
秘书长：刘　祥

顺义区文联
主　席：高　源
副主席兼秘书长：孟云会

昌平区文联
主　　席：周振华
驻会副主席：韩瑞莲
副秘书长：高若虹、罗春杰

大兴区文联
主　　席：王凤强
秘书长：魏书亮

怀柔区文联
主　席：朱保坤
副主席兼秘书长：于书文
副主席：吴玉生、孟庆润、
刘振宝

平谷区文联
主　席：刘廷海
秘书长：韩维权

密云县文联
主　席：范庆海
副秘书长：陈　如

延庆县文联
主　席：吕　健
副主席兼秘书长：王春光

天 津 市

和平区文联
主　席：秦　岭
副主席：张永琛、王　梦、
张书珍、高　平

河东区文联
主　席：石春波
常务副主席：澎淑兰
副主席：刘德印、成　群、
李向群、李金岭、
李萼群、林　聪、
杨炳炎、赵　伟、
薛　钊

河西区文联
主　席：宋安娜
副主席：孟　华、窦宝铁、
刘海峰、刘建强、
王　平、李　青

塘沽区文联

主　席：楚宝路
副主席：李英杰、马连华、王广荣、李延春、杨国良、魏永明

汉沽区文联

主　席：杨为民
副主席：刘云海、丁树元、王玉梅、刘硕海、崔茂元、李孝椿、赵　峰

大港区文联

主　席：吕春波
常务副主席：孙长顺、刘　鹏、关有利、王忍利、王庆秀、宋俊生、马立新、刘益功、王兴隆、卢德福

东丽区文联

主　席：张泽恩
副主席：赵宝山、许向诚、孙玉河、邢纪庆、傅清源、王晶一、宋茂斌、徐洪友

北辰区文联

主　席：赵文秀

武清区文联

主　席：李伯怀
副主席：贾玉山、陈　平、门玉华

宝坻区文联

主　席：高凤河
副主席：丁其明、王广忠、王春景、周　明

蓟县文联

主　席：赵海军
副主席：刘北星、尹学云

静海县文联

主　席：邵士凌
副主席：王　强、王增龙、冯文彬、刘庆奎、刘铁刚、周士华、赵文奎、姚文红、郭子东、舒万成

天津开发区文联

主　席：李东辉
副主席：王　迅、徐胜利、赵　键、毛幼平、吴寅秋、王锁庄、齐义乐、董文胜

河　北　省

石家庄市文联

主　席：周喜俊
书　记：郝建农
副主席：肖建科、马荣川
地　址：石家庄市槐北路156号
邮　编：050021
所属各区县文联：

辛集市文联
主　席：李永路
副主席：刘立生
晋州市文联
主　席：韩丽娟
副主席：陈怀波、冯增勇
新乐市文联
主　席：国玉良
鹿泉市文联
主　席：康志良
副主席：牛建新
井陉县文联
主　席：蔡玉霞
正定县文联
主　席：韩梅玉
副主席：刘进忠
栾城县文联
主　席：王荣菊
行唐县文联
主　席：石超峰
副主席：杜海民
灵寿县文联
主　席：秘君凤
高邑县文联
主　席：李志芹
秘书长：陈　杓
深泽县文联
主　席：刘　炬
秘书长：孙晓青
赞皇县文联
主　席：毛爱国
副主席：张月梅、赵兰延
无极县文联
主　席：邢永强
副主席：赵　斌
平山县文联
主　席：付逢明
副主席：许贵增
元氏县文联
主　席：张占毅
赵县文联
主　席：郑旭华

张家口市文联

党组书记兼主席：黄建平
副主席：张润兰、钱宗飞、李敬东
秘书长：韩健梅
地　址：张家口市桥东区东河沿51号市人大院

邮　编：075000
所属各区县文联：

桥西区文联
主　席：王海峰
桥东区文联
负责人：王淑琴
宣化区文联
主　席：冯小利
察北管理区文联
主　席：赵　智
下花园区文联
主　席：夏　净
张北县文联
主　席：冯　谦
康保县文联
主　席：白　秀
沽源县文联
主　席：岳树旺
尚义县文联
主　席：樊殿武
蔚县文联
主　席：刘　锋
阳原县文联
秘书长：石秀文
怀安县文联
主　席：宗跃宏
怀来县文联
主　席：李景波
涿鹿县文联
主　席：高峰河
赤城县文联
主　席：李　江
宣化县文联
主　席：周贵亮

承德市文联
主　席：衣志坚
副主席：杨迎春、贺成利
秘书长：梁　义
地　址：承德市行政中心西楼
邮　编：067000
所属各区县文联：

承德市公安文联
主　席：张同贵
副主席：沈玉波、张亚军
秘书长：杨小慧
承德县文联
主　席：李国栋
兴隆县文联
主　席：栾世玉
平泉县文联
秘书长：王翠琴
滦平县文联
主　席：高兴库
隆化县文联
主　席：张建国
丰宁满族自治县文联
主　席：曹海龙
宽城满族自治县文联
副主席：张久川
围场满族蒙古族自治县文联
主　席：张秀超

秦皇岛市文联
党组书记兼主席：牛兴国
副主席：初中海、黄振军
地　址：秦皇岛市海港区港城大街176号八达大厦5楼
邮　编：066000
所属各区县文联：

海港区文联
主　席：刘海林
副主席：张秋石
山海关区文联
主　席：李　冬
副主席：赵开伦
北戴河区文联
主　席：李春光
昌黎县文联
主　席：肖佩昀
抚宁县文联
主　席：李景林
副主席：陈劲草
卢龙县文联
主　席：董程喜
青龙满族自治县文联
主　席：张保学
秘书长：经利国

唐山市文联
主　席：袁　宁
副主席：郑久成
秘书长：李秋利
地　址：唐山市路北区西山道9号
邮　编：063007
所属各区市县文联：

开平区文联
主　席：李伯生
副主席：王淑玲
丰南区文联
主　席：刘绍环
迁安市文联
主　席：刘　海
滦县文联
主　席：李明诚
副主任科员：李真理
滦南县文联
主　席：邵永来
乐亭县文联
主　席：雷英仁
副主席：孟庆忠
迁西县文联
主　席：孟祥莲

廊坊市文联
党组书记：董春霖
主　席：宾广平
副主席：韩　冬、李秋生、孙卫东
地　址：廊坊市爱民西道36号
邮　编：0650004
所属各市县文联：

霸州市文联
常组书记兼副主席：樊京吉
主　席：胡树全
常务副主席：陈赤军
副主席：张广安

三河市文联
主　席：刘树滋
副主席：田运友
固安县文联
主　席：王素英
香河县文联
主　席：陈建伶
副主席：马　军、张玉清
大城县文联
主　席：李会宁
副主席：白　静
大厂回族自治县文联
主　席：李旭林
副主席：李世宝

保定市文联

党组书记：郭树林
主　席：李桂琼
副主席：刘素娥
地　址：保定市园南街 6 号
邮　编：071000
所属各市县文联：
定州市文联
主　席：任淑辉
副主席：聂献营
涿州市文联
主　席：赵学军
秘书长：姚合元
安国市文联
主　席：李玉肖
高碑店市文联
主　席：贺志仁
副主席：陈学文
满城县文联
主　席：王占新
秘书长：浩　渺
清苑县文联
主　席：卢建华
副主席：李淑玲
易县文联
副主席：刘金珍
徐水县文联
主　席：王艳芳
涞源县文联
党组书记兼主席：邓玉明
副主席：赵东炫
定兴县文联
主　席：王振林
望都县文联
党组书记、主席：栗国兰
涞水县文联
负责人：王亚琴
雄县文联
主　席：杨章锁
容城县文联
主　席：王连成
曲阳县文联
负责人：唐少会
阜平县文联
主　席：郄佳学
博野县文联
负责人：苏素娟
蠡县文联
主　席：解新占
秘书长：张　哲

沧州市文联

主　席：张福林
副主席：刘巨波
地　址：沧州市浮阳南大道 14 号文联
邮　编：061001
所属各市县文联：
泊头市文联
主　席：范风池
副主席：赵玉清
任丘市文联
主　席：郑万龙
黄骅市文联
主　席：陶延生
青县文联
主　席：韩　雪
吴桥县文联
主　席：梁立山
副主席：张彦门
孟村回族自治县文联
主　席：李　利

衡水市文联

党组书记兼主席：刘月卯
副主席：朱俊杰、宋峻良
地　址：衡水市新华东路 2 号
邮　编：053000
所属各协会：
书法家协会
主　席：尹海金
作家协会
主　席：姚振函
影视家协会
主　席：张建军
民间艺术协会
主　席：傅新友
硬笔书协
主　席：冯书根
摄影家协会
主　席：康同跃
舞蹈家协会
主　席：郑广义
曲艺家协会
主　席：石秀玲
音乐家协会
主　席：常曲川
戏剧家协会
主　席：陈幼军
内画协会
主　席：王习三
老年摄影协会
主　席：马志键

邢台市文联

主　席：贾兴安
副主席：孟庆云、苗　莉、马建英、赵灵均
秘书长：付志芳
地　址：邢台市顺德路 255 号文联
邮　编：054001
所属各市县文联：
沙河市文联
主　席：王守富

副主席：孙学东
邢台县文联
主　席：冯树人
临城县文联
主　席：贾文博
内丘市文联
主　席：和连芬
副主席：高兴国、王京群、姚　勇
柏乡县文联
主　席：李志航
副主席：冉庆玉
秘书长：陈燕斌
南和县文联
主　席：代红杰
宁晋县文联
主　席：张秀峰
副主席：艾志明
巨鹿县文联
主　席：张东民
广宗县文联
主　席：李存章
秘书长：孙胜巧
平乡县文联
主　席：孙英力
任县文联
主　席：刘云洲
清河县文联
主　席：李少锋
副主席：房明辉
临西县文联
主　席：卢士奇
南宫市文联
主　席：贾　倩

邯郸市文联

党组书记兼主席：张海英
副主席：李春雷、李　琦
地　址：邯郸市城内中街 161 号
邮　编：056000
所属各区市县文联：
峰峰矿区文联
主　席：孔祥军
武安市文联
主　席：王进元
副主席：李彦旻
邯郸县文联
主　席：王　良
副主席：刘文杰、陈书江
成安县文联
主　席：侯文海
秘书长：宋　岭
大名县文联
副部长主管：李志强
副主席：魏贵玲
秘书长：郭艳玲
涉县文联
秘书长：李仁太
磁县文联
主　席：董学华
秘书长：杨为民
肥乡县文联
主　席：韩志刚
副主席：苗玉平
永年县文联
主　席：徐扶民
邱县文联
党组书记：邵富亮
副主席：韩修龙
鸡泽县文联
主　席：李建朝
副主席：李亮民
馆陶县文联
主　席：刘文珍
魏县文联
主　席：封新河
副主席：姜化君
邯钢集团公司文联
主　席：张延卿
副主席：楚成华、申王书、高　竞、李毅仁

山　西　省

太原市文联

党组书记兼常务副主席：李元红
主　席：蒋　韵
副主席：项红春、哲　夫、黄敏娜、张运刚
地　址：太原市南肖墙 2 号
邮　编：030001
所属各区市县文联：
迎泽区文联
主　席：祝亚琴
杏花岭区文联
主　席：胡玉英
万柏林区文联
主　席：高海琴
小店区文联
主　席：原　灯
晋源区文联
主　席：赵建新
尖草坪区文联
主　席：刘云成
清徐县文联
主　席：刘永成
阳曲县文联
主　席：金丽文
娄烦县文联
主　席：李年环
古交市文联
主　席：王灵仙

大同市文联

主　席：聂还贵
副主席：杨　旺、高志平、王祥夫
地　址：大同市文联
邮　编：037044

所属各区市县文联：

城区文联

主　席：赵佃玺

副主席：魏　军

新荣区文联

主　席：郭　文

阳高县文联

主　席：李　习

天镇县文联

主　席：贾守权

广灵县文联

主　席：王义淑

副主席：杨树林

灵丘县文联

主　席：白东阳

副主席：房　光、贺秋生、李　赣

浑源县文联

主　席：王明海

左云县文联

主　席：候建忠

大同县文联

主　席：王保忠

朔州市文联

党组书记：高怀国

主　席：王　平

副主席兼主编：安文义

地　址：朔州市振华西街1号市委办公大楼B楼126室

邮　编：036002

所属各区县文联：

朔城区文联

主　席：熊国章

平鲁区文联

主　席：徐　刚

山阴县文联

主　席：黄　冀

应县文联

主　席：蔡生元

右玉县文联

主　席：郭　虎

怀仁县文联

主　席：张存平

阳泉市文联

党组书记：裴秀珍（兼）

主　席：侯讵望

副主席：李银苟、王炳俊（兼）、李保明（兼）

地　址：阳泉市南大东街534号晋东大厦五层

邮　编：045000

所属各区市县文联：

城区文联

主　席：杨山文

副主席：刘淑英、聂解放（兼）、贾晨波（兼）、王保国（兼）、郑继平（兼）、王秀怀（兼）

矿区文联

主　席：常树红

副主席：贾希平、翟贵明（兼）、姚仁承（兼）

郊区文联

主　席：王桃成

副主席：张秋成、宋国栋（兼）、武爱栓(兼)、宋莉(兼)、任四新（兼）、刘满英（兼）

平定县文联

主　席：翟志洋

副主席：贾廷庠、李成海

盂县文联

主　席：崔亮云

副主席：高良珍

长治市文联

主　席：葛水平

副主席：郭树平、王广元、王新国

地　址：长治市长兴路70号

邮　编：046000

所属各区县文联：

城区文联

主　席：王伏祥

副主席：贺丽娜

郊区文联

主　席：张福晨

潞城市文联

主　席：靳　伟

副主席：江宇辉、郭爱荣

长治县文联

主　席：李书玲

副主席：张春生

襄垣县文联

党支部书记：李　萍

主　席：刘　飞

副主席：田渊斌

屯留县文联

主　席：刘晓红

副主席：陈建宏

平顺县文联

主　席：申志强

副主席：张斌胜、王鸿斌、王宏亮

黎城县文联

主　席：赵红梅

壶关县文联

主　席：盖保国

副主席：张金葵、马志芳

长子县文联

副主席：孙保卫

武乡县文联

主　席：刘叶青

副主席：魏　芳

沁县文联

主　席：武二赖

沁源县文联

主　席：杨　栋

晋城市文联

党组书记：冯裕民

副主席：田澍中、贾大一、谢红俭

地　址：晋城市文联

邮　编：048000
所属各区市县文联：

城区文联
主　席：成瑞芳
高平市文联
主　席：王百灵
泽州县文联
主　席：李小鹏
沁水县文联
主　席：苏张林
阳城县文联
主　席：李三平
陵川县文联
主　席：马素花

忻州市文联

党组书记兼主席：张　林
副主席：宋培卿
秘书长：武兆鹏
地　址：忻州市文联
邮　编：034000
所属各区市县文联：
忻府区文联
主　席：刘镜圆
原平市文联
主　席：王志英
副主席：韩玉光、武振军
定襄县文联
副主席：智建恩
五台县文联
主　席：张嫦娥
代县文联
主　席：贾俊文
副主席：张　俊
繁峙县文联
主　席：糜果才
宁武县文联
主　席：陈智泉
静乐县文联
主　席：宋德珍
副主席：吴亮梅、张月升
神池县文联
主　席：韩志强
五寨县文联
主　席：朱和森
岢岚县文联
主　席：贾润高
河曲县文联
主　席：岳占东
保德县文联
主　席：陈　真
副主席：高志明
偏关县文联
主　席：杨治国
五台山风景区文联
主　席：安建华

晋中市文联

主　席：吕　新
副主席：田五先、郝汝椿
地　址：晋中市文联
邮　编：030600
所属各区市县文联：

榆次区文联
主　席：鹿巨平
副主席：王荣芝、陈耀忠
介休市文联
主　席：许建斌
副主席：焦荷花
榆社县文联
主　席：田晋东
和顺县文联
主　席：杨凤岐
副主席：韩世斌
昔阳县文联
主　席：李余彬
寿阳县文联
主　席：杜文鑫
副主席：王丽萍
太谷县文联
主　席：杨小勇
祁县文联
主　席：范培杰
平遥县文联
主　席：赵永平
灵石县文联
主　席：孟繁信
副主席：薛瑞峰
秘书长：王铁喜

临汾市文联

主　席：王富山
副主席：杨红旭、许爱英
地　址：临汾市文联
邮　编：041000
所属各区市县文联：
尧都区文联
主　席：刘　琳
侯马市文联
主　席：李会彦
霍州市文联
主　席：刘林春
副主席：武文平、任建丽
曲沃县文联
主　席：崔晋国
副主席：孟昭才
翼城县文联
主　席：周明社
副主席：张发树、王　芳
襄汾县文联
主　席：杨志刚
副主席：杜玉柱、柴晓菡、王雄文
洪洞县文联
主　席：靳定国
副主席：李鸿雁、张苏峰
古县文联
主　席：秦雪亮
副主席：赵香敏
安泽县文联
主　席：赵俊峰
副主席：高建华
浮山县文联
主　席：姚贻侠
吉县文联
主　席：刘旭山
蒲县文联
主　席：杨明海

大宁县文联
支部书记：景红兵
副主席：冯杰伟
永和县文联
主　席：马毅杰
副主席：徐永统
隰县文联
主　席：郝微微
副主席：贠红红
乡宁县文联
主　席：王晋强
汾西县文联
主　席：张建忠
副主席：畅双珍

运城市文联
主　席：魏荣汉
副主席：王　英、武俊英
地　址：运城市红旗东街 367 号
邮　编：044000
所属各区市县文联：
盐湖区文联
主　席：董吉云
副主席：宋　兵
永济市文联
主　席：高菊蕊
河津市文联
主　席：薛　城
副主席：徐小兰、曹向荣、
　　　　侯敏先
芮城县文联
副主席：郭昊英
临猗县文联
主　席：王巧贤
万荣县文联
主　席：张旭光
副主席：张克剑
新绛县文联
主　席：刁俊杰
稷山县文联
主　席：郑天虎
闻喜县文联
主　席：杨丑龙
夏县文联
主　席：王遂良
平陆县文联
主　席：谭康明
绛县文联
主　席：任浩民
垣曲县文联
主　席：王　涛

吕梁市文联
主　席：闫广聪
副主席：马建明
地　址：吕梁市离石区兴隆街
　　　　16 号
邮　编：033000
所属各区市县文联：
离石区文联
主　席：李心丽
副主席：闫永红
孝义市文联
主　席：侯　燕
党组书记：双亚男
汾阳市文联
主　席：李春燕
文水县文联
主　席：宋建英
中阳县文联
主　席：陈海玉
兴县文联
主　席：张明提
临县文联
主　席：高凤平
方山县文联
主　席：李锦斌
柳林县文联
主　席：弓福安
岚县文联
主　席：高天喜
交城县文联
主　席：韩笑分
石楼文联
主　席：白玉生

内蒙古自治区

呼和浩特市文联
主　席：杨　茂
副主席：李元岁、牛志刚、
　　　　缪　娜
地　址：呼和浩特市中山西路
　　　　青城公园内呼市文联
邮　编：010020
所属各区县旗文联：
新城区文联
主　席：张志文
副主席：王玉静
赛罕区文联
主　席：
秘书长：潘有仓
武川县文联
主　席：宋征和
和林格尔县文联
主　席：白瑞瑾
土默特左旗文联
主　席：田　丰

包头市文联
党组副书记兼主席：安凤福
副主席：白　涛、赵玉林
地　址：包头市昆区钢铁大街
　　　　64 号金融大厦 6 楼
邮　编：014010
所属各区旗文联：
昆都仑区文联
主　席：恩和特布沁
常务副主席兼秘书长：张秀玲

东河区文联
主 席：刘燕丹
常务副主席：李艳华
青山区文联
主 席：邹龙汉
副主席兼秘书长：高 华
九原区文联
主 席：张冲霞
固阳县文联
主 席：李 俊
副主席：李 春
秘书长：董飞军
达尔罕茂明安联合旗文联
主 席：于曙光

乌海市文联
主 席：张百会
地 址：乌海市新华东街55号
乌海市文联
邮 编：016000

赤峰市文联
党组书记：李文智
主 席：高晓力
副主席：包 富、张建华、
赵向阳
秘书长：李兆惠
地 址：赤峰市红山区昭乌达路
南段
邮 编：024000
所属旗县区文联
红山区文联
主 席：焦万树
松山区文联
分管副部长：齐国华
元宝山区文联
主 席：陈志勇
敖汉旗文联
主 席：王玉森
阿鲁科尔沁旗文联：
主 席：陈殿惠
巴林左旗文联：
宣传部分管副部长：冯宏军
巴林右旗文联
副主席：敖德斯尔
克什克腾旗文联
分管副部长：徐春河
林西县文联
主 席：王爱英
翁牛特旗文联
主 席：高明林
喀喇沁旗文联
宣传部分管副部长：王英凯
宁城县文联
主 席：文 辉

通辽市文联
党组书记兼主席：杨文环
副主席：格日勒图、齐根柱
地 址：通辽市工会大厦八层
邮 编：028000
所属各区市旗文联：
科尔沁区文联
主 席：李 丽
副主席：王景祥
霍林郭勒市文联
主 席：周学铭
开鲁县文联
主 席：陈瑞学
副主席：单永利
秘书长：吕彩霞
库伦旗文联
主 席：包丰华
副主席：朝格吉勒图
奈曼旗文联
主 席：包海明
副主席：白福辉
秘书长：包文华
扎鲁特旗文联
主 席：赵 庆
副主席：戴宝林、葛文龙
科尔沁左翼中旗文联
主 席：王格日勒图
秘书长：刘炳星
科尔沁左翼后旗文联
主 席：包国卿
副主席：王光耀

呼伦贝尔市文联
党组书记：乌热尔图
主 席：刘爱萍
副主席：包布仁（布仁陶克陶）
地 址：呼伦贝尔市海拉尔区
河东胜利大街9号
邮 编：021008
所属各区市旗文联：
海拉尔区文联
主 席：白文军
副主席：赵 宏
满洲里市文联
主 席：代雅丽
副主席：孙敏杰、王平原
扎兰屯市文联
主 席：王静远
副主席：邱天义
牙克石市文联
主 席：孟凡海
副主席：李 强、韩先军
秘书长：董雪松
根河市文联
主 席：胡希珍
额尔古纳市文联
主 席：秦宝亮
副主席：丁玉成
阿荣旗文联
主 席：郑治家
新巴尔虎右旗文联
主 席：马 特
副主席：道力格尔
新巴尔虎左旗文联
主 席：照日格图
陈巴尔虎旗文联
主 席：司福军
鄂伦春自治旗文联
主 席：敖荣凤
副主席：金宝华
鄂温克族自治旗文联
主 席：白兴安
副主席：邱红梅

莫力达瓦达斡尔族自治旗文联
主　席：孟大伟
副主席：张蕴辉

鄂尔多斯市文联

副书记：赵丽珍
主　席：乌力吉布林
副主席：王茂荣
调研员：王中明
副调研员：哈斯牧仁
地　址：鄂尔多斯市东胜区宝日陶亥东街1号
邮　编：017000
所属各旗（区）文联：
东胜区文联
主　席：贾国荣
副主席：张彩云
达拉特旗文联
副主席：付有利、武建平、张　东
准格尔旗文联
主　席：孙俊良
副主席：康秀荣
鄂托克前旗文联
主　席：尉光明
副主席：达布希拉图、敖腾高娃
鄂托克旗文联
主　席：敖云达来
副主席：胡凤岐
杭锦旗文联
主　席：王　墨
副主席：康建军、乌云嘎
乌审旗文联
主　席：图雅热乐图
副主席：边国栋、冯海燕、乌云毕力格
秘书长：张　煜
伊金霍洛旗文联
主　席：韩　丽
副主席：刘　军、张　蕊

乌兰察布市文联

主　席：郭俊琴
副主席：邓国宝
调研员：张建国
地　址：乌兰察布市集宁新区党政大楼北楼
邮　编：012000
所属各协会：
市作家协会
主　席：王玉水
市美术家协会
主　席：王永鑫
市书法家协会
主　席：梁能伟
副主席：赵　龙
市音乐家协会
主　席：富　玺
市舞蹈家协会
主　席：蔡晓峰
篆刻家协会
主　席：王云山
市摄影家协会
主　席：朱·巴特尔
市戏剧家协会
主　席：孙志忠
市民间文艺家协会
主　席：欧　军
市文艺评论家协会
主　席：赵海忠
诗词学会
主　席：赵文亮
市电影电视家协会
主　席：马白泉
乌兰察布书画院
院　长：郝存祥
市刻字协会
主　席：赵亚铭
内蒙古族长调协会
主　席：孟克其其格
所属各区市县旗：
集宁区文联
主　席：韩永宾
副主席：张中山
秘书长：赵辉珞
丰镇市文联
主　席：赵国栋
副主席：宋振文
卓资县文联
主　席：杨国文
副主席：王　丽
化德县文联
主　席：王　生
商都县文联
主　席：王爱贤
副主席：赵有亮
兴和县文联
主　席：郭香莲
副主席：何　荣
凉城县文联
主　席：胡旺旺
副主席：高建军、李焕娥
察哈尔右翼前旗文联
主　席：张　斌
副主席：张　鹏、云格日勒
察哈尔右翼中旗文联
主　席：李志军
察哈尔右翼后旗文联
主　席：任　芳
副主席：贺　峥
四子王旗文联
主　席：奇纳尔图
副主席：那巴图

巴彦淖尔市文联

主　席：布仁吉日嘎拉
副主席：李　玲
秘书长：李金枝
地　址：巴彦淖尔市西区写字楼七楼巴彦淖尔市文联
邮　编：015000
所属各区县旗文联：
临河区文联
主　席：张建忠
五原县文联
主　席：李慧泉

副主席：赵迎春、王凤兰、
樊柯廷
磴口县文联
主　席：李　强
乌拉特前旗文联
主　席：王晓琴
秘书长：张永东
乌拉特中旗文联
主　席：刘广星
副主席：恩和那顺、云静凡
乌拉特后旗文联
主　席：布图格奇
秘书长：曹胜利
杭锦后旗文联
主　席：闫挨成

兴安盟文联
党组书记兼主席：岳晓青
地　址：兴安盟党委综合大楼
邮　编：137400

锡林郭勒盟文联
主　席：季　华
副主席：阿拉腾格日勒、
李　询、吉木斯、
若　希、沙格德尔、
韩凤麟、乌仁其木格
地　址：锡林浩特市经济开发
区党政大楼
邮　编：026000
所属各市县旗文联：
锡林浩特市文联
主　席：梁书明
副主席：革　命
二连浩特市文联
主　席：吉木斯
多伦县文联
主　席：任月海
阿巴嘎旗文联
主　席：呼努斯图
苏尼特左旗文联
主　席：白青林
苏尼特右旗文联
主　席：阿·斯琴巴特尔
东乌珠穆沁旗文联
主　席：苏宝玉
西乌珠穆沁旗文联
主　席：达·巴特尔
副主席：阿·乌仁其木格
太仆寺旗文联
主　席：史春红
镶黄旗文联
主　席：格日勒巴特尔
副主席：额尔登巴特尔
正镶白旗文联
主　席：常　胜
正蓝旗文联
主　席：乌云达来

阿拉善盟文联
党组书记：李成云
主　席：张继炼
副主席：马　英
地　址：阿拉善盟文联（巴彦浩
特镇原盟委大楼）
邮　编：750306
所属旗文联：
阿拉善左旗文联
主　席：额宝勒德
副主席：李　荣、杜克勤

辽　宁　省

沈阳市文联
主　席：白长鸿
副主席：王荣彦、王哲年
秘书长：刘煜昌
地　址：沈阳市和平区北三经街
66号
邮　编：110003
所属各文联：
大东区文联
主　席：吴　砚
铁西区文联
主　席：商国华
苏家屯区文联
主　席：谭延强
东陵区文联
名誉主席：亓树奎
主　席：董　娇
副主席：杨家坤
沈北新区文联
主　席：朱宝财
于洪区文联
主　席：穆瑞彪
新民市文联
常务副主席：马百良
辽中县文联
主　席：赵宇风
康平县文联
主　席：杨玉峰
副主席：徐国锋
法库县文联
主　席：张振权
副主席：李景林
沈阳市鼓风集团文联
主　席：郑长辉
副主席：杜　平
沈阳造币厂文联
主　席：王　忠
副主席：朱　明
北方重工文联
主　席：刘晓东
沈阳水务集团文联
主　席：奉　卓

朝阳市文联
主　席：隋志超
副主席：马连泉、李建军
秘书长：宋晓珂
组联部主任：刘乃侠

地　址：朝阳大街三段 7 号市政府院内市文联
邮　编：122000
所属各区市县文联：
双塔区文联
主　席：郑继超
龙城区文联
主　席：石　凯
秘书长：张春波
北票市文联
主　席：李贵臣
凌源市文联
主　席：张晓峰
朝阳县文联
主　席：付长胜
建平县文联
主　席：刘汉东
喀喇沁左翼蒙古族自治县文联
主　席：杨景坤

阜新市文联

主　席：王树清
副主席：张　利、金　勇
秘书长：赵　颖
地　址：阜新市细河区解放大街北段 21—3 号
邮　编：123000
所属各区县文联：
阜新蒙古族自治县文联
主　席：海　峰
常务副主席：李青松
彰武县文联
主　席：王迎春
常务副主席：常星儿
海州区文联
主　席：张　霁
常务副主席：张　玲
新邱区文联
主　席：周永红
副主席：杨松岩

铁岭市文联

主　席：王日昕
副主席：王　荐
地　址：铁岭市凡河新区金沙路 38 号
邮　编：112000
所属各区市县文联：
银州区文联
主　席：林明臣
副主席：牛尚武
清河区文联
主　席：王殿良
秘书长：杜　刚
调兵山市文联
主　席：赵明舒
开原市文联
主　席：刘宏伟
副主席：周雪韬
铁岭县文联
主　席：常友仁
西丰县文联
主　席：王　刚
昌图县文联
主　席：朱秀颖
秘书长：张永红

抚顺市文联

党组副书记兼主席：张弘韬
党组书记：王金武
副主席：翟怀恩、魏　兵
地　址：抚顺市东六路 13 号
邮　编：113008
所属各区县文联：
新抚区文联
主　席：江　旭
常委副主席：马建国
顺城区文联
主　席：赵启华
副主席：吴东岗
东洲区文联
主　席：梁德奎
望花区文联
主　席：杜洪石
抚顺县文联
主　席：李　军
副主席：周　民
清原满族自治县文联
主　席：曹惠斌
新宾满族自治县文联
主　席：解　良

本溪市文联

主　席：于凌波
副主席：王重旭、王建国、冯大中
秘书长：韩福章
地　址：本溪市儿童乐园内
邮　编：117000
所属各区县文联：
平山区文联
主　席：邱静明
秘书长：胡立友
溪湖区文联
主　席：孙家春
秘书长：田洪艳
明山区文联
主　席：韩良贵
秘书长：乔　惠
南芬区文联
主　席：王志华
秘书长：贾春林
本溪满族自治县文联
主　席：付清斌
秘书长：王琳琳
桓仁满族自治县文联
主　席：高　崇
秘书长：钟　静
本钢文联
主　席：王　奕
副主席兼秘书长：蒋振宇

辽阳市文联

党组书记兼常务副主席：侯长利
主　席：王福德
副主席：孙　浩、陶希铭、苗青松、宁泉溪
秘书长：韩文献
地　址：辽阳市文联

邮　编：111000
所属各区市县文联：

辽阳县文联
常务副主席：李锦鹏
灯塔市文联
主　席：苏德勇
副主席：王秀英
秘书长：王素菊
宏伟区文联
常务副主席：陈文丽
弓长岭区文联
常务副主席：屈旭芳

鞍山市文联
主　席：郭庆雪
副主席：张雅晨、金　炜
地　址：鞍山市铁东区爱民街6号
邮　编：114001
所属各市县文联：

海城市文联
主　席：刘广财
台安县文联
主　席：王伟光
副主席：李迎春
秘书长：王洗尘
岫岩满族自治县文联
秘书长：范文耀

丹东市文联
主　席：吴多良
副主席：邢培红
秘书长：白　鹰
地　址：丹东市九纬路83号
邮　编：118000
所属各区市县文联：
振安区文联
主　席：刘　军
凤城市文联
名誉主席：林和平、王金力
主　席：王雅杰
副主席：孙　毅
秘书长：岳海英
东港市文联
主　席：于丰敏
秘书长：孙秋杰
宽甸满族自治县文联
主　席：赵　波
秘书长：焦静冬

大连市文联
党组书记兼副主席：张　超
主　席：张玉珠
副主席：何明洲、宋延平
地　址：大连市西岗区长白街6号
邮　编：116012
所属各协会：
作家协会
主　席：素　素
秘书长：孙学丽
戏剧家协会
主　席：杨　赤
秘书长：刘美华
美术家协会
主　席：高志华
秘书长：杨连生
书法家协会
主　席：张本义
秘书长：张　旸
摄影家协会
主　席：王大斌
秘书长：阎太恩
音乐家协会
主　席：曲致正
秘书长：朱汉民
舞蹈家协会
主　席：马志广
秘书长：孙　慧
民间文艺家协会
主　席：蔡永武
秘书长：陈　锦
曲艺家协会
主　席：刁成国
秘书长：李卓毅
杂技家协会
主　席：齐春生
秘书长：李卓毅
电视家协会
主　席：周大新
秘书长：朱利祁
影视家协会
主　席：杨友臣
秘书长：张廷起
所属各区市县文联：
中山区文联
主　席：曲寿魏
常务副主席兼秘书长：刘　辉
西岗区文联
主　席：傅小升
副主席：王世修
旅顺口区文联
主　席：宋士军
副主席：吴　昊、王湘平
金州区文联
主　席：孟雪芹
副主席：迟贤伟
瓦房店市文联
主　席：侯德云
副主席：韩　敏
普兰店市文联
主　席：周永斌
庄河市文联
主　席：白春海
副主席：林玉玲
长海县文联
主　席：于精生
副主席：范百昌
职工文联
主　席：曲朝阳
常务副主席：郝国明
公安文联
主　席：赵兴敏
副主席：李朝森、王仁波、王　澜、张宏斌
秘书长：张荣生
残疾人文联
主　席：徐　铎

副主席：王　荔、孙龙起

营口市文联

主　席：王立光
副主席：白凤德、许桂芬
地　址：营口市辽河大街西3号
邮　编：115003
所属各区市文联：
老边区文联
主　席：于　雁
副主席：刘颖智
大石桥市文联
主　席：姜兴涛
秘书长：刘成华
盖州市文联
主　席：郭　华
鲅鱼圈区文联
主　席：张天放

盘锦市文联

主　席：刘　民
副主席：赵俊芝、于德才
地　址：盘锦市兴隆台区双兴中路30号市文化大院
邮　编：124013
所属各县文联：
大洼县文联
主　席：许世友
副主席：夏丽华
秘书长：孙　菁
盘山县文联
主　席：何桂立

锦州市文联

主　席：白雪生
副主席：魏金国、刘蓬莱、王桂荣、王　丹
地　址：锦州市古塔区和平路三段82号
邮　编：121000
所属各市县文联：
凌海市文联
主　席：何　宽
北镇市文联
主　席：符景林
副主席：王秀萍
黑山县文联
主　席：李学知
常委副主席：方秀明
义县文联
副主席：周铁钧

葫芦岛市文联

主　席：李荣军
副主席：周建新、齐　丽
地　址：葫芦岛市龙港区龙湾大街甲1号
邮　编：125000
所属各区市县文联：
龙港区文联
主　席：李兴华
秘书长：李海鹏
连山区文联
主　席：李凤华
秘书长：王俊奇
南票区文联
主　席：曹　闯
秘书长：王志刚
兴城市文联
主　席：王晓平
秘书长：李　丹
绥中县文联
主　席：齐治学
副主席：杜　群
秘书长：张　涵
建昌县文联
主　席：马宝义
副主席：李恩江
秘书长：贾广智

吉　林　省

长春市文联

党组书记兼常务副主席：张守智
主　席：王振华
副主席：王长元、景喜猷
秘书长：吴文惠
副秘书长：汪鹏辉
办公室主任兼组联部长：孙中亮
协会工作部部长：王丽君
办公室副主任：耿华钢
地　址：长春市安达街801号
邮　编：130061
所属各区市县文联
双阳区文联
主　席：朴连玉
副主席兼秘书长：王　彦
农安县文联
主　席：徐　凝
常务副主席兼秘书长：田成铭
副主席兼副秘书长：赵彦辉
九台市文联
主　席：孟晓东
副主席：周　皞
德惠市文联
主　席：于树军
常务副主席：李岱林
副主席：王淼
榆树市文联
主　席：卢彦东
常务副主席：宋东安

白城市文联

主　席：曹伯铭
副主席：陈　钢
地　址：白城市文化东路1号

邮　编：137000
所属各区市县文联：
诗词楹联家协会
主　席：孙　英
洮北区文联
党组书记：于立涛
主　席：陈　葳
大安市文联
副主席：赵紫洲
洮南市文联
副主席：王春贵
通榆县文联
主　席：张丽政
副主席：佘凤华
镇赉县文联
主　席：刘金凤
秘书长：宋　奥

松原市文联

主　席：程永刚
秘书长：刘鸿鸣
地　址：松原市沿江东路189号
邮　编：138000
所属各区县文联：
宁江区文联
主　席：卢景田
秘书长：刘洋杨
前郭尔罗斯蒙古族自治县文联
主　席：刘道福
乾安县文联
主　席：虞淑杰
副主席：刘宝锋
扶余县文联
主　席：刘利群
秘书长：贾世国
长岭县文联
主　席：李立忠
副主席：赵连波

吉林市文联

党组书记：戴明芳
主　席：邹铁军
副主席：王慧聪、韩文身
秘书长：刘　成
地　址：吉林市北京路82号市委综合楼4楼
邮　编：132011
所属各市县文联：
永吉县文联
主　席：陈本海
副主席：奚英波
舒兰市文联
主　席：王春野
常务副主席：颜　雪
秘书长：赵云娴
桦甸市文联
主　席：高　海
副主席：腾海琛
秘书长：刘晓军
蛟河市文联
主　席：张　彦
副主席：张德胜
秘书长：田　宇
磐石市文联
主　席：刘延平
常务副主席：李　斌
秘书长：付新立

四平市文联

主　席：张智慧
副主席：孙守信、崔永刚、李　罡
地　址：四平市英雄大街1719号
邮　编：136000
所属各协会：
市作家协会
主　席：于耀江
市音乐家协会
主　席：陈殿华
市舞蹈家协会
主　席：张　剑
美术家协会
主　席：魏舒菲
市书法家协会
主　席：薛　军
市摄影家协会
主　席：于云飞
市戏剧家协会
主　席：徐立忠
市曲艺家协会
主　席：于成龙
电视艺术工作者协会
主　席：管凤久
电影工作者协会
主　席：徐元林
民间文艺家协会
副主席：陈明宏
社区文艺工作者协会
副主席：史宇辉
互联网文化工作者协会
主　席：张振海
所属各区市县文联：
铁西区文联
主　席：吴世平
铁东区文联
主　席：郑长春
双辽市文联
主　席：任宏志
公主岭市文联
主　席：李洪安
梨树县文联
主　席：张　勇
伊通满族自治县文联
主　席：孙廷蔚

辽源市文联

主　席：常焕臣
秘书长：刘水波
地　址：辽源市人民大街626号
邮　编：136200
所属各县文联：
东丰县文联
主　席：赵志才
副主席：赵彬彬
秘书长：周传波
东辽县文联
主　席：杜　发
副主席：徐村燕

秘书长：兰伏虎

通化市文联

主　席：周敬东
地　址：通化市秀泉路 702 号
邮　编：134001
所属市文联：
集安市文联
主　席：程　远
梅河口市文联
主　席：林春梅
东昌区文联
主　席：高於茂
通化县文联
主　席：张艳玲
辉南县文联
主　席：赵光泽
柳河县文联
主　席：于近红

白山市文联

主　席：陈　国
副主席：王　娟
秘书长：仉培基
地　址：白山市浑江大街 135 号
邮　编：134300
所属各区县文联：
八道江区文联
主　席：沈荣生
副主席：杨清水
江源区文联
主　席：于　洋
副主席：刘国华
抚松县文联
主　席：刘秀丽
秘书长：谭庆军
靖宇县文联
副主席：刘芳言
长白朝鲜族自治县文联
主　席：沙明安

延边朝鲜族自治州文联

主　席：朴瑞星
副主席：朴东根、崔　妍
地　址：延吉市河南街 22 号
邮　编：133001
所属各市县文联：
延吉市文联
主　席：李尊
副主席：俞　红
图们市文联
副主席：赵东范
敦化市文联
副主席：贾少林
珲春市文联
主　席：金允珍
副主席：公培安
龙井市文联
副主席：李庆得
和龙市文联
副主席：李春南
汪清县文联
主　席：洪美兰
秘书长：李向阳
安图县文联
主　席：段洪斌
秘书长：孙明胜

黑龙江省

哈尔滨市文联

主　席：王亚平
副主席：李建华、杨成志、杨远贺
地　址：哈尔滨市道里区兆麟街 125 号
邮　编：150010
所属各区县文联：
道里区文联
主　席：孙悦春
秘书长：孙　姬
南岗区文联
主　席：陈爱华
秘书长：韩义华
道外区文联
秘书长：尚　丽
香坊区文联
主　席：张海涛
秘书长：康　猛
平房区文联
主　席：于纯芳
秘书长：于淑华
呼兰区文联
主　席：毛猛平
秘书长：白铭波
阿城区文联
主　席：黄海英
秘书长：王红霞
双城市文联
主　席：刘大为
副主席：郑丽春
秘书长：腾　飞
尚志市文联
主　席：徐文华
秘书长：刘延功
五常市文联
主　席：韩　爽
秘书长：朱洪玉
依兰县文联
主　席：康孟春
方正县文联
主　席：纪冬梅
秘书长：董艳芬
宾县文联
主　席：刘守君
秘书长：杜兆晶
巴彦县文联
主　席：李佩友
木兰县文联
主　席：谭彦龙
副主席：孟　焕

通河县文联
副主席：汪锦娟
延寿县文联
副主席：王铁骑

齐齐哈尔市文联

主　席：庄树谦
副主席：姜云龙、朱虹宇
地　址：齐市党政办公中心一号楼
邮　编：161006
所属各协会：
市作家协会
主　席：朱虹宇
市音乐家协会
主　席：姜云龙
市摄影家协会
主　席：陈寿安
市书法家协会
主　席：吴学谦
市舞蹈家协会
主　席：于力平
戏剧家协会
主　席：艾　平
市杂技艺术家协会
主　席：王云良
市民间艺术家协会
主　席：李树林
市曲艺家协会
主　席：周洪儒
市诗词楹联协会
主　席：赵世贵
所属县区文联：
讷河市文联
主　席：徐启发
富裕县文联
主　席：王晓东
副主席：吕　明
龙江县文联
副主席：李福山
依安县文联
秘书长：马　岩
泰来县文联
副主席：赵秀文
克山县文联
副主席：杜计蛹
拜泉县文联
副主席：张新宇
富拉尔区文联
主　席：张书君
昂昂溪区文联
副主席：张维侠
梅里斯区文联
副主席：吴学武

黑河市文联

主　席：张清义
秘书长：李　琳
地　址：黑河市通江路2号市政府大楼1817室
邮　编：164300
所属各协会：
市摄影家协会
主　席：赵恭民
秘书长：张大庆
市美术家协会
主　席：常玉辉
秘书长：杨加国
市书法家协会
主　席：刘庆海
秘书长：刘宝民
市作家协会
主　席：杨晓光
秘书长：唐文波
市音乐家协会
主　席：温庆民
秘书长：乔国伟
市舞蹈家协会
主　席：徐　颖
秘书长：张　颖
所属各市县文联：
北安市文联
主　席：吴　宪
副主席：杨国华
五大连池市文联
主　席：李向民
五大连池风景区文联
主　席：任伟东
副主席：李洪光、孙令兵
嫩江县文联
主　席：李忠贵
逊克县文联
主　席：李若明
孙吴县文联
主　席：徐　钧

大庆市文联

党组书记：王　景
主　席：柳　庄
副 主 席：张云凤
地　址：大庆市东风新村纬二路18号市文联
邮　编：163311
所属各区县文联：
萨尔图区文联
主　席：文慧玲
副主席：包明杰
龙凤区文联
主　席：姜劲凤
副主席：刘江生、杨欣闽、高丽洁、齐　中
让胡路区文联
主　席：陈慧珠
副主席：李政敏、富玉松
大同区文联
主　席：巴小东
副主席：于凤军
红岗区文联
主　席：朱明华
副主席：谭再兴、张俊清
肇州县文联
主　席：窦立雪
副主席：张浩天
肇源县文联
主　席：何连珍
副主席：崔秀恩
林甸县文联
主　席：彭少华

副主席：张　鹏
杜尔伯特蒙古族自治县文联
主　席：赵国庆
副主席：江敬东、任青春

伊春市文联

主　席：孙兆龙
副主席：王　满、邬晓红
秘书长：王殿生
地　址：伊春市通河路新园小区
邮　编：153000
所属各协会：
市作家协会
主　席：王　满
常务副主席：黄继胜
市摄影家协会
主　席：王福贵
副主席兼秘书长：王殿生
市美术家协会
主　席：高首峰
秘书长：尹福超
市书法家协会
主　席：葛再红
副主席兼秘书长：李润东
市戏剧家协会
主　席：张志麟
副主席兼秘书长：倪玉凤
市音乐家协会
主　席：岳洪顺
秘书长：张明哲
市舞蹈家协会
主　席：赵　丽
秘书长：吕　野
市民间文艺家协会
主　席：路　登
秘书长：左丽杰
市电影家协会
主　席：赵　伟
秘书长：薛曙光
市曲艺家协会
主　席：李清云
秘书长：谭景致
市电视艺术家协会
主　席：闵柏林
秘书长：于俊生
所属文联：
伊春区文联
主　席：罗立平
南岔区文联
主　席：卢元梅
副主席：周芙蓉、郎若愚、张　楠
秘书长：张　静
西林区文联
主　席：贾世昌
副主席：黄继胜、陶明哲、朱凤林、姜　春
秘书长：田雨春
金山屯区文联
主　席：杜永春
副主席：卢大华、鲁学文、张凤林、郭　平、张洪胜
乌马河区文联
主　席：闫振宇
副主席：赵　玲、李大勇、单文杰、李洪涛、翟　健
秘书长：金洪昌
乌伊岭区文联
主　席：李荣华
副主席：闫春友
秘书长：韩福生
铁力市文联
主　席：王跃斌
副主席：毛丽颖、张铁华、徐文信、杨月竹、余　滨、付　力、仇立民、苑宝峰、潘作成、祖立柱、薛裕光
铁力林业局文联
主　席：曹　锋、朱广志、李学东、王树国
秘书长：徐德明
朗乡林业局企业文联
主　席：李严霜
副主席：李士林、吴胜军、孙其哲、王炳学、刘秀明
嘉荫县文联
主　席：成　刚
副主席：刘占民、张士忠
秘书长：王学明
带岭区文联
主　席：黄有林
常务副主席：于宝利
副主席：魏广慧、方春彪、张春峰、李福军、王秉术、王乃富、刘　奇、王　霜
秘书长：于宝利（兼）
友好区文联
主　席：赵振翔
副主席：陈力孝、董明会
秘书长：李　娜
新青区文联
主　席：刘　强
副主席：马晓东、李淑文、刘成君、吴海峰、郎建民、贾垂印

鹤岗市文联

主　席：温　刚
副主席：许　玲
地　址：鹤岗市委大楼
邮　编：154100
所属县市文联：
萝北县文联
主　席：焦玉富
秘书长：赵淑平
绥滨县文联
副主席：魏振涛
秘书长：白喜文

佳木斯市文联

党组书记：于华佳

主　席：张铁成
副主席：张晓慧
地　址：佳木斯市行政中心 1141 室
邮　编：154000
所属各区县文联：
同江市文联
主　席：吴东辉
富锦市文联
主　席：李瑞海
秘书长：张利弓
桦南县文联
主　席：沈殿金
桦川县文联
主　席：刘 英
汤原县文联
秘书长：李洪河
抚远县文联
主　席：徐向滨

双鸭山市文联

主　席：贾 胄
秘书长兼副调研员：刑玉奎
地　址：黑龙江双鸭山市文联
邮　编：155100
所属各县文联：
集贤县文联
主　席：陈丽艳
友谊县文联
副主席：杨梅荣
宝清县文联
主　席：王义敏
饶河县文联
副主席：姚云芳

七台河市文联

党组书记：朱 平
主　席：王长富
副主席：高和平
秘书长：柴玉敏
地　址：七台河市党政中心
邮　编：154600
所属县文联：
勃利县文联
主　席：迟仁成

鸡西市文联

主　席：姜广繁
副主席：杨一平、门家夫、聂书春
地　址：鸡西市鸡冠区北山路 9 号
邮　编：158100
所属市县文联：
虎林市文联
主　席：翟峰林
鸡东县文联
主　席：许冬艳

牡丹江市文联

主　席：冯 红
副主席：刘 波、张志勇
地　址：牡丹江市江南党政办公中心 20108 室
邮　编：157000
所属各区县文联：
穆棱市文联
主　席：张春鹏
绥芬河市文联
主　席：葛均义
海林市文联
主　席：胡敬秋
宁安市文联
副主席：朱文光
东宁县文联
主　席：董岐山
林口县文联
主　席：刘铁忠

绥化市文联

主　席：白雪松
副主席：范宗凯
秘书长：佟 波
地　址：绥化市北林区迎宾路 2 号市党政办公中心
邮　编：152002
所属各区市县文联：
北林区文联
副主席：张世德
肇东市文联
主　席：董国众
副主席：龙 斌
海伦市文联
主　席：赵春爽
副主席：林 辉
庆安县文联
主　席：逄井然
常务副主席：崔铭智
明水县文联
主　席：于 澜
副主席：客丽红
青冈县文联
主　席：马振亚
常务副主席：刘洪祥
望奎县文联
主　席：李凌宇
副主席：王可心
兰西县文联
主　席：杨中宇
安达市文联
主　席：王文玉
绥棱县文联
主　席：刘立冬

大兴安岭地区文联

主　席：满 天
秘书长：计 伟
地　址：大兴安岭地区文联
邮　编：165000
所属各区县文联：
呼玛县文联
主　席：司瑞新
塔河县文联
主　席：苗 玲
漠河县文联
主　席：刘立民
加格达宣传部
主　席：王 月
松岭区宣传部
主　席：刘海英
新林区宣传部
秘书长：邱 刚

呼中区宣传部
主　席：刘同欣
国强局宣传部
主　席：胡俊东
阿木尔局宣传部
主　席：许成光
十八站局宣传部
主　席：孙善辉
韩家园局宣传部
主　席：哈雪平
加林局宣传部
主　席：苗丽华

上　海　市

虹口区文联
主　席：陆　健

杨浦区文联
主　席：周　海

嘉定区文联
副主席：王　琦

松江区文联
主　席：刘晓辉

上海电影家协会
主　席：张建亚

上海音乐家协会
主　席：陆在易

上海市戏剧家协会
主　席：尚长荣

上海市美术家协会
主　席：施大畏

上海市舞蹈家协会
主　席：凌桂明

上海市书法家协会
主　席：周志高

上海市摄影家协会
主　席：张元民

上海市曲艺家协会
主　席：王汝刚

上海民间文艺家协会
主　席：江明惇

上海市杂技家协会
主　席：程海宝

上海电视艺术家协会
主　席：穆端正

上海翻译家协会
会　长：谭晶华

江　苏　省

南京市文联
党组书记、常务副主席：张玉宝
党组副书记、副主席：李海荣
专职副书记：孙尔台、赵浏兰、
　　　　　　刘惠敏、冯宣寿、
　　　　　　陶　琪
主　席：叶　皓
副主席：叶兆言、竺小招、
　　　　陈　炜、邹建平、
　　　　应志琪、朱道平、
　　　　赵浏兰、孙晓云、
　　　　徐艺乙、张　俊
地　址：南京市常府街四条巷12号
邮　编：210002

所属各协会：
市作家协会
主　席：叶兆言
市戏剧家协会
主　席：竺小招
市电影电视家协会
主　席：陈　炜
市音乐家协会
主　席：邹建平
市舞蹈家协会
主　席：应志琪
市美术家协会
主　席：朱道平
市摄影家协会
主　席：赵浏兰
市书法家协会
主　席：孙晓云
市民间文艺家协会
主　席：徐艺乙
所属各区县文联：
玄武区文联
主　席：宋晓辉
副主席：肖海林
白下区文联
主　席：汪祥明
常务副主席：张振荣
秦淮区文联
常务副主席：还建军
建邺区文联
常务副主席：金光明
鼓楼区文联
主　席：苏　郑
常务副主席：刘传俊

下关区文联
常务副主席：姜东林
栖霞区文联
常务副主席：方　政
雨花台区文联
主　席：黄唯佳
常务副主席：于志珍
秘书长：魏福春
江宁区文联
主　席：刘　玲
专职副主席：蔡　宁
浦口区文联
主　席：黄之金
六合区文联
主　席：金世凯
常务副主席：满震
溧水县文联
主　席：杨连宝
副主席：储国华、章熙秋
高淳县文联
主　席：赵火平
常务副主席：叶琪华

徐州市文联

市文联党组书记兼主席：王雪春
副主席：王　勇、吴继永
党组成员兼助理调研员：郭念堂
秘书长：朱宝增
地　址：徐州市新城区昆仑大道1号
邮　编：221018
所属各区市县文联：
贾汪区文联
主　席：刘玉太
副主席：祝培良
秘书长：李淑梅
邳州市文联
主　席：焦　勇
秘书长：王永远
新沂市文联
党组书记兼副主席：岳浩亮
主　席：夏洪波
副主席：谭庆泉
秘书长：张　堂
沛县文联
主　席：朱茂东
副主席：夏中跃、陈庆理、沈　勇
睢宁县文联
副主席：王鸿儒
秘书长：马林唤
丰县文联
主　席：白光华
铜山县文联
专职副主席：周兴华

连云港市文联

党组书记兼主席：杨　浩
副主席兼秘书长：武传玉
副主席：张文宝
地　址：连云港市新浦海昌南路17号
邮　编：222004
所属各区县文联：
海州区文联
主　席：相裕亭
新浦区文联
主　席：李敬伟
连云区文联
主　席：周永刚
赣榆县文联
主　席：徐　侠
东海县文联
主　席：吕　宏
灌云县文联
主　席：邱洪彤
灌南县文联
主　席：沈崇凯
副主席：胥力浦、汪奇魔

宿迁市文联

主　席：张绪正
副主席：丁立江、李志宏
秘书长：潘新文
地　址：宿迁市南湖路1号
邮　编：223800
所属各区县文联：
宿城区文联
副主席：刘须建
宿豫区文联
主　席：陈　刚
副主席：朱　珠
沭阳县文联
主　席：刘德兵
副主席：徐增祥、刘家前
泗阳县文联
主　席：王耀秋
泗洪县文联
主　席：鄢化雨
副主席：陈　平

淮安市文联

党组书记：王信淮
主　席：马庆伦
副主席：刘跃进、张玲玲
地　址：淮安市健康西路140号
邮　编：223001
所属各区县文联：
清河区文联
主　席：乔　斌
清浦区文联
主　席：金丽萍
秘书长：邹峰毅
楚州区文联
主　席：孙义佺
副主席：范晓梅、杨孙进、郭士金
淮阴区文联
主　席：杨恒忠
副主席：吴光辉
秘书长：李亚军
金湖县文联
主　席：孙晓燕
副主席：刘义宝
盱眙县文联
主　席：孙亚兴
洪泽县文联
主　席：王明生
副主席：叶江闽、孙　辉

秘书长：周凌晨

涟水县文联

秘书长：周文硕

盐城市文联

主　席：王效平

副主席：蒋婉求

地　址：盐城市世纪大道21号市行政中心20楼

邮　编：224005

所属各县（市、区）文联：

亭湖区文联

主　席：刘清茂

盐都区文联

主　席：陈　明

副主席：吕友权

东台市文联

主　席：方　星

副主席：卢冬红、宋进生

大丰市文联

主　席：韦　伟

射阳县文联

主　席：戴元辅

阜宁县文联

主　席：张　俊

副主席：顾冬成

滨海县文联

负责人：朱雪生

建湖县文联

主　席：崔世才

副主席：徐守忠

响水县文联

主　席：朱卫东

秘书长：何　亚

扬州市文联

党组书记：叶冠军

主　席：曹永森

副主席兼秘书长：陈嘉庆

副主席：李政成、周永平、陈韵强、张美林、周启云

地　址：扬州市文昌中路460号市政府东大院

邮　编：225001

所属各市县文联：

仪征市文联

主　席：周永宁

副主席：涂　君、厉庭银、赵小娟

江都市文联

主　席：罗建华

副主席：李景文、李孝跃、韩美芳

秘书长：王晓梅

高邮市文联

主　席：姜文定

副主席：杨德标、朱崇平

宝应县文联

主　席：何开文

副主席：殷德平、蔡科明

泰州市文联

副主席：许时阳

地　址：泰州市鼓楼南路368号

邮　编：225300

所属各区市文联：

靖江市文联

主　席：夏林梁

副主席：史爱梅 陆　进

泰兴市文联

主　席：陆进富

副主席：陆献荣、林　林

兴化市文联

主　席：刘春龙

副主席兼秘书长：孙　祥

姜堰市文联

主　席：陶惠林

海陵区文联

主　席：王光源

副主席：薛　梅

高港区文联

主　席：卞晓江

副主席：邵銮明

南通市文联

党组书记兼常务副主席：羌怡芳

主　席：袁瑞良

副主席：王　法、周建忠、顾晓群、杨树德

地　址：南通市文峰路5号

邮　编：226001

所属各区市县文联：

通州区文联

副主席：许　君

崇川区文联

主　席：郭　华

副主席：管　俊、张　卫

港闸区文联

主　席：张洪华

副主席：李　峰

秘书长：王俊荣

海门市文联

主　席：王　平

副主席：朱慧玮

启东市文联

主　席：季忠新

副主席：李新勇

如皋市文联

主　席：缪永涛

副主席：金福林

秘书长：陈秀骥

如东县文联

党组书记兼副主席：王晓晴

主　席：谢　骏

副主席：张桂清、陆修谷、丁征峰、曹鹤松、吴建一、姚　宇、王必春

海安县文联

主　席：张　军

副主席：王兆林、丁建民、张贵驰、崔世莹、顾建华

镇江市文联

主　席：王红卫
副主席：蒋　宁、王　川、
　　　　余爱国、蒋光年、
　　　　丁伟民
地　址：镇江市正东路 141 号
邮　编：212001
所属各区市文联：
丹徒区文联
主　席：王小军
副主席：吴呈昱
京口区文联
主　席：阚爱萍
秘书长：高义连
扬中市文联
主　席：郭廉俊
副主席：李小网、王中明、
　　　　孔庆璞
丹阳市文联
主　席：姜国成
副主席：周书凤
句容市文联
主　席：马宏峰
副主席：王义华

常州市文联

主　席：蒋节勤
副主席：黄瑞康、胡军生
地　址：常州市大观路 10 号
邮　编：213003
所属各区市文联：
武进区文联
主　席：陶　可
副主席：冯留兴、陆　红
秘书长：戚散花
金坛市文联
主　席：葛安荣
副主席：李　平
溧阳市文联
主　席：赵善坚
副主席：陈芳梅
秘书长：丁月辉

无锡市文联

主　席：雷群虎
副主席：陆永基、张振华、
　　　　刘仲宝、王建伟、
　　　　王建源
地　址：无锡市妙光苑 1 号
邮　编：214026
所属各市文联：
江阴市文联
主　席：黄　磊
副主席：周林海
宜兴市文联
主　席：徐　风

苏州市文联

党组书记兼常务副主席：朱建华
主　席：范小青
副主席：吕锦华、胡韵荪、
　　　　王伟林、朱栋霖、
　　　　成从武、顾　芗、
　　　　王　芳
地　址：苏州市人民路 1088 号
邮　编：215002
所属各区市文联：
金阊区文联
主　席：胡　群
副主席：李　璇、梅锦煊
　　　　李少鹏、瞿金根
　　　　谈朝宁、吴湛圆、
　　　　魏夲雄、潘　敏
秘书长：冯朝刚
副秘书长：王力刚、蒋余祥
沧浪区文联
主　席：陈曙光
平江区文联
主　席：谢　芳
吴中区文联
主　席：柯德银
相城区文联
主　席：沈炳泉
副主席：王少辉
高新区文联
主　席：王　坚
吴江市文联
主　席：俞　前
昆山市文联
主　席：郁建中
太仓市文联
主　席：汪　放
常熟市文联
主　席：王建昌
张家港市文联
副主席：庞　曦

浙　江　省

杭州市文联

主　席：陈一辉
副主席：胡惠芬、陈　涛
地　址：杭州市延安路 472 号
　　　　直机关市政府综合楼
　　　　3 号楼 14 层
邮　编：310006
所属协会：
作家协会
主　席：嵇亦工
秘书长：陈博君
民间文艺家协会
主　席：刘小平
秘书长：邵毅霞
戏剧家协会
主　席：赵志刚
秘书长：王姝苹

曲艺家协会
主　席：翁仁康
秘书长：汪黎明
音乐家协会
主　席：宋家明
秘书长：邬建光
舞蹈家协会
主　席：崔　巍
秘书长：程育青
美术家协会
主　席：吴山明
秘书长：张志强
书法家协会
主　席：王冬龄
秘书长：王小勇
摄影家协会
主　席：吴宗其
秘书长：吴宗其（兼）
电影电视家协会
主　席：李小华
秘书长：阙云霞
所属各区市县文联：
萧山区文联
主　席：王东初
副主席：余梁波、黄永芳
余杭区文联
主　席：甘士明
临安市文联
主　席：黄贤权
富阳市文联
主　席：曹玮玲
桐庐县文联
主　席：董利荣
建德市文联
主　席：盛振宇
淳安县文联
主　席：何春耕

湖州市文联

主　席：闻晓明
地　址：湖州市行政中心
邮　编：313000
所属各区县文联：
南浔区文联
主　席：孟立忠
长兴县文联
主　席：鲁有平
副主席：周秀明
安吉县文联
主　席：胡百顺
吴兴区文联
主　席：梅　丰
德清县文联
主　席：曹玲莉

嘉兴市文联

主　席：王鸣霞
副主席：胡　晶
秘书长：朱　樵
地　址：嘉兴市中山东路 922 号
邮　编：314000
所属各市县文联：
南湖区文联
主　席：柴志刚
秀洲区文联
主　席：陈以德
副主席：李湘泉、朱培坤、
　　　　缪慧新
秘书长：缪慧新（兼）
平湖市文联
主　席：沈力行
副主席：俞跃进、张　宏
秘书长：俞跃进（兼）
海宁市文联
主　席：田　耘
副主席：任少云、陈谷时
　　　　王　珏
秘书长：任少云（兼）
桐乡市文联
主　席：杨惠良
副主席：褚万根、全见方、
　　　　傅林林
秘书长：李　力
嘉善县文联
主　席：陆勤芳
副主席：朱利军、戴雨频、
　　　　徐雪娟
秘书长：曹　琦
海盐县文联
主　席：宋乐明

舟山市文联

主　席：薛剑平
副主席：张　辉
秘书长：洪晓明
主　任：马列娅
地　址：舟山市定海区蟠洋山路
　　　　16 号
邮　编：316000
所属各区县文联：
定海区文联
主　席：张交和
副主席：乐玲娜、张　樱
秘书长：白　马
普陀区文联
主　席：张剑飞
副主席：郭　峰、忻　怡、
　　　　周志金
秘书长：杨永法
岱山县文联
主　席：孔德科
副主席：何仁岳、邱宏方、
　　　　李国平
秘书长：邱宏方（兼）
嵊泗县文联
主　席：汪亚伟
副主席：金　瑛、陈翔鹤
秘书长：郭海斌

宁波市文联

主　席：傅　丹
副主席：李浙杭、周静书、
　　　　韩利诚、何　微、
　　　　王水维
秘书长：景松健

地　址：宁波市海曙区解放北路 91 号 4 号 12 楼文联办公室
邮　编：315010
所属各区市县文联：
江北区文联
主　席：江　鲁
副主席：周少植、戴光中、励芒伟、施晓峰
秘书长：王　静
海曙区文联
主　席：陈建东
副主席：马安娜、王燕芬、王锦文、朱　宁、孙福昌
江东区文联
主　席：郝军海
副主席：徐益波、杨慧月、陈云其、陆爱国
北仑区文联
主　席：袁　侠
副主席：顾旭东、黄海伟、王明良、凌晓军
镇海区文联
主　席：余维勤
副主席：王　辉
秘书长：徐志明
鄞州区文联
主　席：施孝峰
副主席：江志勇
慈溪市文联
主　席：方向明
副主席：孙群豪
余姚市文联
主　席：张建华
副主席：干亚群、吕余龙、寿建立
奉化市文联
主　席：王亦建
副主席：俞赞江
秘书长：孟优萍
宁海县文联
主　席：刘尚才
副主席：黄　珂
象山县文联
主　席：陈明吉
副主席：许吉安、张明珠

绍兴市文联

主　席：刘孟达
副主席：柳巨波、马　炜
秘书长：马　炜（兼）
地　址：绍兴市龙珠里 15 号
邮　编：312000
所属各市县文联：
绍兴县文联
主　席：黄锡云
副主席：杨春燚
诸暨市文联
主　席：石坚钢
副主席：吴旭东、章飞燕
上虞市文联
主　席：陈荣力
副主席：袁伟文
嵊州市文联
主　席：钱子浪
副主席：裘高太
新昌县文联
主　席：盛之恒
副主席：章月中
越城区文联
主　席：黄文琴

衢州市文联

主　席：欧阳建华
副主席：严雨龙
秘书长：朱萍萍
地　址：衢州市县学街 78 号
邮　编：324000
所属各区市县文联：
柯城区文联
主　席：余成友
副主席：王丽君
衢江区文联
主　席：方永胜
江山市文联
党组书记：伍国勤
主　席：姜　英
副主席：毛洪章、李治本
秘书长：毛雪芳
常山县文联
主　席：徐良其
副主席：黄良木
开化县文联
主　席：陈立衡
龙游县文联
主　席：叶金梅

金华市文联

主　席：王晓明
副主席：王亦平
组联部副部长：梅荣衍
地　址：金华市双龙南街 801 号
邮　编：321017
所属各区市县文联：
婺城区文联
主　席：陈锦章
金东区文联
主　席：曹　波
副主席：叶　涛
兰溪市文联
主　席：陈　军
副主席：许文芳
秘书长：王文荣
永康市文联
主　席：华康明
副主席：麻建成
义乌市文联
主　席：楼小明
副主席：余新建
秘书长：何维梓
东阳市文联
主　席：贾志光
副主席：郭晓笛
武义县文联
主　席：邹伟平
副主席：梅子明、董群

浦江县文联
党组书记：何金海
副主席：方钢军
党组成员：于丽萍、吴建炜
秘书长：刘黎明
磐安县文联
主　席：孔德林
副主席：曹明春
秘书长：陈爱卿

台州市文联

党组副书记兼副主席：丁琦娅、陈祥麟
秘书长：林月辉
地　址：台州市政府大楼 13 楼
邮　编：318000
所属各区市县文联：
椒江区文联
党组书记：张如良
副主席：吴志远
黄岩区文联
主　席：毛荣华
常务副主席兼秘书长：马央珍
路桥区文联
主　席：张　格
副主席：赵世文、王文清
临海市文联
主　席：曹凌云
副主席兼秘书长：吕黎明
温岭市文联
主　席：周志云
副主席：张新海、周　晗
玉环县文联
副主席：黄立轩
天台县文联
主　席：陈　虹
副主席兼秘书长：蒋冰之
仙居县文联
主　席：朱岳峦
副主席：徐小凤、殷琳峰
三门县文联
主　席：蔡彩娟
副主席：刘从进、梅长琥

温州市文联

主　席：郑朝阳
副主席：吴琪捷、金文平、徐顺聪
地　址：温州市府东路发展大楼北楼 6 层
邮　编：325000
所属各协会：
市作家协会
主　席：吴琪捷
副主席：程绍国、叶世祥、李世斌、张文兵、郑晓泉、黄哲贵、瞿　炜
市戏剧家协会
主　席：郑朝阳
副主席：施小琴、缪小源、陈　锋、郑　云、郑曼莉、方汝将、李美凤
市音乐家协会
主　席：卢桂芳
副主席：邹跃飞、安建华、董夫滕、郑小冰、谢益新、陈巧姑、陈小珍、苏　琼、徐俊雅
市舞蹈家协会
主　席：张德华
副主席：应　真、林国生、胡益平、陈秋香、姚晓敏、陈莉萍
市美术家协会
主　席：蔡瑞蓉
副主席：梁力宏、曾维华、张真恺、李利民、陈旭海、马胜凯、叶旭华
秘书长：张成毕
市书法家协会
主　席：张　索
副主席：吴聘真、李　震、王国强、缪若霞、陈　默、吴　彰、林　峰、林晓林、黄国光
市摄影家协会
主　席：朱保钢
副主席：王胜利、周建树、金培林、叶劲草、张洪林、叶剑平、王玉璜
市曲艺家协会
主　席：卢和乐
副主席：胡　平、叶海琴、陈小宝、张仕贤
市民间文艺家协会
主　席：潘一钢
副主席：金文平、林长春、林子周、吴尧辉、朱友好、曹凌云、孟永国、陈爱琴
市影视家协会
主　席：王晓峰
副主席：蔡亚非、蔡贻象、董静海、李　涛、李中坚、孙　榕
所属各文联：
鹿城区文联
主　席：陈世尧
副主席：程苏胜、卢桂芳、池　渌、宋乐蘇
龙湾区文联
主　席：曹凌云
副主席：赵晓燕、陈　佐
瓯海区文联
主　席：彭福云
副主席：林长春
瑞安市文联
主　席：李　刃
副主席：陈　丹、林　峰
秘书长：鲍永远
乐清市文联
主　席：张文兵

副主席：张保利、高公博、
刘瑞坤、倪蓉棣、
叶君奋、蔡乐孟、
倪朔野

永嘉县文联

主　席：鲍福星

副主席：杨大力、胡佐光、
郑　阳

文成县文联

主　席：王国侧

副主席：叶世杰、王国健、
陈丕欢

平阳县文联

主　席：周立坦

副主席：周黎明、赵小飞、
任泽健

泰顺县文联

主　席：邱正华

副主席：杨立成、王尤琴、
周咸俊

洞头县文联

主　席：何增祥

副主席：张志强、陈爱琴、
庄明松

苍南县文联

专职副主席：杨道敏

龙湾区文联

主　席：王　杯

浙能温州发电有限公司文联

主　席：陈伟忠

副主席：郑葵忠、郑战跃、
陈　华

德力西集团文联

主　席：卢友中

副主席：陈首旦

浙能乐清发电有限责任公司文联

主　席：施援朝

常务副主席：姜志强

副主席：董联军

丽水市文联

党组书记兼副主席：刘程远

主　席：吴炳诠

副主席兼秘书长：赵志伟

地　址：丽水市花园路 1 号

邮　编：323000

所属各区市县文联：

莲都区文联

主　席：潘春旺（兼）

副主席：邱旭平

龙泉市文联

党组书记兼主席：王振春

副主席：杨桂兰、季金强

秘书长：季金强（兼）

青田县文联

主　席：曾娓阳

副主席：陈新影

云和县文联

党组书记兼主席：刘丽莉

副主席：陈萱蔚

庆元县文联

主　席：张力军

副主席：郑承春、吴锡平

缙云县文联

主　席：夏伟革

副主席：朱必胜、杜卫建

遂昌县文联

主　席：胡志晋

副主席：张丽敏

松阳县文联

主　席：潘林英

副主席：杨建明

秘书长：吴关军

景宁畲族自治县文联

主　席：李人海

副主席：蓝良明

安　徽　省

合肥市文联

党组书记：王　浩

主　席：完颜海瑞

副主席：刘晓明、周爱洋

秘书长：朱国强

地　址：合肥市政务文化新区
三区 A 座 4 楼

邮　编：230022

所属各县文联：

长丰县文联

主　席：杨维成

副主席：戴本根、林家俊

肥东县文联

主　席：王海霞

副主席：张业建

肥西县文联

主　席：王建宇

宿州市文联

主　席：黄正祥

地　址：宿州市政务新区 4 层

邮　编：234000

所属各县文联：

埇桥区文联

主　席：胡秋源

萧县文联

主　席：李　鹏

灵璧县文联

主　席：梁　超

砀山县文联

主　席：金启云

淮北市文联

主　席：车海平

副主席：赵规划、王　宁

地　址：淮北市花园路 7 号南 1 楼

邮　编：235000

所属县文联：
濉溪县文联
主　席：贾　申

阜阳市文联

书记兼主席：王亮远
副主席：任　智、时春晨
地　址：阜阳市清河东路539号
　　　　阜阳市文联
邮　编：236033
所属各区市县文联：
颍州区文联
主　席：庄　颍
颍东区文联
主　席：范卫华
颍泉区文联
主　席：杨　林
副主席：张　玲
界首市文联
党组书记兼主　席：孙彩玲
党组成员兼副主席：张洁新、
　　　　韩　瑞
临泉县文联
主　席：韩　光
太和县文联
主　席：孙　高
副主席：王玉泉、王华东
阜南县文联
主　席：冷治武
副主席：张　平
颍上县文联
主　席：王　波
副主席：吴　齐

亳州市文联

党组书记兼主席：佘树民
副主席：王淳杰、卢　干、
　　　　司金城、孙志保、
　　　　任　斌
地　址：亳州市行政中心2075室
邮　编：236802

所属各区县文联：
谯城区文联
主　席：李　彬
副主席：刘颖超
涡阳县文联
党组书记兼主席：武　建
副主席：赵晓蕾
党组成员：吴长敬
蒙城县文联
主　席：马　杰
副主席：李家群、卢　晓、
　　　　韦如辉、韩元朝
利辛县文联
主　席：王玉实
副主席：李海金

蚌埠市文联

书　记：和宝友
副主席：江山
地　址：蚌埠市胜利中路156号
　　　　5楼
邮　编：233000
所属各县文联：
怀远县文联
主　席：常俊记
五河县文联
主　席：阚开立
固镇县文联
主　席：李同海

淮南市文联

主　席：李慧桥
副主席：陈迎耕
地　址：洞山中路22号中建大
　　　　厦4楼
邮　编：232001
所属各县文联：
凤台县文联
主　席：赵柏春
副主席：周志俭

滁州市文联

党组书记兼主席：杨成志
副主席：穆仲夏
地　址：滁州市育新路174号
　　　　市委大院
邮　编：239001
所属各市县文联：
天长市文联
主　席：叶世斌
明光市文联
副主席：任亚弟
来安县文联
主　席：孔祥华
全椒县文联
副主席：周可夫
定远县文联
主　席：郑鹏程

马鞍山市文联

党组书记：周正国
主　席：崔训诚
副主席：袁　诚、严歌平
秘书长：邱胜贤
地　址：马鞍山市湖北路24号3楼
邮　编：243000
所属县文联：
当涂县文联
主　席：祝建华

芜湖市文联

党组副书记兼主席：夏光发
党组成员兼副主席：王建华
地　址：芜湖市北门建设银行
　　　　旁医药大楼
邮　编：241000
所属协会：
市美术家协会
副主席：方成荣
所属各县文联：
芜湖县文联
副主席兼秘书长：方成荣
繁昌县文联
主　席：尚章龙
副主席：吴黎明

南陵县文联
主　席：罗光成

铜陵市文联
主　席：徐　光
地　址：铜陵市湖东路666号行政中心北5楼
邮　编：244000
所属县文联：
铜陵县文联
主　席：鲍安顺

安庆市文联
书记兼主席：盛志刚
副主席：王泽辉
地　址：安庆市纺织南路16号
邮　编：246001
所属各市县文联：
桐城市文联
党组书记：陈高潮
副主席：陈　汐
太湖县文联
主　席：章顺国
副主席：熊尚志、安泽成
宿松县文联
主　席：彭长久
副主席：吴　忌、王孟鸣
望江县文联
主　席：任春松
岳西县文联
主 席：黄效虎

黄山市文联
书记、主　席：倪国华
副主席：吴顺辉
地　址：黄山市屯溪区枫林巷25号
邮　编：245000
所属各区县文联：
黄山风景区文联
主　席：程亚星
屯溪区文联
主　席：汪　琳
黄山区文联
主　席：胡意红
副主席：吴兴华
徽州区文联
主　席：吴之兴
歙县文联
主　席：程　兵
副主席：张跃进
休宁县文联
主　席：陈吉祥
黟县文联
主　席：舒　强
祁门县文联
主　席：章共生

六安市文联
主　席：刘俊林
党组书记：马德俊
地　址：六安市行政中心
邮　编：237001
所属区县文联：
裕安区文联
主　席：朱仕林
金安区文联
主　席：邬丛效
霍山县文联
主　席：张世明

巢湖市文联
党组书记兼主席：孙　泉
副主席：王国刚
地　址：巢湖市老政府楼3楼市文联
所属各区县文联：
居巢区文联
主　席：黄　浩
秘书长：王春生
庐江县文联
主　席：卢昌留
无为县文联
主　席：倪劲松
含山县文联
主　席：张平虎
和县文联
主　席：刘必树

池州市文联
主　席：吴昭元
副主席：何成文
地　址：池州市委大楼110室
邮　编：247000
所属各区县文联：
贵池区文联
党组书记：张合友
主　席：陈春明
东至县文联
主　席：张广祥
副主席：何中华
石台县文联
主　席：詹成林
青阳县文联
主　席：胡好友
九华山文联
主　席：焦得水
副主席：陈寿新

宣城市文联
主　席：肖新民
副主席：曹　虹、胡　进
地　址：宣城市鳌峰新村办公楼
邮　编：242000
所属区市县文联：
宣州区文联
主　席：田　斌
宁国市文联
主　席：许东升
副主席：储建国
郎溪县文联
主　席：牛四清
泾县文联
主　席：王金虎
旌德县文联
书记兼主席：杨明智
副主席：蒋兴华

福　建　省

福州市文联

主　席：徐　杰
副主席：米　伟、唐晓燕
地　址：福州市仓山区麦园路52号
邮　编：350007
所属区市县文联：
鼓楼区文联
主　席：刘正辉
副主席：官玉玲
台江区文联
主　席：商宝玉
仓山区文联
主　席：林榕芳
马尾区文联
主　席：朱大明
副主席：侯国宝
晋安区文联
主　席：孔海钦
副主席：周　静
福清市文联
主　席：念　琪
副主席：林　肖
长乐市文联
主　席：郑黎明
闽侯县文联
主　席：林　雄
连江县文联
主　席：贺　文
副主席：郑新顺
罗源县文联
主　席：邱清崇
副主席：黄丽荣
闽清县文联
主　席：游作忠
副主席：许　经
永泰县文联
主　席：张厚钦
副主席：侯梦日
平潭县文联
主　席：郑壮志

南平市文联

主　席：张建新
秘书长：叶向阳
地　址：南平市滨江中路双溪楼
邮　编：353000
所属各区市县文联：
延平区文联
副主席：薛京山
邵武市文联
负责人：何小鸿
副秘书长：王敏
武夷山市文联
主　席：赵　勇
建瓯市文联
负责人：贾新萍
建阳市文联
主　席：张宇辉
顺昌县文联
主　席：廖承泉
副主席：吴启荣
秘书长：曹贵生
浦城县文联
主　席：周勤孙
副主席：刘秀清、初学敏
光泽县文联
主　席：许国荣
副主席：徐家寿
松溪县文联
副主席：冯顺志
政和县文联
负责人：李雪慧

三明市文联

党组书记：龚一风
主　席：龚一风
副主席：伍林发、史建榕
党组成员：伍林发、林秀美
秘书长：林秀美
地　址：三明市龙泉大厦4号楼
邮　编：365000
所属各区市县文联：
梅列区文联
主　席：常章生
三元区文联
主　席：曾新森
永安市文联
主　席：赖世禹
秘书长：张　业
副秘书长：罗文影
明溪县文联
主　席：廖康标
清流县文联
主　席：巫锡仁
宁化县文联
主　席：连允东
大田县文联
驻会干部：严垂壁
尤溪县文联
主　席：朱仁招
沙县文联
主　席：罗　辉
将乐县文联
主　席：杨浴涛
泰宁县文联
主　席：高起光
建宁县文联
主　席：林绍勇

莆田市文联

主　席：郑祖杰
副主席：郑国贤
地　址：莆田市政府大院3号楼221室
邮　编：351100
所属各区县文联：
城厢区文联
主　席：林宗哲

涵江区文联
主　席：黄黎晗
副主席：黄义福
荔城区文联
主　席：罗中凡
副主席：林春荣
秀屿区文联
主　席：林俊彦
副主席：詹庆新
仙游县文联
主　席：连铁杞
副主席：许文水

泉州市文联

主　席：熊志强
副主席：邱章平
地　址：泉州市南俊路新府口48号5楼
邮　编：362000
所属各区市县文联：
丰泽区文联
主　席：庄稼祥
副主席：李水龙
鲤城区文联
主　席：李建民
副主席：李锦川
洛江区文联
主　席：吴文安
副主席：黄继凡、黄九成
泉港区文联
主　席：唐庆辉
副主席：陈荣玉
石狮市文联
主　席：李繁红
晋江市文联
主　席：黄　良
南安市文联
主　席：黄金土
副主席：李小宁
惠安县文联
主　席：林瑞峰
安溪县文联
主　席：梁贤文
副主席：林小玲
永春县文联
主　席：李端阳
副主席：吴宝亚、陈秀卿
德化县文联
主　席：周永强
副主席：徐艺星、苏梅华
农行文联
主　席：祝燕妮

厦门市文联

党组书记：张　萍
主　席：舒　婷
副主席：张　萍、陈元麟、徐　里、叶之桦、周　旻、吴培文、陈秀卿
地　址：厦门市曾厝垵仓里路2号
邮　编：361005
所属各区文联：
思明区文联
主　席：颜智伟
副主席：叶加河、郁小亮、戴　岩、曾学文、白　磊、林世泽、林丹娅、杨　镇
湖里区文联
主　席：王雪敏
副主席：林进春、傅伯伟、王雁飞、黄炳辉、沈祥清
集美区文联
主　席：林朝晖
副主席：孙加庆、陈禾青、卢建端、夏　敏
同安区文联
主　席：陈国栋
副主席：陈美玲、叶红旗、邵君宽
海沧区文联
主　席：陈　弘
副主席：姚金洪、陆建英
翔安区文联
主　席：洪龙泉
副主席：许明丽、纪清渊、康　宁

漳州市文联

主　席：汪莉莉
秘书长：李亚根
地　址：漳州市胜利路118号市政府大院4号楼
邮　编：363000
所属区市县文联：
芗城区文联
主　席：黄忠良
副主席：陈艺泉、陈绍友、黄少娜
龙文区文联
主　席：肖　斌
副主席：连惠斌
龙海市文联
主　席：颜耀辉
副主席：许海泉、蔡明辉
云霄县文联
主　席：何明坤
副主席：戴园笙
漳浦县文联
主　席：陈玉宝
副主席：陈水城
诏安县文联
主　席：沈升玉
副主席：叶罗平、沈洪生
长泰县文联
主　席：姚悦明
副主席：林河山
东山县文联
副主席：林学东
南靖县文联
主　席：林海川
副主席：张金生
平和县文联
主　席：何温厚
副主席：林少鸿

华安县文联
主　席：李庆辉
副主席：李金城、陈进昌

龙岩市文联
主　席：王永昌
地　址：龙岩大道1号新行政办公中心
邮　编：364000
所属区市县文联：
新罗区文联
主　席：邹绍良
副主席：范秉琪、赖彬文
漳平市文联
副主席：李熙通（主持）、卢　海
长汀县文联
主　席：胡河林
副主席：廖必任、吴启蒸
永定县文联
主　席：苏建强
副主席：廖文茂
上杭县文联
主　席：温文茂
武平县文联
副主席：郑启荣（主持）
连城县文联
主　席：杨永松
副主席：沈文生

宁德市文联
副主席：叶玉琳
秘书长：王如贤
地　址：宁德市蕉城区署前路14号
邮　编：352100
所属区市县文联：
蕉城区文联
主　席：陈　远
福安市文联
主　席：郑　望
副主席：何　农
福鼎市文联
主　席：郑清清
寿宁县文联
秘书长：叶允炳
主　席：李　安
霞浦县文联
主　席：张　斌
柘荣县文联
主　席：杨国辉
副主席：周贻海、魏诗已
屏南县文联
主　席：王多兴
古田县文联
主　席：杨安细
周宁县文联
主　席：郑慧玫
副主席：李升良、郑家志、陈源清、许群峰
闽东画院
院　长：李　辉
地　址：宁德市建新路1号
邮　编：352100

江　西　省

南昌市文联
主　席：李　敏
副主席：杨菊妹、杨国骏、黄振民、邹时光
地　址：南昌市红谷滩新区会展路199号红谷大厦A座9楼
邮　编：330038
所属各县文联：
南昌县文联
主　席：赵金贵
副主席：徐剑英
新建县文联
主　席：万　虹
副主席：万由文
安义县文联
主　席：朱幼金
副主席：帅如琼
进贤县文联
主　席：黄桂良
副主席：马小清

九江市文联
主　席：张国宏
副主席：陆建珠、黎小红
秘书长：蔡　勋
地　址：九江市环城路180号市文联
邮　编：332000
所属各区市县文联：
庐山区文联
主　席：罗金荣
瑞昌市文联
主　席：冯　礼
九江县文联
副主席：方乐新
武宁县文联
主　席：熊国礼
副主席：雷鸿尧
修水县文联
常务副主席：樊健军
永修县文联
主　席：熊　辉
副主席：柳金花
德安县文联
主　席：李拥军
常务副主席：李诗彪
星子县文联
主　席：饶金星

副主席：程昭金
都昌县文联
主　席：吴德胜
副主席：曹端阳
湖口县文联
主　席：秦华南
彭泽县文联
主　席：刘文华
庐山管理局文联
副主席：慕德华

景德镇市文联

常组书记兼主席：余志华
副主席：高有珩
地　址：景德镇市昌江大道 29 号
邮　编：333000
所属各市县文联：
乐平市文联
党组书记兼主席：胡志平
副主席：童　萍、程　慧
浮梁县文联
主　席：肖　晓
副主席：吴文华

鹰潭市文联

主　席：朱黎明
地　址：鹰潭市委大楼 5 楼
邮　编：335001
所属各市县文联：
贵溪市文联
主　席：彭建中
副主席：徐样发
秘书长：罗先茂
余江县文联
主　席：李剑兵
副主席：詹汉民
月湖区文联
主　席：苏先辉

新余市文联

党组书记：刘献忠
副主席：丁莉莉、杨　芳
调研员：宋晓明
地　址：新余市科环东路 485 号
新余市文联
邮　编：338000
所属县文联：
分宜县文联
主　席：杜艳萍
副主席：张爱华

萍乡市文联

党组书记：李朝阳
主　席：肖麦青
副主席：赵一青
秘书长：吴惠萍
地　址：萍乡市跃进北路 66 号
邮　编：337005
所属县文联：
莲花县文联
主　席：刘新龙
副主席：贺小军

赣州市文联

主　席：钟小平
副主席：赖国柱、王子琨、
曹卫民
副调研员：钟世庆、黄家玲
所属各区市县文联：
章贡区文联
主　席：刘会菁
瑞金市文联
副主席：许德辉
南康市文联
主　席：廖　诚
副主席兼秘书长：扶诗生
赣县文联
副主席：叶　林
信丰县文联
主　席：刘璋琦
大余县文联
主　席：刘存鸣
上犹县文联
主　席：蓝流芳
副主席：吴才河
崇义县文联
主　席：吴品雯
安远县文联
主　席：钟一波
副主席：梅　丽
龙南县文联
主　席：钟乐耕
副主席：赖建青
定南县文联
副主席：肖宣东
全南县文联
主　席：李恢明
宁都县文联
主　席：叶靖华
于都县文联
主　席：李小华
兴国县文联
副主席：钟贞培
会昌县文联
主　席：李　斌
秘书长：许　佳
寻乌县文联
主　席：刘传健
副主席：刘杨青、钟　清
秘书长：黄伟文
石城县文联
主　席：温美权
秘书长：刘　敏

上饶市文联

党组书记兼主席：叶红艳
副主席：王伟峰、齐江宁
地　址：上饶市中山路 88 号五楼
邮　编：334000
所属各区市县文联：
信州区文联
党组书记：郑维民
主　席：柴丽萍
副主席：周　正
秘书长：李纪生
德兴市文联
主　席：马秀凤
副主席：储德成

上饶县文联
主　席：郑渭波
副主席：周文华
广丰县文联
主　席：杨　剑
秘书长：黄金虎
玉山县文联
主　席：周　力
副主席：王国军、饶小伟
铅山县文联
主　席：姚增华
副主席：甘浪生、周剑宇
横峰县文联
主　席：缺
副主席：缺
弋阳县文联
主　席：吴月华
秘书长：张赛莲
余干县文联
主　席：余晓明
副主席：李卫星
鄱阳县文联
主　席：郭森彬
副主席：刘　杰、袁德华
秘书长：高京荣
万年县文联
主　席：叶晨红
副主席：祝秋凤
婺源县文联
主　席：汪水发
副主席：李宏宇、任春才

抚州市文联

主　席：甘少华
副主席：郝展静
地　址：抚州市赣东大道市文联
邮　编：344000
所属各区县文联：
临川区文联
主　席：白　浩
副主席：冯华辉
黎川县文联
主　席：吴润发
南丰县文联
主　席：方　琴
崇仁县文联
主　席：方立萍
副主席：甘　静
乐安县文联
主　席：董海花
宜黄县文联
副主席：程孝平
金溪县文联
主　席：徐飞贤
副主席：江小波
资溪县文联
主　席：邓爱民
东乡县文联
主席：殷伟柱
副主席：胡　泊、刘辉华
广昌县文联
主　席：谢衔生

宜春市文联

主　席：聂洪才
副主席：吴志勇、徐艳云
地　址：宜春市卫公路 3 号
邮　编：336000
所属各区市县文联：
袁州区文联
主　席：黄勇萍
丰城市文联
主　席：陈冬珍
樟树市文联
主　席：朱　墨
副主席：欧阳娟
高安市文联
主　席：符成生
副主席：兰洪彰
奉新县文联
主　席：黄毓英
万载县文联
党组书记：高叙景
主　席：周小峰
副主席：余　刚
上高县文联
主　席：赵永强
副主席：姜建新、曹华粘
宜丰县文联
主　席：邓晓丽
副主席：杨泽华、韦恩谷
靖安县文联
主　席：邱京华
副主席：蔡长远
铜鼓县文联
主　席：吴济敏

吉安市文联

主　席：朱黎生
副主席：黎章根、欧阳亮
地　址：吉安市阳明东路 2 号
邮　编：343000
所属各区市县文联：
吉州区文联
主　席：徐少青
副主席：秦宗梁
青原区文联
主　席：胡刚毅
井冈山市文联
主　席：邹巧逢
副主席：刘石平、谢冬庭
吉安县文联
副主席：刘冬兰
吉水县文联
主　席：罗小明
副主席：聂　龙
峡江县文联
负责人：王白理
新干县文联
主　席：刘海根
副主席：谢金文
永丰县文联
主　席：陈金南
泰和县文联
主　席：刘世炳
遂川县文联
主　席：王先梓
副主席：肖　平
万安县文联
主　席：汤建国

副主席：邱裕华
安福县文联
主　席：刘胜生

副主席：杨桂林
永新县文联
主　席：曾绯龙

山　东　省

济南市文联
党组书记兼主席：邹卫平
党组副书记：丁济生
副主席：丁济生、王振范、
韦辛夷、邓宝金、
地　址：历下区龙鼎大道1号
龙奥大厦11层F区
邮　编：250102
所属各区市县文联：
市中区文联
主　席：胡宝利
副主席：赵　迎、付修红
历下区文联
党组书记兼主席：张钧安
副主席：刘春亮
槐荫区文联
分管副部长：岳仁强
天桥区文联
主　席：杨　军
历城区文联
主　席：何　宁
副主席：周建华、孙瑞云
长清区文联
主　席：张玉清
书　记：张世君
章丘市文联
主　席：孟兆顺
副主席：程诗义
平阴县文联
书　记：黄明珠
主　席：梁新生
副主席：邢志强
济阳县文联
书　记：于家新
主　席：鞠　慧
副主席：朱翠平
商河县文联
主　席：信师深

聊城市文联
党组书记：白伟民
主　席：赵安民
副主席：苏学雷
地　址：聊城市利民东路13号
邮　编：252000
所属各县文区联：
东昌府区文联
主　席：孙龙翔
副主席：张桂林、陈　华
临清市文联
副主席：刘北
高唐县文联
主　席：鞠吉世
副主席：王振国、白忠海、
于　兰
阳谷县文联
主　席：商素伟
莘县文联
主　席：王贤成
副主席：樊子刚、张　涛
茌平县文联
主　席：于军山
副主席：张　启
东阿县文联
主　席：张　军
冠县文联
副主席：杨思又、郭洪恩

德州市文联
党组书记兼主席：高世伦
党组副书记兼副主席兼调研员：
曲孝儒
党组成员兼副主席：罗朝彦
所属各区县文联：
德城区文联
主　席：王太勇
副主席：吕洪卫、陆学新
宁津县文联
主　席：李宝春
副主席：谢文成
秘书长：李妹姚
夏津县文联
主席：秦高忠
副主席兼秘书长：孔祥昆
禹城市文联
主席：李明华
副主席：卢英特
乐陵市文联
副主席：郭建云
齐河县文联
主席：李友志
武城县文联
副主席：任秀芬

东营市文联
主　席：任勤林
副主席：西文丽（驻会）、孙乐春、
李　艳、王家志、
项继云、杨长喜、
苏香兰、黄利平、
邓丕利、刘晓东
地　址：东营市东营区东三路
216号
邮　编：257091
所属协会：
市作家协会
主　席：陈谨之
市戏剧曲艺家协会
主　席：陈崇喜

市音乐家舞蹈家协会
主　席：苏香兰
市美术家协会
主　席：陈宏光
市书法家协会
主　席：许好成
市摄影家协会
主　席：黄利平
市电视艺术家协会
主　席：韩祥明
市民间文艺家协会
主　席：吴观渭
所属县文联：
广饶县文联
主　席：李秀华

淄博市文联

主　席：宗俊海
副主席：姜　岩、何象斌、李　波、王金玲、刘统爱、唐秀玲、赵长刚、巩武威
地　址：淄博市张店人民西路24号
邮　编：255000
所属各区县文联：
张店区文联
主　席：王　刚
淄川区文联
主　席：袁延民
副主席：刘　洪、李振雷
博山区文联
主　席：程　涛
副主席：郝象斌
临淄区文联
主　席：王立才
周村区文联
主　席：暂缺
桓台县文联
主　席：史元功
高青县文联
副主席：张士刚
沂源县文联
主　席：朱乐孝

潍坊市文联

党组书记兼主席：孙淑芳
副主席：冯文富、冯传增、王治喜
副调研员：朱云峰
办公室主任：贾　艳
组联部主任：李宗良
地　址：潍坊市胜利东街99号
邮　编：260061
所属各区市县文联：
奎文区文联
主　席：谭晓昌
潍城区文联
主　席：赵炳平
寒亭区文联
主　席：闫维兵
坊子区文联
主　席：臧运国
安丘市文联
主　席：高　军
昌邑市文联
主　席：付晓丽
高密市文联
主　席：陈雪梅
副主席：罗宗欣、丁元忠
青州市文联
主　席：魏颜蓓
诸城市文联
主　席：张崇明
副主席：王砚军
寿光市文联
主　席：李雪玉
副主席：王志亭
临朐县文联
主　席：史太白
昌乐县文联
主　席：刘兴国

烟台市文联

书　记：陈海涛
主　席：孙光辉
副主席：尹　涛、董翠娜、严　涛、王道兴、郭　磊
地　址：烟台市毓西路17–3号
邮　编：264000
所属区市文联：
烟台开发区文联
主　席：孙希香
龙口市文联
主　席：韩存波
蓬莱市文联
主　席：马德成
莱阳市文联
书　记：宋立修
主　席：郑绍忠
招远市文联
主　席：刘佩武
海阳市文联
副主席：刘水清
莱州市文联
主　席：王祖强
栖霞市文联
主　席：张凤文

威海市文联

党组书记：于加林
主　席：钱启民
副主席：于加林、杨海东、仇善文
地　址：威海市政府6号楼威海市文联
邮　编：264200
所属各市文联：
荣成市文联
主　席：王春河
副主席：张震亚
文登市文联
主　席：鞠传友
乳山市文联
主　席：李　杰
环翠区文联
主　席：宋吉波
副主席：周琳

青岛市文联

书　记：孙宪政
主　席：吕振宇
副主席：程　基、谢志强
纪检组长：刘华民
副巡视员：柳电飞
地　址：青岛市市南区信号山路25号
邮　编：266003

所属各区市文联：

崂山区文联
主　席：辛克竹
副主席：孟繁
城阳区文联
主　席：朱崇伟
青岛开发区文联
主　席：孙兆旭
即墨市文联
主　席：宋清涛
胶州市文联
主　席：李再孝
平度市文联
主　席：李振波
莱西市文联
主　席：万洪波

日照市文联

主　席：赵德发
书　记：孙正武
副主席：刘　鹏、金立泉
地　址：日照市北京路198号市级办公大楼0441室
邮　编：276826

所属各区县级文联：

东港区文联
主　席：赵东波
副主席：孙密爵
岚山区文联
主　席：苏循海
五莲县文联
主　席：刘加新
副主席：任东亮、于光辉
莒县文联
主　席：黄建成
山海天文联
主　席：赵自岱
日照港文联
主　席：李永华

临沂市文联

书　记：孔祥广
主　席：何相军
副主席：龙　岩、李秀青
地　址：临沂市金雀山路57号
邮　编：276001

所属各区县文联：

兰山区文联
主　席：张金操
副主席：马咏梅、王志鹏、潘月胜
郯城县文联
主　席：刘琪瑞
副主席：王兴国
苍山县文联
主　席：刘　震
副主席：沙德平、吴仕强
莒南县文联
主　席：宋兴波
沂水县文联
主　席：陈爱军
蒙阴县文联
副主席：吴照民
平邑县文联
主　席：刘云燕
费县文联
副主席：咸庆英
沂南县文联
主　席：刘兆才
临沭县文联
主　席：湛学锋

枣庄市文联

主　席：胡少华
副主席：刘运霞、郭士祥
地　址：枣庄市龙头中路82号
邮　编：277102

所属各市区文联：

滕州市文联
主　席：马建钧
副主席：黄　敏
市中区文联
主　席：潘　超
副主席：徐福淮、韩　峰、吴修杰、董顶清、刘永堂、张景法
台儿庄区文联
主　席：李楠
薛城区文联
主　席：李旭东
副主席：祁召瑞、张予民、傅清润、张茂水
山亭区文联
主　席：孙成凤
副主席：李宗宪、姜玉树
峄城区文联
主　席：贺　炜
副主席：郑世虎、颜景涛、李华伟、刘啸泉

济宁市文联

党组书记：张　弢（市委宣传部副部长兼，不驻会）
主　席：王道雨
副主席：孙丽萍
副调研员：孙宜才、汪　林
地　址：济宁市红星中路1号
邮　编：272025

所属各区市县文联：

市中区文联
主　席：孟献红
嘉祥县文联
主　席：周长征
邹城市文联
主　席：李　樯
金乡县文联
主　席：郑宏图
曲阜市文联
主　席：孔磊华

鱼台县文联
主　席：张德升
梁山县文联
主　席：赵德民
兖州市文联
党组书记：刘玉礼
主　席：张志超
泗水县文联
主　席：汤　颖
微山县文联
主　席：刘修武
汶上县文联
副主席：徐雷申

泰安市文联

书　记：魏　武
主　席：江济源
地　址：泰安市市政大楼 A2061
邮　编：271000
所属县文联：
东平县文联
主　席：侯庆贵

莱芜市文联

主　席：李贞锋
副主席：孟云霞
地　址：莱芜市龙潭东大街 001 号
邮　编：271100

滨州市文联

党组书记：杜贞年
主　席：高景林
副主席：刘相生
地　址：滨州市黄河五路 385 号
邮　编：256603
所属各区县文联：
滨城区文联
主　席：刘　岩
副主席：赵景峰
阳信县文联
主　席：刘海新
邹平县文联
主　席：王奎强
无棣县文联
副主席：徐沛琦、付　军

菏泽市文联

主　席：尹慧萍
副主席：孙建东、姜　涛
地　址：菏泽市中华路 1888 号
邮　编：274000
所属各协会：
书法家协会
主　席：侯玉麟
摄影家协会
主　席：焦延河
作家协会
主　席：贾庆军
戏剧家协会
主　席：朱桂芹
音乐家协会
主　席：牛玉新
曲艺家协会
主　席：苏本栋
美术家协会
主　席：梁兆存
舞蹈家协会
主　席：吴双梅
电视艺术家协会
主　席：刘付德
民间文艺家协会
主　席：王保祥
所属区县文联：
牡丹区文联
主　席：张　黎
曹县文联
主　席：马继栋
定陶县文联
主　席：李　新
成武县文联
主　席：敦成振
副主席：史瑞林
单县文联
主　席：张　林
巨野县文联
主　席：尚　瑞
郓城县文联
主　席：曹先峰
副主席：李贯亮
鄄城县文联
主　席：李　勇
东明县文联
主　席：萧思庆

河　南　省

郑州市文联

主　席：钟海涛
副主席：姜　阳、马素芳
调研员：彭长胜、李兴武、杨晓敏
地　址：郑州市中原区伊河路 12 号
邮　编：450007
所属各市县文联：
新郑市文联
主　席：杨学忠
登封市文联
主席：钟清敏
新密市文联
主　席：张延祥
副主席：王志远、翁玉卿
巩义市文联
主　席：王建设
荥阳市文联
主　席：宋新建
副主席：吴宝贵、韩　露、董江源
中牟县文联
主　席：刘海玲

三门峡市文联

文联党组书记：徐龙欣
文联主席：张高山
副主席：杨 凡
副调研员：南振民
地 址：三门峡市崤山路中段49号市委楼
邮编：472000

所属各协会：

市作家协会
主 席：杨 凡
市书法家协会
主 席：张高山
市摄影家协会
主 席：马合福
市美术家协会
主 席：李俊林
市戏剧家协会
主 席：姚梦松
市舞蹈家协会
主 席：陶 可（代）
市音乐家协会
主 席：南振民
市电影电视家协会
主 席：刘 英
市民间文艺家协会
主 席：员更厚
市曲艺家协会
主 席：黄森林
市杂文家学会
会 长：孙振军
市诗词家协会
副主席：方留聚
市楹联学会
会 长：方留聚

所属各市县文联：

义马市文联
主 席：何宝贵
副主席：王三岗
灵宝市文联
主 席：王太营
副主席：王水宽、李昌
渑池县文联
主 席：李迎春
卢氏县文联
主 席：祝晓荣
副主席：闫建朝、程专艺
陕县文联
副主席：靳雪松

洛阳市文联

党组书记兼副主席：刘红旗
主 席：方 斌
副主席：段新伟、王 绣
秘书长：孙建邦
地 址：洛阳市洛南新区市委大院2号楼1层
邮 编：471023

所属各市县文联：

偃师市文联
主 席：王雪梅
孟津县文联
主 席：黄 山
新安县文联
主 席：张素梅
副主席：孙双玲
栾川县文联
主 席：宫拂晓
嵩县文联
主 席：朱建芳
汝阳县文联
书 记：马 杰
主 席：马志超
宜阳县文联
主 席：徐慧丽
伊川县文联
主 席：胡社桥
洛宁县文联
主 席：张光杰

焦作市文联

主 席：殷繁政
副主席：韩 达
地 址：焦作市学生路43号
邮 编：454000

所属各区市县文联：

中站区文联
副主席：张玉江
马村区文联
主 席：丁全国
副主席：张东方
孟州市文联
主 席：张复堂
副主席：吕宏霞
沁阳市文联
主 席：张同利
副主席：李建国
修武县文联
主 席：秦 杰
副主席：马福全
博爱县文联
主 席：侯奉浩
副主席：鲁玉哲
武陟县文联
主 席：党玉红
温县文联
主 席：严双军
副主席：郑福臻

新乡市文联

党组书记兼主席：焦国梅
副主席兼党组成员：卢光文
地 址：新乡市平原路中段43号新华书店6楼
邮 编：453000

所属各市县文联：

卫辉市文联
主 席：李振峰
辉县市文联
副主席：曹志民
新乡县文联
主 席：王贞德
副主席：陈荣宇
获嘉县文联
主 席：赵青川
原阳县文联
主 席：郝新明
延津县文联
主 席：李泉录

封丘县文联
主　席：栾小宝
长垣县文联
主　席：钞艳霞
副主席：李雪艳

鹤壁市文联

主　席：李建东
副主席：王殿民
地　址：鹤壁市淇滨大道政府第三综合楼
邮　编：458030
所属各区县文联：
淇滨区文联
主　席：胡成安
副主席：赵红玲
山城区文联
主　席：赵海涛
浚县文联
主　席：张东宇
副主席：周学超
淇县文联
主　席：刘熙根
副主席：高渐华

安阳市文联

主　席：张　坚
副主席：付东流
秘书长：马省洲
地　址：安阳市洹滨南路 47 号
邮　编：455000
所属各区市县文联：
文峰区文联
主　席：高建军
副主席：张晓晟
殷都区文联
党组书记：杨海芳
政协主席兼文联主席：李宗祥
常务副主席：吴景辰
副主席：秦保家、刘耀青
秘书长：程　兵
龙安区文联
书　记：李自力
主　席：陈红玉
副主席：曹艳彬
北关区文联
主　席：杨军凡
林州市文联
主　席：申伏生
副主席：马明生
安阳县文联
党组书记：陈金先
主　席：王兴学
副主席：张保周
汤阴县文联
主　席：左　彬
滑县文联
主　席：徐慧根
副主席：张利民
秘书长：王兆卿
内黄县文联
主　席：焦国建
副主席：刘培生、董现甫

濮阳市文联

主　席：王泽培
副县级调研员：许福林
地　址：濮阳市人民路 33 号
邮　编：457000
所属各区县文联：
华龙区文联
负责人：张建涛
南乐县文联
党支部书记：张迎来
主　席：张静远
清丰县文联
党支部书记兼主席：南献省
范县文联
主　席：崔太先
台前县文联
主　席：姜　峰
濮阳县文联
党支部书记：张德茂
主　席：孟德让
高新区文联
负责人：宋瑞钦

开封市文联

党组书记兼常务副主席：高树田
党组书记：黄旭东、甘桂芬、樊　城
主　席：王宝贵
党组成员兼纪检组长：牛跃达
调研员：崔　洪
副调研员：刘兆英、李宗盛
秘书长：郭张开
地　址：开封市北土街 9 号
邮　编：475000
所属县文联
杞县文联
党组书记：吴纯祥
主　席：胡书清
副主席：胡延利
通许县文联
党组书记兼主席：于兆行
尉氏县文联
党组书记：李玉梅
主　席：温宜香
副主席：刘　念
开封县文联
主　席：张士彬
兰考县文联
主　席：姚风奇
副主席：焦　杰

商丘市文联

主　席：王士敏
副主席：王建国、谢国启
地　址：商丘市文联
邮　编：476000
所属各区市县文联：
梁园区文联
主　席：赵宗允
副主席：葛红霞
睢阳区文联
主　席：张学勇
副主席：唐文君
永城市文联
主　席：蔡　鑫

夏邑县文联
主　席：班新领
虞城县文联
主　席：朱保良
副主席：苏新诗、陈春月
民权县文联
主　席：郭慧卿
副主席：杨淑华、周脉红、金德进
柘城县文联
主　席：薛　梅
副主席：张海军
副主任科员：张玉华
宁陵县文联
主　席：赵　峰
办公室主任：杨慧丽
睢县文联
党组书记：赵文彦
主　席：薛党军

许昌市文联

主　席：谢玉好
副主席：刘　平
地　址：许昌市健安大道许昌市6号楼
邮　编：461000
所属各市县文联：
禹州市文联
主　席：杨永华
副主席：刘绍典、张德宏
长葛市文联
主　席：刘迎春
副主席：孟繁杰
许昌县文联
主　席：屈保军
副主席：夏　阳、谢英杰、计怀友
鄢陵县文联
主　席：马新会
副主席：赵建中、梁爱民
襄城县文联
主　席：杨怀殿
副主席：刘　红

漯河市文联

主　席：尹同亮
副主席：张富君、林素英
地　址：漯河市黄河路647号
邮　编：462000
所属各文联：
郾城区文联
主　席：赵连生
副主席：张均平、潘清江
源汇区文联
主　席：张　伟
副主席：陈　晨
召陵区文联
主　席：王冠数
副主席：陈建涛
舞阳县文联
主　席：谷玉萍
秘书长：尹光磊
临颍县文联
主　席：郑文杰
副主席：张晓明
铁路文联
主　席：姜明朝

平顶山市文联

党组书记：冀聚良
副主席：岳书敏、范大岭、张耀中、张祥宇、孔　阳
副调研员：李建军、姚建宝
地　址：平顶山市新城区市政大厦
邮　编：467000
所属各市县文联：
舞钢市文联
主　席：温慧敏
汝州市文联
主　席：戴战柱
副主席：彭忠彦、相丽丽
宝丰县文联
主　席：赵民强
副主席：马运欣、卢晓灿
叶县文联
主　席：庞江华
副主席：王风雷
鲁山县文联
主　席：袁占才
郏县文联
主　席：李国军
副主席：孔艳红、李国勇

南阳市文联

党组书记：廖华歌
主　席：王遂河
副主席：陈明远、凌解放
调研员：马本德
纪检员：张现实
地　址：南阳市滨河东路
邮　编：473000
所属各区市县文联：
卧龙区文联
主　席：潘凤鸣
副主席：孙　杰
宛城区文联
主　席：谭洁波、李少波
邓州市文联
主　席：闫俊玲
副主席：余俊勇
南召县文联
主　席：张玉峰
副主席：王广华、杨　润
方城县文联
主　席：景文建
西峡县文联
主　席：郭正伟
副主席：李雪峰
镇平县文联
主　席：杨继红
副主席：王　元、邵　军
内乡县文联
主　席：尹先敦
淅川县文联
主　席：周华臣

副主席：张德民

社旗县文联

主　席：宋长宽

副主席：郭洁实、惠国钟

唐河县文联

主　席：郭广申

副主席：赵传文

新野县文联

主　席：罗现渠

副主席：赵　琳、苗杰峰

桐柏县文联

主　席：李书斌

副主席：王先洲

信阳市文联

党组书记：张善伟

主　席：陈俊峰

副主席：殷　丽

地　址：信阳市羊山新区新五大道综合行政办公区90532

邮　编：464000

所属各区县文联：

浉河区文联

主　席：陈宏庆

平桥区文联

主　席：程贵环

副主席：年鹤林

息县文联

主　席：冯　莉

淮滨县文联

主　席：赵　刚

副主席：郭文斌

潢川县文联

主　席：李　红

光山县文联

主　席：张志娥

固始县文联

主　席：赵家义

副主席：张国华

商城县文联

主　席：沈　靖

罗山县文联

主　席：段发广

副主席：方　伟

新县文联

主　席：李新民

副主席：熊　涛

周口市文联

主　席：谷迁乔

副主席：葛　罡、苏运峰、张文平

秘书长：赵丽亚

地　址：周口市七一路中段市委院内

邮　编：466000

所属各区市县文联：

川汇区文联

主　席：袁振然

项城市文联

主　席：赵　辉

副主席：赵书前

扶沟县文联

主　席：路中跃

西华县文联

主　席：张新华

商水县文联

主　席：孙新华

副主席：刘新雨

太康县文联

主　席：高　雷

鹿邑县文联

主　席：荆武信

副主席：王慧琳

郸城县文联

主　席：王　岩

淮阳县文联

主　席：郭树行

沈丘县文联

主　席：卢　煜

副主席：刘迅甫

黄泛区农场文联

主　席：钱国顺

驻马店市文联

主　席：程书援

副主席：梁　娟、刘康健

地　址：驻马店市开源大道

邮　编：463000

所属各县文联：

确山县文联

主　席：张　丽

副主席：白　洋

泌阳县文联

副主席：孙德兵

遂平县文联

主　席：王书印

副主席：李富友

西平县文联

党组书记兼主席：奚家坤

上蔡县文联

主　席：徐　荣

汝南县文联

主　席：陈宏伟

平舆县文联

主　席：张体龙

新蔡县文联

主　席：谢石华

正阳县文联

副主席：康其乐

济源市文联

主　席：苗　哲

地　址：河南省济源市文联文化城

邮　编：45465040

湖 北 省

武汉市文联

主　席：池　莉
党组书记兼常务副主席：陈汉桥
副主席：刘醒龙、董宏猷、冷　军、湛红好、刘寿祥、张少华、陆　鸣、周锦堂、胡志平、曹小强、傅江宁、樊　星
地　址：武汉市汉口解放公园路 44 号
邮　编：430010

所属各区文联：

洪山区文联
主　席：周德胜
常务副主席：张少林

黄陂区文联
主　席：周大望
副主席：李书俊、刘际平、刘华国、刘建新、朱换玉、喻建华、明德运、张品正、胡宗裕、肖仁亮、张　旭

新洲区文联
主　席：涂棣喜

江夏区文联
主　席：蔡明贵

十堰市文联

主　席：杨启国
地　址：十堰市北京路行政服务中心 C 栋信访大楼 5006 室
邮　编：442000

所属各区市县文联：

张湾区文联
主　席：王清玉

茅箭区文联
党组书记：林青海
主　席：黄家喜
副主席：徐凤海、陶德斌、何朝波

丹江口市文联
主　席：高　飞

郧县文联
主　席：景贵社

竹山县文联
主　席：华赋桂

房县文联
主　席：姜照辉

郧西县文联
主　席：钟建华
秘书长：赵天禄

竹溪县文联
主　席：余争鸣
副主席：阮家国

襄樊市文联

主　席：卓道成
副主席：李　捷、刘多斌
地　址：襄樊市荆州街 73 号
邮　编：441021

所属各区市县文联：

襄阳区文联
主　席：计保挺

老河口市文联
主　席：鄢宏年
副主席：陈红梅、涂宏伟

枣阳市文联
主　席：吴世忠

宜城市文联
主　席：程　晟

南漳县文联
主　席：雷声国

谷城县文联
主　席：王金文
副主席：季广成

保康县文联
主　席：周才彬

荆门市文联

主　席：郑晓华
党组书记兼副主席：李诗德
副主席：程兴国（驻会）、黄发清、韩少君、施以文 、胡天国、成常坤、彭金淋、蔡建庭、李　芳
秘书长：全雪莲
地　址：荆门市北门路 28 号市委大院办公大楼 15 楼
邮　编：448000

所属各区市县文联：

京山县文联
主　席：严泽波
驻会副主席：李元卿、谢俊明
秘书长：李元卿（兼）

沙洋县文联
主　席：金　亮
办公室主任：张德强

钟祥市文联
主　席：胡　工
驻会副主席兼秘书长：程大公

东宝区文联
主　席：苏钊富
副主席兼秘书长：郑文榜

掇刀区文联
主　席：张学峰
秘书长：徐文明

孝感市文联

主　席：曾忠安
副主席：刘碧峰
地　址：孝感市委大院内
邮　编：432000

所属各区市县文联：

孝南区文联
主　席：钟楚华

秘书长：闻　莺

应城市文联

主　席：姚红兵

副主席：张　颢

安陆市文联

主　席：易千元

副主席：周敬轩

秘书长：余承鸿

汉川市文联

主　席：李绍斌

秘书长：何　澜

孝昌县文联

主　席：陈金文

副主席：邓曙光

大悟县文联

主　席：夏晓明

副主席：郭惠玲

云梦县文联

主　席：丁财庆

秘书长：李宏斌

黄冈市文联

主　席：彭仕雄

地　址：黄冈市委大院内

邮　编：438000

所属各市县文联：

麻城市文联

主　席：熊亚兰

副主席：林明康、向志洲、毕宗浩

武穴市文联

主　席：郭明月

副主席：伍江平

红安县文联

主　席：王作家

罗田县文联

主　席：程革新

秘书长：胡锦刚

英山县文联

主　席：陈丽娟

秘书长：许子琴

浠水县文联

主　席：华小地

副主席：程小成

黄梅县文联

主　席：张小平

副主席：聂萧袤、詹　玮、张文乔

鄂州市文联

主　席：瞿红专

副主席：方桂英

地　址：鄂州市政府大楼 904 室

邮　编：436000

所属各区文联：

鄂城区文联

主　席：黄高中

华容区文联

主　席：涂　剑

梁子湖区文联

主　席：李君亮

副主席：柯春明

黄石市文联

主　席：李维平

副主席：孙重建

秘书长：吕永超

地　址：黄石市团城山新区二路

邮　编：435003

所属各市县文联：

大冶市文联

主　席：朱丽蓉

阳新县文联

主　席：易　鹏

咸宁市文联

主　席：柯于明

副主席：万立煌、王勿林

地　址：咸宁市人民政府综合大楼内

邮　编：437100

所属各区市县文联：

咸安区文联

主　席：陈传舟

赤壁市文联

主　席：丁鹤葆

副主席：戴富球

秘书长：张东海

嘉鱼县文联

主　席：屈明仙

通城县文联

主　席：宋旺龙

崇阳县文联

常务副主席：甘万明

通山县文联

专职副主席：杨道幼、王运木

荆州市文联

党组书记：张　伟

主　席：潘宜钧

副主席：黄凤仪

地　址：荆州市沙市区北京中路 253 号

邮　编：434000

所属各区市县文联：

荆州区文联

主　席：王广森

石首市文联

主　席：陈　钧

洪湖市文联

主　席：张祖权

副主席：张久凤

松滋市文联

主　席：曹其华

专职副主席：蒋莫海、陈　熳

秘书长：张　莉

江陵县文联

主　席：苟同德

公安县文联

主　席：李瑞平

监利县文联

主　席：段佐川

宜昌市文联

主　席：周德聪

党组书记兼常务副主席：黄尚荣

副主席：邓先兵、周立荣、汪国新

地　址：宜昌市云集路21号
邮　编：443000
所属各区市县文联：
夷陵区文联
主　席：曾庆泉
副主席：徐　军、周士华、王丽华（兼）、何　强（兼）
枝江市文联
主　席：胡志强
宜都市文联
主　席：周友平
当阳市文联
主　席：赵宏伟
副主席：杨　宁、牛　军、王先进
远安县文联
主　席：洪延林
兴山县文联
主　席：宁　平
常务副主席：邹志斌
秭归县文联
主　席：周凌云
长阳土家族自治县文联
主　席：陈哈林
副主席：刘志敏、陈笑荣、刘小平、田玉成、杨小强、肖　筱
秘书长：方　秉
五峰土家族自治县文联
主　席：陈池梅

随州市文联
主　席：罗　毅
副主席：郑　强、蔡秀词
地　址：随州市委办公楼内
邮　编：441300
所属区市文联：
曾都区文联
主　席：何泽军
广水市文联
主　席：丁顺义

仙桃市文联
常务副主席：梁和平
地　址：仙桃市仙桃大道60号
邮　编：433000

天门市文联
主　席：陶书治
地　址：天门市文学泉路79号
邮　编：431700

潜江市文联
主　席：廖盛荣
副主席：曹仁圣
秘书长：黄明山
地　址：潜江市章华大道18号市委宣传部内
邮　编：433100

神农架林区文联
党组书记兼副主席：张可云
主　席：戴　铭
秘书长：孙　娟
地　址：神农架林区松柏镇
邮　编：442400

恩施土家族苗族自治州文联
主　席：徐开芳
常务副主席：王月圣
副主席：文　林、刘　剑、向极鼎、曾亚琼、雷　鸣
地　址：湖北省恩施市舞阳大街49号
邮　编：445000
所属各市县文联：
恩施市文联
主　席：陈起鹤
副主席：何智斌
利川市文联
主　席：赵　龙
副主席：任永才
建始县文联
主　席：林华翔
副主席：陈步松
巴东县文联
主　席：黄在满
副主席：沈安安
宣恩县文联
主　席：谢庆慧
副主席：田　词
咸丰县文联
主　席：邓永刚
副主席：吴运辉
来凤县文联
主　席：岳　琼
副主席：田　华
鹤峰县文联
主　席：向端生
副主席：覃进云、洪键萍、梁寿臣、朱霍林、覃立华
秘书长：张万春

湖　南　省

长沙市文联

党组书记：曹　伟
主　席：何立伟
副主席：宋　元、佘明辉、
　　　　刘忠宏
秘书长：王　勇
地　址：长沙市岳麓大道218号
　　　　市政府13楼
邮　编：410013
所属各市县文联：
浏阳市文联
主　席：刘旭辉
副主席：熊水芳、唐柱子、
　　　　胡宜忠、张星波、
　　　　吴玉其
长沙县文联
主　席：饶　晗
秘书长：沈建波
宁乡县文联
主　席：李　纯
副主席：张　奇、黎正明、
　　　　欧阳才
望城县文联
主　席：朱红军

张家界市文联

党组书记：朱法栋
名誉主席：赵辉廷
主　席：罗长江（兼）
副主席：石继丽
秘书长：杨次洪
地　址：张家界市委机关大院
邮　编：427000
所属各协会：
市作家协会
主　席：罗长江
秘书长：彭　毅
市美术家协会
主　席：舒湘汉
秘书长：吕启琼
市书法家协会
主　席：郭汉义
秘书长：陈功文
市音乐家协会
主　席：刘庆尧
秘书长：符　玮
市摄影家协会
主　席：宋国庆
秘书长：董　兵
市戏剧家协会
主　席：尚铁流
秘书长：周海燕
市舞蹈家协会
主　席：覃大军
秘书长：朱　明
中南艺术家协会
常务副主席兼秘书长：吕启琼
所属各区县文联：
永定区文联
主　席：胡家胜
副主席：罗　彬
桑植县文联
主　席：余晓华
副主席：王成均
慈利县文联
主　席：邢方荣
副主席：艾新华
武陵源区文联
主　席：胡少丛
秘书长：向兆文

常德市文联

党组书记：胡振宇
主　席：王军杰
副主席：杨亚杰、殷习清、
　　　　鲁小平
纪检组长：叶建华
地　址：常德市洞庭大道东段
　　　　175号
邮　编：415000
所属各区市县文联：
武陵区文联
主　席：张　华
鼎城区文联
主　席：王　政
津市市文联
主　席：王观宏
安乡县文联
主　席：韩　霆
汉寿县文联
主　席：龚建平
澧县文联
主　席：杨　钢
临澧县文联
主　席：邵国超
副主席：张文元
桃源县文联
主　席：李方锋
石门县文联
主　席：刘朝阳

益阳市文联

党组书记：祁　峰
主　席：郭　辉
副主席：吴冬明、刘春来
秘书长：龚立华
地　址：益阳市长坡路38号
邮　编：413000
所属各区市县文联：
赫山区文联
主　席：夏政达
副主席：赵建超
资阳区文联
主　席：汤建设
副主席：庄银娥
秘书长：张之士
沅江市文联
党组书记：卜源光

主　席：曹建华
副主席：肖皓夫、朱建平
秘书长：向东流
南县文联
主　席：肖正民
副主席：丁建华
桃江县文联
主　席：胡红霞
副主席：汪月阳
秘书长：吴少郴
安化县文联
主　席：熊栋才
副主席兼秘书长：陈可立

岳阳市文联

党组书记兼主席：蔡世平
党组副书记：刘子华
副主席：聂尚武、周　迅
地　址：岳阳市青年中路 132 号
邮　编：414000
所属各区市县文联：
岳阳楼区文联
主　席：徐喜德
汨罗市文联
名誉主席：征　文
秘书长：雷宪和
临湘市文联
主　席：汤四维
岳阳县文联
主　席：冯　扬
华容县文联
主　席：阮　梅
湘阴县文联
主　席：熊国庭
平江县文联
主　席：杨　野
副主席：董妙林、李燕辉
秘书长：喻学峰
君山区文联
主　席：徐　正
云溪区文联
主　席：周志辉

株洲市文联

党组书记：张明慧
党组副书记兼主席：黄　勇
党组成员兼副主席：秦世平
工会主席：罗树慧
副主席：娄　雷
秘书长：唐　璐
调研员：王桂湘
地　址：株洲市天元区联谊路 136 号鼎城大厦 9 楼
邮　编：412007
所属各市县文联：
醴陵市文联
主　席：唐青柏
株洲县文联
主　席：姜满珍
攸县文联
主　席：廖书虎
茶陵县文联
主　席：廖　征
副主席：陈　科、陈建元
秘书长：陈建元（兼）
炎陵县文联
主　席：萧学菊

湘潭市文联

党组书记兼主席：赵志超
副主席：毛　娟、熊赳赳
秘书长：熊赳赳（兼）
组联部主任：王　敏
地　址：湘潭市双拥中路 1 号市委大楼 5 楼
邮　编：411104
所属各县市区文联：
岳塘区文联
主　席：杨小明
雨湖区文联
主　席：杨　猛
副主席：廖立军
湘乡市文联
主　席：何红玲
副主席：彭伟平
韶山市文联
主　席：谭明彰
副主席：赵庆梅
湘潭县文联
主　席：罗剑波
副主席：张宁波

衡阳市文联

党组书记：陈　伟
主　席：颜志武
副主席：周厚军
地　址：衡阳市市府路 14 号
邮　编：421001
所属各区市县文联：
南岳区文联
主　席：康松柏
副主席：徐仲衡、丁少俊
常宁市文联
主　席：吴国威
衡南县文联
主　席：胡　素
衡山县文联
主　席：肖秋平
衡阳县文联
主　席：王雁鸣
祁东县文联
主　席：肖素芳

郴州市文联

党组书记：袁在学
主　席：王硕男
副主席：曹　辉
秘书长：朱　丽
纪检组长：田艳辉
地　址：郴州市飞虹路 1 号市文联大楼
邮　编：423000
所属各区市县文联：
北湖区文联
主　席：罗新云
资兴市文联
主　席：李性亮

副主席：袁俐勤、甘群模、
邱德仁

桂阳县文联

主　席：刘本武

永兴县文联

主　席：兰　锋

副主席：邓加文、吴春燕

秘书长：何中国

宜章县文联

主　席：何丽芬

副主席：邓加亮

嘉禾县文联

主　席：尹振亮

临武县文联

主　席：蒋文锋

汝城县文联

主　席：宋意新

副主席：罗路平

桂东县文联

主　席：陈应时

安仁县文联

主　席：李琼林

党组书记：张杨践

永州市文联

党组书记：陈　文

主　席：吕晓勇

副主席：彭楚明

党组成员、秘书长：何红喜

地　址：永州市冷水滩区双舟路31号

邮 编 :425000

所属各区县文联主席：

冷水滩区文联

主　席：曹兰芳

副主席：黄志新、苏爱平

零陵区文联

主　席：胡明高

祁阳县文联

主　席：莫　逆

东安县文联

主　席：眭扬眉

双牌县文联

主　席：唐顺尧

道县文联

主　席：黄新姿

宁远县文联

主　席：郑　亮

副主席：黎成钢

蓝山县文联

主　席：李贵日

党组书记：罗湘玲

新田县文联

主　席：王亚平

江华瑶族自治县文联

主　席：王孟义

专职副主席：蒋建雄

江永县文联

主席：李勇军

邵阳市文联

党组书记：罗利民（兼）

主　席：张千山

副主席：肖仁福、谭爱民、
林彰龙（兼）、
李茂华（兼）、
李月秋（兼）

地　址：邵阳市红旗路专署办公
大楼三楼

邮　编：422000

所属各市县文联：

武冈市文联

主　席：易庆国

邵东县文联

主　席：林　祎

邵阳县文联

主　席：黄建民

新邵县文联

主　席：孙亮生

隆回县文联

主　席：龚小平

副主席：廖耀华、邹清华

洞口县文联

主　席：袁国基

副主席：杨健君、谢小红

绥宁县文联

主　席：陶永喜

新宁县文联

主　席：杨　坚

城步苗族自治县文联

主　席：张正扬

怀化市文联

党组书记兼主席：李绵珂

副主席：邓宏顺、李跃明

秘书长：胡　漫

地　址：怀化市人民路新街6号

邮　编：418000

所属各区市县文联：

鹤城区文联

主　席：侯平剑

洪江区县文联

主　席：石向求

洪江市文联

主　席：蒋丽君

副主席：向光俊、佘政生、
杨瞿州（兼）

沅陵县文联

主　席：王照云

辰溪县文联

主　席：包昌平

溆浦县文联

主　席：邹世礼

中方县文联

主　席：蔡建喜

副主席：罗江丽

会同县文联

主　席：黄拥军

副主席：张秀云

麻阳苗族自治县文联

主　席：舒　清

新晃侗族自治县文联

主　席：赵建民

芷江侗族自治县文联

主　席：张远建

副主席：杨志东、田均权、
谭久建、彭腾福、
李泽林、李新耀

靖州苗族侗族自治县文联

主　席：谢克全

副主席：李东升、谢科表
通道侗族自治县文联
主　席：杨旭昉
副主席：杨丽平

娄底市文联
党组书记：刘初莲
主　席：李德仁
副主席：张立军、张小牛
地　址：娄底市乐坪东街13号
邮　编：417000
所属各区市县文联：
娄星区文联
主　席：俞　凯
副主席：李秋萍
冷水江市文联
主　席：刘先和
副主席：段志东
涟源市文联
主　席：黄义志
双峰县文联
主　席：阳　剑
副主席：阳佑雄
新化县文联
党组书记：傅成杰
主　席：彭　共

湘西土家族苗族自治州文联
党组书记：石伏龙
主　席：黄　叶
副主席：张心平
秘书长：罗应奉
地　址：吉首市文艺路11号
邮　编：416000
所属各市县文联：
吉首市文联
主　席：曾　茜
泸溪县文联
主　席：戴贤照
副主席：姚传山
凤凰县文联
主　席：金宣元
副主席：陈　利
花垣县文联
主　席：龙宁英
副主席：吴诗剑、麻明进
秘书长：刘尚成
保靖县文联
主　席：胡文峰
古丈县文联
主　席：向午平
永顺县文联
主　席：张明仁
副主席：向洪斌、向先林
龙山县文联
主　席：刘昌儒

广　东　省

广州市文联
党组书记：李哲夫
党组副书记兼主席：李锦源
专职副主席：方治齐、周国英、唐　平
兼职副主席：乔　平、孙建章、张　欣、张丹丹、陆志强、周国城、费　勇、倪惠英、曹建平
秘书长：丁大龙
地　址：广州市东风中路503号东建大厦6、11、12楼
邮　编：510045
所属各协会：
市作家协会
主　席：张　欣
市戏剧家协会
主　席：倪惠英
市美术家协会
主　席：周国城
市音乐家协会
主　席：刘长安
市摄影家协会
主　席：陈　安
市舞蹈家协会：
主　席：张丹丹
市电视艺术家协会
主　席：费　勇
市民间文艺家协会
主　席：曾应枫
市曲艺家协会
主　席：孔庆炎
市书法家协会
主　席：许鸿基
市杂技艺术家协会
主　席：曹建平
市文艺批评家协会
主　席：梁凤莲
所属各区市文联
越秀区文联
主　席：李咏祥
专职副主席：丁红波
秘书长：彭　晖
海珠区文联
主　席：赖红漫
秘书长：李　雯
荔湾区文联
主　席：区升俭
专职副主席：张静平
秘书长：陈桂珍
天河区文联
主　席：王　壮
秘书长：梁瑞音
白云区文联
主　席：沈　平
黄埔区文联
主　席：庄汉山

秘书长：徐　斌

花都区文联

主　席：毕应胜

专职副主席：张志清

秘书长：张佐明

番禺区文联

主　席：边叶兵

专职副主席：潘志超

秘书长：邱彬

南沙区文联

主　席：黄健生

萝岗区文联

主　席：马正勇

专职副主席：巫水标

从化市文联

主　席：刘迪生

专职副主席：冯社浪

增城市文联

主　席：巫国明

专职副主席：邱榕枢

秘书长：李智勇

清远市文联

主　席：刘国华

副主席：林蔚然

地　址：清远市人民二路3号机关办公楼4楼

邮　编：511518

所属各协会：

市作家协会

主　席：唐德亮

市书法家协会

主　席：鲍方义

市美术家协会

主　席：李承忠

市音乐家协会

主　席：范兰古

市摄影家协会

主　席：陈光颂

市舞蹈家协会

主　席：黄　芬

市戏曲家协会

主　席：卢绍新

市民间文艺家协会

主　席：李宗矿

市文艺批评家协会

主　席：刘国华

所属各区市县文联：

清城区文联

主　席：罗延安

副主席：李承忠

清新县文联

主　席：胡庆东

副主席：唐小桃

英德市文联

主　席：肖贞响

副主席：黄东溭

连州市文联

主　席：曹春生

佛冈县文联

主　席：龙湘黔

副主席（兼）：刘益中

阳山县文联

主　席：李织明

连山壮族瑶族自治县文联

主　席：尹仁竞

副主席：黄轩远

连南瑶族自治县文联

主　席：成　春

韶关市文联

主　席：刘照丁

副主席：徐国英

地　址：韶关市政府韶关市文联

邮　编：512002

所属各市县文联：

乐昌市文联

主　席：罗忠德

副主席：陈跃进、王锦标、陈良茂

南雄市文联

主　席：刘甫梅

始兴县文联

主　席：谢义雄

副主席：张菊香

仁化县文联

主　席：罗有发

副主席兼秘书长：杨超鹏

翁源县文联

主　席：何文健

新丰县文联

主　席：张京泉

乳源瑶族自治县文联

主　席：赵良洲

副主席：陈路生

河源市文联

主　席：吴敏慧

副主席：陈晓敏

地　址：河源市文化广场叶绿野美术馆

邮　编：517000

所属各区县文联：

源城区文联

主　席：郑金兴

紫金县文联

主　席：叶竞祥

连平县文联

主　席：谢顶远

和平县文联

主　席：黄嘉乐

梅州市文联

主　席：李永桥

副主席：徐维洁

地　址：梅州市委宣传部市文联

邮　编：514021

所属各县文联：

梅县文联

主　席：曾令文

大埔县文联

主　席：杨永达

副主席：陈秀鸿

五华县文联

主　席：张运南

副主席：缪德良

秘书长：李海萍

平远县文联

主　席：朱其广

副主席：朱尾清

潮州市文联

主　席：黄国钦
副主席：许成锋
地　址：潮州市太平路14号大院
邮　编：521021
所属各区县文联：
湘桥区文联
主　席：陈庆标
副主席：周振元
潮安县文联
主　席：潘金标
副主席：杨佩生
饶平县文联
主　席：林得松
副主席：杨静波

汕头市文联

党组书记：翁小庆
主　席：谢　铿
副主席兼常组成员：许自敬
地　址：汕头市海滨路14号2楼西侧
所属各区县文联：
金平区文联
主　席：蔡希仁
龙湖区文联
主　席：蔡垂政
澄海区文联
主　席：陈跃子
潮阳区文联
主　席：陈佐中
潮南区文联
主　席：董建伟
濠江区文联
主　席：陈坤达
南澳县文联
主　席：杨学荣

揭阳市文联

党组书记兼主席：刘琴想
副主席：郑素协、邱柏源
地　址：揭阳市东山区临江北路市政府大楼6楼601房市文联
邮　编：522000
所属各区市县文联：
榕城区文联
主　席：黄少辉
副主席：彭伟斌
东山区文联
主　席：林泽辉
普宁市文联
主　席：陈楚豪
副主席：李明生
揭东县文联
主　席：林建南
副主席：王映秋、李纯旭
揭西县文联
主　席：邓演杰
惠来县文联
主　席：黄艾睿
副主席：方文瀚、张子仪

汕尾市文联

主　席：温国栋
专职副主席：李　鹏
副主席：吴佩锦
地　址：汕尾市委大楼908号
邮　编：516600
所属县文联：
海丰县文联
主　席：周健文

惠州市文联

党组书记：李　芳
主　席：李景文
副主席：安想珍
地　址：惠州市行政中心5号楼1楼
邮　编：516001
所属各区县文联：
惠城区文联
主　席：尹兰何
副主席：陈　雪
惠阳区文联
主　席：何　青
副主席：隋修德
惠东县文联
主　席：刘　车
秘书长：罗炽坤
龙门县文联
副主席：李春权、江建良

东莞市文联

党组书记兼主席：林　岳
副主席：宋　媛
秘书长：刘　浩
地　址：东莞市可园北路东莞文学艺术院
邮　编：52301

深圳市文联

党组书记：罗烈杰
主　席：董小明
副主席：杨宏海、谢君心、王廉运、姚　峰
地　址：深圳市红岭中路1038号
所属各协会：
市音乐家协会
主　席：熊家源
市戏剧家协会
主　席：熊源伟
市作家协会
主　席：彭名燕
市评论家协会
主　席：胡经之
市舞蹈家协会
主　席：李建平
市电影电视家协会
主　席：郑凯南
市民间文艺家协会
主　席：杨宏海
市美术家协会
主　席：骆文冠
市书法家协会
主　席：卢绍武

所属各区文联：
福田区文联
主　席：卜茂华
罗湖区文联
主　席：郑钢坚
南山区文联
主　席：段　钢
宝安区文联
主　席：戴有斌
副主席：李汉源
龙岗区文联
主　席：张　奇
盐田区文联
主　席：孙　静
秘书长：邹永演

珠海市文联

主　席：黄河清
副主席：罗方涛、郭世平
地　址：珠海市吉大园林路128号文联大楼
邮　编：519015
所属各协会：
市作家协会
主　席：吴从垠
副主席：林凤群、黄学礼
市音乐家协会
主　席：郑　胜
副主席：陈洪兴、王　莉、王小龙
市美术家协会
主　席：梁欣基
副主席：肖　伟、李柱成、陈晓明
市舞蹈家协会
主　席：于庆华
副主席：王维岗、娄亚平、原　涛
市戏剧家协会
主　席：李正思
副主席：肖桂梅、罗欣荣、赵幼云
市民间文艺家协会
主　席：吴竞龙
副主席：黄卓荣、李桂山、谢岳平
市书法家协会
主　席：黄衍增
副主席：林国欣、李君田、叶健华
市曲艺家协会
主　席：何咏梅
副主席：肖柏成、张鉴来、张　展、林锦洪
市收藏家协会
会　长：刘善弼
副会长：杨广泉、阎福耀
所属各区文联：
香洲区文联
主　席：房义强
副主席：黄碧溪、黄　莉、卢卫平
斗门区文联
主　席：韦大奇
金湾区文联
主　席：陈开祥

中山市文联

主　席：胡　波
常务副主席：陈小禾、陈巧章、李正思
地　址：中山市东区中山三路市政府第二办公区27楼
邮　编：528403
所属各文联：
市小榄镇文联
主　席：梁满坤
常务副主席：项建东
副主席：古　昕、黎柱成、曾国荣、黎东升
黄圃镇文联
秘书长：吴锐林
负责人：李铭霞
市横栏镇文联
主　席：余永祺
常务副主席：梁自坤
副主席：梁锦明、梁锦珍、赵龙明、吴国明、杨宇文
市火炬开发区文联
主　席：梁丽莎
副主席：张礼钊、欧锦强、谨　越、刘启迪、甘国平
沙溪镇文联
副主席：黄卓荣、刘保生
负责人：梁冬晓
市民众镇文联
主　席：李四红
副主席：蒋振炎
市东凤镇文联
主　席：陈汝坤
副主席：方小红、李华军、张铨开
市三乡镇文联
主　席：郑雪英
常务副主席：陆羡常
副主席：容浩良
市南区文联
主　席：陈文鸿
副主席：王小龙
市公安文联
主　席：程小刚
常务副主席：胡新华
副主席：杜俊强、狄　聆、伍米达、丁　勇、黄　衡

江门市文联

党组书记兼主席：尹继红
副主席：赵卉芬
秘书长：郭卫东
地　址：江门市港口路102号前西2楼
邮　编：529051

所属各市区文联：
蓬江区文联
主　席：李建成
副主席：赵万就、黄国华
新会区文联
主　席：高　原
副主席：谢沃才
恩平市文联
主　席：钟润兰
副主席：冯馨尹
台山市文联
主　席：黄伟华
副主席：关永宁
开平市文联
主　席：黄力奔
副主席：冯永胜
鹤山市文联
主　席：宋晓咏
副主席：刘永广

佛山市文联

主　席：商学兵
副主席：余伟铭
秘书长：欧锦生
地　址：佛山市禅城区卫国路5号8楼
邮　编：528000
所属各区文联：
禅城区文联
主　席：张远征
副主席：蒋云清
南海区文联
主　席：李向群
副主席：陈初华
顺德区文联
主　席：张新杰
副主席：符学成
三水区文联
主　席：严振飞
副主席：何晓燕、李辉成
高明区文联
主　席：吴兆华
副主席：钟伯钧、赵　洪、罗紫雄、黎文东

肇庆市文联

党组书记、主席：叶清森
副主席：叶可晃
秘书长：钟道宇
副秘书长：陈炳文、何诗毅、黄莉娜
地　址：肇庆市天宁北路80号市委大院综合楼4楼
邮　编：526040
所属各协会：
市作家协会
主　席：何初树
副主席：覃志端、唐希明、钟道宇、李粤庆、陈锦润、八炎奎、徐金丽
秘书长：钟道宇
市戏剧家协会
主　席：李　玮
副主席：李秋元、谢健江
市美术家协会
主　席：莫肇生
副主席：郭穗华、梁宏健、鲁　力、梁树彬、谢曙光、蓝佐然、薛国庆
秘书长：余冠正
市书法家协会
主　席：孔令深
副主席：晏任飞、陈　良、邓家宁、伍福元、李荣华、张巧容、梁礼明、唐红卫
秘书长：黄　强
市摄影家协会
主　席：梁耀钧
副主席：周忠明、何异能、吴　生、梁冠光、郭可青、时鲁东、郭松柏、徐东宁
秘书长：周忠明
市音乐家协会
主　席：王金宝
副主席：王启超、平黎明、罗建新、袁巧平、曾雪夫、魏启元
秘书长：王启超
市舞蹈家协会
主　席：尹祯民
副主席：卓桂英、李元斌、梁俊宁、黄志勇、王　玲、梁永强
秘书长：梁振宁
市民间文艺家协会
主　席：莫达昌
副主席：李志强、李书平、李秀明、程昌良、李燕伟、胡思源、梁玉麟、郑国京、郑敦仕、郭树生
秘书长：郭树生
市曲艺家协会
主　席：蔡文菲
副主席：梁贵兴、杜卓辉
秘书长：谢桂生
所属各区市县文联：
端州区文联
主　席：招华标
副主席：谢健江
高要市文联
主　席：林新标
四会市文联
主　席：黎作业
副主席：何韶辉、焦亚邱、潘　良
广宁县文联
主　席：朱名全
副主席：邓兴平、谭健东、郑国宗、钟经汉、江先梅
怀集县文联
主　席：钱念先

副主席：罗少山、徐维宁、
莫伟皓

封开县文联

副主席：谢京中、陈楚源、
孔祥钦、曹亚呀

德庆县文联

主　席：严木华

副主席：李燕伟、黎清文

云浮市文联

主　席：陈均河

副主席：黄英伟

地　址：云浮市区解放中路38号5楼

邮　编：527300

所属各区市县文联：

云城区文联

主　席：李向荣

罗定市文联

主　席：黎炽标

云安县文联

主　席：关文忠

新兴县文联

主　席：洪盘东

郁南县文联

主　席：罗荣南

阳江市文联

主　席：冯　峥

副主席：李　彪

地　址：阳江市狮子四路82号

邮　编：529500

所属各市县文联：

阳春市文联

主　席：覃炳英

副主席：杨建国

阳西县文联

主　席：吴邦忠

阳东县文联

主　席：李代文

茂名市文联

主　席：肖　力

副主席：毛勇强

地　址：茂名市委大院5栋4楼

所属各协会：

市书法家协会

主　席：黎天伦

市美术家协会

主　席：杨　林

市作家协会

主　席：晓　音

市摄影家协会

主　席：彭永强

市戏剧家协会

主　席：林秀荣

市曲艺家协会

主　席：邝玉珠

市民间文艺家协会

主　席：胡光焱

市音乐家协会

主　席：黄永雄

市青年书法家协会

主　席：吴学翔

市漫画协会

主　席：周福华

市电子琴学会

主　席：徐国经

市诗词学会

会　长：冼寿南

市教育作家协会

主　席：柯焕德

市鲁迅文学研究会

会　长：郑庚胜

市书画研究会

会　长：徐文实

市写作协会

会　长：何　炎

市散文诗学会

会　长：官演武

市钢琴学会

会 长：陈加林

信宜市文化艺术中心

主 任：凌远科

信宜市青年文学界艺术协会

主　席：俞淮竞

所属各区市县文联：

茂南区文联

主　席：杨木宏

化州市文联

主　席：陈刘雄

副主席：李正辉

信宜市文联

主　席：陈忠明

副主席：张绍永

高州市文联

主　席：肖　显

副主席：吴庆坚

电白县文联

主　席：陈明校

副主席：梁梓材、赖小娟

湛江市文联

党组书记兼主席：林红卫

副主席：邵　锋、刘名卫、
任向东

地　址：湛江市霞山人民大道43号市人大常委楼5楼市文联

邮　编：524001

所属各区市县文联：

赤坎区文联

主　席：黄柳坚

霞山区文联

主　席：叶文健

坡头区文联

主　席：林　景

麻章区文联

主　席：陈光海

吴川市文联

主　席：林明栋

廉江市文联

主　席：罗　列

雷州市文联

主　席：何安成

遂溪县文联

主　席：陆　岸

徐闻县文联

主　席：曾　权

副主席：李柳冰

广西壮族自治区

南宁市文联

党组书记：张耀民
副书记：刘润科
主　席：鲁　利
副主席：常海军、陆　坚、
　　　　旋　娟
地　址：南宁市建政路3号4～5楼
邮　编：530023
所属各区县文联：
邕宁区文联
主　席：苏凯精
横县文联
主　席：方 平
宾阳县文联
主　席：阮明南
上林县文联
主　席：梁学标
隆安县文联
主　席：黄连芳
副主席：黄智
马山县文联
主　席：陈义吉

桂林市文联

党组书记兼主席：刘纪春
副主席：张　震、戴延兴、
　　　　覃国康
秘书长：秦凌斌
地　址：桂林市八桂路机关办
　　　　公大院
邮　编：541001
所属各县文联：
阳朔县文联
主　席：陈　振
副主席：刘金有、莫文头
临桂县文联
主　席：伍发进
兴安县文联
主　席：吴海峰
副主席：蒋忠民
灌阳县文联
主　席：王鸽群
平乐县文联
主　席：张艳玲
资源县文联
主　席：唐建华
恭城瑶族自治县文联
主　席：何筱思
灵川县文联
主　席：栗利仁

柳州市文联

党组书记兼主席：柯天国
副主席：张细英、蓝建军、
　　　　符震海
秘书长：韦俊海
副秘书长：孔令宇
纪检组长：吕柳华
地　址：柳州市公园路33号
邮　编：545001
所属各县文联：
柳江县文联
主　席：覃柳珍
柳城县文联
主　席：刘啸军
鹿寨县文联
主　席：李柳忠
融安县文联
主　席：李胜昌
三江侗族自治县文联
主　席：杨尚荣
融水苗族自治县文联
主　席：李耀辉
副主席：吴倩

梧州市文联

主　席：罗金陵
副主席：李秀维、梁美云
地　址：梧州市建设二路113号
邮　编：543000
所属各市县文联：
岑溪市文联
主　席：李 克
苍梧县文联
主　席：潘明华
藤县文联
主　席：欧伟文
蒙山县文联
主　席：吴广升

贵港市文联

主　席：谭 涛
副主席：卢志伟、潘大林、
　　　　谭桂铭
秘书长：梁少旭
地　址：贵港市石羊塘报社大楼
　　　　5楼
邮　编：537100
所属各市县文联：
桂平市文联
主　席：梁乃洋
平南县文联
主　席：谢世团
副主席：赵庆军
秘书长：陈玄斌

玉林市文联

主　席：张向明
副主席：马维廷
地　址：玉林市东门路市委
邮　编：537000
所属各区市县文联：
玉州区文联
主　席：梁水华
副主席：潘越华、誉德萍、
　　　　陈　坚
北流市文联
主　席：梁晓阳
副主席：党武平

秘书长：潘雄杰

兴业县文联

主　席：覃家米

容县文联

主　席：何赛光

陆川县文联

主　席：江家一

副主席：谢小敏、黄晓红

博白县文联

主　席：陈　健

副主席：黄守华

钦州市文联

主　席：苏宏发

副主席：谢凤芹、黄允旗、黄道鸿

地　址：钦州市永福东大街11号行政信息中心A座10楼

邮　编：535000

所属各县文联：

灵山县文联

主　席：朱仕权

浦北县文联

副主席：韦志远

北海市文联

主　席：董晓燕

副主席：伍道杨

地　址：北海市北京路92号

邮　编：536000

所属县文联：

合浦县文联

主　席：林海华

防城港市文联

主　席：江　天

副主席：王渤海

地　址：防城港市港口区云南路天马大厦9楼

邮　编：538001

所属各区市县文联：

港口区文联

主　席：张永志

防城区文联

主　席：张大进

东兴市文联

主　席：李得恺

上思县文联

主　席：黎有生

副主席：岑超学

崇左市文联

党组书记兼主席：卢皞贤

副主席：农恒文

地　址：崇左市友谊大道市政府办公大楼

邮　编：532200

所属各区市县联文联：

江州区文联

主　席：莫灵元

副主席：梁文宏

凭祥市文联

主　席：赵俊杰

副主席：江宗立

扶绥县文联

主　席：李淑珠

大新县文联

主　席：赵　勇

副主席：陆仁守

天等县文联

主　席：汤受鑫

副主席：黄存壁

宁明县文联

主　席：周　雁

副主席：李文波、左江月

龙州县文联

主　席：严造新

副主席：农　林

百色市文联

主　席：黄小卡

副主席：黄志峰、许雪萍

地　址：百色市城北二路12号

邮　编：533000

所属各县文联：

田阳县文联

主　席：黄焕刚

副主席：蓝　瑛

田东县文联

主　席：黄焕克

平果县文联

主　席：梁颖武

副主席：方海峰

德保县文联

主　席：赵国凡

副主席：黄国闯

靖西县文联

主　席：赵继容

副主席：杨柳青、丁红云

那坡县文联

主　席：田承学

凌云县文联

主　席：向志文

乐业县文联

主　席：姚俞任

田林县文联

主　席：吴鸿村

隆林各族自治县文联

主　席：赵素君

西林县文联

主　席：李光琳

河池市文联

党组书记兼主席：潘红日

副主席：陈仁辉、潘莹宇

秘书长：黄有新

副秘书长：蔡富良

地　址：河池市南新西路91号

邮　编：547000

所属各协会：

市作家协会

主　席：吕成品

市书法家协会

主　席：蒙麓舟

市民间艺术家协会

主　席：龙殿宝

市美术家协会

主　席：陶力明

市戏剧家协会

主　席：任　君

市舞蹈家协会
主　席：韦土良
市音乐家协会
主　席：陈恒芳
市摄影家协会
副主席：林捍球
所属各区市县文联：
金城江区文联
主　席：覃炳儒
宜州市文联
主　席：谢树强
南丹县文联
主　席：唐远志
天峨县文联
主　席：蒙政军
凤山县文联
主　席：黄忠锦
东兰县文联
主　席：黄　坚
巴马瑶族自治县文联
主　席：蓝振林
副主席：韦成旺
都安瑶族自治县文联
主　席：谭云鹏
大化瑶族自治县文联
主　席：黄　格
罗城仫佬族自治县文联
主　席：杨衍瑶
环江毛南族自治县文联
主　席：蒙壮科

来宾市文联
主　席：陆远怀
副主席：曾向洋、龙　志、罗　勋、覃　刚、赵　剑
秘书长：赵　剑
地　址：来宾市人民路市行政中心大楼
邮　编：546100
所属各协会：
市作家协会
主　席：龙　志
市戏剧家协会
主　席：唐云端
市美术家协会
主　席：徐作先
市舞蹈家协会
主　席：张国明
市音乐家协会
主　席：廖明明
市民间文艺家协会
主　席：王天若
市摄影家协会
主　席：覃　刚
市书法家协会
主　席：陆远怀
市曲艺家协会
主　席：周松岐
市赏石协会
主　席：宋　云
市文艺理论家协会
主　席：尹华俭
所属各区市县文联：
兴宾区文联
主　席：陆秋平
秘书长：王向新
合山市文联
主　席：覃运银
副主席：吴克帅、黄　冲、陆乃亮、莫文勇、黄海燕
秘书长：凌莉莉
象州县文联
主　席：廖才兴
副主席：廖桂富、李志明、覃建华
秘书长：韦秀琼
忻城县文联
主　席：蓝日福
副主席：郑伶娜
秘书长：玉增佑
武宣县文联
主　席：韦勇强
金秀瑶族自治县文联
主　席：赵德锋
副主席：卢冰若、赵崧佐
罗伟才
秘书长：陶泰宋

贺州市文联
党组书记兼副主席：何建强
主　席：邱有源
副主席：盘春华
地　址：贺州市贺州大道 1 号市委办公楼 4 楼
邮　编：542800
所属各区县文联：
八步区文联
主　席：王界新
副主席：刘　静
昭平县文联
主　席：周派莲
钟山县文联
主　席：蒋建生
副主席：何建宏
富川瑶族自治县文联
主　席：唐玉文

海　南　省

海口市文联
党组书记：火　文
驻会副主席：钟南平、邱运龙
秘书长：邱运龙（兼）
所属各协会：
作家协会
主　席：欧大雄
秘书长：申　辰
书法家协会
主　席：欧阳飞

秘书长：林　萍
戏剧家协会
主　席：陈素珍
秘书长：张建雄
美术家协会
主　席：丁孟芳
秘书长：李东东
舞蹈家协会
主　席：吴爱琴
常务副主席：吴圣彪
秘书长：罗小珠
音乐家协会
主　席：裴英杰
秘书长：张德美
摄影家协会
主　席：徐　伟
秘书长：姚家康
影视家协会
主　席：彭铁林
秘书长：杜　军
琼山区文联
主　席：王钰涛
专职副主席：麦　青

三亚市文联

党组书记兼主席：吴国华
地　址：三亚市委大院
邮　编：572000
所属各协会：
作家协会
主　席：罗灯光
秘书长：孙令辉
书法家协会
主　席：雷家才
秘书长：黎智辉
戏剧家协会
主　席：卢宏书
秘书长：吴昆明
美术家协会
主　席：许坤涛
秘书长：蒲以宏
舞蹈家协会
主　席：袁海南
秘书长：林青山
民间文艺家协会
主　席：王隆伟
秘书长：梁弼弘

文昌市文联

主　席：黄良丰
地　址：文昌市清澜开发区市机关办公西楼 315 室
邮　编：571300

琼海市文联

主　席：梁其山
专职副主席兼秘书长：卢传福
地　址：琼海市光海路市委大楼
邮　编：571400

万宁市文联

主　席：陈山柏
地　址：万宁市委大院
邮　编：571500

五指山市文联

主　席：谢寿科
地　址：五指山市国兴路市委宣传部内
邮　编：572200

东方市文联

主　席：赵承宁
专职副主席：冯　玉
地　址：东方市委宣传部内
邮　编：572600

儋州市文联

主　席：陈家祥
地　址：儋州市委办公大楼
邮　编：571700

临高县文联

主　席：王子武
地　址：临高县文联
邮　编：571800

澄迈县文联

主　席：李树木
地　址：澄迈县金江镇解放东路
邮　编：571900

定安县文联

主　席：陈小燕
地　址：定安县委宣传部内
邮　编：571200

屯昌县文联

负责人：文志勇
地　址：屯昌县委宣传部内
邮　编：571600

昌江黎族自治县文联

主　席：黄安雄
秘书长：周　烨
地　址：昌江县石碌镇市民广场行政办公大楼 339 室
邮　编：572700

白沙黎族自治县文联

负责人：王　勇
地　址：白沙县委宣传部转县文联
邮　编：572800

琼中苗族黎族自治县文联

主　席：林　强
秘书长：凌大彪
地　址：琼中县委宣传部内
邮　编：572900

陵水黎族自治县文联

负责人：王兴学
地　址：陵水县委宣传部内

保亭黎族苗族自治县文联

主　席：黄培祯

地　址：保亭县文体局办公大楼内
邮　编：572300

乐东黎族自治县文联
主　席：潘文俊
驻会副主席：谢星荣
地　址：乐东县委宣传部内
邮　编：572500

重　庆　市

渝中区文联
主　席：陈　亮
副主席：边绍勇
地　址：渝中区和平路211号
邮　编：400010

大渡口区文联
主　席：唐　勇
地　址：大渡口区文广新局
邮　编：400084

江北区文联
主　席：何积光
副主席：张媛媛
地　址：江北区委宣传部
邮　编：400020

沙坪坝区文联
常组书记：陈　川
主　席：黄吉林
地　址：沙坪坝区小新街83号
　　　　沙坪坝区文化馆
邮　编：400030

九龙坡区文联
主　席：彭　斌
地　址：九龙坡区委宣传部
邮　编：400050

南岸区文联
主　席：张焕伦
副主席：罗家玉
地　址：南岸区南城大道199号
邮　编：400060

北碚区文联
主　席：王　南
地　址：北碚区委宣传部
邮　编：400700

万盛区文联
主　席：简云斌
地　址：万盛区文广新局
邮　编：400800

双桥区文联
主　席：李继刚
地　址：双桥区双龙西路区委宣传部
邮　编：400900

巴南区文联
主　席：戚万凯
地　址：重庆市巴南区行政中心1号楼1728号区文联
邮　编：401320

万州区文联
主　席：陈　志
地　址：万州区天城大道756号
邮　编：404000

涪陵区文联
党组书记：张　皓
主　席：项显文
副主席：李　霞、胡永庆
地　址：涪陵区委大院8楼
邮　编：408000

黔江区文联
主　席：钟绍珉
地　址：黔江区彩虹路409号区文联
邮　编：409000

长寿区文联
主　席：刘德奉
副主席：张　兰
秘书长：余　炤
地　址：长寿区桃花行政中心北四楼
邮　编：401220

江津区文联
主　席：辛　华
地　址：江津区几江镇三通街城口县文联
邮　编：402260

永川区文联
主　席：张　华
党组副书记、副主席：吴治华
地　址：永川区汇龙大道东一路19号
邮　编：402160

綦江县文联
主　席：刘益文
地　址：中共綦江县委宣传部
邮　编：401420

潼南县文联
主　席：陈春贵
副主席：秦　健
地　址：潼南县江北新城夏露街251号
邮　编：402660

铜梁县文联
主　席：李兴斌
地　址：铜梁县委大楼427室

邮　编：402560

大足县文联

主　席：陈　阵
党组书记：李　瑛
副主席兼秘书长：彭　剑
地　址：大足县龙岗街道北环中路艺术中心 4 楼
邮　编：402360

荣昌县文联

主　席：林　勇
地　址：中共荣昌县委宣传部
邮　编：402460

璧山县文联

主　席：张宗伦
地　址：璧山县委宣传部
邮　编：402760

武隆县文联

主　席：刘有发
地　址：武隆县政府 3 号楼 4 楼
邮　编：408500

城口县文联

主　席：汪玉平
地　址：城口县葛城镇南后街县文广新局
邮　编：404900

开县文联

主　席：段家成
地　址：开县县委宣传部
邮　编：405400

巫溪县文联

主　席：付玉清
秘书长：沈　谨
地　址：巫溪县广场街 5 号
邮　编：405800

巫山县文联

主　席：赵宁章
地　址：巫山县行政综合办公大楼县委宣传部
邮　编：404700

云阳县文联

主　席：王万田
地　址：云阳县机关综合办公大楼
邮　编：404500

忠县文联

主　席：邓大庆
地　址：中共忠县县委宣传部
邮　编：404300

彭水苗族土家族自治县文联

主　席：汪家生
地　址：彭水苗族土家族自治县委大楼 201 室
邮　编：409600

酉阳土家族苗族自治县文联

主　席：田景全
地　址：酉阳土家族苗族自治县钟多镇和平路
邮　编：409800

秀山土家族苗族自治县文联

主　席：吴加敏
秘书长：张寒松
地　址：秀山县文广新局（大礼堂内）
邮　编：409900

重钢集团文联

主　席：潘向宇
地　址：大渡口区新山村重钢银河文体楼
邮　编：400084

长安汽车集团公司文联

主　席：时玉宝
地　址：江北区建新东路 260 号长安汽车集团公司宣传部
邮　编：400021

重庆长江轮船公司文联

主　席：王道华
地　址：渝中区陕西路 22 号重庆长江轮船公司
邮　编：400011

嘉陵集团文联

秘书长：明吉新
地　址：沙坪坝双碑中国嘉陵集团
邮　编：400050

重庆燃气集团文联

主　席：罗建平
地　址：江北区小苑 1 村 30 号
邮　编：400020

重庆市公安文联

主　席：王廷彦
地　址：重庆市渝中区沧白路九尺坎 50 号华英大厦 12 楼
邮　编：400010

四川省

成都市文联

主　席：阿　来
驻会副主席：罗　波、杨宗林、梁　红
地　址：成都市青羊区金家坝街7号
邮　编：610081
所属各区市县文联：
金牛区文联
主　席：罗光全
副主席：程明刚、田小渝、邓　熠、齐瑞庭、贾迎霜、李有勋
武侯区文联
主　席：郑万民
新都区文联
主　席：余　勇
副主席：王　莉、余新蓉、周　平
秘书长：骆　恒
温江区文联
主　席：甄先尧
副主席：周善从
都江堰市文联
主　席：张武萌
邛崃市文联
主　席：祝华平
副主席：胡　慧
金堂县文联
主　席：尹全红
秘书长：郑邦兴
双流县文联
主　席：邹应坤
副主席：金仕勇
郫县文联
主席：连　华
新津县文联
主　席：罗辉龙
副主席：张晓霞

广元市文联

副主席兼秘书长：李　瑾
地　址：广元市利州区人民路北段7号
邮　编：628017
所属各区县文联：
利州区文联
主　席：赵维超
副主席：李　明
元坝区文联
主　席：肖永乐
朝天区文联
副主席：苟文斌
旺苍县文联
主　席：李雪华
青川县文联
主　席：柳桂华
剑阁县文联
主　席：杨仕甫
苍溪县文联
主　席：何国发
副主席：周利新

绵阳市文联

主　席：左代富
副主席：马培松、王　毅
地　址：绵阳市东津路33号
邮　编：621000
所属各市县文联：
江油市文联
主　席：蒲永见
副主席：李代兵
三台县文联
主　席：钟世俊
副主席：唐顺民

德阳市文联

主　席：范小平
副主席：徐春城
地　址：德阳市市委5号楼3楼
邮　编：618000
所属各市县文联：
什邡市文联
副主席：肖　科
广汉市文联
主　席：辜际德
副主席：王龙兴
罗江县文联
主　席：冯小平
中江县文联
主　席：林长龙

南充市文联

副主席：罗永强
地　址：南充市北湖路88号市委大院内
邮　编：637000
所属各市县文联：
阆中市文联
主　席：彭　莉
南部县文联
主　席：邓于明
常务副主席：彭飞龙
蓬安县文联
主　席：王　超

广安市文联

主　席：童光辉
专职副主席：张　云
秘书长：周永生
地　址：中共广安市委大楼107室、111室
邮　编：638000
所属各区市县文联：
广安区文联
主　席：唐宗林
副主席：刘伯清
华蓥市文联
主　席：夏成华

专职副主席：王茂林

岳池县文联

主　席：郭　勇

专职副主席：何　平

武胜县文联

主　席：尹才干

遂宁市文联

主　席：周光宁

副主席：龙　琴、胡永康、何开鑫、曾　擎

秘书长：胡永康

地　址：遂宁市河东新区市委5号楼

邮　编：629000

所属各区县文联：

船山区文联

主　席：唐　欣

副主席：陈　明

安居区文联

主　席：冯　唯

副主席：聂采勤

蓬溪县文联

主　席：佘　武

副主席：刘　兰

射洪县文联

主　席：宋　敏

副主席：李林昌

大英县文联

主　席：杨　锋

副主席：王朝华

内江市文联

主　席：刘　浩

副主席：冉　华

秘书长：张　勇

地　址：内江市委宣传部内

邮　编：641000

乐山市文联

主　席：罗佳明

副主席兼秘书长：张亨山

地　址：乐山市天星路36号乐58乐山市委转市文联

邮　编：614000

所属各区县文联：

市中区文联

主　席：李大中

副主席：汪　建

沙湾区文联

主　席：先　斌

副主席：唐治江

五通桥区文联

主　席：陈红骏

副主席：朱　斌

峨眉山市文联

主　席：刘能远

副主席：周炳林

井研县文联

主　席：万学文

副主席：石念文

公安文联

主　席：姚　平

副主席：彭清华

自贡市文联

主　席：刘蕴瑜

副主席：明　梅

地　址：自贡市塘坎上路29号

邮　编：643000

所属各区县文联：

贡井区文联

主　席：邱利平

荣县文联

主　席：黄建波

富顺县文联

秘书长：增永丽

泸州市文联

主　席：曹建国

副主席：虞　潜

地　址：泸州市连江路二段12号

邮　编：646000

所属各区县文联：

江阳区文联

主　席：刘远国

纳溪区文联

主　席：赵元柱

龙马潭区文联

主　席：吴文涛

泸县文联

主　席：冯秋兰

合江县文联

主　席：宋晓红

副主席：宋家惠

叙永县文联

副主席：马兴岭

古蔺县文联

主　席：彭祖平

副主席：王显林

泸天化文联

主　席：杜　波

副秘书长：郑忠心

宜宾市文联

主　席：陈学明

副主席：罗世奎

秘书长：何锡高

地　址：宜宾市都长街76号宜宾市文联

邮　编：644000

所属各区县文联：

翠屏区文联

主　席：陈　苏

宜宾县文联

主　席：王德明

南溪县文联

主　席：刘吉斌

副主席：王　宗

江安县文联

主　席：罗永华

长宁县文联

主　席：周小平

高县文联

主　席：王　涛

筠连县文联

主　席：冯　勇

珙县文联

主　席：刘晓中

副主席：王建新

兴文县文联

主　席：岳启东

副主席：朱远军

屏山县文联

主　席：张晓丽

副主席：侦宪章

攀枝花市文联

党组书记兼主席：李　平

副主席兼党组成员：冯中云

副主席：刘　虹、何　洪（兼）、
　　　　吴汉怀（兼）、
　　　　刘新会（兼）、
　　　　李文池（兼）、
　　　　廖德军（兼）、
　　　　王　海（兼）

地　址：攀枝花市人民街48号6楼

邮　编：617000

所属各区县（企业）文联：

东区文联

主　席：汪俊杰（兼）

副主席：赵金盛

秘书长：张志雄（兼）

西区文联

主　席：熊锦成（兼）

常务副主席兼秘书长：王建国

副主席：罗兴斌（兼）、
　　　　张瑞莉（兼）、
　　　　陈　林（兼）、
　　　　张雯军（兼）、
　　　　毛文洪（兼）、
　　　　王　政（兼）、
　　　　向新舜（兼）

仁和区文联

主　席：蒲　宏（兼）

副主席：徐海涛、蒋家赋（兼）、
　　　　李兆安（兼）、
　　　　杜鹏修（兼）、
　　　　陈　华（兼）

秘书长：兰孝辉（兼）

米易县文联

副主席：李雅斌、蔡　文（兼）

盐边县文联

主　席：罗三五

副主席：吴绪文、张少先（兼）、
　　　　雷　驯、赖国轩、
　　　　李平阳、吴绪文

秘书长：王　伦

攀钢集团公司文联

主　席：刘新会（兼）

秘书长：王　幸

攀煤集团公司文联

主　席：李文池（兼）

常务副主席：张　杨（兼）

副主席：苗艳玲（兼）

秘书长：李星桦

巴中市文联

主　席：李树海

副主席：杨秀永、余义奎

地　址：巴中市市委宣传部市文联

邮　编：636000

所属各县文联：

通江县文联

主　席：梁津华

秘书长：王亚敏

副秘书长：王沭元

南江县文联

主　席：杨秀华

副主席：刘清堂、李荣富、
　　　　陈家军、蒋红英

秘书长：李荣富

副秘书长：冉峥嵘、谬　源、
　　　　　何永方、熊　昕

平昌县文联

主　席：赵万国

秘书长：张　杰

达州市文联

主　席：马骏华

副主席：谢　军

地　址：达州市政中心15楼

邮　编：635000

所属各区市县文联：

通川区文联

主　席：龙　飞

副主席：李　勤

万源市文联

主　席：任　泉

副主席：蒲崇贤

达县文联

副主席：罗六清

宣汉县文联

副主席：雷登荣

秘书长：谢　辉

开江县文联

主　席：孙跃东

副主席：蒋兴芬

驻会副主席：蒋兴芬

大竹县文联

主　席：杨先云

副主席：薛友明

资阳市文联

主　席：徐远鸿

专职副主席：周昌海

地　址：资阳市雁江区广场路9号

邮　编：641300

所属各市区文联：

雁江区文联

主　席：孟基林

简阳市文联

专职副主席：郑传福

安岳县文联

主　席：周　平

专职副主席：袁　娇

乐至县文联

主　席：罗　斌

眉山市文联

党组书记兼专职副主席：邓　敏

主　席：胡　舒

副主席：王晋川、刘川眉、
　　　　蔡心华、雷金贵、
　　　　杨常沙、杨梁相

秘书长：沈荣均
地　址：眉山市苏源路 9 号计生大厦 6 楼
邮　编：620020
所属各区县文联：
东坡区文联
主　席：苟庆文
洪雅县文联
主　席：胡良均
仁寿县文联
主　席：何致远
彭山县文联
主　席：张志斌
青神县文联
主　席：涂　勇
丹棱县文联
主　席：彭红勤

雅安市文联

主　席：赵良冶
专职副主席：陈　果
副主席兼秘书长：赵晋川
地　址：雅安市沙湾路 149 号市委宣传部内
邮　编：625000
所属各县文联：
名山县文联
主席：陈吉学
常务副主席：陈开义
秘书长：俸金龙
汉源县文联
主　席：刘梦碧
副主席：林　凯、姜永才
天全县文联
主　席：李维余
秘书长：代学林
石棉县文联
主席：陈　曦
副主席：赵　红
秘书长：陈林芬

阿坝藏族羌族自治州文联

主　席：陈远贵
副主席：何志芬
秘书长：李　赛
地　址：文化局办公楼 6 楼
邮　编：624000
所属县文联：
汶川县文联
主　席：杨新松

甘孜藏族自治州文联

常务副主席：宋兴富
地　址：甘孜藏族自治州康定县北三巷甘孜州文联
邮　编：626000
所属县文联：
泸定县文联
主　席：陈明凯
乡城县文联
主　席：四郎拉姆
雅江县文联
主　席：李碧蓉

凉山彝族自治州文联

主　席：倮伍拉且
副主席：贾瓦盘加、彭　波
秘书长：沈　英
地　址：凉山州西昌市三衙街 15 号
邮　编：615000
所属各市县文联：
西昌市文联
常务副主席：魏定邦
会理县文联
主　席：祁开虹
冕宁县文联
副主席：邓秋莹
甘洛县文联
主　席：杨　华

贵　州　省

贵阳市文联

党组书记兼主席：包俊宜
副主席：袁政谦、穆倍贤
地　址：贵阳市中山西路 65 号
邮　编：550000
所属区市县文联：
南明区文联
主　席：杨　骊
花溪区文联
主　席：唐世海
副主席：石文辉
乌当区文联
主　席：冯　容
副主席兼秘书长：晏　明
白云区文联
常务副主席：文永辉
清镇市文联
主　席：商善律
开阳县文联
主　席：刘　毅
修文县文联
主　席：贾长远
息烽县文联
主　席：李景华

六盘水市文联

党组书记兼主席：徐永俊
副主席：吴学良、方　坤、石忠华
地　址：六盘水市钟山路钟山大街 12 层大楼 10 楼
邮　编：553001
所属各县区文联：
盘县文联
书记兼主席：陈维象
副主席：赵兴永

六枝特区文联
主　席：黄维波
副主席：何爱蓉
水城县文联
主　席：王鹏翔
副主席：龙　江

遵义市文联

党组书记：杨进修
主　席：李发模
副主席：赵剑平、刘中国
秘书长：刘小峰
地　址：遵义市老城
邮　编：563000
所属各区市县文联：
汇川区文联
主　席：黄太刚
副主席：柯崇信、陈守刚、刘　华
秘书长：闻世燕
红花岗区文联
主　席：王晓红
副主席：祝平洪、汪红霞
秘书长：王　昆
赤水市文联
主　席：傅树湘
副主席：程世平
秘书长：吴丽辉
仁怀市文联
主　席：陈　旭
副主席：易　涌
遵义县文联
主　席：张云红
副主席：姚固钊
秘书长：蔡远兴
桐梓县文联
主　席：邹德斌
副主席：杨　超、陈　龙
绥阳县文联
主　席：吴延模
副主席：秦永刚
秘书长：吴延模
正安县文联
主　席：李易超
副主席：王　龙
凤冈县文联
主　席：肖平义
副主席：杨梓柏
湄潭县文联
副主席：敖成勇
余庆县文联
主　席：陈忠禄
副主席：唐明强
习水县文联
主　席：罗吉宇
副主席：韩　敏
道真仡佬族苗族自治县文联
主　席：吴明泉
副主席：刘华芹、邹贵志
务川仡佬族苗族自治县文联
党组书记兼副主席：高　敏
主　席：付　强

安顺市文联

主　席：罗迎贤
地　址：安顺市金钟西路
邮　编：561000
所属各区县文联：
西秀区文联
主　席：姚晓英
平坝县文联
主　席：李再春
普定县文联
主　席：杨天福
关岭布依族苗族自治县文联
主　席：任光文
镇宁布依族苗族自治县文联
主　席：王德龙
紫云苗族布依族自治县文联
副主席：熊益红

毕节地区文联

党组书记兼主席：罗建明
副主席兼党组成员：禄　琴、姜咏梅
地　址：毕节地区文联
邮　编：551700
所属各市县文联：
毕节市文联
主　席：张亚洲
大方县文联
主　席：万兴智
黔西县文联
主　席：李　渡
金沙县文联
主　席：刘志开
织金县文联
主　席：王丽佳
纳雍县文联
主　席：张贤芬
赫章县文联
主　席：何明永
威宁彝族回族苗族自治县文联
主　席：孔繁毅

铜仁地区文联

书记兼主席：杨国勇
副主席：林亚军、龚晓虹
地　址：铜仁市民主路93号
邮　编：554300
所属市县区文联：
铜仁市文联
主　席：杨国胜
江口县文联
主　席：董振华
石阡县文联
主　席：谭晓红
思南县文联
主　席：李光达
德江县文联
主　席：黎静波
玉屏侗族自治县文联
主　席：江　兴
印江土家族苗族自治县文联
主　席：张旭阳
沿河土家族自治县文联
主　席：刘照进
松桃苗族自治县文联
主　席：贺宗广
副主席：田永东、龙志敏、龙凤碧

万山特区文联
主　席：刘泽坤
副主席：吴　华、吴克柱

黔东南苗族侗族自治州文联
党组书记兼主席：何忠善
副主席：李　勋、文志光
地　址：凯里市北京东路11号（州政府综合大楼）
邮　编：556000
所属各市县文联：
凯里市文联
党组书记：吴寿华
主　席：陈德祥
副主席：何春泓、王邵帅、陇光全、吴欣恒
秘书长：杨光辉
施秉县文联
副主席：奉　力
三穗县文联
主　席：吴道科
副主席：万主德
镇远县文联
副主席：王启明
岑巩县文联
主　席：景福令
副主席：梁　俊
天柱县文联
主　席：陶通坪
副主席：舒　云
锦屏县文联
主　席：杨秀廷
副主席：朱永贞
剑河县文联
主　席：廖朝元
副主席：杨秀平、文玉深
台江县文联
党组书记：杨再评
主　席：杨　莉
副主席：李芳菲
黎平县文联
主　席：姚吉宏
副主席：吴帮宁
榕江县文联
主　席：黄秀福
从江县文联
主　席：李田清
副主席：杨光攀
雷山县文联
主　席：黄连忠
副主席：周海燕
麻江县文联
主　席：何林超
丹寨县文联
主　席：张　路
副主席：黄荣娟

黔南布依族苗族自治州文联
书记兼主席：苏　红
副主席：潘国强、何艺贵
地　址：黔南布依族苗族自治州都匀市工人路2号州文联
邮　编：558000
所属各市县文联：
都匀市文联
党组书记：焦　伟
副主席：罗　义
福泉市文联
党组书记兼副主席：熊生祥
党组副书记兼主席：吴儒波
副主席：冯泽松、贺建飞
副秘书长：罗国林
荔波县文联
主　席：杨享禄
贵定县文联
主　席：张　鸽
副主席：张申瑜
秘书长：耿文福
瓮安县文联
主　席：罗惠平
副主席：周应祥、陈天银、周双林
独山县文联
主　席：王万铭
平塘县文联
主　席：孟祥华
副主席：雷远方、黄兴义
秘书长：徐先文
罗甸县文联
主　席：杨　桦
副主席：陈爱莲、罗春芳、苏友毅
龙里县文联
主　席：张　彪
副主席兼秘书长：张宗德
副主席：怂江明
惠水县文联
主　席：罗德胜
副主席兼秘书长：陈德云
三都水族自治县文联
主　席：杨胜超

黔西南布依族苗族自治州文联
主　席：田刚毅
副主席：赵雪峰、张　睿
地　址：黔西南布依族苗族自治州文联
邮　编：562400
所属各市县文联：
兴义市文联
主　席：刘咏虹
副主席：唐泽洋
秘书长：周学祥
兴仁县文联
主　席：马学书
贞丰县文联
主　席：向　往
望谟县文联
主　席：王封秀
册亨县文联
主　席：黄权昌
安龙县文联
主　席：杨南明
普安县文联
主　席：安　科

云 南 省

昆明市文联

主　席：汪叶菊
常务副主席：蔡　杰
副主席：李永坤
地　址：昆明市新迎小区文艺路28号
邮　编：650233

所属各协会：

昆明作家协会
主　席：张庆国
副主席：何　群、存文学、雷平阳、蔡　毅、冉隆中、费　嘉、李开义、郑祖荣
秘书长：张菊芝

昆明美术家协会
主　席：赵力中
常务副主席：胡晓幸
副主席：罗建华、王　刚、王鹏程、王首麟、黄泽谦、王广范、段智敏、包朝阳、王应天
秘书长：黄泽谦
副秘书长：张玉轩、陈　申

昆明音乐家协会
副主席：陈　忠、罗正华、李学智、姜雪梅

昆明书法家协会
主　席：赵翼荣
副主席：王家宁、孙　源、沈　健、潘绍学、刘保进、李　波
秘书长：李　波
副秘书长：葛　琪、赵海若、杨双国、乔　明

昆明摄影家协会
主　席：马克斌
常务副主席：陆江涛
副主席：刘建明、石　明、姚振康、田克湧、康　平、鲍利辉、马耀民、洪光耀、彭晓侠
秘书长：陆江涛
副秘书长：洪光耀、彭晓侠、田　鑫、吴世平

昆明舞蹈家协会
主　席：侯　跃
副主席：杨文苑、何文婷、杨　洲、疆　嘎、黄永坚、李　银、段媛媛、张艺莹
秘 书 长：赵书德
副秘书长：田春玲

昆明戏剧家协会
主　席：孙跃进
常务副主席：周卫华
副主席：黄自廉、艾　瑛、付莲英、戚进才、缪熙刚
秘书长：周海霞
副秘书长：周　伟

昆明儿童文学研究会
会　长：李永坤
副会长：吴　然、陈约红、康复昆、李晋德、吴　天、汤　萍、余　雷、曾艳萍
秘书长：陈约红
副秘书长：李丽钧

昆明广播电视艺术家协会
主　席：龚志龙
副主席：张　萱、梁永实、蔡　毅、吕永平、罗　飚、李鸿平、刘　辉
秘书长：张　瑾
副秘书长：杜　萍、李笑频

昆明曲艺家协会
主　席：苗　飞
常务副主席：张俊杰
副主席：夏爱民、欧光慈、赵忠庆、杨红仙、阮新茗、秧维丽
秘书长：杨红仙

昆明民间艺术家协会
主　席：罗新元
副主席：王仲德、昂自明、罗家柱、刘　伟、王　刚、杨正芬
秘书长：蔡薏萍
副秘书长：沈吟涛、杨　辰

昆明模特艺术家协会
主　席：莫云彪
常务副主席：朱照琨
副主席：朱红玲、杨　红、沈建鑫、杨　金、赵　妍、黄友祥、李媛丽
秘书长：朱照琨
副秘书长：杨　红、杨　金、白　洁

昆明文艺评论家协会
主　席：蔡　杰
副主席：冉隆中、蔡　毅、李　骞、胡　彦、李　森、朱　曦、郑千山、李开义
秘书长：冉隆中（兼）
副秘书长：陈　黎

昆明收藏家协会
主席兼秘书长：林国云
副主席：曾　江
副秘书长：黎权伟

所属各县（市）区文联

东川区文联
主　席：彭玉泰
副主席：朱家寿

秘书长：王　俊
官渡区文联
主　席：顾云顺
常务副主席：侯艳萍
副主席：田石菊、马春梅、
　　　　王　刚、王德智、
　　　　鲁　林
秘书长：侯艳萍（兼）
盘龙区文联
主　席：喻星源
常务副主席：马天尧
副主席：彭　磊、杨建昆、
　　　　王建中
秘书长：杨建昆（兼）
安宁市文联
主　席：荣国玲
常务副主席：顾建安
秘书长：余松涛
禄劝彝族苗族自治县文联
主　席：张国元
副主席：杜林春
秘书长：李国粹
嵩明县文联
主　席：张　和
副主席：花开明、吴彦宁、
　　　　刘锦仙、陈丽蓉
秘书长：杨秀岚
石林彝族自治县文联
主　席：李福军
常务副主席兼秘书长：徐跃高
副主席：赵一民、张志斌、
　　　　徐燕晴
晋宁县文联
主　席：潘　劲
副主席：杨　鹏、
　　　　罗家柱（兼秘书长）、
　　　　杨树勤、肖子建、
　　　　乐爱国
呈贡县文联
主　席：李荣华
副主席：张成金、杨　利
秘书长：赵春俊
富民县文联
主席：陈　浩
常务副主席：段华礼
副主席：张晓明、杨琼仙
宜良县文联
主　席：黄家荣
秘书长：刘　伟
寻甸回族彝族自治县文联
副主席：马成云、余文飞

曲靖市文联

主　席：杨卓成
副主席：陶丽萍
秘书长：蔡　华
地　址：曲靖市文昌街17号
邮　编：655000
所属各区市县文联：
麒麟区文联
主　席：徐文模
副主席：尹　坚
秘书长：陶茂莉
宣威市文联
主　席：吴兴泽
副主席：徐国洲
秘书长：何汝龙
马龙县文联
主　席：杨献忠
副主席：董石玉、陈炳刚
秘书长：王丽君
沾益县文联
主　席：陈官明
富源县文联
主　席：丁荆芳
副主席：张　浩
秘书长：毛秀常
罗平县文联
主　席：何晓坤
秘书长：陶　玲
师宗县文联
主　席：刘　俊
陆良县文联
主　席：钱坤寿
专职副主席：王荣兴
副主席：陈江平
秘书长：韩琨瑶
会泽县文联
主　席：王怀顺
副主席：李永星

玉溪市文联

主　席：武清祖
副主席：王尚宁
秘书长：张保东
地　址：玉溪市红塔区聂耳路
　　　　48号会堂6楼
邮　编：653100
所属各区县文联：
红塔区文联
主　席：普东海
专职副主席兼秘书长：何建良
江川县文联
主　席：叶自林
副主席：张　曦
秘书长：罗连辉
澄江县文联
主　席：张丽萍
副主席：阮学才
通海县文联
主　席：林启龙
华宁县文联
主　席：吴才龙
易门县文联
主　席：吴光祥
副主席：黄湘辉
峨山彝族自治县文联
主　席：龙泽川
秘书长：柏　叶
新平彝族傣族自治县文联
主　席：陶贵学
秘书长：任永坤
元江哈尼族彝族傣族自治县文联
主　席：杨　松

保山市文联

主　席：段一平

副主席兼秘书长：赵玲虹
地　址：保山市隆阳区正阳北路256号
邮　编：678000
所属各区县文联：
隆阳区文联
主　席：张炜华
副主席：刘义马
施甸县文联
主　席：蒋燎原
腾冲县文联
主　席：卞善斌
副主席：马天菊
龙陵县文联
主　席：尹世贤
副主席兼秘书长：张建芬
昌宁县文联
主　席：杨荟能

昭通市文联
主　席：夏天敏
地　址：昭通市珠泉路175号
邮　编：657000
所属各区县文联：
昭阳区文联
主　席：吕　翼
副主席：彭　静
秘书长：朱　镛
鲁甸县文联
主　席：丁世新
副主席：云　鹏、曾明沅
盐津县文联
主　席：蒋显荣
副主席：王嫣霏
秘书长：杨世权
绥江县文联
主　席：马志明
副主席：吴运强
秘书长：郑筱瑾
永善县文联
主　席：陈永明
副主席：杜福全

镇雄县文联
主　席：杨毅波
副主席兼秘书长：尹　马
彝良县文联
主　席：陈衍强
水富县文联
主　席：季　风

丽江市文联
主　席：王川蓉
副主席：李承翰
地　址：丽江市祥和丽城行政中心
邮　编：674100
所属各区县文联：
古城区文联
主　席：李朝红
副主席：李耀煌
秘书长：和文友
永胜县文联
主　席：乐文鹤
华坪县文联
主　席：李建国
副主席：王化永
秘书长：杜　忠
玉龙纳西族自治县文联
主　席：和学骞
副主席：周文华
宁蒗彝族自治县文联
主　席：王海林
副主席兼秘书长：李永天

普洱市文联
主　席：李文秋
副主席：罗洪波、段中庆
党组成员兼秘书长：张富春
地　址：普洱市思茅区民航路18号
邮　编：665000
所属各区文联：
思茅区文联
主　席：熊为斌
秘书长：杨慧明

宁洱哈尼族彝族自治县文联
副主席：周少仁
秘书长：徐培春
墨江哈尼族自治县文联
主　席：郭志明
副主席：柴家明
秘书长：柴凤英
景东彝族自治县文联
主　席：周德翰
景谷傣族彝族自治县文联
主　席：曹明春
副主席：雷　玲
镇沅彝族哈尼族拉祜族自治县文联
主　席：李元东
秘书长：陈月华
江城哈尼族彝族自治县文联
宣传部部长分管：吴文早
孟连傣族拉祜族佤族自治县文联
主　席：曾国德
秘书长：周文生
澜沧拉祜族自治县文联
主　席：陈远琼
西盟佤族自治县文联
主　席：文清风
秘书长：苏　然

临沧市文联
主　席：李德栋
地　址：临沧市政府大楼20–13号
邮　编：677000
所属县文联：
凤庆县文联
主　席：杨金凤
沧源佤族自治县文联
主　席：魏　成

德宏傣族景颇族自治州文联
主　席：龚家强
副主席：倪国强
地　址：德宏州潞西市勇罕街14–41号
邮　编：678400

所属各市文联：

潞西市文联

负责人：刀保英

瑞丽市文联

主　席：刘和云

怒江傈僳族自治州文联

主　席：张建梅

地　址：泸水县六库镇州级行政中心

邮　编：673100

所属各县文联：

泸水县文联

主　席：李　涛

福贡县文联

主　席：普言东

贡山独龙族怒族自治县文联

主　席：施　华

副主席：丰茂军

兰坪白族普米族自治县文联

主　席：和四水

迪庆藏族自治州文联

主　席：李志宏

副主席：张德华

地　址：香格里拉县康珠大道八号州委办公新区

邮　编：674400

所属各县文联：

德钦县文联

主　席：韦国栋

秘书长：余卫红

维西傈僳族自治县文联

主　席：赵　毅

大理白族自治州文联

副主席：廖惠群

地　址：大理市下关幸福路 11 号

邮　编：671000

所属各市县文联：

大理市文联

主　席：何显耀

祥云县文联

主　席：李树华

副主席兼秘书长：李　雪

宾川县文联

主　席：王宝康

弥渡县文联

主　席：白成瑾

永平县文联

主　席：李智红

剑川县文联

副主席：杨映华、张小平

鹤庆县文联

主　席：吴鸿彦

副主席：母红生

漾濞彝族自治县文联

主　席：常建世

巍山彝族回族自治县文联

主　席：罗建新

副主席兼秘书长：徐庆芳

楚雄彝族自治州文联

党组书记：冯梅青

主　席：张林敏

专职副主席：朱明云

兼职副主席：熊望平、李光秀、张　宏、善承卫、邱卫东、张永祥、李学智

地　址：楚雄市阳光大道 283 号

邮　编：675000

所属各市县文联：

楚雄市文联

主　席：孙庆明

双柏县文联

主　席：苏轼冰

牟定县文联

主　席：柳文跃

南华县文联

主　席：龙　杰

姚安县文联

主　席：饶云华

大姚县文联

主　席：王立新

永仁县文联

主　席：石永祥

元谋县文联

主　席：杨永超

副主席：杨永铭

武定县文联

主　席：左学美

禄丰县文联

主　席：周　润

红河哈尼族彝族自治州文联

主　席：邵瑞义

副主席：徐建徽

地　址：红河州行政中心州委楼 A 区 2 楼

邮　编：661100

所属各县市文联：

蒙自县文联

主　席：黄永光

个旧市文联

主　席：余春泽

开远市文联

主　席：杨　媛

副主席：王应生

绿春县文联

主　席：朱客伊

建水县文联

主　席：武德忠

副主席：刘　萍

石屏县文联

主　席：郑　婷

弥勒县文联

主　席：黄光平

副主席：杨敬坤

泸西县文联

副主席：杨　俊、唐会生

元阳县文联

主　席：白光红

金平苗族瑶族傣族自治县文联

主　席：杨远杰

副主席：徐　阳

河口瑶族自治县文联

主　席：杨向宏

副主席：徐家能

屏边苗族自治县文联

主　席：杨咏翔

红河县文联

主　席：方　萍

副主席：郭志琼

文山壮族苗族自治州文联

主　席：周祖平

副主席：张邦兴、韦　波

地　址：文山州文联

邮　编：663000

所属各县文联：

文山县文联

主　席：何源梅

副主席：谢正勇

砚山县文联

主　席：农云琳

副主席：王　雷

西畴县文联

主　席：苏文林

副主席：杨荣兰

麻栗坡县文联

主　席：龙永禄

副主席兼秘书长：袁　微

马关县文联

主　席：欧阳厚尧

副主席：周英发

秘书长：李美昌

丘北县文联

主　席：郭绍龙

副主席：杨　莉

广南县文联

主　席：兰天明

副主席：李文祥、罗有光

富宁县文联

主　席：李若玮

副主席：黎盛根

秘书长：郭　梅

西双版纳傣族自治州文联

主　席：李志明

兼职副主席：罗云智、刀正明、丹　洛、杨洪雯

秘书长：车智玫

地　址：影洪市宣慰大道67号景咏办公楼

邮　编：666100

西藏自治区

拉萨市文联

主　席：乌斯玛

副主席：李　铭

地　址：拉萨市江苏东路5号

邮　编：850000

那曲地区文联

副主席：塔　杰、索　加

地　址：那曲地区文化广播影视局院内那曲地区文联办

邮　编：852000

昌都地区文联

负责人：

地　址：昌都地委宣传部文联

邮　编：854000

所属各协会：

书美影协会

主　席：札西巴登

音舞协会

主　席：格桑罗进

文学协会

主　席：张　青

广播电视协会

主　席：李辛儒

民间艺术协会

主　席：杨　培

林芝地区文联

主　席：朱　峰

副主席：普布多吉、崔晓东、扎西洛布、李小兵、聪　吉

地　址：林芝地委宣传部文联办公室

邮　编：860000

山南地区文联

主　席：普　布

副主席：伍金多吉

地　址：山南地区泽当镇格桑路15号文化局

邮　编：856100

日喀则地区文联

副主席：扎西顿珠

地　址：日喀则地委宣传部文联办公室

邮　编：857000

阿里地区文联

主　席：尼玛达瓦

地　址：阿里地区文化路8号文化局

邮　编：859000

陕 西 省

西安市文联

主　席：贾平凹
副主席：于孝军、吴克敬、陈兆朋、叶广芩（女）、王西京、侯红琴（女）、方　明、石瑞芳（女）、杜爱民
地　址：西安市莲湖路大莲花池街莲湖巷2号
邮　编：710003
所属各区县文联：
长安区文联
主　席：田措施
户县文联
主　席：赵　丰
周至县文联
主　席：倪运鸿
副主席兼秘书长：张兴海
临潼区文联
主　席：康金鸿
碑林区文联
主　席：张德勇

延安市文联

党组书记兼常务副主席：赵　翔
主　席：张永革
副主席：李堆尚、闫延安、史小溪
地　址：延安市凤凰山麓105号
邮　编：716000
所属各区县文联：
宝塔区文联
主　席：李玉胜
延长县文联
主　席：段君辉
延川县文联
主　席：杨　禄
子长县文联
主　席：任晓辉
安塞县文联
主　席：张治金
志丹县文联
主　席：王　炜
吴起县文联
主　席：刘宏彦
甘泉县文联
主　席：刘虎林
富县文联
主　席：许春明
宜川县文联
主　席：李梅梅
黄龙县文联
主　席：刘　永
黄陵县文联
主　席：刘　勇
洛川县文联
主　席：吴安民
副主席：屈丽娜

铜川市文联

主　席：张恩忠
常务副主席：毕德科
地　址：铜川新区朝阳路9号
邮　编：727031
所属各区县文联：
王益区文联
主　席：赵军平
印台区文联
主　席：陈有仓
宜君县文联
主　席：仇志鹏

渭南市文联

书　记：王全民
主　席：郑俊海
副主席：雷　东
地　址：渭南市朝阳街东段21号市委大院
邮　编：714000
所属各市县文联：
韩城市文联
主　席：薛福荣
富平县文联
主　席：樊九令

咸阳市文联

主　席：蒙文星
地　址：咸阳市咸通南路16号
邮　编：712000
所属各区市县文联：
秦都区文联
主　席：冯西海
兴平市文联
副主席：郭东社
泾阳县文联
主　席：李　洋
副主席：宋志祥、李　虹
乾县文联
主　席：史向阳
副主席：畅平利
礼泉县文联
主　席：陈　岳
副主席：卢红雁
永寿县文联
副主席：高清水
秘书长：张鹏博
长武县文联
主　席：张永福
副主席：郭和民、郭　燕

宝鸡市文联

主　席：李栋成
副主席：王剑英
党组成员兼办公室主任：冯君礼
地　址：宝鸡市行政中心2号楼
邮　编：721004
所属各县文联：
凤翔县文联
主　席：芮晓枫

副主席：李少宁、曹会侠、
李宝文、姚　锐

陇县文联

主　席：时　勇

麟游县文联

主　席：李旭之

汉中市文联

主　席：王　蓬

副主席：张正国、武妙华、
苗　政、李汉荣

地　址：汉中市民主街文联

邮　编：723000

所属各区县文联：

汉台区文联

主　席：马俊惠

副主席：熊兆军

秘书长：鹿建社

西乡县文联

主　席：王　旭

镇巴县文联

副主席：刘德寿

宁强县文联

主　席：李三旻

副主席：刘　军

榆林市文联

党组书记：徐亚平

主　席：龙　云

副主席：崔建忠、刘区厚

秘书长：张胜伟

地　址：榆林市普惠泉15号榆
林市文联

邮　编：719000

所属县文联：

靖边县文联

主　席：霍竹山

神木县文联

主　席：訾宏亮

安康市文联

主　席：马昌琪

副主席：罗荣厚、张　虹、
李剑平、束文寿、
陈天柱

地 址：安康市汉滨区新安中路
市商务局8楼

邮 编：725000

所属各区县文联：

汉滨区文联

主　席：罗先余

汉阴县文联

主　席：王　涛

石泉县文联

主　席：张诗文

旬阳县文联：

主　席：吴建华

平利县文联

主　席：姚志学

白河县文联

主　席：孙传泽

商洛市文联

主　席：董发亮

专职副主席兼秘书长：谷崇让

副主席：张中山、李志贤、
鱼在洋、田井制、
崔学民、胡晋生

副调研员：闵朋利

地　址：商洛市人民路7号市委
5楼

邮　编：726000

所属各区县文联：

商州区文联

主　席：王　飞

洛南县文联

主　席：王少民

丹凤县文联

主　席：史宪锋

商南县文联

主　席：姚家明

山阳县文联

主　席：徐文有

镇安县文联

主　席：杨　逍

柞水县文联

主　席：金　江

甘　肃　省

兰州市文联

主　席：魏周弟

副主席：岳逢春、王作宝

地　址：兰州市五泉西路29号

邮　编：730030

所属区县文联：

红古区文联

主　席：史贤尧

永登县文联

主　席：王　驰

嘉峪关市文联

主　席：宋政平

地　址：嘉峪关市新华中路35
号综合楼4楼

邮　编：735100

金昌市文联

主　席：马　森

副主席：郭志为、华西林、
左竹林

秘书长：王全义

地　址：金昌市延安路108号市
文联

邮　编：737100

所属文联：

永昌县文联

主　席：张宇锋

副主席：刘峰山、张得智

金川集团公司文联
主　席：朱元德

白银市文联
主　席：崔雪刚
副主席：杨耀中、高财庭
地　址：白银市白银区人民路122号
邮　编：730900
所属各区县文联：
白银区文联
主　席：宋育红
平川区文联
主　席：李翔凌
靖远县文联
主　席：贾汝恒
会宁县文联
主　席：孙　平
景泰县文联
主　席：寇明灿
副主席：王兆瑞

天水市文联
党组书记兼副主席：王进文
主　席：王光庆
副主席：张映水、杨清汀
地　址：天水市民主西路91号
邮　编：741000
所属县文联：
甘谷县文联
主　席：张泽中

武威市文联
主　席：曹永建
副主席：王玉福、冯天民、陈　石
地　址：武威市北关西路34号
邮　编：733000

酒泉市文联
主　席：魏江清
副主席：付有祥
秘书长：董酒堂
地　址：酒泉市西大街18号市文联
邮　编：735000
所属各协会：
市作家协会
主　席：李学辉
市戏剧家协会
主　席：岳永进
市音乐家协会
主　席：严中全
市美术家协会
主　席：陈　石
市书法家协会
主　席：丁兆庆
市摄影家协会
主　席：张延杰
市舞蹈家协会
主　席：李国安
市民间艺术家协会
主　席：冯天民
所属各区市县文联：
肃州区文联
主　席：杨　青
副主席：李兴华、张正彬
玉门市文联
主　席：柴新爱
副主席：王新军
敦煌市文联
副主席：朱　铤
金塔县文联
副主席：王发云
瓜州县文联
主　席：高生荣
副主席：王生明、张掌印、李旭东
秘书长：李忠文
肃北蒙古族自治县文联
主　席：蔡俊堂
副主席：马旭祖
阿克塞哈萨克族自治县文联
副主席：马晓伟

张掖市文联
主　席：张成善
副主席：陈　洧、岳西平
地　址：张掖市南环路679号市政府统办2号楼2楼
邮　编：734000
所属各协会：
书法家协会
主　席：王训端
音乐家协会
主　席：郑熙基
摄影家协会
主　席：林　江
美术家协会
主　席：唐鸿发
作家协会
主　席：陈 洧
所属各区县文联：
甘州区文联
副主席：谈振国
民乐县文联
主　席：王振武
副主席：薛石云
临泽县文联
主　席：刘爱国
副主席：牛学伟
高台县文联
主　席：葛立才
副主席：蔡　军
山丹县文联
主　席：潘建清
副主席：梁积林、郭　勇
肃南裕固族自治县文联
主　席：钟联民
副主席：安雪琴、安晓勇

庆阳市文联
主　席：秦应平
副主席：郑竹斌、郭　云、安文丽、安　石
调研员：范闰龙、
地　址：庆阳市西峰区九龙北路17号
邮　编：745000

所属各区县文联：
西峰区文联
主　席：张步农
副主席：安　石、卢造池
庆城县文联
主　席：樊治林
环县文联
主　席：周爱军
副主席：贾继智、张志怀
　　　　薛　亮
华池县文联
主　席：折兴发
副主席：徐向钊、杨正宁
合水县文联
主　席：高维德
副主席：吴康军
正宁县文联
主　席：杨等宇
副主席：薛　英
宁县文联
主　席：南仁民
副主席：徐喜旺、高自珍
镇原县文联
主　席：杨佩彰
副主席：张占英

平凉市文联
副主席：吕恒全、杨学松
地　址：平凉市文化出版局院内
邮　编：744000
所属各区县文联：
崆峒区文联
主　席：季广平
泾川县文联
主　席：樊晓敏
灵台县文联
主　席：邵小平
崇信县文联
主　席：章国玺
华亭县文联
主　席：田　涛
庄浪县文联
主　席：孙志勇
副主席：文春霞
静宁县文联
主　席：李满强

定西市文联
主　席：常　青
副主席：郭建民、陆志宏、
　　　　马步斗、史彦明、
　　　　赵　磊
秘书长：李进林
地　址：定西市安定区中华路
　　　　31号
邮　编：743000
所属各县文联：
临洮县文联
主　席：燕嘉琪
岷县文联
主　席：张福宏
秘书长：包海燕
渭源县文联
主　席：姬小平
副主席：祁小平、漆　慎
陇西县文联
主　席：张敬元
漳县文联
主　席：张君昌

陇南市文联
主　席：毛树林
副主席：王小静
地　址：陇南市文联
邮　编：746000
所属各区县文联：
武都区文联
主　席：龚成洲
宕昌县文联
主　席：刘　辉
康县文联
主　席：李勇康
副主席：田文德
成县文联
主　席：张剑军
文县文联
主　席：刘长江
西和县文联
主　席：张　惠
副主席：王　龙
礼县文联
主　席：陈瑞达
两当县文联
主　席：李兴林
徽县文联
主　席：张守成
副主席：荆秀成

临夏回族自治州文联
主　席：韩小平
副主席：马向真、高志俊
地　址：临夏市红园路83号
邮　编：731100
所属各市县文联：
临夏市文联
主　席：周　平
秘书长：郑小明
永靖县文联
主　席：王国虎
副主席：黄　华
和政县文联
主　席：李文瑞
秘书长：张定平
东乡族自治县文联
副主席：马忠华
秘书长：周占云

甘南藏族自治州文联
主　席：尕藏桑吉
副主席：仁青才尕
地　址：甘南州合作市腾志街
　　　　111号甘南州文联
邮　编：747000

青　海　省

西宁市文联
主　席：汪生鲸
副主席：阿朝阳
地　址：西宁市黄河路 90 号
邮　编：810001

海东地区文联
会　长：祁生玉
执行会长：张子林
秘书长：邓　飞
所属各区县文联：
互助土族自治县文联
主　席：蔡进萍
乐都县文联
主　席：李明华
循化撒拉族自治县文联
常务副主席：马秀芬

海北藏族自治州文联
主　席：刘芝有
常务副主席：赵元文（原上草）
地 址：海北藏族自治州农牧科技大楼 3 楼
邮 编：810200
所属各县文联：
海晏县文联
驻会副主席：杨淑贞
祁连县文联
主　席：张占荣（兼）
常务副主席：马福成
副主席：沈　军、刘维平（驻会）
秘书长：刘维平（兼）
刚察县文联
主　席：才　旦
副主席：三　宝、鲁海波
门源回族自治县文联
主　席：景占旭（兼）
常务副主席：郭守江

海南藏族自治州文联
主　席：多杰才让
地　址：海南藏族自治州文学艺术界联合会
邮　编：813000

黄南藏族自治州文联
主　席：赵显祥
副主席：王小平
地　址：黄南州同仁县隆务镇夏琼中路 16 号
邮　编：811300

海西蒙古族藏族自治州文联
主　席：斯琴夫
副主席：彤子岐
地　址：海西州德令哈市长江路 11 号
邮　编：871000
所属各市文联：
德令哈市文联
主　席：李鹏龙
格尔木市文联
主　席：贺西京

宁夏回族自治区

银川市文联
主　席：郭文斌
副主席：兰大伟、赵　杰
秘书长：马志恒
地　址：银川市金凤区北京中路 166 号
邮　编：750011
所属各市县文联：
灵武市文联
主　席：王学江
副主席：俞学保
永宁县文联
主　席：王海涛
副主席：王洪英
贺兰县文联
主　席：郭春杰
副主席：阮　雁

石嘴山市文联
党组书记：刘　平
主　席：雍进成
副主席：赵和平
地　址：石嘴山市行政中心
邮　编：753000
所属各县文联：
平罗县文联
主　席：岳昌鸿

吴忠市文联
主　席：白少鳞
副主席：赵凯升、张越琴
地　址：吴忠市利通区朝阳东街 110 号
邮　编：751100
所属各市县文联：
青铜峡市文联
主　席：丁洪山
盐池县文联
主　席：白永刚
同心县文联
主　席：马剑龙

固原市文联
主　席：尹文博
副主席：杨风军
秘书长：单永珍
地　址：固原市行政中心
邮　编：756000
所属各区县文联：
原州区文联
主　席：马明军
西吉县文联
主　席：郭　宁
副主席：马学义
隆德县文联
主　席：李志勇
副主席：张来平
彭阳县文联
主　席：杜占山
泾源县文联
主　席：杨德才

中卫市文联
主　席：高国通
副主席：麦振江、宋兆璠
地　址：中卫市沙坡头区市行政中心3楼338室
邮　编：755000
所属各县文联：
中宁县文联
主　席：王海荣
海原县文联
主　席：孙　珉

新疆维吾尔自治区

乌鲁木齐市文联
党组书记：刘振东
副主席：矫　健、陈荣杰、普拉提、白　鹰
地　址：乌鲁木齐市新兴街5号6号楼
邮　编：830092

克拉玛依市文联
党组书记兼副主席：多里坤·吐鲁洪
主　席：赵钧海
副主席：高连成
地　址：克拉玛依市友谊路151号
邮　编：834000

石河子市文联
党组书记兼主席：王兴才
副主席：付学乾、孙　峰
秘书长：胡振林

喀什地区文联
书　记：李华新
主　席：吾布力排孜·喀迪尔
副主席：多力坤·毛拉尤夫、汪永华
办公室主任：艾斯卡尔·木沙
地　址：喀什市解放南路264号
邮　编：844000
所属各县文联：
莎车县文联
主　席：努力墩·阿布都赛买提
巴楚县文联
主　席：买买提明·艾买提

喀什市文联
主　席：茹军风

阿克苏地区文联
主　席：于洪亚
秘书长：王文林
地　址：阿克苏市南大街45号
邮　编：843000
所属各县文联：
阿瓦提县文联
主　席：方晓林
秘书长：王兆宏
拜城县文联
主　席：张建林
副主席：陈　钊
秘书长：任克良
库车县文联
主　席：张国领
副主席：克尤木·卡德尔

吐鲁番地区文联
党组书记：马　权
主　席：刘新贵
副主席：依力哈木·地拉
秘书长：刘迎春
地　址：吐鲁番市绿洲中路651号
邮　编：838000
所属各市县文联：
吐鲁番市文联
副主席：高　瑗
鄯善县文联
主　席：李保民（宣传部副部长）
副主席：李　荔

哈密地区文联
主　席：谢源湘
副主席：艾海提·依不拉音、林　江、扎克·肉孜、黄适远、周俐娇、韩爱荣
秘书长：艾海提·依不拉音
地　址：哈密地区文联
邮　编：839000
所属市文联：
哈密市文联
主　席：毛长水
副主席：杨　俊、张仁幹、阿不拉·斯地克、唐小龙

克孜勒苏柯尔克孜自治州文联

副主席：莫明·阿不都哈德尔、
池　光
秘书长：李　莉
地　址：阿图什市帕米尔路西3院
邮　编：845350

博尔塔拉蒙古自治州文联

主　席：胡　瑛
副主席：熊红久
地　址：博乐市青德里大街199号博州文联
邮　编：833400

昌吉回族自治州文联

主　席：李　明
副主席：陈　平、努而巴·哈提
秘书长：徐连宝
地　址：昌吉市延安南路69号
邮　编：831100

巴音郭楞蒙古自治州文联

主　席：刘　畅
副主席：魏陆平、
艾执提·孜利西
地　址：库尔勒市巴音东路文化综合楼7楼
邮　编：841000

所属各市县文联：

库尔勒市文联

主　席：李金釜

轮台县文联

主　席：于建新
副主席：李　伟、
吐尔逊·尼亚孜、
吐尔逊·斯拉木、
王奉琦、杨　磊

若羌县文联

主　席：买合木提·托乎提
副主席：吐地·玛依提、
刘泽海、张志全、
孟捍高、杨永江、
玉素甫·玉　山

且末县文联

主　席：周　扬
副主席：齐　森、张沁伟

和静县文联

主　席：杨　超

伊犁哈萨克自治州文联

书　记：苏洪波
副主席：阿拉提
地　址：伊宁市解放南路52号
邮　编：835000

塔城地区文联

党组书记：陈建国
主　席：叶鲁拜·阿布里哈森
副主席：张福钰、
朱玛拜·比拉勒、
侯科妍、常建梅、
冬　梅、韩文和、
阿斯哈提
秘书长：陈定波
地　址：塔城市新华路269号
邮　编：834700

阿勒泰地区文联

主　席：哈德别克·哈汗
副主席兼秘书长：高海滨
地　址：阿勒泰市地区文联
邮　编：836500

新疆生产建设兵团

农一师阿拉尔市文联

主　席：陈克勤
副主席：李沙平
秘书长：冯思思
地　址：阿克苏市
邮　编：843000

农二师文联

师党委常委副政委：梅桂萍
副主席：胡　骏
秘书长：辜丽香
地　址：库尔勒市
邮　编：841000

农三师图木舒克市文联

师党委常委副政委：付爱琴
主　席：牛志军
常务副主席：谢家贵
秘书长：傅宣辉
地　址：图木舒克市
邮　编：844000

农四师文联

师党委常委副政委：肖平模
主　席：凌　伟
副主席：武怀扬
地　址：伊宁市
邮　编：835000

农五师文联

师党委常委副政委：李全秀
主　席：彭汝军
常务副主席：姜亚群
地　址：博乐市
邮　编：833400

农六师五家渠市文联

师党委常委副政委：姜晓龙
主　席：刘　毅
副主席：李仁彬

农七师文联

师党委常委副政委：景建英
副主席：熊干辉

秘书长：张新荃
地　址：奎屯市
邮　编：833200

农八师石河子市文联

师党委常委副政委：王希科
党组书记：王兴才
主　席：于云涛
副主席：孙　峰、付学乾
地　址：石河子市
邮　编：832000

农九师文联

师党委常委副政委：张爱民
主　席：谢　华
秘书长：李志俊
副秘书长兼豫剧团团长：魏　炜
地　址：额敏县
邮　编：834000

农十师文联

师党委常委兼副政委：赵敦阳
主　席：张军旗
地　址：北屯镇
邮　编：836000

建工师文联

师党委常委兼副政委：李再君
主　席：曾其祥
地　址：乌市河滩北路57号
邮　编：830011

农十二师文联

师党委常委兼副政委：徐秀玲
主　席：向志华
地　址：乌市北京南路160号
邮　编：830011

农十三师文联

师党委常委兼副政委：张明胜
主　席：王善让
秘书长：勾军海
地　址：哈密市
邮　编：839000

农十四师文联

师党委常委兼副政委：赵春香
副主席：于忠胜
地　址：和田市
邮　编：848000

石河子大学文联

党委副书记：吴新平
名誉主席：王振祥
主　席：刘玉社
副主席：赵士田、董忠厚、
王立昌、王怡平
秘书长：李　军
地　址：石河子市
邮　编：830002

塔里木大学文联

主　席：程　军
地　址：阿拉尔市
邮　编：843000

兵团公安局文联

主　席：杨　思
副主席：邹全民、贺劲松、
杨力平
秘书长：贺劲松
地　址：乌鲁木齐市光明路19号
邮　编：830002

兵团作家协会

名誉主席：石　河、虞翔鸣
主　席：丰　收
副主席：秦安江、钱明辉、
郭晓力、曲　近、
程相申
地　址：乌鲁木齐市光明路15号
邮　编：830002

兵团美术家协会

名誉主席：黄戈捷、董振堂、
王惠仪
主　席：于云涛
常务副主席：秦建新
副主席：秦建新、刘玉社、
段保国、武怀扬、
万里明
地　址：石河子市
邮　编：832000

兵团摄影家协会

名誉主席：廖周炎
主　席：郭成云
副主席：闫波成、梁　斌、
李春林、王建军、
李沙平、赵红岩
地　址：乌鲁木齐市光明路15号
邮　编：830002

兵团书法家协会

名誉主席：赵彦良、王少墨
主　席：孙　峰
副主席：王怡平、周　静、
李鲁豫、王涌伟
地　址：乌鲁木齐市光明路15号
邮　编：832000

兵团戏剧家协会

名誉主席：马秀佩
主　席：张爱国
副主席：王　瑛、徐爱华、
苟玉莉、韩　晋、
任佳花
地　址：乌鲁木齐市光明路15号
邮　编：830002

兵团舞蹈家协会

名誉主席：徐梅花
主　席：蒋　玫
副主席：毛胜瑞、钟兴梅、
苏玉荣、张国庆、
李向阳
地　址：乌鲁木齐市光明路15号
邮　编：830002

兵团杂技家协会

主　席：申　健
副主席：辛　薇、万　璞、
　　　　李应龙、冯晓玲
地　址：乌鲁木齐市光明路15号
邮　编：830002

兵团音乐家协会

名誉主席：熊盛华、许鸿谦
主　席：吴　军
副主席：林忠杰、贾　江、
　　　　李耿瑞、葛少华、
　　　　陈　磊、徐吉祥、
　　　　宫积冰
地　址：乌鲁木齐市光明路15号
邮　编：830002

兵团电视艺术家协会

名誉主席：韩天航
主　席：侯友权
副主席：黄土根、刘　岸、
　　　　史志杰、韩国庆、
　　　　白新民
地　址：乌鲁木齐市青年路39号
邮　编：830002

兵团诗词楹联家协会

名誉主席：毛乃舜、李书卷、
　　　　　王亚平、星　汉、
　　　　　谭平祥
主　席：王瀚林
副主席：凌朝祥、万栓成、
　　　　王振祥、梁彤瑾、
　　　　李英俊、龚青云、
　　　　纪昌盛、陶大明
地　址：乌鲁木齐市光明路15号
邮　编：830002

兵团民间文艺家协会

主　席：陈　平
副主席：司科新、薛　洁、
　　　　王永庆、谢家贵、
　　　　辜丽香、廖肇羽
地　址：乌鲁木齐市光明路15号
邮　编：830002

天雅诗社

社　长：万卫平
副社长：李光武、秦安江、
　　　　沈　苇、屈　直
地　址：乌鲁木齐市建设路16号
邮　编：830002

索　引
INDEX

汉语拼音索引

A

B

C

D

E

F

G

H

J

K

L

M

N

O

P

Q

R

S

X

Y

Z

数字索引

标点符号索引

深圳市文联

2009年，在深圳市委、市政府的高度重视和大力扶持下，深圳市文联以“抓策划、抓重点、抓落实、出思想”为工作思路，以探索、推动、打造“创意联合体”为抓手，以繁荣原创，打造文艺精品和文艺品牌为重点，以推动文艺创意、创新，提升城市文化软实力为己任，致力拓宽文联工作的内容与形式，促进深圳可持续发展的文艺生态、文化生态的形成，将社会各方面参与文艺创作和文化创新的热情充分调动起来。在创新文化体制、健全创作运行机制方面迈出坚实的一步，成立了首批7个深圳艺术家工作室，涵盖文学、美术、戏剧、舞蹈、音乐、影视、民间文艺等艺术门类；以改革开放文艺精品创作工程为主体的各主要文艺门类创作数量大幅提高，市属各文艺家协会会员共获国家级奖项56项，省级奖78项，国际奖项2项；以创意和创新为核心的文艺品牌活动为城市人文建设注入丰富的文化内涵与分量；对公共文化服务体系的参与逐步加深，对文化产业的作用逐步加强，对外文艺交流活动日益活跃，文艺基础设施不断完善；呈现出多元多彩、百花齐放的态势，活跃、和谐、稳定的局面和文艺繁荣的亮丽景象。

1	2
3	4
5	6
7	8

1. 10月，“第十一届全国美术作品展览•艺术设计展”在关山月美术馆隆重开幕。广东省委常委、深圳市代市长王荣（中）在市文联党组书记、主席董小明陪同下参观展览。

2. 12月，市文联在F518创意园隆重举行深圳艺术家工作室成立暨挂牌仪式，首批7个艺术家工作室成立。市委常委、宣传部部长王京生出席了挂牌仪式并为艺术家工作室揭牌。

3. 市文联党组特别注重调查研究，制定新一年工作大计之始，必先前往各区调研。

4. 深圳音乐工程激情奏响“五年大计”。

5. 文学工程再掀高潮，深圳重点题材创作扶持项目签约仪式、第三届深圳网络文学拉力赛启动仪式及第六届深圳青年文学奖颁奖典礼于金秋10月在深圳文艺会堂的举行，再度展现深圳文学的创作实力。

6. 9月18日，深圳市文联与香港艺术发展局在深圳五洲宾馆举行深港文艺家座谈会，共商两地文艺合作与发展大计，揭开深港文艺交流合作新一页。

7.（图7～12）各个门类的文艺创新活动五彩斑斓，将创意概念向广义的创意文化领域拓展，丰富了创意12月的内涵，集中释放和呈现深圳这座年轻城市的文艺创意能量。

8.（图13～14）2009年，市文联艺术团举行“文艺进社区、温暖你我心”系列活动，在全市各区共巡演了20多场，为市民提供了多样性、多层次、高质量的文化产品。

无锡市文学艺术界联合会

2009年，无锡市文联坚持围绕中心，服务大局，在“着力建设文化强市，积极打造文化品牌”上下工夫，团结奋进，扎实工作，认真履行“联络、协调、指导、服务”职能，坚持在开拓创新中激发创造力，在强化服务中增强凝聚力，在奋发有为中扩大影响力，卓有成效地开展工作。在继续办好“中国无锡·吴文化节”这一优势品牌活动的同时，围绕“庆祝新中国成立60周年”主题开展了文艺展览、展演、展示、出版等一系列有声有色的文艺活动，呈现了百花齐放的景象。“送欢乐、下基层”等文化惠民活动多姿多彩。精心举办了全市文艺家读书班。中国文联组联工作会议、中国网络文学研讨会、全国第三届现代刻字艺术理论研讨会相继在锡召开，以及成功举办江苏舞蹈“莲花杯”第二届青年舞蹈演员大奖赛等诸多赛事，为我市艺术家提供了很好的学习、展示、宣传、提高艺术水平的良好机遇，进一步增强了市文联对大型赛会的组织能力，提高了无锡文化在全省、全国的影响力和辐射力。较好地实现以“文化觉醒”推动“文化自觉”，紧跟时代步伐，顺应人民群众对文化生活的新期待，进一步促进文艺精品创作和优秀人才成长，提升文艺品牌的辐射力和影响力。

1. 纪念顾恺之逝世1600周年学术研讨会在无锡举行。
2. “阿福嫂到上海”进京演出受到顾秀莲、张怀西、孙志军、董伟、王慧芬、王立人等领导祝贺。
3. 无锡市市长毛小平与中国民协分党组书记罗扬为中国泥人博物馆揭牌。
4. “锡剧走进大学生”活动之走进常州工程学院。

5. 无锡市文学艺术奖颁奖晚会。
6. 庆祝新中国成立60周年无锡市诗歌朗诵会。
7. 庆祝新中国成立60周年无锡市书法美术摄影作品展。
8. 惠山民俗文化庙会暨非物质文化遗产展示活动开幕式。
9. 李畹教授师生暨金陵十姐妹画展在锡开幕。

厦门市文联

组织创作的部分作品

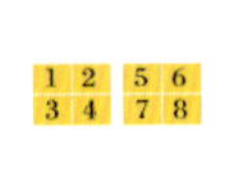

1. 积极主动开展对台文化交流。
2. 组织中国作协著名作家来厦采风。
3. 在北京举办厦门美术书法摄影作品展。
4. 与菲律宾友城开展对外文化交流。
5. 第五届世界合唱比赛厦门女声代表队。
6. 组织文艺家采风，为厦门新一轮跨越式发展鼓与呼。
7. 开展新春文化惠民活动。
8. 开展广场文化活动。

来宾市文联

来宾市文学艺术界联合会成立于2003年3月，下设秘书科、组联科两个科室，现有驻会干部7名，编外聘用工作人员2名，下辖作家、戏剧家、音乐家、曲艺家、美术家、舞蹈家、民间文艺家、摄影家、书法家、文艺理论家、赏石等11个文艺家协会。现任文联主席为陆远怀先生。

来宾市文联以振兴桂中文艺、提升城市软实力为己任，实施人才战略，狠抓精品工程，倾力打造《麒麟》文艺期刊、“麒麟山文化系列丛书”和“麒麟奖”三大文艺平台，积极组织一系列高品位、有影响的展赛，扶持培养了一批优秀的文艺人才，推出了一批有分量的作品，为打造地方文化品牌、繁荣文艺事业作出了突出的贡献。双月刊《麒麟》被誉为广西同级最好期刊之一，至今已出版53期；建市7年多来编辑出版大型精装画册《世界瑶都》、《魅力来宾》、《来宾名石》、《新来宾艺术》1、2、3集等10余部；出版“麒麟山文化系列丛书”5套35本；举办3届“麒麟奖”，奖励各艺术门类作者76人、36件作品；编辑出版《八桂书风》报；为来宾市成功申报“中国观赏石之城”，举办“中国·来宾首届赏石博览会”；组织书画名家开展赈灾义卖、义演活动；创建乡镇文联等等，使来宾市文联在区内外享有良好的声誉。

▲来宾市委召开文艺家座谈会

▲来宾市文联第二次代表大会

▲市文联组织抗震救灾书画义卖活动现场

▲组织书法家为群众义务写春联

▲市人民政府设立的本市文艺创作最高奖“麒麟奖”颁奖晚会

▲2009年5月，广西文艺期刊工作会议在来宾市召开

▲来宾市文联创作选送的壮族蜂鼓节目《还乡》获得第四届全国少数民族曲艺展演三等奖

▲来宾市文联近几年来编辑出版的部分图书画册

丽江市文学艺术界联合会

LI JIANG SHI WEN XUE YI SHU JIE LIAN HE HUI

丽江市文联

▲云南省文联“庆祝新中国成立60周年文艺成就精品展”丽江展版

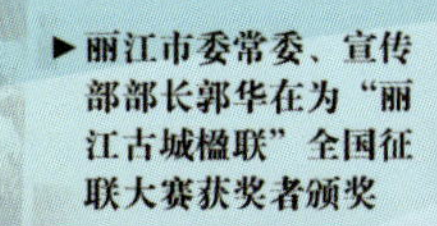

▶丽江市委常委、宣传部部长郭华在为“丽江古城楹联”全国征联大赛获奖者颁奖

◀“樱花屋金”杯第三届中国国际广告模特大赛新闻发布会现场

▶丽江市文联召开“繁荣丽江音乐创作工作座谈会”

▲丽江市文联主办的《玉龙山》、《丽江》杂志

◀丽江市优秀流行歌曲创作大赛颁奖现场

1.中国音乐金钟奖是由中宣部批准设立的、全国唯一常设的音乐综合性大奖。广州市文联自2003年起参与承办，至今已成功举办了七届。图为2009年第七届中国音乐金钟奖颁奖晚会。

2."广州文艺奖"是广州市委、市政府批准设立的广州市文化艺术最高奖项，广州市文联自1995年迄今已举办七届。图为第七届广州文艺奖颁奖晚会。

3.为加强基层文联建设，拓展文联工作新空间，2007年7月，由中国文联举办，广州市文联承办的"广州·全国基层文联工作座谈会"在广州举行。

4.广州市文联精心打造四大品牌活动：广州市文联一家亲艺术团十年来坚持文艺"三下乡"演出活动，上海岛、下农村、进工厂，为基层群众、部队官兵演出百余场。图为"一家亲"艺术团在广州市萝岗区九龙镇慰问演出。

5. 2009年4月，在北京人民大会堂举办首次塑造当代媒体人主流群像的长篇报告文学《超越新闻》作品研讨会，该书获广东省"五个一工程"奖，广州文艺奖一等奖。

广州市文学艺术界联合会

GUANG ZHOU FEDERATION OF LITERARY & ART CIRCLES

6.“艺术家与青年对话”活动邀请知名艺术家深入校园、社区与青少年共同探讨人生与艺术及热点话题。图为在暨南大学举办主题为“文学：E代与P代对话”的艺术家与青年对话活动。

7.举办“高级文艺人才理论研修班”。每年邀请我国高层次的专家、学者给我市有高级职称和在文艺创作、表演方面有突出成果的艺术家集中讲课，让艺术家们开眼界、长见识，提高理论素养。图为邀请北京大学教授张颐武作“世界城市与文化建设”专题讲座。

大庆市文联

2009年，大庆市文联重点打造大庆文艺品牌，文联主持编辑出版的大型文艺精品丛书正式出版发行。《大庆文艺精品丛书》是大庆最大的一项文化精品工程，凝结了大庆开发建设以来的文化艺术精华，共18卷21册两千余万字，丛书的出版为了解大庆的人文和历史提供了媒介，也为对外推介大庆提供了内容丰富的地域名片。

2009年，大庆市文联积极开展各类文化活动，举办了全国第六届楹联书法展。全国第六届楹联书法展是首次在大庆举办的全国性书法大展，征稿涉及全国各省市，共收到海内外书法来稿31000多件，创下历届楹联展之最，共展出楹联书法艺术精品四百余件，展示了当今楹联书法艺术的最高水平。

2009年，大庆市文联在发展文化创意产业、壮大文联实力上迈出坚实的步子，辟建了百湖艺术群落。百湖艺术群落是大庆市文联按政府扶持、市场运作的模式，整合大庆文化资源，为繁荣文艺事业和文化产业兴建起来的集创意生产、宣传交流、展览销售为一体的文化产业园区。群落总面积15000余平方米，现入驻艺术家80余位、文化艺术企业20余家。群落已成为艺术家创作的基地、市民欣赏和选购原创艺术品的文化采摘园和展示大庆文化产业形象的旅游窗口。

百湖艺术群落

大庆文艺精品丛书

全国第六届楹联书法作品展

《辉煌大庆》大型图片展

百湖艺术群落展销馆

▲丹东市文联主席吴多良在丹东市文联成立60周年会上的讲话

▲总结大会后文联合影

▲60周年美术展

刘兰芳杯全国少儿评书邀请赛启动仪式

丹东市文联

DAN DONG SHI WEN LIAN

丹东市文学艺术界联合会于1949年建会，现任主席吴多良，副主席邢培红，秘书长白鹰，副秘书长毕严伟。内设组联室、办公室，所属事业单位《满族文学》杂志社、创作评论室、文艺创作中心。现有作家协会、凤城市文联等15个团体会员单位。

截至2009年底，计有市级会员1667人，省级会员672人，国家级会员133人。

2009年度，丹东市文联以学习实践科学发展观统揽工作，紧紧围绕丹东市的超常规、跨越式发展，以纪念新中国成立60周年和市文联成立60周年为契机，精心组织了一系列有声势有影响的文艺主题活动。

◄迎春联欢

◄丹东市文联成立60周年会场

文艺演出►

山西阳泉市文联

▲ 阳泉市庆祝中华人民共和国成立60周年美术书法摄影展览

▲ 阳泉市文联组织艺术家进行采风活动

近年来，山西省阳泉市文联文艺创作取得可喜成就，被山西省文联授予“先进市文联”荣誉称号，连续4年获山西省作家协会“年度优秀创作成绩奖”，阳泉市文联主办的文学双月刊《娘子关》2009年被山西省新闻出版局评为一级期刊。到目前为止，全市文艺家共出版个人作品集200多部，每年获省级以上奖项达100多件（篇），每年在省级以上发表、入选各类文艺作品达200多篇（部）。

▲ 山西省作家协会领导到阳泉市文联进行调研

▲ 高长虹研究会举办“纪念高长虹诞辰110周年座谈会”

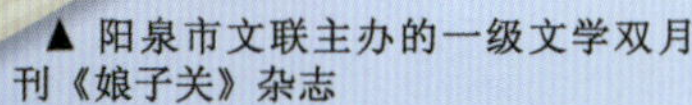

▲ 阳泉市文联主办的一级文学双月刊《娘子关》杂志

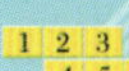

1. 萧山区文学艺术界联合会第六次代表大会现场。
2. 萧山区文联第一届文艺家协会领导班子会议。
3. 庆祝新中国成立60周年萧山、慈溪、普陀三地书法美术交流展。
4. 送文艺下乡。
5. 萧山区文艺界庆祝新中国成立60周年艺术成就精品展。
6. 萧山区第10届文艺成果奖颁奖典礼现场。

萧山区文联

萧山区文学艺术界联合会成立于1986年6月，是区委领导下的全区文艺界人民团体，是党和政府联系广大文艺工作者的桥梁和纽带。下属8个协会，分别为：萧山区作家协会、萧山区美术书法家协会、萧山区音乐舞蹈家协会、萧山区摄影家协会、萧山区戏剧家协会、萧山区曲艺家协会、萧山区民间文艺家协会和萧山区电影电视家协会。会员总数为747人，其中国家级会员25人，省级会员130人。

近年来，萧山区文联围绕中心，服务大局，坚持“出人才出作品”，积极繁荣文艺这一工作思路，取得了丰硕的成果。每年开展上百项文艺活动，举办了像青春中国诗歌大赛、中国（国际）书法大会、全国中小学生漫画大赛、中韩书法交流展、任伯年研讨会等一系列大型活动；引导文艺家扎根萧山，奉献智慧，创作文艺精品，冒出了像翁仁康、俞良波、冯耀忠等一批创作实力强、社会影响大的文艺家，他们用自己的智慧和才华，积极讴歌时代、讴歌人民、讴歌萧山，创作的作品获得了国家、省、市各类文艺奖项，扩大了萧山的社会影响，丰富了萧山的城市内涵，提升了萧山的城市品位。

恩施州文联

2010年7月，州文联举行全州曲艺小品大赛

2010年，恩施州文联始终按照州委、州人民政府建设民族文化大州的战略部署扎实工作，紧张有序地开展了送欢乐下基层，“中国诗词名家恩施行”，全州曲艺小品大赛，文学创作选题研讨会等一系列文学艺术创作活动，正筹备拍摄三十集电视连续剧《大水井》，全面铺开“一县一品”文化品牌创建工作。州委、州人民政府充分肯定全州文联工作取得的成绩，州长杨天然召开座谈会与文艺家促膝谈心，并增拨协会工作经费，拨专款组织文艺家赴华东采风。

1. 州委书记肖旭明参观州文联荣誉室，充分肯定全州文艺工作取得的成绩
2. 2010年2月，州长杨天然召开文艺家座谈会
3. 州文联召开2010年文学创作选题研讨会
4. 2010年8月，州文联组织文艺家考察华东
5. 2010年4月，中华诗词名家到恩施采风

2010年春，州文联举行送欢乐下基层文艺演出活动

澳门书法家协会

澳门书协是在由连家生创办的澳门第一个书法团体——艺林书法学会的基础上团结会外书法人士，于1996年成立，目前拥有其他三个兄弟会（艺林书法学会、澳门书法教育研究会和硬笔书协），在连家生主席的率领下每年活动频繁，享誉海内外，已入编《2008年中国书法家协会年鉴》，多年来每年除举办一次会员作品展外，至少与国内各省市的书会合办一次联展或互访活动，先后与上海、江苏、浙江、内蒙古、天津、北京、武汉、陕西、湖南、广州等省市书协及广东省内各书会合办联展，1997年在中国美术馆举办《澳门书法邀请展》，1998年在澳门举办《第三届中国书法史论国际研讨会》，曾出席马来西亚、台北、新加坡的第四、五、七届国际书法交流大展。2008年2月二十一日组团出席《二零零八首届中国亚布力国际书法节》暨《黑龙江、澳门、海南天南地北书法联谊展》开幕式。6月份出席兰州的《甘肃、澳门书法巡回展》，7月份出席北京《第八届国际书法交流大展》。同年十一月分别在澳门和海南出席《天南地北，澳门、黑龙江、海南三地书法巡回展》。2009年是庆祝新中国成立60周年和澳门回归10周年的一年，双庆活动频繁，澳门书协先后参与和出席《京澳百名书法家共写澳门基本法书法展》（澳门和北京），参与和出席《北京第三届国际书法双年展》（10份），举办了《澳门书协第十四届会员作品展之女子书法展》（10月23日），《西安中国画院全国巡回展之澳门展》（11月份），与中国书画报合办庆澳门回归10周年《世界名家书画作品邀请展》（12月7日至9日），承办《共和国部长书画展》（12月12日），还协办了贺双庆，诗词书法展和楹联书法展。

由于书协会务蒸蒸日上，会员队伍逐渐扩大，2006年，书协又增设了妇女书法委员会，准备出师到内地开展女子书法交流活动。2008年9月，连家生主席感于形势需要，更以书协为主体，在中国书协支持下创办了《澳门书法》杂志季刊，至今已按时出版了六期，一方面推介澳门书法活动，另一方面为国内外书法界提供相互交流和了解的平台。在国内外颇受欢迎，声誉日增。

1
2 3 4
5
6

- 部长书画展开幕式上，澳门行政长官何厚铧向参展的澳门书画家颁发证书。
- 澳门书协与2008年2月组团出席《首届中国亚布力国际书法节》暨《黑龙江、澳门、海南天南地北书法联谊展》开幕式。
- 澳门书协带表团出席《第八届国际书法（北京）大展》后与中国书协张海主席、赵长青书记和照留念。
- 京澳百名书法家共书《澳门基本法》书法展移师北京展出。
- 珠澳书法家挥毫送春联，在拱北边检广场举行，大受珠澳两地市民欢迎。
- 世界名家书画邀请展，与2009年12月7日在澳门开幕。

AUGUST FIRST FILM STUD

中国人民解放军
八一电影制片厂
血性、柔情，感动2007的军旅情感巨作
我的左手
MY LEFT HAND
重大现实题材影片
惊天动地
谨以此片献给
抗击非典第一线的医务工作者军人和铁路员工
惊心动魄
PROFOUNDLY AFFECTING
八一电影制片厂
国家铁道部
电影频道节目中心
联合摄制
夜袭
NIGHT ATTACK
周恩来在重庆
士兵突击
SOLDIERS SORTIE
在那遥远的地方
IN THAT DISTANT PLACE

雲南藝術學院
YUNNAN ARTS UNIVERSITY
云南艺术学
热烈庆祝云南艺术学院建院五十周年
1 2
3 4
5 6
7 8
50
云南艺术学院建校五十周
Celebration Ceremony of The 50 Anniversary of

50年艰苦创业，50年春华秋实。2009年12月19日，云南艺术学院举行建校50周年庆典，师生们用精彩的《腾飞云艺》大型歌舞表演，形象地展现出该校人才荟萃、硕果丰盛的办学成就。

全国政协副主席郑万通为云南艺术学院建校50周年题词：培养艺术人才，弘扬民族文化。中共云南省委书记、省人大常委主任白恩培，中共云南省委副书记、省长秦光荣致信祝贺，代表省委、省政府对云南艺术学院建校50周年表示热烈祝贺，并向全院师生和海内外校友致以诚挚的问候。贺信说，从1959年办学以来，云南艺术学院作为我国西南地区一所特色鲜明、艺术门类齐全的综合性高等艺术院校，坚决贯彻党的教育方针，认真履行高校人才培养、科学研究、服务社会的功能，培养了大批艺术文化专门人才，创作了许多优秀的艺术作品，为我省经济社会发展、文化建设和民族团结进步作出了积极的贡献。国运兴衰，系于教育，希望云南艺术学院以50周年校庆为契机，深入贯彻落实科学发展观，深化教育改革，立足云南，放眼世界，服务大局，为建设富裕民主文明开放和谐云南作出新的更大贡献。

全国政协原副主席李蒙，中央统战部常务副部长朱维群，全国人大常委会委员、全国人大常委会教科文卫委员会副主任委员徐荣凯，中国文联副主席、中国作协副主席丹增，中共云南省委常委、省委宣传部部长张田欣，云南省人民政府副省长高峰等分别致信祝贺。教育部、文化部，以及20余所国内外艺术类院校也发来贺电贺信。

云南艺术学院建校50年来，始终遵循立足云南、服务全国、辐射东南亚、面向世界的办学定位，遵循继承传统、兼顾中外、学习民间、服务社会的办学理念，以传承民族文化艺术和培养高素质艺术教育人才为己任，在学科建设、教学科研及艺术教育国际交流合作等领域取得了可喜成绩。经过50年的建设与发展，云南艺术学院办学专业设置齐全，培养层次多样，设有音乐学、美术学等6个硕士学位授权点共47个专业方向；美术学、戏剧戏曲学等4个省级重点学科。50年来，已为社会培养了各类艺术人才两万多名，并培养了大批包括傣、哈尼、纳西等云南独有少数民族艺术人才，许多师生编创、表演、参展的作品获得国家级和省部级奖励，为云南民族文化事业发展作出了重要贡献。

云南艺术学院在“十二五”期间，以建设综合类艺术大学的目标为己任，将在办学质量、办学层次、办学规模、办学条件等方面跃上一个新台阶。

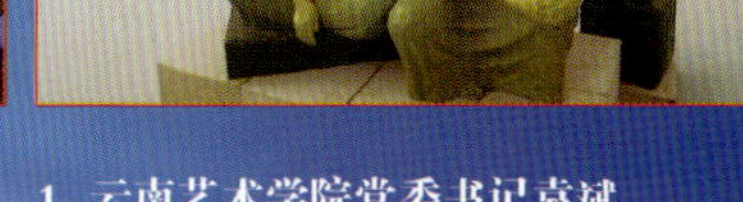

1. 云南艺术学院党委书记袁斌。
2. 云南艺术学院院长吴卫民。
3. 云南艺术学院50周年校庆美术精品展开幕式。
4. 云南艺术学院50周年校庆礼仪队。
5. 云南艺术学院校庆庆典大会。
6. 云南艺术学院戏剧戏曲与戏剧发展论坛。
7. 云南艺术学院“聚拢半个世纪的月光”校庆主题晚会。
8. 云南艺术学院50周年校庆美术精品展。

中原歌舞团建团于1983年8月，是活跃在中原大地上的一支乌兰木骑式石油文艺劲旅。她坚持党的“双百”方针和“二为”方向，把宣传党的路线，方针、政策作为根本任务，把为祖国石油石化工业和中原油田生产建设服务、丰富活跃基层一线职工群众精神文化生活为建团宗旨，贴近实际，贴近职工，贴近生活，以富有“油味”的艺术品格，创作出一大批具有石油特色、民族风格、时代精神的优秀文艺作品，培育出一大批石油艺术家，持之以恒地坚持“送文化下基层”活动，组织开展了一系列有声势、有特色、有影响的重点文艺活动，参加了许多全国和省部级专业演出交流活动，为推动中国石化和中原油田持续有效和谐发展，作出了积极贡献。

建团至今的28年间，共创作音乐作品2916首，优秀歌曲《翠绿的油乡》、《油田美》、《石油工人歌最美》、《难忘你，老石油》、《黄河岸边的石油汉》、《石油的风采》及大型歌舞剧《中原金琵琶》等作品先后荣获国家级金奖38个，银奖82个，铜奖138个。创作交响曲《石油颂》、器乐合奏曲《油城喜讯》《中原的太阳》等87首器乐作品，参加对外交流演出荣获金奖5个，银奖9个、铜奖8个。创作舞蹈作品578个，《啊，油味》、《月下采油工》、《钻井哥哥过家门》、《草辫情》等优秀舞蹈作品先后获得国家级金奖、银奖182个。《啊，油味》、《月下采油工》被收入联合国科教文组织舞蹈大全。创作山东快书《金钱梦》、《姑娘的心愿》、《两代钻工》，相声《石油恋》，小品《老照片的故事》、《小小义务安全员》，数来宝《中原赞》、《十鞠躬》、《大漠英雄赞》等曲艺作品，15次获国家、省部级奖励。创作《中原油歌》、《石油的旋律》、《龙乡欢歌》、《我们在党旗下闪光》、《石油颂》、《中原金琵琶》等15部舞台艺术片，先后在中央电视台、河南电视台播放。

28年来，中原歌舞团在中国石化党组和中原油田党委的亲切关怀下，参加国家、省部级大型艺术活动600余场次。相继参加了河南省一、二、三、四届《太行音乐会》，河南省第一、第二届艺术节，河南省首届企业文化大赛，石油部一至四届文化大赛，中国石化一至四届职工文艺录像调演和中国石化职工艺术团巡回演出活动，中国石化第一、第二届职工文艺会演，连续8年参加中国石化新春团拜会文艺演出活动，曾40多次赴京参加由中宣部、中华全国总工会、文化部、安全部、中国文联、中央电视台、中央广播电台、中央企业工委、国家安全技术监督总局、中国侨联、国家民委等组织的重大文艺演出活动。如中宣部《纪念毛泽东同志在延安文艺座谈会上的讲话》发表50周年文艺晚会，中国文联、中华全国总工会，中央宣传部、文化部全国总工会中央电视台主办的全国劳模表彰大会《共和国脊梁》大型文艺晚会，中国文联、中华全国总工会、中央电视台庆祝新中国成立50周年文艺展演、中央企业工委庆祝建党80周年文艺晚会、第一、第二届中国职工艺术节开幕式、闭幕式和全国声乐、舞蹈、曲艺、戏曲展演等。赴法国、荷兰、德国、比利时四国参加国际民间艺术节。中原歌舞团在国内重大文艺展演交流以及国际文化交往中，为中原油田和百万石油石化职工赢得了荣誉，为祖国增添了光彩。

中原歌舞团始终以中原油田24万职工家属在祖国能源建设中感天动地的伟大壮举为创作的源泉，谱写一曲又一曲自强不息、敢为人先的时代乐章来反哺职工群众。做到了油田队伍走到哪里，哪里就有文艺演出；哪里最困难最危险，哪里就有文艺工作者嘹亮的歌声和舞动的身影。一代又一代的演职人员饱蘸激情和爱情为职工鼓劲，为油田加油，为事业喝彩，为中原油田改革发展提供了思想基础、精神动力和文化支撑。据统计，28年来，中原歌舞团围绕中原油田的勘探开发、生产建设等重点工作， 组织文艺小分队深入基层单位和生产一线进行文艺慰问演出3000余场。在油气生产最关键时刻和自然环境最恶劣的情况下，歌舞团的演职员工们白天帮工人师傅抬管线，夜晚在大卡车搭起的舞台上为职工们演出。四周无尽的黑夜，井场灯光下雪花飞舞，在凛冽的寒风中，演员们身穿单薄的演出服演出，感动了每一位钻井工人。当演员们一走下场，工人师傅们把自己的大衣披在演员身上，把自己驱寒的姜汤送到演员手中，这种演员观众互为一体、相互激励的场面一到延续到今天。当年黄河大堤被洪水冲垮，百里油区一片汪洋，在油田党委的率领下，歌舞团奔赴灾区，慰问在洪水中坚持生产自救、夺油上产的一线职工，为前线职工带去万众一心战胜困难的精神食粮。

28年来，中原歌舞团始终把宣传中原油田精神，扩大中原油田影响，树立中原石油人的形象作为一项重要工作。中原歌舞团作为友好使者，多次代表中石化集团公司、中原油田，多次赴大庆、胜利、辽河、长庆等油田，燕山、齐鲁、武汉等石化企业，中国地质科探1井等现场、葛洲坝工程、新疆巴音郭楞蒙古自治州、四川达州等地方政府慰问演出，产生了显著的政治影响和社会、经济效益。曾受到胡锦涛、李长春、尉建行、周永康领导同志的亲切接见。原石油部部长王涛同志为歌舞团欣然题词：“东海天山处处有中原的歌声，大江南北处处有石油的形象”。

中原歌舞团以其独特浓郁的石油芳香的艺术品格，展现了石油工人为油拼搏的创业精神；展现了中原油田改革发展的精彩画卷；展现了油田24万职工家属参与竞争，开拓市场的伟大壮举。讴歌了改革开放中石油石化工业的英雄乐章，展示了石油工人坚忍的意志和博大的胸怀。在党的十七大和十七届五中全会精神鼓舞下，中原歌舞团正迈步新起点、瞄准新高度、实现新跨越，用石油文艺工作者的使命和理想去谱写新时代的旋律，满怀激情地迎接中原油田绚丽多姿、灿烂辉煌的明天！

中原歌舞团

1. 国家二级演员刘丰琴《满怀深情往北京》。
2. 许皮静《欢迎你到中原油田来》。
3. 舞蹈《红是红绿是绿》。
4. 尾声《在灿烂阳光下》。
5. 男声小合唱《咱们工人有力量》。
6. 舞蹈《石油铁军》。
7. 歌舞《新的光荣》。

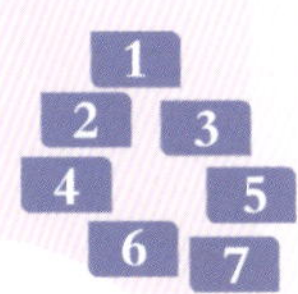

西安市说唱艺术团

董事长兼法人代表：尼康

大专毕业后进入西安市说唱艺术团至今，主攻相声、小品并执导过很多大型综艺晚会；曾荣获国家级和省市艺术大赛各类奖项达40多项，现任西安市说唱艺术团法人暨团长。

西安市说唱艺术团原名西安市曲艺团，成立于1953年，是国家专业文艺团体。为西北地区成立最早、阵容最强的专业曲艺艺术表演队伍，是全国五大说唱团体之一，2009年文化体制改革后改为西安说唱艺术传播有限责任公司。多年来，说唱团创作排演出大量优秀曲艺节目，在全国引起了巨大的反响，获得过多项国家级各类专业大赛奖项，成为我国曲艺事业的中坚力量。

地址：西安市印花布园37号　联系人：张逼雷　电话：029-87215838

无锡市演艺集团有限公司

无锡市演艺集团有限公司
WU XI SHI YAN YI JI TUAN CO.,LTD.

1.《江南好》剧照。
2.《太湖鱼米乡》剧照。
3.《红河谷》剧照。
4.《西施》剧照。
5.《阿炳》剧照。
6.《茉莉花》剧照。

浙江小百花越剧团

▼首届国家舞台艺术精品工程十大精品剧目《陆游与唐琬》人物照茅威涛饰陆游、陈辉玲饰演唐琬

经浙江省人民政府批准，创建于1984年的浙江小百花越剧团是国内著名专业女子越剧表演团体，茅威涛为现任团长。剧团所创作的《五女拜寿》、《西厢记》、《陆游与唐琬》、《红丝错》、《藏书之家》、《春琴传》、新版《梁山伯与祝英台》等剧目，先后荣获文化部首届优秀保留剧目大奖作品、“文华大奖”、“文华新剧目奖”、首届国家舞台艺术精品工程、中国戏曲学会奖、首届中国戏剧奖等多个国家级奖项。剧团多次赴港、澳、台地区演出并出访美国、法国、德国、瑞士、荷兰、比利时、日本、韩国、新加坡、泰国等国。剧团参加过新加坡亚洲表演艺术节，东京国际舞台艺术节，BESETO国际戏剧节，巴黎中法文化年，第31届世界戏剧节、第98届德国威斯巴登国际五月艺术节等重要国际戏剧交流活动。

茅威涛生活照

▲文化部首届优秀保留剧目大奖作品《五女拜寿》剧照

▲2007～2008年度国家舞台艺术精品工程十大精品剧目新版《梁祝》电影剧照

湖北省黄梅戏剧院

张辉，国家一级演员、中国戏剧家协会理事、湖北省戏剧家协会副主席。湖北省黄冈市文化局副局长、湖北省黄梅戏剧院党委书记、院长。享受国务院专家津贴。在多部黄梅戏电影、电视剧、舞台剧中担纲主演，曾连续四年参加中央电视台春节联欢晚会并四次获奖，足迹遍布十几个国家和地区，被誉为中国黄梅戏首席当红小生。已形成自己独特的演唱风格。曾荣获全国第二届黄梅戏艺术节“表演金奖”、湖北省戏剧剧种会演“表演一等奖”、湖北省第六届黄梅戏艺术节“表演金奖”、湖北省“牡丹花奖”、湖北省青年“金凤奖”、湖北省文艺“明星奖”、湖北省“新人新作奖”、湖北省楚天文华“表演一等奖”、中国第二十四届“梅花奖”得主。

黄梅戏发源于湖北省黄冈市，经过一代又一代黄梅戏艺术家的辛勤耕耘，已发展成为中国戏剧五大剧种之一。2006年黄梅戏被国务院列为第一批国家级非物质文化遗产保护名录。成立于1989年的湖北省黄梅戏剧院坐落在风光秀丽人杰地灵的黄州古城，建院以来，精心创作拍摄演出了黄梅戏电影《血泪恩仇录》、黄梅戏电视连续剧《貂婵》、黄梅戏舞台剧《双下山》、《未了情》、《不倒的门楼》、《冬去春又回》、《和氏璧》、《风花雪月》、《李四光》等剧目，深受全国观众欢迎。整理改编演出了黄梅戏《天仙配》、《女驸马》、《梁祝》、《红罗帕》、《梨花情》、《春江月》、《红丝错》等一批优秀传统剧目，在全国上演，成为经久不衰的经典剧目。黄梅戏电影《血泪恩仇录》填补了湖北戏曲电影片的空白，黄梅戏电视连续剧《貂婵》获全国电视剧“飞天奖”。黄梅戏《双下山》在第二届全国黄梅戏艺术节中获“振风杯”大奖。《未了情》参加第五届中国艺术节，获“文华新剧目奖”、“文华导演奖”、“文华音乐奖”、“文华表演奖”。《冬去春又回》、《风花雪月》、《李四光》分别参加湖北省黄梅戏艺术节均获优异成绩。

陕西省音乐家协会

陕西省音乐家协会的前身是“陕甘宁边区文化协会音乐工作委员会”，1949年11月20日成立，先后更名为中华全国音乐工作者协会西北分会、中国音乐家协会西安分会、中国音乐家协会陕西分会、陕西省音乐家协会。协会现任主席赵季平，党组书记、副主席兼秘书长尚飞林主持协会日常工作。

50多年来，陕西省音乐家协会举办了首届西北音乐周——“长安音乐会”，千人《黄河大合唱》，“五个一工程”歌曲评奖，建党80周年、新中国成立55周年群众歌咏活动，陕西音乐奖声乐、器乐比赛，陕北民歌大赛等具有影响的大型音乐活动，团结全省音乐家为繁荣和发展社会主义音乐事业，促进社会主义物质文明和精神文明建设作出了贡献。

2005年换届以来，陕西音协以“二为”方向和“双百”方针为指导，以联络、协调、服务为己任，以出作品、出人才，促进社会主义音乐事业的繁荣发展为宗旨，按照“面向基层、服务会员、鼓励创新、打造精品”的工作思路，广泛团结基层会员及全省音乐工作者，积极开展各项音乐活动，倡导和谐理念，培养和谐精神，创建和谐文化，为繁荣社会主义先进文化，构建社会主义和谐社会作出贡献。特别是协会强化主体意识，发挥自身作用，成功举办了陕南民歌大赛、陕西新年音乐会、陕西音乐奖（声乐、器乐、合唱）比赛、“绿色吴起·温馨家园”全国征歌活动、美国坦福奥运中国行巡演西安音乐会、中国交响乐世纪回顾暨第一届中国交响音乐季陕西音乐会、纪念改革开放30周年陕西省首届无伴奏合唱展演、全国优秀流行歌曲创作大赛西北赛区比赛等一系列重大活动，在音乐文化的市场化运作方面进行了有益的探索并取得了可喜的成绩。

陕西省音乐家协会现有中国音乐家协会会员400多名，陕西省音乐家协会会员2000多名。下设理论、创作、表演艺术、音乐教育、社会音乐、民族音乐、对外联络和音乐版权保护八个专业委员会。协会机关设有：办公室、组联部、创作评论部。主办的刊物《音乐天地》（原名《群众音乐》）创刊于1949年10月，是新中国最早创办的音乐刊物之一，至今已发行了400多期。《西部音乐信息》是全面反映国内外音乐信息的月报。

协会官方网站（http://www.sxma.org）在全国同类网站中独树一帜。

▲组织国内著名音乐家在圣地延安采风

▲打造一年一度的陕西新年音乐会文化品牌

▲组织国内知名音乐家赴老区吴起采风创作

云南省舞协成功举办“‘花儿朵朵向太阳’——2009·云南省少儿舞蹈比赛”活动

2009年7月20日至23日，为庆祝中华人民共和国成立60周年，由云南省文联、云南省教育厅、云南省文化厅和云南省关心下一代工作委员会共同主办、云南省舞蹈家协会和昆明青少年活动中心承办、云南艺术学院苗苗业余舞蹈学校、昆明华蕴道艺术培训学校协办的“‘花儿朵朵向太阳’2009·云南省少儿舞蹈比赛”在云南省青少年活动中心成功举办。历时4天的舞蹈比赛、学术研讨与联欢活动，既是庆祝中华人民共和国60周年华诞的献礼，我省积极响应党对全国青少年提出的“勤奋学习、快乐生活、全面发展”精神的展示，也是云南省少儿舞蹈艺术教育的交流盛会。

本次比赛活动主要分为四部分内容：一是少儿舞蹈比赛；二是邀请舞蹈界相关专家举行“少儿舞蹈创作交流研讨会暨评委点评会”；三是组织参赛队观摩原生态歌舞集《云南映象》；四是组织参赛选手到民族村进行联欢。丰富多彩的赛事活动，使参赛选手们在紧张而又活泼的气氛中感受到了不一样的快乐暑假。来自全省各地的少年儿童用精彩的表演展示了他们在党的关怀和祖国的培养下，幸福、快乐、健康的生活。本次舞蹈比赛中涌现了大量形式新颖的原创作品，许多编导在少儿舞蹈中融入了云南少数民族文化艺术的元素，充分体现了七彩云南的民族特色，创作成果可喜可贺。最终，经过大赛评委会的严格评判，共评出《小小迷彩兵》、《舞花龙》、《喊太阳》等金奖作品29名，《玩具畅想》、《虎妞妞》、《花蒙腰娆》等银奖作品30名，《快乐宝贝》、《苗苗》、《我的青春我做主》等铜奖作品34名。楚雄州文联等12家单位获得了优秀组织工作奖。23日晚的闭幕式暨颁奖晚会，可谓全省少儿舞蹈创作成果的欢乐盛宴。应邀参加颁奖晚会的领导、嘉宾和各参赛队伍共聚一堂，尽享少儿舞蹈艺术之美。《花儿开在春天里》、《俏花旦》、《稻田小卫士》、《敬礼：爸爸》等部分精彩的获奖作品在“快乐的节拍”、“跳动的旋律”和“灿烂的花朵”的晚会中，再次舞起了孩子们对祖国的热爱，舞出了祖国未来的希望。

▲云南省人大副主席、省文联名誉主席梁公卿、原省委副书记刘树生、省关工委常务副主任郭金娣与获奖小演员合影

▲云南省人大、省文联、省教育厅、省文化厅、省关工委、省舞协领导在闭幕式上与参赛小演员合影

天津京剧院

天津京剧院正式组建于1995年8月28日，由原天津市京剧团（成立于1956年）、天津市京剧三团（成立于1970年）组建而成。现下属一团、二团、实验团。现任院长王平。

2006年，天津京剧院被评为“国家重点京剧院团”。同年，被评为国家级非物质文化遗产保护单位。

天津京剧院名角荟萃、实力雄厚。曾拥有一批造诣很深、在全国及海外享有盛名的表演艺术家如：杨宝森、厉慧良、张世麟、周啸天、丁至云、林玉梅、杨荣环、杭子和、周子厚、杨宝忠、王则昭、赵慧秋、曹世嘉等。近年来，一批优秀演员如杨乃彭、李经文、邓沐玮、王平、康万生、李莉、张学敏、张幼麟以及青年演员王艳、吕洋、凌珂、闫虹羽、黄齐峰、王嘉庆、李宏、陈媛等已将不同流派、不同风格的优秀剧目继承下来，成为京剧舞台的栋梁之才。共有七人先后获得中国戏剧梅花奖及梅兰芳金奖，其中王平获得“二度梅”。

天津京剧院现有天津市级非物质文化遗产项目代表性传承人5人，国家级非物质文化遗产项目代表性传承人3人；国家一级编导、演员、演奏员19人；国家二级编导、演员、演奏员、舞美54人。

天津京剧院的新老艺术家们以其雄厚的实力，精湛的技艺、文武兼备的特色、丰富多彩的剧目，足迹大江南北，五洲四海，交流着艺术，增进了友谊，也为祖国赢得了荣誉。

京剧《护国将军》蔡锷——王平饰▼

◀京剧《华子良》剧照

京剧《妈祖》剧照▶

▲京剧《野猪林》剧照

武汉汉剧院

武汉汉剧院新编抒情历史剧《王昭君》

—剧情简介—

西汉元帝时，南郡秭归女子王昭君被选入宫。这位楚文化熏陶出来的姑娘不仅有倾国之貌，而且像她所敬仰的先贤屈原一样正直清高。她不肯随波逐流贿赂画工毛延寿，毛延寿便在她的画图上枉点一颗什么主刑克的“白虎痣”，致使元帝不敢召幸之。后来，匈奴呼韩邪单于入朝求亲，在宫中备受压抑的王昭君毅然自请远嫁。临别之际，元帝才知上了毛延寿的当，悔恨不已，想要留下昭君。昭君不肯失信，执意出宫。到了边塞，王昭君登上了烽火台，面对那一望无际的阵亡将士之坟，心灵受到极大的震撼，顿悟了自己此行肩负的重任。于是她义无反顾地骑骏马，抱琵琶，出塞和亲去了……

斯人去矣，青冢犹在；芳草连天碧，佳话传千载。

熊国强饰演汉元帝

王黎饰演王昭君

图为《王昭君》剧照

▲新版《连升三级》剧照

泉州市高甲戏剧团

高甲戏系“福建省五大剧种”之一，是闽南地区最大的戏曲剧种，2006年被列入首批国家级非物质文化遗产名录。泉州市高甲戏剧团作为泉州市人民政府确定的该项目试点单位和福建省文化厅授予的“闽南文化生态保护实验区”示范点，起着“示范性、导向性”的作用。

泉州市高甲戏剧团成立于1951年，前身为泉州大众剧社。该社系戏改时由六个民间职业剧团抽选优秀演员、名老艺人与新文艺工作者所组成。

1954年整理传统剧目及现代戏。尤以《连升三级》及丑角小戏，倍受各级领导的关心与重视，郭沫若、田汉、老舍、邓拓等为之题诗撰文，盛赞高甲戏丑角表演艺术达到“登峰造极”，誉称《连升三级》为“南海明珠”，该剧1993年入选《中国当代十大喜剧集》。1982年1984年到香港、菲律宾访问演出，更受到港澳同胞，海外侨胞热烈欢迎，载誉而归。1987年参加首届中国艺术节。1993年9月《大河谣》剧组参加全国地方戏曲交流演出（南方片），荣获优秀剧目大奖等八项奖励，并获文化部“文华大奖”、中宣部“五个一工程”入选作品。2007年12月重排高甲戏讽刺喜剧《连升三级》参加全国第十届戏剧节，获得该戏剧节最高奖——“优秀剧目奖”和 “优秀舞美奖”；2008年5月荣获福建省第五届百花文艺奖一等奖。

剧团现在有高级职称艺术人员17人；中级职称艺术人员50人。中国戏剧家协会会员10人。福建省戏剧家协会会员36人。首批国家级非物质文化遗产项目代表性传承人2人；省级非物质文化遗产项目代表性传承人4人；市级非物质文化遗产项目代表性传承人10人。拥有一批名老艺人和屡获省优秀演员奖的中青年艺术骨干。剧团创作、改编、移植了210多个保留剧目，其中部分剧目在全国、华东、以及省、市各类会演中获100多项奖励。

◄新版《连升三级》剧照

联系电话： 0595-22102367 22119270（办公室）
0595-22100270（团长室）
传　　真： 0595-22155270
网　　址： http://www.qzgjx.com

新版《连升三级》剧照►

▲《五里长虹》——2000年获文化部第九届文华奖

▲《清源仙女》2003年获第二届全国木偶皮影戏比赛银奖

福建省晋江掌中木偶剧团

▲2010年6月，中共中央政治局委员、上海市委书记俞正声在上海世博园观看我团木偶表演

▲2008年8月，剧团参加北京奥运会重大文艺演出系列活动

▲2009年12月，我团应邀赴泰国文化交流

年青的传承人表演《踢球舞》

晋江掌中木偶戏是中国首批国家级非物质文化遗产保护项目。晋江木偶剧团曾数十次为党和国家领导人展示表演，受到中央领导的高度赞扬。剧团出访过罗马尼亚、朝鲜、菲律宾、荷兰、新加坡、印尼、德国、韩国、法国、马来西亚、泰国、台湾、香港、澳门等国家与地区演出，被国际友人誉为“东方艺术珍品”。

剧团先后荣获罗马尼亚第二届国际木偶节比赛金奖；上海国际艺术节“最佳传统艺术传承奖”；国家文化部“文华奖”、“金狮奖”、“优秀节目奖”、“文化遗产日奖”等国家级奖项。

前线文工团

电视剧《利剑》

电视剧《决战南京》

大型话剧《陀螺山一号》获第九届文艺会演优秀剧目奖

慰问边海防部队

舞蹈《父辈》获第九届全军文艺会演编导一等奖

舞蹈《青春河》获第九届全军文艺会演编导一等奖

舞蹈《对抗》获第九届全军文艺会演编导一等奖

大型舞剧《牡丹亭》获第九届全军文艺会演优秀剧目奖，第七届全国舞蹈"荷花奖"比赛作品金奖

▲ 赴客运专线慰问铁路建设者

▲ 广铁集团东莞东地区慰问

▲ 呼和局乌海慰问

中国铁路文工团

中国铁路文工团成立于1950年10月16日，是铁道部直属事业单位，1997年被文化部评定为国家A类专业艺术表演团体，广电总局评定为A级电视局拍摄单位。现有歌舞团、话剧团、说唱团、杂技团、舞蹈团五个专业分团，艺术创作室、演出联络部、舞美工程部、影视部、辅导部等专业部门，全团在职演职员393名。成为集戏剧、舞蹈、相声、小品、歌曲、杂技、影视等多个艺术门类于一身的综合性表演艺术院团。

建团近60年来，艺术创作大面积丰收、硕果累累，演出了3000多个曲、剧目，创作拍摄了电视剧、专题片60部300多集，演出近29000余场，观众达3200多万人次。

山西省戏剧家协会

山西省戏剧家协会是在中国共产党领导下的山西省戏剧艺术家自愿结合的人民团体，成立于1949年12月的山西省第一次文代会，1956年8月，山西省第二次文学艺术工作者代表大会期间，正式更名为中国戏剧家协会山西分会，接受中国戏剧家协会的指导，为山西省文学艺术界联合会的团体会员。现任山西省戏剧家协会主席窦明生，秘书长史佳花,常务副主席史佳花、夏平、 高晓江。

协会多次接待来山西进行戏剧考察活动和文化交流的美国、法国、英国、日本等外国朋友。并积极开展台湾与祖国大陆的戏剧艺术文化交流活动，为沟通两岸人民的感情做了许多有意义的工作。时代在前进，任重而道远，山西省戏剧家协会将以新的面貌、新的姿态为山西的戏剧事业的发展与繁荣作着应有的贡献!

- 山西省戏剧家协会第七届主席团全体合影。
- 山西省梅花奖获奖演员座谈会。
- 山西省戏剧家协会第七次代表大会开幕式主席台(升国旗仪式)。
- 山西省省长王君、副省长张平接见梅花版《打金枝》剧组。
- 山西省省长王君、副省长张平接见梅花版《打金枝》主要演员。

史佳花——
山西省戏剧家协会常务副主席、秘书长